Karl Otto Conrady

GOETHE
Leben und Werk

KARL OTTO CONRADY

GOETHE

Leben und Werk

Patmos

Bibliographische Information der Deutschen Bibliothek
Die Deutsche Bibliothek verzeichnet diese Publikation
in der Deutschen Nationalbibliographie;
detaillierte bibliographische Daten sind im Internet
über http://dnb.ddb.de abrufbar.

© 1994 Artemis & Winkler Verlag
© 1995, ²1999 Patmos Verlag GmbH & Co. KG
Artemis & Winkler Verlag, Düsseldorf und Zürich
© ppb-Ausgabe 2006 Patmos Verlag GmbH & Co. KG, Düsseldorf
Alle Rechte vorbehalten.
Umschlaggestaltung: butenschoendesign, Lüneburg
Umschlagmotiv: Tischbein: Goethe in der Campagna, Frankfurt/Main,
Städelsches Kunstinstitut
Printed in Germany
ISBN 3-491-69136-2
www.patmos.de

Inhalt

Vorwort zur Neuausgabe 1994

Im weiten Vorfeld zum ›Goethejahr‹ 1982 entstand in Gesprächen mit der Geschäftsführung des Athenäum Verlags, der damals noch in Königstein im Taunus residierte, der Plan einer neuen, gut lesbaren und für ein breites Publikum von Literaturliebhabern bestimmten Biographie des vor 150 Jahren in Weimar Gestorbenen. Das Vorhaben reizte mich, zumal ich mich seit den fünfziger Jahren und der frühen Dozentenzeit in Göttingen (1958 bis 1961) immer wieder, auch in Vorlesungen und Seminaren, mit Leben und Werk Goethes beschäftigt hatte. Gedacht war zunächst an ein Buch von wenigen hundert Seiten. Als ich das Projekt zu verwirklichen begann, zeigte sich indessen sehr bald, daß es illusorisch war, auf so schmalem Raum über Leben *und* Werke informativ zu berichten und ebenfalls einführende Interpretationen der Dichtungen zu bieten, wie es von einer modernen Biographie zu erwarten ist. So wuchs das Manuskript zu stattlichem Umfang und beanspruchte zwei Bände, von denen nur der erste zur Buchmesse jenes Jahres 1982 erscheinen konnte, während der zweite im Spätherbst 1984 folgte (vom Verlag leider mit der Jahreszahl 1985 versehen).

Vom lateinischen Grammatiker Terentianus Maurus aus dem 3. Jahrhundert stammt der zum geflügelten Wort gewordene Satz, daß die Büchlein ihre eigenen Schicksale haben (»habent sua fata libelli«). Er dachte dabei an die unterschiedliche Aufnahmeweise der Leser. Doch ist das Schicksal eines Buchs stets auch vom Wohlergehen des Verlags abhängig. Als der erste Band meiner Goethe-Biographie im Herbst 1982 vorlag, war der Athenäum Verlag bereits in Bedrängnis geraten. Er publizierte zwar auch den Folgeband, der mit dem Kapitel »Im Schatten der großen Revolution« begann, und ebenfalls eine 2. Auflage des ersten Bandes, aber längst sind die schön gebundenen Exemplare des *Goethe* nicht mehr zu haben. Um so erfreulicher ist es, daß jetzt der Artemis & Winkler Verlag die Biographie in einem kompakten und ansprechend gestalteten, zudem mit einigen Illustrationen angereicherten Hardcover-Band wieder herausbringt. Damit werden die Untertitel der beiden Einzelbände, die nur Hilfskennzeichnungen waren, überflüssig (»Hälfte des Lebens« und »Summe des Lebens«). Der erste von ihnen war übrigens nicht Hölderlins bekanntem Gedicht entlehnt, sondern Goethes gewichtiger Tagebucheintragung vom 7. August 1779 entnommen (»da die Hälfte nun des Lebens vorüber ist«).

Es bedarf wohl keiner ausführlichen Begründung, warum diese Neuausgabe ein unveränderter Nachdruck der Bände von 1982 und 1984 ist: Eine so umfassende Gesamtdarstellung von Leben und Werk Goethes muß noch als Ganzes bestehen bleiben. Würde ich mit korrigierenden Eingriffen beginnen, liefe diese Operation letztlich darauf hinaus, ein neues Buch zu schreiben. Dazu verspüre ich jedoch keine Neigung und sehe nach der freundlichen Aufnahme, die die Biographie gefunden hat, auch keinen Anlaß dazu. Allerdings habe ich den gesamten Text durchgesehen, Kleinigkeiten ausgebessert, Zitate samt Daten überprüft und wo nötig korrigiert. Die »Hinweise« am Schluß des Bandes mit Auskünften über Goethe-Ausgaben und weiterführende Goethe-Literatur mußten neu gefaßt werden. Sie enthalten zudem Anmerkungen, die der Lektüre des Buchs vorab dienlich sein können.

Auch an dieser Stelle möchte ich den Dank wiederholen, den ich für Rat und Hilfe bei Gliederung und Durchsicht des Manuskripts damals im Vorwort ausgedrückt habe: an Frau Dr. Beate Pinkerneil (die freilich nach ihrem Ausscheiden aus dem Verlag Entstehung und Abschluß des zweiten Bandes nicht mehr begleitete) und an Frau Dr. Annalisa Viviani, in deren guter Obhut beim Artemis & Winkler Verlag diese Biographie nun aufgehoben ist.

Die Einleitung 1982 hatte ich mit den Sätzen begonnen: Dieses Buch ist nicht für die gelehrten Literaturwissenschaftler und kenntnisreichen Kritiker geschrieben, die mit Goethe vertraut sind. Es ist vielmehr für Leser gedacht, die über sein Leben einläßlich informiert und in seine Werke eingeführt werden möchten oder sich erneut mit ihnen beschäftigen wollen. Leben und Werke zusammen darzustellen, sich dabei auf einen immer noch überschaubaren Umfang zu beschränken, den Text übersichtlich und für jeden Interessierten lesbar zu halten: das ist ein ebenso reizvolles wie schwieriges Vorhaben.

Diese Bemerkungen sind keine Floskeln affektierter Bescheidenheit, wie sie zum Schmuck mancher Prologe gehören, sondern durchaus programmatisch gemeint. Wissenschaftliche Disziplinen bilden im Lauf ihrer Entwicklung spezifische Fachsprachen aus, die der Benennung ihrer Erkenntnisse und der Verständigung unter den Fachleuten dienen. Nicht selten spreizt sich dabei ein Fachjargon, der wie um seiner selbst willen gepflegt zu werden scheint. Eine Aufgabe der sog. Geisteswissenschaftler, deren ›Gegenstände‹ aufs engste mit der allgemeinen Lebenswelt verbunden und im Fall der Literatur in den Buchgeschäften und Bibliotheken zu besichtigen sind, bleibt es stets auch, Liebhabern und Interessenten Einsichten zu vermitteln und Zugänge zu öffnen, ohne daß sie schon durch die Ausdrucksweise verstört oder gar abgeschreckt werden. Diesem Auftrag gerecht zu werden ist nicht leicht, weil der Anspruch der Fachwissenschaft bestehen bleibt und nicht ignoriert werden darf. Zudem ist es oft viel bequemer, in der eingeübten Fachsprache zu formulieren als allgemeine Verständlichkeit zu praktizieren. Dies aber habe ich mir vorgenommen.

So umfangreich die Biographie auch geworden ist: bei allen darzustellenden und zu besprechenden Komplexen war ich zur Konzentration auf das mir wichtig Scheinende gezwungen, ohne dabei auf erzählerische Partien verzichten zu wollen, die das ferne Leben und die ferne Zeit vielleicht näherrücken können. Viele hundert Seiten wären erforderlich, wollte man allein aus Goethes langem Leben von 1749 bis 1832 alles berichten, was erwähnenswert ist, und erschöpfende Interpretationen seiner Dichtungen, theoretischen Schriften und naturwissenschaftlichen Abhandlungen würden zahlreiche Bände füllen. Doch durfte das Verweilen bei wichtigen Stationen dieses bedeutenden Lebens nicht ungebührlich verkürzt werden, dem es bei äußerlichem Erfolg und Glanz an innerer Unruhe und Krisen nicht gemangelt hat. »Man hat mich immer als einen vom Glück besonders Begünstigten gepriesen«, soll Goethe am 27. Januar 1824 zu Eckermann geäußert haben; »auch will ich mich nicht beklagen und den Gang meines Lebens nicht schelten. Allein im Grunde ist es nichts als Mühe und Arbeit gewesen, und ich kann wohl sagen, daß ich in meinen fünfundsiebzig Jahren keine vier Wochen eigentlichen Behagens gehabt. Es war das ewige Wälzen eines Steines, der immer von neuem gehoben sein wollte.«

Kein Biograph kann ein Leben darstellen, wie es ›wirklich gewesen ist‹. Auch wer rückschauend über sich selbst berichtet, befindet sich nicht in besserer Lage, wie Goethes Memoiren, ein ganzes Corpus unterschiedlicher Texte, anschaulich beweisen. Jede biographische Darstellung bietet eine Deutung, für die ihr Verfasser verantwortlich zeichnet. Zwar darf er nur dann wagen, eine Lebensgeschichte zu schreiben, wenn er die verfügbaren historischen Belege mannigfaltiger Art (wie Tagebücher, Briefe, Werke und Äußerungen der Zeitgenossen) sorgfältig gesichtet und gewogen hat. Aber auch diese dokumentarischen Zeugnisse sind kein ›Tatsachenmaterial‹, weil sie, wo sie mehr liefern als ein bloßes Datum, mit Deutungen durchsetzt sind.

Eine Biographie ist der Versuch einer Annäherung an Leben und Werk eines Menschen. Sie gehört nicht (oder sollte es doch nicht) zur literarischen Gattung der Lobrede, sondern muß sich durch ihr ernstliches Bemühen qualifizieren, das Eigentümliche eines besonderen Lebens sichtbar zu machen: wie es sich entwickelte und welche Wandlungen es durchlief; in welche Krisen es geriet und wie es sie bestand oder scheiterte; welche produktiven

Leistungen ihm gelangen, welche Impulse sie hervorbrachten und auf welche Herausforderungen der Zeit sie zu antworten suchten; was uns als Hinterlassenschaft geblieben ist, wie wir damit umgehen können und zu welchen Fragen an jenes Leben und Werk wir selbst uns gedrängt sehen.

So begebe ich mich an manchen Stellen in die Situation dessen, der von heute aus Fragen stellt: an große Gedichte, an Schauspiele und Schriften, an die besondere Art des Umgang mit der Natur, wie ihn Goethe pflegte und beharrlich etwa gegenüber naturwissenschaftlichen Prinzipien eines Newton behauptete. Schiller kann mir bei solcher Nachfrage als Gewährsmann dienen. In einem Brief aus Weimar an Christian Gottfried Körner klagte er am 21. Januar 1802, es liege »im Charakter der Deutschen, daß ihnen alles gleich fest wird und daß sie die unendliche Kunst, so wie sie es bei der Reformation mit der Theologie gemacht, gleich in ein Symbolum hineinbannen müssen. Deswegen gereichen ihnen selbst treffliche Werke zum Verderben, weil sie gleich für heilig und ewig erklärt werden und der strebende Künstler immer darauf zurückgewiesen wird. An diese Werke nicht religiös glauben heißt Ketzerei [...].« In etwas abgewandeltem Sinn, und zwar nicht aus der Sicht des schaffenden Künstlers, sondern aus der des aufnehmenden, aber sich nicht einfach unterwerfenden Betrachters, dürfen wir ohne Anmaßung bekräftigen: Es kann nicht allein jene emphatische Forderung ihren Anspruch behaupten, daß wir vor den großen Werken der Vergangenheit bestehen müßten, sondern es gilt auch, daß sie unseren Disputen und der Probe der Bewährung in ihnen auszusetzen sind. Nur so lange nämlich bleiben sie lebendig.

Oft genug freilich gaben mir Lebensvorgänge und Stellen oder Partien in Werken Fragen auf und nichts als das. Ich konnte sie nur aufwerfen, ohne Antworten zu wagen; allenfalls Antwortversuche vermochte ich dann anzudeuten und sie dem geduldigen Leser zu eigenem Nach- und Weiterdenken zu überlassen. Ein Biograph und Literaturbetrachter ist nicht verpflichtet, sich ständig die Rolle des kundigen Antwortgebers anzumaßen. Jedoch muß er hoffen dürfen, wenigstens nicht die falschen Fragen vorgebracht zu haben.

Viel lag mir daran, das erste Weimarer Jahrzehnt Goethes, also die Jahre von 1776 bis zur ›Flucht‹ nach Italien 1786, gebührend zu würdigen. Denn die abgeschmackte, leider immer noch strapazierte Rede vom ›Dichterfürsten‹ macht zu leicht vergessen, daß er in jenen immerhin zehn Jahren seine dichterischen Ambitionen bewußt vernachlässigte zugunsten seiner zeit- und kräftezehrenden Aktivitäten als administrativ und politisch Handelnder: als Minister im Kabinett des Weimarer Herzogs Carl August. Ein schwieriges Jahrzehnt, sowohl im dienstlichen als auch im privaten Bereich, das er selbst nirgends im Zusammenhang dargestellt hat. Aber es war gewiß von kaum zu überschätzender Bedeutung für seinen ganzen weiteren Lebensweg. Nie mehr, auch nicht nach der Rückkehr aus Italien, verzichtete er auf Bürde und Würde staatlicher Ämter, band sich selbst verpflichtend an das tätige Leben und blieb Staatsminister bis zum Lebensende. Es gehört zum Faszinierenden seines Daseins, wie sich in ihm die vita activa und contemplativa miteinander verbanden und gegenseitig befruchteten. Er wußte, warum er noch am 22. Januar 1832, zwei Monate vor seinem Tod, einer *Wohlgemeinten Erwiderung* an einen jungen Dichter die Verse anfügte: »Jüngling, merke dir in Zeiten, / Wo sich Geist und Sinn erhöht: / Daß die Muse zu *begleiten*, / Doch zu *leiten* nicht versteht.« Das war keine Absage an die Musen, wohl aber eine Warnung vor ihrer Überschätzung und vor möglicher Übermacht des bloß Subjektiven.

Die Ankündigung, »Leben und Werk« Goethes seien Thema dieses Buchs, darf nicht zu der falschen Annahme verführen, hier würden in schlechter biographistischer Manier die Werke aus bestimmten Lebenssituationen kausal abgeleitet. »Leben und Werk«: damit soll kurz und bündig gesagt sein, daß der Leser über beides verläßlich unterrichtet werden soll: das lange, tätige, produktive Leben und das vielgestaltige schöpferische Werk. Beides ist in seinen historischen Zusammenhängen zu erfassen und zu betrachten. Das hat zur Folge, daß den Dichtungen und kunsttheoretischen Schriften, den naturkundlichen Abhandlungen und amtlichen Dokumenten Goethes Erläuterungen und Interpretationen gewidmet sind, die sich im Rahmen einer umfassenden Gesamtdarstellung freilich oft damit begnügen müssen, Grundlinien nachzuzeichnen und einführende, aufs Wesentliche konzentrierte Deutungen anzubieten.

Wenn Leben und Wirken in den mannigfachen Beziehungen zu Personen und Ereignissen der Zeit anschaulich werden sollen, muß von diesen ausführlich genug berichtet werden. Deshalb beispielsweise die Skizze der Geschehnisse der Französischen Revolution und anderer realhistorischer Vorgänge; deshalb auch mein Versuch, die auftretenden Personen nicht nur zu zitieren, sondern in knappen Porträts kenntlich zu machen: ob Merck und Lenz, die Jugendfreunde, oder Corona Schröter und Caroline Jagemann, die bedeutenden Schauspielerinnen in Weimar, ob Jacobi oder Zelter, ob der Diplomat Graf Reinhard oder der Komponist Reichardt, ob Boisserée oder der brave Eckermann und die vielen anderen, zu denen auch die Diener des Großen in Weimar zählen, denen gebührende Reverenz zu erweisen ist.

Mit Bedacht habe ich reichlich Zitate sprechen lassen, darunter manche bekannte, aber auch zahlreiche Dokumente, die weniger vertraut sind. Nur so stellt sich Vergangenheit in Ausschnitten selbst vor und gibt sich originär zu erkennen. Dem Leser soll damit bei seiner Lektüre erspart bleiben, in anderen Büchern und Textsammlungen umständlich nach erwünschter Auskunft zu suchen. Abkürzungen, die ich benutze, sind im *Verzeichnis* auf S. 1051 f. aufgeschlüsselt.

Wer über Goethe schreibt, ist der Goethe-Forschung verpflichtet. Er hat von ihr gelernt, baut auf Fundamenten, die Generationen von Forschern gelegt und gesichert haben. Er steht in ihrer Schuld. Die Goethe-Philologie hat längst Ausmaße erreicht, die ein einzelner nicht mehr überblicken kann. Über beinahe jede Frage, die Goethes Leben und Werk aufwerfen, sind spezielle Abhandlungen verfaßt worden, ohne daß es zu gleichlautenden Ergebnissen gekommen wäre oder kommen könnte; denn alles ist perspektivenreich, oft mehrdeutig und vielsinnig. Immer wieder ergeben sich neue Gesichtspunkte, neue Fragestellungen, und die Sichtweisen der Betrachter bleiben nicht die gleichen. Die Diskussion über Goethe, seinen Lebenslauf und seine Werke, oft in lebhaftem Für und Wider ausgetragen, ist jedenfalls nicht in Gefahr, so bald zu verstummen.

Und von Zeit zu Zeit wagen es Autoren, eine Gesamtdarstellung zu schreiben, von ihrem »Sehepunkt« aus (um die sinnfällige Formulierung des bedeutenden Erlanger Geschichtstheoretikers Johann Martin Chladenius aus der Mitte des 18. Jahrhunderts hier zu bemühen). Die bekanntesten der letzten Jahrzehnte waren die von Emil Staiger und von Richard Friedenthal. Dessen *Goethe. Sein Leben und seine Zeit* (1963) konzentrierte sich ganz auf eine erfrischend devotionsfreie Betrachtung von Goethes Leben und seiner Umwelt und beabsichtigte und bewirkte zweifellos so etwas wie eine ›Entheroisierung‹ des ›Dichterfürsten‹. Dabei blieb für eine genauere Beschäftigung mit den Werken und ihren künstlerischen oder naturkundlichen Besonderheiten wenig Raum. Dagegen war Emil Staigers dreibändige Monographie *Goethe* (1952–1959) vornehmlich der intensiven Werkinterpretation gewidmet. Und noch 1989 legte Curt Hohoff eine handliche einbändige Überschau vor: *Goethe. Dichtung und Leben.*

Trotz der unerläßlichen Hilfe, die jeder, der sich mit Goethe beschäftigt, bei der einschlägigen Forschung sucht und findet, habe ich darauf verzichtet, mein Buch mit Fußnoten und Anmerkungen zu spicken. Die bequeme Lesbarkeit hatte Vorrang, und der auf fachwissenschaftliche Nachweise wenig oder nicht erpichte Leser soll bei seiner Lektüre durch solche Eintragungen nicht gestört werden. Um jedoch denen, die Einzelprobleme nachgehen möchten und weiterführende Literatur suchen, eine Orientierungshilfe zu geben, habe ich am Ende des Buchs ein besonderes Kapitel mit Hinweisen auf Goethe-Ausgaben und Goethe-Literatur angefügt, die leicht manche Wege zu ergänzender Literatur öffnen (S. 1041 ff.).

Der Verzicht auf den Apparat der Anmerkungen durfte selbstverständlich nicht zu Lasten der Nachprüfbarkeit der Zitate gehen. Sie sind innerhalb des fortlaufenden Textes so klar gekennzeichnet, daß sie sogleich zu verifizieren und also auch in anderen Ausgaben als in denen, die ich benutzt habe, unschwer aufzuspüren sind. Wo nach den Zitaten ohne weitere Angaben nur Ziffern genannt sind (etwa: 9, 350), verweisen sie auf Band und Seite der *Hamburger Ausgabe* von Goethes Werken, die wie andere Editionen in den Erläuterungen des Anhangkapitels beschrieben ist. Wenn ich aus Briefen und anderen Dokumenten zitiere, habe ich Datum und Empfänger kenntlich gemacht, so daß jene in den entsprechenden (und anderen) Briefausgaben und Dokumentensammlungen ohne Mühe zu finden sind.

Immer ergibt sich bei der Wiedergabe alter Texte, für die verbindliche Regeln der Rechtschreibung noch nicht existierten, die Frage, wie heute zu verfahren sei. Es ist ein Irrtum zu glauben, die altertümliche unregulierte Schreibweise besäße stets den Wert des Originalen, bewahre also die authentische Schrift des früheren Autors. Wo der alte Druck nicht nachweislich die Handschrift des Verfassers reproduziert, ist nie ausgemacht, wieviel an Eigenwilligkeiten der ›Nichtrechtschreibung‹ den Schreibern nach Diktat, den Kopisten und Druckern zuzurechnen ist. Infolgedessen habe ich mich an kein starres Prinzip gebunden. Sowohl ›alte‹ Schreibung als auch modernisierte Fassungen kommen vor. Wo ich wörtlich aus bestimmten Editionen zitiere, habe ich deren Schreibung und (auch merkwürdige) Zeichensetzung übernommen. Natürlich mußten die Briefe von Goethes Mutter in der originalen Weise mit ihren Kuriositäten belassen werden, wie sie die benutzte Briefausgabe bewahrt. Goethes Briefe und Tagebuchaufzeichnungen habe ich oft, besonders die aus den frühen Jahren, in der alten Schriftzeichenanordnung belassen und mich an die einschlägigen Editionen gehalten, die ungleichmäßige Art der Groß- und Kleinschreibung allerdings häufig heutigem Brauch angepaßt. Gedichte und Zitate aus Dichtungen und anderen Werken erscheinen, wie es der Zusammenhang und die verwendeten Drucke jeweils nahelegen, bald in alter, bald in moderner Schreibweise. Das gilt ebenfalls für Texte anderer Autoren aus damaliger Zeit. Zu diesen Fragen der Textgestaltung habe ich einige Bemerkungen auch im Anhang (S. 1044) notiert.

Vorab sei noch auf folgendes aufmerksam gemacht. Etliche Male erwähne ich Einkünfte in damaliger Zeit. Jedoch sind Angaben in früheren Währungen aussageschwach, solange deren Kaufkraft nicht bekannt und genannt ist. Umrechnungsversuche in heutige Zahlungsmittel sind nicht nur deshalb problematisch, sondern auch wegen der ständigen Veränderungen des Geldwerts. Dennoch unterbreiten Historiker vorsichtige Vorschläge (vgl. S. 554). Aber 1983 war Dorothea Kuhn, Herausgeberin des Goethe-Cotta-Briefwechsels, skeptisch gegenüber der in der Buchhandelsgeschichte üblichen Annahme, »ein Taler entspreche heutigen DM 40,–« (GVB 3/2, S. 346). Immerhin vermittelt ein solcher Annäherungswert wenigstens eine gewisse Vorstellung von Entsprechungen der unterschiedlichen und zeitlich weit auseinander liegenden Währungen.

Karl Otto Conrady
Vorwort zur Ausgabe 2006

Unverändert liegt mein Versuch einer Gesamtbetrachtung von Goethes Leben und Werk nun in einer Paperback-Ausgabe vor und bleibt damit weiterhin bequem greifbar. Das vorangehende Vorwort zur einbändigen Neuausgabe von 1994 informiert eingehend über Entstehung und Absicht der umfangreichen Darstellung. Auch jetzt habe ich korrigierende oder ergänzende Eingriffe in den Text nicht vorgenommen.

Bis heute erreichen mich zustimmende Äußerungen jener Leser, an die ich vornehmlich dachte: die über Goethes Leben hinreichend und fasslich informiert und in seine Werke eingeführt werden möchten. Wichtig für den Verzicht auf Änderungen war auch die Tatsache, die hier zu erwähnen ich mir erlaube: dass das Buch inzwischen in der Reihe der Goethebiografien einen festen Platz erhalten hat. So notiert das *Metzler Goethe Lexikon* (Stuttgart/Weimar 1999, S. 191): »Nach der Studentenbewegung, die zu einer weitgehenden Entfernung von den Klassikern geführt hatte, markierte Karl Otto Conradys zweibändiger *Goethe. Leben und Werk* (1982/85) den Eintritt in die kritische Wiederaneignung Goethes. Er kombiniert eine ausführliche, sachlich berichtete Lebensschilderung mit knappen wie aussagekräftigen Textinterpretationen. Ähnlich epochemachend ist der erste Band von Nicholas Boyles *Goethe – The Poet and the Age* (dt. *Goethe. Der Dichter in seiner Zeit,* 1995).« Von diesem Werk, das sich eher an Fachgelehrte wendet, sind inzwischen zwei Bände erschienen, mit insgesamt bereits rund 2000 Seiten (Bd.1: 1749–1790; Bd. 2: 1791–1803). – Der Verzicht auf Eingriffe in den Text hat zur Folge, dass die Rechtschreibung (zu meinem Bedauern) auf dem alten Stand blieb und – mit Ausnahme dieses kurzen Vorworts – nicht den neuen Regeln entspricht.

Wenigstens ein paar Hinweise auf besonders Wichtiges, das in meiner Darstellung nicht oder unzulänglich behandelt ist, lässt dieses knappe Vorwort denn doch zu. Sigrid Damm wunderte sich in ihrer so erfolgreichen Recherche *Christiane und Goethe* (Insel-Verlag 1998) zu Recht darüber, dass in den ihr vorliegenden Goethebiografien nichts Genaues über die 1783 in Weimar vollzogene Hinrichtung einer jungen Kindsmörderin zu lesen war. Detailliert legte sie auf Grund eingehenden Aktenstudiums die Vorgänge dar: Herzog Carl August zögerte, das Todesurteil gegen Johanna Catharina

Höhn zu bestätigen und vollstrecken zu lassen, weil er zweifelte, ob die Todesstrafe in bestimmten Situationen des Kindesmords angemessen war. Er holte Rat ein, und der Letzte, den er um sein Votum drängen musste, war Goethe, der gesäumt hatte, aber endlich am 4. November 1783 in seiner gutachtlichen Stellungnahme formulierte, »daß auch nach meiner Meinung räthlicher seyn mögte die Todtesstrafe beyzubehalten«.

Dieses Votum hatte ich seinerzeit im ersten Band der *Amtlichen Schriften* zwar gelesen – aber zu wenig beachtet, weil Goethe selbst sich über die schrecklichen Vorgänge nirgends geäußert hat. Für mich war sein knappes Plädoyer *für* die Todesstrafe (ein längerer Aufsatz dazu ist nicht überliefert) nur eine Neuauflage einer jener frühen Straßburger juristischen Thesen, wo er 1771 ebenfalls geurteilt hatte: Todesstrafen seien nicht abzuschaffen (vgl. S. 128). Aber schon in früheren Publikationen hätte ich Genaueres über den Fall Johanna Höhn und über Kindesmord-Justiz im ›klassischen Weimar‹ erfahren können. Die einschlägigen Dokumente hat kürzlich Rüdiger Scholz zusammengefasst, die Vorgänge beschrieben und aus seiner Sicht kommentiert: *Das kurze Leben der Johanna Catharina Höhn. Kindesmorde und Kindesmörderinnen im Weimar Carl Augusts und Goethes*, Würzburg 2004.

Kein Zweifel, dass Goethes Anteil an der Weimarer Hinrichtung der jungen Frau erheblich ist; denn sein Votum, das von der Grundansicht anderer Räte nicht abwich, dürfte den Herzog letztlich zu seiner Entscheidung bewogen haben, der freilich immer noch die Freiheit der Wahl besaß. Keine Überraschung auch, dass in der Literatur über Goethe kontrovers über die Schwere seiner »Schuld« diskutiert wird. Unstrittig gewiss, dass der Geheime Rat selbst die Befürwortung der Beibehaltung der Todesstrafe als einen – für viele von uns fragwürdigen – Beitrag zum Erhalt der gegebenen Ordnung ansah, die er nicht gestört wissen wollte.

Erstaunlich genug und mich irritierend, dass er im selben Monat November 1783 sein berühmt gewordenes Gedicht Das Göttliche im Tiefurter Journal dem Weimarer Kreis mitteilte: »Edel sei der Mensch, / Hilfreich und gut! […]« Wie passt das mit dem Votum für die Todesstrafe zusammen? Oder ist auch in dem Gedicht noch die Anschauung von einer Machtausübung anwesend, die der inthronisierten gesellschaftlichen Ordnung zukommt, wenn in der achten Strophe verkündet wird: »Er [der Mensch] allein darf / Den Guten lohnen, / Den Bösen strafen, / Heilen und retten, / Alles Irrende, Schweifende / Nützlich verbinden«? Gehörte Johanna Höhn zu den radikal Bösen, die die Todesstrafe verdienten? Und Fausts Gretchen? Und wer eigentlich vermochte in den historischen Zuständen, in denen Goethe diese Verse schrieb, zu wählen und zu richten, zu lohnen und zu strafen? So habe ich schon bei der Betrachtung dieses in der Goetheforschung aufs Höchste gerühmten Gedichts gefragt (S. 387 ff.). Oder müssen wir, den Monat der Hinrichtung bedenkend, noch eine andere Lesart erwägen? Dienen die gefeierten Verse ihrem Autor vielleicht als eine geheime Selbstentlastung, eine verschwiegene Absolution nach dem, was er meinte dem Herzog vorschlagen zu sollen? Wie ist Goethe selbst mit Widersprüchen solcher Schärfe fertig geworden? Sind auch sie ein Grund dafür, dass in der späten *Trilogie der Leidenschaft* im Gedicht *An Werther* die dunklen Zeilen auftönen: »Zum Bleiben ich, zum Scheiden du erkoren, / Gingst du voran – und hast nicht viel verloren«? Kein Wort in den überlieferten Dokumenten und Schriften des Dichters der Gretchentragödie über das grausame Geschehen im November 1783. Wo war er, was tat er an jenem 28. November, als Johanna Höhn am Erfurter Tor in Weimar enthauptet wurde?

Viel Aufmerksamkeit erregten kritische Beiträge des amerikanischen Germanisten W. Daniel Wilson und vor allem sein Buch *Das Goethe-Tabu. Protest und Menschenrechte im klassischen Weimar,* das just im März des ›Goethejahrs‹ 1999 erschien. Keineswegs missachtet er »die sozial fürsorglichen Aspekte der Weimarer Regierung« und erkennt an, »daß die Weimarer Herrschaft, zumal unter dem Einfluß Goethes, die Landwirtschaft verbesserte, Rechtsprozesse erleichterte und vereinfachte, die Finanzen in einigen Zügen sanierte, den Militäretat kürzte und anderes mehr« (S. 27). Ihm geht es darum, auf historische Tatsachen und Dokumente gestützt, eine leichtfertige Verklärung des ›klassischen Weimar‹ zu verhindern, indem er im Einzelnen darlegt, »daß Bauern und Bürger sich über Mißstände wie die fürstliche Jagd oder hohe Abgaben beschwerten und dafür bestraft wurden, oder daß Studenten und Professoren durch Spitzel überwacht und denunziert, durch raffinierte Taktiken eingeschüchtert und neutralisiert wurden« (S. 27 f.). Geheimrat Goethe war als amtlich Agierender in solche auf Zähmung und Unterordnung berechneten Aktivitäten mitverwickelt. Auch Weimar war am damaligen Soldatenhandel beteiligt, und die Mitglieder des herzoglichen Kabinetts waren damit befasst. In der Tat kann ein als Vorbild insgesamt berufenes »Modell Weimar« nur eine Legende sein, mit der manche aber aus Zuneigung zu jener *kulturellen* Blütephase sympathisieren. (Vgl. auch meinen Vortrag von 1991 *Eine neue Klassik-Legende?,* jetzt in: K. O. C., *Klärungsversuche. Essays zu Literatur und Zeitgeschehen,* München: Allitera Verlag 2005.)

Wilsons teilweise fulminante Kritik ist nicht einfach beiseite zu schieben. Aber es bleiben selbstverständlich Fragen. Seine gelegentlich auch auf Vermutungen angewiesenen Studien durchweht der einstige rebellische Geist von Berkeley. Jeder Art von Aufbegehren in dem von Legendenbildung auf-geschönten ›klassischen Weimar‹ scheint er Legitimität zubilligen zu wollen. Doch ist wohl in manchen Fällen noch abzuwägen, welche Grundsätze des Handelns, die weimarische Minister leiteten, unter *damaligen* Erwartungen zu akzeptieren oder zu verwerfen waren und ob man Vorgänge in einem Herzogtum des 18. und frühen 19. Jahrhunderts etwa zu solchen in der eins-tigen DDR parallel setzen kann. Es bleibt immer erneut nachzuforschen, wie sich im Spannungsfeld von trister Wirklichkeit, politischen Handlungen und schriftstellerischem und künstlerischem Schaffen die einzelnen Be-reiche berührten und beeinflussten. Eins allerdings sollte *passé* sein: eine pauschale Verehrungsrhetorik vom »geglückten Teil unserer Kultur« in Goethe und von seiner »weltoffenen Toleranz«.

Unentwegt geht die Forschung zu Goethe und seiner Zeit weiter. Sie ist bibliografisch mit den im Anhang dieses Buchs genannten Hilfsmitteln leicht zu ermitteln, besonders mit der fortlaufenden Bibliografie im *Goethe-Jahrbuch*. Auch das Internet bietet viele Zugänge. Immer noch sind neue Textquellen zu erschließen oder zu sichern. So ist die auf zehn Bände berechnete und 1998 begonnene Historisch-kritische Ausgabe der *Tage-bücher* Goethes noch im Werden begriffen (hg. v. Jochen Golz, Stuttgart: J. B. Metzler); 2017 soll sie abgeschlossen sein. – *Goethes Briefwechsel mit seinem Sohn August* ist nun in einer zweibändigen kommentierten Edition zugänglich (hg. v. Gerlinde Ulm Sanford, Weimar: Böhlau 2005). – Be-sonders hingewiesen sei noch auf neuere Handbücher: Das auf S. 1045 bereits erwähnte mehrbändige *Goethe-Handbuch*, hg. v. Bernd Witte u. a., ist inzwischen erschienen. – Ferner: *Metzler Goethe Lexikon*, hg. v. Benedikt Jeßing, Bernd Lutz, Inge Wild, Stuttgart/Weimar: J. B. Metzler 1999. – Gero von Wilpert, *Goethe-Lexikon*, Stuttgart: Kröners Taschenaus-gabe, Bd. 407, 1998. – Rose Unterberger, *Die Goethe-Chronik*, Frankfurt am Main/Leipzig: Insel 2002. – Auch einige neue handliche Gesamtdarstel-lungen, wie üblich mit Literaturhinweisen ausgestattet, sind zu erwähnen: Benedikt Jeßing, *Johann Wolfgang Goethe*, Stuttgart/Weimar: Metzler 1995 (Sammlung Metzler 288). – Klaus Seehafer, *Mein Leben, ein einzig Aben-teuer. Johann Wolfgang Goethe*, Berlin: Aufbau 1998. – Friedrich Sengle, *Kontinuität und Wandlung. Einführung in Goethes Leben und Werk*, Heidelberg: C. Winter 1999. – Anja Höfer, *Johann Wolfgang von Goethe*, München: Deutscher Taschenbuch Verlag 1999 (dtv portrait). – Karlheinz Schulz, *Goethe. Eine Biographie in 16 Kapiteln*, Stuttgart: Reclam 1999.

Herbst 2005   Karl Otto Conrady

Vaterstadt und Elternhaus

Die Freie Reichsstadt Frankfurt am Main

Als Johann Wolfgang Goethe am 28. August 1749 in Frankfurt geboren wurde, waren gerade hundert Jahre seit dem Ende des Dreißigjährigen Krieges vergangen. Auch die Freie Reichsstadt am Main hatte die Folgen des Krieges zu spüren bekommen, der weite Teile des deutschen Reiches verheerte. Mal waren es Franzosen, mal Kaiserliche gewesen, die das Gebiet der Stadt verwüsteten. Alle Neutralität, die man zu wahren trachtete, half da wenig. Große Opfer an Geld mußten gebracht werden, um jeweils den Abzug der fremden Truppen zu erreichen. Als 1648 Friede geschlossen wurde, hatten die Frankfurter aber Grund genug, nicht nur das Ende der Kriegsjahrzehnte zu feiern, sondern auch mit der politischen Position ihrer Stadt zufrieden zu sein; denn sie war unabhängig geblieben, und der Protestantismus hatte bewahrt werden können.

Als Stadt in günstiger Verkehrslage ist Frankfurt schon im 11. und 12. Jahrhundert aufgeblüht. Seit 1150 läßt sich die Herbstmesse nachweisen; im 14. Jahrhundert kam eine zweite Messe im Jahr hinzu, und Frühjahrs- und Herbstmesse sind es gewesen, die seit dem 15. Jahrhundert den europäischen Ruf der Messestadt Frankfurt begründet und die Entwicklung zu einer beachtlichen Handelsstadt gefördert haben.

In der Geschichte des Reiches ist Frankfurt berühmt als Ort, wo Kaiser und Könige gewählt und gekrönt worden sind. 1356 wurde ein schon lange bestehender Brauch durch Reichsgesetz festgeschrieben: die Wahl des Königs hatte in der Wahlkapelle des Frankfurter Doms zu erfolgen. So bestimmte es die mit dem goldenen Kaisersiegel versehene und deshalb so genannte »Goldene Bulle« Kaiser Karls IV. Nach diesem Datum sind nur fünf Könige und Kaiser nicht mehr hier gewählt worden, wobei in den Wahlakten jedoch Frankfurt stets als eigentliche Wahlstadt ausdrücklich bestätigt wurde. Seit der Krönung Maximilians II. 1562 fand auch diese Zeremonie, die bis dahin in Aachen gefeiert worden war, in der Stadt der Königs- und Kaiserwahl statt, und das ist so geblieben bis zum Ende des alten Reiches.

1372 hatte Frankfurt ganz formell die Reichsunmittelbarkeit als Freie Reichsstadt gewinnen können, indem das Reichsschultheißenamt an die Stadt überging. Damit besaß sie die Gerichtshoheit und hatte niemand über sich als den Kaiser. Wer Reichs-, Stadt- und Gerichtsschultheiß wurde, wie Goethes Großvater Textor im Jahre 1747, war sich dieser Tradition bewußt.

Die Stadt hat Zeiten des Aufstiegs und der Blüte erlebt und hat ebenso, auf florierenden Handel in Deutschland und Europa angewiesen, bittere Jahre des Niedergangs durchmachen müssen. Kriegsgeschehen hat sie nicht verschont, und die in früheren Zeiten wütenden Seuchen haben sie wie andere Städte und Landstriche heimgesucht. Auch an Unruhen und heftigen sozialen Kämpfen hat es nicht gefehlt. Von alledem wußten natürlich die gebildeten Bürger der Stadt. Die Freie Reichsstadt am Main war einer der sog. Reichsstände, die das Heilige Römische Reich Deutscher Nation bildeten und es im Reichstag repräsentierten. Aus über 300 souveränen Territorien, fast autonomen Gebieten und Städten setzte sich das buntscheckige föderative Gebilde des Reiches zusammen, für das der Staatsrechtslehrer Samuel Pufendorf 1667 das böse, aber treffende Wort von einem »irregulären und einem Monstrum ähnlichen Körper« prägte. Im Reichstag, der als ›immerwährender‹ seit 1673 in Regensburg tagte, saßen die Obrigkeiten der Landesterritorien und Städte zusammen, gegliedert in die drei Reichskollegien des Kurfürstenkollegs, des Reichsfürstenrates und der Städte. Die Obrigkeiten waren hier vertreten, nicht die große Masse der Bürger und Bauern, die Jahrhunderte brauchten, um für sich verfassungsmäßig gesicherte Rechte zu erstreiten. Viel gab es auf der höchsten Ebene des Reiches im 18. Jahrhundert freilich nicht mehr zu entscheiden; dem Reich und dem Kaiser an seiner Spitze waren bedeutende Befugnisse nicht geblieben; die Territorien hatten mehr und mehr ihre eigenen Hoheitsrechte festigen und ausbauen können. Reichstag und Reichskammergericht, das seit 1693 in Wetzlar residierte, waren die beiden einzigen Institutionen, in denen der Kaiser und die Reichsstände zu gemeinsamer politischer Beratung und Entscheidung vereinigt waren. In Wien stand dem Kaiser als beratendes Kollegium noch der Reichshofrat zur Verfügung und unter seiner alleinigen Kontrolle, eine Behörde aus adligen und gelehrten Räten, die auch als juristische Berufungsinstanz und oberste Zensurbehörde tätig werden konnte. Goethes Vater hat, wie später sein berühmter Sohn, beim Reichskammergericht Erfahrungen in der juristischen Praxis gesammelt und es sich auf seiner Kavalierstour nicht entgehen lassen, auch den Reichstag in Regensburg und den Reichshofrat in Wien kennenzulernen.

Man darf nicht glauben, in einer Freien Reichsstadt, wo kein Fürst monarchisch regierte, seien jedem Einwohner gleiche Rechte gewährt worden und Handel und Wandel hätten sich ohne störende Einflüsse entfaltet. Das Gemeinwesen war streng hierarchisch gegliedert, und die einzelnen Kasten sorgten dafür, daß ihre Macht und ihr Einfluß nicht geschmälert wurden. Jede Zunft paßte auf, daß kein Unbefugter in ihr tätig wurde; selbst die Tagelöhner achteten strikt auf die zunftgemäße Einteilung ihrer Arbeitsbereiche. Es war alles andere als leicht, das Bürgerrecht zu erwerben. Man mußte einem der drei christlichen Bekenntnisse angehören, also Lutheraner, Katholik oder Reformierter sein, und das zu entrichtende Bürgergeld machte eine erhebliche Summe aus. Beisassen und Fremde hatten mindere Rechte als die Bürger, nicht zu reden von den Juden, die bis 1728 gelbe Ringe als besondere Kennzeichen tragen mußten und auch später noch an Sonntagen und christlichen Feiertagen ihre Judengasse nicht verlassen durften.

Die Herrschaft im Gebiet der Reichsstadt Frankfurt lag beim Rat mit seinen drei »Bänken« von je 14 Mitgliedern: den Schöffen, den jüngeren Ratsherren, den Handwerkerräten. Alle waren auf Lebenszeit gewählt. Lange wurde der Rat ergänzt, ohne daß die Masse der Bürger hätte Einfluß nehmen können. Es galt das Prinzip der Selbstzuwahl, so daß sich die patrizischen Kreise der beiden ersten Bänke die Ämter gleichsam vererbten, zumal ein Aufrücken aus der Handwerkerbank nicht möglich war. Die Handwerkerräte ihrerseits wurden von den übrigen Ratsherren gewählt, und folglich hatten nur genehme Personen eine Chance. Von irgendeiner Mitwirkung der Bürgerschaft bei den städtischen Geschicken konnte also keine Rede sein. Nur die Bürgeroffiziere der 14 Quartiere, in die die Stadt eingeteilt war, durften Beschwerden beim Rat vorbringen. Als Fragwürdigkeiten auch in der Verwaltung der Stadt, die dem Rat oblag, zu offenkundig wurden, blieb den Bürgeroffizieren keine andere Möglichkeit, als sich an den Kaiser zu wenden. Nach langen Untersuchungen kam es in den Jahren 1725 bis 1732 zu kaiserlichen Resolutionen und Ordnungen, die die bisherige Verfassung der Stadt änderten und bis zum Ende der reichsstädtischen Zeit in Kraft blieben. Jetzt hieß es: Rat und Bürgerschaft vereint, »keines von ihnen allein macht den unmittelbaren Reichsstand aus«. Das bedeutete, daß die Wahlen ebenso der Aufsicht durch einen Ausschuß der Bürgerschaft unterstellt wurden wie die gesamte übrige Tätigkeit des Rats.

Viel war damit nicht erreicht worden. Denn Vormacht und beherrschender Einfluß der patrizischen Geschlechter waren kaum geschwächt worden. Seit dem Mittelalter hatten sich solche Familien zu geschlossenen Gesellschaften verbunden, von denen nur das Haus Alt-Limpurg und das Haus Frauenstein überdauerten. Immer waren es insgesamt 20 Plätze, die diese beiden Geschlechter von den Sitzen der beiden ersten Bänke innehatten. Die übrigen fielen vornehmlich an »Graduierte«: Doktoren und Lizentiaten der Jurisprudenz und Medizin. Dagegen saßen auf der Handwerkerbank 14 Mitglieder aus den ratsfähigen Zünften, je 2 Metzger, Schmiede, Bäcker und Schuhmacher, je ein Gärtner, Kürschner, Gerber, Fischer und zwei Vertreter aller sonstigen Handwerke. Alljährlich wurden zwei Bürgermeister bestimmt, einer aus den Schöffen, einer aus der zweiten Bank. Etwas hervorgehoben war der Schultheiß: im Ratssaal des Römers stand ihm ein besonderer Platz zu, an einem eigenen Tisch und etwas höher als die anderen Ratsmitglieder. Er leitete das Schöffengericht, das »Reichsgericht zu Frankfurt«, das in allen Zivilsachen entschied und auch die Oberinstanz für alle umliegenden Gerichte war. Als Vertreter des Kaisers war er der vornehmste Beamte der Stadt.

Man kann ermessen, was es bedeutete, ins Schultheißenamt der Stadt Frankfurt berufen zu werden. Johann Wolfgang Textor, Goethes Großvater mütterlicherseits, wurde diese Auszeichnung 1747 zuteil, obwohl er weder aus einer vornehmen noch besonders reichen Familie stammte. Eine solche Karriere war im damaligen Frankfurt möglich, wenn man durch fachliche Leistung und überzeugende Arbeit im Rat das Vertrauen der beiden ersten Ratsbänke hatte gewinnen können.

So sah die Ordnung der Stadt aus, in der Goethe geboren wurde. Sein Großoheim, Johann Michael von Loen, hat in einem Briefessay 1741 Frankfurt humorvoll beschrieben:

Die Stadt Franckfurt ist eine der schönsten Städte im deutschen Reich, sie ist zwar nur mittelmäsig groß, aber sehr angebauet und volckreich: die Lage derselben ist unvergleichlich und die Gegend daherum ist eine der angenehmsten in der Welt. Der Mayn formiret gegen den Aufgang von Seiten der Brücke ein rechtes Schaugerüste, wo sich die Stadt auf beyden Seiten in einem prächtigen Ansehen zeiget. Sowohl in der Stadt, als ausserhalb derselben sind die schönsten Spaziergänge. Man siehet allenthalben Höfe und Lustgärten, deren einige sehr wohl angelegt sind, und kostbar unterhalten werden.

Es ist nur schade, daß das Inwendige der Stadt gröstentheils sehr übel gebauet ist. Die meisten Häuser sind von Holz und Laimen aufgeführet, und haben weder Einrichtung noch Bequemlichkeit. Dieses ist ein allgemeiner Fehler in allen alten Städten, die in der Gegend des Rheinstrohms liegen. Eine so schlechte Bauart ist Ursache, daß an diesem Ort die Feuersbrünste so leicht überhand nehmen und öfters ganze Strassen in die Asche legen. [...]

Es finden sich hier unter den Kaufleuten sehr gute Familien. Man beobachtet in ihren Häussern eine ungemeine Reinlichkeit, welche sie, nebst ihrer ganzen Aufführung sehr deutlich von gemeinen Bürgersleuten unterscheidet. Es ist wahr, daß der

Eifer für die Reinlichkeit bey einigen allzusehr übertrieben wird. Man kann auch in guten Sachen ausschweiffen und lächerlich werden. [...]

Die Handlung ist die Seele dieser reichen Stadt: sie allein hält sie empor und giebt ihr einen Rang unter den vornehmsten Städten der Welt. Unter den Kaufleuten selbst giebt es grosse und ehrwürdige Männer, die als wahre Patrioten ihre erworbene Reichthümer zur Aufnahme der Stadt und zum besten ihrer Mitbürger, insonderheit der Armen, mit vielem Ruhm zu gebrauchen wissen. Diese Leute haben meistens in ihrer Jugend schöne Reisen gethan, verstehen die vornehmsten europäische Sprachen, lesen gute Bücher und zeigen in ihrem ganzen Umgang eine edle Lebensart. [...]

Man findet hier auch viele gelehrte Leute, deren einige sich durch ihre Wissenschafften berühmt gemacht haben: sie haben nicht alle das Unglück so arm zu seyn, als es insgemein Leute von diesem Handwerck zu seyn pflegen. Sie kennen die Welt, sie wissen zu leben und sind gleichwohl gelehrt. [...]

Es ist hier ganz etwas gemeines, daß man einem Schneider, einem Schreiner, einem Schuhmacher und dergleichen, den Titel, dem Wohledlen giebt. Ja der geringste Tagdieb weis sich groß damit ein freyer Reichsbürger zu seyn. [...]

Der alte Adel zeiget in verschiedenen Stücken die Schwachheiten der eigensinnigen Greisen, die sich nicht mehr nach der Mode richten wollen. Der neue Adel im Gegentheil gleichet einer wilden und unbesonnenen Jugend, welche alle ihre Ausschweiffungen für lauter Artigkeiten will gelten machen. [...]

O ihr Einwohner dieser Stadt! denk ich manchmahl bey mir selber, wie glücklich wäret ihr, wann ihr euer Glück erkennen woltet! Der Himmel hat euch alles gegeben, um eure Tage in Friede und in Ruhe zuzubringen; und ihr verhindert euch selbst einander den Genuß dieser Glückseligkeit durch eure Eifersucht und durch den Mangel einer gewissen natürlichen Einträchtigkeit, welche das süsseste Band des geselligen Lebens ist [...] (*Beschreibung der Stadt Franckfurt*, in: *Kleine Schrifften*, 2. Teil, 3. Brief, 1750).

Johann Caspar Goethe, Sohn des Wirts zum Weidenhof und Kaiserlicher Rat

Die Forschung hat sich hingebungsvoll bemüht, alles mehr oder weniger Wissenswerte über Goethes Ahnen zutage zu fördern. Die Sippe der Goethes scheint aus dem Thüringischen zu stammen; die mütterliche Linie der Familien Textor und Walther weist ins Fränkische; die Lindheimers, zu denen die Großmutter mütterlicherseits gehört, sollen aus dem Hessischen kommen. Auch wenn man weiter in die Geschichte der Familien zurückgeht, sind es vornehmlich Thüringer, Franken und Hessen, die die Ahnentafel bestimmen. Vermutungen sind nicht ausgeblieben: die größere Intelligenz rühre von den fränkischen und hessischen Ahnen Goethes her und das großelterliche Ehepaar Textor-Lindheimer habe sie dem berühmten Träger des Namens Goethe vererbt. Müßige Spekulationen, die über Leben und Werk Johann Wolfgangs kaum Stichhaltiges aussagen. Auch der gern vorgetragene Hinweis, unter Goethes Ahnen seien Fürsten und Bauern, Künstler (wie Lukas Cranach) und Handwerker, Adlige und Ratsherren der Städte anzutreffen und er gehöre somit allen deutschen Schichten zu, besagt wenig. Er bezeugt nur, wie sehr man den großen Deutschen als Verkörperung und Eigentum des ganzen Volkes betrachten möchte.

Friedrich Georg Göthe, der Großvater, war der Sohn eines Hufschmiedemeisters in Artern an der Unstrut. Er hatte das Schneiderhandwerk gelernt, war herumgezogen, wie es Brauch war, hatte etwa vier Jahre in Lyon und Paris gelebt, scheint ein Könner seines Fachs gewesen zu sein und kam 1686 nach Frankfurt, als nach der Aufhebung des Edikts von Nantes Lutheraner in Frankreich ihren Glauben nicht mehr frei bekennen durften. Als »Fridericus Georg Göthé« unterschrieb er seinen Antrag auf Bürgerrecht, das er 1687 erhielt. Er heiratete die Tochter eines Meisters seiner Schneiderzunft, was in damaliger Zeit für Niederlassung und Fortkommen vorteilhaft war. Sein Geschäft muß floriert haben; er konnte sich ein ansehnliches Vermögen erarbeiten. In Frankfurt brauchte niemand mehr als 15 000 Gulden Vermögen anzugeben, dies war der Höchstsatz, der für die Steuer veranschlagt wurde, und diesen hat Friedrich Göthé nach einigen Jahren erreicht. Als 1700 seine Frau gestorben war, heiratete er fünf Jahre später ein zweites Mal: die verwitwete Cornelia Schellhorn, geborene Walther, zu deren Erbe aus erster Ehe der Gasthof »Zum Weidenhof« gehörte; auch sie die Tochter eines Schneidermeisters, 1668 in Frankfurt geboren.

Der »Weidenhof« war ein vornehmes Gasthaus nahe der Hauptwache, an der Ecke von Zeil und Weidengasse, ein stattlicher dreistöckiger Bau mit einer Front von zehn Fenstern. Unter den Gasthöfen der Stadt rangierte er an vierter Stelle. Friedrich Göthé ließ das Schneidern sein und wurde Hotelier. Er sollte es nicht bereuen: Als er 1730 starb, hinterließ er ein ansehnliches Vermögen. 19 000 Gulden bares Geld lagen, in siebzehn ledernen Geldsäkken aufbewahrt, für Frau Cornelia bereit; hinzu kamen die Immobilien: der Weidenhof, je ein Haus an der Eschenheimer und Bockenheimer Gasse, Hypotheken und Grundstücksbeleihungen, der Garten vor dem Friedberger Tor und der Weinberg am Röderberg. Von diesem stattlichen Erbe stammte die finanzielle Unabhängigkeit, derer sich sein Sohn, Goethes Vater, und Goethe selbst zeitlebens erfreuen durften.

Beim Tode Friedrich Göthés 1730 lebten von seinen insgesamt elf Kindern nur noch drei, darunter als einziges Kind aus der zweiten Ehe der Sohn

Johann Caspar, alleiniger Erbe des großen Vermögens der Mutter. Vater Göthé hatte mit seinem 1710 geborenen Sohn Johann Caspar anderes im Sinn, als ihn auf die Übernahme des »Weidenhofes« vorzubereiten. Aufsteigermentalität schlug durch. Er wollte ihm Zugang zu den graduierten Kreisen der Stadt ermöglichen, aus denen ja auch Ratsherren der beiden ersten »Bänke« gewählt wurden. So hat der erfolgreiche Hotelier des »Weidenhofes« viel für die Ausbildung seines Sohnes getan. Als Vierzehnjährigen schickte er ihn aufs renommierte Gymnasium Casimirianum nach Coburg, eine streng lutherische Schule. Auf dem, was hier an theologischem Fundament gelegt worden ist, scheint Johann Caspar beharrt zu haben. Der Sohn wußte später in *Dichtung und Wahrheit* davon zu berichten, aber auch von seiner eigenen Loslösung aus der Glaubenswelt des strengen Luthertums.

Seit 1730 schloß sich ein Studium der Jurisprudenz in Gießen und Leipzig an; zu seiner Ausbildung gehörte auch ein Aufenthalt am Reichskammergericht zu Wetzlar. Mit üblichem Pomp wurde Ende 1738 in Gießen die Promotion zum Dr. iur. gefeiert. Das war eine ausgedehnte Festlichkeit, mit Glockenläuten und feierlichem Aufzug, mit Musik und würdigen Worten in Latein, mit Gottesdienst und Tafelei, mit Gedichten und Gesang. Alles mußte von den jungen Doctores bezahlt werden. Die Fakultät, die sich bei dem seltenen Ereignis einer Promotion stets auch selbst feierte, nahm ihren Preis für die Verleihung solcher akademischen Würden. Johann Caspars wissenschaftliche Arbeit, seine Dissertation, die freilich ebenso erforderlich war, handelte, in lateinischer Sprache verfaßt, von Fragen des römischen und deutschen Erbvollzugs. In Frankfurt war unterdessen 1730 der Vater gestorben, und 1735 hatte die Mutter Cornelia den »Weidenhof« verkauft, nachdem sie wenig früher zwei Häuser am Großen Hirschgraben erworben hatte. Dort war nun für Johann Caspar sein Zuhause und ist es bis zu seinem Tode geblieben.

Lebhaft ist darüber gerätselt worden, welche Ziele, welche Aufgaben sich der promovierte Sohn des Frankfurter »Weidenhof«-Wirts in seinem Leben eigentlich gesetzt habe. Viel Gutes ist über Johann Caspar Goethe nicht geschrieben worden. Im Alter sei er pedantisch gewesen; Züge eines allzu gestrengen Hausherrn hat man ihm eingezeichnet, und von einer respektablen beruflichen Tätigkeit oder gar Karriere sei schon überhaupt nicht zu reden. In Wahrheit aber dürfte das Leben von Goethes Vater alles andere als unerfüllt oder gar gescheitert gewesen sein. Die Geschichtsschreiber sind gegen Eltern und Nachkommen außergewöhnlicher Persönlichkeiten oft ungerecht. Ihr Blick scheint gebannt auf den Einzigartigen gerichtet. Alles, was vor ihm war, und alles, was nach ihm kam, wird an ihm gemessen. Doch auch Vorfahren und Nachfahren haben ihr eigenes volles Leben gelebt, nach eigenem Sinn, mit eigenen Freuden und Mühen, mit Höhepunkten und Enttäuschungen.

Johann Caspar Goethe hatte es nicht nötig, eine bezahlte Tätigkeit zu suchen, um sein Dasein fristen zu können. Vielleicht hat er einmal ernsthaft daran gedacht, ein Amt in der Heimatstadt zu übernehmen; vielleicht hat er nur mit dem Gedanken gespielt und insgeheim mehr die Ungebundenheit einer freien Existenz geliebt, mit ihren besonderen Möglichkeiten zum Umgang mit Bildern und Büchern, Wissenschaft und Kunst. Von ihm selbst ist uns keine Äußerung bekannt, wie er sich sein Leben vorgestellt, was er erhofft und was er vermißt hat.

Dr. iur. Goethe konnte sich nach dem mit Erfolg abgeschlossenen Studium eine Bildungsreise leisten. In Regensburg lernte er den Reichstag kennen und in Wien den Reichshofrat, jene beschwerlich arbeitenden, aber funktionierenden höchsten Behörden des Heiligen Römischen Reiches Deutscher Nation. Von Wien aus ging es nach Italien; den Karneval 1740 erlebte er in Venedig; er besuchte Ferrara, Bologna, machte in Rom zunächst nur kurz Station, weil es weiter gehen sollte nach Neapel. Der Aufstieg auf den Vesuv fehlte ebensowenig im Programm wie ein Abstecher nach Herculaneum, das man erst 1719 entdeckt hatte. Der Vater war also schon dort gewesen, wohin es später den berühmten Sohn ziehen sollte, und auch der Vater hat notiert, was er sah und was ihn beeindruckte. Zwei Wochen blieb er, von Neapel wieder nach Norden reisend, in Rom, und noch einmal verweilte er, dieses Mal fast zwei Monate, in Venedig, das ihn besonders zu fesseln schien. Erst Ende 1741, nachdem er sich auch an der Universität Straßburg, wohl des Ansehens zuliebe, noch einmal als Studierender eingeschrieben hatte, kehrte der reisende Kavalier wieder nach Frankfurt zurück. Die Eindrücke jener Monate vergaß er nicht. Viel später erst schrieb er seinen Reisebericht, seine ›Italienische Reise‹, den *Viaggio in Italia*. Es sind fingierte Reisebriefe, ein Band von über 1000 handschriftlichen Seiten im Quartformat. Und nun könnte man aufzählen, was Johann Caspar im Unterschied zu Johann Wolfgang alles nicht gesehen, nicht erwähnt hat, aber auch umgekehrt: wie der Vater den Bildhauer und Baumeister Bernini als bedeutenden Künstler für sich entdeckte, der für den Sohn wohl wegen der Kritik Winckelmanns so belanglos war, daß er in seiner *Italienischen Reise* keinen Platz fand.

Für den zurückgekehrten über Dreißigjährigen stellte sich die Frage nach seiner weiteren Existenz. Bis 1748 lebte er als Junggeselle im Hause der Mutter am Großen Hirschgraben, als Doktor der Jurisprudenz zur kleinen und besonders geachteten Schicht der Graduierten in Frankfurt gehörig. Wahrscheinlich bemühte er sich um ein Amt in der Stadt, aber ohne Erfolg, dann scheint er ein solches Vorhaben rasch aufgegeben zu haben. 1742 begann er, eine umfangreiche Dokumentensammlung von über zwanzig Folienbänden zur Rechtsgeschichte Frankfurts anzulegen, eine Arbeit, die er über Jahrzehnte fortsetzte.

In Frankfurt und seiner Umgebung spielten sich in diesen Jahren aufregende politische Ereignisse ab. Nach dem Tod Kaiser Karls VI. am 20. Oktober 1740 war es zu schweren Verwicklungen gekommen; Bayern erkannte die sog. Pragmatische Sanktion nicht an, die eine weibliche Thronfolge erlaubte und nun Maria Theresia, der Tochter Karls VI., die Habsburgischen Lande zufallen ließ. Karl Albrecht von Bayern meldete eigene Ansprüche an; andere europäische Staaten sahen sich in ihren Machtpositionen berührt, Frankreich ging mit Bayern zusammen, England unterstützte Österreich; der österreichische Erbfolgekrieg zog sich über Jahre hin, der Einfall Friedrichs II. von Preußen in Schlesien bildete nur den Auftakt. In Frankfurt, der rechtmäßigen Wahlstadt der Kaiser, tagten unterdessen die Wahlgremien. Es herrschte die bei solchen Anlässen gewohnte Betriebsamkeit; die Delegationen, mit großem Troß angereist, gaben Empfänge und organisierten die rituellen höfischen Festlichkeiten. Es war so, wie es Goethe in *Dichtung und Wahrheit* aus Anlaß der Krönung Josephs II. ausführlich beschrieben hat. Man einigte sich endlich in den Frankfurter Wahlversammlungen 1742 auf den bayerischen Kurfürsten Karl Albrecht; am 12. Februar konnte seine Krönung als Kaiser Karl VII. stattfinden. Er war in einer prekären Lage, besaß er doch nicht einmal sein eigenes Land; denn die Österreicher waren dort eingefallen, und so residierte er in der Reichsstadt Frankfurt. 1742 erlitt er abermals eine Schlappe: Bei Dettingen in der Nähe Frankfurts siegten die Engländer unter ihrem König Georg II., dem Verbündeten Maria Theresias, über Franzosen und Bayern. Erst im Herbst des nächsten Jahres, als die Österreicher verloren hatten, konnte Karl VII. wieder nach München ziehen. Bald aber wurde eine neue Kaiserwahl fällig. Und nun, nach dem Tode Karls VII. am 20. Januar 1745, wurde Franz Stephan von Lothringen, Gemahl Maria Theresias, als Franz I. zum Kaiser gewählt. Wieder sah Frankfurt die pompösen Feierlichkeiten; dem jungen Goethe haben Miterlebende davon erzählt, so daß er später nicht versäumte, im ersten Band von *Dichtung und Wahrheit* darüber zu berichten.

Für Johann Caspar war das alles nächste Wirklichkeit. Kurze Zeit erst amtierte Karl VII. als deutscher Kaiser in Frankfurt, da reichte der junge Rechtsgelehrte dem Herrscher einen Antrag ein, in dem er um die Verleihung des Titels »Wirklicher Kaiserlicher Rat« ersuchte. Im damals üblichen dekorativen Zeremonialstil begründete er sein Vorhaben:

Nachdem ich nun nicht allein durch die letzthin von Ew. Kayserl. & Königl. Majestät in allerhöchster Person alhier eingenommenen Huldigung ein allerunterthänigst-treu-gehorsambster Knecht geworden, sondern auch durch den auf verschiedenen Teutschen Academien in denen Studiis gelegten Grund und deren volligen Vollendung so wohl, als nachhero bey dem Kayserl. Cammer-Gericht zu Wetzlar, dem Reichs-Tage zu Regenspurg und dem Reichs-Hoffrath viele Jahre hindurch erlernte Reichs-Praxeos, so fort auff Reisen geschöpffte Einsicht verschiedener vornehmen Europäischen Staaten, Sitten und Gebräuche, die erforderlichen Eigenschafften, Gott, Ew. Kayserl. & Königl. Majestät und dem Vatterlande ersprießlich dienen zu können, hoffentlich acquiriret, So erkühne mich ebenfalls Ew. Kayserl. & Königl. Majestät obgedachte meine wenige qualitäten zu vördrist zu Dero allerhöchsten Diensten allergehorsamst zu offeriren, Zugleich aber allerhöchst Dieselben zu bitten, mir Dero würklichen Kayserl. Raths Caracter allermildest zu conferiren, welche allerhöchste Kayserl. Gnade Zeitlebens mit Treuaufrichtigsten Diensten zu demeriren mein einziges Augenmerk seyn wird, Der ich übrigens in allertiefester Verehrung, zu Dero allerhöchsten Kayserl. Huld und Gnade mich fernerhin empfehlende, ersterbe

Ew. Kayserl. und Königl. Majestät
allerunterthänigst treugehorsambster Knecht
Johann Caspar Goethe J. U. D. [Doktor beider Rechte] (BaE 104 f.)

Mit Dekret vom 16. Mai 1742 wurde Johann Caspars Wunsch erfüllt. Nun war er »Kaiserlicher Rat«, hatte einen Titel, wie ihn nur wenige in der Freien Reichsstadt besaßen: der Schultheiß, die sieben ältesten Schöffen und der älteste Syndikus. Es ist müßig, darüber zu spekulieren, ob der Titel eine Laufbahn öffnen sollte; jedenfalls hat der Herr Rat sie nicht beschritten. Er blieb der unabhängige, von seinem und seiner Mutter Vermögen lebende Doktor beider Rechte, der sich im Großen Hirschgraben seine Welt aufbaute. Es war die Welt gelehrten Müßiggangs, in der Geschichte, Wissenschaft und Kunst gepflegt wurden.

Man muß sich das Verzeichnis der Bibliothek von Goethes Vater ansehen, um zu erkennen, welche Fülle des Wissens er zu greifen suchte und wie aufgeschlossen er auch für die Literatur seiner Zeit war. Hier zeigte sich noch etwas von jenem Streben nach enzyklopädischer Gelehrsamkeit, das für das 17. und frühe 18. Jahrhundert bezeichnend war. Man stelle sich nur die große Zahl an Gemälden und Kunstgegenständen vor, die er in seinem Haus zusammentrug, um die Leidenschaft des Sammlers zu ermessen. Man denke nur an den Kreis der wohlhabenden Frankfurter Bürger, die sich der Bildung und Wissenschaft widmeten und mit denen der Herr Rat verkehrte, um zu begreifen, daß sein Leben als »Particulier«, als Privatmann, der von seinem Vermögen lebte, weder langweilig noch borniert, weder griesgrämig noch enttäuscht war. Im zweiten Buch von *Dichtung und Wahrheit* kann man nachlesen, wie es in jenem Frankfurter Zirkel eines zu Kunst und Bildung fähigen, weil begüterten Bürgertums zuging, das mit seinen Liebhabereien selbstverständlich nicht das alltägliche Leben einer für damalige Verhältnisse großen Stadt von 36 000 Einwohnern prägte.

Der Kaiserliche Rat war schon achtunddreißig Jahre alt, als er am 20. August 1748 mit Catharina Elisabeth Textor, der siebzehnjährigen Tochter des Stadtschultheißen, Hochzeit feierte. Es mag sein, daß Johann Caspar auch aus gesellschaftlichen Erwägungen diese Verbindung einging. Doch wer will heute abwägen, was die Ehepartner damals zu ihrer Entscheidung bewog? Jedenfalls ist die spätere Bemerkung in *Dichtung und Wahrheit* falsch, der Vater habe durch diese Trauung bewußt eine mögliche Aufnahme in den Rat der Stadt verhindern wollen. Denn Johann Caspar Goethe konnte schon deshalb nicht mehr in den Rat gewählt werden, weil in ihm bereits seit 1747 sein Halbbruder saß, der Zinngießermeister Hermann Jacob Goethe. Vielleicht hat der respektable Herr Rat seine spätere Frau bei Johann Michael von Loen kennengelernt, der mit einer Schwester der Frau Stadtschultheiß Textor verheiratet und in jenem Kreis gelehrter Frankfurter eine auch durch seine Schriften bekannte Persönlichkeit war. In seinem Hause, mainabwärts vor den Toren Frankfurts, wurde die Hochzeit gefeiert.

Johann Wolfgang war das erste Kind in dieser Ehe. Fünf weitere Geschwister sind zur Welt gekommen, aber auch in dieser Familie forderte die damals hohe Kindersterblichkeit ihren Tribut. Nur Cornelia, 1750 geboren und enge Vertraute des jungen Wolfgang, überlebte die Kinderjahre; doch auch sie starb schon 1777, kurz nach der Geburt ihrer zweiten Tochter. Die anderen Geschwister gingen früh dahin. Hermann Jacob lebte nur von 1752 bis 1759, Catharina Elisabeth von 1754–1756, Johanna Maria von 1756–1759 und Georg Adolph von 1760–1761. Solcher Kummer und solche Sorgen waren im Haus am Großen Hirschgraben also vertraute Gäste.

1755 war ein bedeutsames Jahr im Leben des Rats Goethe und seiner Familie. Nach dem Tode der Mutter Cornelia am 1. April 1754 allein verfügungsberechtigt über Haus, Grund und Vermögen, setzte er den Umbau des Hauses ins Werk. Aus den beiden Häusern wurde ein einziges, geräumiges, mit großen Vorsälen auf den Etagen und einer breiten Treppe die Stockwerke hinauf, in deren Gitter die Initialen J. C. G. und C. E. G. eingeformt waren. Den Eingang schmückte ein Wappen, in dessen unterer Hälfte drei Leiern zu sehen waren: Zeichen jener Welt der Wissenschaft und der Musen, in der der Kaiserliche Rat zu leben gewillt war.

Von 1759 an, als die Franzosen die Stadt besetzt hielten, gab es Einquartierung im Hause, die sich immerhin bis in den Sommer des Jahres 1761 hinzog und Johann Caspar wenig Freude bereitete, mochte auch der Königsleutnant Graf Thoranc, der höchste französische Offizier, ein kunstbegeisterter und kenntnisreicher Mann sein. Denn der Herr Rat sympathisierte, anders als Schwiegervater Textor und mancher einflußreiche Bürger der Wahl- und Krönungsstadt, die sich Wien verbunden fühlten, mit dem preußischen Friedrich II. Am 13. April, dem Karfreitag des Jahres 1759, soll es einen schweren Zusammenstoß zwischen dem Kaiserlichen Rat und dem französischen Grafen gegeben haben. Bei Bergen, vor den Toren Frankfurts, war es zur Schlacht zwischen Herzog Ferdinand von Braunschweig und den Franzosen unter dem Herzog von Broglie gekommen; auf beiden Seiten kämpften deutsche Truppen. Vater Goethe hatte in seinem Garten vor dem Friedberger Tor auf den Sieg des Braunschweigers gehofft, und nun, nach der Rückkehr ins Haus am Großen Hirschgraben, dachte er nicht daran, dem Grafen Thoranc, wie dieser erwartete, zum Sieg zu gratulieren; vielmehr erging er sich in Verwünschungen. Nur mühsam gelang es offenbar, einen folgenschweren Konflikt beizulegen.

1763 räumten die Franzosen die Stadt; im Jahr darauf brachten die Krönungsfeierlichkeiten für Joseph II. wieder höfischen Glanz und, für die niederen Stände, Volksbelustigungen in die alte Stadt. Politisch ruhigere Jahre zogen ein; der Kaiserliche Rat konnte sich in seinem Haus ungestört seinen Aufgaben widmen: der Erziehung der Kinder, seinen Kunstsammlungen, der Literatur. Er ließ es an nichts fehlen, um den Kindern eine gediegene Grund- und Weiterbildung zu ermöglichen, und dazu gehörten das Erlernen von Sprachen ebenso wie Musikunterricht, der Besuch von Theateraufführungen und Konzerten. Als im Sommer 1763 Leopold Mozart, Maître de la Musique Chapelle de Salzbourg, mit seinen Kindern Wolfgang Amadeus und Nannerl nach Frankfurt kam, um diese Wunderkinder im Scharfschen Saale auf dem Liebfrauenberg vorzuführen, erwarb auch Rat Goethe Eintrittskarten. In sein Ausgabenbuch trug er unter dem 25. August 1763 ein: »Pro Mus. conc. duor. infant. 4,7«, für das Konzert zweier Kinder.

Vom 1. Januar 1753 bis zu seinem Schlaganfall am 10. September 1779 hat Johann Caspar Goethe dieses Haushaltsbuch geführt, den *Liber domesticus*, zuerst in Latein, dann auch in Deutsch; sogar Frankfurter Dialektausdrücke und Französisches mischten sich ein. Sorgfältig notierte er die Ausgaben, so daß wir verfolgen können, wie gelebt und gewirtschaftet wurde. Da sind zum Beispiel die Kosten für die »convivia amicorum«, die Geselligkeiten mit Freunden, verzeichnet, für die nur ein paarmal im Jahr stattfindenden großen Wäschen, für Großeinkäufe an Butter und Schinken, für Kleidung und vieles andere mehr. Vorratswirtschaft zu treiben war damals selbstverständlich;

nur Kleinigkeiten erstand man beim Krämer. Es war ein wohlhabendes Haus. Wirklicher Reichtum freilich sammelte sich bei den Frankfurter Kaufleuten und Bankiers. Das Bankhaus Ohlenschlager verdiente 1773 allein am Wechselgeschäft 40000 Gulden. Das zinstragende Kapital brachte Goethes Vater jährlich 2700 Gulden ein; eine beachtliche Summe, wenn man bedenkt, daß der höchste Beamte, der Stadtschultheiß, 1800 Gulden jährlich erhielt, ein Maurer bei voller Beschäftigung auf 200 Gulden kam und Personal und Dienstboten bei freier Kost und Unterkunft mit 15–24 Gulden zufrieden sein mußten. Nach dem *Liber Domesticus* gaben Goethes jährlich 2592 Gulden für die Lebenshaltung aus, mithin weniger als die Zinsen, und immerhin wurden 10% für Kunst und Literatur, Erziehung und Bildung aufgewendet, damit weit mehr, als besagter Maurer pro Jahr zusammenbekam. Hätte er vier Gulden für ein Konzert der Mozart-Wunderkinder erübrigen können? Trotz der sorgfältigen Buchführung – Frau Rat setzte mit ihrem Kassa-Buch den *Liber domesticus* fort – war das Vermögen 1808, beim Tode von Goethes Mutter, auf die Hälfte geschrumpft. Manche Großausgaben, etwa der Umbau des Hauses 1755, der spätere Umzug der Mutter und auch Wertverlust haben wohl die Substanz angegriffen, worüber uns das verlorene Hauptbuch hätte Auskunft geben können.

Goethes Vater knauserte nicht, wenn es um die Ausbildung der Kinder, die fortlaufende Ergänzung seiner Bibliothek und den Erwerb von Gemälden und Kunstgegenständen ging. Für jedes Studienjahr Johann Wolfgangs von 1765–1768 ließ er rund 1200 Gulden springen, eine Summe, die jede Bewegungsfreiheit garantierte. Das Haus des Kaiserlichen Rats wurde ein Zentrum für die Frankfurter Maler seiner Zeit. Wie wir wissen, rangierte die Galerie Johann Caspars unter den 15 sehenswerten Kunstkabinetten der Stadt an zwölfter Stelle. Sie dürfte etwa 120 Bilder umfaßt haben. Der persönliche Verkehr der Familie Goethe mit den Künstlern und Aufträge an sie waren offenbar selbstverständlich. Trautmann, Seekatz, Juncker, Schütz, Nothnagel, sie alle pflegten guten Kontakt mit Goethes Vater. Als schließlich der einquartierte Graf Thoranc den Frankfurter Künstlern den Auftrag erteilte, für sein Heimatschloß nahezu 400 Bilder zu malen, war das Haus am Großen Hirschgraben so etwas wie eine zeitgenössische Malerakademie.

Im September 1779 traf den Rat ein erster, im Oktober 1780 ein zweiter schwerer Schlaganfall, nach dem er nicht mehr selbst essen und nur noch mühsam sprechen konnte. »Der arme Herr Rath, ist schon seit Jahr und Tag sehr im abnehmen – vornehmlich sind seine Geistest kräffte gantz dahin – Gedächnüß, Besinnlichkeit, eben alles ist weg. Das Leben das Er jetzt führt ist ein wahres Pflantzenleben«, schrieb seine Frau am 20. August 1781 an

Lavater. Das Leiden zog sich noch eine Weile hin; am 25. Mai 1782 starb der Wirkliche Kaiserliche Rat Johann Caspar Goethe, 71 Jahre alt.

An Spannungen zwischen ihm und seinem Sohn hat es sicherlich nicht gefehlt. Der Vater pochte, bei aller materiellen Großzügigkeit, auf sein Recht als Hausherr und Vater. Er forderte das juristische Studium des Sohnes in Leipzig und verwarf Wolfgangs Wunsch, nach Göttingen zu gehen. Bei aller Aufgeschlossenheit für Gegenwärtiges lebte er nach Vorstellungen, für die gesellschaftliche Etikette und zeremonielle Normen etwas selbstverständlich zu Respektierendes waren, und ließ sich in seinem Luthertum nicht beirren. Er hatte Italien gesehen und Frankreich kennengelernt, seine Erinnerungen daran und auch Sehnsüchte behalten. Wie hätte er sonst nach Jahren seinen *Viaggio in Italia* niedergeschrieben! Aber er kapselte sich in seine Welt am Großen Hirschgraben ein. Und er war in kleinen, alltäglichen Dingen zweifellos nicht ohne Pedanterie, vielleicht nicht ohne Anwandlungen von Mißmut und Melancholie, was für die Mitlebenden allemal belastend ist. Produktiv und damit schöpferisch hat er sich nicht verwirklicht. Wahrscheinlich ist diese Tatsache, die ja kein Manko in einem ansonsten erfüllten Leben darstellen muß, dafür verantwortlich, daß spätere Beurteiler seine Existenz als eng und eingeschränkt empfunden haben. Im 6. Buch von *Dichtung und Wahrheit* klingt dies an, eben dort, wo Goethe von der Abneigung gegen seine Vaterstadt spricht, die ihm immer deutlicher geworden sei. »Mein Vater, in die Angelegenheiten der Stadt nur als Privatmann verflochten, äußerte sich im Verdruß über manches Mißlungene sehr lebhaft. Und sah ich ihn nicht, nach so viel Studien, Bemühungen, Reisen und mannigfaltiger Bildung, endlich zwischen seinen Brandmauern ein einsames Leben führen, wie ich mir es nicht wünschen konnte? Dies zusammen lag als eine entsetzliche Last auf meinem Gemüte, von der ich mich nur zu befreien wußte, indem ich mir einen ganz anderen Lebensplan, als den mir vorgeschriebenen, zu ersinnen trachtete« (9, 240).

Goethe ist, wenn nicht alles täuscht, mit dem Verhältnis zu seinem Vater nie ganz ins reine gekommen. Liebevoll ehrfürchtiger Respekt war es, der dem alten Goethe die Sätze diktierte. »Meinem Vater war sein eigner Lebensgang bis dahin ziemlich nach Wunsch gelungen; ich sollte denselben Weg gehen, aber bequemer und weiter« (9, 32). Der Kaiserliche Rat hat seinen Sohn bewundert und dessen Weg, wenngleich nicht ohne Sorgen und Bedenken, mit liebender Anteilnahme verfolgt. Einen »singulären« Menschen nannte er ihn in einem der wenigen erhaltenen Briefe (an Schönborn, 24.7.1776), und als er aus Weimar das Gedicht *Seefahrt* erhielt, schrieb er es eigenhändig ab, so als wollte er seine eigene Skepsis beschwichtigen und sich einprägen, was der Sprecher dieser Verse an Selbstsicherheit und Vertrauen in die Zukunft ausdrückte. Im 12. Buch von *Dichtung und Wahrheit* verlieh Goethe dann dem väterlichen Leben sogar das Prädikat »zufrieden«: »Der Vater, in seinen verjährten Liebhabereien und Beschäftigungen ein zufriedenes Leben führend, war behaglich, wie einer, der trotz allen Hindernissen und Verspätungen seine Plane durchsetzt« (9, 503 f.).

Catharina Elisabeth Textor, Tochter des Stadtschultheißen und Frau Rat Goethe

Wesentlich genauer als über den Vater unterrichten uns Dokumente über die Mutter Catharina Elisabeth, geborene Textor, vor allem ihre Briefe, von denen viele in einer hinreißenden Erzähllaune geschrieben sind. Die Textors waren eine alte, bedeutende Juristenfamilie und seit 1690 in Frankfurt ansässig. Der Urgroßvater Catharina Elisabeths, Johann Wolfgang Textor (1638–1701), war Professor und Universitätsrektor in Heidelberg, ehe er 1689 nach der Eroberung der Stadt durch die Franzosen flüchtete und ein Jahr später Syndicus des Frankfurter Magistrats wurde. Ein Sohn Christoph Heinrich (1666–1716), ebenfalls Jurist, lebte als Advokat und Kurpfälzischer Hofgerichtsrat in der Freien Reichsstadt, und dessen ältestem Sohn, Goethes Großvater Johann Wolfgang Textor (1693–1771), blieb es vorbehalten, 1747 als Reichs-, Stadt- und Gerichtsschultheiß das höchste Amt der Stadt zu bekleiden, obwohl er keiner der vornehmen Patrizierfamilien angehörte. Er blieb offenkundig ein bewußter Bürger, hielt außer der selbstverständlich geforderten Repräsentanz seines Amtes nichts von Pomp und aufwendiger Lebensführung, liebte seinen Garten und hat es, wenn die Überlieferung stimmt, abgelehnt, geadelt zu werden. Anna Margaretha Lindheimer (1711–1783) wurde seine Frau, Tochter eines Juristen, deren Großvater väterlicherseits Metzger und Viehhändler in Frankfurt gewesen war, während der Großvater mütterlicherseits bedeutende juristische Positionen in Hessen innegehabt hatte. An dieses Großelternpaar Textor/Lindheimer sind die ersten Verse gerichtet, die wir von Goethe besitzen: das Alexandrinergedicht zu Neujahr 1757.

Für die Ausbildung seiner Töchter scheint der Stadtschultheiß nicht gerade viel übrig gehabt zu haben. Vermutlich hielt er es, ganz im Sinne der Zeit, für ausreichend, wenn sie halbwegs schreiben und rechnen konnten und dann einer Verheiratung entgegensahen. Catharina Elisabeth, am 19. Februar 1731 geboren, war siebzehn, als sie den Kaiserlichen Rat Goethe ehelichte. So blieb ihr noch Zeit genug, mit jenen Gebieten bekannt zu werden, die ihr Mann pflegte und die ihr bis dahin fremd gewesen sein dürften. Ihre ganze Neigung hat später freilich dem Theater gehört, mit allem gesellschaftlichen Drum und Dran, auch mit engem Kontakt zum Schauspieldirektor Großmann und seit 1784 mit einer ans Leidenschaftliche grenzenden Beziehung zum Schauspieler Unzelmann, die sich jedoch nach 1788 ins Nichts auflöste.

Es fällt schwer, nicht ins Schwärmen zu geraten, wenn man von der »Frau Rath Goethe« berichtet, wie sie uns in ihren Briefen begegnet. Freilich, an ihrer Rechtschreibung dürfen wir uns nicht stoßen. Sie schrieb, ohne auf Regeln zu achten, die sie ohnehin nicht gelernt hatte. »Der Fehler lage am Schulmeister«, meinte sie halb entschuldigend, halb selbstironisch. Nur lautes Lesen hilft bisweilen, den Sinn ihrer Buchstabenfolgen zu entdecken. Dann hört man, was sie gemeint hat, als sie »pradiodißmuß« (Patriotismus) schrieb oder »Tramtugische« (Dramaturgische) Blätter oder »Lotheri« (Lotterie), in der sie, zusammen mit dem Sohn in Weimar, anscheinend lebhaft gespielt hat. »Dein Looß ist mit 50 f heraus gekommen 5 wurden abgezogen vor die übrigen 45 f habe wieder ein neues zur 13ten Lotheri genomen – 728 ist die No:«, teilte sie ihm am 4. Dezember 1797 mit.

Welche Lebenskraft und -freude in dieser Frau; welches Gottvertrauen in den schweren Jahren, die ihr nicht erspart blieben, nicht beim Sterben ihrer fünf Kinder zwischen 1756 und 1777 und nicht in den langen Zeiten von Krieg und Einquartierung in den neunziger Jahren, als sie alles allein zu bewältigen hatte; welcher Optimismus, den sie auch den andern weitergeben wollte; welche Sicherheit jenseits der Konventionen, als sie Christiane Vulpius, mit der ihr Sohn in freier Gemeinschaft zusammenlebte, ganz selbstverständlich als Familienmitglied akzeptierte! Ihre Haltung, das Leben zu nehmen, wie es eben ist, und nie die Hoffnung aufzugeben, war nicht zu erschüttern: »Mein Befinden ist Gott sey [Dank] gantz gut, ich bin wohl und auch vergnügt – trage was ich nicht ändern kan mit Geduld – warte auf beßre Zeiten ängstige mich aber nicht vor der Zeit« (1. 1. 1793). »Es gibt doch viele Freuden in unseres Lieben Herr Gotts seiner Welt! Nur muß mann sich aufs suchen verstehn – sie finden sich gewiß – und das kleine ja nicht verschmähen« (28. 2. 1796). »Unsere jetzige Lage ist in allem Betracht fatal und bedencklich – doch vor der Zeit sich grämen oder gar verzagen war nie meine Sache – auf Gott vertrauen – den gegenwärtigen Augenblick nutzen – den Kopf nicht verliehren – sein eignes werthes Selbst vor Kranckheit [...] zu bewahren – da dieses alles mir von jeher wohlbekommen ist, so will ich dabey bleiben« (1. 8. 1796).

Am wachsenden Ruhm des Sohnes nahm sie lebhaft Anteil, freute sich über die vielen Gäste, die das Haus am Hirschgraben besuchten, genoß die Verbindungen, die sich nach Weimar spannen, zur Herzoginmutter Anna

Amalia, zum Hoffräulein v. Göchhausen, dem sie lustige Reimbriefe schrieb, ließ sich Lektüre von dort schicken und mahnte, wenn Bertuchs *Journal des Luxus und der Moden* oder der *Teutsche Merkur* nicht gekommen waren. Und sie sandte ihrerseits Frankfurter Gaben ins Weimarer Haus, nicht nur zu Weihnachten: Stoffe, Kleider, Taschentücher, Spitzen und Leckerbissen, Kastanien z. B.: »mein Wunsch ist, daß sie Euch in Gänßebraten – und blau kohl wohl schmecken und noch beßer bekommen mögen« (18. 10. 1806). Sie geizte auch nicht mit Ratschlägen und Warnungen gegenüber dem erwachsenen Sohn, der sich mit manchen Antworten Zeit ließ; mehr als einmal mußte sie ihn mahnen, und eine Zeitlang liefen die Nachrichten vom und zum Sohn über Fritz v. Stein.

1795, als sie das Haus am Hirschgraben verkauft hatte, zog sie in eine passende Wohnung am Roßmarkt mit trefflichem Ausblick: »die Hauptwache gantz nahe – die Zeil da sehe ich biß an Darmstädter Hof – alles was der Catharinenporte hinein und heraus kommt so mit der Bockenheimerstraße u. s. w.« (24. 8. 1795). Vom Inventar des alten Hauses wurde veräußert, was nur möglich war. Der Erlös für die riesigen Weinvorräte, die im Keller lagerten, darunter alte Jahrgänge, brachte viel ein; auch die Bibliothek des Kaiserlichen Rats (von 1693 Stück sprach sie im Brief vom 19. Dezember 1793) kam zur Auktion, nachdem der Sohn in Weimar und Schwiegersohn Schlosser davon erhalten hatten, was sie sich wünschten. (Durch den Katalog, der bei dieser Gelegenheit angefertigt worden ist, kennen wir die Bestände der väterlichen Bibliothek im Großen Hirschgraben genau.) Bis zu ihrem Tod am 13. September 1808 hat sie in jenem Haus »Zum Goldnen Brunnen« am Roßmarkt gewohnt, aufgeschlossen und lebensmutig, zuguterletzt das Ende bewußt und gelassen erwartend, nicht ohne alle Einzelheiten für ihr Ableben vorbereitet zu haben.

Über das Verhältnis des Sohns zur Mutter wird kaum wirkliche Klarheit zu gewinnen sein. In mütterlichen Frauengestalten seiner Dichtung, sagt man, spiegele sich aufs schönste der unauslöschliche Eindruck der Mutter und die Erinnerung an sie. Das mag sein. Aber auch Merkwürdigkeiten sind zu erwähnen. Erst von 1792 an hob der Sohn die Briefe auf, die ihm die Mutter aus Frankfurt schrieb. Ganze vier Briefe aus den vielen Jahren davor hat er bewahrt, und er scheint sie mit Bedacht ausgewählt zu haben. Es sind gerade solche, in denen er und seine Mutter in hellem Licht erscheinen (23. 3. 1780; 17. 6. 1781; Februar 1786, 17. 11. 1786). Im ersten dieser Briefe klingt die begeisterte Zustimmung der Frau Rat aus Frankfurt: »Wenn es aber auch kein Weimar und keine solche herrliche Menschen drinne gäbe – ferner keinen Häschelhanß – So würde ich Catholisch [...]. Da uns aber Gott so begnadig hat, so freuen wir uns auch dieses Erdeleben« (23. 3. 1780).

Und über die Nachricht des Italienreisenden aus Rom freute sie sich am 17. 11. 1786: »Jubeliren hätte ich vor Freude mögen daß der Wunsch der von frühester Jugend an in deiner Seele lag, nun in Erfüllung gegangen ist.« Warum hat Goethe alle anderen Briefe jener Jahre vernichtet? Hat die Mutter, die, nicht mundfaul, in der Regel mit ihrer Meinung nicht hinter dem Berg hielt, ihrem »Hätschelhans« vielleicht auch unwirsche Briefe geschrieben, in denen von Irrungen und Wirrungen die Rede war, die sie sorgenvoll oder gar mit Mahnungen verfolgte, oder auch solches berührt, das nicht mehr in das Bild vom eigenen Leben paßte, an dem ihm später gelegen war?

In der Vaterstadt und zu Besuch bei der Mutter ist der Weimarer Goethe nur gelegentlich noch gewesen, zum letzten Mal für drei Wochen im August des Jahres 1797. Zu ihrer Beerdigung im September 1808 ist er nicht nach Frankfurt gereist; von Franzensbad, wo er sich zur Kur aufhielt, kehrte er am 17. September nach Weimar zurück. Die Frau Rat ihrerseits hat die thüringische Residenzstadt kein einziges Mal besucht. Daraus darf man allerdings keine falschen Schlüsse ziehen. Denn auch zur Tochter Cornelia Schlosser im badischen Emmendingen ist sie nicht gefahren. Offensichtlich reiste sie ungern, war doch damals jede größere Reise mit erheblichem Zeitaufwand und Unbequemlichkeiten verbunden. »Das Reisen war nie meine Sache«, hat sie selbst erklärt (2. 7. 1784), und so ist es bei Abstechern nach Offenbach, Wiesbaden, Heidelberg geblieben. Weiter scheint sie nie gekommen zu sein. Mit Stolz schrieb sie, als sie weiblichen Besuch im Elternhaus des bekannten Sohnes herumgeführt hatte: »Die Dame muß reisen um die gelehrten Männer Deutschlands zu sehen, bei mich kommen sie Alle ins Haus, das war ungleich bequemer« (23. 12. 1784). Goethe hat zunächst auch nicht gerade gedrängt, seine Mutter in Weimar zu sehen. Fürchtete er vielleicht, sie könne mit ihren Bildungslücken dort nicht bestehen oder mit ihrer offen-freimütigen Art Anstoß, mit ihrer behenden Redeweise unliebsames Aufsehen erregen? Schließlich hat sie selbst einmal vermerkt: »Wenn ich so gerne schriebe als schwätzte; so soltet Ihr Wunder hören« (28. 3. 1808), wo sie doch schon beim Schreiben eine lebhafte Gangart, über Stock und Stein sozusagen, einzuschlagen vermochte! Ob aus den vernichteten Briefen einiges zu entnehmen gewesen wäre? Es bleiben alles Vermutungen. In den Kriegswirren der neunziger Jahre hat Goethe die Mutter dann mehrfach aufgefordert, nach Weimar zu kommen, aber sie ist in Frankfurt geblieben.

Dichtung und Wahrheit bietet keine Schilderung und keine Charakteristik der Mutter, und nur *ein* Gedicht (im frühen Brief an Cornelia aus dem Mai 1767) hat der Sohn ihr gewidmet. So mag es denn doch sein, daß alles, was der Dichter über sie zu sagen hatte, in die Gestaltung der Mutter in *Hermann und Dorothea* eingegangen ist, jenes Epos, das die Frau Rat besonders liebte.

Nicht zu vergessen natürlich die bekannten Spruchzeilen aus dem Alter, in denen Goethe mit leiser Selbstironie auf seinen jugendlichen Drang nach Originalität zurückblickte:

Vom Vater hab' ich die Statur,
Des Lebens ernstes Führen,
Von Mütterchen die Frohnatur
Und Lust zu fabulieren.
Urahnherr war der Schönsten hold,
Das spukt so hin und wieder,
Urahnfrau liebte Schmuck und Gold,
Das zuckt wohl durch die Glieder.
Sind nun die Elemente nicht
Aus dem Komplex zu trennen,
Was ist denn an dem ganzen Wicht
Original zu nennen?

Kindheit in Frankfurt

28. August 1749

Im Frankfurter Kirchenbuch ist die Taufe Wolfgang Goethes durch den Hauptpfarrer an der Katharinenkirche, Dr. Fresenius, der auch schon die Eltern getraut und die Mutter konfirmiert hatte, protokolliert:

1749. Augustus. Getauffte hierüben in Franckfurth. Freytags den 29. dito. p. H. Doct. u. Sen. Fresenium privatim. Goethe, der Hoch Edelgebohrene und Hochgelahrte Herr Johann Caspar, Ihro röm. Kayserl. Majest. würckl. Rath und beider Rechten Doct. alhier; dann S. T. Frau Catarina Elisabetha, dessen Ehe-Consortin, geb. Textorin, einen gestrigen Donnerstags Mittags zwischen 12 und 1 Uhr gebohrenen Sohn und 1 tes Kind Johann Wolfgang. Der Hierzu erbethene H. Gevatter war der Frau Kindbetterin leibl. Vatter, der Wohlgeborene Herr, Herr Johann Wolfgang Textor, Hochansehnlicher Schultheiß allhier wie auch Ihro Röm. Kayserl. Majest. würcklicher Rath.

Sachlich-nüchtern und zeichenhaft-bedeutungsvoll zugleich beginnt die Autobiographie *Dichtung und Wahrheit*; sie bringt das eigene Ich mit der Konstellation der Gestirne in Verbindung, also mit Höherem, das das Einzelschicksal mitbestimmt:

Am 28. August 1749, mittags mit dem Glockenschlage zwölf, kam ich in Frankfurt am Main auf die Welt. Die Konstellation war glücklich; die Sonne stand im Zeichen der Jungfrau, und kulminierte für den Tag; Jupiter und Venus blickten sie freundlich an, Merkur nicht widerwärtig; Saturn und Mars verhielten sich gleichgültig: nur der Mond, der soeben voll ward, übte die Kraft seines Gegenscheins um so mehr, als zugleich seine Planetenstunde eingetreten war. Er widersetzte sich daher meiner Geburt, die nicht eher erfolgen konnte, als bis diese Stunde vorübergegangen.

Diese guten Aspekten, welche mir die Astrologen in der Folgezeit sehr hoch anzurechnen wußten, mögen wohl Ursache an meiner Erhaltung gewesen sein: denn durch Ungeschicklichkeit der Hebamme kam ich für tot auf die Welt, und nur durch vielfache Bemühungen brachte man es dahin, daß ich das Licht erblickte. Dieser Umstand, welcher die Meinigen in große Not versetzt hatte, gereichte jedoch meinen

Mitbürgern zum Vorteil, indem mein Großvater, der Schultheiß Johann Wolfgang Textor, daher Anlaß nahm, daß ein Geburtshelfer angestellt, und der Hebammenunterricht eingeführt oder erneuert wurde; welches denn manchem der Nachgebornen mag zugute gekommen sein (9, 10).

Das ist geschrieben aus der Sinnsuche des Alters, die noch im frühesten Beginn Bedeutung erkennen will. In verwandtem Ton klingen die ersten Verse der *Urworte. Orphisch* aus dem Herbst des Jahres 1817:

> Wie an dem Tag, der dich der Welt verliehen,
> Die Sonne stand zum Gruße der Planeten,
> Bist alsobald und fort und fort gediehen
> Nach dem Gesetz, wonach du angetreten.
> So mußt du sein, dir kannst du nicht entfliehen [...].

Alles mag so stimmen, was in *Dichtung und Wahrheit* über den schwierigen Verlauf der Geburt aufgezeichnet ist. Nachprüfbar ist es nicht; denn wir besitzen kein medizinisches Protokoll über das, was in jener Mittagsstunde im Geburtszimmer des Hauses zu den drei Leiern geschehen ist. Höchst geschickt und bewußt übrigens, wie im zweiten Abschnitt des Berichts, nachdem zuvor die Bindung an Bezirke über dieser Welt angedeutet worden ist, dieser Einzelne sogleich bedeutsam mit den Mitbürgern verknüpft wird, indem die nützlichen Folgen der schweren Geburt für Mitlebende und Nachfolgende erwähnt werden.

Niemand kann darauf verzichten, sich in Goethes ausführliche Erzählung der Jahre 1749 bis 1775, eine Autobiographie von vielen hundert Seiten, zu vertiefen, wenn er erfahren will, was der junge Mensch bis zur folgenreichen Reise nach Weimar im Herbst 1775 erlebt und als eindrucksvoll und lebensprägend angesehen hat. Freilich muß man sich darüber im klaren sein, daß in *Dichtung und Wahrheit* und die anderen autobiographischen Schriften stets auch die Sicht und Erfahrung des Alters mit eingegangen sind, also zu erwägen ist, ob sie für das einzig gültige Wort gehalten werden dürfen. Diese zur Abwägung auffordernde Überlegung nimmt *Dichtung und Wahrheit* nichts von seiner Bedeutung. Sie weist dem Werk nur den ihm gemäßen Platz zu: Es ist selbst ein Kunstwerk, das der alte Dichter geschaffen hat und das von diesen Voraussetzungen her eingeschätzt werden muß. Es hat noch anderes im Sinn, als nur Auskunft über den Ablauf des jugendlichen Lebens zu geben.

Natürlich kommt man nicht umhin, immer wieder auf *Dichtung und Wahrheit* zurückzugreifen. Viele haben zu Recht bewundert, wie genau sich der altgewordene Goethe noch an Einzelheiten aus der Jugendzeit erinnern konnte, selbst wenn ihm keine Dokumente mehr vorlagen. Aber manchmal unterliefen ihm auch Irrtümer. Jene unscheinbare Differenz zwischen der

Zeitangabe der Geburt im Taufprotokoll und in *Dichtung und Wahrheit* mag ein belangloses Beispiel dafür sein, wie dem Autobiographen an kleinen Rückungen gelegen war. Und einen Geburtshelfer gab es auch vorher schon; vielleicht, daß seinen Aufgaben nun größere Aufmerksamkeit als bisher gewidmet wurde.

Autobiographisches.
Briefe. Tagebücher. Erinnerungen

Goethes Leben und alles, was mit ihm zusammenhängt, ist aufs genaueste dokumentiert. Generationen von Forschern haben das Material, aus dem sich der Lebensweg des 1832 Gestorbenen rekonstruieren läßt, zusammengetragen, gesichtet, geordnet und erläutert. Was er getan und gelassen, gelesen und geschrieben, geforscht und gedichtet: man hat es bis in die entlegensten Winkel aufgespürt. Den Ablauf des in der Tat einmaligen Lebens- und Schaffensweges kann man beinahe Tag für Tag verfolgen. Briefe und andere schriftliche Zeugnisse geben Auskunft, und vor allem sind es Goethes eigene Aufzeichnungen, die eine Fülle von Informationen bieten. In der Großherzogin-Sophien-Ausgabe, der sog. Weimarer Ausgabe, mit ihren 143 Bänden sind es allein 50 Bände, die die Briefe, und 13 Bände, die seine Tagebücher beanspruchen, jeder Band durchschnittlich 400 Seiten stark. Der Lebensbericht *Dichtung und Wahrheit*, der bis zur Übersiedlung nach Weimar reicht, ist darin ebensowenig enthalten wie andere umfängliche autobiographische Schriften und Skizzen.

Bei den von Goethe selbst stammenden Äußerungen über sein Leben, seine Werke und seine Tätigkeit muß man unterscheiden zwischen Berichten, die aus der Rückschau auf frühere Lebensphasen geschrieben wurden, und Aufzeichnungen, die als unmittelbare Quellen angesehen werden dürfen, weil sie aus der Zeit stammen, von der sie berichten. Die Niederschriften in einem fortlaufend geführten Tagebuch sind etwas anderes als eine Autobiographie, in der ein erwachsener oder altgewordener Mensch über seine Schicksale spricht und sich und anderen über die Kontinuität oder Diskontinuität, über Einheit oder Zerrissenheit seines gelebten Lebens Rechenschaft ablegen will. Auch Briefe Goethes darf man wohl zu den ›unmittelbaren Quellen‹ rechnen, wenngleich sie meistens den Blick auf den Adressaten nicht verleugnen, damit von anderer Art sind als private Tagebücher und ausführliche, auf Folgerichtigkeit bedachte autobiographische Werke. Von Goethe besitzen wir alle hier erwähnten Formen selbstbiographischer Schriften und Zeugnisse.

Seine Briefe, soweit sie erhalten sind, setzen früh ein. Die ersten gehören ins Jahr 1764, als der Schreiber noch keine fünfzehn Jahre alt war; der letzte Brief, an Wilhelm von Humboldt gerichtet, trägt das Datum des 17. März 1832.

Die Tagebücher, die Goethe mit größerer oder geringerer Intensität fast sein ganzes Leben lang geführt hat, beginnen mit einem schmalen Heft von der ersten Reise in die Schweiz im Juni 1775. Man mag zu ihnen auch die *Ephemerides* hinzurechnen, jenes Notizbuch, in dem er in Frankfurt und Straßburg in den Jahren 1770 und 1771 lesenswerte Literatur und Wissenswürdiges aus gelesenen Büchern festgehalten hat. Die Tagebücher enden mit der Notiz vom 16. März 1832: »Den ganzen Tag wegen Unwohlseins im Bette zugebracht.« Es gibt bezeichnende Unterbrechungen in ihnen; sie betreffen die Weimarer Zeit von Juni 1782 bis September 1786 und von November 1786 bis Januar 1790, jene Lebensphase also, die immer noch besonders schwierig zu erfassen ist.

Alle anderen großen autobiographischen Schriften Goethes, neben denen es auch kleinere Skizzen gibt, stammen aus der Zeit des Alters, sind Rückschau auf Früheres, suchen Zusammenhänge im eigenen Leben, sind Lebensdeutung. 1809 begann er an *Dichtung und Wahrheit* zu arbeiten; 1813 waren die Teile I bis III vollendet, während der IV. Teil erst 1831 abgeschlossen werden konnte. Zwischen dem Berichteten und der Abfassungszeit des Berichts lag dann immerhin mehr als ein halbes Jahrhundert. Die *Italienische Reise*, die Zeit vom 3. September 1786 bis März 1788 umfassend, wurde fast dreißig Jahre später geschrieben, von 1813 bis 1816, und die *Campagne in Frankreich*, die *Belagerung von Mainz*, deren Geschehen in die Jahre 1792 und 1793 fällt, wurden 1820 bis 1822 vollendet. Ebenfalls spät sind die *Annalen* (die *Tag- und Jahreshefte*) verfaßt, zwischen 1817 und 1825, die als Ergänzung der anderen autobiographischen Werke gedacht waren und, dem Titel gemäß nach Jahren geordnet, von 1775, wo *Dichtung und Wahrheit* endet, bis ins Jahr 1822 gehen. Die von ihm selbst herausgegebenen oder zum Druck vorbereiteten Briefwechsel hat er als Zusatz zu den lückenhaft gebliebenen autobiographischen Darstellungen angesehen: den Briefwechsel mit Schiller aus den Jahren 1794 bis 1805 und die Korrespondenz mit Zelter, die von 1799 bis 1832 reicht.

Wenn Goethe rückblickend über sich selbst schreibt, wollte er in seinem eigenen Leben wiederfinden, was sich ihm als Natur- und Lebensgesetzlichkeit erschlossen hatte. Solche Betrachtung war darauf angelegt, noch im wechselvollen Auf und Ab des Lebens das Beharrende zu erkennen und noch das Widersprüchliche und Disharmonische als in einer sinnvollen Lebensentwicklung und Lebensganzheit aufgehoben zu begreifen. Das ist beeindrukkend, ja faszinierend. Doch müssen wir uns solcher Selbstdeutung nicht ohne weiteres und in allen Punkten anschließen, auch wenn sie für manche Goethe-forscher eine geradezu einschüchternde Überzeugungskraft besessen hat. Wie reich das dokumentarische und autobiographische Material auch ist, beachtliche Lücken und Ausfälle sind nicht zu übersehen. Für sie ist zu einem guten Teil Goethe selbst verantwortlich. Was er an eigenen Unterlagen vernichtet hat, ist erstaunlich viel: Briefe, Jugendarbeiten, Fragmentarisches. Autodafés, die Vernichtung eigener Papiere, hat er mehrfach veranstaltet. Bisweilen scheint ihn das Gefühl der Fragwürdigkeit dessen, was da geschrieben stand, übermannt zu haben, und im Grunde wohlmeinende Bemerkungen von Freunden haben solches Gefühl nur noch verstärkt. »In meiner besten Zeit sagten mir öfters Freunde, die mich freilich kennen mußten: was ich lebte, sei besser, als was ich spreche; dieses besser, als was ich schreibe; und das Geschriebene besser als das Gedruckte. – Durch solche wohlgemeinte, ja schmeichelhafte Reden bewirkten sie jedoch nichts Gutes: denn sie vermehrten dadurch die in mir ohnehin obwaltende Verachtung des Augenblicks, und es ward eine nicht zu überwindende Gewohnheit, das, was gesprochen und geschrieben ward, zu vernachlässigen und manches, was der Aufbewahrung wohl wert gewesen wäre, gleichgültig dahinfahren zu lassen.« (JA 4, 252)

Am 11.5.1767 teilte er aus Leipzig der Schwester Cornelia mit: »Mein Belsazer ist zu Ende«, doch schränkte er sogleich ein: »aber ich muß von ihm sagen was ich von allen meinen Riesen Arbeiten sagen muß, die ich als ein ohnmächtiger Zwerg unternommen habe.« Fünf Monate später wurden dieses Trauerspiel und anderes verbrannt: »Belsatzer, Isabel, Ruth, Selima, ppppp haben ihre Jugendsünden nicht anders als durch Feuer büsen können« (an Cornelia, 13.10.1767).

Dichtung und Wahrheit verweist auf die »Masse von Versuchen, Entwürfen, bis zur Hälfte ausgeführten Vorsätzen«, die mehr aus Mißmut als aus Überzeugung in Rauch aufgegangen seien (9, 282). Bevor es nach Straßburg ging, verhängte der junge Autor wiederum »ein großes Haupt-Autodafé« über seine Arbeiten. Mehrere angefangene Stücke, Gedichte, Briefe und Papiere wurden vernichtet, »und kaum blieb etwas verschont außer dem Manuskript von Behrisch, ›Die Laune des Verliebten‹ und ›Die Mitschuldigen‹« (9, 350). Den *Werther* hätte er, bestürzt über eine beiläufige Bemerkung von Freund Merck, beinahe ebenfalls in die Flammen geworfen, so wie Wilhelm Meister »den größten Teil seiner Arbeiten in Feuer aufgehen« ließ (7, 153).

Das Weimarer Tagebuch vermerkt am 7.8.1779 mit spürbarem Ernst: »Zu Hause aufgeräumt, meine Papiere durchgesehen und alle alten Schaalen verbrannt. Andre Zeiten andre Sorgen. Stiller Rückblick aufs Leben.« Das ist übrigens jene Stelle, an der auch eingetragen ist: »Die Zeit dass ich im Treiben der Welt bin seit 75 Oktbr. getrau ich noch nicht zu übersehen. Gott helfe weiter.«

Vor Antritt der dritten Reise in die Schweiz 1797 verbrannte der fast Vierzigjährige alle an ihn seit 1772 gesandten Briefe, »aus entschiedener Abneigung gegen Publikation des stillen Gangs freundschaftlicher Mitteilung«, wie es später in den *Annalen* hieß (JA 30, 56). Reicht dieses Argument wirklich als Begründung aus? Ist es nicht doch verwunderlich, ja befremdend, daß so viele Dokumente aus dem engsten Familienkreis weggeschafft wurden? Frühe Briefe der Mutter sind ebenso verschwunden wie solche der Schwester Cornelia; nichts ist vorhanden von Käthchen Schönkopf, von Friederike Oeser, von Friederike Brion, von Lili Schönemann, zu schweigen von möglichen Briefen des Vaters. Aus der langen Zeit von 1766 bis 1792 sind, wie bereits erwähnt, nicht mehr als vier Briefe der gewiß nicht schreibfaulen Mutter an den Sohn erhalten. Auch die Schreiben des Herzogs bis 1792 wurden nicht verschont. Nur ein Zufall rettete die fünf Jahrgänge bis 1797, von wo an die Briefe bewahrt wurden.

Noch im hohen Alter hat Goethe Briefe verbrannt. Als er 1827 von Marianne von Willemer die Briefe des Jugendfreundes Johann Adam Horn erhielt, konnten sie vor dem Gericht des Greises keine Gnade finden, dem beim Rückblick aufs eigene Leben an irritierenden Dokumenten nicht gelegen war. Er suchte Sinnzusammenhang und folgerichtige Entwicklung. Goethes Argumentation ist aufschlußreich genug:

Eigentlich waren es uralte, redlich aufgehobene Briefe, deren Anblick nicht erfreulich sein konnte; hier lagen mir eigenhändige Blätter vor Augen, welche nur allzudeutlich ausdrückten, in welchen sittlich kümmerlichen Beschränktheiten man die schönsten Jugendjahre verlebt hatte. Die Briefe von Leipzig waren durchaus ohne Trost; ich habe sie alle dem Feuer überliefert; zwei von Straßburg heb ich auf, in denen man endlich ein freieres Umherblicken und Aufathmen des jungen Menschen gewahr wird. Freilich ist, bei heiterem innern Trieb und einem löblich geselligen Freisinn, noch keine Spur von *woher?* und *wohin?* von *woaus? woein?* deshalb auch einem solchen Wesen gar wundersame Prüfungen bevorstanden (an Marianne von Willemer, 3. 1. 1828).

Goethe hat sich offenbar ein bestimmtes Bild von seinem Leben gemacht, in dem er störende Farben nicht dulden mochte. Dieses Bemühen um Selbstinterpretation für sich und andere, das sich in den großen autobiographischen Schriften des Alters so eindrucksvoll auswirkte, setzte spätestens in den neunziger Jahren ein; das Autodafé von 1797 beweist es deutlich genug.

Schulische Ausbildung des Knaben

Über Kindheitsjahre wird gern fabuliert. Manches, was später erzählt wird, kann nicht nachgeprüft werden, wenn unmittelbare Zeugen und Dokumente fehlen. Jede Erinnerung modelliert und rückt zurecht. So hat Bettina von Arnim, geb. Brentano, obwohl erst 1785 geboren, von Goethes Mutter mancherlei aus seiner Jugendzeit erzählt bekommen – Jahrzehnte nach der Kindheit – und dann das Ihrige an liebenswürdig schwärmerischen Anekdoten in ihrem *Goethes Briefwechsel mit einem Kinde* hinzugedichtet.

Goethe selbst tut die allerersten Jahre ziemlich schnell ab: das Zerdeppern des Geschirrs auf der Straße, wozu ihn die gegenüber wohnenden Ochsensteins angestiftet hätten; eine Skizze über das Innere und die Umgebung des Elternhauses; ein Hinweis auf des »sonst sehr lakonischen Vaters« Vorliebe »für die italienische Sprache und für alles, was sich auf jenes Land bezieht« (9, 14); Bemühungen des Kaiserlichen Rats um die Bildung der Mutter, ums Italienische, ums Klavierspielen und Singen; das Puppenspiel, das die Großmutter am Weihnachtsabend 1753 geschenkt habe – viel mehr bietet der Lebensbericht über die frühesten Jahre nicht und ist nach wenigen Seiten bereits im Jahre 1755. Da ging es in eine öffentliche Schule, und der Junge fing an, sich draußen umzutun. »Um diese Zeit war es eigentlich, daß ich meine Vaterstadt zuerst gewahr wurde« (9, 17); für den Autobiographen ein willkommener Anlaß, dem Leser die Krönungsstadt samt ihren zentralen Ereignissen wie Messen und Krönungen vorzustellen. Danach konnte zum eigenen Bildungsgang zurückgekehrt werden.

Archivalische Forschungen haben aufhellen können, wie der junge Wolfgang ausgebildet wurde. Das Ausgabenbuch des Vaters, der *Liber domesticus*, verzeichnet mancherlei Ausgaben, die für Lehrer und Anschauungsmaterial erforderlich waren. Von 1752 bis 1755 wurde der kleine Sohn in die Spielschule der »Ludimagistrae Hoffin« geschickt, wie wenig später auch die Geschwister Cornelia und Hermann Jacob. Es war nicht weit bis zur nahen Weißadlergasse, wo die Witwe Maria Magdalena Hoff ihre Kleinkinderschule unterhielt. Obwohl sie zu den Reformierten gehörte, die bei der strengen Vorherrschaft der Lutheraner in Frankfurt einen schweren Stand hatten, vertraute ihr der überzeugt lutherische Rat seine Kinder an; ein Zeichen von Toleranz. Immerhin hatte er 1747, als es um eine Kirche für die Reformierten in der Stadt ging, im Kollegium der Graduierten nur für ein Gotteshaus vor der Stadtbefestigung, allerdings auf Frankfurter Gebiet gestimmt. Das war schon ein Zugeständnis, wo andere Bürger den Reformierten, die erhebliche wirtschaftliche Erfolge zu verzeichnen hatten, in Glaubensdingen nicht im geringsten entgegenkommen mochten. (Noch

1768 durften die Reformierten, obwohl zu den reichsten Familien der Stadt zählend, in Frankfurt keinen Gottesdienst halten.) Bei der Hoffin hat Wolfgang wohl bereits lesen gelernt. Wofür sonst die Ausgabe für ein ABC-Buch mit Sprüchen Salomonis und einen Katechismus mit Bibelsprüchen (am 14.2. und 16.12.1754)?

Als im Frühjahr 1755 der Umbau des Hauses am Großen Hirschgraben begann und ruheloses Treiben im Gebäude herrschte, kam der Junge in eine öffentliche Elementarschule. Solche Grundschulen waren im damaligen Frankfurt Privateinrichtungen, die allerdings der Kontrolle unterstanden. Die Schule des deutschen Schul-, Schreib- und Rechenmeisters Johann Tobias Schellhaffer hatte einen guten Ruf. Nicht zuletzt war er wegen seiner schönen Handschrift bekannt. Schließlich mußte damals noch alle schriftliche Mitteilung, sofern es sich nicht um Gedrucktes handelte, handschriftlich erfolgen, und so gehörte Schönschreiben zu den elementaren Fähigkeiten, die erworben werden mußten. Bis Januar 1756 besuchte der Grundschüler Goethe die Anstalt Schellhaffers, in der entsprechend den Sitten der Zeit eine rüde Erziehungsmethode mit den üblichen körperlichen Züchtigungen geherrscht haben dürfte. Hier lernte er lesen, rechnen und schreiben in einer für ein sechseinhalbjähriges Kind weit fortgeschrittenen Weise. Lese- und Schreibübungen machten mit christlichem Glaubens- und Gedankengut vertraut, das für Kinder damals zu einem so selbstverständlichen Besitz wurde, daß zeitlebens daraus zitiert und darauf angespielt werden konnte. Das Titelblatt des gängigen ABC-Buches ist bezeichnend genug, das 1754 in dritter und 1773 in fünfter Auflage in Frankfurt bei Brönner erschien: *Das / grose Franckfurter / ABC-Buchstabier- / und / Lese-Buch, / in welchem nicht nur zu / diesen nöthigen Wissenschaften / sondern auch / zum fertigen Schreiben / eine gründliche und deutliche / Anweisung / vorgelegt wird, / Nebst angehängten Lebens-Regeln, / verschiedener Reimgebätlein, kurtzen Fragen / aus dem Catechismo D. Luthers, einigen Gebete und / Seufzer, Fragen und Sprüche auf hohe Fest- / Tage, und anderen nöthigen / Sachen.* In leichten Gelegenheitsversen dachte der fast Siebzigjährige 1816 an jene Zeit zurück:

> Als der Knabe nach der Schule,
> Das Pennal in Händen, ging
> Und mit stumpfer Federspule
> Lettern an zu kritzeln fing,
> Hofft' er endlich schön zu schreiben
> Als den herrlichsten Gewinn;
> Doch daß das Geschriebne bleiben

Sollte, sich durch Länder treiben,
Gar ein Wert der Federspule,
Kam ihm in der engen Schule,
Auf dem niedern Schemel-Stuhle
Wahrlich niemals in den Sinn. [...]

(*Der Gräfin Titinne O' Donell,*
die eine meiner Schreibfedern verlangte)

Viel Freizeit blieb den Schülern nicht, die von 7–10 und von 13–16 Uhr in der Schule waren. Aber in dieser Lebensphase streunte laut *Dichtung und Wahrheit* der Junge erstmals ausschweifend durch seine Vaterstadt. Wahrscheinlich waren es die Pocken, die das frühzeitige Ende des Schulbesuchs bei Schellhaffer herbeiführten. Danach wurde Goethe nur noch von Privatlehrern unterrichtet. Das war damals ohne Risiko für den weiteren Bildungsgang möglich, weil niemand nach einem Abitur fragte, wenn man sich in einer Universität zum Studium einschrieb. Natürlich ließ sich auch der Vater, privatisierend, sammelnd, lesend, manche eigene Unterweisung nicht nehmen.

Der »Magister artis scribendi« Johann Henrich Thym kam ab Herbst 1756 ins Haus. Er war ein Meister seines Fachs, der noch 1760, nach dem Ende des regelmäßigen Unterrichts, für Johann Wolfgang Goethe in kunstvollster Schrift ein eigenes Buch *Vorschriften* verfaßte. Die Ähnlichkeit der ausgebildeten Schrift Goethes mit den Mustern in diesem Buch ist frappierend. Nicht nur das Schreiben wurde weiter verfeinert, auch um Rechnen, Geschichte oder Geographie wird sich Thym gekümmert haben. Regelrechte Wettkämpfe im Schönschreiben wurden veranstaltet, »Stechschriften« (nach dem Ausdruck »stechen« beim Reiterkampf) verfaßt, von denen einige Blätter unter den Schülerarbeiten Goethes, den *Labores Juveniles*, erhalten sind. Immer wurde auch hier bei den Schreibübungen Inhaltliches vermittelt: Sentenzen, Spruchweisheiten, Bibelworte. Wie es heißt, war es damals in besseren Kreisen geradezu Mode geworden, sich beim Schreibmeister Thym unterrichten zu lassen.

Unterricht in verschiedenen Sprachen kam selbstverständlich hinzu: Latein und später Griechisch bei Johann Jacob Gottlieb Scherbius, seit Ende 1756 einer der wichtigsten Hauslehrer Goethes; Französisch bei Mademoiselle Gachet; Italienisch, wenigstens in Grundzügen, bei Domenico Giovinazzi, dessen Hilfe sich der Vater auch bei der Niederschrift seines *Viaggio in Italia* bediente; Englisch beim englischen Sprachmeister Johann Peter Christoph Schade, der ebenfalls Goethes Vater und Schwester Cornelia mitunterrichtete und dessen erster Kursus im Goethehaus im Sommer 1762 abgeschlossen wurde. Als in der nahen Pension von Leopold Heinrich Pfeil, der früher Kammerdiener und Sekretär im Hause Goethes gewesen war, junge Ausländer wohnten und sich engerer Kontakt mit dem jungen Engländer Harry Lupton angebahnt hatte, besonders zwischen Cornelia und ihm, konnte in unterhaltsamer Konversation das Englische weiter vervollkommnet werden. Nicht genug mit alledem, auch ins Judendeutsch, das in der Frankfurter Judengasse lebendige Gegenwart war, wollte der Schüler eingeführt werden, was ein gewisser Christamicus besorgte, der nach Ausweis des Haushaltungsbuchs Honorar für seinen Unterricht erhielt. In so viele Sprachen eingeführt, dichtete der Schüler schließlich einen mehrsprachigen Roman, von dem jedoch außer Goethes eigenem Bericht im vierten Buch von *Dichtung und Wahrheit* nichts erhalten ist:

Nun bekenne ich, daß es mir immer lästiger wurde, bald aus dieser bald aus jener Grammatik oder Beispielsammlung, bald aus diesem oder jenem Autor den Anlaß zu meinen Arbeiten zu nehmen, und so meinen Anteil an den Gegenständen zugleich mit den Stunden zu verzetteln. Ich kam daher auf den Gedanken, alles mit einmal abzutun, und erfand einen Roman von sechs bis sieben Geschwistern, die, von einander entfernt und in der Welt zerstreut, sich wechselseitig Nachricht von ihren Zuständen und Empfindungen mitteilen. Der älteste Bruder gibt in gutem Deutsch Bericht von allerlei Gegenständen und Ereignissen seiner Reise. Die Schwester, in einem frauenzimmerlichen Stil, mit lauter Punkten und in kurzen Sätzen, ungefähr wie nachher »Siegwart« geschrieben wurde, erwidert bald ihm, bald den andern Geschwistern, was sie teils von häuslichen Verhältnissen, teils von Herzensangelegenheiten zu erzählen hat. Ein Bruder studiert Theologie und schreibt ein sehr förmliches Latein, dem er manchmal ein griechisches Postskript hinzufügt. Einem folgenden, in Hamburg als Handlungsdiener angestellt, ward natürlich die englische Korrespondenz zuteil, so wie einem jüngern, der sich in Marseille aufhielt, die französische. Zum Italienischen fand sich ein Musikus auf seinem ersten Ausflug in die Welt, und der jüngste, eine Art von naseweisem Nestquackelchen, hatte, da ihm die übrigen Sprachen abgeschnitten waren, sich aufs Judendeutsch gelegt, und brachte durch seine schrecklichen Chiffern die übrigen in Verzweiflung und die Eltern über den guten Einfall zum Lachen (9, 123 f.).

Auch das Hebräische wollte der junge Goethe lernen. Längst war er im Alten Testament bewandert und von seinen Geschichten und Gestalten eingenommen. Da er es im Original lesen wollte, wurde der Rektor des Frankfurter Gymnasiums, Johann Georg Albrecht, für den Privatunterricht engagiert, der spätnachmittags im alten Barfüßerkloster, dem Sitz des Gymnasiums, in der ansehnlichen Bibliothek der Rektorwohnung stattfand. Fortwirkendes Ergebnis dieser Stunden dürfte aber weniger die Kenntnis des Hebräischen gewesen sein als vielmehr eine weitere Erschütterung der christlichen Glaubenswahrheiten. Schon das Erdbeben von Lissabon hatte 1755 den Knaben offenbar betroffen und nachdenklich gemacht. Nun kam es in den Stunden bei Rektor Albrecht zu kritischen Fragen, die auf unwahrscheinliche Begebenheiten und Ungereimtheiten des Testaments zielten und aus dem lebhaft gefühlten Widerspruch zwischen Glauben und Vernunft herrührten. Albrecht, im Amt streng lutherisch, ansonsten ein kritischer aufklärerischer Theologe, ließ sich auf nichts so recht ein, verwies den fragenden Jungen aber »auf das große englische Bibelwerk, welches in seiner Bibliothek bereit stand« (9, 128); ein vielbändiges Werk, das eine neue Übersetzung des Bibeltextes mit vielen Auslegungen enthielt. Nur die Übertragungen der ersten Bände ins Deutsche kann Wolfgang eingesehen haben, weil das ganze Werk erst später abgeschlossen vorlag. Da den Auslegungen englischer Theologen auch noch die deutscher Gottesgelehrter hinzugefügt waren, konnte der fragende Schüler zwar keine bündigen Auskünfte erhalten, immerhin aber den Auslegungsstreit der Theologen kennen lernen und damit Argumente, die gegen den dogmatischen Wahrheitsanspruch der Bibel ins Feld geführt wurden; denn sie waren genannt, um dagegen die vermeintlich unerschütterlichen Glaubenspositionen eines konservativen Luthertums zu behaupten. Wenn nicht alles täuscht, war es spätestens seit dieser Zeit mit der Sicherheit im Glauben der Väter und der Amtskirche bei Goethe dahin.

Wie immer man über die Stichhaltigkeit einzelner Berichte in *Dichtung und Wahrheit* urteilen mag: es ist bezeichnend, wie ausgiebig über die Beschäftigung des Knaben mit der Bibel und vornehmlich mit dem Alten Testament gesprochen wird. Dort tauchten für ihn gewiß Urbilder menschlicher Lebensweise und Verhaltensweisen auf. Beispielhafte Familienschicksale prägten sich ein, überglänzt vom jahrtausendealten Schein religiöser Bedeutsamkeit. Urbildliches auf sich wirken und in eigene dichterische Produktivität übergehen zu lassen: hier, in der Hinwendung des Knaben zu den Geschichten und Gestalten des Alten Testaments, begann jenes Goethesche Vermögen und Verfahren, das sich in vielen Variationen lebenslang durchhielt. Nie war es ein bloßes Nacherzählen, sondern Neugestaltung. Dabei war solcher Rückgriff auf die Bestände des Alten Testaments im 18. Jahrhundert fast geläufig. Klopstock, Bodmer, Moser erwähnte Goethe selbst, als er auf sein eigenes »prosaisch-episches Gedicht« über Joseph zu sprechen kam.

Die Geschichte Josephs zu bearbeiten war mir lange schon wünschenswert gewesen; allein ich konnte mit der Form nicht zurecht kommen, besonders da mir keine Versart geläufig war, die zu einer solchen Arbeit gepaßt hätte. Aber nun fand ich eine prosaische Behandlung sehr bequem und legte mich mit aller Gewalt auf die Bearbeitung. Nun suchte ich die Charaktere zu sondern und auszumalen, und durch Einschaltung von Inzidenzien und Episoden die alte einfache Geschichte zu einem neuen und selbständigen Werke zu machen (9, 141).

Von dieser Jugendarbeit ist nichts erhalten geblieben.

Das erwähnte Jahr 1755 war für den kleinen Johann Wolfgang ein besonders bedeutungsvolles Jahr. Ende April begann der Umbau des Hauses. Das Nebenhaus wurde abgerissen, ein neuer Keller eingefügt, und der Junge, wie ein Maurer ausgerüstet, durfte den mit LF markierten Grundstein legen, den *lapis fundamentalis*. Der Herr Rat baute geschickterweise nur innen um, so daß – was bei Neubauten untersagt war – die Überhänge der einzelnen Stockwerke erhalten bleiben konnten. Es wurde ein stattliches Gebäude, und die Einrichtung der drei Geschosse mit den sieben Vorderfenstern, zu denen das Dachgeschoß und auf den Etagen ein rückwärts angebautes Zimmer zum Hof kam, ließ sich Goethes Vater einiges kosten. Viele Gemälde wurden in einem Zimmer zusammengehängt, die Bibliothek beanspruchte einen Raum, und in einem Vorraum prangten nun zwölf große Ansichten von Rom. Ein Garten gehörte zu diesem Haus am Rande der Stadt zum Kummer seiner Bewohner jedoch nicht hinzu, nur ein kleiner Hof. Aber aus den Obergeschossen konnte der Blick über Gärten der Nachbarschaft schweifen bis hin zur Silhouette der Taunusberge.

Ein früher Eindruck. Das Erdbeben von Lissabon

Neben dem Umbau des Hauses, der Ende 1755 bereits beendet wurde, war das Erdbeben von Lissabon ein Ereignis, das den Jungen tief bewegte. Es setzte damals die zivilisierte Welt in Schrecken und förderte vielseitiges Nachdenken über die so oft berufene Güte Gottes. Goethe war sechs Jahre alt, als am 1. November 1755 die Katastrophe über die große Stadt hereinbrach. *Dichtung und Wahrheit* (9, 29) erinnert an den »ungeheuren Schrekken«, den dieses Naturereignis »über die in Frieden und Ruhe schon eingewohnte Welt« verbreitet habe. In einer knappen Schilderung, die nicht weniger eindringlich ist als der berühmte Anfang von Kleists Novelle *Das Erdbeben in Chili*, wird der Untergang der weltbekannten Handels- und Residenzstadt vergegenwärtigt, im Präsens einer unmittelbaren Betroffenheit:

Die Erde bebt und schwankt, das Meer braust auf, die Schiffe schlagen zusammen, die Häuser stürzen ein, Kirchen und Türme darüber her, der königliche Palast zum Teil wird vom Meere verschlungen, die geborstene Erde scheint Flammen zu speien: denn überall meldet sich Rauch und Brand in den Ruinen. Sechzigtausend Menschen, einen Augenblick zuvor noch ruhig und behaglich, gehen mit einander zugrunde, und der Glücklichste darunter ist der zu nennen, dem keine Empfindung, keine Besinnung über das Unglück mehr gestattet ist. Die Flammen wüten fort, und mit ihnen wütet eine Schar sonst verborgner, oder durch dieses Ereignis in Freiheit gesetzter Verbrecher. Die unglücklichen Übriggebliebenen sind dem Raube, dem Morde, allen Mißhandlungen bloßgestellt; und so behauptet von allen Seiten die Natur ihre schrankenlose Willkür.

Die Berichte der Zeit liefern erschreckende Zahlen: von 200000–250000 Einwohnern Lissabons wurden mehr als 60000 getötet. In einer Höhe von etwa dreißig Metern schlugen die Flutwellen über das Ufer der Stadt und verstärkten das Chaos. Das Lissaboner Erdbeben, das im 18. Jahrhundert zu zahlreichen Schriften und bildlichen Darstellungen anregte, bedeutete für viele Menschen weit mehr als ein bloßes Naturgeschehen mit Schrecken, Tod und Elend. Der Glaube an die unerforschliche Güte Gottes wurde ebenso erschüttert wie die optimistische Ansicht von dieser Welt als der besten aller möglichen. Das Übel rührte ja nicht von bösen Menschen her, sondern ging über alle menschliche Verursachung hinaus. Wo waren noch Gerechtigkeit und Menschenliebe Gottes, wenn er es zuließ, daß unterschiedslos Schuldige und Unschuldige, Säuglinge und Greise, Männer und Frauen, ohne gewarnt zu sein und ohne sich wehren zu können, im Nu dahingerafft wurden? Da konnten Predigten, in denen beharrlich die Unbegreiflichkeit Gottes beschworen wurde, nicht mehr alle beeindrucken, und der Appell, auch die Katastrophe von Lissabon sei »als ein Rathschluß der Gerechtigkeit Gottes mit einer kindlichen Ehrfurcht fuer die Majestaet des Allerhoechsten« (v. Haller, *Physikalische Betrachtungen von den Erdbeben*, Frankfurt 1756) aufzufassen, fand nicht nur willige Hörer. Goethe ließ es, wenngleich aus der Sicht des Alters, an Deutlichkeit über die Wucht solcher Erschütterung, die ihn schon als Kind betroffen habe, nicht mangeln: »Gott, der Schöpfer und Erhalter Himmels und der Erden, den ihm die Erklärung des ersten Glaubensartikels so weise und gnädig vorstellte, hatte sich, indem er die Gerechten mit den Ungerechten gleichem Verderben preisgab, keineswegs väterlich bewiesen. Vergebens suchte das junge Gemüt sich gegen diese Eindrücke herzustellen, welches überhaupt um so weniger möglich war, als die Weisen und Schriftgelehrten selbst sich über die Art, wie man ein solches Phänomen anzusehen habe, nicht vereinigen konnten« (9, 30f).

Zeit seines Lebens hat Goethe die Erinnerung an dieses zerstörerische Naturereignis nicht verloren, das auch seinen Vater veranlaßt hatte, sich die Schrift *Die traurige Verwandlung von Lissabon in Schutt und Asche* (1755/56) anzuschaffen. In der Sulzer-Rezension von 1772 mag von solchen

Eindrücken etwas nachklingen: »Was wir von Natur sehn, ist Kraft, die Kraft verschlingt; [...] schön und häßlich, gut und bös, alles mit gleichem Rechte nebeneinander existierend« (12, 18). Als er 1809/10 *Dichtung und Wahrheit* vorbereitete, beschäftigte er sich erneut mit zeitgenössischen Berichten über das große Beben, und nach der französischen Juli-Revolution von 1830 nannte er in einem Atemzug das Naturereignis von 1755 und die revolutionären Umwälzungen von 1789 und 1830: »Wie das Erdbeben von Lissabon fast im Augenblick seine Wirkungen auf die entferntesten Seen und Quellen spüren ließ, so sind auch wir von jener westlichen Explosion, wie vor vierzig Jahren, unmittelbar erschüttert worden« (an Wilhelm v. Humboldt, 19.10.1830). In solcher Zusammenrückung fällt Licht sowohl auf die Größe der Naturkatastrophe als auch auf die in Revolutionen ausbrechenden Kräfte, die Goethe immer als zerstörerische meinte ansehen zu müssen.

Die Mutter hat Bettina von Arnim allerdings eine anders gefärbte Geschichte erzählt. Als Wolfgang aus einer Predigt gekommen sei (möglicherweise des Senior Fresenius, die dieser drucken ließ: *Bus-Gedancken bey den grosen Erschütterungen, die Gott im Reich der Natur entstehen lässet, an dem außerordentlichen Bus- und Bet-Tage wegen des grosen Erdbebens den 16. Jan. 1756 vorgetragen*), habe er auf die Frage des Vaters, wie er die Ansprache verstanden habe, erwidert, am Ende möchte alles noch viel einfacher sein, als der Prediger meine; Gott werde wohl wissen, daß der unsterblichen Seele durch böses Schicksal kein Schaden geschehen kann.

Die tiefen Spuren, die das Lissaboner Erdbeben in Goethes Erinnerung und Denken gegraben hat, lassen vermuten, daß die Erzählungen der Frau Rat eher ihrer unbeirrbaren Glaubenssicherheit entsprachen als zutreffend wiedergaben, was wirklich in ihrem Sohn vorging. Der Sommer des nächsten Jahres habe bei einem schlimmen Unwetter erneut, so die Reminiszenz in *Dichtung und Wahrheit*, nähere Gelegenheit gegeben, »den zornigen Gott, von dem das Alte Testament so viel überliefert, unmittelbar kennen zu lernen« (9, 31).

Sehr früh pflegte der Knabe für sich eine eigentümliche Art der Gottesverehrung, und mit ihrer Schilderung ließ der Autobiograph im Alter bedeutsam genug das 1. Buch von *Dichtung und Wahrheit* ausklingen. Eine Gestalt konnte der Knabe dem Gott, »der mit der Natur in unmittelbarer Verbindung stehe« (9, 43), nicht verleihen. Aber er wollte ihm »auf gut alttestamentliche Weise einen Altar errichten. Naturprodukte sollten die Welt im Gleichnis vorstellen, über diesen sollte eine Flamme brennen und das zu seinem Schöpfer sich aufsehende Gemüt des Menschen bedeuten.« So baute er aus Stücken der Naturaliensammlung auf dem Notenpult des

Vaters einen Altar. Beim Aufgang der Sonne entzündete er mit einem Brennglas Räucherkerzchen, »die Andacht war vollkommen«. Als sich aber dann die Kerzen in den Lack des Notenständers einbrannten, wußte der junge Priester freilich den Schaden zu verdecken, »allein der Mut zu neuen Opfern war ihm vergangen, und fast möchte man diesen Zufall als eine Andeutung und Warnung betrachten, wie gefährlich es überhaupt sei, sich Gott auf dergleichen Wegen nähern zu wollen« (9, 45).

An Nähe zu Dunklem und Abgründigem fehlte es dem aufgeweckten Sohn im Hause seiner glaubensfesten Eltern nicht. Nicht nur daß Geschwister geboren wurden und binnen kurzem wieder dahingingen; von 1758 an lebte ein Geistesgestörter im Hause »Zu den drei Leyern«, fast Tür an Tür mit Johann Wolfgang: Goethes Vater war Vormund des schon früh elternlos gewordenen Johann David Balthasar Clauer, der 1732 geboren war und 1755 in Göttingen noch promovieren konnte. Dann aber verfiel er in Trübsinn, der sich später zu Tobsuchtsanfällen steigerte, so daß zeitweilig zwei Grenadiere ins Haus genommen werden mußten. Der Kaiserliche Rat sah es als seine Pflicht an, für den Unglücklichen zu sorgen, und hat ihn fünfundzwanzig Jahre lang in seinem Haus beherbergt, bis es 1783 nicht mehr ging. *Dichtung und Wahrheit* schweigt darüber, obwohl Vormundschafts- und Krankenberichte in den Jahren 1763–65 vom jungen Goethe und ab 1767 bis 1773 von der Schwester Cornelia selbst geschrieben wurden, gewiß vom Vater diktiert.

Die Bibliothek des Vaters

Von nicht zu überschätzender Bedeutung war für den Knaben die Bibliothek des Vaters. Wir kennen die Bestände aus jenem Auktionsverzeichnis, das beim Verkauf des Hauses am Großen Hirschgraben angefertigt worden ist, und dürfen staunen über die Weite der Interessen des Rats Goethe. Altes und ganz Neues wurde hier zusammengebracht. Es kann gut sein, daß etliche Anschaffungen auf Wünsche des Sohnes zurückgingen, wie auch die Familie an der Lektüre des Hausherrn teilnahm oder teilzunehmen hatte. Eine Systematik der Bibliothek kann immerhin folgende große Abteilungen aufzählen: Allgemeines (darunter Bibliographien, Nachschlagewerke, Periodica); Wörterbücher und Sprachlehren; Theologie (mit zahlreichen Bibelausgaben und Kommentaren); Philosophie (einschließlich Pädagogik); Klassische Altertumswissenschaft (mit einem Grundbestand der alten griechischen und lateinischen Autoren); Geschichte; Neuere Sprachen und Literatur; Kunstgeschichte; Rechts- und Staatswissenschaften; Geographie; Mathematik und

Naturwissenschaften; Francofurtensien. Fern von jeder Einseitigkeit waren in den einzelnen Sparten die unterschiedlichsten Standpunkte vertreten.

In *Dichtung und Wahrheit* hat Goethe aus der Erinnerung gewisse Standardwerke genannt: erwartungsgemäß, möchte man sagen, den *Orbis pictus* des Comenius, der die ganze Welt in Bildern faßlich darstellen sollte, die große Foliobibel mit den Kupfern von Merian (die im Bücherverzeichnis übrigens nicht erscheint), den *Robinson Crusoe* des Daniel Defoe, die *Insel Felsenburg* des Johann Gottfried Schnabel (*Wunderliche Fata einiger Seefahrer, absonderlich Alberti Julii [...]*) von 1731, und selbstverständlich hatte der Knabe Goethe auch Zugang zu Fénelons *Telemach*, jenem damals als Kinderbuch verbreiteten Werk, in dem die abenteuerlichen Fahrten des Telemach erzählt werden und das nichts anderes darstellt als eine Prinzenerziehung in Romanform. Das Bürgertum des 18. Jahrhunderts griff gern zu diesem pädagogisch-moralischen Kompendium erwünschter Menschenbildung. Benjamin Neukirch, dessen Übersetzung Goethe zuerst kennenlernte, hatte die Prosa Fénelons in ausladende Alexandrinerverse übertragen (*Begebenheiten / Des / Prinzen von Ithaca, / [...] Aus dem Französischen des Herrn von Fénelon, / In Deutsche Verse gebracht [...]*, 1727). Nicht vergessen wurde die *Acerra philologica*, zu deutsch: philologisches Weihrauchkästchen, eine Sammlung von Geschichten und Anekdoten zur Einführung in Sprache und Welt der Antike, die Goethe noch 1830 aus der Weimarer Bibliothek entlieh und in der er, laut Tagebuch, mit dem Enkel Walther las. Einprägsame, merkwürdige Handlungen und bildhafte Darstellungen scheinen den Jungen besonders gefesselt und die Erinnerung des Greises geprägt zu haben.

Jugendliche Erfahrungen

Mögen Goethes Vater die französische Einquartierung und Besatzung auf die Nerven gefallen sein, für den Knaben brachten sie neue Erlebnisse: neben dem nahen Umgang mit den für Graf Thoranc arbeitenden Malern im Elternhaus insbesondere die Begegnung mit der Welt des Theaters. Schon vorher hatte er wohl von fahrenden Theatergruppen, die in Frankfurt gastierten, gehört oder auch Aufführungen gesehen; nun aber kam es zu ständigen Vorstellungen französischer Schauspieler im »Junghof«. Großvater Stadtschultheiß hatte ein Freibillett spendiert, worüber der Vater keineswegs erfreut war, und so saß der Schüler nun täglich, wie er später schrieb, »vor einer fremden Bühne, und paßte um so mehr auf Bewegung, mimischen und Rede-Ausdruck, als ich wenig oder nichts von dem verstand, was da oben gesprochen wurde, und also meine Unterhaltung nur vom Gebärdenspiel und Sprachton nehmen konnte. Von der Komödie verstand ich am wenigsten, weil sie geschwind gesprochen wurde und sich auf Dinge des gemeinen Lebens bezog, deren Ausdrücke mir gar nicht bekannt waren. Die Tragödie kam seltner vor, und der gemessene Schritt, das Taktartige der Alexandriner, das Allgemeine des Ausdrucks machten sie mir in jedem Sinne faßlicher« (3. B.; 9, 90f.). Früh wurde er hier mit Tragödien und Komödien vertraut, schärfte sich sein Blick für dramatische Konstellationen und theatralische Erfindungen. Destouches, Marivaux, La Chaussée, auf den das »rührende Lustspiel«, die »comédie larmoyante«, zurückgeht, ihre Stücke sah er auf der Bühne und lernte dabei in der französischen Sprache hinzu. Verse aus Racines Tragödien deklamierte er »nach theatralischer Art und Weise [...] mit großer Lebhaftigkeit«, ohne daß er »noch eine ganze Rede im Zusammenhang hätte verstehen können« (9, 91). So lernte er noch vor Shakespeare die klassische französische Tragödie des 17. und das französische Lustspiel des 18. Jahrhunderts kennen und vollzog damit so etwas wie die allgemeine deutsche Literaturentwicklung von den Franzosen bis hin zu Shakespeare, wie sie Lessing theoretisch in seiner *Hamburgischen Dramaturgie* begründet hat. Aber die Kunst des genau kalkulierten Mit- und Gegeneinanders im dramatischen Spiel, wie er es so früh im Theater der Franzosen im »Junghof« beobachten konnte, sollte auch ihm bei seinen frühesten (erhaltenen) Stücken, etwa in den *Mitschuldigen* oder im *Clavigo*, mit staunenswerter Sicherheit zur Verfügung stehen und ihm auch in späteren Jahren griffbereit bleiben.

Es muß hier nicht erzählt werden, wie Goethe in seiner Frankfurter Jugend ihn bewegende öffentliche und familiäre Ereignisse in der Freien Reichsstadt aufgenommen hat; es würde nur ein dürftiger Nachbericht dessen sein, was er in seinen Lebenserinnerungen eindringlich geschildert hat: das bunte Gewimmel zur Zeit der Messen; die Besuche beim Großvater Textor zu Hause und in seinem Garten; die Feierlichkeiten zur Krönung Josephs II. 1764 (in der längst berühmten historischen Darstellung im 5. Buch von *Dichtung und Wahrheit*); das Vergnügen der Weinlese im Weinberg des Vaters vor dem Friedberger Tor; die Fahrt mit dem Höchster Marktschiff auf dem Rhein; den Besuch der Judengasse; ein Brand in der winkligen Enge der Stadt und anderes mehr.

»Wir mußten Zeugen von verschiedenen Exekutionen sein, und es ist wohl wert zu gedenken, daß ich auch bei Verbrennung eines Buchs gegenwärtig gewesen bin. [...] Es hatte wirklich etwas Fürchterliches, eine Strafe an einem leblosen Wesen ausgeübt zu sehen« (4. B.; 9, 150f.). Nicht ein französischer komischer Roman war es, wie Goethe meinte, der »exekutiert«

wurde, sondern aller Wahrscheinlichkeit nach handelte es sich um die Schriften des religiösen Schwärmers Johann Friedrich Ludwig, die am 18. November 1758 mit pompösem Zeremoniell auf Befehl des Kaisers verbrannt wurden. Derartiges war damals keine Seltenheit. Auch Rousseaus *Emile* und sein *Contrat social*, die ins Jahr 1762 gehören, wurden in Genf durch den Henker öffentlich verbrannt. Heinrich Heine hat später im *Almansor* prophezeit: »Dort wo man Bücher verbrennt, verbrennt man auch am Ende Menschen.« Trotz Goethes Erinnerung und Heines Mahnung meinten bei der nationalsozialistischen Bücherverbrennung am 10. Mai 1933 auch deutsche Literaturprofessoren Feuerreden halten zu müssen.

Verwirrungen und Nöte sind dem 14–15jährigen nicht erspart geblieben. Er lernte Freunde kennen, die seine leichte Fähigkeit, Gedichte und Episteln zu verfassen, schätzten und für Machenschaften ausnutzten; er verliebte sich in ein Gretchen, über das allein die Passagen in *Dichtung und Wahrheit* Auskunft geben, und geriet in peinliche Verwicklungen, als unrechtmäßiges Verhalten von Kumpanen jenes Bekanntenkreises aufgedeckt wurde und die offiziellen Untersuchungen auch ihn einbeziehen mußten. Sogar ein Hofmeister wurde ins Haus genommen, um den Jungen zu lenken und zu leiten.

Auch wenn er dann nicht, wie gewünscht, nach Göttingen gehen durfte, wo er bei Philologen wie Christian Gottlob Heyne und Johann David Michaelis gern ein Studium der alten Welt aufgenommen hätte, so begrüßte er doch den Aufbruch zur Universität Leipzig als Loslösung aus Verhältnissen, die allmählich zu eng wurden, »und ein solcher Versuch, sich auf seine Füße zu stellen, sich unabhängig zu machen, für sein eigen Selbst zu leben, er gelinge oder nicht, ist immer dem Willen der Natur gemäß« (6. B.; 9, 242). Am 3. Oktober 1765 kam der sechzehnjährige Student zur Zeit der Messe in Leipzig an.

Die Frankfurter Jahre 1749–1765 waren Zeiten wohlbehüteter Kindheit und einer vielseitigen Ausbildung. Mit einer Selbstverständlichkeit ohnegleichen begann der Knabe, sich Sprache als produktives Gestaltungsmittel anzueignen und in diesem Medium schöpferisch tätig zu sein. Von seinem zehnten Lebensjahr an hat er sich, wie ein Brief aus Leipzig bekennt, als Poet gesehen (11./15.5.1767). Mit der Sprache Welt zu greifen und zu gestalten scheint für ihn von früh an eine geradezu naturhafte Lebensäußerung gewesen zu sein, noch vor aller Reflexion über die Bedingungen, Möglichkeiten und Schwierigkeiten solchen Unterfangens. Das Autodafé, das er rücksichtslos über die Knabenwerke verhängte, beweist: Vor den bewußt gewordenen Anforderungen zeitgemäßen künstlerischen Schaffens konnten sie nicht mehr bestehen.

Goethe wurde als Kind einer wohlhabenden, im lutherischen Glauben und in den überkommenen reichsstädtischen Ordnungen verwurzelten Familie in eine Welt gültiger und verpflichtender Traditionen hineingeboren. Sie blieben ihm kein gesicherter Besitz, im Gegenteil. Schon in diesen frühen Jahren setzte er den überlieferten Glauben zweifelnden Fragen aus. Auch die Starrheit einer Gesellschaft, in der die vornehmen patrizischen Familien nach wie vor ausschlaggebend und religiöse und geistig-literarische Toleranz und Freiheit keineswegs gewährleistet waren, wurde vom Enkel des Reichs- und Stadtschultheißen erkannt. Ihm waren »die heimlichen Gebrechen einer solchen Republik nicht unbekannt geblieben, um so weniger, als Kinder ein ganz eignes Erstaunen fühlen und zu emsigen Untersuchungen angereizt werden, sobald ihnen etwas, das sie bisher unbedingt verehrt, einigermaßen verdächtig wird«. Der alte Goethe sprach rückschauend von einer »Abneigung gegen meine Vaterstadt«, die ihm damals immer deutlicher geworden sei. »Und wie mir meine alten Mauern und Türme nach und nach verleideten, so mißfiel mir auch die Verfassung der Stadt, alles, was mir sonst so ehrwürdig vorkam, erschien mir in verschobenen Bildern« (6. B.; 9, 240).

Erste schriftliche Versuche

Etliche Schularbeiten des Knaben sind erhalten geblieben. Goethe selbst hat irgendwann den lateinischen Titel *Labores Juveniles* (jugendliche Arbeiten) auf eines der Blätter geschrieben. Es sind Übersetzungsaufgaben, Vokabellisten, »Stechschriften«, Sentenzen, wobei nicht mehr festzustellen ist, wieviel Hilfe und Korrekturen des Vaters und der Lehrer diesen schriftlichen Übungen zugute gekommen sind. Wie in Sprachlehrbüchern bis in die jüngste Zeit üblich, wurde auch damals an erbaulichen Sprüchen und allgemeinen moralischen Betrachtungen die Fertigkeit der Sprache erprobt und eingeübt. »Der Gehorsam ist eine schöne und herrliche Tugend« (»Obedientia est pulchra et praeclara virtus«; *Exercitium privatum XII*). Auch Beobachtungen aus der Natur und aus dem alltäglichen Leben gaben das Thema her. Merkwürdig berührt es, wenn wir in einer der »Stechschriften« jene Formulierung lesen, die uns aus der *Prometheus*-Hymne vertraut geworden ist: »Da ich ein Kind war [...]« (7. 6. 1757). In einem Dialog zwischen Vater und Sohn sind zweifellos wirkliche Erlebnisse des Jungen aufbewahrt. Er steigt mit dem Vater in den Keller hinab, gibt vor, beobachten zu wollen, wie die Weinfässer aufgefüllt werden, und möchte in Wahrheit den Grundstein einmal wiedersehen, den »lapis fundamentalis«.

F[ilius]. Nunmehro sehe ich ihn wohl und erinere mich, daß ich ihn unter vielen Feyerlichkeiten mit eigener Hand eingemauret habe.

P[ater]. Kanstu dich noch mehrer Umstände die dabey vorgefallen erinneren.

F. Warumnicht. Ich sehe mich nehmlich in der Tiefe als einen Maurer gekleidet mit der Kelle in der Hand unter vielen Maurer-Gesellen stehen, und hatte den Steinmetzen-Meister zur Seiten.

P. Wurde den dabey sonst nichts geredet?

F. Ja wohl. Es fing der Obergeselle zwar nach Gewohnheit aine Rede an konte sie aber nicht ausfüren und unterlies nicht sich die Haare auszurauffen da er von so vielen Zuschauern inzwischen ausgelacht wurde.

P. Was denckestu den nun gutes bey diesem Stein, nach dem dich so sehr verlanget?

F. Ich gedencke und wünsche daß er nicht eher als mit dem Ende der Welt verrucket werden möge (DjG 1, 9f.).

Erstaunlich ist denn doch, daß schon der Achtjährige im März 1758 einige Übungen, »so ehemals der Herr Corrector Reinhard zur Nachahmung des Justins denen Primanern privatim teutsch in die Feder gegeben«, zu übersetzen imstande war.

Die jahrzehntelange Folge der Goetheschen Gedichte eröffnet ein Neujahrsglückwunsch an die Großeltern Textor zum Jahre 1757:

> Erhabner GrosPapa!
>
> Ein Neues Jahr erscheint,
> Drum muß ich meine Pflicht und Schuldigkeit entrichten,
> Die Ehrfurcht heist mich hier aus reinem Hertzen dichten,
> So schlecht es aber ist, so gut ist es gemeint. [...]

Das Gedicht ist – wie auch das Neujahrsgedicht 1762 – ohne Belang. Es zeigt jedoch, wie der Knabe darin bewandert war, in herkömmlicher Art ein Glückwunschgedicht, das zugleich ein Lobgedicht auf die Angesprochenen ist, zu verfertigen. Die einleitende Floskel der affektierten Bescheidenheit stammt ebenso aus dem Arsenal jener rhetorisch bestimmten Lyrik wie die Abfolge der Wünsche, die in der vorgestanzten Form der Alexandrinerverse vorgetragen werden. Ein gängiges Thema wird in solchen Gedichten mit den passenden Bild- und Schmuckstücken der Sprache ausstaffiert, damit man sich daran erfreue. Das ist noch eine Verfahrensweise, wie sie im 17. und frühen 18. Jahrhundert gang und gäbe war. Hier hat der junge Poet seine frühesten literarischen Erfahrungen gesammelt.

Auch das lange, sechzehnstrophige Gedicht von 1765, das gegen Goethes Willen 1766 in der Frankfurter Wochenschrift *Die Sichtbaren* gedruckt wurde, *Poetische Gedanken über die Höllenfahrt Jesu Christi*, verharrt in Thematik und künstlerischer Ausgestaltung ganz im Bann der Tradition. Für den Goethe von 1830 steckte das Gedicht, das eine Erlösungsmöglichkeit der in die Hölle Verdammten entschieden verneint, »voll orthodoxer Borniertheit« (E 17. 3. 1830). Die prunkende Darstellung infernalischer Verdammnis und eines triumphierenden Richters Jesu Christi, deren rhetorische Mittel ganz im Dienst des *commovere*, des Erschütternwollens, stehen, weist zurück auf ausladende religiöse Gedichte eines Adolf Schlegel oder Johann Andreas Cramer. Nicht ein erlösender, barmherziger Christus tritt auf, sondern wie ein donnernder Jupiter fährt der Menschensohn in die Hölle, um das Verdammungsurteil über die abgefallenen, verlorenen Seelen zu bekräftigen. In paukendem Fortissimo zieht die Parade paralleler und auf Wirkung bedachter Sätze und Satzteile die Verse hindurch; auch hier ein voller Nachklang aus ›barocker‹ Lyrik.

> Die Hölle sieht den Sieger kommen,
> Sie fühlt sich ihre Macht genommen.
> Sie bebt und scheut Sein Angesicht.
> Sie kennet Seines Donners Schrecken.
> Sie sucht umsonst sich zu verstecken.
> Sie sucht zu fliehn und kann es nicht.
> Sie eilt vergebens, sich zu retten
> Und sich dem Richter zu entziehn,
> Der Zorn des Herrn, gleich ehrnen Ketten,
> Hält ihren Fuß, sie kann nicht fliehn.

Den ersten (erhaltenen) Brief hat Goethe am 23. Mai 1764 geschrieben, als er sich um Aufnahme in die Arkadische Gesellschaft zu Phylandria bewarb, eine jener geheimbündlerischen Vereinigungen, deren es damals viele gab und in denen man sich um bürgerlich-tugendhafte Normen und Verhaltensweisen bemühte, aber auch literarische Geselligkeit pflegte. Es versteht sich von selbst, daß ein Schreiben dieser Art die üblichen zeremoniellen Formeln benutzte. In seiner Selbstvorstellung berief sich der jugendliche Briefschreiber ausdrücklich auf Gottlieb Wilhelm Rabener, mit dessen »Freyer« (in den *Satirischen Briefen* 1751–1755) er es teile, »daß ich meine Fehler voraus sage«. »Einer meiner Haupt Mängel ist, daß ich etwas hefftig bin. Sie kennen ja die colerische Temperamente, hingegen vergißt niemand leichter eine Beleidigung als ich. Ferner bin ich sehr an das Befehlen gewohnt, doch wo ich nichts zu sagen habe, da kann ich es bleiben laßen.« Die drei Briefe, die wegen der Aufnahme in die Gesellschaft an Ludwig Isenburg von Buri geschrieben wurden, sind nur unter zwei Gesichtspunkten interessant: als ein frühes Dokument für Goethes Bekanntschaft mit solchen Bünden und, wohl wichtiger, als Anregung zu grundsätzlichen Überlegungen. Wie weit gibt sich überhaupt in Briefen das Persönliche des Schreibers zu erkennen, wieweit dürfen wir Nachgeborenen das dort Niedergeschriebene als authentischen, ›wahren‹ Ausdruck der Persönlichkeit des Verfassers auffassen? Wieweit führt vielleicht (selbst-)stilisierende Absicht dem Schreibenden die Feder? Und vor allem: Wieweit ist ein Mensch überhaupt imstande – und sei er noch so begabt – sich selbst zu erkennen und über sich Auskunft zu geben? Immer bleibt wohl ein Rest. Kann nicht ein scheinbar ganz persönlicher Brief das Erdichtete eines Gedichts übertreffen? Hier melden sich Fragen, die nicht einhellig zu beantworten sind. Denn keine Instanz kann angerufen und keine Überprüfungsmethode angewandt werden, die zweifelsfrei zu entscheiden vermöchten, was in einem Brief (oder sonstigen autobiographischen Niederschriften) ›wahre‹ oder ›stilisierte‹ Aussage ist. Interpretation, Selbstdeutung ist beim Schreiben immer mit am Werk, wenn es über bloße Einzeltatsachen hinausgeht. Sie hat ihrerseits nichts mit blanker Willkür zu tun, sondern ist mit dem gelebten Leben verwoben, von seinen Bedingungen und Möglichkeiten gezeichnet. Gleichwohl sind Briefe für uns wichtige, aufschlußreiche Zeugnisse der inneren Biographie eines Menschen.

Ist das nun Schilderung von wirklich Geschehenem oder Ergebnis fabulierender Lust, was der fünfzehnjährige Goethe seiner Schwester Cornelia am 21. 6. 1765 aus Wiesbaden an »absonderlichen Schicksaalen« berichtet?

Dencke nur wir haben allhier – Schlangen, das häßliche Ungeziefer macht den Garten, hinter unserm Hause, gantz unsicher. Seit meinem Hierseyn, sind schon 4. erlegt worden. Und heute, laß es dir erzählen, heute morgen, stehen einige Churgäste und ich auf einer Terasse, siehe da kommt ein solches Thier mit vielen gewölbten Gängen durch das Graß daher, schaut uns mit hellen funckelnden Augen an spielt mit seiner spitzigen Zunge und schleicht mit aufgehabenem Haupte immer näher. Wir erwischten hierauf die ersten besten Steine warfen auf sie loß, und traffen sie etliche mahl, daß sie mit Zischen die Flucht nahm. Ich sprang herunter, riß einen mächtigen Stein von der Mauer, und warf ihr ihn nach. er traf und erdruckte sie, worauf wir über dieselbe Meister wurden sie aufhängeten und zwey Ellen lang befanden.

Leipziger Studienjahre

In der Welt des Kleinen Paris

Als Goethe im Oktober 1765 nach Leipzig kam, begann für ihn ein fast dreijähriger Aufenthalt in einer Stadt von etwa 30000 Einwohnern, die sich zum führenden deutschen Messeplatz entwickelt hatte. Dreimal im Jahr strömten hier, an einem zentralen Ort des Handels zwischen West- und Osteuropa, die Kaufleute zusammen. Zweifellos war die Stadt an der Pleiße weltoffener und ›moderner‹ als die Reichsstadt am Main. Schon die städtebauliche Anlage war großzügiger als das enge, verwinkelte Frankfurt, und die »Große Feuerkugel«, in der der Ankömmling sein Quartier nahm (so genannt nach ihrem Wahrzeichen, einer brennenden Handgranate), war eine jener Häuseranlagen, die von vier Seiten einen Hof umschlossen. Nach zwei Straßen wandten sie ihr Gesicht und waren, »in großen himmelhoch umbauten Hofräumen eine bürgerliche Welt umfassend, großen Burgen, ja Halbstädten ähnlich« (*DuW*, 6. B.; 9, 245). ›Klein Paris‹ wurde Leipzig verehrungsvoll oder auch mißbilligend tituliert. Sächsische Residenzstadt war Dresden, das ganz anders als die Handels- und Universitätsstadt Leipzig auf den Hof ausgerichtet war und seine Pracht als ›Elbflorenz‹ entfaltete.

Zwar hatte Leipzig im Siebenjährigen Krieg 1756–1763 unter den Kriegskontributionen Friedrichs II. von Preußen heftig zu leiden gehabt, aber Handel und Wandel waren wieder aufgeblüht. Hier gab seit je nicht der Hof den Ton an, sondern eine Schicht wohlhabender Bürger und die Gebildeten der Universitätsstadt bestimmten das Verhalten und die geistig-künstlerische Produktion und Rezeption: Bankiers, Kaufleute, Beamte, Pastoren, Professoren und Magister.

Leipzig war für Goethe eine neue Welt. Die Stadt »ruft dem Beschauer keine altertümliche Zeit zurück; es ist eine neue, kurz vergangene, von Handelstätigkeit, Wohlhabenheit, Reichtum zeugende Epoche, die sich uns in diesen Denkmalen [den Baulichkeiten der Stadt] ankündet« (9, 245). Hier gab man sich anders als in Frankfurt, und was Goethe sah und hörte, war offensichtlich mit den Kategorien, die er bisher kennengelernt hatte, nicht angemessen zu verstehen. Das alles hing damit zusammen, daß es hier kein jahrhundertelanges Regiment mächtiger Patriziergeschlechter gegeben und nicht eine einzige Konfession unnachsichtig ihren Anspruch auf Vorherrschaft geltend gemacht hatte. Weltluft wehte hier, wenn auch in der Universität vormals heftige Konflikte zwischen orthodoxen und aufklärerischen Gelehrten ausgetragen worden waren und immerhin Persönlichkeiten wie Christian Thomasius und Christian Wolff hatten weichen müssen. Toleranz schien hier praktiziert zu werden. Bewies das nicht die Aufführung von Lessings *Minna von Barnhelm*, jenem heiter-ernsten Lustspiel um ein sächsisches Edelfräulein und einen preußischen Offizier, in einer Stadt, die durch den Krieg des im Stück mit Wohlwollen bedachten Preußenkönigs schwer belastet worden war, was ihre Einwohner keineswegs vergessen hatten?

Nach seinen eigenen Worten machte Goethe in Leipzig schon durch seine Kleidung den Eindruck, als sei er »aus einer fremden Welt hereingeschneit« (9, 250). Mit seiner altmodisch provinziellen Frankfurter Tracht erregte er in dem galanten Klein-Paris Deutschlands Anstoß und Heiterkeit, so daß ihm nichts anderes übrig blieb, als sich »eine neumodische, dem Ort gemäße« Garderobe zuzulegen. Auch mit seinem Frankfurter Deutsch hatte er Schwierigkeiten. Es war altertümlicher, wuchernder und derber als jene klare, ›vernünftige‹, zweckgerichtete Ausdrucksweise, die die Gebildeten Leipzigs kultivierten und als deren Lehrmeister Gottsched, Gellert und Weiße galten.

Die Anpassung an die ungewohnte Umgebung war nicht einfach. In Leipzig konnte »ein Student kaum anders als galant sein, sobald er mit reichen, wohl und genau gesitteten Einwohnern in einigem Bezug stehen wollte«, notiert *Dichtung und Wahrheit* (9, 252). Freilich war das galante Verhalten eine ziemlich heikle Sache, weil es eher Ausdruck eines noch schwankenden Suchens war als geprägter, sicherer Stil. Ihn hatten die Bürger, die nach Neuem Ausschau hielten, noch nicht gefunden. Man blickte auf das, was jeweils Mode war, was weltläufig schien, und fremdländische Einschläge gehörten dazu. Höfische Elemente der Etikette wurden in bürgerliche Zusammenhänge eingepaßt, was zu Erscheinungen führte, die schon damals kritisiert und verspottet wurden: »Was heuer galant ist, das heißt übers Jahr altmodisch. Die Galanterie in Kleidern ist gar nicht zu determiniren. Kurz aber davon zu reden, heißt es nichts anders, als alle neuen Moden mitzumachen, und dieses so oft als etwas Neues aufkommt. Jedermann suchet galant zu sein. Gemeiniglich hält man denjenigen vor galant, der heut zu Tage halb teutsch, halb französisch redet, und weil dieses in der teutschen Welt ungemein eingerissen ist, so giebt man auf den Discours derer Menschen genau Achtung.«

Goethe genoß die Freiheit, sich in der neuen Leipziger Welt unabhängig von väterlicher Leitung bewegen zu können. Im Brief an Johann Jacob Riese drückte er am 21. 10. 1765 seine Stimmung aus, die Prosa mit dem Vers wechselnd und sich im poetischen Bilde stilisierend:

> So wie ein Vogel der auf einem Ast
> Im schönsten Wald, sich, Freiheit athmend, wiegt,
> Der ungestört die sanfte Luft genießt,
> Mit seinen Fittigen von Baum zu Baum,
> Von Busch auf Busch sich singend hinzuschwingen

Genug stellt euch ein Vögelein, auf einem grünen Aestelein in allen seinen Freuden für, so leb ich.

Er blieb, um das vorwegzunehmen, in den Leipziger Jahren auf der Suche nach Orientierung. »Ich mache hier große Figur! – Aber noch zur Zeit bin ich kein Stutzer. Ich werd es auch nicht«, hieß es im selben Brief an Riese. Im Sommer des nächsten Jahres meldete der Frankfurter Freund Horn an Wilhelm Karl Ludwig Moors: »Von unserm Goethe zu reden – der ist immer noch der stolze Phantast, der er war, als ich herkam. Wenn Du ihn nur sähst, Du würdest entweder vor Zorn rasend werden oder vor Lachen bersten müssen. Ich kann gar nicht einsehen, wie sich ein Mensch so geschwind verändern kann. Alle seine Sitten und sein ganzes jetziges Betragen sind himmelweit von seiner vorigen Aufführung unterschieden. Er ist bei seinem Stolze auch ein Stutzer, und alle seine Kleider, so schön sie auch sind, sind von so einem närrischen Goût, der ihn auf der ganzen Akademie auszeichnet« (12. 8. 1766; Bo I 9).

Von launischem Hin und Her ist in manchen Berichten über Goethe noch Jahre hindurch die Rede; auch er selbst porträtiert sich in seinen Briefen oft als einen unstet Suchenden. Als er sich endlich der Leipziger Lebensart anzupassen versucht hatte, mußte er einsehen, daß es damit nicht getan war; er sollte der Gesellschaft, nachdem er sich »ihrem Sinne gemäß gekleidet, [...] nun auch nach dem Munde reden« (9, 254). Da ihn aber, was er sich von »Unterricht und Sinnesförderung« bei seinem akademischen Aufenthalt versprochen hatte, nicht recht befriedigte, ging er zu den geselligen Verpflichtungen in Distanz.

Mit seinem stattlichen Budget von 1000 Talern jährlich, die der Vater zahlte, konnte Goethe freilich leben, wie es ihm gefiel. Selbstverständlich waren nur gut gestellte Studenten in der Lage, dem galanten Geschmack zu frönen. Wenn Goethe schrieb, er hoffe im Jahr mit 300 oder sogar 200 Talern auszukommen (an Riese, 21. 10. 1765), so war das ein Bluff, wie die ansehnliche Speisekarte, die er sogleich folgen ließ, zeigt. (Oder prunkt hier poetisches Erzählvergnügen?)

Merckt einmahl unser Küchenzettul. Hüner, Gänse, Truthahnen, Endten, Rebhüner, Schnepfen, Feldhüner, Forellen, Haßen, Wildpret, Hechte, Fasanen, Austern pp. Das erscheinet täglich. nichts von anderm groben Fleisch ut sunt [als da sind] Rind, Kälber, Hamel pp das weiß ich nicht mehr wie es schmeckt. Und die Herrlichkeiten nicht teuer, gar nicht teuer.

Goethe war nach Leipzig gekommen, um Jura zu studieren, wie der Vater es wollte. Vorbereitet darauf war er recht gut; den ›Kleinen Hoppe‹ hatte er schon zu Hause studieren müssen, ein handliches juristisches Repetitorium; er konnte sich »vorwärts und rückwärts darin examinieren lassen« (6. B.; 9, 238). Über die Intensität seines Jurastudiums können wir kaum mehr als Vermutungen anstellen. Sicher ist jedenfalls, daß er sich sogleich mit seinem Empfehlungsschreiben zu Professor Böhme begab, der Staatsrecht und Geschichte lehrte und dessen Frau sich besonders darum bemühte, ihn mit den Gewohnheiten gesellschaftlichen Verhaltens vertraut zu machen. Allerdings war es für den praktizierenden Poeten ausgemachte Sache, sich auch in den philologischen und poetologischen Gebieten umzutun, was Böhme lebhaft mißbilligte. Und da das, was in der Juristerei geboten und gefordert wurde, sich offenbar rasch als dürftig erwies, auch andere Vorlesungen langweilten und enttäuschten, wird der junge Student viel Zeit für seine eigenen Neigungen gehabt haben.

Kunst und Literatur

Kunst und Literatur widmete er, wie konnte es nach den Frankfurter Anfängen und Erfahrungen anders sein, besondere Aufmerksamkeit. Wohl noch 1765 bekam er Kontakt zu Adam Friedrich Oeser, den man im Jahr zuvor zum Direktor der neugegründeten Leipziger Kunstakademie (der »Zeichen-Mahlerey- und Architektur-Akademie«) berufen hatte. Oeser war Maler, Kupferstecher und Bildhauer, doch hat er auf Goethe, der sich im Zeichnen weiter ausbilden wollte, weniger als Zeichenlehrer gewirkt denn als ein Kunstverständiger, der den Schülern die Augen für die antike Kunst öffnete. Hier begegnete Goethe zum ersten Mal Winckelmannschem Geist. In Dresden hatte Mitte der fünfziger Jahre Johann Joachim Winckelmann enge Beziehungen zu Oeser gehabt, und in dessen epochemachender Schrift *Gedanken über die Nachahmung der griechischen Werke in Malerei und Bildhauerkunst* (Dresden 1755) steckt auch Oeserscher Anteil. So habe er, erinnerte sich Goethe, »das Evangelium des Schönen, mehr noch des Geschmackvollen und Angenehmen« (9, 314), seinen Schülern unablässig überliefert. Das erste, was er empfohlen und immer wiederholt habe, sei »die Einfalt in allem, was Kunst und Handwerk vereint hervorzubringen berufen sind«. Doch zeigten Oesers eigene künstlerische Arbeiten, daß er, obwohl »ein abgesagter Feind des Schnörkel- und Muschelwesens und des ganzen barocken Geschmacks« (9, 309), noch keineswegs zur Strenge und Klarheit einer klassizistischen Form gefunden hatte, und es waren wohl auch mehr die einprägsamen Worte von Einfalt und Stille als Ideal der Schönheit, die beeindruckten, als die Wirklichkeit antiker Kunstwerke selbst, zudem die Akademie nur über Abgüsse des *Laokoon* und des *Tanzenden Faun* verfügte. Als Goethe im März 1768 in Dresden war, um sich die Kunstschätze anzusehen, hat er denn auch auf die Skulpturensammlung verzichtet und sich lieber den niederländischen Meistern zugewandt, deren Stil ihm aus dem Anschauungsunterricht bei den ›holländernden‹ Frankfurter Malern im Elternhaus vertraut war.

Oesers Verdienst war es, den jungen Studenten an zentrale Fragen der Kunst heranzuführen, die in ihm lebendig blieben: was das Schöne und was das Ziel der Kunst sei. Diese Bedeutung des Leipziger Kunstlehrers, mit dem Goethe in Verbindung geblieben ist, betonte der Dankbrief vom 9. November 1768 aus Frankfurt: »Was binn ich Ihnen nicht schuldig, Theuerster Herr Professor, dass Sie mir den Weeg zum Wahren und Schönen gezeigt haben, dass Sie mein Herz gegen den Reitz fühlbar gemacht haben. [...] Den Geschmack den ich am Schönen habe, meine Kentnisse, meine Einsichten, habe ich die nicht alle durch Sie?«

Anschauungsunterricht in Sachen Kunst vermittelten den Schülern Adam Oesers zusätzlich private Kunstsammlungen, die wohlhabende Leipziger Bürger, wie der Bankier und Ratsbaumeister Gottfried Winckler oder der Kaufmann und Ratsherr Johann Zacharias Richter, aufgebaut hatten. Neben einer großen Zahl von Bildern, die der niederländischen Schule zuzurechnen waren, gab es Gemälde, die den Italienern Tizian, Veronese und Reni zugeschrieben wurden, sowie eine Fülle von Originalzeichnungen und Kupferstichen.

Jetzt lernte Goethe zudem die Kunst des Radierens. Im Obergeschoß des Hauses der Familie Breitkopf, in dem Johann Wolfgang verkehrte, wohnte der Nürnberger Kupferstecher Johann Michael Stock, der seit einiger Zeit in Leipzig lebte und auch für den Breitkopfschen Verlag künstlerisch tätig war. Zwischen den oberen und unteren Stockwerken teilte der Besucher nun seine Zeit, und unter Stocks Anleitung fertigte Goethe Landschaftsradierungen nach Vorlagen anderer an. »Da hast Du eine Landschaft«, heißt es in einem

Brief an Behrisch vom 26. 4. 1768, »das erste Denckmal meines Nahmens und der erste Versuch in dieser Kunst.« Vielleicht bezieht sich diese Bemerkung auf eine der beiden erhaltenen Landschaftsradierungen und darauf, daß erstmals sein Name als der eines produktiven Künstlers auftaucht: »gravé par Goethe«.

Zur Ostermesse 1766 waren Frankfurter Bekannte in Leipzig eingetroffen, Johann Adam Horn und Johann Georg Schlosser, der 1773 Goethes Schwester Cornelia heiraten sollte. Schlosser stieg »in einem kleinen Gast- oder Weinhause ab, das im Brühl lag und dessen Wirt Schönkopf hieß« (7. B.; 9, 266). Hier nahm jetzt auch Goethe seinen Mittagstisch, machte neue Bekanntschaften und lernte, um soviel vorwegzunehmen, die Tochter des Hauses, Anna Catharina Schönkopf kennen und lieben.

Johann Georg Schlosser, zehn Jahre älter als Goethe und bereits »ein unterrichteter, schon charakterisierter Mann« (9, 267), wollte Leipzig nicht verlassen, ohne die Koryphäen der Stadt besucht zu haben. Bei damaligen Verhältnissen, wo man den Kreis der Gebildeten leicht überblicken konnte, waren solche Aufwartungen an der Tagesordnung. Den Besuch bei Gottsched hat Goethe in *Dichtung und Wahrheit* eigens geschildert (9, 267f.). Anekdotenhaft ist der Auftritt erzählt, wie die Besucher den kahlköpfigen stattlichen alten Mann überraschten, der seine große Allongeperücke noch nicht aufgesetzt hatte. Wie er hier als etwas lächerliche Repräsentationsfigur gezeichnet wurde, so hatte schon der junge Goethe im Brief an Riese vom 30. Oktober 1765 den einstmals berühmten Literaturreformator mit herben Spottversen bedacht.

Gottscheds Ansehen war verblaßt. Auch Goethe vermochte seine wirkliche Bedeutung nicht mehr richtig einzuschätzen. Die abwertenden Urteile haben sich die Jahrhunderte hindurch fortgepflanzt. Eine gerechte Würdigung jenes Paradeautors der frühen Aufklärungszeit ist freilich schwer genug, weil seine Vorstellungen von Dichtung den Späteren bald fremd und fern vorkamen. Schon zu Goethes Leipziger Zeit konnten sie Schriftsteller und Leser nicht mehr zufriedenstellen; die bürgerliche Schicht der Gebildeten hegte andere Wünsche und Erwartungen. Dabei kann schwerlich bestritten werden, daß Johann Christoph Gottsched, der 1729 in Leipzig zum außerordentlichen Professor der Poesie und 1734 zum ordentlichen Professor für Logik und Metaphysik ernannt worden war, mit seiner Literaturreform einer bestimmten Phase in der Formierung der bürgerlichen Gesellschaft entsprach. Wenn nun auch das Bürgertum eine angesehene literarische Kunst für sich beanspruchte, so hatte sie Normen zu folgen, die nicht hinter der bislang dominierenden höfischen Repräsentationskunst zurückblieben. Kurz gesagt: eine lehrhaft-nützliche Dichtung im Dienst eines von höfischen

Vorbildern sich lösenden Bürgertums wurde hier anvisiert. Deutlich zeigten sich Merkmale dieser Übergangsphase. Volkstümliche Literatur war dem regelgebenden Gottsched ebenso verpönt wie die von Unwahrscheinlichkeiten strotzende Oper, die feudaler Repräsentation diente; nach wie vor sollten in der Tragödie nur Personen hohen Standes auftreten, und doch hatte die tragische Handlung einen moralischen Satz auszugestalten, der für ein bürgerliches Publikum von Nutzen sein könnte. Mit großer Strenge führte Gottsched sein dichtungstheoretisches Gebäude auf. Seine Lehre von der Dichtung beruhte auf einer systematischen philosophischen Grundlage. (In zwei handlichen Bänden seiner *Ersten Gründe der gesamten Weltweisheit* faßte er 1733/1734 die Philosophie Christian Wolffs zusammen und machte sie damit einem weiteren Publikum zugänglich.) Da in der vernünftigen Natur nichts mit Widerspruch geschieht und alles im Rahmen der Wahrscheinlichkeit bleibt, muß auch in der Dichtung alles »bei der Vernunft die Probe aushalten«. Dichtung hat aber nicht nur dem Prinzip solcher Naturnachahmung zu folgen, sondern auch der Forderung nach moralischer Lehrhaftigkeit zu genügen. Recht bald erwies sich das gutgemeinte System der Regeln und Vorschriften als zu starr und zu wenig anpassungsfähig, als daß es den Absichten und Erwartungen von Autoren und Publikum noch genügte. Es konnte der gewünschten Darstellung von Familiär-Privatem und freundschaftlich Geselligem, von intimer Häuslichkeit, Freuden und Bekümmernissen bürgerlicher Mentalität nicht entsprechen.

Daß es Christian Fürchtegott Gellert gelang, Gedichte und Erzählprosa, Schauspiele und Briefe zu verfassen, die solcher Lebenswelt gemäß waren, machte seinen großen Erfolg aus. Ursprünglich zum Schülerkreis Gottscheds zählend, hatte er 1744 in Leipzig die Lehrbefugnis erhalten und war 1751 Professor an der Fakultät für schöne Künste, Moral und Redekunst geworden. Nicht anders als bei Gottsched hieß es auch in seinen *Moralischen Vorlesungen*, Tugend sei »die Übereinstimmung aller unserer Absichten, Neigungen und Unternehmungen mit der göttlichen Anordnung, die sich stets auf unser Glück und das Beste unserer Nebenmenschen bezieht«. Aber das wurde nun entschieden auf den bürgerlichen Lebensbereich bezogen. Extreme waren zu vermeiden, Mäßigung nach vernünftigem Mittelmaß war gewünscht. Der Bewältigung des alltäglichen Lebens hatte Literatur zu dienen. Höflichkeit, Liebe und Gelassenheit im zwischenmenschlichen Umgang, Gemütsruhe in der demütigen Sicherheit christlichen Glaubens: dies waren Leitvorstellungen. Literatur sollte sie mit Empfindung vermitteln, und als ihr gemäßer Stil galt eine (gleichwohl kunstvolle) lebensnahe Natürlichkeit.

Nur wenn man Gellert, der selbst eine spannungsreiche und gar nicht unkomplizierte Natur gewesen ist, aus diesen historischen Zusammenhängen löst und wenn man von Dichtung das freie Spiel der Einbildungskraft und ästhetisches Raffinement erwartet, können seine Arbeiten als belanglos und künstlerisch geringwertig abgetan werden. Seiner geschichtlichen Stellung angemessen ist solche Abwertung nicht, wenngleich seine stark besuchten *Moralischen Vorlesungen* auch Themen behandelten, die uns Heutigen unter solcher Überschrift abwegig erscheinen müssen: Diät in der Ernährung, Zimmerlüftung, körperliche Bewegung, Mienenspiel, Tonlage der Stimme und ähnliches mehr. Seine *Fabeln und Erzählungen* waren im 18. Jahrhundert bei denen, die lesen konnten, nach der Bibel die verbreitetste Lektüre. Noch Wochen nach seinem Tod am 13. Dezember 1769 pilgerten so viele Menschen zu seinem Grabe, daß der Johannisfriedhof in Leipzig geschlossen werden mußte. Es war Adam Oeser, der 1774 ein Gellert-Denkmal schuf, und 1777 schrieb Goethe zum Geburtstag der Weimarer Herzoginmutter Anna Amalia, einer Verehrerin Oesers, die Verse:

Gellerts Monument von Oeser

Als Gellert, der geliebte, schied,
Und manches Herz im Stillen weinte,
Auch manches matte schiefe Lied
Sich mit dem reinen Schmerz vereinte,
Und jeder Stümper bei dem Grab
Ein Blümchen an die Ehrenkrone,
Ein Scherflein zu des Edlen Lohne,
Mit vielzufriedner Miene gab:
Stand Oeser seitwärts von den Leuten
Und fühlte den Geschiednen, sann
Ein bleibend Bild, ein lieblich Deuten
Auf den verschwundnen werten Mann;
Und sammelte mit Geistesflug
Im Marmor alles Lobes Stammeln,
Wie wir in einem engen Krug
Die Asche des Geliebten sammeln [...] (FGA I 1, 249f.).

Goethe hat in Leipzig bei Gellert »Literaturgeschichte über Stockhausen« gehört und sein Praktikum belegt, wie *Dichtung und Wahrheit* mitteilt, wo auch von Merkwürdigkeiten des berühmten Professors erzählt wird, der auf einem zahmen Schimmel einherzureiten pflegte. Die berühmten *Moralischen Vorlesungen* scheint der Student ebenfalls besucht zu haben. Aufschlußreich ist es zu erfahren, was denn bei Johann Christoph Stockhausen, dessen Buch der Vorlesung zugrundelag, zu finden war (*Kritischer Entwurf einer auserle-*

senen Bibliothek für den Liebhaber der Philosophie und schönen Wissen-
schaften, Berlin 1757, 3. Aufl. 1764). Albrecht v. Haller und Gellert wurden
dort lobend erwähnt, ebenso Klopstocks *Messias* und Hamanns *Sokratische
Denkwürdigkeiten*, und von Richardsons Büchern hieß es, sie verdienten
den ersten Rang unter den guten Romanen. Begebenheiten, Charaktere,
Wahrscheinlichkeit, Moral, alles stimme aufs feinste zusammen, um sie zu
Meisterstücken dieser Art zu machen. Lawrence Sterne und Edward Young
fehlten gleichfalls nicht in Stockhausens Empfehlungsliste. Lesewelt eines
gebildeten Publikums tut sich hier auf. Gellert also als bemühter Vermittler
der damals modernen Literatur? Solche Schlußfolgerung bleibt trügerisch.
Denn ein Zuhörer seiner Vorlesungen hat berichtet, er habe ihn nie die
Namen Klopstock, Ewald v. Kleist, Wieland, Geßner, Lessing, Gerstenberg
nennen hören (*Frankfurter Gelehrte Anzeigen* vom 21.2.1772).

Der Literaturprofessor scheint in seinem Praktikum, in dem literarische
Arbeiten der Schüler besprochen und gestriegelt wurden, die Zuhörer zur
Poesie nicht gerade ermuntert zu haben. Ihm lag mehr an moralischer
Unterrichtung; Poesie war für die Nebenstunden da.

Für Goethes eigene dichterische Produktivität war Gellerts Einfluß unbedeutend. Das beweisen seine späteren Äußerungen und die Dichtungen der
Leipziger Zeit. Aber mag es auch nicht mehr als distanzierte Kenntnisnahme
gewesen sein, die Goethes Verhältnis zu Gottsched und Gellert charakterisierte, so darf man nicht übersehen, daß der junge Student in Leipzig als
aufmerksamer, kritischer Beobachter mit Theorie und Praxis einer Literatur
in Berührung kam, die sich als modern-bürgerliche zu erkennen gab und in
der Gottsched und Gellert verschiedene Phasen repräsentierten. Da er selbst
noch auf der Suche war und eine klare Orientierung noch nicht gefunden
hatte, mußte er zunächst in solchem Horizont seine Position finden.

Der Leipziger Student und Dichter befand sich in einer schwierigen
Situation. Als er aus Frankfurt in die neuartige Welt des deutschen ›Klein-
Paris‹ kam, empfing ihn Kritik. Dialekt, Benehmen, Kleidung paßten nicht
in diese Umgebung. So suchte er sich anzupassen und den modischen
Forderungen des Auftretens und Betragens zu entsprechen. Schlimmer für
ihn war, daß seine dichterischen Versuche nicht bestehen konnten. Und er
war doch selbstsicher und selbstbewußt hergekommen, hatte in einem
naturhaften poetischen Schwung gedichtet und war von Reflexionen nicht
gestört und belastet gewesen! »Ich tat es mit immer wachsender Leichtigkeit,
weil es aus Instinkt geschah und keine Kritik mich irre gemacht hatte« (6. B.;
9, 240). Damit war es jetzt vorbei. Im Brief an Riese vom 28. April 1766
schilderte er seine Lage in einer eingefügten Versepistel:

Du weißt, wie sehr ich mich zur Dichtk[unst] neigte
[...].
Ach du weißt mein Freund,
Wie sehr ich (und gewiß mit Unrecht) glaubte,
Die Muße liebte mich und gäb mir oft
Ein Lied. Es klang von meiner Leyer zwar
Manch stolzes Lied, das aber nicht die Musen,
Und nicht Apollo reihten. Zwar mein Stolz
Der glaubt es, daß so tief zu mir herab
Sich Götter niederließen, glaubte, daß
Aus Meisterhänden nichts Vollkommners käme,
Als es aus meiner Hand gekommen war.
[...]
Allein kaum kam ich her, als schnell der Nebel
Von meinen Augen sank, als ich den Ruhm
Der großen Männer sah, und erst vernahm,
Wie viel dazu gehörte, Ruhm verdienen.
Da sah ich erst, daß mein erhabner Flug,
Wie er mir schien, nichts war als das Bemühn
Des Wurms im Staube, der den Adler sieht,
Zur Sonn sich schwingen und wie der hinauf
Sich sehnt. Er sträubt empor, und windet sich,
Und ängstlich spannt er alle Nerven an
Und bleibt am Staub. Doch schnell entsteht ein Wind,
Der hebt den Staub in Wirbeln auf, den Wurm
Erhebt er in den Wirbeln auch. Der glaubt
Sich groß, dem Adler gleich, und jauchzet schon
Im Taumel. Doch auf einmal zieht der Wind
Den Odem ein. Es sinkt der Staub hinab,
Mit ihm der Wurm. Jetzt kriecht er wie zuvor.

Im Praktikum Gellerts und vollends bei Professor Clodius (an dem er sich später mit seiner Parodie *An den Kuchenbäcker Händel* rächte) wurde er gebeutelt und wagte dann auch nicht mehr, dort seine Arbeiten zu präsentieren.

Was konnte er tun? Ein halbes Jahr brauchte er nach eigener Auskunft, »biß ich mich wieder erholen und auf Befehl meiner Mädgen, einige Lieder verfertigen konnte« (an Cornelia, 11. 5. 1767). In *Dichtung und Wahrheit* nannte er Gründe für die Krise, die ihn zeitweilig zum Verstummen brachte. Es sei ihm bange gewesen, daß ihm etwas, was er geschrieben, gegenwärtig gefallen möchte und er müsse es denn doch, wie so manches andere, vielleicht nächstens für schlecht erklären. »Diese Geschmacks- und Urteilungewißheit beunruhigte mich täglich mehr, so daß ich zuletzt in Verzweiflung geriet.« Der so tief Verunsicherte verachtete nach einiger Zeit seine begonnenen und beendeten Arbeiten so sehr, daß er »eines Tags Poesie und Prose, Plane, Skizzen und Entwürfe sämtlich zugleich auf dem Küchenherd verbrannte« (6. B.; 9, 257f.). Davon berichtete er der Schwester Cornelia am 12. Oktober 1767. Mochte Goethe auch die Leipziger Welt und ihre Verhaltensformen und -normen mit kritischen Bemerkungen bedenken (wie im Brief an Cornelia vom 18. Oktober 1766), so kam er doch nicht umhin, sich in einer dort anerkannten Dichtungsweise zu bewähren, wenn er als Poet bestehen und respektiert werden wollte. Und darauf, zweifellos, kam es ihm an; eine Situation, die in Hinwendung und Distanz von Widersprüchlichkeiten nicht frei war. Gottscheds und Gellerts Vorstellungen konnten ihn nicht mehr leiten. Gellerts christliches Moralisieren und empfindsame Tugendhaftigkeit zumal vermochten den, der schon in Frankfurt das Zweifeln gelernt hatte, nicht zu beeindrucken. Aufschlußreich genug, daß es nicht ein einziges Gedicht Goethes im Stil jener *Geistlichen Oden und Lieder* gibt, die Gellert zuhauf gedichtet hat, wie etwa »Wenn ich, o Schöpfer, deine Macht«; »Dies ist der Tag, den Gott gemacht«; »Die Himmel rühmen des Ewigen Ehre«. Verfiel er schon mal in jenen christlichen Liedton, so wurde eine Parodie daraus:

Mel. O Vater der Barmherzigkeit

O Vater alles wahren Sinns
Und des gesunden Lebens,
Du Geber köstlichen Gewinns,
Du Fördrer treuen Strebens,
Sprich in mein Herz dein leises Wort,
Bewahre mich so fort und fort
Für Heuchlern und für Huren.

Was ihm blieb: sich an Themen und Motiven auf dem Spielfeld der bürgerlichen weltlich-scherzhaften Rokokodichtung zu bewähren. So war ein Bündnis mit dieser Dichtung vorprogrammiert, auf Zeit, sozusagen auf Erprobungszeit.

Goethes Leipziger Lyrik

Wenn man die oft nur andeutenden Urteile Goethes über seine frühesten Dichtungen, die dem Feuer übergeben wurden, zusammennimmt, so scheint die Kritik besonders auf Weitschweifigkeit, unkontrollierte Ausführung und mangelndes Nachdenken über die Bedeutung des Gehalts zu zielen. »Bestimmtheit«, »Präzision« und »Kürze« sind im literaturgeschichtlichen Exkurs des 7. Buches von *Dichtung und Wahrheit* positive Merkmale, denen sich Gesichtspunkte wie »lakonisch«, »gedrängt«, »heitere Naivität«, »gefaßt und genau«, »mit großer Anmut« zugesellen (9, 269). Es fällt nicht schwer, solche Eigenschaften in der weltlich-spielerischen, scherzhaften, Witz und Ironie genau plazierenden Lyrik wiederzuerkennen, die unter der Bezeichnung Rokokopoesie in der Literaturgeschichte verbucht wird.

Aus dem Brief an Cornelia vom 11.–15. Mai 1767 spricht wiedergewonnenes Selbstvertrauen. Die knabenhafte Überheblichkeit, auf die er im Brief an Riese anspielte, ist allerdings geschwunden:

Da ich ganz ohne Stolz bin, kann ich meiner innerlichen Überzeugung glauben, die mir sagt daß ich einige Eigenschaften besitze die zu einem Poeten erfordert werden, und daß ich, durch Fleiß einmal einer werden könnte. Ich habe von meinem zehenten Jahre, angefangen Verse zu schreiben, und habe geglaubt sie seyen gut, jetzo in meinem 17ten sehe ich daß sie schlecht sind, aber ich bin doch 7 Jahre älter, und mache sie um 7 Jahre besser. [...]
Vorm Jahre als ich die scharfe Critick von Clodiusen über mein Hochzeitgedichte laß, entfiel mir aller Muht, und ich brauchte ein halbes Jahr Zeit biß ich mich wieder erholen und auf Befehl meiner Mädgen, einige Lieder verfertigen konnte. Seit dem Novembr habe ich höchstens 15 Gedichte gemacht die alle nicht sonderlich groß und wichtig sind, und von denen ich nicht eins, Gellerten zeigen darf, denn ich kenne seine jetzige Sentiments über die Poesie. Man lasse doch mich gehen, habe ich Genie; so werde ich Poete werden, und wenn mich kein Mensch verbessert, habe ich keins; so helfen alle Criticken nichts.

Die Gedichte, die hier erwähnt werden, gehörten zweifellos zu jener heiteren weltlichen Lyrik, die um die Mitte des 18. Jahrhunderts von Autoren wie Friedrich von Hagedorn, Johann Wilhelm Gleim, Johann Nikolaus Götz, Johann Peter Uz, Heinrich Wilhelm von Gerstenberg, Christian Felix Weiße und manchen anderen gepflegt wurde und die in geselligen Kreisen Leipzigs Heimrecht besaß. Ihre Motive sind auf einen kleinen, aber charakteristischen Themenkreis bezogen. Liebe wird in ihren vielfältigen Konstellationen geistreich ausformuliert: wie die Partner sich suchen und Schamhaftigkeit und Tugend ihr wechselvolles Spiel mit dem Begehren treiben; wie Heimlichtun nötig ist und doch keinen Zweck hat; wie das Mädchen sich sträubt und doch nachgeben möchte und auch nachgeben wird; wie die Mutter aufpaßt und dennoch überlistet wird; welche Geschicklichkeit im Partnerspiel erforderlich ist, um zum erotisch-sexuellen Genuß zu kommen, der hier (in der Dichtung wenigstens) als selbstverständliches Ziel gesetzt und mit Worten gepriesen wird. Als Schäferin und Schäfer können im Gedicht die Spielenden erscheinen, und die Namen aus der Tradition der europäischen Schäferdichtung sind so geläufig wie Amor und Venus, Bacchus und Morpheus. In der idealen Landschaft eines lieblichen Tals mit Wiese und Bach, Hecken und Hütte, Blumenduft und Vogelgesang, bei lindem Zephirwind und mildem Frühling oder reifem Herbst gedeiht solches Spiel besonders gut. Wein und Lieder, Küsse und Vertraulichkeiten, Freundschaft und Geselligkeit: davon sprechen die Gedichte. Doch Mäßigkeit in allem Genuß und Zufriedenheit in bewußt gewählter Bescheidenheit bleibt die verkündete Devise. Und gern enden die Verse in einer witzigen Pointe, so als sei das Spiel um eben dieses überraschenden Schlusses willen inszeniert worden. Die großen Herren und mächtigen Täter der Geschichte sind hier nicht gefragt; ausdrücklich werden sie verbannt.

An die Schönen

Singt, ihr Dichter,
Singt und schmeichelt,
Singt und bettelt,
Singt von Helden;
Ich will singen,
Ich will spielen,
Aber wahrlich
Nicht von Helden.

Hört, ihr Schönen,

Hört *mich* singen!
Meine Saiten
Sind nicht blutig,
Meine Lieder
Sind nicht traurig.
Hört! – Ich singe
Nur von Mädchen,
Und ich spiele
Nur von Liebe!

(J. W. L. Gleim)

Goethe ist mit dieser Lyrik vertraut gewesen. Seine drei schmalen Sammlungen von Gedichten, in denen Leipziger Verse gleichen Zuschnitts vereinigt sind, zeigen es, und philologischer Spezialarbeit fällt es nicht schwer, Übernahmen und Anklänge ausfindig zu machen. Zephir, Wollust, Zärtlichkeit, Weihrauch, Schmetterling, süß, tändeln: solche und ähnliche Ausdrücke waren bekanntes Vokabular in der damaligen Gesellschaftspoesie, und Goethe benutzte sie ganz ungezwungen.

Da Goethes frühe kleine Anthologien, deren Inhalt sich zum Teil überschneidet, in den gängigen Gedichtausgaben – und auch in den von ihm selbst besorgten Editionen – nicht in ihrer ursprünglichen Zusammenstellung erscheinen, seien sie hier mit ihren Gedichtüberschriften aufgeführt.

Das Buch *Annette* hat der Freund Ernst Wolfgang Behrisch als eine Sammlung von 19 Gedichten in Schönschrift angefertigt. Erst 1895 ist diese Handschrift aus dem Nachlaß der Luise von Göchhausen wieder aufgetaucht. Der Band enthält: *An Annetten. – Ziblis, eine Erzählung. – Lyde, eine Erzählung. – Kunst die Spröden zu fangen, Erste Erzählung. – Kunst die spröden zu fangen, Zwote Erzählung. – Triumph der Tugend Erste Erzählung. – Triumph der Tugend Zwote Erzählung. – Elegie auf den Tod des Bruders meines Freundes. – Ode an Herrn Professor Zachariae. – An den Schlaf. – Pygmalion, eine Romanze. – Die Liebhaber. – Annette an ihren Geliebten. – An einen jungen Prahler. – Madrigal. – Das Schreyen nach dem Italiänischen. – Madrigal aus dem Französischen. – Madrigal aus dem Französischen des Herrn v. Voltaire. – An meine Lieder.*

Bei der Sammlung *Lieder mit Melodien* handelt es sich um eine Handschrift von Schreiberhand mit Melodien, die vermutlich von Bernhard Theodor Breitkopf stammen. Sie gehört zum Nachlaß Friederike Oesers und enthält: *Amors Grab. – Wunsch eines kleinen Mädgen. – Unbeständigkeit. – Die Nacht. – An Venus. – Der Schmetterling. – Das Schreyn. – Liebe und Tugend. – Das Glück. – Die Freuden.*

Neue Lieder heißt die erste gedruckte Sammlung Goethescher Gedichte, auf der sein Name jedoch nicht genannt ist. Sie erschien zur Michaelismesse 1769, vordatiert auf 1770. In ihr stehen: *Das Neujahrslied. – Der wahre Genuß. – Die Nacht. – Das Schreyen. – Der Schmetterling. – Das Glück. – Wunsch eines jungen Mädgens. – Hochzeitlied. – Kinderverstand. – Die Freuden. – Amors Grab. – Liebe und Tugend. – Unbeständigkeit. – An die Unschuld. – Der Misanthrop. – Die Reliquie. – Die Liebe wider Willen. – Das Glück der Liebe. – An den Mond. – Zueignung.*

Die Gedichte zeigen beträchtliche Vielfalt der Formen. Das strophenlose, reimlose Gedicht ist ebenso vertreten wie das strophische, gereimte; die Mischform von Prosa und Vers, wie sie Gerstenberg in seinen idyllenhaften *Tändeleyen* praktiziert hatte (gerade 1765 in 3. Auflage erschienen), kommt ebenso vor wie das knappe pointierte Gebilde, und in die *Neuen Lieder* klingt auch das Lied des Singspiels hinein, das Johann Adam Hiller in Leipzig pflegte. Ihn, den Leiter der »großen Konzerte«, der Singspiele Weißes mit großem Erfolg vertonte, hatte Goethe dort erlebt und sicherlich auch des Sperontes Liedersammlung *Singende Muse an der Pleisse* kennengelernt. Von hier aus war übrigens der Weg zum Volkslied nicht sehr weit.

Wiederholt hat man die Leipziger Lyrik des jungen Goethe mit dem

Etikett ›Anakreontik‹ versehen, wohl dadurch verführt, daß Goethe selbst im 7. Buch seiner Autobiographie vom »anakreontischen Gegängel« spricht (9, 272). Diese summarische Bezeichnung ist jedoch, streng genommen, nicht angebracht. 1554 hatte Henricus Stephanus in Paris eine Sammlung *Anacreontea* herausgegeben, sechzig Gedichte, die dem griechischen Dichter Anakreon aus Teos (6. Jh. v. Chr.) zugeschrieben wurden (*Anacreontis Teij odae*), in Wahrheit aber Nachahmungen in ›anakreontischer Manier‹ waren. Anakreontische Oden waren reimlose Strophen in einem bestimmten Versmaß (katalektische, bzw. akatalektische jambische Dimeter), mit charakteristischen Motiven von Liebe, Wein, Weib und Gesang. An die vermeintliche Wiederentdeckung des Anakreon schloß sich eine gesamteuropäische Strömung in der Lyrik an, wobei bald auch leichte, lockere Strophen mit Reimen gedichtet wurden. Um es kurz zu machen: Längst hat die Forschung gezeigt, daß nicht alle Rokokodichtung des deutschen 18. Jahrhunderts in Form und Motiven ›anakreontisch‹ ist und daß Goethe seine Anregungen der ganzen Vielfalt jener zeitgenössischen scherzhaften Lyrik verdankt. Salomon Geßner, Gerstenberg, Wieland, der epigrammatische Stil Lessings, die französische »poésie fugitive«: sie zum Beispiel sind Traditionen verbunden, für die andere Namen als nur Anakreon zeugen, etwa Theokrit, Epikur, Horaz, Catull, die europäische Schäferpoesie. Ihnen allen ist die Leipziger Lyrik Goethes verpflichtet. (Übrigens ist das Eröffnungsgedicht der Sammlung *Annette, An Annetten,* das einzige Gedicht dieses Büchleins in streng anakreontischer Form.) Doch unabhängig von dieser literaturgeschichtlichen Spezialfrage kann immerhin das Etikett ›anakreontischer Stil‹ im allgemeinen Verständnis für Merkmale wie Leichtigkeit, Natürlichkeit, Zärtlichkeit, Genuß- und Lebensfreude stehen, wie sie die von den *Anacreontea* faszinierten Nachahmer in ihren Versen pflegten. Damit wird eine scharfe Grenzziehung zur Rokokopoesie insgesamt schwierig, wenn man nicht allein das anakreontische Versmaß für bestimmend hält.

Annette freilich ist nicht der Name irgendeiner erdachten Schäferin. Anna Catharina Schönkopf ist gemeint, die Tochter jenes Speisewirts, an dessen Mittagstisch der Sechzehnjährige 1766 durch Johann Georg Schlosser gelangt war. Von der Zuneigung zu ihr, die drei Jahre älter war als der junge Student, berichtet behäbig *Dichtung und Wahrheit* (im 7. Buch), auch davon, wie »durch unbegründete und abgeschmackte Eifersüchteleien« ihr und ihm die schönsten Tage verdorben wurden (9, 284). Näher an die Wirklichkeit dieser frühen Liebe führen die Briefe, vor allem an den elf Jahre älteren Freund Ernst Wolfgang Behrisch, dem er als treuem Ratgeber vieles von der »Geschichte des Herzens« (20.11.1767) anvertraute. Schwester Cornelia indes erzählte er nur Beiläufiges oder Verschleierndes, wie im

August 1767, als er Annette und seine Muse als ein- und dasselbe ausgab (»et ce sera a l'avenir mon Annette, ou ma Muse, ce que sont des synonymes«). »Ich liebe ein Mädgen, ohne Stand und ohne Vermögen, und jezo füle ich zum aller erstenmhale das Glück das eine wahre Liebe macht«, bekannte er dagegen Freund Moors am 1. Oktober 1766. Die Verbindung dauerte bis ins Frühjahr 1768, dann löste sie sich, und Käthchen Schönkopf heiratete zwei Jahre darauf Dr. Kanne, den späteren Vizebürgermeister der Stadt Leipzig. »Es sind heute zwey Jahre daß ich ihr zum erstenm[al] sagte, daß ich sie liebe, Zwey Jahre Behrisch, und noch. Wir haben mit der Liebe angefangen, und hören mit der Freundschafft auf« (an Behrisch, 26.4.1768). Es gab offenbar viel Launisches im Verhalten des Liebhabers, ein Hin und Her zwischen Besitzen- und Verzichtenwollen, zwischen dem Traum von dauerhafter Bindung und dem Wissen, daß Loslösung nötig sei. Wahrscheinlich hat Käthchen Schönkopf, sich der Altersdifferenz und auch des gesellschaftlichen Unterschieds bewußt, nie an ein dauerndes Zusammensein gedacht, und vielleicht rührt daher ein Teil der vom jungen Goethe erlittenen, aber auch ausgekosteten Spannung dieses Verhältnisses. Eine frühe Werther-Konstellation? Horn schrieb jedenfalls an Moors am 3.10.1766: »Er liebt sie sehr zärtlich, mit den vollkommen redlichen Absichten eines tugendhaften Menschen, ob er gleich weiß daß sie nie seine Frau werden kann.« Aber auch Goethe hat, in dieser wohl ersten ernsthaften Liebe, die Ungebundenheit nicht preisgeben wollen, was seinen inneren Zwiespalt nur verstärkte. Das Wort von der »Wetterfahne die sich dreht, immer dreht«, paßte auf ihn (an Behrisch, 2.11.1767). »Ich sage mir oft: wenn sie nun deine wäre, und niemand als der Tod dir sie streitig machen, dir ihre Umarmung verwehren könnte? Sage dir was ich da fühle, was ich alles herumdencke – und wenn ich am Ende bin; so bitte ich Gott, sie mir nicht zu geben«. So am 7. November 1767. Und ein paar Monate später: »Höre Behrisch ich kann, ich will das Mädgen nie verlassen, und doch muss ich fort, doch will ich fort« (März 1768). Mitunter mag man als heutiger Leser der Briefe nicht recht entscheiden, ob die Leidenschaftlichkeit, die in ihnen aufflammt, und die Eifersucht, die beschrieben wird, wirklich Ausdruck gelebten Lebens sind oder Übernahmen aus der Spielkonstellation der Liebespoesie jener Zeit.

In den Briefen an Behrisch tauchen etliche Namen von Mädchen auf, ohne daß man Jetty, Fritzgen, Auguste identifizieren könnte. Als er am 7. November 1767 heftig und widersprüchlich seine Zuneigung zu Käthchen Schönkopf beredete, phantasierte er gleich anschließend ungeniert über die Chancen, die er bei Fritzgen wohl haben könnte; kurz darauf das Eingeständnis: »Kennst du mich in diesem Tone Behrisch? Es ist der Ton eines siegenden iungen Herrn. Und der Ton, und ich zusammen! Es ist komisch.

Aber ohne zu schwören ich unterstehe mich schon ein Mädgen zu verf – wie Teufel soll ich's nennen. Genug Monsieur, alles was sie von dem gelehrichsten und fleißigsten ihre[r] Schüler erwarten können.« Bramarbasierendes Gehabe? Übernahme der frivolen Spielsituationen aus der galanten Dichtung in den privaten Brief? Signale einer jugendlichen Unsicherheit, der mit Auftrumpfen begegnet wurde? Freund Behrisch als kundiger Lehrmeister erotischer Freizügigkeit? Niemand wird das eindeutig beantworten können. Der Schluß der Romanze *Pygmalion* paßt zu den Briefen, auch zu denen über Annette, wie die Briefe zum Gedicht passen:

> Drum seht oft Mädgen, küsset sie,
> Und liebt sie auch wohl gar,
> Gewöhnt euch dran, und werdet nie
> Ein Tor, wie jener war.

> Nun, liebe Freunde, merkt euch dies,
> Und folget mir genau;
> Sonst straft euch Amor ganz gewiß,
> Und gibt euch eine Frau.

Jedenfalls ist das Erotische – ob fiktiv oder durchlebt – irritierendes Element der Leipziger Zeit. Kein Wunder, daß ein etwas späterer Brief zu waghalsigen Spekulationen ermuntert hat:

Mann mag auch noch so gesund und starck seyn, in dem verfluchten Leipzig, brennt man weg so geschwind wie ein schlechte Pechfackel. Nun, nun, das arme Füchslein, wird nach und nach sich erholen. – Nur eins will ich dir sagen, hüte dich ia für der Lüderlichkeit. Es geht uns Mannsleuten mit unsern Kräfften, wie den Mädgen mit der Ehre, einmal zum Hencker eine Jungferschafft, fort ist sie. Man kann wohl so was wieder quacksalben, aber es wills ihm all nicht thun (an Gottlob Breitkopf, August 1769).

In den skizzierten Zusammenhängen ist Goethes Leipziger Dichtung entstanden. Sich einübend in die Gesellschaftslyrik seiner Zeit, belehrt vom kunstverständigen Adam Oeser und Wielands Dichtung der Grazie und Natürlichkeit bewundernd, suchte er künstlerisches Niveau zu gewinnen, das seiner Suche nach Präzision, pointiertem Ausdruck und heiterer Anmut ebenso entsprach wie dem Geschmack des Leipziger Kreises. Zugleich hinterließ die Verbindung mit Käthchen Schönkopf ihre Spuren im Leben jener Jahre von 1766 bis 1768.

Es ist eindrucksvoll, mit welcher Sicherheit Goethe die neuen Gedichte formte und wie selbstverständlich er mit den Größen des Tages wie Christian Felix Weiße und Daniel Schiebeler zu konkurrieren vermochte. Es ging in dieser Lyrik nicht um den Ausdruck persönlicher Gefühle, Erlebnisse, Leidenschaften. Das haben ihr spätere Betrachter als Mangel angelastet. Ganz im Bann dessen, was sog. Erlebnis- und Stimmungslyrik an ›Lyrischem‹ bot, konnte man sich mit Gedichten, die anderen Prinzipien folgten, nicht mehr anfreunden. Dabei kann schon ein flüchtiger Überblick über die europäische Lyrik lehren, daß es die Poeten in den Jahrhunderten vor Klopstock und vor den Sesenheimer Versen Goethes keineswegs darauf abgesehen hatten, im Gedicht einem unverwechselbar persönlichen Gefühl und Erlebnis Ausdruck zu verleihen. Etwas anderes wurde versucht. Wenn man es einmal formelhaft (und nur annäherungsweise) umschreiben will: In solcher ›nicht-lyrischen Lyrik‹ sollten ein Thema und seine Motive sprachkünstlerisch ausgestaltet werden. Formulierungskunst war gewünscht, für die die ›Innerlichkeit‹ des Dichters durchaus untergeordnete Bedeutung hatte. Mit Kalkül und bewußter Distanz wurden die Verse ziseliert. Ein Thema durfte mehrfach behandelt werden; denn auf die kunstfertige Variation der sprachlichen Gestaltung kam es an. Reflektierende, meditierende Züge zeichneten diese Gedichte aus. Das ›Lyrische‹, wo angeblich ›Welt‹ und ›Ich‹ verschmelzen und ›Stimmung‹ sich ausbreitet, war ganz fern. Fast überflüssig zu erwähnen, daß solche ›nicht-lyrische Lyrik‹ in vielen Spielarten immer wiederkehrt.

Liebe ist in Goethes Leipziger Gedichten nicht ein Ereignis, das den Menschen im Innersten trifft, wenigstens wird sie sprachlich so nicht ausgedrückt; sie bleibt ein Spiel, das der Verständige zu spielen weiß. (Oder müßte es heißen: dessen Regeln auch ein Siebzehnjähriger im Vers zu formulieren versteht?)

> So schwer ist's nicht, wie ich geglaubt,
> Dem Mädgen eine Gunst zu rauben;
> Hat sie uns nur erst eins erlaubt,
> Das andre wird sie schon erlauben.
>
> (*Kunst, die Spröden zu fangen*)

Weil dieses Gedicht so unpersönlich bleibt und es im wesentlichen um ein geistreiches, intellektuelles Spiel geht, kann sich die Aussage so weit vorwagen, daß sie Laszives streift. Wieviel ›unerotischer‹ sind unter diesem Aspekt die späteren Liebesgedichte der Straßburger Zeit und im Lili-Umkreis!

In den beiden Erzählungen des langen Gedichts *Triumph der Tugend* wird mit beachtlichem Raffinement geschildert, wie eine Gelegenheit zum Liebesvollzug sich anbahnt und in nächste Nähe rückt und wie dann doch das Mädchen sich entzieht, weniger um der Tugend willen als vielmehr aus einem erstaunlichen Wissen um die Psychologie der Lust in einer Gesellschaft, in der zwar verbal-poetisch die erotischen Freuden gefeiert werden können, sie aber in Wirklichkeit zu einer Tabuzone gehören. Solche Lehren des weisen Genusses sollen in witzig-scherzhafter Form vermittelt werden, wie am Schluß der ersten Erzählung im *Triumph der Tugend*:

> Doch schnell entriß sie sich den Armen,
> Die sie umfaßten: Aus Erbarmen,
> Rief sie, komm, eile weg von hier.
> Bestürzt und zitternd folgt er ihr.
>
> Da sprach sie zärtlich: Laß nicht mehr
> Dich die Gelegenheit verführen;
> O Freund, ich liebe dich zu sehr,
> Um dich unwürdig zu verlieren.

Und das Ende der zweiten Erzählung:

> Freund, dieses ist der Tugend Lohn;
> O, wärst du gestern tränend nicht entflohn,
> Du sähst mich heute
> Und ewig nie mit Freude.

Unter der Überschrift *Liebe und Tugend* läuft diese Argumentation ab:

> Wenn einem Mädgen, das uns liebt,
> Die Mutter strenge Lehren gibt,
> Von Tugend, Keuschheit und von Pflicht,
> Und unser Mädgen folgt ihr nicht,
> Und fliegt mit neu verstärktem Triebe
> Zu unsern heißen Küssen hin;
> Da hat daran der Eigensinn,
> So vielen Anteil als die Liebe.
>
> Doch wenn die Mutter es erreicht,
> Daß sie das gute Herz erweicht,
> Voll Stolz auf ihre Lehren sieht,
> Daß uns das Mädgen spröde flieht;
> So kennt sie nicht das Herz der Jugend,
> Denn wenn das je ein Mädgen tut,
> So hat daran der Wankelmut
> Gewiß mehr Anteil als die Tugend.

Ein geläufiges Thema: die mütterliche Warnung bringt nicht viel. Das doppelte »wenn – so« zeigt deutlich, wie hier das verständig-witzige Sprechen regiert. Und zweimal bringt die Pointe überraschend ans Licht, daß die Überschrift besser ›Eigensinn und Wankelmut‹ lautete als *Liebe und Tugend*. Immer wieder tauchen in Dichtungen dieser Art dieselben Stichworte auf: Tugend, Keuschheit, Wankelmut, Eigensinn, Küsse u. ä. Über die »Kunst, die Spröden zu fangen« verfaßte der junge Goethe in einer Mischung aus Prosa und Versen kokett-erotische Erzählungen. Kußgedichte gehören zum Grundbestand der europäischen Liebeslyrik seit der Renaissance. Die *Basia*-Dichtungen eines Johannes Secundus haben Scharen von Nacheiferern angeregt, und auch Goethe richtete 1776 seine Verse »Lieber, heiliger, großer Küsser« *An den Geist des Johannes Secundus*, den er noch im hohen Alter rühmend erwähnte.

Man darf die Leipziger Lyrik nicht als ein belangloses Vorspiel zum ›eigentlichen‹ Goethe abtun. Gewiß, die Aufmerksamkeit heutiger Leser, falls sie überhaupt Goethe lesen und nicht nur seinen Namen in bildungspolitischen Diskussionen zitieren, richtet sich auf gewichtigere Texte, an denen ja kein Mangel ist. Aber es sollte nicht übersehen werden, daß Goethe zeitlebens jene Art von ›nicht-lyrischer Lyrik‹ ebenso selbstverständlich wie virtuos handhabe. Noch die Gelegenheitsgedichte des Alters verweisen in ihrer Anlage oft genug auf die Erprobung im spiel- und argumentationsfreudigen Genre der frühen Rokokodichtung. Für den Literaturliebhaber steckt in der intimen Nachbarschaft des Frühen und Späten ein eigentümlicher Reiz.

> Wenn Phöbus Rosse sich zu schnell
> In Dunst und Nebel stürzen,
> Geselligkeit wird, blendend hell,
> Die längste Nacht verkürzen.
> Und wenn sich wieder auf zum Licht
> Die Horen eilig drängen,
> So wird ein liebend Frohgesicht
> Den längsten Tag verlängen.
>
> (*An Frau Clementine von Mandelsloh*;
> Weimar, am kürzesten Tage 1827)

Anakreons gedachte Goethe noch um 1785 in einem Epigramm in antiker Form (*Anakreons Grab*), und das kleine Gedicht *An die Zikade* (1781) hielt sich eng ans anakreontische Original (»Selig bist du, liebe Kleine«).

Die Leipziger Bildungserlebnisse, die Hinwendung zur Rokokopoesie, die Verbindung zu Käthchen Schönkopf und die erotische Spielwelt: das waren entscheidende Elemente der damaligen Erfahrung Goethes. Nur wenn man ernst nimmt, was seine Leipziger Jahre insgesamt ausfüllte, kann man begreifen, wieso er jene bekannte Äußerung aus *Dichtung und Wahrheit*, alles, was von ihm bekannt geworden, seien »nur Bruchstücke einer großen Konfession«, gerade an die Besprechung der Leipziger Dichtung angeschlossen und nicht erst im Zusammenhang mit späteren Dichtungen getan hat.

Nun lernte ich durch Unterredung überhaupt, durch Lehre, durch so manche widerstreitende Meinung, besonders aber durch meinen Tischgenossen, den Hofrat Pfeil, das Bedeutende des Stoffs und das Konzise der Behandlung mehr und mehr schätzen, ohne mir jedoch klar machen zu können, wo jenes zu suchen und wie dieses zu erreichen sei. Denn bei der großen Beschränktheit meines Zustandes, bei der Gleichgültigkeit der Gesellen, dem Zurückhalten der Lehrer, der Abgesondertheit gebildeter Einwohner, bei ganz unbedeutenden Naturgegenständen war ich genötigt, alles in mir selbst zu suchen. Verlangte ich nun zu meinen Gedichten eine wahre Unterlage, Empfindung oder Reflexion, so mußte ich in meinen Busen greifen; forderte ich zu poetischer Darstellung eine unmittelbare Anschauung des Gegenstandes, der Begebenheit, so durfte ich nicht aus dem Kreise heraustreten, der mich zu berühren, mir ein Interesse einzuflößen geeignet war. In diesem Sinne schrieb ich zuerst gewisse kleine Gedichte in Liederform oder freierem Silbenmaß; sie entspringen aus Reflexion, handeln vom Vergangenen und nehmen meist eine epigrammatische Wendung.

Und so begann diejenige Richtung, von der ich mein ganzes Leben über nicht abweichen konnte, nämlich dasjenige, was mich erfreute oder quälte oder sonst beschäftigte, in ein Bild, ein Gedicht zu verwandeln und darüber mit mir selbst abzuschließen, um sowohl meine Begriffe von den äußeren Dingen zu berichtigen, als mich im Innern deshalb zu beruhigen. Die Gabe hierzu war wohl niemand nötiger als mir, den seine Natur immerfort aus einem Extreme in das andere warf. Alles, was daher von mir bekannt geworden, sind nur Bruchstücke einer großen Konfession, welche vollständig zu machen dieses Büchlein ein gewagter Versuch ist (7. B.; 9, 282 f.).

Nicht alles in dieser Selbstinterpretation des alten Goethe läßt sich plausibel auf die Leipziger Zeit und ihre Dichtungen beziehen, doch ist manches wichtig genug. Die Suche nach dem »Bedeutenden des Stoffes«, ohne das es für ihn keine gewichtige Dichtung gibt, datiert er immerhin auch in jene frühe Zeit, aber er mußte es in sich selbst suchen. Die »wahre Unterlage« zu seinen Gedichten, wobei »Empfindung« und »Reflexion« gleiche Berechtigung besitzen, kann nur all das gewesen sein, was die geschilderte Leipziger Erfahrungswelt insgesamt ausgemacht hat. So sind die »Bruchstücke einer großen Konfession« mitnichten als Beichten, als intime Bekenntnisse aufzufassen, sondern in viel weiterem Sinn als Dokumente einer vielfältigen Erfahrungswirklichkeit des produktiv Tätigen, der auf diese Weise mit der ›Welt‹ und sich selbst ins reine kommen wollte. Für den Suchenden und

Ruhelosen, »den seine Natur immerfort aus einem Extreme in das andere warf«, war schöpferische Produktivität eine Möglichkeit, schwieriges Leben zu bewältigen.

Goethesches in den frühen Gedichten

Liebhaber von Goethes Lyrik haben gern danach Ausschau gehalten, ob sich nicht schon in Gedichten aus der Leipziger Zeit etwas vom eigentümlich ›Goetheschen‹ späterer Jahre ankündigt. Beim Gedicht *Die Nacht* meint man auf solcher Spur zu sein. Die älteste Fassung, im Mai 1768 einem Brief an Behrisch beigefügt, lautet:

Die Nacht

Gern verlass' ich diese Hütte,
Meiner Liebsten Aufenthalt,
Wandle mit verhülltem Tritte
Durch den ausgestorbnen Wald.
Luna bricht die Nacht der Eichen,
Zephirs melden ihren Lauf,
Und die Bircken streun mit Neigen
Ihr den süssten Weihrauch auf.

Schauer, der das Herze fühlen,
Der die Seele schmelzen macht,
Flüstert durch's Gebüsch im Kühlen.
Welche süße, schöne Nacht!
Freude, Wollust kaum zu fassen!
Und doch wollt ich Himmel Dir
Tausend solcher Nächte lassen,
Ließ mein Mägden eine mir (DjG 1, 475 f.).

Zum ersten Mal scheint ›Stimmung‹ eingefangen zu sein, wenn auch die gedichtete Situation der bekannten Lyrik der Zeit verbunden bleibt. Die Schilderung des Zaubers nächtlicher Landschaft im Schein des Mondes, die die Verse 3–13 füllt, deutet Neues an, freilich erst zaghaft im Zusammenspiel mit Staffage-Wörtern wie Luna, Zephir, Wollust, und Landschaften im Mondlicht gibt es auch sonst in der Dichtung des 18. Jahrhunderts. Doch die Adjektive (»mit verhülltem Tritte«, »ausgestorbner Wald«, »süßter Weihrauch«, »süße, schöne Nacht«) folgen hier nicht allein dem Gebot kunstverständiger Setzung, sondern verbreiten ›Stimmungshaftes‹, und »Herz« und »Seele« werden nicht nur zitiert, sondern ihr Fühlen und Empfinden gelangt in den Versen zu sprachlichem Ausdruck, der mit den Klängen der Vokale beachtliche Musikalität gewinnt. Zwei Zeilen staunend-freudige Ausrufe, dann allerdings die Wendung zum witzig-pointierenden Schluß. Indem so, was nur schwer zu beschreiben ist, ›Stimmungshaftes‹ aufkommt, schwindet bei Traditionswörtern wie »Luna«, »Zephir« ihre distanzierte Nüchternheit und Kühle, und eben das macht es Goethe später möglich, solche Bezeichnungen wieder und weiterhin zu verwenden. Im Gedicht *Die Nacht* ist jenes Schwanken zwischen Fortbewegung von der Geliebten (»*Gern* verlass' ich«) und erwünschter Nähe zu ihr anwesend, das den Schreiber der leidenschaftlichen Briefe an Behrisch umtrieb. So ist es auch ein Gedicht der Einsamkeit, indem der Sprechende die Atmosphäre der nächtlichen Landschaft genießt und gern darauf verzichten würde, wenn die Zweisamkeit ihm Erfüllung brächte. Nacht- und Mondpoesie: das ist oft genug Fluchtpoesie, Ersatzerfüllung, wenn Mangel erfahren wird.

Ein anderes Gedicht, das vorausweist, ist direkt *An den Mond* gerichtet, gehört in die Sammlung der *Neuen Lieder* und wohl schon in die Frankfurter Zeit nach der Rückkehr aus Leipzig. Es bietet in der ersten Strophe ein eindringliches Bild der nächtlichen Landschaft, um dann freilich in der zweiten und dritten Strophe wieder das scherzende Spiel zu treiben: Auch der Mond hätte nichts davon, wenn er das schlafende Mädchen nur durch das Gitterfenster betrachten könnte: »Voll Begierde zu genießen, / So da droben hängen müßen; / Ey, da schieltest du dich blind.«

An den Mond

Schwester von dem ersten Licht,
Bild der Zärtlichkeit in Trauer!
Nebel schwimmt mit Silberschauer
Um dein reizendes Gesicht.
Deines leisen Fußes Lauf
Weckt aus Tagverschloßnen Hölen
Traurig abgeschiedne Seelen,
Mich, und nächt'ge Vögel auf.

Forschend übersieht dein Blick
Eine großgemeßne Weite! [. . .]

In der Darstellung der Natur setzt in Goethes Lyrik das Neue ein. Ohne die Wirkung, die der Schotte James Macpherson mit seinen fingierten Dichtungen des angeblich alten keltischen Sängers Ossian ausübte, ist das kaum zu denken. 1765 waren sie erschienen, die Übersetzung des Denis von 1768 hat Goethe wohl bald kennengelernt. Dort breiteten sich dunkle, empfindungsgesättigte Landschaftsschilderungen aus. In den Zeilen Goethes sind landschaftliche Elemente nicht mehr nur kulissenhafte Versatzstücke für galante Spielkonstellationen, sondern sie erhalten ein gewisses, wenn auch noch bescheidenes Eigenrecht. – Auf den Bildbereich des Nebels darf eigens aufmerksam gemacht werden: er bleibt vertraut bis in die letzten Gedichte des Greises. »Du bist uns kaum entwichen, und schwermüthig ziehen / Aus dumpfen Höhlen (denn dahin / Flohn sie bey deiner Ankunft, wie für'm Glühen / Der Sonne Nebel fliehn).« Hier, in der *Ode an Herrn Zachariae*, zum ersten Mal: vorm Licht der Sonne zerteilt sich der Nebel. Dieses von der Anschauung wieder und wieder bestätigte Bild gewinnt später an Bedeutsamkeit, wo in der *Zueignung* (1784) der Nebel sich löst: »es war kein Nebel mehr. / [...] Aus Morgenduft gewebt und Sonnenklarheit, / Der Dichtung Schleier aus der Hand der Wahrheit«, bis hin zu den letzten Dornburger Versen von 1828: »Früh, wenn Tal, Gebirg und Garten / Nebelschleiern sich enthüllen [...]«.

Fern allen Rokokospiels und anakreontischen Vergnügens behaupten die drei *Oden an meinen Freund* aus dem Jahre 1767 ihren eigenen Platz in der Jugenddichtung Goethes. Ernst Wolfgang Behrisch, dem nun schon mehrfach genannten Freund, sind sie gewidmet. Er war, immerhin elf Jahre älter, für Goethe der Kenner und Begutachter in Sachen Literatur, gleichzeitig Ratgeber und Vertrauter in geselligen und amourösen Fragen, liebte einen locker-freimütigen Ton, betrachtete das Leben skeptisch und dürfte auch zynischen Bemerkungen nicht abgeneigt gewesen sein. 1760 war er auf Empfehlung Gellerts Hofmeister des jungen Grafen von Lindenau geworden, wohnte in Auerbachs Hof, und dorthin gingen von der »Großen Feuerkugel«, Goethes Quartier, die ersten Briefe vom Oktober 1766 und Oktober 1767. Im Herbst jenes Jahres mußte Behrisch seine Stelle aufgeben, nach Meinung seines Bruders wegen einer Ohrfeige, die er seinem Zögling in Uniform verabreicht hatte, während Goethe in *Dichtung und Wahrheit* Späße und Torheiten der ganzen Clique dafür verantwortlich machte, und »unglücklicherweise hatte Behrisch, und wir durch ihn, noch einen gewissen anderen Hang zu einigen Mädchen, welche besser waren als ihr Ruf; wodurch denn aber unser Ruf nicht gefördert werden konnte« (7. B.; 9, 305). Die Umstände, die zum Verlust der Stelle führten, und der Abschied haben Goethe offenbar aufgebracht. Drei Oden schrieb er seinem Freund, der am 13. Oktober 1767 an den Dessauer Hof reiste, wo er als Erzieher des vierjährigen Grafen Waldersee tätig sein konnte. Der Kontakt zu Behrisch ist auch später nicht abgerissen, und noch im Gespräch mit Eckermann am 24. Januar 1830 schweifte die Erinnerung zurück an »die alten Späße, womit wir so schändlich unsere Zeit verdarben.«

Die *Oden an meinen Freund* schlugen nun einen neuen Ton an. Nichts von Spiel und Tändelei, Scherz und witziger Pointierung; kein Einpassen der Sprache in eine vorgegebene feste Form, sondern ›freie Rhythmen‹: die ersten in Goethes Lyrik, freilich noch in Strophen zu je vier Zeilen. Deutlich, hart die Kritik an der Leipziger Welt in der Gegenüberstellung des »schönen Baums« zu »der Erd aussaugendem Geize« und »der Luft verderbender Fäulnis«. In knappen Strichen entwirft die zweite Ode ein Bild feindlich-unfreundlicher Natur, dabei nur die Wirklichkeit der sumpfigen, nebligen Niederungen an Pleisse und Elster schärfer zeichnend, gedrängt und dicht in der sprachlichen Fügung, die sich zum Teil mit bloßer Nennung begnügt:

Tote Sümpfe,	Gebärort
Dampfende Oktobernebel	Schädlicher Insekten,
Verweben ihre Ausflüsse	Mörderhülle
Hier unzertrennlich.	Ihrer Bosheit.

Trennung sei Tod, verkündet exaltiert die dritte Ode, »Dreifacher Tod / Trennung ohne Hoffnung / Wiederzusehn«, und der Sprechende selbst sieht sich als Eingekerkerten, der auf Freiheit wartet. Die beiden letzten Strophen klingen wie ein Bekenntnis Goethes über seine eigene Leipziger Situation. Doch so stürmend und drängend die Verse auch auftrumpfen, so dominieren doch die vom Anlaß bestimmte Aufwallung, die poetische Solidarisierung mit dem Freund:

Du gehst, ich bleibe.
Aber schon drehen
Des letzten Jahrs Flügelspeichen
Sich um die rauchende Achse.

Ich zähle die Schläge
Des donnernden Rads,
Segne den letzten,
Da springen die Riegel, frei bin ich wie du.

Die Wahrheit des Anlasses, die Eindruckshaftigkeit der Schilderung unwirtlicher, unheimlicher Natur, der Ausdruck persönlicher Betroffenheit sind zu Recht betont worden und weisen diesen Oden eine Sonderstellung in der frühen Lyrik Goethes zu. Doch sie bleiben zunächst ein einzelnes Ereignis. In ihrer Unvermitteltheit und mit der persönlichen Anrede des Freundes gehören sie ohnehin in die Ausdruckssphäre der Briefe; wie denn auch die Oden erst 1818 mit den Briefen an Behrisch zu Goethe zurückgelangt und vor der Quartausgabe von 1836 nie gedruckt worden sind. ›Lyrik-Geschichte‹ haben sie also nicht machen können.

Wie ein Fremdkörper steht in der Sammlung *Annette* die *Elegie auf den Tod des Bruders meines Freundes*. Bei genauerem Hinsehen zeigt sich aber schnell, wie sehr dieses Gelegenheitsgedicht der langen Tradition des Trauergedichts verhaftet ist.

Die Laune des Verliebten

Wie vertraut der Leipziger Student Goethe mit damals gern gepflegten Formen und Gattungen der Literatur war und wie sicher und souverän er über sie verfügte, beweisen nicht nur seine Gedichte, sondern auch das Schäferspiel *Die Laune des Verliebten*. Die Tradition der Schäferdichtung reicht in die Antike zurück, bis zu Theokrit und Vergil, und war seit der Renaissance in Europa wieder aufgeblüht. Die Schäferwelt der Dichtung blieb von der Wirklichkeit abgehoben, ein besonderer Bereich, in dem Hirten mit ihren Freunden und Geliebten in friedvoll lieblicher Landschaft lebten und vor allem oder gar ausschließlich über Glück und Nöte der Liebe sprachen. Jeder Leser wußte, daß es eine idealisierte Welt war, in der die Hirten ihr Dasein zubrachten, richtiger: verspielten. Gottsched hatte im Kapitel »Von Idyllen oder Schäfergedichten« (*Versuch einer Critischen Dichtkunst*, 1730) betont: »Die Wahrheit zu sagen, der heutige Schäferstand, zumal in unserm Vaterlande, ist derjenige nicht, den man in Schäfergedichten abschildern muß. Er hat viel zu wenig Annehmlichkeiten, als daß er uns recht gefallen könnte. Unsere Landleute sind mehrenteils armselige, gedrückte und geplagte Leute. Sie sind selten die Besitzer ihrer Herden; und wenn sie es gleich sind: so werden ihnen doch so viel Steuern und Abgaben auferlegt, daß sie bei aller ihrer sauren Arbeit kaum ihr Brot haben.« Auch »Laster« herrschten unter ihnen, so daß sie nicht als »Muster der Tugend« gelten könnten. Deshalb biete die Schäferdichtung die »Nachahmung des unschuldigen, ruhigen und ungekünstelten Schäferlebens, welches vorzeiten in der Welt geführet worden. Poetisch würde ich sagen, es sei eine Abschilderung des güldenen Weltalters.« Salomon Geßner, bekannter Schweizer Idyllendichter, wußte ebenfalls, daß in Wahrheit »der Landsmann mit saurer Arbeit untertänig seinem Fürsten und den Städten den Überfluß liefern muß und Unterdrückung und Armut ihn ungesittet und schlau und niederträchtig gemacht haben« (»An den Leser«, *Idyllen*, 1756).

Gedichtetes Spiel also in der Schäferdichtung, fern von den Zwängen der Wirklichkeit. In ihm vermochten Poeten vorzuführen, wie glückliches Leben sein und ein zwischenmenschlicher Konflikt gelöst werden könnte. Doch wurde solche ›Gegenbildlichkeit‹ zur Realität nicht immer ausdrücklich hervorgehoben. Schäferdichtung gab es in mancherlei Formen, als Roman, als Lyrik, als kleine Prosa, in die Dialoge der Hirten eingeflochten waren, und auch als Drama. Zu Goethes Jugendzeit fand man Gefallen am kleinen Schäferspiel in einem Akt. Johann Leonhard Rost, Gellert, Gleim, Karl Christian Gärtner waren bekannte Autoren dieser Gattung nach französischem Muster. Das Schema der Handlung war einfach. Zwei Paare bildeten das ganze Personal des Stücks; das eine genoß das Glück harmonischer Zweisamkeit, ohne sich vor der Welt zu verschließen, während das andere, von Eifersüchteleien gequält oder durch Zurückhaltung eines Partners verunsichert, zu solcher Harmonie erst finden, noch hingeführt werden mußte. Die glücklich Liebenden halfen dabei. Am Schluß waren alle Hindernisse überwunden. Auch das schwierige Paar hatte gelernt, daß sprödes Sichzieren verfehlt ist und Liebe nicht bedeuten darf, den Partner restlos besitzen zu wollen und ihn anderer Geselligkeit zu entziehen. Nach diesem Muster schrieb Goethe *Die Laune des Verliebten*. Literaturkenner zögern nicht, dieses kleine Werk als den Höhepunkt der Geschichte des deutschen Schäferspiels zu bezeichnen, der zugleich ihr Ende bedeutet. Von übersteigerter Eifersucht ist Eridon geplagt, der bei Amine Treulosigkeit wittert, wenn sie auch andern als begehrenswert erscheint und an unschuldiger, wenngleich erotisch gestimmter Geselligkeit Vergnügen findet. Egle und Lamon fühlen sich dagegen sicher und unbeschwert in ihrer Zuneigung und versuchen Eridon von seiner Eifersucht zu heilen. Eine Intrige der liebeskundigen Egle bringt zuwege, daß Eridon selbst, in eine verführerische Situation gebracht, sich als verführbar erweist und bloßgestellt wird. Da bleibt ihm nichts anderes, als seinen Egoismus einzusehen und zu begreifen, daß sein eifersüchtiges Betragen eine Liebesbeziehung zerrütten kann. Goethe erfüllte genau die Anforderungen, die diese Dichtungsgattung stellte. Differenziert sind die Unterschiede im erotischen Spiel der vier Personen gezeichnet; präzise ist der Dialog geführt, witzig und pointiert; und von Schritt zu Schritt der zum guten Ende führenden Handlung verkünden Sentenzen Sinn und Lehre der Vorgänge. Das alles im Maß des Alexandrinerverses, der mit seiner festliegenden Gliederung Gedanken besonders klar konturieren kann und auch den Ausdruck seelischer Erregung durch seine strenge Form bändigt.

Besänftige den Sturm, der dich bisher getrieben (V. 229).
Heißt uns die Liebe denn die Menschlichkeit verlassen? (V. 317).
Du mußt ihn lieben, doch Dich nicht beherrschen lassen (V. 383).

Aber es war nicht nur ein literarisches Gedankenspiel, das Goethe hier inszenierte. Er schrieb das Stück als Betroffener. Wie Eridon war auch er in seiner Zuneigung zu Käthchen Schönkopf von Eifersuchtsanwandlungen nicht frei. So las er sich in dieser Schäferdichtung selbst die Leviten. Das Stück sei »sorgfältig nach der Natur copirt«, schrieb er der Schwester Cornelia im Oktober 1767. In *Dichtung und Wahrheit* bezog er es ausdrücklich auf seine damalige Verfassung: »Ich stellte mir ihre Lage, die meinige und dagegen den zufriedenen Zustand eines anderen Paares aus unserer Gesellschaft so oft und so umständlich vor, daß ich endlich nicht lassen konnte, diese Situation, zu einer quälenden und belehrenden Buße, dramatisch zu behandeln« (9, 285).

Im Stück werden aber nicht nur die Launen der Eifersucht diskutiert, sondern auch das erwünschte richtige Verhalten der Liebenden in einer Gesellschaft, zu der Scherz, Zärtlichkeit, tändelndes Spiel als liebens- und lebenswerte gesellige Verhaltsweisen hinzugehören. An den Reizen, die den Liebenden an die Partnerin binden, soll auch die Gesellschaft teilhaben dürfen, und der Liebende findet damit nur um so mehr Gefallen an seiner Geliebten. »Wo keine Freiheit ist, wird jede Lust getötet« (V. 419). Die ausschließliche Bindung an den einen Partner führt zu Verkrampfungen im gesellig-gesellschaftlichen Miteinander, wenn nicht die Offenheit zu weiteren freundschaftlichen Beziehungen gewahrt bleibt, in denen das Erotische seine Ausstrahlungs- und Anziehungskraft durchaus behalten darf. So bietet *Die Laune des Verliebten* den Entwurf eines geselligen Zusammenlebens, in dem die Ansprüche der Liebe zweier Menschen mit den Bedürfnissen einer Gesellschaft, die die Freiheit zu spielerischer Erotik gewahrt wissen will, zum Ausgleich gebracht sind; ein Entwurf in der Schäferwelt freilich, womit angezeigt ist, wie schwierig ein solcher Ausgleich in der Wirklichkeit sein würde.

Im Spiegel der Briefe

Goethes Briefe aus Leipzig! Achtunddreißig aus jenen Jahren sind erhalten geblieben, davon zwölf an die Schwester Cornelia, zwanzig an Behrisch, der Rest an Frankfurter Freunde. Kein großer Bestand, aber hier sind Spuren eigenwilliger Schreibweise zu erkennen, Töne persönlichen Engagements und leidenschaftlichen Gefühls zu hören, wie sie in seine damalige Dichtung nicht eingedrungen sind. Freilich muß man daran denken, daß auch in Briefen, die so unmittelbar persönlich zu sein scheinen, sprachliche Überformung des wirklich Gelebten und Erlebten am Werk sein kann, daß sie ein eigenes Sprachspiel entfalten, nicht minder ›literarisch‹ als ein literarisches Werk, und daß die Korrespondenz sich vielleicht ganz der Sphäre des Adressaten an- und einpaßt. Die Interpretation von Briefen ist nicht leichter als die Interpretation dichterischer Texte. Wenn Goethe einem Brief an Cornelia (11. 5. 1767) die Verse einfügte, die Christian Felix Weiße nachgedichtet sind: »Von kalten Weisen rings umgeben / Sing ich was heisse Liebe sey; / Ich Sing vom süßen Saft der Reben / Und Wasser trinck ich oft dabey«, so wollte er den falschen Schluß von seiner leichten, lockeren Dichtung auf sein wirkliches Leben verhindern helfen. Trifft das nicht auch schon für die prahlende Prosa des ersten Briefs vom 12. 10. 1765 zu? »So weit von Mädgen. Aber noch eins. Hier habe ich die Ehre keines zu kennen dem Himmel seye Danck! Cane pejus et angue turpius [Schlimmer als ein Hund und schimpflicher als eine Schlange]. – Mit jungen schönen W – doch was geht das dich an.«

Zu prahlen und sich in Positur zu setzen, das verstand der flotte Schreiber von Leipzig ausgezeichnet. Auf der Bühne seiner Briefe agierte er und schien sich selbst dabei zuzusehen. Und noch bei den Eifersuchtsszenen und Leidenschaftsausbrüchen in einigen Briefen an Behrisch ist die Frage berechtigt, wieviel Kunst des Arrangements hier vorherrscht, auch wenn es um niemand anders als Käthchen Schönkopf geht. Doch ist natürlich kein Anlaß, daran zu zweifeln, daß den Schreiber beschäftigt und bewegt, wovon er spricht; nur darf man das briefliche Sprachspiel nicht ohne weiteres mit dem wirklich Gelebten gleichsetzen.

Wie Briefe geschrieben werden sollten, hat der junge Goethe bei Gellert gelernt. Die Anweisungen waren bekannt und berühmt. 1742 hatte er in einem kleinen Aufsatz seine *Gedanken von einem guten deutschen Briefe* in den *Belustigungen des Verstandes und des Witzes* vorgelegt und 1751 ein ganzes Buch von gut dreihundert Seiten folgen lassen: *Briefe, nebst einer Praktischen Abhandlung von dem guten Geschmacke in Briefen*. Da war theoretisch erörtert, welchen Prinzipien ein Brief zu folgen habe, und eine Sammlung von Musterbriefen war beigefügt. »Wovon wir reden können, davon können wir auch schreiben«, hieß es im Aufsatz, und die Abhandlung schärfte als erstes ein, der Brief vertrete die Stelle eines Gesprächs, er sei »eine freye Nachahmung des guten Gesprächs«. Gegen das Unnatürliche, gegen eine »kanzleyförmige Schreibart«, gegen steife, ungebräuchliche Floskeln im Brief richtete sich Gellerts Kritik. Das hieß nun nicht, man solle einfach so schreiben, wie im alltäglichen Umgang geredet wird. »Man hat mehr Zeit, wenn man schreibt, als wenn man spricht. Man kann also, ohne Gefahr unnatürlich zu werden, etwas sorgfältiger in der Wahl seiner Gedanken und Worte, in der Wendung und Verbindung derselben seyn.« Man solle sich sowohl »von dem Altfränkischen als von dem Neumodischen in der Sprache gleich weit entfernet« halten. Gepflegte Natürlichkeit der Rede im Brief also, eine »anständige und vernünftige Schreibart«, das wünschte der Briefmeister Gellert, und ähnliche Forderungen waren auch anderwärts laut geworden. »Schreibe wie Du redest, so schreibst Du schön«, hatte 1743 schon der vierzehnjährige Lessing seine Schwester ermahnt.

Nun war es freilich seit der Antike ein Gemeinplatz, daß ein Brief wie ein Gespräch und der mündlichen Rede nachgebildet sein solle. Doch solche allgemeinen Aussagen können bekanntlich vielerlei meinen; ein Gespräch und eine Rede können zu verschiedenen Zeiten sehr unterschiedlich angelegt und ausgeführt sein. Im ›Barock‹ suchten Rede und Gespräch zeremoniellen Ansprüchen zu genügen, und diese waren von höfischer Etikette geprägt. Jetzt, wo die Bürger sich ihrer Stellung bewußt wurden und literarische Bildung zu entwickeln suchten, die ihnen gemäß schien, verloren solche Ansprüche an Bedeutung. Gleichwohl zeigen Gellerts Musterbriefe, daß jene Natürlichkeit und Ungezwungenheit, die er theoretisch proklamierte, durch Schicklichkeit und Gemessenheit, Wohlanständigkeit und Auswogenheit gezähmt wurden. Eben diese Grenzen sittsamer Temperiertheit überschritt der jugendliche Goethe in einigen Passagen seiner Briefe, wo Ausrufe sich vordrängen, der ruhig gemessene Satzablauf aufgestört wird und der Schreiber sich nicht mehr gebärdet wie die von Gellert gewünschte Person, »welche die Wohlredenheit völlig in ihrer Gewalt hätte«. Da ist bei Goethe wirklich Ernst gemacht mit dem theoretischen Prinzip, man solle schreiben, wie man rede. »Meine – Ha! Siehst du! Die ist's schon wieder. Könnte ich nur zu einer Ordnung kommen, oder käme Ordnung nur zu mir. Lieber, lieber. [...] Nun aber! Hinter ihrem Stuhl Herr Ryden, in einer sehr zärtlichen Stellung. Ha! Dencke mich! Dencke mich! auf der Gallerie! mit einem Fernglaß –, das sehend! Verflucht! Oh Behrisch ich dachte mein Kopf spränge mir für Wuht« (10.11.1767). Der Ausdruck der Leidenschaft wird hier möglich, und die Zierlichkeit des Rokoko ist preisgegeben. Die Rolle des Rasenden und Verzweifelten vermag Goethe im Brief sprachlich zu artikulieren, und es ist bezeichnend genug, daß er in dem mehrteiligen Brief am 13.11.1767 vermerkt: »Mein Brief hat eine hübsche Anlage zu einem Werckgen, ich habe ihn wieder durchgelesen, und erschröcke vor mir selbst.« Auch ein Brief kann also leisten, was Goethe sich an jener genannten Stelle in *Dichtung und Wahrheit* von seinen Dichtungen versprach: »dasjenige, was mich erfreute oder quälte, oder sonst beschäftigte, in ein Bild, ein Gedicht zu verwandeln und darüber mit mir selbst abzuschließen«. Und in der Dichtung der Zeit bestätigte die literarische Gattung des Briefromans eindrucksvoll die Möglichkeiten solcher Prosa.

An Kraft des Ausdrucks, an Empfindung und Leidenschaftlichkeit übertreffen die Leipziger Briefe die Dichtungen Goethes aus dieser Zeit. Dazu
bedurfte es nicht einmal des spannungsreichen Verhältnisses zu Käthchen
Schönkopf. Auch der Schwester Cornelia flatterten Briefe zu, in denen die
Unausgeglichenheit des Schreibers nicht mit Floskeln kostümiert, sondern
sprachlich direkt vergegenwärtigt wurde. Da schrieb jemand wirklich, wie
wohl geredet wurde, und wovon er reden konnte, davon meinte er auch
schreiben zu können. Natürlich war nicht in allen Briefen dieser persönliche
Redeton.

Als gelehriger Schüler Gellerts präsentierte sich der junge Student: »Ich
habe eben jetzo Lust mich mit dir zu unterreden; und eben diese Lust bewegt
mich an dich zu schreiben« (6. 12. 1765). Er suchte die Lehren Gellerts an die
Schwester weiterzugeben, spielte sich als Schulmeister auf, und in manchen
Partien seiner Lehrepisteln an Cornelia verfiel er in die Manier altkluger
Bevormundung. In einem besonderen Abschnitt »Critick über deinen Brief«
besprach er Wörter und Formulierungen, die er meinte verbessern zu
müssen. »Allein ich muß dich auch lesen lernen«, mahnte er am 7. 12. 1765
und gab Anweisungen, wie sie die Stücke lesen sollte. Romane allerdings
verbot er ihr völlig, »den einzigen Grandison ausgenommen, den du noch
etlichemahl lesen kannst, aber nicht obenhin, sondern bedächtig«. Der
Roman genoß im 18. Jahrhundert, ehe Wieland und Goethe selbst mit
eigenen Werken dieser Gattung die Kunstrichter eines Besseren belehrten,
bei Kritikern geringes Ansehen. Die abenteuerlichen Verwicklungen, die
erotischen Irrungen und Wirrungen, das phantastisch Wunderbare: all das
schien nicht geeignet, diesen Büchern Respekt zu verschaffen. »Wer Romans
liest, der liest Lügen«, hatte 1698 der Zürcher Theologe Gotthard Heidegger
verkündet, und manche sprachen es ihm nach.

Bemerkenswert, wen der auf nützliche schwesterliche Lektüre bedachte
Bruder gelten ließ: die moralisierenden, empfindsamen Briefromane des
Engländers Samuel Richardson *Pamela* (1740), *Clarissa Harlowe* (1748), *Sir
Charles Grandison* (1753). »Aber mercke dirs, du sollst keine Romanen
mehr lesen, als die ich erlaube. [...] Aber laß dirs nicht Angst seyn
Grand[ison] Cla[rissa] und Pa[mela] sollen vielleicht ausgenommen werden«
(6. 12. 1765). Für das Lesepublikum waren, wie die Mahnung zeigt, Romane
längst zur beliebten Lektüre geworden.

Der junge Schreiber ›paradierte‹ in Deutsch, Englisch, Französisch, und
Verse stellten sich zwischendurch wie von selbst ein. Wir können den Briefen
manche sachlichen Informationen entnehmen: wie er zunächst noch im
Fahrwasser der französischen Lehren des guten Geschmacks und der klassischen Dichtungstheorie eines Boileau segelte und damit nahe bei Gottscheds

Auffassungen blieb; welche Theaterstücke er schätzte oder doch beachtete (Lillos *Merchant of London*, Lessings *Miss Sara Sampson*, Voltaires *Zaire*, Weißes *Die Poeten nach der Mode*, Molières *Tartuffe*); welche Literatur seine Aufmerksamkeit fand (z. B. John Milton und Edward Young, Ariost und Tasso) und wie das, was später Weltliteratur hieß, ihm von früh an vertraut war und nicht erst mühselig hinzugewonnen werden mußte; wie Shakespeare ihm bekannt wurde (wohl durch die Sammlung von William Dodd, *The Beauties of Shakespeare*, 1752) und er ihm nicht erst in Straßburg durch Herder, wie man oft lesen kann, nahegebracht werden mußte. Schon am 30. 3. 1766 wurde er als »un grand Poète« apostrophiert, und als Goethe unter dem 7. 12. 1765 den 5. Akt des *Belsazar* in fünffüßigen Jamben ankündigte, berief er sich auf den Briten: »Dieses Schwester ist / Das Versmas das der Britte braucht, wenn er / Auf dem Coturn im Trauerspiele geht.« Zum erstenmal ist hier Shakespeare erwähnt, dessen Werke in englischer und deutscher Sprache (in der Übersetzung Wielands) auch in der väterlichen Bibliothek standen.

Die Leipziger Briefe dokumentieren das Befinden ihres Schreibers. In die Lockerheit und selbstsichere Belehrungsfreude mischten sich früh anders gefärbte Aussagen. Die Sicherheit war wohl nur aufgesetzt; immer bestand Gefahr, daß Zweifel und Erschütterungen sie ins Wanken brachten. »Ich binn nur aus Laune heiter wie ein Aprilltag, und kann immer 10 gegen 1 wetten daß morgen ein dummer Abendwind Regenwolcken heraufbringen wird« (an Cornelia 14. 10. 1767). Das Bild von der »Wetterfahne die sich dreht, immer dreht«, spricht für sich; in Briefen aus Sesenheim sollte es sich wieder einstellen. Der unruhige, unstete Goethe, der es sich und anderen schwer machte und der als Greis am 27. 1. 1824 zu Eckermann nichts anderes zu bekennen wußte, als daß sein Leben »das ewige Wälzen eines Steines« gewesen sei, »der immer von neuem gehoben sein wollte«, der Suchende, dem angebotene Sicherheiten nicht genügen konnten: er war es von früh an und ist es geblieben. »Und ich gehe nun täglich mehr Bergunter 3 Monate noch Behrisch, und darnach ist's aus. Gute Nacht ich mag davon nichts wissen«, lauten die letzten Sätze der Leipziger Briefe (an Behrisch, Mai 1768). In solcher Befindlichkeit wurde all das, wofür die Chiffre Leipzig stehen kann, zu eng, und die sprachliche Ausdrucksfähigkeit, die Goethe gegeben war, drängte über die vorgezeichneten Grenzen hinaus, in einigen Gedichten, in Briefstellen.

Frankfurter Intermezzo

Monate der Krankheit und Krise

Goethe hat sich im Alter nicht gern an die augenscheinlich heiklen Leipziger Jahre 1765–68 erinnern lassen. Daß keine Briefe der Mutter und des Vaters bewahrt worden sind, ist schon erwähnt worden; auch keine Zeile Cornelias an den Bruder ist mehr vorhanden. Goethe hat unnachsichtig weggeräumt, was für ihn nur noch frühe Schlacken waren. Als 1827 die Briefe an den Jugendfreund Johann Adam Horn wieder in seine Hände gelangt waren, hat er sie bekanntlich vernichtet (S. 26).

Nun hatten die Semester in der sächsischen Universitätsstadt in der Tat nicht viel gebracht, was er nach außen vorweisen konnte, besonders nicht, wenn man an die Erwartungen des Vaters dachte, der einen ausgebildeten und für die Promotion bereiten Juristen erwartete. Und was konnte die Belehrung, Erfahrung und nicht eben umfangreiche praktische Erprobung in Sachen Literatur und Kunst wirklich zählen? Und war es richtig, daß sich die Verbindung zu Käthchen Schönkopf von Liebe in Freundschaft gelöst hatte? Fragen genug, die Unruhe schüren mußten. Im Juni 1768 wurde Goethe ernsthaft krank. *Dichtung und Wahrheit* nennt gleich mehrere Gründe dafür. Einen »hypochondrischen Zug« habe er schon von Haus aus mitgebracht, nun habe die mißmutige Stimmung zugenommen; verstärkt seien Schmerzen in der Brust aufgetreten, die vielleicht von einem Sturz mit dem Pferde oder noch von der Hinreise nach Leipzig herrührten, als der umgestürzte Reisewagen bei Auerstedt nur mit Mühe hatte aufgerichtet werden können; die ganze unvernünftige Lebensweise mit Kaltbaden und Kühlschlafen, mißverstandene Anregungen Rousseaus, und eine unzuträgliche Ernährung hätten zum desolaten Zustand beigetragen. Ein Blutsturz war der Höhepunkt. Niemand wird nachträglich entscheiden können, wieviel Psychisches bei dieser Krankheit mit im Spiel war und ob die körperlichen Störungen eine Krise anzeigten, die nach fast drei Jahren Leipzig ausgebrochen war. Jedenfalls war es ein kranker Neunzehnjähriger, der an seinem Geburtstag, am 28. August 1768, von Leipzig aufbrach und in den ersten

Septembertagen wieder im heimatlichen Frankfurt eintraf. Mehrere Monate lang machte Goethe in Frankfurt die Krankheit zu schaffen. Eine Geschwulst am Hals mußte geschnitten werden; schwere Verdauungsstörungen belästigten den Patienten; Liegekuren wurden angeordnet; es gab Besserungen und Rückfälle, bis er sich im Winter 1769 wiederhergestellt fühlte. Fing die Gesundheit zunächst an, »wieder etwas zu steigen« (9.11.1768), so scheint es dem Kranken zwischen dem 7. und 10. Dezember nach Cornelias Tagebuch besonders schlimm ergangen zu sein; einer Phase der Besserung folgte im Januar wieder eine Verschlechterung, und am 14. Februar 1769 meldete der Patient an Oeser nach Leipzig, er sei wirklich »noch ein Gefangner der Kranckheit, obgleich mit der nächsten Hoffnung, bald erlöst zu seyn«.

Über diese Krankheit hat man mancherlei Vermutungen angestellt. Äußerungen in Brief und Vers, die in der Tat anspielungsreich sind (z. B. im Gedicht *Zueignung*: »Der Fuchs, der seinen Schwanz verlor, / Verschnitt jetzt gern uns alle«), haben auch einige Mediziner bewogen, eine venerische Erkrankung zumindest für möglich zu halten. Doch sind die Argumente brüchig. Vor allem bleibt unverständlich, warum der Kranke auf solches Mißgeschick andere aufmerksam machen wollte. Die Symptome der Krankheit und des Heilungsverlaufs lassen vielmehr auf eine Lungen- und gleichzeitige Halslymphdrüsentuberkulose schließen, zu denen die Verdauungsbeschwerden als störende Belastung hinzukamen.

Die Monate im Elternhaus bis zum Aufbruch nach Straßburg waren eine wichtige Phase im Leben Goethes. In ihnen zeigte sich, wie sehr sich der aus Leipzig krank Zurückgekehrte auf der Suche befand. Er war »weder an Leib noch Seele ganz gesund« (9, 340), eine feste Orientierung besaß er nicht, und er wußte, daß Frankfurt nur eine Zwischenstation sein konnte; denn das Studium war noch nicht abgeschlossen. In dieser Verfassung war Goethe prädisponiert, auf Angebote zu hören und vielleicht einzugehen, die ihm nicht nur punktuelle, sondern umfassende Antworten auf die Frage nach dem Sinn des Daseins versprachen und einige Sicherheit verhießen.

Auf der Suche

In Leipzig scheinen ihm Christentum und Kirche sehr fern gewesen zu sein. Nichts läßt darauf schließen, daß er ernsthaft davon berührt wurde. Allenfalls Ernst Theodor Langer hatte ihm philosophisch-weltanschauliche und religiöse Probleme nahegebracht. Daran erinnert die Bemerkung im Brief an ihn vom 24. November 1768: »Gewiss ich weiss was in mir Ihre Predigt gewürckt hat. Liebe und Condescendenz [Nachgiebigkeit] gegen die Religion, Freundschafft gegen das Evangelium, heiligere Verehrung gegen das Wort. Genung, alles was Sie tuhn konnten. Freylich binn ich mit allem dem kein Christ, aber ist das, die Sache eines Menschen mich dazu zu machen[?]« Zu Langer, der 1767 als Nachfolger Behrischs Hofmeister beim Grafen v. Lindenau geworden war, hatte Goethe erst allmählich ein Vertrauensverhältnis gefunden, und gerade in einigen Briefen an ihn (der 1781 Lessings Stelle als Bibliothekar in Wolfenbüttel übernahm) hat jenes philosophische und religiöse Nachsinnen, das die Krankheitsmonate in der Heimatstadt erfüllte, offene und verdeckte Spuren hinterlassen.

Goethes Mutter hatte dort Kontakt zu einem Kreis frommer Leute gefunden, die sich in ihrer pietistischen Glaubenshaltung der Herrnhuter Brüdergemeinde nahe fühlten. Susanna von Klettenberg, »aus deren Unterhaltungen und Briefen die ›Bekenntnisse der schönen Seele‹ entstanden sind, die man in ›Wilhelm Meister‹ eingeschaltet findet« (DuW, 8. B.; 9, 338 f.), genoß in diesem Zirkel besonderes Ansehen und war dem Haus Goethe auch durch verwandtschaftliche Beziehungen verbunden. In persönlich bestimmter Frömmigkeit das wahre Heil zu finden, in Abkehr vom sündhaften Selbst und in der Öffnung der Seele zu Gott, um ganz von ihm ergriffen zu werden, das bewegte diese »abgesonderten Frommen« (9, 340). Nur in gesammelter Stille und reuiger Bekehrung, so meinte man, könne der Durchbruch zu Gott geschehen. »Heiterkeit und Gemütsruhe verließen sie [das Fräulein von Klettenberg] niemals. Sie betrachtete ihre Krankheit als einen notwendigen Bestandteil ihres vorübergehenden irdischen Seins; sie litt mit der größten Geduld, und in schmerzlosen Intervallen war sie lebhaft und gesprächig. Ihre liebste, ja vielleicht einzige Unterhaltung waren die sittlichen Erfahrungen, die der Mensch, der sich beobachtet, an sich selbst machen kann; woran sich denn die religiosen Gesinnungen anschlossen, die auf eine sehr anmutige, ja geniale Weise bei ihr als natürlich und übernatürlich in Betracht kamen. [...] Nun fand sie an mir, was sie bedurfte, ein junges, lebhaftes, auch nach einem unbekannten Heile strebendes Wesen, das, ob es sich gleich nicht für außerordentlich sündhaft halten konnte, sich doch in keinem behaglichen Zustand befand, und weder an Leib noch Seele ganz gesund war« (9, 339 f.).

Bereits im Vorgriff auf Anfang März 1769 konstatierte Goethe am 31. Januar 1769, er sei dann schon ein halbes Jahr wieder zu Hause »und auch schon ein Halbjahr kranck«, aber ebenfalls: »ich habe in dem Halbenjahr viel gelernt« (an Käthchen Schönkopf). Es ist indes alles andere als leicht, im einzelnen zu erkennen, was er in den besagten Monaten gelernt hat. Die Dokumente sind spärlich, sie beschränken sich im wesentlichen auf Andeutungen und Anspielungen. Was im 8. Buch von *Dichtung und Wahrheit* berichtet ist, bedarf ebenso der Erläuterung im einzelnen und einer die Zusammenhänge aufschließenden Interpretation wie die einschlägigen Briefstellen; ferner müssen Notizen beachtet werden, die erst später in die *Ephemerides* eingetragen wurden, jenes Tagebuch mit Lesefrüchten, Buchangaben und einigen Anmerkungen, das wohl zu Anfang des Jahres 1770 begonnen worden ist.

Der Brief, den Goethe am 17. Januar 1769 an Ernst Theodor Langer geschrieben hat, ist seit der Veröffentlichung dieser Briefe 1922 stets besonders gern zitiert worden; denn er schien in manchen Formulierungen die endlich gewonnene Nähe zum christlichen Glauben zu belegen, mochten auch immer noch Zeichen des Schwankens und einer letzten Unentschlossenheit zu bemerken sein. Er war zwar kein bündiger Bericht über das, was mit dem Schreiber dieser Zeilen vorgegangen war, enthielt aber aufsehenerregende Partien:

Es ist viel mit mir vorgegangen; ich habe gelitten, und binn wieder frey, meiner Seele war diese Calcination [Ausglühung] sehr nütze, meine relativen Umstände haben sich auch dadurch gebessert, und wenn mein Cörper (wie sie behaupten) auch jetzo eine wahre Hoffnung, zur Besserung haben kann, weil sich die nächste Ursache meiner Kranckheiten entdeckt hat; so weiß ich keinen glücklichern Vorfall, in meinem Leben, als diesen schröcklichen. [...]
Langer ich habe meine Betrachtungen manchmal, es ist doch schröcklich! Ich binn jung und auf einem Weege der gewiss hinaus aus dem Labyrynte führt, wer ist's der mir versprechen könnte, das Licht wird dir immer leuchten wie jetzt, und du wirst dich nicht wieder verirren. Doch Sorgen! Sorgen! Immer Schwäche im Glauben. Petrus war auch in unserm Gusto, ein rechtschaffner Mann, biss auf die Furchtsamkeit. Hätte er fest geglaubt der Jesus habe Macht über Himmel Erde und Meer, er wäre über's Meer trocknen Fusses gewandelt, sein Zweifel machte ihn sincken. Sehen Sie lieber Langer es steht kurios mit uns; Mich hat der Heiland endlich erhascht, ich lief ihm zu lang und zu geschwind, da kriegt er mich bey den Haaren. Ihnen jagt er gewiss auch nach, und ich wills erleben dass er sie einhohlt, für die Art nur möchte ich nicht gut sagen. Ich binn manchmal hübsch ruhig darüber, manchmal wenn ich stille ganz stille binn, und alles Gute fühle was aus der ewigen Quelle auf mich geflossen ist. Wenn wir auch noch so lange irre gehn, wir beyde, am Ende wirds doch werden (DjG 1, 263 f.).

Hier fallen Stellen auf, die mit wirklich christlichen Vorstellungen und Glaubensüberzeugungen schwer in Einklang zu bringen sind. Von einer nützlichen »Calcination« wird anfangs berichtet; was über Petrus und Jesus gesagt wird, zeugt nicht gerade von unverbrüchlichem Jesusglauben, und was mit dem »Heiland«, der ihn »erhascht« habe, und mit der »ewigen Quelle« gemeint sei, bleibt zu fragen.

Ungemein gelehrter neuerer Forschung ist es zu verdanken, daß Anspielungen und wie beiläufig erscheinende Bemerkungen Goethes über das, was er in seiner Frankfurter Krankheitsphase gelernt hat, in ihrer weitreichenden Bedeutung erkannt und aufgeschlüsselt worden sind. So ist inzwischen wohl zweifelsfrei erwiesen, daß Goethes damalige Beschäftigung mit sog. hermetischem Gedankengut intensiver gewesen ist und beträchtlichere Konsequenzen, als bisher angenommen, hatte. Hermetik: das ist ein Sammelbegriff für eine geheimnisvolle Gesamtwissenschaft, die sich anheischig machte, wahre Erkenntnis von Gott, Welt und Menschen zu besitzen und zu vermitteln, und die einen unlöslichen Zusammenhang vom Höchsten bis zum Niedersten, zwischen dem Ganzen und dem einzelnen glaubte behaupten zu können. In hermetischen Schriften vielfältiger Art wurde seit der Spätantike solche Weisheit, die sich von einer Uroffenbarung her verstand, über Jahrhunderte weitergereicht, aufgebaut, modifiziert und in verschiedenen Bereichen angeeignet, etwa in der Mystik, der Naturphilosophie, der Alchimie, auch in einer hermetischen Medizin, die die einzelne Krankheit in den erschauten und philosophisch entwickelten Gesamtzusammenhängen von Gott, Welt und Mensch zu diagnostizieren und mit Mitteln zu heilen suchte, in denen die Kraft des Universums steckte. Hermetische Schriften, im *Corpus Hermeticum* der Spätantike zunächst überliefert, gaben sich als Offenbarung des Hermes Trismegistos (daher die Bezeichnung ›Hermetik‹ und ›hermetisch‹), womit der ägyptische Gott Toth gemeint war. Religiöse Offenbarung und philosophische Weisheit platonischer Herkunft waren da eine eigentümliche Verbindung eingegangen, und gerade diese erbte sich jahrhundertelang fort und machte es damit möglich, daß sich das hermetische Vorstellungsgut in mancherlei Bahnen und Richtungen verzweigte. Urweisheit meinte man in solchen hermetischen Traditionen aufbewahrt.

Das Faszinierende an der Hermetik, in früheren Jahrhunderten und auch im 18. Jahrhundert von denen verspürt, die sich ihr zuwandten, lag gewiß in ihrem Angebot, eine geheim und neben offiziellem Kirchenglauben und/oder ›materialistischer‹ Naturwissenschaft tradierte Gesamterkenntnis zu vermitteln, der auch verborgenste Zusammenhänge nicht verschlossen blieben. Wer sich ihr hingab, durfte glauben, der Schau und Erkenntnis einer verbindenden Einheit in der Vielheit teilhaft zu werden. Alles hing mit allem zusammen; das eine verwies auf das andere; Analogien konnten aufgespürt werden, die immer aufs neue den geheimnisvollen göttlichen Zusammenhang anschaulich werden ließen. Die *analogia entis*, die wesenhafte Übereinstimmung alles Seienden, war schon vorausgesetzt, wenn im einzelnen die überall wirkenden Kräfte aufgespürt wurden.

Auch im 18. Jahrhundert war hermetisches Denken lebendig, wenngleich keine Angelegenheit für die vielen; denn philosophierendes Nach- und Mitdenken war erforderlich, das die im Universum herrschenden Verweisungszusammenhänge und Analogien samt den ihnen zuerkannten Wirkungen denkend-schauend-glaubend nach- und mitvollziehen konnte, das z. B. bereit war anzunehmen, daß sich aus einem Urquell die ursprüngliche Einheit Gottes stufenweise in vielerlei ›Welten‹ vervielfältigt habe und die einzelnen Stufen nur Wandlungen des göttlichen Lebens seien, daß auf allen Stufen Konzentration und Expansion wirke und es Lebensprinzipien gebe (wie Licht und Feuer), die sich in allem, was geworden ist und lebt, manifestieren, daß ein Stein der Weisen, ein Universalmittel gefunden werden könne, in dem sich die Wirkkräfte des Ganzen der göttlichen Natur ballen – und ähnliches mehr. Hermetisches Denken konnte sehr wohl die Nähe zum christlichen Dogma bewahren und eine eigene geheimnisvolle Interpretation der Bibel ausbilden. Es konnte sich aber auch weit davon entfernen, wenngleich die ›Göttlichkeit‹ der im Ganzen und im einzelnen wirkenden Kräfte selbstverständliche Grundannahme blieb.

Was hier nur angedeutet ist, damit wenigstens etwas von der Bedeutungsweite der Hermetik sichtbar wird, wurde damals in umfangreichen subtilen und auch abstrusen Argumentationen und Darlegungen entfaltet. Das war nicht der Glaubensinhalt der anerkannten Religionen, trotz des religiösen Antriebs, All-Erkenntnis der Gott-Natur zu erreichen. Und es war nicht Naturwissenschaft, die Materie dem mathematisch-physikalischen Experimentier- und Beweisverfahren unterwarf, obgleich die hermetische Philosophie auf die Natur bezogen war, um sich ihrer geheimen Gesetzlichkeit zu versichern.

Goethe hat während seiner Frankfurter Krankheitszeit Zugang zu hermetischen Büchern gefunden. Der behandelnde Arzt Dr. Johann Friedrich Metz scheint dabei bedeutenden Einfluß gehabt zu haben, zumal es ihm gelang, mit seinem »Universalmittel« endlich die »für gewisse Momente vernichtete Verdauung« (9, 342) wieder in Ordnung zu bringen. *Dichtung und Wahrheit* ist die einzige Stelle, an der etwas deutlicher wird, wie wichtig die Beschäftigung mit der Hermetik für den jungen Goethe war. Doch hat der Autobiograph auch distanzierende, relativierende Bemerkungen in seinen Bericht eingestreut:

Arzt und Chirurgus gehörten auch unter die abgesonderten Frommen [...]. Der Arzt, ein unerklärlicher, schlau blickender, freundlich sprechender, übrigens abstruser [!] Mann, der sich in dem frommen Kreise ein ganz besonderes Zutrauen erworben hatte. Tätig und aufmerksam war er den Kranken tröstlich; mehr aber als durch alles erweiterte er seine Kundschaft durch die Gabe, einige geheimnisvolle selbstbereitete Arzneien im Hintergrunde zu zeigen, von denen niemand sprechen durfte, weil bei uns den Ärzten die eigene Dispensation [Herstellung und Lieferung von Arznei] streng verboten war. Mit gewissen Pulvern, die irgend ein Digestiv [Abführmittel] sein mochten, tat er nicht so geheim; aber von jenem wichtigen Salze, das nur in den größten Gefahren angewendet werden durfte, war nur unter den Gläubigen die Rede, ob es gleich noch niemand gesehen, oder die Wirkung davon gespürt hatte. Um den Glauben an die Möglichkeit eines solchen Universalmittels zu erregen und zu stärken, hatte der Arzt seinen Patienten, wo er nur einige Empfänglichkeit fand, gewisse mystische chemisch-alchemische Bücher empfohlen, und zu verstehen gegeben, daß man durch eignes Studium derselben gar wohl dahin gelangen könne, jenes Kleinod sich selbst zu erwerben; welches um so notwendiger sei, als die Bereitung sich sowohl aus physischen als besonders aus moralischen Gründen nicht wohl überliefern lasse, ja daß man, um jenes große Werk einzusehen, hervorzubringen und zu benutzen, die Geheimnisse der Natur im Zusammenhang kennen müsse, weil es nichts Einzelnes sondern etwas Universelles sei, und auch wohl gar unter verschiedenen Formen und Gestalten hervorgebracht werden könne (9, 340f.).

Beim Fräulein von Klettenberg war das Interesse an solchen Lehren schon geweckt worden. Wellings *Opus mago-cabbalisticum* hatte sie insgeheim studiert, und es »bedurfte nur einer geringen Anregung, um auch mir diese Krankheit [!] zu inokulieren. Ich schaffte das Werk an [...]«.

Gedachtes Werk erwähnt seiner Vorgänger mit vielen Ehren, und wir wurden daher angeregt, jene Quellen selbst aufzusuchen. Wir wendeten uns nun an die Werke des Theophrastus Paracelsus und Basilius Valentinus; nicht weniger an Helmont, Starkey und andere, deren mehr oder weniger auf Natur und Einbildung beruhende Lehren und Vorschriften wir einzusehen und zu befolgen suchten. Mir wollte besonders die »Aurea Catena Homeri« gefallen, wodurch die Natur, wenn auch vielleicht auf phantastische Weise, in einer schönen Verknüpfung dargestellt wird; und so verwendeten wir teils einzeln, teils zusammen viele Zeit an diese Seltsamkeiten [...].

In Homers *Ilias* (VIII 18 ff.) spricht der Göttervater Zeus von einer goldenen Kette, die vom Himmel herab hänge, und für die Hermetiker war diese goldene Kette Homers Sinnbild für den unlöslichen Zusammenhang aller Naturwesen vom höchsten bis zum niedrigsten, aber auch für die ungebrochene Kontinuität des Denkens aller Weisen die Zeiten hindurch. Die *Aurea catena Homeri. Oder: eine Beschreibung von dem Ursprung der Natur und natürlichen Dingen*, 1723 anonym erschienen, speicherte solche Weisheit; Goethe erinnerte sich daran mit besonderer Aufmerksamkeit. Alles hängt mit allem zusammen, so die naturphilosophische Erkenntnis dieses Werkes, das – anders als Wellings *Opus* – nicht auf Theosophisches ausgerichtet war. Aus dem Urstoff seien die vier Elemente entstanden; Verwandlung ineinander sei möglich; in allen Stoffen steckten Grundbestandteile, und so seien das Mineralische, Vegetabilische und Animalische miteinander verwandt.

Der starke Einfluß eines anderen Werkes wird in *Dichtung und Wahrheit* noch eigens hervorgehoben, der *Kirchen- und Ketzergeschichte* Gottfried Arnolds. In ihr wurden gerade jene Denker, Theologen, Gruppen und Sekten außerhalb der etablierten Konfessionen gewürdigt, so daß, wie Goethe schreibt, der Leser dieses umfangreichen zweibändigen Werkes (von dem Goethes Vater eine Ausgabe von 1729 besaß) über manche Ketzer, die man sich bisher als toll oder gottlos vorgestellt habe, eines Besseren belehrt worden sei. Und dann zog der Autobiograph die Summe:

Der Geist des Widerspruchs und die Lust zum Paradoxen steckt in uns allen. Ich studierte fleißig die verschiedenen Meinungen, und da ich oft genug hatte sagen hören, jeder Mensch habe am Ende doch seine eigene Religion, so kam mir nichts natürlicher vor, als daß ich mir auch meine eigene bilden könne, und dieses tat ich mit vieler Behaglichkeit. Der neue Platonismus lag zum Grunde; das Hermetische, Mystische, Kabbalistische gab auch seinen Beitrag her, und so erbaute ich mir eine Welt, die seltsam genug aussah (9, 350).

Der sogleich folgende Entwurf einer hermetisch fundierten ›privatreligiösen‹ Kosmogonie [Weltentstehungslehre] beschließt das 8. Buch mit deutlichem Akzent.

Wenn man die Ergebnisse der offensichtlich ernsthaften Beschäftigung des jugendlichen Goethe mit hermetischem Philosophieren gebührend beachtet, liest sich jener Brief an Langer vom 17. Januar 1769, in dem er mitteilte, ihn habe »der Heiland endlich erhascht«, anders als ein Bekenntnis zum christlichen Glauben mit Jesus als zentraler Gestalt. »Calcination« bedeutet nämlich in der Alchimie die erste Stufe der Reinigung; den Glauben an die Göttlichkeit des wiederauferstandenen Jesus bekräftigt der Schreiber ganz und gar nicht; und das Wort vom »Heiland« muß sich nicht unbedingt auf Jesus beziehen; es kann vielmehr, wie im Alten Testament, Gott bezeichnen und hier wahrscheinlich auch den Gott im hermetischen Sinn, in der Bedeutung von Geist und Leben. Christliche Hermetiker zauderten nicht, den »Stein der Weisen« als Naturheiland zu apostrophieren. Auch das Wort von der »ewigen Quelle« muß nicht auf Christus, sondern kann allgemein auf das Göttliche verweisen. (»Heiland« so zu verstehen, wie angedeutet, ist jedoch nur dann haltbar, wenn der hier in Anspielungen sich äußernde Briefschreiber bereits zuvor, also wahrscheinlich in den Dezembertagen, die Wirkung des Universalmittels erfahren hat und mit Hermetischem schon recht vertraut war. Es gibt Indizien dafür; zweifelsfrei zu beweisen ist es nicht.)

Die Welt des jungen Goethe, die auf den letzten Seiten des 8. Buches von

Dichtung und Wahrheit skizziert ist, sah wirklich »seltsam genug« aus. Eine späte Konstruktion des Autobiographen ist das nicht, dafür gibt es zu viele Belege aus den frühen Jahren; vielmehr haben sich in der Jugendzeit gewonnene Grundanschauungen bis ins Alter durchgehalten.

Ich mochte mir wohl eine Gottheit vorstellen, die sich von Ewigkeit her selbst produziert; da sich aber Produktion nicht ohne Mannigfaltigkeit denken läßt, so mußte sie sich notwendig sogleich als ein Zweites erscheinen, welches wir unter dem Namen des Sohns anerkennen; diese beiden mußten nun den Akt des Hervorbringens fortsetzen, und erschienen sich selbst wieder im Dritten, welches nun ebenso bestehend lebendig und ewig als das Ganze war (9, 351).

Hiermit war der Kreis der Gottheit geschlossen. Der Produktionstrieb setzte sich jedoch fort, und so wurde ein Viertes geschaffen: Luzifer, »welchem von nun an die ganze Schöpfungskraft übertragen war, und von dem alles übrige Sein ausgehen sollte«. Er aber wollte ganze Selbständigkeit, folgte nur dem Prinzip der Konzentration, die »süße Erhebung zu ihrem Ursprung« ließ er bei seinen Geschöpfen verkümmern. Aus dieser Konzentration »entsprang nun alles das, was wir unter der Gestalt der Materie gewahr werden, was wir uns als schwer, fest und finster vorstellen, welches aber, indem es, wenn auch nicht unmittelbar, doch durch Filiation vom göttlichen Wesen herstammt, ebenso unbedingt mächtig und ewig ist als der Vater und die Großeltern«. Dieser Schöpfung fehlte »die bessere Hälfte: denn alles, was durch Konzentration gewonnen wird, besaß sie, aber es fehlte ihr alles, was durch Expansion allein bewirkt werden kann«. Eine Zeitlang sahen die Elohim (wohl die drei anfangs genannten göttlichen Wesen) diesem Zustand zu, dann aber gaben sie »dem unendlichen Sein die Fähigkeit, sich auszudehnen, sich gegen sie zu bewegen; der eigentliche Puls des Lebens war wieder hergestellt, und Luzifer selbst konnte sich dieser Einwirkung nicht entziehen. Dieses ist die Epoche, wo dasjenige hervortrat, was wir als Licht kennen, und wo dasjenige begann, was wir mit dem Worte Schöpfung zu bezeichnen pflegen. So sehr sich auch nun diese durch die immer fortwirkende Lebenskraft der Elohim stufenweise vermannigfaltigte; so fehlte es doch noch an einem Wesen, welches die ursprüngliche Verbindung mit der Gottheit wieder herzustellen geschickt wäre, und so wurde der Mensch hervorgebracht, der in allem der Gottheit ähnlich, ja gleich sein sollte, sich aber freilich dadurch abermals in dem Falle Luzifers befand, zugleich unbedingt und beschränkt zu sein [...].«

Der eigentliche Puls des Lebens: Konzentration und Expansion; der Wille zum Eigensein und das Sichöffnen zum Ganzen: beides zusammen ist Lebensgesetz; und so wird es zur Pflicht, »uns zu erheben und die Absichten der Gottheit dadurch zu erfüllen, daß wir, indem wir von einer Seite uns zu verselbsten genötigt sind, von der andern in regelmäßigen Pulsen uns zu entselbstigen nicht versäumen« (9, 353).

Was hier als philosophisch-spekulative ›Privatreligion‹ sichtbar wird, die sich Goethe seit seiner Krankheit in Frankfurt zurechtgelegt hat und die eine Aneignung hermetischer Anschauungen von Gott, Welt und bestimmenden Lebenskräften nicht verleugnen kann, hat der Suchende und Nachdenkliche damals eher verschleiert als offen bekannt. Sie trug zu viele persönliche Züge, war zu sehr aus Quellen gespeist, die nicht gerade zu den anerkannten Lehrbüchern des Glaubens und der Wissenschaft gehörten, als daß ein jugendlicher Schüler jedermann sein glaubendes Wissen und seinen wissenden Glauben hätte darlegen mögen. Und vor allem war die »eigene Religion« selbst erst frühes Resultat eines noch unsicheren Ausgreifens in neue Bezirke, eines auf Anregungen sich einlassenden Probierens, zu dem sogar alchimistische Versuche mit dem eigenen Windöfchen gehörten. In der Straßburger Zeit war die »Chymie« noch immer seine »heimlich Geliebte«, wie er dem Fräulein von Klettenberg schrieb, während er seinen »Umgang mit denen frommen Leuten« als »nicht gar starck« bezeichnete (26. 8. 1770). Die Anregungen des Dr. Metz und der hermetischen Schriften wirkten weiter; doch sicher in der Erkenntnis von Gott, Natur und Mensch fühlte sich Goethe damals gewiß noch nicht. Wie tastend nach wie vor die unscharfe Bemerkung im Karfreitagsbrief 1770 an Limprecht! »Wie ich war so binn ich noch, nur dass ich mit unserm Herre Gott etwas besser stehe, und mit seinem lieben Sohn Jesu Christo. Draus folgt denn, dass ich auch etwas klüger binn, und erfahren habe, was das heisst: die Furcht des Herrn ist der Weisheit Anfang. Freylich singen wir erst das Hosianna dem *der da kommt* [...]« (13. 4. 1770).

Was ihm aus der Hermetik zukam, ist beachtlich; aber nicht alles, was der junge Student gedacht, geäußert und dichterisch formuliert hat, muß darauf zurückgeführt werden, wenn auch die Versuchung groß ist, nun überall hermetisches Gut aufzuspüren. Denn da Hermetik es immer auf eine Gesamtdeutung der Welt abgesehen hat, tauchen auch für alles, was es an wichtigen Erscheinungen und Vorgängen gibt, Namen, Begriffe, Bilder auf. Ihre Bedeutungsweite ist indes oft so groß, daß in ihnen nicht nur Hermetisches enthalten sein muß. So mag man »Freude« in einem hermetischen Modell, das die Bereiche des wirkenden Lebens einander zuordnet, als Ausdruck des Expansiven ansehen. Doch gab es im 18. Jahrhundert auch eine weit verbreitete und in vielen Gedichten ausgeprägte Auffassung der Freude, die mit Hermetischem nichts zu tun hat. Wenn der endlich Gesundete aus Straßburg schrieb: »Der Himmels Arzt hat das Feuer des Lebens in meinem Körper wieder gestärckt, und Muth und Freude sind wieder da« (28.7. 1770), so gab sich hier gewiß der zentrale hermetische Begriff »Lebensfeuer« zu erkennen; aber nun braucht deshalb nicht jede dichterische Äußerung, die sich des Wortes Feuer und seines Wortfeldes bedient, hermetischem Geist zugeordnet und nur aus ihm verstanden zu werden.

Goethe beharrte ausdrücklich auf dem persönlichen Charakter seiner frühen philosophischen Religion. Das erklärt sich auch aus den Zusammenhängen des auf Erkenntnis des Ganzen gerichteten philosophisch-religiösen Betrachtens selbst. Wenn Makrokosmos und Mikrokosmos, große und kleine Welt, das Ganze und das einzelne, Gott, Natur und Mensch verbunden und in allem göttliches Leben und göttlicher Geist anwesend waren, dann kam auch dem Subjektiven und seinen individuellen Ansichten etwas von solcher Würde und Berechtigung zu. Und erwiesen nicht gerade die vielfältigen Ergebnisse des Nachdenkens weiser Menschen, mochten sie auch nur in einer »Ketzerhistorie« richtig gewürdigt worden sein, daß es eine einzig wahre Religion nicht geben kann? Im *Brief des Pastors zu* [xxx] *an den neuen Pastor zu* [xxx] schrieb Goethe 1773 dann unmißverständlich: »Denn wenn man's beim Lichte besieht, so hat jeder seine eigene Religion [...].« Wenn wir immer »recht im Herzen fühlten, was das sei: Religion, und jeden auch fühlen ließen, wie er könnte, und dann mit brüderlicher Liebe unter alle Sekten und Parteien träten, wie würde es uns freuen, den göttlichen Samen auf so vielerlei Weise Frucht bringen zu sehen. Dann würden wir ausrufen: Gottlob, daß das Reich Gottes auch da zu finden ist, wo ich's nicht suchte« (12, 234). Dieser Brief zeigt, wie sehr sein Verfasser dem aufklärerischen Toleranzdenken verbunden war, was *Dichtung und Wahrheit* bestätigt: das Hauptthema des Schreibens sei »die Losung der damaligen Zeit, sie hieß *Toleranz*, und galt unter den besseren Köpfen und Geistern« (9, 512). Toleranzideen der Aufklärung und Anschauungen von der Teilhabe auch des einzelnen Subjekts am Göttlichen vermochten ein Bündnis einzugehen, in dem man die Anteile beider nicht gut aufrechnen kann.

Anfang 1770 trug Goethe in sein Heft mit Lesefrüchten und eigenen Notizen, die *Ephemerides*, lateinische Sätze ein, deren Herkunft bis heute unbekannt geblieben ist und die wahrscheinlich vom Tagebuchschreiber selbst stammen. Sie lesen sich wie eine Zusammenfassung grundsätzlicher und für ihn gültiger Annahmen: Getrennt von Gott lasse sich Natur nicht erfassen; beider Verhältnis zueinander sei analog dem von Seele und Körper; die Seele könne man nur im Körper erkennen, Gott nur, wenn man die Natur durchschaut habe; Gott sei ein und alles; alles entstamme dem göttlichen Wesen. Solche Anschauung befinde sich durchaus in Übereinstimmung mit der Bibel, aber auch die emanatistische Philosophie verbürge Wahrheit, nach der alles dem Quellgrund des Göttlichen entströme. Die dann folgende forcierte Abgrenzung gegen den ›Spinozismus‹ ist sachlich kaum gerechtfertigt und wohl nur der Reflex einer damals gängigen Verurteilung des Spinozismus als Atheismus.

Separatim de Deo, et natura rerum disserere difficile et periculosum est, eodem modo quam si de corpore et anima sejunctim cogitamus; animam non nisi mediante corpore, Deum non nisi perspecta natura cognoscimus, hinc absurdum mihi videtur, eos absurditatis accusare, qui ratiocinatione maxime philosophica Deum cum mundo conjunxere. Quae enim sunt, omnia ad essentiam Dei pertinere necesse est, cum Deus sit unicum existens, et omnia comprehendat. Nec Sacer Codex nostrae sententiae refragatur, cujus tamen dicta ab unoquoque in sententiam suam torqueri, patienter ferimus. Omnis antiquitas ejusdem fuit sententiae, cui consensui quam multum tribuo. Testimonio enim mihi est virorum tantorum sententiae, rectae rationi quam convenientissimum fuisse systema emanativum; licet nulli subscribere velim sectae, valdeque doleam Spinozismum, teterrimis erroribus ex eodem fonte manantibus, doctrinae huic purissimae, iniquissimum fratrem natum esse (DjG 1, 431).

[Voneinander getrennt Gott und die Natur der Dinge zu erörtern ist ebenso schwierig und gefährlich, als wenn wir über Körper und Seele getrennt nachdenken; die Seele erkennen wir nur durch die Vermittlung des Körpers, Gott nur aus der Betrachtung der Natur. Von daher erscheint es mir abwegig, jene der Absurdität zu zeihen, die in einer besonders philosophischen Schlußfolgerung Gott mit der Welt in Verbindung gebracht haben. Alles nämlich, was ist, bezieht sich notwendigerweise auf das Wesen Gottes, weil Gott das einzigartig Seiende ist und alles umfaßt. Zwar steht der ›Sacer Codex‹ (die Bibel) unserer Anschauung nicht im Wege, daß aber dennoch ein jeder dessen Worte zu seiner persönlichen Meinung verdreht, nehmen wir gelassen hin. Die ganze Antike war derselben Ansicht, der ich ein hohes Maß an Zustimmung zolle. Als Beweis nämlich dient es mir, daß sich mit der Ansicht bedeutender Männer, mit der rechten Vernunft die Lehre der Emanation in weitgehender Übereinstimmung befand. Freilich, ich will keiner Sekte beipflichten, und sehr schmerzt es mich, daß im Spinozismus – zumal seine abscheulichen Irrtümer aus eben dieser Quelle fließen – dieser reinen Lehre ein äußerst ungleicher Bruder erwachsen ist.]

Frankfurter Monate vom September 1768 bis März 1770: Zwischenzeit; Umschauhalten; Abwägen von Angeboten, die auf die philosophischen Fragen nach Gott, Natur, Mensch und nach dem Ort des eigenen Daseins eine zuverlässige Antwort versprachen; Hoffnung, auf einem Weg zu sein, »der gewiß hinaus aus dem Labyrinthe führt«, aber immer auch Zweifel, »Sorgen! Sorgen! Immer Schwäche im Glauben« (17.1.1769). Die Begegnung mit den pietistisch Frommen um Susanna von Klettenberg brachte ihm ein Leben aus dem verinnerlichten Glauben nahe, das ihn beeindruckt haben muß, wie noch die »Bekenntnisse einer schönen Seele« im *Wilhelm Meister* bezeugen, und sein Interesse ging so weit, daß er am 21./22. September 1769 sogar an einer Synode der Brüdergemeinde in Marienborn in der Wetterau teilnahm. In die Glaubensgewißheit des Christentums ließ er sich indes nicht heimholen. Bedeutungsvoll war jedoch, daß er mit einer Sprache in Berührung kam, die seit Spener und Zinzendorf einen Wortschatz ausgebildet hatte, der einer ständigen Selbstbeobachtung und Analyse seelischer Regungen dienen sollte und entsprechend geschmeidig war. Jetzt ist »meine Seele still, ohne Verlangen, ohne Schmerz, ohne Freude, und ohne Erinnerung«, bekannte er Langer am 8. September 1768 und beschrieb damit genau eine Seelenlage, wie sie auch pietistische Frömmigkeit wünschte. Im Brief vom 17. Januar 1769 tauchte wieder jenes zentrale Wort Stille auf: »Meine Seele ist stiller als Ihre [...]«.

Wie auch immer die sich verschränkenden Anregungen, Anmutungen und Zumutungen durch Pietismus und Hermetik gewesen sein mögen, sie führten zu einer Bereicherung der Lebenssicht, zur Kenntnis von Anschauungen, die auf All-Erkenntnis zielten (was ihre Faszination ausgemacht haben wird), und zur Ausbildung eigener Vorstellungen, die dem fragenden Suchen Halt vermitteln konnten, ohne es allerdings zur Ruhe zu bringen. »Zuwachs an Kenntnis ist Zuwachs an Unruhe«, dieses alte Wort (9, 324) galt auch hier. Gewiß machten sich in dieser krisenhaften Zwischenzeit religiöse Bedürfnisse geltend, die offenbar nur zu befriedigen waren, wenn der Suchende sich auf mancherlei einließ. Einseitigkeit war nicht gefragt und Selbstsicherheit suspekt. Das war es ja, was ihn dann in Straßburg bei den pietistisch Frommen abstieß. »Lauter Leute von mäsigem Verstande, die mit der ersten Religionsempfindung, auch den ersten vernünftigen Gedancken dachten, und nun meynen das wäre alles, weil *sie* sonst von nichts wissen« (an S. v. Klettenberg, 26. 8. 1770).

Ergebnisse der religiös-philosophischen Spekulation konnten helfen, das eigene Leben zu stabilisieren. Wenn auch im Menschen »der eigentliche Puls des Lebens« schlug und ihm in der göttlichen Gesamtordnung aufgegeben war, sich »in regelmäßigen Pulsen« zu »verselbsten« und zu »entselbstigen«, dann mußte es darauf ankommen, solche Individualität zu voller Wirkung kommen zu lassen, das Lebensfeuer, das in allem Lebendigen war, immer neu zu entfachen. Wenn Gott nicht getrennt von der Natur und Natur nicht ohne Gott gedacht werden konnte, dann war Natur etwas anderes als bloß zu zitierende Versatzkulisse für rokokohaftes dichterisches Spiel und benötigte wohl einen anderen sprachlichen Ausdruck. Was Goethe in Straßburg und später möglich wurde, es stand hiermit in Zusammenhang.

Eine Eintragung, die kurz vor jenem »Separatim de Deo [...]« in den

Ephemerides steht, liest sich heute wie eine frühe Ouvertüre zur Farbenlehre. Sie beeindruckt durch Genauigkeit und Ruhe der Beobachtung und Beschreibung:

In der Hälfte des Januars erschien folgendes Phänomen. An der Gegend des Horizonts wo im Sommer die Sonne unterzugehen pflegt, war es ungewöhnlich helle, und zwar ein blaulig gelber Schein, wie in der reinsten Sommernacht von dem Orte wo die Sonne untergegangen ist heraufscheindt, dieses Licht nahm den vierten Theil des sichtbaren Himmels hinaufzu ein, darüber erschienen rubinrothe Streifen, die sich :zwar etwas ungleich: nach dem lichten Gelb zuzogen. Diese Streifen waren sehr abwechselnd und kammen biss in den Zenith. Man sah die Sterne durchfunckeln. Auf beyden Seiten von Abend und Norden war es von dunckeln Wolken eingefasst, davon auch einige in dem gelben Scheine schwebten. Überhaupt war der Himmel rings umzogen. Die Röthe war so starck dass sie die Häusser und den Schnee färbte und dauerte ohngefähr eine Stunde von sechs bis 7. abends. Bald überzog sich der Himmel, und es fiel ein starcker Schnee.

In jenen Frankfurter Monaten pflegte der kranke und genesende Goethe beileibe nicht nur Umgang mit Pietisten, studierte hermetische Schriften und setzte alchimistische Versuche an. (Ohnehin kann niemand genau nachweisen, welche Bücher er wirklich und wie gründlich gelesen hat.) Schließlich verstand er sich als Poet und Künstler, und was er in Leipzig begonnen und geübt, setzte er fort: das Zeichnen und Radieren. Im Oktober 1769 erschienen die bereits genannten *Neuen Lieder* (mit der Jahreszahl 1770), von Bernhard Theodor Breitkopf komponiert, das erste Buch Goethes, freilich ohne daß sein Name genannt war. Auch wenn einige Gedichte in die Frankfurter Zeit gehören, so sind sie doch insgesamt vom ›Leipziger Stil‹ der Lyrik Goethes geprägt.

Seine Aufmerksamkeit war nicht eingeengt. Im Brief an den Leipziger Buchhändler Reich nannte er am 20. Februar 1770 Adam Oeser als Lehrer des Schönheitsideals von Einfalt und Stille, um sogleich anzufügen: »Nach ihm und Schäckespearen, ist Wieland noch der einzige, den ich für meinen ächten Lehrer erkennen kann [...].« Auch als er wenig später, am 11. Mai 1770, Ernst Theodor Langer andeutete, seine hermetischen Interessen hielten unvermindert an, hieß es emphatisch: »O es ist eine gar lange Reihe, von Hermes Tafel, biss auf Wielands Musarion.« Das war in der Tat eine große Spanne, von der *Tabula Smaragdina*, die Hermes Trismegistos zugesprochen wurde, bis zur Verserzählung *Musarion oder die Philosophie der Grazien*, die den Leipziger Studenten schon 1768 begeistert hatte, als Oeser ihm die Druckfahnen zeigte. Der reizenden Griechin Musarion gelang es zu guter Letzt, ihren Freund Phanias vom Wahn einer asketischen Lebensanschauung zu heilen und ihn zum stillvergnügten Genuß irdischen Daseins zu führen. Vernunft und Sinne verbanden sich zu weltfreundlicher Gemeinsamkeit, und alle Überheblichkeit philosophisch noch so würdevoller Bekenntnisse gab sich als das zu erkennen, was sie war: lebensfremde, menschenfeindliche Einseitigkeit, »Flitterkram von falschen Tugenden und großen Wörtern«.

Im Oktober 1769 besuchte Goethe den Mannheimer Antikensaal, der damals berühmt war; denn nirgends sonst in Deutschland fanden sich so viele Gipsabgüsse antiker Plastiken. In einem französisch geschriebenen Brief berichtete er Langer am 30. November von seinen Eindrücken. Später vermischte er in *Dichtung und Wahrheit* (9, 500 ff.) diesen ersten Besuch in der Mannheimer Ausstellung mit einem zweiten auf der Rückreise von Straßburg im Herbst 1771. Auf die Laokoon-Gruppe sei seine größte Aufmerksamkeit gerichtet gewesen.

Winckelmann hatte in den 1755 erschienenen *Gedanken über die Nachahmung der griechischen Werke in der Malerei und Bildhauerkunst* an dieser Plastik »edle Einfalt und eine stille Größe« als »das allgemeine vorzügliche Kennzeichen der griechischen Meisterstücke« erläutert, es allerdings nicht bei der zum Schlagwort gewordenen Formel bewenden lassen: »So wie die Tiefe des Meers allezeit ruhig bleibt, die Oberfläche mag noch so wüten, eben so zeiget der Ausdruck in den Figuren der Griechen bei allen Leidenschaften eine große und gesetzte Seele«, lautete der anschließende Satz. Das Winckelmannsche Ideal ist folglich spannungsreich und mit den Worten »Einfalt« und »stille Größe« allein nicht erfaßt. Unter ruhiger Oberfläche können Leidenschaften verborgen sein, und ebenso: leidenschaftlicher Ausdruck läßt doch eine »große und gesetzte Seele« erkennen. Ein Jahrzehnt nach Winckelmann versuchte Lessing am Beispiel des Laokoon den Unterschied zwischen Plastik und Dichtung zu bestimmen. Würde der in Stein gehauene Laokoon schreien, so schriee er für alle Zeiten. In der Dichtung dagegen sei der Schrei, da Poesie an den Zeitablauf gebunden sei, nur ein vorübergehendes Moment, und daher sei dort ein schreiender Laokoon gestattet. Herder setzte sich im ersten seiner *Kritischen Wälder* (1769) mit dieser Auffassung auseinander. Goethe seinerseits berichtete in *Dichtung und Wahrheit*:

Ich entschied mir die berühmte Frage, warum er nicht schreie, dadurch, daß ich mir aussprach, er könne nicht schreien. Alle Handlungen und Bewegungen der drei Figuren gingen mir aus der ersten Konzeption der Gruppe hervor. Die ganze so gewaltsame als kunstreiche Stellung des Hauptkörpers war aus zwei Anlässen zusammengesetzt, aus dem Streben gegen die Schlangen, und aus dem Fliehn vor dem augenblicklichen Biß. Um diesen Schmerz zu mildern, mußte der Unterleib eingezogen und das Schreien unmöglich gemacht werden (9, 502).

Im Aufsatz *Laokoon* (1798) kam er auf diese Fragen zurück. Auf den Besuch im Mannheimer Antikensaal datierte der Autobiograph das »große und bei mir durchs ganze Leben wirksame frühzeitige Schauen«, wenn es auch »für die nächste Zeit von geringen Folgen« gewesen sei (9, 502).

Die Mitschuldigen

Goethes dichterische Arbeit ging im Frankfurter Intermezzo weiter, auch die kritische Sichtung früherer Arbeiten beschäftigte ihn. Laut *Dichtung und Wahrheit* veranstaltete er abermals ein Autodafé seiner Arbeiten, nur das Manuskript von Behrisch, *Die Laune des Verliebten* und *Die Mitschuldigen* seien davor bewahrt worden (9, 350). Was *Die Mitschuldigen* betrifft, so hat er sich offenbar geirrt, als er meinte, sie seien in Leipzig entstanden. Vielleicht hat er sich dort schon mit Stoff und Thematik befaßt, aber aus Briefstellen ergibt sich ziemlich schlüssig, daß er die Fassungen dieses Theaterstücks zwischen November 1768 und Mitte Februar 1769 niedergeschrieben hat. Die erste Fassung besteht aus einem einzigen Akt, dessen fünfzehn Auftritte eine Spielhandlung abschnurren lassen, die den Zuschauern die Personen des Geschehens Szene für Szene bei fragwürdigen Handlungen und in verqueren Situationen präsentiert. Mit einer Einführung in einen bestimmten Handlungszusammenhang, einer Exposition, hält sich das Stück erst gar nicht auf. Söller, wie ein Harlekin gekleidet und so das Farcenhafte des Spiels signalisierend, stellt sich kurz dem Publikum als jemand vor, dem das Motto recht ist: »Man kömmt auch durch die Welt mit Schleichen und mit List« (A 4, 39), und dann kommt er schnell zur Sache: Er erbricht die Schatulle und stiehlt das Geld, das Alcest gehört, der in dem Gastzimmer logiert, in das Söller eingedrungen ist. Doch schon muß er in den Alkoven flüchten, denn der Wirt, sein Schwiegervater, dringt ins nämliche Zimmer ein, weil er einen Brief haben möchte, der vielleicht Neuigkeiten enthalten könnte; ihnen jagt er, tratschsüchtig und sensationslüstern, ständig nach. Und Söller gibt, im Alkoven verborgen, seine Kommentare dazu. Doch auch dem Wirt bleibt keine Zeit. Sophie, seine Tochter und Söllers Frau, stellt sich im Zimmer ein, zu einem geheimen Rendezvous mit Alcest, ihrem früheren Geliebten, verabredet. Söller muß es sich anhören, wie sie über ihn schimpft und Alcests Liebe nachtrauert: »Du bist zu zärtlich, Herz. Was ist denn dein Verbrechen? / Versprachst du treu zu seyn?

Und konntest du's versprechen? / Dem Menschen treu zu seyn, an dem kein gutes Haar, / Der unverständig, grob, falsch!« –»Meine Hand hat er, Alcest inzwischen / Besitzt, wie sonst, mein Herz« (A 4, 42 f.). Sie findet die Wachsleuchte, die der flüchtende Vater bei seinem Spionieren verloren hat. Sogleich schon der nächste, der 4. Auftritt: Alcest erscheint zum Stelldichein und muß sich getäuscht sehen: Sophie geht nicht so weit, wie er wohl hoffte. »Ich geh, weil ich dich liebe. / Ich würde einen Freund verlieren, wenn ich bliebe« (A 4, 46), gesteht sie ihm. Ein kurzer Monolog Söllers, der sich als Hahnrei betrachten muß und seinen Kummer nur noch im Wein zu ertränken weiß, und ein längeres Selbstgespräch Alcests, der schließlich auch den Diebstahl entdeckt, beschließen die sechs Auftritte im Gastzimmer Alcests. Jetzt sind der Verwicklungen genug; die Szenen 7–15 in der Stube des Wirts müssen die Auflösung bringen. Das zieht sich hin; denn jeder trachtet zu verschleiern, warum er im Gastzimmer des Alcest gewesen sei. Der Wirt beschuldigt gar die Tochter, das Geld genommen zu haben; Alcest ist konsterniert über solche Entdeckung, Sophie ihrerseits darüber, daß er solches zu glauben wagt; und Söller gerät schwer in Bedrängnis: »Es wird mir siedend heis! So war's dem Docktor Faust / Nicht halb zu Muth; nicht halb wars so Richard dem Dritten! / Höll' da! Der Galgen da! Der Hahnrey in der Mitten!« (A 4, 61) Zum ersten Mal erwähnte Goethe hier den Doktor Faust. Am Schluß ist alles geklärt, und alle müssen eingestehen, daß jeder etwas getan hat, was mehr oder minder nicht korrekt war. »All wart ihr im Verdacht, und ihr habt Alle Schuld!« (A 4, 69)

Goethe hat wohl sehr bald gemeint, die Szenenfolge dieses einaktigen Spiels benötige eine Exposition, in der die Eigenheiten der Personen und ihr Verhältnis zueinander einsichtig würden. So entstand schon 1768 die zweite Fassung in drei Akten, wobei der zweite Akt weitgehend unverändert die ursprüngliche einaktige Fassung bot und der erste Motivationen für die einzelnen Verwicklungen lieferte. Söller erscheint nun als jemand, der Spielschulden gemacht hat und im Haushalt nicht sparen kann noch will, und Sophie hat im 4. Auftritt Gelegenheit, sich monologisierend selbst vorzustellen, wehmütig auf die früheren Jahre zurückzublicken, wo sie, um geheiratet zu werden, eben den Söller nahm.

In seinem Lebensbericht hat Goethe der Erwähnung der *Mitschuldigen* einige wichtige Bemerkungen vorausgeschickt (7. B.; 9, 285 f.). Er habe zeitig »in die seltsamen Irrgänge geblickt, mit welchen die bürgerliche Sozietät unterminiert ist. Religion, Sitte, Gesetz, Stand, Verhältnisse, Gewohnheit, alles beherrscht nur die Oberfläche des städtischen Daseins.« Man darf fragen, ob es das komödiantische Spiel dieses Stücks verträgt, so betrachtet zu werden. Farce, aber auch Lustspiel, ohne genauer zu unterscheiden, hatte Goethe *Die Mitschuldigen* früher genannt (an Friederike Oeser, 13. 2. 1769). Man könnte im einzelnen zeigen, daß das Stück im Grunde, fern von den späten Hinweisen seines Autors, nichts anderes tut, als den Erfordernissen der Gattung ›Farce‹ zu entsprechen: dem Zuschauer turbulente Täuschungen und Verwicklungen in rascher Folge zu servieren, Burleskes auszuspielen und das Publikum zum Lachen zu bringen, zu nichts sonst als unbeschwertem Gelächter, das von irgendwelchen moralischen Bedenken nicht beeinträchtigt wird. Mögen das auch fragwürdige Handlungen und Verhaltensweisen sein, die das Spiel vorführt: sie wollen in einer Farce nicht gewogen, nicht kritisiert sein; denn Lachen ist Trumpf, und es durch immer neue komische Situationen anzustacheln, darum geht es. So kann man *Die Mitschuldigen* sehen und lesen, und gewiß hat ihr junger Verfasser sich in der Praxis des Lustspiels üben wollen. Daß manche Verse und Wendungen von Molière und Shakespeare übernommen sind, beweist das nur. Genau sind die Szenen aufs Komödiantische hin gebaut, und erstaunlich sicher fügt sich die Sprache in das strenge Versmaß des Alexandriners. Aber in der Farce allein geht das Stück über die Mitschuldigen nicht auf. Welche Skepsis grundiert diesen Text! Es sind ja nicht harmlose Zufallsverwicklungen, bloße Situationskomik, keine nur das Lachen provozierenden Pointen, von denen dieses Lustspiel lebt. Wunsch nach Geld, Sucht nach Neuigkeiten, halb willige, halb unwillige Ehepartnerschaft, gegenseitiges Täuschen und Beschuldigen: sind das nicht – über das Komödienrepertoire hinaus – Verhaltensweisen, wie sie die »bürgerliche Sozietät« kennzeichnen und zugleich unterminieren? Was in der Beziehung Sophie – Alcest – Söller an Konfliktstoff steckt, ist vollends so brisant, daß er leicht die Grenzen einer Farce und eines Lustspiels sprengen könnte. Die Notwendigkeit, sich in soziale Gewohnheiten zu fügen, hat Sophie zur Ehe mit Söller gebracht; das Glück der Liebe, einmal mit Alcest empfunden, blieb nur Erinnerung im Schatten des Verzichts. Alcest hingegen erscheint als der Typ des Mannes, der es sich leisten kann, freizügig zu sein, und der wohl nie ernsthaft daran gedacht hat, sich mit der Tochter eines Wirts auf Dauer zu verbinden.

So hat der späte Goethe nicht ganz unrecht, wenn er in *Dichtung und Wahrheit* nachträglich andeutet, wieviel Gespür für die Gebrechen der Sozietät diesem Lustspiel zugrunde lag, das er kurz nach der Rückkehr aus Leipzig gedichtet hatte. Ein Publikum, das nicht nur aufs Lachen aus ist, merkt das wohl und zeigt bei allem Spaß auch Zeichen des Betroffenseins. Carl Friedrich Zelter, der Duzfreund der letzten Jahrzehnte, berichtete am 27. November 1824 von einer Berliner Aufführung der *Mitschuldigen* nach Weimar: das »vorstädtische Publikum« habe sich gegen den ersten Rang »in

Dreistigkeit des Beifalls« hervorgetan. Goethe antwortete darauf am 3. Dezember 1824: »Die Wirkung der Mitschuldigen ist ganz die rechte. Ein sogenanntes gebildetes Publikum will sich selbst auf dem Theater sehen [...]; das Volk aber ist zufrieden daß die Hanswürste da droben ihm Späße vormachen an denen es keinen Teil verlangt.«

Neue Erfahrungen in Straßburg

Stadt. Landschaft. Freunde

Es kostete für den wieder gesunden Zwanzigjährigen keine Überwindung, erneut von Frankfurt aufzubrechen; denn hier war der Lebensabschnitt, der eine nachweisliche Berufsqualifikation und nicht nur poetische Etüden bringen sollte, nicht zu Ende zu führen. »Ich fügte mich [...] ohne Widerstreben, nachdem ich so manchen guten Vorsatz vereitelt, so manche redliche Hoffnung verschwinden sehn, in die Absicht meines Vaters, mich nach Straßburg zu schicken, wo man mir ein heiteres lustiges Leben versprach, indessen ich meine Studien weiter fortsetzen und am Ende promovieren sollte« (*DuW*; 9, 355). Anfang April 1770 kam der Student beider Rechte in der etwa 50 000 Einwohner zählenden Stadt im Elsaß an, die zwar schon seit neunzig Jahren zu Frankreich gehörte, aber noch ganz die Züge einer alten deutschen Stadt trug, mit dem Münster Erwins von Steinbach als weithin sichtbarem Wahrzeichen. Der Rhein bildete noch keine wirkliche Grenzscheide. Die königlichen französischen Beamten übten die Macht aus, doch es wirkten wie in der Vaterstadt am Main Ratsherren und Schöffen, und die Zünfte beanspruchten noch ihre Rechte. Protestanten und Katholiken, an Zahl etwa gleich, kamen miteinander aus, Reformierte gab es wenig. Die Universität war im Fach Medizin recht bedeutend, ansonsten bot sie wenig Anregungen. Johann Daniel Schöpflin, den Professor der Geschichte und Beredsamkeit, würdigte er allerdings noch im Lebensbericht als einen der »glücklichen Menschen, welche Vergangenheit und Gegenwart zu vereinigen geneigt sind, die dem Lebensinteresse das historische Wissen anzuknüpfen verstehn« (9, 475). Wer französisch reden und schreiben wollte, konnte es tun; ein unsinniger Kampf um die Vorherrschaft einer Sprache wurde nicht ausgefochten. »Die Sprache der Straßburger ist deutsch«, vermerkte Friedrich Christian Laukhard, der um 1781 die Gegend besuchte, »aber das jämmerlichste Deutsch, das man hören kann.« Hoscht, bescht, Madeli, Bubeli usw. sei Straßburger Dialekt, und sogar von der Kanzel töne es vom »Herrn Jesses Kreschtes«. Das alles dürfte Goethe nur wenig gestört haben, dessen Frankfurterisch sich bekanntlich in berühmte Reime eingeschlichen hat (»Ach neige, / Du Schmerzenreiche [...]«).

Im Zentrum der Stadt, am belebten Fischmarkt, nahm er beim Kürschnermeister Schlag Quartier, und am 18. April 1770 trug er sich in die »*Matricula Generalis maior*« der Universität ein als »*Ioannes Wolfgang Goethe Moeno-Francofurtensis*«. Wie in Leipzig fand er rasch Anschluß an einen Kreis junger Leute, den er beim Mittagstisch der Schwestern Lauth in der Knoblochgasse kennenlernte. Dieser Tischgesellschaft präsidierte kraft Autorität und Alter der damals achtundvierzigjährige Junggeselle Johann Daniel Salzmann, der als Jurist am Vormundschaftsgericht in Straßburg arbeitete, wissenschaftlich interessiert war und sich mit Fragen der Moral, der literarischen Bildung, der Pädagogik beschäftigte. Er muß durch seine Souveränität und Ausgeglichenheit für die jungen Studenten eine Vertrauensperson gewesen sein und mit seinem aufgeklärten Sinn für die Erfordernisse praktischen Lebens beeindruckt haben, »ein Mann, der durch viel Erfahrung mit viel Verstand gegangen ist; der bei der Kälte des Bluts womit er von ieher die Welt betrachtet hat, gefunden zu haben glaubt: dass wir auf diese Welt gesetzt sind besonders um ihr nützlich zu seyn, dass wir uns dazu fähig machen können, wozu denn auch die Religion etwas hilfft; und daß der brauchbaarste der Beste ist« (an S. v. Klettenberg, 26. 8. 1770). So verwundert es nicht, daß Goethe gerade Salzmann brieflich etwas von seiner Unruhe, Beklemmung und Not anvertraute, als er Friederike Brion begegnet war.

Der Theologe Franz Christian Lerse war auf Korrektheit des Auftretens und Umgangs bedacht, »sprach treuherzig, bestimmt und trocken lebhaft, wobei ein leichter ironischer Scherz ihn gar wohl kleidete«; durch seine Unparteilichkeit war er geeignet, als schlichtender Schiedsrichter bei Auseinandersetzungen einzugreifen, die unter den jungen Menschen nicht ausblieben. Im *Götz von Berlichingen* hat Goethe ihm in der gleichnamigen Gestalt von Franz Lerse ein literarisches Denkmal gesetzt. Heinrich Leopold Wagner, Autor des Dramas *Die Kindermörderin*, verkehrte ebenfalls in der Tischrunde.

Auch Johann Heinrich Jung, der sich als Schriftsteller später Jung-Stilling nannte, stieß zu jener Tischgesellschaft, die zeitweise an die zwanzig Personen umfaßte, ein merkwürdiger Mann, der in unerschütterlicher pietistischer Gläubigkeit alle Widrigkeiten als Prüfungen Gottes annahm und auf Gottes Hilfe vertraute, »die sich in einer ununterbrochenen Vorsorge und in einer unfehlbaren Rettung aus aller Not, von jedem Übel augenscheinlich bestätige« (9, 370). Es war ihm nicht immer leicht, Spott und Zweifel zu ertragen, an dem die Mitstudenten ihren Spaß hatten. Goethe aber verstand ihn, hatte er doch schon in Frankfurt im pietistischen Zirkel Menschen solcher »Natürlichkeit und Naivetät« kennengelernt. Ihm hat Jung denn auch, bei Goethes Besuch in Elberfeld im Juli 1774, das Manuskript seiner Lebensgeschichte anvertraut, *Henrich Stillings Jugend*, das 1777 erschien und dem weitere Teile folgten: *Jünglingsjahre* (1778), *Wanderschaft* (1778). Da berichtete nun Jung über die Straßburger Zeit, als er dort Medizin studierte. Seine Jugend im Siegerländischen war schwer gewesen; sieben Mal war er beruflich gescheitert, als Dorfschullehrer und Hauslehrer; dann unterstellte er sich, nach einem Erweckungserlebnis, ganz der Führung und Vorsehung Gottes, wurde Schneidergeselle, wieder Hauslehrer, tat Dienst bei einem Kaufmann im Bergischen Land, der ihm 1770 überraschend vorschlug, Medizin zu studieren. »Gott hat gewiß diese Sache angefangen, er wird sie auch gewiß vollenden«, heißt es gläubig in *Henrich Stillings Wanderschaft*. Er wurde ein geachteter Augenarzt, litt unter einigen Mißerfolgen, gab den Beruf auf, wurde noch Professor für Kameralwissenschaften und lebte zuletzt als freier Schriftsteller im Dienst religiöser Erweckung. Über alle Stationen dieses wunderlichen Lebens berichteten weitere autobiographische Schriften (*Häusliches Leben*, 1789; *Lehr-Jahre*, 1804; *Henrich Stillings Alter*, 1817). In der *Wanderschaft* hat Jung aufgezeichnet, wie er zur Straßburger Tischgesellschaft kam und den jungen Goethe sah. Die Stelle ist immer wieder zitiert worden, aber sie enthält vielleicht Züge späterer Idealisierung; denn als Jung-Stilling dies zu Papier brachte, war der Student mit dem »freien Wesen« bereits der berühmte Dichter des *Götz*:

Des andern Mittags giengen sie zum erstenmahl ins Kosthaus zu Tische. Sie waren zuerst da, man wies ihnen ihren Ort an. Es speiseten ungefähr zwanzig Personen an diesem Tisch, und sie sahen einen nach dem andern hereintreten. Besonders kam einer mit großen hellen Augen, prachtvoller Stirn, und schönem Wuchs, muthig ins Zimmer. Dieser zog Herrn Troosts und Stillings Augen auf sich; ersterer sagte gegen letztern: das muß ein vortreflicher Mann seyn. Stilling bejahte das, doch glaubte er, daß sie beyde viel Verdruß von ihm haben würden, weil er ihn für einen wilden Cammeraden ansah. Dieses schloß er aus dem freyen Wesen, das sich der Student ausnahm; allein Stilling irrte sehr. Sie wurden indessen gewahr, daß man diesen ausgezeichneten Menschen Herr Göthe nannte (*Lebensgeschichte*, Darmstadt 1976, S. 263 f.).

Jung-Stilling erinnerte sich auch, daß es Goethe gewesen sei, der ihm »in Ansehung der schönen Wissenschaften einen andern Schwung« gegeben und ihn mit Ossian, Shakespeare, Fielding und Sterne bekannt gemacht habe. Leicht lassen sich jedoch aus anderen Briefen und Dokumenten der Zeit widersprüchliche Charakterisierungen Goethes zusammentragen. Sie beweisen in ihrer Unterschiedlichkeit vor allem eins: daß dieser junge Mensch Aufmerksamkeit erregte und es schwierig war, sein wahres Wesen zu erkennen.

Etliche Mediziner gehörten zu jener Tischgesellschaft, und Goethe ging mit in ihre Vorlesungen bei den Professoren Spielmann und Lobstein. Bei seinen forcierten Anstrengungen, sich abzuhärten und so zu stählen, daß ihn nichts Ungewöhnliches mehr aus der Fassung bringen könnte, war ihm die Anatomie »auch deshalb doppelt wert, weil sie mich den widerwärtigsten Anblick ertragen lehrte, indem sie meine Wißbegierde befriedigte« (9, 374). Wißbegierde trieb ihn auch zur Chemie, wobei allerdings die Frankfurter alchimistischen Versuche im Zeichen der Hermetik die ausschlaggebende Rolle gespielt haben dürften.

Ein bedeutendes offizielles und zugleich privat unterhaltsames Ereignis fiel in die ersten Wochen des Straßburger Aufenthalts. Am 7. Mai zog Marie Antoinette, die Tochter Maria Theresias und Frau des späteren Ludwig XVI., auf ihrem Weg nach Paris in Straßburg ein. Viel Prunk, große Feierlichkeiten, »durch welche das Volk aufmerksam gemacht wird, daß es Große in der Welt gibt« (9, 362), erregten Aufsehen. Noch im Alter wußte Goethe, wie ihn die Gobelins, die ein Empfangsgebäude auf einer Rheininsel schmückten und die nach Raffaelschen Vorlagen gewirkt waren, beeindruckt und wie ihn andere Wandteppiche bestürzt hatten, weil sie die Geschichte von Iason, Medea und Kreusa darstellten und »also ein Beispiel der unglücklichsten Heirat« waren. Kunstvoll ist diese Erinnerung als Vorausdeutung auf das Ende dieser Königin auf dem Schafott in die Schilderungen der Festlichkeiten eingewoben. Im Brief an Langer vom 11. Mai 1770 meldete sich freilich auch Widerspruch gegen das hochherrschaftliche Gepränge: »Diese Paar Tage waren wir nur Adjectiva unserer Dauphine. Wie sehr verläugnen wir unser ganzes Herz vor den drapdornen [goldgewebten] Kleide Majestät, das iedem gradgewachsenen Menschen besser stehen würde als einem bucklichten König. Und doch, wenn wir gerührt sind, ist unser Stolz unwürcksam, das wissen unsere Fürsten und unsere Mädgen, und machen mit uns was sie wollen.« In *Dichtung und Wahrheit* erwähnt Goethe ein eigenes französisches Gedicht, in dem er die Ankunft Christi, »welcher besonders der Kranken und Lahmen wegen auf der Welt zu wandeln schien«, mit der Ankunft der Königin verglichen habe. Doch zuvor stufte er in der späteren Autobiographie die Anordnung der Obrigkeit, daß sich keine mißgestalteten Personen, keine Krüppel und ekelhaften Kranken auf dem Weg der Königin zeigen sollten, als »ganz vernünftig« ein. Als junger Student in Straßburg hätte er das schwerlich so gesehen.

Die elsässische Landschaft, an der Goethe gleich Gefallen fand, hat er ausgiebig erkundet. Ende Juni brach er mit dem Juristen Engelbach und dem Mediziner Weyland zu einem mehrtägigen Ritt auf, der sie nach Zabern, Saarbrücken und ins untere Elsaß führte. Ausführlich hielt er später die Eindrücke gerade jener Reise fest (*DuW*; 9, 415 ff.). Mit ihr verband sich für ihn der Anfang seines »Interesses der Berggegenden« und der »Lust zu ökonomischen und technischen Betrachtungen, welche mich einen großen Teil meines Lebens beschäftigt haben«. In der Saarbrücker Gegend wurden Steinkohlengruben, Eisen- und Alaunwerke besichtigt, und eine bisher unbekannte Welt der Arbeit, des menschlichen Kampfes mit der Natur, wurde unmittelbar anschaulich. Wenn nicht alles trügt, gewannen außerdem erstmals geologische Formationen die Aufmerksamkeit des Reisenden.

In jenen Tagen schrieb Goethe einen Brief, in dem sich, durch das Naturerlebnis ausgelöst, eine Stimmung äußert, wie sie bei ihm bis dahin unbekannt war. Zum erstenmal eine Satzperiode, in der sich in den wie- oder wenn-Satzteilen die bewegenden Eindrücke sammeln, bis zum anhaltenden »da«, von dem aus die Summe des Beschriebenen gezogen wird. Als Goethe diese Zeilen zu Papier brachte, lagen die Begegnungen mit Herder und die Liebe zu Friederike Brion noch vor ihm.

Gestern waren wir den ganzen Tag geritten, die Nacht kam herbey und wir kamen eben auf s Lothringische Gebürg, da die Saar im lieblichen Thale unten vorbey fließt. Wie ich so rechter Hand über die grüne Tiefe hinaussah und der Fluß in der Dämmerung so graulich und still floß, und lincker Hand die schweere Finsterniß des Buchenwaldes vom Berg über mich herabhing, wie um die dunckeln Felsen durchs Gebüsch die leuchtenden Vögelgen still und geheimnißvoll zogen; da wurds in meinem Herzen so still wie in der Gegend und die ganze Beschweerlichkeit des Tags war vergessen wie ein Traum, man braucht Anstrengung um ihn im Gedächtniß aufzusuchen [...] (Saarbrück, 27. 6. 1770).

Das ist ein Vorklang jenes Werther-Briefes vom 10. Mai, der beginnt: »Wenn das liebe Tal um mich dampft und die hohe Sonne an der undurchdringlichen Finsternis meines Waldes ruht [...]«. Diese Satzperiode der Empfindsamkeit, wie man sie genannt hat, geht auf eine lange Tradition zurück, wenigstens in ihrer rhetorischen Struktur. Der Predigt war sie vertraut; sie findet sich auch im letzten Gespräch, das Augustinus im 9. Buch der *Confessiones* mit seiner Mutter führt. Die aufsteigenden wenn-Sätze, das Innehalten und das abschließende Resultat: damit muß natürlich nicht immer Empfindsames, Emotionales ausgedrückt sein. Die Leipziger Lyrik zeigte bereits räsonierende wenn-so-Folgen witzigen Spiels; in Briefen und Betrachtungen können solche Satzperioden der sachlichen Beschreibung und reflektierenden Darlegung dienen. So ist es dann auch später in Prosa und Versen des betrachtenden, überschauend Abstand haltenden Goethe. Herder hatte übrigens die langen wenn-Perioden schon kritisiert (in der 3. Sammlung *Über die neuere deutsche Literatur*; SW 1, 507); sie verschleierten nur einen Mangel an Gedanken und »übertäubten« das Ohr, »um nicht die Leere des Verstandes zu zeigen«. Goethe las diese Schrift Herders erst im Sommer 1772.

Mit welcher inneren Einstellung Goethe in Straßburg sein Leben zu bestehen suchte, deuten Bemerkungen an, die er als Zuspruch dem jungen Hetzler, der kurz vor seinem Studium stand, am 24. August 1770 in einem Brief nach Frankfurt schrieb. »Die Sachen anzusehen so gut wir können, sie in unser Gedächtniss schreiben, aufmerksam zu seyn und keinen Tag ohne etwas zu sammeln, vorbeygehen lassen.« Jenen Wissenschaften müsse man nachgehen, die dem Geist eine gewisse Richtung gäben; jedes Ding sei an seinen Platz zu stellen und sein Wert sei zu bestimmen. »Dabey müssen wir nichts seyn, sondern alles werden wollen.« Aus solchen Sätzen sprechen Mut und Zuversicht. Frau Aja erinnerte sich noch 1801, der Sohn habe am ersten Tag seines Straßburger Aufenthalts in einem Büchlein, das ihm der Rat Moritz mitgegeben hatte, zufällig einen bedeutungsschweren Spruch aufgeschlagen: »– du schriebst mirs und du warst wundersam bewegt – ich weiß es noch wie heute! Mache den Raum deiner Hütten weit, und breite aus die Teppige deiner Wohnung, spahre sein nicht – *dehne deine Seile lang und stecke deine Nägel fest*, denn du wirst aus brechen, zur rechten und zur lincken. Jesaia – 54 v. 3.4.« (7. 2. 1801).

Die Worte an Hetzler waren auch Selbstzuspruch. Wie nötig die Aufmunterung für ihn war, beweisen Briefe in einem Ton der Bedrückung, Trauer, Unerfülltheit und Wehmut, der sich bei ihm nie verlieren sollte, und auch Passagen, in denen sich das Unstete seiner inneren Verfassung niederschlug. »Es ist ja doch alles Dämmerung in dieser Welt« (19. 4. 1770). »Mein ietziges Leben ist vollkommen wie eine Schlittenfahrt, prächtig und klinglend, aber eben so wenig fürs Herz, als es für Augen und Ohren viel ist« (14. 10. 1770). »Die Welt ist so schön! so schön! – Wer's geniessen könnte!« (5. 6. 1771).

Begegnung mit Herder

Goethe und Straßburg: die Verbindung beider Namen weckt vor allem die Erinnerung an die Begegnung mit Johann Gottfried Herder und Friederike Brion in Sesenheim. Überschwenglich werden in der Goethe-Literatur die Straßburger Ereignisse gefeiert. Für die gesamte deutsche Kulturentwicklung sei das Zusammentreffen Herders mit Goethe unschätzbar wichtig gewesen; es habe sich um die wohl wunderbarste und folgenreichste Begegnung gehandelt, die die deutsche Geistesgeschichte kenne; hier habe der junge Dichter zu sich selbst gefunden, sei er zum Selbstbewußtsein seiner Schöpferkraft gelangt, hier, in der Freundschaft der beiden, sei die Geniebewegung zum Durchbruch gekommen. So und ähnlich klingen germanistische Hymnen. Und die Monate der Liebe zu Friederike werden mit Glanz übergossen, so als sei hier etwas Einmaliges und Unvergleichliches geschehen, Beispiel jugendlicher Liebe überhaupt, die in berückenden Versen voll Gefühl und Erleben besungen worden sei. Nur: was sich wirklich abgespielt hat, kann niemand genau wissen. Die Dokumente sind so spärlich und dürftig, daß aus Verehrung genährte Legendenbildung frei wuchern kann und konnte. Niemand vermag zu sagen, worüber Herder und Goethe wirklich gesprochen haben, als sie in Straßburg zusammen waren. Niemand kann bündig beweisen, daß es gerade Herders bedurfte, damit Goethe das wurde, was er geworden ist. Von Genie und Shakespeare redeten auch andere, etwa Gerstenberg; von den Ossian-Fälschungen und von alter Poesie waren viele fasziniert. Doch bleibt auch dies Spekulation: was geschehen wäre, wenn Goethe Herder in Straßburg nicht getroffen hätte. Man muß aus den Zeugnissen abzuschätzen versuchen, was zwischen den beiden verhandelt wurde. Eine immer wieder zu lesende Behauptung ist allerdings vorab zu korrigieren: durch Herder sei dem fünf Jahre Jüngeren Shakespeare vermittelt worden. Ihn kannte Goethe längst und hatte ihn schon im Brief vom 20. Februar 1770 ausdrücklich neben Oeser und Wieland als seinen Lehrer genannt.

In seiner biographischen Rückschau hat Goethe selber den Straßburger Wochen mit Herder großes Gewicht beigemessen. »Denn das bedeutendste Ereignis, was die wichtigsten Folgen für mich haben sollte, war die Bekanntschaft und die daran sich knüpfende nähere Verbindung mit Herder. [...] Was die Fülle dieser wenigen Wochen betrifft, welche wir zusammen lebten, kann ich wohl sagen, daß alles, was Herder nachher allmählich ausgeführt hat, im Keim angedeutet ward, und daß ich dadurch in die glückliche Lage geriet, alles, was ich bisher gedacht, gelernt, mir zugeeignet hatte, zu komplettieren, an ein Höheres anzuknüpfen, zu erweitern« (10. B.; 9, 402, 409). Solche rühmenden Äußerungen vertragen gewiß keine wesentlichen Abstriche. Doch sollte man nicht vergessen, daß nach dem Auf und Ab der nie spannungslosen Beziehungen beider Männer *Dichtung und Wahrheit* bestrebt war, dem ein Jahrzehnt zuvor Gestorbenen ein versöhnliches, ehrenvolles Andenken zu bereiten. Aus der Straßburger Zeit selbst liegen keinerlei Dokumente vor. Von beiden Seiten gibt es keine brieflichen

Äußerungen, aus denen Genaueres über das Zusammensein zu erfahren wäre. Herder hat in seinen Straßburger Briefen Goethe nicht erwähnt. Erst als Caroline Flachsland, seine Verlobte, den Dichter in ihrem Darmstädter Kreis kennengelernt hatte und Herder davon berichtete, äußerte auch er sich über den jungen Bekannten: »Göthe ist würklich ein guter Mensch, nur äußerst leicht und viel zu leicht, und spazzenmäßig, worüber er meine ewigen Vorwürfe gehabt hat.« Er sei der einzige gewesen, der ihn besucht und den er gern gesehen habe. Einige gute Eindrücke, »die einmal würksam werden können«, glaube er ihm gegeben zu haben (Bückeburg, 21. 3. 1772).

Anfang September 1770 war Johann Gottfried Herder in Straßburg eingetroffen. 1744 im ostpreußischen Morungen geboren, hatte er, nach bitterer Jugendzeit und Jahren als Gymnasiallehrer und Prediger in Königsberg und Riga, im Juni 1769 plötzlich alles hinter sich gelassen und eine Seefahrt begonnen, die ihn über Dänemark nach Deutschland bringen sollte und dann doch nach Frankreich führte. Es war ihm in jedem Sinn in Riga zu eng geworden. Er wollte weg von bloßer Gelehrsamkeit, suchte Welterfahrung, drängte zum Tätigsein, zum Handeln in größerem Wirkungskreis. »Wenn werde ich so weit sein, um alles, was ich gelernt, in mir zu zerstören, und nur selbst zu erfinden, was ich denke und lerne und glaube? [...] Nichts als menschliches Leben und Glückseligkeit ist Tugend: jedes Datum ist Handlung; alles übrige ist Schatten, ist Raisonnement« (St 295).

So philosophierte er auf dem Schiff und schrieb manches in das *Journal meiner Reise im Jahr 1769* (das erst 1846 veröffentlicht wurde), in flutenden Gedanken, Gedankenbruchstücken, skizzenhaft, Ausrufe einstreuend. Über Kopenhagen ging es nach Frankreich, mehrere Monate blieb er in Nantes, hatte die Möglichkeit, sich umzusehen und zu lesen, war im November in Paris, voll von Vorurteilen gegen französische Art und Unart, traf Gelehrte von Rang, studierte das Theater – und wurde doch nicht beeindruckt. Dort erreichte ihn das Angebot, Lehrer und Reisebegleiter eines Eutiner Prinzen zu werden. Im März 1770 fand er sich in Holstein ein, machte sich mit der prinzlichen Gesellschaft im Juli auf die Reise, die nach Italien führen sollte, und mußte schon bald merken, wie unerfreulich seine Position war, wie wenig er geachtet wurde. Über Göttingen, Kassel, Darmstadt, wo er seiner künftigen Frau begegnete, gelangte die Reisegruppe nach Straßburg; dort entschloß sich Herder, die Einladung, Hauptpastor beim Grafen von Schaumburg-Lippe in Bückeburg zu werden, anzunehmen. Zunächst aber wollte er sich durch eine Operation von seinem störenden Augenleiden befreien.

Als Patienten, den eine Tränenfistel quälte und der sich in großer Geduld schmerzhaften Eingriffen unterzog, lernte ihn Goethe kennen. Wiederholte

Operationen schlugen fehl; der regelmäßige Abfluß der Tränenfeuchtigkeit wurde trotz Durchbohrung des Nasenknochens und Einschnitten in das Tränensäckchen nicht erreicht. Bis April 1771 mußte er in seiner Straßburger »Tod- und Moderhöhle« ausharren, ohne den erwünschten gesundheitlichen Erfolg, oft jedoch besucht von jenem »spatzenmäßigen« einundzwanzigjährigen Studenten aus Frankfurt. Er selbst war nur vier Jahre älter.

Wer Herder war, wußte man damals im Straßburger Kreis; aber man konnte allenfalls seine *Fragmente über die neuere deutsche Literatur* (1766/67), die kleine Arbeit *Über Thomas Abbts Schriften* (1768) und seine *Kritischen Wälder oder Betrachtungen, die Wissenschaft und Kunst des Schönen betreffend* (1769) kennen, deren Autorschaft der Verfasser freilich hartnäckig und töricht geleugnet hatte. Aber hatte sie hier wirklich jemand gelesen, oder war der Name Herder nur durch den Streit um die Verfasserschaft bekannt? Ob von der übrigen umfangreichen Rigaer schriftstellerischen Tätigkeit etwas aufgenommen worden war, läßt sich nicht sagen; es darf bezweifelt werden. Goethe jedenfalls kannte nichts Gedrucktes von dem »berühmten Ankömmling« (9, 402), auf den er zufällig im Gasthof »Zum Geist« stieß und dem er sogleich weitere Besuche anzukündigen wagte. Erst am 10. Juli 1772, also zwei Jahre später, meldete er Herder, daß er seit vierzehn Tagen seine Fragmente »zum erstenmal« lese. Nur jenes Manuskript hat er in Straßburg zu sehen bekommen, das Herder als Antwort auf die 1769 ausgeschriebene Preisfrage der Berliner Akademie der Wissenschaften verfaßte, die *Abhandlung über den Ursprung der Sprache*, die den Preis erhielt und 1772 gedruckt vorlag.

Wenn man wissen will, was Herder seinem Besucher Goethe in den vielen Gesprächen vermittelt haben mag, so liegt die Vermutung nahe, daß er Themen berührt hat, die im Mittelpunkt seiner bisherigen Publikationen standen und die für die kurz danach erschienenen wichtig waren. Literaturhistorische und literaturtheoretische Fragen beschäftigten Herder von früh an; seine religions- und kulturgeschichtlichen Abhandlungen griffen weit in die Vergangenheit zurück, und als Rezensent nahm er kritisch am literarischen Leben seiner Zeit teil. Was ihn bei allem aber entscheidend motivierte, war die Absicht, wirken zu wollen, den Menschen nützlich zu sein, etwas zu vermitteln, was ihrer Lebenspraxis zugute kommen könnte. Unverblümt hatte er in seiner Rigaer Abschiedspredigt ausgesprochen, »ein würdiger Lehrer der Menschheit« werden zu wollen, d. h. möglichst viele Menschen mit seiner Wirksamkeit zu erreichen. Immanuel Kant, seinem akademischen Lehrer in Königsberg, erläuterte er aufschlußreich, warum er Geistlicher geworden sei: »weil ich wußte und es täglich aus der Erfahrung mehr lerne, daß sich nach unsrer Lage der bürgerlichen Verfassung von hieraus am besten

Kultur und Menschenverstand unter den ehrwürdigen Teil der Menschen bringen lasse, den wir Volk nennen«. Nicht der schmalen Schicht der Gebildeten und schon gar nicht höfischen Erwartungen wollte der jugendliche Lehrer und Prediger sich anpassen, sondern für viel mehr Menschen wirken. Sie zu erreichen war allerdings, wie die Dinge lagen, ein Problem für sich. Wer konnte überhaupt lesen? Wer fand Zeit dazu in der Fron des Alltags? Einem Geistlichen schienen sich noch am ehesten Wirkungsmöglichkeiten zu eröffnen. In den Gedankenfetzen und Überlegungen des *Journals meiner Reise* zeigte sich, wie sehr der aus- und vorgreifend denkende »Philosoph auf dem Schiffe« Theorie und Praxis zusammenzubringen trachtete, weil sonst nichts blieb als totes Bücherwissen. Die gesamte Nation hatte Herder bei seinen Wirkungsabsichten im Blick. In solchem Sinn war der fordernde Ausruf zu verstehen: »Du Philosoph und du Plebejer! macht einen Bund um nützlich zu werden [...].« Das hatte er geschrieben, als 1763 eine Patriotische Gesellschaft in Bern gefragt hatte: »Wie können die Wahrheiten der Philosophie zum Besten des Volkes allgemeiner und nützlicher werden?« Wenn die Philosophie dem Menschen nützlich werden solle, müsse sie den Menschen selbst zu ihrem Mittelpunkt machen. Damit waren ständische Normierungen ausgeschlossen; der Mensch in seiner Ganzheit von Verstand und Gefühlsleben, von Sittlichkeit und Sinnlichkeit war gemeint. Folgerichtig konnte Herder schreiben: »Alle Philosophie, die des Volks seyn soll, muß das Volk zu seinem Mittelpunct machen«; die ganze Philosophie müsse Anthropologie werden (SW 32; 51, 61).

Auf Wirklichkeit war Herder aus, auf die Fülle der Wirklichkeit in Vergangenheit und Gegenwart. Philosophie ohne lebensnahe Erfahrung schien ihm müßiges Spiel zu sein. Dies mag er seinem aufmerksamen Zuhörer erläutert haben, dem dadurch Verhaltensweisen und -vorschriften Leipziger Zuschnitts noch fremder und ungemäßer werden mußten, als sie es ohnehin schon waren.

Herder sagte ja zur Einmaligkeit des Individuellen, zu den unterschiedlichen Gestalten und Formen, die die Geschichte hervorgebracht hatte. Sie sollten nicht an einem bestimmten Maßstab gemessen, sondern in ihrer Eigentümlichkeit erfaßt werden. Was in der antiken Tragödie sinnvoll und richtig war, mußte nicht für alle Zeiten so sein. Shakespeare dichtete in anderem Klima, unter anderen Menschen, anderen historischen Bedingungen. Seine Stücke waren nicht schlechter, weil sie nicht mehr so waren wie die Werke der Antike; sie mußten nur in ihrer Andersartigkeit aufgenommen und gewürdigt werden. Shakespeare durfte gehuldigt werden als einem Beispiel für dichterische Schöpferkraft in neueren Zeiten. Goethe war längst mit ihm vertraut, hatte ihn schon als Lehrer anerkannt, aber in solcher Sicht, als Repräsentanten neuzeitlichen Dichtertums schlechthin, hatte er ihn wohl noch nicht begriffen. »Jeden grossen Geist mit seiner eignen Zunge reden« zu lassen, hatte Herder schon 1764 gewünscht (SW 1, 5). Wie das möglich sei: das Werk an seinem historischen Ort und unter seinen jeweiligen Bedingungen zu erfassen (also historisch-genetisch zu interpretieren) und es doch auch als ein »Wunderganzes« sich anzueignen, als »das herrliche Geschöpf, das da vor uns steht und lebt« (SW 5, 218), darüber hat Herder ständig nachgedacht. Auch darüber, wie man dann noch eine kritische Wahl treffen und überhaupt etwas be- und verurteilen könne, da »jedes blühet an seiner Stelle in Gottes Ordnung« (SW 18, 138), hat sich Herder Gedanken gemacht. Ihm ging es nicht darum, nur antiquarisch alte Schätze zu sichten und zu häufen, sondern ihn beschäftigte stets auch die schwierige Frage, was aus der Fülle des Vergangenen für die eigene Zeit und die Zukunft zu gewinnen sei. Wir dürfen annehmen, daß sich Goethe in den Gesprächen mit Herder die Vergangenheit in ganz anderer Weise erschloß als bisher, nämlich als Tiefe der geschichtlichen Welt, als Reichtum unterschiedlicher Individualitäten.

Jean-Jacques Rousseau hatte auf die Preisfrage der Akademie von Dijon, ob der Fortschritt der Wissenschaften und der Künste zur Verderbnis oder zur Reinigung der Sitten beigetragen habe, eine merkwürdige, aber einflußreiche Antwort gegeben. Als kritischer Kopf im Jahrhundert der Aufklärung korrigierte er die herrschende optimistische Meinung und behauptete, der von Intellekt und Ratio bestimmte Weg zur modernen Zivilisation sei ein Abweg von der ursprünglichen Naturhaftigkeit des Menschen und habe längst dessen natürliches Wesen entstellt. Rousseaus Ruf »Zurück zur Natur« war verführerisch, konnte sinnvollerweise allenfalls als Mahnung aufgefaßt werden, der moderne Mensch müsse auf der Hut sein, daß er nicht durch einseitigen Verstandeskult, durch Konventionen und zivilisatorische Einflüsse seine Natürlichkeit gänzlich verliere und sich immer weiter seiner (vermeintlich ganzheitlichen) ursprünglichen Verfassung entfremde. Der junge Herder ist von Rousseau nachhaltig beeindruckt worden. Aber er durchschaute auch, wie gefährlich dessen Anschauungen sein konnten. Denn wenn man der Losung »Zurück zur Natur« konsequent folgte, blieben nur die Abwendung von der Gegenwart und der sehnsüchtig rückwärtsgewandte Blick übrig. Wir in unserem Zeitalter, meinte Herder, würden von unseren Aufgaben abbiegen, »wenn wir wie Rousseau Zeiten preisen, die nicht mehr sind, und nicht gewesen sind« (SW 4, 364). In allen seinen Zeitaltern habe das menschliche Geschlecht, »nur in jedem auf andere Art, Glückseligkeit zur Summe«. Und jetzt ginge es darum zu zeigen, »daß man, um zu sein, was man sein soll«, nicht irgendein anderer oder früherer Mensch sein müsse, »sondern eben der aufgeklärte, unterrichtete, feine, vernünftige, gebildete, tugendhafte, genießende Mensch, den Gott auf der Stufe unserer Kultur fodert«.

Was Herder zutiefst beeindruckte und wem er nachspürte, das war Ursprüngliches (und was er dafür hielt), Unverbildetes, Ungekünsteltes, schöpferisch Mächtiges und Echtes, und solches war besonders in frühen Zeiten zu finden, wie er meinte. Dies galt es für die Gegenwart fruchtbar zu machen. Da wirkte sich der Einfluß Hamanns aus, der in gedankenschweren, oft sibyllinisch unklaren, bohrend eindringlichen Äußerungen die Macht der Poesie und der bildhaften Sprache beschworen hatte und sie unlöslich mit dem christlichen Gott verbunden wissen wollte: in allem nur die Offenbarung Gottes, in allem spricht er und muß er vernommen werden. »Poesie ist die *Muttersprache* des menschlichen Geschlechts; wie der *Gartenbau*, älter als der Acker: *Malerei*, – als Schrift: *Gesang*, – als Deklamation: *Gleichnisse*, – als Schlüsse: Tausch, – als Handel. Ein tieferer Schlaf war die Ruhe unserer Urahnen; und ihre Bewegung ein taumelnder Tanz. *Sieben Tage* im Stillschweigen des Nachsinns oder Erstaunens saßen sie; – – und *taten* ihren *Mund auf* – zu *geflügelten* Sprüchen. *Sinne* und *Leidenschaften* reden und verstehen nichts als *Bilder*. In *Bildern* besteht der ganze Schatz menschlicher *Erkenntnis* und *Glückseligkeit*« (*Aesthetica in nuce*; St 121 f.).

Davon mag Herder in Straßburg geschwärmt haben, wohl ebenso sprunghaft und in assoziierender Produktivität der Gedanken und Ahnungen, wie sie nicht nur das *Journal meiner Reise* bezeugt. »Wäre Herder methodischer gewesen«, schrieb Goethe, »so hätte ich auch für eine dauerhafte Richtung meiner Bildung die köstlichste Anleitung gefunden; aber er war mehr geneigt zu prüfen und anzuregen, als zu führen und zu leiten« (9, 409). Bezeichnend, welche Quintessenz er der *Abhandlung über den Ursprung der Sprache* entnimmt: sie habe gezeigt, »wie der Mensch als Mensch wohl aus eignen Kräften zu einer Sprache gelangen könne und müsse« (9, 406). Zuversicht in die Fähigkeiten der Sprache, Zutrauen zu ihr als produktiver Kraft ist dem Leser des Manuskripts zugekommen, und bei diesem Thema wird Herder ganz in seinem Felde gewesen sein. Nicht als bloß verstandesmäßiges Vermögen, das Dinge und Ereignisse mit konventionell festgelegten Bezeichnungen benennt, erschien die Sprache – das war sie natürlich auch –, sondern vor allem als Macht, in der Verstand und Sinnenhaftigkeit, Leidenschaft und Reflexion verbunden sind und in der sich der ganze Mensch mit seinem Denken und Empfinden, Handeln und Fühlen äußern kann und soll. Emphatisch hatte Herder schon in den *Fragmenten über die neuere deutsche Literatur* (3. Sammlg., 6. Kap.) die lebendige Verbindung von Gedanke und Ausdruck gewünscht und vom Dichter erwartet: »Für ihn muß der Gedanke zum Ausdrucke sich verhalten, nicht wie der Körper zur Haut, die ihn umziehet, sondern wie die Seele zum Körper, den sie bewohnet« (St 277). Das heißt nichts anderes, als daß Form sich von innen gestaltet, nicht aber in der richtigen Erfüllung vorgeschriebener Regeln gebildet wird. Der Dichter »soll Empfindungen ausdrücken«, und so sehe man, »daß bei dieser Sprache der Empfindungen, wo ich nicht *sagen*, sondern *sprechen* muß, daß man mir glaubt, wo ich nicht schreiben, sondern in die Seele reden muß, daß es der andre fühlt: daß hier der eigentliche *Ausdruck* unabtrennlich sei«. Das habe er bei Dichtungen der frühen Zeiten verwirklicht gefunden.

Daher rührt die Macht der Dichtkunst in jenen rohen Zeiten, wo noch die Seele der Dichter, die zu sprechen und nicht zu plappern gewohnt war, nicht schrieb, sondern sprach und auch schreibend lebendige Sprache tönete: in jenen Zeiten, wo die Seele des andern nicht las, sondern hörte, und auch selbst im Lesen zu sehen und zu hören wußte, weil sie jeder Spur des wahren und natürlichen Ausdrucks offen stand: daher rühren jene Wunder, die die Dichtkunst geleistet, über die wir staunen und fast zweifeln, die aber unsre süßen Herren verspotten und närrisch finden: daher rührt alles Leben der Dichtkunst, was ausstarb, da der Ausdruck nichts als Kunst wurde, da man ihn von dem, was er ausdrücken sollte, abtrennete: der ganze Verfall der Dichterei, daß man sie der Mutter Natur entführte, in das Land der Kunst brachte und als eine Tochter der Künstelei ansah [...]. Je mehr ich der Sache nachdenke, daß man es für nützlich, ja für notwendig habe halten können, in Poesien Gedanke und Ausdruck unverbunden zu behandeln, in Poetiken unverbunden zu lehren und in Alten unverbunden zu vergliedern: desto fremder kömmt mir diese Zerreißung vor (St 278 f.).

Solche Äußerungen, wenn er sie in Herders Straßburger Krankenzimmer gehört hat, konnten und mußten den jungen Poeten zum kritischen Nachdenken über das bisher selbst Geleistete bringen. Waren nicht auch seine Leipziger Dichtungen, von einigen Ausnahmen abgesehen, Kinder der »Künstelei«, fern von der »Mutter Natur«? Waren sie nicht auch nur *gesagt*, aber nicht *gesprochen*? Wurde er von jenem »gutmütigen Polterer« mit den schweifenden Gedanken nicht geradezu aufgefordert, den persönlichen Ausdruck zu suchen, Mut zur Selbstaussage zu haben, Empfindungen nicht nachzuahmen, sondern auszudrücken? Hier sprach jemand, der die Menschen in ihrer schöpferischen Kraft ermutigte, der resolut Abschied von Kunstvorstellungen genommen hatte, die immer noch an äußerer Regelhaftigkeit, beherrschter Distanz, rationaler Korrektheit orientiert waren und so ihr höfisch-aristokratisches Erbe nicht verleugneten. Das hieß nun nicht, wilder Regellosigkeit zu verfallen, ganz und gar nicht, bei Herder nicht und nicht bei den anderen, die auf Selbständigkeit und selbstbewußte Freiheit des Ausdrucks pochten. Nur Außensteuerung war nicht mehr gewünscht, sondern Formung aus innerer Schöpferkraft. Mit vernunftloser Feier der Irrationalität und zügelloser Schwärmerei hatte das alles nichts zu tun. So spottete Herder über solche Anwandlungen, über den »Unsinn« einer »prächtig verworrenen Sprache vom fast Göttlichen, von Fülle und Schwung der Seele, von höherer Region über der gewöhnlichen Sphäre usw.« (SW 4, 171).

Herder hegte gewiß die Hoffnung, auch die Dichtung seiner Zeit möchte wieder etwas von der Kraft und Unverfälschtheit früherer Poesie zeigen. In dieser Hinsicht befand er sich mit seinen prinzipiellen Überlegungen über die Lebensalter einer Sprache allerdings in einer schwierigen, widerspruchsvollen Situation. Vom Schlechten zum Guten, vom Guten zum Vortrefflichen, vom Vortrefflichen zum Schlechteren und zum Schlechten: das sei der Kreislauf aller Dinge. »So ist's mit jeder Kunst und Wissenschaft: sie keimt, trägt Knospen, blüht auf, und verblühet. – So ist's auch mit der Sprache« (St 201). In seiner Gegenwart konnte er, der Rousseau gelesen hatte, keine Blütezeit der Sprache erkennen; es war Spätzeit, Reflexion wucherte, und so konnte es keine Epoche der Poesie sein. »Je mehr Regeln eine Sprache erhält, desto vollkommener wird sie zwar, aber desto mehr verliert die wahre Poesie« (St 203). Herder behalf sich, um theoretisch nicht resignieren zu müssen, mit Hilfskonstruktionen. Wenn es nicht die Zeit der Poesie selbst sein könne, dann immerhin eine Phase der Theorie der Poesie, der Ästhetik, oder er ermunterte: nun habe das Lehrgedicht als Sammelbecken poetischer Möglichkeiten den höchsten Wert gewonnen, oder er sinnierte: diese späte Epoche lasse sich »auf beide Seiten auslenken«, auf die poetische ebenso wie auf die der Reflexion. Galt aber nicht auch für die Gegenwart, daß jede Epoche ihre Glückseligkeit in sich selbst habe? Zweifellos lassen sich diese Überlegungen nicht alle harmonisieren; manche Widersprüche sind nicht zu glätten. Systematik ist Herders Sache nie gewesen. Doch wirkten seine Gedanken über das, was Sprache und Poesie seien und zu sein vermöchten, sein Jasagen zur inneren Schöpferkraft als Impulse für die zeitgenössische Theorie und Praxis der Dichtung. Und damit stand er nicht allein.

Vielleicht hörte Goethe bereits in Straßburg, daß Shakespeare für Herder bewundertes und gefeiertes Beispiel des Genies war, wie es nun verstanden wurde: als Verkörperung der Schöpferkraft, die nicht nach äußeren Regeln schafft, sondern charakteristische Kunst der inneren Form verwirklicht. Im *Shakespeare*-Aufsatz von 1773 bekannte Herder enthusiastisch: »Da aber Genie bekanntermaßen mehr ist als Philosophie, und Schöpfer ein ander Ding als Zergliederer: so war's ein Sterblicher mit Götterkraft begabt [...].« Nicht anders waren in Heinrich Wilhelm von Gerstenbergs *Briefen über Merkwürdigkeiten der Literatur* (1766/67) einschlägige Partien zu lesen. Es sei ein Unterschied, Genie zu *haben* und ein Genie zu *sein*.»Wo Genie ist, da ist Erfindung, da ist Neuheit, da ist das Original« (St 45, 55).

Diese bürgerlichen Autoren waren in ihrem Selbstbewußtsein so gekräftigt, daß sie von der subjektiven, den ganzen Menschen betreffenden Erfahrung der Wirklichkeit ausgingen und nicht mehr allgemeine Moralvorstellungen dichterisch dekorieren wollten. Nur so sahen sie die Möglichkeit, sich von höfischen Normen freizumachen und gegen die Zersplitterung durch ständische Grenzen die Ansprüche der geahnten und gewollten Ganzheit des Menschen zur Geltung zu bringen.

Herders Anschauungen und Anregungen trafen in Goethe jemanden, der für ihre Aufnahme vorbereitet war. Wer sich zu den *Oden an Behrisch* hatte hinreißen lassen, den konnte die Predigt vom Genie und seinen Rechten nur stärken. Wer im Brief an Hetzler das Werden als Aufgabe der Selbstverwirklichung propagiert hatte, den mußte es begeistern zu hören, daß jedes Datum Handlung sei und alles übrige Schatten, Räsonnement. Wer aus hermetischen Spekulationen gelernt hatte, wie alles Lebendige zusammenhing, dem mußte die Lehre von der schöpferischen Ausdruckskraft der Sprache und Poesie wie ein erwünschter Zuspruch klingen.

Wenn auch Goethe später die mangelnde Methodik bei seinem Straßburger Gesprächspartner beklagt hat, so kamen ihm doch damals die schweifenden Gedanken des großen Anregers durchaus entgegen. Denn er war auf Vielseitigkeit der Erfahrungen und Eindrücke aus.»Die viele Menschen die ich sehe die vielen Zufälle die mir queer über kommen geben mir Erfahrungen und Kenntnisse von denen ich mir nichts habe träumen lassen« (an S. v. Klettenberg, 26. 8. 1770).

Herders Suche nach dem Ursprünglichen, von der er sich Wirkungen für die deutsche Dichtung der Gegenwart erhoffte, führte dazu, das alte Gut der Volksdichtung zu beachten und was man dafür hielt. Ossians Dichtungen begeisterten Herder und Goethe, und Herder hat kaum verwinden können, daß sich später alles als eine raffinierte Fälschung des Schotten James Macpherson entpuppte. Die Hexameter-Übersetzung des Michael Denis hatte Goethe schon in Leipzig gekannt; jetzt, unter Herders Einfluß, wird er das Original mit anderen Augen gelesen haben. Kurz darauf übersetzte er *Gesänge von Selma*. In den *Werther* nahm er sie überarbeitet auf, ausdrucksstarke, schwermütige, um Tod und Trauer kreisende Gesänge, in denen die Natur auf Stimmungen des Menschen zu antworten schien und umgekehrt.

Es ist Nacht; – Ich binn allein verlohren auf dem stürmischen Hügel. Der Wind braust zwischen dem Berge. Der Wasserfall sausst den Felsen hinab. Keine Hütte nimmt mich vorm Regen auf. Ich bin verlohren auf dem stürmischen Hügel.

Tritt, o Mond! hervor hinter deiner Wolcke; Sterne der Nacht erscheint. Ist denn kein Licht das mich führe zum Platz wo mein Liebster ausruht von der Mühe der Jagd! Sein Bogen neben ihm ohngespannt. Seine Hunde schnobend um ihn her. Aber hier muss ich allein sitzen, an dem Felsen des mosigen Stroms. Und der Strom und der Wind sausst, und ich kann nicht hören die Stimme meines Geliebten (DjG 2, 76).

Herder war hingerissen von der Sprachkraft der ossianischen Dichtung und jenen *Reliques of Ancient English Poetry*, die Thomas Percy 1765/67 herausgegeben hatte, Lieder und Balladen aus alter Zeit. Im Volkslied – ein Ausdruck übrigens, den Herder prägte – schien sich ursprüngliches Volksempfinden auszudrücken. Die »Gedichte der alten und wilden Völker« konnten aufgefaßt werden wie »aus unmittelbarer Gegenwart, aus unmittelbarer Begeisterung der Sinne und der Einbildung« entstanden. Im *Auszug aus einem Briefwechsel über Ossian und die Lieder alter Völker* (1773 erschienen) skizzierte Herder seine Auffassung dieser Art von Dichtung und eröffnete damit seine anhaltenden Bemühungen um die *Stimmen der Völker in Liedern* (so der Titel seiner eigenen Sammlung von Volksliedern 1778/79). Ungeordnetheit, Sprünge und Würfe im erzählten Geschehensablauf und in der sprachlichen Gestaltung der Lieder erschienen nicht länger als Mangel, sondern als Zeichen eines naturhaft Ursprünglichen. Davon angeregt, spürte auch Goethe Volkslieder auf und schickte, nach Frankfurt zurückgekehrt, im September 1771 seine kleine Sammlung an Herder: »Genug ich habe noch aus Elsas zwölf Lieder mitgebracht, die ich auf meinen Streiffereyen aus denen Kehlen der ältsten Müttergens aufgehascht habe. Ein Glück! denn ihre Enckel singen alle: ich liebte nur Ismenen«, – was ein beliebter Schlager der Zeit war.

Goethe selbst hat nicht viele Gedichte als Volkslied geschrieben: das *Heidenröslein, Das Veilchen, Der König in Thule, Der untreue Knabe*, »Es fing ein Knab ein Meiselein«, alle außer dem *Heidenröslein* Liedeinlagen in Theaterstücken. Aber der Volksliedton war und blieb ihm nun vertraut. Leicht und locker schlug er ihn auch im Knittelvers an, und einer volkstümlichen Schlichtheit und Deftigkeit gewährte er, nicht nur in den kleinen Stücken und Fastnachtsspielen der Frühzeit, gern Raum.

Trotz seines weltliterarischen Horizonts wollte Herder mit seinen Bemühungen um Sprache und Poesie vor allem auch der eigenen Muttersprache und Nationalliteratur aufhelfen, deren Zustand ihn bekümmerte. In der dritten Sammlung seiner *Fragmente* hatte er geschrieben: »Die Sprache, in der ich erzogen bin, ist *meine* Sprache. [...] Ein Originalschriftsteller im hohen Sinne der Alten ist, wenige Beispiele ausgenommen, beständig ein

Nationalautor. [...] Wahrlich! der Dichter muß seinem Boden getreu bleiben, der über den Ausdruck herrschen will: hieher kann er Machtwörter pflanzen, denn er kennet das Land; hier kann er Blumen pflücken, denn die Erde ist sein; hier kann er in die Tiefe graben, und Gold suchen, und Berge aufführen, und Ströme leiten: denn er ist Hausherr« (7. Kap.; St 282ff.) Er lehnte es ausdrücklich ab, »einen Zaun zwischen der gemeinen, ästhetischen und gelehrten Sprache« zu ziehen, und wollte beherzigt wissen: »Überall, wo ich zum gemeinen Mann rede (ich meine hier jeden, der kein Büchergelehrter ist): muß ich in seiner Sprache reden und ihn zu meiner Sprache nur allmählich gewöhnen« (5. Kap.). Man kann aus solchen Sätzen heraushören, wie sie immer auch gegen höfisch-aristokratischen, damals besonders von französischen Maßstäben bestimmten Geschmack geschrieben waren und an das gesamte Volk dachten. Ob es auf Herders Einwirkung zurückgeht, daß Goethe von Straßburg aus die Weltstadt Paris nicht aufgesucht hat? Seine Schrift über das Straßburger Münster und die Rede zum Shakespeare-Tag gerieten strikt antifranzösisch. Übrigens ist er auch später über Valmy nie weiter westlich hinausgekommen, obgleich er die Selbstverständlichkeit, mit der in Frankreich Kultur und Bildung als eine Angelegenheit der ganzen Nation galten, bewunderte und er den beständigen Kontakt mit französischer Literatur nicht missen wollte.

Herder war ein schwieriger Gesprächspartner. *Dichtung und Wahrheit* hat nicht verschwiegen, wie er ungeschminkt und ohne Rücksicht auf Höflichkeit zu tadeln pflegte und wie sich wegen dieser unvorhersehbaren Reaktionen beim Besucher Zuneigung und Verehrung mit Mißbehagen mischten. Aus Briefen der Folgezeit lassen sich die Spannungen ablesen, die das Verhältnis der beiden Männer belasteten. »Herder, Herder. Bleiben Sie mir was Sie mir sind. [...] Ich lasse Sie nicht los. Ich lasse Sie nicht! Jakob rang mit dem Engel des Herrn. Und sollt ich lahm drüber werden« (Oktober 1771). Auch als Herder 1776 als höchster Geistlicher nach Weimar gekommen war, blieben die Schwierigkeiten bestehen. Er paßte nicht recht in die höfische Welt, in der Goethe sich mittlerweile sicher und bewundert bewegte. Er spürte die Einschränkungen, die dem Bürger in solchem Kreis allemal auferlegt waren, und stieß sich an ihnen. Den Weg zur ›Klassik‹ und zur Anerkennung einer Kunst, die nur für sich sein wollte und auf eingreifendes Wirken bewußt verzichtete, mochte er nicht mitgehen. Zeitlebens hat er unter den gesellschaftlichen Beschränkungen seiner Tätigkeit gelitten, auch wohl darunter, daß er zwar eine Fülle anregender Gedanken ausstreute, über das bedeutende schöpferische Werk aber nur nachdenken, es jedoch nicht selbst hervorbringen konnte. Einzig im Jahrzehnt zwischen 1783 und 1793 herrschte ungetrübte Gemeinsamkeit mit Goethe, als Herder in der Geschichte der Menschheit der Einheit in der Vielheit nachspürte und Goethe in der Naturforschung auf ähnlichen Wegen war.

Was der Straßburger Student an Anregungen aufnahm, ging in seine Schriften und Dichtungen ein und ist dort produktiv umgesetzt worden. Im Elsaß, von April 1770 bis August 1771, entstand nicht viel: die sog. Sesenheimer Gedichte, möglicherweise Teile des Aufsatzes *Von deutscher Baukunst*, und in einem Konzeptheft findet sich das Fragment eines Briefromans *Arianne an Wetty*. Pläne zum *Gottfried von Berlichingen* mögen erwogen worden sein, auch zu einem Cäsar-Drama, von dem nur einige Sätze erhalten sind. Solche Einzelheiten sind an dieser Stelle nicht zu besprechen. Erst im Zusammenhang mit Werkkomplexen auch der folgenden Jahre läßt sich der Ertrag dieser Lebensphase beurteilen, in der Goethe zu einer repräsentativen Gestalt jener Schriftsteller wurde, die in der Literaturgeschichte ›Stürmer und Dränger‹ genannt werden. Hier ist zunächst noch über lebenswichtige Ereignisse der Straßburger Monate zu berichten.

Friederike Brion, die Geliebte

Es mag im Oktober 1770 gewesen sein, daß der Tischgenosse Weyland, der Elsässer war und Freunde und Bekannte in der Nähe besaß, Goethe im Hause des Pfarrers Johann Jacob Brion in Sesenheim einführte. Es geschah, was wieder und wieder schwärmerisch beschrieben und ausgeschmückt worden ist, so als wüßten wir genau, was sich abgespielt hat: Wochen und Monate der Zuneigung, der Liebe zu Friederike, der 1752 geborenen, jüngeren der beiden Töchter des Pfarrers von Sessenheim (wie der Ortsname damals geschrieben wurde); Zusammensein in lieblicher Landschaft; Teilnahme an heimischen Festen; Niederschrift von Versen, die viel später Lyrikgeschichte machen sollten, – und mit der Rückkehr nach Frankfurt im August 1771 war alles vorbei, der Abschied für immer besiegelt.

Genaues über den Ablauf und das Ende dieser Liebesbeziehung wissen wir nicht. Nur Goethe selbst hat im 10. und 11. Buch von *Dichtung und Wahrheit* über die Sesenheimer Zeit berichtet, und was dort steht, ist zwar novellistisch brillant erzählt, späte Beschwörung einer glücklichen und spannungsreichen Jugendzeit, kann aber keineswegs als zuverlässig gelten. Geschickt wird dem Leser zwecks poetischer Einstimmung Oliver Goldsmiths Roman *Der Landprediger von Wakefield* nahegebracht, dann folgt die elsässische Idylle mit den beiden Liebenden in freundlicher Natur- und Menschenumgebung. Weitere Dokumente sind so gut wie nicht vorhanden. Etwa dreißig Briefe Goethes an Friederike soll es gegeben haben; die

Schwester Sophie hat sie nach eigenen Angaben verbrannt. Nur das Konzept jenes Briefes, den Goethe nach dem ersten Besuch geschrieben hat, liegt vor, datiert vom 15. Oktober 1770. Den hier zitierten Anfang hat der Schreiber eingeklammert, um noch einmal von vorn zu beginnen, dann etwas zurückhaltender und förmlicher.

Liebe neue Freundinn,
Ich zweifle nicht Sie so zu nennen; denn wenn ich mich anders nur ein klein wenig auf die Augen verstehe; so fand mein Aug, im ersten Blick, die Hoffnung zu dieser Freundschafft in Ihrem, und für unsre Herzen wollt ich schwören; Sie, zärtlich und gut wie ich Sie kenne, sollten Sie mir, da ich Sie so lieb habe, nicht wieder ein Bissgen günstig seyn?

Das war dem Werbenden denn doch zu freimütig und direkt, und so setzte er neu an:

Liebe liebe Freundinn,
Ob ich Ihnen was zu sagen habe, ist wohl keine Frage; ob ich aber iust weiss warum ich eben ietzo schreiben will, und was ich schreiben mögte, das ist ein anders; soviel merck ich an einer gewissen innerlichen Unruhe, dass ich gerne bei Ihnen seyn mögte [...].

In einigen Briefen an Salzmann wagte Goethe von seiner inneren Verfassung zu sprechen. Das war aber schon im Frühjahr und Sommer des Jahres 1771. Ungetrübtes Liebesglück beherrschte diese Briefe nicht, im Gegenteil. Unsicherheit in der Einschätzung der eigenen Situation und ein schwankendes Gefühl drückten sich in symptomatischen bildhaften Wendungen aus.

Der Kopf steht mir wie eine Wetterfahne, wenn ein Gewitter heraufzieht und die Windstösse veränderlich sind (29. 5. 1771).
Meine anima vagula [mein schwankendes Seelchen] ist wie's Wetter Hähngen drüben auf dem Kirchthurm (12. 6. 1771?).
Sind nicht die Träume deiner Kindheit alle erfüllt? frag ich mich manchmal, wenn sich mein Aug in diesem Horizont von Glückseeligkeiten herumweidet; Sind das nicht die Feengärten nach denen du dich sehntest? – Sie sinds, Sie sinds! Ich fühl es lieber Freund, und fühle dass mann um kein Haar glücklicher ist wenn man erlangt was man wünschte. Die Zugabe! die Zugabe! die uns das Schicksal zu ieder Glückseeligkeit drein wiegt! Lieber Freund, es gehört viel Muth dazu, in der Welt nicht missmuthig zu werden (19. 6. 1771?).

Solche und ähnliche Aussagen (wie etwa die von dem leider nicht reinen Gewissen im Brief vom 29. Mai 1771) verführen zu Spekulationen: was wirklich gemeint gewesen sei mit der belastenden »Zugabe«; was den Liebenden beschwert und worin die Gründe für das Scheitern dieser Liebe gelegen haben. Doch sollte man sich eingestehen: es bleiben Mutmaßungen, auch wenn seit über einhundertfünfzig Jahren Hunderte von Seiten vollgeschrieben worden sind, um Licht in manches Dunkel zu bringen. Die ›Friederikenforschung‹ kann als erheiterndes oder abstoßendes Beispiel dafür dienen, zu welchen Vermutungen und Kombinationen, Vertuschungen und rührseligen Nachdichtungen sich neugierige Forscher verstiegen haben, die in hingerissener Verehrung oder auch mäkelnder Nachkontrolle die Dokumentationslücken in der Biographie ihres verherrlichten oder beargwöhnten Dichters schließen wollten. Wen vermag solch schnüffelnder Biographismus noch zu interessieren? Da ist gerätselt worden, ob es schwächliche Konstitution oder Krankheit gewesen seien, die eine Heirat Goethes mit Friederike verhindert hätten; welche ›Liebschaften‹ Friederike später gehabt und ob Goethe vielleicht Untreue gewittert habe; ob das Verhältnis wirklich so harmlos und ›moralisch einwandfrei‹ gewesen sei, wie es *Dichtung und Wahrheit* darstelle (wobei das Moralische immer an den Vorstellungen jener Moralhüter gemessen wird); von wem das Kind stamme, das Friederike gehabt habe; wie es überhaupt um den späteren ›Ruf‹ Friederikes bestellt gewesen sei; wie die Trennung sich vollzogen *und* welche Folgen sie im Leben der beiden Liebenden hinterlassen habe. Rührung und Rührseligkeit mußten die Bemerkungen hervorrufen, wie sie von der überlebenden Schwester überliefert worden sind: »Alle Heiratsanträge schlug sie [Friederike] aus. ›Wer von Goethe geliebt worden ist‹, sagte sie einmal, ›kann keinen anderen lieben‹.«

1835 war der Student Heinrich Kruse ins Elsaß aufgebrochen, um – nicht als erster – noch lebende Zeugen jener Jahre zu sprechen und authentische Dokumente über die Vorgänge in Sesenheim zu suchen. Vor allem wollte er die »Verdächtigungen Friederikes«, die laut geworden waren, aus der Welt schaffen. Er hat die Aussagen der Schwester Sophie in Niederbronn aufgezeichnet, und er war es auch, der bei ihr eine Handschrift von Gedichten, Sesenheimer Verse von Goethe und J. M. R. Lenz, abgeschrieben hat. Im übrigen sind es nur Berichte alter Leute aus der Zeit von 1825 und später, die uns bekannt sind und die aus ihrer Erinnerung bald dies, bald jenes aus der Lebensgeschichte der Familie Brion und Friederikes, die 1813 in Meisenheim gestorben war, zu berichten wußten.

Monate der Liebe und des Glücks hat Goethe mit Friederike Brion erlebt. Die idyllische Darstellung in *Dichtung und Wahrheit* zeugt davon, und besonders die Sesenheimer Gedichte bannen das Erlebnis ins dichterische Wort. Aber dem Jubel des Glücks sind auch Töne der Unsicherheit, des Schwankens, des »und doch« beigemischt: »Ob ich dich liebe, weiß ich nicht. [...]« – »Und doch, welch Glück, geliebt zu werden! / Und lieben,

Götter, welch ein Glück.« Wir kennen das schon aus der Leipziger Zeit, aus der Verbindung mit Käthchen Schönkopf.

Warum es zur Trennung von Friederike kam, vermag niemand zu sagen. Wir sollten auf spekulative Rekonstruktionen verzichten und nur notieren, was gewiß ist: daß das Sesenheimer Erleben und die Trennung, die sich offenbar nicht in angenehmen Formen vollzogen hat, den jungen Studenten tief bewegten. Auf Dauer binden wollte er sich nicht, hier ebensowenig wie vorher in Leipzig oder wenige Jahre später in Frankfurt an Lili Schönemann. Auch hierüber werden leicht allzu große Worte verloren: das Genie habe zu stark seine schöpferische Kraft und seine Berufung zum Künstler gespürt, als daß es sich ins Joch der Ehe habe zwingen können, und Frauen, die sich auf eine Partnerschaft mit einem ›Genie‹ einlassen, müßten bereit sein zum Verzicht, damit das große Werk des Einen sich vollenden könne. Wäre eine schlichtere Deutung nicht angemessener? Darf wirklich als so selbstverständlich gelten, daß das private Glück eines Menschen der Entwicklung eines Genies aufzuopfern ist? Ist es nicht eine normale Lebenstatsache, daß manche Menschen (nicht nur Männer) frühzeitige Bindungen scheuen, daß es den Im-Stich-Gelassenen nicht hilft zu wissen, einem ›Genie‹ habe die Freiheit geschenkt werden müssen? Auf Kosten derer, die die Trennung trifft und verletzt und die sich nicht auf ihr Schöpfertum berufen können, sollte man jedenfalls nicht argumentieren.

Nach der Rückkehr aus Leipzig hatte der junge Goethe weiterhin freundschaftlichen Briefkontakt mit Käthchen Schönkopf gehalten, hatte es auch an Geschenken aus Frankfurt nicht fehlen lassen. Nach dem herben Abschied von Friederike war alles anders. Von weiteren Briefen keine Spur. Nur über Salzmann ließ er ihr, ganz ohne handschriftlichen Gruß, im Oktober 1771 Hefte mit Kupferstichen zustellen (»Schicken Sie es der guten Friedericke, mit oder ohne ein Zettelgen wie Sie wollen«), im selben Herbst wohl auch, ebenfalls über Salzmann, Übersetzungen aus dem *Ossian*, und zwei Jahre später ging ein »Exemplar Berlichingen« nach Sesenheim: »Die arme Friedericke wird einigermassen sich getröstet finden, wenn der Untreue vergiftet wird« (an Salzmann, etwa Oktober 1773).

Der alte Goethe erinnerte sich, wie sehr ihn Reue beschwert habe. »Gretchen hatte man mir genommen, Annette mich verlassen, hier war ich zum erstenmal schuldig; ich hatte das schönste Herz in seinem Tiefsten verwundet, und so war die Epoche einer düstern Reue, bei dem Mangel einer gewohnten erquicklichen Liebe, höchst peinlich, ja unerträglich« (*DuW* 12. B.; 9, 520). Wiederum kann niemand entscheiden, wieviel poetische Verklärung in solchen Bemerkungen steckt. Peinlich ist dem jungen Mann und dem Memoirenschreiber gewiß manches gewesen, wofür auch der heftige späte Kampf gegen die Publikation von privaten Papieren aus der Straßburger Zeit spricht: »Wie ich meinen Aufenthalt in Straßburg und der Umgebung darzustellen gewußt [in *Dichtung und Wahrheit*], hat allgemeinen Beifall gefunden [...]. Diese gute Wirkung muß aber durch eingestreute unzusammenhängende Wirklichkeiten notwendig gestört werden« (an Ch. M. Engelhardt, 3. 2. 1826).

Als Goethe im Mai und Juli 1775, auf der Hinreise in die Schweiz und der Rückfahrt von dort, zweimal in Straßburg war, suchte er das Pfarrhaus in Sesenheim nicht auf. Vier Jahre später, im September 1779, auf der zweiten Schweizer Reise, kam es zu erinnerungsträchtigen Besuchen im Elsaß: bei Friederike und auch bei Lili von Türckheim, geb. Schönemann, in Straßburg. Charlotte von Stein erstattete er am 28. September brieflich Bericht über den Empfang und Aufenthalt in Sesenheim, aber Goetheforscher sind mit Recht skeptisch geblieben, ob dieser Briefbericht wahrheitsgetreu die Wiederbegegnung mit der einstigen Geliebten schildere. »Nachsagen muss ich ihr dass sie [Friederike] auch nicht durch die leiseste Berührung irgend ein altes Gefühl in meiner Seele zu wecken unternahm. Sie führte mich in iede Laube, und da musst ich sizzen und so wars gut.« Idyllisches verdeckt hier, was problematisch werden konnte.

Dieser Besuch 1779 dürfte weder von einem Gefühl der Reue noch vom Wunsch nach freundschaftlichem Wiedersehen bestimmt gewesen sein, sondern von dem Interesse, etwas mehr Klarheit darüber zu gewinnen, wie sich Jakob Michael Reinhold Lenz im Hause Brion verhalten habe und was mit eigenen Briefen geschehen sei. Unter den Aufzeichnungen, die in Goethe-Ausgaben als »Biographische Einzelheiten« zusammengefaßt werden, befindet sich eine Notiz über den Besuch in Sesenheim 1779, in der Goethe sachlich, wenn auch mit deutlicher Aversion gegen Lenz, festgehalten hat: »Der größte Teil der Unterhaltung war über Lenzen. Dieser hatte sich nach meiner Abreise [in Wahrheit fast ein ganzes Jahr später!] im Hause introduziert, von mir was nur möglich war zu erfahren gesucht, bis sie [Friederike] endlich dadurch, daß er sich die größte Mühe gab meine Briefe zu sehen und zu erhaschen, mißtrauisch geworden. [...] Sie klärt mich über die Absicht auf, die er gehabt, mir zu schaden und mich in der öffentlichen Meinung und sonst zu Grunde zu richten, weshalb er denn auch damals die Farce gegen Wieland drucken lassen« (10, 537).

In dieser Aufzeichnung erscheint Lenz in einem fragwürdigen Licht. Als Goethe sie niederschrieb und sich im 14. Buch von *Dichtung und Wahrheit* ausführlicher über Lenz ausließ, sah er den früheren Jugendgefährten und repräsentativen Mitautor der Sturm-und-Drang-Phase distanziert und kritisch. Jugendliches Auftrumpfen und Aufbegehren waren beargwöhnte

Vergangenheit geworden, und die Komplikationen, zu denen es mit Lenz in der Weimarer Gesellschaft gekommen war, hatten das freundschaftliche Verhältnis abgekühlt, bis hin zum Unverständnis und zur wenig gerechten Einschätzung des armen, geplagten und an den gesellschaftlichen Zuständen sich wund reibenden Dichters des *Hofmeister* und der *Soldaten*.

1751 in Livland geboren, war Lenz, nach theologischen Studien in Königsberg, als Begleiter der Brüder Friedrich Georg und Ernst Nicolaus von Kleist 1771 nach Straßburg gekommen. Er fand Anschluß an den Kreis um Salzmann; Goethe war noch da; ein paar Monate blieben (bis zum August 1771) fürs erste Kennenlernen, das aber wohl nicht sehr intensiv gewesen ist. 1772 wurde einer der Herren von Kleist als Offizier auf die Rheinfestung Fort Louis versetzt, nicht weit von Sesenheim. Die Offiziere des Forts verkehrten im Hause Brion, und auf diese Weise wird auch Lenz dorthin gefunden haben. Am 31. Mai 1772 war er zum erstenmal im Pfarrhaus, wiederholte den Besuch schon am nächsten Tage, und wie bei Goethe war es der Aktuar Salzmann, dem er von seiner Zuneigung zu Friederike brieflich berichtete. Bereits am 3. Juni, als Friederike mit Mutter und Schwester für 14 Tage nach Saarbrücken reiste, warf Lenz aufs Papier: »Ich bin unglücklich, bester, bester Freund, und doch bin ich auch der Glücklichste unter allen Menschen. An demselben Tage vielleicht, da sie von Saarbrück zurückkommt, muß ich mit H. v. Kleist nach Straßburg reisen. Also einen Monat getrennt, vielleicht mehr, vielleicht auf immer – Und doch haben wir uns geschworen, uns nie zu trennen.« Dies und andere Passagen seiner erhaltenen Briefe lesen sich wie von Goethes Hand geschrieben. Und wieder wissen wir nichts Genaues über die Beziehung zu Friederike Brion; nur: daß sich Lenz hier wie auch bei späteren Kontakten zu Frauen in stürmische Hingerissenheit steigerte und sein enthusiastisches Gefühl weit über die Wirklichkeit hinausging. Am 2. September teilte Lenz seinem Vater mit, was ihn in den Monaten dieses Sommers bewegt habe:

Nahe bei Fort Louis war ein Dörfchen, das ein Prediger mit drei liebenswürdigen Töchtern bewohnte, wohin sich die Unschuld aus dem Paradiese schien geflüchtet zu haben. Hier habe ich den Sommer über ein so süßes und zufriedenes Schäferleben geführt, daß mir alles Geräusch der großen Städte fast unerträglich geworden ist. Nicht ohne Tränen kann ich an diese glückliche Zeit zurück denken! O wie oft hab ich dort Ihrer und Ihres Zirkels erwähnt! O wie gern wollte ich in den schönen Kranz Ihrer Freunde eine Rose binden, die hier in dem stillen Tale nur für den Himmel, unerkannt, blühet. Ich darf Ihnen diese Allegorie noch nicht näher erklären, vielleicht geschieht es ins künftige.

Wie sich Friederike selbst zu alldem verhielt, ist unbekannt. Aus Goethes vorhin erwähnter Aufzeichnung in den »Autobiographischen Einzelheiten«, die von Animosität gegen Lenz diktiert ist, läßt sich zu dieser Frage nichts herauslesen.

Jedenfalls schrieb auch Lenz über sein Friederikenerlebnis Verse, die man zusammen mit solchen Goethes in einer einzigen Sammlung von elf Gedichten gefunden hat. Es war besagter Student Heinrich Kruse, der 1835 bei der Schwester Sophie Brion zehn Gedichte aus einem (inzwischen verlorenen) Manuskript abgeschrieben und ein weiteres von ihr zitiert bekommen hat, nämlich: 1. »Erwache Friederike«, 2. »Jetzt fühlt der Engel«, 3. »Nun sitzt der Ritter«, 4. »Ach bist Du fort«, 5. »Wo bist du itzt«, 6. »Ich komme bald«, 7. »Kleine Blumen, kleine Blätter«, 8. »Balde seh ich Rickgen wieder«, 9. »Ein grauer trüber Morgen«, 10. »Es schlug mein Herz«, 11. »Dem Himmel wachse entgegen«. Verfassernamen standen bei den einzelnen Gedichten nicht. Und da Goethe bei der Ausgabe seiner Gedichte in den *Schriften* nur die beiden »Kleine Blumen, kleine Blätter« und »Es schlug mein Herz« aufgenommen hatte, entwickelte sich ein langwieriger Philologenstreit über die Autorschaft der andern neun Gedichte. Als sicher stellte sich heraus, daß »Ach bist Du fort« und »Wo bist du itzt« von Lenz stammten, und als wahrscheinlich muß gelten, daß in »Erwache Friederike« einige Strophen (2, 4, 5) von ihm hinzugedichtet worden sind. Es bleiben also Unsicherheiten, übrigens auch bei den Versen »Ob ich dich liebe, weiß ich nicht«, die im Jahre 1775 anonym in der Zeitschrift *Iris* erschienen. Das *Mayfest* (»Wie herrlich leuchtet / Mir die Natur«) ist noch zu den Friederike-Liedern zu zählen, zuerst ebenfalls 1775 in der *Iris* veröffentlicht, auch das *Heidenröslein*, während das in Kruses Abschrift vorhandene »Ein grauer trüber Morgen« erst aus dem Herbst stammt und wohl über Salzmann an Friederike gelangt ist.

Genug dieser philologischen Spezialitäten, die hier nur erwähnt werden, um den falschen Eindruck zu vermeiden, als habe die inzwischen berühmt gewordene Straßburger / Sesenheimer Lyrik Goethes schon zu ihrer Zeit irgendein (über Friederike und Lenz hinausreichendes) Echo gefunden, irgendeine Wirkung auf die Mitlebenden ausgeübt. Sie war gar nicht bekannt. Nicht anders verhält es sich mit den großen ›Sturm und Drang‹-Hymnen der Frankfurter / Wetzlarer Zeit 1772/1774. Erst aus historischer Rückschau hat man diesen Gedichten lyrikgeschichtliche Bedeutung beimessen können. Ein paar Gedichte wurden in der von Johann Georg Jacobi herausgegebenen Zeitschrift *Iris* gedruckt und erreichten somit einen etwas größeren Kreis von Lesern. Aber das war immerhin 1775, im Jahr des Aufbruchs nach Weimar. Die Gedichte wurden dort ohne Verfassernamen präsentiert oder nur mit Siglen versehen (z. B. D. Z. oder P.). Weder der Autor noch der Herausgeber der Zeitschrift hatten es darauf abgesehen, einen bedeutenden jugendlichen Lyriker vorzustellen. Die Verse galten als brauchbare Stücke für das Publikum der Zeitschrift, das sie im gesellschaftlich-literarischen Leben auf seine Weise verwenden mochte.

Sesenheimer Gedichte

Das Bild des jungen Goethe als eines hinreißenden Lyrikers neuer Art ist ein spätes Bild. So vertraut es uns seit langem ist, den Zeitgenossen war es unbekannt. Mit leuchtenden Farben haben Goetheforschung und -verehrung es ausgemalt. In der Friederiken-Lyrik sei die aufbrechende Kraft und der ganze Jugendmut des jungen Dichters lebendig geworden, hier sei das Jungsein zum Klang geworden und dadurch den Deutschen in der Neuzeit erst offenbar geworden, was Jungsein bedeute. So mag man es schwärmerisch sehen. Doch bleibt zu fragen, ob das Besondere dieser Gedichte genauso betont würde, wenn ihr Autor nicht Johann Wolfgang Goethe hieße und die Interpreten sein Friederikenerlebnis nicht mitgedacht hätten. Immerhin bietet die äußere Form der Straßburger Lyrik nichts Neues, und auch der sprachliche Ausdruck geht allenfalls in Nuancen über die gewohnte Gedichtsprache hinaus. Nach wie vor geben sich Vers- und Gedankenlauf pointenhaft-geistreich; »Zephir«, »Frühlingsgötter«, »Rosen«, »gemaltes Band« sind vertraute Requisiten aus der damaligen Gesellschaftslyrik, nicht anders die eher neckischen Verkleinerungsformen »kleine Kränzchen«, »kleine Sträußchen« (in »Ich komme bald«); und »Musen« reimt sich schlicht auf »Busen« (in »Erwache Friederike«). Die Gelegenheitsverse an die Schwestern Brion (»Ich komme bald, ihr goldnen Kinder«) brächte jeder andere Verseschmied, damals wie heute, zustande. »Nun sitzt der Ritter an dem Ort [...]«: im gleichen Stil, humorig belanglos.

Am künstlerischen Material der meisten Sesenheimer Gedichte ist kaum zu erkennen, was neu und besonders wäre. Doch ist an etlichen Stellen nicht zu überhören, wie Liebes- und Lebensernst das Sprechen bestimmen. Das Gedicht »Kleine Blumen, kleine Blätter« bleibt im Stil der Gesellschaftslyrik des 18. Jahrhunderts und bringt zugleich in den beiden Schlußstrophen eine neue Nuance, eben den Ausdruck der Ernsthaftigkeit.

> Kleine Blumen, kleine Blätter
> Streuen mir mit leichter Hand

Gute junge Frühlings-Götter
Tändlend auf ein luftig Band.

Zephir, nimm's auf deine Flügel,
Schling's um meiner Liebsten Kleid!
Und dann tritt sie für den Spiegel
Mit zufriedner Munterkeit.

Sieht mit Rosen sich umgeben,
Sie wie eine Rose jung.
Einen Kuß, geliebtes Leben,
Und ich bin belohnt genung.

Schicksal, segne diese Triebe,
Laß mich ihr und laß sie mein,
Laß das Leben unsrer Liebe
Doch kein Rosen-Leben sein!

Mädchen, das wie ich empfindet,
Reich mir deine liebe Hand!
Und das Band, das uns verbindet,
Sei kein schwaches Rosen-Band!

Bemalte Bänder, damals Mode, hat Goethe selbst verfertigt und mit diesen
Versen nach Sesenheim geschickt. Auf die graziöse Schilderung des Bandes,
das die Geliebte schmücken soll, und die Erwähnung des erhofften Lohns
folgt auch hier der pointierte Schluß. Aber nun meint er nicht spielerisch
Witziges, sondern zielt im doppelten Bild des Bandes (»Band, das uns
verbindet« – »Rosen-Band«) auf das Dauerhafte der Liebe. Klopstock hatte
1752 das Gedicht *Das Rosenband* geschrieben: »Im Frühlingsschatten fand
ich sie, / Da band ich sie mit Rosenbändern [...]«. Goethes Verse sind wie
eine Weiterführung von Klopstocks Strophen. Den Formelapparat der
gesellig-erotischen Lyrik benutzen beide und durchsetzen ihn mit ernst-
haftem Wunsch und Bekennen; in beiden Gedichten sind »Band« und
»Leben« die Schlüsselworte. Bei Klopstock ergreift die Liebe den ganzen
Menschen im Liebesaugenblick (»Ich sah sie an; mein Leben hing / Mit
diesem Blick an ihrem Leben«); bei Goethe enthalten die Bezeichnungen
»Band« und »Leben« zusätzlich die Dimension der Zeit; Liebe wird wenigstens im Vers als dauerhafte Bindung gewünscht.

Wenn man gelten läßt, daß manche Sesenheimer Zeilen von persönlicher
Ernsthaftigkeit getragen sind, dann gewinnen auch Wörter wie »Herz« und
»fühlen«, trotz des traditionell geformten Gedichts, nachdrückliche Bedeutung (»Jetzt fühlt der Engel, was ich fühle, / Ihr Herz gewann ich mir beim

Spiele, / Und sie ist nun von Herzen mein«), und die Schlichtheit solcher Sprache gibt sich als Ausdruck der Innigkeit zu erkennen. Nuancen sind das, mehr wohl nicht.

Zwei Gedichte müssen hervorgehoben werden: *Willkommen und Abschied* und *Maifest*. In ihnen erscheinen sprechendes Ich, Geliebte, Liebe und Natur in einer bisher nicht bekannten sprachlichen Intensität. *Willkommen und Abschied* liegt in mehreren Fassungen vor, wie bei nicht wenigen Gedichten Goethes der Fall. Der interessierte Leser ist auf die Editionen angewiesen, in denen die Änderungen verzeichnet sind. (Die Überschrift ist übrigens erst in der Fassung der *Schriften* von 1789 hinzugekommen, lautete dort *Willkomm und Abschied* und erhielt erst in den *Werken* von 1810 ihre endgültige Fassung.) Hier folgt das Gedicht nach der »Hamburger Goethe-Ausgabe« (in moderner Schreibweise); zunächst zehn Zeilen nach Heinrich Kruses Abschrift (die mehr nicht überliefert), die übrigen Verse nach dem ersten Druck von 1775 in der *Iris*:

Es schlug mein Herz. Geschwind, zu Pferde!
Und fort, wild wie ein Held zur Schlacht.
Der Abend wiegte schon die Erde,
Und an den Bergen hing die Nacht.
Schon stund im Nebelkleid die Eiche
Wie ein getürmter Riese da,
Wo Finsternis aus dem Gesträuche
Mit hundert schwarzen Augen sah.

Der Mond von einem Wolkenhügel
Sah schläfrig aus dem Duft hervor,
Die Winde schwangen leise Flügel.
Umsausten schauerlich mein Ohr.
Die Nacht schuf tausend Ungeheuer,
Doch tausendfacher war mein Mut,
Mein Geist war ein verzehrend Feuer,
Mein ganzes Herz zerfloß in Glut.

Ich sah dich, und die milde Freude
Floß aus dem süßen Blick auf mich.
Ganz war mein Herz an deiner Seite
Und jeder Atemzug für dich.
Ein rosenfarbes Frühlingswetter
Lag auf dem lieblichen Gesicht
Und Zärtlichkeit für mich, ihr Götter,
Ich hofft' es, ich verdient' es nicht.

Der Abschied, wie bedrängt, wie trübe!
Aus deinen Blicken sprach dein Herz.
In deinen Küssen welche Liebe,
O welche Wonne, welcher Schmerz!
Du gingst, ich stund und sah zur Erden
Und sah dir nach mit nassem Blick.
Und doch, welch Glück, geliebt zu werden,
Und lieben, Götter, welch ein Glück!

Die äußere Gestalt des Gedichts ist ganz traditionell. Es ist die Strophenform, die zwischen 1700 und 1770 am häufigsten verwendet wurde: eine
achtzeilige Strophe, die ihrerseits aus zwei Kreuzreimstrophen besteht, mit
abwechselnd weiblich/männlichem Versschluß (Kadenz), jede Zeile im jam-
bischen Vierheber. Es ist die Strophe der Rokokolyrik; auch Fabeln und
anakreontische Erzählungen hat man gern in ihr verfaßt. Goethe war sie
selbstverständlich vertraut; seine Gedichte *Der wahre Genuß* und *Hochzeitlied* (in den *Neuen Liedern*) hatte er so komponiert: »Im Schlafgemach,
enfernt vom Feste, / Sitzt Amor dir getreu und bebt, / Daß nicht die List
mutwilliger Gäste / Des Brautbetts Frieden untergräbt. [...]« Nun aber
nahm die geläufige Form ein Thema anderen Gewichts auf. Der die Sesenheimer Strophen schrieb, wollte und konnte offensichtlich seinem Erleben von
Natur- und Liebesbegegnung unvermittelt und ohne eingeschliffene Floskeln Ausdruck verleihen. Dabei vergegenwärtigt, überdenkt, kommentiert
auch dieses Gedicht natürlich ein *vergangenes* Erlebnis. Aus der Rückschau
wird ein Stück Lebensbericht gegeben. Nur einzelne Stationen und Situationen sind herausgegriffen: am Anfang der kurze, wie eine Erzählung eröff-
nende Satz vom bewegten Herzen, das in dieser Dichtungsphase das Signal-
wort für die gefühlsbestimmte Erfahrung ist und bleibt (viermal nennt es
allein dieses Gedicht); dann, noch im ersten Vers, die sich selbst zugesprochene Aufforderung zum Aufbruch; der Ritt durch die nächtliche Natur;
ganz knapp der Empfang; der Anblick der Geliebten; dann der Abschied –
und die vieldeutige Maxime: »Und doch, welch Glück, geliebt zu werden, /
Und lieben, Götter, welch ein Glück!«
Natur ist hier hinderndes, drohendes Gegenüber; aber ihm stellt sich der
Mensch dieser Verse, den Leidenschaft erfüllt. Bezeichnend, wie aus der
Statik, in der die Versatzstücke der Natur in der Rokokolyrik verharrten,
nun drängende Dynamik geworden ist. Abend, Nacht, Eiche, Finsternis,
Mond: alles ist mächtige Person, die handelt und Widerstand leistet. Ossiani-
sches ist hier nah. Doch der »Mut«, das »Feuer« des Reitenden bieten
Widerpart. Es kann sein, daß in Wörtern wie »Mut« und »Freude« jener Sinn
mitenthalten ist, den Goethe bei seiner Beschäftigung mit der Hermetik

kennengelernt hat und der die beiden Lebenspole Konzentration und Expansion meint, und gewiß darf man bei »Feuer« und »Glut« (2. Strophe) an das Lebensfeuer des hermetisch Sinnenden und Spekulierenden denken. Ohne Überleitung die Liebesbegegnung am Beginn der dritten Strophe. Die Schlichtheit des Sprechens fällt auf. Eine bloße Nennung genügt. Poetisch überhöhte Bilder werden nicht bemüht; nur das rosenfarbne Frühlingswetter setzt einen Farbfleck. Allerdings ist er bedeutsam genug. Denn solche Formulierung streift wie die zugehörigen Wörter »lieblich« und »Zärtlichkeit« – und auch der Ausruf »ihr Götter!« – den Bereich jener tändelnden Spiellyrik des 18. Jahrhunderts. Sie läßt das Mädchen in einer Sphäre, die von der Leidenschaftlichkeit des Jünglings entfernt ist. Zwar ist die Harmonie nicht zu übersehen, in der sich das Mädchen mit der Natur befindet, anders als der jugendliche Held, der gegen sie angeritten ist; zwar vollzieht sich hier (wie vorher vielleicht nur in einigen Versen Paul Flemings im 17. Jahrhundert) eine innige Verbindung der Liebenden, nicht in genormten Spielbeziehungen, sondern in herzlich-natürlichem Zusammensein; aber noch kann von einem selbständigen und gleichwertigen weiblichen Partner nicht die Rede sein. Die Änderungen, die Goethe in der zweiten Fassung vornahm, mildern die leidenschaftliche Erregung des ›Helden‹ und schaffen fast ein Gleichgewicht zwischen den Beteiligten. Doch ganz verwirklicht ist es nicht, kann es wohl nicht werden; es würde auch eine andere Stellung der Frau in der Gesellschaft voraussetzen.

Die letzte Strophe setzt unvermittelt mit dem Abschied ein. Das Zusammensein wird übergangen, kein Grund für den Abschied genannt. Er geschieht und wird aufgefangen durch das Bekenntnis am Schluß, das mit dem bedenkenswerten »und doch« eingeleitet wird. Ein pointenhafter Schluß, aber wie entfernt von den witzigen Pointen verspielter Rokokogedichte! Die Maxime, die dem Nachdenken über die Liebessituation entspringt, gibt Fragen auf: Wendet sich das »und doch« gegen diesen einen Abschied? Setzt das »und doch« das Glück der Liebe gegen einen Abschied, der mit jeder Liebe verbunden ist, weil sich der leidenschaftlich Liebende nicht festhalten läßt? Oder stecken im »und doch« auch Resignation und die Ahnung, daß der Aufschwung des Gefühls der Realität nicht standhalten kann?

Im *Maifest*, das seit den *Schriften* den Titel *Mailied* trägt, ist Natur nicht mehr ein kämpferisch zu überwindendes Gegenüber, sondern in einem unerhörten Glücksgefühl bilden Natur, Ich und Geliebte eine gleichgestimmte Einheit. Es ist ein Ausrufgedicht des Überschwangs. Aber auch hier gilt: Sprachlich bietet das *Mailied* kaum etwas Besonderes, wenn wir unbefangen genug hinsehen. Nur die sofortige Betonung des empfindenden Ich

(»Wie herrlich leuchtet / *Mir* die Natur!«) und Ausdrücke wie »Blüten-
dampf« und »Morgenblumen« lassen aufmerken.

Maifest

Wie herrlich leuchtet
Mir die Natur!
Wie glänzt die Sonne!
Wie lacht die Flur!

Es dringen Blüten
Aus jedem Zweig
Und tausend Stimmen
Aus dem Gesträuch

Und Freud und Wonne
Aus jeder Brust.
O Erd', o Sonne,
O Glück, o Lust,

O Lieb', o Liebe,
So golden schön
Wie Morgenwolken
Auf jenen Höhn,

Du segnest herrlich
Das frische Feld,
Im Blütendampfe
Die volle Welt!

O Mädchen, Mädchen,
Wie lieb' ich dich!
Wie blinkt dein Auge,
Wie liebst du mich!

So liebt die Lerche
Gesang und Luft,
Und Morgenblumen
Den Himmelsduft,

Wie ich dich liebe
Mit warmen Blut,
Die du mir Jugend
Und Freud' und Mut

Zu neuen Liedern
Und Tänzen gibst.
Sei ewig glücklich,
Wie du mich liebst.

In diesen Versen wird Natur nicht zu erkennen gesucht, hier muß auch kein
Widerstand überwunden werden, sondern der in freudigen Ausrufen sich
Äußernde gibt sich ganz seinem Glücksgefühl hin. Und Liebe erscheint nicht
als eine nur private Eigenschaft des Menschen, vielleicht noch eingebunden
in gesellschaftliche Konventionen, sondern als kosmische, elementare Kraft
der Natur, die den ganzen Menschen ergreift.

So müssen wir das Gedicht an seinem historischen Ort sehen, ohne zu
vergessen, daß der Sänger des *Mailieds* zur gleichen Zeit jene zweifelnden
Briefe an Salzmann geschrieben hat. Es dürfte heutige Leser geben, die diese
– durch häufiges Zitieren abgenutzten – Verse für reichlich naiv und gefühls-
selig halten, für ein historisches Ausstellungsstück zwar, aber in höchstem
Maße unaktuell. Ihnen zu widersprechen ist schwer; denn durch Hinweise
auf ihre literaturgeschichtliche Bedeutung sind Gedichte nicht zum Leben zu
erwecken.

Besonders für Gedichte dieser Art hat sich die Bezeichnung ›Erlebnislyrik‹ eingebürgert. Sie ist indes höchst fragwürdig, ja, wie sich leicht zeigen läßt, unbrauchbar. Gemeint ist mit dem Etikett ›Erlebnislyrik‹, daß ein Gedicht solcher Art ein unverwechselbar persönliches Erlebnis des Dichters sprachlich (möglichst) unmittelbar ausdrücke. Damit werde Echtheit, Authentizität der Dichtung verbürgt. Es fehlt nicht an Stimmen, die von ›echter‹ Lyrik solchen ›Erlebnisausdruck‹ erwarten und auch die Geschichte des deutschen Gedichts in Werken der sog. Erlebnislyrik gipfeln lassen. Unverstellter, unvermittelter Ausdruck eines als individuell sich äußernden Subjekts ist da gewünscht. So hat der Germanist Erich Schmidt (1853–1913) einmal behauptet: »Wir fordern seit Goethe vom Lyriker ein volles, ganz von einer Empfindung volles Herz« (*Charakteristiken* I 421).

Aber wie kann man eigentlich erkennen und verifizieren, ob dem jeweiligen Gedicht ein ›Erlebnis‹ zugrunde liegt? Kann man, muß man aufschlüsseln, welche biographisch-psychologische Wirklichkeit der Anlaß war? Ist ein Gedicht um so wertvoller, je ›erlebnisgesättigter‹ es ist? Doch wohl nicht. Als der junge Goethe seine hier diskutierten Gedichte schrieb, hielt er sich nicht mehr an die vorgegebenen Muster. Das Ich, das jetzt sprach, war nicht mehr als eine Gestalt aus dem Arsenal schäferlicher Typen und anderer Figuren der Gesellschaftslyrik zu identifizieren. Es trug individuelle Züge. Weil dem so war, rückte als gesuchte Grundlage der Gedichte die biographisch-psychologische Wirklichkeit des Dichters in den Blick, glaubte man sich ihrer vergewissern zu müssen, um das Gedichtete aufnehmen und als Ausdruck eines realen Ichs sich aneignen zu können. Das künstlerische Material, mit dem Goethe arbeitete, war so beschaffen, daß die Wörter und Bilder einen weiten Bedeutungsspielraum hatten, der viele Möglichkeiten offenließ. Aber den gedichteten Verhaltensmustern der früheren Lyrik ließ er sich nicht mehr ohne weiteres zuordnen. Erstaunlich übrigens, wie gering die Zahl der Wortfelder und Bildkomplexe in den Sesenheimer Gedichten ist und wie allgemein ihre Aussage bleibt: Natur, Sonne, Flur, Blüten, Zweig, Gesträuch, Glück, Lust, Liebe, Feld, Welt, Gesang, Abend, Erde, Duft, Nacht, Herz, leuchten, glänzen, segnen, lieben usw. Hinter solchen Aussagen konnte und kann der Leser, da ihre Einordnung in traditionelle Aussageweisen der Lyrik nicht mehr funktioniert, ebenso leicht ein reales Subjekt vermuten, ergänzen und ausstaffieren, wie er sich selbst mit seinen Gefühlen und Stimmungen ins Gedicht hineinzufinden vermochte und vermag. Daher rührt gewiß die Vorliebe für sog. Erlebnislyrik.

Bei der Durchsetzung dieses Begriffs hat die autobiographische Aussage Goethes im 7. Buch von *Dichtung und Wahrheit* nicht geringe Verwirrung gestiftet, in der er erklärte, sein ganzes Leben sei er von der Richtung nicht abgewichen, dasjenige, was ihn erfreute oder quälte, in ein Bild, ein Gedicht zu verwandeln, und alles, was von ihm bekannt geworden, seien nur »Bruchstücke einer großen Konfession« (9, 283). Diese Stelle ist bereits erwähnt worden (S. 63); denn sie bezog sich schon auf die Leipziger Dichtungen und gerade nicht auf die Straßburger Lyrik.

Wo immer Beispiele für ›Erlebnislyrik‹ genannt werden, sind es Verse, in denen Stimmung und Gefühl herrschen, Empfindungen und seelische Zustände sich ausdrücken, und zwar als solche eines fühlenden, empfindsamen Subjekts. Kann aber nicht auch etwas ganz anderes zu einem ›Erlebnis‹ werden? Gibt es nicht bezwingende Erlebnisse des Denkens, der Beschäftigung mit Kunst, mit Literatur, in der Klärung des politischen Standorts usw.? Liegen Gedichten nicht Erlebnisse sehr verschiedener Art zugrunde? Kurz, die Bezeichnung ›Erlebnislyrik‹ läßt sich schnell ad absurdum führen und sollte aus der Diskussion genommen werden. Goethe hat zeit seines Lebens stets auch andere Verse geschrieben, als die es sind, die mit dieser Chiffre versehen und von manchen besonders geschätzt werden.

Studienabschluß mit Komplikationen

Goethe war nach Straßburg gegangen, um dort sein juristisches Studium mit einem ordentlichen Examen abzuschließen. Die Promotion zum Dr. iur. war ein dringlicher Wunsch des Vaters; der Sohn hat ohne Zweifel ernsthaft auf dieses Ziel hingearbeitet. Mag er auch im Alter von »Zerstreuung und Zerstückelung« seiner Studien in Straßburg gesprochen haben, weil er sich mit so vielem innerhalb und außerhalb der Universität beschäftigte und das literarisch-gesellige Leben ihn gefangen nahm, die juristische Aus- und Weiterbildung ist nicht zu kurz gekommen. Allerdings gab es Komplikationen: Seine Dissertation wurde von der juristischen Fakultät abgelehnt.

Notieren wir rasch den äußeren Ablauf der letzten Studienphase. Am 22. September 1770 wurde Goethe als Kandidat in die Matrikel aufgenommen und von der Abfassung einer *»dissertatio präliminaris«* (einer Art Zulassungsarbeit) befreit, was wohl nur guten Studenten gewährt wurde. Am 25. und 27. September 1770 legte er zwei Vorexamina mit Erfolg ab und erhielt die Erlaubnis, selbständig (*»sine Praeside«*) eine Dissertation anzufertigen. Er machte sich an die Arbeit, wählte – auf den ersten Blick: erstaunlicherweise – ein Thema aus dem Bereich des Kirchenrechts, schloß sie ab, legte sie der Fakultät vor und mußte erleben, daß sie nicht angenommen wurde. Doch damit war ein brauchbarer Studienabschluß noch nicht gescheitert. Denn so sahen die Formalitäten aus: Man konnte die Würde eines

Lizentiaten und eines Doktors erhalten. Der Doktortitel war nur zu erwerben, wenn man eine kostspielige, aufwendige Zeremonie finanzierte. Voraussetzung dafür war, daß man die Lizentiatenwürde bereits besaß, wofür man eine Dissertation vorgelegt und verteidigt haben mußte. Die Dissertation hätte also zunächst (nur) das Lizentiat eingebracht. Viele Kandidaten begnügten sich mit diesem Abschluß und verzichteten auf den zusätzlichen teuren Erwerb des Doktortitels; denn es war üblich, daß auch die Lizentiaten als »Doctores« angesehen wurden. In Deutschland hatten, wie Goethe im Dezember 1771 an Salzmann schrieb, ohnehin »beide Gradus« gleichen Wert. Nach Ablehnung seiner Dissertation, also einer zusammenhängenden Abhandlung, konnte Goethe zunächst den Lizentiatentitel nicht erhalten. Aber es war in Straßburg wie an anderen französischen Universitäten möglich, statt einer längeren Abhandlung nur Thesen einzureichen, über die dann eine Disputation vor der Fakultät stattfinden mußte. Diese Möglichkeit wurde Goethe eröffnet, und so verfaßte er seine 56 Thesen Positiones Juris, die er am 6. August 1771 verteidigte, wobei sein Freund Lerse einer der Opponenten war. »Cum applausu«, mit Beifall, wie die Universitätsakten ausweisen, hat der Kandidat seine Thesen vertreten, ein Prädikat, das nicht allzu häufig verliehen wurde. Damit erhielt Goethe das »testimonium Licentiae«. Kurz darauf scheint der Pedell der Universität dem jungen Lizentiaten namens der Fakultät nahegelegt zu haben, auch noch die Doktorpromotion abzuwickeln. Doch lakonisch und unwirsch wehrte der nach Frankfurt Zurückgekehrte, der Rechtsanwaltspraxis schon überdrüssig, im Brief an Salzmann (Dezember 1771) ab: »Der Pedell hat schon Antwort: Nein! der Brief kam etwas zur ungelegenen Zeit, und auch das Cärimoniel weggerechnet, ist mirs vergangen Doktor zu seyn. Ich hab so satt am Lizentieren, so satt an aller Praxis, dass ich höchstens nur des Scheins wegen meine Schuldigkeit thue, und in Teutschland haben beide Gradus gleichen Wehrt.«

Die 56 Thesen der Positiones Juris, in lateinischer Sprache abgefaßt, sollten die Grundlage für eine Disputation sein, in der der Kandidat zeigen konnte, daß er in den verschiedenen Bereichen der Jurisprudenz bewandert war und juristisch stichhaltig zu argumentieren verstand. Wissenschaftliche Originalität wurde nicht erwartet. Immerhin geben die Positiones etwas von juristischen Auseinandersetzungen der Zeit und von der Stellung des jungen Goethe zu ihnen zu erkennen. Probleme aus vier Gebieten wurden behandelt: aus der allgemeinen Rechtslehre, dem Bürgerlichen Recht, dem Verfahrensrecht und dem Straf- und Strafverfahrensrecht. In den ersten vierzig Thesen befaßte sich Goethe mit rein technischen juristischen Problemen, in den übrigen sechzehn mit allgemeineren und politischen Fragen. Nur eine einzige These griff ein Problem des kanonischen Rechts auf, das offensichtlich in der protestantischen Straßburger Fakultät von untergeordneter Bedeutung war. (These 42: »Über alles, was offenkundig geschieht, richtet der weltliche Richter, über die verborgenen Dinge die Kirche.«) Die Position, die Goethe selbst bezogen hat, wird nicht immer deutlich. Denn mitunter sind die Sätze nichts als Zitate, von denen eine Diskussion erst ausgehen konnte. Doch ein paar Punkte verdienen erwähnt zu werden.

»*Omnis legislatio ad Principem pertinet*« (Jede Gesetzgebungsbefugnis liegt beim Fürsten), lautete These 43. Damit wurde der absolutistische Staat grundsätzlich gerechtfertigt, während Denker wie Montesquieu, Rousseau und andere darüber nachgedacht hatten, wie die mögliche Willkür des Alleinherrschers begrenzt werden könnte. Daß auch der Fürst gebunden sei, klang in These 46 wenigstens an: das Wohl des Staates solle oberstes Gesetz sein. Auch die Auslegung der Gesetze (»*legum interpretatio*«, These 44) blieb dem Herrscher allein vorbehalten. Allerdings sollten die gesammelten Auslegungen des Fürsten in jeder Generation oder bei Regierungsantritt eines Regenten neu gefaßt werden (These 51, 52). Dem Richter oblag nur die bloße Anwendung der Gesetze (»*Judici sola applicatio legum ad casus competit*«, These 48). Wie sehr Goethe zwischen damaligen konservativen Rechtsauffassungen und Reformideen schwankte, zeigten die Thesen zu Problemen des Strafrechts. Über die Zulässigkeit der Folter und das Recht des Staates auf Verhängung der Todesstrafe wurde im Jahrhundert der Aufklärung heftig gestritten. Doch These 53 war eindeutig: »*Poenae capitales non abrogandae*« (Todesstrafen sind nicht abzuschaffen). Das war noch fern von der Überzeugung eines Theodor Storm (in den *Kulturhistorischen Skizzen*), der erwartete, daß die Nachkommen versuchen würden, das für sie Unbegreifliche zu beantworten, »wie jemals einem Menschen das Abschlachten eines anderen von Staats wegen als eine amtlich zu erfüllende Pflicht hat zugemutet werden können; denn nicht auf seiten des Delinquenten, sondern auf seiten des Henkers liegt für unsere Zeit die sittliche Unmöglichkeit der Todesstrafe«. Auch schon ein Beccaria hatte 1764 (*Dei delitti e delle pene*) dem Staat die Befugnis abgesprochen, die Todesstrafe zu verhängen. Goethe war noch nicht so weit. In These 54 sprach er von dem in seiner Wirkung außerordentlich grausamen Gesetz; damit war zumindest indirekt die Folter kritisiert. Und wo von der Strafe für Kindestötung die Rede war, ließ die These 55 die Frage offen, so als habe sich Goethe damals bei diesem Thema, das die Gemüter der Zeit erregte und in Dramen des ›Sturm und Drang‹ häufig behandelt wurde, noch nicht entscheiden können: »*An foemina partum recenter editum trucidans capite plectenda sit? quaestio est inter Doctores controversa*« (Ob eine Frau, die ein soeben geborenes Kind umbringt, mit dem Tode zu bestrafen sei, ist eine Streitfrage unter den

Doktoren). Noch war die Hinrichtung der Kindsmörderin im Januar 1772 in Frankfurt nicht geschehen; noch war die Gretchentragödie nicht gestaltet. Wer in Goethe vor allem den ›Dichterfürsten‹ sieht, wird über die Blätter seiner juristischen Studien rasch hinweggehen. Wer jedoch sein späteres amtliches Wirken, seine politisch-staatsmännische Tätigkeit, sein öffentliches Handeln nicht als mehr oder minder zufällige, sondern als bewußte und ernsthafte Lebenspraxis einschätzt, für den ist es – unabhängig von der Stellung, die Goethe selbst in den Thesen vertrat – aufschlußreich genug, wie manche »Positionen« damals aktuellen Kardinalproblemen der allgemeinen Rechtslehre und des Strafrechts gewidmet waren. Unvorbereitet war Goethe jedenfalls nicht, als er sich anschickte, seit Ende 1775 im überschaubaren Sachsen-Weimar-Eisenach verantwortliche Staatsgeschäfte zu übernehmen und sich auch den Details der Verwaltung zu widmen.

Interessanter als jene Thesen ist natürlich Goethes von der Fakultät abgelehnte Dissertation. Denn sie hat Gedanken entwickelt, die der herrschenden Lehrmeinung nicht entsprachen und auch (oder gerade) in einer studentischen Abschlußarbeit nicht toleriert werden konnten. Nur kennen wir die Dissertation nicht; sie ist verschollen. Freilich gibt es Zeugnisse, die die Brisanz der Überlegungen ahnen lassen. Der Student Johann Ulrich Metzger (am 11. 1. 1771 als Student immatrikuliert, also nicht Professor, wie gemeinhin angenommen) berichtete am 7. August 1771 in einem Brief an Friedrich Dominikus Ring von einem Studenten namens Goethe aus Frankfurt am Main, der in einer These unter dem Titel *Jesus autor et judex sacrorum* unter anderem vorgebracht habe »que Jesus Christ n'était pas le fondateur de notre religion mais que quelques autres savans l'avaient faite sous son nom. Que la religion chrétienne n'était autre chose qu'une saine politique etc. Mais on a eu la bonté de lui défendre de faire imprimer son chef d'oeuvre [...]« (daß Jesus Christus nicht der Begründer unserer Religion gewesen sei, sondern daß irgendwelche andere Gelehrte sie unter seinem Namen gemacht hätten. Die christliche Religion sei nichts anderes als eine gesunde Politik usw. Man hat jedoch die Güte gehabt, ihm die Drucklegung seines Meisterwerks zu verbieten). Professor Elias Stöber nannte einen anderen Titel der Dissertation, nämlich *De Legislatoribus* (im Brief an F. D. Ring vom 4./ 5. Juli 1772), und auch seine Bemerkungen bezeugen, welches Aufsehen Arbeit und Ablehnung damals erregten: Herr Goethe habe eine Rolle in Straßburg gespielt, »die ihn als einen überwitzigen Halbgelehrten und als einen wahnsinnigen Religionsverächter nicht eben nur verdächtig, sondern ziemlich bekannt gemacht« habe. Er müsse »in seinem Obergebäude einen Sparren zuviel oder zuwenig haben«. Stöber berief sich auf Informationen des ehemaligen Dekans der Fakultät, daß die Arbeit zurückgegeben worden sei: »Sie dörfte wohl bey keiner guten Policey zum Druck erlaubt oder gelassen werden.« K. A. Böttiger wußte zu berichten (*Litterarische Zustände und Zeitgenossen*, Leipzig 1838), Goethe habe in seiner Dissertation beweisen wollen, daß die zehn Gebote nicht eigentlich die Bundesgesetze der Israeliten wären, sondern daß nach *Deuteronomium* (dem 5. Buch Mose) »zehn Ceremonien eigentlich die zehn Gebote vertreten hätten.« Goethes eigene Auskunft in *Dichtung und Wahrheit* läßt von dem Wirbel, den er seinerzeit entfacht hatte, nicht mehr allzuviel sichtbar werden. Ihn hätte »von jeher der Konflikt, in welchem sich die Kirche, der öffentlich anerkannte Gottesdienst, nach zwei Seiten hin befindet und immer befinden wird, höchlich interessiert. Denn einmal liegt sie in ewigem Streit mit dem Staat, über den sie sich erheben, und sodann mit den einzelnen, die sie alle zu sich versammeln will. [...] Ich hatte mir daher in meinem jugendlichen Sinne festgesetzt, daß der Staat, der Gesetzgeber, das Recht habe, einen Kultus zu bestimmen, nach welchem die Geistlichkeit lehren und sich benehmen solle, die Laien hingegen sich äußerlich und öffentlich genau zu richten hätten; übrigens sollte die Frage nicht sein, was jeder bei sich denke, fühle oder sinne« (11. B.; 9, 472 f.).

Genau in den Zusammenhang dieser Überlegungen gehören auch die beiden kleinen Schriften, die im Frühjahr 1773 veröffentlicht wurden und deren Thematik – wiederum nur auf den ersten Blick – Überraschung auslösen kann: *Brief des Pastors zu ××× an den Neuen Pastor zu ×××* und *Zwo wichtige bisher unerörterte biblische Fragen zum ersten Mal gründlich beantwortet, von einem Landgeistlichen in Schwaben.*

Worin die Brisanz der gescheiterten Dissertation lag, ist hinlänglich auszumachen. Alle Argumentation scheint der Verfasser darauf konzentriert zu haben, den Freiraum persönlichen Glaubens abzusichern und die Ansprüche einer etablierten Kirche und ihrer Dogmatik einzugrenzen. Zu diesem Zweck stellte Goethe sowohl theologisch-kirchengeschichtliche als auch kirchenrechtliche Überlegungen an. So suchte er den Nachweis zu führen, daß auf den steinernen Tafeln des Moses nicht die zehn Gebote gestanden hätten, wie der Katechismus es will, sondern nur die Gesetze des Bundes, d. h. partikulare Regeln, die das jüdische Volk allein verpflichtet hätten. Daneben habe Gott allgemeine moralische Lehren verkündet, die als *Dekalog* (zehn Gebote) bekannt geworden (und erst im 5. Buch Mose mit den Tafelgesetzen verwechselt worden) seien. Diese allgemeinen Lebensregeln enthielten Wahrheiten moralischer Natur, die allen Völkern gemeinsam seien. Damit war die theologisch-christliche Geltung der zehn Gebote deutlich relativiert, ebenfalls die orthodoxe Meinung, daß jede Stelle der Bibel, im Alten wie im Neuen Testament, universale Gültigkeit besitze.

Goethe behauptete, in beiden Teilen gebe es sowohl partikulare als auch universelle Wahrheiten. Davon handelt die erste der *Zwo biblischen Fragen*. Die zweite ist in manchen Teilen deutlich gegen die Festschreibung des göttlichen Geistes in Regeln und Dogmen gerichtet; von »unseren theologischen Kameralisten« ist die Rede, die alles, was der Geist insgeheim bewässert, gern eindeichen, dort Landstraßen durchführen und Spaziergänge darauf anlegen möchten. »Was heißt mit Zungen reden? Vom Geist erfüllt, in der Sprache des Geists, des Geists Geheimnisse verkündigen.« Solche Inspiration könne und dürfe nicht in Glaubenssätze eingeschreint und eingegrenzt werden.

Wenn, wie Goethe behauptete, die zehn Gebote, »das erste Stück unseres Katechismus«, allgemein-moralische Lehren waren und nicht speziell die Religion betreffen (wie die Regeln auf den steinernen Tafeln des Moses), dann kann die christliche Kirche als Institution sie auch nicht allein für sich beanspruchen. Das wünscht sie aber, wie Goethes Schlußbemerkung in der ersten der *Zwo biblischen Fragen* andeutete: die Kirche habe den Irrtum über diese Stelle (der zehn Gebote) heilig bewahrt und viele fatale Konsequenzen daraus gezogen.

Es muß dahingestellt bleiben, ob die Dissertation diese Theorie tatsächlich entwickelt hat; denn Böttigers Hinweis kann auf einer Verwechslung mit den *Zwo biblischen Fragen* beruhen. Goethe erwähnt in *Dichtung und Wahrheit* diese Überlegungen jedenfalls nicht, sondern referiert die wohl zentrale juristische These der Arbeit: der Staat, der Gesetzgeber, habe das Recht, einen allgemeinverbindlichen religiösen Kultus zu bestimmen, demgemäß Geistliche zu lehren und Laien sich äußerlich zu verhalten hätten; was aber »jeder bei sich denke, fühle oder sinne«, das solle nicht die Frage sein. Das waren in der Tat brisante Ideen. Das Christentum nichts anderes als eine politische Einrichtung (wie Metzger wiedergab), wie andere öffentliche Religionen durch Inhaber der staatlichen Macht aufgerichtet? Nur ein offizieller Kultus solle eingerichtet werden, aber der Einzelne dürfe denken, fühlen oder sinnen, was er mag? Damit war der Absolutheitsanspruch der christlichen Religion, gleich welcher Konfession, verneint, und nicht nur der christlichen, sondern jeglichen Glaubensbekenntnisses. Eine Dissertation, die solche ketzerischen Gedanken vortrug, konnte in einer orthodox protestantischen Universität keine Chance haben.

Im *Brief des Pastors* wird der Toleranzgedanke breit und eindrucksvoll ausgeführt und ebenso die Fragwürdigkeit dogmatischer Festlegungen bekräftigt. »Wie könnte ich böse sein, daß ein andrer nicht empfinden kann wie ich.« »Denn wenn man's beim Lichte besieht, so hat jeder seine eigene Religion.« »Einem Meinungen aufzwingen, ist schon grausam, aber von einem verlangen, er müsse empfinden, was er nicht empfinden kann, das ist tyrannischer Unsinn.« »Eine Hierarchie ist ganz und gar wider den Begriff einer echten Kirche.« »Die christliche Religion in ein Glaubensbekenntnis bringen, o ihr guten Leute!« »Wer Jesum einen Herrn heißt, der sei uns willkommen, können die andre auf ihre eigne Hand leben und sterben, wohl bekomme es ihnen« (12, 234ff.).

Hier mischen sich Toleranzideen des Aufklärungsjahrhunderts, die dezidierte Christen nicht gern hörten, mit ganz persönlichen Erfahrungen. Wenn man das gebührend berücksichtigt, erscheinen weder die Dissertation noch die beiden theologischen Schriften (*Brief eines Pastors* und *Zwo biblische Fragen*) als merkwürdige Abirrungen in fremde Gefilde. Die hermetischen Spekulationen, immer im Bewußtsein des göttlichen All-Zusammenhangs, aber außerhalb des Kirchenglaubens vollzogen, hatten Goethe in und nach seiner Frankfurter Krise die Gewißheit gebracht, daß das einzelne Subjekt teilhat am Göttlichen und nicht an kodifizierte Wahrheiten mit Absolutheitsanspruch gebunden ist. Es darf seine eigene Wahrheit suchen. Die Dissertation unternahm, so gesehen, den unzeitgemäßen und daher zum offiziellen Scheitern verurteilten Versuch, den Raum der ›Privatreligion‹ in einem juristischen Entwurf zu legitimieren und geradezu institutionell zu sichern. Damit verliert die Wahl dieses staatsrechtlich-kirchenrechtlichen Themas den Anschein des Absonderlichen.

Muß man auch vorsichtig sein, den Geistlichen, der den *Brief des Pastors zu* ××× zu Papier gebracht hat, mit Goethe zu identifizieren, so läßt die Epistel doch Grundzüge seiner religiösen Auffassung erkennen, die Bestand gehabt haben: keine Sympathie für einen im alleingültigen Bekenntnis festgeschriebenen ‚Glauben, aber sehr wohl das religiöse Bedürfnis nach Erkenntnis, Schau, Gefühl eines umfassenden Lebenssinnes, dem das Prädikat göttlich nicht verweigert wird; Abwehr dogmatischer Bevormundung durch kirchliche Instanzen, aber Offenheit für die Vielfalt religiöser Empfindungen; Anerkennung der Bibel als eines »ewig wirksamen Buches« (M 64), aber Distanz zu Auslegern, die jede Stelle als universal gültig auffassen und meinen, »die ganze Welt sollte an jedem Spruche Teil haben« (*Zwo wichtige biblische Fragen*). Was Goethe am 29. Juli 1782 an Lavater schrieb, zeichnete sich früh ab und blieb so, in allen Phasen größerer Annäherung oder Entfernung: daß er »zwar kein Widerchrist, kein Unchrist, aber doch ein dezidierter Nichtchrist« sei.

Der Frankfurter Rechtsanwalt
und junge Schriftsteller

Doppelleben des Advokaten

Wenige Tage nach der erfolgreichen Abschlußprüfung kehrte Goethe in die Heimatstadt Frankfurt zurück, und schon am 28. August 1771, seinem Geburtstag, stellte er den förmlichen Antrag, als Anwalt zugelassen zu werden. Perfekt handhabte er den hierbei üblichen ausschweifend zeremoniellen Stil:

Wohl und Hochedelgebohrne
Vest und Hochgelahrte Hoch und Wohlfürsichtige
Insonders Hochgebietende und Hochgeehrteste Herren
Gerichts Schultheiss und Schöffen.

Ew. Wohl auch Hochedelgebohrne Gestreng und Herrlichkeit habe die Ehre mit einer erstmaligen ganz gehorsamsten Bitte geziemend anzugehen, deren Gewährung, mir Hochderoselben angewohnte Gütigkeit in der schmeichelhafftesten Hoffnung voraussehen lässet.

Da mich nähmlich, nach vollbrachten mehreren akademischen Jahren, die ich mit möglichstem Fleiss der Rechtsgelehrsamkeit gewiedmet, eine ansehnliche Juristen Fakultät zu Strasburg, nach beyliegender Disputation, des Gradus eine Licentiati Juris gewürdigt; so kann mir nunmehro nichts angelegner und erwünschter seyn, als die bisher erworbene Kenntnisse und Wissenschafften meinem Vaterlande brauchbar zu machen, und zwar vorerst als Anwald meinen Mitbürgern in ihren rechtlichen Angelegenheiten anhanden zu gehen, um mich dadurch zu denen wichtigern Geschäfften vorzubereiten, die, einer Hochgebietenden und verehrungswürdigen Obrigkeit mir dereinst hochgewillet aufzutragen, gefällig seyn könnte. [...]

Binnen drei Tagen war das Gesuch positiv beschieden. Am 3. September legte der neue Anwalt neben dem Advokateneid auch den Eid als Frankfurter Bürger ab. Eine Laufbahn stand ihm nun offen, die auch in repräsentative öffentliche Ämter führen konnte. Der Vater hätte es begrüßt, wenn der Sohn diesen Weg eingeschlagen und vielleicht in die Fußtapfen des vor kurzem verstorbenen Großvaters Textor, des Stadtschultheißen, getreten wäre. Doch hat sich Goethes entsprechende Andeutung im obigen Gesuch sehr bald als voreilig erwiesen. Vielleicht dokumentiert sie, daß er gern auch in seiner Vaterstadt einmal in einem öffentlichen Amte tätig gewesen wäre; vielleicht ist sie nur eine Floskel der Ehrerbietung. Der neue Advokat richtete tatsächlich eine Rechtsanwaltskanzlei im elterlichen Hause am Großen Hirschgraben ein, führte auch Prozesse und nutzte die Mitarbeit des Vaters, der als Kaiserlicher Rat keine Praxis unterhalten durfte. Aber die Tätigkeit als Rechtsanwalt machte nur einen Teil seines Lebens aus. »Sonst binn ich sehr emsig, um nicht zu sagen fleisig, advozire scharf zu, und verfasse doch noch manch Stückgen Arbeit guten Geistes und Gefühls«, meldete er im Frühjahr 1774 (an Langer, 6.5. oder 6.3.).

Die Rechtsanwalts-Eingaben, die Goethe in diesen Frankfurter Jahren aufgesetzt hat, sind erhalten. Sie präsentieren sich, wo es um verfahrensmäßige Formalien geht, in jenem Zeremonialstil, den Goethe immer virtuos beherrschte. Wo es zur Sache geht, hat man den Eindruck, der wortmächtige Poet habe bisweilen die Schriftsätze diktiert. Zimperlich war der streitende Jurist bei der Wahl seiner Ausdrücke ebensowenig wie seine rechtsgelehrten Kontrahenten, unter denen seine Jugendfreunde waren. Im April 1772 rügte sogar das Gericht »die gebrauchte unanständige, nur zur Verbitterung der ohnehin aufgebrachten Gemüter ausschlagende Schreibart« der beiden Anwälte Goethe und Moors. Bis zum Herbst 1775, als er nach Weimar ging, hat der Rechtsanwalt Goethe seine Praxis betrieben und insgesamt 28 Prozesse geführt. Nur der Aufenthalt in Wetzlar (Mai bis September 1772), die Rheinreise Juli/August 1774 und die erste Reise in die Schweiz von Mai bis Juli 1775 haben diese bürgerliche Berufstätigkeit unterbrochen. Sein Hauptgeschäft ist sie in diesen Jahren nicht gewesen. Er hatte das Glück, auf die Einkünfte der Praxis nicht angewiesen zu sein, um sein Dasein fristen zu können; er konnte es da gemächlich gehen lassen. Der Sohn des vermögenden Kaiserlichen Rats Dr. iur. Caspar Goethe brauchte sich mit Fragen der Existenzsicherung nicht zu plagen. Ihn erfüllten andere Ideen. Als ausgebildeter Jurist war der Zweiundzwanzigjährige aus Straßburg heimgekommen, aber auch als jemand, der neue Anschauungen von der Dichtung kennengelernt hatte und dem das, was unter Leipziger Vorzeichen geschaffen war, fremd werden mußte. Wenn man die Briefe und literaturtheoretischen Schriften nach Straßburg überblickt, erkennt man, daß sie immer wieder die zentrale Frage umkreisen: was schöpferische Produktivität ausmache und wie bildend, gestaltend zu verfahren sei. Die Dichtungen dieser Zeit waren Versuche poetischer Praxis, im Zeichen der Probe auf das eigene Schöpfertum. Im Brief an Johann Gottfried Röderer skizzierte er im Gedanken an den Erbauer des Straßburger Münsters das Charakteristikum eines Werkes, das ein »großer Geist«, das Genie, im Unterschied zum kleinen hervorbringe: »daß sein Werk selbstständig ist, daß es ohne Rücksicht auf das was andre getahn haben, mit seiner Bestimmung von Ewigkeit her zu coexistiren scheine; da der kleine Kopf durch übelangebrachte Nachahmung, seine Armuth und seine Eingeschränktheit auf einmal manifestirt« (21.9.1771). Das ließ sich zwar mit Überzeugung niederschreiben, aber Sicherheit für sich selbst hatte der junge Goethe noch keineswegs gewonnen. Schwanken, Zweifeln, Suchen: wieder und wieder meldete es sich in Briefen an Vertraute. Es betraf nicht nur die Probleme poetischen Schaffens, sondern Grundfragen der Existenz: wie und wozu zu leben sei. Die unablässige Selbstsuche und Selbstbeobachtung, das zweifelnde Weiterfragen, Bedenken und Abwägen der Ansprüche und Wünsche des Subjekts gegenüber den Forderungen der ›Welt‹, der nie abzuschließende Aufbau menschlicher Existenz unter speziellen Bedingungen: dies alles macht die Lektüre der ungeheuren Menge Goethescher Briefe so faszinierend. Immer hat er sich's sauer werden lassen, mag er auch von den Sorgen um die Notdurft des Lebens befreit gewesen sein.

Sicher war also noch nichts bei dem, der so überzeugt vom Genie und seinem Werk zu schreiben wußte. Salzmann bekannte er am 28. November 1771: »Mein nisus [Drang, Streben] vorwärts ist so starck, dass ich selten mich zwingen kann Athem zu holen, und rückwärts zu sehen.« Frankfurt empfand er als beengend. Wer einen Zeremonialbrief wie den des Gesuchs zu verfassen und sich entsprechenden Verhaltensweisen einzufügen hatte, mußte die Gefahr der Einschnürung spüren. Im selben Brief, in dem er Salzmann von der Arbeit an *Gottfried von Berlichingen* berichtete, urteilte er: »Franckfurt bleibt das Nest. Nidus wenn sie wollen. Wohl um Vögel auszubrüten, sonst auch figürlich spelunca ein leidig Loch. Gott helf aus diesem Elend. Amen.« Und vorher: »Es ist traurig an einem Ort zu leben wo unsre ganze Wircksamkeit in sich selbst summen muß.« Es war so etwas wie ein Doppelleben, das der Lizentiat der Jurisprudenz praktizierte: als Rechtsanwalt den Ansprüchen und Normen der gesellschaftlichen Ordnung unterworfen, als schöpferischer Geist auf das selbständige Werk gerichtet, das die Kraft des Genies bezeugte.

Die Feier Shakespeares

Den 14. Oktober 1771, den Namenstag Shakespeares, wählte er für eine Shakespeare-Feier. In Stratford upon Avon hatte eine solche schon einmal der Schauspieler Garrick inszeniert, vom 6.–8. September 1769, und ein Bericht darüber, von Clauer geschrieben, lag im Exemplar der Wielandschen Shakespeare-Übersetzung in der Bibliothek des Vaters. Goethe selbst hatte darunter vermerkt: »tiré du Mercure de France du mois Décembre 1769«. Nun kam es zur Feier im Haus am Großen Hirschgraben; der Vater spendierte die Ausgaben, wie das Haushaltsbuch ausweist. Herder war eingeladen, konnte aber von Bückeburg nicht kommen. Auch seine Abhandlung, die sich Goethe gewünscht hatte, »damit sie einen Teil unsrer Liturgie ausmache« (September 1771), traf nicht ein. Sie wurde erst zwei Jahre später in den *Blättern von deutscher Art und Kunst* veröffentlicht. Möglicherweise hat Goethe seine eigene Rede *Zum Schäkespears Tag* bei der Frankfurter Feier vorgetragen; wahrscheinlich war sie für eine ähnliche Veranstaltung an eben jenem 14. Oktober in Straßburg verfaßt worden, wo Lerse Festredner war. Goethes Rede drückte die überschwengliche Begeisterung für den englischen Dramatiker aus; sie war zugleich ein Bekenntnis eigener Grundauffassungen. Shakespeare war dem Studenten schon in Leipzig vertraut und von ihm verehrt worden; Herder hatte ihm intensiver die Bedeutung des großen Briten erschlossen, und nun diente er ihm und Gleichgesinnten seiner Generation als Exempel des naturhaft mächtig schaffenden Genies.

Shakespeare war den Deutschen seit langem bekannt. Früh, schon seit Ende des 16. und besonders seit dem 17. Jahrhundert, hatten wandernde Theatertruppen, zunächst englische Komödianten, dann ebenfalls deutsche Ensembles, seine Stücke gespielt, mochten sie sie auch auf einzelne Szenen oder das Skelett der aktionsreichen Handlung zurechtgeschnitten haben. Übersetzungen waren versucht worden, sogar im breitstrengen Versmaß des Alexandriners (wie die des *Julius Caesar* durch Caspar Wilhelm von Borck 1741), von denen Wielands Prosaübertragung von 22 Stücken (1762–1766), die freilich manches allzu Grelle dämpfte, für die Stürmer und Dränger am wichtigsten war. Die für lange Zeit mustergültige Übersetzung im originalen Blankvers gelang erst August Wilhelm Schlegel 1797–1810 und anderen Übersetzern unter Ludwig Tiecks Leitung. Wie oft war Shakespeare als Zeuge in den ästhetischen Diskussionen des 18. Jahrhunderts und im Kampf um das jeweils zeitgemäße Drama berufen worden! Gottsched, auf die Aneignung französisch-höfischer, strenger Form bedacht, hatte noch nichts von ihm wissen wollen. Erstaunlich dann, wie Johann Elias Schlegel 1741, als er die Borcksche Übersetzung des *Julius Caesar* besprach, eine *Vergleichung*

Shakespeares und Andreas Gryphs wagte und auf die Charakterisierungskunst und Menschenkenntnis des Engländers lobend aufmerksam machte. An Shakespeare orientierte sich immer wieder die Lösung und Abwendung vom französischen Theater und seinen Normen. Unter dem 16. Februar 1759 schrieb Lessing seinen *17. Literaturbrief*, übte harte Kritik an Gottsched und ernannte Shakespeare zum wahren Vorbild für die deutsche Bühne. »Wenn man die Meisterstücke des Shakespeare, mit einigen bescheidenen Veränderungen, unsern Deutschen übersetzt hätte, ich weiß gewiß, es würde von bessern Folgen gewesen sein, als daß man sie mit dem Corneille und Racine so bekannt gemacht hat.« Lessing sprach Shakespeare den Ruhmestitel Genie zu, »das alles bloß der Natur zu danken zu haben scheinet«, und sah durch ihn den eigentümlichen Zweck der Tragödie (auch wenn man »nach den Mustern der Alten die Sache zu entscheiden« habe) fast immer erreicht. Wohlgemerkt sieht Lessing hier – wie in seiner *Hamburgischen Dramaturgie* – das Genie immer noch im Bund mit den Regeln des Kunstwerks, in diesem Fall der Tragödie, deren Muster ein für alle Mal die Griechen geschaffen und besonders Aristoteles durchdacht haben. Das Genie braucht auf Kunstregeln deshalb nicht zu achten, weil es dadurch ausgezeichnet ist, daß es sie in sich trägt und in traumwandlerischer Sicherheit zur Wirkung kommen läßt. Lessings unbarmherzige und in vielem ungerechte Attacke gegen die klassische Tragödie der Franzosen ist nur zu begreifen, wenn man berücksichtigt, daß er in der Starre und Strenge der tragédie classique den Geist der höfisch-absolutistischen Gesellschaft ausgeprägt sah, der dem nach gemäßem Ausdruck noch suchenden bürgerlichen Fühlen und Empfinden nicht mehr entsprach. In Shakespeares Werken schien dagegen unverstellte Natur zum Ausdruck zu kommen und auch »das Große, das Schreckliche, das Melancholische« (*17. Literaturbrief*) nicht vom »Artigen«, Etikettehaften, Regelstrengen neutralisiert zu werden. Noch Goethes Rede markierte diese Frontstellung, wenn er, das Straßburger Publikum an den pompösen Einzug Marie Antoinettes erinnernd, schrieb: »Die Betrachtung so eines einzigen Tapfs [Fußtapfen] macht unsre Seele feuriger und größer als das Angaffen eines tausendfüßigen königlichen Einzugs« (12, 224).

Für Shakespeares dramatische Kunst Partei zu ergreifen hieß, gegen die starre Lehre von den drei Einheiten (Zeit, Ort, Handlung) zu votieren. So auch der junge Goethe: »Es schien mir die Einheit des Orts so kerkermäßig ängstlich, die Einheiten der Handlung und der Zeit lästige Fesseln unsrer Einbildungskraft.« Gegenüber der freien Schöpferkraft, die wie die Natur schafft, haben sie keinen Bestand. »Natur! Natur! nichts so Natur als Shakespeares Menschen«, rief der Begeisterte aus und griff ein Stichwort auf,

mit dem auch andere das Besondere des englischen Dramatikers zusammenfaßten, so schon Garrick und Pope (in der Vorrede zu Shakespeare, mit der
Wieland seine Übersetzung einleitete): »Seine Charakters sind so sehr die
Natur selbst, daß es eine Art von Beleidigung wäre, sie mit einem so
entfernten Namen, als der Name von Copeyen derselben wäre, zu benennen« (DjG 2, 329). Und natürlich sah auch Herder ihn als »Dolmetscher der
Natur«. Überall zeichnete sich ab, daß Shakespeare nicht mehr als vorbildli-
cher Meister der Naturnachahmung, der altbekannten Mimesis, gefeiert
wurde, sondern als Verkörperung schöpferischer Naturkraft. Aus Shakespeare weissage die Natur, verkündete Goethe, und das sei das Überwältigende, da sie in ihrem Jahrhundert doch »von Jugend auf alles geschnürt und
geziert« fühlten und sähen.

Produktiv wie die Natur schaffen hieß nun aber nicht, willkürlich zu
schaffen, sondern mit innerer Notwendigkeit. In jenem anderen jugendlichen Manifest der neuen Kunstgesinnung, in Goethes *Von deutscher Baukunst*, auf Erwin von Steinbach und sein Straßburger Münster geschrieben,
wurden wenig später (1772) die Schlagworte geprägt: »bis in den kleinsten
Teil notwendig schön, wie Bäume Gottes«, »notwendig und wahr«, »einfach
und groß«, »ein lebendiges Ganze«, und: »Diese charakteristische Kunst ist
nun die einzig wahre.« Nicht der Formlosigkeit wurde das Wort geredet; nur
die regelhaften Gesichtspunkte der äußeren Form wurden belanglos, weil
allein »das Gefühl dieser inneren Form« galt (*Aus Goethes Brieftasche*, 1776
gedruckt; 12, 22).

Shakespeare wuchs, bewundert und berühmt, zu einer geradezu mythischen Größe auf. Neben Prometheus rückte ihn Goethe in seiner Rede, und
man wußte ja, daß Shaftesbury in seinem *Soliloquy* vom Poeten als »a second
maker, a just Prometheus« gesprochen hatte. Solche Ideen vom Künstler und
Dichter als gottähnlichen Schöpfern waren nicht neu, gewannen aber jetzt
Durchschlagskraft und wurden konsequent aktualisiert. In die rhetorisch
blendenden Formeln, mit denen Goethe die Besonderheit Shakespeares und
seines Theaters zu fassen suchte, paßte er auch einiges seiner eigenen
damaligen Vorstellungen vom Weltganzen mit ein. Auf den »geheimen
Punkt (den noch kein Philosoph gesehen und bestimmt hat)« deutete er, so
als sei er der »Philosoph«, der ihn erkannt habe, und jener geheime Punkt sei
es, um den sich Shakespeares Stücke drehten, »in dem das Eigentümliche
unsres Ichs, die prätendierte Freiheit unsres Wollens, mit dem notwendigen
Gang des Ganzen zusammenstößt«. Das war ein grundsätzlicher Konflikt,
den der junge Goethe sich gemäß jenem Mythos am Ende des 8. Buches von
Dichtung und Wahrheit als Schöpfungsgesetzlichkeit an der Gestalt Luzifers
und auch des Menschen verdeutlicht hatte: nämlich »zugleich unbedingt und

beschränkt« zu sein. Und es machte ihm auch keine Schwierigkeiten, bei Shakespeare »das was wir bös nennen«, als »die andre Seite vom Guten« anzusehen, weil polare Gegensätze im Leben des Weltganzen nicht nur aufgehoben sind, sondern es – wie Konzentration und Expansion – bestimmen.

Vergleicht man hiermit Herders *Shakespear*, die Abhandlung in den Blättern *Von Deutscher Art und Kunst* (1773), so gibt es einen kennzeichnenden Unterschied. Herder verfuhr weit mehr als Interpret, dem es darauf ankam, die Eigentümlichkeiten Shakespeares zu verdeutlichen und dabei die Voraussetzungen zu klären, unter denen allein eine angemessene Betrachtung und Einschätzung des neuzeitlichen Dramatikers erfolgen dürfe. So ist dieser Aufsatz zum bleibenden Dokument einer aufkommenden historischen Betrachtungsweise geworden, die Werke des Geistes und der Kunst nicht an zeitlosen Normen mißt, sondern ihnen in ihrer Besonderheit am historischen Ort gerecht zu werden versucht. Das Drama der Griechen und das Theater Shakespeares seien unter verschiedenen Bedingungen entstanden, und daher käme es unweigerlich zu Fehlurteilen, wenn die Griechen zum alleinigen Maßstab genommen würden. »In Griechenland entstand das Drama, wie es in Norden nicht entstehen konnte. In Griechenland wars, was es in Norden nicht seyn kann. In Norden ists also nicht und darf nicht seyn, was es in Griechenland gewesen. Also Sophokles Drama und Shakespears Drama sind zwei Dinge, die in gewißem Betracht kaum den Namen gemein haben.« Dem Deutschen Herder konnte Shakespeare als derjenige erscheinen, der unter den historischen Besonderheiten des »Nordens« ganz originärer Schöpfer war; er dichtete »Stände und Menschen, Völker und Spracharten, König und Narren, Narren und König zu dem herrlichen Ganzen! [...] und setzte mit Schöpfergeist das verschiedenartigste Zeug zu einem Wunderganzen zusammen«. Goethe benutzte dafür das Bild vom »schönen Raritätenkasten, in dem die Geschichte der Welt vor unsern Augen an dem unsichtbaren Faden der Zeit vorbeiwallt« (12, 226). Während Herder Interpret und Theoretiker der historischen Betrachtungsweise blieb, war Goethes Rede vom Wunsch nach eigener produktiver Nachfolge des Gefeierten bestimmt: »Von Verdiensten, die wir zu schätzen wissen, haben wir den Keim in uns.« Vielleicht muß es richtiger heißen: Wir, die Goethes weiteren Weg und den unmittelbar folgenden shakespearisierenden *Götz von Berlichingen* kennen, lesen seine Shakespeare-Rede wie das Manifest eines nach schöpferischer Nachfolge strebenden jungen Mannes.

Gottfried von Berlichingen mit der eisernen Hand

Dreiviertel Jahr blieb Goethe in Frankfurt, bis er im Mai 1772 beim Reichskammergericht in Wetzlar seine juristische Ausbildung, wohl auf Wunsch
des Vaters, fortsetzte. In diesen Monaten bedrängte ihn, wenn die brieflichen
Zeugnisse nicht täuschen, wie es mit seiner eigenen dichterischen Fähigkeit
bestellt sei. Sie mußte ja dem gerecht werden, was er an Shakespeare feierte,
oder sie taugte nicht. Und schließlich gab es Herder, den scharfen, unerbittlichen Kritiker, dem so leicht nichts recht zu machen war. Der schrieb ihm,
wohl im Oktober, einen »Niesewurz Brief«, also eine Epistel wie ein Mittel,
das starkes Niesen erregt, und Goethe fühlte sich getroffen: »Mein ganzes
Ich ist erschüttert, das können Sie dencken, Mann! und es vibrirt noch viel zu
sehr als dass meine Feder steet zeichnen könnte. Apollo vom Belvedere
warum zeigst du dich uns in deiner Nacktheit, dass wir uns der unsrigen
schämen müssen. [...] Herder, Herder. Bleiben Sie mir was Sie mir sind«
(Oktober 1771). Zur gleichen Zeit ging an Salzmann die wenig hoffnungs-
frohe Nachricht: »Was ich mache ist nichts. Desto schlimmer! Wie gewöhnlich mehr gedacht als gethan; deßwegen wird auch nicht viel aus mir werden.
Wenn ich was vor mich bringen werde, sollen Sie's erfahren.«

Einen Monat später, und er steckte mitten in der Niederschrift der
Erstfassung des *Götz von Berlichingen*, der *Geschichte Gottfriedens von
Berlichingen mit der eisernen Hand dramatisirt*. Eine »Leidenschafft, eine
ganz unerwartete Leidenschafft« sei es: »Mein ganzer Genius liegt auf einem
Unternehmen worüber Homer und Schäckespear und alles vergessen worden. Ich dramatisire die Geschichte eines der edelsten Deutschen, rette das
Andencken eines braven Mannes, und die viele Arbeit die mich's kostet,
macht mir einen wahren Zeitvertreib, den ich hier so nöthig habe, denn es ist
traurig an einem Ort zu leben wo unsre ganze Wircksamkeit in sich selbst
summen muß« (28. 11. 1771). Als er das Stück zustandegebracht und übersandt hatte, war Selbstbewußtsein gewonnen: »Inzwischen haben Sie aus
dem Drama gesehen, dass die Intentionen meiner Seele dauernder werden,
und ich hoffe sie soll sich nach und nach bestimmen« (an Salzmann,
3. 2. 1772).

Es mag sein, daß Goethe schon in Straßburg an ein Götz-Drama gedacht
hat, aber sicher ist das nicht. Gewiß ist nur, daß in den späten Herbstwochen
des Jahres 1771 die 59 Szenen in raschem Zuge niedergeschrieben worden
sind. Eines Morgens habe er, so wenigstens die Erinnerung in *Dichtung und
Wahrheit* (13. B.; 9, 570f.), zu schreiben angefangen, ohne vorherigen
Entwurf oder Plan, und in etwa sechs Wochen sei das Werk abgeschlossen
gewesen. Niemand kann beweisen, daß es vor dieser zügigen Niederschrift

eine längere Phase der Vorbereitung gegeben hat, wie es Goethe in der Autobiographie als sein übliches Verfahren bezeichnet (14. B.; 10, 40). Der Brief an Salzmann behauptet etwas anderes. Goethes Mutter erzählte, der Sohn habe etliche Spuren »dieses vortrefflichen Mannes« Götz von Berlichingen »in einem Juristischen Buch« gefunden, sich daraufhin dessen eigene Lebensbeschreibung kommen lassen, »webte einige Episoden hinein, und ließ es aus gehn in alle Welt« (an Großmann, 4. 2. 1781). Aus Pütters *Grundriß der Staatsveränderungen des teutschen Reichs* hatte Goethe sich schon etwas in sein Tagebuch, die *Ephemerides*, notiert, und in jenem *Grundriß* wurde auch auf die Autobiographie des Götz hingewiesen. Diese *Lebens-Beschreibung Herrn Gözens von Berlichingen* war 1731 in Nürnberg mit Erläuterungen des Herausgebers Franck von Steigerwald (= Georg Tobias Pistorius) erschienen. Der junge Goethe hat beides sorgfältig durchgearbeitet und manches aus der *Lebens-Beschreibung* genau übernommen. Aber er hat auch entschieden geändert, wie das einem Dramatiker, der einen geschichtlichen Stoff als Sujet wählt, durchaus zusteht.

Der Hinweis auf die Quellen, aus denen Goethe schöpfte, beantwortet nicht die viel wichtigere Frage, warum er gerade ein Schauspiel mit der Gestalt des Ritters Götz von Berlichingen schrieb, der der Zeit Goethes weit entrückt war und als ein gewöhnlicher Raubritter zum Helden eines aktuellen Theaterstücks nicht gerade prädestiniert sein konnte. Goethe hat in *Dichtung und Wahrheit* eine Erläuterung nachgeliefert: »Die Gestalt eines rohen, wohlmeinenden Selbsthelfers in wilder anarchischer Zeit« habe seinen tiefsten Anteil erregt (10. B.; 9, 413). »Braver Mann«, »einer der edelsten Deutschen«, »roher, wohlmeinender Selbsthelfer«: so sah der junge und alte Goethe den Ritter Götz von Berlichingen. Als große Individualität wurde er für ihn bedeutsam. An dieser Gestalt ließ sich offenbar jener Konflikt vorführen, von dem er in der Shakespeare-Rede gesprochen hatte: der Zusammenstoß zwischen der prätendierten Freiheit eines großen Ich mit dem notwendigen Gang des Ganzen. Als unbedingt und begrenzt zugleich mußte sich die große Individualität präsentieren. Damit war aber auch von vornherein das Scheitern des »braven Mannes« programmiert. Wenn Betrachter des Stücks sich darüber gewundert haben, daß das Schauspiel mit dem starken, auf Freiheit gerichteten Individuum das Drama eines scheiternden Helden ist, so darf man auf die für Goethe zwingende Grundkonstellation jenes an den Shakespearedramen formelhaft erläuterten Konflikts verweisen. Von hier aus wird auch die entscheidende Änderung gegenüber dem historischen Götz verständlich. Dieser lebte lange über den Bauernkrieg 1525 hinaus, nahm noch an einem Türkenfeldzug des Kaisers teil und ist erst 1562, als Vater von sieben Söhnen und drei Töchtern, im Alter von 82 Jahren gestorben: kein scheiternder Held, sondern ein Reichsritter, der sein Leben gelebt hat und außer seiner künstlichen Hand und der von ihm selbst verfaßten Lebensgeschichte nichts besonders Aufsehenerregendes vorzuweisen hatte. Die Fehden, die er führte, die Haftzeiten, die er absaß, zählten zum damals Üblichen. Gustav Freytag etwa betonte denn auch in seinem mehrbändigen, mit Illustrationen angereicherten Werk *Bilder aus der deutschen Vergangenheit* (1859/67), wo er Proben aus Götzens Autobiographie druckte, daß dessen »Treiben unfruchtbar für ihn selbst und schädlich für andere gewesen« sei; er »versplitterte Zeit und Gut in Raubzügen und Reiterhändeln«.

Von welch anderer Qualität erscheint der Gottfried von Berlichingen Goethes! Bruder Martin preist ihn als edlen Ritter, »den die Fürsten hassen und zu dem die Bedrängten sich wenden« (I 2). Nur von Gott, seinem Kaiser und sich selbst weiß sich dieser freie Rittersmann abhängig, der sich bei seinen Aktionen im Recht fühlt und für Werte zu streiten glaubt, die bewahrt zu werden verdienen. »Freiheit! Freiheit!« sind seine letzten Worte, und mit ihnen meint er zu bezeichnen, was ihn zu seinem Handeln motivierte. Nicht im Kampf stirbt er, wird nicht umgebracht, sondern erlischt in der Gefangenschaft wie eine Fackel, der die Luft zum Brennen und Leuchten entzogen wird. »Edler edler Mann. Wehe dem Jahrhundert das dich von sich sties. Wehe der Nachkommenschaft die dich verkennt«, rufen ihm die Schwester und der getreue Lersee nach.

Auf drei Handlungen konzentriert sich Goethes Stück: auf die Fehde Gottfriedens mit dem Bischof von Bamberg (wozu auch das Drama um Weislingen zu zählen ist); auf die Fehde gegen Nürnberg mit der daraus folgenden Reichsexekution und dem kaiserlichen Gericht in Heilbronn; auf die Verwicklung Gottfrieds in den Bauernkrieg. Kurz nach dem Krieg läßt der Dichter den Ritter sterben und verfährt dabei mit den historischen Tatsachen ebenso frei wie in der Erfindung jener Gestalten, die auf der Gegenseite agieren: der Bischof von Bamberg, Weislingen, Adelheid. Auch andere Figuren – wie Elisabeth und Maria, Olearius und Liebetraut – verdanken ihre Existenz der Phantasie des Stückeschreibers.

Dem jungen shakespearisierenden Dramatiker lag nun jedoch nichts mehr daran, daß sich die Handlung in zwingender Folgerichtigkeit Szene für Szene entwickelte. Vielmehr wechseln oftmals rasch die Szenen; manche sind auf Bruchstücke eines Dialogs von wenigen Zeilen gekürzt; verschiedene Handlungsteile schieben sich ineinander. Wer bei Shakespeare den »schönen Raritätenkasten« bewunderte, »in dem die Geschichte der Welt vor unsern Augen an dem unsichtbaren Faden der Zeit vorbeiwallt«, wollte nun auch im eigenen Stück Buntheit und Vielfalt von Menschen und Ereignissen vorüberziehen lassen. Dieses Schauspiel wollte der verpönten Einheiten von Zeit, Ort und Handlung spotten. Eine kurze Skizze dessen, was sich im Stück abspielt, kann deshalb die rasch wechselnde Szenenfolge aus jenen drei Handlungskomplexen kaum verdeutlichen.

Zunächst gelingt es Gottfried, seinen früheren Jugendfreund Weislingen, der am Bamberger Hof Gefallen gefunden hat, zu fangen und auf seine Burg Jaxthausen zu bringen. Großherzig behandelt er ihn wie einen Freund, alles Trennende wird vergessen, man versöhnt sich, Weislingen will das Hofleben aufgeben, und er bindet sich sogar an Gottfrieds Schwester Maria in einem förmlichen Verlöbnis. Doch die Bamberger, aufgestört durch die Entführung Weislingens, verstehen es, diesen wieder zurückzulocken; dem »Engel in Weibsgestalt«, Adelhaid von Waldorf, über die dem Abtrünnigen Verführerisches berichtet wird, kann Weislingen nicht widerstehen: Er kehrt nach Bamberg zurück, gerät ganz in den Bann Adelhaids (so die Schreibung in der 1. Fassung) und wird gar ihr Ehemann. Wenn auch damit das Vorrücken der ›Handlung‹ vom Geschehen zwischen Gottfried und Weislingen, zwischen Weislingen und Bamberg bestimmt ist, so wird der Berlichinger von Anfang an, vor allem durch Urteile anderer, ins erwünschte Licht gerückt: »Es ist eine Wollust einen grosen Mann zu sehn«, bekennt Bruder Martin schon in der zweiten Szene, und das Gespräch zwischen Maria und Elisabeth, Gottfrieds Frau, gibt Gelegenheit, seine Taten, die ja Überfälle sind, zu rechtfertigen, auch wenn Unschuldige dabei zu Schaden kamen: »Die Kaufleute von Köln waren unschuldig! Gut! allein was ihnen begegnete müssen sie ihren Obern zuschreiben. Wer fremde Bürger misshandelt verletzt die Pflicht gegen seine eigne Unterthanen, denn er setzt sie dem Wiedervergeltungs Recht aus.« Freilich, worin die Größe dieses Mannes bestehe, ist nicht gezeigt worden; es ist nur davon geredet worden.

Gottfried hat inzwischen den Nürnbergern Fehde angekündigt, weil einem seiner treuen Buben Unrecht angetan worden ist. Wieder will er sein Faustrecht ausüben und wartet darauf, Kaufleute von Bamberg und Nürnberg, die von der Frankfurter Messe kommen, zu überfallen. Der Kaiser greift ein: Von Weislingen zur Härte gedrängt, spricht er über Gottfried die Acht aus, Reichstruppen kämpfen gegen ihn, um ihn gefangen zu nehmen. Gottfried und die Seinen streiten wacker und halten sich eine Zeitlang auf Jaxthausen. Dunkle Vorahnungen bei Gottfried: »Das Glück fängt an launisch mit mir zu werden. Ich ahnd es.« »Vielleicht binn ich meinem Sturze nah.« Doch als er zur Übergabe aufgefordert wird, lehnt er das mit den bekannten Worten drastisch ab (III 18): »Mich ergeben! auf Gnad und ungnad! Mit wem redt ihr! Binn ich ein Räuber! Sag deinem Hauptmann vor ihro Kayserlichen Maj. hab ich, wie immer, schuldigen Respeckt. Er aber sags ihm, er kann mich im Arsch lecken.« (Im Druck des *Götz von Berlichingen* 1773, also der 2. Fassung, steht diese deftige Rede noch, ebenfalls in der »Zwoten Auflage« von 1774, verschwindet aber schon bei einigen Nachdrucken und ist seit der ersten Gesamtausgabe von Goethes Werken, den *Schriften* 1787 bei Göschen, durch schamhafte Gedankenstriche ersetzt.)

Schließlich nimmt der Ritter das Angebot freien Abzugs an. Doch man lauert ihm auf, bricht das gegebene Wort, und in Heilbronn, vor den kaiserlichen Räten und Ratsherren, soll er »Urfehde« schwören, was die eidliche Versicherung bedeutet, von jeder Fehde abzusehen. Sickingen befreit ihn aus dieser Lage; Gottfried zieht sich wieder auf Jaxthausen zurück. Dann läßt er sich überreden, als einer ihrer Hauptleute den aufständischen Bauern zu helfen, widerwillig, nach heftigem Sträuben. Wieder wird Berlichingen gefangen, nun im Gefängnis festgesetzt, und dort stirbt er, einsam, verlassen, erfährt noch vom Tod einiger Getreuer, und Maria und Lerse haben die letzten, das Jahrhundert anklagenden, die Nachlebenden warnenden Worte. Aber auch Weislingens Schicksal hat sich schon erfüllt. Adelhaid ist seiner überdrüssig geworden; sie läßt ihn, ihren Mann, vergiften und wird selbst vom heimlichen Feme-Gericht zum Tode verurteilt.

Diese Hinweise auf das Geschehen des Stücks lassen nichts von der Dichte der einzelnen Szenen ahnen, von der Kraft der dichterischen Sprache, mit wenigen Worten und Sätzen die Personen in ihrer Eigentümlichkeit zu zeichnen. Ob Kaiser oder Bauer, Knecht oder Bischof, Rechtsgelehrter oder Hofnarr, schwankend treuloser Weislingen oder verführerisch intrigante Adelhaid, ob die liebenden und sorgenden Frauen Maria und Elisabeth oder Gottfried von Berlichingen: sie alle präsentieren sich durch ihre Sprache in ihrer Individualität und auch Zwiespältigkeit, so daß ein lebensnahes Bild einer gärenden Zeit entsteht, wie es vordem kein deutsches Drama geliefert hatte. Dem dichtenden und psychologisch sich ebenso einfühlenden wie munter erfindenden jungen Autor gerieten manche Szenen und Gestalten im produktiven Überschwang zu grell und mächtig. Noch in der späten Autobiographie wußte Goethe, daß er sich in Adelhaid geradezu verliebt hatte; unwillkürlich sei seine Feder nur ihr zugetan gewesen und das Interesse an ihrem Schicksal habe überhand genommen (13. B.; 9, 571). Sie wuchs ihm unterderhand zu einem Weib von dämonischer Größe und Besessenheit, das nicht nur Weislingen, sondern auch noch Franz von Sickingen zu betören wußte und an dem ihr Diener zugrunde ging. Die zweite Fassung suchte zu mildern und zu glätten. Sie wurde rasch fällig.

Anfang 1772 schickte Goethe das Drama an Herder zur Begutachtung und sprach von ihm ganz zurückhaltend als von »einem Skizzo, das zwar mit einem Pinsel auf Leinewand geworfen, an einigen Orten sogar einigermaßen ausgemalt und doch weiter nichts als Skizzo ist«. Er wolle nichts verändern, bis er Antwort erhalten habe;»denn ich weiß doch, daß alsdann radicale Wiedergeburt geschehen muß, wenn es zum Leben eingehn soll.« Herder ließ es denn auch an Kritik nicht fehlen. Seinen Brief kennen wir zwar nicht, aber Goethe zitierte in seinem eigenen Schreiben vom Juli 1772 den Kern der Kritik:»Die Definitiv ›Dass euch Schäckessp. ganz verdorben pp‹ erkannt ich gleich in ihrer ganzen Stärke.« Herder kann es mit seinem Urteil kaum auf die Auflösung des dramatischen Gefüges in die Vielzahl der locker aneinandergereihten Szenen abgesehen haben; denn die zweite Fassung bot nicht viel weniger; es blieben immerhin 56, und auch an der vorüberhuschenden Kürze etlicher Szenen änderte sich nichts. Offensichtlich störte ihn anderes, wahrscheinlich die Überzeichnung der zur Größe shakespearescher Bösewichter gewordenen Adelhaid; das gespenstisch Tolle jener Szene, wo Adelhaid sich bei den Zigeunern aufhält und sogar Sickingen ihr verfällt (V 1); auch das Grelle von Bauernkriegsszenen und ungezügelte sprachliche Formulierungen. Wenigstens lassen dies die Änderungen vermuten, die Goethe im einzelnen vornahm. Jedenfalls ist auch die neue Fassung in kurzer Zeit, im Frühjahr 1773, geschrieben worden, und im Juli erschien sie unter dem neuen Titel *Götz von Berlichingen mit der eisernen Hand. Ein Schauspiel.* Die skizzierte Grundanlage des Stücks blieb durchaus gewahrt. Der Philologe freilich wird Nuancen nicht übersehen wollen, vor allem nicht jene Änderung in der Schlußszene. Während die erste Fassung ohne Andeutung einer Zukunftshoffnung schließt, ist in der zweiten wenigstens in Götzens Worten über das Naturgeschehen ein zaghafter Trost:»Allmächtiger Gott! Wie wohl ist's unter deinem Himmel! Wie frei! – Die Bäume treiben Knospen und alle Welt hofft.« Doch auch hier bleibt zuletzt die düstere Prophezeiung bestehen:»Arme Frau. Ich lasse dich in einer verderbten Welt. Lerse, verlaß sie nicht. – Schließt eure Herzen sorgfältiger als eure Tore. Es kommen die Zeiten des Betrugs, es ist ihm Freiheit gegeben. Die Nichtswürdigen werden regieren mit List, und der Edle wird in ihre Netze fallen.«

Goethes Götz-Dichtung zu verstehen macht erhebliche Schwierigkeiten. Eindeutige Ergebnisse sind deshalb nicht zu erreichen, weil sich nicht alle Aspekte des Stücks in eine geschlossene Erläuterung und Auslegung einordnen lassen. Es ist leicht gesagt, dieser Gottfried von Berlichingen verkörpere selbst noch mit seiner eisernen Hand elementare Kraft und könne als Sinnbild für die ganze Generation der aufbegehrenden Jugend von 1771 gelten. Sicherlich hat der junge Dichter ihn als einen Menschen machtvoller Individualität modelliert, der immer auch an das Recht seiner Getreuen und der Bedrängten denkt und für den Treue kein leerer Wahn ist. Er geht unter, weil für ihn in der neuen »verderbten Welt« kein Platz mehr ist. Wenn im dritten Akt, als die letzte Flasche geholt ist, Götz und die Seinen ihre Vivats ausgebracht haben: »Es lebe der Kaiser!« und gleich dreimal »Es lebe die Freiheit!«, entwirft Götz so etwas wie die Utopie eines glücklichen Lebens und gesellschaftlichen Miteinanders. »Wenn die Diener der Fürsten so edel und frei dienen wie ihr mir, wenn die Fürsten dem Kaiser dienen, wie ich ihm dienen möchte –«, wenn die Herren für ihre Untertanen sorgten und in sich und in ihnen glücklich wären, wenn sie einen edlen und freien Nachbarn neben sich leiden könnten und ihn weder fürchteten noch beneideten, dann würde Friede und Ruhe sein und jeder könnte sein Leben führen. Für die Reiter gäb's immer noch genug zu tun: die Gebirge von Wölfen zu säubern, dem ruhig ackernden Nachbarn einen Braten aus dem Wald zu holen und das Ganze nach außen zu schützen, gegen auswärtige Feinde des Reichs. »Das wäre ein Leben! Georg! wenn man seine Haut für die allgemeine Glückseligkeit dransetzte.« In der ersten Fassung wird auf die Naturordnung verwiesen, der dann die menschliche ähnlich wäre: Keiner würde seine Grenzen erweitern wollen. »Er wird lieber die Sonne in seinem Kreise bleiben als ein Comet durch viele andere seinen schröcklichen, unsteten Zug führen.«

Nur: welche Ordnung ist das, die in solcher Vision aufscheint? Was genau meint das Wort Freiheit, das Götz im Munde führt? Und wie kann Goethe dies auf seine eigene Zeit bezogen haben?

Götz stritt für seine Rechte, und indem er dies tat, hielt er unbedingte Treue, sowohl zum Kaiser als auch zu seinen Leuten. Ihr Schicksal war für ihn sein eigenes. Er wollte tätig sein können; Müßiggang schmeckte ihm nicht. Das war nichts für ihn, etwa so zu leben, wie es sein Dichter von sich selbst zu berichten hatte: an einem Ort, »wo unsere ganze Wirksamkeit in sich selbst summen muß«. Weil Götz so war, ein großer Mann, der sich nicht unterkriegen lassen wollte, konnte er zum Helden des Dramas avancieren. Das ist folgerichtig und leicht einzusehen. Aber wofür er eintrat, das waren nichts weniger als die Rechte eines Raubritters, Rechte einer vergangenen Zeit, die auf keinen Fall auf die Gegenwart Goethes übertragbar waren und ihr nicht ernsthaft als Vorbild angedient werden konnten. Freiheit im Sinne Götzens: das war Freiheit zur Ausübung des Faustrechts, Freiheit zur Aufrechterhaltung einer ständischen Ordnung, in der den Herren, die allerdings für ihre Untertanen sorgen sollten wie Götz für seine Getreuen, ihre Machtbefugnis nicht beschnitten, sondern garantiert werden sollte.

Justus Möser hatte 1770 in seinem Aufsatz *Von dem Faustrecht* (später unter dem Titel *Der hohe Stil der Kunst unter den Deutschen*) jene Zeiten des Faustrechts gewürdigt und sie der gegenwärtigen »Kriegerverfassung« gegenübergestellt, die keiner persönlichen Tapferkeit Raum lasse. »Die einzelnen Raubereien, welche zufälligerweise dabei unterliefen, sind nichts in

Vergleichung der Verwüstungen, so unsre heutigen Kriege anrichten.« Die neue Verfassung müsse »notwendig alle individuelle Mannigfaltigkeit und Vollkommenheit, welche doch einzig und allein eine Nation groß machen kann, unterdrücken«. Das Faustrecht sei nicht etwa der Freibrief für beliebiges und unmäßiges Rauben gewesen, es sei durchaus durch »Gesetze des Privatkrieges« geregelt worden, die allemal weniger Opfer gefordert hätten als die kriegerischen Auseinandersetzungen jüngerer Zeit. »Das Faustrecht war das Recht des Privatkrieges unter der Aufsicht der Land-Friedensrichter.« Möser betonte, das alte Recht könne nicht wieder eingeführt werden, aber das dürfe nicht davon abhalten, »die Zeiten glücklich zu preisen, wo das Faustrecht ordentlich verfasset war«. So fiel auf die Geschichte Glanz, und altes, gewachsenes Recht erschien als Hüter »individueller Mannigfaltigkeit«, in deutlichem Unterschied zum neuzeitlichen Verwaltungsstaat und zu den Tendenzen einer nivellierenden Gleichheitsauffassung aufklärerischer Rationalität. Und schneller und sicherer war auf alte Weise zum Recht zu gelangen als auf modernem Verwaltungswege, was die in der 2. Fassung hinzugekommene Szene der Bauernhochzeit vor Augen führen sollte (II 10).

Götz sah sich durch den Ewigen Landfrieden von 1495 in seinen Rechten bedroht; er faßte ihn als geeignetes Mittel der Fürsten auf, die reichsunmittelbaren Ritter auszuschalten und sich zu unterwerfen. Nur dem Kaiser (und Gott) wollte er Untertan sein. In der historischen Phase des Untergangs der politischen Ordnungen des Mittelalters blieb Goethes Götz nur jenes Selbsthelfertum, das den Dichter beeindruckte und nicht minder seine jugendlichen Generationsgenossen.

In der hier angedeuteten Lage, in der Sympathie für den Selbsthelfer mit seinen unzeitgemäßen Vorstellungen, wird etwas von der widersprüchlichen Situation der jungen Generation deutlich: Aufbegehren gegen Beschränkungen individueller Verwirklichung; Verehrung des starken, wirken wollenden Menschen; zugleich aber auch die Schwierigkeit, in der geschichtlichen Gegenwart Konzepte zu entwickeln, die auf diese Gegenwart übertragbar waren. Die Freude am großen Mann reichte aus, an einem Menschen, der nicht zu vereinnahmen war als Glied einer »polirten Nation«, von der wenig später in den *Frankfurter Gelehrten Anzeigen* (27. 10. 1772) zu lesen war: »Der Druck der Gesetze, der noch größere Druck gesellschaftlicher Verbindungen und tausend andere Dinge lassen den polirten Menschen und die polirte Nation nie ein eigenes Geschöpf seyn« (DjG 3, 87). Ursprünglichkeit, Naturhaftigkeit, Vitalität, Größe und Kraft waren gesucht, und wie weder der junge Goethe noch seine Genossen (mit Ausnahme von J. M. R. Lenz) je ein direktes politisches Manifest geschrieben haben, so gingen ihre Überlegungen vielleicht gar nicht bis zu der uns beschäftigenden Frage, was denn von den gesellschaftlichen und politischen Zielen des Berlichingischen Selbsthelfertums für die damalige Zeit überhaupt erstrebenswert war. Auch mit dem Bauernkrieg verband sich Goethes Götz nicht in ›politischer‹ Bewußtheit. Es war für ihn ein Angebot, tätig sein zu können, mehr nicht, und gerade die rücksichtslose Gewaltanwendung der revoltierenden Bauern ließ ihn zögern. Um sie in Grenzen zu halten, nahm er das Angebot, ihr Hauptmann zu sein, endlich an, und im Zusammenhang des Dramas lud er damit entscheidende Schuld auf sich; denn nun stand er gegen Recht und Gesetz, mit denen er sich doch stets im Bunde gewußt hatte.

Goethes Götz-Dichtung ist weit mehr (oder weit weniger, wie man es betrachten will) als ein durchkomponierter Gegenentwurf zu Schwächen der eigenen Zeit. Wie der Dramatiker sich in die gedichtete Adelheid »geradezu verliebt hatte«, so bestimmte die Freude an der schöpferischen Darstellung die Ausführung seines Stücks. Das führte dazu, daß in der Sympathie für den großen Mann nebensächlich wurde, wieweit die von ihm verteidigten Grundsätze seines Handelns aktuell sein konnten. Im Aufblick zu Shakespeare die eigene Schaffenskraft zu erproben, das trieb den jungen Goethe, als er *Gottfried von Berlichingen* in einem Zug niederschrieb. Welche Kraft der Sprache bewies er sich und anderen! Wie gelang es ihm, aus Lutherdeutsch und volkstümlichen Wendungen eine eigentümliche Redeweise zu schaffen und zudem den Ausdruck auf die unterschiedlichen Gestalten abzustimmen, da am Hof und unter Rechtsgelehrten anders gesprochen wird als unter Zigeunern! Welches Vergnügen muß er daran gehabt haben, Olearius und den Narr Liebetraut anspielungsreich über Frankfurt reden zu lassen, wo man den Narren bremsen muß, als er weiterhecheln will: »Gegen Frankfurt liegt ein Ding über, heißt Sachsenhausen –« (I 4).

Aber Goethe gab Götz auch die Vorstellung von jener prekären Utopie mit, in der Freiheit und Ordnung für ihn vereint sind. Damit rührte er an grundsätzliche Fragen, die über die spezielle Situation eines Ritters des Faustrechts weit hinausreichten: wie Tätigkeit, Handeln, Freiheit verwirklicht werden könnten und welche Ordnung dem zu entsprechen vermöchte. Und indem er Götz in der Vergangenheit als Handelnden zeigte, wies er auf Gegenwärtiges, wo Möglichkeiten des Handelns zur Frage wurden.

Das Stück hindurch prägen sich Kontraste zur Lebenswelt und Lebensauffassung des Götz aus, in Gestalten der ›Gegenseite‹, aber auch im berichtenden und überlegenden Gespräch im Kreis des Ritters selbst. Freiheit, Tätigkeit kontrastieren mit Gefangenschaft und Müßiggang; dem Abscheu vor dem Rechtsbruch, der Treue zum gegebenen Wort stehen Wortbruch, List, Tücke gegenüber (und darum wiegt Götzens eigener Wortbruch, als er sich in den Bauernkrieg hineinziehen läßt, schwer); dem unbedingten Treueverhältnis zwischen Herrn und Gefolgsleuten widerspricht der Egoismus des Machtstrebens, der Willensstärke die Willensschwäche, der Geradlinigkeit die Verschlagenheit, der naturhaften Ungezwungenheit die höfische Welt des Scheins, der Intrige und Etikette. Doch unterliegt das alles im Stück nicht der Verurteilung durch irgendeine Instanz, die absolute Urteile über Gut und Böse verkündet. Wie anders könnte das auch ein »schöner Raritätenkasten« sein? Buntheit und Vielfalt machen die Fülle der Welt aus; sie will das Stück vorführen, stellt sie aus, läßt sie im Wechsel der vielen Szenen anschaulich werden. In solchem Panorama verschieden gelebter Leben gilt das Wort vom Zusammenstoß der prätendierten Freiheit unseres Wollens mit dem notwendigen Gang des Ganzen nicht mehr allein für den Berlichinger. Er ist nicht der einzige, der scheitert.

Wie sehr der junge Dichter in Weislingen, dem labilen, untreuen Mann, eigene Erfahrungen verarbeitete, liegt offen zutage, auch wenn er im Brief an Salzmann (Oktober 1773), der den *Götz* nach Sesenheim schicken sollte, nicht angemerkt hätte, die arme Friederike werde sich einigermaßen getröstet finden, wenn der Untreue vergiftet wird. Was sich schon in den *Mitschuldigen* abzeichnete, wurde in der Götz-Dichtung offenkundig: Entwerfend, dichtend spürte Goethe menschlichen Verhaltensweisen nach, und zwar in ihrer Vielfalt, so als wolle er sie in ihren Motivationen und Folgen sich und anderen erprobend vorführen, nicht anklagend, sondern darstellend, nicht verurteilend, sondern die Vielschichtigkeit ausleuchtend. Eigene Erfahrungen wurden dabei verarbeitet, im dichterischen Gefüge objektiviert und so abgerückt in die Distanz, die Überschau gewährt. Da konnte und durfte dann nicht alles in zwingenden Begründungen aufgehen, beim Dichter nicht – und bei späteren Interpreten nicht.

Dichterisches Auskundschaften der Vielfalt menschlichen Lebens, das Gutes und Böses umschließt: das war es, worauf sich Goethe jetzt und in der Folgezeit einließ, selbst immerfort Fragender, Suchender. Nur so läßt sich die Unterschiedlichkeit seiner Schauspiele verstehen: *Götz, Clavigo, Erwin und Elmire, Claudine von Villa Bella, Stella* und daneben Farcen und Fastnachtsspiele. Was Goethe nach der *Stella* bekannt hat, gilt seit den *Mitschuldigen* (und schon *Die Laune des Verliebten* war ins Schäferspiel eingebrachte Diagnose eigener Erfahrungen und Verhaltensweisen): »Ich bin müde, über das Schicksaal *unsres Geschlechts* von Menschen zu klagen, aber ich will sie darstellen, sie sollen sich erkennen, wo möglich wie ich sie erkannt habe, und sollen wo nicht beruhigter, doch stärcker in der Unruhe seyn« (an Johanna Fahlmer, März 1775). Auch die vielberedete merkwürdige ›Offenheit‹ Goethescher Dramenschlüsse wird von hier aus begreiflich. Kein endgültiger Untergang, kein vernichtendes Scheitern, sondern zumindest

Andeutungen von Ausgleich, Milderung der Katastrophe, Zeichen von Hoffnung. Die Zuschauer, Leser und Interpreten haben ihre Mühe, mit den schwer ausdeutbaren Schlüssen ins reine zu kommen: nicht nur beim *Egmont*, beim *Tasso*, beim *Faust*, schon bei den *Mitschuldigen*, auch beim *Götz von Berlichingen*, wo der friedlich Sterbende den Satz spricht: »Die Bäume treiben Knospen, und alle Welt hofft.«

Das Götz-Drama hat Goethe vollenden können, andere Pläne von Schauspielen über große Individualitäten blieben Entwurf. Von einem Cäsar-Drama, das ihn vermutlich noch bis in die frühe Weimarer Zeit beschäftigte, sind ein paar Sätze erhalten; von »Leben und Todt eines andern Helden«, nämlich von Sokrates, dem »Philosophischen Heldengeist«, war Anfang 1772 in einem Brief an Herder die Rede, und Ende 1772/Frühjahr 1773 schrieb er die Prosaszene eines Mahomet-Dramas nieder. Das Gedicht *Mahomets Gesang*, ursprünglich ein Wechselgesang für dieses Stück, ist allein bekannt geblieben.

Im Selbstverlag brachten Goethe und Merck den *Götz von Berlichingen* im Juni 1773 heraus; der Erfolg gab ihnen recht, die Publikation gewagt zu haben. Mit diesem Werk (ein Jahr danach dann mit dem *Werther*) wurde sein Autor berühmt. Später konnte der Ruhm zur Last werden, als nämlich das interessierte Publikum neue Werke in der Art des *Götz* und des *Werther* erwartete, während ihr Dichter längst zu anderen Auffassungen von Leben und Dichten gelangt war. Naturgemäß schieden sich am *Götz* die Geister. Wer nach wie vor von einem Theaterstück, zumindest was die Handlung betraf, Regelgerechtheit erwartete, stand ratlos vor der lockeren Szenenfolge und nahm auch an der vermeintlich ›kunstlosen‹ Unmittelbarkeit und derben Kraft der Sprache Anstoß. Wer dagegen nach den vielen theoretischen Reden über Shakespeare als wahres Vorbild für das deutsche Drama auf ein entsprechendes Stück in Deutschland gewartet hatte, war begeistert. Als dann in den siebziger Jahren Jakob Michael Reinhold Lenz, Maximilian Klinger, Leopold Wagner mit ihren Schauspielen hervortraten, fand die Kritik Gelegenheit, sie alle als Beispiele derselben Manier zu bewerten. »Ohne Vorgang des *Götz von Berlichingen* wäre gegenwärtiges Trauerspiel [gemeint war Klingers *Otto*] gewiß nicht entstanden«, konnte man 1776 in der *Allgemeinen deutschen Bibliothek* Friedrich Nicolais lesen. »Es war zu vermuthen, daß die wilde regellose Manier einiger neuern deutscher Schauspiele gar bald viele Nachahmer finden würde.« Das Wort vom »Shakespearisieren« machte die Runde, das man schon 1768 auf Gerstenbergs *Ugolino* angewandt hatte. (»Nein das ist zu tolle shackespearisiret!«, C. F. Weiße an K. W. Ramler.) Wenn C. H. Schmid am *Götz* kritisierte: »Aber wir halten dafür, daß Shakespear gar keine Form habe« (*Teutscher Merkur* 1773), dann wurden grundsätzliche Meinungsverschiedenheiten deutlich. Denn wie wollte man von solcher Warte aus das »lebendige Ganze«, die »innere Form« erkennen, um die es Goethe und seinen Generationsgenossen ging? Wie aber die Jungen das neue Stück enthusiastisch aufgenommen haben, ist bei Lenz in seinem Aufsatz *Über Götz von Berlichingen* nachzulesen, wo er schrieb, daß

handeln, handeln die Seele der Welt sei, nicht genießen, nicht empfindeln, nicht spitzfündeln, daß wir dadurch allein Gott ähnlich werden, der unaufhörlich handelt und unaufhörlich an seinen Werken sich ergötzt; das lernen wir daraus, daß die in uns handelnde Kraft unser Geist, unser höchstes Anteil sei. [...] Das lernen wir daraus, daß diese unsre handelnde Kraft nicht eher ruhe, nicht eher ablasse zu wirken, zu regen, zu toben, als bis sie uns Freiheit um uns her verschafft, Platz zu handeln: Guter Gott, Platz zu handeln, und wenn es ein Chaos wäre, das du geschaffen, wüste und leer, aber Freiheit wohnte nur da, und wir könnten nachahmend darüber brüten, bis was herauskäme.

In solchen Sätzen kündigte sich freilich auch schon an, daß ein J. M. R. Lenz, entschiedener als andere, zur direkten Zeit- und Gesellschaftskritik drängen und es nicht beim Schwärmen vom großen Mann bewenden lassen würde.

Der Frankfurter Zeitungsschreiber

Die Anwaltspraxis ließ Goethe genügend Zeit, seinen literarischen Neigungen nachzugehen. Mochte er Frankfurt auch halb spöttisch, halb verächtlich »das Nest« titulieren und »mit seinem Enthusiasmus und Genie« (Caroline Flachsland an Herder, 30. 12. 1771) zu den Freunden seiner Jugend, die für ihre Berufe lebten, keinen rechten Kontakt mehr finden, so gab es doch manche Bekanntschaften, die seinen Interessen entsprachen. Wen alles mag die Shakespeare-Feier am 14. Oktober 1771 im Hause zu den drei Leiern versammelt haben? Johann Georg Schlosser, der spätere Schwager, könnte dazugehört haben, der seinerzeit, 1766 in Leipzig, beim Wirt Schönkopf gewohnt und sich dort mit dem Studenten Goethe getroffen hatte. Die Familien kannten sich lange; Schlossers Vater war angesehener Jurist, Kaiserlicher Rat und Bürgermeister. Georg Schlosser, zehn Jahre älter als Wolfgang, hätte – so die Charakterisierung in *Dichtung und Wahrheit* (7. B.; 9, 266) – »durch eine gewisse trockene Strenge die Menschen leicht von sich entfernt, wenn nicht eine schöne und seltene literarische Bildung, seine Sprachkenntnisse, seine Fertigkeit sich schriftlich, sowohl in Versen als in Prosa, auszudrücken, jedermann angezogen und das Leben mit ihm erleichtert hätte«. Jetzt in Frankfurt bereitete ihm seine Anwaltstätigkeit viel

Verdruß. Seit langem schriftstellerte er, und er war es wohl, der Goethe mit dem Vorhaben bekannt machte, von Januar 1772 an eine kritische Zeitschrift in neuem Gewand erscheinen zu lassen. Seit 1736 hatten die *Frankfurtischen Gelehrten Zeitungen* ein wenig bedeutendes Dasein gefristet; jetzt sollten sie, nachdem sie der Verleger Deinet übernommen hatte, als *Frankfurter Gelehrte Anzeigen* mit neuem Schwung erscheinen. Zum Chefredakteur war Johann Heinrich Merck bestellt, der als Sekretär am Darmstädter Hof, später mit dem Titel Kriegsrat bedacht, sein Auskommen gefunden hatte, Literatur, Kunst und Naturwissenschaften aber als seine eigentliche Domäne ansah.

Tatsächlich wurden die *Frankfurter Gelehrten Anzeigen*, wenn auch nur für das eine Jahr 1772, zu einem bedeutenden Rezensionsorgan, in dem sich Vertreter der jungen Generation kräftig zu Wort meldeten. Merck, Schlosser, Goethe arbeiteten mit, Herder schickte ein paar Besprechungen, andere Beiträger waren der Theologe Karl Friedrich Bahrdt, der Jurist Höpfner in Gießen, aus Darmstadt Hofprediger Georg Wilhelm Petersen und Rektor Helfrich Bernhard Wenck. Die Interessen waren zwar breit gestreut, aber der Jahrgang 1772 zeigte dennoch ein eigenes Profil. Möglichst viele Bereiche der Wissenschaften und des Lebens sollten in den Blick kommen, und als Leser erwartete man keineswegs Fachspezialisten. Ethische, religiöse und ästhetische Probleme wurden in Rezensionen einzelner Bücher erörtert, auch ökonomische und politische Fragen in weiterem Sinn aufgegriffen, und zwar deutlich mit der Absicht, zum Selbstverständnis und zur Klärung bürgerlicher Auffassungen und Aufgaben beizutragen. Die Einschränkungen, die einer Existenz unter den Reglementierungen einer »polierten Nation« auferlegt waren, wies man zurück. Entfaltung des ganzen Menschen, wie er vermeintlich einmal in der Antike gelebt hatte, wurde gewünscht; Denken und Fühlen, Erkennen und Handeln sollten zusammengehören, Leib und Seele nicht getrennt werden. Dem Glauben von der unaufhebbaren Sündhaftigkeit des Menschen mochte man nicht zustimmen; hier auf Erden ging es um Glück und Unglück, Elend und Freude. »Wann werden doch alle unsre Sittenlehrer und Prediger einmal die Moral einstimmig aus dem Himmel herab auf die Erde unter die Menschen führen!« Bei solchen Auffassungen und den Attacken gegen orthodoxe Theologen konnten Konflikte mit kirchlich-theologischen Kreisen nicht ausbleiben: Im September verfügte der Magistrat, daß theologische Artikel nicht mehr ohne Zensur publiziert werden dürften.

Bei der Erörterung ökonomischer Probleme wurde daran gedacht, wie die unteren Schichten bessergestellt werden könnten und ein Ausgleich zwischen den Forderungen des Herrschers und den Bedürfnissen der Menschen zu erreichen sei. Reform war die Losung, und so wurde unterschieden zwischen dem Despoten und dem lernfähigen, aufgeklärten Herrscher, der für das Wohl des Ganzen zu sorgen habe. Eine pauschale Verdammung des Adels indessen wurde abgelehnt, aus einsichtigem Grund: »Wird denn das Dichter- und Philosophenvolk nie begreifen, daß der Adel noch ganz allein dem Despotismus die Waage hält?« (*Die Vorzüge des alten Adels*). Hier ist eine Begründung dafür zu finden, warum nicht wenige ›Helden‹ der Dramen des Sturm und Drang Adlige sind, die sich gegen Tyrannei auflehnen. Fast überflüssig anzumerken, daß die Rezensenten eine Dichtkunst wünschten, »die aus vollem Herzen und wahrer Empfindung strömt, welche die einzige ist« (*Über den Wert einiger deutscher Dichter*), und daß ihre Sympathie Dichtern wie Milton, Shakespeare, Sterne oder Klopstock gehörte.

Goethe hat noch in *Dichtung und Wahrheit* die *Frankfurter Gelehrten Anzeigen* mit der Bemerkung gewürdigt: »Das Humane und Weltbürgerliche wird befördert« (12. B.; 9, 550). In den *Annalen* notierte er: »Die Rezensionen in den *Frankfurter Gelehrten Anzeigen* von 1772 geben einen vollständigen Begriff von dem damaligen Zustand unserer Gesellschaft und Persönlichkeit. Ein unbedingtes Bestreben, alle Begrenzungen zu durchbrechen, ist bemerkbar.« Und an anderer Stelle: Seine eigene ganz jugendliche Gesinnungs- und Denkweise lasse sich dort überall ohne Rückhalt leidenschaftlich aus (*Sicherung meines literarischen Nachlasses*, WA 41, 2; S. 90). Dies muß man berücksichtigen, um leichter zu begreifen, daß Goethes Weg nach Weimar und sein verantwortliches politisches Wirken dort kein Zufallsereignis waren, vielmehr die Annahme eines Angebots, in der Praxis etwas von dem zu verwirklichen, worüber in manchem Artikel nachgedacht worden war.

Die Rezensionen erschienen sämtlich anonym, wie das damals weitgehend Brauch war. So wußte der alte Goethe selbst nicht mehr, was er 1772 nach anfänglichem Zögern für die Frankfurter Zeitschrift geschrieben hatte. Eckermann erhielt deshalb den Auftrag, für die *Ausgabe letzter Hand* die richtige Auswahl zu treffen, was nicht ganz gelang. Mit absoluter Sicherheit hat man trotz philologischen Fleißes bis heute die Autorschaft nicht in jedem Fall klären können. Einige neuere Goethe-Ausgaben nehmen nur jene sechs Aufsätze auf, die durch zeitgenössische Zeugen als Goethes Eigentum ausgewiesen sind. Andere Forscher weisen Goethe viel mehr zu, bis zu 68 von den insgesamt 432 Rezensionen im Jahrgang 1772 (die vielleicht auch Gemeinschaftsarbeiten waren). Ein kniffliges Problem, das Spezialisten überlassen bleiben soll.

Die Ansichten über Literatur und Kunst in manchen Besprechungen sind höchst aufschlußreich. »Wild, aufgeregt und flüchtig hingeworfen, wie sie sind, möchte ich sie lieber Ergießungen meines jugendlichen Gemüts nennen als eigentliche Rezensionen« (*Sicherung meines literarischen Nachlasses*, WA 41, 2; S. 90). Etwas sei hier in Zitaten vorgestellt.

Mit welcher Erwartung hatte der Rezensent Goethe, der seine Sesenheimer Gedichte geschrieben hatte, die *Gedichte von einem Polnischen Juden* in die Hand genommen? »Da tritt, dachten wir, ein feuriger Geist, ein fühlbares Herz [...] auf einmal in *unsre* Welt« und wird, »wo ihr an langer Weile schmachtet, [...] Quellen von Vergnügen entdecken«. Er wird, so hoffte der kritische Leser, »seine Gefühle, seine Gedanken in freyen Liedern der Gesellschaft, Freunden, Mädchen mittheilen, wenn er nichts neues sagt, wird alles eine neue Seite haben«. Doch die Erwartung wurde getäuscht. Wie eine Abrechnung mit der Leipziger Lyrik liest sich die folgende spöttische Skizze:

Abstrahirt von allem, producirt sich hier wieder ein hübscher junger Mensch *gepudert*, und mit *glattem Kinn*, und *grünem goldbesetzten Rock*, der die schönen Wissenschaften eine Zeitlang getrieben hat, und unterm Treiben fand, wie artig und leicht das sey, Melodiechen nachzutrillern. Seine Mädchen sind die allgemeinsten Gestalten, wie man sie in Societät und auf der Promenade kennen lernt, sein Lebenslauf unter ihnen, der Gang von tausenden; er ist an den lieben Geschöpfen so hingestrichen, hat sie einmal amüsirt, einmal ennüyirt, geküßt, wo er ein Mäulchen erwischen konnte. [...]

Was dann folgt, ist eine enthusiastische Vision eines jungen Paars: eine Präfiguration, eine vorausdeutende Darstellung von Werther und Lotte. Als Goethe dies schrieb, war er in Wetzlar Lotte Buff begegnet, und nun, beeindruckt und verliebt, zeichnete er – der *Werther* war noch gar nicht konzipiert – das Bild eines Mädchens, das im Werther-Roman Scharen von Lesern betören sollte.

Laß, o *Genius* unsers Vaterlands bald einen Jüngling aufblühen, der voller Jugendkraft und Munterkeit, zuerst für seinen Kreis der beste Gesellschafter wäre, das artigste Spiel angäbe, das freudigste Liedchen sänge, im Rundgesange den Chor belebte, dem die beste Tänzerinn freudig die Hand reichte, den neusten mannigfaltigsten Reihen vorzutanzen, den zu fangen die Schöne, die Witzige, die Muntre alle ihre Reitze ausstellten, dessen empfindendes Herz sich auch wohl fangen liesse, sich aber stolz im Augenblicke wieder losriß, wenn er aus dem *dichtenden Traum* erwachend fände, daß seine Göttin nur schön, nur witzig, nur munter sey. [...]

Aber dann, o *Genius!* daß offenbar werde, nicht Fläche, Weichheit des Herzens sey an seiner Unbestimmtheit schuld; laß ihn ein Mädchen finden, seiner werth!

Wenn ihn heiligere Gefühle aus dem Geschwirre der Gesellschaft in die Einsamkeit leiten, laß ihn auf seiner Wallfahrt ein Mädchen entdecken, deren Seele ganz Güte, zugleich mit einer Gestalt ganz Anmuth, sich in stillem Familienkreis häuslicher thätiger Liebe glücklich entfaltet hat. Die Liebling, Freundinn, Beystand ihrer Mutter, die zweyte Mutter ihres Hauses ist, deren stets liebwürkende Seele jedes Herz unwiderstehlich an sich reißt, zu der Dichter und Weise willig in die Schule giengen, mit Entzücken schauten eingeborne Tugend, mitgebornen Wohlstand und Grazie. – Ja, wenn sie in Stunden einsamer Ruhe fühlt, daß ihr bey all dem Liebeverbreiten noch etwas fehlt, ein Herz, das jung und warm wie sie, mit ihr nach fernern verhülltern Seligkeiten dieser Welt ahndete, in dessen belebender Gesellschaft, sie nach all den goldnen Aussichten von *ewigem Beysammenseyn, daurender Vereinigung, unsterblich webender Liebe* fest angeschlossen hinstrebte.

Laß die Beyden sich finden, beym ersten Nahen werden sie dunkel und mächtig ahnden, was jedes für einen Innbegriff von Glückseeligkeit in dem andern ergreift, werden nimmer von einander lassen. Und dann lall er ahndend, und hoffend und genießend:

»Was doch keiner mit Worten ausspricht, keiner mit Thränen, und keiner mit dem verweilenden vollen Blick, und der Seele drinn.«

Wahrheit wird in seinen Liedern seyn, und lebendige Schönheit, nicht bunte Seifenblasenideale, wie sie in hundert deutschen Gesängen herum wallen (DjG 2, 273f.).

Als Bekenntnis zur neuen Auffassung von Sinn und Aufgabe der Kunst gerieten Partien der sog. Sulzer-Rezension. Für Johann Georg Sulzer, den durchaus beachtlichen Ästhetiker, der 1771/74 eine ausführliche *Allgemeine Theorie der Schönen Künste* veröffentlichte, war es ausgemachte Sache, daß die schönen Künste die Menschen »mit Zuneigung für alles Schöne und Gute zu erfüllen, die Wahrheit wirksam zu machen und der Tugend Reizung zu geben« hätten. Kunst stand hier im Dienste der Beförderung von Moral und Tugend. Sie sollte mithelfen bei der Entstehung einer bürgerlichen Moral, welche Tugend als richtiges zwischenmenschliches Verhalten verstand, das nicht mehr von höfischen Normen bestimmt oder auf sie bezogen war und der Absicht nach alle Menschen, unabhängig von ihrer Standeszugehörigkeit, betraf. Wie das Schöne in der Natur als »das Zeichen und die Lockspeise des Guten« galt, so sollten auch die schönen Künste sich »ihrer Reizungen« bedienen, »um unsere Aufmerksamkeit auf das Gute zu ziehen und uns mit Liebe für dasselbe zu rühren«. Gellerts Bemühen um bürgerlich-christliche Moral war noch so zu erfassen. Die Ansichten Goethes und seiner Freunde bei den *Frankfurter Gelehrten Anzeigen* ließen solche ›moralischen‹ Überlegungen und Forderungen hinter sich. Selbstbewußt und weiteren Freiraum für die Kunst beanspruchend, pochten sie darauf, daß Natur nicht verschönt, sondern in ihrer ganzen widersprüchlichen Wirklichkeit erfaßt werde, und forderten für den Künstler die Freiheit, wie die Natur schöpferisch tätig zu sein. Daher der heftige, Goethe zugeschriebene Angriff auf einen Grundartikel Sulzers (*Die schönen Künste in ihrem Ursprung, ihrer wahren Natur und besten Anwendung*) im Frankfurter Rezensionsblatt.

Er will das unbestimmte Prinzipium: *Nachahmung der Natur*, verdrängen, und gibt uns ein gleich unbedeutendes dafür: *die Verschönerung der Dinge*. [...] Gehört denn, was unangenehme Eindrücke auf uns macht, nicht so gut in den Plan der Natur als ihr Lieblichstes? Sind die wütenden Stürme, Wasserfluten, Feuerregen, unterirdische Glut, und Tod in allen Elementen nicht ebenso wahre Zeugen ihres ewigen Lebens als die herrlich aufgehende Sonne über volle Weinberge und duftende Orangenhaine? [...] Wäre es nun also auch wahr, daß die Künste zu Verschönerung der Dinge um uns wirken, so ist's doch falsch, daß sie es nach dem Beispiele der Natur tun.

Was wir von Natur sehn, ist Kraft, die Kraft verschlingt; nichts gegenwärtig, alles vorübergehend, tausend Keime zertreten, jeden Augenblick tausend geboren, groß und bedeutend, mannigfaltig ins Unendliche; schön und häßlich, gut und bös, alles mit gleichem Rechte nebeneinander existierend. Und die *Kunst* ist gerade das Widerspiel; sie entspringt aus den Bemühungen des Individuums, sich gegen die zerstörende Kraft des Ganzen zu erhalten. Schon das Tier durch seine Kunsttriebe *scheidet, verwahrt* sich; der Mensch durch alle Zustände befestigt sich gegen die Natur, ihre tausendfache Übel zu vermeiden und nur das Maß von Gutem zu genießen; bis es ihm endlich gelingt, die Zirkulation aller seiner wahr- und gemachten Bedürfnisse in einen Palast einzuschließen, sofern es möglich ist, alle zerstreute Schönheit und Glückseligkeit in seine gläserne Mauern zu bannen, wo er denn immer weicher und weicher wird, den Freuden des Körpers Freuden der Seele substituiert, und seine Kräfte, von keiner Widerwärtigkeit zum Naturgebrauche aufgespannt, in Tugend, Wohltätigkeit, Empfindsamkeit zerfließen (12, 17 f.).

Kunst wird hier, zunächst überraschend, nicht der Natur gleich, sondern als »Widerspiel« gegen sie gesetzt. Aber als Annehmlichkeit oder Verschönerung wird sie nicht mehr gesehen. Indem sie sich zwar »gegen die zerstörende Kraft des Ganzen« setzt, nimmt sie doch Kraft und Dynamik der Natur auf. Anders ist die Distanzierung von »Tugend, Wohltätigkeit, Empfindsamkeit« im letzten Satz nicht zu verstehen. Wo nämlich der äußerst komprimierte Überblick über die Entwicklung der Kunst endet, kommt schon die befehdete fragwürdige Kunst in den Blick, mit bezeichnenden Wörtern wie »Palast« und »gläserne Mauern«.

Der Aufsatz *Von deutscher Baukunst*, ebenfalls aus dem Jahre 1772, handelt vom selben Thema. Nicht schöne, sondern charakteristische Kunst heißt die Devise, und in der Polemik gegen andere Auffassungen wird die Schöpferkraft des Künstlers zur bestimmenden Größe; denn in ihr ist die unreglementierte, wahre Natur am Werk. Aber subjektivistische Phantasterei wird damit keineswegs proklamiert: Der Künstler greift »umher nach Stoff, ihm seinen Geist einzuhauchen«. Und: »Wann seine Existenz gesichert ist«, schickt sich der Mensch an, die Wirklichkeit künstlerisch zu erschließen. Neben der Bewältigung der Natur im Prozeß der Arbeit gebührt der Kunst ihr eigenes Recht. Wie sie entsprechend zu verfahren habe, das wird immer ein Thema Goethes bleiben. Daß in diesem Abschnitt seines Lebens der Nachdruck auf der freien Schöpferkraft des Künstlers, des Genies liegt, ist freilich überdeutlich.

Laß einen Mißverstand uns nicht trennen, laß die weiche Lehre neuerer Schönheitelei dich für das bedeutende Rauhe nicht verzärteln, daß nicht zuletzt deine kränkelnde Empfindung nur eine unbedeutende Glätte ertragen könne. Sie wollen euch glauben machen, die schönen Künste seien entstanden aus dem Hang, den wir haben sollen, die Dinge rings um uns zu verschönern. Das ist nicht wahr! [...]
Die Kunst ist lange bildend, eh' sie schön ist, und doch so wahre, große Kunst, ja oft wahrer und größer als die schöne selbst. Denn in einem Menschen ist eine bildende Natur, die gleich sich tätig beweist, wann seine Existenz gesichert ist. Sobald er nichts zu sorgen und zu fürchten hat, greift der Halbgott, wirksam in seiner Ruhe, umher nach Stoff, ihm seinen Geist einzuhauchen. Und so modelt der Wilde mit abenteuerlichen Zügen, gräßlichen Gestalten, hohen Farben seine Kokos, seine Federn und seinen Körper. Und laßt diese Bildnerei aus den willkürlichsten Formen bestehn, sie wird ohne Gestaltsverhältnis zusammenstimmen; denn *eine* Empfindung schuf sie zum charakteristischen Ganzen.
Diese charakteristische Kunst ist nun die einzig wahre. Wenn sie aus inniger, einiger, eigner, selbstständiger Empfindung um sich wirkt, unbekümmert, ja unwissend alles Fremden, da mag sie aus rauher Wildheit oder aus gebildeter Empfindsamkeit geboren werden, sie ist ganz und lebendig. Da seht ihr bei Nationen und einzelnen Menschen dann unzählige Grade (*Von deutscher Baukunst*; 12, 13).

Solche Auffassung war den Mitarbeitern der *Frankfurter Gelehrten Anzeigen* vertraut. »Wo ahmt der Tonkünstler nach? wo der Baumeister? Wir glauben überhaupt, daß das Genie nicht die Natur nachahmt, sondern selbst schafft wie die Natur. Da fleußt eine eigene Quelle gleich der andern, aber nicht nach ihr gemacht, sondern wie sie aus dem Felsen geboren«, verkündet eine Rezension vom 29. 9. 1772 (*Zufällige Gedanken über die Bildung des Geschmacks in öffentlichen Schulen*).

Freund Merck und der Darmstädter Zirkel der Empfindsamen

Ende Dezember 1771 war Johann Heinrich Merck in Frankfurt zu Besuch gewesen. Das bedeutete den Anfang einer Freundschaft, die für beide, Goethe wie Merck, fruchtbar wurde, auch wenn sie sich bisweilen nichts geschenkt haben. Denn sie waren scharfzüngig, und an intellektuellem Vermögen fehlte es ihnen nicht. Dieser Darmstädter Merck, 1741 geboren, war eine eigenwillige, von den Zeitläufen und vom privaten Geschick nicht verwöhnte Persönlichkeit, der man selten gerecht geworden ist. Zu lange hing ihm das Etikett an, das Freund Goethe gestanzt hatte. Zwar würdigte dieser ihn mehrfach in seinen Lebenserinnerungen (als »eignen Mann, der auf mein Leben den größten Einfluß gehabt«, 12. B.; 9, 505), aber das Wort vom »Mephistopheles« ist haften geblieben. Es fällt im Bericht über Mercks Versuche, in Wetzlar das schwierige Verhältnis des Freundes zu Charlotte Buff, die schon mit Kestner verlobt war, zu lockern (9, 554). Auch sonst sparte der Darmstädter nicht mit kritischen Vorbehalten. Dabei traf er meistens wirklich Problematisches und agierte als Mahner, nicht als böswilliger Besserwisser.

Mercks Leben war mühselig. Nach Studienjahren ohne akademischen Abschluß, in denen er vielerlei, von Theologie, Logik, Rhetorik bis zu Jurisprudenz und Mineralogie, gehört und in Dresden auch die Kunstakademie besucht hatte, und nach einer Zeit als Hofmeister war er 1767 in bescheidener Position als Sekretär der Geheimen Kanzlei am Darmstädter Hof untergekommen. Hier blieb er bis zu jenem 28. Juni 1791, an dem er sich eine Kugel in den Kopf schoß. Hin und wieder eine Reise, um Bilder für den Hof einzukaufen; gelegentliche Fahrten in die Rheingegend; die Rußlandreise 1773, als die Landgräfin die Ehe einer ihrer Töchter mit dem russischen Großfürsten einfädeln wollte; ein paar Besuche in Weimar; 1791 noch ein Aufenthalt im revolutionären Paris, wo er binnen kurzem Mitglied des Jakobinerklubs wurde. Ansonsten Dienst in Darmstadt und literarische, wissenschaftliche Kontakte außerhalb. Die Ehe, aus der immerhin sieben Kinder hervorgingen, war kompliziert. Schließlich brachte seine Frau, die er 1766 als junge Französisch-Schweizerin geheiratet hatte, im achten Jahr der Ehe ein Kind zur Welt, das der Verbindung mit einem Berner Patrizier entstammte, den sie auf einer ihrer Reisen in die Heimat kennengelernt hatte. Das hätte beinahe katastrophale Folgen für den *Werther* gehabt. Denn als in eben jenem Jahre 1774 Goethe dem Freund daraus vorlas, Brief für Brief, war Merck zutiefst betroffen, weil er Ähnlichkeiten mit seinem eigenen Schicksal erkannte. »Nun ja! es ist ganz hübsch«, mehr wußte er in solcher Situation nicht zu äußern und entfernte sich, ohne dem etwas hinzuzufügen. Goethe, nichts ahnend, war so bestürzt, daß er glaubte, er habe sich im Sujet, im Ton, im Stil vergriffen. »Wäre ein Kaminfeuer zur Hand gewesen, ich hätte das Werk sogleich hineingeworfen« (*DuW* 13. B.; 9, 589).

Merck war neben seinen zweifellos monotonen dienstlichen Geschäften vielseitig tätig. Auch auf kaufmännische Unternehmungen ließ er sich ein; sie schlugen allerdings fehl. Übersetzungen aus dem Englischen hatte er in frühen Jahren vorgelegt. Er schrieb Fabeln und Gedichte (ganz im herkömmlichen Stil), verfaßte Essays, die streckenweise brillant gesellschaftskritische Fragen behandelten, und versuchte sich in erzählender Prosa, von der *Die Geschichte des Herrn Oheims* (1778) immer noch beachtenswert ist, eine Geschichte über die Flucht aus den Beengungen der Gesellschaft und des Dienstes. Nach dem wichtigen Jahrgang 1772 der *Frankfurter Gelehrten Anzeigen* hatte Merck lange Jahre Gelegenheit, im beachteten *Teutschen Merkur* zu publizieren, mit dessen Herausgeber Wieland er befreundet war. Ihn ließ Merck, der sich in den späten Jahren ganz der Mineralogie und Zoologie widmete (im Hessischen Landesmuseum zu Darmstadt steht das »Rhinozeros Merckii«), 1779 allerdings auch seinen Überdruß am bloßen Schreiben und Reden wissen: »Es ist mir nichts eigentlich lieb als sinnliche Dinge, Farbe, Licht, Sonne, Wein, Wasser, Stein und Kraut, das intellektuelle und menschliche Zeug will nicht mehr bei mir fort – und das Papierwesen vollends gar nicht.« Mit vielen Persönlichkeiten der Zeit stand er in Gedankenaustausch; mehrfach war dem Weimarer Herzog Carl August sein ökonomischer Rat willkommen. Die Verbindung nach Weimar ergab sich leicht; denn Herzogin Luise, die Tochter des Darmstädter Landgrafen, war seine Englisch-Schülerin gewesen. Eine Übernahme in Weimarische Dienste scheint allerdings der Minister Goethe vereitelt zu haben, der den »mephistophelischen« Geist so nahe wohl nicht bei sich haben mochte (Goethe an Merck, 11. 1. 1778).

In den Jahren 1772 bis 1775 indessen war die Verbindung zwischen beiden eng und herzlich. Merck fühlte sich gegenüber dem acht Jahre Jüngeren als Berater, zum gutgemeinten kritischen Wort berechtigt. Zu den genialischen Zügen des dichtenden Freundes wahrte er offenbar Distanz, obwohl er den *Götz*, bei dessen Veröffentlichung er für den Druck und Goethe für das Papier sorgten, schätzte. Aber bei den folgenden Werken ist ihm vieles fremd und wunderlich geblieben. Das hat er nicht verschwiegen. Wenn er allerdings *Clavigo* als »Quark« abtat, mußten sich Spannungen einnisten.

Darmstadt war in den frühen siebziger Jahren ein kleiner kultureller, geselliger Sammelpunkt. Am Hof von Hessen-Darmstadt war es damals die ›Große Landgräfin‹ Caroline (1721–1774), die in weithin bewunderter Initiative und Aufgeschlossenheit eine Atmosphäre schuf, in der Musisches gedeihen konnte. Ihr Mann hingegen, der seit 1768 regierende Ludwig IX., gab sich ganz seinen militärischen Neigungen hin und lebte meist bei seinen Soldaten in Pirmasens. Derweil waren bei der Landgräfin Schriftsteller wie Wieland, Gleim und Sophie von La Roche zu Gast; mit Voltaire, Helvétius, dem Baron Grimm und anderen stand sie in Briefwechsel, und sie war es, die die erste Sammlung der Oden Klopstocks, des angebeteten Meisters, veranlaßte, die im April 1771 erschien. Karl Friedrich von Moser, Verfasser eines Ratgebers für Fürsten (*Der Herr und der Diener*, 1759) und anderer politischer Reformschriften, war Präsident sämtlicher Landeskollegien, verlor freilich bald nach dem Tode der Landgräfin 1774 seinen Einfluß.

War der Hof ein Anziehungspunkt für die geistig Interessierten der Stadt, sofern sie standesmäßig einigermaßen mithalten konnten, so bildete das Völkchen der Empfindsamen, die »Gemeinschaft der Heiligen«, dort einen besonderen Zirkel. Merck, keineswegs ein Repräsentant der Empfindsamkeit, war eine zentrale Figur, ohne Zweifel der gebildetste Kopf und mit Verbindungen über Darmstadt hinaus. Die Damen des Kreises trugen poetische Namen: »Urania« war Henriette v. Roussillon, Hofdame der Herzogin von Pfalz-Zweibrücken, »Lila« Luise v. Ziegler, Hoffräulein der Landgräfin von Hessen-Homburg, und Caroline Flachsland, Herders Braut, die er hier 1770 kennengelernt hatte, wurde »Psyche« genannt. Auch Hofrat Franz Michael Leuchsenring, ebenso neugieriger wie riskant tratschender und deshalb beargwöhnter Seelenergründer, zählte zu dieser Gesellschaft.

Frankfurt war nicht weit von Darmstadt und Homburg, Merck stiftete die Verbindung, und mancher Ritt, manche Wanderung führten Goethe in die beiden Residenzstädtchen und ihre Umgebung, wo man Geselligkeit genoß. Caroline Flachslands Briefe an Herder berichten ausschweifend davon. Im März und April 1772 war Goethe bei den Darmstädtern, las Herders *Edward*-Ballade vor, was Caroline sogleich ihrem Verlobten schrieb, rezitierte aus dem *Gottfried von Berlichingen*, und als er im Mai 1772 nach Wetzlar zog, war ein Abschied »mit Kuß und Tränen« fällig. Der Kontakt riß nicht ab. Von Wetzlar kamen Verse, den Damen gewidmet, zum »Austeilen« bestimmt (*Elisium an Uranien; Pilgers Morgenlied an Lila; Fels-Weihegesang an Psyche*), und im November/Dezember 1772 brachte der bewunderte Dichter des *Gottfried von Berlichingen* ganze vier Wochen in Darmstadt zu, jetzt stark mit Zeichnen beschäftigt. So sehr schwankte er noch, was künstlerisch aus ihm werden sollte.

Diese »Gemeinschaft der Heiligen« lebte ganz im empfindsamen Gefühls- und Freundschaftskult, wie er schon früher in manchen Zirkeln des 18. Jahrhunderts, etwa um Gleim und Klopstock, gepflegt worden war und weiterhin im Schwange blieb. Solche schwärmerische Empfindsamkeit mutet uns heute unerträglich exaltiert an. »O meine Psyche, unsere ersten Blicke waren Liebe, und diese Liebe wird ewig unsere Herzen verbinden. Noch im Elysium werden wir das Glück unserer Freundschaft empfinden; ich sehe den Untergang der Sonnen, gegenüber welcher wir uns zärtlich umarmten. Damals küßte ich Augen voll Seele und jetzt ein fühlloses Papier; aber es wird von Psyches Händen berührt, o wie glücklich!«, schwelgte Luise v. Ziegler. Briefe gab's genug zu schreiben; denn wo jeweils ihre Herrinnen waren, in Homburg oder Zweibrücken, hatten die Hofdamen zu sein. In die Natur wanderte man hinaus, wollte Natürlichkeit finden, für Stimmungen und seelische Regungen offen sein; Tränen flossen in freundschaftlichen Umarmungen; alles geriet in den Sog einer Empfindsamkeit, die ständig auch von ihren literarischen Quellen gespeist wurde: Die gesuchte idyllische Szenerie, die ausgekosteten Naturstimmungen, die Mondscheinstunden, alles war literarisch bereits vorgeformt, bei Salomon Geßner, Ewald v. Kleist, Uz, bei Klopstock und in Youngs *Nachtgedanken*, Ossians Dämmerungen nicht zu vergessen, und man wußte es. Überspanntheiten gab es reichlich. Luise v. Ziegler, die Lila, die als Hofdame in Homburg zu dienen hatte, legte sich im Garten ihr Grab an, hütete ein Schäfchen, lebte gern in einem »Hüttchen von Geißblatt«, wo »ein Schüsselchen mit Erdbeeren, ein Stück Schwarzbrot, ein Trunk frisch Wasser« ihre Mahlzeit bildeten.

In diesen schwärmerischen Vernarrtheiten steckte allerdings auch Protest, hilfloser Protest gegen die Reglementierungen durch die erstarrte Etikette der »polierten Nation«, die noch an den kleinsten Höfen ihr (Un-)Wesen trieb, und immer bleibt der Beitrag aller Empfindsamen zur Verfeinerung der Sensibilität zu würdigen. ›Werthersche‹ Gefühle und Stimmungen waren hier vorweg zu erfahren; in den *Werther* ist manches davon eingeflossen.

Goethe zollte mit seinen Gedichten an die Bekannten Urania, Lila und Psyche der Empfindsamkeit seinen Tribut. Das waren Etüden einer adressatenbezogenen und leicht zu verallgemeinernden Gefühlsaussprache. Sie knüpften an bestimmte, vom geselligen Treffen gezeichnete Örtlichkeiten an und spielten die Themen von Freundschaft und Naturbegeisterung, Zusammensein und Abschiednehmen durch. Geschwätzige Schwärmerei als Äußerung jenes zeitbedingten Freundschaftskultes mischte sich ein: »Werfe den hoffenden Blick / Auf Lila, sie nähert sich mir. / Himmlische Lippe! / Und ich wanke, nahe mich, / Blicke, seufze, wanke – / Seligkeit! Seligkeit! / Eines Kusses Gefühl! / Mir gaben die Götter / Auf Erden Elisium! / Ach, warum nur Elisium!« (*Elisium*)

Aber auch Verse anderen Gewichts stellten sich ein. Den Homburger Turm, wo Lila lebte, im Morgennebel vor Augen, von Erinnerung bewegt, steigert sich in *Pilgers Morgenlied* der Abschiednehmende zu Ausrufen, die der Ausdrucksgebärde der großen Jugendhymnen kaum nachstehen. Selbstbewußtsein, das sich »allgegenwärtiger Liebe« als belebenden Zentrums sicher weiß, äußert sich, und »doppeltes Leben« meint nichts anderes als das Sichhingeben in der »Freude« und die Konzentration im »Mut«, jene Bewegung von »sich entselbstigen« und »sich verselbsten« (*DuW* 8. B.; 9, 353).

> Zische, Nord,
> Tausend-schlangenzüngig
> Mir ums Haupt!
> Beugen sollst du's nicht!
> Beugen magst du
> Kind'scher Zweige Haupt,
> Von der Sonne
> Muttergegenwart geschieden.
>
> Allgegenwärt'ge Liebe,
> Durchglühst mich!
> Beutst dem Wetter die Stirn,
> Gefahren die Brust!
> Hast mir gegossen
> Ins frühwelkende Herz
> Doppeltes Leben,
> Freude, zu leben,
> Und Mut!

Noch im Frühjahr 1773 komponierte Goethe ein *Concerto dramatico*, »aufzuführen in der Darmstädter Gemeinschaft der Heiligen«, ein raffiniertes Stück Lyrik, in dem er alle Register seines virtuosen sprachlichen Könnens zog. In der Form eines Konzerts mit mehreren Sätzen folgen Strophen in verschiedenen Versmaßen und variierender Rhythmik, mit musikalischen Bezeichnungen versehen vom »Tempo guisto« über ›langsame Sätze‹ bis zum schließenden »Presto fugato«. Gewiß, nur eine Gelegenheitsarbeit, und Goethe hat sie nie in seine Werke aufgenommen, aber verfaßt von einem, der in jener Zeit alle Modulationen seiner Sprach- und Gestaltungsfähigkeit durchprobierte, im *Clavigo*, in den Fastnachtsspielen, in satirischen Stücken, und der in diesem *Concerto dramatico* auf engstem Raum bewies, daß er alle Variationen meisterte, vom Pathetischen bis zum Volkstümlichen, vom Mundartlichen bis zum Spruchhaften, vom Kirchenliedton bis zum Gesellschaftsvers.

Wertherzeit in Wetzlar

Praktikant beim Reichskammergericht

Von Mai bis September 1772 war der Rechtsanwalt Goethe Praktikant beim Reichskammergericht in Wetzlar. Bei dieser hohen Reichsbehörde sollte er seine juristische Praxis vervollkommnen. Aber das war eine zweifelhafte Sache. Denn weder war das Gericht in seinem damaligen Zustand eine erstklassige Stätte zur Weiterbildung, noch richtete sich Goethes eigenes Interesse in jener Zeit ausgerechnet auf juristische Fragen. Es gehörte zum guten Ton, auch in Wetzlar gewesen zu sein. Großvater Textor hatte volle zehn Jahre hier gearbeitet, der Vater sich diesen Ort einer juristischen Kavaliersreise nicht entgehen lassen, und nun sollte auch der Sohn diese Station absolvieren.

Als Institution hatte das Reichskammergericht eine wichtige Funktion im Reichsgefüge. Oberster Gerichtshof für Streitfälle der Reichsstände untereinander und zuständig für Appellationssachen in zweiter Instanz, war es 1689 von Speyer nach Wetzlar verlegt worden. Die drei obersten Richter wurden vom Kaiser ernannt, die Beisitzer von den Reichsständen. Diesem Richterkollegium arbeiteten zahlreiche Juristen und Beamten zu, und auswärtige Regierungen hatten ihre juristischen Vertreter in Wetzlar. So hielten sich in dem Städtchen von 4000–5000 Einwohnern allein etwa 900 Personen auf, die beim Reichskammergericht zu tun hatten. Die Prozesse, die dort anhängig waren, dauerten unendlich lange. Die Fülle der zu erledigenden Fälle war daran ebenso schuld wie die Prozeßordnung und eine unzureichende personelle Ausstattung. Kein Wunder, daß streitende Parteien bisweilen mit unlauteren Mitteln versuchten, den Prozeßablauf zu beeinflussen und zu beschleunigen. Um Unregelmäßigkeiten auf die Spur zu kommen, hatte Kaiser Joseph II. im Jahre 1766 eine Überprüfung, eine »Visitation« angeordnet, die noch lief, als Goethe sich als Praktikant beim Gericht einschrieb. In dieser Eigenschaft konnte er an den Verhandlungen des Gerichts teilnehmen, die öffentlich stattfanden; daneben gab es besondere Lehrveranstaltungen, die einzelne Juristen für die Praktikanten abhielten.

Johann Christian Kestner, der als hannoverischer Legationssekretär beim Reichskammergericht tätig war, schrieb im Herbst 1772:

Im Frühjahr kam hier der Doktor Goethe von Frankfurt am Main. Er sollte hier die Praxin treiben. Er war 23 Jahr alt und passierte hier für einen Philosophen, welchen Titel er aber nicht auf sich kommen lassen wollte. Die schönen Geister bemüheten sich um seine Bekanntschaft; denn er hatte aus den schönen Wissenschaften sein Hauptwerk gemacht oder vielmehr aus allen Wissenschaften, nur nicht den sogenannten Brotwissenschaften. Er hassete die Juristerei und bedarf ihrer auch nicht, da sein Vater außerordentlich reich, er aber der einzige Sohn ist. Ich lernte ihn von ohngefähr kennen, und mein erstes Urteil von ihm war, daß er kein unbeträchtlicher Mensch sei. Sie wissen, daß ich nicht eilig beurteile (an Hennings, Herbst 1772; Bo I 37 f.).

An Bekanntschaften mit »schönen Geistern« mangelte es in der Tat nicht, und geselliges Leben gab es genug. Beim Mittagstisch traf der Neuling »beinah sämtliche Gesandtschaftsuntergeordnete, junge muntere Leute, beisammen; sie nahmen mich freundlich auf, und es blieb mir schon den ersten Tag kein Geheimnis, daß sie ihr mittägiges Beisammensein durch eine romantische Fiktion erheitert hatten. Sie stellten nämlich, mit Geist und Munterkeit, eine Rittertafel vor« (*DuW* 12. B.; 9,531). Da herrschten bestimmte Rituale, die einzuhalten waren; auch »ein seltsamer Orden, welcher philosophisch und mystisch sein sollte«, hatte merkwürdige Regeln; – insgesamt purer Zeitvertreib ohne tiefere Bedeutung. Wichtiger dagegen die Bekanntschaft mit Friedrich Wilhelm Gotter, der seit 1769 mit Boie den *Göttinger Musenalmanach* herausgebracht hatte. Dort erschienen im Jahrgang 1774 nun auch von Goethe so bedeutsame Gedichte wie *Der Wandrer* und *Mahomets Gesang*. Mit Carl Wilhelm Jerusalem, den er aus der Leipziger Studienzeit kannte und der als braunschweigischer Legationssekretär in Wetzlar war, traf er am Mittagstisch ebenfalls wieder zusammen. Doch hat sich kaum ein näherer persönlicher Kontakt ergeben. Abschätzig vermerkte Jerusalem: »Er war zu unserer Zeit in Leipzig und ein Geck. Jetzt ist er noch außerdem Frankfurter Zeitungsschreiber«, womit er auf die *Frankfurter Gelehrten Anzeigen* anspielte (an Eschenburg, 18.7.1772). Es war jener unglückliche Jerusalem, der sich am 30. Oktober 1772 erschoß, mit einer Pistole, die er sich von Kestner geliehen hatte. Werthers Ende ist dem aufsehenerregenden Selbstmord nachgebildet, jedoch aus dem Abstand von anderthalb Jahren.

Der unglückliche Liebhaber der Charlotte Buff

Die bewegendste Bekanntschaft der Wetzlarer Zeit aber verband den Dreiundzwanzigjährigen mit Charlotte Buff, die jedoch mit Kestner wie verlobt war und wohl auch nie mit dem Gedanken gespielt hat, ihn um Goethes willen zu verlassen. Goethe und Lotte: dieses Verhältnis ist geschichtsnotorisch geworden; man hat es immer wieder ausgeschmückt. Generationen haben die Phasen dieser Liebe und Entsagung nachempfunden – und einen kardinalen Fehler, der ihnen dabei oft unterlief, nicht erkannt: daß sie nämlich *Die Leiden des jungen Werthers* als wahre Darstellung von Goethes eigenen Erlebnissen in Wetzlar nahmen, wo doch größte Behutsamkeit geboten ist, wenn man hier Parallelen ausbeuten will.

Kestner hat aufgezeichnet, wie er Goethe kennenlernte und wie es zur Bekanntschaft Goethes mit Charlotte kam. Statt abermaliger Nacherzählung sei hier ausführlich aus seinen Briefberichten an August von Hennings zitiert (Bo I 36ff.).

Einer der vornehmsten unsrer schönen Geister, Sekretär Gotter, beredete mich einst, nach Garbenheim, einem Dorf, gewöhnlichem Spaziergang, zu gehen. Daselbst fand ich ihn [Goethe] im Grase unter einem Baum auf dem Rücken liegen, indem er sich mit einigen Umstehenden – einem epikureischen Philosophen (von Goué, großes Genie), einem stoischen Philosophen (von Kielmannsegge) und einem Mitteldinge von beiden (Dr. König) – unterhielt und ihm recht wohl war. [...]
Ehe ich weitergehe, muß ich eine Schilderung von ihm versuchen, da ich ihn nachher genau kennengelernet habe.
Er besitzt, was man Genie nennt, und eine ganz außerordentlich lebhafte Einbildungskraft. Er ist in seinen Affekten heftig. Er hat eine edle Denkungsart. Er ist ein Mensch von Charakter. Er liebt die Kinder und kann sich mit ihnen sehr beschäftigen. Er ist bizarre und hat in seinem Betragen, seinem Äußerlichen verschiedenes, das ihn unangenehm machen könnte. Aber bei Kindern, bei Frauenzimmern und vielen andern ist er doch wohl angeschrieben.
Er tut, was ihm einfällt, ohne sich darum zu bekümmern, ob es anderen gefällt, ob es Mode ist, ob es die Lebensart erlaubt. Aller Zwang ist ihm verhaßt.
Für dem weiblichen Geschlecht hat er sehr viele Hochachtung.
In principiis ist er noch nicht fest und strebt noch erst nach einem gewissen System.
Um etwas davon zu sagen, so hält er viel von Rousseau, ist jedoch kein blinder Anbeter von demselben.
Er ist nicht, was man orthodox nennt. Jedoch nicht aus Stolz oder Caprice oder um was vorstellen zu wollen. Er äußert sich auch über gewisse Hauptmaterien gegen wenige, stört andere nicht gern in ihren ruhigen Vorstellungen.
Er haßt zwar den Scepticismum, strebt nach Wahrheit und nach Determinierung über gewisse Hauptmaterien, glaubt auch schon über die wichtigsten determiniert zu

sein, soviel ich aber gemerkt, ist er es noch nicht. Er geht nicht in die Kirche, auch nicht zum Abendmahl, betet auch selten. Denn, sagt er: ›Ich bin dazu nicht genug Lügner.‹

Zuweilen ist er über gewisse Materien ruhig, zuweilen aber nichts weniger wie das. Vor der christlichen Religion hat er Hochachtung, nicht aber in der Gestalt, wie sie unsere Theologen vorstellten.

Er *glaubt* ein künftiges Leben, einen besseren Zustand.

Er strebt nach Wahrheit, hält jedoch mehr vom Gefühl derselben als von ihrer Demonstration. [...]

Den 9. Junii fügte es sich, daß er mit bei einem Ball auf dem Lande war, wo mein Mädchen und ich auch waren. Ich konnte erst nachkommen und ritt dahin. Mein Mädchen fuhr also in einer andern Gesellschaft hin; der Dr. Goethe war mit im Wagen und lernte Lottchen hier zuerst kennen. [...] Lottchen zog gleich seine ganze Aufmerksamkeit an sich. Sie ist noch jung; sie hat, wenn sie gleich keine ganz regelmäßige Schönheit ist (ich rede hier nach dem gemeinen Sprachgebrauch und weiß wohl, daß die Schönheit eigentlich keine Regeln hat), eine sehr vorteilhafte, einnehmende Gesichtsbildung; ihr Blick ist wie ein heitrer Frühlingsmorgen, zumal den Tag, weil sie den Tanz liebt. Sie war lustig; sie war in ganz ungekünsteltem Putz. Er bemerkte bei ihr Gefühl für das Schöne der Natur und einen ungezwungenen Witz, mehr Laune als Witz.

Er wußte nicht, daß sie nicht mehr frei war. Ich kam ein paar Stunden später, und es ist nie unsere Gewohnheit, an öffentlichen Orten mehr als Freundschaft gegeneinander zu äußern. Er war den Tag ausgelassen lustig (dieses ist er manchmal, dagegen zur andern Zeit melancholisch). Lottchen eroberte ihn ganz, um desto mehr, da sie sich keine Mühe darum gab, sondern sich nur dem Vergnügen überließ. Anderntags konnte es nicht fehlen, daß Goethe sich nach Lottchens Befinden auf dem Ball erkundigte. Vorhin hatte er in ihr ein fröhliches Mädchen kennengelernt, das den Tanz und das ungetrübte Vergnügen liebt; nun lernte er sie auch von der Seite, wo sie ihre Stärke hat, von der häuslichen Seite kennen (Herbst 1772).

Es konnte ihm nicht lange unbekannt bleiben, daß sie ihm nichts als Freundschaft geben konnte, und ihr Betragen gegen ihn gab wiederum ein Muster ab. Dieser gleiche Geschmack, und da wir uns näher kennenlernten, knüpfte zwischen ihm und mir das festeste Band der Freundschaft, so daß er bei mir gleich auf meinen lieben Hennings folgt. Indessen, ob er gleich in Ansehung Lottchens alle Hoffnung aufgeben mußte und auch aufgab, so konnte er mit aller seiner Philosophie und seinem natürlichen Stolze so viel nicht über sich erhalten, daß er seine Neigung ganz bezwungen hätte. Und er hat solche Eigenschaften, die ihn einem Frauenzimmer, zumal einem empfindenden und das von Geschmack ist, gefährlich machen können. Allein Lottchen wußte ihn so kurzzuhalten und auf eine solche Art zu behandeln, daß keine Hoffnung bei ihm aufkeimen konnte und er sie, in ihrer Art zu verfahren, noch selbst bewundern mußte. Seine Ruhe litt sehr dabei. Es gab mancherlei merkwürdige Szenen, wobei Lottchen bei mir gewann und er mir als Freund auch werter werden mußte, ich aber doch manchmal bei mir erstaunen mußte, wie die Liebe so gar wunderliche Geschöpfe selbst aus den stärksten und sonst für sich selbständigen Menschen machen kann. Meistens dauerte er mich, und es entstanden bei mir innerliche Kämpfe, da ich auf der einen Seite dachte, ich möchte nicht imstande sein, Lottchen so glücklich zu machen als er, auf der andern Seite aber den Gedanken nicht ausstehen konnte, sie zu verlieren. Letzteres gewann die Oberhand, und an Lottchen habe ich nicht einmal eine Ahndung von dergleichen Betrachtung bemerken können. Kurz, er fing nach einigen Monaten an, einzusehen, daß er zu seiner Ruhe Gewalt gebrauchen mußte. In einem Augenblicke, da er sich darüber völlig determiniert hatte, reisete er ohne Abschied davon, nachdem er schon öfters vergebliche Versuche zur Flucht gemacht hatte. Er ist zu Frankfurt, und wir reden fleißig durch Briefe miteinander (18.11.1772).

Man braucht nur Briefe Goethes aus dieser Zeit neben die Schreiben Kestners zu halten, um Unterschiede der beiden Männer zu bemerken. Gedankenskizzen, Bruchstücke eines unruhigen Gefühlslebens, intensiv gesuchte Nähe zum Adressaten bei Goethe; nüchterner Überblick, ruhige Beschreibung, Versuch eines differenzierten Psychogramms beim – freilich acht Jahre älteren – Kestner. Womöglich ist dieser besonnene und Exaltiertheiten abgeneigte lebenstüchtige Mensch, der später Hofrat in seiner Heimatstadt Hannover wurde, der richtige Lebenspartner für Charlotte Buff gewesen, die eine natürliche Lebensfreude und Lebenssicherheit ausgezeichnet haben müssen. Gerade davon scheint der junge Goethe, mit den Darmstädter Schwärmerinnen vertraut, beeindruckt und eingenommen worden zu sein: wie Lotte, die jetzt Neunzehnjährige, Tochter des Amtmanns Buff im »Teutschen Hause« des Deutschen Ritterordens, nach dem Tod der Mutter im Jahr davor den vielköpfigen Haushalt mit Vater und elf Geschwistern zu bewältigen verstand und noch Zeit und Aufmerksamkeit für die bescheidenen Freuden des Wetzlarer Alltags und die sommerliche Landschaft rundum fand. Kestners Bericht sagt unmißverständlich, wie sehr Goethe die Zuneigung zu Lotte gepackt hatte, wie schwierig es beiden wurde, damit ins reine zu kommen, und wie dem ohne Hoffnung auf Erfüllung Liebenden nur die Flucht übrigblieb. Tatsächlich hinterließ Goethe für Charlotte und ihren Bräutigam nur wenige Zeilen; ohne Abschied machte er sich davon. »Nun binn ich allein, und morgen geh ich. O mein armer Kopf« (an Kestner, 10.9.1772). »Gepackt ists Lotte, und der Tag bricht an, noch eine Viertelstunde so binn ich weg« (an Charlotte Buff, 11.9.1772). Im Blatt an Kestner bezog er sich auf ein Gespräch, das ihn in seiner besonderen Situation förmlich »aus einander gerissen« habe. Im Tagebuch hat Kestner unter dem 10. September 1772 notiert, wovon gesprochen worden war: »von dem Zustande nach diesem Leben [...]. Wir machten miteinander aus: wer zuerst von uns stürbe, sollte, wenn er könnte, den Lebenden Nachricht von dem Zustande jenes Lebens geben. Goethe wurde ganz niedergeschlagen, denn er wußte, daß er andern Morgens wegreisen wollte« (Bo I 32).

Abermals eine Trennung, wie in Leipzig, wie in Sesenheim. Solche Wunden vernarben nur langsam. Unverkennbar ist die knisternde Spannung, die die Beziehung zwischen Goethe, Lotte und Kestner auflud. In Frankfurt besorgte Goethe Eheringe für die Kestners. Das brachte er über sich; aber Bitternis klang aus dem Brief, den er der Sendung beifügte: »Nach Franckfurt kommt ihr doch nicht, das ist mir lieb, wenn ihr kämt so ging ich« (Ende März 1773). Staunendes Nichtbegreifen des Geschehenen drückte sich in anderen Zeilen aus, und gelegentlich behalf sich der Verlassene damit, wie zeit seines Lebens, das ihn Bedrängende wegzuspotten, mit Worten freilich, die die tiefe Verletztheit kaum verdeckten:

Von der Lotte wegzugehn. Ich begreifs noch nicht wies möglich war. [...]
Wir redeten wies drüben aussäh über den Wolcken, das weis ich zwar nicht, das weis ich aber, dass unser Herr Gott ein sehr kaltblütiger Mensch seyn muss der euch die Lotte lässt. Wenn ich sterbe und habe droben was zu sagen ich hohl sie euch warrlich. Drum betet fein für mein Leben und Gesundheit, Waden und Bauch pp und sterb ich so versöhnt meine Seele mit Trähnen, Opfer, und dergleichen sonst Kästner siehts schief aus (10.4.1773).

Trotz allem sollte man die Wetzlarer Liebe nicht als eine verzehrende, in ausweglose Verzweiflung führende einschätzen. Goethe war nicht der unglückliche Werther. Was er im *Werther*, und zwar erst 1774, gestaltete, war nicht nur das Schicksal eines scheiternden Liebenden, sondern eine umfassendere Lebensproblematik. Da geht jemand, der bedingungslos seinem Fühlen folgen und freien Raum gewinnen will, an sich selbst und der Gesellschaft zugrunde, und die hoffnungslose Liebe zu Lotte, der Braut Alberts, ist nur ein Teil des gesamten Syndroms, wenngleich ein entscheidender, der die Katastrophe herbeiführt. Merkwürdig immerhin, daß Goethes Neigung zu Charlotte Buff keine Liebesgedichte zeitigte, nichts in der Art der Sesenheimer Verse. Aber bei der jungen Frau seines Gedichts *Der Wandrer*, der mütterlichen, in der Hütte beschirmt und tätig wohnenden, dachte er an die Wetzlarer Lotte, worauf er Kestner aufmerksam machte (15.9.1773).

Die Liebe des im Herbst nach Frankfurt Zurückgekehrten konnte sich, wenn auch in oft schmerzhafter Erinnerung, zur Freundschaft beruhigen. Lottes Silhouette hing in seinem Zimmer; lange sind Briefe hin und her gegangen, nach Wetzlar, dann nach Hannover, darunter die großen, bewegenden Weihnachtsbriefe vom 25. Dezember 1772 und 1773.

Cristtag früh. Es ist noch Nacht lieber Kestner, ich binn aufgestanden um bey Lichte morgens wieder zu schreiben, das mir angenehme Erinnerungen voriger Zeiten zurückruft; ich habe mir Coffee machen lassen den Festtag zu ehren und will euch schreiben biss es Tag ist. Der Türner hat sein Lied schon geblasen ich wachte drüber auf. Gelobet seyst du Jesu Crist. Ich habe diese Zeit des Jahrs gar lieb, die Lieder die man singt; und die Kälte die eingefallen ist macht mich vollends vergnügt. Ich habe gestern einen herrlichen Tag gehabt, ich fürchtete für den heutigen, aber der ist auch gut begonnen und da ist mirs fürs enden nicht Angst. Gestern Nacht versprach ich schon meinen lieben zwey Schattengesichtern euch zu schreiben, sie schweben um mein Bett wie Engel Gottes. Ich hatte gleich bey meiner Ankunft Lottens Silhouette angesteckt, wie ich in Darmstadt war stellen sie mein Bett herein und siehe Lottens Bild steht zu Häupten das freute mich sehr, Lenchen [Lottes sechzehnjährige Schwester] hat ietzt die andre Seite ich danck euch Kestner für das liebe Bild [...]. Der Türner hat sich wieder zu mir gekehrt, der Nordwind bringt mir seine Melodie, als blies er vor meinem Fenster. Gestern lieber Kestner war ich mit einigen guten Jungens auf dem Lande, unsre Lustbaarkeit war sehr laut, und Geschrey und Gelächter von Anfang zu Ende. Das taugt sonst nichts für die kommende Stunde, doch was können die heiligen Götter nicht wenden wenns Ihnen beliebt, sie gaben mir einen frohen Abend, ich hatte keinen Wein getruncken, mein Aug war ganz unbefangen über die Natur. Ein schöner Abend, als wir zurückgingen es ward Nacht. Nun muss ich dir sagen das ist immer eine Sympatie für meine Seele wenn die Sonne lang hinunter ist und die Nacht von Morgen herauf nach Nord und Süd umsich gegriffen hat, und nur noch ein dämmernder Kreis vom Abend heraufleuchtet. Seht Kestner wo das Land flach ist ists das herrlichste Schauspiel, ich habe iünger und wärmer Stunden lang so ihr zu gesehn hinab dämmern auf meinen Wandrungen. Auf der Brücke hielt ich still. Die düstre Stadt zu beyden Seiten, der stillleuchtende Horizont, der Widerschein im Fluss machte einen köstlichen Eindruck in meine Seele den ich mit beyden Armen umfasste. [...] Die Tohrschließer kommen vom Burgemeister, und rasseln mit Schlüsseln. Das erste Grau des Tags kommt mir über des Nachbars Haus und die Glocken läuten eine Cristliche Gemeinde zusammen. Wohl ich binn erbaut hier oben auf meiner Stube, die ich lang nicht so lieb hatte als ietzt. Sie ist mit den glücklichsten Bildern ausgeziert [die] mir freundlichen guten Morgen sagen. Sieben Köpfe nach Raphael, eingegeben vom lebendigen Geiste, einen davon hab ich nachgezeichnet und binn zufrieden mit ob gleich nicht so froh. Aber meine lieben Mädgen. Lotte ist auch da und Lenchen auch. [...]

Um den *Werther* kam es allerdings zu einem lebhaften Disput, weil sich die Kestners in Albert und Lotte allzu deutlich widergespiegelt fanden. Nach Kestners Tod 1800 schlief die Korrespondenz ein. Ein Bittschreiben Lottes beantwortete Goethe 1803 förmlich-freundlich mit dem behutsamen Zusatz: »wie gern versetze ich mich wieder an Ihre Seite, zur schönen Lahn«

(23. 11. 1803). Lottes Besuch in Weimar 1816 blieb ganz im Rahmen der Konvention, der die Aufregungen der Jugend nichts mehr anhaben konnten. Thomas Mann hat in *Lotte in Weimar* die Tage der späten Wiederbegegnung nachgedichtet und sie mit den Reizen seiner subtilen Kunst der Anspielung und Auslegung angereichert.

Kestner entwarf in seinen Berichten an Hennings eine beachtenswerte Skizze des Wetzlarer Goethe. Eigenwilligkeit und Toleranz, außerordentliche Einbildungskraft und unkirchliche Religiosität, Suchen nach lebensleitenden Prinzipien und Unbekümmertheit um das Urteil anderer Leute: sie prägten sich dem Beobachter als Merkmale eines vielschichtigen, noch keineswegs ›fertigen‹ Menschen ein, der es sich und andern nicht immer leicht machte. »Ausgelassen lustig« und »melancholisch« hat Kestner ihn erlebt. Damit ist ein Wort gefallen, das in unseren Tagen weitreichende Deutungen erfahren hat: Melancholie sei bezeichnende Grundbefindlichkeit eines in seiner Tätigkeit durch politische Machtstrukturen beschränkten Bürgertums. Es ist nicht abwegig, auch in den melancholischen Anwandlungen des jungen Goethe Zeichen eines gehemmten Tatendrangs und Zweifel an Möglichkeiten zu sehen, je handelnd so wirken und sich verwirklichen zu können, wie es seinen Absichten entspräche. Auch mit den *Frankfurter Gelehrten Anzeigen* stand es ja nicht zum besten. Schon Ende 1772 war es mit dem Unternehmen der draufgängerischen Jungen vorbei; das Publikum hatten sie nicht gewinnen können. Goethe schrieb selbstbewußt, doch mit resignativem Unterton, eine *Nachrede*, in der er eingestand, daß manche Leser aus den Rezensionen wegen ihres besonderen Stils offenbar nicht hätten klug werden können.

Goethe war nicht der strahlende Sturm-und-Drang-Jüngling, wie manche seiner Gedichte, insbesondere die großen Jugendhymnen, vermuten lassen. Immer wieder durchzogen seine Briefe Äußerungen des Selbstzweifels und Schwankens, mitunter auch einer tiefen Traurigkeit. »Lebt wohl und denckt an mich das seltsame Mittelding zwischen dem reichen Mann und dem armen Lazarus«, schloß er den Weihnachtsbrief 1772 an Kestner. Und mochten es auch nur Anklänge an biblische Passagen sein, so waren sie doch bezeichnend: »Ich wandre in Wüsten da kein Wasser ist, meine Haare sind mir Schatten und mein Blut mein Brunnen. Und euer Schiff doch mit bunten Flaggen und Jauchzen zuerst im Hafen freut mich« (an Kestner, 4./9. 4. 1773). Im Herbst 1774 mußte er sich fragen: »Was wird aus mir werden. O ihr gemachten Leute, wieviel besser seyd ihr dran« (23. 9. 1774). Verworrenheit fühlte er oft in sich, und noch in jenem Brief an Gustchen Stolberg vom 3. August 1775, den er als »Der unruhige« unterzeichnete, brach es (in den Lili-Wirren) aus ihm hervor: »Unseeliges Schicksal das mir keinen

Mittelzustand erlauben will. Entweder auf einem Punckt, fassend, festklammernd, oder schweifen gegen alle vier Winde! – Seelig seyd ihr verklärte Spaziergänger, die mit zufriedener anständiger Vollendung ieden Abend den Staub von ihren Schuhen schlagen, und ihres Tagwercks göttergleich sich freuen – – – –«.

Wegen seines Umherschweifens in der Gegend zwischen Frankfurt, Darmstadt und Homburg pflegte man Goethe in jenen Monaten von 1772/1773 »den Wanderer« zu nennen (*DuW* 12. B.; 9,251). Dieses Wort ist auch in übertragenem Sinne zu verstehen: Wandern als suchendes Unterwegssein zur Selbstverwirklichung. Das Motiv des Wanderns zieht sich denn auch durch Goethes Werk, vom langen Dialoggedicht *Der Wandrer* aus dem Frühjahr 1772 bis hin zu *Wilhelm Meisters Wanderjahren* und *Faust II*, und zwar mit unterschiedlichen Nuancen. Suche nach individuellem Lebenssinn und Urformen menschlichen Daseins; Flucht vor der Bedrohung durch geschichtliche Ereignisse; Einkehr und Rückkehr zu gültigen Lebensweisen, die bewahrt werden wollen: das alles kann im Motiv des Wanderns, im Bild des Wanderers anschaulich werden, im alten Bild des *homo viator*, des Menschen, der »ein Waller auf der Erde« ist (*Werther*).

Das Pindar – Erlebnis

Mitte Juli 1772 schrieb Goethe aus Wetzlar einen bekenntnishaften Brief an Herder, in dem die ersten Worte auf die Situation dieser Monate und Jahre der Suche direkt anspielten: »Noch immer auf der Wooge mit meinem kleinen Kahn, und wenn die Sterne sich verstecken, schweb' ich so in der Hand des Schicksals hin, und Muth und Hoffnung und Furcht und Ruh wechseln in meiner Brust.« Aber dann wurde dieser Brief zu einem Bericht über den tiefen Eindruck, den das Studium der Griechen, vor allem Pindars, auf ihn gemacht habe. Selbstfindung und Selbstbestätigung zeichneten sich ab: »Ich wohne jetzt in Pindar, und wenn die Herrlichkeit des Pallasts glücklich machte, müßt' ichs sein.« Homer, Xenophon, Plato, Anakreon und eben Pindar hätten ihn ganz mit Beschlag belegt.

Sonst hab' ich gar nichts gethan, und es geht bei mir noch alles entsetzlich durch einander. Auch hat mir endlich der gute Geist den Grund meines spechtischen Wesens [das Herder diagnostiziert hatte] entdeckt. Ueber den Worten Pindars επικρατειν δυνασθαι [Herr werden können] ist mir's aufgegangen. Wenn du kühn im Wagen stehst, und vier neue Pferde wild unordentlich sich an deinen Zügeln bäumen, du ihre Kraft lenkst, den austretenden herbei, den aufbäumenden hinabpeitschest, und jagst und lenkst, und wendest, peitschest, hältst, und wieder ausjagst, bis alle sechzehn Füße in einem Takt ans Ziel tragen – das ist Meisterschaft, επιϰρατειν, Virtuosität. Wenn ich nun aber überall herumspaziert bin, überall nur dreingeguckt habe, nirgends zugegriffen. Dreingreifen, packen ist das Wesen jeder Meisterschaft. [...] Ich mögte beten, wie Moses im Koran: »Herr mache mir Raum in meiner engen Brust!«

Der Jüngling, der solche Sätze schrieb, spürte wohl seine künstlerischen Fähigkeiten, wußte aber auch, daß er sie noch nicht im Griff hatte. Die Konzentration auf das ihm Gemäße wünschte er zwar, glaubte sie aber noch nicht erreicht zu haben. So die ›negative‹ Lesart dieses Bekenntnisbriefes. Ebensogut ließe sich sagen: Goethe war so sehr mit schöpferischen Kräften begabt, daß er das aus Pindar herauslas, was ihm Mut zu sich selbst machte. Pindars επιϰρατειν δυνασθαι (nach *Nemeen* 8, 4 u. 5) hat zwar einen etwas anderen Sinn, doch Goethe beeindruckte gerade dieser Ausdruck, unabhängig von seinem Kontext: Herr werden können, zur Bändigung und Beherrschung fähig sein. Pindars Bild vom Wagenlenker eignete sich der auf Selbstvergewisserung Bedachte an. Es ist für ihn, in etwas veränderter Form, wichtig geblieben: Egmont ließ er es zur Selbstdeutung benutzen, und mit dessen Worten beschloß er seinen Lebensbericht *Dichtung und Wahrheit*.

»Seit vierzehn Tagen les' ich eure Fragmente, zum erstenmal«, meldete er Herder in diesem Brief. Herz und Sinn seien »mit warmer heiliger Gegenwart durch und durch belebt, als das wie *Gedanck* und *Empfindung* den *Ausdruck* bildet. So innig hab' ich das genossen.« Das war eine Kernthese Herders, die eine Kapitelüberschrift in den Fragmenten *Über die neuere deutsche Literatur* (1767) so formulierte: »In der Dichtkunst ist Gedanke und Ausdruck wie Seele und Leib, und nie zu trennen.« Für Goethe konnte diese Auffassung nicht ganz neu sein. Sollte in den Straßburger Unterhaltungen mit Herder darüber noch nicht geredet worden sein? Jetzt, wo der *Gottfried von Berlichingen* geschrieben war und er aus Pindar frischen Zuspruch heraushörte, beeindruckte ihn zutiefst, was er schwarz auf weiß nachlesen konnte.

Mit Fug und Recht darf von einem Pindar-Erlebnis Goethes die Rede sein. Aber nur in dieser Jugendphase des Stürmens und Drängens, als Bestätigung des Geniehaften gesucht, rückte der griechische Chorlyriker in solche Nähe. Es war ein Mißverständnis, das Pindar zum Urbild des dithyrambischen Sängers machte, der in seinem Enthusiasmus jede äußere Form eines Gedichts sprenge und sich an Versmaße nicht gebunden fühle. In Wahrheit hatte der griechische Lyriker des 5. Jahrhunderts v. Chr. seine Gedichte, die zu Ehren der panhellenischen Spiele von Chören vorgetragen wurden, nach strengen, allerdings mannigfaltigen Regeln gebaut. Das hatte man im 18. Jahrhundert und schon früher verkannt, so daß die Oden Pindars und anderer antiker Autoren als Gedichte in freien Rhythmen aufgefaßt wurden, als würdige historische Belege einer Sprachkunst, die, ganz auf Ausdruckskraft und innere Form gerichtet, aller Regeln äußerer Form spottete. Seit Horaz war es außerdem selbstverständlich, in Pindar den wortgewaltigen Dichter zu sehen, der alle Maße sprengt:»Wie ein Bergstrom stürzt, den der Regen schwellte / Hoch zum Bord hinaus des gewohnten Bettes, / Also braust und stürzt wie aus tiefem Borne / Schrankenlos Pindar« (*carm.* 4,2).

Herder, auf der Suche nach der sprachmächtigen Einheit von Gedanke und Ausdruck, hatte in seinen *Fragmenten über die neuere deutsche Literatur* über die griechischen Dithyramben nachgedacht und ebenfalls Pindar umworben. Obwohl er daran zweifelte, daß in der vernünftig gesetzmäßigen Sprache der Neuzeit solche Gedichte möglich seien, wünschte er sie dennoch herbei.»Können wir Dithyramben machen, Griechische Dithyramben im Deutschen machen?« Der Dithyrambus sei keinem anderen Plan gefolgt,»als den innerlich die Einbildungskraft malte, äußerlich zum Teil das Auge sahe [...], wo nüchterne Seelen wenig Verbindung, viel Übertriebenes und alles ungeheuer finden mußten«. Dem frühen griechischen Zeitalter sei die dithyrambische Sprache gemäß gewesen,»die in Worten neu, kühn und unförmlich, in Konstruktionen verflochten und unregelmäßig war«.»Pindars Gang ist der Schritt der begeisterten Einbildungskraft, die, was sie siehet, und wie sie es siehet, singt; aber die Ordnung der philosophischen Methode oder der Vernunft ist der entgegengesetzte Weg.«

Klopstock hatte als erster moderner Lyriker Gedichte in freien Rhythmen veröffentlicht, in Zeitschriften verstreut; 1771 wurden sie dann gesammelt. Berühmt gewordene Gedichte waren darunter: *Dem Allgegenwärtigen* (1758), *Die Frühlingsfeier* (»Nicht in den Ozean der Welten alle / Will ich mich stürzen [...]«, 1759). Aber alles, was dort in Begeisterung und Schwung gesungen wurde, was Leser und Hörer entzückte, war im christlichen Glauben aufgehoben, und der Sänger hatte keineswegs die Absicht, sich als weltliches Originalgenie zu profilieren.

›Freie Rhythmen‹ – eine im übrigen wenig glückliche Bezeichnung. Denn jeder Lyriker, der sog. freie Rhythmen dichtet, gibt seinen Versen einen ganz bestimmten Rhythmus. Er verzichtet nur auf ein festes, geregeltes und vorgegebenes Metrum. Rhythmus ist etwas anderes als Metrum (Versmaß). Er wird zwar von ihm mitbestimmt, aber nicht allein davon; – ein besonders schwieriges Problem, das hier nicht weiter erörtert werden kann.

Goethes Leipziger *Oden an meinen Freund* (1767) waren bereits freimetrische Gebilde. Was nun, im Frühjahr 1772 und danach, ›pindarisch‹ gedichtet wurde, war damit nicht mehr zu vergleichen. *Wandrers Sturmlied* steht am Anfang jener großräumigen Gedichte, die als Jugendhymnen des Goetheschen Sturm und Drang unter Spezialisten und Liebhabern bekannt und berühmt geworden sind (*Prometheus, Ganymed, Mahomets-Gesang, An Schwager Kronos, Seefahrt*). Auch *Pilgers Morgenlied an Lila*, ebenfalls aus dem Frühjahr dieses Jahres, ist freimetrisch verfaßt, ebenso das lange, fast erzählende Gedicht *Der Wandrer*, das Goethe bereits im April 1772 den Darmstädtern vorlas. In beiden Gedichten eindrucksstarke zusammengesetzte Wörter, ›Machtwörter‹ (»tausend-schlangenzüngig«, »Muttergegenwart«, »Götterselbstgefühl«, »Fremdlingsreisetritt«, »lieblichdämmernd«), wie sie für solche Lyrik typisch waren; auch die Attitüde dessen, der in seiner Stärke dem Sturm Trotz bietet.

Wandrers Sturmlied aus dem Frühjahr 1772 trumpfte noch anders auf. Als Goethe es am 31. August 1774 an Fritz Jacobi schickte, merkte er lakonisch an: »Hier eine Ode zu der Melodie und Commentar nur der Wandrer in der Noth erfindet.« Das ist sicher nicht als Floskel zu nehmen. Als das *Sturmlied* entstand, lebte sein Verfasser wirklich in einer Art Notzeit. Noch bedrängte ihn zwar nicht die unerfüllte Liebe zu Charlotte, aber die Unsicherheit über den eigenen schöpferischen Weg war nicht gering. Einiges davon gab der ›Pindar-Brief‹ an Herder zu erkennen. Selbstzuspruch, mutiges Versuchen, Freilassen der gespürten dichterischen Kraft, das war an der Zeit:

> Wen du nicht verlässest Genius
> Nicht der Regen nicht der Sturm
> Haucht ihm Schauer übers Herz
> Wen du nicht verlässest Genius,
> Wird der Regen Wolcke
> Wird dem Schlossensturm
> Entgegensingen wie die
> Lerche du dadroben,
> Wen du nicht verlässest Genius (DjG 2, 228).

Drei Strophen solchen Anrufs zu Beginn, einer Anrufung der schöpferisch-göttlichen Kraft im Menschen, die Stärke verleiht und den gewünschten Schaffensprozeß möglich macht. Es bereitet nicht geringe Schwierigkeiten, den Fortgang dieses Gedichts bis in alle Einzelheiten nachzuvollziehen und zu verstehen. Charakteristika auch der andern Jugendhymnen zeigen sich (für die die Bezeichnung ›Oden‹ ebenfalls gebräuchlich war): Sprunghaft oft das auf Nennungen, Ausrufe, Satzbruchstücke verkürzte Sprechen; komprimiert und vieldeutig die Bildlichkeit; manche Satzkonstruktion aufgebrochen, damit das, was in der augenblicklichen Vorstellung zusammengehört, zusammengerückt werde (hier ist vorgebildet, was mancher Dichtung im 20. Jahrhundert den Anstrich des ›Modernen‹ gab: das Gemenge des Bewußtseinsstroms nicht in normale Syntax zu zwängen, sondern sprachlich abzubilden); nur angedeutet der Bereich des Bauern, der sicher zurückzukehren scheint, während der, der seinen Genius angerufen hat, sich ausgesetzt sieht und seinen Weg erst noch bestehen muß; kurzum: ein schwieriges Gedicht. Goethe hat sich in *Dichtung und Wahrheit*, die Entstehung des *Sturmlieds* nachträglich erläuternd, daran erinnert, daß er »diesen Halbunsinn« leidenschaftlich vor sich hingesungen habe, als ihn unterwegs ein schreckliches Wetter überraschte (12. B.; 9, 521). Kenntnisreiche, scharfsinnige Philologen haben mittlerweile viel Licht in das vermeintlich dunkle Gedicht gebracht und Goethes Wort vom »Halbunsinn« ziemlich entkräftet. Jüngst noch wurde darauf hingewiesen, daß Agrippa von Nettesheim (1486–1535) in seiner *Occulta Philosophia*, einem Hauptwerk der sog. Hermetik, das Goethe gekannt haben dürfte, die verschiedenen Arten der göttlich inspirierten Begeisterung behandelt hat. Dabei nannte er als deren Urheber eben jene Götter, die im *Sturmlied* angerufen werden, und zwar in gleicher Reihenfolge: Musen, Dionysos, Apoll, Jupiter Pluvius. Mag sein, daß Phöbus Apoll und Jupiter Pluvius auch in diesem Gedicht als Sinnbilder der beiden Lebenspulse Konzentration und Expansion stehen und daß Jupiter Pluvius als höchster Gott angerufen wird, weil von ihm göttliche Lebenskraft ausströmt. Dieser Gott hat nicht Anakreon, nicht Theokrit erfaßt, wohl aber Pindar. Anakreon und Theokrit: das sind zugleich Chiffren für die spielerisch-idyllische Dichtung im 18. Jahrhundert, die jetzt hinter Pindar zurücktritt. Auf seine festlichen olympischen Lieder beziehen sich die komprimierten Schlußverse, die sich ins Stammeln auflösen:

Wenn die Räder rasselten Rad an Rad
Rasch ums Ziel weg
Hoch flog siegdurchglühter Jünglinge Peitschenknall
Und sich Staub wälzt
Wie von Gebürg herab sich
Kieselwetter ins Tahl wälzt
Glühte deine Seel Gefahren Pindar
Muth Pindar – Glühte –
Armes Herz –
Dort auf dem Hügel –
Himmlische Macht –
Nur soviel Glut –

Dort ist meine Hütte –
Zu waten bis dort hin.

Der »Halbunsinn« ist wohl kalkuliert. Hier wie an anderen Hymnen könnte man verdeutlichen, daß Gedanken und Bilder genau geführt und gefügt sind und, so widersprüchlich das klingen mag, ein sicherer Kunstverstand die innere Form inspiriert.

Frankfurter produktive Jahre

Polemische Streifzüge

Am 11. September 1772 war Goethe, ohne sich zu verabschieden, aus Wetzlar verschwunden. Zu Fuß wanderte er einige Tage durchs Lahntal, »dem Entschluß nach frei, dem Gefühle nach befangen« (*DuW* 13. B.; 9, 556). Ein paar Bäder in Ems, dann mit dem Boot weiter nach Ehrenbreitstein. Dort residierte in einem stattlichen Haus mit herrlichem Ausblick auf die Rheinlandschaft Sophie v. La Roche, geb. Gutermann. Mit Wieland war die 1731 geborene, inzwischen durch ihren Briefroman *Geschichte des Fräuleins von Sternheim* (1771) bekannt gewordene Schriftstellerin verlobt gewesen, hatte dann aber 1754 Georg Michael Frank v. La Roche geheiratet, der seit 1771 als kurtrierischer Geheimer Rat amtierte. Goethe war Frau v. La Roche im Frühjahr zum ersten Mal begegnet. Mit den Darmstädtern und anderen empfindsamen Geistern stand sie in Verbindung; ihr Haus war ein Treff- und Sammelpunkt dieser Kreise. Jetzt machte Goethe in Ehrenbreitstein Station, als Gast willkommen und selber für anregende Begegnung aufgeschlossen. Hier wurde auch der lebenslange Kontakt zur Familie La Roche-Brentano geknüpft. Die älteste Tochter des Hauses, Maximiliane, zog ihn besonders an; noch die späte Bemerkung in *Dichtung und Wahrheit* deutet, nicht ohne abgründige Pikanterie, an, daß mehr im Spiel war als freundschaftliche Zuneigung. »Es ist eine sehr angenehme Empfindung, wenn sich eine neue Leidenschaft in uns zu regen anfängt, ehe die alte noch ganz verklungen ist. So sieht man bei untergehender Sonne gern auf der entgegengesetzten Seite den Mond aufgehn und erfreut sich an dem Doppelglanze der beiden Himmelslichter« (9, 561f.). Im Januar 1774, kurz vor der Niederschrift des *Werther*, heiratete Maximiliane den Frankfurter Kaufmann Peter Anton Brentano. Spötter Merck witzelte bissig, es sei ein Kaufmann, der wenig Sinn für das habe, was außerhalb seiner Geschäfte liege: »Es war für mich ein trauriges Erlebnis, zwischen Heringstonnen und Käse zu unserer Freundin zu gehen« (an seine Frau, 29. 1. 1774; Bo I 54). Goethe hielt weiter enge Verbindung mit der jungen Frau Brentano. Kein

Wunder, daß Detektiv-Philologen herausfanden, Werthers Lotte habe die schwarzen Augen von Maxe Brentano.

Was sich bei »Kongressen« in Ehrenbreitstein abspielte, wird am Anfang des 13. Buches von *Dichtung und Wahrheit* angedeutet. Man kultivierte Seelenfreundschaft, las einander empfindungsgesättigte Briefe und Schriften vor, »Offenherzigkeit« war Trumpf, »man spähte sein eigen Herz aus und das Herz der andern« (9, 558). So auch in jenen Septembertagen, in denen sich Merck ebenfalls eingefunden hatte. Ohne Spannungen ging das nicht ab, und sie waren – offen ausgesprochen oder höflich verschwiegen – heftiger, als Goethes Lebensbericht vermuten läßt.

Nicht überall im Lande nämlich sympathisierten die Empfindsamen miteinander. Es gab verschiedene Grade empfindsamer Äußerungen und empfindsamen Verhaltens, zwischen denen die Zeitgenossen durchaus unterschieden. Freundschaft und Seelenliebe wurden zwar von allen, die Gefühle zu voller Entfaltung kommen lassen wollten, gewünscht und gepflegt. Aber für manche gab es da Übersteigerungen. Wenn man mit höchster Raffinesse Empfindsamkeit künstlich erzeugte und mit vorgetäuschten Gefühlsregungen einen exaltierter Kult trieb, sahen einige das Maß des Erträglichen überschritten. ›Wahre‹ und ›falsche‹ Empfindsamkeit hielt man auseinander, wobei es natürlich auf die Standpunkte ankam, ob etwas noch als ›wahr‹ oder schon als ›falsch‹ angesehen wurde. Man konnte sich sogar, wie Fritz Jacobi, gegen das »müßige Sammeln von Empfindungen« und gegen »das Bestreben, Empfindungen – zu empfinden, Gefühle – zu fühlen«, aussprechen (*Eduard Allwills Papiere*) und dennoch als übersteigert Empfindsamer eingeschätzt werden. Auch im Darmstädter Zirkel der Empfindsamen waren zweifellos Unterschiede festzustellen; Herder warnte aus Bückeburg seine Braut Caroline Flachsland oft genug vor den Exaltierten und ihren Exaltiertheiten.

Sophie v. La Roche pflegte enge freundschaftliche Beziehungen zu den Jacobis in Düsseldorf, zu Friedrich Heinrich und Johann Georg Jacobi. Diese aber standen, wie der betriebsame Seelenergründer Franz Michael Leuchsenring in Darmstadt, bei Menschen wie Goethe und Merck im Verdacht, einem unnatürlichen, weichlich-sentimentalischen Gefühls- und Seelenkult zu frönen. Wenige Monate nach den Septembertagen bei La Roches veröffentlichte Goethe in den *Frankfurter Gelehrten Anzeigen* eine gepfefferte Kurzkritik (*Über das von dem Herrn Prof. Hausen entworfene Leben des H. G. R. Klotz,*) die Jacobis eitle Selbstbespiegelung aufs Korn nahm und mit einer anzüglichen Anspielung auf das öffentlich zur Schau gestellte zärtlich-seelenvolle Freundschaftsverhältnis zu Gleim endete. Dieses hatte wirklich jedermann in den Briefwechseln zwischen Jacobi und Gleim, die 1768 und 1772 erschienen waren, besichtigen können.

Hier zeichneten sich Frontstellungen und Parteiungen ab. Die Jacobis waren für Goethe in den Jahren 1772 und 1773 Gegenstand seines Spotts und Hohns. Kurz nach dem Aufenthalt in Ehrenbreitstein schrieb er eine dramatische Satire *Das Unglück der Jacobis*, die er später vernichtete und über die uns nur Berichte vorliegen. Damals machte sie allerdings unter Eingeweihten die Runde und galt als schonungsloser Angriff, wenngleich sich ihr junger Autor nur aufs Hörensagen und auf Anekdoten über die Verspotteten verlassen konnte. Nicht nur die Jacobis wurden attackiert, auch Christoph Martin Wieland gehörte zu den Befehdeten. Goethe sei »ein fürchterlicher Feind von Wieland et Konsorten«, berichtete etwa Schönborn, der in Frankfurt gewesen war (an Gerstenberg, 12.10.1773; Bo I 51). An Wieland und den Jacobis meinte der Freund der Darmstädter Empfindsamen und Bekannte der Sophie v. La Roche sich reiben zu müssen und – sich selbst profilieren zu können. Da reimt sich aus heutiger Sicht manches nicht ganz einfach zusammen. »Seit den ersten unschätzbaren Augenblicken, die mich zu Ihnen brachten, seit ienen Scenen der innigsten Empfindung, wie offt ist meine ganze Seele bey Ihnen gewesen«, schrieb er der engen Freundin Wielands und der Jacobis nach Ehrenbreitstein (etwa 20.11.1772). Einen Monat später stand die bissige Polemik gegen Jacobi in den *Frankfurter Gelehrten Anzeigen*.

Als 1773 Wieland mit seiner Zeitschrift *Teutscher Merkur* herauskam und seine Zusammenarbeit mit den Jacobis deutlich wurde, bezog Goethe Position. Wieland hatte im ersten Band des *Teutschen Merkur* (Januar/März 1773) seine *Briefe an einen Freund* über sein eigenes Singspiel *Alceste* veröffentlicht und es dabei gegenüber der Tragödie des Euripides herausgestrichen. Der Geist des Rokoko sah sich hier der antiken Tragödie überlegen. Das war für Goethe, der spätestens seit Straßburg die Antike mit Verehrung betrachtete, denn doch zuviel. So brachte er im Herbst 1773 die böse Farce *Götter, Helden und Wieland* zu Papier, an einem Nachmittag heruntergeschrieben, und Lenz ließ sie im März darauf auch noch drucken. Da erschien nun Wieland, der in seinem Stück das Heroische zum empfindsam Tugendhaften gemildert hatte, als schwächlicher Kleinling unter den antiken Helden. Drastisch beantwortete Herkules dessen Frage, was er denn »brave Kerls« nenne:

Einen, der mitteilt, was er hat. Und der reichste ist der bravste. Hatte einer Überfluß an Kräften, so prügelte er die andern aus. Und versteht sich, ein rechter Mann gibt sich nie mit Geringern ab, nur mit seinesgleichen, auch Größern wohl. Hatte einer denn Überfluß an Säften, machte er den Weibern so viel Kinder, als sie begehrten, auch wohl ungebeten. Wie ich denn selbst in einer Nacht funfzig Buben ausgearbeitet habe (4, 213).

Daß Goethes Sicht der Antike, in deren Namen er das große Wort führte, ihrerseits ›sturm und drang‹-bedingt war, versteht sich von selbst. Seine Farce bedeutete eine Kampfansage. Genietum stand gegen rokokosanfte Tugendhaftigkeit, und Goethes Brief schäumte vor Verachtung: »Ich weis nicht ob Wiel[ands] Grossprecherey dem Zeug mehr Schaden tuht, oder das Zeug der Grossprecherey. Das ist ein Wind und Gewäsch dass eine Schand ist. [...] Der Hans und die Hänsgen [= Wieland und die Jacobis]. Wiel. und die Jackerls haben sich eben prostituirt! Glück zu! Für mich haben sie ohnedem nicht geschrieben« (an Kestner, 15.9.1773).

Wieland indessen nahm die Sache gelassen und souverän. Er zeigte die Farce sogar in seiner eigenen Zeitschrift an. Für ihn bedurfte es nur eines einzigen geistreich-überlegenen Satzes, um den Angriff zu parieren. Er empfahl das »Meisterstück von Persiflage und sophistischem Witze, der sich aus allen möglichen Standpunkten sorgfältig denjenigen auswählt, aus dem ihm der Gegenstand schief vorkommen muß, und sich dann recht herzlich lustig darüber macht, daß das Ding so schief ist!« (4, 538)

Sogar den *Götz* besprach Wieland, abwägend und ohne seinen Wert zu verkennen, und er revanchierte sich nicht mit einer barschen Zurückweisung der »jungen mutigen Genien«, der »wilden Jünglinge«, als deren führenden Kopf er Goethe ansah, sondern plädierte dafür, man solle diese Schar ausschlagender Füllen sich austoben lassen; man werde sehen, wohin das führe. »Und so wie ich mich kenne, bin ich gewiß, daß wir am Ende noch sehr gute Freunde werden müssen«. Goethe staunte nicht wenig über solche Generosität, ja er wurde nachdenklich, ob er mit seinen Attacken nicht zu weit gegangen sei. Zwar konnte und wollte er von seinen künstlerischen Überzeugungen nicht abrücken, aber sein Spott war ihm nicht mehr geheuer.

Wenn man dann sieht, wie bei der ersten Begegnung mit den Jacobis im Juli 1774 in Düsseldorf und später mit Wieland alle Feindschaft sogleich verflog, liegt der Schluß nahe, daß zu einem guten Teil Goethes eigene Unsicherheit für die Schroffheit seiner Ausfälle verantwortlich war. Um sich eigene Stärke zu bescheinigen, darum das Auftrumpfen. Als er beim persönlichen Kennenlernen erlebte, daß auch die Angegriffenen nachdenkliche Menschen auf der Suche waren, die herzliches Miteinander liebten, endete sein Trotz sofort. Eben dies ereignete sich, als es im Juli 1774 auf der Rheinreise zu jener überschwenglichen ersten Begegnung mit Fritz Jacobi kam: die Fehde schlug in Freundschaft um. Wie sehr es bei Goethe um die Stabilisierung der eigenen ›Welt‹ ging, beweist auch die auf den ersten Blick merkwürdige Tatsache, daß er mit Betty, der Frau Fritz Jacobis, einen freundschaftlich vertrauensvollen Briefwechsel begann, kaum daß er sie im

Sommer 1773 in Frankfurt kennengelernt hatte. Nichts von seinem lauthals erklärten Widerwillen gegen die Jacobis machte sich bemerkbar; nur die Freude, wieder einen Menschen gefunden zu haben, mit dem man sich aussprechen konnte, führte die Feder. Wo immer sich die Möglichkeit zu freundschaftlichem Verkehr bot, ergriff sie der junge Goethe, – der »böse Mensch mit dem guten Herzen«, wie Betty Jacobi ihn mit verständlicher Anspielung nannte (an Goethe, 6.11.1773).

Manches, was auf den letzten Seiten erwähnt wurde, geschah in den Jahren 1773 und 1774, lange nach der Rückkehr aus Wetzlar und der Zwischenstation in Ehrenbreitstein. Als Goethe damals, im September 1772, nach Frankfurt zurückkam, war er nur unter Freunden und Bekannten durch seine besonderen Fähigkeiten aufgefallen. Anders als einen »gewissen Goethe aus Frankfurt« konnte Kestner den Dreiundzwanzigjährigen seinem Briefpartner Hennings im Herbst 1772 nicht annoncieren. Der Ruhm stellte sich erst seit dem Sommer 1773 ein, als sich herumsprach, wer den anonym erschienenen *Götz von Berlichingen* geschrieben hatte.

Goethe befand sich indes durchaus nicht in selbstsicherer Verfassung; der bedenkliche Ton mancher Briefstellen ist nicht zu überhören. Die Rechtsanwaltspraxis führte er weiter, nicht eben aufwendig; pflichtgemäß, ohne darauf angewiesen zu sein. Im Künstlerischen experimentierte er herum. Als er im Dezember 1772 vier Wochen in Darmstadt verbrachte, vermutete man, er wolle noch Maler werden, »und wir rieten ihm sehr dazu« (Caroline Flachsland an Herder, 5.12.1772). Kestner erfuhr im Januar 1773 von Goethe selbst, er sei jetzt ganz Zeichner und besonders glücklich im Porträt.

Da steckte er nun in Frankfurt und fühlte sich auf sich gestellt. »Denn ich binn allein, allein, und werd es täglich mehr«, gestand er Sophie v. La Roche (12.5.1773). Auch das Scheitern seiner Liebe zu Lotte in Wetzlar schmerzte tief. Zwar ging die Umarbeitung des *Gottfried* zum *Götz* mühelos vonstatten, aber noch im August 1773, als er schon soviel Beifall bekommen hatte, daß er staunte, ließ er Kestner wissen, er glaube nicht, daß er so bald etwas machen werde, was wieder ein Publikum fände. »Unterdessen arbeit ich so fort, ob etwa dem Strudel der Dinge belieben mögte was Gescheuters mit mir anzufangen.« Das beklagte Alleinsein hatte manche Gründe. Im April war er noch längere Zeit in Darmstadt gewesen, doch der Kreis löste sich allmählich auf. Caroline zog nach der Hochzeit mit Herder Anfang Mai nach Bückeburg; Merck begleitete die Landgräfin mit ihren Prinzessinnen auf der Reise nach Rußland, und Helene v. Roussillon, die »Urania«, war am 21. April gestorben. Auch Kestners blieben nicht länger im nahen Wetzlar, ihr künftiger Dienstort hieß Hannover.

Im November 1773 heiratete Cornelia, seine Schwester, mit der ihn ein enges Vertrauensverhältnis verband, und verließ die Heimatstadt. Ihr Mann war der Jurist Johann Georg Schlosser, der seinerzeit während der Ostermesse 1766 beim Wirt Schönkopf in Leipzig gewohnt hatte und mit dem Goethe in freundschaftlicher Beziehung stand. Erst in Karlsruhe, dann als Oberamtmann im badischen Emmendingen versuchte er als hoher Verwaltungsbeamter, Reformen zu fördern, vor allem für die Bauern und im Erziehungswesen. Als der Abschied Cornelias von Frankfurt bevorstand, schrieb Goethe an Kestner: »Ich verliere viel an ihr, sie versteht und trägt meine Grillen« (15.9.1773). Die geschwisterliche Gemeinsamkeit im elterlichen Haus, die die Kindheits- und Jugendjahre miterfüllt hatte, ging zu Ende. Auch bei Cornelia, die ein Jahr jünger war als Wolfgang, hatte der Vater auf gediegene Ausbildung Wert gelegt; sie lernte Sprachen, erhielt Musikunterricht und hat wohl unter Zwang und Strenge der Erziehung gelitten. Bruder und Schwester schlossen sich zusammen, um einen eigenen kleinen Lebensbereich zu behaupten und mit manchen »Irrungen und Verirrungen« (9, 228) der frühen Jahre gemeinsam mehr schlecht als recht ins reine zu kommen. Aus Leipzig schrieb ihr der Student Goethe seitenlange altklug belehrende Briefe, in denen sie stets auch von seinen Vorhaben erfuhr. Sie blieb die innigste Vertraute seiner Jugendzeit, nahm Anteil an seinen schriftstellerischen Versuchen, lernte seine Bekannten kennen, die im Großen Hirschgraben verkehrten, und sicherlich sind die Jahre zwischen 1768 und 1773 ihre glücklichsten gewesen. In ihrer Ehe fand sie sich nicht zurecht: »In ihrem Wesen lag nicht die mindeste Sinnlichkeit« (10, 132). Zwei Töchter brachte sie zur Welt; kurz nach der Geburt der zweiten starb sie am 10. Mai 1777. Aus den wenigen Sätzen, die Goethe am 16. Juni 1777 an Frau v. Stein schrieb, spricht äußerste Betroffenheit: »Um achte war ich in meinem Garten fand alles gut und wohl und ging mit mir selbst, mit unter lesend auf und ab. Um neune kriegt ich Brief dass meine Schwester todt sey. – Ich kann nun weiter nichts sagen.« Eckermann hat unter dem 28. März 1831 Äußerungen des Greises über die früh gestorbene geliebte Schwester überliefert:

Sie war ein merkwürdiges Wesen, sie stand sittlich sehr hoch und hatte nicht die Spur von etwas Sinnlichem. Der Gedanke, sich einem Manne hinzugeben, war ihr widerwärtig, und man mag denken, daß aus dieser Eigenheit in der Ehe manche unangenehme Stunde hervorging. [...] Ich konnte daher meine Schwester auch nie als verheiratet denken, vielmehr wäre sie als Äbtissin in einem Kloster recht eigentlich an ihrem Platze gewesen.

An mehreren Stellen zeichnete Goethe in *Dichtung und Wahrheit* ein Porträt Cornelias, im 6., 8. und 18. Buch (9, 227; 9, 337; 10, 131). Immer kam er auf die tiefe geschwisterliche Liebe zu sprechen, die sie verbunden habe, und doch war ihm vieles rätselhaft, besonders im Alter, als er sich der Jugendjahre erinnerte. Ihm bleibe nichts übrig, »als den Schatten jenes seligen Geistes nur, wie durch Hülfe eines magischen Spiegels, auf einen Augenblick heranzurufen« (9, 229).

Kleine Dramen und Farcen

Nur mit Staunen kann man feststellen, welche Fülle und Vielfalt dichterischer Arbeiten Goethe in jenen Monaten bis zum Frühsommer des Jahres 1774 vollendete. Es ist, als ob er gerade in der Phase des Suchens seine sprachlich-gestalterischen Fähigkeiten erproben wollte; schier unerschöpflich schien seine Einbildungs- und Ausdruckskraft. Im Frühjahr die beiden wie launige Gelegenheitsarbeiten aussehenden Spiele *Das Jahrmarktsfest zu Plundersweilern* und *Ein Fastnachtsspiel vom Pater Brey*; im Juni lag das umgearbeitete Götz-Drama gedruckt vor; wohl zwischen Mai und September entstand das fünfaktige Dramolett *Satyros oder der vergötterte Waldteufel*; Szenen des *Urfaust* und des *Prometheus*-Dramas dürften in dieselbe Zeit gehören; aus dem geplanten *Mahomet*-Stück erschien der Wechselgesang zwischen Ali und Fatema (uns als *Mahomets Gesang* vertraut) im Herbst 1773 im *Göttinger Musenalmanach* (auf das Jahr 1774); über die Farce *Götter, Helden und Wieland* ist schon berichtet worden; *Des Künstlers Erdewallen*, zwei kurze Szenen, erhielt Betty Jacobi im November; ab Januar 1774 Niederschrift des *Werther*; im Mai bereits konnte er aus dem *Clavigo* vorlesen und auf der Rheinreise im Juli nach Lavaters Tagebuchnotiz aus »seiner Elmire, einer Operette« vortragen; auch eine Dichtung vom *Ewigen Juden* beschäftigte ihn in jener Zeit.

Der Jahrgang 1772 der *Frankfurter Gelehrten Anzeigen* mit seinen anonymen Rezensionen war ein Gemeinschaftsunternehmen forscher junger Leute gewesen, die doch das Publikum nicht so erreichen konnten, wie sie es sich gewünscht hatten. »Ein unbedingtes Bestreben, alle Begrenzungen zu durchbrechen«, bescheinigte Goethe dem Vorhaben (*Annalen*, 10, 430). Als nach dem Juni 1773 der *Götz* Aufsehen erregte und bekannt wurde, wer sein Verfasser war, galt Goethe als der Repräsentant einer neuen Dichtungsweise, und die Interessierten suchten den Kontakt mit ihm. Seither war er bekannt: gerühmt und gescholten. Wie die Fronten verlaufen würden, ahnte Gottfried August Bürger, als er von Boie den Namen des Dichters wissen wollte:

Ich weiß mich vor Enthusiasmus kaum zu lassen. Womit soll ich dem Verfasser mein Entzücken entdecken? Den kann man doch noch den deutschen Shakespeare nennen, wenn man einen so nennen will. [...] Edel und frei, wie sein Held, tritt der Verfasser den elenden Regelnkodex unter die Füße. [...] Mag doch das Rezensentengeschmeiß, mag doch der Lesepöbel, der die Nase beim Schnickschnack der Orsina rümpfte, bei dem A-lecken den Rüssel verziehn! Solches Gesindel mag diesem Verfasser im – –. O Boie, wissen Sie nicht, wer es ist? (8. 7. 1773; Bo I 46 f.).

Friedrich Ernst Schönborn, der zum Freundeskreis um Klopstock und Gerstenberg gehörte, ließ es sich nicht nehmen, Goethes Bekanntschaft zu machen, als er im Herbst 1773 über Frankfurt als dänischer Konsulatssekretär nach Algier reiste. Seine Charakterisierung im Bericht an Gerstenberg ist im Grunde auch in späteren Deutungen nicht überholt, allenfalls weiter nuanciert worden. Denn Schönborn erfaßte genau jene einzigartige Fähigkeit Goethes, Eindrücke aufzunehmen, zu verarbeiten und in dichterische Gestalt umzusetzen. Von ›anschauender Einbildungskraft‹ darf man sprechen. Sie macht jenen Realismus aus, der Goethe mit Recht zuerkannt worden ist und der auch bis in die späten Jahre in allem symbolischen Gestalten wirksam geblieben ist. Bereits damals äußerte Schönborn über Goethe:

Er ist sehr beredt und strömt von Einfällen, die sehr witzig sind. In der Tat besitzt er, soweit ich ihn kenne, eine ausnehmend anschauende, sich in die Gegenstände durch und durch hineinfühlende Dichterkraft, so daß alles lokal und individuell in seinem Geiste wird (12. 10. 1773; Bo I 50).

Der Besuchte ergriff sofort die Chance, die sich für erwünschte Kontakte erbot, und wandte sich umgehend an Gerstenberg. Wieder fielen Bemerkungen, die vom ›Wanderer in der Not‹ zeugen:

Ich kenne Sie schon so lang, und Ihr Freund Schönborn, der mich nun auch kennt, will zwischen uns einen Briefwechsel stiften. Wie Noth mir an meinem Ende der Welt offt eine Erscheinung thut, werden Sie auch an dem Ihrigen fühlen. Mein bester Wunsch ist immer gewesen, mit den Guten meines Zeitalters verbunden zu seyn, das wird einem aber so sehr vergällt, dass man schnell in sich wieder zurück kriecht (18. 10. 1773).

Es mußte für Goethe einiges bedeuten, von Gerstenberg als Antwort den ermutigenden Zuspruch zu hören (und das zu Beginn des *Werther*-Jahres!): »Der Brief des deutschen Shakespear ist mir wirklich eine Erscheinung gewesen. [...] Fahren Sie fort, Original-Deutscher, wie Sie angefangen haben« (5. 1. 1774).

Zu der erstaunlichen Produktion der Jahre 1773/1774 gehörten Stücke, die als ›Kleine Dramen und Farcen‹ registriert worden sind. Die der Tradition der Literatursatire verpflichtete Farce *Götter, Helden und Wieland* (in der Form des Totengesprächs wie Johann Elias Schlegels *Demokrit*) zählte ebenso dazu wie jene kurzen Spiele, die nach Art der Schwänke eines Hans Sachs gestaltet sind (*Jahrmarktsfest zu Plundersweilern, Pater Brey*), und das Kurzdrama *Satyros*. Es wäre falsch, sie als wenig bedeutende Nebenarbeiten nur zu nennen. Nirgendwo anders als hier und in Szenen des *Urfaust* war die Ausdrucksweise des jungen Goethe so stark vom Volkstümlichen gesättigt. Zugleich decouvrierte er in den schwankhaften Spielen bestimmte Anschauungen und Verhaltensweisen mittels Satire und Parodie, wobei er auch solche nicht ausnahm, die sonst in der ›Geniephase‹ geschätzt wurden.

Spätestens seit Straßburg waren Goethes Blick und Empfindung geschärft und eingestimmt für Volkstümliches und Ursprüngliches (und was als solches erschien). Das Götz-Drama profitierte davon. Die Welt des Hans Sachs muß den, der in einer Nürnberg ähnlichen Bürgerstadt lebte, fasziniert haben, als er im April 1773 an dessen Dichtungen geraten war (wohl im Kemptener Quartdruck von 1612). Es bedurfte erstaunlicherweise keiner Versuchszeit: Wie selbstverständlich beherrschte Goethe sofort die Sachssche Kunst der kurzen Spielszenen, in denen Situationskomik und Wortwitz lebten, arrangierte nun selbst solche Konstellationen und ließ seiner sprachlichen Erfindungslust freien Lauf. Derbheit und deftige Unbekümmertheit durften ihr Spiel treiben, im Knittelvers, den sich der Dichter zurechtmodelte. Nicht wie bei Hans Sachs wurden streng die Silben des Verses gezählt, die dort auf acht oder neun begrenzt waren, sondern die Senkungen zwischen den Vershebungen des Verses wurden frei gefüllt.

Würzkrämer (in seinem Laden):

Junge! hol mir die Schachtel dort droben
Der Teuffels Pfaff hat mir alles verschoben.
Mir war mein Laden wohl eingericht
Fehlt’ auch darinn an Ordnung nicht
Mir war eines jeden Platz bekannt
Die nöthigst Waar stund bey der Hand
Toback und Caffee, ohn’ den der Tag
Kein Höckerweib mehr leben mag
Da kam ein Teuffels Pfäfflein ins Land
Der hat uns Kopf und Sinn verwandt
Sagt wir wären unordentleich
An Sinn und Rumor den Studenten gleich
Könnt unsre Haushaltung nicht bestehen

Müßten alle ärschlings zum Teuffel gehen
Wenn wir nicht thäten seiner Führung
Uns übergeben und geistlicher Regierung (DjG 3, 161).

So wird Pater Brey mit den ersten Worten des Fastnachtsspiels eingeführt, das »auch wohl zu tragieren nach Ostern« sei, womit auf die Hochzeit der Herders angespielt wird (2. Mai); denn für sie war das Stück geschrieben. Im Pater Brey, »dem falschen Propheten«, wurde Leuchsenring verspottet, in den anderen Gestalten konnten sich ohne weiteres auch Herder und seine Caroline wiedererkennen, was ihnen nicht recht paßte. Doch ist das Spiel nicht nur Personalsatire auf den geschwätzigen, sich in andrer Leute private Verhältnisse einschleichenden Leuchsenring. Das »Teuffels Pfäfflein« ist hier der eifernde Besserwisser, der alles nach seinen Vorstellungen einrichten will und in dessen Gerede Schein und Wahrheit nicht mehr auseinanderzuhalten sind. »Geistesworte« mischen geistliches und sinnliches Begehren auf verführerische, aber unerträgliche Weise. Der Würzkrämer hat es beobachtet und gehört; er beschreibt es goethisch-worterfinderisch: »Da kam mein Pfäfflein und Maidelein traun / Giengen auf und ab spazieren / Thäten einander umschlungen führen / Thäten mit Äugleins sich begäffeln / Einander in die Ohren räffeln / Als wollten sie eben allsogleich / Miteinander ins Bett oder ins Himmelreich.« (Kein Wunder, daß Herder das nicht eben gerne las.) Schließlich ist der Pater der Gefoppte und wird dorthin gelockt, »Wo die Schwein' auf die Weide gehn / Da mag er bekehren und lehren schön«. Trotzdem finden Braut und Bräutigam nach langer Trennung zueinander.

Den Jahrmarkt als Gleichnis der bunten Vielfalt menschlichen Lebens zu sehen ist alte Gewohnheit. Das *Jahrmarktsfest zu Plundersweilern* zeigt entsprechend munteres Treiben, locker und unbeschwert, mit Anspielungen gespickt, die wir nicht mehr alle entschlüsseln können. Nebenher oder ausführlicher in Form eines Spiels im Spiel (hier im Esther-Spiel) bietet sich Gelegenheit zu Zeitkritik und satirischen Schlenkern. (Der heutige Dramatiker Peter Hacks hat sich das in seiner Neufassung zunutze gemacht.) Goethe hatte an diesem Stück offensichtlich seinen Spaß. Die Erstfassung von 1773 war nur 350 Verse lang, noch kein ausgewachsenes Bühnenspiel. Erst in Weimar hat er es 1778 ausgeweitet und dabei die Rollen des Marktschreiers, des Haman und Mardochai selbst gespielt.

Das fünfaktige Kleindrama *Satyros oder Der vergötterte Waldteufel* gibt viele Fragen auf. Eine der sprachgewaltigsten Dichtungen des jungen Goethe hat man es nicht zu Unrecht genannt. Aber wer ist, was zeigt dieser Satyros, der verletzt vom Einsiedler aufgenommen wird, ihn begaunert, Mädchen betört und dem Volk das Evangelium naturhaften Lebens verkündet? Lassen wir die detektivische Suche nach Identifizierung auf sich beruhen, die Goethe mit seiner Bemerkung herausgefordert hat, er habe auch hier (in dem erst 1817 gedruckten Stück) wie im *Pater Brey* einen Zunftgenossen, »wo nicht mit Billigkeit, doch wenigstens mit gutem Humor dargestellt« (*DuW* 13.B; 9, 563). Frech und dreist ist Satyros zum Einsiedler, schwärmerisch liebevoll zu den jungen Mädchen, beschwört das »Zurück zur Natur!« vor dem erstaunt lauschenden Volk und wird zum besinnungslos anerkannten Führer eines berauschten Publikums. Es lallt nach, was er preist, ohne zu merken, wie seine Worte in Zynismus umkippen:

> *Satyros:* Selig, wer fühlen kann,
> Was sei: Gott sein! Mann!
> Seinem Busen vertraut,
> Entäußert bis auf die Haut
> Sich alles fremden Schmucks,
> Und nun ledig des Drucks
> Gehäufter Kleinigkeiten, frei
> Wie Wolken, fühlt, was Leben sei!
> Stehn auf seinen Füßen,
> Der Erde genießen,
> Nicht kränklich erwählen,
> Mit Bereiten sich quälen;
> Der Baum wird zum Zelte,
> Zum Teppich das Gras,
> Und rohe Kastanien
> Ein herrlicher Fraß!
> *Das Volk:* Rohe Kastanien! O hätten wir's schon!
> *Satyros:* Was hält euch zurücke
> Vom himmlischen Glücke?
> Was hält euch davon?
> *Das Volk:* Rohe Kastanien! Jupiters Sohn!
> *Satyros:* Folgt mir, ihr Werten!
> Herren der Erde!
> Alle gesellt!
> *Das Volk:* Rohe Kastanien! Unser die Welt! (4, 195 f.)

Kann ein Autor, der selbst begeistert nach Natur und Ungekünsteltem gerufen hat, eine beißendere Selbstparodie aufs Papier bringen? Kann Rousseaus »Zurück zur Natur!« anzüglicher persifliert werden? Der narkotisierende Führer, das narkotisierte Volk: in dieser Szene (3. Akt) wird beklemmend deutlich, was die reale Geschichte immer wieder bestätigt. Wenn dann im nächsten Akt Satyros würdevoll Glaubenssätze von sich gibt, die ihren

Zusammenhang mit der von Goethe angeeigneten hermetischen Weltsicht nicht verleugnen, fragt man sich, ob sie noch ernstgenommen werden sollen:

> Wie im Unding das Urding erquoll,
> Lichtsmacht durch die Nacht scholl,
> [...]
> Wie sich Haß und Lieb gebar
> Und das All nun ein Ganzes war,
> Und das Ganze klang
> In lebend wirkendem Ebengesang,
> Sich täte Kraft in Kraft verzehren,
> Sich täte Kraft in Kraft vermehren,
> Und auf und ab sich rollend ging
> Das all und ein und ewig Ding,
> Immer verändert, immer beständig!

So spricht einer über Schöpfung und Gesetzlichkeit des Kosmos, der dem Einsiedler bezeichnenderweise seines »Gottes Bild geraubet« hat! Am Ende wird er als unzüchtiger Scharlatan entlarvt.

Derselbe Goethe, der in seinen Gedichten (und nur dort) das Glück naturseligen Gefühls, der freudigen Hingabe und mutigen Selbstgewißheit pries, verfaßte gleichzeitig solche Szenen über die Fragwürdigkeit prophetischer Botschaft. So wie er später manches in ironischer Schwebe hielt, parodierte er hier schonungslos Anschauungen, die ihm wichtig waren. Sollten den Unruhigen Fragen bewegt haben wie etwa: Wenn naturhaftes, freies Leben um jeden Preis galt, wenn Gut und Böse nur die beiden Seiten einer Medaille darstellten, wo konnte man dann feste Normen finden? Lauerte nicht in jeder Verkündung von Grundsätzen die Gefahr der Einseitigkeit und Übersteigerung? Konnten mitreißende Sätze nicht betäubend wirken und somit ihr Sinn umschlagen in Widersinn? Die beiden ›theologischen‹ Schriften (*Brief des Pastors* und *Zwo biblische Fragen*), in denen über Toleranz und Zungenreden nachgedacht wurde, waren zeitlich und thematisch nicht weit entfernt.

In der Welt dieser Spiele, die ohne die Schwänke des Hans Sachs kaum vorstellbar ist, wagt sich ungebrochene Vitalität hervor. Da wird nicht moralisiert. Spielte die Satire auf Wieland das Kräftige und Originale gegen sanfte Verniedlichung aus, so sind auch sonst oft genug das Unreflektierte und Elementare Trumpf, und über ihre harmlose Selbstverständlichkeit darf gelacht werden. Das ursprünglich Vitale und Kreatürliche ist Goethe vertraut geblieben, bis in die Kunstwelt der *Römischen Elegien*. In *Hanswursts Hochzeit* notierte er seitenlang Personen, die an der Hochzeit teilnehmen sollten; Namen, die der Lust am Unflätigen und Obszönen entsprachen und ähnlich auch in literarischer Tradition zu finden waren (etwa bei Rabelais oder Fischart): »Ursel mit dem kalten Loch Tante; Hans Arsch von Rippach; Matzfoz von Dresden; Reckärschgen, Schnuckfözgen (Nichten); Peter Sauschwanz; Scheismaz; Runkunkel Alt; Sprizbüchse; Lapparsch Original; Dr. Bonefurz; Schlingschlangschlodi kommt von Ackademien« – und viele andere. Das war 1775, als er die protzige Welt der Geldaristokratie um Lili Schönemann erlebte.

Bedecke deinen Himmel, Zeus

Auch an einem Prometheus-Drama hat Goethe 1773 in jener ungemein produktiven Zeit gearbeitet. Es ist Fragment geblieben. Trotzdem oder gerade deshalb ist die Forschung nicht müde geworden, die wenigen vorhandenen Szenen interpretatorisch zu erschließen und Antworten auf die Frage zu suchen, warum das Drama über Bruchstücke nicht hinausgekommen ist. Ein paar Hinweise müssen hier genügen, die nur wenige Aspekte des Fragments berühren. Der Prometheus des Dramenfragments erscheint in einem anderen Licht als in der bekannten Hymne (»Bedecke deinen Himmel, Zeus, / Mit Wolkendunst!«). Mit den ersten Worten des Stücks begehrt Prometheus auf: »Ich will nicht, sag es ihnen! / Und kurz und gut, ich will nicht! / Ihr Wille gegen meinen!« Das ist trotzig gegen die Eltern, gegen Zeus und Hera, gesprochen. Auch ihm hat das Schicksal, das noch über allen Göttern steht, Schöpferkraft verliehen, und so will er sich auf sich selbst stellen, um seine eigene schöpferische Individualität entschieden zu behaupten. Er sondert sich ab, löst die Bande, die ihn mit den göttlichen Eltern und ihrer Gesamtordnung verbinden, und isoliert sich, um nur er selbst zu sein. ›Verselbstung‹ geschieht. Doch ist bezeichnend: Die Geschöpfe dieses Prometheus, »die durch den ganzen Hain zerstreut stehen«, sind unbelebt. In seiner stolzen und für die Herausbildung der Individuation nötigen Isolierung kann er ihnen kein Leben einhauchen. Erst Minerva vermag das, die den Göttern immerhin »Weisheit und Liebe« zuerkennt und gesteht: »Ich ehre meinen Vater, / Und liebe dich, Prometheus!« Sie hat noch jene Verbindung zum Ganzen, von dem Prometheus sich gelöst hat; erst durch sie, die ihm »den Lebensquell eröffnet«, erhalten seine Geschöpfe Leben. Als er vom Bewußtsein seiner eigenen Kraft spricht, wirft Minerva ein: »So wähnt die Macht.« Und er fährt fort: »Ich wähne, Göttin, auch / Und bin auch mächtig.« Er *wähnt*, und damit braucht Prometheus, der sich (wie Luzifer) in seiner Auflehnung ganz auf sich gestellt, sich ›verselbstigt‹ hat, die Hilfe

Minervas. Damit soll vielleicht sichtbar werden, daß zu lebenschaffendem Schöpfertum ›Entselbstigung‹ notwendig hinzugehört. Jedenfalls ist der Prometheus des Dramenfragments nicht jener der Hymne, der ausrufen kann: »Hier sitz' ich, forme Menschen / Nach meinem Bilde.«

Das Fragment ist zu seiner Zeit so gut wie unbekannt geblieben. Als Goethe *Dichtung und Wahrheit* schrieb, hielt er das Stück für verloren. Aber Jakob Michael Reinhold Lenz, der Jugendfreund, hatte es erhalten und sich die zwei Akte abgeschrieben; aus dessen Nachlaß kamen sie erst 1818 an ihren Verfasser zurück. Die Ode, soviel ist inzwischen gewiß, ist *nach* dem Dramenversuch gedichtet worden; sie führte von Anfang an ein Sonderdasein. Goethe war bei der Formulierung entsprechender Passagen im 15. Buch seines Lebensberichts die schwer zu entschlüsselnde Vielschichtigkeit des Dramenversuchs offensichtlich nicht mehr präsent; denn nur über die trotzige Absonderung des Prometheus ließ er da seine erinnernden Gedanken spielen: »Die alte mythologische Figur des Prometheus fiel mir auf, der, abgesondert von den Göttern, von seiner Werkstätte aus eine Welt bevölkerte. Ich fühlte recht gut, daß sich etwas Bedeutendes nur produzieren lasse, wenn man sich isoliere« (10, 48). Auch als er 1818 die Abschrift von Lenz wieder zur Hand hatte, berührte ihn bei seinem frühen mythologischen Helden nur die Haltung des Aufbegehrens. Sie stimmte ihn nun bedenklich, so daß er, der sich längst von jedem revolutionären Gedanken entfernt hatte, Zelter in Berlin mahnte: »Lasset ja das Manuskript nicht zu offenbar werden, damit es nicht im Druck erscheine. Es käme unserer revolutionären Jugend als Evangelium recht willkommen, und die hohen Kommissionen zu Berlin und Mainz möchten zu meinen Jünglingsgrillen ein sträflich Gesicht machen« (11. 5. 1820). Daß er sogar meinte, das Gedicht hätte den 3. Akt eröffnen sollen, machte wenig Sinn, und doch erschien zehn Jahre später, in der Ausgabe letzter Hand, die Ode als Eröffnungsmonolog des 3. Aktes und damit als Schluß des ganzen Fragments. Dort war sie aber mit Sicherheit nicht am richtigen Platz.

Der Prometheus des jungen Goethe ist eine merkwürdige Figur, wenn man sich an die griechische Mythologie erinnert, aus der sie stammt. Hier ist Prometheus ein Sohn des Titanen Iapetos, bei Goethe aber ein Sohn des Zeus, der seinerseits vom Titanen Kronos abstammt und diesen und die übrigen Titanen überwand, um selbst herrschen zu können. Was Goethe mit der Verwandlung des Prometheus (vom Titanensohn zum Sohn des Zeus) gewonnen hat, liegt auf der Hand: den Vater-Sohn-Gegensatz. Nun konnte das Zeus-Prometheus-Verhältnis indirekt auf die christliche Gotteskindschaft anspielen; zumindest bot das Gedicht die Möglichkeit, auch so gelesen zu werden.

Die antiken Sagen von Prometheus, variantenreich wie alle griechische Mythologie, berichten Verschiedenes. Als Zeus den Menschen das Feuer vorenthielt, stahl Prometheus es im Olymp und brachte es auf die Erde. Dafür wurde er grausam bestraft: Zeus ließ ihn an einen Felsen ketten, und ein Adler zernagte Tag für Tag Prometheus' Leber, die in der Nacht wieder nachwuchs. Später wurde er von Herakles befreit. Nach andern Sagen erschuf Prometheus die Menschen; diese Version scheint nicht zum klassischen Sagenbestand zu gehören, Hesiod und Aischylos kennen sie nicht. Erst in der Spätzeit wird davon berichtet. Benjamin Hederichs *Gründliches Lexicon Mythologicum*, über das Goethe verfügte, beginnt den Abschnitt über Taten und Schicksal des Prometheus: »Er machte zuerst die Menschen aus Erde und Wasser, wobei er denn von jedem Tiere etwas dazu nahm.« Doch wird Goethe von dieser Tat des Prometheus auch durch Ovid (*Metamorphosen* I 82ff.) und Horaz (*carm.* I 16) gewußt haben, die er seit der Schulzeit kannte.

Daß Goethe zu Prometheus als Symbol des selbstbewußten Schöpfers griff, hing gewiß ebenfalls damit zusammen, daß dieser längst als Vergleichsfigur für den produktiv schaffenden Dichter eingebürgert war. Shaftesbury hatte in seinem *Soliloquy or Advice to an Author* (1710) griffig formuliert: »such a poet is indeed a second maker, a just Prometheus under Jove.« Diese Vorstellung breitete sich aus, als man anfing, das Genie zu rühmen.

Stammte vielleicht aus der Sentenz Shaftesburys Goethes eigenwillige Konzeption der Vater-Sohn-Verbindung (Zeus-Prometheus)? Ohne Zweifel aber hat in seiner Hymne die Deutung, die das 18. Jahrhundert der Prometheusgestalt gab, ihren Gipfel erreicht:

> Hier sitz' ich, forme Menschen
> Nach meinem Bilde,
> Ein Geschlecht, das mir gleich sei,
> Zu leiden, weinen,
> Genießen und zu freuen sich,
> Und dein nicht zu achten,
> Wie ich.

Diese Ode (oder auch Hymne) galt stets als Beispiel für ein Gedicht des ›Sturm und Drang‹, weil in ihr so nachdrücklich selbstbewußte Schöpferkraft besungen wird und sich in den freimetrischen Strophen exemplarisch »innere Form« ausprägt, rhetorisch aufs genaueste kalkuliert: in der Folge der Ausrufe; in der Verneinung der »Götter« und dem spöttischen Hinweis auf »Opfersteuern«, »Gebetshauch«, »Majestät«; in den aufbegehrenden Fragen, die in Wahrheit auf kämpferische Behauptungen aus sind; im herrischen Bekenntnis am Schluß. Aber zur Zeit des ›Sturm und Drang‹ blieb das Gedicht der Öffentlichkeit unbekannt. Wie und wann sie es erreichte, sei nachher noch berichtet.

Scharf wird gleich in den ersten Versen der Trennungsstrich zwischen dem Reich des Zeus (»Bedecke *deinen* Himmel«) und der Welt des Prometheus gezogen (»Mußt mir *meine* Erde / Doch lassen stehn«). Da gibt es keinen Übergang, keine Vermittlung, keine Gemeinschaft, nur Gegensatz und trotziges Fürsichsein. Die nächsten Strophen reihen Begründungen aneinander, warum Prometheus auf diesem unüberbrückbaren Gegensatz und seinem Selbstbewußtsein beharrt, wobei die dritte Strophe die Situation eines zum Himmel aufblickenden Menschen nachzeichnet, der vergeblich auf die Hilfe eines jenseitigen Gottes hoffte. Pointiert steht am Ende dieser Strophe ein Kernwort christlichen Glaubens: »erbarmen«.

Ohne weiteres kann man dieses Gedicht als Protest gegen die Vorstellung eines allmächtigen, personifizierten Gottes lesen und ihm insofern Antichristliches nicht absprechen. Aber Prometheus versagt seine Anerkennung keineswegs höheren Mächten, die noch über Zeus stehen: »Die allmächtige Zeit / Und das ewige Schicksal, / Meine Herrn und deine.« So richtet sich sein Trotz nicht gegen das Göttliche überhaupt. Er wendet sich gegen einen Gott, der seine Befugnisse überschreitet, despotisch wird und den Raum prometheischen Schaffens verengt. Das Göttliche aber ist der Willkür eines Gottes überlegen. Ihm weiß sich Prometheus verbunden.

Gegen despotischen Machtanspruch und ebensolche Machtausübung begehrt das Gedicht auf. Vor dem Hintergrund einer langen Tradition, in der Zeus-Jupiter und seine Attribute (er ist der Donnerer, der Blitzeschleuderer) als repräsentatives Bild für die Macht weltlicher Herrscher verwendet wurden, kann Goethes Prometheus-Gedicht auch als Ausdruck des Protests gegen weltliche Despotie verstanden werden. Horaz hatte bereits den Jupiter tonans, den donnernden Jupiter, dem Caesar Augustus zugeordnet (»Am Himmel donnernd, so glaubten wir, Jupiter / Herrschet: als gegenwärtiger Gott wird uns gelten / Augustus [...]«, *carm* III 5, 1ff.). Solche Nutzung der Zeus-Mythologie zur Repräsentation irdischer Macht war später keine Seltenheit. Künstler stellten den Herrscher gern in der Gestalt des Zeus-Jupiter dar. Goethe selbst hat seinem reichsbürgerlich gesinnten Vater das Wort »Procul a Jove procul a fulmine« im Sinn des »Fern vom Fürsten, fern vom Blitz« in den Mund gelegt (*DuW* 15. B.; 10, 54). Freilich: die Prometheus-Hymne *kann* mit solcher Anspielungsbreite gelesen werden; man *muß* sie aber nicht so auffassen. Immerhin sah Goethe im Alter deutlich die politische Brisanz, die in dem jugendlichen Gedicht steckte.

Doch gesellte sich zu dieser Hymne mit ihrer dezidierten Einseitigkeit bald, vermutlich im Frühjahr 1774, ein anderes Gedicht, das nicht furioses Fürsichsein dichtete, sondern glückliches Einswerden mit einer frühlingshaften, als göttlich erfahrenen Natur: *Ganymed*. »Ich komme! Ich komme! / Wohin? Ach, wohin? // Hinauf, hinauf strebt's / Es schweben die Wolken / Abwärts, die Wolken / Neigen sich der sehnenden Liebe, / Mir, mir! / In eurem Schoße / Aufwärts, / Umfangend umfangen! / Aufwärts / An deinem Busen, / Alliebender Vater!« Ist *Prometheus* die Hymne entschiedener Verselbstung, so *Ganymed* der Gesang hingebungsvoller Entselbstung. Am Ende des 8. Buches von *Dichtung und Wahrheit* ist zu lesen, wir Menschen erfüllten die Absichten der Gottheit dadurch, »daß wir, indem wir von einer Seite uns zu verselbsten genötigt sind, von der andern in regelmäßigen Pulsen uns zu entselbstigen nicht versäumen«. Seit Goethe 1789 in seinen Werken das Prometheus-Gedicht veröffentlichte, ließ er *Ganymed* unmittelbar darauf folgen; eine Zusammenstellung, die für sich selbst spricht. Daß es uns heute schwer fällt oder unmöglich ist, ganymedisch-enthusiastisches Naturgefühl, »umfangend umfangen«, nachzuempfinden, darauf ist noch zurückzukommen.

Die erste Veröffentlichung der Prometheus-Hymne erregte großes Aufsehen. Das Gedicht hatten zunächst nur ein paar Bekannte zu sehen bekommen, und zwar erst im Frühjahr 1775. Auch Friedrich Heinrich Jacobi erhielt ein Exemplar, und er veröffentlichte die Verse 1785 in seiner Schrift *Über die Lehre des Spinoza in Briefen an Herrn Moses Mendelssohn*. Vorsichtigerweise ließ er das Gedicht, ohne den Autor zu nennen, auf zwei unbezifferten Blättern einrücken. So konnte man es schnell entfernen. Aber noch ein anderes Gedicht Goethes war der Schrift Jacobis beigefügt: »Edel sei der Mensch [...]«, und dies gleich zu Anfang des Buches mit Namensnennung. So war nicht schwer zu erkennen, wer die Prometheus-Ode verfaßt hatte.

Jacobi berichtete in seiner Schrift von einem Gespräch mit Lessing aus dem Jahr 1780. Dabei habe er Lessing auch das Gedicht *Prometheus* zu lesen gegeben. Dieser habe es ohne die erwartete Verärgerung für gut befunden. Lessing wörtlich:

Der Gesichtspunkt, aus welchem das Gedicht genommen ist, das ist mein eigener Gesichtspunkt. [...] Die orthodoxen Begriffe von der Gottheit sind nicht mehr für mich; ich kann sie nicht genießen. »Ἕν καὶ πᾶν! [Eins und alles!] Ich weiß nichts anders. Dahin geht auch dieses Gedicht; und ich muß bekennen, es gefällt mir sehr. *Ich.* Da wären sie ja mit Spinoza ziemlich einverstanden. *Lessing.* Wenn ich mich nach jemand nennen soll, so weiß ich keinen andern.

Erregte Auseinandersetzungen schlossen sich an Jacobis Schrift an; denn schließlich hatte sich Lessing dort unumwunden zum Pantheismus des Spinoza bekannt. Spinozismus aber stand damals, weil er bei seiner Welterklärung ohne einen persönlichen Gott außerhalb der Natur auskam, unter dem Verdacht des Atheismus. So schlug der ›Spinozastreit‹ hohe Wellen. Goethe selbst war keineswegs über die Publikation des *Prometheus* erfreut. »Herder findet lustig, daß ich bei dieser Gelegenheit mit Lessing auf einen Scheiterhaufen zu sitzen komme« (an F. Jacobi, 11.9.1785). In seiner Antwort auf Jacobis Abhandlung kritisierte nun Mendelssohn das Gedicht aufs schärfste und machte es völlig herunter. Darauf nahm Goethe es, selbstbewußt und trotzig, in seine Werkausgabe von 1789 auf, nicht ohne *Ganymed* sogleich folgen zu lassen. Wenn man es recht betrachtet, war *dieses* Gedicht ›pantheistisch‹ zu nennen und ließ über Goethes Position in dieser Frage keinen Zweifel. Wieso Lessing aus der Prometheus-Hymne ein pantheistisches Glaubensbekenntnis herauslesen konnte, ist schwer begreiflich. Das Gedicht versagt sich solcher Deutung. Allenfalls haben die prometheische Trotzhaltung gegen einen despotischen personalen Gott und das Bekenntnis zum eigenen göttlichen Schöpfertum Lessing zu seiner Lesart verführen können.

Werther-Leiden

1774 ist für die Literaturgeschichte das Jahr von Goethes *Werther*. Keines seiner Werke hat solches Aufsehen erregt und solchen internationalen Erfolg gehabt wie dieses schmale Buch. Eine Fülle von Abhandlungen ist geschrieben worden, in denen die Entstehung des epochemachenden Romans rekonstruiert, seine Beziehung zu Goethes eigenem Leben aufgehellt und immer erneut die künstlerische Meisterschaft dieses Romans analysiert worden sind. Allein über die europäische Rezeptions- und Wirkungsgeschichte in pro und contra ausführlich zu berichten würde einen oder mehrere Bände füllen, von der Fernwirkung der Werthergestalt in Literatur und Musik ganz zu schweigen.

Die Geschichte eines jungen Menschen, der mit dem Reichtum seiner Gefühle und der Intensität seiner Empfindungsfähigkeit an den Beschränkungen dieser Welt scheiterte und keinen anderen Ausweg wußte als den Selbstmord: die gestaltete Unerbittlichkeit dieses Schicksals ergriff die mitfühlenden Leser auf ungeahnte und bisher unbekannte Weise – und verschreckte diejenigen, die aus dem Buch eine Billigung der Selbsttötung herauslesen zu können meinten und vor der suggestiven Wirkung dieses

Romans warnten. Sogar zu Verboten des Buchs ist es gekommen. Nichts wollte man etwa gegen eine »lebhafte Rührung der Gemüter« einwenden, hatte doch Sulzer im ebenfalls 1774 erschienenen zweiten Teil der *Allgemeinen Theorie der schönen Künste* der Kunst »lebhafte Rührung der Gemüter« und »Erhöhung des Geistes und des Herzens« zugesprochen. Aber immer noch standen in einer so begriffenen Kunst alle Rührung und alle durch die Dichtung geweckten Empfindungen letztlich im Dienst von Tugendhaftigkeit und Moral. Nichts mehr im *Werther* von solchen Ansprüchen einer allgemein verbindlichen Moral, auf die hin die Dichtung geschrieben wäre, im Gegenteil. Wo Albert und Werther im großen Gespräch über die Zulässigkeit des Selbstmords streiten (12.8.1771), kann Werthers Schlußbehauptung von ›vernunftgemäßen‹ Argumenten nicht mehr eingeholt werden: »Der Mensch ist Mensch, und das bißchen Verstand, das einer haben mag, kommt wenig oder nicht in Anschlag, wenn Leidenschaft wütet und die Grenzen der Menschheit einen drängen.«

Die Schonungslosigkeit der Selbstanalyse Werthers, soweit sie ihm möglich war; die suggestive Kraft der Sprache, die den Leser zum persönlichen Mitgefühl verführte; die Unerbittlichkeit jener letzten Lebensschritte zum sorgfältig vorbereiteten Selbstmord: das alles bestätigte, was im Vorwort geschrieben stand: »Ihr könnt seinem Geist und seinem Charakter eure Bewunderung und Liebe, seinem Schicksale eure Tränen nicht versagen.«

Goethe hat später nur mit Staunen und geheimem Schauder wahrnehmen können, was in diesem Werk des Frühjahrs 1774 gestaltet und aufbewahrt war. »Las meinen *Werther* seit er gedruckt ist das erstemal ganz und verwunderte mich«, vermerkte er unterm 30. April 1780 im Tagebuch. So etwas schreibe sich nicht mit heiler Haut, ist eine seiner Bemerkungen, die aus dem Jahre 1808 überliefert ist (Caroline Sartorius an ihren Bruder, 27.10.1808). Als er Zelter, dem Freund der späten Jahre, 1816 einen Kondolenzbrief nach dem Tode von dessen jüngstem Sohn zu schreiben hatte, fügte er beim Hinweis auf den *Werther* den im Grunde trostlosen Satz hinzu: »Da begreift man denn nun nicht, wie es ein Mensch noch vierzig Jahre in einer Welt hat aushalten können, die ihm in früher Jugend schon so absurd vorkam« (26.3.1816). Eckermann gestand er (2.1.1824), der *Werther* sei »auch so ein Geschöpf, das ich gleich dem Pelikan mit dem Blut meines eigenen Herzens gefüttert habe«. Nur ein einziges Mal habe er das Buch seit seinem Erscheinen wieder gelesen und sich gehütet, es abermals zu tun. »Es sind lauter Brandraketen! Es wird mir unheimlich dabei.« Und dunkler konnte es nicht werden als im Gedicht *An Werther* (1824), das die *Trilogie der Leidenschaft* eröffnet: »Zum Bleiben ich, zum Scheiden du erkoren, / Gingst du voran – und hast nicht viel verloren.« Wo immer sich

Werther in Goethes Erinnerung meldete, wurde dumpf der Ton der Trostlosigkeit des Daseins angeschlagen. Da in der Öffentlichkeit immer noch
Klischeebilder vom ›Dichterfürsten‹ und ›Olympier‹ Goethe gehandelt werden, kann man nicht oft genug betonen, daß sein riesiges Lebenswerk in
Literatur, naturwissenschaftlicher Bemühung und politischer Tätigkeit auf
dem Grund von Lebensnot und immer wieder rumorender Verzweiflung
aufruht. »Beseh ich es recht genau«, so in jenem Brief an Zelter, »so ist es
ganz allein das Talent, das in mir steckt, was mir durch alle die Zustände
durchhilft, die mir nicht gemäß sind und in die ich mich durch falsche
Richtung, Zufall und Verschränkung verwickelt sehe.«

In seinem Lebensrückblick hat Goethe die schöpferische Arbeit am *Werther* und das fertige Werk als Rettung aus eigener Not betrachtet. »Ich hatte
mich durch diese Komposition, mehr als durch jede andere, aus einem
stürmischen Elemente gerettet. [...] Ich fühlte mich, wie nach einer Generalbeichte, wieder froh und frei, und zu einem neuen Leben berechtigt. Das
alte Hausmittel war mir diesmal vortrefflich zustatten gekommen« (*DuW*
13. B.; 9, 588). Wir wissen, was mit dem »alten Hausmittel« gemeint war:
das, was ihn erfreute oder quälte oder sonst beschäftigte, in ein Bild, ein
Gedicht zu verwandeln und darüber mit sich selbst abzuschließen (7. Buch).
Ihm war gelungen, was Werther versagt blieb: das »stürmische Element« zu
meistern. Gewiß war damit nicht allein die Bedrängnis durch die unerfüllte
Liebe zu Charlotte Buff und die Zuneigung zu Maximiliane Brentano, geb.
La Roche, gemeint, sondern jene schwierige Gesamtverfassung der Jahre
1772–1774, wo Verlassenheit und Melancholie, unruhiges Suchen nach der
eigenen Bestimmung und Lebensüberdruß ihm trotz des Bewußtseins seiner
schöpferischen Fähigkeiten schwer zu schaffen machten. Freilich, jene ernsten Seiten über den »Ekel vor dem Leben«, über den »Lebensüberdruß« (im
13. Buch von *Dichtung und Wahrheit*) sind Reflexionen des alten Goethe,
dem Resignation und Entsagung vertraute Lebensbegleiter geworden waren.
Aber zu genau stimmt das dort Vorgetragene mit allen anderen Äußerungen
über den *Werther* zusammen, als daß es bagatellisiert werden könnte.
Goethe selbst war von all dem zutiefst betroffen, was er Werther in Freude
und Zu-Tode-Betrübtsein auf seine Briefblätter schreiben ließ. Er war
Werther – und war es in einem entscheidenden Punkte doch nicht: Er war in
der Lage, tätig und produktiv zu sein. Er wird in alle Schächte des trübsinni-
gen oder mutigen Nachdenkens über den Selbstmord hinabgestiegen sein,
aber er hat sich nicht in ihnen verloren und konnte immer noch den
lebensbejahenden Spott zu Hilfe holen: »[...] und erschiessen mag ich mich
vor der Hand noch nicht« (an Kestner, 28. 11. 1772). »Die Wirklichkeit in
Poesie verwandelt zu haben«, das hatte ihn »erleichtert und aufgeklärt« über

die Abgründe, in die ein Mensch stürzen kann, der sich uneingeschränkt seiner ins Unendliche strebenden Subjektivität ausliefert. Im Prozeß des künstlerischen Gestaltens bewährte sich, was in der Sulzer-Rezension 1772 der Kunst zuerkannt worden war: Sie »ist gerade das Widerspiel; sie entspringt aus den Bemühungen des Individuums, sich gegen die zerstörende Kraft des Ganzen zu erhalten« (12, 18).

Goethe unterschied vieles von seinem Werther. Wie anders die Abschiedsbriefe, die beide ›ihrer‹ Lotte geschrieben haben! Bei Werther der Entwurf einer großen sentimentalen Szene, wo das ausweglose subjektive Erleben alles in den Sog innerer Qualen zieht. Bei Goethe in aller Bitternis noch Beherrschung und der aufhellende Blick zurück und voraus: »Denn Sie wissen alles, wissen wie glücklich ich diese Tage war. und ich gehe, zu den liebsten besten Menschen, aber warum von Ihnen« (11.9.1772). Vor allem aber: wie imposant die Reihe der genannten Werke in den krisenhaften Jahren 1772–1774, die keineswegs nur auf *ein* Thema gestimmt und nur der ›wertherischen‹ Gefühlslage verwandt waren!

Dem jungen Wolfgang Goethe gelang dadurch, daß er Wirklichkeit in Poesie überführte, die Rettung. Manchem Leser indessen unterlief der folgenschwere Fehler, Poesie mit Wirklichkeit leichtfertig zu verwechseln: »So verwirrten sich meine Freunde daran, indem sie glaubten, man müsse die Poesie in Wirklichkeit verwandeln, einen solchen Roman nachspielen und sich allenfalls selbst erschießen; und was hier im Anfang unter wenigen vorging, ereignete sich nachher im großen Publikum und dieses Büchlein, was mir so viel genützt hatte, ward als höchst schädlich verrufen« (9, 588).

Die Niederschrift des Romans beanspruchte im Frühjahr 1774 wenig Zeit. Sie begann im Februar, und im Mai wurde eilig das Manuskript an den Verleger Weygand nach Leipzig geschickt. Rasche Niederschrift, aber – »nach so langen und vielen geheimen Vorbereitungen«, wie *Dichtung und Wahrheit* wußte (9, 587). Solche verhältnismäßig langen Wachstumszeiten eines Werkes scheinen bei Goethe, das sei beiläufig bemerkt, nichts Ungewöhnliches gewesen zu sein. Seiner eigenen Erläuterung in der »Konfession des Verfassers« (*Geschichte der Farbenlehre*), die sich gerade auf die Jugenddichtungen bezog, brauchen wir nicht zu mißtrauen:

So hatte ich selbst gegen die Dichtkunst ein eignes wundersames Verhältnis, das bloß praktisch war, indem ich einen Gegenstand, der mich ergriff, ein Muster, das mich aufregte, einen Vorgänger, der mich anzog, so lange in meinem innern Sinn trug und hegte, bis daraus etwas entstanden war, das als mein angesehen werden mochte und das ich, nachdem ich es jahrelang im stillen ausgebildet, endlich auf einmal, gleichsam aus dem Stegreife und gewissermaßen instinktartig, auf das Papier fixierte (14, 252).

Es ist müßig, den inneren Entstehungsprozeß des *Werther*-Romans zu rekonstruieren. Es bleiben Vermutungen. Die wesentlichen Elemente der außerdichterischen Realität, die in das Werk eingegangen sind, lassen sich freilich ohne Schwierigkeit nennen. Kein weiteres Wort hier über Goethes Verhältnis zu Charlotte Buff und Kestner und zur parallelen Konstellation Werther, Lotte, Albert. Mitte Mai bis September 1772 jene Wochen in Wetzlar mit der Abreise ohne Abschied. In der Rezension der *Gedichte eines polnischen Juden* (in den *Frankfurter Gelehrten Anzeigen*) das schon zitierte Wunschbild eines jungen Paares (S. 154f.). Am 30. Oktober desselben Jahres der Selbstmord Carl Wilhelm Jerusalems in Wetzlar. Die Pistolen hatte er sich von Kestner geliehen; das Blatt, auf dem er darum bat, ist noch vorhanden, Goethe hat es aufbewahrt: »Dürfte ich Ew. Wohlgeb. wohl zu einer vorhabenden Reise um ihre Pistolen gehorsamst ersuchen? J.« Werther äußerte später dieselbe Bitte gegenüber Albert. Goethe erfuhr bald von diesem aufsehenerregenden Vorfall. Schließlich war Jerusalem nicht irgendwer: Der Vater war ein bekannter Braunschweiger Theologe; er selbst hatte in seiner Wolfenbütteler Assessorenzeit die Freundschaft Lessings gewonnen. So war es wohl auch als Versuch einer Ehrenrettung anzusehen, daß Lessing 1776 die *Philosophischen Aufsätze* Jerusalems herausgab, der als Werther-Jerusalem ins Gerede gekommen war.

Kestner schrieb Goethe im November 1772 einen ausführlichen, geradezu minuziösen Bericht über den Tathergang, dessen Formulierungen stellenweise wörtlich im Herausgeberbericht des *Werther* wiederkehren. Der berühmte Schluß ist ganz übernommen, bezeichnenderweise jedoch ohne die Bemerkung über das vorausgetragene Kreuz.

Kestner:
Abends ¼ 11 Uhr ward er auf dem gewöhnlichen Kirchhof begraben... in der Stille mit 12 Lanternen und einigen Begleitern; Barbiergesellen haben ihn getragen; das Kreuz ward vorausgetragen; kein Geistlicher hat ihn begleitet (6, 519).
Werther:
Nachts gegen eilfe ließ er [der Amtmann] ihn an die Stätte begraben, die er sich erwählt hatte. Der Alte folgte der Leiche und die Söhne. Albert vermocht's nicht. Man fürchtete für Lottens Leben. Handwerker trugen ihn. Kein Geistlicher hat ihn begleitet.

Goethe behauptete später: »In diesem Augenblick [nach der Nachricht und dem Bericht von Jerusalems Tod] war der Plan zu *Werthern* gefunden, das Ganze schoß von allen Seiten zusammen [...]« (*DuW*; 9,585). Aber es dauerte immerhin noch eineinviertel Jahr bis zur Niederschrift. Die neue Bekanntschaft mit Maximiliane lag dazwischen, ihre Heirat in Frankfurt im

Januar 1774, Besuche in ihrem Hause: ein neues prekäres Verhältnis wie in Wetzlar schien sich anzubahnen, – genug: Seit Februar kam die Geschichte vom armen Werther aufs Papier. *Die Leiden des jungen Werthers* war der Titel des Buches, das dann seit Herbst 1774 Furore machte. Leicht sind einzelne Parallelen mit Goethes Leben zu erkennen. Auch Werther schrieb unter dem 28. August als an »meinem Geburtstag«; auch Werther nahm am 10. September Abschied; auch er führte mit Albert jenes Gespräch über das Leben nach dem Tode; auch bei ihm hing Lottes Schattenriß an der Wand. Kestner stieß sich daran, daß denn doch auf ihn in der Gestalt Alberts und auf Lotte merkwürdiges Licht gefallen sei und sie unschwer zu identifizieren seien. Aber Goethe beharrte zu Recht auf dem Eigenwert des gestalteten Werks und widersprach auch hier der Gleichsetzung von Poesie und Wirklichkeit, als er antwortete: »Ihr fühlt *ihn* nicht, ihr fühlt nur *mich* und *euch*, und was ihr *angeklebt* heisst – und truz euch – und andern – *eingewoben* ist« (21.11.1774).

Als sich Goethe den *Werther* für die Ausgabe in den *Schriften* wieder vornahm und eine zweite Fassung schrieb, die 1787 erschien, wurde Albert freundlicher gezeichnet, einiges anders formuliert und die Parallelgeschichte vom Bauernburschen neu eingefügt, der in ähnlicher Lage wie Werther steckt, den konkurrierenden Liebhaber aber umbringt. Die Änderungen sind (wenigstens für den, der genau liest) bedeutender, als man gemeinhin annimmt. Deshalb sollte dieses Buch stets in einem synoptischen Druck vorliegen, mit beiden Fassungen nebeneinander.

Das Neue, das Besondere des *Werther* war zweifellos die Unerbittlichkeit, mit der sich hier der Untergang eines leidenschaftlich fühlenden Menschen vollzog. Besinnung auf lebenssichernde Verhaltensmuster konnte diesem Leidenden nicht mehr helfen. Das war großes Trauerspiel im Roman, das mitempfindende Leser erschütterte und in erzählender Prosa bisher so nicht gestaltet worden war. Das Neue wird erst sichtbar, wenn man sich an die damalige Situation des Romans erinnert. Diese Literaturgattung genoß bei den Theoretikern der Dichtkunst nur geringes Ansehen. Viel gelesen, viel gescholten: so war die Lage des Romans im 18. Jahrhundert. Was der Zürcher Theologe Gotthard Heidegger 1698 in seiner *Mythologia Romantica* auf die Pointe gebracht hatte »Wer Romans liest, der liest Lügen«, war gängige Meinung der Theoretiker geblieben. Zuviel Erotisches, Unwahrscheinliches, Phantastisches meinte man in den Romanen versammelt, und an wirklich Kunstmäßigem haperte es auch. Natürlich gab es unterschiedliche Bewertungen. Man kam nicht an der Tatsache vorbei, daß es Werke dieser verachteten Gattung gab, die eifrig gelesen wurden. Als etwa Lessing im 69. Stück der *Hamburgischen Dramaturgie* auf Wielands *Geschichte des*

Agathon zu sprechen kam, würdigte er zwar das bedeutende Werk (»Es ist der erste und einzige Roman für den denkenden Kopf, von klassischem Geschmacke«), aber er zauderte, solcher Leistung den zweifelhaften Namen Roman zu geben: »Roman? Wir wollen ihm diesen Titel nur geben, vielleicht, daß es einige Leser mehr dadurch bekömmt.« Für die Leser also war der verpönte Titel ›Roman‹ eine Verlockung zuzugreifen. Noch Sulzers alphabetisch geordnetes Sammelwerk *Allgemeine Theorie der schönen Künste* hatte im entsprechenden Band, der 1777 erschien, kein Stichwort »Roman«. Wohl aber konnte man unter »romanhaft« lesen: »Das Natürliche ist ungefähr gerade das Entgegengesetzte des Romanhaften.« Dabei war, und zwar im Jahr des *Werther*, ein über 500 Seiten dickes Buch erschienen, in dem am Beispiel des *Agathon* erläutert wurde, daß es der Roman sei, der in den neueren Zeiten im Ensemble der literarischen Gattungen die Stelle einnehmen könne und müsse, die einstmals das Epos innehatte. Es handelte sich um Friedrich von Blanckenburgs *Versuch über den Roman*. »Ich sehe den Roman, den *guten Roman* für das an, was in den ersten Zeiten Griechenlands die Epopee für die Griechen war; wenigstens glaub' ich's, daß der *gute Roman* für uns das werden könne.« Der Roman war demnach als Kunstgattung in seinem eigenen Recht erkannt, und dies aufgrund der Einsicht, daß den sozialen Bedingungen einer neuen Zeit neue Kunstformen entsprechen. Folgerichtig erklärte Johann Carl Wezel in der Vorrede zu *Herrmann und Ulrike* (1780) den Roman zur »bürgerlichen Epopöe«. Hegels Nachdenken galt später genau diesem Problem, wie der Roman als »moderne bürgerliche Epopöe« zu begreifen sei: »Der Roman im modernen Sinne setzt eine bereits zur *Prosa* geordnete Wirklichkeit voraus, auf deren Boden er sodann in seinem Kreise [...] der Poesie, soweit es bei dieser Voraussetzung möglich ist, ihr verlorenes Recht wieder erringt« (*Ästhetik*). Der »ursprünglich poetische Weltzustand«, in der Antike als vorhanden angenommen und im antiken Epos als gestaltet gesehen, ist nicht nur für Hegel dahin; aufgelöst die objektive Totalität der verbindlichen und geschlossenen Weltanschauung des antiken Epos. Daher Goethes später Satz in den *Maximen und Reflexionen*: »Der Roman ist eine subjektive Epopöe, in welcher der Verfasser sich die Erlaubnis ausbittet, die Welt nach seiner Weise zu behandeln« (12, 498). Die Überlegungen über Eigenart und Bedeutung dieser Gattung haben, wie wir wissen, nie aufgehört. Längst hat man die Erzählweisen, wie sie der Roman im 18. und 19. Jahrhundert (gerade auch in der Nachfolge von Goethes *Wilhelm Meister*) entwickelt hat, als unzeitgemäß beargwöhnt, und doch präsentiert sich die Gattung, die keine Definition einzuschnüren vermag, jährlich neu in vielfältiger Gestalt.

Zurück zum Neuen und Besonderen des Werther-Romans! Einen Roman in Briefen zu schreiben war damals nichts Ungewöhnliches; Briefromane waren an der Tagesordnung. Schon in frühen Jahren hatte sich Goethe bekanntlich in spielendem Lernen der Form des Briefromans bedient, und spätestens seit Gellerts Schule war er über den Brief als eigenständige Kunstform informiert. Seit der Mitte des Jahrhunderts hatten englische Romane bedeutenden Einfluß gewonnen. Was Aufsehen erregte, war der Reichtum an seelischen Empfindungen, der sich in ihnen aussprach, tränenreiche Empfindsamkeit eingeschlossen. Der seelische Innenraum des Menschen wurde mit einem bisher unbekannten Spürsinn ausgeleuchtet. Dabei gab man jedoch eine tugend- und moralbewußte Grundhaltung nicht auf. Besonders die Romane Samuel Richardsons beeindruckten viele Leser. Auch Fielding und Sterne mit ihrem gelockerten, perspektivenreichen Erzählen wirkten nachhaltig. Tugendhafte Menschen in bürgerlicher, familiärer Umgebung stellten sich in Richardsons Romanen vor: *Pamela, or Virtue Rewarded* (Pamela oder die belohnte Tugend, 1740), *Clarissa, or the History of a Young Lady* (1747/48), *Sir Charles Grandison* (1753/54). Der bürgerliche Mittelstand konnte sich hier wiedererkennen, auch in seiner rigorosen Moralität. Mit der Form seines Briefromans schuf Richardson ein Vorbild von erstaunlichem Einfluß. Dichtungen in seiner Manier verbreiteten sich wie im übrigen Europa so auch in Deutschland. Den Übersetzungen folgten bald Originalwerke, etwa Gellerts *Das Leben der schwedischen Gräfin von G . . . (1746/48),* Johann Timotheus Hermes' *Sophiens Reise von Memel nach Sachsen* (1769/73) oder Sophie von La Roches *Geschichte des Fräuleins von Sternheim* (1771/72). Johann Karl August Musäus mischte sich mit einer Parodie ein: *Grandison der Zweite oder Geschichte des Herrn von N***, in Briefen entworfen* (1760/62). Übrigens meldete sich in England schon früh eine heftige Reaktion gegen die Richardsonschen Idealgestalten der Pamelen, Clarissen und Grandisons. Henry Fielding suchte Naturwahrheit gegen seinen Landsmann auszuspielen und lockerte seine Romane mit Humor und Komik auf, weil er keine »models of perfection« vorführen wollte: »I am not writing a system, but a history« [Ich schreibe kein System, sondern eine Geschichte].

Noch ein anderer europäischer Roman beeindruckte stark die junge Generation, die sich anschickte, den Ansprüchen unreglementierten Fühlens ihr Recht werden zu lassen. Es war Jean-Jacques Rousseaus *Julie ou La nouvelle Héloise* [Julie oder Die neue Héloise, 1761]. Enthusiastisch äußerten sich in den Briefen des ersten Bandes die Leidenschaften der Liebenden. Aber dann siegten im zweiten doch die Vorschriften des sittlichen Bewußtseins, wie es jener Zeit gemäß war: Die Liebe zwischen dem armen Hauslehrer Saint-Preux und der vornehmen Adelstochter Julie wurde gezähmt. Julie heiratete den Mann, den das Familieninteresse forderte; Saint-Preux blieb die Freundschaft. Es ist ungewiß, wie es wirklich weitergegangen wäre, nachdem der einstige Geliebte als Erzieher der Kinder ins Haus gekommen war. Der Dichter ging der ›Lösung‹ aus dem Wege: Er ließ Julie sterben, so daß die moralisierenden Reflexionen des zweiten Bandes ihre Geltung behielten.

Die Leiden des jungen Werthers waren gleichsam der konsequent und unerbittlich zu Ende gebrachte *erste* Teil des Rousseauschen Romans. Und was den *Werther* von all diesen europäischen Briefromanen unterschied, war die einfache und doch so bedeutsame Tatsache: Allein Werther schrieb. Während die anderen Romane Briefe bündelten, die von mehreren Personen verfaßt waren, gab es in Goethes Buch nur den einen Schreiber – und den Herausgeber mit seinem Bericht über die letzten Tage, über Tod und Bestattung. So erscheint ›Welt‹ nur aus der Sicht Werthers. Alles Äußere wird hineingezogen in die Innerlichkeit des von sich und seinen Erfahrungen berichtenden Werther und von dieser Innerlichkeit überflutet. Der Briefempfänger (meistens Wilhelm, in wenigen Fällen Lotte und Albert) kommt nie selbst zu Wort. Aber seine Gegenposition, von Wirklichkeitssinn und Maßhalten beeinflußt, schimmert durch die Briefe hindurch, und am unsichtbaren Gegenüber des Briefpartners kann sich Werthers Selbstbekenntnis von Fall zu Fall zu hohem Pathos steigern. Als sich gegen Ende schließlich der Herausgeber einschaltet, wird Werthers subjektive Innerlichkeit erst recht in ihrem ausweglosen Für-sich-Sein offenbar.

Der »junge Werther« des Buchtitels wird schon im ersten Satz des Vorworts zum »armen Werther«. So sehr haben ihn die einfühlsamen Leser bedauert, so gefährlich war die Identifizierung mit ihm, daß Goethe vor den ersten und zweiten Teil der 2. Ausgabe von 1775 je einen Vierzeiler setzen ließ (auf die er später wieder verzichtete):

I.
Jeder Jüngling sehnt sich so zu lieben,
Jedes Mädgen so geliebt zu seyn,
Ach, der heiligste von unsern Trieben,
Warum quillt aus ihm die grimme Pein?

II.
Du beweinst, du liebst ihn, liebe Seele,
Rettest sein Gedächtniß von der Schmach;
Sieh, dir winkt sein Geist aus seiner Höle:
Sey ein Mann, und folge mir nicht nach.

Keine Frage, der zweite Spruch betont, daß Werther nicht einfach als positive Beispielfigur hingenommen werden soll. Vor Identifizierung mit ihm wird ıgewarnt. Aber ebenso zweifelsfrei ist, daß die Eigenschaften Werthers wertvolle Züge des Menschen sind, eben jene, die nach Meinung der ›Stürmer und Dränger‹ den Menschen zuhöchst auszeichnen: Gefühl, Empfindungskraft, Leidenschaftlichkeit, Suche nach individueller Selbstverwirklichung. Goethes frühe Äußerung über seinen Roman erfaßte genau diese Doppeldeutigkeit der Werthergestalt:

Allerhand neues hab ich gemacht. Eine Geschichte des Titels: *die Leiden des iungen Werthers*, darinn ich einen iungen Menschen darstelle, der mit einer tiefen reinen Empfindung, und wahrer Penetration begabt, sich in schwärmende Träume verliert, sich durch Spekulation untergräbt, biss er zuletzt durch dazutretende unglückliche Leidenschafften, besonders eine endlose Liebe zerrüttet, sich eine Kugel vor den Kopf schiesst (an G. F. E. Schönborn, 1.6.1774).

Nur über anderthalb Jahre des Wertherschen Lebens, vom 4. Mai 1771 bis zum 23. Dezember 1772, ziehen sich die Briefe, Blätter und Berichte des schmalen Romans hin, der auf gut 120 Seiten unterkommt und in der konsequenten Einsträngigkeit des Geschehens einer Novelle ähnlich ist. Das war, mit Tag und Jahr markiert, 1774 Literatur über unmittelbar Gegenwärtiges!

»Wie froh bin ich, daß ich weg bin!« So beginnt der erste Brief vom 4. Mai; das Thema der Absonderung, der Flucht aus unliebsamen Verhältnissen ist angeschlagen. Werther hat seine Verbindungen, die ihn fesselten, gelöst, auch zu Leonore, und fühlt sich wohl in der Einsamkeit und der Natur. Noch ehe er Lotte kennenlernt und sich in die Leidenschaft der Liebe steigert, klagt er über die Einschränkung des Menschen und tröstet sich am »süßen Gefühl der Freiheit, und daß er diesen Kerker verlassen kann, wann er will« (22.5.1771). Im Juni begegnet er Lotte auf einem Ball und erlebt sie kurz danach in ihrer schlichten, ländlich idyllischen Welt, in der sie mit ruhiger Selbstverständlichkeit tätig ist. Oft ist er nun mit ihr zusammen. Am 30. Juli kehrt Albert, der Verlobte, zurück. Obwohl sich ein freundschaftliches Verhältnis anbahnt, kann Werther auf Dauer die Spannungen nicht ertragen: Abreise am 10. September. Den Winter über ist er in einer Gesandtschaft beschäftigt. Doch bald schon klagt er über das Joch, in das man ihn geschwatzt, indem man ihm soviel von Aktivität vorgesungen habe (24.12.1771). Im Frühjahr eine kränkende Zurücksetzung in einer vornehmen Gesellschaft, weil er kein Adliger ist. Kurz darauf nimmt er seinen Abschied. Nicht lange hält er es auf dem Jagdschloß eines Fürsten aus: »Auch schätzt er meinen Verstand und meine Talente mehr als dies Herz, das doch mein einziger Stolz ist, das ganz allein die Quelle von allem ist, aller Kraft, aller Seligkeit und alles Elendes. Ach, was ich weiß, kann jeder wissen – mein Herz habe ich allein.« So am 9. Mai 1772. Und am 18. Juni läßt er dem Wunsch seines Herzens freien Lauf: »Ich will nur Lotten wieder näher, das ist alles. Und ich lache über mein eigenes Herz – und tu' ihm seinen Willen.« So ist er seit Juli wieder in Lottes Nähe, die inzwischen verheiratet ist. Er aber steigert sich weiter in die Leidenschaft seiner Liebe. Denn was ist ihm außer ihr noch geblieben? Niemand, wähnt er, könne Lotte so lieben wie er; aber die Grenze, die ihm gezogen ist, läßt sich nicht verrücken. Nun ist er ganz auf sich zurückgeworfen, weltlos geworden, und der Sog jener Freiheit, diesen Kerker verlassen zu können, wann er will, wird unwiderstehlich. Gegen Lottes Willen besucht er sie am 21. Dezember. Nie kamen sie sich näher als hier nach der Lesung aus der *Ossian*-Übersetzung (Goethes eigener von 1772!), die sich (für den heutigen Leser) quälend lang hinzieht. Am nächsten Tag bittet er Albert um die Pistolen. Abends erschießt er sich.

Vom ersten Brief Werthers an ist ein ungewöhnlich dichtes Gewebe von Verweisungen durch das ganze Buch geknüpft. Kaum ein Motiv, das nicht mehrfach auftaucht, leicht verwandelt, nuanciert, und indem es wiedererscheint, enthüllt sich in Vor- und Rückverweisen mehr und mehr sein Sinn. Immer aber bleibt alles auf Werther bezogen. *Er* schreibt die Reflexionen auf, schildert die Szenen, nennt die Motive; *er* beleuchtet sie, von *seiner* jeweiligen Verfassung werden sie getönt.

Wann immer man über das Schicksal Werthers nachgedacht hat, meldete sich die Frage: Was macht die Leiden· Werthers aus? Warum scheitert er? Woran geht er zugrunde? Sobald bündige Antworten versucht werden, spürt man, wie leicht die Erklärungen zu kurz greifen und dem dichten Geflecht ineinander verwobener Motive und Reflexionen nicht gerecht werden. Die trivialste Antwort: er habe sich aus Liebeskummer eine Kugel in den Kopf gejagt, kann auf sich beruhen bleiben. Von Anfang an leidet er unter der Einschränkung, »in welcher die tätigen und forschenden Kräfte des Menschen eingesperrt sind« (22.5.1771), und darunter, im Bewußtsein dieser Einschränkung nicht tätig sein, sich zur Aktivität nicht aufraffen zu können. Er sieht keinen Sinn. So verfällt er der Neigung zum Ausstieg – und zum Einstieg in sich selbst. »Ich kehre in mich selbst zurück, und finde eine Welt!« Aber sogleich folgt die Abschwächung: »Wieder mehr in Ahnung und dunkler Begier als in Darstellung und lebendiger Kraft« (22.5.1771). Alles bezieht er auf sein Herz, sein Fühlen, sein subjektives Sinnen, das über alle Begrenzungen hinauswill. Wie es jeweils in ihm aussieht, so sieht er es hinein in die Natur oder liest und zitiert die entsprechenden Dichtungen:

Homer im Anblick des idyllisch-ländlichen Lebens, Klopstock in der Stunde bewegten Empfindens, Ossian in der Not der Ausweglosigkeit. Die große Satzperiode der Empfindsamkeit kann sich auf Höhepunkten glücklicher und unglücklicher Stimmungen aufbauen.

Wenn das liebe Tal um mich dampft, und die hohe Sonne an der Oberfläche der undurchdringlichen Finsternis meines Waldes ruht, und nur einzelne Strahlen sich in das innere Heiligtum stehlen, ich dann im hohen Grase am fallenden Bache liege, und näher an der Erde tausend mannigfaltige Gräschen mir merkwürdig werden; wenn ich das Wimmeln der kleinen Welt zwischen Halmen, die unzähligen, unergründlichen Gestalten der Würmchen, der Mückchen näher an meinem Herzen fühle, und fühle die Gegenwart des Allmächtigen, der uns nach seinem Bilde schuf, das Wehen des Allliebenden, der uns in ewiger Wonne schwebend trägt und erhält; mein Freund! wenn's dann um meine Augen dämmert, und die Welt um mich her und der Himmel ganz in meiner Seele ruhn wie die Gestalt einer Geliebten – dann sehne ich mich oft und denke: Ach könntest du das wieder ausdrücken, könntest du dem Papiere das einhauchen, was so voll, so warm in dir lebt, daß es würde der Spiegel deiner Seele, wie deine Seele ist der Spiegel des unendlichen Gottes! – Mein Freund – Aber ich gehe darüber zugrunde, ich erliege unter der Gewalt der Herrlichkeit dieser Erscheinungen (10.5.1771).

Selig fühlt sich Werther in die Natur hinein; Naturerlebnis ist ihm hier zugleich Erfahrung des Göttlichen. Aber am Schluß ist das Glücksgefühl im Nachdenken über die eigene Begrenztheit versunken. Der lange Aufstieg der ›wenn-Sätze‹ erbringt nur: »ich gehe darüber zugrunde.« Ob Goethe, als er Werther diesen Brief schreiben ließ, an Herders Kritik solcher Perioden dachte? »Wie oft hört man einen Gedanken nach diesem Zuschnitt: ›Wenn wir um uns umherschauen – wenn wir – wenn wir – weil es – – so werden wir gewahr, daß die Menschen Sünder sind.‹« Dies sei »die gewöhnliche Homiletische Schlachtordnung«, meinte Herder, die den Mangel an Gedanken verberge (SW 1, 507). In Werthers Brief vom 18. August wiederum die große ›wenn-Periode‹, die jetzt aber nur Erinnertes, leider Zurückliegendes aneinanderreiht: als sich ihm »das innere, glühende, heilige Leben der Natur eröffnete«. Zuletzt die trostlose Botschaft: »Ich sehe nichts als ein ewig verschlingendes, ewig wiederkäuendes Ungeheuer.« Nur noch »ein lackiertes Bildchen« ist die »herrliche Natur«, wenn »alle die Wonne keinen Tropfen Seligkeit aus meinem Herzen herauf in das Gehirn pumpen kann« (3.11.1772).

Viel empfinden zu können heißt bei diesem Werther auch, alles nur von sich aus zu fühlen. Ganz sich dem gelobten subjektiven Empfinden hinzugeben bedeutet ebenfalls, sich in untätige Subjektivität zu verlieren. Indem

Goethe solches vorführte, leuchtete er zugleich die Problematik des subjektiven Gefühls aus, das doch von der jungen Generation so nachdrücklich freigesprochen wurde. Alles, was Werther erfährt und empfindet, setzt er dem ichbezogenen Nachsinnen aus, »untergräbt sich durch Spekulation«, um Goethes eigene Worte zu gebrauchen, zerredet es, ›zerschreibt‹ es sozusagen auf seinen Briefblättern.

Der aufmerksame Leser müßte bald bemerken, daß der Dichter dieses Romans seinen »armen Werther« keineswegs verherrlicht. Kritik an ihm ist in die Briefe eingearbeitet. Aber Goethe mußte erkennen, daß er von den Lesern zuviel erwartet hatte. In *Dichtung und Wahrheit* kam er im Zusammenhang mit dem *Werther* darauf zu sprechen:

Man kann von dem Publikum nicht verlangen, daß es ein geistiges Werk geistig aufnehmen solle. Eigentlich ward nur der Inhalt, der Stoff beachtet, wie ich schon an meinen Freunden erfahren hatte, und daneben trat das alte Vorurteil wieder ein, entspringend aus der Würde eines gedruckten Buchs, daß es nämlich einen didaktischen Zweck haben müsse. Die wahre Darstellung aber hat keinen. Sie billigt nicht, sie tadelt nicht, sondern sie entwickelt die Gesinnungen und Handlungen in ihrer Folge und dadurch erleuchtet und belehrt sie (13. B.; 9, 590).

Auch das Buch über Werthers Leiden billigt nicht und tadelt nicht. Aber manches, was der Verfasser seinen Werther über seine »Gesinnungen und Handlungen in ihrer Folge« berichten läßt, gibt sich dem Leser als ironisches Arrangement zu erkennen. Der Gefühlsaufschwung im Brief vom 10. Mai 1771 führt zu nichts als dem Bedauern, der »Herrlichkeit dieser Erscheinungen« nicht gewachsen zu sein. Wo Homer und Klopstock zitiert werden, ist der Kontext irritierend genug und läßt zweifeln, ob Werther wirklich Aussagen jener Dichtungen »ohne Affektation« in seine »Lebensart verweben kann« (21. 6. 1771).

Immer noch bleibt die Frage, warum Werther so verfährt, wie er verfährt. In den letzten Jahren sind gelegentlich zwei unterschiedliche Antworten gegeben worden. Die eine behauptet, es gehe um die problematische Subjektivität eben dieses Werther, um seine ganz persönliche »Krankheit zum Tode« (12. 8. 1771). Die andere betont, Werther gehe an den gesellschaftlichen Zuständen zugrunde; sie seien der eigentliche Grund seiner Misere. Einseitige Antworten werden jedoch der Komplexität der Werther-Dichtung nicht gerecht.

Werther scheitert nicht *nur* an den allgemeinen »Grenzen der Menschheit« und an seiner besonderen Subjektivität; daran scheitert er *auch*. Werther scheitert ebenfalls nicht *nur* an den gesellschaftlichen Verhältnissen, in denen er zu leben hat und nicht leben kann; daran scheitert er freilich *auch*.

Beides muß zusammengesehen werden. Werther selbst ist es, der die »bürgerliche Gesellschaft« (26. 5. 1771), die »fatalen bürgerlichen Verhältnisse« (24. 12. 1771) erwähnt. Kein Interpret kann seine Bemerkung verschwinden machen: »Man kann zum Vorteile der Regeln viel sagen, ungefähr was man zum Lobe der bürgerlichen Gesellschaft sagen kann. Ein Mensch, der sich nach ihnen bildet, wird nie etwas Abgeschmacktes und Schlechtes hervorbringen, wie einer, der sich durch Gesetze und Wohlstand modeln läßt, nie ein unerträglicher Nachbar, nie ein merkwürdiger Bösewicht werden kann; dagegen wird aber auch alle Regel, man rede was man wolle, das wahre Gefühl von Natur und den wahren Ausdruck derselben zerstören!« (26. 5. 1771) Niemand kann leugnen, daß Werther tief getroffen ist, als er aus der adligen Gesellschaft verwiesen wird, weil er nur ein Bürgerlicher ist (15. 3. 1772). Das kränkt ihn freilich weniger als Bürger denn als Menschen, der in der »vornehmen Gesellschaft« solche Ranküne nicht erwartete. Doch Werther begehrt nicht gegen die gesellschaftlich festgeschriebene Ungleichheit der Menschen auf. »Ich weiß wohl, daß wir nicht gleich sind, noch sein können«, notiert er schon am 15. Mai 1771, und noch am 24. Dezember 1771, als er in der Gesandtschaft tätig ist, bleibt er überzeugt: »Zwar weiß ich so gut als einer, wie nötig der Unterschied der Stände ist [...]«.

Der Werther-Roman hält manches in der Schwebe. Eben das aber ist in der historischen Situation dieses Buches und seines Autors begründet und von dorther verständlich. Zwar fallen jene abschätzigen Worte über die »fatalen bürgerlichen Verhältnisse«, aber Goethe-Werther bringt nicht mehr als Allgemeinheiten zur Sprache, etwa daß es sinnlos sei, wenn ein Mensch um anderer willen »sich um Geld oder Ehre oder sonst was abarbeitet« (20. 7. 1771), und: »Wer aber in seiner Demut erkennt, wo das alles hinausläuft, wer da sieht, wie artig jeder Bürger, dem es wohl ist, sein Gärtchen zum Paradiese zuzustutzen weiß, und wie unverdrossen auch der Unglückliche unter der Bürde seinen Weg fortkeucht, und alle gleich interessiert sind, das Licht dieser Sonne noch eine Minute länger zu sehen – ja, der ist still und bildet auch seine Welt aus sich selbst und ist auch glücklich, weil er ein Mensch ist« (22. 5. 1771).

Werther wird zum Aussteiger, weder zum Rebell noch zum Reformer. Das könnte er in der Begrenztheit seiner ›politischen‹ Sicht und seiner persönlichen Veranlagung (so verschränken sich die Themen im Roman) ohnehin nicht werden. Werther reibt sich an (wohlgemerkt) *bürgerlichen* Verhaltensnormen, die reglementierend und disziplinierend den einzelnen auf äußerliche Ziele (wie Geld, Erfolg, Ansehen) ausrichten, sein persönliches Ich aber verkümmern lassen. Und er wird in seinem Selbstbewußtsein verletzt durch den Ausschluß aus jener adligen Gesellschaft, ohne jedoch die grundsätzliche Fragwürdigkeit der feudalen Gesellschaftsstruktur zu durchschauen. Auf beides antwortet er allein mit seiner Subjektivität, die allerdings von Anfang an auf Übersteigerung und Selbstzersetzung angelegt ist. Würde nicht ein Werther in jeder denkbaren Gesellschaft die Grenzen spüren und sich mit seiner »Spekulation untergraben«?

Man hat neuerdings mitunter gemeint, im *Werther* stünde auch die bürgerliche Ehe mit ihren Normen zur kritischen Diskussion und Werther scheitere auch deshalb, weil seine Liebe zu Lotte sich wegen solcher gesellschaftlicher Schranken nicht verwirklichen könne. Vermutungen dieser Art bleiben reine Spekulation. Selbstverständlich wäre auch damals eine Scheidung möglich gewesen. Überdies zeigt sich im Roman nirgends, daß Lotte jemals ernsthaft an eine Trennung von Albert gedacht hat. Zwar scheinen bei der letzten Zusammenkunft, nach der Lektüre der Ossian-Dichtung, die Dämme zu brechen, aber die Entscheidung Lottes ist eindeutig: »Das ist das letzte Mal! Werther! Sie sehn mich nicht wieder.« Die besinnungslose Leidenschaft, von der Werther in seinen Briefen spricht und die der Herausgeber bezeugt, ist nicht gleichermaßen Lotte zuzusprechen, auch wenn sie für Augenblicke schwankt. Ihr aber insgeheim vorzuhalten, sie habe gesellschaftliche Zwänge so sehr verinnerlicht, daß sie zu freier Selbstbestimmung nicht hätte finden können, ist eine Lesart jenseits des *Werther*-Textes und übersieht, daß solche Ausweglosigkeit der Liebe sich in jeder Gesellschaft einstellen kann; es sei denn, eine *Stella*-ähnliche Lösung würde akzeptiert: Mehrere Partner gestatten sich ein Liebesverhältnis auf Dauer.

Eine andere, vom »Herausgeber« – allerdings erst in der zweiten Fassung – aufgeworfene Frage, ob der Freund vielleicht noch zu retten gewesen wäre, beantwortet der »Herausgeber« selbst: »Hätte eine glückliche Vertraulichkeit sie [Lotte und Albert] früher wieder einander näher gebracht, wäre Liebe und Nachsicht wechselsweise unter ihnen lebendig worden und hätte ihre Herzen aufgeschlossen, vielleicht wäre unser Freund noch zu retten gewesen.« Bei solcher Vertraulichkeit nämlich hätte Lotte mit Albert, ihrem Ehemann, offen über den letzten Besuch Werthers und seinen Zustand gesprochen und jener wäre nicht »gelassen« geblieben, als er um die Pistolen gebeten wurde. Ob aber der beklagte Mangel an Vertraulichkeit und die ›Gelassenheit‹ Alberts Zeichen für ein Defizit an persönlicher Nähe und Wärme in der Gesellschaft insgesamt seien, kann allenfalls vermutet, nicht aber behauptet werden.

Um die Jahreswende 1774/75 war der *Werther* weithin bekannt. Wertherfieber zog durchs Land; in Werthertracht ließ sich sehen, wer *up to date* sein wollte: »blauer einfacher Frack«, »gelbe Weste und Beinkleider dazu«

(6.9.1772), und für die Damen »ein simples weißes Kleid, mit blaßroten Schleifen an Arm und Brust« (16.6.1771). Das hielt jahrelang an. Noch in Bertuchs Weimarer *Journal des Luxus und der Moden* vom Januar 1787 wurde Lottes Kleid als Anregung vorgeführt. Schnell folgten Übersetzungen des Romans, Nachdichtungen, »Wertheriaden«, Dramatisierungen, Parodien, – bis zu Posse, Moritat und Flugblatt zog sich *Werthers* Spur. »Ich sing' euch von dem Mörder, / Der selbst sich hat entleibt, / Er hieß: der junge Werther / Wie Doktor Göthe schreibt«. Friedrich Nicolai war flink mit einer Parodie zur Stelle: *Freuden des jungen Werthers. Leiden und Freuden Werthers des Mannes*, Berlin 1775. Eine ziemlich primitive Version: Die Pistolen Alberts sind mit Hühnerblut geladen. Werther schießt, glaubt sich schwer verwundet, da kommt Albert, hält eine erbauliche Rede und tritt ihm Lotte ab. Die Freuden Werthers sind dann freilich weniger freudig. Goethe schrieb sich den Ärger, der ihn wohl gepackt hatte, in einer *Anekdote zu den Freuden des jungen Werthers* und in drastischen Versen vom Leib:

Freuden des jungen Werthers.

Ein iunger Mensch ich weis nicht wie
Starb einst an der Hypochondrie
Und ward denn auch begraben.
Da kam ein schöner Geist herbey
Der hatte seinen Stuhlgang frey
Wie's denn so Leute haben.
Der sezt nothdürftig sich auf's Grab,
Und legte da sein Häuflein ab,
Beschaute freundlich seinen Dreck,
Ging wohl erathmet wieder weg,
Und sprach zu sich bedächtiglich:
»Der gute Mensch wie hat er sich verdorben!
»Hätt er geschissen so wie ich,
»Er wäre nicht gestorben! (DjG 5, 26)

Es muß nicht nur Edgar Wibeau in *Die neuen Leiden des jungen W.* von Ulrich Plenzdorf (1972) sein, der heutzutage von Goethes Erfolgsbuch denkt: »Das ganze Ding war in diesem unmöglichen Stil geschrieben. [...] Das wimmelte nur so von Herz und Seele und Glück und Tränen. Ich kann mir nicht vorstellen, daß welche so geredet haben sollen, auch nicht vor drei Jahrhunderten. Der ganze Apparat bestand aus lauter Briefen, von diesem unmöglichen Werther an seinen Kumpel zu Hause. Das sollte wahrscheinlich ungeheuer originell wirken oder unausgedacht. Der das geschrieben hat, soll sich mal meinen Salinger durchlesen. *Das* ist echt, Leute!« Und dann ist

Edgar Wibeau von diesem unmöglichen Buch doch ganz schön ›angemacht‹ worden. Da konnte er sich Sätze herauspicken, die in seine eigene Lage paßten, etwa jene Sentenz von den Regeln, die doch, »man rede, was man wolle, das wahre Gefühl von Natur und den wahren Ausdruck derselben zerstören«. Wibeau staunte: »Dieser Werther hatte sich wirklich nützliche Dinge aus den Fingern gesaugt.«

Aber wir dürfen uns ruhig eingestehen, daß die Distanz zu jener Werther-Sprache groß geworden ist. Noch in scheinbar beiläufigsten Floskeln kann zwar der historisch versierte Interpret einen bedeutenden Sinn erkennen, aber der ›normale‹ heutige Leser darf das Empfindsamkeitsdeutsch, das manche Briefe Werthers überschwemmt, ruhig für nicht mehr erträglich halten. (Die sog. Trivialliteratur hat es sich längst angeeignet.)

Am 16. Julius

Ach wie mir das durch alle Adern läuft, wenn mein Finger unversehens den ihrigen berührt, wenn unsere Füße sich unter dem Tische begegnen! Ich ziehe zurück wie vom Feuer, und eine geheime Kraft zieht mich wieder vorwärts – mir wird's so schwindelig vor allen Sinnen. – O! und ihre Unschuld, ihre unbefangne Seele fühlt nicht, wie sehr mich die kleinen Vertraulichkeiten peinigen. Wenn sie gar im Gespräch ihre Hand auf die meinige legt und im Interesse der Unterredung näher zu mir rückt, daß der himmlische Atem ihres Mundes meine Lippen erreichen kann: – ich glaube zu versinken, wie vom Wetter gerührt. – Und, Wilhelm! wenn ich mich jemals unterstehe, diesen Himmel, dieses Vertrauen –! Du verstehst mich. Nein, mein Herz ist so verderbt nicht! Schwach! schwach genug! – Und ist das nicht Verderben? –

Sie ist mir heilig. Alle Begier schweigt in ihrer Gegenwart. Ich weiß nie, wie mir ist, wenn ich bei ihr bin; es ist, als wenn die Seele sich mir in allen Nerven umkehrte. –

Aber auch: welch nüchterne Kühle, welche Sachlichkeit im Schlußbericht des »Herausgebers«!

Moderne Anekdote dramatisiert. Clavigo

Zwar ist für die Literaturgeschichte 1774 das Jahr des *Werther*; aber welch erstaunliche, ›wertherfremde‹ Schaffenskraft bewies sein Dichter in jener Zeit! Ein »Lustspiel mit Gesängen« sei bald fertig, meldete er Kestner am 25. Dezember 1773, was sich auf *Erwin und Elmire* und *Claudine von Villa Bella* beziehen konnte. Die stattliche Reihe der Singspiele Goethes nahm damals ihren Anfang. Unmittelbar nach dem *Werther* muß er das Schauspiel

Clavigo geschrieben haben, binnen weniger Tage im Mai. Ins Frühjahr des Jahres 1774 gehörte außerdem die erste Arbeit an einer Dichtung vom *Ewigen Juden*, die dann über einige Fragmente nicht hinausgekommen ist. Eine beachtliche Variationsbreite der dichterischen Produktion! Der *Clavigo* ist ein bemerkenswertes Stück. Da hatte der junge Dramatiker gerade den frühen Ruhm als Autor des *Götz von Berlichingen* genossen und die lebhafte Diskussion über die Regelwidrigkeiten dieses shakespearisierenden Dramas verfolgt, – schon wartete er mit einem Schauspiel auf, das straff und ›regelgenau‹ wie ein Lessing-Stück gearbeitet war. Bereits im Herbst 1773 hatte er behauptet (man weiß nicht, an welches Werk er dachte), er arbeite an einem »Drama fürs Aufführen damit die Kerls sehn dass nur an mir liegt Regeln zu beobachten« (an Kestner, 15.9.1773). Im Frühjahr 1774 bewies er es. Mitte Juli lag *Clavigo* gedruckt vor: das erste Werk, das unter Goethes Namen erschien. Das Geschehen, das es für die Bühne präparierte, war brandaktuell; streckenweise war dieses Stück reines Dokumentartheater. Wovon man später (etwa bei Büchners *Dantons Tod* und den Dokumentarstücken unserer Jahrzehnte) viel Aufhebens gemacht hat: daß fast unverändert dokumentarische Texte ins Schauspiel übernommen wurden, – im *Clavigo* wurde es bereits souverän praktiziert.

Im Februar 1774 hatte Beaumarchais das vierte seiner *Mémoires à consulter* publiziert, und darin fand sich die spannend erzählte Geschichte seiner Reise nach Spanien (*Fragment de mon voyage d'Espagne*), die er 1764 unternommen hatte. Pierre Augustin Caron, der sich nach einem Besitztum seiner verstorbenen Frau den Zunamen de Beaumarchais beigelegt hatte und heute einem breiteren Publikum allenfalls noch als Autor des *Barbier von Sevilla* (1775) und von *Figaros Hochzeit* (1784) bekannt ist, war in große Schwierigkeiten geraten. Der Emporkömmling, Abenteurer, gewandte Geschäftsmann, Hasardeur und Schriftsteller in einer Person hatte einen Prozeß verloren, war als Schwindler und Urkundenfälscher verurteilt worden; ein fragwürdiges Gutachten des Richters Goezman hatte den Ausschlag gegeben. Gegen ihn schrieb Beaumarchais seine vier *Mémoires à consulter* und bezichtigte ihn der Bestechung. Die Schilderung seiner Reise nach Spanien steckte voller Dramatik. Zweimal war eine seiner Schwestern in Madrid vor der versprochenen Heirat sitzengelassen worden, und der Treulose war José Clavijo, der sich als Journalist einen Namen zu machen suchte und am Hofe zum königlichen Archivar aufgestiegen war. Beaumarchais, der auf Wiedergutmachung sinnende Bruder, ließ sich in Madrid bei Clavijo melden, gab seinen Namen nicht preis, begann das Gespräch mit freundlichen Bemerkungen über Clavijos Journalistik und erzählte dann, Punkt für Punkt, als ob es sich um fremde Personen handle, die Geschichte von der zweimal im Stich gelassenen Tochter eines Pariser Kaufmanns, bis hin zu jenem Höhepunkt: »et ce traitre, c'est vous!« (»Und dieser Verräter – sind Sie!«) Wörtlich hat Goethe diese Szene im 2. Akt nachgezeichnet. Beaumarchais zwang den in die Enge getriebenen Clavijo, ein Schuldbekenntnis zu unterzeichnen, mit dem er die Karriere des treulosen Liebhabers zunichte machen wollte. Doch hatte Clavijo noch die Möglichkeit, sich mit Marie-Louise erneut zu versöhnen, trieb unterdessen jedoch gefährliche Machinationen gegen den rächenden Bruder voran. Als dieser davon erfuhr, wagte er es, sich mit einer Denkschrift zum König in Aranjuez aufzumachen, wurde auch vorgelassen, bekam sein Recht, und Clavijo verlor seinen Posten. Er hat freilich die Schmach bald überstanden und erneut beachtliche Positionen erlangt. Er sollte es sein, der später als Direktor des Königlichen Theaters in Madrid den *Barbier von Sevilla* des Beaumarchais aufführen ließ. Und dieser hat, inkognito im Parterre sitzend, einmal in Augsburg sich im *Clavigo* auf der Bühne vorgestellt gesehen...

Das also war die »moderne Aneckdote«, die Goethe zur Dramatisierung gereizt hatte: »moderne Aneckdote dramatisirt mit möglichster Simplizität und Herzenswahrheit, mein Held ein unbestimmter halb gros halb kleiner Mensch, der Pendant zum *Weislingen* im Götz, vielmehr Weislingen selbst in der ganzen Rundheit einer Hauptperson« (an Schönborn, 1.6.1774).

Ohne die Namen zu kaschieren, brachte Goethe die Kontrahenten Beaumarchais und Clavijo auf die Bühne des Gegenwartstheaters. Wer den aktuellen Bericht des Franzosen mit dem Schauspiel verglich, merkte schnell, was der Dramatiker aus dem ›Stoff‹ gemacht hatte: eine psychologische Studie über einen intellektuellen Aufsteiger, der am Ende vom rächenden Geschick ereilt wird. Aus der Anekdote war *Clavigo. Ein Trauerspiel* geworden. So hat der Schluß mit der Vorlage nichts mehr zu tun. Theatralisch aufgedonnert, literarischen Mustern verpflichtet, bringt der kurze fünfte Akt das Stück zum Trauerspielende: Die verlassene Marie ist aus Kummer über den neuerlichen Treubruch gestorben; Clavigo begegnet ihrem Leichenzug; noch einmal will er sie sehen; am offenen Sarg ersticht ihn Beaumarchais im Zweikampf, aber er kann noch die Hand Mariens fassen: »Ich hab ihre Hand! Ihre kalte Totenhand! Du bist die Meinige – Und noch diesen Bräutigamskuß. Ah!« – Unwiderruflich dahin ist für uns solche Theatralik, wo Rache und Versöhnung in makabrer Szenerie die Zuschauer beeindrucken sollen. Auch Erinnerungen an *Hamlet* oder *Romeo und Julia* helfen da nicht mehr. Aber die Charakterstudie Clavigos ist von bestechender Eindringlichkeit. Wie sein zweites Ich ist ihm die erfundene Figur des Carlos beigesellt. Wenn Clavigo schwankend wird, treiben ihn Carlos' Argumente wieder auf den einmal betretenen Weg. »Hinauf! Hinauf! Und da kostet's Mühe und List« (1. Akt). Clavigo ist treulos, weil ihm stets erneut bewußt (gemacht) wird, daß ihn Bindung in seiner Karriere nur hindern könnte. Aber er ist in jenen Momenten, wo er dem weiblichen Partner Treue verspricht, nicht etwa unehrlich. Auch er wünscht sich jenes »Glück in einem stillen bürgerlichen Leben, in den ruhigen häuslichen Freuden« (4. Akt). Goethes Stück wird deshalb zum Trauerspiel der Charakterlosigkeit, weil Clavigo in innerem Zwiespalt befangen bleibt. Als er sich, nach jenem von Beaumarchais erzwungenen Schuldbekenntnis, ein weiteres Mal mit seiner Verlobten versöhnt hat, setzt das Räsonieren des kalt und bedenkenlos analysierenden Carlos mit aller Schärfe ein, im vierten Akt, der die Katastrophe vorbereitet und unausweichlich macht:

Hier liegen zwei Vorschläge auf gleichen Schalen. Entweder du heiratest Marien und findest dein Glück in einem stillen bürgerlichen Leben, in den ruhigen häuslichen Freuden; oder du führest auf der ehrenvollen Bahn deinen Lauf weiter nach dem nahen Ziele. [...] Es ist nichts erbärmlicher in der Welt als ein unentschlossener Mensch, der zwischen zweien Empfindungen schwebt, gern beide vereinigen möchte und nicht begreift, daß nichts sie vereinigen kann als eben der Zweifel, die Unruhe, die ihn peinigen. [...]
Sieh auf der andern Seite das Glück und die Größe, die dich erwarten. [...] Aber auch da, Clavigo, sei ein ganzer Kerl, und mache deinen Weg stracks, ohne rechts und links zu sehen! Möge deine Seele sich erweitern und die Gewißheit des großen Gefühls über dich kommen, daß außerordentliche Menschen eben auch darin außerordentliche Menschen sind, weil ihre Pflichten von den Pflichten des gemeinen Menschen abgehen; daß der, dessen Werk es ist, ein großes Ganze zu übersehen, zu regieren, zu erhalten, sich keinen Vorwurf zu machen braucht, geringe Verhältnisse vernachlässiget, Kleinigkeiten dem Wohl des Ganzen aufgeopfert zu haben (4, 293 f.).

Dieser Clavigo lebt freilich auch nicht in einer Umwelt, in der er frei seine Tätigkeit bestimmen könnte. Will er in einer Sphäre des absolutistischen Hofes, wie sie eindringlich gezeichnet wird, vorankommen, will er hier Größe und Ruhm erlangen, dann muß er bedenkenlos sein und seine private Mitmenschlichkeit den gesellschaftlichen Bedingungen unterwerfen. »Ha! werden unsre schwadronierenden Hofjunker sagen, man sieht immer, daß er kein Kavalier ist« (wenn er eine solche Heirat eingeht). Doch wäre es falsch zu meinen, Goethes Stück betreibe vor allem Kritik an einer speziellen Gesellschaftsordnung. Seine Fallstudie gibt – und das macht noch immer ihre Aktualität aus – dem kritischen Nachdenken die Frage auf, wie es um das Verhältnis von Mitmenschlichkeit und Streben nach Ruhm und Ehre bestellt ist. Clavigo läßt schließlich seinen Carlos schalten und walten, und damit hat er sich, wenn auch bedenkenvoll, für das Prinzip der Bedenkenlosigkeit um der Karriere willen entschieden.

Was der junge Goethe auf den Prüfstand dieses Theaterstücks brachte, war immerhin die damals so gerühmte Stärke des bedeutenden Menschen, die von der jungen Generation gewünschte Kraft des »Herzens«, die »Gewißheit des großen Gefühls«. Hier wurden ihre Fragwürdigkeit, ihre Abgründigkeit, ihr mögliches Umschlagen in selbstsüchtig-menschenfeindliche Bedenkenlosigkeit aufgedeckt. Kurz vor der eben zitierten Argumentation versteigt sich Carlos zu einer Äußerung, die jeden Boden verläßt, auf dem sinnvoll nach Ansehen und Erfolg gestrebt werden kann:

Was ist Größe, Clavigo? Sich in Rang und Ansehn über andre zu erheben? Glaub es nicht! Wenn dein Herz nicht größer ist als andrer Herzen, wenn du nicht imstande bist, dich gelassen über Verhältnisse hinauszusetzen, die einen gemeinen Menschen ängstigen würden, so bist du mit allen deinen Bändern und Sternen, bist mit der Krone selbst nur ein gemeiner Mensch.

Wieder leuchtet der junge, selbst noch suchende Goethe Möglichkeiten und Fragwürdigkeiten menschlichen Empfindens und Verhaltens aus. Der labile Clavigo ist seines Weges nicht sicher. Auch Weislingen schwankte ähnlich hin und her. Ihre Labilität geht zu Lasten der Mitlebenden. Was gestern galt, gilt schon morgen nicht mehr, wenn es der rücksichtslosen Argumentation, die auf ein anderes Ziel gerichtet ist, ausgesetzt und ihr dann aufgeopfert wird. Es ist leicht, nach Art des Carlos den »unentschlossenen Menschen« als ein erbärmliches Wesen zu denunzieren. Aber dessen Schwanken wäre nur zu überwinden, wenn ihm etwas unbezweifelbar Richtiges, Überzeugendes vor Augen stünde, für das er sich entscheiden könnte. Clavigo ist dieser Sichere nicht, und da er es in seiner Lage eines nicht zu versöhnenden Zwiespalts nicht sein kann, weckt er auch Bedauern, Mitleid, nicht nur Verachtung des Zuschauers und Lesers.

Clavigos Charakter und Tat hätten sich mit Charakteren und Taten in ihm selbst »amalgamiert«, schrieb Goethe am 21. August 1774 (an Jacobi). Das war keine nachträgliche Diagnose, sondern wenige Monate nach der Niederschrift geäußert, und sie bezeugt, welche ihm wohlbekannte Verfassung des Schwankens und der Unsicherheit ihn dazu gebracht hatte, gerade diesen Stoff aufzugreifen. Was er in wenigen Tagen in seinem Zimmer am Frankfurter Großen Hirschgraben als Fallstudie *Clavigo* aufschrieb, war auch unnachsichtige Selbstanalyse. Die bedrückende Erinnerung an den Abschied von Friederike Brion mochte mitspielen, wenngleich Goethe später in *Dichtung und Wahrheit* zu sehr betonte, auch dieses Stück gehöre zu seiner »poetischen Beichte« und seinen »reuigen Betrachtungen«. In ihrer gedanklichen Schärfe und Unerbittlichkeit wurden die Dialoge Clavigo – Carlos, die wie Selbstgespräche erscheinen, zu genau solchen Kabinettstücken wie die

Anklageszene Beaumarchais – Clavigo. Was zunächst bloß festgestellt worden war, wurde nun, als Carlos das Wort führte, auf seine Gründe durchleuchtet. Wenn Goethe tatsächlich bei seiner Trennung von Friederike auch an den eigenen Weg zu Ansehen und Ruhm gedacht haben sollte, dann lieferte er jetzt eine Kritik nach, die aus der »modernen Anekdote« die grundsätzliche Problematik eines tiefen inneren Zwiespalts entfaltete. Die Bewunderer des *Götz von Berlichingen* waren erstaunt und nicht gerade begeistert, als sie das ›traditionell‹ aufgebaute Drama sahen. Wenige Wochen nach *Clavigo* war der *Werther* in den Buchhandlungen und zog alle Aufmerksamkeit auf sich. Eingeklemmt zwischen die beiden Werke, mit denen sich lange Zeit Goethes Ruhm hauptsächlich verband, wurde das Trauerspiel vom labilen Karrieristen oft unterschätzt. Auf dem Theater selbst hat sich das bühnengerechte Stück freilich kontinuierlich behaupten können. Schon im August 1774 wurde es in Augsburg aufgeführt (in Anwesenheit des inkognito reisenden Beaumarchais), 1775 in Hamburg; Wien und Berlin folgten; 1792 inszenierte es Goethe selbst in Weimar. 1780, zum Geburtstag des Herzogs Carl Eugen von Württemberg am 11. Februar, hat Friedrich Schiller in seinem letzten Jahr auf der Hohen Carlsschule in Stuttgart den Clavigo gespielt, »abscheulich«, wie berichtet wird, mit »Brüllen, Schnauben und Stampfen«.

Die Fragmente des *Ewigen Juden* lassen kaum erkennen, wie diese Dichtung endgültig aussehen sollte. Jedenfalls wollte Goethe die Sage von Ahasver, dem Juden, der ewig wandern muß, weil er Christus auf dem Weg zur Kreuzigung verhöhnt und ihm die Rast verweigert hat, mit der Legende von der Rückkehr Christi verbinden. Was in den vorliegenden Partien des Werkes dominiert, darf man als Religionssatire bezeichnen. Wieviel Länder der wiedergekommene Heiland auch durchwandert, er wird nicht erkannt, und nirgends ist etwas vom wahren Geist des Christentums zu finden. Äußerliche Zeichen gibt es zwar viele, aber das menschliche Handeln ist dem in ihnen symbolisierten Sinn überall entfremdet. Auch wer Kirchenämter innehat, frönt der Habgier, und noch die Reformation hat ihren Schnitt gemacht.

Wo! rief der Heiland ist das Licht
Das hell von meinem Wort entbronnen
Weh und ich seh den Faden nicht
Den ich so rein vom Himmel rab gesponnen
[…]
Er war nunmehr der Länder satt

> Wo man so viele Kreuze hat
> Und man für lauter Creuz und Krist
> Ihn eben und sein Kreuz vergisst.
> Er trat in ein benachbaart Land
> Wo er sich nur als Kirchfahn fand
> Man aber sonst nicht merckte sehr
> Als ob ein Gott im Lande wär.
> [...]
> Kamen an's Oberpfarrers Haus,
> Stand von uralters noch im Ganzen.
> Reformation hett ihren Schmaus
> Und nahm den Pfaffen Hof und Haus
> Um wieder Pfaffen 'nein zu pflanzen,
> Die nur in allem Grund der Sachen,
> Mehr schwäzzen, wenger Grimassen machen (A 4, 237 ff.).

Die Szenen in holzschnittartigen, gedrängten Knittelversen sind wie in einem Schwank modelliert, der die Zustände einer unchristlichen Welt und ebenso unchristlichen Kirche bloßlegen will. Wie weit entfernt war diese Dichtung, die Goethe selbst nie zum Druck gegeben hat, von den feierlichen religiösen Großepen eines Milton, Klopstock und anderer! Lavater hatte Grund, von einem »seltsamen Ding in Knittelversen« zu sprechen, aus dem ihm der mitreisende Autor Ende Juni 1774 auf der Fahrt nach Wiesbaden und weiter nach Bad Ems viel rezitiert habe.

Mit der Fülle unterschiedlicher Werke seit 1772 hatte sich der junge Goethe sozusagen freigeschrieben. Die Probe auf seine dichterischen Fähigkeiten war gelungen. Über seinen weiteren beruflichen Weg hatte er allerdings noch keine Klarheit. Wenngleich er über poetische Gestaltungskraft beinahe mühelos verfügte, waren damit doch die entscheidenden Fragen nach dem Woher und Wohin, dem Warum und Wozu noch nicht beantwortet und auch beileibe nicht ausgemacht, wovon Dichtung im einzelnen Fall handeln sollte. Sie war ja nicht mehr Nachschrift verbürgter und geglaubter Normen und Wahrheiten, die zu illustrieren und auszuschmücken waren, sondern selbst ein Organ der Welt-, Zeit- und Lebensdeutung. *Götz*, *Werther*, *Clavigo* hatten es bewiesen. Sie wollten keine eindeutig formulierbaren Lehren vermitteln, was zur Ratlosigkeit in mancher (nicht nur) zeitgenössischen Diskussion beitrug, sie waren vielmehr selbst Versuche des Auskundschaftens. So blieb Unruhe der Begleiter des jungen Goethe. »Was wird aus mir werden. O ihr gemachten Leute, wieviel besser seyd ihr dran« (an Kestner, 23.9.1774). Was er seiner nahen Brieffreundin Auguste zu Stolberg am 3. August 1775 bekannte, galt nicht nur für jene Herbstwochen: »Unseeliges Schicksal das mir keinen Mittelzustand erlauben will.« Ebenso die Skepsis der Zeilen an Anna Louise Karsch: »Geschrieben hab ich allerley gewissermaßen wenig und im Grunde nichts. Wir schöpfen den Schaum von dem grosen Strome der Menschheit mit unsern Kielen und bilden uns ein, wenigstens schwimmende Inseln gefangen zu haben« (17. 8. 1775).

Bekannte und Gäste.
Mit Lavater und Basedow an Lahn und Rhein

An zahlreichen Verbindungen in die Welt hinaus fehlte es ihm nicht. So wie Schönborn auf seiner Reise Wert darauf gelegt hatte, den Dichter des *Götz von Berlichingen* kennenzulernen, ging es auch anderen. Wer damals am literarischen Leben teilnahm und für Neues aufgeschlossen war, wollte, wenn er durch Frankfurt kam, den jungen Schriftsteller sehen, von dem so viel geredet und geschrieben wurde. Das Haus »Zu den drei Leyern« empfing manche Gäste, die sich wegen des Sohnes meldeten, und es waren berühmte darunter. Alte Freundschaften lebten derweil weiter, mit Herder, mit Merck, der von Darmstadt leicht herüberkommen konnte, mit Lenz, der aus Straßburg gereimte Episteln schickte. »Lieber Göthe! Der Freunde erster«, so titulierte er, dessen *Hofmeister* und *Lustspiele nach dem Plautus* 1774 erschienen waren, den schon berühmt gewordenen Generationsgenossen (Februar 1775).

In der Heimatstadt lebten manche gleichgesinnte Bekannte. Heinrich Leopold Wagner, ebenfalls Jurist, war seit 1774 dort, ein »guter Geselle«, wie Goethe rückschauend urteilte, »nicht ohne Geist, Talent und Unterricht. Er zeigte sich als ein Strebender, und so war er willkommen. Auch hielt er treulich an mir, und weil ich aus allem, was ich vorhatte, kein Geheimnis machte, so erzählte ich ihm wie andern meine Absicht mit *Faust*, besonders die Katastrophe von Gretchen. Er faßte das Sujet auf, und benutzte es für ein Trauerspiel, *Die Kindesmörderin*« (*DuW* 14. B.; 10, 11). – Friedrich Maximilian Klinger, Frankfurter aus armen Verhältnissen, wurde von Goethe an Professor Höpfner, den Gießener Freund, empfohlen und von beiden unterstützt. »Er hat viel Fleis, viel Talente und eine gute Seele, seine häuslichen Umstände sind nicht die besten. Sprecht ihm Muth und Trost zu« (an Höpfner, April 1774). Von großer Sympathie für diesen Jugendfreund und erfolgreichen Schriftsteller, nach dessen *Sturm und Drang* (1776) eine ganze literarische Bewegung ihren Namen erhielt, ist das Bild bestimmt, das der alte Goethe entworfen hat (*DuW* 14. B.; 10, 12ff.). – Johann André aus dem nahen Offenbach tat sich als Komponist hervor. Seine Operette *Der Töpfer* hatte 1773 in Frankfurt Premiere. Goethe vertraute ihm die Lieder seines *Erwin und Elmire* zur Vertonung an und konnte sich des Erfolgs freuen, das dieses »Schauspiel mit Gesang« im September 1775 in der Heimatstadt erntete. – Auch Philipp Christoph Kayser, den Sohn des Organisten der Katharinenkirche, hielt er für einen beachtlichen Musiker. Später hat er ihm die Komposition von *Jery und Bätely* übertragen und sogar versucht, den etwas kuriosen Menschen für Weimar zu gewinnen.

Es mag Besucher und Beobachter gegeben haben, denen »die genialisch-tolle Lebensweise unserer kleinen Gesellschaft« (10,68) wunderlich vorkam, und auch der Vater wird nicht alles nur vergnügt betrachtet haben, dem die Literatur des frühen 18. Jahrhunderts näher stand als die Versuche der ›Genies‹ und der wohl hoffte, daß sein Sohn sich noch für die ansehnliche Juristenlaufbahn entscheiden würde. Gleichwohl ließ er ihn gewähren, empfing die Gäste, die nicht seinetwegen hereinschauten, in seinem Haus, freute sich gewiß auch über den Ruhm seines Sohnes und half als Fachmann bei den Rechtsanwaltsgeschäften. War Wolfgang nicht am Ort, lag diese Arbeit ganz in seinen Händen.

Etwas vom »Genialischtollen« hatte auch die Reise mit Lavater und Basedow an Lahn und Rhein im Sommer 1774 an sich. Mit Johann Caspar Lavater, dem um acht Jahre älteren Zürcher Theologen, stand Goethe seit August 1773 in lebhaftem Briefverkehr. Der Schweizer war hingerissen: »Ich erstaune über das unvergleichbare Genie des Herrn Goethe. Wahrlich – der hat nicht nur einen Genius – er *ist* ein Genius von der ersten Größe« (an den Verleger Deinet, 11.7.1773; Bo I 48). Jetzt hatte er sich für eine Kur in Bad Ems entschieden. Aber die Reise aus dem fernen Zürich sollte ihn auch mit Freunden, Bekannten und Lesern zusammenbringen, die er durch seine *Aussichten in die Ewigkeit* (1768ff.), eine gläubige Phantasie über das Leben nach dem Tode, beeindruckt hatte. (Goethe hatte den dritten Band dieses Werkes übrigens ein Jahr zuvor sehr distanziert in den *Frankfurter Gelehrten Anzeigen* besprochen.) Nebenher beabsichtigte Lavater seine physiognomi-schen Studien weiterzutreiben, jene ernst gemeinten Versuche, aus Gesicht und Gestalt eines Menschen auf seine Eigenart und seinen Charakter zu schließen und sie zu beschreiben. So nahm er auf seine Reise auch den jungen Künstler Georg Friedrich Schmoll mit, der entsprechende Zeichnungen anfertigen sollte. Unablässig betriebsam, Einfluß suchend und nehmend, in wortmächtiger Predigermanier oder zu stillem Gebet einladend, so zog Lavater durch die Lande und zehrte vom Ansehen, das er erlangt hatte und weiter vergrößerte.

Seine Briefe an Goethe, den Verfasser des *Briefs des Pastors* und den

Dichter des bewunderten *Götz von Berlichingen*, waren von Anfang an im Ton enthusiastischer Freundschaft gehalten, wobei der für seinen Glauben werbende überzeugte Christ mitsprach. Immerhin hatte Goethe, wie aus Lavaters Brief vom 30. November 1773 hervorgeht, dezidiert erklärt: »Ich bin kein Christ.« Nicht verwunderlich, daß auch der erste erhaltene Brief Goethes aus dieser Korrespondenz, an Lavater und dessen Freund Pfenninger vom 26. April 1774, Glaubensfragen umkreiste. Eine merkwürdige Freundschaft: auf der einen Seite der Theologe Lavater, für den es keine andere Offenbarung als die biblische und nur den Weg zum Heil durch Christus gab, auf der andern Seite der zwar an Göttliches glaubende junge Goethe, der aber die Vorstellung von einem jenseitigen Gott und jenseitigen Heil hinter sich gelassen hatte und in der lebendigen Wirklichkeit Gott-Natur begriff. Auf den Glauben an einen christlichen Gott und christlichen Heiland ließ er seine Gewißheiten nicht mehr reduzieren. Vielstimmig war für ihn der Chor, durch den Gott sich äußert.

Und dass du mich immer mit Zeugnissen packen willst! Wozu die? Brauch ich Zeugniss dass ich binn? Zeugniss dass ich fühle? – Nur so schätz, lieb, bet ich die Zeugnisse an, die mir darlegen, wie tausende oder einer vor mir eben das gefühlt haben, das mich kräftiget und stärcket.

Und so ist das Wort der Menschen mir Wort Gottes es mögens Pfaffen oder Huren gesammelt und zum Canon gerollt oder als Fragmente hingestreut haben. Und mit inniger Seele fall ich dem Bruder um den Hals Moses! Prophet! Evangelist! Apostel, Spinoza oder Machiavell [...] (an Lavater und Pfenninger, 26. 4. 1774).

Als Lavater Ende Juni in Frankfurt eintraf, begrüßte Goethe die persönliche Begegnung und das freundschaftliche Zusammensein. Natürlich traf sich der Schweizer Prediger auch mit Susanne von Klettenberg, dem frommen Fräulein, und mit der gleichgesinnten Frau Rat verstand er sich aufs beste. Die ersten erhaltenen Briefe von Goethes Mutter sind gerade die an Lavater, geschrieben nach jenem Besuch: »Tausendt Danck nochmahls, lieber, bester Sohn, vor euren Auffenthalt bey uns – – abschied konte ich nicht nehmen, mein Hertz war zu voll – – niemahls, niemahls, verliere ich euer Bild aus meiner Seele – [...] ich muß aufhören, und muß weinen – – mein Haus ist mir so einsam, wie ausgestorben – noch einmahl lebt wohl – Catharina Elisabetha Goethe.« Im zweiten Brief gab sie am 26. Oktober 1774 einen ausführlichen Bericht über das Sterben des Fräuleins von Klettenberg (»Ich weiß, ich werde sie wieder sehen; aber izt, izt fehlt sie mir!«).

Schmoll fertigte inzwischen Bildnisse an, auch von Goethe, und dieser wurde zur Mitarbeit an jenem Werk gewonnen, das in vier Bänden von

1775–1778 erschien, Lavaters *Physiognomische Fragmente zur Beförderung der Menschenkenntnis und Menschenliebe.* »Diese Wissenschaft schließt vom Äußeren aufs Innere« (DjG 4, 276). Es wurde ein stattliches Werk, großformatig, mit Silhouetten, Kupferstichen und zugehörigen Texten, deren mitunter waghalsigen Erläuterungen wohl nicht jeder Betrachter der Porträts zugestimmt hat, wenn alles zusammen auch interessant anzusehen und angenehm zu lesen war. Wo erfunden werden mußte, wie bei Persönlichkeiten des Altertums, arbeitete der Porträtist mit interpretatorischer Phantasie vor. Goethe war an der Herstellung des Werks fleißig beteiligt, auch mit Zeichnungen und Silhouetten; die Manuskripte gingen durch seine Hand an den Leipziger Verleger Reich. Was er z. B. zur Physiognomik Klopstocks beisteuerte, lautete so:

Diese sanftabgehende Stirne bezeichnet reinen Menschenverstand; ihre Höhe über dem Auge Eigenheit und Feinheit; es ist die Nase eines Bemerkers; in dem Munde liegt Lieblichkeit, Präcision, und in der Verbindung mit dem Kinne, Gewißheit. Über dem Ganzen ruht ein unbeschreiblicher Friede, Reinheit und Mäßigkeit.

Der Erfolg der *Physiognomischen Fragmente* war groß, weit über Deutschland hinaus. Es gab ja noch keine Photographie; Silhouetten waren in Mode, Freunde und Liebende schenkten sie sich, man hatte Vergnügen daran, vom Äußeren aufs Innere zu schließen. Kein Wunder, daß manchen Silhouetten mit charakteristischen Zügen aufgeholfen wurde.

Nach einigen Tagen in Frankfurt fuhr Lavater über Wiesbaden weiter nach Ems, und Goethe mochte nicht darauf verzichten, ihn zu begleiten. Es war jene Fahrt, auf der nach Auskunft von Lavaters Tagebuch (28.6.1774) Goethe »viel von seinem ewigen Juden« rezitierte und auch »viel von Spinoza und seinen Schriften« erzählte.

Wieder in Frankfurt zurück, empfing Goethe einen anderen damals bekannten Mann, den Pädagogen Johann Bernhard Basedow. Er reiste herum, um Geld für seine neue Erziehungsanstalt aufzutreiben, die er Ende 1774 in Dessau tatsächlich eröffnen konnte, das »Philanthropinum«. Goethe hat später zwar anerkannt, daß Basedow nach seinen pädagogischen Zielen die Selbsttätigkeit der Schüler und ein auf Anschauung gegründetes Lernen fördern wollte, hat aber Bedenken gegen die zersplitternde Darstellungsart der Gegenstände gehegt, wie sie Basedows *Elementarbuch für die Jugend und für die Lehrer* (1770, umgearbeitet 1774 als *Das Elementarwerk*) vorführte (10, 25). Über das ungehobelte Betragen des reisenden Pädagogen konnte er sich nur wundern, und auch an seinem vernachlässigten Äußeren hatte er einiges auszusetzen.

Doch waren es von Begeisterung, Disputierlust und lebhaftem Gefühl der

Schaffenskraft erfüllte Tage und Wochen, die Goethe, Lavater, Basedow und Schmoll seit dem 15. Juli in Bad Ems, wo man sich wieder traf, und dann auf der Lahn- und Rheinreise miteinander verbrachten. Noch in *Dichtung und Wahrheit* ist die Erinnerung an die gewiß »genialisch-tolle« Zeit lebendig. Spielerisch stellten sich in den Reisetagen Verse ein, wurden ins Tagebuch diktiert, mitunter auch blödelnde (»Wir werden nun recht gut geführt, / Weil Basedow das Ruder rührt«); und als sie an einer Burgruine vorüberglitten, improvisierte Goethe das Gedicht »Hoch auf dem alten Turme steht / Des Helden edler Geist, / Der, wie das Schiff vorübergeht, / Es wohl zu fahren heißt [...]«. In launigen Knittelversen ist »das Andenken an einen wunderlichen Wirtstisch in Koblenz« aufbewahrt (»Zwischen Lavater und Basedow / Saß ich bei Tisch des Lebens froh [...]«), und jenen zum geflügelten Wort gewordenen Vers hat der Autobiograph samt zugehöriger Situation im Lebensbericht verewigt:

Ich saß zwischen Lavater und Basedow; der erste belehrte einen Landgeistlichen über die Geheimnisse der Offenbarung Johannis, und der andere bemühte sich vergebens, einem hartnäckigen Tanzmeister zu beweisen, daß die Taufe ein veralteter und für unsere Zeiten gar nicht berechneter Gebrauch sei. Und wie wir nun fürder nach Köln zogen, schrieb ich in irgend ein Album:

> Und, wie nach Emmaus, weiter ging's
> Mit Sturm- und Feuerschritten:
> Prophete rechts, Prophete links,
> Das Weltkind in der Mitten (10, 30).

Das Ereignis der Reise auf Lahn und Rhein, die bis Düsseldorf führte, war aber das Zusammentreffen mit den Jacobis, besonders mit Friedrich Heinrich (Fritz) Jacobi. In Düsseldorf verfehlte man sich zunächst; in Elberfeld dann, wo auch Wiedersehen mit Jung-Stilling gefeiert wurde, traf man sich zum erstenmal, in einem Zirkel von Pietisten, der sich zu Ehren Lavaters versammelt hatte. Zwei Tage in Pempelfort, im Landhaus der Jacobis, damals noch vor den Toren Düsseldorfs, schlossen sich an, Tage vertraulichen Miteinanders. Auch Wilhelm Heinse war anwesend, über dessen gerade erschienene Verserzählung *Laidion oder die eleusinischen Geheimnisse* Goethe gemeint hatte, das Ding sei mit der blühendsten Schwärmerei der geilen Grazien geschrieben und lasse Wieland und Jacobi weit hinter sich (an Schönborn, 4.7.1774). Kein andrer hat damals der Sinnlichkeit, Erotik und Leidenschaft in der Literatur einen solchen Freiraum verschafft wie jener Heinse (sein Roman *Ardinghello* kam erst 1787), der sich mühsam durchzuschlagen hatte, zeitweise das Pseudonym Rost führte und unter diesem in Düsseldorf Georg Jacobis Zeitschrift *Iris* redigierte.

Nach den Tagen in Pempelfort dann die gemeinsame Fahrt nach Schloß Bensberg im Bergischen Land und nach Köln, mit Stunden der Freundschaft, die in der Erinnerung Goethes und Fritz Jacobis immer lebendig blieben. Als er an *Dichtung und Wahrheit* arbeitete, mahnte Fritz Jacobi am 28. Dezember 1812:

Ich hoffe du vergissest in dieser Epoche nicht des Jabachschen Hauses [in Köln], des Schlosses zu Bensberg und der Laube, in der du über Spinoza, mir so unvergeßlich, sprachst; des Saals in dem Gasthofe zum Geist, wo wir über das Siebengebirg den Mond heraufsteigen sahen, wo du in der Dämmerung auf dem Tische sitzend uns die Romanze: Es war ein Buhle frech genug – und andere hersagtest... Welche Stunden! Welche Tage! – Um Mitternacht suchtest du mich noch im Dunkeln auf – Mir wurde wie eine neue Seele. Von dem Augenblick an konnte ich Dich nicht mehr lassen.

Dichtung und Wahrheit (chronologisch unzuverlässig im Bericht über diese Tage) griff die Erinnerung auf: »Der Mondschein zitterte über dem breiten Rheine, und wir, am Fenster stehend, schwelgten in der Fülle des Hin- und Widergebens, das in jener herrlichen Zeit der Entfaltung so reichlich aufquillt« (10, 36).

Rätselhafte, schwärmerische Freundschaften

Goethe und die Jacobis: das war bis zu dieser Zeit im wesentlichen ein spannungsvolles Un-Verhältnis. Übermütig hatte Goethe sie und Wieland attackiert und sich selbst durch solche Kritik zu profilieren versucht. Mit Betty freilich, der Frau Friedrichs, wechselte er seit 1773 die liebenswürdigsten Briefe. Auch Johanna Fahlmer, eine Tante der Jacobis, die 1772 bis 1773 in Frankfurt wohnte und Goethes Zuneigung besaß, war ein Bindeglied über allen Streit hinweg. Jetzt aber, in den Tagen des persönlichen Zusammenseins Ende Juli 1774, lösten sich die alten Spannungen und Gegensätze in nichts auf. Man verstand sich unmittelbar, faßte spontan Vertrauen zueinander, merkte, wie jeder ganz er selbst sein wollte, und wünschte, sich einem gleichgestimmten Menschen vorbehaltlos zu erschließen. Daß dabei zeittypische empfindsame Gefühligkeit mit im Spiel war, verwundert nicht.

Das Rätsel, wie solch überwältigende Freundschaft plötzlich möglich wurde, wird kaum je zu lösen sein. Wohl läßt sich andeuten, was beide so eng miteinander verband. Leidenschaftlichkeit der Empfindung, Sensibilität für den andern, Vertrauen zur eignen und zur fremden Subjektivität, kein Hang zum Belehren und Überredenwollen: von solchen Erfahrungen berichten die Zeugnisse aus jener Zeit und auch noch später. »Du hast gefühlt dass es mir

Wonne war, Gegenstand deiner Liebe zu seyn. – O das ist herrlich dass jeder glaubt mehr vom andern zu empfangen als er giebt!« bekannte Goethe dem neuen Freund nach der Rückkehr (13./14. 8. 1774). Und Fritz Jacobi schrieb an Sophie v. La Roche: »Göthe ist der Mann, dessen mein Herz bedurfte, der das ganze Liebesfeuer meiner Seele aushalten, ausdauern kann« (10. 8. 1774). In Goethes Rückschau nach fast vierzig Jahren: »Hier tat sich kein Widerstreit hervor, nicht ein christlicher wie mit Lavater, nicht ein didaktischer wie mit Basedow. Die Gedanken, die mir Jacobi mitteilte, entsprangen unmittelbar aus seinem Gefühl, und wie eigen war ich durchdrungen, als er mir, mit unbedingtem Vertrauen, die tiefsten Seelenforderungen nicht verhehlte« (10, 34).

Wieder ist vorhin der Name Spinoza gefallen. Unvergeßlich, so erinnerte sich Jacobi, habe Goethe über ihn gesprochen; vermutlich ohne in Einzelheiten zu gehen, denn dann wären sich die Freunde sofort wieder fremd geworden. Erst in späteren Jahren schieden sich beide Geister, eben an Spinoza. Spinozismus war 1774 längst ein Reizwort, weil er mit der christlichen Gottesvorstellung nicht harmonierte. Wie sehr die von Jacobi publizierte *Prometheus*-Hymne »zum Zündkraut einer Explosion« wurde, »welche die geheimsten Verhältnisse würdiger Männer aufdeckte« (10, 49), wurde schon berichtet: Lessing äußerte sich nach der Lektüre des *Prometheus* positiv zum Pantheismus Spinozas. Wer jedoch *für* den niederländischen Philosophen sprach, geriet unter Atheismusverdacht. Das war zwar widersinnig, weil Spinoza (1632–1677) einen strengen Gottesbeweis führte (Lehrsatz 14 seiner *Ethik*: »Außer Gott kann keine Substanz sein und keine begriffen werden«), aber das lief auf keinen Beweis eines *christlichen* Gottes hinaus. Schon Pierre Bayle hatte im einflußreichen *Dictionnaire Historique et Critique* (1738) Spinoza des Atheismus bezichtigt und über lange Zeit die allgemeine Meinung beeinflußt. Als der Student Goethe jenes spinozanahe Zitat in seine *Ephemerides* eintrug (»Separatim de Deo«, oben S. 86), unterließ er nicht eine Schlußwendung gegen den Spinozismus, die freilich nichts anderes als ein Reflex der herrschenden Auffassung war.

Für Spinoza ist Gott das allgemeine Wesen, der allgemeine Grund alles Seienden. Ausdehnung und Denken, Materie und Geist (zwischen denen Descartes unterschied), alle Dinge und Ideen sind für ihn Bestandteile, Modifikationen *einer* Substanz, der göttlichen. Folglich haben die Einzeldinge ihren Grund nicht in sich selbst, sondern in jener Substanz. Nur diese, Gott, hat den Grund in sich selbst (ist *causa sui*). Alles übrige Seiende gehört damit zum Wesen der Substanz, die sich in ihnen äußert. »Alles, was ist, ist in Gott, und nichts kann ohne Gott sein oder begriffen werden« (Lehrsatz 15 der *Ethik*). Diese Auffassung durfte mit Recht Pantheismus genannt werden. Daß damit Welt und Natur aufgewertet wurden, liegt auf der Hand. Indem

Gott auf diese Weise in die Welt hineingenommen wird, entfällt der Unterschied zwischen ihnen. Herder erkannte schon 1769: »Spinoza glaubte, daß Alles in Gott existire. [...] Es ist also kein Gott ohne Welt möglich: so wie keine Welt ohne Gott« (SW 32, 228). Das alles konnte Goethes philosophisch-religiöse Bemühungen, die ihn seit der Rückkehr aus Leipzig 1768 lebhaft beschäftigten, durchaus nicht verwirren.

Wenn auch Goethe in den Jahren 1773/74 Spinoza einige Male mit Ehrfurcht erwähnte, so ist das kein Beweis dafür, daß er die schwierigen Werke sorgfältig studiert hätte, den *Tractatus theologico-politicus* (1670) und die *Ethica ordine geometrico demonstrata* (Die Ethik nach geometrischer Methode dargestellt, 1677). Immerhin wurde die in der verlorenen Straßburger Dissertation gewünschte Trennung zwischen öffentlichem Kult und privater Glaubenssphäre in Spinozas Traktat ebenfalls vertreten. Mehreres wird Goethe wohl an Spinoza fasziniert haben: die als Gott zugehörig bewiesene Natur; die ruhige, aber unerbittliche Strenge und Genauigkeit der Argumentation, mit der die *Ethik* den Leser sofort beeindruckt, wohl auch die klare Begrifflichkeit, etwa in der Aufzählung der Affekte (3. Teil der *Ethik*), und nicht zuletzt das in sich gefestigte, einfach-stolze Leben dieses Philosophen, der seinen Unterhalt mit dem Schleifen optischer Gläser bestritten hatte, »genug, ich fand hier eine Beruhigung meiner Leidenschaften, es schien sich mir eine große und freie Aussicht über die sinnliche und sittliche Welt aufzutun. [...] Die alles ausgleichende Ruhe Spinozas kontrastierte mit meinem alles aufregenden Streben [...]« (*DuW*; 10, 35).

Denkt man an die Klagen über Einsamkeit und Verlassenheit, die Goethes Briefe der damaligen Jahre durchziehen, so läßt sich ermessen, was diese unerwartete Freundschaft mit Fritz Jacobi für ihn bedeutete. Ein längerer Aufenthalt des Freundes in Frankfurt Anfang 1775 festigte ihre Beziehungen. Aber ihr Verhältnis war wegen ihrer unterschiedlichen Grundauffassungen in weltanschaulich-religiösen Fragen stets gefährdet. Das zeigte sich 1785, als es über Spinoza zur Auseinandersetzung kam, und zuletzt in aller Schärfe, als Jacobi 1811 in seiner Schrift *Von den Göttlichen Dingen und ihrer Offenbarung* nur *eine* Form der Offenbarung des Göttlichen anerkannte: im Geist, dem »Übernatürlichen im Menschen«; die Natur aber verberge Gott. Das mußte Goethes Überzeugung von einer Gott-Natur im Kern treffen. Er gab genau den Unterschied an, als er erläuterte: nach dem Weg, den Jacobi von jeher genommen, müsse »sein Gott sich immer mehr von der Welt absondern, da der meinige sich immer mehr in sie verschlingt« (an Schlichtegroll, 31. 1. 1812). Solche Differenzen belasteten die persönliche Freundschaft, völlig zerbrechen konnte sie nie; die Erinnerung an die frühen Jahre blieb zu lebendig.

Bis Köln waren die Jacobis in jenen Tagen Ende Juli 1774 mitgefahren; Mitte August traf Goethe, nach erneutem Aufenthalt in Ems, wieder zu Hause ein. Unter den Besuchern, die sich in diesem Herbst einstellten, war kein Geringerer als Klopstock. Der fünfundzwanzig Jahre Ältere, berühmter Dichter des *Messias*-Epos und Verfasser gefühlsstarker Gedichte, enthusiastischer freimetrischer Hymnen und versstrenger Oden, die es bis dahin nicht gegeben hatte, blieb vom 27. bis 29. September im Hause des jungen Genies; ein Ereignis, über das sogar die Presse meinte berichten zu müssen. Verständlich, daß sich der Autor des *Götz*, des *Clavigo*, des *Werther*, der soeben erst gedruckt war, durch den Besuch eines Mannes bestätigt und ermutigt fühlte, mit dessen Namen sich für viele schon damals verband, was *Dichtung und Wahrheit* ausführte: daß mit Klopstock eine Zeit gekommen sei, »wo das Dichtergenie sich selbst gewahr würde, sich seine eignen Verhältnisse selbst schüfe und den Grund zu einer unabhängigen Würde zu legen verstünde« (9, 398). Goethe begleitete Klopstock, der auf der Reise von Hamburg nach Karlsruhe war (wo ihn der Hof dann doch nicht halten konnte), wahrscheinlich auf der Weiterfahrt bis Darmstadt. Vermutlich auf dem Rückweg ist jene große Hymne entstanden, unter deren Titel *An Schwager Kronos* zu lesen ist: »in der Postchaise d. 10 Oktbr 1774«. Unvergleichlich die erste Strophe, die auf logischen Satzablauf nicht achtet und die Wörter in der Folge der Eindrücke zusammenstaut, womit ein unmittelbarer Ausdruck des Geschehens und Erlebens erreicht wird. Es gibt nur wenige Stellen in Goethes Dichtung, an denen wie hier eruptiv die ›normale‹ grammatikalische Ordnung aufgesprengt wird.

> Spude dich Kronos!
> Fort den rasselnden Trott!
> Bergab gleitet der Weg;
> Ekles Schwindeln zögert
> Mir vor die Stirne dein Haudern.
> Frisch den holpernden
> Stock Wurzeln Steine den Trott
> Rasch in's Leben hinein!

Als Kutscher (»Schwager«) wird Kronos angeredet, der hier Zeitgott (Chronos) und Göttervater (Kronos) zugleich ist, und aufgefordert, nicht zu säumen. Schon in der ersten Zeile dieser ersten Strophe ist direkt ausgesprochen, daß die Fahrt in der Kutsche ein Sinnbild der Lebensreise darstellt. Ein Lebensgedicht also, wie Goethe viele geschrieben hat, mit Worten bereits, die Leitsätze Goethescher Lebensauffassung geblieben sind: »Auf denn! nicht träge denn! / Strebend und hoffend an«, Worte freilich, die leichter gesagt als verwirklicht sind und die einem von äußeren Sorgen freien Menschen schneller von den Lippen gehen als den notleidenden. – Es mag sein, daß die Strophen 5 und 6, in denen der Sprechende in der Fülle des Lebens zu sterben wünscht, »eh' mich faßt / Greisen im Moore Nebelduft, / Entzahnte Kiefer schnattern / Und das schlockernde Gebein«, daß diese Strophen etwas von der Enttäuschung wiedergeben, die der Anblick des alternden Klopstock beim jugendlichen Goethe, der ein Dichtergenie erwartet hatte, denn doch auslöste. Noch *Dichtung und Wahrheit* verschweigt diese Ernüchterung nicht.

Im Ton höchsten Selbstbewußtseins schließt die Hymne:

> Töne, Schwager, dein Horn,
> Raßle den schallenden Trab,
> Daß der Orkus vernehme, ein Fürst kommt,
> Drunten von ihren Sitzen
> Sich die Gewaltigen lüften (1, 48).

Was für ein Ausdruck von Selbstvertrauen, welche Herausforderung: sich einst, nach herrlich bestandenem Lebenslauf, wie ein Fürst fühlen zu wollen, dem die Gewaltigen ihre Reverenz erweisen! Fünfzehn Jahre später war das Goethe zu anmaßend. Für die Fassung der *Schriften* von 1789 hat er die Stelle entschärft, gezähmt, weimarisch gemildert – und damit um ihre Kraft gebracht: »Daß der Orkus vernehme: wir kommen, / Daß gleich an der Türe / Der Wirt uns freundlich empfange.«

Weniger über Fragen der Dichtung, wie Goethe erwartet hatte, als über »fremde Künste, die er als Liebhaberei trieb« (10, 63), unterhielt sich Klopstock damals mit ihm. Auch aufs Schlittschuhlaufen kam das Gespräch, das Klopstock in seiner Ode *Der Eislauf* gefeiert hatte und das Goethe seit einiger Zeit, vom »Enthusiasmus für diese glückliche Bewegung« beflügelt (9, 522), mit Vergnügen ausübte und das er dann im *Eis-Lebens-Lied* sinnbildlich auf das zu führende Leben bezog. Diese Verse, deren Datierung nicht sicher ist (vielleicht gehören sie erst in den Weimarer Winter 1775/76), lassen wie die Hymne *An Schwager Kronos* etwas Charakteristisches Goethescher Gedichte erkennen.

Eis-Lebens-Lied

> Sorglos über die Fläche weg,
> Wo vom kühnsten Wager die Bahn
> Dir nicht vorgegraben du siehst,
> Mache dir selber Bahn!
> Stille, Liebchen, mein Herz,

Kracht's gleich, bricht's doch nicht!
Bricht's gleich, bricht's nicht mit dir!

Hier wie in der *Kronos*-Hymne wird ein Lebensvorgang unmittelbar anschaulich und in seiner Besonderheit etwas allgemein Bedeutsames zum
Vorschein gebracht. Dabei ist der Sinn der einzelnen Vorgänge und ihrer
Bildlichkeit nicht etwa in einem Kodex festliegender Bedeutungen vorgezeichnet; er öffnet sich vielmehr der poetischen Anschauung, wird von ihr
ent-deckt.

Sieh Lieber, was doch alles schreibens Anfang und Ende ist die Reproducktion der
Welt um mich, durch die innre Welt die alles packt, verbindet, neuschafft, knetet und
in eigner Form, Manier, wieder hinstellt, das bleibt ewig Geheimniß Gott sey Danck,
das ich auch nicht offenbaaren will den Gaffern u. Schwäzzern (an F.Jacobi,
21.8.1774).

Was indes der Blick des Poeten wahrnimmt und *wie* er es deutet, *welche*
Bedeutsamkeit er ihm zuspricht, ist natürlich an seine Person gebunden, sein
Leben, seine Welt und seine Erfahrungen. Es bleibt immer die Frage, ob und
wie es in anderen Lebens- und Erfahrungszusammenhängen aufgenommen
werden kann, damals wie heute.

»Mache dir selber Bahn!« ruft der Sprecher des *Eis-Lebens-Lieds* sich und
anderen zu, will sich und anderen Mut machen, wie es notwendig ist, wenn
die Bahn nicht vorgezeichnet und sicher zu beschreiten ist. Aber wie weit gilt
dieser ermutigende Zuruf? Kann er, damals wie heute, diejenigen erreichen,
denen es die Zustände ihrer Zeit und ihres Lebens unmöglich machten und
machen, ihre (Lebens-)Bahn selbst zu bestimmen? Gegen das armselige
Leben des Jakob Michael Reinhold Lenz und sein Scheitern in Weimar
gehalten: würden da nicht die Grenzen dieses Zuspruchs deutlich? Klänge er
nicht zynisch? Für die hilflos Benachteiligten ist er nicht gedacht, Goethe hat
sie gewiß nicht damit abfertigen wollen. Ihnen könnten ebenso Verse aus *An
Schwager Kronos* wie schöne Worte und nur als solche vorkommen, im
eigenen Leben nicht nachzuvollziehen: »Weit hoch herrlich der Blick / Rings
ins Leben hinein / Vom Gebürg zum Gebürg / Über der ewige Geist /
Ewigen Lebens ahndevoll.«

Zugleich müssen diese und ähnliche Verse aus einer anderen Perspektive
gesehen und begriffen werden. In ihnen äußert sich das Hochgefühl des und
der jungen ›Genies‹. Es schwingt sich weit über erkannte und geahnte
Begrenzungen hinaus. Aus solchem Hochgefühl gelingen Entwürfe erwünschten Lebens, deren Bedeutung nicht an der Elle einer schlechten
Wirklichkeit gemessen werden darf. Dichtung kann nie gegen die Realität

einfach aufgerechnet werden. Freilich bleibt bei derart ›hochgemuten‹ Wünschen, Bekenntnissen und Herausforderungen offen, wieweit sie, mit einem Wort Max Frischs (im *Tagebuch* 1947) über Gedichte Bertolt Brechts, der Welt standzuhalten vermögen, in die sie gesprochen sind.

Gedichte über Kunst und Künstler

An Schwager Kronos und andere große Jugendhymnen waren Gedichte der Lebenskraft und Lebenshoffnung, entstanden aus dem Gefühl eigener schöpferischer Fähigkeiten. In ihnen wurde nicht *über* den Künstler, das Genie und den großen Menschen gesprochen. Sie selbst waren Ausdruck besonderen Lebens, präsentierten sich als Schöpfungen des Genies. In manchen Versen dieser Zeit sprach Goethe aber auch mehr betrachtend über die neue Kunstauffassung und den neuen Künstler. Sie reflektierten, was die Hymnen unmittelbar poetisch zum Ausdruck brachten. Man kann sie als Gedichte der Kunst- und Künstlerbetrachtung bezeichnen. Nicht wenige von ihnen sind Gelegenheitsgedichte, leichthin als versifizierte Briefe zu Papier gebracht und den Freunden zugesandt. Das hat Goethe von früh an gern getan: den Brief in eine lockere Verssprache hinübergleiten zu lassen, ihn mit Versen zu durchsetzen oder ganz in Versen zu schreiben. Da äußerte er sich frank und frei und genoß derbe Ausdrücke und drastische Vergleiche. So hatte er Friedrich Wilhelm Gotter, dem Bekannten aus der Wetzlarer Zeit, der in Gotha ein Liebhabertheater aufgezogen hatte, in einer launigen Versepistel im Juni 1773 seinen *Götz von Berlichingen* angeboten:

> Schicke dir hier den alten Götzen;
> Magst ihn zu deinen Heilgen setzen,
> Oder magst ihn in die Zahl
> Der Ungeblätterten stellen zumal.
> [...]
> So such dir denn in deinem Haus
> Einen rechten tüchtigen Bengel aus
> Und gieb ihm die Roll' von meinem Götz,
> In Panzer, Blechhaub' und Geschwätz.
> [...]
> Musst alle garst'gen Worte lindern,
> Aus Scheiskerl Schurcken, aus Arsch mach Hintern
> Und gleich' das Alles so fortan,
> Wie du's wohl ehmals schon gethan.

Am 4. und 5. Dezember 1774 richtete Goethe zwei längere Briefgedichte an Merck. In den Gedichtausgaben sind daraus später zwei Gedichte in einer anderen Anordnung der Verse geworden: *Sendschreiben* (»Mein altes Evangelium / Bring ich dir hier schon wieder«) und *Künstlers Abendlied*, das zunächst, als Teil des Briefgedichts an Merck, ohne Überschrift auch an Lavater gegangen war und von ihm unter dem Titel *Lied eines physiognomischen Zeichners* an den Schluß des 1. Teils seiner *Physiognomischen Fragmente* (1775) gesetzt wurde:

> O daß die innre Schöpfungskraft
> Durch meinen Sinn erschölle,
> Daß eine Bildung voller Saft
> Aus meinen Fingern quölle!
> Ich zittre nur, ich stottre nur,
> Ich kann es doch nicht lassen,
> Ich fühl', ich kenne dich, Natur,
> Und so muß ich dich fassen.
> Wenn ich bedenk', wie manches Jahr
> Sich schon mein Sinn erschließet,
> Wie er, wo dürre Heide war,
> Jetzt Freudenquell genießet,
> Da ahnd' ich ganz, Natur, nach dir,
> Dich frei und lieb zu fühlen,
> Ein lust'ger Springbrunn wirst du mir
> Aus tausend Röhren spielen,
> Wirst alle deine Kräfte mir
> In meinem Sinn erheitern
> Und dieses enge Dasein hier
> Zur Ewigkeit erweitern.

Das war also das »alte Evangelium«, das er Merck abermals vortrug. Was hier im Ton froher Botschaft bekenntnishaft verkündet wurde, erhielt in anderen Teilen des Briefgedichts (später als *Sendschreiben* betitelt) deftige Anschaulichkeit. Was der Maler Füßli meinte, galt hier gerade nicht: »Errege einen Sturm in einem Weinglase oder weine über einer Rose, wer da wolle; ich kann es nicht« (Füßli an Lavater, Rom, November 1773). Als Goethe Freund Merck eine Zeichenmappe schenkte, riet er ihm, aufs Nahe und gegenwärtig Wirkliche achtzugeben: »Geb' Gott dir Lieb' zu deinem Pantoffel, / Ehr' jede krüpplige Kartoffel, / Erkenne jedes Dings Gestalt, / Sein Leid und Freud, Ruh und Gewalt / Und fühle, wie die ganze Welt / Der große Himmel zusammenhält« (»Hier schick' ich dir ein teures Pfand«).

Nicht in Rom, in Magna Gräcia,
Dir im Herzen ist die Wonne da!
Wer mit seiner Mutter, der Natur, sich hält,
Findt im Stengelglas wohl eine Welt.

(Sendschreiben)

Goethe machte Gedichte der Kunst- und Künstlerbetrachtung damals verstreut in Zeitschriften und Musenalmanachen der Öffentlichkeit bekannt.
Fünf von ihnen publizierte er an bezeichnender Stelle, nämlich im Anhang
zur Übersetzung einer dramentheoretischen Schrift des Franzosen Louis
Sebastien Mercier, die 1773 in Amsterdam erschienen war. In dieser Schrift
erkannten sich die Stürmer und Dränger wieder: Eine ursprüngliche, charakteristische, aus dem Leben der Gegenwart geborene Kunst wurde gefordert.
Goethe hatte Heinrich Leopold Wagner zur Übersetzung angeregt und
steuerte selbst, anstatt versprochener Anmerkungen, einige Zugaben bei. So
erschien das Buch 1776 unter dem Titel *Neuer Versuch über die Schauspielkunst. Aus dem Französischen. Mit einem Anhang aus Goethes Brieftasche.*
»Aus Goethes Brieftasche«: das waren eine Einleitung, zwei kunsttheoretische Prosastücke und eben fünf Gedichte der Kunst- und Künstlerbetrachtung, die nicht erst jetzt entstanden waren: *Brief* (»Mein altes Evangelium«),
Guter Rath auf ein Reisbret, auch wohl Schreibtisch (später: *Denk- und
Trostsprüchlein*), *Kenner und Künstler, Wahrhaftes Mährgen* (»Ich führt'
ein'n Freund zum Maidl jung«), *Künstlers Morgenlied* (»Ich hab' euch einen
Tempel baut«).

Mochte es auch besonders der bildende Künstler, der Maler sein, auf den
diese Texte verwiesen, so war doch der Künstler generell gemeint, was
Goethe in seiner *Einleitung* eigens anmerkte. Die »innre Schöpfungskraft«
und die Natur – zweimal in *Künstlers Abendlied* beschworen – sind so
aufeinander bezogen, daß das künstlerische Schaffen, die »Bildung voller
Saft«, wie ein Gewächs aufsteigt, das die Natur selbst hervorgebracht hat.
Ähnlich hatte Goethe das Kunstwerk des Straßburger Münsters erfahren
(und ist merkwürdigerweise an anderen Bauwerken ähnlichen Stils vorübergegangen). Das Gefühl gilt als Zentrum künstlerischer Existenz (»Ich fühl',
ich kenne dich, Natur, / Und so muß ich dich fassen«). Es führt ins Innere
der Natur, und zugleich ist das, was als Schöpfung des Künstlers bezeichnenderweise hervor»*quillt*«, Werk der Natur, soll es wenigstens sein. Wenn so
der Künstler mit den ewig wirkenden Kräften der Natur übereinstimmt und
wie sie schafft, entsteht ein Werk, das (wie das Straßburger Münster) »bis in
den kleinsten Teil notwendig schön, wie Bäume Gottes« ist. Nur einen

solchen Maßstab für ›Schönheit‹ erkannte Goethe damals an, im Pochen auf den Eigenwert künstlerischen Schaffens, im Aufbegehren gegen verordnete Regeln und vorgestanzte Ausdrucksweisen. Jetzt, da *Götz* und *Werther, Clavigo* und große Gedichte vorlagen und manches andere in Arbeit war, konnte er diese Bekenntnisse wagen.

Keine Frage, Wunsch und Anspruch griffen sehr hoch. »Wirst alle meine Kräfte mir / In meinem Sinn erheitern / Und dieses enge Dasein hier / Zur Ewigkeit erweitern.« Das spricht sich leichter, als es nachzuvollziehen ist. Bei aller Bewunderung für das Hochgefühl, das sich in Versen und Sätzen des jungen Goethe äußerte, darf ruhig angemerkt werden, daß wir es zwar mit einer beflügelnden Zuversicht zu tun haben, es aber nur ein Glaube sein kann. Wie ließe sich anders vom Ewigen sprechen? Es hat keinen Anfang und kein Ende, sonst wäre es nicht ewig. Niemand kann und konnte das je überblicken. Aber »dieses enge Dasein« treibt den Menschen, Ausschau nach Weiterem, Größerem, Freierem zu halten. So war es bei dem enthusiastischen Begehren der ›Genies‹, gerade auch angesichts ihrer eingeschränkten Möglichkeiten, sich tätig-handelnd zu entfalten und zu verwirklichen.

Künstlers Morgenlied, wohl schon Anfang 1773 entstanden, sprach nicht von Schöpferkraft im allgemeinen, sondern wollte den inneren künstlerischen Schaffensprozeß anschaulich werden lassen. In den äußerlich schlichten reimlosen vierzeiligen Strophen dieses langen Gedichts schieben sich in expressiver Sprache Bezeichnungen und Bildbereiche verschiedener Sphären ineinander: so komplex ist die innere Welt des produzierenden Künstlers. »Ich hab' euch einen Tempel baut, / Ihr hohen Musen all' / Und hier in meinem Herzen ist / Das Allerheiligste.« Ein Musenanruf im alten Stil, aber sogleich wird auf das »Herz« hingewiesen als das Zentrum der Welt- und Kunsterfahrung des begeisterten Künstlers. Religiöses Empfinden, lebendige Erinnerung an Gestalten der antiken Dichtung, Erfahrung der Liebe: das sind hier die Motivationen des kreativen Prozesses. Mit Ausdrücken aus dem Bezirk religiösen Empfindens werden sowohl die große Kunst der Antike als auch das Erleben der Liebe bedacht: »Ich trete vor den Altar hier / Und lese, wie sich's ziemt, / Andacht liturg'scher Lektion / Im heiligen Homer.«

Die produktive Kraft, die über Intensität des bloßen Fühlens und Erlebens hinaus zur Gestaltung gelangt, unterscheidet den Künstler, so die Meinung des jungen Goethe, von Kennern und Liebhabern, eine Schöpferkraft, die mit dem Vorgang des Zeugens gleichgesetzt wird: »Daß ich mit Göttersinn / Und Menschenhand / Vermög' zu bilden / Was bei meinem Weib / Ich animalisch kann und muß« (*Kenner und Künstler*). Selbstbe-

wußt drängte Goethe 1774 in wenige Verse Grundsätze seines künstlerischen
Evangeliums:

> Was frommt die glühende Natur
> An deinem Busen dir,
> Was hilft dich das Gebildete
> Der Kunst rings um dich her,
> Wenn liebevolle Schöpferkraft
> Nicht deine Seele füllt
> Und in den Fingerspitzen dir
> Nicht wieder bildend wird.
>
> (*An Kenner und Liebhaber*)

Das ist kein Plädoyer Goethes für Formlosigkeit, im Gegenteil. In der
Einleitung zum Anhang *Aus Goethes Brieftasche* fiel das Wort von der
»inneren Form«. Es sei endlich an der Zeit, damit aufzuhören, über die
einzelnen Regeln des Dramas zu reden. »Deswegen gibt's doch eine Form,
die sich von jener unterscheidet wie der innere Sinn vom äußern, die nicht mit
Händen gegriffen, die gefühlt sein will. [...] Wenn mehrere das Gefühl
dieser innern Form hätten, die alle Formen in sich begreift, würden wir
weniger verschobne Geburten des Geists aneklen« (12, 22).

Das »Gefühl dieser innern Form« führt nun keineswegs zu einer einheitlichen Gestaltungsweise bei Künstlern, die sich ihm verpflichtet wissen. Das
wäre auch widersinnig; wird doch gerade nicht die Erfüllung allgemeiner
Regeln, sondern eine individuelle, charakteristische Kunst gewünscht, die
ihr Lebensgesetz dem »Urquell der Natur« verdankt. Damit stellen sich
nicht wenig komplizierte Fragen. Die eine Natur, die ewig-keimende, läßt
durch ihre Künstler viele unterschiedliche Gestaltungen entstehen. Wie läßt
sich dann erkennen, ob »innere Form« verwirklicht ist? Wie steht es mit dem
›Charakteristischen‹, das ein Werk zur »charakteristischen Kunst« macht?
Ist Originalität im Sinn des Neuen, Innovativen gemeint und gewünscht oder
aber, was die ständige Berufung auf die Natur nahelegt, an Ursprünglichkeit,
Echtheit, Verwurzelung in einer naturphilosophisch erfaßten Ordnung der
Natur gedacht? Aller Wahrscheinlichkeit nach das zuletzt Erwähnte; denn
schon aus der hermetischen Naturphilosophie hatte der junge Goethe indivi-
duelle Eigentümlichkeiten dem einzelnen Künstler und seiner Kunst als
Recht und Aufgabe überantwortet. Noch in Formulierungen der Einleitung
zur *Brieftasche* gab sich das zu erkennen. Doch ist mit solchem Wissen und
Glauben keine Handhabe gegeben, im Einzelfall sicher entscheiden zu
können, ob ein Werk »innere Form« verwirklicht oder verfehlt habe.

Diese Überlegungen deuten an, daß hier Fragen berührt werden, die nach wie vor aktuell sind. Ist kein allgemein anerkanntes Regelbuch mehr zur Hand, mit dem Gelingen und Versagen nachgeprüft werden, dann können »innere Form« und »charakteristische Kunst« leichter zum Maßstab erhoben, als im einzelnen Werk für jeden überzeugend nachgewiesen werden. Wer das Lob solcher Kunst verkündet oder nachspricht, hat damit noch nicht konkret gezeigt, wie das entsprechende Kunstwerk beschaffen sein soll. Jede Dichtung des jungen Goethe kann jedenfalls nicht als Musterbeispiel dafür dienen. Das Gedicht *Auf Christianen R.* etwa (später *Christel*: »Hab oft einen dumpfen düstern Sinn«), das Boie 1774 erhielt, ist mit seinen neckischen Belanglosigkeiten sicherlich kein Exempel der neuen Kunst (und war dazu auch nicht ausersehen).

Eine wichtige Frage war, ob es einem Künstler, der von seiner Kunst leben wollte, überhaupt möglich sei, seinem Kunstideal treu zu bleiben. Hatte er sich nicht fremden Forderungen anzupassen: denen eines Auftraggebers oder Marktes? Das Problem war Goethe durchaus nicht fremd, die Kompliziertheit der Künstlerexistenz nicht erst ein Thema des *Torquato Tasso*. Die dialogischen und szenischen Gedichte *Kenner und Künstler, Des Künstlers Erdewallen* und *Des Künstlers Vergötterung* berührten zumindest die Frage der Künstlerexistenz. Auch »des Künstlers Erdewallen« ist mit den Nöten der materiellen Sicherung des Daseins belastet. Diesen Gedichten kann man noch *Künstlers Apotheose* von 1788 zuordnen, wo der Künstler erst aus dem Jenseits beobachten kann, wie er endlich geschätzt wird. Klagend hält er der Muse vor: »Was hilft's, o Freundin, mir, zu wissen, / Daß man mich nun bezahlet und verehrt? / O hätt' ich manchmal nur das Geld besessen, / Das diesen Rahm[en] jetzt übermäßig schmückt!«

Daß Goethe in jenen Jahren so oft vom bildenden Künstler sprach, hing mit seiner eigenen Beschäftigung zusammen. »Heute schlägt mir das Herz«, schrieb er am 20. November 1774 an Sophie v. La Roche. »Ich werde diesen Nachmittag zuerst den Oel Pinsel in die Hand nehmen! – Mit welcher Beugung Andacht und Hoffnung, drück ich nicht aus, das Schicksal meines Lebens hängt sehr an dem Augenblick.« Noch war für ihn nicht endgültig entschieden, in welcher Kunst er sein Bestes geben könne. In seinem Zimmer war, so hat er es selbst auf einem Briefblatt gezeichnet, die Staffelei aufgebaut. Der Rechtsanwalt experimentierte auf vielen Gebieten: »Ich [...] krieche in den Winckeln all meiner Kräffte und Fähigkeiten herum, [...] ich zeichne, künstle pp. Und lebe ganz mit Rembrandt« (an Johanna Fahlmer, Anfang November 1774).

Hoher Besuch in Frankfurt

Im Dezember 1774 meldete sich im Großen Hirschgraben neuer Besuch, dessen lebensgeschichtliche Bedeutung damals nicht abzusehen war. Ob sich alles wirklich so abgespielt hat, wie es vier Jahrzehnte später *Dichtung und Wahrheit* schilderte, mag dahinstehen. Ein wohlgebildeter schlanker Mann, den er zuerst in der Halbdämmerung seines Zimmers für Fritz Jacobi gehalten habe, sei eines Tages eingetreten. Er habe sich als Kammerherr v. Knebel zu erkennen gegeben, der in Weimar angestellt und für den Prinzen Constantin als Begleiter bestimmt sei. Das war am 11. Dezember. Dieser Carl Ludwig v. Knebel war preußischer Gardeleutnant gewesen, hatte, literarisch gebildet und an Kunst und Wissenschaft interessiert, den Dienst quittiert und war seit wenigen Monaten als Erzieher des jüngeren der beiden Prinzen von Sachsen-Weimar-Eisenach in Weimar tätig. Jetzt begleitete er Carl August und Constantin auf ihrer Reise nach Paris. Es war die erste größere Reise, die die siebzehn- und sechzehnjährigen Prinzen über Thüringen hinausbrachte, eine Bildungstour zum Abschluß ihrer Erziehungsjahre, die es dem Erbprinzen Carl August aber auch ermöglichen sollte, die in Aussicht genommene Braut aufzusuchen. Prinzessin Luise von Hessen-Darmstadt hieß die Erwählte, die nach dem Tod ihrer Mutter, der ›großen‹ Landgräfin‹ Caroline, seit kurzem nicht mehr in Darmstadt, sondern in Karlsruhe bei ihrer Schwester Amalie lebte, die den Erbprinzen von Baden-Durlach geheiratet hatte. Am 19. Dezember 1774 schon kam es zur förmlichen Verlobung.

Als Knebel bei Goethe hereinschaute, hatte die Weimarer Reisegesellschaft in Frankfurt am Main Zwischenstation gemacht. Im »Rothen Haus« war man abgestiegen. Der Dichter des *Götz* und *Werther* ließ sich von Knebel nicht lange bitten und machte den jungen Prinzen, die viele Jahre sorgfältiger Ausbildung und intensiven Unterrichts hinter sich hatten, seinen Besuch. Goethe meinte später noch genau zu wissen: »Ob es nun gleich an literarischer Unterhaltung nicht fehlte, so machte doch ein Zufall die beste Einleitung, daß sie gar bald bedeutend und fruchtbar werden konnte. Es lagen nämlich Mösers ›Patriotische Phantasien‹, und zwar der erste Teil, frisch geheftet und unaufgeschnitten, auf dem Tische. Da ich sie nun sehr gut, die Gesellschaft sie aber wenig kannte, so hatte ich den Vorteil, davon eine ausführliche Relation [einen Bericht] liefern zu können« (*DuW* 15. B.; 10, 52).

Was im einzelnen auch bei dieser ersten Begegnung mit dem kurz vor seinem Regierungsantritt stehenden Weimarer Prinzen Carl August erörtert sein mag, sicher dürfte sein, daß politische Fragen nicht zu kurz gekommen sind. Das Gespräch wurde in den folgenden Tagen in Mainz fortgesetzt, wo die thüringische Gesellschaft bis zum 15. Dezember blieb und wohin Goethe eingeladen wurde. Es muß auf den künftigen Regenten eines Staates Eindruck gemacht haben, wie sich der inzwischen als Dichter bekannte Bürgerssohn über Probleme der Staatskunst und Regierung eines Landes zu äußern wußte. Allein unter schriftstellerischen Gesichtspunkten hatte sich der junge Rechtsanwalt gewiß nicht mit der Prosa Justus Mösers, des verantwortlichen Osnabrücker Regierungsbeamten und politischen Theoretikers, beschäftigt. Hatte ihn schon die Neigung erfaßt, selbst einmal politisch wirksam zu werden und für das Gemeinwohl tätig zu sein? Hatten ihn die *Patriotischen Phantasien* angeregt, darüber nachzudenken, wie in der kleinstaatlichen Ordnung des Heiligen Römischen Reiches Deutscher Nation das Gute befördert und dem Widrigen gesteuert werden könne? Hatte er, der von Schaffenskraft und Schaffenslust dichtete, gespürt, daß sich sein Wunsch nach Tätigkeit auch auf dem Feld politischen Handelns verwirklichen und bewähren wollte? Symptomatisch ist jedenfalls, daß das erste Gespräch zwischen dem jungen Dichter und dem noch jüngeren zukünftigen Regenten politischen Themen gewidmet war.

Justus Möser amtierte in einem kleinen Staatsgebilde, das nach dem Westfälischen Frieden von 1648/49 entstanden war: im Fürstbistum Osnabrück, in dem stets ein katholischer Bischof mit einem protestantischen Landesherrn in der Regentschaft abwechselte. Hier war Möser 1720 geboren, hier war er, nach rechtswissenschaftlichen und theologischen Studien (ohne das damals noch nicht erforderliche Abschlußexamen), als Anwalt tätig, seit 1747 als *Advocatus Patriae* auch für die Regierung des Bistums, und stieg in der Verwaltungshierarchie des Ländchens bis zum Geheimen Referendar und Geheimen Gerichtsrat auf (1783), was der Stellung eines verantwortlichen Ministers entsprach. Bei dem programmierten Wechsel der Landesherren bürgten solche Beamte für Kontinuität in der Verwaltung. Von früh an schriftstellerte Justus Möser, gab Zeitungen heraus, schrieb eine *Osnabrückische Geschichte* (seit 1765), die in ihren abgeschlossenen Teilen freilich nur bis ins 12. Jahrhundert reichte, brach in der Abhandlung *Harlekin oder Verteidigung des Groteske-Komischen* (1761) eine Lanze für die Figur des Hanswurst, die Gottsched und seine Schule von der Bühne verbannt hatten, und hielt noch 1781 ein Plädoyer *Über die deutsche Sprache und Literatur* gegen die abwertende Schrift Friedrichs des Großen *De la littérature allemande* von 1780.

Die *Patriotischen Phantasien* waren anfangs überwiegend Beiträge zu den *Wöchentlichen Osnabrückischen Anzeigen*, die Möser seit 1766 herausgab. 1774 erschien der erste Sammelband dieser Artikel, dem wegen seines beachtlichen Erfolges weitere folgten. Viele Themen wurden, oft in lockerer Erzählform, behandelt, aus allen sozialen Bereichen, vom Adel bis zu den Leibeigenen. Was sich besonders einprägte, war die überall durchscheinende Grundauffassung vom geschichtlich Gewordenen. Gegenwart hängt, so Mösers Überzeugung, mit der Vergangenheit unlöslich zusammen, und immer müssen Betrachter wie politisch Handelnde sorgsam abwägen, was vom Herkömmlichen und in langen Zeiten Gewachsenen erhalten und was verändert werden muß. Gewaltsame Änderung stand für Möser grundsätzlich nicht zur Debatte. Die Zersplitterung des Reichs in eine Vielzahl kleiner und kleinster Staatsgebilde sah er nicht so negativ, wie es bei manchen Kritikern üblich wurde. Gerade die Menge kleiner Staaten erschien ihm »als höchst erwünscht zu Ausbreitung der Kultur im einzelnen, nach den Bedürfnissen, welche aus der Lage und Beschaffenheit der verschiedensten Provinzen hervorgehn« (10, 52). Eine Sicht der Dinge, die dem Herrscher eines kleinen Landes gefallen mußte.

Wenn Goethe im Rückblick von *Dichtung und Wahrheit* über Mösers Auffassungen sprach, wurde zugleich deutlich, in welchen Ansichten er zeitlebens mit dem Osnabrücker Historiker übereinstimmte. Das Vergangene mit dem Gegenwärtigen zusammenzuknüpfen, dieses aus jenem abzuleiten und dadurch, ob eine Veränderung lobens- oder tadelnswürdig sei, deutlich auseinanderzusetzen (10, 52): diese Anschauung fand Goethes Zustimmung. »Wir sehen eine Verfassung auf der Vergangenheit ruhn, und noch als lebendig bestehn. Von der einen Seite hält man am Herkommen fest, von der andern kann man die Bewegung und Veränderung der Dinge nicht hindern. [...] Ein solcher Mann [wie Möser] imponierte uns unendlich und hatte den größten Einfluß auf eine Jugend, die auch etwas Tüchtiges wollte, und im Begriff stand, es zu erfassen« (13. B.; 9, 596ff.). Noch im Alter war die Erinnerung daran lebendig, wie die junge Generation damals nach Tätigkeit gedrängt und sich nicht allein in poetischer Produktivität hatte verausgaben wollen. Auffällig genug, mit welchen Worten sich der junge Goethe anderthalb Monate nach seinem Gespräch mit den Prinzen bei der Tochter Mösers für die *Patriotischen Phantasien* bedankte: »Wo ich sie aufschlage wird mirs ganz wohl, und hunderterley Wünsche, Hoffnungen, Entwürfe entfalten sich in meiner Seele« (an Jenny v. Voigts, 28. 12. 1774). Es kann nicht zweifelhaft sein: Goethes Annahme der Einladung nach Weimar im folgenden Jahr hatte mit solchen Wünschen, Hoffnungen und Entwürfen zu tun.

Es konnte nicht ausbleiben, daß in den Unterhaltungen mit den Reisenden aus Weimar auch die Attacken auf Wieland zur Sprache kamen, die sich der übermütige Dichter des *Götz von Berlichingen* erlaubt hatte. Schließlich war der angesehene Christoph Martin Wieland seit 1772 für den Prinzen Carl August als Lehrer der Philosophie und Ethik am Weimarer Hof angestellt. Goethes Satire *Götter, Helden und Wieland* (oben S. 179) hatte Aufsehen erregt, und bei aller öffentlich gezeigten Gelassenheit war der Verspottete denn doch verstimmt. So überlegte man, wie eine Verständigung anzubahnen sei. Goethe schrieb, wohl von Knebel animiert, einen Brief, der freilich erst mit Verzögerung seine Wirkung tat. Zunächst nämlich erklärte Wieland dem Kollegen Knebel klipp und klar, Herr Goethe habe mit seinem Schreiben keine andere Absicht verfolgt, als sich über ihn lustig zu machen. Er verzichte »vollständig und für immer auf die Ehre, mit all diesen Genies und Schöngeistern [...] Bekanntschaft zu machen« (24.12.1774; BoI 93). Mitte Januar sah es schon besser aus. Das »unartige Zeug« über Goethe habe er letzthin, meinte Wieland jetzt, »in einem hypochondrischen Anstoß« geschrieben. »Ich bin inzwischen radicaliter von allem Mißmut gegen diesen sonderbaren großen Sterblichen geheilt worden. Unfehlbar werd' ich ihn über lang oder kurz persönlich *kennenlernen* [...]. Genug, ich werd ihn sehen und sprechen, und an meinem guten Willen soll's nicht liegen, wenn wir nicht Freunde werden können« (an Knebel, 13.1.1775). Zwei repräsentative Figuren des ›Weimarer Musenhofs‹ fingen an, sich zu arrangieren. Wieland muß von anderer Seite Lobendes über den ungebärdigen deutschen Dichter in Frankfurt gehört haben, daß er sein Urteil so rasch und gründlich revidierte. Vielleicht hatten sich manche in Weimar von dem überzeugen lassen, was Knebel in einem ausführlichen Brief vom 23. Dezember 1774 an Bertuch berichtet hatte:

Goethes Kopf ist sehr viel mit Wielands Schriften beschäftigt; daher kommt es, daß sie sich reiben. Goethe lebt in einem beständigen innerlichen Krieg und Aufruhr, da alle Gegenstände aufs heftigste auf ihn würken. Daher kommen die Ausfälle seines Geistes, der Mutwillen, der gewiß nicht aus bösem Herzen, sondern aus der Üppigkeit seines Genies. Es ist ein Bedürfnis seines Geistes, sich Feinde zu machen, mit denen er streiten kann; und dazu wird er nun freilich die schlechtsten nicht aussuchen.

Auf Carl Ludwig v. Knebel, später der »Urfreund« und einer der wenigen, mit denen Goethe das vertrauliche Du wechselte, haben die Tage in Frankfurt und Mainz tiefen Eindruck gemacht. Er gestand, daß er »etwas enthusiastisch« von Goethe denke. Nachdem er dessen Mutwillen zu erklären versucht hatte, fügte er in jenem Brief hinzu: »Die ernsthafte Seite seines Geistes ist sehr ehrwürdig. Ich habe einen Haufen Fragmente von ihm, unter andern zu einem ›Doktor Faust‹, wo ganz ausnehmend herrliche Szenen sind. Er zieht die Manuskripte aus allen Winkeln seines Zimmers hervor.«

Eine ferne Brieffreundin

In jener Zeit bahnte sich zwischen Goethe und einer zunächst unbekannt bleibenden Leserin des *Werther* eine Beziehung an, die wegen ihrer Eigentümlichkeit und Bedeutung besonders erwähnt werden soll. Die Bewunderin des aufsehenerregenden Romans wünschte mit seinem Verfasser in briefliche Verbindung zu kommen. Was nicht zu vermuten war, geschah: Aus der Kontaktaufnahme entwickelte sich rasch eine Freundschaft, in Briefen, die sich manchmal wie Liebesbriefe lasen und deren Schreiber sich doch in ihrem ganzen Leben nie sehen sollten. Goethes Briefe an Gustchen Stolberg – sie war es, die die Verbindung gesucht hatte – wurden eindrucksvolle Dokumente seines Lebens in kritischer Zeit. Mit ihrer unkomplizierten Herzlichkeit und vertrauenerweckenden Offenheit muß die Briefschreiberin sogleich die Zuneigung des jungen Mannes gewonnen haben, der sich gewiß auch geschmeichelt fühlte. Wie mit sich selbst redend und doch das Mitempfinden einer beteiligt-unbeteiligten Zuhörerin spürend, zeichnete er in seinen Briefen auf, wie es um ihn stand; manchmal kam es zu Skizzen einer erstaunlichen Selbstobjektivierung. »Wenn mirs so recht weh ist, kehr ich mich nach Norden, wo sie dahinten ist zweyhundert Meil von mir meine geliebte Schwester« (31.7.1775). Als dann in Weimar Charlotte von Stein die geliebte Vertraute geworden war, ließ er den Briefwechsel mit der fernen Freundin einfach einschlafen. Er brauchte ihn und sie nicht mehr.

»Gustgen«: das war Auguste Louise Gräfin zu Stolberg, die 1753 geborene Schwester der ›Stolbergs‹, der Grafen Christian und Friedrich Leopold zu Stolberg. Seit 1770 lebte sie, noch unverheiratet, in einem adligen Damenstift im holsteinischen Uetersen. Am 14. November 1774 hatte sie, von der Lektüre des *Werther* ergriffen, Heinrich Christian Boie gefragt: »Goethe muß ein trefflicher Mann sein! Sagen Sie mir, kennen Sie ihn? Ich möchte ihn wohl kennen.« Kritik hatte sie allerdings ebenfalls angemeldet. Goethe hätte doch auch »die Irrtümer in Werthers Art zu denken« widerlegen müssen oder wenigstens den Leser fühlen lassen, daß es Irrtümer sind. (Lessings Wunsch war ähnlich gewesen: »Also, lieber Goethe, noch ein Kapitelchen zum Schlusse; und je zynischer, je besser!«, an Eschenburg, 26.10.1774.) Ende 1774 hatten auch die Brüder Stolberg, selbst eifrige Poeten in der Dichtervereinigung »Göttinger Hain«, an Goethe geschrieben; Augustens eigener Brief wird bald darauf, noch anonym, gekommen sein. Er muß Goethe gerührt und ergriffen haben; denn seine Antwort an die »theuere Ungenandte« (um den 18./19. Januar 1775 herum) war sofort auf den Ton inniger Vertrautheit gestimmt, – paßte sich damit vielleicht auch der schwärmerischen Empfindsamkeit der Adressatin an.

Meine Teure – ich will Ihnen keinen Nahmen geben, denn was sind die Nahmen Freundinn Schwester, Geliebte, Braut, Gattin, oder ein Wort das einen Complex von all denen Nahmen begriffe, gegen das unmittelbaare Gefühl, zu dem – ich kann nicht weiter schreiben, Ihr Brief hat mich in einer wunderlichen Stunde gepackt.

Goethes Briefe an Gustchen Stolberg sind Bruchstücke einer jugendlichen Konfession, in denen sich »der Unruhige« (3. 8. 1775) von der Seele schrieb, was ihn bewegte und bedrängte. Durchaus bewußt komponiert, verraten sie doch etwas von der Wahrheit des gelebten Augenblicks, dem sie sich verdanken. Freilich mußte der Bekennende wiederholt eingestehen, er könne nicht weiterschreiben, er könne nichts mehr sagen. Die Distanz zur Freundin im Norden war allein mit Briefen nicht vollständig zu überbrükken.

Spät, im Oktober 1822, hat sich Auguste, inzwischen verwitwete Gräfin Bernstorff, noch einmal an den Briefpartner der Jugend gewandt, um ihn an den rechten christlichen Glauben zu mahnen: »Mein Erlöser ist ja auch der Ihrige, es ist auch in keinem andern Heil, u Seeligkeit zu finden.« Ihr Brief hat den alten Goethe zu jener wichtigen Antwort veranlaßt, in der er mit würdevoller Gelassenheit auf dem Credo seiner Weltfrömmigkeit beharrte: »Bleibt uns nur das Ewige jeden Augenblick gegenwärtig, so leiden wir nicht an der vergänglichen Zeit. [...] In unseres Vaters Reiche sind viel Provinzen, und da er uns hier zu Lande ein so fröhliches Ansiedeln bereitete, so wird drüben gewiß auch für beide gesorgt sein« (17. 4. 1823).

Im Brief vom 13. Februar 1775 entwarf der fünfundzwanzigjährige Goethe ein berühmt gewordenes Doppel-Selbstbildnis, das eindrucksvoller ist als alle gelehrten Deutungsversuche:

Wenn Sie sich, meine liebe, einen Goethe vorstellen können, der im galonirten Rock, sonst von Kopf zu Fuse auch in leidlich konsistenter Galanterie, umleuchtet vom unbedeutenden Prachtglanze der Wandleuchter und Kronenleuchter, mitten unter allerley Leuten, von ein Paar schönen Augen am Spieltische gehalten wird, der in abwechselnder Zerstreuung aus der Gesellschafft, ins Conzert, und von da auf den Ball getrieben wird, und mit allem Interesse des Leichtsinns, einer niedlichen Blondine den Hof macht; so haben Sie den gegenwärtigen Fassnachts Goethe, der Ihnen neulich einige dumpfe tiefe Gefühle vorstolperte, der nicht an Sie schreiben mag, der Sie auch manchmal vergisst, weil er sich in Ihrer Gegenwart ganz unausstehlich fühlt.

Aber nun giebts noch einen, den im grauen Biber-Frack mit dem braunseidnen Halstuch und Stiefeln, der in der streichenden Februarlufft schon den Frühling ahndet, dem nun bald seine liebe weite Welt wieder geöffnet wird, der immer in sich lebend, strebend und arbeitend, bald die unschuldigen Gefühle der Jugend in kleinen Gedichten, das kräftige Gewürze des Lebens in mancherley Dramas, die Gestalten seiner Freunde und seiner Gegenden und seines geliebten Hausraths mit Kreide auf grauem Papier, nach seiner Maase auszudrücken sucht, weder rechts noch lincks fragt: was von dem gehalten werde was er machte? weil er arbeitend immer gleich eine Stufe höher steigt, weil er nach keinem Ideale springen, sondern seine Gefühle sich zu Fähigkeiten, kämpfend und spielend, entwickeln lassen will. Das ist der, dem Sie nicht aus dem Sinne kommen, der auf einmal am frühen Morgen einen Beruf fühlt Ihnen zu schreiben, dessen gröste Glückseligkeit ist mit den besten Menschen seiner Zeit zu leben.

Irrlichternde Liebe.

Das Jahr 1775

Verlobung mit Lili Schönemann

Als Goethe sich so porträtierte: als jemanden, der sich mal in geselligen Festlichkeiten unter »allerley Leuten« umhertreibt und in ganz anderen Stunden, »in sich lebend, strebend und arbeitend«, um die Entwicklung seiner Fähigkeiten bemüht ist, war er seit einiger Zeit in eine neue Liebesaffäre verstrickt. An einem Abend um die Jahreswende 1774/75 hatte er bei einem Konzert »in einem angesehnen reformierten Handelshause« (10, 86) die sechzehnjährige Anna Elisabeth (Lili) Schönemann kennengelernt, Tochter eines wohlhabenden Frankfurter Bankiers, dessen Geschäfte nach dem Tod 1763 von seiner Frau weitergeführt wurden. Die Besuche, von der Hausherrin gebilligt, wiederholten sich, »da sich denn ein heiteres verständiges Gespräch bildete, welches kein leidenschaftliches Verhältnis zu weissagen schien«. Das änderte sich jedoch bald. Wochen, Monate einer Leidenschaft folgten, von der noch der alte Goethe wußte: »Ich konnte nicht ohne sie, sie nicht ohne mich sein« (10, 94). Die Liebenden trafen sich so oft als möglich. Im nahen Offenbach wohnten enge Verwandte der Schönemanns, die Kaufmannsfamilien d'Orville und Bernard, in angenehmster Lage. Dort verbrachten beide, zusammen mit Freunden, viele gemeinsame Stunden. »Anstoßende Gärten, Terrassen, bis an den Main reichend, überall freien Ausgang nach der holden Umgegend erlaubend, setzten den Eintretenden und Verweilenden in ein stattliches Behagen. Der Liebende konnte für seine Gefühle keinen erwünschtern Raum finden« (10, 97). Er selbst wohnte dann bei Johann André, dem befreundeten Komponisten, einem vielseitigen Mann, der auch Seidenfabrikant und Musikverleger war.

Erzählung und Nachdenken über die Liebe zu Lili Schönemann, die um Ostern durch ein Verlöbnis besiegelt wurde, ziehen sich durch die letzten fünf Bücher von *Dichtung und Wahrheit*. Auch beim späten Erinnern fiel es Goethe offenbar schwer, mit dem Vergangenen zurechtzukommen. Mit

Staunen denkt er an die merkwürdige Verlobung zurück: »Es war ein seltsamer Beschluß des hohen über uns Waltenden, daß ich in dem Verlaufe meines wundersamen Lebensganges doch auch erfahren sollte, wie es einem Bräutigam zu Mute sei« (10, 109). Es gibt Äußerungen Goethes, die vermuten lassen, er habe erst in hohen Jahren, das Auf und Ab seines Lebens überblickend, ganz ermessen, was er verloren hatte, als er am 30. Oktober 1775, Frankfurt schon im Rücken, in Eberstadt in sein Tagebuch eintrug: »Es hat sich entschieden – wir müssen einzeln unsre Rollen ausspielen. Mir ist in dem Augenblick weder bange für mich noch für dich, so verworren es aussieht!« In Sorets Gesprächen mit Goethe ist unter dem 5. März 1830 das erstaunliche Geständnis des Achtzigjährigen verzeichnet, Lili sei in der Tat die erste gewesen, die er tief und wahrhaftig geliebt habe. »Auch kann ich sagen, daß sie die letzte gewesen; denn alle kleinen Neigungen, die mich in der Folge meines Lebens berührten, waren, mit jener ersten verglichen, nur leicht und oberflächlich. Ich bin meinem eigentlichen Glücke nie so nahe gewesen als in der Zeit jener Liebe zu Lili.« Nun kann zwar der Wortlaut nicht nachgeprüft werden, und im Nachgefühl des Alters mag früh Verlorenes besonders schmerzen. Aber schon 1807 ließ Goethe in ein Schreiben an Frau v. Türckheim, geb. Lili Schönemann, die Bemerkung einfließen, es habe ihm unendliche Freude gemacht, nach so langer Zeit einige Zeilen wieder von ihrer Hand zu sehen, »die ich tausendmal küsse in Erinnerung jener Tage, die ich unter die glücklichsten meines Lebens zähle« (14. 12. 1807). Als er dies schrieb, wußte er längst, daß Lili schwere Lebenszeiten tapfer bestanden hatte, daß sie der irrlichternden Welt der reichen Frankfurter Gesellschaft mit Festen und Verehrern, die ihn ehemals so irritiert hatte, entwachsen war und ihr wohl nie ganz angehört hatte. Das einstige Gedicht über Lilis Park besaß keine Wahrheit mehr: »Ist doch keine Menagerie / So bunt als meiner Lili ihre! / Sie hat darin die wunderbarsten Tiere / Und kriegt sie 'rein, weiß selbst nicht wie.« Goethes Liebe zu Lili ist unter der Spannung zerbrochen, die jenes Doppelporträt, das er im Brief an Auguste zu Stolberg zeichnete, prägnant ausdrückte. Auf der einen Seite der Fastnachtsgoethe, der sich im Glanz der Wand- und Kronleuchter herumtreibt, der bei einschlägigen gesellschaftlichen Ereignissen nicht fehlen darf, weil er einer Blondine den Hof macht, die in solcher Umgebung lebt. Auf der andern Seite der Wanderer im grauen Biberfrack, der seiner Existenz Sinn zu geben sucht: der Natur hingegeben, »immer in sich lebend, strebend und arbeitend«, der dichtet und zeichnet, der von Stufe zu Stufe sich weiterentwickeln will, dem nicht der Umgang mit »allerley Leuten« genugtun kann und dessen größte Glückseligkeit es ist, »mit den besten Menschen seiner Zeit zu leben«. (Goethe hat früh begonnen, sein Leben zu deuten, um der

Fülle und Widersprüchlichkeit dessen, was ihn bedrängte, nicht zu unterliegen.)
Wenige Wochen nachdem er Lili Schönemann kennengelernt hatte, schon diese widersprüchliche Porträtskizze! Waren beide Welten zu verbinden? Wohin gehörte Lili? War sie ganz dem oberflächlichen Treiben auf Festen und Bällen verfallen? Genoß sie es, von Verehrern umschwärmt zu werden? Würde er in jener Welt heimisch werden können, die am gesellschaftlichen Schein Gefallen fand und in der Reichtum gewiß soviel galt wie ein künstlerisches Werk? Unversehens hatte Goethe die Liebe zu Lili gepackt:

> Herz, mein Herz, was soll das geben,
> Was bedränget dich so sehr?
> Welch ein fremdes neues Leben –
> Ich erkenne dich nicht mehr. [...]

In Gedichten, die man als ›Lili-Gedichte‹ zusammenfassen kann, äußerte der Überraschte seine Empfindungen, in denen sich Glück und Ratlosigkeit, Verworrenheit und Freude mischten. So eng waren diese Verse mit seinem Leben in jenen Monaten verbunden, daß Goethe viele von ihnen als biographisches Dokument in *Dichtung und Wahrheit* aufnahm. Sie tragen keine Merkmale der Sturm-und-Drang-Hymnen, nicht die großen Sprachgesten exzessiven Fühlens und Wollens. Freilich behaupten Wörter wie »Natur«, »Herz«, »fühlen« den Sinn, den sie seit Sesenheim gewonnen hatten. Es sind Gedichte, in denen der Sprechende seine zwiespältige Verfassung in dichterische Bilder bringt und über sie nachdenkt; mehr Fragen als Antworten.

> Bin ich's noch, den du bei so viel Lichtern
> An dem Spieltisch hältst?
> Oft so unerträglichen Gesichtern
> Gegenüberstellst?
>
> Reizender ist mir des Frühlings Blüte
> Nun nicht auf der Flur,
> Wo du Engel bist, ist Lieb' und Güte,
> Wo du bist, Natur.
>
> (*An Belinden*)

Aber nicht nur Liebe, Güte und Natur sind Prädikate für diejenige, in deren Bann er geraten ist (»War ich guter Junge nicht so selig / In der öden Nacht?«). Sie ist auch »das liebe lose Mädchen«, dessen Anziehungskraft etwas mit Zauberei zu tun hat.

Und an diesem Zauberfädchen,
Das sich nicht zerreißen läßt,
Hält das liebe lose Mädchen
Mich so wider Willen fest.
Muß in ihrem Zauberkreise
Leben nun auf ihre Weise;
Die Verändrung, ach, wie groß!
Liebe, Liebe, laß mich los!

(*Neue Liebe, neues Leben*)

Das lange Gedicht *Lilis Park* leistet sich einen geradezu ätzenden Spott, als der Liebhaber sich wie ein gezähmter Bär in der bunten Menagerie Lilis vorkommt:

Denn so hat sie aus des Waldes Nacht
Einen Bären, ungeleckt und ungezogen,
Unter ihren Beschluß hereinbetrogen,
Unter die zahme Kompanie gebracht
Und mit den andern zahm gemacht – [...].

Am Schluß aber begehrt der Eingefangene auf:

Und ich! – Götter, ist's in euren Händen,
Dieses dumpfe Zauberwerk zu enden:
Wie dank' ich, wenn ihr mir die Freiheit schafft!
Doch sendet ihr mir keine Hilfe nieder –
Nicht ganz umsonst reck' ich so meine Glieder:
Ich fühl's! Ich schwör's! Noch hab' ich Kraft.

Ohne Zweifel ist Goethe, über seine unmittelbare Zuneigung hinaus, auch von der gebildeten Weltoffenheit und gesellschaftlichen Versiertheit der noch jungen Lili Schönemann beeindruckt gewesen. Das war anders als bei früheren Beziehungen. Aber war Lilis Eigenart (schon) ganz zu erkennen? Wer war sie wirklich? Und durfte er um ihretwillen die eigene Freiheit aufgeben und sich auf Dauer an sie binden? Goethe war betroffen und verwirrt. »Von meinen Verworrenheiten ist schweer was zu sagen, fleisig war ich eben nicht zeither«, gestand er Gottfried August Bürger schon am 17. Februar 1775.

Die Briefe der glücklich-schwierigen Monate des Jahres 1775 zeugen von der inneren Unruhe, die sich immer wieder des Liebenden bemächtigte. »Ich dachte mir sollts unterm Schreiben besser werden – Umsonst mein Kopf ist überspannt« (an Auguste zu Stolberg, 7.–10. 3. 1775). Wie früher, wie in

›Wertherzeiten‹ half die künstlerische Produktivität. »O wenn ich jetzt nicht Dramas schriebe ich ging zu Grund.« Es war die Zeit, in der Szenen des *Faust* entstanden, *Erwin und Elmire* vollendet, *Claudine von Villa Bella* und *Stella* gedichtet wurden, und Aggressionen, die sich gegen die ›feine Gesellschaft‹ angestaut hatten, entluden sich in den Skizzen zu *Hanswursts Hochzeit* mit ihrer Parade anzüglicher Namen. Hin und wieder äußerte sich in Briefen auch ein Gefühl des Glücks und der Zufriedenheit. »In mir ist viel wunderbaares Neues, in drey Stunden hoff ich Lili zu sehn« (an Johanna Fahlmer, März 1775).

Flucht in die Schweiz

Innere Krisen konnten bei solchen »Verworrenheiten« nicht ausbleiben. Das Verlöbnis wurde schon im Mai brüchig. »Dem Hafen häuslicher Glückseeligkeit, und festem Fuse in wahrem Leid u. Freud der Erde wähnt ich vor kurzem näher zu kommen, bin aber auf eine leidige Weise wieder hinaus in's weite Meer geworfen.« Als Goethe dies um den 12. Mai herum Herder mitteilte, waren seit ein paar Tagen willkommene Besucher in Frankfurt. Die Brüder Friedrich Leopold (Fritz) und Christian Graf zu Stolberg und ihr Freund Christian Graf von Haugwitz hatten auf ihrer Bildungsreise gen Süden dort Station gemacht. Beide Stolbergs waren literarisch aktiv im »Göttinger Hain«, verehrten begeistert Klopstock, und Johann Heinrich Voß feierte Fritz Stolberg als »Freiheitsrufer« (*An Hahn, als F. L. Gr. z. Stolberg die Freiheit sang*). Erstaunlich jener Ruf nach Freiheit, wie ihn der Reichsgraf schon in seinem ersten Gedicht von 1770 (*Die Freiheit*) ertönen ließ. Freiheitslust und das Fanal »In tyrannos« gingen damals leicht zusammen, ohne daß konkrete Politik gemeint gewesen wäre oder gar revolutionärer Umsturz vorbereitet werden sollte.

> Freiheit! Der Höfling kennt den Gedanken nicht,
> Sklave! Die Kette rasselt im Silberton!
>   Gebeugt das Knie, gebeugt die Seele,
>   Reicht er dem Joche den feigen Nacken. [...]
>
> (F. L. zu Stolberg, *Die Freiheit*)

Das war noch nicht der Stolberg von 1800, als er zum Katholizismus übertrat und deshalb von seinem alten, treuen Freund Voß mit Spott und Haß überzogen wurde (*Wie ward Fritz Stolberg ein Unfreier?* 1819). Im Mai 1775 war Freundschaft mit den Gästen schnell geschlossen.

Geniegefühl beflügelte die jungen Männer; im Goethehaus kamen sich die vier – Stolbergs, Haugwitz und der Besuchte – wie die Haimonskinder vor, mit Goethes Mutter, der frohen und lebenstüchtigen, als Frau Aja. Goethe brauchte nicht erst überredet zu werden, sich den Reisenden anzuschließen. Er hatte Grund genug, wenigstens räumlichen Abstand zu all dem zu suchen, was ihn bedrängte, verwirrte, unruhig machte. So war ihm »die Aufforderung der Stolberge, sie nach der Schweiz zu begleiten, willkommen«, bot sich ihm damit doch auch die Gelegenheit zur Probe, ob er Lili entbehren könne (*DuW* 18. B.; 10, 127). In *Dichtung und Wahrheit* hat Goethe ausführlich Rechenschaft über die bewegten Monate des Jahres 1775 abgelegt, über den Besuch der Stolbergs berichtet, über die Schweizer Reise mit ihren vielfältigen Eindrücken, die Rückkehr und den darauf folgenden vergeblichen Versuch, zu dauerhafter Gemeinsamkeit mit der Braut zu finden. So virtuos und kunstvoll arrangiert das alles erzählt ist, so handelt es sich doch um Erzählung und Nachdenken aus großer zeitlicher Distanz. Nicht nur, daß manches nicht den Tatsachen entspricht – an Lilis Geburtstag, dem 23. Juni 1775, war Goethe etwa nicht, wie er behauptet (10, 102) in Frankfurt/Offenbach, sondern in der Schweiz –, auch das jugendliche Aufbegehren von einst wird nun herablassend betrachtet. Wo immer der alte Goethe sich in seinem Lebensbericht über die zeit- und gesellschaftskritischen Ansätze der Stürmer und Dränger äußerte, belächelte oder bagatellisierte er sie. Ganz auf ruhige, stetige Entwicklung eingeschworen, war ihm verdächtig geworden, was sich in der Jugend an aufwieglerischem Pathos und Elan hervorgewagt hatte. So folgte nach jenen Sätzen über den »poetischen Tyrannenhaß« Stolbergs (der in der Tat nur poetisch war) die distanzierende Bemerkung: »Überhaupt fehlt dieser gegenwärtigen Darstellung [in *Dichtung und Wahrheit*] im ganzen die weitläufige Redseligkeit und Fülle einer Jugend, die sich fühlt und nicht weiß, wo sie mit Kraft und Vermögen hinaus soll« (10, 127).

Die Reise in die Schweiz kam ebenso gelegen, um den Ärger zu vergessen, den Goethe sich für eine Publikation eingehandelt hatte, für die er (angeblich) nicht verantwortlich war. Im Februar war anonym in der Form eines Dramas eine scharfe Satire auf die Rezensenten des *Werther* gedruckt worden: *Prometheus, Deukalion und seine Rezensenten*. Für jedermann war die Entschlüsselung leicht: Prometheus stellte Goethe dar, Deukalion seine Schöpfung, den *Werther*. Die Rezensenten erschienen auf kleinen Holzschnitten, als Esel, Eule, Gans usw., Wieland als Merkur, Nicolai besonders verhöhnt als Orang-Utan. Obwohl kein besonders geistreiches Stück, machten die Verspotteten nicht nur gute Miene zum bösen Spiel. Was sollte Wieland sagen, der kurz vorher einen versöhnlichen Brief des Werther-

Dichters erhalten hatte und sich nun im Stück als unterwürfig sich Anbiedernder lächerlich gemacht sah: »Ihr Diener, Herr Prometheus! / Seit Ihrer letzten Mainzer Reis' / Sind wir ja Freunde, soviel ich weiß: / Ist's mir vergönnt, den Sporn zu küssen?« Als die Aufregung auf allen Seiten zu groß wurde, ließ Goethe im April eine Erklärung verbreiten und in Zeitschriften einrücken: nicht er, sondern Heinrich Leopold Wagner habe das Stück geschrieben und drucken lassen, ohne sein Zutun und Wissen. Viel Glauben konnte er damit freilich nicht finden, zumal manche literarische Fehde damals anonym ausgetragen wurde und Autoren oftmals zögerten, sich zu ihren eigenen Publikationen zu bekennen. So führte die Reise in die Schweiz Goethe nebenbei aus diesen lästigen Verstrickungen heraus.

Am 14. Mai brach man gen Süden auf. Werthertracht hatten sich die jungen Männer zugelegt: gelbe Hose und Weste, blauer Frack mit gelben Knöpfen, Stiefel mit braunen Stulpen und auf dem Kopf ein runder grauer Hut. Ein Besuch bei Merck in Darmstadt war selbstverständlich; Heidelberg beeindruckte durch seine einmalige Lage am Neckar und seine Schloßruine über dem Fluß; in Karlsruhe konnte man die künstliche gezirkelte Anlage der Stadt mit dem Schloß bestaunen, und »der Herzog von Weymar kam auch, und ist mir gut« (an J. Fahlmer, 24./26. 5. 1775). Dessen Braut, der Prinzessin Luise, begegnete Goethe jetzt zum ersten Mal. In Straßburg hielt er sich einige Tage auf; freudiges Wiedersehen mit Lenz, aber kein Abstecher nach Sesenheim, wo er vor vier Jahren Friederike verlassen hatte. »Ist mir toll u. wunderlich überall wo ich bin«, gestand er Johanna Fahlmer am 26. Mai aus Straßburg und dachte gleichzeitig daran, daß in diesen Tagen in Frankfurt sein *Erwin und Elmire* aufgeführt werden sollte, worüber er Bericht wünschte. Schon am Anfang der Reise ein jubelnder Ausruf, jedoch mit skeptischem Nachsatz: »Ich habe viel, viel gesehen. Ein herrlich Buch die Welt um gescheuter daraus zu werden, wenns nur was hülfe.« Als »durchgebrochnen Bären«, als »entlaufene Kazze« hatte er sich unmittelbar davor selbst charakterisiert.

In Emmendingen wurden der tüchtige Schwager Schlosser und die sensible, mit ihrem Dasein unzufriedene Schwester Cornelia besucht. Erinnerungen an die geschwisterliche Vertrautheit der frühen Frankfurter Jahre werden die Stunden aufgehellt haben. Von Lili riet die Schwester freilich ab – so weiß jedenfalls *Dichtung und Wahrheit* zu berichten. Lenz war mit nach Emmendingen gekommen; die Stolbergs trafen etwas später ein und reisten schon weiter, als Goethe noch bei Schwester und Schwager blieb. In Zürich wollte man sich wieder treffen.

Der Rheinfall bei Schaffhausen sei das einzige, an das er sich zwischen Emmendingen und Zürich noch erinnern könne, notierte der alte Goethe.

Als er 1797 zum dritten Mal die Schweiz bereiste, war das anders. Da verbrachte er Stunden damit, den Rheinfall, der von vielen Reisenden beschrieben und bewundert wurde, von allen Seiten zu erfassen. »Erregte Ideen« wurde ein eigenes Kapitel in den Aufzeichnungen der *Reise in die Schweiz 1797* überschrieben; es begann mit den Stichworten: »Gewalt des Sturzes, Unerschöpfbarkeit als wie ein Unnachlassen der Kraft. Zerstörung, Bleiben, Dauern, Bewegung, unmittelbare Ruhe nach dem Fall« (JA 29, 122). Solche Beobachtungsweise, die Gesehenes in seiner Gegenständlichkeit ernst nimmt und in ihm allgemein Bedeutsames erschaut, hatte sich in diesem Sommer 1775 noch nicht ausgebildet.

Am 7. Juni traf Goethe in Zürich ein, und Lavater erwiderte die Gastfreundschaft vom vorigen Jahr. Erwünschter persönlicher Gedankenaustausch und gemeinsame Arbeit an den *Physiognomischen Fragmenten* füllten die Tage aus, unterbrochen von geselligen Stunden in Lavaters Freundeskreis und Ausflügen in die reizvolle Umgebung des Zürichsees. Während Goethe in Lavaters Haus »Zum Waldries« in der Spiegelgasse wohnte, nahmen die Stolbergs Quartier in einem Bauernhaus am See, »wo wir, eine halbe Stunde von der Stadt, uns auf einige Zeit etabliren wollen zwischen Weinbergen. Dicht dran sind Berge, welche mit Büschen bewachsen sind. In der Ferne sieht man die hohen Gebirge des Canton Schwyz, welche noch ganz mit Schnee belegt sind« (F. L. Stolberg an Henriette Bernstorff, 11.–13.6.1775). Natur und Naturleben und was man dafür hielt unmittelbar zu erfahren und zu genießen, das war den Reisenden gerade recht. Seit Albrecht von Haller, von einer Reise durch die Gegenden der bis dahin geringgeachteten Alpenbewohner beeindruckt, mit dem langen Gedicht *Die Alpen* seine Sammlung *Versuch Schweizerischer Gedichte* (1732) eröffnet hatte, seit die *Idyllen* des Zürchers Salomon Geßner, die weltberühmt wurden, Hirtenwelt und Hirtenleben aufs neue idealisiert hatten (»Ich getraute mir, auf unsern Alpen Hirten zu finden, wie Theokrit zu seiner Zeit«, schrieb er am 29. November 1754 an Gleim), seit Rousseaus Ruf »Zurück zur Natur!« die Zivilisierten aufgestört hatte, glaubte man in der Schweiz das Ersehnte wirklich finden und erleben zu können – dazu die vielbesungene Freiheit. »Entfernt vom eiteln Tand der mühsamen Geschäften, / Wohnt hier die Seelenruh und flieht der Städte Rauch [...]. Bei euch, vergnügtes Volk, hat nie in den Gemütern / Der Laster schwarze Brut den ersten Sitz gefaßt; / Euch sättigt die Natur mit ungesuchten Gütern, / Die macht der Wahn nicht schwer, noch der Genuß verhaßt« (A. v. Haller, *Die Alpen*). Fritz Stolbergs Erwartungen wurden denn auch nicht enttäuscht. Vom »Genuß des herrlichen Landes der Natur, der Freiheit, der alten Einfalt« schwärmte er am 11. Oktober 1775 aus Bern (an J. M. Miller).

Natürlich versäumten die Besucher Zürichs nicht, den bedeutenden Persönlichkeiten der Stadt ihren Besuch abzustatten, Bodmer, Breitinger, Salomon Geßner. Die schuldigen Gegenbesuche folgten. Doch waren das Männer einer Generation, die über die neue Dichtung des jungen Autors aus Frankfurt eher den Kopf schüttelten. Lakonisch behauptete Bodmer: »Goethe hat hier keine Freunde; er ist zu hoch und entscheidend« (an Schinz, 6.7.1775); für ihn war er ein »Schwindelkopf«.

Einen in ganz Europa bekannten Bauern, der in der Nachbarschaft wirtschaftete, besuchten die Reisenden ebenfalls, Jakob Gujer von Wermatswil, genannt Kleinjogg (Chlijogg). Ihm war es gelungen, mit intensiver statt extensiver Landwirtschaft die Bodenerträge erstaunlich zu steigern. Er hatte ein kleines elterliches Gut sowie ein Lehngut der Stadt Zürich zur Blüte gebracht, das nun als Mustergut galt. Zudem bestach dieser Landmann durch lebenskluge Äußerungen, durch seine Art unreflektierter Einheit von Denken und Tun. Goethe fand, er habe eins der herrlichsten Geschöpfe angetroffen, »wie sie diese Erde hervorbringt, aus der auch wir entsprossen sind« (an S. v. La Roche, 12.6.1775). Schon 1761 hatte dem berühmten Bauern, den Lavater in seinen *Fragmenten* entsprechend würdigte, der Zürcher Stadtarzt Johann Kaspar Hirzel eine Schrift mit dem bezeichnenden Titel *Die Wirtschaft eines philosophischen Bauers* gewidmet. Goethe, in dessen Gedichten schon mal der Bauer vorgekommen war (der »kleine schwarze feurige Bauer« in *Wandrers Sturmlied*, auch jener säende und hoffende Mann im sinnbildlich erzählenden »Ein zärtlich-jugendlicher Kummer«), ist hier wohl erstmals bäuerlicher Praxis und den Möglichkeiten landwirtschaftlicher Verbesserungen begegnet. Für den Minister in Weimar sollten wenig später einschlägige Probleme bedrückend anschaulich werden.

Die vier Reisenden in Werthertracht waren eine vergnügte Gruppe, trotz des Liebeskummers, der nicht nur auf Goethe, sondern auch auf Friedrich Stolberg lastete, der Ende Mai erfahren hatte, daß seine Werbung um die Hamburgerin Sophie Hanbury gescheitert war. ›Geniemäßig‹ ging es zu; Übermut und Auskosten von Freizügigkeit gehörten zum Programm dieser Wochen. Den alten Goethe mutete solches Verhalten »exaltiert« an (*DuW* 18. B.; 10, 147). Er hatte Mühe, sich jenen Zustand in Erinnerung zu rufen, den er in der Schweiz durchlebt hatte: »ohne Wissen und Wollen gewissermaßen in einen Naturzustand versetzt, lebhaft gedenkend vorübergegangener Leidenschaften, nachhängend den gegenwärtigen, folgelose Plane bildend, im Gefühl behaglicher Kraft das Reich der Phantasie durchschwelgend« (10, 144). An abgelegenen Stellen badete man nackt und erregte Aufsehen, wo doch die »guten harmlosen Jünglinge« nichts Anstößiges daran finden konnten, »halb nackt wie ein poetischer Schäfer, oder ganz nackt wie eine heidnische Gottheit sich zu sehen« (10, 153). *Dichtung und Wahrheit* hat diese Anekdote verbreitet, immer wieder ist sie nacherzählt worden, obwohl niemand sie belegen kann. Zeitgenössische Berichte über einen ›Skandal‹ liegen nicht vor.

Das Reisetagebuch

Dreimal hat Goethe Reisen in die Schweiz unternommen: 1775, 1779 und 1797. Kenner und Liebhaber des Dichters und der Eidgenossenschaft haben sie aufs genaueste rekonstruiert und dokumentiert. Jedem Weg, den der berühmte Wanderer gegangen, ist man nachgegangen, jedem Bergpfad, den er gestiegen, nachgestiegen, jedem Fernblick, den er vielleicht getan, hat man nachgeschaut und jedes Haus und Gasthaus, das er besucht, erkundet und verifiziert. In leicht zugänglichen Taschenbüchern kann der interessierte Leser Goethes Tage und Touren in der Schweiz verfolgen. Darum darf hier auf weitere Einzelheiten verzichtet werden. Angebracht ist an dieser Stelle aber ein kurzer Überblick über Goethes eigene Reiseberichte. Es sind besondere kleine Textbestände, mit einer recht verwickelten Geschichte bis zu ihrem Druck in den verschiedenen Goethe-Ausgaben.

Von der ersten Reise im Jahre 1775 ist ein dünnes Heft mit handschriftlichen Notizen auf 15 Blättern überliefert. Es beginnt mit dem 15. Juni und enthält neben den meist skizzenhaften Eintragungen einige bekannte Verse. Riemer hat später auf das Deckblatt geschrieben: *Tagebuch. Schweizerreise 1775.* Auch 29 Zeichnungen von dieser Reise sind erhalten, darunter als bekannteste der »Scheide Blick nach Italien vom Gotthard«. *Dichtung und Wahrheit* berichtet im 18. und 19. Buch von der ersten Schweizerreise.

Für Schillers Zeitschrift *Die Horen* verfaßte Goethe, alte Papiere benutzend, 1796 eine Folge von *Briefen aus der Schweiz*, mit der Fiktion, man habe sie in Werthers Nachlaß gefunden. Doch wurden dann nicht diese Briefe in die *Horen* aufgenommen, sondern einige von der tatsächlichen zweiten Reise Goethes. Die fingierten Blätter Werthers gelangten erst 1808 in der Cottaschen Werkausgabe an die Öffentlichkeit, nun und fernerhin unter der Überschrift *Briefe aus der Schweiz (Erste Abteilung)*. So konnte man sie von den dokumentarischen Berichten über die zweite Reise unterscheiden, deren Titel ein für allemal hieß: *Briefe aus der Schweiz 1779*. In jenen angeblichen Briefen aus Werthers Nachlaß findet sich übrigens ein

Abschnitt, der alle Idealisierungen der freien Schweizer widerruft: »Frei wären die Schweizer? frei diese wohlhabenden Bürger in den verschlossenen Städten? frei diese armen Teufel an ihren Klippen und Felsen? Was man dem Menschen nicht alles weismachen kann! besonders wenn man so ein altes Märchen in Spiritus aufbewahrt.« (JA 16, 148). Wie genau wußte ihr Verfasser, daß so manches Bild der Schweizer von Vorurteilen derjenigen geschönt war, die ihr Leben nicht in der Realität des Alpenlandes zubringen mußten! Reiseberichte aus der Schweiz waren in jenen Jahren in Mode und wurden gern gelesen. Sophie v. La Roche publizierte 1793 *Erinnerungen aus meiner dritten Schweizerreise*, Friedrich Leopold zu Stolberg erzählte 1794 in seinen *Reisen in Deutschland* ebenfalls von der Schweiz.

Auf der dritten Reise in die Schweiz 1797 – der lange Italienaufenthalt lag schon ein Jahrzehnt zurück – führte Goethe regelrechte Akten, in die nach seinen eigenen Worten alles, was er erfuhr oder ihm sonst begegnete, eingeschrieben und eingeheftet wurde (JA 29, 136). Aus diesen Materialien ist, zuerst durch Eckermann in den *Nachgelassenen Werken* von 1833, der umfangreiche brief- und tagebuchähnliche Bericht gebildet worden, der seitdem unter dem Titel *Aus einer Reise in die Schweiz über Frankfurt, Heidelberg, Stuttgart und Tübingen im Jahre 1797* bekannt ist. –

Bis zum Gotthard-Paß stieg Goethe im Sommer 1775 mit Passavant, dem Frankfurter Theologen, den er bei Lavater in Zürich wiedergetroffen hatte, in mehreren Etappen empor. Der Plan, nach Italien weiterzuziehen, bewegte ihn zwar, wurde aber verworfen. Gedanken an Frankfurt und Lili hielten den Entlaufenen zurück. Die mehrtägige Wanderung auf den Gotthard war gewiß das eindrucksvollste Naturerlebnis der ersten Schweizerreise. Zum ersten Mal prägte sich Goethe die ruhende Macht und Großartigkeit der Bergwelt ein. Noch war sein Blick nicht darauf gerichtet, in der Natur dauernd Gesetzmäßiges zu erkennen. Wie ein Präludium liest sich die handschriftliche Notiz vom 18. Juni: »in Wolcken und Nebel rings die Herlichkeit der Welt«, geschrieben im Gebiet des Rigi, zu jenem späteren Wunsch im Brief an Charlotte v. Stein: »daß ich dich nach meiner Art auf den Gipfel des Felsens führe und dir die Reiche der Welt und ihre Herrlichkeit zeige« (12.4.1782). Die *Annalen* summierten in einem schlichten Satz: »Die erste Schweizerreise eröffnete mir mannigfaltigen Blick in die Welt« (10, 430). Der Greis meinte allerdings über »die unnützen Reisen in die Schweiz« lästern zu müssen, »da man glaubte, es sey was Großes gethan, wenn man Berge erklettert und angestaunt hatte« (an Nees von Esenbeck, 31.10.1823).

Das schmale Notizheft, auf dessen erste Seite Lavater das Datum eingetragen hat »Den 15 Junius 1775. Donnerstags morgen aufm Zürchersee«, fängt vieles von der Stimmung während jener Schweizer Reisetage ein. »Nachts zehn in Schweiz [Schwyz]. Müd und munter vom Berg ab springen voll Dursts u. lachens. Gejauchtzt bis Zwölf.« – »an der Matte trefflicher Käss. Sauwohl u. Projeckte.« In ihrer Unmittelbarkeit besonders ansprechend aber sind die allerersten Blätter vom Morgen auf dem Zürchersee. Eine Bootsfahrt literarisch Versierter, die offenbar ihren Klopstock genau kannten. Dessen *Zweite Ode Von der Fahrt auf der Zürcher-See* war 1750 in Zürich gedruckt worden. Unter dem Titel *Der Zürchersee* ist sie noch heute eins der bekannteren Gedichte des Berühmten, der Ende März abermals bei Goethe in Frankfurt gewesen war und den die Stolbergs als großes Vorbild verehrten.

> Schön ist, Mutter Natur, deiner Erfindung Pracht
> Auf die Fluren verstreut, schöner ein froh Gesicht,
> Das den großen Gedanken
> Deiner Schöpfung noch einmal denkt.

Mit Versen dieser Art konnte sich die Gesellschaft auf dem See mühelos identifizieren. »Göttin Freude, du selbst! dich, wir empfanden dich!« Auch Frauen und Freundinnen der damaligen Bootsfahrer hatte Klopstock in seiner Ode zitiert und den Wein, der lieblich winket, »wenn er Empfindungen, / Beßre sanftere Lust, wenn er Gedanken winkt«. Die Freunde unterhielten sich am 15. Juni 1775 mit einem literarischen Gesellschaftsspiel: Zwei Reimpaare wurden vorgegeben, dann sollte dazu ein passender Vierzeiler gefunden werden. Vielleicht wollte Goethe die empfindsamen Frauen-und-Wein-Verse Klopstocks übertrumpfen, vielleicht lag ihm auch Weißes Schlager »Ohne Lieb und ohne Wein, / Was wär unser Leben« im Ohr, als er – und das war die erste Eintragung im Heft – die übermütigen Zeilen voransetzte:

> Ohne Wein kan's uns auf Erden
> Nimmer wie dreyhundert werden
> Ohne Wein u. ohne Weiber
> Hohl der Teufel unsre Leiber.

Im *Faust*, in Auerbachs Keller, waren es gar fünfhundert: »Uns ist ganz kannibalisch wohl / Als wie fünfhundert Säuen.«

Unvermittelt und ohne Überschrift folgt den auf Zuruf der Mitspieler fabrizierten Füllstrophen das Gedicht:

Ich saug an meiner Nabelschnur
Nun Nahrung aus der Welt.
Und herrlich rings ist die Natur
Die mich am Busen hält.
Die Welle wieget unsern Kahn
Im Rudertackt hinauf
Und Berge Wolcken angethan
Entgegnen unserm Lauf.

Aug mein Aug was sinckst du nieder
Goldne Träume kommt ihr wieder
Weg du Traum so Gold du bist
Hier auch Lieb und Leben ist.
Auf der Welle blincken
Tausend schwebende Sterne
Liebe Nebel trincken
Rings die türmende Ferne
Morgenwind umflügelt
Die beschattete Bucht
Und im See bespiegelt
Sich die reifende Frucht

In einer späteren Fassung ist die deutliche Dreiphasigkeit des Gedichts auch äußerlich gekennzeichnet, indem die letzten acht Zeilen als eigene Strophe abgesetzt sind. Das glückliche Gefühl des Aufgehobenseins in der Natur; beunruhigende Erinnerung und Zuspruch zum Hier und Jetzt; ruhig-hoffendes Erfassen der Landschaft: das sind die Wahrnehmungen während der Bootsfahrt, ausgesprochen in einem sorgfältig gebauten Gedicht, das in der Handschrift des Notizhefts keinerlei Korrektur zeigt. Doch muß es nicht spontan auf dem See entstanden und zu Papier gebracht sein, so reizvoll diese Vorstellung auch ist und so gut sie zu der Schilderung der ganz im Präsens bleibenden Zeilen paßt. Die – durch unterschiedliches Versmaß voneinander abgehobenen – Phasen muß man ebensowenig als zeitliche Erlebnisabfolge verstehen. Vielmehr: wie die Verse Widersprüchliches in *einem* Gedicht bündeln, so ist auch das »Ich« von wechselnden Stimmungen erfüllt.

Das unauffällige Wort »nun« im Beginn setzt die glückliche Erfahrung der Gegenwart vom unausgesprochenen Bisherigen ab. (In der späteren Fassung wird das durch den ›offenen‹ Einsatz mit »und« wie durch die Adjektive »frisch«, »neu« und »frei« noch verstärkt: »Und frische Nahrung, neues Blut / Saug' ich aus freier Welt.«) Wir wissen mittlerweile: Fern von den Frankfurter Wirren ist der, der diese Reime in sein Tagebuch schrieb, aufnahmebereit für anderes und empfindet sich, wofür er kühn das Bild der Nabelschnur wählt, frisch genährt von der ›Mutter Natur‹. Beeindruckend, wie dicht und gleichzeitig großräumig die Szenerie in den zweiten vier Versen entworfen wird, wie sich die Bewegungen entsprechen, wie die Natur in der Nähe und Ferne, bewegt und Bewegung schaffend, den Rudernden gleichsam antwortet. Ganymedisches »umfangend umfangen« klingt hier an. Doch die Erinnerung stört das glückliche Gefühl des Aufgehobenseins in der Natur. Nur eine energische Absage an die »goldnen Träume« (die schon im Gedicht *An Belinden* den »guten Jungen« betört hatten) kann den Blick wieder aufs Hier zwingen. Und nun bietet sich in den folgenden acht Versen ein Naturbild, das wiederum Nahes und Fernes, Höhe und Weite umspannt; ruhig und leicht bewegt zugleich: Ruhe vermitteln die Reihe der gleich langen Hauptsätze und die schlichten Reime, Bewegung die Daktylen der Eigenschaftswörter (schwebende, türmende usw.), die aufs genaueste in jeder zweiten Zeile in den Schluß der Sätze eingepaßt sind. Nur der letzte Satz wird durch ein »und« verbunden, das zum bedeutungsvollen Schluß überleitet: die reifende Frucht ist Zeichen der Hoffnung auf Zukünftiges, das gut sein wird. So als sähe sie sich selbst zu und freue sich über ihren Reifeprozeß, »bespiegelt sich« die Frucht. Für den, der durch die Erinnerung in Unruhe zurückgeworfen war, werden die Erscheinungen in der Natur zum Sinnbild des Gelingens.

Zu Recht ist oft gerühmt worden, wie sich hier Goethes dichterische Symbolkunst ankündige: im Besonderen Allgemeines wahrzunehmen und ins poetische Bild zu bannen. Freilich sollte man nicht übersehen, daß dieser Schluß für die ›Lösung‹ der persönlich-gesellschaftlichen Spannungen, von denen das Gedicht gezeichnet ist, nur einen allgemeinen Vorgang in der Natur anbietet: das Reifen der Frucht. Damit ist nicht mehr verbürgt als eine vage Hoffnung. Denn menschliche Entwicklung ist nicht ein bloßer Naturvorgang, in dem es darauf ankäme, das Reifen einer Blüte zur Frucht abzuwarten.

In seinem Fortschreiten vom inneren Naturerleben zum ruhig anschauenden Naturerfassen deutet dieses Gedicht aber auch auf einen Weg voraus, den Goethe in seinem Leben selbst gegangen ist und der unerläßlich war, wenn Natur und Welt in ihrer gegenständlichen Ordnung begriffen werden sollten. So ist es vom Schlußbild des Gedichts auf dem Zürichsee 1775 nicht weit bis zu den bekenntnishaften Sätzen am Anfang der *Briefe aus der Schweiz 1779*: »Große Gegenstände geben der Seele die schöne Ruhe, sie wird ganz dadurch ausgefüllt, ahnet, wie groß sie selbst sein kann, und das Gefühl steigt bis gegen den Rand, ohne überzulaufen. Mein Auge und meine Seele konnten die Gegenstände fassen, und da ich rein war, diese Empfindung nirgends falsch widerstieß, so wirkte sie, was sie sollte« (JA 25, 142).

Nichts hatte die erste Schweizerreise klären oder heilen können. Goethe war hin- und hergerissen zwischen seiner Sehnsucht nach Lili und seinem Wunsch nach Bindungslosigkeit. Ins Tagebuch schrieb er einen Vierzeiler, der den Zwiespalt in spruchhafter Kürze zusammenfaßte. Unter der Überschrift *Vom Berge in die See* vermerkte er, so als verwiese er einen Nachforschenden auf die Registratur seiner Lebensereignisse: »Vid. [siehe] das Privat Archiv des Dichters Lit. [Buchstabe] L.« Dann die Verse:

> Wenn ich liebe Lili dich nicht liebte
> Welche Wonne gäb mir dieser Blick
> Und doch wenn ich Lili dich nicht liebt[e]
> Wär! Was wär mein Glück.

Rückreise. Trennung von Lili

Die Rückreise führte erneut über Straßburg. Goethe stieg auf den Turm des Münsters. Zum dritten Mal der große Eindruck dieses Bauwerks: zuerst während der Studienzeit 1770/71 mit dem Nachhall im Aufsatz *Von deutscher Baukunst*; dann auf der Hinreise in die Schweiz im Mai dieses Jahres 1775; nun brachte er wieder in enthusiastische Sprache, was ihn bewegte, in dem Prosagedicht *Dritte Wallfahrt nach Erwins Grabe im Juli 1775*. Sein früherer Hymnus auf das Münster Erwin von Steinbachs sei »ein Blatt verhüllter Innigkeit« gewesen, »das wenige lasen, buchstabenweise nicht verstanden [...]. Wunderlich war's von einem Gebäude geheimnißvoll reden, Thatsachen in Räzel hüllen, und von Maasverhältnissen poetisch lallen!« Vom Turm der Kathedrale aus blickte er jetzt »vaterlandwärts, liebwärts« in die Gegend Lilis hinüber. Und noch einmal, wiederum begeistert vom Straßburger Münster, schrieb er ein jugendliches Glaubensbekenntnis der Schaffenskraft nieder, die nicht durch äußere Regeln gebunden sei, sondern wie die Natur in ihrer ursprünglichen Fülle schaffen wolle:

Du bist Eins und lebendig, gezeugt und entfaltet, nicht zusammengetragen und geflickt. Vor dir, wie vor dem Schaum stürmenden Sturze des gewaltigen Rheins, wie vor der glänzenden Krone der ewigen Schneegebürge, wie vor dem Anblick des heiter ausgebreiteten Sees, und deiner Wolkenfelsen und wüsten Thäler, grauer Gotthard! Wie vor jedem *grosen Gedanken der Schöpfung*, wird in der Seele reeg was auch Schöpfungskraft in ihr ist. In Dichtung stammelt sie über, in krützlenden Strichen wühlt sie auf dem Papier Anbethung dem Schaffenden, ewiges Leben, umfassendes unauslöschliches Gefühl des, das da ist und da war und da seyn wird (DjG 5, 239).

Erwähnenswert an diesem Straßburger Aufenthalt bleibt ferner Goethes Zusammentreffen mit dem Arzt Johann Georg Zimmermann. Als dieser, ebenfalls Mitarbeiter an Lavaters physiognomischen Studien, vor Goethes Augen Schattenrisse und Bilder ausbreitete, die er gesammelt hatte, machte er ihn auf das Porträt einer Frau aufmerksam, mit der er seit einiger Zeit korrespondierte. Goethe deutete die Silhouette mit Worten, von denen er noch nicht wußte, wie bald sie ihn persönlich bewegen würden: »Es wäre ein herrliches Schauspiel zu sehen, wie die Welt sich in dieser Seele spiegelt. Sie sieht die Welt wie sie ist, und doch durch's Medium der Liebe. So ist auch Sanftheit der allgemeinere Eindruck« (DjG 5, 232). Es war niemand anders als Charlotte v. Stein, über deren Schattenriß er diese physiognomische Interpretation schrieb. Kaum in Frankfurt zurück, schickte er Lavater erläuternde Stichworte zur Silhouette, die ihn angesprochen hatte (31. Juli 1775). Manche von ihnen (»Festigkeit, Behagen in sich selbst, Wohlwollen, Treubleibend, Siegt mit Nezzen«) lesen sich für uns wie ironische Vorausdeutungen des Lebensschicksals, das ihn in Weimar erwarten sollte. Zimmermann hatte Frau von Stein in Bad Pyrmont kennengelernt, sie über den Dichter des *Werther*, der sie offensichtlich faszinierte, brieflich unterrichtet, und jetzt wies er Goethe auf sie hin, deren Mann, dem Oberstallmeister von Stein, dieser schon in der Reisegesellschaft der Weimarer Prinzen begegnet war. Über die schillernde Persönlichkeit des aus der Schweiz stammenden Arztes und populären Philosophen, der später in Goethes Elternhaus zu Gast war, hat sich Goethe ausführlich in *Dichtung und Wahrheit* geäußert (15. B.; 10, 63ff.). Seit 1768 als Leibmedicus am englischen Hof in Hannover tätig, war Zimmermann durch seine Schriften *Vom Nationalstolze* (1758), *Von der Erfahrung in der Arzneikunst* (1763/64) und *Von der Einsamkeit* (1773) unter den Gebildeten seiner Zeit bekannt, als psychologisch einfühlsamer Mediziner gerühmt, freilich auch wegen seiner »Hypochondrie«, eines »partiellen Wahnsinns«, wie Goethe sich ausdrückte, berüchtigt.

Am 22. Juli war der »durchgebrochne Bär«, die »entlaufene Kazze« wieder in Frankfurt zurück. Eine zweite Phase der irrlichternden Liebe zu Lili begann. »Vergebens dass ich drey Monate, in freyer Lufft herumfuhr, tausend neue Gegenstände in alle Sinnen sog«, gestand er schon am 3. August der Brieffreundin Auguste zu Stolberg. Er konnte Lili nicht entbehren. Alle Verworrenheit war geblieben. Zwar verbrachte er viele Stunden mit ihr zusammen, in Frankfurt, in Offenbach bei den Bekannten, und noch ließ ihn das Band nicht los, das ihn an sie »zauberte«, wie er es formulierte (14.9.1775). Aber es kamen auch quälende Stunden der Spannung und allmählicher Entfremdung. Wer ein spöttisches Gedicht wie *Lilis Park* schrieb, konnte nicht im Ernst daran glauben, in ihrer Welt, im Umkreis ihrer Familie, wo sich in der Regel die Geldaristokratie ein Stelldichein gab, heimisch werden zu können. Es gelang den Liebenden wohl auch nicht, sich wirklich zu erkennen. Im Herbst ahnte Goethe das selbst, als er an Gustchen Stolberg voller Zweifel schrieb: »Sollts nicht übermäsiger Stolz seyn zu verlangen, dass dich ganz das Mädgen erkennte und so erkennd liebte, erkenn ich sie vielleicht auch nicht, und da sie anders ist wie ich, ist sie nicht vielleicht besser« (14.9.1775).

Die Eltern im Großen Hirschgraben hätten ohnehin gern eine andere Schwiegertochter gesehen, mit erwünschten hausfraulichen Eigenschaften, nämlich Susanna Magdalena Münch, mit der den jungen Mann ein freund-schaftliches Mariage-Spiel zusammengebracht hatte. Am Ende des 15. Buchs von *Dichtung und Wahrheit* wird das alles mit amüsanten Einzelheiten erzählt. Die »Staatsdame« Lili aber sagte dem Vater keineswegs zu. Bei seiner Abneigung dürften auch religiöse Motive eine Rolle gespielt haben. Aus den Kreisen der Reformierten, denen der ansonsten großzügige Kaiserliche Rat eine Kirche innerhalb der Stadt nicht zugestand, sollte die Frau seines Sohnes denn doch nicht kommen.

Es fiel Goethe schwer, sich wieder in die Frankfurter Verhältnisse und seine Anwaltstätigkeit zu schicken. Schon um den 8. August herum klagte er dem Freunde Merck, er sei wieder »scheisig gestrandet« und möchte sich ohrfeigen, daß er nicht zum Teufel gegangen sei, da er flott war. »Zu Ende dieses Jahres muß ich fort. Daur' es kaum bis dahin, auf diesem Bassin herum zu gondoliren, und auf die Frösch- und Spinnenjagd mit groser Feierlichkeit auszuziehen.« Der Kleinkram der Fälle, die er in der geforderten ›feierlichen‹ Förmlichkeit der Juristerei zu bewältigen hatte, war ihm zuwider. Frankfurt möglichst bald den Rücken zu kehren war für ihn beschlossene Sache.

Gleichwohl kam es noch zu geselligen Vergnügungen, auf denen Lili und Johann Wolfgang als Paar erschienen; noch war das Band, das sie hielt, nicht zerrissen. Als aber am 10. September in Offenbach die Hochzeit des refor-mierten Pfarrers Ewald gefeiert wurde, deutete Goethe im Schluß seines Festtagsgedichts (*Bundeslied / einem jungen Paar gesungen / von Vieren*) schon die nahende Trennung von Lili an.

> Mit jedem Schritt wird weiter
> Die rasche Lebensbahn,
> Und heiter immer heiter
> Steigt unser Blick hinan;
> Und bleiben lange lange
> Fort ewig so gesellt.

Ach! daß von Einer Wange
Hier eine Thräne fällt!

Doch ihr sollt nichts verlieren
Die ihr verbunden bleibt,
Wenn einen einst von Vieren
Das Schicksal von euch treibt:
Ists doch als wenn er bliebe!
Euch ferne sucht sein Blick;
Erinnerung der Liebe
Ist wie die Liebe, Glück (DjG 5, 267f.).

Wenige Tage später schrieb Goethe einen mehrseitigen tagebuchartigen Brief an Gustchen Stolberg, ein einziges Dokument der Krise, in die er geraten war. Der Brief aus den Tagen vom 14. bis 19. September erinnert an jenes lange Schreiben, »eine hübsche Anlage zu einem Werckgen«, das Goethe in Leipziger Krisentagen am 10. November 1767 an Behrisch geschickt hatte. Abermals ein Zeugnis der Zerrissenheit und inneren Qual. Wertherstimmung dunkelt manche Sätze. »Ich lasse mich treiben, und halte nur das Steuer dass ich nicht strande. Doch bin ich gestrandet, ich kann von dem Mädgen nicht ab [...]. ich bin ein armer Verirrter Verlohrner ––[...]. Welch ein Leben. Soll ich fortfahren? oder mit diesem auf ewig endigen.« Und doch findet der Unruhige, Zweifelnde Halt: im Gedanken an jene vielen, die von weither seine Bekanntschaft suchen, und in der Überzeugung, daß auch diese schmerzhafte Phase seines Lebens ihn selbst voranbringe. Es ist diese Zuversicht, daß seinem Leben ein verborgener Sinn innewohne, die Goethe immer wieder gestützt hat. Glück und »Behagen« sind damit freilich nicht schon gewährleistet, von denen der Greis überzeugt war, er habe sie in seinen fünfundsiebzig Jahren keine vier Wochen besessen (zu Eckermann, 27. 1. 1824). Mit der Jahreszahl 1775 hat er den großen Brief der Krise an die ferne Adressatin geschlossen, so als wolle er schon jetzt das Fazit dieser glücklich-problematischen Zeit ziehen:

Und doch Liebste, wenn ich wieder so fühle daß mitten in all dem Nichts, sich doch wieder so viel Häute von meinem Herzen lösen, so die convulsiven Spannungen meiner kleinen närrischen Composition nachlassen, mein Blick heitrer über Welt, mein Umgang mit den Menschen sicherer, fester, weiter wird, und doch mein Innerstes immer ewig allein der heiligen Liebe gewiedmet bleibt, die nach und nach das Fremde durch den Geist der Reinheit der sie selbst ist ausstöst und so endlich lauter werden wird wie gesponnen Gold. – Da lass ich's denn so gehn – Betrüge mich vielleicht selbst. – Und dancke Gott. Gute Nacht. Addio. – Amen. 1775.

Zur Zeit der Herbstmesse kam es zur Trennung. Möglicherweise hat sich am Ende auch Lilis Mutter gegen die Verbindung ausgesprochen, da ihr das ›genialische‹ Treiben des jungen Mannes, das Auf und Ab seiner Stimmungen, seine Unrast und auch seine Unklarheit über die weitere berufliche Laufbahn nicht verborgen geblieben waren. Wie dem auch sei: sicher scheint nur, daß es den beiden Liebenden im Glanz der Lichter und zwischen »oft so unerträglichen Gesichtern« (*An Belinden*) nicht gelungen ist, sich in ihrem wahren Wesen zu erkennen, und daß Goethe erneut davor zurückschreckte, sich auf Dauer zu binden. Beiden ist wohl erst später bewußt geworden, was sie mit ihrer Trennung aufgaben.

Lili, die 1778 Bernhard Friedrich von Türckheim, einen Bankier in Straßburg, heiratete, hat schwere Zeiten durchmachen müssen. Das Schönemannsche Geschäft in Frankfurt war 1784 bankrott, Hab und Gut wurden versteigert. Auch Lili v. Türckheim bekam die Auswirkungen der geschäftlichen Pleite zu spüren; ein solches Unglück war ehrenrührig. »Ich wurde aufmerksamer, schärfer beurteilt; und die Stelle der ersten Magd im Haus blieb in meines Schwiegervaters Augen die, welche ich mich am eifrigsten bemühen sollte zu versehen. Ich kannte das Glück«, schrieb sie in ihrem Brief vom 23. März 1785 an Lavater (ein halbes Jahr nach dem Zusammenbruch der elterlichen Firma, ein Jahrzehnt nach jenem Jahr 1775), »in freundschaftlichen Verbindungen zu leben, und fühle das Leere meiner Existenz um desto mehr, da mein Herz das Bedürfnis der Liebe kannte.« Nichts von der Unbeschwertheit der Mädchenjahre am Main, nichts von jener Verspieltheit, die Goethe irritiert hatte, in diesen und ähnlichen Äußerungen der erwachsenen Lili Schönemann. Die Folgen der Französischen Revolution brachten der Familie v. Türckheims, der noch 1792 in Straßburg zum Maire gewählt worden war, Sorge, Not und Gefahr für Leib und Leben. Doch Flucht und Rückkehr wurden überstanden, eine Existenz konnte wieder aufgebaut werden. Türckheim, royalistisch gesonnen, wurde unter der Bourbonenherrschaft sogar Abgeordneter in der Pariser Kammer. Lili hat, wie ihre Briefe und Berichte über sie bezeugen, in allen Widrigkeiten ihres Lebens Standhaftigkeit gezeigt. Ernst und Verantwortungsgefühl für den kleinen Kreis der Familie, für den sie zu sorgen hatte, zeichneten sie aus. Und die Erinnerung an das Jahr 1775 scheint ihr, die 1817 starb, teuer gewesen zu sein.

Goethe hat im Alter die einstigen Tage mit Lili zu den glücklichsten seines Lebens gezählt. Auch nach der Lösung des Verlöbnisses blieb zunächst noch ein traurig-schmerzliches Gefühl seiner Verbundenheit zu ihr wach, gemischt mit dem Schmerz um den Verlust. Gedichte in einem Ton der Wehmut, wie er bis dahin nicht zu hören gewesen war, sprachen davon: *Im*

Herbst 1775 (»Fetter grüne du Laub / Das Rebengeländer / Hier mein Fenster herauf«), *Sehnsucht, Wonne der Wehmut, An ein goldenes Herz, das er am Halse trug.* In ein Exemplar der Erstausgabe der *Stella* von 1776 trug er die Widmung ein:

> Im holden Tal, auf schneebedeckten Höhen
> War stets dein Bild mir nah;
> Ich sah's um mich in lichten Wolken wehen,
> Im Herzen war mir's da.
> Empfinde hier, wie mit allmächt'gem Triebe
> Ein Herz das andre zieht,
> Und daß vergebens Liebe
> Vor Liebe flieht.

Aufbruch nach Weimar

Im richtigen Augenblick bekam Goethe Gelegenheit, das zu verwirklichen, was er lange wünschte: die Heimatstadt zu verlassen und damit auch Abstand zu der von Widersprüchen gefüllten Zeit zu gewinnen, die er durchlebt hatte, zu »den zerstreutesten, verworrensten, ganzesten, vollsten, leersten, kräfftigsten und läppischten drey Vierteljahren die ich in meinem Leben gehabt habe« (an G. A. Bürger, 18. 10. 1775). Ende September fuhr Carl August von Weimar, achtzehn Jahre alt und damit regierungsfähig geworden, auf der Reise zur Hochzeit nach Karlsruhe über Frankfurt, blieb einige Zeit zur Herbstmesse und lud Goethe nach Weimar ein. Auf der Rückfahrt von Karlsruhe sollte er sich anschließen. Doch dann traten Komplikationen auf. Zwar kam das jungvermählte herzogliche Paar am 12./13. Oktober wieder durch Frankfurt, wiederholte seine Einladung, und Goethe packte für die Reise. Aber der Wagen des Kammerrats von Kalb, der ihn mitnehmen sollte, blieb aus. Tage gingen hin, ohne daß sich etwas tat. Goethe wurde ungeduldig, und da er auf jeden Fall fort wollte, entschloß er sich kurzerhand, die oftmals beredete Reise nach Italien anzutreten. Dem Vater war es recht, der ohnehin den geplanten Besuch in Weimar beargwöhnte: als Bürger einer Freien Reichsstadt, so meinte er, ginge man nicht an einen Hof!

Am 30. Oktober frühmorgens brach Goethe auf. Bemerkenswerte Sätze an einem Wendepunkt seines Lebens, dessen Bedeutung er noch gar nicht abschätzen konnte, trug er in sein Tagebuch ein:

Ebersstadt, d. 30 Oktr 1775

Bittet dass eure Flucht nicht geschehe im Winter, noch am Sabbath: Lies mir mein
Vater zur Abschiedswarnung auf die Zukunft noch aus dem Bette sagen! – Diesmal
rief ich aus ist nun ohne mein Bitten Montag Morgends sechse, und was das übrige
betrifft so fragt das liebe unsichtbaare Ding das mich leitet und schult, nicht ob und
wann ich mag. Ich packte für Norden, und ziehe nach Süden, ich sagte zu, und
komme nicht, ich sagte ab und komme! Frisch also die Thorschliesser klimpern vom
Burgemeister weg, und eh es tagt und mein Nachbaar Schuflicker seine Werkstätte
und Laden öffnet: Fort. Adieu Mutter! – Am Kornmarkt machte der Spenglersiunge
rasselnd seinen Laden zurechte, begrüste die Nachbaarsmagd in dem dämmrigen
Regen. Es war so was ahndungsvolles auf den künftigen Tag in dem Grus. Ach
dacht ich wer doch – Nein sagt ich es war auch eine Zeit – Wer Gedächtniss hat
sollte niemand beneiden. – – Lili Adieu Lili zum zweitenmal! Das erstemal schied
ich noch hoffnungsvoll unsere Schicksaale zu verbinden! Es hat sich entschieden – wir müssen einzeln unsre Rollen ausspielen. Mir ist in dem Augenblick weder
bange für dich noch für mich, so verworren es aussieht! – Adieu! – Und *du*! wie
wie soll ich dich nennen, dich die ich wie eine Frühlings blume am Herzen trage!
Holde Blume sollst du heissen! – Wie nehm ich Abschied von dir? – Getrost!
denn noch ist es Zeit! Noch die höchste Zeit – Einige Tage später! – und schon –
O Lebe wohl – Bin ich denn nur in der Welt mich in ewiger unschuldiger Schuld zu
winden – – – – – Und Merck wenn du wüsstest dass ich hier der alten Burg nahe
sizze, und dich vorbeyfahre der so offt das Ziel meiner Wandrung war. Die geliebte
Wüste, Riedesels Garten den Tannenwald, und das Exerzierhaus – Nein Bruder du
sollst an meinen Verworrenheiten nicht theilnehmen, die durch Theilnehmung noch
verworrner werden.

Hier läge denn der Grundstein meines Tagebuchs! und das weitere steht bey dem
lieben Ding das den Plan zu meiner Reise gemacht hat.

Ominose Überfüllung des Glases. Projeckte, Plane und Aussichten.
[...]

Bis Heidelberg war der Italienreisende gelangt, als ihn am 3. November die
Nachricht einholte, die Weimarer Kutsche sei in Frankfurt eingetroffen und
warte auf ihn. Jetzt mußte sich Goethe entscheiden. Er konnte nicht wissen,
daß es um eine Entscheidung für sein ganzes späteres Leben ging. Daß er
umkehrte, die Reise gen Süden abbrach und nach Norden zog, kann nicht
Ergebnis eines spontanen Entschlusses gewesen sein, der dem Zufall sein
Spiel ließ. Gewiß war zunächst nur ein Besuch in Weimar beabsichtigt. Ob
Carl August schon weiter dachte, wissen wir nicht, brauchen es aber nicht
auszuschließen. Bedeutende Köpfe an einen Hof zu ziehen war seit Jahrhunderten nichts Ungewöhnliches. Goethe hatte Merck schon am 7. Oktober
verkündet: »Ich erwarte den Herzog und Louisen, und gehe mit ihnen nach

Weimar. Da wirds doch wieder allerley guts und ganzes und halbes geben, das uns Gott geseegne.« Er war innerlich darauf vorbereitet, mit seinen sechsundzwanzig Jahren einen neuen Lebensabschnitt zu beginnen, wünschte weitere Kenntnis von Welt und Menschen, war aufgeschlossen für Anregungen und Aufgaben, die sich ihm in einem neuen Tätigkeitsfeld bieten könnten, und war auch willens, Verantwortung für öffentliches Handeln zu übernehmen, das über den kleinen Bezirk einer Anwaltspraxis hinausreichte. Nur solche Bereitschaft, solche Prädisposition lassen überhaupt verständlich werden, daß Goethe in Weimar geblieben ist und all die praktisch-politischen Aufgaben übernommen und gewissenhaft ausgeübt hat, die ihm seit 1776 vom Herzog übertragen wurden.

Goethe reiste von Heidelberg eilends nach Frankfurt zurück, bestieg die Kutsche des Herrn v. Kalb, und am 7. November 1775, morgens um 5 Uhr, rollten die Nachzügler in die kleine thüringische Residenzstadt. Niemand konnte ahnen, daß aus dem Novemberbesuch ein Lebensaufenthalt von mehr als 56 Jahren werden sollte.

Wenn ich jetzt nicht Dramen schriebe

»O wenn ich jetzt nicht Dramas schriebe ich ging zu Grund«, hatte Goethe im März bekannt (an A. v. Stolberg, 7.–10. 3. 1775). Mehrere Stücke sind in den bewegten Monaten entstanden, vorangebracht oder zu Ende geführt worden: *Erwin und Elmire, Claudine von Villa Bella, Stella, Hanswursts Hochzeit.* Im Sommer begann er mit der Arbeit am *Egmont*, den *Urfaust* hatte er bei sich, als er nach Weimar kam.

Mit *Erwin und Elmire* setzte die Reihe der Werke im Genre des Singspiels ein, dem Goethe in vielen Jahren Aufmerksamkeit und schriftstellerischen Fleiß gewidmet hat. Ihm waren solche eingängigen Stücke, in denen die Dialoge durch liedhafte Einlagen aufgelockert wurden, seit der frühen Frankfurter und Leipziger Zeit vertraut. Die italienische Opera buffa und die französische Opéra comique standen Pate bei der Entwicklung des deutschen Singspiels, die in der ersten Hälfte des 18. Jahrhunderts anfing. Schon 1766 meldete der Leipziger Student der Schwester Cornelia: »J'avois composé l'Opéra comique La Sposa rapita« [Ich habe die komische Oper ›Die geraubte Braut‹ komponiert]. Davon ist nichts erhalten. Erst 1773 scheint er wieder Interesse an Texten solcher Stücke gefunden zu haben, in denen sich Sprache und Musik ergänzen sollen. Wahrscheinlich hat Johann André, der Offenbacher Bekannte, den Anstoß dazu gegeben, dessen Operette *Der Töpfer* im gleichen Jahr ihre Premiere in Frankfurt feierte. Auf der Lahn- und

Rhein-Reise 1774 konnte Goethe Lavater aus *Erwin und Elmire* vorlesen, doch erst 1775 arbeitete er das Manuskript ganz aus, im Zeichen der komplizierten Beziehung zu Lili Schönemann. Im März bereits erschien es in Johann Georg Jacobis Zeitschrift *Iris*. Das Stück hatte nachhaltigen Erfolg. Mit der Musik von André wurde es in Frankfurt, Berlin, Wien und München gespielt; auch in Weimar kam es 1776 im Liebhabertheater zur Aufführung, neu vertont von Herzoginmutter Anna Amalia.

Dieses »Schauspiel mit Gesang«, wie es im Untertitel genannt wurde, zeigt deutliche Spuren der verschiedenen Entstehungsphasen. Nach der ersten Szene dreht sich alles um das Wiederfinden und Wiedererkennen der beiden Liebenden, die an sich irre geworden sind. Erwin, der Launenhaftigkeit Elmirens überdrüssig, hat sich in eine Einsiedelei zurückgezogen. Nun klagt die Verlassene, die längst ihr Verhalten bereut, um den verschwundenen Geliebten. Mit einem Trick gelingt es dem Vertrauten Bernardo, die Entzweiten wieder zusammenzubringen: Er führt die Trauernde zu einer Hütte in der Einsamkeit, damit sie sehe, wie angenehm und andächtig ein Einsiedler dort lebe, ein Mann »voll Würde, edlen Ansehens, mit langem weißen Bart«. Erwartungsgemäß ist das Erwin. In seiner Verkleidung von Elmire nicht erkannt, hört er, wie sehr sie ihm zugetan ist, und im Terzett des Schlusses löst sich alles in Wohlgefallen auf.

Kein gewichtiges Stück; aber in manchen Sätzen nistet der nagende Zweifel der ersten Lili-Zeit. Einige Lieder aus diesem Schauspiel sind bekannt geblieben: »Ihr verblühet süße Rosen«, und vor allem »Ein Veilchen auf der Wiese stand«, eines der wenigen eigenen Gedichte Goethes im echten Volksliedton. Die erste Szene des Spiels bringt, nicht zwingend mit den späteren Ereignissen verbunden, ein Gespräch zwischen Elmire und ihrer Mutter Olimpia, das wegen der von ihr geäußerten Prinzipien der Mädchenerziehung Aufmerksamkeit verdient. Sie hält nicht viel von der »neumodischen Erziehung«.

Wie ich iung war, man wußte von all den Verfeinerungen nichts, so wenig man von dem Staate was wußte, zu dem man iezt die Kinder gewöhnt. Man ließ uns lesen lernen und schreiben, und übrigens hatten wir alle Freyheit und Freuden der ersten Jahre. Wir vermengten uns mit Kindern von geringem Stand, ohne daß das unsre Sitten verderbt hätte. [...] Wir spielten, sprangen, lärmten, und waren schon ziemlich große Jungfern, da uns noch eine Schaukel, ein Ballspiel ergötzte, und nahmen Männer, ohne kaum was von einer Assemblee, von Kartenspiel, und Geld zu wissen. Wir liefen in unsern Hauskleidern zusammen, und spielten um Nüsse und Stecknadeln, und waren herrlich dabey; und eh man sich's versah, paff! hatten wir einen Mann.

Man hat den Eindruck, da philosophiere unbekümmert Goethes Mutter, die Frau Rat, und Rousseaus Ruf nach Natur hört man gleichfalls heraus. So erfrischend Olimpias Plädoyer für Natürlichkeit ist, so resolut hier der Wert ständischer Etikette in Frage gestellt wird, wir heute können nicht mehr außer acht lassen, welche Rollenverteilung solche Erziehung beschert: Frauen für Haus und Familie, Männer für Tat und Geschäfte. Werthers Lotte paßte durchaus in diese Gruppierung, und für die Frauen des *Stella*-Schauspiels scheint nichts wünschenswerter zu sein, als ihrem Fernando anzugehören. In seiner Zeit konnte der junge Goethe noch nicht viel anderes sehen. Liebebedürftig, sich in Gefühlen auslebend, himmelhoch jauchzend, zu Tode betrübt: so zeigt sich ›Weibliches‹ in den frühen Frauengestalten. Erst später, etwa im *Wilhelm Meister*-Roman, beweisen Frauen auch andere Qualitäten.

Claudine von Villa Bella, das andere »Schauspiel mit Gesang«, das im Jahre 1775 abgeschlossen wurde, bietet eine turbulente Handlung. Auch hier Liebesverwicklungen, kompliziertes Sichfinden, Verwirrspiel mit verkleideten Gestalten. Das ist unterhaltsam und gibt Anlaß genug, Lieder einzustreuen. Mit wahrer Virtuosität spielt der Autor auf der Partitur liedhafter Gestaltung: vom volkstümlich Schlichten bis zum Schauerlichen der Geisterballade, vom klagend Elegischen bis zum festlich-frohen Chorgesang. Turbulent wird das Geschehen, weil Crugantino als Vagabund sein Wesen treibt. Er ist die bemerkenswerte Gestalt dieses Stücks. Ausgebrochen aus den engen Grenzen des Standes und der Sitte, will er persönliche Freiheit nicht nur der Rede, sondern der Tat nach. Es ist nicht abwegig, ihn, den entlaufenen Adligen, als den eigentlichen Revolutionär im Werk des jungen Goethe anzusehen. Crugantino spricht aus, warum er zum Vagabundieren gekommen ist, und dies im unverkennbaren Tenor des sog. Sturm und Drang:

Wißt Ihr die Bedürfnisse eines jungen Herzens, wie meins ist? Ein junger toller Kopf? Wo habt Ihr einen Schauplatz des Lebens für mich? Eure bürgerliche Gesellschaft ist mir unerträglich! Will ich arbeiten, muß ich Knecht sein; will ich mich lustig machen, muß ich Knecht sein. Muß nicht einer, der halbweg was wert ist, lieber in die weite Welt gehn? Verzeiht! Ich höre nicht gern anderer Leute Meinung; verzeiht, daß ich Euch die meinige sage. Dafür will ich Euch auch zugeben, daß, wer sich einmal ins Vagieren einläßt, dann kein Ziel mehr hat und keine Grenzen; denn unser Herz – ach! das ist unendlich, solang ihm Kräfte zureichen! (4, 256)

Es hat den Anschein, als habe sich Goethe dies in den anfänglichen Verwirrungen seiner Beziehung zu Lili selbst zugerufen, lange vor der endgültigen Trennung. Amüsant zu sehen, wie Goethe den Crugantino beiläufig über den »allerneuesten Ton« in der Poesie sprechen und ihn dann die Ballade vom untreuen Liebhaber singen läßt: »Es war ein Buhle frech genung«. Ohne Selbstironie geht das nicht ab: »Alle Balladen, Romanzen, Bänkelgesänge werden jetzt eifrig aufgesucht, aus allen Sprachen übersetzt. Unsere schönen Geister beeifern sich darin um die Wette« (4, 240). Was der Vagabund als charakteristisches Beispiel vorträgt, ist Goethes eigene Ballade (die seit 1800 so auch in der Ausgabe seiner Gedichte zu finden ist), in der siebenzeiligen ›Lutherstrophe‹ gesetzt (»Aus tiefer Not schrei ich zu dir« u. a.), die im 16. und 17. Jahrhundert Domäne des Kirchenlieds war und im letzten Drittel des 18. Jahrhunderts in weltlicher Dichtung oft genug parodistisch genutzt wurde. Schon der Bänkelsänger im *Jahrmarktsfest zu Plundersweilern* hatte sie rezitiert (»Ihr lieben Christen allgemein«).

> Es war ein Buhle frech genung,
> War erst aus Frankreich kommen,
> Der hat ein armes Maidel jung
> Gar oft in Arm genommen,
> Und liebgekost und liebgeherzt,
> Als Bräutigam herumgescherzt,
> Und endlich sie verlassen. [...]

In einem Schema zu *Dichtung und Wahrheit* notierte Goethe 1816, er habe *Claudine von Villa Bella* im Gegensatz zu den »Handwerks-Opern« geschrieben. Damit spielte er vor allem auf die Singspiele an, die Christian Felix Weiße gedichtet und Johann Adam Hiller komponiert hatten und die gerade um 1775 sehr beliebt waren. Ihr ländliches oder handwerkliches Milieu mit seiner Schlichtheit und Tugendhaftigkeit stand in deutlichem Gegensatz zur Unruhe der Karrierewelt am Hof und in der Stadt (*Die Liebe auf dem Lande, Die Jagd, Der Dorfbarbier*). So brachte die »Verknüpfung edler Gesinnungen mit vagabundischen Handlungen« (*Schema*) etwas Neues in die Unterhaltsamkeit des Singspiels.

In den achtziger Jahren gefielen Goethe die eigenen frühen Schauspiele mit Gesang nicht mehr. Abschätzig urteilte er am 12. September 1787 (in der *Italienischen Reise*), *Erwin und Elmire* sei »Schülerarbeit oder vielmehr Sudelei«. *Claudine von Villa Bella* behagte ihm auch deshalb in der ursprünglichen Fassung nicht mehr, »weil man die Vagabunden durch Nachahmung so ekelhaft gemacht habe« (an Ph. Chr. Kayser, 23. 1. 1786), wobei er gewiß auch an Schillers *Räuber* dachte. Tatsächlich hatte das Stück um den adligen Vagabunden Crugantino die ›Räuberromantik‹ ins Bühnenspiel eingeführt und zahlreiche Nachfahren auf den Plan gerufen, worüber sein Autor, der inzwischen auf dem Wege zur ›Klassik‹ war, nicht erfreut sein konnte. Er hatte sich längst strengere Auffassungen von einem künstlerisch ausgereiften Singspiel zu eigen gemacht. Ausführlich besprach er in langen Briefen mit dem seit Jugendtagen befreundeten Komponisten Philipp Christoph Kayser das angemessene Verhältnis von Sprache und Musik und teilte ihm aus Rom am 14. August 1787 mit, er solle »am Mechanischen« eines neuen Stückes sehen, »daß ich in Italien etwas gelernt habe und daß ich nun besser verstehe, die Poesie der Musik zu subordinieren«. Beide Stücke wurden grundlegend umgearbeitet – nicht gerade zu ihrem Vorteil. Erwin und Elmire wurde ein zweites Liebespaar zugeordnet; der Räuber Crugantino büßte die draufgängerischen Züge des Stürmers und Drängers ein; die frühere Szenenfolge des *Claudine*-Schauspiels wurde streng in Akte gefügt und die Sprache der Dialoge in Verse umgesetzt, die der Komponist zu Rezitativen gestalten konnte. Mehrere Komponisten haben die beiden Stücke, die nun auch den Gattungsnamen »Singspiel« erhielten, vertont, aber der Erfolg der frühen Fassung von *Erwin und Elmire* stellte sich nicht mehr ein.

Stella heißt »Ein Schauspiel für Liebende«, das ebenfalls 1775 vollendet wurde und im nächsten Jahr bei Mylius in Berlin gedruckt vorlag. Daß dieses Drama, an dessen Schluß als Lösung eine Dreierbeziehung zwischen Fernando, seiner Ehefrau Cäcilie und seiner Geliebten Stella angeboten wird, zu seiner Zeit Kopfschütteln, Widerwillen und Ablehnung hervorrief, ist einleuchtend. Daß es manchen späteren Betrachtern, auch Fachgermanisten, Mühe machte, dem Stück gerecht zu werden, dürfte damit zusammenhängen, daß man es nur im Zusammenhang mit der gesamten dichterischen Produktion des jungen Goethe verstehen kann. Daß heutigen Lesern und Zuschauern die Exaltiertheiten der Sprache und des Gebarens der Hauptfiguren fremd und unnatürlich vorkommen mögen, ist nicht verwunderlich.

Das Geschehen, das dem Schauspiel zugrundeliegt (richtiger: vorausgeht) und erst von Szene zu Szene enthüllt wird, ist ebenso einfach wie konfliktträchtig. Fernando hat seine Frau Cäcilie, mit der er durch eine Liebesheirat verbunden war, verlassen. Stella war ihm begegnet. Abgeschieden lebte sie, bedingungslos liebend, mit Fernando einige Jahre auf einem Landgut. Sie galten als Paar. Aber dann ging auch diese Verbindung zu Ende. Fernando fühlte sich zu seiner Frau hingezogen. Vergeblich suchte er sie wiederzufinden. Da verdingte er sich verzweifelt in fremde Dienste als Soldat. Und dann zog es ihn wieder zu Stella zurück.

Das Stück setzt damit ein, wie die Akteure sich im Gasthof der Poststation, gegenüber von Stellas Gut, einfinden. Der Dramatiker hat den Zufall so arrangiert, daß Cäcilie als Frau Sommer mit ihrer Tochter Lucie, die als Gesellschafterin auf Stellas Gut ein Unterkommen sucht, und Fernando zur gleichen Zeit im gleichen Posthaus absteigen. In Stellas Räumen nimmt dann das allmähliche Erkennen und Wiedererkennen seinen spannungsvollen Verlauf. Fernando hatte den Weg zu Stella zurückgesucht und findet hier gleichzeitig die vor Jahren verlassene Ehefrau Cäcilie. Schwankend, wie er ist, schwört er ihr jetzt unwandelbare Treue:»Nichts, nichts in der Welt soll mich von dir trennen. Ich habe dich wiedergefunden« (3. Akt). Er will Stella verlassen. Cäcilie indes weiß, daß dieser Entschluß kein glückliches Leben nach sich ziehen kann; deshalb will *sie* verzichten und sich in eine entsagende Freundschaft zurückziehen. Je mehr aber am Ende des 5. Aktes Cäcilie und Fernando die Situation zu klären versuchen, desto auswegloser erscheint sie. Da erzählt, recht unvermittelt, Cäcilie die Geschichte des Grafen von Gleichen, der in ferner Sklaverei durch die Tochter seines Herrn gerettet wurde, sie in die Heimat mitnahm, wo seine angetraute Frau sie als Partnerin in eine Dreiergemeinschaft aufnahm. Über alle geltenden Normen hinaus wird hier die Liebe erhöht, so daß der Autor der *Stella* Cäcilie die märchenhafte Erzählung, die mit dem»Es war einmal ein Graf« beginnt, mit den erstaunlichen Worten schließen läßt:»Und Gott im Himmel freute sich der Liebe, und sein heiliger Statthalter sprach seinen Segen dazu. Und ihr Glück und ihre Liebe faßte selig Eine Wohnung, Ein Bett, und Ein Grab« (4, 346). So auch wollen es die drei halten:

Fernando, beide umarmend: Mein! Mein!
Stella, seine Hand fassend, an ihm hangend: Ich bin dein!
Cäcilie, seine Hand fassend, an seinem Hals: Wir sind dein!

Aufregung und Empörung über diesen Schluß waren damals abzusehen. Goethe scheint das nicht beirrt zu haben, wie er überhaupt, besonders in jungen Jahren, nicht willens war, sich anzupassen oder sich dreinreden zu lassen:»Es ist nicht zu sagen, wie wenig empfindlich er über Kritik ist«, vermerkte Friedrich Jacobi einmal (an Wieland, 22.3.1775), und Fritz Stolberg kannte»Goethens unbiegsames Wesen« (an Klopstock, 8.6.1776). Auch im Alter trumpfte er auf:

Ich bin euch sämtlichen zur Last,
Einigen auch sogar verhaßt;
Das hat aber gar nichts zu sagen:
Denn mir behagt's in alten Tagen,
So wie es mir in jungen behagte,
Daß ich nach alt und jung nicht fragte.

(*Zahme Xenien*; 1, 335)

Immerhin wurde *Stella* schon im Februar 1776 in Hamburg, im März in Berlin aufgeführt, bis nach zehn Vorstellungen dort ein Verbot verhängt wurde. Auch *Stella* füllt ein Kapitel in der umfangreichen Akte vom »polizeiwidrigen Goethe«, wie der Titel eines Buches von H. H. Houben (1932) lautet. Die Bildungsbürger, die Goethe lieber zitieren als studieren, scheinen geflissentlich zu verdrängen, wie verquer manche Werke des ›Dichterfürsten‹ zu den von ihnen selbst gehegten Normen und Werten stehen. »Die Moral betreffend, so sind wir nicht gewohnt, sie in Produkten dieser Art zu suchen; ein jeder abstrahiere sich heraus, was ihm behagt«, rieten die *Frankfurter Gelehrten Anzeigen*. In Altona war, wie zur Zeit des *Werther*, der Ton schärfer (*Reichs-Postreuter* v. 8. 2. 1776): »Goethes Roman *Die Leiden des jungen Werthers* ist eine Schule des Selbstmordes; seine *Stella* ist eine Schule der Entführungen und Vielweiberei: Treffliche Tugendschule!« Natürlich meldeten sich auch zustimmende Kritiker zu Wort, die der dichterischen Kunst gerecht werden wollten.

Das Besondere des Stücks lag keineswegs darin, daß ein Ehemann eine Geliebte hatte. Derartige Eskapaden waren nicht ungewöhnlich, freilich schon aus materiellen Gründen eher dem hohen Stande als normalen Bürgern oder gar Bauern möglich. So gehören auch Fernando und Stella (»Baronesse« wird sie genannt; 4, 310, 316) zu jenen Kreisen, in denen man freizügiger als in den niederen Ständen leben konnte. Bedingt durch die Art, wie Heiraten zustandekamen, scheint es in jenem Jahrhundert nicht die Regel, eher die Ausnahme gewesen zu sein, daß sinnliche Leidenschaft sich in ehelicher Gemeinschaft auslebte. Wo gibt es in der Dichtung jener Zeit eine Ehe, in der die Partner nicht nur Lebensversorgung und seelische Bindung, sondern auch sexuelle Erfüllung finden? Ist nicht Friedrich Schlegels *Lucinde*-Roman von 1799 das – bei allem Pathos der Sprache – erste bedeutende literarische Dokument, das für die Einheit von Sexualität und dauerhafter Bindung plädiert (allerdings auch nur eine ehe-ähnliche Beziehung vorführt)? Goethes *Wahlverwandtschaften* sind nichts anderes als eine späte Fortsetzung des Nachdenkens über eine prekäre Beziehung zu dritt.

Das Aufregende an der *Stella*-Dichtung war die ›Heiligsprechung‹ der Dreiergemeinschaft: »Eine Wohnung, Ein Bett, und Ein Grab.« Ob sie wirklich durchzuhalten gewesen wäre, ist nicht mehr Thema dieses Schauspiels für Liebende. Manche Dreierbeziehungen waren 1775 bekannt, oder man munkelte davon. Der Engländer Jonathan Swift, Autor von *Gullivers Reisen* (1726), hatte mit Stella (!) und Vanessa zusammengelebt. Gottfried August Bürgers kompliziertes Verhältnis zu seiner Frau Dorothea und deren Schwester Molly war, wenigstens in Schriftstellerkreisen, bekannt. Im

Hause Fritz Jacobis gab es offenbar ähnliche Schwierigkeiten. Wieweit Goethe bei der Niederschrift der *Stella* an all diese Fälle gedacht hat, ist unerheblich; von Lili Schönemann können die Figuren des Dramas ebenfalls nur einzelne Züge geborgt haben.

Wenn man die bisher entstandenen Werke des jungen Goethe Revue passieren läßt, erweist sich *Stella* als eine weitere dichterische Arbeit, in der ihr Autor ein Erprobungsspiel mit extremen Gefühlslagen und Verhaltensweisen inszenierte. *Die Mitschuldigen, Götz von Berlichingen, Werther, Clavigo*: in allen spürte Goethe den geheimen Antrieben menschlichen Handelns nach, und das führte *auch* in Abgründe hinein. Gewiß, *Stella* kreist ausschließlich um die Liebe und die von ihr ausgelösten Gefühle und Taten. Von nichts anderem als erotischer Anziehung und Abstoßung handelt das Drama; ein schier unerschöpfliches und gleichzeitig einsinniges Thema. Innerhalb der Grenzen lotet das Stück tief. Freilich muß man sich auf eine Voraussetzung einlassen, die wir nicht mehr ohne weiteres gelten lassen können: daß es für eine liebende Frau höchste Erfüllung bedeute, das eigene Leben ausschließlich dem Mann zu widmen, es ihm unterzuordnen und als Liebende sein Eigentum zu sein. Die besitzanzeigenden Wörter des Schlusses sprechen eine deutliche Sprache, Fernandos »Mein! Mein!« und Stellas und Cäciliens »Ich bin dein! Wir sind dein!« So wird man zweifeln dürfen, ob Goethes wortreiche Erkundung weiblicher Psyche in diesem Stück überall zutreffende Aussagen erbracht hat. (»Daß man euch so lieb haben kann«, wundert sich Stella, »daß man euch den Kummer nicht anrechnet, den ihr uns verursachet!« 4, 326).

Cäcilie und Stella haben durchaus nicht dieselbe Auffassung von Liebe und Leben. Cäcilie ist die ›leidgeprüfte‹ Ehefrau, die Abstand zu den Geschehnissen gewonnen hat, die in der Lage ist, ihr eigenes Verhalten bei aller Erschütterung zu überdenken und das Angebot ihres Verzichts auf den eigenen Mann genau zu begründen. »Leidenschaft einer Liebhaberin« und »Gefühl einer Gattin« hält sie sorgsam auseinander. »Fernando, ich fühle, daß meine Liebe zu dir nicht eigennützig ist, nicht die Leidenschaft einer Liebhaberin, die alles dahingäbe, den erflehten Gegenstand zu besitzen. Fernando! mein Herz ist warm, und voll für dich; es ist das Gefühl einer Gattin, die, aus lauter Liebe, selbst ihre Liebe hinzugeben vermag« (4, 344). Stella geht ohne Rest in ihrer Liebe auf; sie überläßt sich bedenkenlos ihrer Leidenschaft der Sinne und der Seele.

Das Erstaunliche dieses Schauspiels: daß sich nirgends gesellschaftliche Normen mit ihren Ge- und Verboten einmischen. Auch die Kategorien von Schuld in moralischer Hinsicht verlieren vor der Macht der Liebe jede Geltung. Ausdrücklich sprechen beide Frauen den untreuen Ehemann und

Geliebten von Schuld frei. In der nicht näher lokalisierten Abgeschiedenheit eines Posthauses und des Stellaschen Gutes vollzieht sich das Spiel unentrinnbarer Anziehung und versuchter Abstoßung, bis hin zu jenem Schluß, der vom »Es war einmal« der Beispielerzählung des Grafen von Gleichen in die Sphäre des Märchenhaften, Utopischen überleitet.

Fernando, der Schwankende, der in der Treue zur Liebe immer wieder der Untreue zur einzelnen Partnerin verfällt und auf den Stella das paradoxe Wort münzt »so flatterhaft und so treu!« (4, 325) – Fernando gehört in die Reihe der Weislingen und Clavigo, die zu einer dauerhaften Beziehung nicht fähig sind. Fast überflüssig anzumerken, daß Goethe hier auch auf sich zielt, auf seine Untreue, sein Schwanken, seinen Hang nach Ungebundenheit. Gustchen Stolberg bekannte er am 3. August 1775: »Unseeliges Schicksal das mir keinen Mittelzustand erlauben will. Entweder auf einem Punckt, fassend, festklammernd, oder schweifen gegen alle vier Winde!« Verworrenheit, ein Stichwort der Goethebriefe des Jahres 1775, es ist auch Fernando vertraut, als er ratlos zu sich spricht: »Laß mich! Laß mich! Sieh! da faßt's mich wieder mit all der schrecklichen Verworrenheit! – So kalt, so graß liegt alles vor mir – als wär die Welt nichts – ich hätte drin nichts verschuldet – –« (4, 342). Hofmannsthals Abenteurergestalten haben in Goethes Fernando einen ihrer Vorläufer.

In einer ganz anderen Welt lebt die Postmeisterin des ersten Akts. Ans praktische Leben gefesselt, zur täglichen Arbeit verpflichtet, hat sie keine Gelegenheit, in selige Höhen zu schweben oder sich in den Niederungen des Kummers zu verlieren. »O Madame! Unsereins hat so wenig Zeit zu weinen als leider zu beten. Das geht Sonntage und Werkeltage« (4, 310). Dieser erste Akt ist ein Meisterstück dramatischer Exposition; er steht den Gasthofszenen in Lessings *Miß Sara Sampson* und *Minna von Barnhelm* nicht nach: wie die Gestalten eingeführt werden und Spannung erzeugt wird, weil der Leser und Zuschauer erst langsam ahnen kann, welche Beziehungen sich knüpfen, und er mit seinen Vermutungen, später dann mit seinem Wissen den Personen des Dramas voraus ist.

1775/76 mochte für Goethe der Schluß mit seiner ungewöhnlichen Lösung noch hingehen. Dreißig Jahre später zollte er der Schicklichkeit gesellschaftlichen Betragens seinen Tribut. Erlaubt schien, was sich ziemt, aber nicht mehr, was gefällt. Aus dem «Schauspiel für Liebende» wurde eine Tragödie. Nun war die Situation für die ›Schuldigen‹ ausweglos geworden: Fernando erschießt sich, Stella nimmt Gift. In dieser Fassung kam das Stück seit 1806 auf die Weimarer Bühne, auch anderswo, und der *Ausgabe letzter Hand* wurde nur diese Tragödie *Stella* anvertraut, die nichts anderes mehr war als eine übliche Dreiecksgeschichte, in der das Ende kam, wie es kommen mußte.

Einfälle und Notizen

Als Goethe in den frühen Novembertagen 1775 in der herzoglichen Kutsche unbequem genug nach Weimar rollte, hatte er nicht alle seine Habe bei sich. Es war ja nur ein Besuch vorgesehen. Später hat ihm die Mutter nachgeschickt, was er brauchte und was sie für wichtig hielt. Darunter waren Zettel mit Eintragungen, die bei irgendwelchen Gelegenheiten gemacht worden waren. In Weimar sammelten sich weitere Blätter an, viele von ihnen nicht mehr zu datieren. »Späne« haben mehrere Editoren sie genannt und in der *Weimarer Ausgabe* (Bd. 38) zum erstenmal gedruckt. Was in die Frankfurter Zeit zu gehören scheint, hat man als »Einfälle und Notizen« gesammelt (DjG 5, 378 ff.). Es handelt sich um einzelne Formulierungen, Textbrocken, Miniaturszenen, die man nicht übergehen sollte, wenn man wissen will, wie nah Goethe der deftigen Ausdrucksweise des einfachen Volkes gewesen ist und wie leicht sich für ihn einzelnes, was er sah und erlebte, zum prägnanten Bild verdichtete. »Der Knabe der im angebundnen Nachen rudert.« – »Das Sommergefühl eines Nachmittags.« »Wenn mann die vornehmen Leut ansieht so hungerts einen. Obs ist weil sie alle schulden haben –«. Es stammt nicht aus Lenzens *Soldaten*, auch nicht aus Georg Büchners *Woyzeck*, sondern steht auf einem dieser Goetheschen Blätter: »Ich muß essen Herr Hauptm[ann] [...] Rat[i]on will ich haben oder ich pisse in die Stub.« Ein kleines Gespräch zwischen Goethes Mutter, einer Bäuerin und der Hausmagd Dorthe ist ebenfalls aufgezeichnet:

Frau Aya.
Herr Jes Maidel ihr laufft bey dem Wetter in blosen Füssen werdt ihr nicht kranck
Bäurin.
Ja meine andern sind beym Schuflicker ich hab nur ein Paar
Dorthe
Es ist kurios dass man sich die Füs aufgaht wenn man schu anhat.
Frau A. ihr nach auf die Füss sehend.
Wenn ihr *die* zerreisst so lass ich euch ein Paar neue machen
Bäuer.
Das wird ihnen Gott vergelten
Dorthe
Und wenn mer barfüsig geht so geht mer sie nit auf.
Bäurin
Ihr lauft eure Solen ab, Wir laufen uns solen an. – Ja so was hat eben unser Herr Gott für die armen Leut erfunden.

Derbheit und Drastik tummeln sich wie in *Hanswursts Hochzeit:*

Nacht topf
Wer einen vollen Nacht topf ausgießt um ihn selber leer zu finden oder ihn einem andern so hinzustellen ist brav.
Umgekehrt lässig.

Einrichten! Meublieren! – Ihr könnt nicht anders seyn! Meynt da wär es euch besser darnach! – ich sag euch es ist dem Elenden wohler der in ein Papier scheisst mit seiner Famielie, und es nachts sehr feyerlich an eine Ecke trägt.
Pirli! Pirli! Parli!

Aber auch Späne aus der Auseinandersetzung um die neue Dichtung, wohl den *Werther,* sind abgefallen. Ein Dialog zwischen einem Syndikus, der meinte, das Zeug sei doch zu toll, was der Mensch zusammengeschrieben habe, und einem »Ph.« (Goethes Diener Philipp Seidel?) wird zu einer Pointe gespitzt, die einmal mehr kennzeichnet, was Goethe von Werther trennte:

Ph.
Wissen Sie was er neulich zu einem sagte der ihn eben darüber constituirte
Sy
Wie denn?
Ph
Mein Herr fragte er den sind sie nie betruncken gewesen! Eh nun sagte der andre ein ehrlicher Kerl hat immer so eine Nachrede aufm Rücken! – Gut sagt er, der Unterschied von mir zu ihnen ist der ihr Rausch ist ausgeschlafen; meiner steht aufm Papiere

Das blieb Lebensregel. Noch der alte Goethe bekannte dasselbe in einem Spruch der *Zahmen Xenien:*

> Nehmt nur mein Leben hin in Bausch
> Und Bogen, wie ich's führe;
> Andre verschlafen ihren Rausch,
> Meiner steht auf dem Papiere (1, 322).

Ende eines Lebensabschnitts

Goethes Übersiedlung nach Weimar mit der kurz darauf folgenden Übernahme verantwortlicher staatlicher Verwaltungsaufgaben bedeutete das Ende eines Lebensabschnitts. So stellt es sich wenigstens für denjenigen dar, der rückschauend das ganze Leben überblickt. *Dichtung und Wahrheit* schildert auf den letzten Seiten, wie der nach Italien Aufgebrochene in Heidelberg die Nachricht vom endlich in Frankfurt angelangten Wagen des

Weimarer Kammerherrn erhält und umkehrt. Dabei läßt der Autobiograph, in nachträglicher Anspielung auf die Bedeutung der frühen Lebenswende, den an den Thüringer Hof ziehenden Jüngling Worte Egmonts ausrufen, die ein vielsagendes dichterisches Bild beschwören:

Kind, Kind! nicht weiter! Wie von unsichtbaren Geistern gepeitscht, gehen die Sonnenpferde der Zeit mit unsers Schicksals leichtem Wagen durch, und uns bleibt nichts als, mutig gefaßt, die Zügel festzuhalten und bald rechts, bald links, vom Steine hier, vom Sturze da, die Räder abzulenken. Wohin es geht, wer weiß es? Erinnert er sich doch kaum, woher er kam (10, 187).

Ändert sich das jugendliche ›geniehafte‹ Leben am neuen Ort zunächst auch kaum, so ist doch nach 1776 keine Dichtung mehr entstanden, die eindeutig dem sog. Sturm und Drang zugeordnet werden könnte. (Allenfalls die Gedichte *Seefahrt* vom September 1776 und *Harzreise im Winter* aus dem Dezember 1777 weisen noch in diese Richtung.) Ganz zu schweigen davon, daß in dem arbeitsreichen Weimarer Jahrzehnt von 1776 bis zur Italienischen Reise 1786 die Poesie Mühe hat, sich in der von Akten und Sitzungen gefüllten Welt der prosaischen Verwaltungsarbeit zu behaupten.

So liegt es nahe, an dieser Stelle auf die Sturm-und-Drang-Phase der Dichtung Goethes insgesamt zurückzublicken. Daß Maximilian Klingers Drama *Sturm und Drang*, Namengeber der literarischen Strömung, erst Ende 1777 (mit der Jahreszahl 1776) erschienen ist, braucht uns nicht weiter zu beschäftigen. Die Bezeichnung hat sich für Tendenzen eingebürgert, die sich seit Ende der sechziger Jahre meldeten und bis in die achtziger Jahre reichten. Wie fast immer bei künstlerischen (und nicht nur diesen) ›Epochen‹, die ja hauptsächlich vom ordnenden Willen späterer Beobachter geschaffen und am Leben gehalten werden, kommt es zu merkwürdigen Überschneidungen, zur Gleichzeitigkeit des Verschiedenen. Während ›Stürmer und Dränger‹ wirkten, war (ohnehin bis zum Ende des Jahrhunderts) noch ganz gegenwärtig, was zur ›Aufklärung‹ gerechnet wird. Und als Friedrich Schiller mit den *Räubern* 1781 und den Gedichten der *Anthologie auf das Jahr 1782* seine von den Zeichen des ›Sturm und Drang‹ geprägte Visitenkarte abgab, war Goethe längst auf anderer Spur. *Über die Fülle des Herzens* heißt ein Aufsatz, den Friedrich Graf zu Stolberg 1777 veröffentlichte. Eben dies wird gewünscht, und so kann der Ausdruck »Fülle des Herzens« als ein Motto über jener literarischen Bewegung stehen, die von Herders und Goethes Straßburger Monaten 1770/71 bis zu Schillers *Räubern* (1781), *Kabale und Liebe* (1783) ihre hohe Zeit hatte und sich in den Arbeiten der damals Zwanzig- bis Dreißigjährigen repräsentierte, der Herder und Goethe, Klinger und Lenz, Wagner und Leisewitz und einiger anderer.

In der Literaturgeschichte hat sich seit einiger Zeit die Auffassung durchgesetzt, daß der sog. Sturm und Drang nicht als Gegenbewegung gegen die ›Verstandeskultur‹ der Aufklärung, sondern als Fortführung, Entwicklung, Ausweitung aufklärerischer Tätigkeit zu verstehen sei. Indem neues Erleben und Erfahren ausgesprochen und sprachkünstlerisch gestaltet wurden, indem Gefühl und Leidenschaft sich unmittelbar äußerten und ihr Recht beanspruchten, wurden Grenzen durchbrochen, die die Aufklärung in ihrer Tendenz zu einem hauptsächlich verstandesmäßigen und normierenden Erfassen von Welt, Natur und Ich gezogen hatte. Aufklärung wurde damit in neue Bereiche hinein weitergeführt. Noch nicht ausgekundschaftete Regionen des Menschen und seiner Erfahrungsmöglichkeiten wurden hinzugewonnen. Der ganze Mensch in seinem Denken *und* Fühlen wurde erkundet und sollte sich verwirklichen können. Der Ruf nach Freiheit, volltönend ausgebracht in Drama, Gedicht und Prosa, galt solcher Selbstverwirklichung. Sie wurde behindert durch Beschränkungen vielfacher Art: politische, ständische, rechtliche, kirchliche, moralische. Was die Freiheit des Menschen ausmache und wie sie, ohne daß der andere in seinen eigenen Rechten verletzt wird, realisiert werden könne, ist anhaltendes Kampf- und Diskussionsthema seit dem 18. Jahrhundert. Die Wendung gegen das Höfische, wenn es mit seinen Normen und Reglementierungen die Entfaltung des Menschen behinderte, gehörte zum Programm. Die »polierte Nation« war nicht gewünscht; denn »so bald eine Nation polirt ist, [...] so bald hört sie auf Charakter zu haben. Die Masse individueller Empfindungen; ihre Gewalt; die Art der Vorstellung, die Wirksamkeit, die sich alle auf diese eigene Empfindungen beziehen, das sind die Züge der Charakteristik lebender Wesen« (*Frankfurter Gelehrte Anzeigen*, 27.10.1772). Wie kompliziert die Prozesse der Loslösung von höfischen Vorstellungen waren, bezeugen bürgerliche Schriftsteller wie Gottsched und Gellert mit ihren Dichtungslehren und Dichtungen.

›Stürmer und Dränger‹ betonten entschieden die Wünsche des fühlenden und nach Tätigkeit drängenden Subjekts. Die Erwartungen waren freilich diffus und unterschiedlich weit gespannt: vom Ausdruck neuen, aber privat bleibenden Glücks bis zu politisch brisanten gesellschaftskritischen Ansätzen; von gefühlsbestimmter persönlicher Religiosität bis zu behutsamen Reformen im öffentlichen und privaten Leben. Vieles konnte sich da mischen. Der Freiheitsruf des Goetheschen Götz hallte in manchen Dramen nach, sein Auftreten als ›großer Kerl‹ machte Eindruck. Sozialkritische Themen wurden aufgegriffen. So durchleuchtete man etwa das Schicksal der Kindesmörderin, um die wirklichen Ursachen der Verzweiflungstat zu erkennen. Man attackierte die Vorrechte des Adels, wenn seine Mitglieder

daraus rücksichtslose Verfügungsgewalt über andere Menschen ableiteten.
Umsturz war dennoch nicht das erklärte Ziel, so daß auch Adlige unbekümmert in den Ruf nach Freiheit einstimmten oder in Dichtungen aufmüpfiger Bürger als Vorkämpfer des Besseren auftraten. Wo von Republik und republikanischem Geist gesprochen wurde, war nicht gleichzeitig die Staatsverfassung gemeint, die wir mit dieser Bezeichnung verbinden. Vielmehr waren Freiheiten des Staatsbürgers anvisiert, die nicht an eine bestimmte Staatsform gebunden waren. Ein zusammenhängendes politisches Konzept haben die Jungen von damals, meistens bürgerliche Gebildete, die sie oft erst unter bitteren Entbehrungen geworden waren, allerdings nicht entwickelt, konnten es wohl auch nicht in den Verhältnissen des in kleine und kleinste Territorien zersplitterten deutschen Reichs mit ganz unterschiedlichen Bedingungen und bei einem Bürgertum, das noch schwach und in sich uneinheitlich war.

Was Goethe beigetragen hat, ist beschrieben worden. Es wäre zu einfach, das von ihm theoretisch Entworfene und in der Dichtung Verwirklichte auf einen Nenner zu bringen: die Lust am geniehaft Schöpferischen; die Ausdrucksfreude und -mächtigkeit; die in manchen Gedichten gestaltete Einheit von Natur, Liebe und fühlendem Ich; die Auffassung von der Natur als einer Kraft, »die Kraft verschlingt«, »schön und häßlich, gut und bös«, wo alles mit gleichem Recht nebeneinander existiert (*Die schönen Künste von Sulzer*); die Suche nach Ursprünglichkeit; das dichterische Aufspüren auch der zwielichtigen Motive menschlichen Verhaltens und treulosen Schwankens; das Pochen auf ein dynamisches Leben aus Selbstgewißheit, »dreingreifen, packen ist das Wesen jeder Meisterschaft« (Juli 1772). Breite der Themen und Vielfalt der Gestaltungen, mit denen er experimentierte, sind erstaunlich. Glück freilich ist nur in seinen Gedichten zuhause, noch dort oftmals brüchig und nur mit einem »und doch« zu behaupten.

Wir können uns nicht alles aus Goethes jugendlichem Beitrag unreflektiert aneignen. Wir stoßen auf Probleme und Widersprüche, die die Texte direkt nicht zu erkennen geben. Was Goethe vortrug, war – daran zweifelt niemand – großer Entwurf, der unter Zaudern und Zagen gewagt wurde, wie die Briefe zeigen, war begehrte Erfüllung menschlichen Lebens; so als gäbe es autonome Schöpferkraft, unabhängiges Handeln und Selbstverwirklichung im Schaffen und Geschaffenen (deshalb die Betonung des Künstlertums) – und als herrsche nicht im Tausch der Waren die Fremdheit zwischen Arbeitendem und Produkt, nicht die isolierende Konkurrenzsituation, nicht die Trennung zwischen abstumpfender Arbeit und kärglichen Augenblicken der Übereinstimmung mit sich selbst; so als ließe sich jenes selige Gefühl des Einsseins von Ich und Natur durchhalten – und unser Verhältnis zur Natur sei nicht vielmehr grundsätzlich gekennzeichnet durch die dauernde arbeitende Auseinandersetzung mit ihr (in der die ›Natur‹ allmählich, aber sicher zugrundezugehen droht); so als könnte jene *Maifest*-Liebe im Verbund mit Naturseligkeit nicht nur etwas Fiktives, sondern Reales sein – und als stoße sich nicht die Liebe oft genug an den gesellschaftlichen Schranken der Klassen und Schichten wund, wovon Goethe selbst etwas im Jahr 1775 zu spüren bekam.

Aber nach wie vor ist in Dichtung und Entwürfen des jungen Goethe Unabgegoltenes aufbewahrt: der fortbestehende Anspruch der Rechte des Individuums, seines naturverbundenen Erlebens, seines Wunsches nach Selbstverwirklichung – Unabgegoltenes als Aufforderung an die Gestaltung gesellschaftlicher Verhältnisse.

Goethe hat in seinem späteren Leben abschätzig auf die Jahre der Jugend zurückgeblickt. Manches, was er damals getrieben und gefordert hatte, war ihm nicht mehr geheuer. Geradezu hemmungslos hat er Dokumente von einst vernichtet. Was sich abgespielt hatte, war ihm nun zu verworren, und er beargwöhnte die überschäumenden Kräfte, weil sie Maß und Ordnung, die er wünschte, beeinträchtigen könnten. Wie er in seiner hymnischen Prosa *Von deutscher Baukunst* jetzt »eine Staubwolke von seltsamen Worten und Phrasen« sah, womit er ja nicht ganz unrecht hatte (*DuW* 12. B.; 9, 508), so verfiel der ›Sturm und Drang‹ insgesamt seiner Kritik. Allenfalls verständnisvolle Entschuldigungen hatte er noch übrig für »jene berühmte, berufene und verrufene Literarepoche, in welcher eine Masse junger genialer Männer, mit aller Mutigkeit und aller Anmaßung, wie sie nur einer solchen Jahreszeit eigen sein mag, hervorbrachen, durch Anwendung ihrer Kräfte manche Freude, manches Gute, durch den Mißbrauch derselben manchen Verdruß und manches Übel stifteten« (9, 520). Es fiel ihm schwer, wichtige Einzelheiten von einst dem »eigentlichen Grundwahren« zuzuordnen, das in seinem Leben geherrscht habe und das er in seinem Lebensbericht habe darstellen wollen (an Zelter, 15. 2. 1830).

Eigens schaltete er im 19. Buch von *Dichtung und Wahrheit* eine Passage ein, in der er sich von der frühen Genievorstellung distanzierte. Damals habe sich »Genie« nur dadurch manifestiert, »indem es die vorhandenen Gesetze überschritt, die eingeführten Regeln umwarf und sich für grenzenlos erklärte. Daher war es leicht, genialisch zu sein, und nichts natürlicher, als daß der Mißbrauch in Wort und Tat alle geregelte Menschen aufrief, sich einem solchen Unwesen zu widersetzen« (10, 161).

Der alte Goethe schreckte vor Wildwüchsigem und Formlosem zurück. Es konnte nur Unruhe bringen, und die gesuchte Gesetzlichkeit von Natur und Leben vermochte sich dort nicht zu offenbaren. Abgeneigt sei er etwa dem Indischen, um das sich Wilhelm v. Humboldt intensiv kümmerte, keineswegs, »aber ich fürchte mich davor«, schrieb er ihm am 22. Oktober 1826, »denn es zieht meine Einbildungskraft ins Formlose und Difforme, wovor ich mich mehr als jemals zu hüten habe«. Er wußte also sehr wohl, daß er sich in acht zu nehmen habe, weil er sich die Verführung durch »Formloses und Difformes« offenbar immer noch vorstellen konnte.

Auch den Freiheitsdrang der Jungen von einst wußte er nur noch zu belächeln. »Das Bedürfnis der Unabhängigkeit« entspränge eher im Frieden als im Krieg, wo man die rohe Gewalt ertrage. Nichts wolle man dann über sich dulden:

wir wollen nicht beengt sein, niemand soll beengt sein, und dies zarte ja kranke Gefühl erscheint in schönen Seelen unter der Form der Gerechtigkeit. Dieser Geist und Sinn zeigte sich damals überall, und gerade da nur wenige bedrückt waren [!], wollte man auch diese von zufälligem Druck befrein, und so entstand eine gewisse sittliche Befehdung, Einmischung der einzelnen ins Regiment, die, mit löblichen Anfängen, zu unabsehbar unglücklichen Folgen hinführte (9, 534).

Angesichts der für Goethe unentschuldbaren grausamen Ereignisse im Verlauf der Französischen Revolution konnte er das frühere Aufbegehren nicht mehr gutheißen. Wie eine müßige Spielerei erschien ihm der einst so lautstark intonierte Tyrannenhaß. Merkwürdig war es ihm, »Gedichte aus jener Zeit zu sehn, die ganz in einem Sinne geschrieben sind, wodurch alles Obere, es sei nun monarchisch oder aristokratisch, aufgehoben wird« (9, 536).

Wir haben keinen Grund, Goethes Kritik am ›Sturm und Drang‹ einfach zu übernehmen, im Gegenteil. Seine Bewertung der frühen Jahre gibt vielmehr Anlaß zu Fragen. War seine Abwehr nicht auch eine heimliche Verdrängung des Scheiterns der Jugendträume? Wollte er vergessen machen, daß der Weg nach Weimar und das Bleiben dort einen Bruch im eigenen Leben bedeutete, da er weder die bisherige Künstlerexistenz einfach fortgesetzt noch jenes »Bedürfnis nach Unabhängigkeit« durchgehalten hatte? Wollte er die einstigen Verworrenheiten endgültig zu den erledigten Akten der Vergangenheit legen? Wollte er nicht mehr wissen, wie er geklagt hatte, daß das »unselige Schicksal« ihm »keinen Mittelzustand« erlauben wollte und er »immer auf den Wogen der Einbildungskraft und überspannten Sinnlichkeit, Himmel auf und Höllen ab getrieben« wurde?

Jedenfalls war ihm das »eigentliche Grundwahre« seines Lebens durchaus noch verborgen, als er im Herbst 1775 nach Weimar aufbrach. Daß er ging und dort blieb, beweist gewiß eins: bloß als Künstler und Advokat alltäglicher Fälle wollte er nicht weitermachen. Insofern trug das Bleiben in Weimar

Zeichen einer Abkehr von den Jahren zuvor. Aber auch Folgerichtigkeit ist dem spätestens im Frühjahr 1776 gefaßten Entschluß, sich an Weimar und die amtlichen Pflichten zu binden, nicht abzusprechen. Die Vermutung liegt nahe, daß Goethe in der Übernahme öffentlicher Aufgaben eine Chance sah, etwas vom verkündeten Tätigkeitsdrang auf dem Feld konkreten Handelns zu verwirklichen. Viele seiner Äußerungen in Brief und Tagebuch aus den ersten Weimarer Jahren zeugen von dieser Absicht: Schöpferisches, was ihn bisher bewegt und umgetrieben hatte, für das Gemeinwohl praktisch werden zu lassen. Insofern war seine Entscheidung für Weimar folgerichtig.

Das erste Weimarer Jahrzehnt

In einem kleinen Land und einer kleinen Stadt

Seine Vaterstadt Frankfurt hatte der junge Goethe als Nest verspottet. Wie sollte er nun die kleine Residenzstadt Weimar nennen, in die er eingezogen war? Als er in »dem unseligen Mitteldinge zwischen Hofstadt und Dorf« (Herder an Knebel, 28. 8. 1785) erst einmal heimisch geworden war, scheute er Vergleiche mit der Freien Reichs- und Krönungsstadt am Main und seinem früheren Leben dort keineswegs. Bezeichnend, was er anführte, wenn er zu begründen versuchte, warum er nicht zurückkehrte: den Mangel an Möglichkeiten, wirklich tätig zu sein. Als seine Entscheidung für Weimar reifte, schrieb er: »Ich werd auch wohl dableiben und meine Rolle so gut spielen als ich kann und so lang mir's und dem Schicksaal beliebt. Wär's auch nur auf ein paar Jahre, ist doch immer besser als das untätige Leben zu Hause wo ich mit der grössten Lust nichts thun kann. Hier hab ich doch ein paar Herzogthümer vor mir« (an J. Fahlmer, 14. 2. 1776). Die Mutter erinnerte er fünf Jahre später an die »lezten Zeiten«, die er bei ihr zugebracht habe: »unter solchen fortwährenden Umständen würde ich gewiß zu Grunde gegangen seyn« (11. 8. 1781). Solchen Äußerungen, in denen er gegenüber besorgten Angehörigen und Freunden eine positive Bilanz zog, werden aus den frühen Weimarer Jahren Bemerkungen anderer Tonlage anzufügen sein, Worte des Zweifels über den eingeschlagenen Weg, Klagen über die Last der übernommenen Arbeiten und nach wie vor Äußerungen über die ihn bedrängende innere Unruhe.

Die fast elf Jahre in Weimar vom 7. November 1775 bis zum heimlichen Aufbruch nach Italien am 3. September 1786 sind ein Abschnitt von besonderer Bedeutung in Goethes Leben. Will man ihn begreifen, so muß man die staatsmännische und administrative Tätigkeit des Neulings ebenso ernst nehmen, wie er selbst es damals getan hat. Das erste Weimarer Jahrzehnt darf nicht danach bewertet werden, wieweit Goethe dichterische Vorhaben weiterführen oder abschließen konnte. Denn nicht um zu dichten, blieb er in Weimar, sondern um die gebotene Chance wahrzunehmen, beratend und handelnd an der Verwaltung und Gestaltung eines Gemeinwesens mitzuwirken. Wer in Goethe nur oder doch in erster Linie den ›größten deutschen Dichter‹, den ›Dichterfürsten‹ sieht, wird eine Verlustrechnung aufmachen: zwölf Jahre lang kein größeres Werk veröffentlicht, nur gelegentlich ein Gedicht in irgendeiner Zeitschrift, *Wilhelm Meister* angefangen und nicht zu Ende gebracht, *Egmont, Iphigenie, Tasso* noch nicht vollendet, *Faust* ein Fragment geblieben. Doch niemand hatte Goethe gezwungen, ein Jahrzehnt lang Dichtung und Kunst wenn auch nicht zu vergessen, so doch in die Stunden neben den amtlichen Pflichten zu verbannen. Bis zum Lebensende hat er die Last öffentlicher Ämter nicht mehr abgelegt, sie allenfalls zu mindern gesucht, damit seine künstlerischen und wissenschaftlichen Fähigkeiten und Neigungen nicht zu kurz kamen. Noch im letzten Lebensjahr gab er jungen Dichtern zu bedenken: »Jüngling, merke dir in Zeiten, / Wo sich Geist und Sinn erhöht: / Daß die Muse zu *begleiten*, / Doch zu *leiten* nicht versteht« (*Wohlgemeinte Erwiderung*). Auf was sich der sechsundzwanzigjährige Goethe seit dem Frühjahr 1776 einließ, welche neuen Erfahrungen er machte, welche Enttäuschungen er hinnehmen mußte, welche Folgen es für ihn hatte, im kleinen Herzogtum Weimar ein Doppelleben als Staatsbediensteter und als Künstler zu wagen, – das alles wird zu erzählen sein.

Das Herzogtum Sachsen-Weimar-Eisenach war einer jener zahlreichen Kleinstaaten im Flickenteppich des Heiligen Römischen Reiches Deutscher Nation, ein Produkt der jahrhundertelang vollzogenen Teilungen, die die dynastischen Erbfolgen mit sich gebracht hatten. 1485 waren die Wettinischen Länder zwischen den Albertinern und Ernestinern, denen Weimar zukam, aufgeteilt worden. Aber dabei war es nicht geblieben. Da noch nicht die sog. Primogenitur, das Erbfolgerecht des Erstgeborenen, galt, kam es zu immer weiteren Teilungen. In Sachsen-Weimar, einem der vielen auf diese Weise entstandenen Herzogtümer machte erst 1719 die Primogeniturordnung der weiteren Zersplitterung ein Ende. So herrschte im Gebiet Thüringens um die Mitte des 18. Jahrhunderts eine stattliche Zahl von Fürsten auf ihren Klein- und Kleinstterritorien. Was Testamente, Heiratsverträge, herrschaftliche Erwerbungen sonstiger Art an Zersplitterung bewirken konnten, hier war es zu studieren. Und überall Hofhaltungen mit mehr oder minder großem Aufwand, in Sachsen-Gotha-Altenburg, in Sachsen-Coburg-Saalfeld, in Sachsen-Meiningen und anderwärts.

Das Weimarische Herzogtum bildete kein zusammenhängendes, geschlossenes Staatsgebilde. Nach dem Aussterben der Eisenacher Linie war 1741 dieses ziemlich weit im Westen Thüringens gelegene Fürstentum zu Weimar hinzugekommen, so daß es seitdem das Herzogtum Sachsen-Weimar-Eisenach gab. Der größte zusammenhängende Landesteil bestand aus dem Herzogtum Weimar mit dem Jenaer Gebiet, das einmal (von 1662–1690) ein selbständiges Fürstentum gewesen war, und dem Amt Ilmenau, das über eine eigene Steuerverfassung verfügte. Nördlich, schon in der Nähe des Harzes, lag das Amt Allstedt. Nicht mehr als etwa 62 300 Menschen wohnten 1786 in diesem Gebiet, während im Westen der eisenachische Landesteil samt dem fränkischen Amt Ostheim etwa 46 500 Einwohner zählte.

Keine 110 000 Menschen waren es also, die bei Carl Augusts Regierungsantritt und Goethes Ankunft das Herzogtum Sachsen-Weimar-Eisenach bevölkerten. Dennoch arbeitete ein genau gegliederter Verwaltungsapparat, in dem freilich auch höchste Behörden sich mit Kleinigkeiten des überschaubaren Landes zu befassen hatten. Daß dem Landesherrn die ganze Macht zustand und er, niemandem verantwortlich, die endgültigen Entscheidungen fällte, war hier genauso üblich wie in allen Staaten absolutistischer Prägung. Mochte sich der Fürst an der Spitze auch im Geist eines aufgeklärten Absolutismus verpflichtet fühlen, auf das Wohl aller seiner Untertanen bedacht zu sein, so ließ er doch an seinem Herrschaftsanspruch nicht rütteln und seine Machtvollkommenheit nicht schmälern. Es muß den absolutistischen Fürstenhäusern als Gottes Entschluß oder als unumstößliches Naturgesetz erschienen sein, daß ihre Untertanen Abgaben und Leistungen für den Unterhalt des Hofes und dessen repräsentative Pflichten und Vergnügungen erbrachten. Daran änderte das Recht der Steuerbewilligung, das den Vertretern des Landes, den sog. Landständen, eingeräumt war, so gut wie nichts. Despotische Durchsetzung herrschaftlicher Ansprüche hatte man auch im Herzogtum Weimar erfahren und erlitten. Herzog Ernst August (1688–1748), Großvater Carl Augusts und regierender Herrscher von 1707 bis 1748, ist als rücksichtsloser, selbstherrlicher und ausschweifender Miniaturdespot in böser Erinnerung geblieben. Seine Leidenschaft fürs Bauen – der »Bauwurm«, wie Zeitgenossen es nannten – verschlang gewaltige Summen. Zwanzig Parkschlösser, Jagdhäuser und Befestigungen ließ er errichten. Schloß Belvedere wurde mit allen zeitgemäßen höfischen Anlagen ausstaffiert, mit Orangerie und Menagerie, Reithaus und Zwinger und einem aufwendigen Park nach französischem Muster. Kosten für diese Bauten und Gärten von Belvedere in den Jahren 1724 bis 1732: 250 000 Reichstaler. Natürlich frönte der Despot auch der Jagdleidenschaft mit Hunderten von Hunden und Pferden; natürlich wollte er auch militärisch etwas gelten und gab sich der Soldatenspielerei hin. Die Gelder für solche Verschwendung hatte das Land aufzubringen; die Schulden des Hofes wuchsen bis 1748 auf 360 000 Taler an.

Kunst und Bildung zu unterstützen und zu fördern, das ließen sich absolutistische Herrscherhäuser, insbesondre zu ihrem eigenen Ruhme, hin und wieder angelegen sein. So ebenfalls in Weimar. Anfang des 18. Jahrhunderts wurden Kunstsammlungen begonnen, bedeutende Gemälde erworben, darunter Werke von Cranach, Dürer, Rubens, und das Musikleben war beachtlich. 1696 hatte man im Schloß eine Opernbühne eingerichtet, auf der auch Opern in deutscher Sprache aufgeführt wurden. Während diese Opernbühne bald an Bedeutung verlor, gehörten 1707 zur Hofkapelle immerhin 25 Mitglieder. Ein Jahr später trat Johann Sebastian Bach als Hoforganist in den Dienst des Weimarer Hofes. Gleichzeitig wirkte an der Stadtkirche ein anderer bedeutender Musiker als Organist, Johann Gottfried Walther. Bei Bachs Weggang von Weimar ließ Ende 1717 allerdings die Despotie ihre Macht spielen. Als Johann Sebastian nach anfänglicher Ablehnung seines Kündigungsgesuchs erneut um Entlassung bat, wurde er wegen seiner »halsstarrigen Bezeugung« kurzerhand eingesperrt und kam erst nach Wochen frei, um dann seine neue Stelle in Köthen anzutreten. 1735 mußte die Weimarer Hofkapelle aufgelöst werden; andere kostspielige Leidenschaften des Herzogs zwangen dazu. Was er vom Weimarer Gymnasium erwartete, gab eine neue Schulordnung von 1733 zu erkennen. Das Gymnasium habe nicht die Aufgabe, die Universität »mit einer großen Menge unnützer Leute von sogenannten Gelehrten« zu beschweren, sondern solle besonders diejenigen ausbilden, »die Gott und dem Vaterlande in anderen politischen Ämtern, sonderlich im Militärstande [...], vornehmlich aber als Cantoren und Schulmeister auf dem Lande dienen sollen«. Kritisches Nachdenken der Untertanen war ausdrücklich untersagt. Noch im März 1744 verfügte eine herzogliche Verordnung: »Das vielfach Räsonnieren der Untertanen wird hiermit bei halbjähriger Zuchthausstrafe verboten und haben die Beamten solches anzuzeigen. Maßen das Regiment von uns und nicht von den Bauren abhängt und wir keine Räsonneurs zu Untertanen haben wollen.«

Man sieht, es war noch ein weiter Weg zur Welt des ›Weimarer Musenhofes‹ und der ›Weimarer Klassik‹, als Wieland dort seinen *Teutschen Merkur* herausgab und Goethe, Herder, Schiller sich zum Bleiben in der Residenzstadt entschlossen. Freilich, die überkommenen Herrschaftsstrukturen blieben erhalten, aber die Personen, die sich in ihnen mit der angestammten herrschaftlichen Verfügungsgewalt bewegten, waren anderen Geistes. Mag man auch in dem (besonders in der Jugendzeit) derben, rastlosen Treiben Carl Augusts, in seiner Jagdleidenschaft, seinen erotischen Ausschweifungen, seinem ausgeprägten Herrscherbewußtsein Züge des despotischen Großvaters wiedererkennen wollen, so ist aus dem Enkel, mit dem sich die Erinnerung an die bedeutendste Zeit Weimars verbindet, doch ein ganz anderer als der Vorfahr geworden.

Als Ernst August 1748 starb, mußte für seinen noch minderjährigen Sohn Ernst August Constantin (geb. 1737) eine Vormundschaftsregierung eingesetzt werden. In ihr gewann bald sein Erzieher, der Graf Heinrich von Bünau, aufgeschlossen für Ideen der Aufklärung und eine von Vernunftprinzipien geleitete Regierungsweise, maßgeblichen Einfluß. Besserungen der finanziellen Verhältnisse des Landes wurden angebahnt, die Zahl der Soldaten vermindert, viele Pferde und Hunde verkauft. Am 29. Dezember 1755 konnte Ernst August Constantin, nun achtzehnjährig, selbst die Regentschaft übernehmen, weiterhin mit v. Bünau als führendem Minister. Doch die Regierungszeit des jungen Herzogs endete schon am 28. Mai 1758 mit seinem frühen Tod. Zwei Jahre zuvor hatte er Anna Amalia, die Tochter des Braunschweiger Herzogspaars Karl und Philippine, einer Schwester Friedrichs des Großen, geheiratet und noch die Geburt seines ersten Sohnes Carl August am 3. September 1757 erleben können. Ganze achtzehneinhalb Jahre war Anna Amalia alt (geb. am 24. 10. 1739), als sie Witwe wurde und der Geburt ihres zweiten Sohnes, des Prinzen Constantin, entgegensah.

Sie hatte nach ihren eigenen Worten in jugendlichem Alter geheiratet, »wie man eben gewöhnlich Fürstinnen vermählte«. Wieviel Liebe im Spiel war, ist nicht auszumachen. Sie hat ihre Lebensjahre bis zum Tod am 10. April 1807, ein halbes Jahrzehnt (!) Herzoginmutter in Weimar, als Witwe verbracht. An Tatkraft mangelte es ihr nicht, und den Nöten des Herzogtums suchte sie entgegenzuwirken, ohne ihre eigenen Ansprüche an fürstliche Macht und Würde preiszugeben. Sie besaß künstlerische Neigungen und Kenntnisse, komponierte (z. B. Goethes *Erwin und Elmire*), malte, zeichnete, lernte noch spät die griechische Sprache und liebte es, wenn Dichter und Künstler ihr Gesellschaft leisteten. Standesgrenzen waren in diesem Fall belanglos. Launische Anwandlungen scheinen Anna Amalia gelegentlich befallen zu haben. Wie hätte es auch anders sein sollen in einem Leben, das sie letztlich als einzelne, auf sich gestellte und in Zwänge der höfischen Etikette eingepaßte Person bestehen mußte! Es bedurfte für sie großer Anstrengung, mit den Komplikationen der frühen Jahre fertigzuwerden. Sie selbst berichtet:

In meinem achtzehnten Jahre fing die großen Epoche meines Lebens an: ich wurde zum zweitenmal Mutter, ich wurde Witwe, Obervormünderin und Regentin. In den Jahren, in denen sonst alles um uns her blüht, war bei mir Nebel und Finsternis. Nachdem der erste Sturm vorüber, war meine erste Empfindung, daß meine Eitelkeit und Eigenliebe erwachte. Regentin zu sein, in solcher Jugend schalten und walten zu dürfen, konnte wohl nichts anderes hervorbringen. Aber meine Eigenliebe wurde gedemütigt durch das Gefühl des Unvermögens. Ich sah auf einmal das Große, das meiner wartete, und fühlte dabei meine gänzliche Untüchtigkeit. Die Geschäfte, von denen ich gar nichts wußte, vertraute ich Leuten an, die durch lange Jahre und

Routine Kenntnis davon hatten. In dieser Dumpfheit der Sinne verblieb ich eine Weile; auf einmal erwachten dann in mir alle Leidenschaften. Mir war wie einem Blinden, der das Gesicht erhält. Ich strebte nach Lob und Ruhm. Tag und Nacht studierte ich, mich selbst zu bilden und mich zu den Geschäften tüchtig zu machen (WuG 6of.).

Nach dem Tod des jungen Herzogs 1758 war die Vormundschaft zunächst an den Vater Amalias, den Herzog Karl von Braunschweig-Wolfenbüttel, übergegangen. Dann hat sie selbst von 1759 an sechzehn Jahre lang für ihren Sohn Carl August die Regentschaft ausgeübt. Als sie das Amt übernahm, führte ihr Onkel, der preußische Friedrich, den Siebenjährigen Krieg, der auch Weimar in Mitleidenschaft zog. Truppen beider Seiten streiften durch das Land, nahmen sich, was sie nötig hatten, und das Herzogtum hatte dem Reich gewisse Truppenkontingente zu stellen. Die Schuldenlast, die noch aus Ernst Augusts Zeiten stammte, verringerte sich unter solchen Umständen nicht, sondern wuchs noch an. Mit ihren Beratern hat es Anna Amalia schließlich geschafft, die Folgen des Krieges zu lindern und die Finanzlage erträglicher zu gestalten.

Mit dem Namen der jungen Herzoginmutter ist der Beginn der kulturellen Blütezeit Weimars verbunden geblieben. »Sie gefiel sich im Umgang mit geistreichen Personen und freute sich, Verhältnisse dieser Art anzuknüpfen, zu erhalten und nützlich zu machen; ja es ist kein bedeutender Name von Weimar ausgegangen, der nicht in ihrem Kreise früher oder später gewirkt hätte«, heißt es 1807 in Goethes Nachruf auf die Fürstin (JA 25, 259). Von einem planmäßigen Aufbau des ›Musenhofes‹ bei Anna Amalia kann man sicher nicht sprechen. Die glückliche Wahl einiger Erzieher für ihre beiden Söhne brachte es mit sich, daß daraus geworden ist, was Goethe rühmte und spätere Geschlechter mit der Vorstellung vom klassischen Weimar verbanden. Eine sorgfältige, umfassende Ausbildung wünschte die Herzogin für ihre Kinder; besonders der Erbprinz Carl August sollte gründlich darauf vorbereitet werden, im Sinn eines aufgeklärten Fürsten zu regieren: auf das Wohl der Untertanen bedacht, aber im sicheren Bewußtsein, mit der Vollmacht des Herrschers ausgestattet zu sein, der letztendlich zu entscheiden hat und guten Gewissens das jeweils Richtige und Förderliche wählt. Daß in solchem Konzept einer Fürstenerziehung grundsätzliche und nicht zu lösende Widersprüche enthalten waren, insofern die Unterwerfung aller unter die Entscheidungen eines einzelnen keineswegs die Gewähr für ein Wohlergehen des Volkes bot, wissen wir längst. Damals waren indessen viele überzeugt, daß ein Herrscher, im wohlmeinenden patriarchalischen Geiste tätig, gegenüber den widerstreitenden Interessen der vielen eine notwendige

Ordnungsmacht sei und die Menge zu ihrem eigenen Wohl der herrschaftlichen Führung bedürfe.

Als Leiter der Erziehung der Weimarischen Prinzen war 1762 zunächst Graf v. Görtz bestellt worden, der auch diplomatische Erfahrungen besaß. Hauslehrer unterstützten ihn, später wurden Professoren der nahen Universität Jena für juristische Vorlesungen hinzugezogen. Die Ausbildung der Prinzen war erstklassig, selbst für damalige Verhältnisse. Sie lernten Sprachen, gewannen Kenntnisse in Literatur, besonders der französischen, wurden in Mathematik und Geschichte, Ökonomie und Philosophie eingeführt, und selbstverständlich gehörten Reiten, Fechten, Tanzen zum Programm. Für Weimar war es entscheidend, daß im August 1772 Christoph Martin Wieland als Prinzenerzieher gewonnen werden konnte, für ein Gehalt von 1000 Gulden pro Jahr und eine Pension von 600 Gulden, solange er in Weimar blieb. Von Erfurt aus, wo er als Professor philosophiae an der Universität lehrte, war er bereits einige Male zu Besuch herübergekommen und hatte sich aufschlußreich über die Fähigkeiten und problematischen Seiten Carl Augusts geäußert. Als Philosoph der Weltklugheit schien er der richtige Mann zu sein, die letzten Jahre der Ausbildung zu übernehmen. Goethe rief 1813 in seiner Totenrede *Zu brüderlichem Andenken Wielands* in Erinnerung:

Ein auslangend bildender Unterricht ihrer fürstlichen Söhne war das Hauptaugenmerk einer zärtlichen, selbst höchst gebildeten Mutter, und so ward er herüber berufen, damit er seine literarischen Talente, seine sittlichen Vorzüge zum Besten des fürstlichen Hauses, zu unserm Wohl und zum Wohl des Ganzen verwendete. [...] Sein dichterisches so wie sein literarisches Streben war unmittelbar aufs Leben gerichtet, und wenn er auch nicht gerade immer einen praktischen Zweck suchte, ein praktisches Ziel hatte er doch immer nah oder fern vor Augen. Daher waren seine Gedanken beständig klar, sein Ausdruck deutlich, gemeinfaßlich (JA 37, 13 ff.).

Kurz vor Wielands Berufung nach Weimar war sein Roman *Der Goldne Spiegel, oder die Könige von Scheschian* erschienen, in dem es, spielte auch die Handlung in fernen Ländern und Zeiten, um das einschlägige Problem der Erziehung zum guten Fürsten und um ein vernünftiges Staatswesen ging. Tifan, Vorbild des aufgeklärten Herrschers, verkündete:

Euch und eure Kinder zu guten Menschen und zu guten Bürgern zu machen, soll mein erstes und angelegenstes Geschäft seyn; und mein Beispiel soll euch überzeugen, *daß euer König der erste Bürger von Scheschian ist.* [...] Eine vorsichtige Bestimmung der *Staatsverfassung,* und eine *Gesetzgebung,* welche die Befestigung der Ruhe, der Ordnung und des allgemeinen Wohlstandes in diesem Reiche zur Absicht haben wird, soll die einzige Ausübung der Vollmacht seyn, die ihr mir überlassen habt; und auch hierin sollen die Weisesten und Besten mir ihre Hände bieten (II. Teil, Kap. 9).

Über die allzu idealistisch gezeichneten Gestalten dieses Staatsromans meinte schon bald J. M. R. Lenz in seiner Komödie *Der neue Menoza* (1774) spotten zu müssen, wo der Prinz dankend auf die Lektüre des Buches verzichtete: »Geben Sie sich keine Mühe, ich nehme die Menschen lieber wie sie sind, ohne Grazie, als wie sie aus einem spitzigen Federkiel hervorgehen.« Reform von oben, durch Initiative der zum ›Guten‹ erzogenen und bekehrten Fürsten, das war und blieb Wielands Hoffnung; Goethes Erwartungen zielten in die gleiche Richtung.

Speziell für die Erziehung des jüngeren Prinzen Constantin verpflichtete man 1774 Carl Ludwig v. Knebel. Neun Jahre hatte er in einem preußischen Regiment gedient, doch der Soldatendienst konnte ihn ebensowenig befriedigen wie seine davor betriebenen juristischen Studien. Geistig-literarische Interessen bewegten ihn mehr. In Berlin hatte er im Kreis der Schriftsteller verkehrt; eine Empfehlung Nicolais hatte er in der Hand, als er auf der Suche nach einem Amt bei Wieland in Weimar vorsprach. Er schien die geeigneten Voraussetzungen mitzubringen, um Erzieher Constantins zu werden, auf den als Zweitgeborenen allenfalls eine militärische Laufbahn wartete. Abgeschlossen wurde die Ausbildung der Prinzen mit jener Bildungsreise, auf der Knebel im Dezember 1774 in Frankfurt den jungen Goethe mit der Weimarer Reisegesellschaft zusammenführte, zu der unter anderem Graf v. Görtz und der neue persönliche Begleiter Carl Augusts, Stallmeister v. Stein, gehörten.

Die letzte Zeit vor der Regierungsübernahme durch Carl August war von mancherlei Spannungen gezeichnet, deren Einzelheiten in die interne Herrschaftsgeschichte des Herzogshauses gehören. Der lebhafte, aus anfänglicher Schwäche zu kräftiger Statur herangewachsene Prinz drängte zur Macht und wollte als künftiger Herzog respektiert werden, Anna Amalia ihrerseits aber die Regentschaftsbefugnisse voll ausschöpfen. Doch ab Herbst 1774 ließ sie den Sohn und Nachfolger an den Sitzungen des höchsten Gremiums, des Geheimen Consiliums, teilnehmen. Am 3. September 1775 wurde Carl August achtzehn Jahre alt, als volljährig erklärt und trat die Regierung an. »Ja, bester Fürst, Du wirst, indem Du uns beglückst, der Glücklichste von allen sein!« feierte ihn Wieland in dem bei solchen Anlässen üblichen Tenor. Einen Monat später kam es zur Hochzeit mit der Prinzessin Luise von Hessen-Darmstadt, wie es auf der vorjährigen Bildungsreise in die westlichen Gegenden Europas eingefädelt worden war.

Die Residenzstadt Weimar war ein Ort von damals mittlerer Größe, äußerlich mit Frankfurt am Main nicht im geringsten zu vergleichen. Ein

Schloß existierte nicht mehr; im Mai 1774 war die Wilhelmsburg nach einem Blitzschlag abgebrannt und damit auch Weimars erstes Theater zerstört worden, das 1697 der Venezianer Girolamo Sartorio im Ostflügel unter dem großen Saal des Schlosses eingerichtet hatte. Von 1771–1774 war es Spielstätte der Seylerschen Schauspielertruppe gewesen, zu der ein so namhafter Schauspieler wie Konrad Ekhof zählte. Nach der Vernichtung des Schlosses wohnte die herzogliche Familie im sog. Landschaftshaus, das soeben für die »Landschaft«, die Ständevertretung des Landes, gebaut worden war; es blieb bis 1803 die behelfsmäßige Residenz.

In den siebziger Jahren zählte die Bevölkerung der Stadt Weimar nur etwas mehr als 6000 Einwohner. Für 1801 werden 7499 Personen genannt, im Jahr 1829 hatte man die runde Zahl von 10000 erreicht. 729 Häuser gab es dort im Jahr 1762, 1830 waren es an die 900 geworden. Trotz mangelhafter statistischer Erhebungen aus jener Zeit kann man die sozialökonomische Schichtung der Bevölkerung des Herzogtums ungefähr so beziffern: Adel 1%, Bürger 23%, Bauern 63%, Handwerker und Tagelöhner 13%. Für die Stadt Weimar, deren Bevölkerungsstruktur im wesentlichen durch den Hof und die ihm zugeordneten Berufszweige bestimmt wurde, sahen die Verhältnisse, was den Anteil von Bürgern und Bauern betrifft, naturgemäß anders aus. In einer Übersicht für 1820, die den Verhältnissen fünfzig Jahre zuvor entsprechen dürfte, tauchen aufschlußreiche Zahlen auf. Insgesamt werden 2566 Berufstätige (einschließlich Pensionäre und Witwen) aufgeführt, wovon allein 513 zu den staatlichen und städtischen Verwaltungs- und Polizeibeamten und Hofbediensteten gehörten. Auch die 76 Mitglieder des Hoftheaters und der Hofkapelle (diese allerdings gab es 1775 noch nicht), die 31 Geistlichen und Lehrer sowie eine stattliche Menge der 173 männlichen Bediensteten, Handarbeiter und Tagelöhner übten Tätigkeiten aus, die direkt oder indirekt mit dem Hof zusammenhingen. Etwa 1000 Einwohner lebten als Handwerker, Händler, Handwerksgesellen und gelernte Arbeiter. Die Zahl der Bauern belief sich auf nur 16. In den ländlichen Gebieten des Herzogtums waren sie hingegen die zahlenmäßig stärkste Bevölkerungsschicht.

Fast gänzlich fehlten das Großbürgertum und ein wirtschaftlich potenter Mittelstand. Allein Friedrich Johann Justin Bertuch wurde ein bedeutender bürgerlicher Unternehmer. Er war eine imponierende Persönlichkeit. Nach juristischen Studien und einer Hauslehrertätigkeit kehrte er 1773 in seine Geburtsstadt Weimar zurück, machte sich als Übersetzer (besonders des *Don Quijote* von Cervantes) einen Namen, hatte Erfolg mit einem Trauerspiel, war aber mit einem Dasein als Schriftsteller nicht zufrieden. Als Verleger und Kaufmann fand er den ihm gemäßen Wirkungsbereich. Mehrere, darunter bedeutende Zeitschriften gehörten zu seinem Verlagsunternehmen: der *Teutsche Merkur*, das *Magazin der spanischen Literatur*, die *Allgemeine Literatur-Zeitung* (die 65 Jahre, von 1785 bis 1849, bestand), endlich das *Journal des Luxus und der Moden*, eine Zeitschrift, die über Mode und Hausrat, Kleidung und Gartenkunst ebenso berichtete wie über Sitten und Gebräuche fremder Länder und es auf 42 Jahrgänge brachte. Über zwei Jahrzehnte war Bertuch Geheimsekretär des Herzogs Carl August und verwaltete dessen Privatkasse. 1782 gründete er eine Fabrik für künstliche Blumen, die schnell florierte; dort war Christiane Vulpius als Arbeiterin angestellt. 1790 beschloß er, alle seine Unternehmen im »Landes-Industrie-Comptoir« zusammenzufassen. Im *Journal* erläuterte er seine Absichten in einem Aufsatz, in dem es hieß: »Ich verstehe unter Landes-Industrie-Institut eine gemeinnützige öffentliche oder Privat-Anstalt, die sichs zum einzigen Zwecke macht, teils die Naturreichtümer ihrer Provinz aufzusuchen und ihre Kultur zu fördern, teils den Kunstfleiß ihrer Einwohner zu beleben, zu leiten und zu vervollkommnen.« In einer Denkschrift an den Herzog nannte er als vornehmsten Zweck des »Comptoirs«, »unsern Aktivhandel zu befördern, Geld für zu versendende Landesware hereinzuziehen und keine fremden Waren zum hiesigen Detailhandel für bares Geld kommen zu lassen und unseren bisherigen Passivhandel noch zu vermehren«. Was für das Land gut war, nützte auch dem Unternehmer: Seine vielen erfolgreichen Aktivitäten machten Bertuch zum reichsten Mann Weimars, dessen großes, seit 1780 gebautes Haus ein Sammelpunkt geselligen Lebens war.

Was das Einkommen in Stadt und Herzogtum betraf, so klafften gewaltige Unterschiede zwischen einer schmalen Schicht gut Verdienender und der Masse derer, die schlecht und recht, oftmals mehr schlecht als recht, ihr Dasein fristeten. Eine prozentual winzige Gruppe höfischer Adliger und hoher Beamter lebte im Wohlstand: 2% der Einwohner verfügten über ein Jahreseinkommen von mehr als 1000 Talern. Weitere 7% hatten mehr als 400, 13% mehr als 200 Taler. Wenn es stimmt, daß für die Befriedigung der dringendsten Lebensbedürfnisse 200 Taler nötig waren, so hatten immerhin 58% der Einwohner mit einem Einkommen zu leben, das nur 100 Taler ausmachte, und weitere 20% mit einer Summe wischen 100 und 200 Talern.

Über allen rangierte die Herzogsfamilie mit mehreren Hofzirkeln für die einzelnen Mitglieder der Familie: den Kreisen um den regierenden Herzog Carl August und die Herzogin Luise, um die Herzoginmutter Anna Amalia und um den Prinzen Constantin. Die drei 1783, 1786 und 1792 geborenen Prinzen des Herzogspaares kamen später noch hinzu. Da die Herzöge von Weimar als Reichsfürsten zum hohen Adel gehörten, war es selbstverständlich, daß die wichtigeren Ämter des Hofes den Adligen zustanden, während man niedere Dienste den Angehörigen der bürgerlichen und bäuerlichen Schichten überließ.

In Weimar gelangten allerdings auch Bürgerliche in wichtige Positionen. Die Landesbehörden beschäftigten sogar ungefähr zur Hälfte Adlige und Bürger. Manche Adlige in hohen Ämtern gehörten ohnedies noch nicht lange diesem Stand an; sie stammten vielmehr aus bürgerlichen Familien, die erst vor einer oder wenigen Generationen wegen ihrer Verdienste in irgendwelchen höfischen Diensten geadelt worden waren. So hatte beispielsweise der höchste Minister in der Regierung Anna Amalias und Carl Augusts, der Freiherr Jacob Friedrich v. Fritsch, einen sächsischen Buchhändler und Verleger zum Großvater. Daß Angehörige des Adels mit neuen Ideen und reformerischen Vorhaben sympathisierten, war nichts Seltenes, und persönliche Beziehungen zwischen Bürgern und Adligen entfalteten sich, ohne daß Standesschranken dies wesentlich erschwert oder verhindert hätten. Man vergißt leicht, daß ein Mann wie Ludwig v. Knebel, Goethes »Urfreund«, einem fränkischen Adelsgeschlecht entstammte. Dieses Zusammenwirken von Adligen und Bürgern, freilich innerhalb der im Grundsatz nicht angezweifelten Herrschaftsstrukturen, war charakteristisch für Weimar und wurde durch die überschaubare Kleinräumigkeit begünstigt. Sicherlich hat diese Atmosphäre dazu beigetragen, daß Goethe hier geblieben ist.

Der kleinstädtische, zum Teil dörfliche Zuschnitt Weimars ist oft genug von Bewohnern und Besuchern beschrieben, auch bespöttelt worden. Mit der Sauberkeit in den Straßen und engen Gassen scheint es gehapert zu haben. Noch 1759 mußte eine städtische Verordnung verfügen: »Der Kot in der Stadt wird durch die Mistfuhren veranlaßt. Wer keine Torfahrt hat, soll den Mist außerhalb der Markttage auf die Gassen herausschaffen, nicht über Sonn- und Feiertage auf den angewiesenen Plätzen liegen lassen.« Die landschaftliche Lage Weimars wurde hingegen häufig gerühmt; sie habe »sehr viel Angenehmes. Es liegt in einer lachenden, fruchtbaren Gegend, die sich hier und da in reizende Hügel erhebt, welche mit Gebüschen bedeckt oder als Felder angebaut sind. Auf der Seite nach Erfurt, rechts von der Chaussee, erhebt sich allmählich der hohe Ettersberg, auf dem man eine weite Aussicht genießt. Die Stadt selbst erstreckt sich etwas abhängig nach dem romantischen Tal zu, welches die Ilm durchfließt.« Über das Innere des Ortes indessen abermals Klagen. »Krumme Straßen durchziehen sie nach allen Richtungen, und die Häuser, welche meistens nur zwei, selten drei Stockwerke haben, zeugen von dem Alter dieses Orts. [...] Die öffentlichen Plätze sind nicht besser als die Marktplätze mancher kleinen Landstadt. Der Markt ist ein sehr unregelmäßiges Viereck, das sich durch nichts auszeichnet« (*Friedrich Albrecht Knebe, Historisch-statistische Nachrichten von der berühmten Residenzstadt Weimar*, Elberfeld 1800; DaW 18). Ein anderer Reisender beanstandete, daß Weimars Gassen es weder an Reinlichkeit und Anlage noch an der Bauart der Häuser mit dem heiteren Gotha aufnehmen könnten. Man dürfe sich nicht weit von den Hauptstraßen entfernen, wolle man Winkel und Löcher vermeiden, welche dem Ort gänzlich das »armselige Ansehen einer nahrlosen Landstadt« gäben (*Reise durch Thüringen, den Ober- und Niederrheinischen Kreis*, Dresden 1796).

Viele Einzelheiten über die damaligen Verhältnisse in Weimar erfährt man aus den Erinnerungen Karl von Lynckers, die, erst um 1840 niedergeschrieben, nach seinen eigenen Angaben jedoch bis ins Jahr 1772 zurückreichen. 1767 geboren, wurde er mit dreizehn Jahren einer der sechs Pagen bei Hofe und blieb es vier Jahre lang.

Die Häuser, die den Markt umgaben, sind in späterer Zeit, mit Ausnahme weniger, mit obern Etagen versehen worden und waren mithin sehr niedrig und unansehnlich. Unter dem sonstigen Rathause (jetzt Stadthaus genannt) befanden sich seiner Länge nach zwei große Bogengänge; der eine war mit Fleischerbuden angefüllt, welche oft einen übeln Geruch verursachten, der zweite aber diente zur Aufbewahrung der Feuerleitern, Haken und dergleichen Geräte. [...] Übrigens befanden sich auf dem Markte nur zwei Kaufläden: der eine in dem Hause des Hofagenten Paulsen, wo dermalen der Grimmische Laden ist; in diesem waren die feinsten Tuche und die breiten goldenen und silbernen Glanztressen zu haben, mit welchen man fast alle männlichen Hofkleider galonierte, sowie auch Gold- und Silberwaren und Samte, welche die vornehmen Herren zu ihrer Bekleidung und die Damen zu den sogenannten Roben verbrauchten. [...] Außerdem war in Weimar linker Hand der Straße, welche nach der Hauptwache hinführt, wo dermalen die Putzhändlerin Steffani wohnt, eine große Parfümerie- und Schminkehandlung; ihr Besitzer war ein Franzose namens Gambü. Auf dem Töpfermarkte war noch der Stichlingsche Tuchladen, dem Vater des verstorbenen Präsidenten gehörig, von ziemlicher Bedeutung.

Ein Ausflug der Herzogin in die Stadt war jedesmal ein öffentliches Ereignis. Lyncker berichtet:

Die Herzogin pflegte zuweilen an Sonn- und Festtagen nach der Tafel in die Esplanade spazieren zu gehen; die Stunde wurde der Noblesse unter der Hand bekannt gemacht, welche sich dann zahlreich versammelte und sich harrend auf den zur Seite stehenden Bänken niederließ. Die Regentin erschien gewöhnlich im Reifrock und mit dem ganzen Hofe; der Obermarschall ging voraus, ein Page trug ihre Schleppe. [...] Hinter diesen folgte die niedere Hofdienerschaft; sie bestand aus Laufer, Heiducken und einem Zwerg (eines Mohren erinnere ich mich erst unter der hochseligen Großherzogin). Auch viele Honoratioren und Bürger eilten zur Esplanade, weil sie außerdem ihre Fürstin nur selten so nahe zu Gesicht bekamen (DaW 14, 19, 50f.).

Friedrich Hebbel mokierte sich noch 1858 über dieses thüringische Nest einer Residenzstadt:

Alles unglaublich eng und klein! Dabei erfahre ich denn, was ich freilich schon wußte und was der Bestätigung kaum noch bedurfte, daß ich es auf die Länge nimmer und nimmer in einem solchen Zirkus aushielte. Immer dieselben Schecken und dieselben Reiter; sonntags die rote Schabracke und montags die graue. Die Zunge rein überflüssig; einer weiß, was der andere denkt, bevor er den Mund noch auftut. Nein, lieber Hyänen zähmen als Lämmer streicheln! In Weimar muß man entweder Goethe oder – sein Schreiber sein! (an Christine Hebbel, 24. 6. 1858).

Der junge Herzog und der Bürgersohn

Was Carl August bewogen hat, den durch *Götz* und *Werther* berühmten Dichter nach Weimar einzuladen und sehr bald in das höchste Beratungs- und Verwaltungsgremium des Landes zu berufen, ist schwer auszumachen. Zweifellos hat Sympathie eine entscheidende Rolle gespielt, gleichzeitig eine gehörige Portion Bewunderung des Achtzehnjährigen für den acht Jahre Älteren, über den schon so viel geschrieben und geredet wurde. Ob der Prinz das *Götz*-Drama und den *Werther*-Roman überhaupt gelesen hatte oder nur von Wieland oder Knebel darüber informiert worden war, wissen wir nicht. Das Gespräch über Justus Möser bei der ersten Begegnung in Frankfurt (S. 234) hatte ihm immerhin zeigen können, daß der genialische Poet auch für staatspolitische Fragen aufgeschlossen war. Dennoch bleibt es erstaunlich, mit welcher Zielstrebigkeit der junge Herzog die förmliche Bestellung Goethes zum weimarischen Minister betrieb. Vielleicht wollte er frischen Wind in ein altes Kollegium bringen; vielleicht wünschte er eine starke Persönlichkeit in seiner Nähe, die mit nichts und niemandem in seinem Land ›verfilzt‹ war; vielleicht suchte er einen Vertrauten neben sich, mit dem ihn persönliche Sympathie verband und von dem er nicht nur die selbstverständliche Loyalität eines Staatsbeamten erwartete, sondern die Freundschaft eines geistig produktiven und anregenden Mannes, der wie er selbst sein Leben noch vor sich hatte. Für die Hofkreise und die Weimarer Gesellschaft war es jedenfalls genauso überraschend wie für spätere Betrachter, daß sich der Herzog mit Goethe verbündete und dieser mit ihm, und man wußte sich keinen rechten Reim darauf zu machen.

Auch Goethes eigene Entscheidung für Weimar ist alles andere als leicht nachzuvollziehen. Gewiß war ihm Frankfurt unbehaglich geworden. Auch die Macht- und Verwaltungsstruktur der Reichsstadt war starr und verkrustet. Einige Familiengesellschaften dominierten. Da mußte man älter sein als

23 oder 24 Jahre, um mitreden, mitwirken zu können. Aber Weihnachten 1773 hatte er auf Kestners Vorschlag, in seiner (und Lottes) Nähe ein Amt zu übernehmen, geantwortet: »Mein Vater hätte zwar nichts dagegen wenn ich in fremde Dienste ginge, auch hält mich hier weder Liebe noch Hoffnung eines Amts [...]. Aber Kestner, die Talente und Kräffte die ich habe, brauch ich für mich selbst gar zu sehr, ich binn von ieher gewohnt nur nach meinem Instinckt zu handlen, und damit könnte keinem Fürsten gedient seyn. Und dann biss ich politische Subordination lernte –.« Und hatte er seinen armen Werther nicht voller Ekel über die von Standesdünkel beherrschten Verhältnisse bei Hofe räsonieren lassen, wo der Graf ihn aus der Gesellschaft wies, weil er ein Bürgerlicher war? »Was das für Menschen sind, deren ganze Seele auf dem Ceremoniel ruht, deren Dichten und Trachten Jahre lang dahin geht, wie sie um einen Stuhl weiter hinauf bey Tische sich einschieben wollen« (1. Fassung, 8. 1. 1772). Angewidert hatten Werther das glänzende Elend, die Langeweile unter dem garstigen Volk, die Sucht nach Rängen und wie sie nur wachten und aufpaßten, einander zu übervorteilen. Eine ältere adlige Dame hatte er kennengelernt, über die er sich brüsk äußerte: »Die Physiognomie der alten Schachtel gefiel mir nicht.« (In der 2. Fassung war es nur die »Alte«). Auf nichts anderes konnte sie sich in ihrem Alter noch stützen als »die Reihe ihrer Vorfahren, keinen Schirm, als den Stand, in dem sie sich verpallisadirt, und kein Ergözzen, als von ihrem Stokwerk herab über die bürgerlichen Häupter weg zu sehen« (24. 12. 1771). Als Werther seine Entlassung verlangt hatte, sollte es seiner Mutter schonend beigebracht werden: »Freylich muß es ihr weh tun. Den schönen Lauf, den ihr Sohn grad zum Geheimderath und Gesandten ansezte, so auf einmal Halte zu sehen, und rükwärts mit dem Thiergen in Stall« (24. 3. 1772). Und plötzlich war Goethe selbst auf dem Weg zum »Geheimderath« und Dienst des Bürgers bei Hofe! Allerdings hatte er im *Werther* seinen dem Untergang geweihten wohlsituierten Bürgersohn auch schreiben lassen: »Die Thoren, die nicht sehen, daß es eigentlich auf den Plaz gar nicht ankommt, und daß der, der den ersten hat, so selten die erste Rolle spielt! Wie mancher König wird durch seinen Minister, wie mancher Minister durch seinen Sekretär regiert. Und wer ist dann der Erste? der, dünkt mich, der die andern übersieht, und so viel Gewalt oder List hat, ihre Kräfte und Leidenschaften zur Ausübung seiner Plane anzuspannen« (8. 1. 1772). Offensichtlich hatte der Dichter Grund zu hoffen, er könne ähnliche Aktivitäten ausüben; er wenigstens wußte, daß es auch mangelnder Wille zur Aktivität gewesen war, der das Scheitern Werthers mitverursacht hatte.

Wenn nicht alles trügt, hat es Goethe keine Überwindung gekostet, in die Dienste eines souveränen Herrn zu treten, wenn es nur kein schlechter

Souverän war. Den Wert der Freiheit eines Volkes stufte er anscheinend niedriger ein als die Möglichkeiten einer patriarchalischen Leitung. Sein Diener Philipp Seidel, der mit ihm nach Weimar gekommen war und mit dem zusammen er in der Anfangszeit in einem Zimmer schlief, berichtet von einem nächtlichen Streitgespräch, in dem am Beispiel der Korsen, die in den sechziger Jahren nach der Befreiung von der Herrschaft der Genuesen unter die Macht Frankreichs geraten waren, die Frage diskutiert wurde:

ob ein Volk nicht glücklicher sei, wenn's frei ist, als wenn's unter dem Befehl eines souveränen Herrn steht. Denn ich sagte:»Die Korsen sind wirklich unglücklich«. Er sagte:»Nein; es ist ein Glück für sie und ihre Nachkommen. Sie werden nun verfeinert, entwildert, lernen Künste und Wissenschaften, statt sie zuvor roh und wild waren.«–»Herr«, sagte ich,»ich hätt den Teufel von seinen Verfeinerungen und Veredelungen auf Kosten meiner Freiheit, die eigentlich unser Glück macht!« (an J. A. Wolf, 23.11.1775; Bo I 147)

Wiederum hat uns niemand überliefert, was zwischen Goethe und dem Herzog in den Monaten verhandelt wurde, bevor die offizielle Berufung ins Geheime Consilium erfolgte. Es kann ja nicht sein, daß der Neuling nicht über das informiert worden wäre, was ihm als Amt zugedacht war, und keine Einblicke in die Aufgabenbereiche erhalten hätte, die ihn erwarteten. Als Poeten und Unterhalter hat der Herzog seinen Dichterfreund schwerlich in der exklusiven Beraterrunde sehen wollen. Dafür sprach auch jener Brief an den Geheimen Rat von Fritsch, in dem er ihn von der Ernennung Goethes zu überzeugen suchte, eine zu deutliche Sprache. Bezeichnenderweise hat für Carl August in der späten Rückschau die dienstliche Tätigkeit Goethes schon mit seinem Eintreffen in Weimar begonnen. Als fünfzigjähriges Dienstjubiläum galt für ihn der 7. November 1825, nicht der Tag des wirklichen Dienstantritts am 11. Juni (1776). Da mag freilich der Wunsch ausschlaggebend gewesen sein, das Jubiläum Goethes nah an das eigene fünfzigjährige Regierungsjubiläum am 3. September 1825 heranzurücken. Aber nur als Beweis der freundschaftlichen Verbundenheit sollte man die Korrektur des Datums nicht auffassen. Dann wären die Worte des Glückwunschschreibens vom 7. November 1825 bloße Floskeln:»Gewiß betrachte ich mit allem Rechte den Tag, wo Sie, meiner Einladung folgend, in Weimar eintrafen, als den Tag des wirklichen Eintritts in meinen Dienst, da Sie von jenem Zeitpunkte an nicht aufgehört haben, mir die erfreulichsten Beweise der treuesten Anhänglichkeit und Freundschaft durch Widmung Ihrer seltenen Talente zu geben.«

Die ersten Monate in Weimar waren für Goethe eine Zeit neuer Eindrücke und schwankender Überlegungen. Sein Wunsch, aus Frankfurt hinauszukommen, hatte sich erfüllt. Jetzt war abzuwägen, was daraus werden konnte. Der Wille, neu anzufangen und zu versuchen, »wie einem die Weltrolle zu Gesichte stünde«, gewann die Oberhand. Am 2. Januar 1776 hatte er Herder in Bückeburg über seine und Wielands Bemühungen, ihn gegen die Widerstände orthodoxer Theologen als Generalsuperintendenten nach Weimar zu holen, noch mit der Bemerkung unterrichtet: »Ich muss das stifften eh ich scheide.« Unter dem 5. Januar erfuhr ›Tante‹ Fahlmer in Frankfurt: »Schwebe über all den inrsten größten Verhältnissen, habe glücklichen Einfluß, und geniesse und lerne und so weiter.« Am 22. Januar schickte er Merck die Ankündigung: »Ich bin nun ganz in alle Hof- und politische Händel verwickelt und werde fast nicht wieder weg können. Meine Lage ist vortheilhaft genug, und die Herzogthümer Weimar und Eisenach immer ein Schauplatz, um zu versuchen, wie einem die Weltrolle zu Gesichte stünde.« Er machte sich und dem scharfsichtigen Merck freilich nichts vor und gab sich keinen Illusionen hin, als er fortfuhr: »Ich übereile mich drum nicht, und Freiheit und Gnüge werden die Hauptconditionen der neuen Einrichtung seyn, ob ich gleich mehr als jemals am Platz bin, das durchaus Scheisige dieser zeitlichen Herrlichkeit zu erkennen.« Eine Woche später: »Es geht mir verflucht durch Kopf und Herz ob ich bleibe oder gehe« (an Charlotte v. Stein, 29.1.1776). Wieland ließ Merck am 26. Januar 1776 wissen: »Goethe kömmt nicht wieder von hier los. Carl August kann nicht mehr ohne ihn schwimmen noch waten«. Mitte Februar war es dann entschieden:

»Ich richte mich hier in's Leben, und das Leben in mich. [...] Herder hat den Ruf als Generalsuperintendent angenommen.
Ich werd auch wohl dableiben und meine Rolle so gut spielen als ich kann und so lang als mir's und dem Schicksaal beliebt. Wär's auch nur auf ein paar Jahre, ist doch immer besser als das untätige Leben zu Hause wo ich mit der grössten Lust nichts thun kann. Hier hab ich doch ein paar Herzogthümer vor mir. Jezt bin ich dran das Land nur kennen zu lernen, das macht mir schon viel Spaas. Und der Herzog kriegt auch dadurch Liebe zur Arbeit, und weil ich ihn ganz kenne bin ich über viel Sachen ganz und gar ruhig«. – »Es ist nun wohl nicht anders ich bleibe hier [...]« (an J. Fahlmer, 14. u. 19.2.1776).

Mit Goethes Ja zu Weimar waren Konsequenzen verbunden. Wer vom durchaus Scheißigen dieser zeitlichen Herrlichkeit schrieb, wußte, daß er sich an gegebene und nicht etwa ›dichterisch‹ zu überfliegende Realitäten anpassen mußte, wenn er hier etwas bewirken wollte. Mit unbekümmertem ›Stürmen und Drängen‹, mit enthusiastischen Gesängen von Freiheit und prometheischem Aufbegehren allein war da nichts mehr zu gewinnen. Ab jetzt vollzog sich Goethes Abschied von den großen Entwürfen, wie sie die

Jugendhymnen, mitunter vage genug, gefeiert hatten. Die in einzelnen Augenblicken erfahrene (wenigstens so gedichtete) Einheit von Ich und Natur war nicht mehr zu halten. Das Bild der reifenden Frucht im Gedicht vom Zürichsee war Vorzeichen einer Wandlung. Wer sich »in alle Hof- und politischen Händel« verwickeln ließ, mußte Kompromisse eingehen und bereit sein, sich auf dürftig einzelnes einzulassen. Das mag als Verlust verbuchen, wer will. Aber auch ein Gewinn ist nicht gering zu veranschlagen: die bewußte Hinwendung zur konkreten Wirklichkeit, die zum mühseligen Erkennen und Bewältigen des Faktischen auffordert. In manchen frühen Stücken hatte sich der genaue Blick längst bewährt.

Das Aufsehen war beträchtlich, das Goethe in Weimar durch seinen überraschend vertraulichen Umgang mit dem Herzog erregte. Dazu das genialische Treiben, dem die beiden mit etlichen Kumpanen aus der näheren Umgebung des Fürsten frönten (und das den soeben angedeuteten Wandlungsprozeß noch eine Zeitlang begleitete)! Da wurde scharf geritten, im kalten Fluß gebadet, gezecht und Unfug getrieben, übermütig gespielt und mit den Mädchen auf den Dörfern gefeiert – und wohl nicht nur das. Höfische Ordnung und Etikette hatten für Stunden der Ausgelassenheit ausgedient. Noch mit siebzig soll sich Goethe erinnert haben an »Einsiedels gottloses Wegziehen des Tischtuches mit allen Abendspeisen und Flucht danach« oder an einen Zuruf beim Plumpsackspiel zu Wilhelmsthal: »Schlagt doch zu, so gut wird es euch nicht leicht wieder, euern Fürsten und Herrn prügeln zu dürfen« (KM 19. 4. 1819).

Über das jugendliche Treiben ist damals heftig getratscht und später viel Aufhebens gemacht worden. Carl August gefiel es, nachdem er lange Jahre unter der Obhut der Erzieher gestanden und nun endlich regierender Herrscher geworden war, als freigelassener Achtzehnjähriger seiner Lust an ausschweifenden Vergnügungen freien Lauf zu lassen. In solchen Tagen und Stunden war er von der Verantwortung eines absolutistischen Regenten frei. Darüber und über mögliche gesundheitliche Schäden des jungen Herzogs, dessen Vater früh gestorben war, machten sich kritische Beobachter Sorgen, vom üblichen Klatsch in einer kleinen Residenzstadt einmal abgesehen. Man gab Goethe die Schuld an dem unbeherrschten Vagabundieren. Der vergrämte Kammerherr Siegmund von Seckendorff klagte, man könnte ganze Bände mit der Beschreibung der hiesigen Lustbarkeiten füllen. »Da man sich alltäglich in Tollheiten überbietet, so halte ich hier ein Nonplusultra für unmöglich« (29. 3. 1776). Nachrichten dieser Art kursierten durch die Lande, und Gerüchte schmückten sie weiter aus. Klopstock in Hamburg fühlte sich bemüßigt, Goethe am 8. Mai 1776 einen Mahnbrief zu schreiben, als Beweis seiner Freundschaft. Er solle nicht denken, daß er ihn deswegen, weil er vielleicht in diesem oder jenem andere Grundsätze habe als er, streng beurteile.

Aber Grundsätze, Ihre und meine, beiseite, was wird denn der unfehlbare Erfolg sein, wenn es fortwährt; der Herzog wird, wenn er sich ferner bis zum Krankwerden betrinkt, anstatt, wie er sagt, seinen Körper dadurch zu stärken, erliegen, und nicht lange leben. Es haben sich wohl starkgeborne Jünglinge, und das ist denn doch der Herzog gewiß nicht, auf diese Art früh hingeopfert. Die Deutschen haben sich bisher mit Recht über ihre Fürsten beschwert, daß diese mit ihren Gelehrten nichts zu schaffen haben wollen. Sie nehmen jetzo den Herzog von Weimar mit Vergnügen aus.

Goethes Antwort vom 21. Mai war kurz, aber entschieden: »Verschonen Sie uns ins Künftige mit solchen Briefen, lieber Klopstock!« Er war nicht geneigt, auf die Anschuldigungen einzugehen, betonte aber am Schluß, Graf Stolberg, der als Kammerherr nach Weimar eingeladen war, solle ruhig kommen: »Wir sind nicht schlimmer, und wills Gott, besser, als er uns selbst gesehen hat.« Klopstock reagierte verärgert. Goethe sei es nicht wert, daß er ihm mit seinen Warnungen einen Beweis der Freundschaft gegeben habe (29.5.1776). Das Kapitel Goethe war damit für ihn geschlossen.

Näherstehende beurteilten, was in Weimar vorging, etwas anders, besonders Wieland. »Goethe spielt seine Rolle edel und groß und meisterhaft. Außer der Erfahrenheit, die er nicht haben *kann*, fehlt ihm nichts« (an Andreä, 7.2.1776).

Überhaupt, mein Lieber, glauben Sie von allem Bösen, was die Dame Fama von Weimar und dem Herzog und Goethen und der ganzen Wirtschaft aus ihrer schändlichen Hintertrompete in die Welt hineinbläst, *kein Wort!* Dies ist das einzige Mittel, nicht betrogen zu werden. *»Komm und siehe!«* ruf ich allen zu, die in der Verwirrung des Guten und Bösen, was von uns gesprochen wird, nicht wissen, was sie denken sollen. Alles geht, so gut es gehen *kann* – welcher gescheuter Mensch kann mehr verlangen? (an Gleim, Anfang September 1776; Bo I 199)

Die munteren Gesellen in Weimar wußten genau, mit welcher Skepsis ihr Treiben beobachtet wurde. Sie reagierten mit Spott darauf. Die leicht hingeworfenen Knittelverse des Kammerherrn Friedrich Hildebrand von Einsiedel dürften auch Goethe Spaß gemacht haben, der in seinen Farcen ja mit Selbstironie nicht gegeizt hatte.

> Nun denk' man sich 'en Fürstensohn,
> Der so vergißt Geburt und Thron
> Und lebt mit solchen lockern Gesellen,
> Die dem lieben Gott die Zeit abprellen,

Die tun, als wär'n sie Seinesgleichen [...].
Glauben, es wohne da Menschenverstand,
Wo man all' Etikette verbannt.
Sprechen immer aus vollem Herz,
Treiben mit der heil'gen Staatskunst Scherz,
Sind ohne Plan und Politik,
Verhunzen unser bestes Meisterstück,
Daß es ist ein Jammer anzusehn,
Wie alle Projekte ärschlings gehn.

Goethe wurde scharf aufs Korn genommen:

's ist ein Genie von Geist und Kraft,
Wie eben unser Herrgott zur Kurzweil schafft.
Meint, er könn' uns alle übersehn,
Täten für ihn 'rum auf Vieren gehn.
Wenn der Fratz so mit einem spricht,
Schaut er einen stier ins Angesicht,
Glaubt, er könn's fein riechen an,
Was wäre hinter Jedermann.
Mit seinen Schriften unsinnsvoll
Macht er die halbe Welt itzt toll,
Schreibt 'n Buch von ei'm albern' Tropf,
Der heiler Haut sich schießt vor'n Kopf.
Meint Wunder, was er ausgedacht,
Wenn er einem Mädel Herzweh macht!
Paradiert sich darauf als Doktor Faust,
Daß 'm Teufel selber vor ihm graust!
Mir könnt' er all gut sein im ganzen,
Tät mich hinter meinen Damm verschanzen,
Aber wär' ich der Herr im Land,
Würd' er und all sein Zeugs verbannt (WuG 48 f.).

Zu Neujahr 1776 fabrizierte v. Einsiedel diese Reimerei. Es wurde geradezu
Mode, sich in satirischen Knittelversen gegenseitig durchzuhecheln. Man
trug sie bei geselligen Zusammenkünften Samstagvormittag vor, und deshalb
erhielten diese Gedichte, eine Weimarer Spezialität, die Bezeichnung »Mati-
nee«. Goethe muß schon damals aus seinem *Faust* vorgelesen haben, so daß
man ihn zitieren und in seiner Manier dichten konnte.

Den Beteiligten selbst kam es wohl so vor, als verwirklichten sie mit ihrem
ungebärdigen Leben etwas vom zeitgemäß Unkonventionellen, als setzten
sie die Schlagworte vom Genie und Naturhaften in private Praxis um. Das

Duzen scheint gang und gäbe gewesen zu sein, Standesgrenzen versanken. Aber das galt nur für den Ausnahmezustand fröhlicher Geselligkeit; für die politische Wirklichkeit folgerte nichts daraus.

Es gibt ein beliebtes Deutungsmuster für die stürmische Zeit des Herzogs mit seinem Dichterfreund: Goethe habe den Jüngeren in der Schlußphase seines Reifeprozesses unvermerkt lenken wollen, und solche Führung sei wohldurchdacht gewesen. Gewiß trifft es zu, daß Goethe am Werdegang des gerade volljährig gewordenen Herzogs interessiert war. Wollte er sich nämlich auf die Welthändel einlassen und im Herzogtum wirken, so mußte er den Herzog zum Freund und Vertrauten gewinnen. Nicht die Bildung der ›Privatperson‹ Carl August hat Goethe beschäftigt, vielmehr dessen Entwicklung zu einem angemessenen Regententum, das auch ihm selbst das Bleiben und Wirken in Weimar sinnvoll machen konnte. Von einem wohldurchdachten Erziehungsplan Goethes sollte man jedoch nicht ausgehen. Das große Gedicht *Ilmenau* von 1783, das solche Vermutung nahelegt, war selbst schon Interpretation, die aus der Rückschau eine Sinngebung der früheren Jahre anstrebte. Goethe machte das argwöhnisch beäugte Treiben mit, weil er es selbst noch genoß (ohne mit allen Unarten einverstanden zu sein), und zwischendurch erinnerte er seinen herzoglichen Partner an Ernsteres und Wichtigeres. Charlotte v. Stein meinte schon im März 1776 zu erkennen:

Goethe wird hier geliebt und gehaßt; Sie fühlen wohl, daß es hier genug Dickköpfe gibt, die ihn nicht verstehen. [...]
Ich wünschte selbst, er möchte etwas von seinem wilden Wesen, darum ihn die Leute hier so schief beurteilen, ablegen, das im Grunde zwar nichts ist, als daß er jagt, scharf reit't, mit der großen Peitsche klatscht, alles in Gesellschaft des Herzogs. Gewiß sind dies seine Neigungen nicht; aber eine Weile muß er's so treiben, um den Herzog zu gewinnen und dann Gutes zu stiften. So denk ich davon; er gab mir den Grund nicht an, verteidigte sich mit wunderbaren Gründen; mir blieb's, als hätt er unrecht (an J. G. Zimmermann, 6.–8. 3. 1776; Bo I 166).

Weihnachten 1775 mußte Carl August mit Gefolge am benachbarten Hof zu Gotha verbringen. Derweil waren Goethe, v. Einsiedel, v. Kalb und Bertuch in das Dorf Waldeck bei Bürgel geritten und logierten bei Bertuchs künftigem Schwiegervater, dem Wildmeister Slevoigt. Vom 23. bis 26. Dezember schrieb Goethe dem Herzog in Etappen zwei lange Briefe. Er begann mit dem Zigeunerlied (»Im Nebelgeriesel, im tiefen Schnee«), das den 5. Aufzug des ungedruckten Schauspiels *Gottfried von Berlichingen* eröffnet hatte, und unterhielt sich damit, »hinterdrein einen Brief zu sudeln, denn ich vermisse Sie warrlich schon, ob wir gleich nicht zwölf Stunden aus einander sind.

Drunten sizzen sie noch, nach aufgehobnem Tische, und schmauchen, und schwazzen dass ich's durch den Boden höre, Einsiedels klingende Stimme voraus. Ich bin heraufgegangen, es ist halb neune.« Er berichtete von ihrem wohligen Dasein; es war ein Gruß in die höfische Welt nach Gotha.»Hier liegen wir recht in den Fichten drein. Bey natürlich guten Menschen. Ich hab Sie etliche mal auf dem Ritt gewünscht, auch hier, es würde Ihnen wohl seyn.« Sonntag bei Tagesanbruch schrieb er weiter.»Der herrliche Morgenstern den ich mir von nun an zum Wapen nehme, steht hoch am Himmel.« (Als Goethe 1782 geadelt wurde, wurde er tatsächlich in sein Wappen aufgenommen.)»Die Kirche geht an, in die wir nicht gehen werden, aber den Pfarrer lass ich fragen, ob er die Odyssee nicht hat, und hat er sie nicht schick ich nach Jena. Denn unmöglich ist die zu entbehren hier in der homerisch einfachen Welt.« Weiter erzählte er: wie sie sich hatten Schlittschuhe (damals »Schrittschuhe« genannt) kommen lassen, wie sie den Abend »mit Würfeln und Karten vervagabundet«, wie sie die Kleider gewechselt hatten, um wie Spitzbuben auszusehen. Und mitten in diesem mehrteiligen Briefbericht ein Abschnitt anderen Tons:

Hier ein Stück Jesaias: Siehe, der Herr macht's Land leer und wüste; und wirft um was drinnen ist, und zerstreuet seine Einwohner – der Most verschwindet, die Rebe verschmachtet, und alle die herzlich froh waren, ächzen. Der Paucken Jubel feyert, das festliche Jauch[z]en verstummt und der Harfen Gesang ist dahin. Niemand singt mehr zum Weintrincken, das beste Getränck ist bitter dem Munde. Die leere Stadt ist zerbrochen, die Häuser sind verschlossen, niemand geht aus und ein. Eitel Wüstung ist in der Stadt, und die Thore stehen öde. Denn im Land und im Volck gehts eben, als wenn ein Öhlbaum abgeflückt ist, als wenn man nachlieset so die Wein Erndte aus ist.

Unvermittelt eingestreut also eine mahnende Erinnerung an das Land, an das gedacht werden muß. Der Herzog antwortete sogleich: »Lieber Göthe, ich habe deinen Brief erhalten, er freut mich unendlich, wie sehr wünschte ich mit freier Brust, u. Herzen die liebe Sonne in den Jenaischen Felsen auf, u. untergehen zu sehen, u. daß mit dir. [...]« (25. 12. 1775)
    Diese Seiten sind die ersten erhaltenen Blätter des Briefwechsels zwischen Carl August und Goethe. Wir wüßten mehr, was der Herzog in jenen entscheidenden Wochen und Monaten mit seinem neuen Vertrauten erörtert hat, wenn nicht auch diese Korrespondenz zerstört worden wäre, als Goethe im Sommer 1797 alle Briefe verbrannte, die seit 1772 an ihn gesandt worden waren, »aus entschiedener Abneigung gegen Publikation des stillen Gangs freundschaftlicher Mitteilung« (*Annalen 1797*; JA 30, 56). Nur zufällig ist der Brief Carl Augusts vom 25. Dezember 1775 überliefert. Übrigens hat

sich in die Schreiben Goethes an den fürstlichen Adressaten das »Du« nicht eingeschlichen, während der Herzog, die strikt amtlichen Schriftsätze ausgenommen, die vertrauliche Anrede in unterschiedlicher Art durchgehalten hat. Aber auch Goethe wußte zu variieren und Distanz oder freundschaftliche Nähe kenntlich zu machen, von »Lieber Herre« über »Serenissimo« bis zu Titularformeln wie »Durchlauchtigster Herzog / Gnädigster Fürst und Herr«.

Möglicherweise im Januar 1776 hat Goethe (unter Umständen in Kochberg, wo die Familie von Stein ein Rittergut besaß) dem Herzog ein Billett mit Versen übergeben, in denen er in der Maske des Bauern Sebastian Simpel wiederum eine gelinde Mahnung vortrug. Fern wie der Herrgott ist dem Bauern der Fürst – und sollte doch nah sein und sich um ihn kümmern!

Dem Durchlauchtigsten Fürsten und Herrn Herrn Carl August Herzog zu Sachsen, Jülich, Cleve und Berg, auch Engern und Westphalen, Landgrafen in Thüringen, Marggrafen zu Meißen, gefürsteter Graf zu Henneberg, Graf zu der Marck und Ravensberg, Herrn zu Ravenstein etc. / Meinem gnädigst regierenden Fürsten und Herrn.

Durchlauchtigster,
               Es nahet sich
Ein Bäuerlein demütiglich
Da ihr mit Eurem Roß und Heer
Zum Schlosse thut stolziren sehr,
Gebt auch mir einen gnädgen Blick.
Das ist schon Unterthanen Glück,
Denn Haus und Hof und Freud und Leid
Hab ich schon seit geraumer Zeit.
Haben euch sofern auch lieb und gern,
Wie man eben lieb hat seinen Herrn,
Den man wie unsern Herr Gott nennt
Und auch meistens nicht besser kennt.
Geb Euch Gott allen guten Seegen,
Nur laßt euch uns seyn angelegen,
Denn wir bäurisch treues Blut
Sind doch immer euer bestes Gut
Und könnt euch mehr an uns erfreun
Als am Parck und an Stutereyen.
Dies reich ich Euch im fremden Land
Bliebe auch übrigens gern unbekanndt
Zieht ein und nehmet Speiß und Krafft
Im Zauberschloß in der Nachbaarschafft

Wo eine gute Fee regiert
Die einen goldnen Scepter führt
Und um sich eine kleine Welt
Mit holdem Blick beysammen hält.

Seb. Simpel.

Es war natürlich nicht so, daß man in jener Zeit nur dem berüchtigten ›Weimarer Treiben‹ huldigte. An ernsthaften Gesprächen mangelte es gewiß nicht, mit Wieland, Knebel, Bertuch, der seit 1775 Geheimsekretär Carl Augusts war, mit Georg Melchior Kraus, dem Zeichner, Maler und Kupferstecher aus Frankfurt, mit Johann Karl August Musäus, der, seit 1770 Professor am Weimarer Gymnasium, den Roman *Grandison der Zweite* (1760–62) als Richardson-Travestie und Satire auf übersteigerte Empfindsamkeit geschrieben hatte und als Verfasser der *Volksmärchen der Deutschen* (1782–86) bekannt geworden ist. Wieland hatte mit Goethe, trotz ihrer Differenzen in früheren Jahren, sogleich Freundschaft geschlossen. Lavater schrieb er schon am 10. November 1775, daß er den »herrlichen Menschen« in den drei Tagen seit seiner Ankunft »herzlich liebgewonnen habe« und ihn »ganz durchschaue, fühle und begreife«.

Wie sehr Carl August daran gelegen war, Goethe zu halten, bewies die Schenkung von Haus und Garten an der Ilm im Frühjahr 1776. Das Gebäude war zwar in einem baufälligen Zustand, lag aber mit seinem noch verwilderten Garten draußen in der Natur vor der Stadt. Unter dem 21. April meldet das Tagebuch: »Weimar. den Garten in Besitz genommen.« Handwerker richteten das Haus bald soweit her, daß man darin wohnen konnte. Hier draußen hat Goethe sechs Jahre lang, von Mai 1776 bis 1782, für sich gelebt. Hierhin konnte er sich zurückziehen, wann immer er es wünschte und seine Termine es erlaubten; hier studierte er die Akten des Geheimen Consiliums und bereitete seine Stellungnahmen vor; hier begann er im Februar 1777 *Wilhelm Meisters Theatralische Sendung*; hier entstanden wesentliche Teile der Prosafassung der *Iphigenie*, auch Entwürfe des *Egmont* und *Tasso*, und hier fielen ihm Gedichtzeilen ein, die bekannt geworden sind (wie »Füllest wieder's liebe Tal / Still mit Nebelglanz [...]«). Da nicht bei jeder Witterung im Gartenhaus gut zu wohnen war und Goethe stets auch über ein Quartier in der Stadt verfügen wollte, hat er während der sechs Jahre wechselnde Stadtwohnungen zur Miete besessen.

Am Sonntag, 19. Mai 1776, schrieb er Charlotte v. Stein: »Zum erstenmal im Garten geschlafen, und nun Erdkulin für ewig. [...] Die Ruhe hierhaussen ist unendlich.« Erdkulin ist ein Tier aus einem Märchen, das einsam im Wald lebt, nur von der Erde ernährt wird und gute Menschen, die zu ihm kommen, bewirtet. Philipp Seidel wohnte mit im Gartenhaus; die Köchin Dorothee half, die Mahlzeiten zu bereiten. Komfortabel kann man das Leben in dem bescheiden eingerichteten Haus nicht nennen. An feuchtkalten Tagen trieb es den Bewohner aus dem Arbeitszimmer ans Küchenfeuer. (»Hier unten ist sehr feucht, ich bin wieder in der Küche [...]«, an Charlotte v. Stein, Spätherbst 1778). Aber Gäste kamen und konnten bewirtet werden; manchmal bat Goethe einige Musiker zu sich, nicht nur bei Besuch. »Gestern waren Herders da und der Herzog und Seckend[orf] bis 8 Uhr Musick nachher assen wir und zum Nachtisch las ich was das zu lachen machte und verdauen half« (an Ch. v. Stein, 3. 11. 1778). Auch als Goethe später im Haus am Frauenplan wohnte, blieb der »untere Garten«, wie er ihn (samt Gartenhaus) im Unterschied zu dem am Stadthaus nannte, gern aufgesuchter Ruhe- und Zufluchtsort. Noch der Greis ließ eine neue Gartentür anbringen und den Platz vor dem Eingang in der Art eines pompejanischen Mosaiks mit Kieselsteinen auslegen. Nach Auskunft des Tagebuchs ist er am 20. Februar 1832 zum letzten Mal dort gewesen: »In den untern Garten gefahren. Einige Stunden daselbst geblieben.«

Minister im Kabinett

Goethes Ernennung zum Mitglied des Geheimen Consiliums vollzog sich keineswegs reibungslos. Zu diesem Gremium, das als höchstes Beratungsorgan des Herzogs dessen Kabinett bildete, gehörten beim Regierungsantritt Carl Augusts drei Räte mit Sitz und Stimme: Seine Exzellenz der Wirkliche Geheime Rat (und somit der erste Beamte des Herzogtums Sachsen-Weimar-Eisenach) Friedrich Freiherr v. Fritsch (1731 geboren), der Geheime Rat Achatius Ludwig Karl Schmid (1725 geboren) und der Geheime Assistenzrat Christian Friedrich Schnauß (1722 geboren), alles Beamte, die in langer Verwaltungstätigkeit viel Erfahrung gesammelt hatten. Der junge Regent änderte zunächst nichts an der Zusammensetzung des Kabinetts; erst im Frühjahr 1776 arbeitete er auf eine Umbesetzung hin. An Stelle des ausscheidenden Geheimen Rats Schmid, der Präsident der Regierung werden sollte, wünschte er Goethe ins Consilium, bei dem er allerdings auf nichts hinweisen konnte als auf die juristische Ausbildung und seine sonstigen außergewöhnlichen Fähigkeiten. Es war vorauszusehen, daß altgediente Beamte die beabsichtigte Berufung des unerfahrenen, um zwanzig Jahre Jüngeren mit Skepsis, ja unverhohlener Verärgerung beantworten würden. Zudem wollte der Herzog den ebenfalls noch sehr jungen Kammerrat v. Kalb (1747 geboren) zum Kammerpräsidenten, also zum Chef der Finanzverwaltung, ernennen. In einem Handschreiben an v. Fritsch erläuterte der Herzog am 23. April 1776, nach vorangegangener mündlicher Unterrichtung, seinen Plan: »Sie, Herr Geheimde Rath, bitte ich nochmahlen, die erste Stelle im Geheimden Conseil zu behalten [...]. Meine Meinung den D. Göthe betreffent wissen Sie, ich gebe ihm den letzten Platz im Geheimden Conseil mit den Titul als Geheimder Legations-Rath.« (1200 Taler Jahresgehalt waren damit verbunden.) Schon am nächsten Tag trug v. Fritsch seine bereits mündlich geäußerten Bedenken gegen eine Berufung Goethes schriftlich vor und erklärte klipp und klar, daß er »in einem Collegio, dessen Mitglied gedachter Dr. Goethe anjetzt werden soll, länger nicht sitzen« könne. Nun wurde Carl August seinerseits deutlich und verfaßte unter dem 10. Mai 1776 einen Brief, der sich durch besonnene Entschiedenheit auszeichnete und Argumente von einem Gewicht vortrug, daß sie noch heute die Aufmerksamkeit mancher Parteien und Organisationen verdienten:

Goethe aber ist rechtschaffen, von einem außerordentlich guten und fühlbaren Herzen. Nicht alleine ich, sondern einsichtsvolle Männer wünschen mir Glück, diesen Mann zu besitzen. Sein Kopf und Genie ist bekannt. Sie werden selbst einsehen, daß ein Mann wie dieser nicht würde die langweilige und mechanische Arbeit, in einem Landescollegio von unten auf zu dienen, aushalten. Einem Mann von Genie nicht an den Ort gebrauchen, wo er seine außerordentlichen Talente nicht gebrauchen kann, heißt, denselben mißbrauchen. [...] Was das Urteil der Welt betrifft, welche mißbilligen würde, daß ich den D. Göthe in mein wichtigstes Collegium setzte, ohne daß er zuvor weder Amtmann, Professor, Kammer- oder Regierungsrat war, dieses verändert gar nichts. Die Welt urteilt nach Vorurteilen, ich aber und jeder, der seine Pflicht tun will, arbeitet nicht, um Ruhm zu erlangen, sondern um sich vor Gott und seinen eignen Gewissen rechtfertigen zu können, und suchet auch ohne den Beifall der Welt zu handeln (in: W. Andreas, *Carl August v. Weimar*, 1953, 275).

Nachdem sich noch Anna Amalia eingeschaltet hatte, blieb v. Fritsch in seinem Amt, und es folgten Jahre normaler Zusammenarbeit mit dem Neuling, der die Seniorenrolle des Älteren auch nicht in Frage stellen wollte. Mit Datum vom 11. Juni 1776 wurde Goethe zum Geheimen Legationsrat ernannt und am 25. Juni ins Consilium eingeführt; die Ernennung zum Geheimen Rat erfolgte zum 5. September 1779.

Das Geheime Consilium war erst 1756 eingerichtet und damit ein oberstes Gremium für das gesamte Herzogtum geschaffen worden. Die getrennten Landesteile Weimar und Eisenach besaßen eigene Landesbehörden: die sog. Regierung (mit einem Präsidenten oder Kanzler als Chef), die für Justiz- und Verwaltungssachen zuständig war; die sog. Kammer als Finanzbehörde; das Oberkonsistorium als Kirchen- und Schulbehörde.

Es gab auch die »Landschaft«, d. h. eine Institution, in der wichtige Körperschaften des Landes vereinigt waren: die sog. Landstände, und zwar im Fürstentum Weimar, im Fürstentum Eisenach und im Kreis Jena. Zur Landschaft gehörten Vertreter der adligen Rittergüter, der Städte und der Universität Jena, die den Prälatenstand repräsentierte. Eine landständische Verfassung also, wo dem Fürsten als unbezweifeltem Herrscher die Landschaft gegenüberstand, die gewisse Steuern zu bewilligen hatte. Doch konnte keine Rede von einem Gleichgewicht der Kräfte sein, und schon gar nicht konnte sich die Gesamtbevölkerung in der Landschaft repräsentiert sehen. Ohnehin gehörte dem Herzog das letzte Wort. Die Landstände hatten im Laufe der Zeit das Recht zu einer eigenen Steuerverwaltung errungen. Während die zu dauernden Lasten gewordenen Steuern (die Ordinar- und die Tranksteuer) von der landesherrlichen Kammer erhoben und verwaltet wurden, war für die (höheren) Extraordinarsteuern und die Akzise (die Verbrauchssteuer) die Landschaftskasse zuständig, die dem Landschaftskassendirektorium unterstand.

Im Geheimen Consilium hatten Sitz und Stimme die wenigen Geheimen Räte. Die mit ihm verbundene Geheime Kanzlei mit ihren Sekretären, Registratoren, Kanzlisten, Kanzleidienern und -boten sorgte für Verwaltung und Ordnung der Akten und die Erledigung des Schriftverkehrs. Von den 13 Beamten, die bei Goethes Dienstantritt in Consilium und Kanzlei tätig waren, gehörte nur Exzellenz v. Fritsch dem Adel an; alle andern waren bürgerlich.

Das Geheime Consilium hatte den Herzog zu beraten und seine Entscheidungen vorzubereiten. Eine klare Aufteilung von Fachbereichen unter seinen Mitgliedern gab es nicht; gemäß dem Kollegialprinzip war jeder für alles mitzuständig. Dieses oberste Landesgremium hatte natürlich nicht mit allen Verwaltungssachen zu tun, nur mit solchen Dingen, die der unmittelbaren Entscheidung des Herzogs bedurften. Mittlerweile hat man herausgefunden, daß es insgesamt in acht Bereiche aufgeteilt war, die sich aus der Registratur der Geheimen Kanzlei erschließen lassen: A.) Angelegenheiten des Fürstlichen Hauses und der Sächsischen Häuser; Beziehungen zu Kaiser und Reich und zu den Reichsständen. B.) Militärsachen. C.) Angelegenheiten der Universität Jena. D.) Rechts-, Gerichts- und Lehnswesen; Angelegenheiten der inneren Landesverwaltung; Ämtersachen. E.) Finanzverwaltung; Forst- und Jagdsachen; Bauwesen. F.) Kirchen- und Schulangelegenheiten. G.) Angelegenheiten der Landstände; Steuersachen. H.) Beamten-, Diener- und Gnadensachen; Hofangelegenheiten.

Aus all diesen Gebieten stammten die Fälle, über die zu verhandeln war. Man beriet sich in der Regel mündlich. Zunächst referierte ein Rat über den betreffenden Fall, dann folgte die Meinungsäußerung jedes einzelnen Teilnehmers, das sog. Votieren, hierauf das ›Resolvieren‹, die Beschlußfassung mit dem Endergebnis der Resolution. Die vom Herzog gefällte Entscheidung, die er in Einzelfällen den Räten des Consiliums überließ, erging in der Form des sog. Reskripts an die zuständigen Behörden, Amtsstellen oder Personen und zwar in den verschnörkelten Wendungen eines förmlichen Kanzleischreibens. An diesen Formen hat gerade Goethe entschieden festgehalten. So wandte er sich 1785 ausdrücklich gegen Versuche des Herzogs, den Kanzleistil zu vereinfachen und wegen der aufwendigen Schreibzeit zu verkürzen; denn alles mußte von Hand geschrieben werden. (AS 18.–24.11.1785). Goethe hielt nichts von einer gemäßigten Kurzschreibung, »indem sich an solche willkürlich scheinende Formen so mancherley Verhältnisse anknüpfen, die nunmehr zerrissen werden und die sich doch eine andre Gestalt suchen müssen.«

Ja sollte das Von Gottes Gnaden nur als Übung der Canzlisten in Fractur und Canzleyschrifft beybehalten werden, so hätte es eine Absicht, und ein groser Herr ist dem Anstande etwas schuldig. Er entscheidet offt über Schicksale der Menschen, er nehme ihnen nicht durch eilige Expeditionen den Glauben an Gesetztheit der Rathschläge. Ordnung kann ohne eine proportionirte Geschwindigkeit nicht bestehen, Eile ist eine Feindin der Ordnung so gut als Zögern (AS I 420).

Die Sitzungen des Conseils fanden wöchentlich mindestens einmal, zuweilen auch häufiger statt. Wenn Carl August in Weimar war, nahm er im ersten Jahrzehnt seiner Regierung immer daran teil. Man hat errechnen können, daß im Zeitraum vom 25. Juni 1776 bis zum 24. Juli 1786 rund 23 000 Fälle im Consilium behandelt wurden. Dafür fanden rund 750 ordentliche Sitzungen statt, und bei über 500 von ihnen war Goethe anwesend. Zu Frau v. Stein äußerte er, die Sitzungen habe er »nie ohne die höchste Noth versäumt« (2.12.1783); die Unterlagen bestätigen diese Aussage. Bis zum Februar 1785 erschien er, wenn er sich nicht außerhalb Weimars befand oder durch Krankheit verhindert war, regelmäßig zu den Zusammenkünften. Danach war es mit der Regelmäßigkeit der Teilnahme vorbei. Mehrere Gründe werden dabei zusammengekommen sein. Im Juli 1784 war Johann Christoph Schmidt zum Geheimen Assistenzrat mit Sitz und Stimme im Consilium berufen worden. So konnte Goethe von den turnusmäßigen Arbeiten entlastet werden und sich speziellen Aufgaben widmen. Auch Ermüdung und Resignation spielten nach fast neunjähriger regulärer Tätigkeit eine Rolle. Viele Bemühungen waren an Grenzen gestoßen, die von den politischen und wirtschaftlichen Grundbedingungen des Herzogtums und des zersplitterten deutschen Reichs insgesamt unerbittlich gezogen waren. Goethes Äußerungen in Tagebuch und Briefen führen beredte Klage über manche Enttäuschung, manches Mißlingen. Auch hatte ihn immer mehr die Vernachlässigung seiner poetischen Produktivität bekümmert, die er jahrelang wegen anderer Pflichten ertragen hatte.

Die Zahl der Sonderaufgaben, die Goethe übernahm, war stattlich. In speziellen Kommissionen, die für bestimmte Vorhaben und Arbeitsbereiche eingerichtet wurden, arbeitete er mit oder leitete sie. Das begann mit der Bergwerkskommission, in die er am 18. Februar 1777 berufen wurde und die sich um die Wiederaufnahme des Bergwerksbetriebs in Ilmenau kümmern sollte. Am 5. Januar 1779 wurde er Vorsitzender der Kriegskommission. Am 19. Januar 1779 beauftragte der Herzog ihn mit der Leitung der Wegebaudirektion, am 23. Februar zusätzlich mit der »Direction des hiesigen Stadt-Pflaster-Bau-Wesens, und der um die Stadt gehende Promenaden«. Als der 1776 ebenfalls jung ernannte Kammerpräsident v. Kalb wegen unbefriedigender Amtsführung den Dienst quittieren mußte, wurde Goethe am 11. Juni 1782 mit der Leitung der Kammergeschäfte in Weimar betraut, der Direktion der staatlichen Finanzen. Er hatte sich dabei jedoch nicht mit dem alltäglichen Geschäftsablauf zu belasten, sondern besondere Vorgänge zu erledigen, die nicht im Rahmen des Etats und der normalen Praxis bearbeitet werden konnten. So erhielt er denn auch nicht den Titel eines Kammerpräsidenten. Weiterhin wirkte er in der Ilmenauer Steuerkommission mit, die am 6. Juli 1784 für die »im Amte Ilmenau zu veranstaltende Steuerrevision sowie zur Führung der Aufsicht über das Ilmenauer Steuerwesen« eingesetzt wurde.

Die Berufungen zu diesen Sonderaufgaben erfolgten stets in streng kanzleimäßiger Form, und das sonst in den Briefen geläufige »Du« war verschwunden; denn hier wurde ein offizieller Dienstauftrag vergeben.

An den Herrn geheimden Legations-Rath D. Göthe, allhier. wodurch derselbe von der von Serenissimo gnädigst vor gut angesehenen neuen Einrichtung in Ansehung der Direction des hiesigen Land-Straßen-Baues benachrichtiget wird.

Von Gottes Gnaden Carl August, Herzog zu Sachsen, Jülich, Cleve und Berg, auch Engern und Westphalen p.

Vester Rath, lieber Getreuer! Wir haben in Ansehung der Direction des hiesigen Land-Straßen-Baues eine neue Einrichtung zu treffen und solche Euch zu übertragen, Uns aus bewegenden Ursachen resolviret [...] (19. 1. 1779).

Nur wer wirken wollte, war zur Übernahme solcher Aufgaben bereit. Es war »das tätige Leben«, von dem Goethe später gesprochen hat, in das er getreten sei, »als der edle Weimarische Kreis mich günstig aufnahm« (*Der Verfasser teilt die Geschichte seiner botanischen Studien mit*; 13, 149). Was Goethe in offizieller Eigenschaft zu Papier gebracht hat, ist seit 1950 in den Bänden der »Amtlichen Schriften« gesammelt. Viele Stellen in den Tagebüchern und Briefen kommen hinzu, die direkt und indirekt mit jener Tätigkeit zusammenhängen. Die Vita activa kostete Zeit, Mühe und Kraft. Zur Vorbereitung der Sitzungen mußten umfangreiche Akten durchgearbeitet, Exzerpte angefertigt und Konzepte entworfen werden. Um überhaupt mitreden zu können, war ein genaues Studium des jeweiligen Sachverhalts unumgänglich. Seitenlang waren z.b. die Aktenauszüge mit dem Votum Goethes zur »Revision der Steuern und Berichtigung und Erhöhung der Erbzinse in Ruhla« (20.2.1785; AS I 344–359). Unterschiedlichste Probleme mußten bedacht und beraten werden. Ob es um das Begräbnis eines im Duell gefallenen Studenten ging (»Ohnezweifel ist das räthlichste diesen Fehler und dies Unglück auf das schleunigste und stillste mit Erde zu bedecken«, AS I 34) oder um die Beschaffung wildlederner Hosen für das Husarenkorps, ob über die Abschaffung der Kirchenbuße zu beraten oder über das »Auftreten der Soldaten mit Seitengewehr an Amtsstelle« zu befinden war, ob es um den Wasserbau in der Flur des Dorfes Ringleben oder um den Verkauf von Eichen zu Schiffsbau- und Stabholz aus den Allstedter Forsten ging: immer waren Sachkenntnis und Stellungnahme gefordert. Dabei war nicht der Stil des Poeten am Platz, sondern der des Juristen. Mag man immerhin auch in manchen amtlichen Formulierungen etwas ›Goethesches‹ erkennen, so hat er doch ganz selbstverständlich den Kanzlei- und Verwaltungsstil benutzt.

Um wenigstens ein Beispiel des ›amtlichen Goethe‹ zu bieten, sei hier sein Bericht an den Herzog vom 30. November 1784 wiedergegeben, in dem eine Frage von beklemmender Aktualität behandelt wurde: die »Überlassung von Soldtruppen«, sprich: der Verkauf von Soldaten. Man muß sich daran erinnern: Im April des gleichen Jahres war Schillers *Kabale und Liebe* uraufgeführt worden. Dort eine flammende Anklage, als der Kammerdiener an Lady Milford, die Favoritin des Fürsten, Brillanten zu überreichen hat und die Lady fragt: »Mensch! was bezahlt dein Herzog für diese Steine?«

Kammerdiener (mit finsterm Gesicht): Sie kosten ihn keinen Heller.

Lady: Was? Bist du rasend? Nichts? [...]

Kammerdiener: Gestern sind siebentausend Landskinder nach Amerika fort – Die zahlen alles. [...] Ich hab' auch ein paar Söhne drunter.

Lady (wendet sich bebend weg, seine Hand fassend): Doch keinen Gezwungenen?

Kammerdiener (lacht fürchterlich): O Gott – Nein – lauter Freiwillige. Es traten wohl so etliche vorlaute Bursch' vor die Front heraus und fragten den Obersten, wie teuer der Fürst das Joch Menschen verkaufe? – aber unser gnädigster Landesherr ließ alle Regimenter auf dem Paradeplatz aufmarschieren und die Maulaffen niederschießen. Wir hörten die Büchsen knallen, sahen ihr Gehirn auf das Pflaster spritzen, und die ganze Armee schrie: Juchhe nach Amerika! (II 2)

Goethes Bericht an seinen Herzog zum »Ansuchen der Republik der Vereinigten Niederlande um Überlassung von Soldtruppen«, der unter Punkt 7 auch die angebotene Vergütung für die Gefallenen registrierte, lautete (AS I 323 ff.):

Unterthänigstes Pro Memoria

Ew. Hochfürstliche Durchlaucht geruhen Sich in Unterthänigkeit vortragen zu lassen wie am 22ten dieses der Hauptmann Johann August von Einsiedel in holländischen Diensten sich bey mir eingefunden und mir die Eröffnung gethan, daß des Herrn Erbstadthalters Prinzen von Oranien Hochfürstliche Durchlaucht auf Requisition der Herren Generalstaaten, dem Herrn Rheingrafen Friedrich von Salm Grumbach den Auftrag gethan, einige der Herren Reichsmitstände und Fürsten um die Verwilligung einiger Hülfsvölker, für den Staat der vereinigten Niederlande, wie auch um die Freywerbung in ihren Landen anzugehen und zu ersuchen. [...]

Er habe sich also in Ew. Hochfürstlichen Durchlaucht Abwesenheit an mich, als dem das Militar-Departement übertragen sey wenden, mir vorstehendes eröfnen und die Bedingungen bekannt machen wollen unter welchen ienes Ansuchen geschehen sey.

1.) werden für ieden Mann iährlich 50 thlr. in Dukaten à 2⅙ thlr. an Subsidien bezahlt.

2.) im Fall die Hülfstruppen nicht gebraucht werden, werden die Subsidien dennoch auf ein halbes Jahr bezahlt.

3.) die Musterung und Übernahme der Truppen kann an iedem beliebigen Orte geschehen, und wird für die Requisitionen und Marsch gesorgt.

4.) Von dem Tage der Unterzeichnung des Subsidien-Traktats gehet sowohl die Bezahlung der Subsidien an, als auch die Bezahlung der Truppen auf holländischen Fuß; den langen Monat von 42 Tagen iedem Gemeinen 12 fl. 5 St. holländisch.

5.) diese Hülfstruppen müssen den 1 Aprill ohnfehlbar marschfertig seyn.

6.) Nach geendigtem Krieg werden die Subsidien noch auf drey Monate bezahlt.

7.) was bey der Zurükgabe der Mannschaft fehlt wird vergütet, als für einen Reuter und Pferd 300 fl. holländisch und für einen Infanteristen 100 fl.

8.) Übrigens genießen die Hülfstruppen alle Vortheile und Vorrechte wie die Truppen der nationalen Regimenter.

Ob ich nun gleich Ew. Hochfürstlichen Durchlaucht geheimen Consilio alsbald davon Eröfnung gethan: so wollte sich doch in Höchstihro Abwesenheit nichts in einem so wichtigen Geschäfte beschließen lassen; Welches ich denn auch gedachtem Hauptmann von Einsiedel zu erkennen gegeben und demselben nach Höchstihro Rükkunft, wenn eine Resolution früher von Ew. Hochfürstlichen Durchlaucht zu erlangen nicht möglich gewesen, eine Antwort zugesichert.

Ich lege nunmehr nach meiner Schuldigkeit den ganzen Vorfall Ew. Hochfürstli-

chen Durchlaucht zu weiterer Entschließung unterthänigst vor, füge die mir einge-
händigten und vorgelegten Vollmachten theils in Copia, theils in Original bey und
unterzeichne mich in tiefster Ehrfurcht

Weimar den 30. November 1784.

Ew. Hochfürstlichen Durchlaucht
unterthänigsten treugehorsamsten
Johann Wolfgang Goethe.

Gewiß, womit sich Goethe amtlich zu beschäftigen und herumzuschlagen
hatte, waren Probleme eines kleinen Landes, und Belanglosigkeiten waren
auch darunter. Aber »das tätige Leben« führte ihn mitten in die Realitäten
der Zeit, und hier zu helfen und zu bessern, soweit er es konnte, war ohne
Zweifel seine Absicht. Deshalb sollte man den Wert solcher Tätigkeit auch
nicht nach ihren Auswirkungen auf das Dichten berechnen; denn sie ist selbst
ein Wert.

An Entschiedenheit seines Beginnens hat es bei Goethe nicht gefehlt.
Lavater schrieb er am 6. März 1776: »Ich bin nun ganz eingeschifft auf der
Woge der Welt – voll entschlossen: zu entdecken, gewinnen, streiten,
scheitern, oder mich mit aller Ladung in die Lufft zu sprengen.« Am
11. September 1776 entstand das Gedicht *Seefahrt*: »Taglang nachtlang
stand mein Schiff befrachtet, / Günst'ger Winde harrend saß mit treuen
Freunden / – Mir Geduld und guten Mut erzechend – / Ich im Hafen.«
Endlich konnte die Reise beginnen, die Seefahrt, mit der die Fahrt des
Lebens gemeint ist. Auch wenn »gottgesandte Wechselwinde« einfallen,
bleibt der Seefahrer dieses Gedichts »treu dem Zweck auch auf dem schiefen
Wege«.

> Und an jenem Ufer drüben stehen
> Freund' und Lieben, beben auf dem Festen:
> Ach, warum ist er nicht hiergeblieben!
> Ach, der Sturm! Verschlagen weg vom Glücke
> Soll der Gute so zu Grunde gehen?
> Ach, er sollte, ach, er könnte! Götter!
>
> Doch er stehet männlich an dem Steuer.
> Mit dem Schiffe spielen Wind und Wellen,
> Wind und Wellen nicht mit seinem Herzen.
> Herrschend blickt er auf die grimme Tiefe
> Und vertrauet, scheiternd oder landend,
> Seinen Göttern.

Seefahrt hat noch den Schwung der großen Jugendhymnen. Aber nicht mehr ein erfüllter Augenblick ist das Thema, sondern ein Zeitablauf wird in seinen wesentlichen Phasen geschildert, und über ihn wird nachgedacht. Den Anfang des Gedichts spricht noch das »Ich«; bald ist es »Er«, über den berichtet wird. Reflexion und Überschau bestimmen die ruhig schreitenden trochäischen Verse, wie denn überhaupt das ›Überdenken‹ einer Zeitstrecke sich nun häufiger im Gedicht bemerkbar macht, auch in Brief und Tagebuch. Dabei äußerte sich oft mehr eine fragende Suche denn eine sichere Antwort. »Die Zeit dass ich im Treiben der Welt bin seit 75 Oktbr. getrau ich noch nicht zu übersehen. Gott helfe weiter«, steht unterm 7. August 1779 im Tagebuch. Fünf Jahre später unverändert Bemühungen des Überdenkens: »Ich überdachte die neun Jahre Zeit die ich hier zugebracht habe und die mancherley Epochen meiner Gedenckensart [...]« (an Carl August, 26. 12. 1784).

In den frühen Hymnen war das ›genialisch‹ erfühlte und erlebte Dasein des Augenblicks tonangebend. Jetzt weitete sich der beobachtende Blick auf die Lebensbahn, die zurückgelegt und künftig zu finden war. Entschlossenheit wurde gefordert und Vertrauen auf das, was im Gedicht »Götter« oder auch »Schicksal« genannt wurde. Das Scheitern war in den Schlußversen der *Seefahrt* allerdings einkalkuliert, wie im Brief an Lavater. Es gab noch keine Sicherheit, nur das Zutrauen zu sich selbst und zu *Dem Schicksal*. So war ein Gedicht vom August 1776 überschrieben, das begann:

> Was weiß ich, was mir hier gefällt,
> In dieser engen kleinen Welt
> Mit leisem Zauberband mich hält!
> Mein Karl und ich vergessen hier,
> Wie seltsam uns ein tiefes Schicksal leitet,
> Und, ach, ich fühl's, im stillen werden wir
> Zu neuen Szenen vorbereitet.

Seefahrt war ein hoffnungsfrohes Gedicht, eines der vielen ›Lebensgedichte‹ Goethes, in dem der Wechsel vom »Ich« zum »Er« über das nur Biographische hinausweist. »Sie wissen wie simbolisch mein Daseyn ist – –«, vermerkte Goethe einmal in jener Zeit (an Ch. v. Stein, 10. 12. 1777). Sein Vater in Frankfurt, der den Dienst an einem Hof skeptisch betrachtete, hat sich dieses Gedicht abgeschrieben, das einzige, das wir in seiner Handschrift besitzen. So sehr muß ihn der Ausdruck von Hoffnung und Wagemut bewegt haben.

Das erste Weimarer Jahrzehnt, entscheidend für Goethes gesamten weiteren Lebensweg, ist schwer zu erfassen. Er selbst hat es nicht zusammenhängend dargestellt. Die wenigen Seiten in den *Annalen oder Tag- und Jahres-heften als Ergänzung meiner sonstigen Bekenntnisse* sind dürftig und können den fehlenden Fortgang von *Dichtung und Wahrheit* nicht ersetzen. Wir besitzen zwar Eintragungen in den Tagebüchern und Briefen aus dem schwierigen Jahrzehnt; doch beginnen die Aufzeichnungen im Tagebuch erst mit dem März 1776, beschränken sich oft auf Stichworte, und von Juni 1782 bis September 1786 klafft eine Lücke. Bleiben die Briefe, deren Zahl stattlich ist; aber Brief*wechsel* sind es nicht. Goethes bekannte Verbrennung der seit 1772 an ihn gerichteten Schreiben hat den Bestand auf Reste verkleinert, die durch Zufall erhalten sind. Die wichtigsten Briefe aus jener Zeit, die an Charlotte v. Stein, haben aus anderm Grund kein Echo mehr: Als es nach Goethes Rückkehr aus Italien zum Bruch kam, hat die Enttäuschte ihre Briefe zurückgefordert und vernichtet. So ist unser Bild dieser Frau, der Goethe in jenem Jahrzehnt wie keinem anderen Menschen nahegestanden hat, vor allem durch die über anderthalbtausend Briefe und Zettel geprägt, die er an sie gerichtet hat. Aus ihnen allein aber läßt sich kaum ein getreues Porträt gewinnen.

Warum gabst du uns die tiefen Blicke?
Goethe und Frau v. Stein

Der Name Charlotte v. Stein bleibt unlöslich mit Goethes erstem Weimarer Jahrzehnt verknüpft. Seine innere Entwicklung vom ›stürmenden und drängenden‹ Jüngling zur Selbstdisziplin hat man im wesentlichen ihrem Einfluß zugeschrieben. Doch so wenig man bei Goethe einen wohldurchdachten Plan der Erziehung Carl Augusts annehmen sollte, so wenig darf man Charlotte v. Stein die Rolle einer systematischen Erzieherin Goethes zusprechen. Was sich zwischen ihr und ihm entwickelte, ist die Beziehung zweier Menschen mit gleichberechtigten Hoffnungen und Wünschen für das eigene Leben, was das Eingehen auf den andern, das Besorgtsein um ihn nicht aus-, sondern einschließt. Es war freilich eine Verbindung besonderer Art, in die das Scheitern fast einprogrammiert war. Wie sollte eine Liebesbeziehung von Dauer sein, wenn körperliche Vereinigung prinzipiell ausgeschlossen blieb? Auf diesen Verzicht hatten sich beide eingeschworen. Es muß so gewesen sein; anders macht jene Bemerkung keinen Sinn, die Goethe, als er bereits Liebhaber der Christiane Vulpius war, der sich brüskiert fühlenden Charlotte v. Stein schrieb: »Und welch ein Verhältnis ist es? Wer wird dadurch verkürzt? Wer macht Anspruch an die Empfindungen die ich dem armen Geschöpf gönne? Wer an die Stunden, die ich mit ihr zubringe?« (1.6.1789)

Bald nach seinem Eintreffen in Weimar ist Goethe Frau v. Stein zum erstenmal begegnet. Für sie war er als Dichter des *Werther* längst interessant, sie hatte ihn schon früher sehen wollen. J. G. Zimmermann, dem gegenüber sie diesen Wunsch äußerte, hatte sie gewarnt: »Sie *wünschen*, ihn zu *sehen*, und Sie wissen nicht, bis zu welchem Punkt dieser *liebenswürdige* und *bezaubernde* Mann ihnen *gefährlich* werden könnte!« (an Ch. v. Stein, 19. 1. 1775). Goethe seinerseits war, wie wir wissen, bei Zimmermann in Straßburg auf Charlottens Silhouette aufmerksam geworden (S. 256). Als sie sich persönlich kennenlernten, war Charlotte (geb. 1742), als Fünfzehnjährige Hofdame bei Anna Amalia geworden, fast dreiunddreißig Jahre alt, hatte in der Ehe mit dem herzoglichen Stallmeister Ernst Josias Friedrich v. Stein, die sie 1764 eingegangen war, sieben Kinder geboren, von denen nur drei Söhne am Leben blieben, und verbrachte nun, wie allgemein behauptet wird, im Umkreis des Hofes und in einer abgestumpften Ehe ein von Enttäuschung und Resignation verdunkeltes Leben. Dazu paßt die Vermutung, jener Brief Charlottes in Goethes Schauspiel *Die Geschwister* sei ein Originalzitat aus einem der Briefe Charlotte v. Steins an den neuen Freund: »Die Welt wird mir wieder lieb, ich hatte mich so los von ihr gemacht, wieder lieb durch Sie. Mein Herz macht mir Vorwürfe; ich fühle, daß ich Ihnen und mir Qualen zubereite. Vor einem halben Jahr war ich so bereit, zu sterben, und bin's nicht mehr« (JA 11, 200).

Viel ist über Charlotte v. Stein geschrieben und spekuliert worden, über ihren inneren Zustand, als sie mit Goethe zusammentraf, über ihr zurückgezogenes Leben, ihren Charakter, den Eindruck, den sie auf andere Menschen machte, über ihr angeblich höfisch bestimmtes Betragen und ihre gleichzeitige Natürlichkeit, über das Maß ihrer geistigen Interessen und Desinteressen – und natürlich darüber, was sie so eng mit dem sieben Jahre jüngeren Goethe hat verbinden können.

Hier sei darauf verzichtet, noch einmal ein ›Charakterbild‹ der Frau v. Stein zu zeichnen. Ohne neue Spekulationen liefe ein solcher Versuch nicht ab. Zeitgenössische Äußerungen über sie sind aufschlußreicher, selbst in ihrer möglichen Verzeichnung zum Positiven oder Negativen hin. Knebel meinte über Charlotte v. Stein:

Sie ist ohne alle Prätension und Ziererei, gerad, natürlich, frei, nicht zu schwer und nicht zu leicht, ohne Enthusiasmus und doch mit geistiger Wärme, nimmt an allem Vernünftigen Antheil und an allem Menschlichen, ist wohl unterrichtet und hat feinen Takt, selbst Geschicklichkeit für die Kunst (an die Schwester Henriette, 18. 4. 1788).

Und Schiller schrieb, sie sei eine wahrhaftig eigene, interessante Person, von der er begreife, daß Goethe sich so ganz an sie attachiert habe.

Schön kann sie nie gewesen sein, aber ihr Gesicht hat einen sanften Ernst und eine ganz eigene Offenheit. Ein gesunder Verstand, Gefühl und Wahrheit liegen in ihrem Wesen. Diese Frau besitzt vielleicht über tausend Briefe von Goethe, und aus Italien hat er ihr noch jede Woche geschrieben. Man sagt, daß ihr Umgang ganz rein und untadelhaft sein soll (an Ch. G. Körner, 12.8.1787).

Aus der Bekanntschaft Johann Wolfgangs mit Charlotte wurde bald schon eine vertrauliche Beziehung (wenigstens von seiten des Mannes), für die das Wort Liebe nur mit Vorbehalt gilt, weil Sexuelles ausgeschlossen blieb. Schillers Bemerkung vom ganz »reinen« und »untadelhaften« Umgang beider, immerhin aus dem Jahr 1787, spielte eben darauf an; denn Charlotte war für die Gesellschaft die Ehefrau des Weimarer Oberstallmeisters. Bereits am 6. Dezember 1775 war Goethe im Schloß der Familie v. Stein in Kochberg, wo sich Charlotte aufhielt, und er fand nichts dabei, das Datum in der Schreibplatte ihres Sekretärs zu verewigen, wo es noch heute Besuchern gezeigt wird. Schon die ersten Briefe, die wir von Goethe an sie besitzen, umspielen das Wort Liebe mit einer Beharrlichkeit, wie sie nur einem heftig Liebenden eigen ist. Als der unentwegt Werbende erscheint Goethe auf diesen Blättern, während Charlotte auf beruhigende Distanz bedacht ist. »Liebe Frau, leide dass ich dich so lieb habe. Wenn ich iemand lieber haben kann, will ich dir's sagen. Will dich ungeplagt lassen. Adieu Gold. du begreiffst nicht wie ich dich lieb hab«, schließt das Billett vom 28. Januar 1776. Ihre Anziehung hielt ihn gefangen. Es sieht so aus, als habe sie ihn hilflos gemacht, und es gibt genug Bemerkungen, daß er sich gern, wenn er dazu nur imstande gewesen wäre, von ihr losgerissen hätte. »Es ist mir lieb dass ich wegkomme, mich von Ihnen zu entwöhnen«, schrieb er vor einer Reise nach Leipzig im März 1776, und als er dort die Schauspielerin Corona Schröter getroffen hatte, ließ er Charlotte wissen: »Die Schröter ist ein Engel – wenn mir doch Gott so ein Weib bescheeren wollte dass ich euch könnt in Frieden lassen – doch sie sieht dir nicht ähnlich gnug. Ade. – –« (25.3.1776).

Bisweilen stahl sich ein »Du« in die Zeilen und ins Gespräch, aber Charlotte verbat sich das früh, »das verwies ich ihm mit dem sanftesten Ton von der Welt« (an J. G. Zimmermann, 6.–8.3.1776). Manchmal auch gab es in einem einzigen Satz die Spannung zwischen dem »Sie« und dem »Du«: »Ich hab Sie viel lieber seit neulich, viel theurer und viel werther ist mir deine Gutheit zu mir« (22.6.1776). Briefe und Zettel gingen hin und her, kurze Grüße, ausführliche Berichte (besonders von den Reisen), schnelle Vergewisserung der Zuneigung, kleine Notizen über Alltägliches und freimütige Bekenntnisse des Glücks und der Beklemmung, der Freude und schmerzlicher Verwirrung. Beides war in dieser seltsamen Beziehung gegenwärtig. »Das Plagen ist der Sommerregen der Liebe« (22.6.1776) konnte doch nur eine wohlmeinende Hilfsinterpretation eines Verhältnisses sein, über das Goethe am Abend des 1. Mai 1776 nachdachte: »Du hast recht mich zum Heiligen zu machen, das heisst mich von deinem Herzen zu entfernen. Dich so heilig du bist kann ich nicht zur Heiligen machen, und hab nichts als mich immer zu quälen dass ich mich nicht quälen will.«

Frau v. Stein meinte noch im März 1776 zu spüren: »Goethe und ich werden niemals Freunde. Auch seine Art, mit unsern Geschlecht umzugehn, gefällt mir nicht. Er ist eigentlich, was man coquet nennt. Es ist nicht Achtung genug in seinen Umgang« (an J. G. Zimmermann, 6.–8.3.1776). Es sollte anders kommen. Wenn wir auch Charlottes Briefe an Goethe nicht kennen und nicht wissen, worüber sie sprachen, als ihre Treffen selbstverständlich geworden waren, ohne daß der Oberstallmeister Anlaß gehabt hätte, sich solches zu verbitten, so ist eines gewiß: Die Frau hat auf Goethes jugendlichen Überschwang besänftigend gewirkt. »Besänftigerinn« nannte er sie schon auf einem Zettel vom – wahrscheinlich – 22. Januar 1776. Nach allem, was wir wissen, muß sie an die Möglichkeit und Macht ›reiner‹ Liebe geglaubt haben. Das Wort Julies aus Rousseaus *Nouvelle Héloise* könnte als Motto über dem Einfluß Charlottes auf Goethe stehen: »Sinnlicher Mensch, wirst du denn nie lieben lernen?« Sie war offensichtlich liebevoll empfindsam und hat, als die Beziehungen vertrauter geworden waren, dem Jüngeren ein starkes Gefühl menschlicher Nähe und Zuneigung vermittelt. Anders wären weder seine Briefe mit den wiederholten Liebesbeteuerungen noch seine zehnjährige Bindung an sie verständlich. Aber sie hat, nach vermutlich wenig glücklichen Ehejahren mit schnell aufeinander folgenden Geburten, Sinnliches beargwöhnt oder sogar verabscheut und so eine Beziehung zu einem Mann gesucht, die ohne Sexualität auskam. Was sie wohl anstrebte, war so etwas wie geistig-seelische Liebe. Ihr Lebensweg und ihre Veranlagung machten nur eine solche Beziehung für sie noch sinnvoll und erträglich. Das wiederum konnte für Goethe, der nach der Abwendung von Frankfurt, nach seiner Trennung von Lili Schönemann, wo sich eine Bindung mit allen Lebenskonsequenzen angemeldet hatte, in Weimar einen neuen Abschnitt seines Lebens begann, von durchaus verführerischer Faszination sein. Auch mag zusätzlich bei Charlotte manches von vernunftbetonter Tugendlehre und pietistischen Anschauungen über eine ideale Gemeinschaft von Bruder und Schwester im Spiel gewesen sein.

Innerhalb dieser Zusammenhänge wurde die Vorstellung von Reinheit und Stille wirksam. Die »Idee des Reinen« trat in Tagebuch und Brief mehr und mehr hervor, als Selbstbesinnung auf das zu erkennende eigene Ich, wozu Gelassenheit, Konzentration, Stille und die Entfernung störender Schlacken nötig waren. Am 14. November 1777 trug er unter der Anrede ans »Heilige Schicksaal« ein: »Laß mich nun auch frisch und zusammengenommen der Reinheit geniessen.« Alte Gedanken fanden sich hier wieder ein, etwa aus Schriften der Pythagoreer, wo von der Selbstbesinnung die Rede ist. Rein ist das Streben des Menschen, wenn es von der Welt aufzunehmen sucht, was seinem erkannten Wesen gemäß ist, und zurückweist, was ihm widerspricht. »Möge die Idee des Reinen die sich bis auf den Bissen erstreckt den ich in Mund nehme, immer lichter in mir werden«, wünschte der Tagebuchschreiber am 7. August 1779.

Unbegreiflich war für Goethe schon früh die Anziehungskraft, die Charlotte v. Stein auf ihn ausübte. »Ich kann mir die Bedeutsamkeit«, schrieb er Wieland im April 1776, »die Macht, die diese Frau über mich hat, anders nicht erklären als durch die Seelenwanderung. – Ja, wir waren einst Mann und Weib! – Nun wissen wir von uns – verhüllt, in Geisterduft. – Ich habe keine Namen für uns – die Vergangenheit – die Zukunft – das All.« Mit Datum vom 14. April 1776 schickte Goethe der Freundin ein langes Gedicht. Zwischen den Briefen überliefert und von seinem Autor nie publiziert, ist es erst 1848 im Verbund der Briefe Goethes an Charlotte v. Stein veröffentlicht worden. Längst gilt es als eines der großartigen, aber auch schwierigsten Gedichte Goethes:

Warum gabst du uns die tiefen Blicke,
Unsre Zukunft ahndungsvoll zu schaun,
Unsrer Liebe, unserm Erdenglücke
Wähnend selig nimmer hinzutraun?
Warum gabst uns, Schicksal, die Gefühle,
Uns einander in das Herz zu sehn,
Um durch all' die seltenen Gewühle
Unser wahr Verhältnis auszuspähn?

Ach, so viele tausend Menschen kennen,
Dumpf sich treibend, kaum ihr eigen Herz,
Schweben zwecklos hin und her und rennen
Hoffnungslos in unversehnem Schmerz;
Jauchzen wieder, wenn der schnellen Freuden
Unerwart'te Morgenröte tagt.
Nur uns armen liebevollen beiden

Ist das wechselseit'ge Glück versagt,
Uns zu lieben, ohn' uns zu verstehen,
In dem andern sehn, was er nie war,
Immer frisch auf Traumglück auszugehen
Und zu schwanken auch in Traumgefahr.

Glücklich, den ein leerer Traum beschäftigt!
Glücklich, dem die Ahndung eitel wär!
Jede Gegenwart und jeder Blick bekräftigt
Traum und Ahndung leider uns noch mehr.
Sag', was will das Schicksal uns bereiten?
Sag', wie band es uns so rein genau?
Ach, du warst in abgelebten Zeiten
Meine Schwester oder meine Frau;

Kanntest jeden Zug in meinem Wesen,
Spähtest, wie die reinste Nerve klingt,
Konntest mich mit *einem* Blicke lesen,
Den so schwer ein sterblich Aug' durchdringt.
Tropftest Mäßigung dem heißen Blute,
Richtetest den wilden irren Lauf,
Und in deinen Engelsarmen ruhte
Die zerstörte Brust sich wieder auf;
Hieltest zauberleicht ihn angebunden
Und vergaukeltest ihm manchen Tag.
Welche Seligkeit glich jenen Wonnestunden,
Da er dankbar dir zu Füßen lag,
Fühlt' sein Herz an deinem Herzen schwellen,
Fühlte sich in deinem Auge gut,
Alle seine Sinnen sich erhellen
Und beruhigen sein brausend Blut.

Und von allem dem schwebt ein Erinnern
Nur noch um das ungewisse Herz,
Fühlt die alte Wahrheit ewig gleich im Innern,
Und der neue Zustand wird ihm Schmerz.
Und wir scheinen uns nur halb beseelet,
Dämmernd ist um uns der hellste Tag.
Glücklich, daß das Schicksal, das uns quälet,
Uns doch nicht verändern mag (1, 122 f.).

Fragen an das Schicksal, da es um schwer Begreifliches geht, in der ersten
Strophe, Fragen in Form eines Selbstgesprächs, das den eigenen Zustand
überdenkt; denn antworten kann ja nicht, was als »Schicksal« angeredet

wird. Warum sind uns, den Liebenden, die tiefen Blicke gegeben, »ahndungsvoll« unsre Zukunft zu schauen? Warum dürfen wir der Liebe, dem irdischen Glück nicht vertrauen? Die »tiefen Blicke«, denen auferlegt ist, das »wahr Verhältnis auszuspähn«, schließen diese Liebenden vom gewöhnlichen irdischen Glück aus. Ein Gegensatz wird sogleich sichtbar: hier die tiefen Blicke, das wahr Verhältnis – dort das Erdenglück, die seltsamen Gewühle. Das wäre leicht zu verstehen, wenn die Aussagen im Gedicht nicht so unterschiedlichen Zeiten zugeordnet wären. Denn das »wahr Verhältnis« liegt nicht in der Gegenwart, sondern ist einmal gewesen, in »abgelebten Zeiten«, ist »alte Wahrheit«. Nur ein Erinnern daran gibt es noch. Aber das »wahr Verhältnis« ist für den, der das Schicksal befragt und dann selbst antwortet, nicht nur ein vergangenes, sondern wird als Zukunft geahnt und kann in der Gegenwart in den Herzen der beiden Liebenden »ausgespäht« werden.

Zwei wichtige Fragen fügt die dritte Strophe, die zur Entdeckung des »wahren Verhältnisses« in der Vergangenheit überleitet, parallel an. Die eine fragt in die Zukunft (»Sag', was will das Schicksal uns bereiten?«), die andere weist auf das, was das Schicksal bereits bewirkt hat: »Sag', wie band es uns so rein genau?« (»rein« hier im Sinne von ›völlig‹, ›ganz‹). Aber von dem, was in »abgelebten Zeiten« war, schwebt nur eine Erinnerung um das Herz, das zudem noch »ungewiß« genannt wird. So die Richtung und Schau der »tiefen Blicke«: Ahnung ins Zukünftige, Ausspähen im Gegenwärtigen, was im Vergangenen einmal war: »Ach, du warst in abgelebten Zeiten / Meine Schwester oder meine Frau.«

Solche tiefen Blicke sind den »vielen tausend Menschen« nicht gegeben. Die zweite Strophe spricht von denen, die die »schnellen Freuden« genießen. Sie sind glücklich dem Augenblick verfallen. Hatten solchem Dasein nicht auch frühere Gedichte des Sprechenden gegolten? Jetzt wird es abgewertet, zweifellos. Aber das Los jener Menschen, die dem Augenblick verhaftet leben, wird als glücklich gepriesen, so wie der Reflektierende, dem ständigen Drang zum Nachdenken ausgesetzt, in manchen Stunden den unkomplizierten, naiv dem Dasein hingegebenen Menschen beneidet. »Glücklich, den ein leerer Traum beschäftigt! / Glücklich, dem die Ahndung eitel wär'!« Jenes Glück bleibt allerdings ein zu leichtes, ohne Tiefe. So folgen die Zeilen: »Jede Gegenwart und jeder Blick bekräftigt / Traum und Ahndung leider uns noch mehr.« Traum und Ahndung: Stichworte für die beiden Daseinsweisen, die einander entgegengesetzt worden sind: schnelle Freuden, Traumglück – wahres Verhältnis, alte Wahrheit. Jedes Zusammensein, jeder Blick der beiden Liebenden macht die Gegensätze der beiden Daseinsweisen, auf die die Wörter »Traum« und »Ahndung« verweisen, nur noch deutlicher.

Die Verse der vierten Strophe werden gern zitiert als die dichterisch gültige Aussage über den Einfluß, den Charlotte v. Stein auf Goethe ausgeübt habe. Gewiß gibt es nichts Einprägsameres als diese Verse mit ihrem ruhigen Gleichmaß im Parallelismus der Sätze: »Tropftest Mäßigung dem heißen Blute, / Richtetest den wilden irren Lauf« usw. Aber merkwürdig: jene »Wonnestunden« gehören ins Einst der »abgelebten Zeiten«. Die Zeitverhältnisse im Gedicht geben Fragen auf. Sie sind jedoch zu beantworten, wenn man nicht vergißt, daß es sich um ein privates Briefgedicht vom 14. April 1776 handelt. Das war noch im frühen Stadium der Beziehung zwischen Goethe und Charlotte. Da konnte nur in fiktiven Bildern des Vergangenen ausgesprochen werden, was werden könnte und sollte. Der genannte Brief an Wieland zeigt, wie Goethe die Wirkung dieser Frau auf sich zu erklären suchte: mit Hilfe der Vorstellung von der Seelenwanderung. Die Begegnung mit Charlotte von Stein schien ihm die Möglichkeit zu einer Gemeinsamkeit zu eröffnen, die vollendet nur in der Ferne abgelebter Zeiten bestanden haben kann. In der Schau des Einst, in der Sprechender und Angeredete eng verbunden sind, ist der Wunsch lebendig, es wieder zu verwirklichen. So ist die vierte Strophe Huldigung und Bitte zugleich, daß sich das »wahr Verhältnis« wieder einstellen möge, in der Absonderung von den vielen tausend Menschen, die dem Traumglück und der Traumgefahr verfallen sind, und die Wirkung der Frau, die der Schreiber des Briefgedichts spürte und die ihr selbst vielleicht noch nicht bewußt war, ist (als Bitte) in die mit Würde ausgestattete frühe, ferne Zeit übertragen. Freilich, die Gegenwart ist noch unvollkommen; die Schlußstrophe spricht davon. Der »neue Zustand« der noch unerfüllten Gegenwart bereitet Schmerz. Aber diese Gegenwart, das behauptet der Dichter für die Angesprochene mit, wird sie beide nicht dem zwecklosen Traumglück ausliefern, weil sie die »tiefen Blicke« haben, denen sich das »wahr Verhältnis« entschleiert, das nur als eine schon gewesene Verbundenheit zu begreifen ist.

Charlotte von Stein war Goethes Vertraute im ersten Weimarer Jahrzehnt. Das Außergewöhnliche ihres Verhältnisses ist ihm durchaus bewußt gewesen. Etwa am 20. September 1780 bekannte er Lavater, es tue »der Talisman iener schönen Liebe womit die Stein mein Leben würzt sehr viel. Sie hat meine Mutter, Schwester und Geliebten nach und nach geerbt, und es hat sich ein Band geflochten wie die Bande der Natur sind«. Im Frühjahr 1781 wagte Goethe der geliebten Frau Sätze zu schreiben, die eine Steigerung nicht mehr zuließen. Wenn man bedenkt, daß sie an eine verheiratete Frau gerichtet waren, die weder an Scheidung dachte noch dem Liebenden sexuelle Erfüllung bieten mochte, muten sie teilweise absurd an. Sie sind nur angemessen einzuschätzen, wenn man die besonderen Voraussetzungen dieses

Verhältnisses nicht außer acht läßt. Seelenliebe war gemeint, die keinen Anspruch auf körperliche Vereinigung erhob. Solcher Verzicht mußte bei Goethe Konflikte auslösen, zumindest eine ständige Selbstbefragung, was es mit dieser Zuneigung auf sich habe. »Gestern von Ihnen gehend hab ich noch wunderliche Gedancken gehabt, unter andern ob ich Sie auch wircklich liebe oder ob mich ihre Nähe nur wie die Gegenwart eines so reines Glases freut, darin sichs so gut bespiegeln lässt« (8. 11. 1777). Im März 1781 war Goethe soweit, jene nicht mehr zu überbietenden Formulierungen zu wagen, durchaus im Bewußtsein des Exzeptionellen. »Noch nie hab ich Sie so lieb gehabt und noch nie bin ich so nah gewesen Ihrer Liebe werth zu seyn« (7. 3. 1781). »Wir sind in der That unzertrennlich, lassen Sie es uns auch immer glauben und immer sagen« (8. 3. 1781). Und dann am 12. März 1781:

Meine Seele ist fest an die deine angewachsen, ich mag keine Worte machen, du weist daß ich von dir unzertrennlich bin und daß weder Hohes noch Tiefes mich zu scheiden vermag. Ich wollte daß es irgend ein Gelübde oder Sakrament gäbe, das mich dir auch sichtlich und gesezlich zu eigen machte, wie werth sollte es mir seyn. Und mein Noviziat war doch lang genug um sich zu bedencken. Adieu. Ich kann nicht mehr Sie schreiben wie ich eine ganze Zeit nicht du sagen konnte.

Den entscheidenden Satz dieses Briefes hat Charlotte unterstrichen: sie pochte auf die hier beschworene dauernde Treue, die das Briefgedicht vom 9. Oktober 1781 aus Gotha nochmals bekräftigte:

Den einzigen Lotte welchen du lieben kanst
Foderst du ganz für dich und mit Recht.
Auch ist er einzig dein. Denn seit ich von dir binn
Scheint mir des schnellsten Lebens lärmende Bewegung
Nur ein leichter Flor durch den ich deine Gestalt
Immerfort wie in Wolcken erblicke,
Sie leuchtet mir freundlich und treu
Wie durch des Nordlichts bewegliche Strahlen
Ewige Sterne schimmern.

»Wir sind wohl verheurathet, das heist: durch ein Band verbunden wovon der Zettel aus Liebe und Freude, der Eintrag aus Kreuz Kummer und Elend besteht. Adieu grüse Steinen. Hilf mir glauben und hoffen.« So die kurze Nachschrift zu einem Brief vom 8. Juli 1781 aus Ilmenau, in die – was nur noch auf den ersten Blick verblüffen kann – die Grüße an den Oberstallmeister v. Stein übergangslos und selbstverständlich hineingenommen werden.

Frau von Stein mußte zutiefst getroffen sein, als sich derjenige, der so geschworen hatte, nach der Rückkehr aus Italien an Christiane Vulpius,

Blumenbinderin in Bertuchs Fabrik, in sinnlicher Leidenschaft band. Da konnte auch seine rhetorische Frage an Charlotte, wer eigentlich Anspruch auf die Stunden erheben könne, die er mit Christiane verbringe, nicht mehr helfen. Das Unhaltbare jenes Satzes »Wir sind wohl verheiratet« hatte sich über kurz oder lang erweisen müssen, was die Verletzte hingegen nicht einsehen konnte oder wollte. Der Bruch zwischen Goethe und ihr war unausweichlich. Nach Jahren des Fremdseins haben dann beide noch im Alter zu freundschaftlichem Umgang miteinander gefunden.

Es tut der tiefen Verbundenheit Goethes mit Charlotte in den frühen Weimarer Jahren keinen Abbruch, wenn der junge Mann unter Vierzig, der Goethe war, mit den »Mieseln«, wie junge Frauen (vielleicht nach ›Mademoiselle‹, ›Miss‹ oder auch ›Mäuslein‹) benannt wurden und denen er an vielen Orten begegnete, nicht nur geflirtet und getanzt hat. Doch auch in diesem Punkt ist Vorsicht bei Vermutungen und Behauptungen angebracht. Wer sich in die Notizen der Tagebücher vertieft, findet die Spuren eines Menschen, der sich gerade in jenem Jahrzehnt mehr und mehr nach Stille, Zurückgezogenheit und Konzentration auf sich selbst (und Charlotte v. Stein) sehnte. Über dem andern liegt Schweigen.

Unter der Last der täglichen Geschäfte

Vieles bestimmte Goethes Weimarer Jahre vor der Italienischen Reise: seine amtliche Tätigkeit mit Aktenstudium, Sitzungen und Reisen; Ausflüge mit dem Herzog und seinen Gesellen; Beobachtung des politischen Geschehens, in das Sachsen-Weimar-Eisenach verflochten war; seine Verbindung zu Frau v. Stein; seine Mitwirkung bei den unterhaltsamen kulturellen Veranstaltungen des Hofes; eigene künstlerische und wissenschaftliche Bemühungen, die sich anbahnten, – und immerfort das Nachdenken über den eigenen Lebensgang, wie es sich im Tagebuch und in Briefen an die Geliebte und an die Nahestehenden niederschlug. Geblieben war auch nach der Übersiedlung und dem Einleben in die neue Umgebung mit ihren neuen Reizen und ungewohnten Pflichten eine innere Befindlichkeit, der Ruhe und Selbstsicherheit fremd waren. Von Unruhe und Verworrenheiten war in den persönlichen Äußerungen der zurückliegenden Frankfurter Zeit oft genug die Rede gewesen. Daran änderte sich wenig. Aus quälender Unrast Sehnsucht nach innerem Frieden: nach ihm verlangte ein Gedicht, das in einem einzigen Satzgefüge Anrede, Bekenntnis des eigenen Zustands, allgemeine Sinnfrage und Bitte vereinigt und von Melancholie grundiert ist:

Wandrers Nachtlied

Der du von dem Himmel bist
Alle Freud und Schmerzen stillest,
Den der doppelt elend ist
Doppelt mit Erquickung füllest.
Ach ich bin des Treibens müde!
Was soll all die Quaal und Lust.
Süsser Friede,
Komm ach komm in meine Brust!

Die Verse standen wiederum auf einem Zettel zwischen den Briefen an Charlotte v. Stein, und unten war vermerkt: »Am Hang des Ettersberg d 12 Febr. 76«. Auf dem Ettersberg war man damals gern, nordwestlich der Stadt, zu Fuß zu erreichen, ein Sommerpalast war dort, es gab Aufführungen des Liebhabertheaters (im Juli 1779 die *Iphigenie* in der Prosafassung mit Goethe als Orest und Corona Schröter als Iphigenie). Es war die Gegend, wo 1937 die Nationalsozialisten das Konzentrationslager Buchenwald errichteten. »Am nächsten Tag lud man sie dann am Vormittag wieder in einen Transportwagen, und gegen zwei Uhr hielten sie in Weimar. [...] Die Türen schlugen zu, der Motor sprang an, und dann fuhren sie die Strecke nach Ettersberg hinaus, demselben Berge, von dem Goethe mit Charlotte von Stein über das thüringische Land geblickt hatte und wo nun hinter den elektrischen Drahtverhauen das Lager auf sie wartete« (Ernst Wiechert, *Der Totenwald*).

Immer noch kam sich Goethe als »unsteter Mensch« vor, und er wünschte, daß Ruhe über seine Seele käme (an Auguste zu Stolberg, 17.–24. 5. 1776). Auch als er der Mutter versicherte, er sei so vergnügt und glücklich, als ein Mensch sein könne, versäumte er nicht hinzuzufügen: »Übrigens habe ich alles was ein Mensch sich wünschen kann, und bin freylich doch nicht ruhig, des Menschen Treiben ist unendlich bis er ausgetrieben hat« (6. 11. 1776). Noch vier Jahre später zitierte er seinen »immer bewegten Zustand« (an Ch. v. Stein, 18. 9. 1780). Die Bindung an Frau von Stein vermochte, bei aller Spannung zwischen ihnen, wenigstens etwas an erwünschtem inneren Frieden zu geben. Danach verlangte ihn, daher auch die Wirkung dieser Frau auf ihn. Und die amtlichen Pflichten nahm der Unruhige nicht auf sich, weil er seines Tuns und Denkens sicher war, sondern um mit solchen Aufgaben, denen nicht auszuweichen war, hatte man sie einmal angenommen, auch der eigenen Ruhelosigkeit Herr zu werden.

Ohne Zweifel beabsichtigte der junge Goethe, mit seiner Tätigkeit im Dienst des Herzogs Gutes zu befördern und Schlimmes zu lindern, und dies im Interesse der ganzen Bevölkerung des Landes. Die mahnenden Hinweise an den Herzog bewiesen es, mehr noch die sich häufenden Klagen Goethes über die Schwierigkeiten, denen er sich gegenübersah. Er mußte im Laufe der Jahre manches Mal erfahren, daß seine Bemühungen nutzlos blieben, daß sie zur Vergeblichkeit verurteilt waren, weil die mit dem politisch-gesellschaftlichen System gegebenen Barrieren nicht verrückt werden konnten. Er hat bisweilen sehr wohl durchschaut, daß gravierende Probleme im bestehenden ›System‹ nicht zu lösen waren. Das macht der Brief an Knebel vom 17. April 1782 mit seinen berühmt gewordenen Sätzen überdeutlich:

So steig ich durch alle Stände aufwärts, sehe den Bauersmann der Erde das Nothdürftige abfordern, das doch auch ein behäglich Auskommen wäre, wenn er nur für sich schwizte. Du weißt aber wenn die Blattläuse auf den Rosenzweigen sitzen und sich hübsch dick und grün gesogen haben, dann kommen die Ameisen und saugen ihnen den filtrirten Safft aus den Leibern. Und so gehts weiter, und wir habens so weit gebracht, daß oben immer in einem Tage mehr verzehrt wird, als unten in einem beygebracht (organisirt) werden kann.

Radikale, an die Wurzeln des Übels gehende Konsequenzen konnte jedoch der Autor dieser Sätze nicht ziehen, weil er der Meinung war und blieb, daß auch innerhalb des Bestehenden mit Hilfe der Gutwilligen auf allen Seiten das wünschenswerte Bessere heraufgeführt werden könnte. Er sah auch keine politische Kraft in Deutschland, die in der Lage gewesen wäre, eine grundsätzliche Neuerung durchzusetzen.

Die wirtschaftliche Lage des Landes war schwierig. Industrie gab es kaum; nur in Apolda existierten Fabriken, die größeren Absatz erzielten. Aber Ausfuhren in andere Länder waren behindert; denn die merkantilistische Politik der Staaten war darauf aus, Einfuhren zu beschränken. Verordnungen im Herzogtum, die den binnenländischen Absatz der Waren aus den heimischen Strumpf- und Wollmanufakturen sichern sollten, konnten nicht viel bewirken. (Leichen durften ohne Ansehen des Standes nur mit einheimischen Waren bekleidet werden.) Goethe hat sich 1783 eine tabellarische Aufstellung über Strumpffabrikanten und Tuchmacher angelegt, mit einer speziellen Rubrik »Wohin sie die Waare vertreiben« (AS I 238f.). Ein Projekt, mit Hilfe einer Leihbank den Unternehmen billigere Kreditaufnahme zu ermöglichen, schlug fehl. Handel innerhalb des Herzogtums war wegen des schlechten Zustands der Straßen ohnehin mit erheblichen Schwierigkeiten verbunden. Erst die Wegebaudirektion unter Goethe nahm den Bau von Chausseen ernstlich in Angriff, von Weimar nach Jena und von Weimar nach Erfurt. Insgesamt lag Weimar verkehrstechnisch ungünstig; denn die Handelsstraße von Frankfurt nach Leipzig zog nördlich über

Buttelstädt und Eckartsberga vorbei und berührte nur kurz Weimarisches Gebiet. So mußten Waren ins Herzogtum und aus ihm hinaus umgeladen werden. Auch hier machte man sich Gedanken, durch den Straßenbau Änderungen herbeizuführen. Ob man den wichtigen Verkehr überhaupt auf andere Straßen hätte ziehen können, war fraglich genug; denn freien Handelsverkehr gab es nicht. Geleitsrechte griffen überall ein, d. h. das Recht, ›Straßenbenutzungsgebühren‹ zu erheben und/oder die Fuhrunternehmen auf bestimmte Straßen zu verpflichten. Doch was man auch an der Verbesserung der Verkehrswege plante: es mangelte an finanziellen Mitteln. Goethe hat darüber in aller Deutlichkeit offizielle Klage geführt. In einem ausführlichen Bericht vom 9. Juni 1786 über die Tätigkeit der Wegebaudirektion in den Jahren 1784/85 hob er gleich zu Anfang hervor, daß »die Disproportion der Wege-Bau-Caßen-Einnahme zu dem, was solche zu leisten hat, schon oft genug zur Sprache gekommen« sei. Zwar konnte er über einige vollbrachte Arbeiten referieren (»die zerstreuten vor Alters Chaussee-mäßig gefertigten Flecke der Straße von Weimar nach Jena sind [...] nach und nach zusammen gehängt worden und es wird in einigen Jahren solche gänzlich vollendet werden können«), aber die Klagen über die Knappheit der Mittel überwogen, wie überhaupt der Bericht auf den Wunsch hinauslief, der Etat möge erhöht werden, und die tiefe Resignation des Antragstellers ausdrückte. Es seien

Fälle vorgekommen, wo man Steine, um eine Strecke Chaussee-mäßig zu bearbeiten, angefahren, die Chaussee selbst aber nicht zu Stande bringen können, da denn inzwischen ein guter Teil der angefahrenen Steine in die Löcher geworfen werden müßen, um nur den Weg einiger maasen herzustellen, wodurch man aber weit von der Haupt-Absicht entfernt geblieben. Anderer Vorfallenheiten nicht zu gedencken, welche allen unproportionirlichen Haußhaltungen gemein sind, wo man die Bedürfniße nicht zu rechter Zeit noch mit Rath anschaffen, das Geschäft in einer gewißen Folge und Ordnung vornehmen und durch eine regelmäsige Behandlung manches fördern und sparen kan. Ja es ist nicht zu leugnen, daß sich ein mit diesen Dingen beschäftigtes Gemüth, wenn es so viele Mängel, ohne denselben abzuhelfen, liegen laßen muß, an eine Art von Gleichgültigkeit gewöhnt, anstatt daß bey einem proportionirten Geschäfte die Lebhaftigkeit der Ausführung durch das Gefühl, was man gethan habe und thun könne, immer rege und lebendig erhalten wird. (JbG 1919, 273 ff.)

Die Landwirtschaft war der wichtigste Erwerbszweig. Zwar konnten die Bauern, wenn auch zu Frondiensten verpflichtet, ihr Land nach eigenem Gutdünken bewirtschaften und frei darüber verfügen, aber Komplikationen gab es genug. Steuern und Abgaben drückten. Die Erträge der traditionellen

Dreifelderwirtschaft gingen zurück; gute Ernten konnten wenig helfen, weil es an Absatzmöglichkeiten fehlte. So fiel dann der Getreidepreis in guten Erntejahren. Man sann auf Verbesserungen.

Landwirtschaftliche Reformen waren auch anderwärts ein aktuelles Thema. Goethes Freund Merck, der aus Hessen-Darmstadt davon berichtete, beriet Herzog Carl August durch Gutachten. Um den Viehbestand zu verbessern, mußte das Futter vermehrt werden. Dazu wiederum war es erforderlich, auch das bisher als Weide benutzte Land zu bebauen, so daß zur Stallfütterung der Tiere übergegangen werden konnte. Aber solchem Vorhaben standen die Hüte- und Triftrechte auf den Weiden gegenüber, die sowohl die Rittergüter als auch die herzoglichen Kammergüter beanspruchten, und die Kammer befürchtete bei einer Änderung eine Verminderung der bisherigen Einnahmen. Als 1782 ein »Reglement über die Ansäung des Klees und der Esparsette im Fürstentum Weimar« beschlossen wurde, das dem Wortlaut nach der Förderung des Anbaus von Futterkräutern dienen sollte, diesen aber in Wirklichkeit erschwerte, übte J. C. Schubart, damals als Vorkämpfer des Kleeanbaus bekannt, in seinen *Ökonomisch-kammeralistischen Schriften* (III 98 ff.) heftige Kritik. Goethe hat mit solchen Dingen zu tun gehabt und sich um sie gekümmert. Am 26. November 1784 berichtete er seinem Herzog mit dem beobachtenden Blick dessen, der bessern will und hemmende Faktoren erkennt, über die Probleme:

Schubartens Ausfall auf unser Reglement habe ich gelesen, und wußte schon vorher daß es nichts taugte. Es ist aber nicht eigentlich der Fehler daß man ein schlechtes Reglement gemacht hat sondern daß man eins gemacht hat unter solchen Umständen. Der ganze Grundsatz desselben ist: *ihr sollet zween Herren dienen.* Und das ist auch der Text zu Schubarts Tadel. Man muß Hindernisse wegnehmen, Begriffe aufklären, Beyspiele geben, alle Theilhaber zu interessieren suchen, das ist freylich beschweerlicher als befehlen, indessen die einzige Art in einer so wichtigen Sache zum Zwecke zu gelangen, und nicht verändern wollen sondern verändern. Ich habe zu dieser Handlung ein besonder Concilium bestellt [...].

Es gab auch Pläne, durch Zerschlagung großer Güter eine intensivere Bewirtschaftung des Bodens zu erreichen, doch dann nahm man davon Abstand. Wieder einmal erwiesen sich die bestehenden Machtverhältnisse als zu stabil, um tiefer greifende Korrekturen zuzulassen. Da Merck aus seiner hessischen Landgrafschaft wirtschaftliche und finanzielle Erfolge melden konnte, schlug Goethe 1785 vor, einen Spezialisten nach Hessen-Darmstadt zu entsenden, damit er sich an Ort und Stelle informiere. Er gab zu bedenken, es kämen »dabey verschiedene politische, iuristische und ökonomische Betrachtungen vor, welche wohl zu erwägen sind, damit man wenn das Geschäft angefangen oder gar beendigt worden, nicht alsdann erst Bedenklichkeiten zu heben und Hindernisse aus dem Weege zu räumen habe« (AS I 375). In dieser Frage scheint er weniger reformwillig gewesen zu sein als sein Herzog.

Hier ist nicht der Platz, über alle Einzelheiten zu berichten, mit denen sich Goethe in seiner Amtstätigkeit befassen mußte. Die Finanzlage des Landes stellte immer ein besonderes Problem dar. Wichtig zu wissen ist für uns, daß Goethe es in seiner Eigenschaft als Leiter der Kammergeschäfte (nach der Entlassung v. Kalbs im Jahre 1782) geschafft hat, mit Hilfe der Landstände den Kammerhaushalt in Ordnung zu bringen und die zuvor gemachten Schulden abzutragen. Zu sparen versuchte er vor allem, indem er darauf drängte, die Truppenstärke zu verringern. 1824 soll er gegenüber Kanzler v. Müller behauptet haben, er sei nur deshalb in die Kriegskommission eingetreten, »um den Finanzen durch die Kriegs Casse aufzuhelfen, weil da am ersten Ersparnisse zu machen waren. Einst zahlte ich 1000 Louisd. daraus der Herzogin zu einer Badereiße nach Aachen aus« (31.3.1824). Eine Auszahlung, die den damaligen Bedingungen des Systems entsprach. Was die Truppenkontingente betrifft, sind es für uns eher erheiternde Zahlen, aber in den Verhältnissen des Herzogtums schlugen auch kleine Änderungen zu Buche. 1777 und 1778 waren bereits die *Garde du Corps* und das Landregiment (eine Art Landpolizei) mit 14–15 Kompanien zu 36–40 Mann aufgehoben worden. Danach verkleinerte man auch das stehende ›Heer‹. Die Infanterie wurde um über die Hälfte von 532 auf 248 Mann reduziert. Das Artilleriekorps mit seinen 10 Mann blieb erhalten. Der Name traf sowieso nicht mehr zu; die ›Artilleristen‹ taten Dienst am Zeughaus und auf Wache. Auch das Husarenkorps mit 1 Rittmeister, 7 Unteroffizieren und 31 Mann konnte nicht verkleinert werden. Die Husaren wurden für Patrouillen gebraucht, stellten die Reisebegleitung des Herzogs, repräsentierten bei offiziellen Anlässen, und auch als Postboten waren sie unentbehrlich. Mancher Brief Goethes an den Herzog und Frau v. Stein (und umgekehrt) wird von ihnen befördert worden sein.

Dem Tagebuch und den Briefen vertraute Goethe an, wie es bei solcher Tätigkeit, der wohlgemut begonnenen und mehr und mehr ihn bedrückenden, innerlich um ihn bestellt war und wie er die Arbeit einschätzte. Zwar sah er immer auch den Gewinn an Weltkenntnis und Erfahrung, den ihm die Amtsgeschäfte einbrachten, aber manchen seiner Äußerungen merkt man an, welche Anstrengung er aufbringen mußte, um der drohenden Desillusionierung bei der anhaltenden Suche nach dem richtigen eigenen Lebensweg zu entkommen. Oft genug hat er sich mit einem trotzigen ›Es muß auch sein‹ zur Ordnung gerufen. »In der Jugend traut man sich zu dass man den

Menschen Palläste bauen könne und wenn's um und an kömmt so hat man alle Hände voll zu thun um ihren Mist beiseite bringen zu können. Es gehört immer viel Resignation zu diesem ekeln Geschäft, indessen muss es auch sein« (an Lavater, 6. 3. 1780). Im Juli 1776 hatte er geschrieben, daß es ihm bei einem nächtlichen Ritt aufgefallen sei,

wie mir die Gegend so lieb ist, das Land! der Ettersberg! die unbedeutenden Hügel! Und mir fuhrs durch die Seele – Wenn du nun auch das einmal verlassen musst! das Land wo du so viel gefunden hast, alle Glückseeligkeit gefunden hast die ein Sterblicher träumen darf, wo du zwischen Behagen und Mißbehagen, in ewig klingender Existenz schwebst – wenn du auch das zu verlassen gedrungen würdest mit einem Stab in der Hand, wie du dein Vaterland verlassen hast. Es kamen mir die Trähnen in die Augen, und ich fühlte mich starck genug auch das zu tragen [...] (an Ch. v. Stein, 16. 7. 1776).

»Zwischen Behagen und Mißbehagen«: diese Selbstdiagnose aus der frühen Weimarer Zeit ist gültig geblieben. Jetzt begann seine Bereitschaft zu wachsen, Unannehmlichkeiten auf sich zu nehmen, sich abzuhärten (wozu er auch körperliches Training einsetzte: lange Ritte, strapaziöse Wanderungen, Baden im kalten Fluß), menschliches Leben als ein Gemisch aus Hellem und Dunklem aufzufassen und hochfliegende Pläne zu verabschieden, »dass man den Menschen Palläste bauen könne«. Aus der »Unruhe des Lebens« schickte er Gustchen Stolberg die Verse

> Alles gaben Götter, die unendlichen,
> Ihren Lieblingen ganz,
> Alle Freuden, die unendlichen,
> Alle Schmerzen, die unendlichen, ganz.
>
> (17. 7. 1777; 1, 142)

Nüchterne, illusionslose Sicht auf Menschen und Verhältnisse äußerte sich im Satz des Tagebuchs vom 14. Dezember 1778, der wohl gleichzeitig zur Selbstberuhigung beitragen sollte: »Indem man unverbesserliche Ubel an Menschen und Umständen verbessern will verliert man die Zeit und verdirbt noch mehr statt dass man diese Mängel annehmen sollte gleichsam als Grundstoff und nachher suchen diese zu kontrebalanciren. Das schönste Gefühl des Ideals wäre wenn man immer rein fühlte *warum* man's nicht erreichen kann.« Aussagen dieser Art, die von vielen Seiten als allgemeine Wahrheit über die Unvollkommenheit des Menschen angeboten worden sind und werden, können indessen leicht dazu verleiten, als »unverbesserlich« auszugeben, was durchaus verbessert werden könnte.

Im Herbst 1777 war Goethe in Eisenach und auf der Wartburg, dienstlich in Begleitung des Herzogs; die Landschaft tagte dort. Ihn hatte es, wie Briefe und Notizen beweisen, längst in Distanz zu den Menschen getrieben, weil ihn ihr Tun und Treiben irritierten und nicht zu sich selbst kommen ließen. »Tiefes Gefühl des Alleinseyns«, trug er unterm 4. Oktober ins Tagebuch ein. Am 7. Oktober: »Viel geschwäzzt über die Armuth des Hof treibens, überhaupt der Sozietät. [...] Ich war stumpf gegen die Menschen.« Tags darauf ein längerer Eintrag, der mit dem Ausruf »Regieren« endet, so als wolle er sich damit gegen die melancholischen Anwandlungen wehren:

Gern kehr ich doch zurück in mein enges Nest, nun bald in Sturm gewickelt, in Schnee verweht. Und wills Gott in Ruhe vor den Menschen mit denen ich doch nichts zu theilen habe. Hier hab ich weit weniger gelitten als ich gedacht habe, bin aber in viel Entfremdung bestimmt, wo ich doch noch Band glaubte. Der Herzog [für ihn steht im Tagebuch das astronomische Zeichen des Jupiter wie für Charlotte v. Stein das der Sonne] wird mir immer näher und näher u Regen und rauher Wind rückt die Schaafe zusammen. – – *Regieren!!*

An das Stichwort »Conseil« für die Sitzung am 9. Dezember 1778 schloß er sogleich die Bemerkung an: »leidig Gefühl der Adiaphorie [Belanglosigkeit] so vieler wichtig seyn sollender Sachen.« Zum Jahresende 1778 drängten sich die Worte »Ekel« und »Ennui« in die Aufzeichnungen, die seismographisch die Stimmung zwischen Behagen und Mißbehagen einfingen und in denen er, wie so oft, versuchte, sich dennoch zu beruhigen.

Ich bin nicht zu dieser Welt gemacht, wie man aus seinem Haus tritt geht man auf lauter Koth. [...] Viel Arbeit in mir selbst zu viel Sinnens, dass abends mein ganzes Wesen zwischen den Augenknochen sich zusammen zu drängen scheint. Hoffnung auf Leichtigkeit durch Gewohnheit. Bevorstehende neue EckelVerhältn. durch die Kriegs Comiss. Durch Ruhe und Geradheit geht doch alles durch. [...] Es wachsen täglich neue Beschwerden, und niemals mehr als wenn man Eine glaubt gehoben zu haben.

Wie Ein- und Ausatmen gehöre, so munterte er sich nach der ersten Sitzung der Kriegskommission auf, die Last der Arbeit zum Leben und bewirke Positives: »Fest und ruhig in meinen Sinnen, und scharf. Allein dies Geschäffte diese Tage her. Mich drinn gebadet. und gute Hoffnung, in Gewissheit des Ausharrens. Der Druck der Geschäffte ist sehr schön der Seele, wenn sie entladen ist spielt sie freyer und geniest des Lebens« (13. 1. 1779).
Goethe, der strahlende Jüngling, der berühmte Dichter, der Freund des Herzogs, das Glückskind, dem so viel so leicht zugefallen ist: wie sehr widerspricht dieser populären Vorstellung die Eintragung vom 25. Juli 1779, deren Ernst an Verzweiflung heranreicht:

Das Elend wird mir nach und nach so prosaisch wie ein Kaminfeuer. Aber ich lasse doch nicht ab von meinen Gedancken und ringe mit dem unerkannten Engel sollt ich mir die Hüfte ausrencken. Es weis kein Mensch was ich thue und mit wieviel Feinden ich kämpfe um das wenige hervorzubringen. Bey meinem Streben und Streiten und Bemühen bitt ich euch nicht zu lachen, zuschauende Götter. Allenfalls lächlen mögt ihr, und mir beystehen.

Dazwischen machte sich Genugtuung über die gelingende Selbsterziehung in der Auseinandersetzung mit den Forderungen des Tages immer wieder bemerkbar. »Ich trincke fast keinen Wein. Und gewinne täglich mehr Blick und Geschick zum thätigen Leben« (Tagebuch, Ende April 1780). In Hexameterform zitierte er einen Spruch aus dem 2. Brief des Paulus an Timotheus: »Nemo coronatur nisi qui certaverit ante [Niemand wird gekrönt, der zuvor nicht gekämpft hat]. sauer lass ich mirs denn doch werden« (31.3.1780). Noch im Alter lautete es in zwei aufeinanderfolgenden Sprüchen der Sammlung *Sprichwörtlich*:

> Wem wohl das Glück die schönste Palme beut?
> Wer freudig tut, sich des Getanen freut.

> Gleich ist alles versöhnt;
> Wer redlich ficht, wird gekrönt.

Nah beieinander die Geständnisse im April 1780: »Mir schwindelte vor dem Gipfel des Glücks auf dem ich gegen so einen Menschen [Joh. Aug. v. Kalb, der als Kammerpräsident in Schwierigkeiten geraten war] stehe. [...] Es glückt mir alles was ich nur angreife« (2. April). – »Doch ist mirs wie einem Vogel der sich in Zwirn verwickelt hat ich fühle, dass ich Flügel habe und sie sind nicht zu brauchen« (Ende April).

Der Zwirn der täglichen Geschäfte hinderte ihn, seine dichterischen Pläne kontinuierlich zu verfolgen, und das quälte ihn immer mehr. Die Spannung, in der er zu leben hatte, war ihm bewußt; auf Dauer konnte er sie in der Schärfe, wie sie das erste Weimarer Jahrzehnt ausbildete, nicht ertragen. »Meine Schriftstellerey subordiniert sich dem Leben«, teilte er Kestner lakonisch mit,

doch erlaub ich mir, nach dem Beyspiel des grosen Königs der täglich einige Stunden auf die Flöte wandte, auch manchmal eine Übung in dem Talente das mir eigen ist. Geschrieben liegt noch viel, fast noch einmal so viel als gedruckt, Plane habe ich auch genug, zur Ausführung aber fehlt mir Sammlung und lange Weile (14.5.1780).

Noch stärker als diese Spannung bedrängte ihn das Unverhältnis zwischen seiner amtlichen Tätigkeit und ihren Ergebnissen. »Mein Leben ist sehr einfach und doch bin ich von morgens in die Nacht beschäfftigt, ich sehe fast niemand als die mit denen ich zu thun habe. [...] Mir mögten manchmal die Knie zusammenbrechen so schweer wird das Kreuz das man fast ganz allein trägt. Wenn ich nicht wieder den Leichtsinn hätte und die Überzeugung dass Glaube und Harren alles überwindet« (an Ch. v. Stein, 30. 6. 1780). An »neuen Menschen«, so meinte er, mangele es, die gleich auf der Stelle ohne Mißgriff das Gehörige täten (21. 9. 1780).

Die Welt ist eng, und nicht ieder Boden trägt ieden Baum, der Menschen Wesen ist kümmerlich, und man ist beschämt wie man vor so vielen tausenden begünstigt ist. Man hört immer sagen wie arm ein Land ist, und ärmer wird, theils denckt man sich es nicht richtig, theils schlägt man es sich aus dem Sinn, wenn man denn einmal die Sache mit offnen Augen sieht, und sieht das Unheilbaare, und wie doch immer gepfuscht wird!! – (an Ch. v. Stein, 5. 4. 1782)

Wieland hatte von Anfang an befürchtet, daß Goethe »nicht den hundertsten Teil von dem tun kann, was er gerne täte« (an Lavater, 4. 3. 1776). Er sollte Recht behalten. Schon Jahre vor der Italienischen Reise nistete sich bei Goethe die Erkenntnis der Vergeblichkeit ein. Im Brief an Knebel vom 21. November 1782 wurde er sehr deutlich:

Der Herzog hat seine Existenz im Hezen und Jagen. Der Schlendrian der Geschäffte geht ordentlich, er nimmt einen willigen und leidlichen Theil dran, und läßt sich hie und da ein Gutes angelegen seyn, pflanzt und reißt aus pp. Die Herzoginn ist stille lebt das Hofleben beyde seh ich selten.
Und so fange ich an mir selber wieder zu leben, und mich wieder zu erkennen. Der Wahn, die schönen Körner die in meinem und meiner Freunde Daseyn reifen, müssten auf diesen Boden gesät, und iene himmlische Juwelen könnten in die irdischen Kronen dieser Fürsten gefaßt werden, hat mich ganz verlassen und ich finde mein iugendliches Glück wiederhergestellt. Wie ich mir in meinem väterlichen Hause nicht einfallen lies die Erscheinungen der Geister und die iuristische Praxin zu verbinden eben so getrennt laß ich iezt den Geheimderath und mein andres Selbst, ohne das ein Geh.R. sehr gut bestehen kann. Nur im Innersten meiner Plane und Vorsäze, und Unternehmungen bleib ich mir geheimnißvoll selbst getreu und knüpfe so wieder mein gesellschafftliches, politisches, moralisches und poetisches Leben in einen verborgenen Knoten zusammen. Sapienti sat [Dem Weisen ist es genug].

Das muß in der Tat ein »verborgener Knoten« gewesen sein; denn er blieb seinen jugendlichen Anschauungen, mit denen er und seine damaligen Freunde im gesellschaftlichen und politischen Leben etwas bewegen, verändern wollten, keineswegs treu. Nicht nur stillschweigend nahm er Abschied davon; im großen Rechenschaftsgedicht *Ilmenau* (1783) verurteilte er ausdrücklich, was er einst »Verwegnes unternommen«. »Ich schwanke nicht, indem ich mich verdamme.« »Unklug« habe er »Mut und Freiheit« gesungen und »Redlichkeit und Freiheit sonder Zwang«. Als er im Brief an Knebel für ein ›Doppelleben‹ plädierte, suchte er den Glauben an Kontinuität wenigstens für seinen ›privaten‹ Bereich zu retten und kam doch um das Eingeständnis von *Ilmenau* nicht herum. Sich selbst treu blieb er allerdings in seiner Überzeugung, Erfahrungen und Erkenntnisse dichterisch gestalten zu können, und in seinem Wunsch nach Welterkenntnis, die über den Kleinkram alltäglicher Geschäfte hinausreichte.

Wenn er die äußeren Ergebnisse seiner Tätigkeit betrachtete, scheute er sich nicht, das Vergebliche seines Bemühens einzugestehen. »Unsre Geschäffte gehn einen leidlichen Gang, nur leider aus nichts wird nichts. Ich weis wohl was man statt all des Rennens und Laufens und statt der Propositionen und Resolutionen thun sollte. – Indessen begiest man einen Garten da man dem Lande keinen Regen verschaffen kann« (an Ch. v. Stein, 9. 6. 1784). Dennoch, als er Ende 1784 die neun Jahre, die er in Weimar zugebracht hatte, überdachte, nahm er sich vor, sich

einzubilden als wenn ich erst ietzt an diesen Ort käme, erst ietzt in einen Dienst träte wo mir Personen und Sachen zwar bekannt, die Krafft aber und der Wunsch zu würcken noch neu seyen. Ich betrachtete nun alles aus diesem Gesichtspuncte, die Idee heiterte mich auf unterhielt mich und war nicht ohne Nutzen, und ich konnte es um so eher da ich von keinem widrigen Verhältniß etwas leide, und würcklich in eine reine Zukunft trete (an Carl August, 26. 12. 1784).

Immer hat der, der so klagte und trotz allem am Sinn seines Handelns festhielt, die Zuversicht behalten, er könne selbst unter den herrschenden Staatsverhältnissen Gutes für viele erreichen. Denn das wollte er, so wie er sich um sein »geliebtes Dorf Melpers« kümmerte (an Ch. v. Stein, 12. 9. 1780; AS I 62). Nicht Absolutismus und feudaler Staat unterlagen seiner Kritik, sondern die Menschen, die schwer zu belehren waren, Fehler machten und dem Schlendrian nicht wehrten.

Herzog Carl August blieb für ihn ein Problem. Wenn Goethe seinen »Wunsch zu würcken« erfüllen wollte, konnte er das nur sinnvoll unter und mit einem Fürsten, der sich in seiner Herrscherrolle als »verständiger Vater« (AS I 359) bewies. Goethe war überzeugt (und aufs Ganze gesehen, wohl mit Recht), in Carl August einen solchen Fürsten vor sich zu haben, auch wenn er immer wieder Anlaß gab, über Hemmungslosigkeiten, mit denen er eigenen Vergnügungen nachging, verärgert zu sein. Daß die Freundschaft zwischen beiden über ein halbes Jahrhundert bis zum Tod des Herzogs 1826 Bestand gehabt hat, lag darin begründet, daß jeder von ihnen im anderen die Substanz und den Willen erkannte und schätzte, auf verschiedenen Gebieten Nützliches zu leisten. Es hat Meinungsverschiedenheiten, Phasen der Entfremdung, auch schwerwiegende Zerwürfnisse gegeben, aber die Freundschaft hat gehalten. Wo sich Goethe im ersten Weimarer Jahrzehnt kritisch über den jungen, noch in lebhafter Entwicklung befindlichen Carl August äußerte, schimmerte doch stets durch, daß er an seinem guten Kern nicht zweifelte. So etwa im Brief an Charlotte v. Stein vom 10. März 1781:

Nicht leicht hat einer so gute Anlagen als der Herzog, nicht leicht hat einer so viel verständige und gute Menschen um sich und zu Freunden als er, und doch wills nicht nach Proportion vom Flecke, und das Kind und der Fischschwanz gucken eh man sich's versieht wieder hervor. Das größte Übel hab ich auch bemerckt. So passionirt er fürs Gute und Rechte ist, so wirds ihm doch weniger darinne wohl als im Unschicklichen, es ist ganz wunderbar wie verständig er seyn kan, wieviel er einsieht, wieviel kennt und doch wenn er sich etwas zu gute thun will so muß er etwas Albernes vornehmen, und wenns das Wachslichter Zerknaupeln wäre.

Goethe hat seinen herzoglichen Freund, wenn dessen »Existenz im Hezen und Jagen« (an Knebel, 21. 11. 1782) Schaden für das Land zu bringen drohte, wiederholt ermahnt. Die Wildschweinjagden adliger Jagdgesellschaften, die allein das Recht zu solcher Hatz hatten, waren eine damals oft gerügte Plage. Auf die Landwirtschaft nahmen sie nicht die geringste Rücksicht. Lichtenberg, der Aufklärer in Göttingen, bemerkte sarkastisch in seinen *Sudelbüchern*: »Wenn die wilden Schweine dem armen Manne seine Felder verderben, so rechnet man es ihm unter dem Namen Wildschaden für göttliche Schickung an« (Heft B 304). Auch Gottfried August Bürger erhob in seinem Gedicht *Der Bauer an seinen Durchlauchtigen Tyrannen* massiv Anklage und stellte mit der Schlußzeile »Du nicht von Gott, Tyrann!« den Herrschaftsanspruch grundsätzlich in Frage.

Wer bist du, daß durch Saat und Forst
Das Hurra deiner Jagd mich treibt,
Entatmet wie das Wild?

Die Saat, so deine Jagd zertritt,
Was Roß und Hund und du verschlingst,
Das Brot, du Fürst, ist mein.

Goethes Brief an den Herzog vom 26. Dezember 1784 handelte vom selben Thema, wenn auch im Ton verhaltener: »Auch die Jagdlust gönn ich Ihnen von Herzen und nähre die Hoffnung daß Sie dagegen nach Ihrer Rückkunft die Ihrigen von der Sorge eines drohenden Übels befreyen werden. Ich meine die wühlenden Bewohner des Ettersbergs. [...] Gutsbesitzer, Pächter, Unterthanen, Dienerschafft, die Jägerey selbst alles vereinigt sich in dem Wunsche diese Gäste vertilgt zu sehen. [...] Man beschreibt den Zustand des Landmanns kläglich und er ist's gewiß, mit welchen Übeln hat er zu kämpfen – Ich mag nichts hinzusetzen was Sie selbst wissen.«

Was Goethe auch an Vergeblichkeit im Blick auf die äußeren Ergebnisse seines Dienstes meinte verbuchen zu müssen, so zog er doch für seine eigene Entwicklung eine positive Bilanz, wenigstens in der damaligen Weimarer Zeit. Einige Äußerungen sind besonders eindrucksvoll:

Das Tagewerck das mir aufgetragen ist, das mir täglich leichter und schweerer wird, erfordert wachend und träumend meine Gegenwart diese Pflicht wird mir täglich theurer, und darinn wünscht ich's den grössten Menschen gleich zu thun, und in nichts *Grösserm.* Diese Begierde, die Pyramide meines Daseyns, deren Basis mir angegeben und gegründet ist, so hoch als möglich in die Luft zu spizzen, überwiegt alles andere und lässt kaum augenblickliches Vergessen zu. Ich darf mich nicht säumen, ich bin schon weit in Jahren vor, und vielleicht bricht mich das Schicksaal in der Mitte, und der Babilonische Thurn bleibt stumpf unvollendet. Wenigstens soll man sagen es war kühn entworfen und wenn ich lebe, sollen wills Gott die Kräffte bis hinauf reichen (an Lavater, etwa 20.9.1780).

Es gab in Frankfurt und unter Freunden Zweifel genug, ob der Weg, den er gewagt hatte, richtig sei. »Ich richte mich ein in dieser Welt, ohne ein Haar breit von dem Wesen nachzugeben was mich innerlich erhält und glücklich macht«, beschied er Merck in Darmstadt (14.11.1781). »Ich danke Gott daß er mich bey meiner Natur in eine so eng-weite Situation gesezt hat, wo die mannigfaltigen Fasern meiner Existenz alle durchgebeizt werden können und müssen« (an Knebel, 3.2.1782). An die Mutter in Frankfurt, die er nur spärlich mit Nachrichten versorgte und die von andern, wie dem Diener Philipp Seidel, etwas über ihren »Hätschelhans« hörte, richtete er, als er fast sechs Jahre in Weimar war, einen langen Brief der Rückschau und Rechenschaft. Möglicherweise machte er hier manche wohlgemute Äußerung, um sich zu rechtfertigen und die besorgten Beobachter zu beruhigen.

Mer[c]k und mehrere beurtheilen meinen Zustand ganz falsch, sie sehen das nur was ich aufopfre, und nicht was ich gewinne, und sie können nicht begreifen, daß ich täglich reicher werde, indem ich täglich so viel hingebe. Sie erinnern sich, der lezten

Zeiten die ich bey Ihnen, eh ich hierhergieng, zubrachte, unter solchen fortwährenden Umständen würde ich gewiß zu Grunde gegangen seyn. Das Unverhältniß des
engen und langsam bewegten bürgerlichen Kreyses, zu der Weite und Geschwindigkeit meines Wesens hätte mich rasend gemacht. Bey der lebhaften Einbildung und
Ahndung menschlicher Dinge, wäre ich doch immer unbekannt mit der Welt, und in
einer ewigen Kindheit geblieben, welche meist durch Eigendünkel, und alle verwandte Fehler, sich und andern unerträglich wird. Wie viel glücklicher war es, mich
in ein Verhältniß gesezt zu sehen, dem ich von keiner Seite gewachsen war, wo ich
durch manche Fehler des Unbegrifs und der Übereilung mich und andere kennen zu
lernen, Gelegenheit genug hatte, wo ich, mir selbst und dem Schicksaal überlaßen,
durch so viele Prüfungen ging die vielen hundert Menschen nicht nöthig seyn mögen,
deren ich aber zu meiner Ausbildung äußerst bedürftig war (11.8.1781).

Ausdrücklich betonte er, einem freien Entschluß gefolgt zu sein und sich
auch in herzoglichen Diensten das Gefühl der Unabhängigkeit bewahrt zu
haben:

Indeß glauben Sie mir daß ein großer Theil des guten Muths, womit ich trage und
würke aus dem Gedanken quillt, daß alle diese Aufopferungen freywillig sind und
daß ich nur dürfte Postpferde anspannen laßen, um das Nothdürftige und Angenehme des Lebens, mit einer unbedingten Ruhe, bey Ihnen wieder zu finden. Denn
ohne diese Aussicht und wenn ich mich, in Stunden des Verdrußes, als Leibeigenen
und Tagelöhner um der Bedürfniße willen ansehen müßte, würde mir manches viel
saurer werden.

Nicht auf den Dienst am Hofe angewiesen zu sein, das Amt nicht als Pfründe
ausnutzen zu müssen (wie es gang und gäbe war) und nicht ins Gespinst höfischer Machenschaften verstrickt zu sein: dieses Bewußtsein verließ Goethe
nie. So besaß der Herzog, der das zu schätzen wußte, einen nicht in Interessen befangenen Freund und Berater. »Einen parvenu [Emporkömmling] wie
mich konnte blos die entschiedenste *Uneigennützigkeit* aufrecht halten. Ich
hatte von vielen Seiten Anmahnungen zum Gegentheil, aber ich habe meinen
schriftstellerischen Erwerb und ⅔ meines väterlichen Vermögens hier zuge-
setzt und erst mit 1200 rh., dann mit 1800 rh. bis 1815 gedient«, soll Goethe
gegenüber Kanzler v. Müller behauptet haben (31.3.1824).
  Die schwierigen Weimarer Jahre hat Goethe als wichtigen persönlichen
Reifungsprozeß betrachtet. Was ihn ausmachte, läßt sich andeuten. Er
gewann im praktischen Handeln neue Welterfahrung, auch im Zuge unver-
meidlicher Enttäuschungen. Er wurde durch die Pflichten, die er übernommen hatte, diszipliniert und wollte sich disziplinieren. Er nahm Widerstände
an, um, sich an ihnen abarbeitend, über die Welt und sich selbst größere
Klarheit zu gewinnen. Ruhige Beobachtung des einzelnen verdrängte seine

frühere »lebhafte Einbildung und Ahndung menschlicher Dinge«; die Natur wurde zum Objektbereich, den es zu erforschen galt. Vom ›Stürmen und Drängen‹ nahm er Abschied und hielt in der Rückschau sogar Gericht darüber. Denn nun sah er in Ordnung und Folge, die sich den ›Grenzen der Menschheit‹ fügten, leitende Prinzipien. Ein Autodafé war das äußere Zeichen solcher Wandlung. Im Tagebuch berichtet er unter dem 7. August 1779 davon und geht dann zu einer kritischen Selbstdiagnose über:

Zu Hause aufgeräumt, meine Papiere durchgesehen und alle alten Schaalen verbrannt. Andre Zeiten andre Sorgen. Stiller Rückblick aufs Leben, auf die Verworrenheit, Betriebsamkeit Wissbegierde der Jugend, wie sie überall herumschweift um etwas Befriedigendes zu finden. Wie ich besonders in Geheimnissen, duncklen imaginativen Verhältnissen eine Wollust gefunden habe. Wie ich alles Wissenschafftliche nur halb angegriffen und bald wieder habe fahren lassen, wie eine Art von demütiger Selbstgefälligkeit durch alles geht was ich damals schrieb. Wie kurzsinnig in menschlichen und göttlichen Dingen ich mich umgedreht habe. Wie des Thuns, auch des zweckmäsigen Denckens und Dichtens so wenig, wie in zeitverderbender Empfindung und Schatten Leidenschafft gar viel Tage verthan, wie wenig mir davon zu Nuz kommen und da die Hälfte nun des Lebens vorüber ist, wie nun kein Weeg zurückgelegt sondern vielmehr ich nur dastehe wie einer der sich aus dem Wasser rettet und den die Sonne anfängt wohlthätig abzutrocknen. Die Zeit dass ich im Treiben der Welt bin seit 75 Oktbr. getrau ich noch nicht zu übersehen. Gott helfe weiter. und gebe Lichter, dass wir uns nicht selbst so viel im Weege stehn. Lasse uns von Morgen zum Abend das Gehörige thun und gebe uns klare Begriffe von den Folgen der Dinge. Dass man nicht sey wie Menschen die den ganzen Tag über Kopfweh klagen und gegen Kopfweh brauchen und alle Abend zu viel Wein zu sich nehmen. Möge die Idee des Reinen die sich bis auf den Bissen erstreckt den ich in Mund nehme, immer lichter in mir werden.

Am 22. Juni 1780 notierte er: »Ordnung hab ich nun in allen meinen Sachen, nun mag Erfahrenheit, Gewandtheit pp auch an kommen. Wie weit ists im kleinsten zum höchsten!« Und Ende November 1781: »Täglich mehr Ordnung Bestimmtheit und Consequenz in allem.«

Wie sehr es ihm um Besinnung auf sich selbst ging, beweist der immer wieder geäußerte Wunsch, sich von den Menschen zurückzuziehen, in eine bewußt gewählte Einsamkeit. Nur so glaubte er finden und bewahren zu können, was unter den »Häuten« steckte, die er abstreifen wollte (an Ch. v. Stein, 9. 10. 1781). »Der Mensch hat viel Häute abzuwerfen biß er seiner selbst und der weltlichen Dinge nur einigermasen sicher wird« (an Plessing, 26. 7. 1782).

Laß mich ein Gleichniß brauchen. Wenn du eine glühende Masse Eisen auf dem Heerde siehst, so denkst du nicht daß soviel Schlacken drinn stecken als sich erst offenbaren wenn es unter den großen Hammer kommt. Dann scheidet sich der Unrath den das Feuer selbst nicht absonderte und fließt und stiebt in glühenden Tropfen und Funken davon und das gediegne Erz bleibt dem Arbeiter in der Zange. Es scheint als wenn es eines so gewaltigen Hammers bedurft habe um meine Natur von den vielen Schlacken zu befreyen, und mein Herz gediegen zu machen. Und wieviel, wieviel Unart weis sich auch noch da zu verstecken (an F. H. Jacobi, 17. II. 1782).

Diese Verabschiedung, ja Verurteilung des Früheren, die Goethe hilfsweise mit Bildern wie Durchbeizen, Häutung und Entschlackung umschrieb, gibt Fragen auf, die der Biograph kaum schlüssig beantworten kann. Der Greis hat mit Verwunderung auf jene ersten zehn Weimarer Jahre zurückgeblickt. Ihre wahre Geschichte könne er eigentlich »nur im Gewande der Fabel oder eines Märchens« darstellen. »Was ich geworden und geleistet, mag die Welt wissen; wie es im einzelnen zugegangen, bleibe mein eigenstes Geheimnis« (G 5, 176). Was waren die entscheidenden Gründe für seinen Wandlungsprozeß? Wieso kam Goethe dazu, so rasch die Herrschaftsverhältnisse im Feudalstaat zu akzeptieren, wo es doch an zeitgenössischer Kritik nicht mangelte? Weil er selbst kaum oder gar nicht von ihnen betroffen war? So wenig hielt der jugendliche Überschwang den Zusammenstoß mit der wirklichen Welt aus? So unumgänglich war die Anerkennung der Bedingungen, die der Handelnde in seinem Dienst vorfand? Spielte ein verborgener Kampf gegen die geheime Gefahr mit, wie Werther ein ›Aussteiger‹ zu werden? Oder paßte er sich den Gegebenheiten an, weil dadurch neue Ansätze der Erkundung von Welt und Mensch genutzt werden konnten und damit die Entscheidung für Weimar ihren Sinn behielt? Signalisierte der Abschied von Früherem nur den normalen Prozeß einer sich allmählich durchsetzenden Nüchternheit? Stellten die zahlreichen Selbstinterpretationen des immer noch jungen Geheimen Rats vielleicht nichts anderes als den Versuch dar, die im tätigen Dasein erlittenen Enttäuschungen in Gewinn für die Ausbildung der eigenen Persönlichkeit umzumünzen? Oft sprach Goethe damals vom »Schicksal«, das ihn leite, auch von den »Göttern«, weil er anders nicht begreifen konnte, was mit ihm vorging.

»Entsagung« wurde nicht erst für den alten Goethe zu einer wichtigen Lebensforderung. Schon 1782 versicherte er, daß er mitten im Glück »in einem anhaltenden Entsagen lebe« (an Plessing, 26. 7. 1782). Die Realität mit ihren besonderen Bedingungen und Einschränkungen mäßigte das ›überall Herumschweifen‹ und stutzte hochfliegende Pläne. Bei seinen zeichnerischen Versuchen wurde ihm ferner erneut deutlich, daß es nötig sei, »sich zu beschräncken« (an Ch. v. Stein, 22.7.1776), sich auf »einen Gegenstand, wenige Gegenstände« zu konzentrieren, wenn man etwas Rechtes vollbringen wolle. Doch hat er dann lebenslang die Spannung zwischen diesem Wissen und seinem Streben nach umfassender Kenntnis und Erkenntnis von Welt und Leben produktiv bewältigt. Künstler, Naturforscher, Minister in einer Person ist er geblieben. Wenn er sich auf etwas einließ, unterwarf er sich zwar den Forderungen der ›Beschränkung‹, indem er sich konzentrierte, um die gewählten Gegenstände »auf alle Seiten [zu] wenden, mit ihnen vereinigt [zu] werden« (22.7.1776). Denn »wer allgemein sein will, wird nichts, die Einschränkung ist dem Künstler so notwendig als jedem, der aus sich was Bedeutendes bilden will«, hieß es schon im Aufsatz *Nach Falconet und über Falconet* (in: *Aus Goethes Brieftasche*). Aber ihm als dem außergewöhnlichen Menschen war es vergönnt, sich im Streben nach Universalität mit erstaunlich vielem zu beschäftigen und es zu meistern. Dabei blieb für ihn allerdings die Erkenntnis, daß jedem Entsagung abverlangt werde, nach den Erfahrungen in Weimar nicht nur eine Einsicht des Künstlers.

Am Hof und unterwegs

Geselliges und Theaterspiele

Als Goethe im November 1775 in Weimar eintraf, kam er nicht als Unbekannter, und viele waren neugierig, den Dichter des *Götz* und des *Werther* kennenzulernen. Kontakte bildeten sich schnell und leicht; mit Wieland war er sofort ein Herz und eine Seele. Wie er die ersten Monate in der kleinen Stadt wirklich zugebracht hat, wissen wir nicht. Keine Aufzeichnungen im Tagebuch, unergiebig die Briefe, die recht allgemein blieben. Bis zum März 1776 war er auf die Gastfreundschaft des Hauses v. Kalb angewiesen, mit dem noch amtierenden Kammerpräsidenten Carl Alexander und dem Kammerrat Johann August, der Goethe nach Weimar gebracht hatte. Winterzeit mit trüben Tagen und langen Abenden ohne eigenes Arbeitszimmer. Von Schriftstellerei keine Spur. Vielleicht Spaziergänge durch die Straßen der Stadt, die eher Gassen waren, unsauber, kaum gepflastert, ohne richtige Kanalisation, mäßig oder gar nicht beleuchtet. Gesellige Runden und reichlich Festlichkeiten. »Wie eine Schlittenfahrt geht mein Leben, rasch weg und klingelnd und promenirend auf und ab« (an J. Fahlmer, 22. 11. 1775). Stunden mit dem Herzog und seinem Anhang. »Freuden der Jagd, von welchen ausruhend man die langen Abende nicht nur mit allerlei merkwürdigen Abenteuern der Wildbahn, sondern auch vorzüglich mit Unterhaltung über die nötige Holzkultur zubrachte« (13, 150). Finanziell auf Pump angewiesen. (›Tante‹ Fahlmer bat er am 5. Januar und 6. März 1776, sie möge bei seinen Eltern, besonders der Mutter, Geld besorgen: »Der Herzog hat mir wieder 100 Dukaten geschenckt. [...] Ich bin noch allerley Leuten schuldig das thut mir nichts.«) Gerede über sein Treiben mit dem Regenten. Schwankendes Hin und Her, was werden sollte: – undeutliche Übergangzeit nach der Unruhe wegen Lili, nach der Unlust in Frankfurt.

Zu den ›Hoffähigen‹ zählte er nicht; er war nur ein Bürgerlicher. Bei Anna Amalia fiel das weniger ins Gewicht, die bei ihren Diners am Mittwoch, wie Lyncker berichtet, »mehrere sogenannte Schöngeister« und nur ein oder zwei Adlige zu Gast hatte. Die junge Herzogin Luise dagegen hielt auf höfische Etikette. Bis Ende des Jahres 1775 soll Goethe nur einmal an der offiziellen Hoftafel gespeist haben, die zeremoniell zelebriert zu werden pflegte, unbequem, aber fein. Erst als er im Juni 1776 Mitglied des Geheimen Consiliums geworden war, konnte man ihn leichter zur herzoglichen Tafel einladen. Den gemeinsamen Unternehmungen des Herzogs mit dem bürgerlichen Freund tat die Hofetikette allerdings keinen Abbruch. Als er schließlich 1782 geadelt wurde (durch Kaiser Joseph II.), waren solche protokollarischen Schwierigkeiten überwunden. Goethe hat seiner Erhebung in den Adelsstand wohl vor allem aus Gründen der Zweckmäßigkeit zugestimmt. Im Tagebuch vermerkte er den Vorgang gar nicht, während er die Ernennung zum Geheimen Rat gebührend betont hatte. (»Es kommt mir wunderbaar vor dass ich so wie im Traum, mit dem 30ten Jahre die höchste Ehrenstufe die ein Bürger in Teutschland erreichen kan, betrete«, an Ch. v. Stein, 7. 9. 1779). Den aus bestimmten Gründen zögernden Herder versuchte er zur Annahme des Titels ›Geheimer Kirchenrat‹ mit der bezeichnenden Bemerkung zu animieren, er solle die Urkunde nehmen »wie ich meinen Adelsbrief« (an Caroline Herder, 11. 5. 1784).

Das Murren mancher Höflinge über die Rolle des neuen Favoriten war vernehmlich genug. Doch gab es auch unter ihnen und andern Adligen etliche, die musische Neigungen hatten, die selbst schriftstellerten oder komponierten. Die parodierenden Knittelverse Friedrich v. Einsiedels wurden schon erwähnt (S. 296 f.). Selbstverständlich, daß der Gast aus Frankfurt, was seine künstlerischen Fähigkeiten anging, den Weimarer »Schöngeistern«, ob adlig oder bürgerlich, willkommen oder zumindest doch interessant war. »Wunderlich Aufsehn machts hier, wie natürlich« (22. 11. 1775).

Ende November 1775 waren die Brüder Stolberg in Weimar zu Gast. Sie befanden sich auf dem Rückweg aus der Schweiz, die zu loben Fritz zu Stolberg nicht müde wurde, trotz der auch dort herrschenden Gesetze. Just aus Weimar schrieb er Luise v. Gramm am 27. 11. 1775: »Nur in Monarchien ist der Edelmann Knecht des Fürsten und des Bauern Tyrann«; was ihn dennoch nicht hinderte, Freundliches über das junge Herzogpaar zu berichten. Sein Brief vom 6. Dezember 1775 an Henriette Bernstorff gibt einen unmittelbaren Eindruck, wie es in jenem Winter an geselligen Tagen eines arbeitsfreien Daseins zugegangen ist:

Der Herzog ist ein herrlicher achtzehnjähriger Junge, voll Herzens-Feuers, voll deutschen Geistes, gut, treuherzig, dabei viel Verstand. Engel Luischen ist Engel Luischen. Die verwittwete Herzogin, eine noch schöne Frau von sechsunddreißig Jahren, hat viel Verstand, viel Würde, eine in die Augen fallende Güte, so ganz ungleich den fürstlichen Personen, die im Steifsein Würde suchen; sie ist charmant im

Umgang, spricht sehr gut, scherzt fein und weiß auf die schönste Art einem etwas Angenehmes zu sagen. Prinz Constantin ist ein herziges feines Bübchen. Eine Frau von Stein, Oberstallmeisterin, ist ein allerliebstes, schönes Weibchen. Wir waren gleich auf dem angenehmsten Fuß dort; es ward uns sehr wohl und ihnen ward auch wohl bei uns. Den Vormittag waren wir entweder bei Göthe oder Wieland, oder ritten mit dem Herzog auf die Jagd oder spazieren. Von zwei bis fünf Uhr waren wir bei Hof. Nach Tisch wurden kleine Spiele gespielt, blinde Kuh und Plumpsack. Von sieben bis neun war Conzert oder ward vingt-un gespielt. Einmal war Maskerade. Einen Nachmittag las Göthe seinen halbfertigen Faust vor. Ein herrliches Stück. Die Herzoginnen waren gewaltig gerührt bei einigen Scenen. Den vorletzten Abend (d. 2.) waren wir bei Prinz Constantin; der Herzog, der Statthalter von Erfurt, ein trefflicher Mann von Verstand, Göthe und viele Cavaliere vom Hofe assen mit uns. Da wir bald abgegessen hatten und recht guter Dinge waren, öffnete sich plötzlich die Thüre und siehe, die Herzogin Mutter mit der schönen Frau von Stein traten feierlich in die Stube, jede ein drei Ellen langes Schwert aus dem Zeughause in der Hand, um uns zu Rittern zu schlagen. Wir setzten uns nieder und die beiden Damen gingen vertraut um den Tisch herum, von einem zum andern. Nach Tisch wurde lange blinde Kuh gespielt. Einigen steifen Hofleuten waren wir, glaub' ich, ein Dorn im Auge, aber alle guten waren uns herzlich gut. Den letzten Abend, nachdem wir uns schon bei Hofe beurlaubt hatten, aßen wir mit Göthe und Wieland allein. [...]

Anna Amalias Hofdame und Gesellschafterin Louise von Göchhausen, die mit Geist und Witz ihre körperlichen Gebrechen zu überspielen verstand und sonnabends ihre eigenen ›Freundschaftstage‹ gab, wozu sich die Gäste drängten, – sie war es, die sich einmal Goethes *Faust*-Manuskript ausgeliehen und abgeschrieben hat. Erst 1887 fand man in ihrem Nachlaß diese Abschrift des *Urfaust*, den Goethe selbst längst vernichtet hatte, seit der erste Teil des *Faust* veröffentlicht worden war.

Am Theaterspiel hatte man in Weimar schon seit einiger Zeit Gefallen gefunden. Besonders Anna Amalia war es zu verdanken gewesen, daß das Theater, als es die Lage des Landes wieder möglich machte, gefördert wurde. Wieland hatte 1773, also vier Jahre nach dem Scheitern des Hamburger Nationaltheaters, in der März-Nummer seines *Teutschen Merkur* in einem besonderen Abschnitt »Theaternachrichten. Weimar« die Bedeutung eines »wohlgeordneten Theaters« erläutert, das »nicht wenig beitrage, die Begriffe, die Gesinnungen, den Geschmack und die Sitten eines Volkes unvermerkt zu verbessern und zu verschönern«, und hatte mit Genugtuung erwähnt, daß nur Weimar sich rühmen könne, »ein deutsches Schauspiel zu haben, welches jedermann dreimal in der Woche unentgeltlich besuchen darf«. Denn die Herzogin-Regentin habe gewünscht, daß »auch die unteren Klassen« nicht ausgeschlossen würden. Als 1774 der Schloßbrand den

Theatersaal in der Wilhelmsburg zerstörte, zog die Seylersche Truppe, die dort gespielt hatte, davon. Nun gab es bis 1784 in Weimar kein Berufstheater mehr. Doch Liebhaber wagten es, als Laienschauspieler zu agieren. Gespielt wurde in der Stadt im Hause des Bauunternehmers Hauptmann an der Esplanade, ab 1779 im neuen Redouten- und Komödienhaus, außerhalb auch im Schloß von Ettersburg und im Park von Tiefurt.

Jene Liebhaberaufführungen wurden nicht durch Goethes Initiative eingeführt; sie hatten schon einige Wochen vor seinem Eintreffen begonnen. Aber seit 1776 wirkte auch er als Schauspieler mit, erstmals im Februar in Cumberlands *Der Westindier*, einem damals beliebten Lustspiel. Er war der einzige Bürgerliche im ganzen Ensemble, in dem der Herzog ebenso mitspielte wie Prinz Constantin, Carl Ludwig v. Knebel, Charlotte v. Stein, Louise v. Göchhausen und andere. Auf Wunsch des Herzogs übernahm Goethe schließlich ab 1. Oktober 1776 die Leitung der Aufführungen, nachdem man im Mai auch eines seiner eigenen Stücke gebracht hatte, *Erwin und Elmire*, mit der Musik Anna Amalias. *Die Laune des Verliebten, Die Mitschuldigen, Das Jahrmarktsfest zu Plundersweilern* sind in den folgenden Jahren ebenfalls in Szene gesetzt worden.

Für dieses Weimarer Liebhabertheater hat Goethe eine Anzahl von Stükken geschrieben, Regie geführt und ist als Schauspieler aufgetreten. Hier sammelte er vielfältige Erfahrungen, die ihm später, als er von 1791 bis 1817 die Leitung des neuen Hoftheaters innehatte, zugute kamen. Mehr als sechzig Vorstellungen bis 1783, als die Schauspielertruppe von Josef Bellomo verpflichtet wurde, hat man nachweisen können, wobei freilich das Ausmaß von Goethes Aktivitäten nicht genau festzustellen ist. Neben den übrigen Aufgaben, die er zu bewältigen hatte, konnte er sich hier nicht immer voll engagieren. Seine Stücke waren (mit Ausnahme der Prosafassung der *Iphigenie* von 1779) Gelegenheitsproduktionen, wie sie die Unterhaltung der Hofgesellschaft aus verschiedensten Anlässen wünschte und brauchte. Damit ist über ihren Wert allerdings noch nichts gesagt. Der alte Goethe hat, sofern Eckermanns Bericht verläßlich ist, auch über diese Stücke das Urteil gesprochen, als er meinte, er habe »in den ersten zehn Jahren in Weimar nichts Poetisches von Bedeutung hervorgebracht« (10. 2. 1829). Trotzdem dürfen diese Sing- und Schauspiele der Jahre 1776 bis 1782 nicht übergangen werden, wenn das erste Weimarer Jahrzehnt ganz in den Blick kommen soll. *Die Geschwister, Lila, Der Triumph der Empfindsamkeit, Die Vögel, Jery und Bätely, Die Fischerin*: es sind zwar Werke ›poetischer Nebenstunden‹, dennoch tragen sie deutlich Goethes Handschrift und fangen manches von der Atmosphäre des sog. Weimarer Musenhofes ein. Deshalb muß auf sie später noch eingegangen werden.

Bei den Aufführungen des Liebhabertheaters wurde an der Ausstattung nicht gespart. Kulissen mußten gearbeitet werden, Verwandlungsszenen forderten Geschick und genaue Vorbereitung, weil Einrichtungen einer Theaterbühne nicht zur Verfügung standen, überraschende technische Tricks wurden eingesetzt, kurz: Erfindungsgabe und handwerklich-künstlerisches Geschick waren gefragt. Der Hoftischler Johann Martin Mieding besaß beides; seinen Fähigkeiten hatte das Liebhabertheater viel zu verdanken. Als er 1782 starb, schrieb Goethe ein mehrseitiges Gedicht *Auf Miedings Tod*, in dem er zum Ruhm des tüchtigen Theatermeisters (»Ihm war die Kunst so lieb, / Daß Kolik nicht, nicht Husten ihn vertrieb«) humorvoll und mit erzählerischem Behagen an dessen Arbeit erinnerte, die eine illusionäre Bühnenwelt hatte entstehen lassen. Das war kein höfisches Trauergedicht, sondern Gedächtnisfeier für einen Bedienten, dem Goethes ganze Sympathie gegolten hatte.

> Wer preist genug des Mannes kluge Hand,
> Wenn er aus Draht elast'sche Federn wand,
> Vielfält'ge Pappen auf die Lättchen schlug,
> Die Rolle fügte, die den Wagen trug,
> Mit Zindel, Blech, gefärbt Papier und Glas,
> Dem Ausgang lächelnd, rings umgeben saß?
> So, treu dem unermüdlichen Beruf,
> War er's, der Held und Schäfer leicht erschuf.
> Was alles zarte schöne Seelen rührt,
> Ward treu von ihm, nachahmend, ausgeführt:
> Des Rasens Grün, des Wassers Silberfall,
> Der Vögel Sang, des Donners lauter Knall,
> Der Laube Schatten und des Mondes Licht –
> Ja selbst ein Ungeheu'r erschreckt' ihn nicht (V. 79 ff.).

Bereits in diesem Gedicht von 1782 stehen die berühmt gewordenen Verse (denen Wieland schon in einem Brief vom 5. Oktober 1776 an Freiherrn v. Gebler mit dem Vergleich zwischen Weimar und »Bethlehem-Juda« präludiert hatte):

> O Weimar! dir fiel ein besonder Los:
> Wie Bethlehem in Juda, klein und groß!
> Bald wegen Geist und Witz beruft dich weit
> Europens Mund, bald wegen Albernheit.

Im Frühjahr 1776 konnte Goethe Wiedersehen mit Leipzig feiern. »Alles ist wies war, nur ich bin anders« (an Ch. v. Stein, 25. 3. 1776). Er sah seinen

Kunstlehrer Adam Oeser wieder, der später auch Weimar aufsuchte, traf Corona Schröter, Sängerin und Schauspielerin, die er seit Studentenzeiten kannte, und konnte sie gewinnen, ein Engagement als Kammersängerin in Weimar anzunehmen. Dort ist sie zur bewunderten und gefeierten Schauspielerin aufgestiegen. Sie muß beeindruckend gewesen sein, in ihrem Spiel, mit ihrer stattlichen Erscheinung, als schöne und kluge Frau, wohl auch etwas unnahbar. Eine leidenschaftliche Beziehung, die beide geheimzuhalten suchten, scheint sie mit Friedrich v. Einsiedel verbunden zu haben. Geheiratet hat sie nie. Reizvoll und müßig, darüber zu spekulieren, ob sie und Goethe, in vielen Aufführungen auf der Bühne vereint, im Leben ein Paar hätten sein können. Er ist von ihr tief beeindruckt gewesen. »Die Schröter ist ein Engel – wenn mir doch Gott so ein Weib bescheeren wollte dass ich euch könnt in Frieden lassen – doch sie sieht dir nicht ähnlich gnug«, schrieb er Charlotte v. Stein aus Leipzig (25.3.1776). Tagebucheintragung vom 27. Dezember 1776: »Redoute. Crone sehr schön.« Oft war sie bei ihm zu Tisch und er bei ihr. »Mit Crone gessen«, hieß dann der Vermerk. Goethe zwischen Charlotte v. Stein und Corona Schröter? Ein einziger Brief Goethes an sie ist überliefert, ohne Datum; die Zusammenhänge, die er berührt, sind nicht aufzuklären. Doch gibt er etwas von dem engen, ja innigen Verhältnis zwischen beiden zu erkennen. Wieder einmal müssen es irritierende Konfusionen gewesen sein, die Goethe belasteten und ihn zwangen, jenen Brief zu schreiben. »Das Vergangne können wir nicht zurückrufen, über die Zukunft sind wir eher Meister wenn wir klug und gut sind. Ich habe keinen Argwohn mehr gegen dich, stos mich nicht zurück, und verdirb mir nicht die Stunden die ich mit dir zubringen kan, denn so muß ich dich freylich vermeiden« (HAB 1, 352). Als der Herzog ihr zu nahe kam und sie offenbar zur Geliebten wünschte, schritt Goethe energisch ein. Sein Tagebuch deutet an: »Abends nach dem Conzert eine radicale Erklärung mit dem Herzog über Cr[one]« (10.1.1779).

In der Geschichte der deutschen Schauspielkunst hat man Corona Schröter eine außerordentliche Stellung eingeräumt. Manchen gilt sie als die erste deutsche Schauspielerin von Rang. Seit den späten achtziger Jahren lebte sie zurückgezogen, vielleicht vereinsamt, vertonte Gedichte Höltys, Millers, Goethes und Volkslieder Herders, malte und zeichnete. Als sie 1802 in Ilmenau starb, erschien niemand aus Weimar zu ihrem Begräbnis. »Es ist sündlich, wie man in Weimar mit den Toten umgeht«, klagte Knebel in einem Brief vom 18. Januar 1803 an seine Schwester Henriette und hatte Grund zu verallgemeinern: »Über Personen, die wirkliche Verdienste für sich und für die Gesellschaft hatten, habe ich acht Tage nach ihrem Tode auch nicht einen Laut mehr reden hören.« Solches Vergessen, das alle Zeiten kennen, gab es auch in Weimar. Als Goethe in den *Annalen* zu 1802 den Tod Corona Schröters eintrug, verwies er selbst auf das »Andenken«, das er ihr vor vielen Jahren bereits gestiftet habe, nämlich im Gedicht *Auf Miedings Tod,* wo »in ernster Heiterkeit der schönen Freundin gedacht« worden sei. Es war die Verspartie, die begann (V. 169 ff.)::

Ihr Freunde, Platz! Weicht einen kleinen Schritt!
Seht, wer da kommt und festlich näher tritt!
Sie ist es selbst – die Gute fehlt uns nie –
Wir sind erhört, die Musen senden sie.
Ihr kennt sie wohl! sie ist's, die stets gefällt:
Als eine Blume zeigt sie sich der Welt.
Zum Muster wuchs das schöne Bild empor,
Vollendet nun, sie ist's und stellt es vor.
Es gönnten ihr die Musen jede Gunst,
Und die Natur erschuf in ihr die Kunst.
So häuft sie willig jeden Reiz auf sich,
Und selbst dein Name ziert, Corona, dich.

Schatten der Vergangenheit

Goethe am Weimarer Hof: das war für Freunde aus der Jugend wie eine Aufforderung, in seiner Nähe ebenfalls ihr Glück zu versuchen. Im April 1776 traf Jakob Michael Reinhold Lenz in Weimar ein, nicht etwa eingeladen, sondern von seiner Existenznot getrieben, irgendwo einen Platz zu finden, wo er zur Ruhe käme und produktiv sein könnte, ohne sich mühselig als Hofmeister oder mit Stundengeben durchschlagen zu müssen. Seine beiden zeitkritischen Stücke *Der Hofmeister oder Vorteile der Privaterziehung* und *Die Soldaten* hatte er schon geschrieben, als er in der thüringischen Residenzstadt ankam. Was sich mit Lenz im einzelnen dort abgespielt hat, wissen wir nicht. Zunächst ließ sich alles freundschaftlich-vertraulich an. »Sie werden das kleine wunderliche Ding sehen. Und ihm gut werden«, schrieb Goethe an Frau v. Stein (5. 4. 1776). Aber er paßte nicht in die neue Umgebung, hatte keine sichere Stelle, nahm es für selbstverständlich, daß der Herzog und Goethe für ihn sorgten, fiel durch ein Benehmen auf, das sich nicht schickte, war vielleicht zu vorlaut, ungeduldig und ruhelos. Es mag auch sein, daß sich schon Vorzeichen seiner späteren Geisteskrankheit meldeten. Für Goethe jedenfalls war die Nähe eines solchen Menschen auf die Dauer belastend. Als Lenz sich im Juli nach Berka zurückgezogen hatte, meinte Goethe noch: »Lenz ward endlich gar lieb und gut in unserm Wesen, sitzt jetzt in Wäldern und Bergen allein, so glücklich als er seyn kann« (an Merck, 24.7.1776). Aber als er sich am 26. November in Weimar offenbar nicht so benahm, wie es sich dort gehörte, war Goethe unerbittlich. Im Tagebuch steht nur: »Lenzens Eseley«, und man hat gerätselt, welche Taktlosigkeit (vielleicht gegen Damen der Gesellschaft) der Unglückliche begangen haben mag. Am 1. Dezember wurde er vom Herzog aus Weimar verwiesen.

Auch Maximilian Klinger tauchte auf – und verließ die Stadt schon im Oktober wieder. »Klinger kann nicht mit mir wandeln, er drückt mich, ich hab's ihm gesagt, darüber er außer sich war und's nicht verstund und ich's nicht erklären konnte, noch mochte« (an Merck, 24.7.1776). Goethe war auf dem Weg, hinter sich zu lassen, was an ›Stürmen und Drängen‹ die Jungen in den fünf Jahren zuvor bewegt und umgetrieben hatte. Wenn er jetzt so oft die Einsamkeit suchte, hieß das auch, Distanz zu den Weggenossen von früher zu suchen. Er befand sich, im Gegensatz zu dem, was manche über ihn berichteten, in einer Phase des Sichbesinnens, war schon dabei, ›Häute abzustreifen‹. »Lieber Kestner, nicht dass ich euch vergessen habe, sondern dass ich im Zustande des Schweigens bin gegen alle Welt, den die alten Weisen schon angerathen haben und in dem ich mich höchst wohl befinde, indess sich viele Leute mit Mährchen von mir unterhalten, wie sie sich ehmals von meinen Mährchen unterhielten« (28.9.1777).

In *Dichtung und Wahrheit* hat er später alles Aufbegehren, alle Lust der jugendlichen Kritik am schlechten Bestehenden bespöttelt oder kurzerhand abgetan, war im höchsten Maße ungerecht gegen einen Gescheiterten wie Lenz, so als sei es allein dessen persönliche Schuld gewesen, in dieser Welt nicht zurechtgekommen zu sein, und sprach im Zusammenhang mit ihm tatsächlich von »jener Selbstquälerei, welche, da man von außen und von andern keine Not hatte [!], an der Tagesordnung war« (10, 7). Lenz sei »zeitlebens ein Schelm in der Einbildung« gewesen, habe durch die verkehrtesten Mittel »seinen Neigungen und Abneigungen Realität zu geben« versucht und sein Werk immer wieder selbst vernichtet. Dieses Urteil Goethes haftete lange an dem Kritisierten. Es gilt längst nicht mehr.

Bergwerksunternehmen Ilmenau

Am 3. Mai 1776 suchte Goethe zum erstenmal Ilmenau auf, halbamtlich, er sollte die Lage nach einer Feuersbrunst erkunden. Brände waren damals fast an der Tagesordnung; Goethe mußte wiederholt zu den Brandstätten reiten und kümmerte sich um das Feuerlöschwesen. Aus Ilmenau berichtete er brieflich dem Herzog und fügte hinzu:»Aber die Gegend ist herrlich, herrlich!« (4.5.1776). Diese Begeisterung über die Ilmenauer Gegend blieb lebenslang. In Ilmenau feierte der Greis mit den Enkeln Wolfgang und Walther 1831 seinen letzten Geburtstag, und man hat errechnet, daß er achtundzwanzigmal, insgesamt 220 Tage, dort und in der Umgebung gewesen ist.

Ilmenau ist das Stichwort für den Beginn eines neuen Verhältnisses, das Goethe zur Natur gewann und dann folgenreich erweiterte. Herder schrieb er am 9. August 1776:»Wir sind in Ilmenau, seit 3 Wochen wohnen wir auf dem Thüringer Wald, und ich führe mein Leben in Klüfften, Höhlen, Wäldern, in Teichen, unter Wasserfällen, bey den Unterirdischen, und weide mich aus in Gottes Welt.« Als Vierundsiebzigjähriger zog er die Bilanz:»Ilmenau hat mir viele Zeit, Mühe und Geld gekostet, dafür habe ich aber auch etwas dabey gelernt und mir eine *Anschauung* der Natur erworben, die ich um keinen Preiß vertauschen möchte« (KM 16.3.1824).

Mit Ilmenau war für Goethe das Glück der Begegnung mit der Natur und die Enttäuschung über das Scheitern eines intensiv betriebenen technisch-wirtschaftlichen Vorhabens verbunden. Schon früher hatte es dort Kupfer- und Silberbergbau gegeben, aber seit 1739 lag das Bergwerk still. Der Herzog hoffte nun, die Förderung wieder in Gang setzen zu können, nachdem ein Gutachten des Bergbausachverständigen v. Trebra positiv ausgefallen war. Damit sollten sowohl eine neue Geldquelle für das Land erschlossen als auch Arbeitsplätze für die arme Bevölkerung des Landstrichs geschaffen werden. Im Sommer 1776 zog Carl August mit Beratern und Freunden, darunter natürlich Goethe, für mehrere Wochen nach Ilmenau, um an Ort und Stelle alles zu besichtigen und das Erforderliche in die Wege zu leiten. Die alten Grubenanlagen wurden inspiziert, mehrfach die Schächte befahren, aber auch Jagen, Tanzen und Vergnügungen kamen nicht zu kurz. An allzu übermütige Streiche dort erinnerte sich Goethe später nicht mehr gern. Er selbst erkundete die Landschaft, wanderte zum Hermannstein, auf den Kickelhahn, zeichnete viel, gewann die Gegend lieb und sah auch, wie schlecht es der Bevölkerung ging.

Am 18. Februar 1777 bildete der Herzog eine besondere Bergwerkskommission, mit Goethe an der Spitze, der sich nun jahrelang mit großem Engagement für das Ilmenauer Projekt einsetzte. Es gab vieles zu klären und zu regeln. Juristische Probleme der Besitzverhältnisse waren zu lösen, denn das Bergwerk gehörte Sachsen-Weimar, Sachsen-Gotha und Kursachsen gemeinsam; ›Gewerke‹, d. h. Anleger, die Anteile erwarben und ihrerseits Gewinne erwarteten, sollten interessiert werden; Wiederinstandsetzung und Neubau technischer Anlagen waren zu bewerkstelligen. Goethe mußte sich einarbeiten und kümmerte sich um alles, um Gesteinsuntersuchungen und Schmelzversuche, um die Vorrichtungen, mit denen der immer drohende Wassereinbruch verhindert werden sollte, und um die Arbeitsbedingungen der Bergleute. Bei solchem Vorhaben war es mit einer Feier der Natur in schönen Versen nicht getan; genaue Untersuchung, scharfe Beobachtung waren gefordert.

Goethes mineralogische und geologische Interessen wurden geweckt; hier und bei den anderen auf die Natur bezogenen Beschäftigungen in Weimar wurde er zum Naturforscher. »Ich kam höchst unwissend in allen Naturstudien nach Weimar, und erst durch das Bedürfniß, dem Herzog bey seinen mancherley Unternehmungen, Bauten, Anlagen, practische Rathschläge geben zu können, trieb mich zum Studium der Natur«, berichtete er Kanzler v. Müller in einem Gespräch über den Ilmenauer Bergbau (16. 3. 1824). So intensiv arbeitete er sich ein, daß er schon 1780 Johann Carl Wilhelm Voigt, der auf der Bergakademie in Freiberg ausgebildet worden war, schriftlich instruieren konnte, was er beobachten solle (13, 251). Die Unterweisung bezog sich auf die Aufgabe, die mineralogischen und geologischen Verhältnisse im Herzogtum Sachsen-Weimar-Eisenach zu untersuchen, damit eventuell auch bisher unerkannte Bodenschätze ausfindig gemacht würden. (Voigts Untersuchungen erschienen 1781–1785 unter dem Titel *Mineralogische Reisen durch das Herzogtum Weimar und Eisenach*.)

Welche Sicht des Naturforschers, insbesondere des Geologen Goethe sich entwickelte, dokumentiert der lange Brief, den er am 27. Dezember 1780 an Herzog Ernst v. Gotha richtete, in dem er die charakteristische Formulierung »anschauende Begriffe« benutzte. Goethe berichtete hier von Sinn und Zweck der Untersuchungen des »Bergverständigen Voigt« und erläuterte dabei die Grundsätze der Beobachtung:

Wie der Hirsch und der Vogel sich an kein Territorium kehrt, sondern sich da äst und dahin fliegt, wo es ihn gelüstet, so, halt' ich davon, muß der Beobachter auch sein. Kein Berg sei ihm zu hoch, kein Meer zu tief. Da er die ganze Erde umschweben will, so sei er frei gesinnt wie die Luft, die alles umgiebt. Weder Fabel noch Geschichte, weder Lehre noch Meinung halte ihn ab zu schauen. Er sondere sorgfältig das, was er gesehen hat, von dem, was er vermuthet oder schließt. Jede richtig aufgezeichnete

Bemerkung ist unschätzbar für den Nachfolger, indem sie ihm von entfernten Dingen anschauende Begriffe gibt, die Summe seiner eigenen Erfahrungen vermehrt und aus mehreren Menschen endlich gleichsam ein Ganzes macht. [...] Bei dieser Sache, wie bei tausend ähnlichen, ist der anschauende Begriff dem wissenschaftlichen unendlich vorzuziehen. Wenn ich auf, vor oder in einem Berge stehe, die Gestalt, die Art, die Mächtigkeit seiner Schichten und Gänge betrachte, und mir Bestandtheile und Form in ihrer natürlichen Gestalt und Lage gleichsam noch lebendig entgegenrufe, und man mit dem lebhaften Anschauen *so ist's* einen dunkeln Wink in der Seele fühlt *so ist's erstanden!*

Anschließend bat er, auch im Gebiet des Herzogs von Gotha solche Nachforschungen anstellen lassen zu dürfen:»Vielleicht findet sich bei solch' einer Untersuchung etwas den Menschen näher Nützliches und Einträgliches. Wenigstens erfährt man gewiß, was man besitzt, und die dunkeln Seiten der Dinge, an die sich Projectmacher und Schatzgräber anhängen, werden lichter.«

Als 1783 die beiden anderen Mitglieder der Bergwerkskommission ausschieden, ersuchte Goethe den Herzog, er möge ihm den Geheimen Regierungsrat Christian Gottlob Voigt zur Mitarbeit in den Ilmenauer Geschäften zuordnen und dessen Bruder Johann Carl Wilhelm Voigt als Sekretär der Kommission bestellen. Das war der Anfang einer dienstlichen Zusammenarbeit mit Christian Gottlob Voigt, die Jahrzehnte dauerte und zu einer engen vertrauensvollen Freundschaft zwischen beiden Männern führte. Goethe und Voigt, der später selbst Geheimer Rat wurde und den man mit Recht den Minister des klassischen Weimar genannt hat, haben in langen Jahren vieles gemeinsam überlegt und gerade in delikaten Angelegenheiten den gegenseitigen Rat gesucht. (Ihr Briefwechsel umfaßt allein vier starke Bände.)

Feierlich wurde am 24. Februar 1784 der Bergbau in Ilmenau wiedereröffnet; Goethe hielt die Festrede (JA 40, 3–7). Seine guten Wünsche haben jedoch nichts gefruchtet. Er hing sehr am Fortgang des so mühsam Begonnenen, über das er sich auch in seinen italienischen Jahren von Voigt ständig berichten ließ. Aber die Schwierigkeiten des Abbaus waren zu groß und der Metallertrag, der sich beim Schmelzen ergab, zu gering, als daß sich ein Erfolg hätte erreichen lassen. Im Herbst 1796 kündigte der Einsturz eines Stollens mit Wassereinbruch zwar die Katastrophe an, aber noch jahrelang wurde mit großen Anstrengungen und neuen Investitionen versucht, den Ilmenauer Bergbau zu retten, vergeblich; das Scheitern war nicht zu verhindern. Voigt überließ man die undankbare Aufgabe, 1812/1813 das Unternehmen zu liquidieren. Goethe hat der Fehlschlag tief getroffen. Siebzehn Jahre lang, von 1796 bis 1813, ist er nicht nach Ilmenau gegangen, dessen Gegend er doch so liebte. Es bedurfte der Einladung des Herzogs, den Geburtstag 1813 gemeinsam dort zu verbringen, daß er sich traute, den Ort des größten Mißerfolgs seiner Amtstätigkeit wieder aufzusuchen. Aber sein Wirken hat dort trotz allem ein bedeutendes Ergebnis erzielen können: Den betrügerischen Steuereinnehmer Gruner ließ er zur Rechenschaft ziehen, und das zerrüttete Finanz- und Steuerwesen im Amt Ilmenau wurde auf Goethes Initiative hin in Ordnung gebracht. Auch seine Bemühungen um die Glashütten und die Wollfabrikation im Ilmenauer Raum blieben nicht ganz vergeblich. So hatte er denn doch Grund, nach dem Wiedersehen mit Ilmenau Freund Knebel am 5. September 1813 zu schreiben: »In Ilmenau habe ich sieben sehr vergnügte Tage zugebracht [...]. Das Gute, was man beabsichtigte und leistete, ist in allen Hauptpuncten wohl erhalten und fortgesetzt worden.«

Harzreise im Winter

In schlechter Jahreszeit machte sich Goethe am 29. November 1777 zu einer Reise auf, die Merkmale des Besonderen trug. Der Herzog hatte sich zwei Tage zuvor zur Jagd ins Eisenachische begeben, während Goethe »nach einem kleinen Umweg« nachkommen wollte. Wohin ihn dieser Umweg führen sollte, darüber schwieg er gegen jedermann. In seinem Tagebuch stand schon unter dem 16. November: »Projeckte zur heimlichen Reise.« Auf der Reise selbst bezeichnete er sein geheimgehaltenes Unternehmen als »Wallfahrt« (an Ch. v. Stein, 7.12.1777). Es zog ihn in den Harz. Als »Johann Wilhelm Weber aus Darmstadt« gab er sich aus, wenn er sich in ein Fremdenbuch einschrieb. Der Ritt war alles andere als bequem, aber das war dem Reitenden gleichgültig; alles deutet darauf hin, daß er sich Anstrengungen aussetzte, sich selbst fordern wollte.

Den Ritt in den Harz, die erste Harzreise, kann man Tag für Tag und Ort für Ort verfolgen, worauf hier verzichtet werden muß. Von Süden nach Norden durchquerte der Reiter das Gebirge, besichtigte die Baumannshöhle (neben dem Brocken damals das bekannteste Ausflugsziel einer Harzwanderung), ritt am 4. Dezember nördlich am Harz entlang bis Goslar und nahm das Winterwetter ruhig in Kauf. Abends schrieb er an Frau v. Stein: »Ein ganz entsetzlich Wetter hab ich heut ausgestanden was die Stürme für Zeugs in diesen Gebürgen ausbrauen ist unsäglich [...]. Mein Abenteuer hab ich bestanden, schön, ganz, wie ich mir's vorauserzählt, wie Sie's sehr vergnügen wird zu hören, denn Sie allein dürfens hören, auch der Herzog und so muss es Geheimniss seyn. Es ist niedrig aber schön, es ist nichts und viel, – die Götter wissen allein was sie wollen, und was sie mit uns wollen, ihr Wille geschehe.« Geheimnisvolle, religiös getönte Bemerkungen, die er dem Brief anvertraute. In den nächsten Tagen Besuch des Harzer Bergwerkreviers, Einstieg in verschiedene Gruben – und dann am 10. Dezember der Höhepunkt:

Früh nach dem Torfhause in tiefem Schnee. 1 viertel nach 10 aufgebrochen von da auf den Brocken. Schnee eine Elle tief, der aber trug. 1 viertel nach eins droben. heitrer herrlicher Augenblick, die ganze Welt in Wolcken und Nebel und oben alles heiter. Was ist der Mensch dass du sein gedenckst (Tagebuch).

Wörtlich wiederholte er mit diesem letzten Satz, der dem 8. Psalm entnommen ist, seinen Eintrag vom 7. November 1776, dem Jahrestag seiner Ankunft in Weimar! Nur mit Mühe war der Förster zu bewegen gewesen, ihn im Schnee zum Brockengipfel zu führen, wohin es vom Torfhaus noch keinen geregelten Weg gab. Was Goethe bei dieser Harzreise an Anstrengungen auf sich nahm, ist erstaunlich. Nach dem Gipfeltag des Brockenaufstiegs folgten weitere beschwerliche Einstiege in Gruben, dann zwei Tagesritte über Duderstadt bis Mühlhausen; am 15. Dezember traf er endlich, nach einer Postkutschenfahrt auf der letzten Strecke, beim Herzog in Eisenach ein.

Warum dieser mit Geheimnistuerei umgebene »kleine Umweg«, der immerhin mehr als zwei Wochen beanspruchte und mit Mühen belastet war? Welche Bedeutung maß ihm Goethe bei? Zweifellos wollte er sich, mit den komplizierten Ilmenauer Bergbauangelegenheiten beschäftigt, weitere konkrete Anschauung von Bergwerken und Bergbauarbeit verschaffen. In diesem Punkt sind die Tagebuchbriefe an Frau v. Stein, von unterwegs geschrieben, und das Tagebuch selbst ganz deutlich. »Dass ich ietzt um und in Bergwercken lebe, werden Sie vielleicht schon errathen haben« (9. 12. 1777). Auch gewährte der Umweg, den er sich erlaubte, eine zeitweilige Abkehr von der höfischen Gesellschaft mit ihren Normen und Ansprüchen. »Wie sehr ich wieder, auf diesem dunclen Zug, Liebe zu der Classe von Menschen gekriegt habe! die man die niedre nennt! die aber gewiss für Gott die höchste ist« (4. 12. 1777). Doch Goethe hatte noch mehr und anderes im Sinn als nur die Sammlung bergbaukundlicher Kenntnisse und eine zeitweilige Loslösung aus dem höfischen Dunstkreis. Mit diesem Ritt in die winterliche Harzgegend und der außergewöhnlichen Besteigung des Brockengipfels im Schnee stellte er sozusagen seine Entscheidung für Weimar auf die Probe. Er nahm den Ausgang dieser Reise in den Harz und vor allem die Besteigung des Brocken als Indiz, ob er auf sich nehmen könne, wozu er sich entschieden. Wieviel ihm der Brockenaufstieg bedeutete, drückten Sätze aus, in denen er alttestamentliche Aussagen (aus dem Buch der Richter 6, 36 ff.) zitierte und auf das Gelingen seines Vorhabens bezog:

Mit mir verfährt Gott wie mit seinen alten Heiligen, und ich weis nicht woher mir's kommt. Wenn ich zum Befestigungs Zeichen bitte dass möge das Fell trocken seyn und die Tenne nass so ists so, und umgekehrt auch, und mehr als alles die übermütterliche Leitung zu meinen Wünschen. Das Ziel meines Verlangens ist erreicht, es hängt an vielen Fäden, und viele Fäden hingen davon, Sie wissen wie simbolisch mein Daseyn ist – [...].

Ich will Ihnen entdecken (sagen Sies niemand) dass meine Reise auf den Harz war, dass ich wünschte den Brocken zu besteigen, und nun Liebste bin ich heut oben gewesen [...] (10. 12. 1777).

Nur in solchen Zusammenhängen werden manche Stellen des Gedichts verständlich, das damals entstand. Ihm gab Goethe in der Ausgabe der *Schriften* 1789 die Überschrift *Harzreise im Winter;* noch 1821 schrieb er eine ausführliche Erläuterung dazu (1, 392–400).

> Dem Geier gleich,
> Der auf schweren Morgenwolken
> Mit sanftem Fittich ruhend
> Nach Beute schaut,
> Schwebe mein Lied.

Wie zeitgenössische Lexika belegen, war es damals nicht ungewöhnlich, Falken oder Bussarde als Geier zu bezeichnen. Der Geier war aber auch, was Kenner des Altertums wie Goethe wußten, bei den Römern einer der Weissagevögel, nach denen man blickte, wenn man die Meinung der Götter über Zukünftiges auskundschaften wollte. So konnte sich für den Dichter der *Harzreise* die konkrete Anschauung eines schwebenden Bussards über den Bergen des Harzes verbinden mit der Erinnerung an die Bedeutung, die man einst dem Flug des Geiers zugesprochen hatte: dichterische Bildlichkeit, in der konkrete Anschauung mit geheimer, aber verstehbarer Bedeutung verschmilzt. Bereits am 1. Dezember, etliche Tage vor dem Aufstieg auf den Brocken, vermerkt das Tagebuch: »= Dem Geyer gleich =«. Da waren die ersten Verse des Gedichts also schon konzipiert, von dem nicht feststeht, wann es zu Ende geführt worden ist. Wie der wahrsagende Vogel soll das Lied sein und von der erbetenen Weissagung künden. So wird der Anschluß der zweiten Strophe verständlich:

> Denn ein Gott hat
> Jedem seine Bahn
> Vorgezeichnet,

Die der Glückliche
Rasch zum freudigen
Ziele rennt;
Wem aber Unglück
Das Herz zusammenzog,
Er sträubt vergebens
Sich gegen die Schranken
Des ehernen Fadens,
Den die doch bittre Schere
Nur einmal löst.

So hebt sich im weiteren Verlauf das Elend des Unglücklichen von der Sphäre des Glücklichen ab, und zwischendurch wird noch der »Brüder der Jagd« gedacht (die der mit biographischen Zusammenhängen vertraute Leser ohne weiteres mit der herzoglichen Jagdgesellschaft identifiziert). Für den Glücklichen aber wird, weil das erbetene und gewagte (vor-)zeichenhafte Geschehen der Bergbesteigung zum guten Ende führt, der schneebehangene Scheitel des gefürchteten Gipfels zum »Altar des lieblichsten Danks«. Die Schlußverse lassen den Gipfel im angeschauten Gegenüber; nichts mehr vom ganymedischen »umfangend umfangen«. Und zum erstenmal wird hier in der Zusammenrückung der Wörter »geheimnisvoll« und »offenbar« eine Formel ausgesprochen, die für Goethes Naturbetrachtung ein Leitwort blieb und seine Auffassung vom dichterischen Symbol prägte.

Du stehst mit unerforschtem Busen
Geheimnisvoll-offenbar
Über der erstaunten Welt
Und schaust aus Wolken
Auf ihre Reiche und Herrlichkeit,
Die du aus den Adern deiner Brüder
Neben dir wässerst.

Als Goethe in seinem Harzgedicht das Bild eines sich abseits verlierenden, von Menschenhaß zerfressenen Unglücklichen zeichnete, dachte er an einen ganz bestimmten Menschen. Er besuchte ihn am 3. Dezember in Wernigerode und berichtete erst viel später, in der *Campagne in Frankreich*, noch einmal von diesem Besuch, wenn auch kaum zuverlässig. Es war Friedrich Victor Leberecht Plessing, der nach dem Studium von Jura und Theologie krank ins väterliche Pfarrhaus zurückgekehrt war. 1776 hatte er sich rat- und hilfesuchend an Goethe in Weimar gewandt, doch erfolglos. In der *Campagne in Frankreich* hat der Dichter des *Werther* die hoffnungslose Schwermut Plessings mit den Wirkungen seines frühen Romans in Verbindung gebracht, die sich so sehr von seiner eigenen Meisterung der Krise(n) durch schöpferische Produktivität und heilsame Tätigkeit unterschieden. Goethe konnte dem armen Plessing bei seinem Besuch nicht helfen, wie er es doch sonst bei einigen Hilflosen und Gestrandeten versuchte.

Ein Bericht über Goethes mehrfach bewiesene Hilfsbereitschaft könnte ebenso ein Kapitel füllen wie eine Darstellung der von ihm aufgekündigten oder vernachlässigten Beziehungen. Wenn ihm Verbindungen auf seinem eigenen Weg lästig wurden, wenn er sah, daß zwischen grundverschiedenen Ansichten in zentralen Fragen des Lebens, der Kunst und der Wissenschaft nicht oder nicht mehr zu vermitteln war, wenn ihm eine ganze ›Richtung‹ zuwider war, zögerte er nicht, Kontakte abzubrechen oder deutliche Trennungslinien zu ziehen. Der Wille, nach eigenen Anschauungen und Prinzipien zu leben, war stark in ihm. Klopstock, Lenz, Klinger, Lavater, Fritz Jacobi, Heinrich v. Kleist und manch anderer haben das erfahren.

Aber er hat zeit seines Lebens auch geholfen und mit materieller Unterstützung nicht gegeizt. Am 12. August 1777 traf unversehens ein elfjähriger Junge aus der Schweiz bei ihm in Weimar ein, Peter im Baumgarten, der sich aus dem bekannten Internat des Pädagogen v. Salis in Marschlin davongemacht hatte, in dem ein gewisser Baron v. Lindau ihn ausbilden ließ. Dieser hatte, selbst in der Schweiz Heilung von Liebeskummer suchend, den Hirtenjungen zu sich genommen, um ihn besonders gut erziehen zu lassen; eine Regung praktischer Philanthropie, angewandter Menschenliebe. Und Goethe, der Lindau auf der ersten Schweizerreise traf, hatte sich verpflichtet, für den Jungen zu sorgen, wenn Lindau dazu nicht mehr imstande sein sollte. Der Notfall trat schnell ein: Der Baron, europamüde als Freiwilliger nach Nordamerika gegangen, fiel im November 1776. Goethe hielt sein Versprechen. Aber Peter war nicht zu lenken und zu leiten; es gab nichts als Scherereien und Ärger über die Streiche des ungebärdigen, zu keiner Tätigkeit zu bewegenden Jungen. Zwei Jahre ging das Leben mit Peter in Goethes Haushalt im Gartenhaus so hin. Dann gab er den Knaben nach Ilmenau, damit er dort Jäger werden solle, was letztlich ebenso scheiterte. 1793 tauchte Peter im Baumgarten spurlos unter und überließ Frau und sechs Kinder ihrem Schicksal.

Derjenige, der sich in Ilmenau um den Peter aus der Schweiz kümmern sollte, war selbst ein Gestrandeter, für den Goethe sorgte: Johann Friedrich Krafft. Es war nicht sein richtiger Name; niemand weiß, wer er wirklich gewesen ist. Als er sich 1778 hilfesuchend an Goethe wandte, wies dieser ihn nicht ab, wie sein Brief vom 2. November 1778 beweist: »Ist Ihnen mit einem Kleid, Überrock, Stiefeln, warmen Strümpfen gedient, so schreiben Sie, ich habe zu entbehren. – Nehmen Sie diese Tropfen Balsams aus der kompendiosen Reiseapotheke des dienstfertigen Samariters, wie ich sie gebe.« Kurz darauf bekräftigte er: »Sie sind mir nicht zur Last, vielmehr lehrt mich's wirthschaften, ich verändle viel von meinem Einkommen, das ich für den Nothleidenden sparen könnte. Und glauben Sie denn, daß Ihre Thränen und Ihr Segen nichts sind?« (23. 11. 1778) Laufend hat Goethe den Unglücklichen bis zu dessen Tod 1785 aus eigener Tasche unterstützt; wie berichtet wird, bis zu einem Siebtel seines Gehalts. Er ließ ihn in Ilmenau wohnen und verdankte dem offenbar gebildeten und volkswirtschaftlich erfahrenen Unbekannten alias Krafft wichtige Informationen über die dortigen Mißstände, an deren Beseitigung Goethe arbeitete.

An die erste Harzreise hat er sich später mehrfach erinnert, nicht nur im Zusammenhang mit dem erwähnten Gedicht. Mit ihr verband er auch die Reminiszenz an eine frühe Beobachtung farbiger Schatten, die er beim abendlichen Abstieg vom Brocken gemacht haben will. Im Paragraphen 75 der *Farbenlehre. Didaktischer Teil* berichtete er im einzelnen davon, und es ist nicht ohne Reiz anzunehmen, er habe aufs genaueste im Gedächtnis behalten, was er einst beobachtet hatte.

Berührung mit der großen Politik

Von Weimar aus hat Goethe oft Reisen unternommen, zunächst meistens in dienstlichem Auftrag oder in Begleitung des Herzogs. Weit haben sie ihn nicht gebracht, nach Leipzig, Berlin, in den Harz, an andere sächsische Höfe, nach Schlesien, Krakau und Czenstochowa (1790). Insgesamt hat er in seinem Leben nicht eben viel von der Welt gesehen. Er war nie in Griechenland, nicht in Paris oder London, nicht in Wien oder Prag, trotz der häufigen Kuren in den nahegelegenen böhmischen Bädern. Sizilien war das Weiteste, und die Eindrücke aus Italien, auch aus der Schweiz sind unvergeßlich geblieben. Reisen war mühsam und kostete viel Zeit, vom Geld ganz zu schweigen. In den Zeiten ohne Photographie, Rundfunk und Fernsehen griff man deshalb gern zu Reisebeschreibungen, wenn man etwas von fremden und fernen Ländern erfahren wollte. Und wer selbst reiste oder weit wanderte, berichtete davon, wenn er schreiblustig war, in ausführlichen Briefen oder legte ein ganzes Buch vor; so etwa Moritz August v. Thümmel die *Reise in die mittäglichen Provinzen von Frankreich* (1791–1805), Georg Forster die *Ansichten vom Niederrhein* (1791), Johann Gottfried Seume seinen *Spaziergang nach Syrakus* (1803), Sophie von La Roche *Erinnerungen aus meiner dritten Schweizerreise* (1793) und Friedrich zu Stolberg

Reisen in Deutschland (1794). Oft genug diente die Schilderung des (realistisch oder idealisiert gesehenen) fremden Landes dazu, durch Betonung des anderen und Besseren auf Fragwürdigkeiten in der Heimat aufmerksam zu machen.

Goethes Reisebeschreibungen begannen, nach ersten Ansätzen in den frühen Briefen aus Leipzig (1765–1768), mit Briefberichten an Frau v. Stein, und schon die zweite Schweizer Reise 1779 erbrachte eigenständige *Briefe aus der Schweiz* (S. 250). Die Briefe aus Italien und die aus ihnen hervorgegangene *Italienische Reise* überragten dann alles, was er bisher an Reiseberichten geboten hatte.

Die Reise nach Potsdam und Berlin, die Goethe in Begleitung des Herzogs im Frühsommer 1778 absolvierte, führte ihn auf die Höhen und in die Niederungen aktueller Politik, in die »Pracht der königlichen Städte im Lärm der Welt und der Kriegsrüstungen« (an Ch. v. Stein, 14.5.1778). Die Verwicklungen im Vorfeld des sog. Bayerischen Erbfolgekrieges warfen auch für das Weimarische Herzogtum Probleme auf, weil es bei ernsthaften kriegerischen Auseinandersetzungen in Mitleidenschaft gezogen werden konnte. Nach dem Tode des bayerischen Kurfürsten Max Joseph im Jahre 1777 hoffte Österreich, mit dessen Nachfolger, Karl Theodor von der Pfalz, der an Bayern nur gemäßigtes Interesse bekundete, zu einem Austausch von Gebieten zu gelangen, um dadurch den Verlust Schlesiens an Friedrich II. von Preußen teilweise wieder wettzumachen. Tatsächlich kam es in der Wiener Konvention vom 3. Januar 1778 zur Abtretung bayerischer Landesteile. Dieses Vordringen Kaiser Josephs, das auch den Bayern selbst mißfiel, mußte Gegenreaktionen des preußischen Königs hervorrufen. Als der Kaiser gleich nach der Konvention die neuerworbenen Gebiete von seinen Truppen besetzen ließ, wurde die Lage kritisch. Dem bisherigen Kräfteverhältnis drohte eine empfindliche Störung, und Friedrich der Große hoffte auf die Unterstützung durch andere deutsche Kleinstaaten, die sich den Machtansprüchen des Kaisers widersetzen würden. Wieder bestand Gefahr, daß Sachsen-Weimar-Eisenach wie im Siebenjährigen Krieg von einem kriegerischen Konflikt unmittelbar betroffen würde. Unruhige Wochen und Monate, die ihre Spuren auch in Goethes Tagebuch hinterließen (27.3.1778; Anfang April 1778; 24.4.1778).

In dieser Lage begab sich Carl August zusammen mit dem Herzog von Dessau, einen Verwandtenbesuch vortäuschend, im Mai nach Berlin, um genauere Einblicke in das preußische Vorhaben und Vorgehen zu gewinnen. Friedrich der Große war schon bei seinen Truppen in Schlesien. Die politische Gesamtentwicklung verlief dann allerdings nicht so schlimm wie befürchtet: Zwar begann am 5. Juli 1778 mit dem Einmarsch preußischer

Truppen in Böhmen der Bayerische Erbfolgekrieg, aber es flammten nur kleinere Gefechte auf. Vom Kartoffelkrieg sprachen die Leute, weil es oft um nicht mehr ging, als Lebensmittel zu erbeuten. Ohnehin hatte Friedrich von Preußen allen Grund, behutsam zu taktieren, hatte er doch Rußland und Frankreich nicht zum aktiven Eingreifen gegen Kaiser Joseph veranlassen können. Der Frieden von Teschen am 13. Mai 1779 brachte schließlich einen komplizierten Ausgleich der Interessen Österreichs und Preußens.

Die Tage in Potsdam und Berlin vom 15. bis 23. Mai 1778 boten Goethe mancherlei Eindrücke. Man ließ sich nicht entgehen, die bemerkenswerten Bauten beider Städte zu besichtigen, das Exerzierhaus, den königlichen Marstall in Potsdam ebenso wie das Berliner Opernhaus, die Porzellanmanufaktur, die Hedwigs- und Nicolaikirche. Im Tagebuch ist alles notiert, etwa unter dem 16. Mai: »Nachm Graff, Chodowiecki. Wegelin. Abends die Nebenbuhler.« Also Besuche bei dem Dresdner Hofmaler Anton Graff, der sich in Berlin aufhielt, bei Daniel Chodowiecki, dem berühmten Kupferstecher und Illustrator, und abends ein Lustspiel im Theater. Unter den »Visiten« des nächsten Tages wird auch die »Karschin« genannt, Anna Louisa Karsch, die Berliner ›Volksdichterin‹. Sie hatte von Goethes Anwesenheit gehört und suchte ihn daraufhin im »Logis der fremden Prinzen«: »Ich wollte den Goethe überfallen. Er war ausgegangen und ich schrieb am andern Morgen wider meine Gewohnheit im halb drolligen Ton an ihn« (an Gleim, 27. 5. 1778). Es war ein munter-schlichtes Reimbillet (»Schön gutten Morgen Herr Doctor Göth / Euch hab ich gestern grüßen wollen. [...]«), und Goethe kam wirklich. Was die Karschin an Gleim berichtete, ist amüsant:

Man spricht, daß Ihm der Kayser baronisiren wird und daß er alsdann eine Gemahlin auß noblen Hause bekomt, ich frug ihn, ob er nicht auch das Vergnügen kosten wollte, Vater zu sein; Er schien's nicht weitt von sich zu werfen. Er ist ein großer Kinderfreund und eben dieser Zug läßt mich hoffen, daß er auch ein gutter Ehemann werden wird und sicherlich noch ein rechtt gutter Mensch, ders einmal bereuet, was in seinen Werken etwan anstößig gewesen ist.

Ganz wohl scheint sich Goethe in der Stadt der Preußen und eines Friedrich Nicolai (den er nicht aufsuchte) nicht gefühlt zu haben. »Mit Menschen hab ich sonst gar nichts zu verkehren gehabt und hab in preußischen Staaten kein laut Wort hervorgebracht, das sie nicht könnten drucken lassen.« Aber er hatte vieles beobachtet und erzählte Merck im gleichen Brief vom 5. August 1778:

Wir waren wenige Tage da, und ich guckte nur drein wie das Kind in Schön-Raritäten Kasten. Aber Du weißt, wie ich im Anschaun lebe; es sind mir tausend Lichter aufgegangen. Und dem alten Fritz bin ich recht nah worden, da ich hab sein Wesen gesehn, sein Gold, Silber, Marmor, Affen, Papageien und zerrissene Vorhänge, und hab über den großen Menschen seine eignen Lumpenhunde räsonniren hören.

Schon aus Wörlitz, wo die Reisenden der Park des Herzogs von Dessau begeisterte, hatte er mit dem Scharfblick des Dramatikers, der Erfahrungen sammelt, an Frau v. Stein geschrieben, er scheine »dem Ziele dramatischen Wesens immer näher zu kommen, da michs nun immer näher angeht, wie die Grosen mit den Menschen, und die Götter mit den Grosen spielen« (14.5.1778). Berlin vermittelte ihm den Eindruck von einem großen Uhrwerk, das sich vor einem treibe, und von der Bewegung der Puppen könne man auf die verborgenen Räder schließen, »besonders auf die grose alte Walze FR [Fridericus Rex]« (17.5.1778).

So viel kann ich sagen ie gröser die Welt desto garstiger wird die Farce und ich schwöre, keine Zote und Eseley der Hanswurstiaden ist so eckelhafft als das Wesen der Grosen Mittlern und Kleinen durch einander. Ich habe die Götter gebeten dass sie mir meinen Muth und Grad Seyn erhalten wollen biss ans Ende [...]. Aber den Werth, den wieder dieses Abenteuer für mich für uns alle hat, nenn ich nicht mit Nahmen (19.5.1778).

Der Wert läßt sich abschätzen. Je mehr der tätige Beobachter wahrnahm, wie auf allen Ebenen die Menschen ihre Rolle spielten, oft wie Puppen eines Spielwerks, desto mehr fühlte er sich auf sich selbst zurückverwiesen, in seine Einsamkeit, von der er so viel sprach. Nur dort konnte er mit sich ins reine kommen, wenn überhaupt. Das Treiben in der großen Welt wurde ihm suspekt. Wahrscheinlich haben diese frühen Erfahrungen mitbewirkt, daß er in Weltzentren wie Paris und Wien nichts Verlockendes, sondern im überschaubaren Weimar seinen Platz sah. »Wenn man in einem großen Zirckel weiter würckt, so würckt man in einem kleineren sicherer und reiner; der Abdruck unseres eigenen Geistes kommt uns geschwinder entgegen« (an F. v. Schuckmann, 25.11.1790).

In jener krisenhaften Zeit vor dem Ausbruch des Bayerischen Erbfolgekrieges kamen sowohl Carl August als auch Goethe mit der ›großen Politik‹ in eine engere Berührung als vordem. Eine heikle Situation ergab sich Anfang 1779, als der inzwischen ausgebrochene Krieg sich zu verschärfen drohte. Goethe wurde als Mitglied des Conseils von den politischen Beratungen voll beansprucht, und was überlegt und entschieden werden mußte, war höchst delikat. Denn der preußische König forderte, im Weimarischen Gebiet

Rekruten anwerben zu dürfen. Übergriffe preußischer Werber waren schon zu verzeichnen. Es müssen spannungsgeladene Wochen im Weimarer Geheimen Consilium gewesen sein, dessen Sorgen sich in Goethes Tagebuch niederschlugen. 14.–25. Januar: »Zwischen zwey Übeln im wehrlosen Zustand. Wir haben noch einige Steine zu ziehen, dann sind wir matt.« Herzog Carl August versuchte zwar, durch eine Eingabe bei Friedrich II. die Aktivitäten der Werber zu unterbinden, doch der König lehnte dezidiert ab. Was sollte ein Kleinstaat tun, der zu wirklicher Gegenwehr im Fall des Äußersten gar nicht imstande war?

Es kann bei der kollegialen Beratungsweise des Conseils nicht im einzelnen ausgemacht werden, welche Vorschläge von welchem Mitglied in welcher Phase der Überlegungen mündlich vorgetragen worden sind. Jedenfalls kam es am 9. Februar 1779 zu einer Sitzung, in der eine Lösung gefunden werden sollte. Was nach Lage der Dinge »zwischen zwey Übeln« übrigblieb, hieß allerdings nur, sich über die Konsequenzen klar zu werden, die eine Entscheidung in dieser oder jener Richtung mit sich brächte. In solcher Situation, wo die politische Hilflosigkeit eines einzelnen kleinen Staates überdeutlich wurde, muß auch der Gedanke aufgetaucht sein, daß eine Zusammenarbeit, ja Koalition der neutralen Mächte wünschenswert sei. Nur so könne Übergriffen der großen Mächte gewehrt und die Balance der Kräfte im Reich gesichert werden. Die Idee des späteren Fürstenbundes, für den sich Carl August dann jahrelang einsetzte, zeichnete sich in ersten Umrissen ab.

Die Einzelheiten der diplomatischen Erwägungen, die in jenen Wochen angestellt worden sind, können hier nicht dargelegt werden. Wenn dennoch die damalige politische Situation skizziert worden ist, so deshalb, weil Goethe nach jener Krisensitzung des Conseils (zusätzlich zu den Voten der einzelnen Mitglieder, AS I 46–52) für den Herzog eine umfängliche Denkschrift zur erörterten Lage verfaßte und sich seine verschiedenen Aufgaben und Neigungen in jenen Frühjahrswochen von 1779 besonders dicht drängten und stießen.

Seine Denkschrift über die »Zulassung oder Ablehnung preußischer Truppenwerbungen im Lande« faßte alle Gesichtspunkte, die zu berücksichtigen waren, souverän zusammen und analysierte die Konsequenzen, die aus der jeweiligen Entscheidung folgen würden (AS I 52–56). Sie ist das ausführlichste Schriftstück, das er zu einer politischen Frage aufgesetzt hat, eine Situationsanalyse als Entscheidungshilfe für den Herzog. Auch hier wurde der Plan ausgesprochen, eine Kooperation der möglicherweise betroffenen Staaten anzustreben, »eine neue Überlegung der so nothwendigen Vereinigung unter sich zu veranlassen«. Carl August zögerte eine Entscheidung in der Werbungsfrage hinaus; der Frieden von Teschen im Mai entlastete ihn dann von den drohendsten Kalamitäten.

Man muß zusammensehen, was in Goethes Tagebuch und seinen Briefen (vor allem an Frau v. Stein) nebeneinander steht, um zu ermessen, wie wenig er damals ein Poetendasein führen konnte und wollte. Seit Januar war er Vorsitzender der Kriegskommission. Alle politisch-militärischen Turbulenzen berührten somit unmittelbar sein spezielles Ressort. Mit den wirtschaftlichen Problemen des Landes war er längst befaßt. Und dabei: »Abends an Iph. geträumt« (Tagebuch, 24.2.1779). In Tage, in Stunden preßte sich Widersprüchliches und beanspruchte ihn.

14. Februar: Früh Iphigenia anfangen dicktiren. Spaziert in dem Thal. Mit Fritz u. Carl gebadet. Nachricht vom dessertirten Husaren. Zu Hause gessen. Nach Tisch im Garten Bäume und Sträuche durchstört.

15.–23. Februar: Diese Zeit her habe ich meist gesucht mich in Geschäfften aufrecht zu erhalten und bey allen Vorfällen fest zu seyn und ruhig.

25. Februar: Früh Kriegs Comm. nachher Conseil (war ein Werckeltag). Mittag Melber [Goethes Vetter aus Frankfurt]. ihn nach Tische verabschiedet. Kam Crone wegen der 2 Edl. Veroneser [Theaterstück]. Neblich.

26. Februar: Erste Auslesung der iungen Mannschafft.

Goethes Brief vom 6. März 1779 aus Apolda an Charlotte v. Stein ist wegen seiner Äußerung über das Iphigenie-Drama berühmt geworden. Er ist jedoch insgesamt ein Zeugnis der spannungsreichen Dichte von Amt, Poesie und Privatestem in jener Zeit:

Den ganzen Tag war ich in Versuchung nach Weimar zu kommen, es wäre recht schön gewesen wenn Sie gekommen wären. Aber so ein lebhaff Unternehmen ist nicht im Blute der Menschen die um den Hof wohnen. Grüsen Sie den Herzog und sagen ihm dass ich ihn vorläufig bitte mit den Rekrouten säuberlich zu verfahren wenn sie zur Schule kommen. Kein sonderlich Vergnügen ist bey der Ausnehmung, da die Krüpels gerne dienten und die schönen Leute meist Ehehafften haben wollen.

Doch ist ein Trost, mein Flügelmann von allen (11 Zoll 1 Strich) kommt mit Vergnügen und sein Vater giebt den Seegen dazu.

Hier will das Drama gar nicht fort, es ist verflucht, der König von Tauris soll reden als wenn kein Strumpfwürcker in Apolda hungerte.

Gute Nacht liebes Wesen. Es geht noch eben ein Husar.

Zum zweiten Mal in der Schweiz

Als die politische Großwetterlage sich beruhigt hatte, konnte der Herbst des Jahres 1779 für eine Reise genutzt werden, die den zweiundzwanzigjährigen Herzog den heimischen Sorgen entführte. Bedrückendes gab es genug, wenn man nur genau hinsah. Mit Wirtschaft und Finanzen stand es wie eh und je nicht zum besten; die noch immer starke Unausgeglichenheit des jungen Regenten machte Beamten und Untertanen wie ihm selbst zu schaffen; seine Ehe war heikel; denn der lebenshungrige, erotisch genußfreudige Carl August und die kühle, zurückhaltende, allen etikettefernen Ausschweifungen abgeneigte Herzogin Luise waren ein zu ungleiches Paar, als daß sie miteinander hätten glücklich werden können. Vielleicht war es Goethe, der die Herbstferien 1779 anregte; entscheidend mitgestaltet hat er sie auf jeden Fall, jene Reise in die Schweiz. Für ihn selbst bedeutete sie das Wiedersehen mit der Heimat, die er vor vier Jahren verlassen hatte, und eine Wiederbegegnung mit dem Land der Eidgenossen, in das er im gleichen Jahr 1775 vergeblich geflüchtet war, um Distanz zu Lili zu gewinnen.

Vom 19.–22. September wohnten die Reisenden, zu denen noch der Oberforstmeister v. Wedel zählte, im elterlichen Haus in Frankfurt. Goethe hatte schon Mitte August bei der Mutter Quartier bestellt, mit genauen Anweisungen, wie einfach die Zimmer hergerichtet und die Mahlzeiten bereitet werden sollten. (Der Herzog »schläfft auf einem saubern Strohsacke, worüber ein schön Leintuch gebreitet ist unter einer leichten Decke«.) Goethes Mutter hat in einem ihrer unnachahmlichen, von Anschauung und Humor gesättigten Briefe der Herzoginmutter Anna Amalia über die Szene des Empfangs berichtet: wie

Frau Aja am runden Tisch sitzt, wie die Stubenthüre aufgeht, wie in dem Augenblick der Häschelhanß ihr um den Hals fält, wie der Herzog in einiger Entfernung der Mütterlichen Freude eine weile zusieht, wie Frau Aja endlich wie betruncken auf den besten Fürsten zuläuft halb greint halb lacht gar nicht weiß was sie thun soll wie der schöne Cammerherr von Wedel auch allen antheil an der erstaunlichen Freude nimbt – Endlich der Auftritt mit dem Vater, das läßt sich nun gar nicht beschreiben – mir war Angst er stürbe auf der stelle [...] (24.9.1779).

So fuhr sie fort und gab einen kleinen »abriß von denen Tagen wie sie Gott / : mit dem seeligen Werther zu reden: / seinen Heiligen aufspart«. Die persönliche Bekanntschaft der beiden Frauen datierte vom Besuch Anna Amalias bei Frau Rat Goethe im Juni 1778, als die Weimarer Herzogin auf dem Weg nach Düsseldorf, Ems und Schlangenbad in Frankfurt Station machte.

Seitdem korrespondierten sie miteinander, erzählten aus ihrem Alltag, freuten sich über gegenseitige Geschenke, und Frau Aja war stolz, für die Weimarerin einen neumodischen Kronleuchter beschaffen zu können (»Ihro Durchlaucht bekommen also die Zauber Laterne ehestens«, 11.9.1778). Goethes Mutter hatte Grund, sich über jede Nachricht aus Weimar zu freuen; denn der Sohn war mit Briefen nach Hause merkwürdig sparsam und überließ es andern, die Verbindung aufrechtzuerhalten oder Grüße auszurichten.

Bis 1787 reichte der Briefwechsel der beiden Mütter (wobei von den Briefen Anna Amalias nur wenige erhalten sind, SGS 1), dann war das gegenseitige Interesse wohl erschöpft.

Auf seiner zweiten Reise in die Schweiz war Goethe innerlich so weit, das Pfarrhaus in Sesenheim wieder aufzusuchen und Friederike wiederzutreffen. Ein gewiß geglätteter Bericht, der mit passenden Worten eingeleitet wurde, ging an Frau v. Stein: »Da ich iezt so rein und still bin wie die Luft so ist mir der Athem guter und stiller Menschen sehr willkommen« (28.9.1779). Auch Lili v. Türckheim, geb. Schönemann, besuchte er jetzt in Straßburg.

Wieder führte die Schweizer Reise bis auf den Gotthard; wieder blieb Italien unbetreten, das gelobte Land, »ohne das zu sehen ich hoffentlich nicht sterben werde« (an Ch. v. Stein, 13.11.1779); wieder wurden Anstrengungen gesucht und ertragen. Authentisches Dokument dieser Oktober- und Novemberwochen sind die *Briefe aus der Schweiz*, zwar erst später in den *Horen* veröffentlicht, aber schon bald nach der Rückkehr in Weimar vorgetragen. Jetzt hatte sich der Berichtende ganz die Anschauungsweise des sorgfältig Beobachtenden angeeignet, der die Dinge so sehen will, wie sie sind. Nicht mehr der Ausdruck subjektiver Empfindungen, die die Begegnungen mit der Natur einst ausgelöst hatten, drängte in diese Briefe, sondern in ruhiger Beschreibung wurde berichtet. Die genaue Erfassung der Gegenstände und ihres Zusammenhangs, die vom Chef der Bergwerks- und der Wegebaukommission gefordert wurde: hier bewährte sie sich im Anblick der Berge und Täler, des Himmels und der Schluchten, auch der Menschen und ihrer Arbeit. Freilich ist es nicht so, als habe Goethe erst in Weimar plötzlich angefangen, genau zu beobachten. Seine Neugier ließ ihn schon früher jene alchimistischen Versuche machen; sie hatte ihn bereits in Straßburg in anatomische Vorlesungen der Mediziner gelockt; die physiognomischen Arbeiten forderten sorgfältiges Hinsehen, und eine Versepistel an Merck schloß am 4. Dezember 1774 mit den Zeilen »Wer mit seiner Mutter, der Natur, sich hält / Find't im Stengelglas [Reagenzglas] wohl eine Welt«. Aber bei all dem dominierten doch spekulative Schau und der Wunsch, durch

Erkenntnis der Natur die eigenen schöpferischen Fähigkeiten zu verstehen und zu legitimieren. Daß sich die Perspektive jetzt änderte, hob Goethe selbst hervor, als er 1784 in seinen ersten geologischen Aufsatz *Über den Granit* die Bemerkung einflocht: »Ich fürchte den Vorwurf nicht, daß es ein Geist des Widerspruches sein müsse, der mich von Betrachtung und Schilderung des menschlichen Herzens, des jüngsten, mannigfaltigsten, beweglichsten, veränderlichsten, erschütterlichsten Teiles der Schöpfung, zu der Beobachtung des ältesten, festesten, tiefsten, unerschütterlichsten Sohnes der Natur geführt hat« (13, 255).

Gleich der erste der *Briefe aus der Schweiz* enthielt geradezu programmatische Sätze:

Große Gegenstände geben der Seele die schöne Ruhe, sie wird ganz dadurch ausgefüllt, ahnet, wie groß sie selbst sein kann, und das Gefühl steigt bis gegen den Rand, ohne überzulaufen. Mein Auge und meine Seele konnten die Gegenstände fassen, und da ich rein war, diese Empfindung nirgends falsch widerstieß, so wirkte sie, was sie wollte. [...]
Man fühlt tief, hier ist nichts Willkürliches, hier wirkt ein alles langsam bewegendes, ewiges Gesetz, und von Menschenhänden ist nur der bequeme Weg, über den man durch diese seltsamen Gegenden durchschleicht (3. Oktober).

Da ist noch die Lust hermetischer Spekulation zu spüren, nämlich den Zusammenhang des Ganzen zu erfassen, aber nun wird sie an Beobachtung und ruhige Anschauung gebunden. Diese Hinwendung zum Gegenständlichen zeigt sich übrigens ebenfalls in den vielen Zeichnungen Goethes aus den frühen Weimarer Jahren. Von der ersten Schweizer Reise 1775 hatte er etwa 30 Landschaftszeichnungen mitgebracht, Erinnerungsblätter für ihn selbst, auf denen er festhielt, was ihn beeindruckte. Nicht das abzubildende Objekt bestimmte die Zeichnung, sondern die eigene Stimmung, in der er es auffaßte. Skizzenhaft brachte er aufs Papier, was ihn seine sehr subjektive Sicht sehen ließ, Wasserfälle, Bergrücken, einsame Pfade und Hütten. Anders die Zeichnungen aus dem ersten Weimarer Jahrzehnt, von denen rund 280 erhalten sind. Er zeichnete viel, nun besonders für Charlotte v. Stein, um ihr zu vermitteln, wie er die Thüringer Landschaft sah und von ihr angesprochen wurde. Obwohl er immer auch die Atmosphäre der Natur einzufangen suchte, wurde sein künstlerisches Sehen gleichsam sachlicher. Das Gegenständliche begann sein Recht zu behaupten. Seit 1779 zeichnete er zudem für seine naturwissenschaftlichen Studien, und damit war Genauigkeit bei der Abbildung der Naturobjekte gefordert. Sie kam den Landschaftszeichnungen ebenso zugute wie das Kopieren niederländischer Meister, in dem er sich seit 1780 übte. Am 26. Februar 1780 trug er ins Tagebuch ein: »zu Mittag zu Herzog Carl August. den Rest des Tags bis abends 8 gezeichnet. Es fängt an besser zu gehen, und ich komme mehr in die Bestimmtheit und in das lebhaftere Gefühl des Bildes. Das Detail wird sich nach und nach heraus machen.« »Bestimmtheit« und »Gefühl des Bildes«: beides zusammen zeigen die Zeichnungen aus Thüringen mit Bauerngehöften und Schlössern, Saaletal und Kornfeld am Dorfrand, mit Landschaften um Ilmenau und Stützerbach, ebenso die eindrucksvolle Reihe der Blätter aus dem Weimarer Park mit Gartenhaus und Schloßumgebung. Und über die leidige Aushebung der Rekruten hat er nicht nur brieflich berichtet, er hat sie ebenfalls in einer Zeichnung festgehalten, die nichts beschönigt.

Auf jener Schweizer Reise von 1779 behauptete Goethe gegenüber Lavaters Christlichkeit energisch den Wahrheitsanspruch seiner eigenen ›Anschauungsfrömmigkeit‹: »Ich dencke auch aus der Wahrheit zu seyn, aber aus der Wahrheit der fünf Sinne und Gott habe Geduld mit mir wie bisher« (28. 10. 1779). Beiden ließ Goethe ihr Recht, und das Lob der katholischen Religion aus dem Mund des Paters in den Bergen, dem die *Briefe aus der Schweiz* Raum gaben (12. November), korrespondierte in kunstvoller Weise den langen Schilderungen der Wanderung und Natur.

Selbstverständlich statteten die Reisenden auch obligate Besuche bei Bekannten und Berühmtheiten ab. Sogar der Bauer Kleinjogg wurde nicht vergessen. Es machte Goethe Freude zu sehen, daß der junge Herzog den besten Eindruck auf Lavater machte und wie dieser auf jenen wirkte. »Die Bekanntschafft von Lavatern ist für den Herzog und mich was ich gehofft habe, Siegel und oberste Spizze der ganzen Reise, und eine Weide an Himmelsbrod wovon man lange gute Folgen spüren wird« (an Ch. v. Stein, Ende November 1779).

Die Rückreise war mit der Einkehr bei verschiedenen Höfen verbunden, teils lästigen, teils unterhaltsamen Aufenthalten bei mitunter bescheidenen Hofhaltungen. Goethe sah in ihnen das gesamte Personal für ein Drama und notierte sofort eine komplette Besetzung: »Ein Erbprinz / Ein abgedanckter Minister / Eine Hofdame / [...] Eine zu verheurathende Prinzess / Eine reiche und schöne Dame / Eine dito hässlich und arm« bis hin zu »Einige Jäger, Lumpen, Cammerdiener und pp.« (an Ch. v. Stein, 3. 1. 1780). Wenigstens erwähnt sei auch, daß Carl August und Goethe am 14. Dezember 1779 in Stuttgart »den Feyerlichkeiten des Jahrestags der Militär Akademie beygewohnt« haben (20. 12. 1779), bei denen der zwanzigjährige Eleve Friedrich Schiller in der Anstalt seines Herzogs Carl Eugen von Württemberg mit Preisen ausgezeichnet wurde. In Mannheim erlebte man eine Aufführung des *Clavigo*, eine vermutlich mäßige Darbietung, in der allerdings Iffland in der Rolle des Carlos beeindruckte. Nach Weihnachtstagen in

Frankfurt war Anfang Januar 1780 die beinahe viermonatige Reise in die Schweiz beendet, und in Weimar gab es Anlaß zu einem Fest: Das neue Theaterhaus konnte mit einer Redoute eröffnet werden.

In Diplomatie verwickelt

Noch einmal ist Goethe mit dem Herzog auf einer speziell diplomatischen Reise unterwegs gewesen. (Daß er mehrfach in offizieller Eigenschaft als Geheimer Rat auswärtige Aufträge zu erledigen hatte, versteht sich, wie etwa 1782 auf einer Rundreise an die übrigen thüringischen Höfe.) Als Anfang der achtziger Jahre Carl August und andere Fürsten, so besonders der Markgraf von Baden und der Fürst von Anhalt-Dessau, ihre Bemühungen verstärkten, einen Zusammenschluß kleiner und mittlerer Staaten zu erreichen, war Goethe der Vertraute seines Herzogs bei der diplomatischen Behandlung aller anfallenden Fragen, die eine vorschnelle Publizität nicht vertrugen. Wie ein Geheimer Sekretär schrieb er vertrauliche Schriftstücke ab und erörterte vermutlich auch außerhalb der Sitzungen des Conseils mit seinem Herrn und Freund die Probleme. Hier griff der Weimarer Herzog auf Jahre hin und mit steigendem Engagement in die Reichspolitik ein, versuchte es wenigstens, und zwar als einer der Reichsstände, der sich, im Interesse des machtpolitischen Kräfteverhältnisses im Reich, für die Belange der Kleinstaaten einsetzte. Als eine treibende Kraft bei der Planung des sog. Fürstenbundes unternahm er, sozusagen in geheimer Mission, im Jahre 1784 zwei Reisen, eine zum Oheim Carl Wilhelm Ferdinand von Braunschweig und eine nach West- und Süddeutschland. Goethe habe unbedingt mitzukommen, war der Wunsch, ja Befehl Carl Augusts. Die Reise nach Norddeutschland hat er denn auch mitgemacht und sie mit einem Besuch des Harzes abgeschlossen: »Von den Fesseln des Hofs entbunden in der Freyheit der Berge« (an Ch. v. Stein, 6.9.1784). Zur zweiten Reise war er nicht mehr zu bewegen.

Merkwürdig: Aus Braunschweig und noch aus Weimar schrieb er Frau v. Stein etliche Briefe in französischer Sprache, der Sprache der Diplomaten, und beschloß diese Briefserie endlich am 28. September 1784 mit einem entschiedenen »Und nun auch kein Wort Französch mehr«. Waren die französischen Briefe Fingerübungen in der Diplomatensprache? War ihr Ende ein Zeichen des Abschieds vom Parkett der Diplomatie, auf das zu begeben er sich angeschickt hatte? Man kann mutmaßen, was Goethe veranlaßte, seine Teilnahme an der zweiten Reise zu verweigern. Die Besprechungen beim Braunschweiger Herzog hatten nicht viel erbracht; er war gegenüber den Fürstenbundplänen reserviert geblieben. Vielleicht kam er in jenen Wochen zu der Überzeugung, daß er sich nicht auch noch mit der Rolle eines Geheimsekretärs belasten dürfe, daß die Formen und Finessen der Diplomatie nicht sein Metier und überhaupt die Ausgriffe des Herzogs in die ›große‹ Politik bedenklich seien, da es im eigenen Lande genug zu tun gab.

Was Goethe an dienstlichen Aufgaben zu erledigen hatte, als der Fürstenbund, nun allerdings unter preußischer Beteiligung, endlich zustandekam, übernahm er trotz allem willig, so etwa die Verhandlungen mit dem preußischen Abgesandten über die endgültige Formulierung des Beitrittsvertrages am 29. August 1785. Hier amtierte er als verantwortlicher Minister eines deutschen Staates. Aber danach beobachtete er nur noch mit Distanz die politischen Ambitionen seines herzoglichen Freundes, der darauf hoffte, mit dem Nachfolger Friedrichs des Großen zu einem leichteren Einvernehmen in Fragen der Reichsreform zu gelangen, die ihm so sehr am Herzen lag. Jahrelang war Carl August für seine politischen Ideen, die natürlich auch den Bestand des eigenen Staatsgebildes im Verband des Reichs sichern sollten, geschäftig tätig, oft von Weimar, dem Hauptort seiner Pflichten, abwesend. Historiker zögern nicht, dem Weimarer Herzog durchaus Größe bei seinen reichspolitischen Bemühungen zu attestieren – auch wenn sie für ihn enttäuschend endeten – und ihm, so Ranke, für einige Jahre den Rang einer »politischen Macht in Deutschland« einzuräumen. Was jedoch Goethe betrifft, so hat er fernerhin bei dem, was für Weimar überregionale Politik bedeutete, nicht mehr aktiv mitgewirkt. Das schließt nicht aus, daß bei den zahllosen Zusammenkünften mit seinem Herzog die Fragen der ›großen‹ Politik ein Gesprächsthema blieben.

Zuflucht Gartenhaus und Park

So farbig, vielfältig, mit Ansprüchen beladen und von Spannungen, auch Widersprüchen erfüllt, wie es hier in Ausschnitten beleuchtet worden ist, war Goethes Leben im ersten Weimarer Jahrzehnt. Zurückgezogenheit im unteren Garten mit seinem Haus und häufiges Zusammensein mit Charlotte v. Stein; Aktenstudium und Sitzungen des Geheimen Consiliums; Aufführungen der Liebhaberbühne und unterhaltsame Veranstaltungen der Hofgesellschaft; fröhliche Ausflüge und offizielle Reisen mit dem Herzog; Ritte ins Land, wieder und wieder nach Ilmenau, nach Apolda, der bergwerklichen und wirtschaftlichen Probleme wegen, nach Kochberg, um bei Charlotte zu sein; Besuche in Jena und den Dornburger Schlössern; Musterung von

Rekruten; Besichtigung von Wege- und Wasserbauvorhaben; Gespräche mit Wieland, mit Herder, dem seit 1776 amtierenden Generalsuperintendenten; Vorlesestunden; mineralogische, geologische, botanische, anatomische Studien; immer noch das Vergnügen am Zeichnen; und nebenbei Dichtungen: die Stücke fürs Theater, Verse an und für Charlotte v. Stein, erste Fassungen und Bruchstücke später vollendeter großer Werke: »In Garten dicktiert an W. Meister« (Tagebuch, 16.2. 1777), »Abends: Iphigenie geendigt« (28.3. 1779), »an Egmont geschrieben« (16.3. 1780), »Gute Erfindung Tasso« (30.3. 1780), »Früh an Elpenor« (19.8. 1781). – »Handelnd und schreibend und lesend« suche er dem näher zu kommen, »was vor allen unsern Seelen als das Höchste« schwebe, »ob wir es gleich nie gesehen haben und nicht nennen können«, schrieb er Jenny v. Voigts und bat, dies ihrem Vater Justus Möser mitzuteilen (21.6. 1781).

In seinem Garten ließ er im April 1777 ein eigentümliches Denkmal aufstellen: auf einem steinernen Würfel von etwa anderthalb Meter Höhe eine Kugel von passender Größe; das Rollende, Zufällige, das wandelhafte Glück und das Beständige, Feste, die »geprägte Form« (von der später die *Urworte. Orphisch* sprachen). Im Mit- und Gegeneinander von beidem sah er das menschliche Leben. Bei der Errichtung des Denkmals, zum Dank für das ›gute Glück‹ (»ἀγαθῇ τύχῃ gegründet!« 5.4. 1777) konnte er noch nicht wissen, wie stark der Druck dieses Jahrzehnts von außen und innen werden würde.

Als Goethe sein Gartenhaus bezog, gab es ringsum noch keine Parkanlage. Der Garten um das Haus war verwildert; ihn brachte er allmählich in Ordnung, ein Hausgarten wurde daraus, ein Refugium vor der Stadt. Indem er hier ein Stück Natur bearbeitete und bearbeiten ließ, erwachte in ihm die Neigung, gärtnerisch gestaltend, umgestaltend auch in größerem Rahmen tätig zu sein. So nahm er am Ausbau der Parkanlagen im Tal der Ilm anregend und entwerfend teil. Aus früherer Zeit gab es am linken Ufer nahe der Stadt einen größeren Nutz- und Lustgarten, den sog. Welschen Garten, und auf der anderen Uferseite, gegenüber dem Schloß, ein Gartengelände, das wegen seiner sternförmigen Anlage »Der Stern« genannt wurde. Hier nun sollte am 9. Juli 1778 der Namenstag der Herzogin Luise festlich begangen werden, eigentlich ein katholischer Brauch, aber man nutzte alle Gelegenheiten, die sich boten, um ein Fest zu arrangieren. Hochwasser und Überschwemmungen jedoch ließen ein Betreten des »Sterns« nicht zu. Man wich aus und fand weiter südlich am höheren Flußufer eine passende Stelle, um eine Einsiedelei einzurichten und dort zu feiern. Goethe hat dies alles im Alter in seinem Aufsatz *Das Luisenfest* (JA 25, 224–231) beschrieben und jenes Ereignis als Ausgangspunkt für die weitere Gestaltung des Parks bezeichnet. Man sei befugt, »die Epoche der übrigen Parkanlagen, auf der obern Fläche bis zur Belvederischen Chaussee, von diesem glücklich bestandenen Feste an zu rechnen«.

Im Laufe der Jahre wurde der weitläufige Park im Tal der Ilm geformt. Man lockerte dabei die Regelmäßigkeit der älteren Gartenanlagen auf, so daß ein Landschaftsgarten entstand, in dem einige Baulichkeiten und Denksteine markante Punkte bildeten. Hier galt, was Goethe über den Park des Herzogs von Dessau in Wörlitz berichtet hatte: »Keine Höhe zieht das Aug und das Verlangen auf einen einzigen Punckt, man streicht herum ohne zu fragen wo man ausgegangen ist und hinkommt« (an Ch. v. Stein, 14. 5. 1778). Carl August ließ schon bald nach dem »Luisenfest« die Einsiedelei, das sog. Luisenkloster, als eine bescheidene naturnahe Bleibe für sich zurechtmachen und zog sich mehrfach hierhin zurück. Später entstand weiter südlich im Park das sog. Römische Haus für ihn, wobei er Goethe ersuchte, sich der Sache ernstlich anzunehmen und so zu tun, als baue er es für sich selbst (27. 12. 1792).

In den *Annalen* zu 1801 hat Goethe mit Ironie von seiner »alten Parkspielerei zu geschlängelten Wegen und geselligen Räumen« gesprochen (JA 30, 72). Mag auch sein Anteil an der Weimarer Landschaftsgestaltung im einzelnen nicht zu berechnen sein, so darf man doch seine Bemerkung über die Leidenschaft der damaligen Zeit, »eine Gegend zu verschönern und als eine Folge von ästhetischen Bildern darzustellen«, auch auf ihn beziehen (*Das Luisenfest*, JA 25, 225). Natur und Kunst verbanden sich hier, und die Gartenkunst hatte damals den Rang einer eigenen Kunstgattung, der der Kieler Philosoph Christian Cay Lorenz Hirschfeld eine umfängliche *Theorie der Gartenkunst* (1775, 1779–1785) widmete. »Bewege durch den Garten stark die Einbildungskraft und die Empfindung, stärker als eine bloß natürliche schöne Gegend bewegen kann«, hieß es dort für die Gartengestalter. Ihn erwähnte Goethe, als er in einem anderen Aufsatz auf Sinn und Bedeutung der Weimarer Parkanlagen zu sprechen kam (*Schema zu einem Aufsatze, die Pflanzenkultur im Großherzogtum Weimar darzustellen*, JA 39, 338). Gartenmotive in seinen Gedichten seit Weimar, die Beschreibungen von Gärten und Parks in seinen Romanen und Erzählungen, etwa in den *Wahlverwandtschaften*, in *Wilhelm Meisters Wanderjahren*: sie sind nicht artistischer Dekor, entstammen vielmehr seiner theoretischen und praktischen Kenntnis der Gestaltung seines Gartens und der Parklandschaft.

Inmitten der Parkanlagen im Ilmtal sein unterer Garten. Er blieb für ihn Zufluchtsort und Stätte der Erholung, wo wieder Kraft und Mut zu finden waren. »Und ich geh meinen alten Gang / Meine liebe Wiese lang. / Tauche mich in die Sonne früh / Bad ab im Mond des Tages Müh [...]« (an Ch. v. Stein, 29.7.1777). Herzog Carl August empfand nicht anders:

Guten Abend, lieber Knebel! Es hat neun Uhr geschlagen, und ich sitze hier in meinem Kloster mit einem Lichte am Fenster und schreibe Dir. Der Tag war ganz außerordentlich schön, und der erste Abend der Freiheit (denn heute früh verließen uns die Gothaner) ließ sich mir sehr genießen. Ich bin in den Eingängen der Kalten Küche [so nannte man das Steilufer der Ilm] herumgeschlichen, und ich war so ganz in der Schöpfung und so weit von dem Erden-Treiben. Der Mensch ist doch nicht zu der elenden Philisterei des Geschäftslebens bestimmt; es ist einem ja nicht größer zu Muthe, als wenn man doch die Sonne so untergehen, die Sterne aufgehen, es kühl werden sieht und fühlt, und das alles so für sich, so wenig der Menschen halber, und doch genießen sie's und so hoch, daß sie glauben, es sei für sie. Ich will mich baden mit dem Abendstern und neu Leben schöpfen. Der erste Augenblick darauf sei Dein. Leb wohl solange.
Ich komme daher. Das Wasser war kalt; denn Nacht lag schon in seinem Schooße. Es war, als tauchte man in die kühle Nacht. Als ich den ersten Schritt hinein tat, war's so rein, so nächtlich dunkel; über den Berg hinter Oberweimar kam der volle rothe Mond. Es war so ganz stille. Wedels Waldhörner hörte man nur von weitem, und die stille Ferne machte mich reinere Töne hören, als vielleicht die Luft erreichten (17.7.1780; Knebels liter. Nachlaß, hg. v. Varnhagen/Mundt, 1835, I 118f.).

Garten und Gartenhaus am »Stern« behielten ihre Bedeutung auch, als Goethe 1782 eine Wohnung im Haus am Frauenplan gemietet hatte. 1709 war das stattliche Gebäude von Georg Caspar Helmershausen, einem vermögenden bürgerlichen Unternehmer, errichtet worden. Da sein Enkel noch im Hause wohnte, bezog Goethe nur die westliche Hälfte, die er für seine Zwecke instandsetzen ließ. Dies war nun seine Stadtwohnung bis November 1789.

Wenn hier ausführlich über das Ausmaß und die Last von Goethes Tätigkeit berichtet wird, verdienen auch jene Menschen Erwähnung, die seinen Haushalt geführt und ihn von den Sorgen tagtäglichen Wirtschaftens entlastet haben. Goethe hatte sein Leben lang dienstbare Geister um sich. Für ihn war es offenbar selbstverständlich, daß sie ihm zur Verfügung standen, und er hat es vor allem in späteren Jahren geschickt verstanden, sie zu Dienstleistungen zu animieren, die eine Aufopferung eigener Wünsche und Hoffnungen verlangten. Bis 1788 betreute Philipp Seidel, den Goethe schon aus Frankfurt mitgebracht hatte, den Haushalt; danach nahm sich bis 1816 Christiane Vulpius, seit 1806 Frau v. Goethe, dieser Aufgabe an. Seidel versorgte nicht nur »als völlige Haushälterin die Wirtschaft« (so seine eigenen Worte), sondern war auch Goethes Sekretär, der das volle Vertrauen seines Herrn genoß. Er entwarf die private Finanzplanung mit und führte die

Ausgabenbücher, er war der ständige Begleiter auf Goethes Reisen, ihm diktierte Goethe seine Dichtungen, er führte oftmals das Tagebuch, und er war es auch, der die Verbindung mit Frankfurt aufrechthielt. Bald schon wuchs die Zahl der Bedienten. 1776 kam Christoph Erhard Sutor hinzu, bald darauf der sechzehnjährige Georg Paul Götze. Die alte Dorothee Wagenknecht diente bis 1789, und mit Paul Götze war seine Mutter Dorothee gekommen, die fast bis zu ihrem Tod 1812 für Goethe wirtschaftete und bei den späteren langen Aufenthalten in Jena seine Köchin war. Fünf Bedienstete also im Haushalt des Junggesellen, zu dem, wie schon erwähnt, Peter im Baumgarten für einige Zeit gehörte und in den von 1783 bis 1786 Fritz v. Stein, der jüngste Sohn Charlottes, aufgenommen wurde. Goethe wollte sein väterlich freundschaftlicher Erzieher sein.

Philipp Seidel schwärmte von seinem Herrn und fühlte sich ihm eng verbunden. »Wir haben das ganze Verhältnis wie Mann und Frau gegeneinander«, schrieb er am 15. Oktober 1777 einem Frankfurter Freund. »So lieb ich ihn, so er mich, so dien ich ihm, so viel Oberherrschaft äußert er über mich. [...] Ich muß ich mögt es aller Welt sagen, was mein Herz hier empfindet und finde denn kaum einige Geschöpfe, denen ichs, und das wie eine Staatsheimlichkeit, anvertrauen mag« (JbG 1960, 155).

Seidel war ein kluger und aktiver Mann. Er versuchte, finanziell mit seiner Stellung wohl unzufrieden, schon 1778 sein Glück mit einer Leinwandspinnerei und einem Strumpfverlag, doch vergeblich. Zu Goethes Plan, eine Spinn- und Strickschule für arme Soldatenkinder einzurichten, steuerte er einen umfangreichen Entwurf bei. Während der italienischen Reisen vertraute Goethe seinem Gehilfen die Erledigung wichtiger geschäftlicher Dinge an, die auch die Ausgabe seiner Werke betrafen. Philipp Seidel war in allem der verantwortliche Verwalter heimischer Angelegenheiten. Seit 1785 in einer Stelle bei der Regierung untergebracht, besorgte er auch nach dem Auszug aus Goethes Haus 1788 noch viele Jahre die Kassenführung des Goetheschen Haushalts. Nach 1800 aber muß es zu einem tiefen Bruch gekommen sein, über den Seidels Wort »Ich lernte das Nein« nur einen kleinen Hinweis gibt. Als er 1820 starb, gedachte Goethe, soweit wir wissen, mit keinem Wort seines langjährigen hingebungsvollen Helfers.

Spielfeld Dichtung und Natur

Stücke für die Liebhaberbühne in Weimar und Tiefurt

In der bilanzierenden Rückschau des Alters nahm sich für Goethe das erste Weimarer Jahrzehnt als verlorene Zeit aus, wenn er an seine dichterische Produktivität dachte. Eckermann überliefert zwei unmißverständliche Äußerungen aus Gesprächen, die jene Lebensphase berührten. Lakonische Sätze aus dem Gespräch vom 10. Februar 1829: »Über seine ersten Jahre in Weimar. Das poetische Talent im Konflikt mit der Realität [...]. Deshalb in den ersten zehn Jahren nichts Poetisches von Bedeutung hervorgebracht.« Am 27. Januar 1824 soll er geklagt haben:

Mein eigentliches Glück war mein poetisches Sinnen und Schaffen. Allein wie sehr war dieses durch meine äußere Stellung gestört, beschränkt und gehindert! Hätte ich mich mehr vom öffentlichen und geschäftlichen Wirken und Treiben zurückhalten und mehr in der Einsamkeit leben können, ich wäre glücklicher gewesen und würde als Dichter weit mehr gemacht haben.

Daß sich die Schriftstellerei damals dem Leben unterordnete, wußte auch der Dreißigjährige schon (an Kestner, 14. 5. 1780), aber nie hat er sie in seinem ›Doppelleben‹, das er willentlich führte, vergessen. Sein Urteil nach einem halben Jahrhundert trifft zwar zu, wenn man die später vollendeten großen Werke als Maßstab nimmt, doch deshalb kann man die Dichtungen und Versuche zwischen 1776 und 1786 nicht einfach übergehen. *Die Geschwister* war das erste einer Reihe neuer Theaterstücke, die dem Weimarer Liebhabertheater zustatten kamen. Notiz im Tagebuch vom 26. Oktober 1776: »Jagd. Nach Tische zurück über Jena Die Geschwister erfunden.« Goethe konnte seine poetische Erfindungsgabe nicht unterdrükken, selbst wenn er es gewollt hätte. Er scherzte einmal darüber, wie sich auf dienstlichem Ritt sein Pferd plötzlich zum Pegasus, zum Dichterroß wandle: »Und wenn ich dencke ich sizze auf meinem Klepper und reite meine pflichtmäsige Station ab, auf einmal kriegt die Mähre unter mir eine herrliche Gestalt, unbezwingliche Lust und Flügel und geht mit mir davon« (an Ch.

v. Stein, 14. 9. 1780). Drei Tage nach der ›Erfindung‹ der *Geschwister* war das Drama schon fertig.

Darin ging viel aus Goethes persönlichsten Erfahrungen ein. Im April hatte er im Gedicht an Frau v. Stein zu sagen gewagt: »Ach, du warst in abgelebten Zeiten / Meine Schwester oder meine Frau.« Mit seiner leiblichen Schwester Cornelia hatte ihn seit frühesten Jahren eine enge Geschwisterbeziehung verbunden, die nun in ähnlicher Gemeinsamkeit mit Charlotte v. Stein möglich war. Aber auch mit jener anderen Charlotte, der Wetzlarer Lotte Buff, konnte er nur in einem geschwisterlichen Verhältnis leben, aus dem er hatte flüchten müssen, weil seine Liebe zu ihr zu stark wurde.

Im Drama nun konnten eine Personenkonstellation und ein Geschehnisablauf erfunden werden, die ein glückliches Zusammenfinden der Liebenden erlaubten. Die Verwicklung, der das »Schauspiel in einem Akt« seine Gestalten aussetzte, löste sich leicht und geradezu selbstverständlich. Wilhelm, ein Kaufmann in schon vorgerücktem Alter, hat Marianne, die Tochter seiner verstorbenen Geliebten Charlotte, in sein Haus genommen. Das Mädchen hält ihn für ihren Bruder: Geschwister sind sie, nichts sonst. An ihrem vermeintlichen Bruder hängt sie mit liebevollster Zuneigung. Da beginnt Fabrice um sie zu werben, will sie zur Frau. Gespräche zwischen ihm und Wilhelm folgen, zwischen diesem und Marianne, in denen sie sich der Aufklärung des wahren Sachverhalts nur nähern, ihre Gefühle wieder zögern, bis Wilhelm erfährt, daß Marianne sich von ihm nicht trennen will und wie sehr sie ihn liebt. Da kann auch er sich endlich als der Liebende zu erkennen geben. Am Schluß sieht man die ›Geschwister‹ als glückliches Paar vereint, und Fabrice gibt seinen Segen dazu.

In den Monologen und Dialogen, die im Ablauf des Entdeckungsspiels genau placiert sind, sprechen die Menschen fast nur von dem, was sie seelisch bewegt und belastet. Die Umgebung eines schlichten Bürgers, eines verarmten Kaufmanns war dafür geeignet; Ansprüche eines bestimmten Rollenverhaltens gab es in ihr nicht. So konnte sich der Dichter ganz darauf konzentrieren, was in den Selen von Menschen vorging, die in jenem für ihn so bedrängenden, rätselhaften geschwisterlichen Verhältnis zusammenlebten und in Wahrheit Liebe füreinander spürten und verwirklichen wollten. Die Welt draußen ist ebenso ausgeblendet, wie die äußere Handlung verknappt ist. Nur die monologische und dialogische Sprache, die den seelischen Regungen nachspürt, füllt das ›Spiel‹. Wieder bewies Goethe, wie es sich seit der *Laune des Verliebten* und *Clavigo* angekündigt und in *Clavigo* und *Stella* schon bewiesen hatte, seine Fähigkeit zu nuancenreicher Aufhellung menschlichen Seelenlebens. Insofern waren *Die Geschwister* ein Stück auf dem Weg, der weiterführte zu *Iphigenie*, *Egmont* und *Tasso*, wenn auch die

Bedeutung seiner Thematik wohl nur noch im historisch-biographischen Umfeld erfaßt werden kann und uns manche Gefühlsausbrüche fern sind. Zu ihnen schwingt sich die Sprache dieses Einakters, in dem eine ungekünstelte, verständig-gesellige Redeweise vorherrscht, aber nur an wenigen Stellen auf, besonders am Schluß.

Ein Singspiel, das Goethe für den Geburtstag der Herzogin Luise am 30. Januar 1777 schrieb, sollte im fiktiven Geschehen zweifellos auf Komplikationen verweisen, die im Kreis der Aufführenden oder Zuschauenden aktuelle Bedeutung hatten. Nur ist schwer auszumachen, auf wessen Probleme das Theaterstück anspielte. Von der Urfassung aus dem Dezember 1776, die vielleicht schon den Titel *Lila* trug, besitzen wir nur Bruchstücke. Es läßt sich erschließen, daß in jener ersten Version, die wahrscheinlich nach einer französischen Vorlage gearbeitet war, ein Mann nach der (falschen) Nachricht vom Tode seiner Geliebten in tiefe Schwermut gefallen war, aus der er unter Mithilfe freundlicher Feen und ihrer aufmunternden Gesänge wieder befreit wurde. Eine zweite (erhaltene) Fassung von 1788 kehrt die Grundkonstellation um: Nun war es Lila, die in Melancholie und wahnhafte Vorstellungen versank. Noch ein weiteres Mal machte sich Goethe – für die Publikation in den *Schriften* 1790 – an eine Umarbeitung, in der dem Doktor Verazio für den Heilungsprozeß geradezu die Rolle eines Psychotherapeuten zukam, der vorschlug: »Lassen sie uns der gnädigen Frau die Geschichte ihrer Phantasien spielen« (1. Akt). Die dichterische Vorführung des Erlittenen als Therapie: das ist nicht weit entfernt von Goethes eigener Praxis, die Wetzlarer Erfahrungen durch das Schreiben des *Werther* zu bewältigen. Eine »psychische Kur« sollte die Leidende aus ihrer wahnhaften Phantasiewelt lösen, wobei sie selbst aktiv werden mußte und gütige Feen mithalfen. Später hat Goethe sein Stück, das »aus dem Stegreife geschrieben« sei, ähnlichen Opern zugeordnet, die »auch psychische Kuren eines durch Liebesverlust zerrütteten Gemüts« darstellten (an F. L. Seidel, 3. 2. 1816). Bezeichnend der Rat, den die Fee Almaide der leidenden Lila zuspricht: »Der Mensch hilft sich selbst am besten. Er muß wandeln, sein Glück zu suchen, er muß zugreifen, es zu fassen; günstige Götter können leiten, segnen« (2. Akt). Und schon vorher, als Lied im Singspiel, war ihr zugesungen worden:

Feiger Gedanken
Bängliches Schwanken,
Weibisches Zagen,
Ängstliches Klagen
Wendet kein Elend,
Macht dich nicht frei.

Allen Gewalten
Zum Trutz sich erhalten,
Nimmer sich beugen,
Kräftig sich zeigen,
Rufet die Arme
Der Götter herbei.

Schon hier der eigentümliche Gedanke, daß das Verhalten des Menschen die Voraussetzung für das Tun der »Götter« sei.

Man hat bisweilen angenommen, Goethe habe mit diesem Feen- und Festspiel um die Heilung von Menschen, die aus Liebeskummer in Schwermut und Wahn gefallen sind, eine therapeutische Dichtung für die nicht glückliche Ehe des jungen Herzogpaars verfassen wollen, in der Luise unter dem ausschweifenden Verhalten Carl Augusts litt. Er habe nur deshalb in der Fassung für den Geburtstag der Herzogin den Mann als ›Erkrankten‹ gewählt, damit die Anspielung nicht zu deutlich würde. Das mag so sein. Aber auch auf die spannungsvolle Konstellation Goethe – Frau v. Stein läßt sich das Grundmuster dieses Stücks beziehen. Ohnehin sind manche der frühen Stücke und Farcen mit Anspielungen gespickt, die allenfalls die damals Betroffenen entschlüsseln konnten. Lila hieß schließlich eine der Empfindsamen im Darmstädter Zirkel, an die Goethe das Gedicht *Pilgers Morgenlied* (S. 162) gerichtet hatte.

In dem Stück *Der Triumph der Empfindsamkeit*, das er zum Geburtstag der Herzogin 1778 dichtete, geht es ebenfalls um fragwürdiges Verhalten, nun allerdings in bissig satirischer Form. Ein Prinz ist in eine lebensgroße Puppe verliebt, die ein getreues Abbild der Königin Mandandane ist. Deren Zuneigung zu ihm, die ihren Gatten verständlicherweise stört, wird zunichte gemacht, als man ihr vorführen kann, daß der Prinz gar nicht sie selbst, sondern jenes Abbild liebt, das er in Gestalt der Puppe überall mit sich führt. Aber er hat noch mehr auf Reisen bei sich, eine »Reisenatur«: In Kästen werden »die vorzüglichsten Glückseligkeiten empfindsamer Seelen« zu allfälligem Gebrauch herumgeschleppt: Gesang der Vögel, Mondschein, sprudelnde Quellen. Es bedarf nur eines passenden Wandteppichs als Hintergrund, und schon kann die »Reisenatur« installiert und eine Illusion der Natur hervorgezaubert werden, auf daß der Prinz seinen Schwärmereien frönen kann. Auch zu Hause hat er seine Räume »auf die angenehmste Weise ausgeziert, seine Zimmer gleichen Lauben, seine Säle Wäldern, seine Kabinette Grotten, so schön und schöner als in der Natur« (JA 7, 238). Genüßlich kostet Goethe mit dieser Satire die Verspottung der Naturschwärmerei aus, und daß wieder einmal eine gehörige Portion Selbstironie im Spiel ist, merkt jeder Leser und Zuschauer. Der Höhepunkt der Satire und Selbstironie ist erreicht, als jene angebetete Puppe geöffnet wird und »eine ganze Partie Bücher, mit Häckerling vermischt«, herausfällt: »Empfindsamkeiten!« Es sind Bücher, die den Kult übersteigerter Empfindsamkeit befördert haben.

Millers *Siegwart* wird zuerst genannt, dann folgt die Regieanweisung: »Es bleibt den Schauspielern überlassen, sich hier auf gute Art über ähnliche Schriften lustig zu machen.« Als »Grundsuppe« wird hervorgekramt: *»Die neue Héloise* Rousseaus! – weiter! – *Die Leiden des jungen Werthers!* – Armer Werther!«

Dieses Spiel *gegen* den Triumph der Empfindsamkeit, gegen hemmungslose Schwärmerei, die sich in raffinierten Illusionen verliert, weil die Wirklichkeit nicht mehr genügt, enthält im vierten Akt eine Szene ganz anderen Gehalts. Ein ›Monodrama‹ ist eingefügt. Wie im Drama die Gestalten ihre Monologe sprechen, so ist das Monodrama die von einer Person vorgetragene, in sich abgeschlossene dramatische Szene. Sie bietet einer einzelnen Figur die Möglichkeit, Fülle und Vielfalt ihrer Gefühle auszudrücken, ohne daß sie sich auf den übergeordneten Zusammenhang eines Dramas beziehen müßte. Von Musik eingeleitet oder begleitet, vielleicht auch in Gesang übergehend, wird ein solches Monodrama zum Melodrama. Goethe ließ die Schauspielerin der Mandandane (es war Corona Schröter) eine lange Klage der Proserpina vortragen, die, in die Unterwelt entführt, ihr Schicksal betrauert und nach dem Genuß der Granatapfelfrucht nicht mehr gerettet werden kann. Das war schon ›Iphigenien-Ton‹, der hier anklang, Parzenlied-Stimmung.

Goethe ließ dieses Monodrama *Proserpina* bereits 1778 als einzelnes Stück (noch in Prosaform) im *Teutschen Merkur* drucken, löste es also aus dem *Triumph der Empfindsamkeit*, und so ist es auch aufgeführt worden (übrigens mit der Musik des Kammerherrn v. Seckendorf). In seinen Werkausgaben hat Goethe dem Stück in sog. freien Rhythmen seinen angestammten Platz im *Triumph der Empfindsamkeit* gelassen. Gewiß mag *Proserpina* für sich bestehen können und sich damit deutlich zu anderen Monodramen der Zeit gesellen, die an Rousseaus lyrische Pygmalion-Szene von 1770 anknüpften. Aber ihm kommt innerhalb des satirischen *Triumphs der Empfindsamkeit* keine geringe Bedeutung zu. Sie ist leicht zu erkennen, trotz der nur lockeren äußeren Verbindung, die allein darin besteht, daß Mandandane gern das Monodrama vorträgt. Das wahre, ungekünstelte Gefühl, das sich hier nuancenreich ausspricht, läßt die Künstlichkeit und Scheinhaftigkeit der übersteigerten Empfindsamkeit nur um so krasser hervortreten. Unmittelbar auf das Proserpina-Monodrama folgt jene Szene, in der der Bücherschwall der »Empfindsamkeiten« aus dem Innern der Puppe herausgeholt wird.

An Spott, der auch auf eigene Kosten gehen konnte, fand Goethe Gefallen. Die frühen Farcen blieben keine Ausnahme. Scharfzüngig ließ er nicht nur Mephistopheles im *Faust* sein; er nutzte viele Gelegenheiten, um mit Scherz, Satire, Ironie und tieferer Bedeutung zu spielen. Er besaß jenen Blick, der die Mehrdeutigkeit von Sachverhalten und Geschehnissen durchdringt. Auch die subtile Ironie der späteren großen Romane zeugt davon.

Für die damalige Gesellschaft ergaben sich aus dem mit Ernst durchsetzten Scherz Stunden geistvoller Unterhaltung. So wurde *Das Jahrmarktsfest zu Plundersweilern* vom Liebhabertheater aufgeführt, und zu Weihnachten 1781 präsentierte Goethe der Fürstin Anna Amalia als Gabe *Das Neueste von Plundersweilern*. Die »deutsche Literatur der nächstvergangenen Jahre in einem Scherzbilde« durchzuhecheln war die Absicht. So trat Goethe hier als Marktschreier von Plundersweilern auf, begleitet vom Harlekin, rezitierte das Gedicht, und die lustige Person bezeichnete auf einem Bild die einzelnen Gegenstände, »wie sie eben vorkamen, mit der Pritsche« (JA 7, 358). Den Dichter des *Werther* ließ er in seinen Versen den Leichnam des Selbstmörders auf dem Rücken schleppen: »So trug er seinen Freund durchs Land / Erzählt den traurigen Lebenslauf / Und fordert jeden zum Mitleid auf« (JA 7, 194). Die Literaturkritik bekam reichlich Seitenhiebe.

> Sie hat zwar weder Leut' noch Land,
> Auch weder Kapital noch Pfand,
> Sie bringt auch selber nichts hervor
> Und lebt und steht doch groß im Flor:
> Denn, was sie reich macht und erhält,
> Das ist eine Art von Stempelgeld;
> Drum sehn wir alle neuen Waren
> Zum großen Tor [des Kritikerhauses] hineingefahren.

Schon früher hatte der junge Goethe, selbst Schriftsteller und Kritiker, über Autoren und Rezensenten sarkastisch gespottet und seine Verse (»Da hatt ich einen Kerl zu Gast«) über jemanden, der sich bei ihm »pumpsatt gefressen« und dann beim Nachbarn über das Essen beschwerte, drastisch enden lassen: »Schlagt ihn tot, den Hund! Es ist ein Rezensent.«

Auch in dem kleinen Stück »nach dem Aristophanes« *Die Vögel* von 1780 tauchte als »Schuhu« ein herrscherlicher urteilsfreudiger (oder -versessener) ›Großkritiker‹ auf, der von sich sagen konnte:

Ich habe meine echte Freude, allen Vögeln bange zu machen. Es wird keinem wohl, wenn er mich nur von weitem wittert. Sie führen ein Gekreische und Gekrächze und Gekrakse und können, wie ein schimpfendes altes Weib, gar von dem Orte nicht wegkommen, wo man sie ärgert. Es ist aber auch einer oder der andere sich bewußt, daß ich ihm seine Jungen anatomiert habe, um ihm zu zeigen, wie er ihnen hätte sollen rüstigere Flügel, schärfere Schnäbel und wohlgebautere Beine anschaffen (JA 7, 285).

Auch dieses – kaum noch zu dechiffrierende – Stück spielte auf vielerlei an, wohl vor dem Hintergrund der Reise in die Schweiz im Jahr zuvor. Wieder mitunter kesse Deutlichkeiten. Auf die Frage, was sie eigentlich suchten, antworteten die Wandernden:

Wir suchen eine Stadt, einen Staat, wo wir uns besser befänden als da, wo wir herkommen. [...] Eine Stadt, wo es einem nicht fehlen könnte, alle Tage an eine wohlbesetzte Tafel geladen zu werden. [...] So eine Stadt, wo vornehme Leute die Vorteile ihres Standes mit uns Geringern zu teilen bereit wären. [...] Eben eine Stadt, wo die Regenten fühlten, wie es dem Volk, wie es einem armen Teufel zu Mute ist.

Der Ernst der Proserpina-Szene und mythologischer Stoff der Antike kehrten wieder in der *Iphigenie*, die Goethe in jenem von politischen Sorgen beunruhigten und mit dienstlichen Verpflichtungen angefüllten Frühjahr 1779 schrieb. Schon im April wurde sie zweimal in Weimar, im Juli dann in Ettersburg aufgeführt, mit Corona Schröter als Iphigenie, Goethe als Orest, v. Knebel als Thoas, und den Pylades spielte mal Prinz Constantin, mal Carl August. Diese Urfassung der *Iphigenie* war in Prosa geschrieben, deren Rhythmus freilich schon zum Vers drängte, in den Goethe sie einige Jahre später umformte. Die Erwähnung soll vorerst genügen.

Ebenfalls nur registriert sei *Jery und Bätely*, »eine kleine Operette, worin die Akteurs Schweizerkleider anhaben und von Käs und Milch sprechen [...]. Sie ist sehr kurz und blos auf den musikalischen und theatralischen Effekt gearbeitet« (Goethe an v. Dalberg, 2. 3. 1780). Schon der Titel zeigt, daß die jüngste Schweizer Reise bei diesem Gelegenheitsstück Pate stand, in dem ein Mädchen endlich zum Eingeständnis seiner Liebe gelangt, einem – nach Goethes Worten – leichten, gefälligen Singspiel, »worinn so viele andre Leidenschaften, von der innigsten Rührung biss zum ausfahrendsten Zorn u. s. w. abwechseln« (an P. C. Kayser, 20. 1. 1780). Im Zusammenhang mit seinen fortdauernden Bemühungen ums Singspiel, die ihn zu Umarbeitungen früherer Stücke veranlaßten, ist Goethe später noch einige Male auf dieses Werk zurückgekommen.

Das letzte in der Reihe der neuen Stücke für das Liebhabertheater, *Die Fischerin*, verdankte seine Entstehung einem Ort und seinen landschaftlichen Reizen, die seit einiger Zeit die Weimarer Gesellschaft anlockten. Der von Goethe dem Titel des kleinen Singspiels beigefügte Zusatz wies eigens darauf hin: »Auf dem natürlichen Schauplatz im Park zu Tiefurt an der Ilm vorgestellt«. Tiefurt: der Name des kleinen Dorfes nahe bei Weimar kann als Stichwort für den Wunsch der höfischen Mitglieder des ›Weimarer Musenhofes‹ gelten, in ländlicher Umgebung ›Natürlichkeit‹ zu finden und selbst naturnah, ländlich-einfach zu leben, wenigstens gelegentlich, und damit »die höheren geistigen Vergnügungen« zu verbinden (L. v. Göchhausen an v. Knebel, 12. 8. 1787). Schloß Tiefurt war eigentlich nur das Pächterhaus eines großen Gutshofes am Rande des Dorfes, mit Gelände zur Ilm hin. 1776 beanspruchte es der Hof als Wohnstätte für den Prinzen Constantin (geb. 1758), der hier, mit Carl Ludwig v. Knebel als Erzieher, einige Jahre mit eigener kleiner Hofhaltung verbrachte. Ab 1781 nutzte Anna Amalia das Gebäude als Sommersitz, fast bis zu ihrem Tod 1807. Diese Tiefurter Zeit mit ihren kulturellen Veranstaltungen und geselligen Zusammenkünften ist ein beachtenswerter Teil der Geschichte des ›klassischen Weimar‹. Hier waren interessante Persönlichkeiten willkommene Gäste, Goethe, Wieland, Herder, Schiller, Knebel nur die bekanntesten. Zu Diskussions- und Vorleseabenden, Konzerten und Theateraufführungen versammelte man sich bei Anna Amalia in der ländlichen Ruhe Tiefurts. »Rusticieren« nannte Wieland das dortige Leben der Herzoginmutter, die mit wirklicher Landarbeit indessen nichts zu tun hatte. Knebel hatte 1776 damit begonnen, das Gelände zur Ilm als englischen Park zu gestalten, der unter Mitwirkung Goethes und Amalias in den Jahren 1782 bis 1788 vollendet wurde und noch heute den Besucher durch seine Anlage und Intimität beeindruckt. »In der Mitte freundlichster Naturumgebung«, so Goethe in hohem Alter, habe die Herzogin »zugleich geist- und kunstreiche Unterhaltungen um sich her anzuregen und zu beleben gewußt« (JA 38, 156).

Zur geistreichen heiteren Unterhaltung sollte auch das »Journal oder Tagebuch von Tieffurth« beitragen, das am 15. August 1781 mit einer Ankündigung aus der Taufe gehoben wurde, eine Zeitschrift, die es nur in handschriftlichen elf Exemplaren gab und es bis 1784 auf insgesamt 47 Nummern gebracht hat (SGS 7). Hier schrieb, wer Lust und Laune hatte, Essays, Gedichte, Erzählungen, Rätsel, kurze Betrachtungen, und alle Beiträge erschienen anonym. Carl August hat ebenso an diesem *Tiefurter Journal* mitgearbeitet wie Louise v. Göchhausen, Anna Amalia, v. Seckendorf, v. Einsiedel, sowie Gäste und Freunde von auswärts. Die Ankündigung (das »Avertissement« vom 15. 8. 1781) erwähnte wie selbstverständlich die Teilnahme von Frauen. Doch so selbstverständlich war das damals keineswegs. Allerdings bereitete es bald Schwierigkeiten, rechtzeitig genug Manuskripte für eine Ausgabe zu bekommen. So hat das Journal nur bis Juni 1784 existiert. Goethe steuerte immerhin Gedichte wie »Welcher Unsterblichen / Soll der höchste Preiß seyn« (später: *Meine Göttin*), *Auf Miedings*

Tod, »Edel sey der Mensch / Hülfreich und gut« (später: *Das Göttliche*) bei. Mancher Beitrag im *Tiefurter Journal* ist unbedeutend, unbeholfen, Schreibversuch von Dilettanten. Aber daß ein höfisch bestimmter Gesellschaftskreis, dem belletristischen *Journal de Paris* nacheifernd, eine Zeitschrift ausschließlich in deutscher Sprache kursieren ließ, ist beachtlich, wo ein halbes Jahr vorher Friedrich der Große in seiner Schrift *De la littérature allemande* [Über die deutsche Literatur] die Dichtung in deutscher Sprache für belanglos erklärt hatte.

Übrigens war auch Merck zur Mitarbeit eingeladen worden. Er schickte auf eine Preisfrage des ersten Heftes »Wie ist eine *unoccupirte* Gesellschaft für die Langeweile zu bewahren?« einen Artikel, der so anzüglich kritisch war, daß man ihn nicht aufnahm (*Werke*, Frankfurt 1968).

Für Tiefurt nun schrieb Goethe das Singspiel *Die Fischerin*, das am 22. Juli 1782 abends draußen am Ufer der Ilm wie auf einer Naturbühne aufgeführt wurde. Fackeln und einzelne Feuer begannen an einer bestimmten Stelle des Stücks aufzulodern und tauchten Büsche, Bäume und Wiesen in ein schwankendes, schwebendes Helldunkel: die Stimmung Rembrandtscher Bilder wurde hervorgezaubert. Das hatte Goethe früher schon einmal zur Überraschung Anna Amalias im Weimarer Park inszeniert. »Auf diesen Moment war eigentlich die Wirkung des ganzen Stücks berechnet«, merkte Goethe selbst in einer Fußnote an (JA 8, 82). Die Handlung des Spiels war einfach. Dortchen wartet wieder einmal auf Vater und Bräutigam, die vom Fischfang nicht rechtzeitig nach Hause kommen. (»Die Erdäpfel sind zu Mulm verkocht, die Suppe ist angebrannt, mich hungert, und ich schiebe von jedem Augenblick zum andern auf, meinen Teil allein zu essen, weil ich immer denke, sie kommen, sie müssen kommen«, JA 8, 72.) Um auch die Männer einmal in Unruhe zu versetzen, versteckt sie sich, und »es soll aussehen, als wenn ich ins Wasser gefallen wäre«. Der Schluß ergibt sich schemagerecht: Suchen, Finden, Versöhnung, glückliches Ende. So aber begann das Stück:

Unter hohen Erlen am Flusse stehen zerstreute Fischerhütten. Es ist Nacht und stille. An einem kleinen Feuer sind Töpfe gesetzt, Netze und Fischergeräte rings umher aufgestellt.
Dortchen (beschäftigt, singt).

> Wer reitet so spät durch Nacht und Wind?
> Es ist der Vater mit seinem Kind;
> Er hat den Knaben wohl in dem Arm,
> Er faßt ihn sicher, er hält ihn warm.
> [...]

Dortchen singt die Ballade vom Erlkönig. Mit magischer Kraft, so erzählt das Gedicht, greift eine dämonische Naturgestalt in den menschlichen Lebensbereich ein. Zwar weiß der Vater während des abendlichen Ritts alles, was das Kind in seinen Armen geheimnisvoll spürt und erleidet, vernunftgerecht zu erklären: nicht der Erlkönig treibe sein Wesen, es sei nur ein Nebelstreif, der säuselnde Wind, es seien die grauen Weiden. Aber am Ende hilft alle Erklärung nichts:

> Dem Vater grauset's, er reitet geschwind,
> Er hält in Armen das ächzende Kind,
> Erreicht den Hof mit Müh und Not;
> In seinen Armen das Kind war tot.

Herder hatte eine dänische Ballade übertragen, und dabei war aus »ellerkonge« (= Elfenkönig) ein Erlkönig geworden: *Erlkönigs Tochter* (1778). Aber ob Elfen- oder Erlkönig: es handelt sich um eine Verkörperung der vielgestaltigen Naturkräfte, wie sie in der Volkssage lebendig waren. Goethe konnte zum Vortrag seiner Erlkönigsballade in der *Fischerin* auch gleich die passende Naturszenerie im Tiefurter Freilichttheater an der Ilm einsetzen: »Unter hohen Erlen [...]«. Literaturhistoriker haben solche Balladen, in denen die unheimliche Natur mit dämonischen Geistern dem Menschen zur tödlichen Bedrohung wird, als ›naturmagische Balladen‹ klassifiziert. In ihnen erscheint Natur noch als Unbewältigtes und Unbegriffenes. Da können Elementarwesen auftreten und ihre Macht behaupten. Alte heidnische Vorstellungen haben in solcher Phantasiewelt Unterschlupf gefunden. Goethes Ballade *Der Fischer* von 1778 (»Das Wasser rauscht', das Wasser schwoll«) mit dem Wasserweib, das den Fischer betört und hinabzieht (»Halb zog sie ihn, halb sank er hin, / Und ward nicht mehr gesehn«), dichtete die Verführung durch die Faszination, die von einem elementaren Naturwesen ausging.

Natürlich ›glaubte‹ der bergwerkskundige und die Natur sorgfältig beobachtende Weimarer Rat Goethe nicht an eine Existenz derartiger Wesen, und es ist absurd, Schülern anhand der Balladen *Der Fischer* und *Erlkönig* ein geradezu heidnisches All-Verbundensein mit der Natur, das aus dem ›Wesensbild‹ des jungen Goethe zu erschließen sei, weismachen zu wollen. Es war dichterische Phantasie, die Vorstellungen aufnahm, wie sie in Volkssagen lebendig waren, und die so die Erfahrung von der Größe und Gewalt der Natur, die berauschende und gleichzeitig beklemmende Schauer auslöste, in erzähltes Geschehen umsetzte.

Schon in der Straßburger Zeit und kurz danach hatte Goethe Balladen gedichtet, Erzählgedichte also, in denen ein Geschehnisablauf in geraffter, oftmals sprunghafter Knappheit und dramatischer Zuspitzung in Versform erzählt wird. Percys Sammlung alter Volksballaden *Reliques of Ancient English Poetry* (1765) beeindruckte damals weithin, Herder sammelte Volkslieder, Goethe ebenso, dessen handschriftliche Sammlung von 12 Liedern vornehmlich Balladen enthielt. Dadurch angeregt, schrieb er selbst einige kurze, dichtgefügte, auf eine dramatische Situation hindrängende ›Erzählgedichte‹ wie *Heidenröslein*, »Ein Veilchen auf der Wiese stand«, *Der König von Thule*, »Es war ein Buhle frech genug«. Die Dichtungen des ›klassischen‹ Balladenjahres 1797 blieben jedoch nicht im Bannkreis des Volksliedmäßigen, Volksballadenhaften und ›Naturmagischen‹, sondern nutzten die Möglichkeiten dieser besonderen Gedichtgattung zum erzählerischen Vortrag weiterer Themen.

Nicht abgeschlossene Werke

Wenn Goethe rückschauend mit seiner dichterischen Leistung im ersten Weimarer Jahrzehnt nicht zufrieden war, so dachte er wahrscheinlich daran, daß er manche Werke, die er damals begonnen, nicht hatte abschließen oder in die endgültige Form bringen können. Gerade bedeutende Projekte waren im Gedränge der Pflichten und vielseitiger Geschäftigkeit nicht zu Ende zu führen. *Iphigenie* wurde zwar vollendet und aufgeführt, aber die Prosa dieser ersten Fassung noch vor der Italienreise »in Verse geschnitten« (an Ch. v. Stein, 23.8.1786), die ihm dann wiederum nicht genügten, bis in Italien die endgültige Fassung gelang. Von *Egmont, Tasso, Elpenor* melden die Tagebücher »den erfindenden Tag« (30.3.1780, *Tasso*) oder Fortschritte in der Arbeit, mehr aber gelang ihm nicht.

Einem Roman erging es ebenso. Zum erstenmal tauchte sein Name am 16. Februar 1777 im Tagebuch auf: »In Garten diktiert an W. Meister.« Knebel kündigte er fünf Jahre später an, er solle bald »die drey ersten Bücher der Theatralischen Sendung« haben (21.11.1782). November 1785 war das sechste Buch fertig, aber das siebte konnte er nicht mehr vollenden. Erst 1794 machte er sich wieder energisch an diese Romandichtung, doch aus der *Theatralischen Sendung* wurden dann *Wilhelm Meisters Lehrjahre*, in denen die Theaterwelt nur ein Element der Lebenslehre neben anderen ist, denen Wilhelm Meister ausgesetzt wird.

Der Weimarische Minister Goethe schrieb also neben seinen Amtsgeschäften über acht Jahre lang an einem Roman, dessen ›Held‹ sich zu einer »theatralischen Sendung« berufen fühlt und als Theaterdichter und Regisseur sein Lebensglück zu finden hofft. Welcher Kontrast zur Wirklichkeit der täglichen Pflichten des Weimarer Staatsdieners! Drückte sich in solchem Widerspruch auch die Ahnung oder das Bewußtsein von der Unmöglichkeit aus, in der gegebenen Realität der politischen und wirtschaftlichen Ordnung durch staatsmännische und verwaltende Tätigkeit zur Selbstverwirklichung zu gelangen? Zeugte andererseits der Abbruch der *Theatralischen Sendung* auch von der Erkenntnis ihres Dichters, daß bei aller Wichtigkeit des Theaters (gerade im Zusammenhang mit den Gedanken eines deutschen Nationaltheaters) die Entwicklung Wilhelm Meisters auf viel engere Weise mit dem tätigen Leben verbunden werden müßte, als es die sechs Bücher angelegt hatten, und daß ein Verweilen in der Theaterwelt keine ›Lösung‹ bedeutete, wenn Wilhelm in der Welt bestehen sollte?

Wie der ›Urfaust‹ ist der ›Urmeister‹ nur erhalten geblieben, weil eine Leserin sich eine Abschrift angefertigt hat: Bäbe Schultheß. Auf der ersten Reise in die Schweiz 1775 hatte Goethe Barbara Schultheß kennengelernt und sich rasch mit der vier Jahre älteren, offensichtlich ausgeglichenen und Ruhe ausströmenden Frau eines Zürcher Seidenfabrikanten angefreundet. Die Verbindung blieb bestehen; sie sandte ihm gemeinsam mit Lavater Gemälde, Skizzen und Noten nach Weimar, er schickte ihr Manuskripte oder Abschriften seiner literarischen Arbeiten. So hat sie auch die *Theatralische Sendung* erhalten und zusammen mit ihrer Tochter abgeschrieben. Erst 1910 ist diese einzige erhaltene Abschrift des ›Urmeister‹ wieder aufgetaucht. Goethe traf Bäbe Schultheß, die seit 1778 verwitwet war und für den Berühmten wohl mehr als nur literarisch-kulturelle Interessen hegte, auf der zweiten Schweizer Reise wieder, verbrachte auf der Rückreise aus Italien 1788 mehrere Tage in Konstanz mit ihr, einer Tochter und einem Bekannten und sah sie 1797 noch einmal in Zürich wieder. Vor ihrem Tode 1818 vernichtete sie alle Briefe, die sie erhalten hatte, auch die Goethes.

Drei bekannte Gedichte.
Über allen Gipfeln ist Ruh'. Grenzen der Menschheit.
Das Göttliche

Bekannt und berühmt gewordene Gedichte stammen aus dem ersten Weimarer Jahrzehnt. Manche hat Goethe, wie schon erwähnt, den Briefen an Frau v. Stein beigelegt oder sie in die Gedichtsammlung eingefügt, die er für sie zusammenstellte. Es sind Zeugnisse ihrer besonderen Verbindung und der Wirkung, die sie auf den »Unruhigen« ausübte. (*Jägers Nachtlied*: »[...] Mir ist es, denk ich nur an dich / Als säh' den Mond ich an; / Ein stiller Friede

kommt auf mich, / Weiß nicht, wie mir getan.«) Diese Verse an »Lida«, mit
der Charlotte gemeint ist, nehmen – anders als die monologischen Gedichte
der Lili-Lyrik – das angeredete Du in ein gegenseitiges Verstehen mit auf, in
dem die Gedanken von Reinheit und Stille ihre Geltung beanspruchen.
Zusichfinden in angestrengter Besinnung, abgekehrt von der Welt der vielen
und in Einklang mit der ruhig angeschauten Natur, das ist gedichteter
Wunsch: »Füllest wieder 's liebe Tal / Still mit Nebelglanz, / Lösest endlich
auch einmal / Meine Seele ganz. // Breitest über mein Gefild / Lindernd
deinen Blick / Wie der Liebsten Auge, mild / Über mein Geschick. [...]« (*An
den Mond*). Hier macht sich erst besänftigte Unruhe, nicht sicher errungene
Ruhe bemerkbar. Die zugehörigen Briefe aus dieser Zeit sprechen eine
deutliche Sprache.

Am 6. September 1780 hat Goethe mit Bleistift Verse an die Holzwand
einer Jagdhütte auf dem Kickelhahn bei Ilmenau geschrieben, die als sein
bekanntestes Gedicht gelten. Wenigstens hat das eine Umfrage ergeben, die
1982 zum 150. Todestag des Dichters veranstaltet wurde. Wie das Versgebilde ganz genau aussah, kann niemand mehr ermitteln: 1870 ist die Hütte
abgebrannt. Eine Photographie aus dem Jahre zuvor zeigt Nachzeichnungen
und Übermalungen, die sich die ursprüngliche Bleistiftinschrift in 90 Jahren
hatte gefallen lassen müssen. Erst 1815 veröffentlichte Goethe das Gedicht in
der Cottaschen Werkausgabe.

Dort lautet es:

> Über allen Gipfeln
> Ist Ruh',
> In allen Wipfeln
> Spürest Du
> Kaum einen Hauch;
> Die Vögelein schweigen im Walde.
> Warte nur! Balde
> Ruhest Du auch.

Als er diese Verse 1815 in seine Gedichte einordnete, ließ er sie auf *Wandrers
Nachtlied* (»Der du von dem Himmel bist«) folgen und nannte sie einfach *Ein
Gleiches*, eine Überschrift, die nur bei fortlaufendem Lesen der Gedichte
Sinn gibt. Der Meinung, er habe die berühmten Verse deshalb so spät
drucken lassen, weil ihre Aussage in seinen privatesten Bereich gehörte, den
er gern nach außen abschirmte, widerspricht schon die Tatsache ihrer ersten
›Veröffentlichung‹: Die Hütte, an die er sie 1780 schrieb, war zugänglich und
wurde gerade von Mitgliedern der Weimarer Gesellschaft auf der Jagd öfter
aufgesucht. Von Anfang an mußte ihr Verfasser also mit Lesern rechnen. Es

kann auch niemand beweisen, daß Goethe die Zeilen erst auf dem Kickelhahn improvisierte, überwältigt vom Gefühl des Augenblicks. Möglicherweise hatte er sie schon vorher notiert.

Wohl über keines seiner Gedichte ist soviel geschrieben, keines so oft parodiert worden wie dieses spruchhafte Gebilde von acht Zeilen. Die Geschichte der Rezeption und Interpretationen dieser Verse könnte ebenso ein Buch füllen wie eine Sammlung ihrer Parodien, vom Kalauer bis zu Paradestücken, in denen eine kritische Auseinandersetzung mit dem Gedicht und seinem Mißbrauch geleistet wird, wie in Bertolt Brechts *Liturgie vom Hauch* (in der *Hauspostille* von 1924) oder in der 13. Szene des II. Akts des Dramas *Die letzten Tage der Menschheit* von Karl Kraus.

»Über allen Gipfeln ist Ruh'« hat man gern als unübertreffliches Meisterwerk eines ›lyrischen Gedichts‹ gepriesen, in dem sich in schlichter, eindrucksvoll dichter Sprache, von allem Gedanklichen weit entfernt, auf unvergleichliche Weise abendliche Stimmung und Ruhe ausdrückten und das den Lesenden die vollkommene Ruhe gemütvoll nachempfinden ließe. Schlichtheit, Stimmung, Durchseeltheit, Ruhe, Gedankenferne, kunstvolle Einfachheit der Sprache und Reime: das erwarten nicht wenige von einem ›echten‹ Gedicht überhaupt und sehen es hier verwirklicht – und müßten doch wissen, daß Lyrik auch ganz anders sein kann und darf (wie Goethes Gedichte selbst lehren): gedankenreich und stimmungsfern, artistisch konstruiert und delikat gereimt oder reimfrei, ausladend und verschlungen.

Ob die Kickelhahnverse als lyrisches Stimmungsbild der Ruhe angemessen erfaßt sind, bleibt die Frage. Ruhe allein beschreibt das Gedicht jedenfalls nicht, und ein ›Ich‹, das seinen Seelenzustand, seine Stimmung unmittelbar aussprächse, erscheint ebensowenig. Vielmehr herrscht Ruhe nur in der Natur, während der Mensch erst zur Ruhe gelangen wird (»Warte nur! Balde [...]«). So besteht im Gedicht eine Spannung zwischen der Ruhe der Natur und der noch vorhandenen Unruhe des Menschen. Daß bei der Ruhe, die bald auch den Menschen erfassen wird, der Tod mitgemeint sein kann, ist nicht abzuweisen. Immer schon konnte in Tageszeitengedichten der Abend auf den Abend des Lebens verweisen. Das Gedicht benennt in genau geregelter Folge unterschiedliche Grade der Ruhe, von ›oben‹ nach ›unten‹ fortschreitend: Über den Berggipfeln herrscht völlige Ruhe; in den Wipfeln ist die Ruhe geringer (»kaum einen Hauch«); die Vögel sind, wie alle lebendigen Wesen, nur vorübergehend still; der Mensch schließlich ist noch nicht zur Ruhe gelangt. Die ›Natur‹ erscheint so als ein gegliedertes Ganzes, das von der Region über den Gipfeln bis zum Menschen reicht. Dieser hat den geringsten Grad der Ruhe, ist sein Herz doch der »beweglichste, veränderlichste, erschütterlichste Teil der Schöpfung« (*Über den Granit*,

1784). Wie im Ablauf der Verse das Ausmaß der Ruhe abnimmt, so drückt sich zugleich das Wissen aus, daß auch der unruhige Mensch in die Ruhe der Natur aufgenommen werden wird. Es scheint, als sei es ein zwingender Vorgang der Natur, auch den Menschen in ihre Ruhe hereinzuholen und als habe er erst dann seine Erfüllung im Naturganzen gefunden.

Die Ruhe, von der das Gedicht auf differenzierte Weise spricht und die es wie ein erwünschtes Naturgeschehen vorstellt, das den Menschen einbezieht, zu dessen Leben die Unruhe und die Sehnsucht nach Ruhe gehören, – diese Ruhe darf unter bestimmten Aspekten gesehen werden: Im Treiben der Welt, auf das sich Goethe eingelassen hatte und in dem er Enttäuschungen hinnehmen mußte, war das Wissen um solche von der Natur verbürgte Ruhe Trost, Hinausgehobensein aus den Niederungen des Alltags. Jenes Wissen gewährte auch Besänftigung im prekären Verhältnis zu Frau v. Stein. Am 6. September 1780, dem Tag, der als Datum der Inschrift auf der Jagdhütte angenommen wird, schrieb Goethe: »Auf dem Gickelhahn dem höchsten Berg des Reviers den man in einer klingernden Sprache Alecktrüogallonax [nach dem Griechischen] nennen könnte hab ich mich gebettet, um dem Wuste des Städgens, den Klagen, den Verlangen, der unverbesserlichen Verworrenheit der Menschen auszuweichen« (an Ch. v. Stein). – Die Leser der Inschrift, hauptsächlich aus dem Kreis der Weimarer Gesellschaft, konnten die Verse daran erinnern, daß es Wesentlicheres gab als das Treiben und Rollenspiel, dem sie sich überließen und das sie unruhig leben mußten. – Wird Ruhe jedoch als grundsätzlich erwünschter Zustand proklamiert, der sich von oberhalb der Gipfel bis auf die Menschen erstrecken sollte, so gilt Bertolt Brechts Einspruch; denn dann ließe die Ruhe des Menschen zu, daß auch die gesellschaftlichen Mißstände auf sich beruhen blieben. Solange Unterdrückung, Unrecht und Not Empörung und eingreifende Tätigkeit fordern, kann der Mensch nicht ruhig sein und sich auch nicht dem Glück der Ruhe über allen Gipfeln einfach überlassen.

Zwei weitere wichtige Gedichte von geradezu programmatischem Charakter stammen ebenso aus jener Epoche: die Hymnen *Grenzen der Menschheit* und *Das Göttliche*. Das Gedicht *Grenzen der Menschheit* gehört ins Jahr 1781 oder in die letzten Jahre davor.

Wenn der uralte
Heilige Vater
Mit gelassener Hand
Aus rollenden Wolken
Segnende Blitze

Über die Erde sät,
Küss' ich den letzten
Saum seines Kleides,
Kindliche Schauer
Treu in der Brust.

Denn mit Göttern
Soll sich nicht messen
Irgend ein Mensch.
Hebt er sich aufwärts
Und berührt
Mit dem Scheitel die Sterne,
Nirgends haften dann
Die unsichern Sohlen,
Und mit ihm spielen
Wolken und Winde.

Steht er mit festen,
Markigen Knochen
Auf der wohlgegründeten
Dauernden Erde,
Reicht er nicht auf,
Nur mit der Eiche
Oder der Rebe
Sich zu vergleichen.

Was unterscheidet
Götter von Menschen?
Daß viele Wellen
Vor jenen wandeln,
Ein ewiger Strom:
Uns hebt die Welle,
Verschlingt die Welle,
Und wir versinken.

Ein kleiner Ring
Begrenzt unser Leben,
Und viele Geschlechter
Reihen sie dauernd
An ihres Daseins
Unendliche Kette.

Kaum etwas erinnert in diesen freien Rhythmen noch an das stürmische Drängen, an die Zerklüftetheit mancher großen Hymnen der frühen Jahre von 1772 bis 1774. Zweihebige Verse, vielleicht mit wenigen dreihebigen durchsetzt, bilden die fünf Strophen. Sie werden kunstvoll gesteigert, indem nach jeweils zwei Strophen die folgenden Verse um zwei Zeilen gekürzt werden. Unverkennbar: Verkündigungspathos, Eindringlichkeit des Wahrspruchs, gemessener Tonfall, als ob eine Summe von Einsichten gezogen und vorgetragen würde, feierlicher Hymnenstil.

Ein weitgeschwungener – etwas verdeckter – ›wenn-dann-‹ Satz, dessen Großartigkeit sich kaum jemand wird entziehen können, eröffnet die Hymne und füllt die erste Strophe; eine Situationsschilderung, die aber nicht ein einmaliges Ereignis meint, sondern übliches Verhalten des Sprechenden: Der in Donner und Blitz sich demonstrierenden Macht des »uralten heiligen Vaters« ist unterwürfige Verehrung gemäß. Sowohl Zeus/Jupiter als auch dem alttestamentarischen Gott hat man Donner und Blitz als Attribute ihrer Macht zugesprochen. »O hört doch wie sein Donner rollt und was für Gedröhn aus seinem Munde geht. [...] Darum sollen ihn die Menschen fürchten, und er sieht keinen an, wie weise sie auch sind« (*Hiob* 37).

Es geht im Gedicht natürlich nicht um ein bestimmtes Zitat, sondern um die eindrucksvolle Darstellung einer Gewalt, der gegenüber dem Menschen nur eine verehrende Haltung angemessen ist. Die Strophe schafft Distanz, wenn das Prädikat »uralt« auf Dauer verweist, die Menschliches übersteigt, und das Wort »heilig« den Anspruch auf religiöse Verehrung geltend macht. Aber es sind auch »segnende« Blitze, die der Vater über die Erde »sät«. So kann ihm Schauer erregende Bewunderung und kindliches Zutrauen gleichermaßen zukommen. Das Verhältnis des im Gedicht sprechenden Menschen zum »Vater« ist eindeutig: Unterwürfigkeit, Bewußtsein der Macht und des Segens, die von oben kommen, und das »treu in der Brust« besiegelt unwandelbare Anerkennung.

Der begründende Anfangssatz der zweiten Strophe ist ein Wahrspruch, der Zweifel nicht zuläßt: »Denn mit Göttern / Soll sich nicht messen / Irgend ein Mensch.« Das menschliche Handeln wird in seine Schranken verwiesen, zwar nicht unmöglich gemacht, aber streng begrenzt. Strophe 2 und 3 liefern Beispiele dafür. Anschaulich wird, wie ungesichert der ›Höhenflug‹ des Menschen ist; doch auch das Tun dessen, der kräftig der Erde zugewandt bleibt, wird relativiert. Schon natürlich Wachsendes wie Eiche und Rebe lassen ihn klein und schwach erscheinen. Eine Absage an alles Geniehafte ist deutlich.

Folgerichtig zielt der Schlußteil des Gedichts mit der Frage »Was unterscheidet / Götter von Menschen?« auf die grundsätzliche Differenz zwischen beiden. Die Antwort eröffnet eine neue, zusätzliche Dimension, die der Zeit. Zur Schwäche menschlichen Handelns kommt die Vergänglichkeit hinzu.

Das mythologische Bild, als Antwort auf die Frage nach dem Unterschied von Göttern und Menschen, darf wohl so verstanden werden: Am Ufer des Lebensstroms schauen die Götter dem Kommen und Gehen der Menschengeschlechter zu. – Die letzte Strophe enthält philologische Probleme, die nur angedeutet seien. Der drittletzte Vers lautet in der Handschrift Goethes und in Herders Abschrift »reihen *sie* dauernd«, während es im ersten Druck, den *Schriften* von 1789, heißt: »reihen *sich* dauernd«. Dadurch ändert sich zwar der Sinn dieser Stelle, nicht aber die Gesamtaussage. Auch das Pronomen »ihres« in der vorletzten Zeile (»ihres Daseins«) ist nicht eindeutig zu bestimmen; es kann sowohl das Dasein der Götter wie das der Geschlechter meinen. Darüber hinaus ist die Bedeutung der »vielen Geschlechter« offen: Sie können sich auf die Götter oder auch die Menschen beziehen. Geht man jedoch vom durchgängigen Gegensatz Menschen – Götter aus, so ergibt sich folgender plausibler Sinn: Das Leben der Menschen ist angesichts der ihnen gewährten Zeit begrenzt; ein »kleiner Ring« ist das gemäße Zeichen dafür. Es mag sein, daß in diesem Bild gleichzeitig etwas von der Möglichkeit sinnvoller Erfüllung aufscheint, wenn der Ring des Lebens sich rundet, in und trotz seiner Begrenzung. Die Götter aber unterliegen solcher Begrenzung nicht; viele Göttergeschlechter reihen sie an die Kette göttlichen Daseins, die kein Ende kennt.

Diese Hymne, so hat man gesagt, rufe zur rechten Haltung auf: der Mensch dürfe nicht überheblich sein, nicht maßlos. Lebensweisheit also, ruhige Hinnahme der Grenzen des Menschseins, bejahte Selbstbescheidung, Wissen um gültige Gesetze: – weltanschauliche Lyrik Goethes von allgemeiner Gültigkeit, die Rückfragen nicht erlaubt. Doch damit müssen wir uns nicht zufrieden geben. Um hier eine Unterscheidung Peter de Mendelssohns zu übernehmen: Respekt ist allemal gefordert, Devotion dagegen fehl am Platz.

Goethe war seit etwa einem halben Jahrzehnt in Weimar, als er *Grenzen der Menschheit* schrieb. An Grenzen war er selbst längst gestoßen. Zwar ließ er in seiner Tätigkeit nicht nach, erfüllte die Pflichten, die er übernommen, arbeitete an öffentlichen Aufgaben im Conseil, in den verschiedenen Kommissionen, dabei immer auch »handelnd und schreibend und lesend«, um die »Pyramide« seines Daseins »so hoch als möglich in die Lufft zu spizzen« (20.9.1780), – aber mußte erfahren, daß vieles vergeblich war. In dieser Lage, wo Resignation und Verzweiflung in manchen Stunden bedenklich nahe rückten, hielt er Ausschau nach Dauerhaftem, das Ruhe und Sicherheit geben könnte, nach größeren Gesetzen, nach etwas Allgemeinem, in dem die Verworrenheiten des Besonderen und Alltäglichen aufgehoben wären. Die Naturstudien, die er begann, dienten auch diesem Zweck. Und unter den

Erfahrungen der Misere in der politisch-gesellschaftlichen Wirklichkeit erlahmte der Schwung, wie er die Hymnen der Jugendzeit beflügelt hatte. Um mit der Begrenzung, die er spürte, fertigzuwerden, um auch Enttäuschung und drohende Resignation noch aufzufangen (modern gesprochen: um sie zu ›rationalisieren‹), verkündete er sich und andern die Grenzen der Menschheit als unverrückbare Gesetzlichkeit. Das war ein Akt der Anpassung.

Es ist keine leichtfertige Schelte oder gar Besserwisserei, wenn man darüber nachdenkt, ob es nicht problematisch ist, in Unterwerfungshaltung von der Macht des »uralten heiligen Vaters« und der »Götter« zu dichten, um ihr gegenüber die Schwäche des Menschen zu betonen. Kann sich nicht zu leicht ergeben, daß menschliches Versagen und schlechte (aber sehr wohl veränderbare) Verhältnisse als etwas schicksalhaft Verhängtes an- und hingenommen werden? Ferner: In der Gestalt des Jupiter und mit seinen Insignien Blitz und Donner versehen, haben sich seit der Antike die irdischen Herrscher gern darstellen lassen. Es war Herrschaftsmerkmal und Huldbeweis zugleich, wenn der Untertan niederkniete und »den letzten Saum« des fürstlichen Kleides küssen durfte. Diese Unterwerfungshaltung ist zwar nicht das alleinige Thema des Gedichts. Aber erhielt nicht durch die sprachmächtige Rede von der angemessenen Haltung gegenüber dem »uralten heiligen Vater« auch die vom Untertanen des absolutistischen Staates erwartete Unterwerfung eine geradezu religiöse Weihe? War eben das an der Zeit? Ein kritischer Kopf wie Johann Gottfried Seume notierte bissig in seinen 1806 und 1807 geschriebenen *Apokryphen*: »Der König von Württemberg ließ sich huldigen, wie man mir aus den Zeitungen erzählte. Es heißt: ›Alle bückten sich tief, und der König rückte etwas an dem Hute‹. Das ist ausgesprochen! Ein herrliches Surrogat für die persische Proskynese, welche ich etymologisch und psychologisch richtig durch ›Zuhundung‹ übersetze.«

Grenzen der Menschheit verneint nicht den Sinn menschlicher Tätigkeit überhaupt. Es kann auch nicht als Generalaussage Goethes genommen werden. Zu nachdrücklich forderte und lobte Goethe an anderen Stellen das Tätigsein. Aber an seinem historischen Ort kann das Gedicht seine eigenen Grenzen nicht verleugnen, so sehr es für den Sprechenden selbst Entlastung unter dem Druck der Zeit bedeuten mochte.

Die Hymne *Das Göttliche* vom Anfang der achtziger Jahre setzt andere Akzente. Wohl kein Gedicht Goethes äußert eindringlicher die Forderung nach humanem Verhalten.

Edel sei der Mensch,
Hilfreich und gut!
Denn das allein

Unterscheidet ihn
Von allen Wesen,
Die wir kennen.

Heil den unbekannten
Höhern Wesen,
Die wir ahnen!
Ihnen gleiche der Mensch!
Sein Beispiel lehr' uns
Jene glauben.

Denn unfühlend
Ist die Natur:
Es leuchtet die Sonne
Über Bös' und Gute,
Und dem Verbrecher
Glänzen wie dem Besten
Der Mond und die Sterne.

Wind und Ströme,
Donner und Hagel
Rauschen ihren Weg
Und ergreifen
Vorübereilend
Einen um den andern.

Auch so das Glück
Tappt unter die Menge,
Faßt bald des Knaben
Lockige Unschuld,
Bald auch den kahlen
Schuldigen Scheitel.

Nach ewigen, ehrnen,
Großen Gesetzen
Müssen wir alle
Unseres Daseins
Kreise vollenden.

Nur allein der Mensch
Vermag das Unmögliche:
Er unterscheidet,
Wählet und richtet;
Er kann dem Augenblick
Dauer verleihen.

Er allein darf
Den Guten lohnen,
Den Bösen strafen,
Heilen und retten,
Alles Irrende, Schweifende
Nützlich verbinden.

Und wir verehren
Die Unsterblichen,
Als wären sie Menschen,
Täten im großen,
Was der Beste im kleinen
Tut oder möchte.

Der edle Mensch
Sei hilfreich und gut!
Unermüdet schaff' er
Das Nützliche, Rechte,
Sei uns ein Vorbild
Jener geahneten Wesen!

Spruchhaft auffordernd setzt das Gedicht ein. Die Verwirklichung ethischer Werte wird dem Menschen anbefohlen: edel, hilfreich und gut zu sein. Die nachfolgende Begründung ist überraschend; denn das geforderte Verhalten gilt als *das* Merkmal, das den Menschen von allen anderen Wesen unterscheidet. Nicht Sprache, nicht aufrechter Gang, nicht Fähigkeit und Zwang, planen und entwerfen zu können und zu müssen: allein die sittlichen Eigenschaften machen den Menschen hier zum Menschen. Unvermittelt schließt die zweite Strophe mit dem Gruß an die unbekannten höheren Wesen an, »die wir ahnen«. In einer erstaunlichen Wendung wird die Möglichkeit des Glaubens an sie mit dem ethischen Verhalten des Menschen verbunden: »Sein Beispiel lehr' uns / Jene glauben.« Das ist zugleich eine außerordentliche Relativierung der ohnehin unbekannten Wesen als auch eine beachtliche Würdigung des dem Menschen möglichen und aufgegebenen ethischen Verhaltens. Konsequent zu Ende gedacht, bedeutet es, daß jene höheren Wesen nicht existieren ohne das beispielhafte Handeln des Menschen, noch schärfer: ohne den Menschen selbst. Warum führt Goethe überhaupt solche »geahneten Wesen« ein? Er versetzt damit den Menschen in eine ›Mittelstellung‹ und vermeidet es, ihm eine – nach Goethes Auffassung vermessene – höchste Position zuzuweisen. Zu brüchig erscheint ihm die Menschenwelt, zu deutlich sind die Begrenzungen, die er auch in der täglichen Berührung mit den widrigen

Verhältnissen erfährt, als daß nicht noch höhere Wesen wenigstens geahnt werden müßten.

Drei Strophen (3–5) schildern die »unfühlende« Natur und das Treiben der Fortuna, der Glücksgöttin, die auf gutes oder böses Verhalten, auf Schuld oder Unschuld keine Rücksicht nehmen und davon nicht beeindruckt werden. Dann unvermittelt jene Verse, die unwiderruflich Gültiges einhämmern: »Nach ewigen, ehrnen, / Großen Gesetzen / Müssen wir alle / Unseres Daseins / Kreise vollenden.« Diese Gesetzlichkeit muß mehr meinen als das, was zuvor beschrieben wurde; denn zu der Fühllosigkeit und daherrauschenden Gewalt der Natur und der Wahllosigkeit des Fortuna-Spiels will die ehrfürchtige Sprache von den ewigen großen Gesetzen nicht recht passen. Mancher Leser denkt hier schon an das, was die *Urworte. Orphisch* vortragen. Eine naturhafte Gesetzlichkeit scheint gemeint zu sein, an die der Mensch wie alles Lebendige gebunden ist und bleibt. Doch ketten diese nicht näher erläuterten ewigen Gesetze den Menschen nicht ganz. Ihm wird – paradoxerweise – zugestanden, Unmögliches zu vermögen, und Verschiedenes wird aufgezählt.

Dem Menschen allein von allen Wesen ist gestattet, Belohnung und Strafe auszuteilen; er vermag zu helfen und das Irrende und Schweifende in sinnvollen Zusammenhang einzuordnen. Dieses Außerordentliche des Menschen lenkt den Blick wieder auf die unsterblichen Wesen. Was ihnen als sinnvolles Tun »im großen« zugesprochen wird, kann nur deshalb als sinnvoll und verehrungswürdig bezeichnet werden, weil ethisches menschliches Handeln überhaupt erst Sinn hervortreten und erkennen läßt, ja ihn letztlich erst schafft. Damit kehrt das Gedicht in leichter Variation zum Anfang zurück, mit der Aufforderung, der edle Mensch solle Präfiguration von Höherem sein.

Im November 1783 konnte die Tiefurter Gesellschaft, Adlige zumeist und Angehörige des Hofs, die Hymne in ihrem *Journal* lesen. Für sie mußten die Verse einen Appell bedeuten, sich stets so zu verhalten, wie gefordert wurde: edel, hilfreich und gut. Ohne Frage behält dieser Aufruf aus humanistischem Geist für immer seine Würde und Bedeutung. Und doch gibt das Gedicht auch zu Fragen Anlaß.

An wen sind die mahnenden Verse gerichtet? Offensichtlich an jeden Menschen. Die Rede vom Wesen des Menschen und den ihm zugewiesenen humanen Verhaltensweisen war damals ohne Zweifel fortschrittlich; denn sie setzte sich über die Grenzen der ständisch bestimmten Gesellschaft und ihre Regulative hinweg, im Blick auf allgemein Wahres und Gültiges. Die Aufforderung, edel, hilfreich und gut zu sein, ist gegen die Wirklichkeit gesprochen, in der Menschen diesem Prinzip nicht folgen wollen oder können; eine

Mahnung, vom wirklichen zum wahren Menschen voranzustreben. In der Allgemeinheit der Forderung stecken jedoch Probleme. Der Appell ergeht an den ›Menschen als solchen‹, also an die Angehörigen *aller* Stände, an den Bürger, Beamten, Handwerker, Bauer – und natürlich auch an den Fürsten. Was aber macht den *Inhalt* des Edlen, Hilfreichen und Guten aus, wenn ein Bauer in seiner unerbittlichen Fron und ein Fürst in seiner Machtfülle mit denselben ethischen Vokabeln ermahnt werden? Was dem Unabhängigen das berechtigte oder unberechtigte Bewußtsein seines Edelmuts stärken mag, wenn er sich durch das Gedicht bestätigt meint, kann den Geknechteten, Unterprivilegierten und Ausgebeuteten wie Hohn und Zynismus anmuten. In der geschichtlichen Situation, in der Goethe die Verse schrieb, hat er anscheinend nur so allgemein bleiben können, indem er auf etwas Ideales zeigte, von dem aus Wege in die Realität der wirklichen Menschen erst noch gebahnt werden mußten.

Wohlgemerkt: hier wird Goethes Gedicht nicht abgewertet, sondern über Wirkungsbereich und Wirkungsmöglichkeiten der großartigen Rede vom Edlen, Hilfreichen und Guten nachgedacht. Fast wie ein kritischer Nachtrag lesen sich Sätze wiederum Johann Gottfried Seumes, auch wenn sie ungefähr zwanzig Jahre später, jedoch unter gleichen gesellschaftlichen Bedingungen, geschrieben sind:

Nun kommt der Krieg. Mein Gott, der Adel wird ja nichts geben, er ist ja befreit von Auflagen. Solange der Landmann noch ziehen und fahren kann, wird sich doch auf dem Edelhofe kein Rad rühren. Wenn die Leute bei solchen Umständen noch gut und redlich sind und beitragen und fechten, so beweist das von der einen Seite das Göttliche [!] und von der andern das Eselhafte in unserer Natur. Ein Deutscher soll schlagen, damit ihm, wenn er nicht in der Schlacht bleibt, sodann der Edelmann wieder hübsch frohnmäßig in der Zucht habe. Dafür hat er denn von einem Jahrhundert in das andre die dumme Ehre, der einzige Lastträger des Staates zu sein. Wo nicht Gerechtigkeit ist, kann kein Muth sein (an Böttiger, Anfang November 1805).

Auch diese Frage stellt sich: Wer eigentlich vermag in den historischen Zuständen, in denen Goethe das Gedicht verfaßte, zu wählen und zu richten, zu lohnen und zu strafen? Nach welchen Maßstäben sind die »Guten« und »Bösen« als solche zu qualifizieren? Abstraktes Edles, Hilfreiches und Gutes, ist es auch noch so idealtypisch human gedacht, entgeht kaum der Gefahr, zur Floskel zu werden, die sich jedermann aneignen kann, ohne über die Maßstäbe Auskunft zu geben. Daß gerade solche Verse als Feierstundensprüche abgenutzt werden können, ist verständlich.

Anfänge der Naturforschung

Goethes auf Erkenntnis zielende Beobachtung der Natur, die ein geduldiges, sorgfältiges Studium des einzelnen verlangte, setzte in größerem Umfang nach seinem Einleben in Weimar ein. Der private Lebensraum im »unteren Garten«, den er April 1776 in Besitz genommen hatte, die allmähliche Ausgestaltung des Weimarer Landschaftsgartens am »Stern« und des Tiefurter Parks brachten ihn in nahe Berührung mit der vielfältigen Pflanzenwelt. Die Reisen und Ritte durchs Land, die Bemühungen um das Ilmenauer Bergwerkswesen und die Sorge um die wirtschaftlichen Bedingungen des Herzogtums forderten und förderten seine Aufmerksamkeit für die Beschaffenheit des Landes, die Formationen der Erde, für Berge und Gestein. Im Zuge solchen Lebens und solcher Tätigkeit entwickelte sich Goethes längst lebendiges Interesse an allem, was man pauschal ›Natur‹ nennen kann, weiter; er wurde gewissermaßen auf die Fülle des Konkreten verwiesen. In der späten *Geschichte meiner botanischen Studien* sah er es selbst so.

In das tätige Leben jedoch sowohl als in die Sphäre der Wissenschaft trat ich eigentlich zuerst, als der edle Weimarische Kreis mich günstig aufnahm; wo außer andern unschätzbaren Vorteilen mich der Gewinn beglückte, Stuben- und Stadtluft mit Land-, Wald- und Garten-Atmosphäre zu vertauschen.

Schon der erste Winter gewährte die raschen geselligen Freuden der Jagd, von welchen ausruhend man die langen Abende nicht nur mit allerlei merkwürdigen Abenteuern der Wildbahn, sondern auch vorzüglich mit Unterhaltung über die nötige Holzkultur zubrachte. [...]

Hier tat sich nun der Thüringer Wald in Länge und Breite vor uns auf; denn nicht allein die dortigen schönen Besitztümer des Fürsten, sondern, bei guten nachbarlichen Verhältnissen, sämtliche daranstoßende Reviere waren uns zugänglich; zumal da auch die angehende Geologie in jugendlicher Bestrebsamkeit sich bemühte, Rechenschaft von dem Grund und Boden zu geben, worauf diese uralten Wälder sich angesiedelt. [...]

Auch wenn von Benutzung die Rede war, mußte man sich nach den Eigenschaften der Baumarten erkundigen. [...]

Hiebei möchte man bemerken, daß der Gang meiner botanischen Bildung einigermaßen der Geschichte der Botanik selbst ähnlete; denn ich war vom augenfälligsten Allgemeinsten auf das Nutzbare, Anwendbare, vom Bedarf zur Kenntnis gelangt (13, 149 ff.).

Von Natur*wissenschaft* kann gleichwohl beim sammelnden Beobachten des frühweimarer Goethe nicht gut die Rede sein, sofern man unter wissenschaftlichem Vorgehen eine geregelte, theoretisch begründete und abgesicherte Erforschung eines bestimmten Bereichs versteht, wobei sich der

Forscher der bisherigen Forschungsergebnisse der betreffenden Wissenschaft vergewissert. Goethe aber war »ein autodidaktischer Tiro [Schüler]«, wie er sich selbst rückschauend nannte (13, 161). Er kam zu seinen Untersuchungsgegenständen und -verfahren aus seinen persönlichen und amtlichen Lebenszusammenhängen. Wahrscheinlich hängt es damit zusammen, daß alle seine Studien auf den Menschen bezogen blieben, so weit sie sich auch in die Gebiete der Botanik und Zoologie, Mineralogie und Geologie, Farbenlehre und Wolkenkunde vorwagten. Die Ottilie der *Wahlverwandtschaften* ließ er in ihr Tagebuch schreiben: »Dem einzelnen bleibe die Freiheit, sich mit dem zu beschäftigen, was ihn anzieht, was ihm Freude macht, was ihm nützlich deucht; aber das eigentliche Studium der Menschheit ist der Mensch« (6, 417). Dieser letzte Satz war zwar ein Zitat aus Alexander Popes *Essay on man*, der es seinerzeit aus einem französischen Traktat von 1601 übernommen hatte, aber Ottiliens Eintrag drückte zweifellos Goethes eigene Meinung aus. Selbstverständlich suchte er bei seinem forschenden Vordringen in ihm unbekannte Bereiche dann auch den Rat von Fachleuten und beschäftigte sich außerdem mit fachwissenschaftlicher Literatur, wie er es Merck bei seinen mineralogischen Untersuchungen erläuterte: »Da ich einmal nichts aus Büchern lernen kann, so fang ich erst jetzt an, nachdem ich die meilenlangen Blätter unserer Gegenden umgeschlagen habe, auch die Erfahrungen anderer zu studiren und zu nutzen« (11. 10. 1780). Der Mineraloge Voigt nützte ihm dabei ebenso wie der agrarkundige Engländer George Batty, seit 1779 »Landkommissariusangestellter«, den er sehr schätzte und dem eine neue Art der Wiesenbewässerung zu verdanken war. Der Weimarer Apotheker Buchholz war gleichfalls ein rühriger Mann, den »jede neue, vom Aus- oder Inland entdeckte chemisch-physische Merkwürdigkeit« (13, 151) interessierte (und der »denn auch eine der ersten Montgolfieren von unsern Terrassen, zum Ergötzen der Unterrichteten, in die Höhe steigen« ließ). Er gab den Anstoß zur Anlage eines herzoglichen botanischen Gartens, wozu »ältere erfahrene Hofgärtner mit Eifer sogleich die Hand boten«. Und natürlich kümmerte sich Goethe darum. »Unter solchen Umständen war auch ich genötigt, über botanische Dinge immer mehr und mehr Aufklärung zu suchen« (13, 156). Die nahe Universität Jena bot ihm Gelegenheit, sich fachkundig belehren zu lassen, wo schon 1718 der Botaniker Ruppe eine *Flora Jenensis*, eine Beschreibung der Jenaer Flora, geleistet hatte. In der erst seit 1817 geschriebenen *Geschichte meiner botanischen Studien*, in der noch mehr Namen genannt sind, meinte Goethe behaupten zu können: »Linnés *Philosophie der Botanik* war mein tägliches Studium« (13, 153). Das dürfte übertrieben sein. Denn in einem Brief an Charlotte v. Stein vom 8. November 1785 ist nur zu lesen: »Ich habe Linnées Botanische Philosophie bey mir, und hoffe sie in dieser Einsamkeit [von Ilmenau] endlich einmal in der Folge zu lesen, ich habe immer nur so dran gekostet.« Das war immerhin sieben Jahre, nachdem er nachweislich in Jena Informationen in botanischen Dingen eingeholt hatte. (»Ich bin in Jena gewesen wo mich Steine und Pflanzen mit Menschen zusammengehängt haben«, 24.9.1778). Linné war ihm wichtig und befriedigte ihn doch nicht ganz. Von dem schwedischen Naturforscher sei nach Shakespeare und Spinoza die größte Wirkung auf ihn ausgegangen,

und zwar gerade durch den Widerstreit, zu welchem er mich aufforderte. Denn indem ich sein scharfes, geistreiches Absondern, seine treffenden zweckmäßigen, oft aber willkürlichen Gesetze in mich aufzunehmen versuchte, ging in meinem Innern ein Zwiespalt vor: das, was er mit Gewalt auseinanderzuhalten suchte, mußte, nach dem innersten Bedürfnis meines Wesens, zur Vereinigung anstreben.

Fülle und Vielgestaltigkeit, Wachstumsprozeß und Veränderungen der Pflanzen faszinierten den Beobachter Goethe. Mit der Erfassung, Registrierung und begrifflichen Ordnung des einzelnen mochte er sich nicht zufrieden geben. Ihn bewegte die Frage, ob sich nicht im vielen und Vielgestaltigen etwas Dauerndes durchhalte, eine »wesentliche Form, mit der die Natur gleichsam nur immer spielt«.

Das Pflanzenreich raßt einmal wieder in meinem Gemüthe, ich kann es nicht einen Augenblick loswerden, mache aber auch schöne Fortschritte. [...]
Am meisten freut mich ietzo das Pflanzenwesen, das mich verfolgt; und das ists recht wie einem eine Sache zu eigen wird. Es zwingt sich mir alles auf, ich sinne nicht mehr drüber, es kommt mir alles entgegen und das ungeheure Reich simplificirt sich mir in der Seele, daß ich bald die schwerste Aufgabe gleich weglesen kann.
Wenn ich nur jemanden den Blick und die Freude mittheilen könnte, es ist aber nicht möglich. Und es ist kein Traum keine Phantasie; es ist ein Gewahrwerden der wesentlichen Form, mit der die Natur gleichsam nur immer spielt und spielend das manigfaltige Leben hervorbringt. Hätt ich Zeit in dem kurzen Lebensraum; so getraut ich mich es auf alle Reiche der Natur – auf ihr ganzes Reich – auszudehnen (an Ch. v. Stein, 9.7.1786).

So den Einzeldingen zugewandt und über sie hinausdenkend, war Goethe für eine neuerliche Beschäftigung mit dem Philosophen Spinoza in besonderer Weise bereit. Denn Spinozas Grundformel »Deus sive natura« [Gott oder Natur], daß also Gott und Welt eins seien, sicherte allen Einzeldingen Wert und Würde zu. Der Anstoß zum erneuten Nachdenken über Spinoza kam allerdings aus jener aktuellen Diskussion, in die Goethe durch Fritz Jacobi hineingezogen wurde: War Spinoza ein Vertreter des Pantheismus, zu dem sich Lessing in jenem Gespräch mit Jacobi 1780 bekannt hatte? (oben S. 193)

Solche Auffassung vom Göttlichen harmonierte nicht mehr mit der christlichen Vorstellung eines persönlichen Gottes, und also galt Spinoza als Atheist. Fritz Jacobi sandte Goethe das Manuskript seiner erstaunlichen Gespräche mit Lessing, und sein Besuch in Weimar im Herbst 1784 war ein weiterer Anlaß, sich erneut Spinoza zuzuwenden. »Ich übe mich an Spinoza, ich lese und lese ihn wieder«, teilte er am 12. Januar 1785 dem Jugendfreund mit. In einem kleinen Aufsatz, den Goethe Frau v. Stein wohl diktiert hat und der seit der *Weimarer Ausgabe* den Titel *Studie nach Spinoza* trägt, knüpft er an den umstrittenen Philosophen aufs neue an. Es war in der Tat eine Studie *nach* Spinoza; denn sie hielt sich nicht streng an seine Ideen, ging vielmehr über sie hinaus. Für Spinoza umspannte die Formel »Deus sive natura« alles Körperlich-Stoffliche (»extensio«, Ausdehnung) und alles Geistige (»cogitatio«, Denken). Beides sind Attribute Gottes. Die Modifikationen von ›Ausdehnung‹ und ›Denken‹, die die Natur ausmachen, umfassen nicht alles, was der göttlichen Substanz zukommt; denn diese hat unendlich viele Attribute, von denen der Mensch nur die genannten zwei zu erfassen vermag. So galt bei Spinoza durchaus eine Abstufung zwischen Substanz – Attributen – Modifikationen. Er sicherte Wert und Würde der Einzeldinge dadurch ab, daß er ihr Sein an die göttliche Substanz zurückband. Goethes *Studie* mühte sich um solche Ableitungen nicht, sondern sprach dem Einzelding den Rang zu, durch sich selbst zu existieren: »Wir können uns nicht denken, daß etwas Beschränktes durch sich selbst existiere, und doch existiert alles wirklich durch sich selbst [...]. Jedes existierende Ding hat also sein Dasein in sich« (13, 7). Die *Studie* mutmaßte sogar, »ein eingeschränktes lebendiges Wesen« nehme teil »an der Unendlichkeit oder vielmehr es hat etwas Unendliches in sich«. Doch bleiben Goethes Äußerungen über das Unendliche schwankend, undeutlich. »Das Unendliche aber oder die vollständige Existenz kann von uns nicht gedacht werden.« Die *Studie nach Spinoza* bietet nur knappe Formulierungen, streng gefaßt wie die *Ethik* des holländischen Philosophen. Dennoch ist offenkundig, welcher Wert den Einzeldingen hier verliehen wird. Als Jacobi seine Schrift *Über die Lehre des Spinoza* (1785), der Goethes *Prometheus*-Hymne (ohne Namensnennung) beigefügt war, geschickt hatte, antwortete Goethe freundlich, aber mit kennzeichnenden Hinweisen auf den Unterschied zur Gottesauffassung Jacobis:

Vergieb mir daß ich so gerne schweige wenn von einem göttlichen Wesen die Rede ist, das ich nur in und aus den rebus singularibus [einzelnen Dingen] erkenne, zu deren nähern und tiefern Betrachtung niemand mehr aufmuntern kann als Spinoza selbst, obgleich vor seinem Blicke alle einzelne Dinge zu verschwinden scheinen. [...]

Hier bin ich auf und unter Bergen, suche das Göttliche in herbis et lapidibus [Pflanzen und Steinen] (9.6.1785).

Auf die res singulares hatte Spinoza selbst in seiner *Ethik* aufmerksam gemacht: »Quo magis res singulares intelligimus, eo magis Deum intelligimus« [Je mehr wir die einzelnen Dinge erkennen, desto mehr erkennen wir Gott]. Goethe war nach eigener Aussage (im Brief an Jacobi) nicht sonderlich tief in Spinozas Philosophie eingedrungen, aber er sah nun doch sein Eingehen auf die »res singulares« auch philosophisch hinlänglich abgestützt, da er in Pflanzen und Steinen »das Göttliche« unmittelbar anwesend wußte. Daß hier mit dem Göttlichen anderes gemeint war als jenes ethische Verhalten, das die Hymne *Das Göttliche* forderte und feierte, versteht sich von selbst.

»Ich mag und kann dir nicht vorerzählen worauf ich in allen Naturreichen ausgehe«, gestand Goethe im gleichen Brief, in dem er Fritz Jacobi von seiner Spinoza-Lektüre berichtete (12.1.1785). Da hatte er ein Mikroskop aufgestellt, um die Versuche v. Gleichen-Rußwurms nachvollziehen und kontrollieren zu können, der über *Auserlesene mikroskopische Entdeckungen bei Pflanzen, Blumen und Blüten, Insekten und anderen Merkwürdigkeiten* (1771–1781) berichtet hatte und dessen *Abhandlung über die Samen und Infusionstierchen* (1778) Goethe im Juni 1785 erwarb. Prompt bot er Jacobi im April 1786 scherzhaft an, er könne ihm einige Millionen Infusionstierchen verabfolgen lassen, wenn ihm damit gedient wäre (14.4.1786), und Frau v. Stein ließ er wissen, er habe nunmehr schon Tiere, die sich den Polypen nahten, fressende Infusionstiere (Mitte April 1786).

Mineralogie und Geologie waren weitere Gebiete für den Naturbeobachter Goethe. Er suchte Proben von allen Gesteinsarten zu bekommen, sammelte sie eifrig und ermunterte seine Bekannten, ihm dabei behilflich zu sein. Das hat die Jahrzehnte hindurch angehalten. Als er 1832 starb, war seine Sammlung auf 17800 Steine angewachsen. Ausflüge, Wanderungen (etwa bei den zahlreichen Kuraufenthalten in böhmischen Bädern seit 1785) verbanden sich fast immer mit Beobachtung und Sammeln von Pflanzen und Steinen. Über die Einzelerkenntnis der Gesteinsarten wollte Goethe vordringen zu Einsichten in die materiale Eigenart der Erde und Erdgeschichte. Als er seinem Freund Merck am 11. Oktober 1780 verkündete, er habe sich den mineralogischen Wissenschaften »mit einer völligen Leidenschaft ergeben«, prophezeite er, jetzt habe er »die allgemeinsten Ideen und gewiß einen reinen Begriff, wie alles auf einander steht und liegt«, und könne ausführen, »wie es auf einander gekommen ist«. Jener Bergbeflissene J. C. W. Voigt, der die Stein- und Gebirgsarten der Gegend aufgenommen hatte (oben S. 347), informierte ihn über den Stand der mineralogischen und geologischen Forschung, wie er ihn beim damals berühmten Professor Abraham Gottlob Werner an der Bergakademie in Freiberg/Sachsen kennengelernt hatte. Auf Grund des vorhandenen Wissens und der Hilfsmittel, so meinte Goethe wohlgemut, müsse »ein einziger großer Mensch, der mit den Füßen oder dem Geist die Welt umlaufen könnte, diesen seltsamen zusammen gebauten Ball ein vor allemal erkennen und uns beschreiben« können, und zwar am besten in Form eines Romans, »weil das ehrsame Publicum alles Außerordentliche nur durch den Roman kennt« (11. 10. 1780). Einen »Roman über das Weltall« (an Ch. v. Stein, 7. 12. 1781) hat Goethe dann selbst geplant, aber nicht ausgeführt. Vielleicht war die Abhandlung *Über den Granit*, an der er am 18. Januar 1784 diktierte, dafür gedacht; ›dichterisch-essayistisch‹ waren die wenigen Seiten in der Tat.

Die Würde dieses Gesteins wurde von vielen trefflich beobachtenden Reisenden endlich befestigt. Jeder Weg in unbekannte Gebirge bestätigte die alte Erfahrung, daß das Höchste und das Tiefste Granit sei, daß diese Steinart, die man nun näher kennen und von andern unterscheiden lernte, die Grundfeste unserer Erde sei, worauf sich alle übrigen mannigfaltigen Gebirge hinaufgebildet. In den innersten Eingeweiden der Erde ruht sie unerschüttert, ihre hohe Rücken steigen empor, deren Gipfel nie das alles umgebende Wasser erreichte. So viel wissen wir von diesem Gesteine und wenig mehr. [...]
    Auf einem hohen nackten Gipfel sitzend und eine weite Gegend überschauend, kann ich mir sagen: Hier ruhst du unmittelbar auf einem Grunde, der bis zu den tiefsten Orten der Erde hinreicht, keine neuere Schicht, keine aufgehäufte zusammengeschwemmte Trümmer haben sich zwischen dich und den festen Boden der Urwelt gelegt, du gehst nicht wie in jenen fruchtbaren schönen Tälern über ein anhaltendes Grab, diese Gipfel haben nichts Lebendiges erzeugt und nichts Lebendiges verschlungen, sie sind vor allem Leben und über alles Leben (13, 254f.).

In diesem Gestein erblickte Goethe etwas dauernd Beständiges. Er hielt es sowohl für das ›tiefste Feste‹, das allem Wandelbaren der Erde zugrundeliegt, als auch für Urgestein im Sinne des Anfänglichen, aus dem die anderen Gesteine durch Kristallisation entstanden seien und Berge und Täler sich durch Verwitterung gebildet hätten. Beides gegenwärtig und sichtbar im Granit. Diese Auffassung hält den heutigen wissenschaftlichen Erkenntnissen der Geologie natürlich nicht stand. Damals aber waren, daran muß man sich erinnern, noch viele erdgeschichtliche Daten unbekannt. Das Alter der verschiedenen Gesteinsschichten, die Entstehungsgeschichte der Gebirge, die Eigenarten des Vulkanismus und vieles andere mehr hatte man noch nicht erforscht. Über die Vorgänge bei der Bildung der Erdrinde stritten seinerzeit

Verfechter der ›neptunistischen‹ mit denen der ›vulkanistischen‹ Theorie. Professor Werner in Freiberg vertrat bedingungslos die Ansicht der Neptunisten, die langsame Veränderungen unter dem Einfluß des Wassers behaupteten. Ein Urmeer sei zurückgeströmt und habe dabei die Gesteine der Erdkruste ausgesondert; durch Kristallisation aus dem Wasser sei die Erdgestaltung erfolgt. Die Plutonisten sahen dagegen vulkanische Einwirkungen als entscheidend an. Feurige Aufbrüche aus tieferen und oberen Schichten der Erde hätten die Formung der Erdrinde bewirkt. Goethe hing zeitlebens neptunistischen Vorstellungen von einer ruhigen, langsamen Entwicklung an, der Umwälzungen revolutionären Charakters fremd waren. Die vulkanistische Theorie verfluchte er als »vermaledeite Polterkammer der neuen Weltschöpfung« (13, 299). Selbst als er spät erlebte, wie sich ein gemäßigter Plutonismus durchsetzte und die Ansichten der Neptunisten nicht mehr haltbar waren, scheint er, wenigstens im Prinzip, bei seiner Anschauung geblieben zu sein; zu sehr stimmte sie mit seinem Wunsch nach langsamer Evolution überein, nach allmählichem, gesetzmäßigem Werden. Noch im zweiten Teil des *Faust* präsentieren sich Thales und Anaxagoras als Vertreter des »Wasser- und Feuerglaubens«, in den sich die »geologischen Systeme teilen« (LA I 2, 298):

> *Thales:* Nie war Natur und ihr lebendiges Fließen
> Auf Tag und Nacht und Stunden angewiesen.
> Sie bildet regelnd jegliche Gestalt,
> Und selbst im Großen ist es nicht Gewalt.
> *Anaxagoras:* Hier aber war's! Plutonisch grimmig Feuer,
> Äolischer Dünste Knallkraft, ungeheuer,
> Durchbrach des flachen Bodens alte Kruste,
> Daß neu ein Berg sogleich entstehen mußte (V. 7861 ff.).

Schon Goethes Mitarbeit an Lavaters *Physiognomischen Fragmenten* hatte eine genaue Beobachtung der Gestalt erfordert. Ein Beitrag, den man als seine erste Arbeit im Felde der Naturforschung betrachten kann, bot die Beschreibung verschiedener Tierschädel. So ist es nicht verwunderlich, daß er die Gelegenheit wahrnahm, sich im Herbst 1781 in Jena von Professor Loder eingehend in Anatomie, Knochenlehre (Osteologie) und Bänderlehre unterrichten zu lassen. Noch kaum in der Gestaltkunde des Menschen erfahren, hielt Goethe schon von November 1781 bis Januar 1782 zweimal wöchentlich Vorträge über Anatomie im Weimarer »Freien Zeichen-Institut«. So wichtig war es ihm, seine Kenntnisse auf diesem Gebiet an die Schüler der Zeichenschule weiterzugeben, die seit wenigen Jahren existierte und an der seit 1776 Georg Melchior Kraus für ein Jahresgehalt von 400

Talern lehrte. Auch Hofbildhauer Martin Gottlieb Klauer, dessen Porträt-büsten der Weimarer Persönlichkeiten weithin bekannt wurden, und andere Künstler erteilten dort Unterricht. »Ich weiß meine Osteologie auf den Fingern auswendig herzusagen«, rühmte sich Goethe schon im Herbst 1782 (an Merck, 27. 10. 1782).

Im März 1784 gelang ihm »eine anatomische Entdeckung«, die er für außerordentlich wichtig hielt. »Ich habe eine solche Freude, daß sich mir alle Eingeweide bewegen« (an Ch. v. Stein, 27. 3. 1784). Herder erfuhr in einem jubelnden Brief:

Nach Anleitung des Evangelii [»Freut euch mit mir«, Lukas 15, 6] muß ich dich auf das eiligste mit einem Glücke bekannt machen, das mir zugestoßen ist. Ich habe gefunden – weder Gold noch Silber, aber was mir eine unsägliche Freude macht – das os intermaxillare am Menschen! Ich verglich mit Lodern Menschen- und Thierschädel, kam auf die Spur und siehe da ist es. Nur bitt' ich dich, laß dich nichts merken, denn es muß geheim behandelt werden. Es soll dich auch recht herzlich freuen, denn es ist wie der Schlußstein zum Menschen, fehlt nicht, ist auch da! Aber wie! Ich habe mirs auch in Verbindung mit deinem Ganzen gedacht, wie schön es da wird (27. 3. 1784).

Goethe hatte den Zwischenkieferknochen auch beim Menschen gefunden. Was diesem im Unterschied zum Affen und den anderen Säugetieren zu fehlen schien, war doch vorhanden; jenes os intermaxillare, das bei den meisten Säugetieren ein besonderer Knochen ist und im mittleren Teil des Oberkiefers die Schneidezähne trägt. Beim Menschen verwächst er schon im embryonalen Stadium, so daß allenfalls schwache Spuren einer Ver-wachsungsnaht übrigbleiben. Ursprünglich war also der Zwischenkiefer-knochen auch beim Menschen vorhanden. Goethe zeigte sich deshalb von seiner Entdeckung so begeistert, weil er damit ein Beweisstück besaß, daß das Reich der Lebewesen ein großes Ganzes war. Nun hatte er Herders Auffassung, worauf der Brief verwies, durch ein anatomisches Argument abgesichert. In dessen – etwa gleichzeitig entstandenen und gemeinsam besprochenen – *Ideen zur Philosophie der Geschichte der Menschheit* hieß es: »Nun ist unleugbar, daß bei aller Verschiedenheit der lebendigen Erd-wesen überall *eine Hauptform* zu herrschen scheine, die in der reichsten Verschiedenheit wechselt« (II 4). Im Brief an Knebel vom 17. November 1784, mit dem er seine »Abhandlung aus dem Knochenreiche« übersandte, wurde besonders deutlich, wie sehr Goethe seinen Fund als Zeugnis dafür schätzte, daß jede Kreatur nur ein Ton, eine Schattierung einer großen Harmonie sei, daß man nämlich den Unterschied des Menschen vom Thier in nichts einzelnem finden könne. Vielmehr ist der Mensch aufs nächste mit den Thieren verwandt. Die Übereinstimmung des Ganzen macht ein iedes Geschöpf zu dem was es ist, und der Mensch ist Mensch sogut durch die Gestalt und Natur seiner obern Kin[n]lade, als durch Gestalt und Natur des letzten Gliedes seiner kleinen Zehe *Mensch*. Und so ist wieder iede Creatur nur ein Ton eine Schattirung einer grosen Harmonie, die man auch im Ganzen und Grosen studiren muß sonst ist iedes einzelne ein todter Buchstabe.

Goethes Entdeckung des Zwischenkieferknochens konnte nachträglich seine emphatische Bekundung im Gedicht *Das Göttliche* bestätigen, daß es allein das ethische Verhalten sei, das den Menschen von anderen Wesen zu unterscheiden vermöge.

Mit der »Abhandlung aus dem Knochenreiche«, in der Goethe seinen Fund erläuterte, hatte er freilich wenig Erfolg. Merck spielte den Vermittler, aber sowohl Sömmering in Kassel als auch Camper in Groningen und Blumenbach in Göttingen verhielten sich ablehnend; sie beharrten weiterhin auf dem auch im Knochenbau in Erscheinung tretenden Unterschied zwischen Affe und Mensch. Loder in Jena jedoch stimmte 1788 in seinem *Anatomischen Handbuch* Goethes Erkenntnis zu. Ohnehin hatten bereits andere Anatomen dasselbe behauptet wie Goethe, der auf seine Entdeckung so stolz war, den Stand der osteologischen Forschung aber nicht überblickte. Beispielsweise hatte der französische Arzt und Anatom Felix Vicq d'Azyr schon 1780 in den *Mémoires de l'Académie* den von Goethe ›entdeckten‹ Befund nachgewiesen. Goethes eigener Aufsatz erschien erst 1820 im Druck: *Dem Menschen wie den Tieren ist ein Zwischenknochen der obern Kinnlade zuzuschreiben* (13, 184–196), ein nüchterner Bericht, der von der Bedeutung, die Goethe seinem Fund beimaß, nichts zu erkennen gibt.

Seine osteologischen Studien setzte er eifrig fort, besorgte sich Tierschädel, fragte Merck, wie eigentlich das Horn des Rhinozeros auf dem Nasenknochen sitze (23.4.1784), und hatte schon im Juni 1784 von Sömmering aus Kassel einen Elefantenschädel bekommen: »Ich halte ihn im innersten Zimmergen versteckt damit man mich nicht für toll halte. Meine Hauswirthinn glaubt es sey Porzellan in der ungeheuren Kiste« (an Ch. v. Stein, Eisenach, 7.6.1784).

Vieles ließ er auf sich einstürmen, etwa neue Beobachtungen über den Magensaft, die er von Loder in Jena erfuhr, oder eine (für seine spätere Idee der Metamorphose bedeutsame) Abhandlung von John Hill über die Blumen, »die wieder neue Blumen aus ihrer Mitte hervortreiben«. Da konnte er sich einen Stoßseufzer nicht versagen: »Wer doch nur einen aparten Kopf für die Wissenschaften hätte« (an Ch. v. Stein, 12.12.1785).

Über Karlsbad nach Italien

Im Sommer 1785 reiste Goethe zum erstenmal zur Kur nach Karlsbad. Dieses böhmische Bad war seit langer Zeit wegen seiner Quellen und seines Sprudels berühmt, wurde von Angehörigen der europäischen ›Gesellschaft‹ gern aufgesucht und hatte sich ebensosehr als Heilbad wie als eleganter Treffpunkt etabliert, wo geistreiche Unterhaltung und amüsante Zerstreuung auf der Tagesordnung standen, wo man sah und gesehen wurde und, frei von den Zwängen des Alltags, interessante Begegnungen suchte und fand, erotische Abenteuer eingeschlossen. Goethe freute sich auf die Reise. Nach neun Jahren angespannter Tätigkeit war eine Erholung fällig, zumal sein Gesundheitszustand zu wünschen übrig ließ. Magenbeschwerden und rheumatische Schmerzen störten ihn, und für den Stoffwechsel war eine Trink- und Badekur höchst willkommen. Zudem litt er im Frühjahr offenbar unter einer tiefen Verstimmung; die Misere der politischen, finanziellen Lage und die Einsicht in das Vergebliche und Belanglose mancher Arbeit belasteten ihn. »Ich flicke an dem Bettlermantel der mir von den Schultern fallen will« (an Knebel 5.5.1785). Auch das Unstete im Verhalten des Herzogs bereitete ihm nach wie vor Sorge, bei aller freundschaftlichen Verbundenheit.

Naturkundliche Beschäftigungen sollten auf der Reise nicht zu kurz kommen, Carl Ludwig v. Knebel war mit von der Partie; die Route über das Fichtelgebirge bot Gelegenheit, das Stein- und Pflanzenreich weiter zu erforschen. Man traf einen jungen kundigen Thüringer und engagierte ihn gleich als botanischen Fachmann: »In gebirgigen Gegenden immer zu Fuße brachte er [Friedrich Gottlieb Dietrich] mit eifrigem Spürsinn alles Blühende zusammen, und reichte mir die Ausbeute wo möglich an Ort und Stelle sogleich in den Wagen herein, und rief dabei nach Art eines Herolds die Linnéischen Bezeichnungen, Geschlecht und Art, mit froher Überzeugung aus, manchmal wohl mit falscher Betonung« (13, 154).

45 Tage, vom 4. Juli bis 17. August 1785, blieb Goethe in Karlsbad. Damit war die lange Reihe seiner Aufenthalte in den böhmischen Bädern eröffnet. Bis 1823 hat er sechzehnmal die Fahrt dorthin unternommen. Und da in Goethes Leben (fast) alles nachgerechnet worden ist, wissen wir, daß er insgesamt 1111 Tage in Böhmens Kurorten verbracht hat (in Italien 683). Viele Bekannte aus Weimar waren 1785 ebenfalls in Karlsbad, darunter Frau v. Stein, die Ehepaare Herder und Voigt. Goethe blieb länger als die übrigen, so sehr schienen ihm das Leben im weltoffenen Badeort und die neuen Bekanntschaften zu gefallen. Daran gab es genug auch immer wieder bei späteren Aufenthalten bis 1823. Hier ist kein Platz, alle zu erwähnen, denen Goethe jetzt und später in Böhmen begegnete, und die Ausflüge und Stunden

zu beschreiben, die er mit denen, die ihn beeindruckten und auf die er Eindruck machte, unternahm und verlebte. Ein Bericht über »Goethe in Böhmen« füllt mühelos einen eigenen stattlichen Band, wie Johannes Urzidils Buch beweist.

Der Geheime Rat aus Weimar, noch keine sechsunddreißig Jahre alt, bewegte sich mit selbstverständlicher Sicherheit unter den Gästen des renommierten Bades, wo der Adel beachtlich vertreten war. Vor drei Jahren selbst in den Adelsstand erhoben, der eigenen Leistung in den Amtsgeschäften und im Literarischen bewußt, in politischen Fragen ebenso versiert wie in der Beobachtung der Natur, konnte Goethe mit jedermann souverän verkehren. Unbeschadet der formellen Ehrerbietung, die er seit Weimar stets gegenüber der gesellschaftlichen Rangordnung wahrte, besaß er jenes Selbstbewußtsein, über das er laut Eckermann einmal gesagt hat (26. 9. 1827):

Ich will nun just eben nicht damit prahlen, aber es war so und lag tief in meiner Natur: ich hatte vor der bloßen Fürstlichkeit als solcher, wenn nicht zugleich eine tüchtige Menschennatur und ein tüchtiger Menschenwert dahintersteckte, nie viel Respekt. Ja es war mir selber so wohl in meiner Haut, und ich fühlte mich selber so vornehm, daß, wenn man mich zum Fürsten gemacht hätte, ich es nicht eben sonderlich merkwürdig gefunden haben würde. Als man mir das Adelsdiplom gab, glaubten viele, wie ich mich dadurch möchte erhoben fühlen. Allein, unter uns, es war mir nichts, gar nichts! Wir Frankfurter Patrizier hielten uns immer dem Adel gleich, und als ich das Diplom in Händen hielt, hatte ich in meinen Gedanken eben nichts weiter, als was ich längst besessen.

Zu den »Frankfurter Patriziern« im engeren Sinne haben die Goethes zwar nie gehört, rückschauend aber erschien es ihm wohl so, zumal er um die materielle Basis seiner Existenz und Entwicklung nie hatte kämpfen müssen.

Im Karlsbader Sommer 1785 gab es munteren gesellschaftlichen Umgang auch mit dem Grafen Moritz Brühl und seiner attraktiven Frau Tina (Christina, geb. Schleierweber, Tochter eines Feldwebels aus dem Elsaß). Ihnen widmete Goethe einige Verse. Er hat sich hier und später nie gescheut, zu unterschiedlichsten Anlässen Verse beizusteuern, Gelegenheitspoesie im wahrsten Sinne des Wortes, mitunter ganz belanglose Stücke, die allenfalls in einem Gedanken, einem Motiv, einer Reimfolge den großen Lyriker ahnen lassen. Er konnte solche Gelegenheitsgedichte deshalb ohne Scheu verfassen und zirkulieren lassen, weil er auf eine bestimmte Art von Gedichten nicht festgelegt war. Auf ›Erlebnislyrik‹, auf Verse unmittelbarer, gefühlsbetonter Innerlichkeit und Subjektivität, wie sie spätere Generationen gerade mit seinem Namen verbunden haben, war er mitnichten eingeengt. Zu gegebenem Anlaß übte er gern das Meditieren im leichten, lockeren Vers, die

Ausschmückung eines Gedankens, eines Motivs, und dabei entstanden, inmitten mancher Belanglosigkeiten, immer wieder Gebilde, die unabhängig von der Gelegenheit ihres Entstehens Bedeutung beanspruchen können – wenigstens für Liebhaber, die wissen oder vermuten, daß abseits des Bekannten und immer Zitierten manches zu entdecken ist, bis hin zu dem Dank für achtundvierzig Flaschen Rheinwein zu seinem letzten Geburtstag, *Den verehrten achtzehn Frankfurter Festfreunden am 28. August 1831*: »Heitern Weinbergs Lustgewimmel, / Fraun und Männer, tätig, bunt, / Laut, ein fröhliches Getümmel, / Macht den Schatz der Rebe kund. [...]« Oft bezieht sich das jeweilige Gedicht auch nicht direkt auf die Gelegenheit oder die Person, sondern ist Ausdruck persönlichen Erfahrens und Denkens seines Verfassers, passend zugleich für diejenigen, denen es gewidmet wird. So etwa die Zeilen des Karlsbader Sommers 1785 für Tina Brühl:

> Auf den Auen wandlen wir
> Und bleiben glücklich ohne Gedanken,
> Am Hügel schwebt des Abschieds Laut,
> Es bringt der West den Fluß herab
> Ein leises Lebewohl.
> Und der Schmerz ergreift die Brust,
> Und der Geist schwankt hin und her,
> Und sinkt und steigt und sinkt.
> Von weiten winkt die Wiederkehr
> Und sagt der Seele Freude zu.
> Ist es so? Ja! Zweifle nicht.

Auch scherzende, leichtgewichtige Hexameterverse schrieb Goethe für die Gräfin Brühl, die umschwärmt war und dies offensichtlich genoß. Ein Beispiel für die spielerischen Nichtigkeiten, die der gesellige Dichter flink zu Papier brachte (24. 7. 1785):

> Warum siehst du Tina verdammt, den Sprudel zu trinken?
> Wohl hat sie es verdient an allen, die sie beschädigt
> Und zu heilen vergessen, die an der Quelle des Lethe
> Becher auf Becher nun schlurfen, die gichtischen Schmerzen der Liebe
> Aus den Gliedern zu spülen und, will es ja nicht gelingen,
> Bis zum Rheumatismus der Freundschaft sich zu kurieren.

Und für den Geburtstag des Grafen Brühl fabrizierte er ein langes Bänkelsängerlied, das zu passenden Bildern unter Hallo vorgetragen wurde (»Ein munter Lied! Dort kommt ein Chor / Von Freunden her, sich zu ergötzen.«). Was er Carl August über seine erste Kur berichtete, gilt summa summarum für alle seine Aufenthalte in den böhmischen Bädern: »Die

Wasser bekommen mir sehr wohl, und auch die Nothwendigkeit immer unter Menschen zu seyn hat mir gut gethan. Manche Rostflecken die eine zu hartnäckige Einsamkeit über uns bringt schleifen sich da am besten ab. – Vom Granit, durch die ganze Schöpfung durch, bis zu den Weibern, alles hat beygetragen mir den Aufenthalt angenehm und interessant zu machen« (15.8.1785).

Im nächsten Jahr 1786 ging die Badereise erneut nach Karlsbad. Wiederum waren Weimarer Freunde da, der Herzog, Frau v. Stein, Herders. Aber niemand von ihnen wußte oder ahnte, daß Goethe eine heimliche Flucht plante. Am 27. Juli kam er an, lebte wie gewohnt unter den Gästen des Kurorts und begleitete Charlotte von Stein, die schon am 14. August zurückreiste, noch bis Schneeberg in Sachsen, ohne ihr allerdings zu erklären, daß und warum er in Kürze nach Italien auf- und ausbrechen würde. Wieder nach Karlsbad zurückgekehrt, ließ er es am 23. August bei brieflichen Andeutungen bewenden: »Und dann werde ich in der freien Welt mit *dir* leben, und in glücklicher Einsamkeit, ohne Namen und Stand, der Erde näher kommen aus der wir genommen sind.« Am 1. September ebenfalls nur der dunkle Hinweis auf die »Einsamkeit der Welt«, in die er jetzt hinausgehe.

Der Herzog verließ Karlsbad am 28. August; auch ihn hatte Goethe in den genauen Reiseplan nicht eingeweiht. Wohl wußte er, daß sein Freund und Minister einige Zeit abwesend sein würde, aber mehr auch nicht. »Verzeihen Sie daß ich beim Abschiede von meinem Reisen und Außenbleiben nur unbestimmt sprach, selbst jetzt weiß ich noch nicht was aus mir werden soll«, begann Goethe am Tag vor seinem heimlichen Verschwinden« einen längeren Brief, in dem er andeutungsweise erklärte, warum er sich »in Gegenden der Welt« verlieren wollte, wo er unbekannt sei. Er gehe ganz allein, unter einem fremden Namen, und hoffe »von dieser etwas sonderbar scheinenden Unternehmung das Beste« (2.9.1786). Dann, am 3. September, der Aufbruch mit allen Zeichen einer Flucht: »Früh 3 Uhr stahl ich mich aus dem Carlsbad weg, man hätte mich sonst nicht fortgelassen« (*RT* 13). In der ausgefeilten Diktion der dreißig Jahre später vollendeten *Italienischen Reise* heißt es weiter:

Die Gesellschaft, die den achtundzwanzigsten August, meinen Geburtstag, auf eine sehr freundliche Weise feiern mochte, erwarb sich wohl dadurch ein Recht, mich festzuhalten; allein hier war nicht länger zu säumen. Ich warf mich ganz allein, nur einen Mantelsack und Dachsranzen aufpackend, in eine Postchaise und gelangte halb acht Uhr nach Zwota, an einem schönen stillen Nebelmorgen. Die obern Wolken streifig und wollig, die untern schwer. Mir schienen das gute Anzeichen. Ich hoffte, nach einem so schlimmen Sommer einen guten Herbst zu genießen. Um zwölf in Eger, bei heißem Sonnenschein; und nun erinnerte ich mich, daß dieser Ort dieselbe Polhöhe habe wie meine Vaterstadt, und ich freute mich, wieder einmal bei klarem Himmel unter dem funfzigsten Grade zu Mittag zu essen (11, 9).

Italienische Jahre

Aufenthalt im Süden, nah und fern gesehen

Goethe reiste zügig gen Süden. Am 6. September war er bereits in München, am Abend des 8. hatte er den Brenner erreicht. »Von hier fliesen die Wasser nach Deutschland und nach Welschland diesen hoff ich morgen zu folgen. Wie sonderbar daß ich schon zweymal auf so einem Punckte stand, ausruhte und nicht hinüber kam! Auch glaub ich es nicht eher als bis ich drunten bin« (*RT* 25). 1775 und 1779, auf den beiden Schweizer Reisen, hatte er, von der Höhe des Gotthards aus, Italien schon vor sich liegen gehabt und war doch wieder umgekehrt, nach Frankfurt und nach Weimar. Und ein weiteres Mal, im Herbst 1775, konnte er den Plan einer Italienreise nicht verwirklichen, als ihn in Heidelberg die Nachricht einholte, die Kutsche nach Weimar warte in Frankfurt auf ihn.

Die Eindrücke im Elternhaus und die humanistische Erziehung in den frühen Jahren legten es nahe, für einen Ausbruchsversuch das Land jenseits der Alpen zu wählen. Zu Hause hingen Kupferstiche aus Italien, stand das kleine Modell einer venezianischen Gondel, an das sich der Reisende in Venedig, in das er am 28. September einfuhr, erinnerte: »Wie die erste Gondel an das Schiff anfuhr, fiel mir mein erstes Kinderspielzeug ein, an das ich vielleicht in zwanzig Jahren nicht mehr gedacht hatte. Mein Vater hatte ein schönes Gondelmodell von Venedig mitgebracht, er hielt es sehr werth und es ward mir hoch angerechnet wenn ich damit spielen durfte« (*RT* 99).

Vom Brenner aus hatte er den Weg über Trient und den Gardasee nach Verona genommen, war dort einige Zeit verweilt, um Stadt, Amphitheater und das Leben des Volkes auf sich wirken zu lassen, war mehrere Tage in Vicenza und Umgebung geblieben, wo er »an des Palladio Wercken geschwelgt« (*RT* 77), und hatte in Padua im botanischen Garten »schöne Bestätigungen« seiner »botanischen Ideen« wiedergefunden (*RT* 95). Doch Rom zog ihn unwiderstehlich an, so daß er Oberitalien rasch hinter sich brachte. »Was aber die Nähe von Rom mich zieht drück ich nicht aus. Wenn ich meiner Ungedult folgte, ich sähe nichts auf dem Wege und eilte nur grad aus. Noch vierzehn Tage und eine Sehnsucht von 30 Jahren ist gestillt! Und es ist mir immer noch als wenns nicht möglich wäre« (*RT* 152f.). Von unterwegs schrieb er zwar nach Weimar, an Herders, an Charlotte v. Stein, an den Herzog, aber seine Aufenthaltsorte verschwieg er beharrlich. Erst als er Rom am 29. Oktober tatsächlich erreicht hatte, lüftete er sein Geheimnis: »Endlich kann ich den Mund auftun und Sie mit Freuden begrüßen, verzeihen Sie das Geheimnis und die gleichsam unterirdische Reise hierher. Kaum wagte ich mir selbst zu sagen wohin ich ging, selbst unterwegs fürchtete ich noch und nur unter der Porta del Popolo war ich mir gewiß Rom zu haben« (an Carl August, 3. 11. 1786).

Goethe reiste allein und wieder einmal (wie auf der ersten Harzreise) unter fremdem Namen. Als Johann Philipp Möller gab er sich aus und genoß es, aller Förmlichkeiten ledig zu sein. Auch in Rom war niemand auf sein Kommen vorbereitet. Der Flüchtige wußte indessen, an wen er sich wenden konnte: an den Maler Wilhelm Tischbein, dem er vor kurzem eine Pension des Gothaer Herzogs besorgt hatte. Tischbein war schon von 1779 bis 1781 in Rom gewesen und lebte seit 1783 wieder dort, bei seinen »guten alten Hausleuten«, der Familie Collina, derer er liebevoll in seiner Autobiographie gedachte (*Aus meinem Leben* II 33ff.). In der Casa Moscatelli an der Strada del Corso No. 20, gegenüber dem Palazzo Rondandini, war ein regelrechter deutscher Künstlerhaushalt entstanden, mit ihm, mit Georg Schütz aus Frankfurt und Fritz Bury, alles Malern, zu denen später noch der Musiker Christoph Kayser hinzukam. Gleich am ersten Abend traf sich der überraschend Angekommene im alten Albergo dell'Orso, wo er abgestiegen war, mit Tischbein, der später daran erinnerte: »Nie habe ich größere Freude empfunden als damals, wo ich Sie zum erstenmal sah [...]. Sie saßen in einem grünen Rock am Kamin, gingen mir entgegen und sagten: ich bin Goethe!« (14. 5. 1821). Schon am nächsten Tag zog er zu seinem Freund in die Wohnung der deutschen Künstler, denen er sich natürlich zu erkennen gab. Vier Monate dauerte der erste Aufenthalt in Rom. Dann ging es am 22. Februar 1787 zusammen mit Tischbein weiter nach Neapel, einen Monat später, am 29. März, nach Sizilien, nun mit dem Landschaftsmaler Christoph Heinrich Kniep, der Tischbein ablöste und die Eindrücke der Reise auf seinen Blättern festhalten sollte. Monatelang dann in Sizilien; aber Griechenland blieb unbetreten. Im Mai wieder zurück über Neapel nach Rom, wo am 7. Juni 1787 Goethes zweiter römischer Aufenthalt begann, der sich noch fast auf ein Jahr ausdehnte. Am 23. April 1788 erst brach er mit Christoph Kayser zur Rückreise in den Norden auf, in den unwirtlichen, oft beklagten, nach schmerzhaftem Abschied von Rom, worüber er noch nach Monaten gegenüber Herder bekannte: »Mit welcher Rührung ich des Ovids Verse

[Tristia I 3] oft wiederhole, kann ich dir nicht sagen: Cum subit illius tristissima noctis imago, / Quae mihi supremum tempus in urbe fuit [in Riemers Übersetzung: Wandelt von jener Nacht mir das traurige Bild vor die Seele, / Welche die letzte für mich ward in der römischen Stadt]« (27. 12. 1788). Dem Verbannten Ovid fühlte er sich nun verwandt. Einige Tage blieben noch für Florenz, auch für das Treffen mit Barbara Schultheß in Konstanz, dann war mit der Rückkehr in Weimar am 18. Juni 1788 der merkwürdige, von Geheimnis umwitterte Urlaub beendet, den sich der Geheime Rat v. Goethe, alias Philipp Möller, für fast eindreiviertel Jahre gegönnt hatte.

So die äußeren Daten der italienischen Reise.

Was aber waren die Gründe für die Flucht? Welche Ergebnisse hat die Zeit in Italien gebracht? Trotz der zahlreichen Dokumente bleiben offene Fragen. Nirgends hat Goethe zusammenhängend Auskunft über die entscheidenden Gründe für sein unerwartetes Sichdavonstehlen aus Karlsbad und damit aus dem Weimar des Jahres 1786 gegeben. Zwar finden sich in den Zeugnissen jener italienischen Zeit gewichtige Ausdrücke wie »Krise«, »Wiedergeburt«, »neues Leben«. Was aber mit ihnen wirklich gemeint war, liegt nicht so offen zu Tage. Nur eines ist sicher: Es muß eine tiefe, die ganze Existenz betreffende Krise gewesen sein, in die der fast Siebenunddreißigjährige geraten war und der er nicht anders zu begegnen wußte als durch zeitweilige Absonderung von jener Art der Existenz, mit der er seit einem Jahrzehnt zurechtzukommen versucht hatte.

Die Dokumente aus dem Umkreis der italienischen Reise sind nicht alle in gleicher Weise authentisch. Es gibt Briefe Goethes an die Daheimgebliebenen, darunter privat-vertrauliche und solche an den »Freundeskreis in Weimar«. Gelegentlich bezeichnete der Reisende seine Nachrichten als »ostensible« Blätter, mit anderen Worten: sie konnten und sollten herumgezeigt werden. Für Charlotte v. Stein, die er, was sie bestürzte und verstimmte, im unklaren gelassen hatte, schrieb er ein besonderes *Reise-Tagebuch* (*RT*), das er ihr in einzelnen Sendungen aus Italien zukommen ließ. Es hat Wochen gedauert, bis die erste Nachricht bei der Verlassenen eintraf und sie erfuhr, daß und wohin sich der Freund für längere Zeit davongemacht hatte. Verärgerung konnte nicht ausbleiben. Dieses *Reise-Tagebuch*, das den Berichten aus einzelnen Orten besondere Abschnitte über »Witterung«, »Gebirge und Bergarten«, »Menschen« einfügte, reicht nur bis Rom, wo der Chronist am 29. Oktober notierte: »Ich kann nun nichts sagen als ich bin hier, ich habe nach Tischbeinen geschickt« (*RT* 175). Wochen später dann nur noch der lakonische Nachtrag vom 12. Dezember: »Seit ich in Rom bin hab ich nichts aufgeschrieben als was ich dir von Zeit zu Zeit geschickt habe.

Denn da läßt sich nichts sagen, man hat nur genug erst zu sehen und zu hören« (*RT* 177). Ein eigenes Tagebuch Goethes liegt, wie wir schon wissen, für die Zeit von Juni 1782 bis Januar 1790 nicht vor, außer einem Heftchen aus den Rückreisetagen 1788 (SGG 58). Seine berühmte zusammenhängende Darstellung, die *Italienische Reise* (*IR*), hat er erst dreißig Jahre nach der Zeit in Italien verfaßt. Der Erstdruck von 1816 und 1817 präsentierte sich als weiterer Teil der Autobiographie *Dichtung und Wahrheit* und trug folgerichtig den Titel *Aus meinem Leben. Zweyter Abteilung Erster Theil* (1816); *Zweiter Theil* (1817). Die Darstellung führte bis zum Aufenthalt in Sizilien und zur Rückkehr nach Neapel im Juni 1787. Erst 1829, in der Ausgabe letzter Hand, erschien die Überschrift *Italienische Reise*, und das Ganze war erweitert um den umfangreichen Teil *Zweiter römischer Aufenthalt vom Juni 1787 bis April 1788*. Da die Lücke in der Autobiographie zwischen 1775 und 1786 mit dem schwierigen Weimarer Jahrzehnt nicht hatte geschlossen werden können, bot sich der eigenständige Titel an. Diese *Italienische Reise* basiert neben dem *Reise-Tagebuch* für Frau v. Stein auf Originalbriefen und -notizen aus der italienischen Zeit und erweckt, im Präsens gehalten und mit Teilen der Briefkorrespondenz durchsetzt, den Anschein, als läge hier ein authentisches Reisetagebuch vor, das gegenwärtige Eindrücke und Erfahrungen getreu aufzeichne. Das trifft auch für die zahlreichen Stellen zu, wo Originaldokumente wörtlich wiedergegeben werden (was nicht überall nachzuprüfen ist, weil Goethe nach Abschluß der *Italienischen Reise* seine Unterlagen vernichtete). Aber der fast Siebzigjährige hatte anderes im Sinn, als ein Tagebuch aus seinem früheren Leben vorzulegen. Jetzt sollte die italienische Reise von einst als eine Phase im eigenen Bildungsprozeß erscheinen, der sich, wenn auch von Unruhe, Zweifeln und Zögern nicht frei, als fortschreitende Entwicklung vollzogen habe, als Metamorphose, als steigernde Wandlung eines Menschen, der in innerer Folgerichtigkeit zu jenen Erkenntnissen über Natur, Kunst und Menschenwesen gelangte, die als Ergebnis der langen Monate in Italien gelten. Der Weg zu ›klassischen‹ Anschauungen als konsequente Weiterbildung der geprägten Form, die sich lebend entwickelt.

Um diesen Eindruck zu erreichen, waren Retuschen am vorliegenden dokumentarischen Material erforderlich. Allzu persönliche Äußerungen, die die damalige Krise zu direkt beleuchteten, wurden gemildert. Wo sich ursprünglich nur eine punktuelle Wahrnehmung neuer Einsichten abzeichnete und frühere Zeugnisse noch tastend, oft noch unsicher über die Richtigkeit des eingeschlagenen Weges von den Erfahrungen in der neuen Lebens- und Kunstwelt berichteten, sicherte die *Italienische Reise* einen Gesamtzusammenhang, in dem auch das, was zögerndes Vermuten war, aus der späteren Erkenntnis schlüssig und bedeutsam verbunden ist. Nur ein paar Hinweise: Im *Reise-Tagebuch* konnte der Besucher über den botanischen Garten in Padua am 27. September 1786, also am Beginn der Reise, nur erst dies berichten:

Schöne Bestätigungen meiner botanischen Ideen hab ich wieder gefunden. Es wird gewiß kommen und ich dringe noch weiter. Nur ists sonderbar und manchmal macht michs fürchten, daß so gar viel auf mich gleichsam eindringt dessen ich mich nicht erwehren kann daß meine Existenz wie ein Schneeball wächst, und manchmal ists als wenn mein Kopf es nicht fassen noch ertragen könnte, und doch entwickelt sich alles von innen heraus, und ich kann nicht leben ohne das.

In der *Italienischen Reise*, ebenfalls unter dem 27. September, der in Wirklichkeit erst später ausgereifte Gedanke:

Der botanische Garten ist desto artiger und munterer [als das Universitätsgebäude]. [...] Hier in dieser neu mir entgegentretenden Mannigfaltigkeit wird jener Gedanke immer lebendiger, daß man sich alle Pflanzengestalten vielleicht aus einer entwickeln könne. Hiedurch würde es allein möglich werden, Geschlechter und Arten wahrhaft zu bestimmen, welches, wie mich dünkt, bisher sehr willkürlich geschieht. Auf diesem Punkte bin ich in meiner botanischen Philosophie steckengeblieben, und ich sehe noch nicht, wie ich mich entwirren will. Die Tiefe und Breite dieses Geschäfts scheint mir völlig gleich.

Getilgt oder abgeschwächt wurden in der *Italienischen Reise* jene Zeugnisse, die das Dramatische der einstigen Flucht, die Schwere der Krise, die wachsenden Spannungen mit Charlotte v. Stein erkennen ließen. »Daß du krank, durch meine Schuld krank warst, engt mir das Herz so zusammen daß ich dirs nicht ausdrucke. Verzeih mir ich kämpfte selbst mit Tod und Leben und keine Zunge spricht aus was in mir vorging, dieser Sturz hat mich zu mir selbst gebracht« (23. 12. 1786). »Wie das Leben der letzten Jahre wollt ich mir eher den Tod gewünscht haben und selbst in der Entfernung bin ich dir mehr als ich dir damals war« (8. 6. 1787). »Ich habe nur *Eine* Existenz, diese hab ich diesmal *ganz* gespielt und spiele sie noch. Komm ich leiblich und geistlich davon, überwältigt meine Natur, mein Geist, mein Glück, diese Krise, so ersetz ich dir tausendfältig was zu ersetzen ist. – Komm ich um, so komm ich um, ich war ohnedies zu nichts mehr nütze« (20. 1. 1787).

Nun ist bei den schriftlichen Zeugnissen aus dem Umkreis der italienischen Reise weiter zu bedenken, daß es sich nicht um Mitteilungen handelt, die vom Gegenwärtigen und Vergangenen unvermittelt und unverhüllt, in zumindest angestrebter Objektivität und Klarheit berichten. Alle Blätter stammen von Goethes Hand, und wo immer er dort spricht, interpretiert er schon sich selbst. Überall haben wir es mit einem ›gedeuteten‹ Goethe zu tun, der seine Situation und sein Verhalten andern gegenüber zu erklären suchte und um Verständnis für sich warb. Da mischten sich Interessen und Rücksichtnahmen ein. Kalkuliertes Verschweigen und inszenierte Sprachhandlungen mochte er von Fall zu Fall für angebracht halten. Um so schwieriger für uns, die wahren Gründe der Flucht zu entdecken und die Resultate des Aufenthalts in Italien einzuschätzen. Auch die plausibelsten Antworten bleiben ihrerseits Interpretationen, die auf die Dokumente des bereits ›selbst-gedeuteten‹ Goethe angewiesen sind. Das gilt freilich im Prinzip für jede Benutzung autobiographischer Zeugnisse. Doch ist die Lage bei Goethes italienischer Reise besonders kompliziert, weil ihre Planung ganz im Dunkeln blieb und sich der Akteur zusammenhängende Darlegungen über Ursache und Ergebnisse dieses Aufenthalts versagt hat.

Schon die Zeitgenossen haben, nicht nur in diesem Fall, immer wieder Schwierigkeiten gehabt, Goethes Charakter auf die Spur zu kommen. Soviel er geschrieben hat, auch über sich selbst: Wer er in Wahrheit war, zeigte er nicht. Das Gefühl, im Grund allein zu sein, und der damit verbundene Wunsch nach Einsamkeit haben ihn lebenslang begleitet. Im Alter spielte er dann virtuos mit der Kunst, wie hinter wechselnden Masken unerkannt zu bleiben. Für die Mitlebenden und ihm Begegnenden war das verwirrend, und es gibt aus allen Zeiten seines Lebens Bemerkungen über ihn, die das bestätigen. »Sein ganzes Wesen ist mir noch ein Rätsel; ich weiß nicht, wie ich ihn entziffern soll«, schrieb Caroline Herder ihrem Mann (14. 11. 1788), der der Unerkennbare »beinah wie ein Chamäleon« vorgekommen war (18. 8. 1788). Goethe selbst hatte schon Jahre vorher gewußt: »Mein Gott dem ich immer treu geblieben bin hat mich reichlich geseegnet im Geheimen, denn mein Schicksaal ist den Menschen ganz verborgen, sie können nichts davon sehen noch hören« (an Lavater, 8. 10. 1779). Wenige Monate vor seiner Flucht meinte Charlotte v. Stein: »Goethe lebt in seinen Betrachtungen, aber er teilt sie nicht mit. [...] Ich bedaure den armen Goethe: Wem wohl ist, der spricht« (an Knebel, 10. 5. 1786). Viele Jahre später schrieb die Enttäuschte über den einstigen nahen Freund, was auch die Meinung anderer war: »Goethe ist selten zu sehen, und ist immer etwas um ihn, entweder eine Wolke, ein Nebel oder ein Glanz, wo man nicht in seine Atmosphäre kann« (an Knebel, 12. 2. 1814; Bo II 604).

Die Krise von 1786 und die Genesung des Flüchtlings aus dem Norden

Goethe hat das italienische Ereignis mit großen Worten bedacht. Bezeichnungen wie »Wiedergeburt« und »neues Leben« schienen ihm angemessen zu sein. Lassen wir auf sich beruhen, daß er immer gern hoch gegriffen hat, wenn er deuten wollte, was für ihn wichtig war. Wer von Wiedergeburt sprach und damit ein pietistisches Schlüsselwort aufgriff, das radikale Erneuerung, Umkehr, Durchbruch zum Wahren meinte und über dessen Inflation im 18. Jahrhundert schon gespottet wurde, konnte das nur, wenn ihm die vorangegangene Lebensphase tief fragwürdig erschien. Wiedergeburt setzt voraus, daß vorher Tod war, mindestens eine tödliche Krise. »Ich kämpfte selbst mit Tod und Leben«, gestand der Geflüchtete der verlassenen Charlotte (23. 12. 1786), nachdem er kurz vorher, am 20. Dezember, verkündet hatte: »Die Wiedergeburt die mich von innen heraus umarbeitet, würkt immer fort, ich dachte wohl hier was zu lernen, daß ich aber so weit in die Schule zurückgehn, daß ich so viel *ver*lernen müßte dacht ich nicht.« Wie bei einem pietistischen Erweckungs- und Bekehrungsereignis knüpfte der Reisende die Wiedergeburt an ein bestimmtes Datum: die endliche Ankunft in Rom, von der er nicht zu reden wagte, solange sie nicht gelungen war. »Denn es geht, man darf wohl sagen, ein neues Leben an, wenn man das Ganze mit Augen sieht, das man teilweise in- und auswendig kennt« (an den Freundeskreis in Weimar, Rom, 1. 11. 1786). »Ich zähle einen zweiten Geburtstag, eine wahre Wiedergeburt von dem Tage da ich Rom betrat« (an Herders, 2.–9. 12. 1786).

Bezeichnenderweise benutzte er den Ausdruck »Wiedergeburt«, der das bisherige Leben nachdrücklich abwertete, zur Zeit der Reise (nicht aber in der *Italienischen Reise*) nur in den ganz persönlichen Briefen an Charlotte v. Stein, Herders und Knebel (mit Ausnahme eines Schreibens an den Gothaer Herzog, 6. 2. 1787), während er zu Carl August und dem »Freundeskreis« vom »neuen Leben« sprach, also das Gegenwärtige und Zukünftige betonte.

Heimlich stahl Goethe sich aus Karlsbad davon, aber in keinem der vielen Briefe, die er schon bald an die Weimaraner schrieb, fand sich eine Andeutung, daß er eine *dauernde* Trennung beabsichtigte. Im Gegenteil, er ließ nicht nach zu beteuern, wie sehr er sich den Freunden daheim verbunden wisse und daß er erneuert und froh zurückkehren werde. Charlotte v. Stein versicherte er Brief um Brief seine Liebe, seine Hoffnung auf die Zukunft, ohne zu verschweigen, wie schwer ihm manches geworden sei. Besonders dem Herzog bekräftigte er immer wieder, daß er sich zu Weimar gehörig fühle und ihm auch fernerhin als Mitarbeiter dienen wolle. Er dachte nicht daran, seine amtlichen Verpflichtungen kurzerhand zu beenden und sich im Gedankenaustausch mit Carl August von staatlich-politischen Überlegungen einfach zu dispensieren. Er hatte sein amtliches Haus wohl bestellt, als er nach Italien aufbrach, und legte seinem Herrn genaue Rechenschaft darüber ab: »Im allgemeinen bin ich in diesem Augenblicke gewiß entbehrlich, und was die besondern Geschäfte betrifft die mir aufgetragen sind, diese hab ich so gestellt, daß sie eine Zeitlang bequem ohne mich fortgehen können« (2. 9. 1786). Um soviel vorwegzunehmen: Goethe ist auch nach 1788 Weimarer Geheimer Rat geblieben, mit etwas anderen Funktionen allerdings, und ist als Staatsminister gestorben. Wer in seiner italienischen Reise die grundsätzliche Abkehr von öffentlichen Aufgaben und Ämtern und den Abschied des Dichters vom ›Politischen‹ insgesamt sieht, hat es mit der Beweisführung schwer.

Bleibt immer noch die Frage nach den Gründen der Flucht. In den Briefen vor dem Karlsbader Sommer 1786 finden sich nur verdeckte Anspielungen auf eine Fernreise, wie an Jacobi am 12. Juli 1786: »Wenn du wiederkommst werde ich nach einer andern Weltseite gerückt seyn« und in den Zeilen an Carl August vom 24. Juli. Wieder hat Goethe seine geheimsten Gedanken für sich behalten. Allein den treuen Philipp Seidel scheint er relativ früh eingeweiht zu haben, wie die Reihe der »Aufträge an Seideln« bezeugt, die er am 23. Juli aufschrieb. Er bestellte ihn förmlich zum Bevollmächtigten während seiner Abwesenheit.

Was zum Auf- und Ausbruch geführt hat, muß eine tiefe Verunsicherung der eigenen Existenz gewesen sein, für die man nicht einen bestimmten Umstand seiner äußeren Verhältnisse verantwortlich machen kann. Es war eine Identitätskrise, die von vielem geschürt wurde. Er wußte nicht mehr, was seine eigentliche Bestimmung war. Er lebte nicht mehr in Übereinstimmung mit sich; richtiger: er spürte die Nichtübereinstimmung mit sich selbst, ohne genau zu wissen, was er denn sein könne, wolle und müsse. Er war sich selbst entfremdet. Bekenntnishafte Äußerungen im *Reise-Tagebuch* und in den Briefen sind in dieser Hinsicht deutlich genug. »Nach und nach find ich mich« (*RT* 16. 9. 1786). »Ich gehe nur immer herum und herum und sehe und übe mein Aug und meinen innern Sinn« (*RT* 21. 9. 1786). Noch der späte Eintrag im *Zweiten römischen Aufenthalt* bestätigt, daß es um die Überwindung einer Identitätskrise ging: »In Rom hab' ich mich selbst zuerst gefunden, ich bin zuerst übereinstimmend mit mir selbst glücklich und vernünftig geworden« (*IR* 14. 3. 1788).

Da hatte Goethe also ein Jahrzehnt lang die »Weltrolle« geprobt, war ins Stein- und Pflanzenreich eingedrungen, hatte Anatomie studiert, zu dichten versucht, war ein inniges, wenngleich schwieriges Verhältnis mit einer Frau eingegangen, hatte nach eigenen Worten handelnd, lesend und schreibend das Leben zu bestehen gewagt, – und im Sommer 1786 bewies die aufgebrochene Krise, daß er ein Scheiternder war. Er fühlte keinen sicheren Boden mehr unter den Füßen. »Ich bin wie ein Baumeister der einen Turm aufführen wollte und ein schlechtes Fundament gelegt hatte; er wird es noch bei Zeiten gewahr und bricht gerne wieder ab, was er schon aus der Erde gebracht hat, um sich seines Grundes mehr zu versichern und freut sich schon im voraus der gewissern Festigkeit seines Baues« (an Ch. v. Stein, 29. 12. 1786). Sich des Grundes vergewissern konnte er nur, wenn er von allem Abstand nahm, was ihn umgeben hatte. Alle Reflexionen in Italien bezeugen die Suche nach dem, was helfen könnte, sicheren Grund für die eigene Existenz zu legen. Es war die Suche nach Vorbildlichem, Verbindlichem, nach gültigen Maßstäben. Deshalb bemühte er sich, von sich ganz abzusehen, sich ganz zu öffnen für die Eindrücke einer anderen Welt, für deren Aufnahme er ja nicht unvorbereitet war. Seit den bewußt erlebten Jahren im Elternhaus, seit der Vermittlung der Ansichten Winckelmanns durch Adam Oeser in Leipzig, seit der Kenntnis antiker Kunstwerke wußte er, daß in Italien, wenn irgendwo, Anschauung von Großem und Bedeutendem möglich sein würde. Jetzt wollte er die Gegenstände suchen, »nach denen mich ein unwiderstehliches Bedürfnis hinzog. Ja die letzten Jahre wurd es eine Art von Krankheit, von der mich nur der Anblick und die Gegenwart heilen konnte. Jetzt darf ich es gestehen. Zuletzt durft ich kein lateinisch Buch mehr ansehen, keine Zeichnung einer italienischen Gegend« (an Carl August, 3. 11. 1786). »Ich lebe sehr diät und halte mich ruhig damit die Gegenstände keine erhöhte Seele finden, sondern die Seele erhöhen« (*RT* 24. 9. 1786). Das hatte er ähnlich schon auf der zweiten Schweizer Reise proklamiert, aber in Weimar war das nicht zu verwirklichen, nicht durchzuhalten gewesen.

Natürlich bedeutete die Krise von 1786 auch, daß er unter den Bedingungen des Weimarer Staates in seiner amtlichen Tätigkeit nicht die Erfüllung gefunden hatte, die er sich erhoffte. Beseitigen konnte er die Widerstände nicht, an denen er sich wundrieb. Eine Alternative zum Bestehenden zeichnete sich für ihn nicht ab. Nur die entschiedene Besinnung auf sich selbst wünschte er und setzte sie mit seiner Flucht durch. Danach müßte man weitersehen, dachte er, nicht etwa von Weimar gelöst, sondern dorthin zurückgekehrt, aber selbst erneuert, um dann angemessene Übereinkünfte für den eigenen Tätigkeitsbereich zu finden. Leicht sind Widersprüche in solchem Konzept eines Suchenden auszumachen, der im *Reise-Tagebuch* schrieb: »Ich kann dir nicht sagen was ich schon die kurze Zeit an Menschlichkeit gewonnen habe. Wie ich aber auch fühle was wir in den kleinen

Souverainen Staaten für elende einsame Menschen seyn müssen weil man, und besonders in meiner Lage, fast mit niemand reden darf, der nicht was wollte und mögte« (25.9.1786). Zahlreiche Bemerkungen des Mißvergnügens an Zuständen und Menschen, mit denen sich der Geheime Rat und Kommissionsvorsitzende herumzuschlagen hatte, füllten die Briefe des ersten Weimarer Jahrzehnts. Die Reise nach Italien und zu sich selbst sollte Erleichterung bringen und den Sinn der eigenen Existenz wieder erkennen lassen. Die Lage würde glücklich sein, schrieb er aus Rom voller Hoffnung und entschlossen an Frau v. Stein,

sobald ich an mich *allein* denke, wenn ich das, was ich solang für meine Pflicht gehalten, aus meinem Gemüte verbanne und mich recht überzeuge: daß der Mensch das Gute das ihm widerfährt, wie einen glücklichen Raub dahinnehmen und sich weder um rechts noch links, viel weniger um das Glück und Unglück eines *Ganzen* bekümmern soll. Wenn man zu dieser Gemütsart geleitet werden kann; so ist es gewiß in Italien, besonders in Rom. Hier wo in einem zusammensinkenden Staate, jeder für den Augenblick leben, jeder sich bereichern, jeder aus Trümmern sich wieder ein Häusgen bauen will und muß (25.1.1787).

Dennoch teilte er seinem Herzog im August desselben Jahres mit, er habe den Wunsch, sogleich nach seiner Rückkehr dessen Besitztümer zu bereisen und »mit ganz frischen Augen und mit der Gewohnheit Land und Welt zu sehen, Ihre Provinzen beurteilen zu dürfen. Ich würde mir nach meiner Art ein neues Bild machen und einen vollständigen Begriff erlangen und mich zu jeder Art von Dienst gleichsam aufs neue qualifizieren, zu der mich Ihre Güte Ihr Zutrauen bestimmen will« (11.8.1787). Doch an »jede Art von Dienst« dachte er im Ernst vermutlich nicht; in anderen Briefen an Carl August tastete er sich vielmehr zu einem neuen dienstlichen Arrangement vor, das seinen Neigungen und Fähigkeiten besser entspräche als der bisherige Umfang einer aufreibenden Verwaltungsarbeit in vielen Sparten.

Das Zukunftsbild, das der Geburtstagsgratulant zum 3. September 1783 im langen Rechenschaftsgedicht *Ilmenau* entworfen hatte, war Vision geblieben. Das »Ich« des (erst 1815 veröffentlichten) Gedichts, unzweifelhaft Goethe selbst, hatte sich aus dem Jahr 1783 erinnernd zurückversetzt in die Anfangszeit in Weimar, hatte die Sorgen um den noch unreifen Herzog rekapituliert, bis dann (von V. 160 an) das Bild eines »neuen Lebens« auftauchte. Fordernd berief es der Dichter als »schon lang' begonnen« (V. 165), aber ersichtlich war es die Vision einer zukünftigen »schönren Welt«, Wunschbild und zugleich Leitbild für die Tätigkeit in Weimar:

Ich sehe hier, wie man nach langer Reise
Im Vaterland sich wiederkennt,
Ein ruhig Volk in stillem Fleiße
Benutzen, was Natur an Gaben ihm gegönnt.
Der Faden eilet von dem Rocken
Des Webers raschem Stuhle zu,
Und Seil und Kübel wird in längrer Ruh
Nicht am verbrochnen Schachte stocken;
Es wird der Trug entdeckt, die Ordnung kehrt zurück,
Es folgt Gedeihn und festes ird'sches Glück.

So mög', o Fürst, der Winkel deines Landes
Ein Vorbild deiner Tage sein! [...]

So wie hier gewünscht, war es nicht gekommen, nicht zu erreichen gewesen. »Die Consequenz der Natur tröstet schön über die Inconsequenz der Menschen«, klang es resignierend an Knebel (2. 4. 1785). Was sich zur Krise steigerte, in der nur »Flucht« und zeitweiliges »Aussenbleiben« (an Carl August, 13. 1. 1787) halfen, war lange vorbereitet.

Der Weggang nach Italien bedeutete auch eine gewollte Entfernung von Charlotte v. Stein. Zwar bekräftigten die Briefe aus Italien überschwenglich die Verbundenheit, zwar beteuerte der Briefschreiber, die Wiedergeburt sei gerade auch um ihretwillen nötig, aber Zwischentöne waren nicht zu überhören, und das heimliche Verschwinden sprach ohnehin für sich. An eine Frau sich gebunden zu fühlen, ständig sich und der Partnerin engste Verbindung zu beteuern und doch körperliche Vereinigung auszusparen: wie hätte hier eine Krise vermieden werden sollen?

An dir häng ich mit allen Fasern meines Wesens. Es ist entsetzlich was mich oft Erinnerungen zerreißen. Ach liebe Lotte du weißt nicht welche Gewalt ich mir angetan habe und antue und daß der Gedanke dich nicht zu besitzen mich doch im Grunde, ich mags nehmen und stellen und legen wie ich will aufreibt und aufzehrt. Ich mag meiner Liebe zu dir Formen geben welche ich will, immer immer – Verzeih mir daß ich dir wieder einmal sage was so lange stockt und verstummt. Wenn ich dir meine Gesinnungen meine Gedanken der Tage, der einsamsten Stunden sagen könnte (Rom, 21. 2. 1787).

Es ist ebenso rührend wie verwunderlich zu sehen, wie noch der italienische Goethe seine Illusionen pflegte, als könnte er, nach Weimar zurückgekehrt, mit Charlotte weiter so leben wie vordem, als könnte er die neuen Erfahrungen noch mit einbringen in eine Beziehung, die nicht von dieser Welt war. Oder übten die Briefe des Abwesenden nur noch ein Sprachspiel, damit das Unausweichliche verdeckt blieb und Schmerzen vermieden würden?

Daß Goethe im Sommer 1786 die Frage nach dem Sinn seiner Existenz bedrängte, hing gewiß auch damit zusammen, daß er sich entschlossen hatte, zum erstenmal eine Ausgabe seiner Werke zu veranstalten. Nachdrucker hatten immer schon Editionen seiner Arbeiten auf den Buchmarkt gebracht und ihre Geschäfte damit gemacht. Nun wollte er selbst für eine Gesamtausgabe verantwortlich zeichnen. Er kam mit dem Leipziger Verleger Georg Joachim Göschen überein, in acht Bänden seine *Schriften* vorzulegen. Im Juli wurde das Erscheinen bereits angekündigt, samt Inhalt der geplanten Bände, allerdings mit der Einschränkung: »Von den ersten vier Bänden kann ich mit Gewißheit sagen, daß sie die angezeigten Stücke enthalten werden; wie sehr wünsche ich mir aber noch so viel Raum und Ruhe um die angefangenen Arbeiten, die dem sechsten und siebenten Band zugeteilt sind, wo nicht sämtlich doch zum Theil vollendet zu liefern; in welchem Falle die vier letzten Bände eine andere Gestalt gewinnen würden.«

Bei der Ankündigung einer Ausgabe auf noch unvollendete Werke zu verweisen war für Interessenten, die geworben werden sollten, nicht eben attraktiv. Für Goethe war ein dauernder Druck heraufbeschworen, die versprochenen acht Bände auch wirklich zu füllen, zudem möglichst termingerecht. »Egmont, unvollendet«, »Tasso, zwey Akte«, »Faust, ein Fragment«: so war in der Ankündigung zu lesen. Für die Öffentlichkeit war Goethe nach wie vor der Dichter des *Götz* und des *Werther*, allenfalls noch des *Clavigo* und der *Stella*; von den aufsehenerregenden Jugendwerken bezog er sein Ansehen als Dichter. (Gleim dachte sich ihn als einen »Götz von Berlichingen in Rom«, an Herder, 23. 9. 1787.) Ein Jahrzehnt lang war er von der literarischen Bühne so gut wie verschwunden gewesen. Sollte das so bleiben? Mußte er nicht wieder durch neue Werke auf sich aufmerksam machen, wenn er weiterhin als Autor ernstgenommen werden wollte? Seit der Vereinbarung mit Göschen bedrückte ihn diese Forderung an sich selbst und spornte ihn an. Und verstärkte das Nachsinnen über seine Existenz. Immer wieder kam er in seinen Briefen auf die übernommene Aufgabe zu sprechen. So sollte der Ausbruch in die italienische Abgeschiedenheit auch helfen, die achtbändigen *Schriften* zu vollenden, wozu er sich Herders korrigierender Mithilfe versichert hatte. Er mußte dann erleben, daß der Abschluß der Ausgabe nicht in der Zeit zu schaffen war, die sein Verleger und er sich gesetzt hatten. Der letzte Band konnte erst 1790 erscheinen, und auch dort blieb *Faust* noch ein Fragment.

Worin die »Wiedergeburt« bestand, was das »neue Leben« ausmachte, suchte der Reisende in Italien und der spätere Autobiograph immer aufs neue in Worte zu fassen und wußte doch, daß er manches nur umschreiben, aber nicht direkt zum Ausdruck bringen konnte. Zunächst galt allein, sich offenzuhalten, damit ein ›reiner Eindruck‹ entstünde. »Ich muß erst mein Auge bilden, mich zu sehen gewöhnen« (*RT* 17. 9. 1786).

Mir ists nur jetzt um die sinnlichen Eindrücke zu thun, die mir kein Buch und kein Bild geben kann, daß ich wieder Interesse an der Welt nehme und daß ich meinen Beobachtungsgeist versuche, und auch sehe wie weit es mit meinen Wissenschafften und Kenntnissen geht, ob und wie mein Auge licht, rein und hell ist, was ich in der Geschwindigkeit fassen kann und ob die Falten, die sich in mein Gemüth geschlagen und gedruckt haben, wieder auszutilgen sind (*RT* 11. 9. 1786).

Merkwürdig: da diagnostizierte er im *Reise-Tagebuch* am 30. September 1786 »die Revolution, die ich voraussah und die jetzt in mir vorgeht« (den Ausdruck »Revolution« verschwieg er in der *Italienischen Reise*), und hatte doch kurz zuvor (am 25. September) die Freude ausgedrückt, »daß keine von meinen alten Grundideen verrückt und verändert wird, es bestimmt sich nur alles mehr, entwickelt sich und wächst mir entgegen«. In Rom wiederum, vier Monate später, das Eingeständnis, durchaus noch nichts Genaues über das, was mit ihm vorgehe, zu wissen: »Es dringt zu eine große Masse Existenz auf einen zu, man muß eine Umwandlung sein selbst geschehen lassen, man kann an seinen vorigen Ideen nicht mehr kleben bleiben, und doch nicht einzeln sagen worin die Aufklärung besteht« (an Ch. v. Stein, 17. 1. 1787).

Der Hinweis auf die »alten Grundideen«, die nicht verändert würden, läßt sich erklären. Es war wohl gemeint, daß in Natur, Kunst und Leben große Gesetzlichkeiten wirkten und aufzuspüren seien. Aber die Berufung auf alte Grundideen war auch ein Behelfsargument, das verbinden wollte, was schwerlich noch zusammenstimmte. Er mochte an seine alte Auffassung denken, daß auch in der Kunst die Gesetze der wirkenden Natur ihre Geltung behalten und daß der Künstler sich bemühen müsse, gemäß der ewig-bildenden großen Natur sein Werk zu schaffen. Doch *was* nun als Ausdruck der Naturwahrheit in der Kunst angesehen wurde, war etwas ganz anderes, als dem einstigen Lobredner auf das Straßburger Münster, dem Dichter der Sturm-und-Drang-Hymnen, des *Götz* und des *Werther* vorgeschwebt hatte. Was einst gefeiert wurde, läßt sich mit der abschätzigen Charakteristik nicht ›mehr zusammenreimen, über die nun die Bewunderung des »herrlichen Architekturgebildes« eines antiken Tempelgebälks triumphierte: »Das ist freilich etwas anderes als unsere kauzenden, auf Kragsteinlein übereinandergeschichteten Heiligen der gotischen Zierweisen, etwas anderes als unsere Tabakspfeifensäulen, spitze Türmlein und Blumenzacken; diese bin ich nun, Gott sei Dank, auf ewig los!« (*IR*, Venedig, 8. 10. 1786). Allerdings, das ist Deutung der *Italienischen Reise*.

Aber im nachhinein markiert sie um so deutlicher die Abwendung von Früherem, die Goethe in Italien endgültig vollzog und dann später oft genug bekräftigt hat.

In der Krisensituation des Herbstes 1786 wurde Goethe vieles im Sinne des Wortes frag-würdig. Es ist ein hoffnungsloses Unterfangen, die Verwerfungen solch krisenhaften Denkens um einer bündigen Interpretation willen einzuebnen. Bedeutete es nicht, zum gänzlichen Abschied vom künstlerischen Tun bereit zu sein, wenn er am 5. Oktober 1786 in Venedig die erstaunliche Bemerkung notierte, die Zeit des Schönen sei vorüber, weil anderes an der Tagesordnung sei? »Auf dieser Reise hoff ich will ich mein Gemüth über die schönen Künste beruhigen, ihr heilig Bild mir recht in die Seele prägen und zum stillen Genuß bewahren. Dann aber mich zu den Handwerckern wenden, und wenn ich zurückkomme, Chymie und Mechanik studiren. Denn die Zeit des Schönen ist vorüber, nur die Noth und das strenge Bedürfniß erfordern unsre Tage.« Und dann gab er sich Monate dem Studium der Künste hin, um das Große, Wahre, Schöne zu begreifen! Wilhelm Meister freilich, dessen Geschichte er abgebrochen hatte, ließ er Jahre später nicht mehr in der Kunstwelt des Theaters sein Lebensziel erreichen, sondern Arzt werden, damit er für die Forderungen des Tages brauchbar sei.

Die Erkenntnisse, die der »nordische Flüchtling« (*RT* 128) gewann, sind den Texten zu entnehmen, die er in der italienischen Zeit und danach verfaßte. Wir sind gewohnt, die *Italienische Reise* zur Hand zu nehmen, wenn wir seine Eindrücke und Anschauungen, die sich mit dem Erlebnis Italien verbinden, kennenlernen wollen. Für uns ist der ›italienische Goethe‹ der Goethe der *Italienischen Reise*. Für die Zeitgenossen konnte er das nicht sein, da die große Selbstdarstellung 1816/1817 und samt *Zweitem römischem Aufenthalt* erst 1829 erschien. Da Goethe viele Originalunterlagen zwar aufgenommen und verarbeitet, dann aber vernichtet hat, ist es trotz des genannten Befundes berechtigt, immer wieder auch die späte *Italienische Reise* heranzuziehen, wenn wir uns um das Verständnis seiner ›italienischen‹ Einsichten bemühen. Dem Publikum damals waren an betrachtenden Schriften jedoch nur jene Aufsätze bekannt, die in Wielands *Teutschem Merkur* 1788/1789 erschienen (von denen *Einfache Nachahmung, Manier, Stil* besonders wichtig ist), ferner das *Römische Carneval* (1789) und *Die Metamorphose der Pflanzen* (1790).

Die Lage kompliziert sich noch mehr. In Italien und danach arbeitete Goethe an Werken weiter, die er schon in Weimar begonnen hatte, um sie für die Ausgabe der *Schriften* bei Göschen zu vollenden oder umzuarbeiten, etwa an der *Iphigenie auf Tauris*, am *Egmont*, am *Torquato Tasso*. Im Süden wurde aber auch Neues gedichtet und entworfen: das Lustspiel *Der Groß-Cophta*, die Gedichte *Amor als Landschaftsmaler*, »Cupido, loser, eigensinniger Knabe« und die Pläne zu antikischen Dramen (wie *Nausikaa* und *Iphigenie auf Delphos*). Aufschlußreich ist, wie Goethe selbst seine Dichtungen einander zuordnete und, die bisherige Lebensarbeit überblickend, gliederte. Am 11. August 1787 ersuchte er seinen Herzog, er möge ihn noch bis Ostern 1788 in Italien lassen. Bis dahin würde er es in der »Kunstkenntnis« so weit gebracht haben, um dann für sich weitergehen zu können. Danach der Blick auf seine literarischen Arbeiten:

Noch eine andre Epoche denke ich mit Ostern zu schließen: meine erste (oder eigentlich meine zweite) Schriftsteller-Epoche. Egmont ist fertig, und ich hoffe bis Neujahr den Tasso, bis Ostern Faust ausgearbeitet zu haben, welches mir nur in dieser Abgeschiedenheit möglich wird. Zugleich hoffe ich sollen die kleinen Sachen, welche den fünften, sechsten und siebenten Band füllen fertig werden und mir bei meiner Rückkehr ins Vaterland nichts übrig bleiben, als den achten zu sammeln und zu ordnen.

Doch zunächst noch einmal zum Flüchtling zurück! Für ihn war wichtig: Abstand zu gewinnen, für eine Zeitlang das Gewohnte und bedrückend Gewordene hinter sich zu lassen, sich ganz auf sich zurückzuziehen (darum das Incognito), sich neuen Eindrücken zu öffnen. Aber das geschah nicht ohne bestimmte Erwartungen. Er reiste nicht irgendwohin, sondern in jenes Land, in dem er Heilung von der Krise erhoffte. So sehr er in seinen Tagebuchaufzeichnungen betonte, wie unvoreingenommen er alles auf sich wirken lassen wolle (»es spricht eben alles zu mir und zeigt sich mir an«, *RT* 15), so war doch seine Aufnahmefähigkeit von seinen Erwartungen gesteuert. Wofür er aufgeschlossen war, das ergab sich aus seinen Hoffnungen auf Italien als das Land der Antike und bedeutender Kunst und – im Kontrast dazu – aus den erlittenen Erfahrungen im kleinen thüringischen Lebenskreis, den er fluchtartig verlassen hatte. So war er empfänglich für Größe anstatt wichtigtuerischer Belanglosigkeiten, für Wahres anstatt scheinhaften Getriebes, für Dauerndes anstatt alltäglicher Vergänglichkeiten, für Konsequenz in Natur und Kunst anstatt der Inkonsequenzen der Menschen.

Was aber nicht nur auf Goethe zutrifft: die Maßstäbe der Wahrnehmung sind selbst dem Wandel unterworfen, wie bereits der Spott über die »gotischen Zierweisen« belegte. Wieviel ›Großes‹ und ›Bedeutendes‹ hat der Italienreisende Goethe *nicht* wahrgenommen! Kein Blick für die große Kunst des Barock; Bernini nennt kein Register der *Italienischen Reise*, obwohl der Vater ihn auf seiner Fahrt beachtet hatte; Giotto keiner einzigen Erwähnung wert; Mittelalterliches wie ausgeblendet aus dem Erwartungshorizont dieses Touristen; – müßig, die Liste der Lücken zu vervollständigen. Goethe reiste ja nicht, um Kunstgeschichte zu studieren, sondern nahm auf, was ihm gemäß war. Es ging ihm um Aneignung bedeutender Kunst für das eigene Leben, das in die Krise geraten war. Jetzt wurde er ganz zum Anhänger Winckelmanns, jetzt erst erschlossen sich ihm völlig dessen Ansichten vom Wesen antiker Kunst, von ihrer »edlen Einfalt« und »stillen Größe«, und Goethe war die berühmte Stelle gewiß unverkürzt gegenwärtig, wo an die griffigen Formeln sofort die Erläuterung anschloß: »So wie die Tiefe des Meers allezeit ruhig bleibt, die Oberfläche mag noch so wüten, eben so zeiget der Ausdruck in den Figuren der Griechen bei allen Leidenschaften eine große und gesetzte Seele« (*Gedanken über die Nachahmung der griechischen Werke*).

Natürlich hatte Goethe einen zeitgenössischen ›Reiseführer‹ bei sich, Johann Jacob Volkmanns *Historisch-kritische Nachrichten von Italien* (1770/1771), einen Baedeker in drei Bänden, der zwar die Wege zu den Sehenswürdigkeiten wies, dessen Beschreibungen aber äußerlich blieben. Einen »blind in den Tag Hineinreiser und alles Aufschreiber« titulierte ihn der kundige Wilhelm Heinse in seinem *Italienischen Tagebuch*. Doch war ein solcher Führer damals längst nötig geworden, nachdem die Zahl der Besucher, die seit Beginn des 17. Jahrhunderts das Land südlich der Alpen als Reiseziel wählten, im 18. Jahrhundert weiter angestiegen war.

Von »drei großen Weltgegenden« sprach der alte Goethe (13, 103), denen er sich in den italienischen Jahren zugewandt habe: der Kunst, der Natur, den »Sitten der Völker«. Überall suchte er die beständigen Muster zu erkennen, nach denen sich das einzelne zum Ganzen zusammenfügte. Auf Modelle der Kunst- und Lebensorganisation war sein Blick gerichtet. Im botanischen Garten in Padua, dann in Palermo, wovon die *Italienische Reise* unter dem 17. April 1787 berichtet, glaubte er die geistige Anschauung der »Urpflanze« endlich gewonnen zu haben. »Eine solche muß es denn doch geben! Woran würde ich sonst erkennen, daß dieses oder jenes Gebilde eine Pflanze sei, wenn sie nicht alle nach einem Muster gebildet wären?« (*IR* 17. 4. 1787) Im Brief an Frau v. Stein klang es am 9. Juni noch begeistert: »Die Urpflanze wird das wunderlichste Geschöpf von der Welt über welches mich die Natur selbst beneiden soll. Mit diesem Modell und dem Schlüssel dazu, kann man alsdann noch Pflanzen ins Unendliche erfinden, die konsequent sein müssen, das heißt: die, wenn sie auch nicht existieren, doch existieren könnten und nicht etwa malerische oder dichterische Schatten und Scheine sein, sondern eine innerliche Wahrheit und Notwendigkeit haben. Dasselbe Gesetz wird sich auf alles übrige Lebendige anwenden lassen.« In der *Italienischen Reise* relativierte der Berichterstatter seinen ›Fund‹, indem er das, was ihm im Garten von Palermo »im Angesicht so vielerlei neuen und erneuten Gebildes« wieder eingefallen war, als »alte Grille« abtat. Die Schrift von 1790, in der er seine botanischen Erkenntnisse der Öffentlichkeit vorlegte, handelte ja auch von der *Metamorphose der Pflanzen*, dem Prozeß der Gestaltung, Umgestaltung, nicht mehr von der Urpflanze. Sein Blick hatte sich vom erdachten und erschauten Gemeinsamen aller Pflanzen auf ihren Gestaltungsvorgang gerichtet.

Was ihn bei der Begegnung mit Kunstwerken überwältigte und wovon er sich ganz gefangennehmen ließ, war die Erscheinung des Vollkommenen, dessen innerer Wahrheit er nachspürte. Jetzt begann er, sich Antikes als zeitlos Vorbildliches anzueignen und von den Griechen zu träumen als dem Volk, »dem eine Vollkommenheit, die wir wünschen und nie erreichen, natürlich war, bei dem in einer Folge von Zeit und Leben sich eine Bildung in schöner und steigender Reihe entwickelt, die bei uns nur als Stückwerk vorübergehend erscheint«, wie es später in der *Einleitung in die Propyläen* hieß (12, 38). Was er in der Natur erblickte: die in sich ruhende, notwendige und vollkommene Lebensorganisation, sah er auch in den Werken der Kunst, die für ihn bedeutend waren. Der berühmte Ausruf in Venedig angesichts der »Wirthschafft der Seeschnecken« und Taschenkrebse am Meer: »Was ist doch ein *Lebendiges* für ein köstlich herrliches Ding. Wie abgemeßen zu seinem Zustande, wie wahr! wie *seyend*!« (*RT* 9. 10. 1786) wird sich ihm ebenso vor einem vollkommenen Kunstwerk aufgedrängt haben. Die frühe Eintragung im *Reise-Tagebuch* (16. 9. 1786), »ein Wort was auf die Wercke der Alten überhaupt gelten mag«, ist in höchstem Maß symptomatisch für Goethes innere Verfassung und die Richtung der gesuchten Befreiung:

Der Künstler hatte einen grosen Gedancken auszuführen, ein groses Bedürfniß zu befriedigen, oder auch nur einen wahren Gedancken auszuführen und er konnte gros und wahr in der Ausführung seyn wenn er der rechte Künstler war. Aber wenn das Bedürfniß klein, wenn der Grundgedancke unwahr ist, was will der grose Künstler dabey und was will er daraus machen? Er zerarbeitet sich den kleinen Gegenstand groß zu behandeln, und es wird was, aber ein Ungeheuer, dem man seine Abkunft immer anmerckt.

Nach der ersten Begegnung mit antiker Baukunst, dem Minervatempel in Assisi, notierte er: »Dieses ist eben der alten Künstler Wesen das ich nun mehr anmuthe als jemals, das sie wie die Natur sich überall zu finden wußten und doch etwas Wahres etwas Lebendiges hervorzubringen wußten« (*RT* 170). »Großes« und »Wahres« erkannte Goethe vor allem in den antiken Kunstwerken und in Schöpfungen von Künstlern wie Palladio und Raffael.

»Zwey Menschen denen ich das Beywort *groß* ohnbedingt gebe, hab ich näher kennen lernen Palladio und Raphael. Es war an ihnen nicht ein Haarbreit *Willkührliches*, nur daß sie die Gränzen und Gesetze ihrer Kunst im höchsten Grade kannten und mit Leichtigkeit sich darinn bewegten, sie ausübten, macht sie so groß« (*RT* 158). Beim Aquädukt in Spoleto brachte er ähnlich auf seine Begriffe, was er gesucht und gefunden hatte: »wieder so schön natürlich, zweckmäsig und wahr. Diesen grosen Sinn den sie gehabt haben!« (*RT* 172) Und in der *Italienischen Reise* zog er unter dem 6. September 1787 die Summe:

So viel ist gewiß, die alten Künstler haben ebenso große Kenntnis der Natur und einen ebenso sichern Begriff von dem was sich vorstellen läßt und wie es vorgestellt werden muß, gehabt als Homer. [...] Diese hohen Kunstwerke sind zugleich als die höchsten Naturwerke von Menschen nach wahren und natürlichen Gesetzen hervorgebracht worden. Alles Willkürliche, Eingebildete fällt zusammen, da ist die Notwendigkeit, da ist Gott.

Aber auch der Unterschied zwischen Natur und Kunst wurde Goethe mehr und mehr bewußt, um dessen Klärung er sich in der Folgezeit intensiv bemühte, zumal im Gedankenaustausch mit Schiller. Im Brief an den Herzog kam er am 25. Januar 1788 beiläufig darauf zu sprechen. Habe er bisher »nur den allgemeinen Abglanz der Natur in den Kunstwerken« bewundert und genossen, so habe sich nun »eine andre Natur, ein weiteres Feld der Kunst« vor ihm aufgetan, »ja ein Abgrund der Kunst«.

Mit Hingebung wandte sich Goethe in Italien dem Leben des einfachen Volkes zu. Nie vorher und nie später ist er dem ›Volkstümlichen‹ so nah gewesen wie unter südlichem Himmel. Er beschönigte in seinen Berichten nichts, suchte alles als unbekümmerte Regungen des Lebens zu verstehen. Er ließ Schmutz Schmutz sein, das Durcheinander ein buntes Chaos, den Übermut eine freundliche Leidenschaft und die Aufdringlichkeit muntere Vitalität. Schöne, unverkünstelte Natürlichkeit sah er, »ein nothwendiges unwillkürliches Daseyn« (*RT* 29.9.1786). Von der Not der Armen kam nicht allzuviel zur Sprache. Sie schien für ihn gelindert durch das Klima, das zu preisen er nicht müde wurde, durch das Leben im Freien, das bis in die Nacht auf Straßen und Plätzen pulsierte. Hier fühlte er sich körperlich wohl, und ihm wurde bewußt, daß er und die andern in Weimar »unter einem bösen Himmel« (*RT* 40) zu leiden hatten. »Ich habe doch diese ganze Zeit keine Empfindung aller der Übel gehabt die mich in Norden peinigten und lebe mit eben derselben Konstitution hier wohl und munter, so sehr als ich dort litt« (an Ch. v. Stein, 19.1.1788). Wenn er später wehmütig an die Zeit in Italien zurückdachte, machte sich immer auch die Sehnsucht nach dem südlichen Klima bemerkbar. »Das Clima ganz allein ists, sonst ists nichts was mich diese Gegenden jenen [im Norden] vorziehen machte« (*RT* 10. 10. 1786). Obgleich er zu Anfang seines Aufenthalts im Süden die Natürlichkeit, den freien Mut, die gute Art der Einheimischen »nicht genug loben« konnte (*RT* 84), so blieb auf Dauer Italien doch nur das Land der großen Kunst und des angenehmen Klimas, aber »mit diesem Volke hab ich gar nichts gemein« (an Knebel, 18. 8. 1787).

Römischer Reigen

Ein ins einzelne gehender Bericht über Goethes Leben jenseits der Alpen würde etliche Kapitel füllen. Welchen Personen er begegnete, welchen Kunstwerken er seine besondere Aufmerksamkeit widmete, wie er sie zu deuten versuchte und dabei den Schaffensvorgang im Künstler nachvollzog, an welchen Volksfesten, kulturellen und kirchlichen Veranstaltungen er als staunender oder befremdeter Besucher teilnahm, wohin überall auf der Halbinsel und auf Sizilien er gelangt ist: das alles findet man in vorzüglichen Kommentaren zum *Reise-Tagebuch* und zur *Italienischen Reise* erläutert und mit einläßlichen Interpretationen versehen. Hier nur noch ein paar Einzelheiten.

Goethe war in Italien nicht nur Kunst*betrachter*, sondern wollte die Zeit ernsthaft nutzen, um sich selbst als Künstler weiter auszubilden. Er zeichnete, aquarellierte, begann zu modellieren. Rund 850 Zeichnungen aus seiner italienischen Zeit sind erhalten. Sie zeigen keineswegs einen einheitlichen Stil, doch ist das Bestreben unverkennbar, bei den eigenen Versuchen klare Linienführung zu erreichen, das Bild genau zu komponieren und die Objekte in den sie bestimmenden Strukturen zu erfassen. Kunst und Landschaft Italiens beeinflußten den praktizierenden Künstler ebenso wie den Schriftsteller, der in seinen Aufzeichnungen von den Gesetzen in Kunst und Natur sprach, wie er sie jetzt erkannte. In der *Italienischen Reise* (3. 4. 1787) berichtete er von den Eindrücken auf der Überfahrt nach Sizilien: »Hat man sich nicht ringsum vom Meere umgeben gesehen, so hat man keinen Begriff von Welt und von seinem Verhältnis zur Welt. Als Landschaftszeichner hat mir diese große, simple Linie ganz neue Gedanken gegeben.« Überwältigend bei der Fahrt auf Palermo zu »die Reinheit der Konture, die Weichheit des Ganzen, das Auseinanderweichen der Töne, die Harmonie von Himmel, Meer und Erde«. Daraus wollte er für die Zukunft lernen und hoffte, »die Kleinheit der Strohdächer« aus seinen »Zeichenbegriffen« zu verdrängen. Trotz allem: seine Bemühungen als bildender Künstler endeten in der

Einsicht: »Täglich wird mir's deutlicher, daß ich eigentlich zur Dichtkunst geboren bin [...]. Von meinem längern Aufenthalt in Rom werde ich den Vorteil haben, daß ich auf das Ausüben der bildenden Kunst Verzicht tue« (*IR* 22. 2. 1788). Das trat jedoch nicht ein. Goethe hat in Weimar weiterhin gezeichnet, im Zusammenhang mit seinen naturwissenschaftlichen Studien und seinen dienstlichen Verpflichtungen (bei der Leitung des Theaters und der Aufsicht über die »Anstalten für Wissenschaft und Kunst«), aber auch zum bloßen Vergnügen, aus Lust an kreativer Betätigung. Mehr als 1500 Zeichnungen und Skizzen aus den vier Jahrzehnten zwischen 1789 und 1832 liegen vor.

Ungefähr achtzig Künstler aus dem deutschen Sprachraum waren damals in Rom. Vielleicht ein Drittel davon lernte Goethe kennen. Der Kontakt mit Wilhelm Tischbein war besonders eng und freundschaftlich. Kurz nach Italien kühlte sich das Verhältnis freilich merklich ab; denn der Künstler lieferte für den Herzog v. Gotha nicht, was dieser für die von ihm gezahlte Pension erwartete, und Goethe schalt ihn deswegen der Faulheit und Unzuverlässigkeit (im Brief an Herder, 2. 3. 1789). Im römischen Sommer 1787 indes vollendete Tischbein jenes berühmt gewordene großformatige Bild, auf dem Goethe in liegend aufgestützter Pose, in einen weißen Mantel gehüllt, mit breitem Hut auf dem Kopf, majestätisch in die Campagna hinausblickt. »Ich habe«, so Tischbein an Lavater, »sein Porträt angefangen und werde es in Lebensgröße machen, wie er auf denen Ruinen sitzet und über das Schicksal der menschlichen Werke nachdenket« (9. 12. 1786; Bo I 322). Ein Bild, gut und bedeutend gemeint, das den Porträtierten mit der Aura des Exzeptionellen umgibt und ihn den Betrachtern nicht nahebringt, sondern von ihnen entfernt in jene Region, wo die Klassiker gewöhnlich aufbewahrt werden: verehrt und wenig gelesen. Eine aquarellierte Tuschzeichnung Tischbeins (Goethe am Fenster seiner Wohnung am Corso) war anspruchsloser, aber lebensnäher.

Johann Heinrich Lips, dem er schon in der Schweiz begegnet war, traf Goethe in Rom wieder. 1789 berief er ihn an die Zeichenschule nach Weimar, von wo aus der Maler und Kupferstecher 1794 nach Zürich zurückging. Regelmäßiger Gast war Goethe sonntags und einmal wöchentlich bei Angelica Kauffmann, der »zarten Seele« und »Madam Angelica«, wie sie in der *Italienischen Reise* apostrophiert wird. Sie lebte, mit dem venezianischen Maler Antonio Zucchi verheiratet, seit 1782 in Rom und war als Malerin empfindsamer Bildnisse und Historien geschätzt. »Angelika malt mich auch, daraus wird aber nichts. Es verdrießt sie sehr, daß es nicht gleichen und werden will. Es ist immer ein hübscher Bursche, aber keine Spur von mir« (*IR* 27. 6. 1787).

In Neapel lernte Goethe den Landschaftsmaler und Kupferstecher Philipp Hackert kennen. Ihn, der bei König Ferdinand IV. von Neapel beschäftigt war, mochte Goethe in seiner Art so sehr, daß er nach seinem Tode (1807) aufgrund autobiographischer Materialien eine besondere Würdigung publizierte: *Philipp Hackert. Biographische Skizze, meist nach dessen eigenen Aufsätzen entworfen* (1811). Es war wohl eher persönliche Zuneigung, die hier die Feder führte, als die uneingeschränkte Bewunderung eines künstlerischen Werkes, das sich mit möglichst getreuer Nachahmung der Natur begnügte.

Von geradezu lebensgeschichtlicher Bedeutung für die Beteiligten wurde die Bekanntschaft mit zwei anderen Männern. Drei Teile des stark autobiographischen Romans *Anton Reiser* von Karl Philipp Moritz lagen 1785 vor. In Rom entwickelte sich zwischen diesem Schriftsteller, der eine bittere Jugend hinter sich hatte, und dem Geheimen Rat, der sich in einen privatisierenden Maler und Autor verwandelt hatte, eine enge Freundschaft. Wochenlang pflegte und besuchte er den unglücklichen Moritz, der sich den Arm gebrochen hatte. »Er ist wie ein jüngerer Bruder von mir, von derselben Art, nur da vom Schicksal verwahrlost und beschädigt, wo ich begünstigt und vorgezogen bin. Das machte mir einen sonderbaren Rückblick in mich selbst. Besonders da er mir zuletzt gestand, daß er durch seine Entfernung von Berlin eine Herzensfreundinn betrübt« (an Ch. v. Stein, 14.12.1786). Gerade in den Unterhaltungen mit Karl Philipp Moritz bildeten sich kunsttheoretische Anschauungen aus, die für die ›klassische‹ Auffassung grundlegend wurden. Ausformuliert in Moritzens Schrift *Über die bildende Nachahmung des Schönen* (1788), waren sie Goethe so wichtig, daß er ihre Hauptgedanken bereits 1789 im Juliheft des *Teutschen Merkur* referierte und später ein zentrales Kapitel in seiner *Italienischen Reise* abdruckte (11, 534–541). Der schon 1793 gestorbene Moritz, dessen Weg vom *Anton Reiser* zur *Bildenden Nachahmung des Schönen* wie eine Variation der Wandlung Goethes vom ›Sturm und Drang‹ zur ›klassischen‹ Ästhetik anmutet, dachte seinerseits mit Dank und Bewunderung an die römische Begegnung: »Der Umgang mit ihm [Goethe] bringt die schönsten Träume meiner Jugend in Erfüllung, und seine Erscheinung, gleich einem wohltätigen Genius, in dieser Sphäre der Kunst, ist mir, so wie mehreren, ein unverhofftes Glück« (*Reisen eines Deutschen in Italien in den Jahren 1786–1788*; 1792/1793).

Wie der in den italienischen Papieren oft erwähnte Gothaische und russische Hofrat Reiffenstein, Kunstenthusiast und alter Freund Winckelmanns, war auch der Schweizer Johann Heinrich Meyer zunächst nichts anderes als ein Kunstsachverständiger, dessen Kenntnisse Goethe zustatten kamen. Aus der Bekanntschaft wurde eine lebenslange Freundschaft und

Arbeitsgemeinschaft in Sachen Kunst und Kunstförderung. 1791 siedelte Meyer ganz nach Weimar über, lebte in Goethes Haus, war und blieb der Sachwalter einer Kunstauffassung, die sich nie von den Positionen eines Raphael Mengs und Winckelmann löste und unerbittlich die Kunst der Griechen und der italienischen Hochrenaissance als allein gültigen Maßstab und unübertreffliches Muster zuließ. Eine Reihe von Beiträgen (in den *Horen*, den *Propyläen*, Goethes Sammelwerk *Winckelmann und sein Jahrhundert*) diente der Begründung und Befestigung reiner klassizistischer Kunsttheorie. Auf neue Strömungen und Stilrichtungen reagierte Meyer mit seinem Glaubensbekenntnis von der uneingeschränkten Gültigkeit jener einzigen Kunstauffassung, rigoros, unduldsam, einseitig. Alles Romantische war in seinen Augen Abfall vom Wahren, war Verwilderung und Willkür, wie das Manifest von 1817 *Neu-deutsche religios-patriotische Kunst* im ersten Band von Goethes Zeitschrift *Über Kunst und Altertum* propagierte. Goethe schätzte diesen ›Kunschtmeyer‹, wie er als Schweizer und ortsbekannte Person in Weimar genannt wurde, wegen seiner Detailkenntnisse und seiner Sicherheit, mit der er Kunstwerke betrachtete und beurteilte.

Rätselhaft bleibt allemal, weshalb Goethe, wo er doch schon bis Süditalien vorgedrungen war, die Reise nach Griechenland nicht gewagt hat. Seine nach Tauris entrückte Iphigenie hatte er (in der Prosafassung) klagen lassen: »Denn mein Verlangen steht hinüber nach dem schönen Land der Griechen und immer möcht ich übers Meer hinüber, das Schicksal meiner Vielgeliebten teilen«. (»Und an dem Ufer steh ich lange Tage, / Das Land der Griechen« mit der Seele suchend«, lautete es dann im Vers.) Er selbst aber zögerte, als der Fürst von Waldeck ihn einlud, mit ihm nach Griechenland und Dalmatien zu reisen. Obwohl er behauptet hatte, diesmal habe er die *eine* Existenz, die er habe, *ganz* gespielt (20. 1. 1787), kommentierte er in der *Italienischen Reise* (28. 3. 1787) seine Ablehnung der Griechenlandfahrt mit einer Spruchweisheit, die für jedes Zurückweichen vor einem Aufbruch ins Ungewisse taugt: »Wenn man sich einmal in die Welt macht und sich mit der Welt einläßt, so mag man sich ja hüten, daß man nicht entrückt oder wohl gar verrückt wird.« Ob hier insgeheim die Befürchtung mitspielte, die Wirklichkeit könne vielleicht dem Traum von den Griechen und ihrer Kunst nicht standhalten? An die Tempel in Paestum hatte sich Goethe zunächst gewöhnen müssen. Beim ersten Besuch (*IR* 23. 3. 1787) erschienen ihm »diese stumpfen, kegelförmigen, enggedrängten Säulenmassen lästig, ja furchtbar«. Erst als er sie im Mai, nun nicht mehr unvorbereitet, wiedersah, offenbarten sie ihm die, »fast möcht ich sagen, herrlichste Idee, die ich nun nordwärts vollständig mitnehme« (*IR* 17. 5. 1787). Auch Winckelmann, Heinse, Schiller, Hölderlin, die Prediger des Griechentraums, haben das Land mit der verklärten Vergangenheit nie betreten. Emanuel Geibel war der einzige namhafte deutsche Dichter vor 1900, der Griechenland gesehen hat. Die andern schwärmten davon – und blieben in Italien. Für Schiller langte es nicht einmal bis dorthin. Wie stand es neben den Freundschaften und Bekanntschaften mit Goethes Liebesbeziehungen in Italien? Populäre Darstellungen täuschen vor, es könne und müsse über den Liebhaber in Rom ein spannendes Kapitel geschrieben werden, so als brauchte man nur die Langverse der *Römischen Elegien* in eine effektvolle erotische Geschichte zu übersetzen, mit Faustine als schöner Partnerin und dem Dichter als glücklichem Geliebten: »Oftmals hab' ich auch schon in ihren Armen gedichtet / Und des Hexameters Maß leise mit fingernder Hand / Ihr auf den Rücken gezählt.« In Wirklichkeit aber wissen wir nichts Genaues über Goethes Liebesleben in Italien. Die *Erotica Romana*, wie die *Römischen Elegien* zunächst überschrieben waren, entstanden von Herbst 1788 bis Frühjahr 1790, nach der Rückkehr aus Rom. Wenn sie auch noch so lebendig den Anschein erwecken, als sei in ihren antikischen Versen Erlebtes getreu nacherzählt, so ist doch darauf zu beharren, daß sie Dichtung sind und einen direkten Rückschluß auf römische Realitäten nicht ohne weiteres zulassen. Ihre Gestalten sind Kunstfiguren. Was an persönlicher Erfahrung des Dichters, der im Herbst 1788 übrigens schon Christiane Vulpius begegnet war, in den zahlreichen erotischen Elegien aufbewahrt ist, mag der Phantasie des einzelnen überlassen bleiben. Ein paar Andeutungen sind in Goethes Briefen an Carl August zu lesen, der im Herbst 1787 am preußischen Feldzug nach Holland teilnahm und dem Goethe, indem er ihm »das Glück bey Frauen das Ihnen niemals gefehlt hat« wünschte, am 29. Dezember 1787 über die »Liebeskanzley« in Rom berichtete:

Mich hat der süße kleine Gott in einen bösen Weltwinckel relegirt. Die öffentlichen Mädchen der Lust sind unsicher wie überall. Die Zitellen (unverheurathete Mädchen) sind keuscher als irgendwo, sie lassen sich nicht anrühren und fragen gleich, wenn man artig mit ihnen thut: *e che concluderemo* [und was wollen wir abmachen]? Denn entweder man soll sie heurathen oder sie verheurathen und wenn sie einen Mann haben, dann ist die Messe gesungen. Ja man kann fast sagen, daß alle verheurathete Weiber dem zu Gebote stehn, der die Familie erhalten will. Das sind denn alles böse Bedingungen und zu naschen ist nur bey denen, die so unsicher sind als öffentliche Creaturen. Was das *Herz* betrifft; so gehört es gar nicht in die Terminologie der hiesigen Liebeskanzley.

Bei solchen Verhältnissen werde man ein »sonderbar Phenomen begreifen, das ich nirgends so starck als hier gesehen habe, es ist die Liebe der Männer untereinander«. Doch dieses Thema, meinte Goethe, solle für künftige Unterhaltungen aufgespart werden.

Ein etwas späterer Brief fiel deutlicher aus. Dem Herzog war in Holland bei seinem Glück mit Frauen Mißliches widerfahren. Bei der ersten Nachricht von dessen Krankheit war Goethe »gutmüthig genug« gewesen, »an Hämorroiden zu dencken und sehe nun freylich daß die Nachbarschaft gelitten hat« (16. 2. 1778). Im Brief nach Mainz, wo Carl August zur Genesung einige Zeit blieb, gestand er ihm etwas von eigenen Erfahrungen. Diese Zeilen seien hier ohne Kommentierung zitiert:

Sie schreiben so überzeugend, daß man ein *cervello tosto* [vertrocknetes Gehirn] sein müßte, um nicht in den süßen Blumen Garten gelockt zu werden. Es scheint daß Ihre guten Gedancken unterm 22. Jan. unmittelbar nach Rom gewürckt haben, denn ich könnte schon von einigen anmutigen Spaziergängen erzählen. So viel ist gewiß und haben Sie, als ein *Doctor longe experientissimus* [sehr erfahrener Arzt], vollkommen recht, daß eine dergleichen mäßige Bewegung, das Gemüth erfrischt und den Körper in ein köstliches Gleichgewicht bringt. Wie ich solches in meinem Leben mehr als einmal erfahren, dagegen auch die Unbequemlichkeit gespürt habe, wenn ich mich von dem breiten Wege, auf dem engen Pfad der Enthaltsamkeit und Sicherheit einleiten wollte (16. 2. 1788).

Auf Schritt und Tritt kam Goethe in Italien mit Bauten und Bräuchen der Kirche in Berührung. Anschauliche Schilderungen religiöser Riten und Kunstwerke gehörten wie selbstverständlich in die Berichte aus Italien. Aber ein gläubiger Christ war es nicht, der Tagebuch führte und später die *Italienische Reise* vorlegte. Über Goethes Verhältnis zum Christentum ist viel geschrieben, auch gerätselt worden, weil es ein breites Spektrum unterschiedlicher Äußerungen gibt. Seit Jugendtagen beschäftigten ihn christlicher Glaube und christliche Lebensführung in unterschiedlichen Ausprägungen; christlich durchsetzter Hermetik begegnete er ebenso wie strengem Herrnhutertum; Spinoza stärkte seinen Glauben an das Göttliche in dieser Welt; im brieflichen und mündlichen Disput mit Lavater und Jacobi kamen Kernfragen christlicher Überzeugung auf den Prüfstand. Und das Spiel um Faust wird im »Prolog im Himmel« vorbereitet, mit dem »Herrn« und den »himmlischen Heerscharen«; es endet mit der Bergschluchten-Szene, wo die »Mater dolorosa« herbeischwebt und der »Chorus mysticus« das Schlußwort erhält.

Doch blieb *eine* Grundposition in Goethes eigenem Verhältnis zum Christentum unverrückt: Den Glauben an Jesus als Christos, den Wiederauferstandenen und Sohn Gottes, konnte er nicht annehmen. Er glaubte nicht an die von den christlichen Kirchen verkündeten Heilsgewißheiten und war überzeugt, daß sich nur derjenige, der fest an sie glaubte, zu Recht Christ nennen dürfe. Insofern traf seine Bemerkung im Brief an Lavater vom 29. Juli 1782 genau zu: daß er zwar kein Widerchrist, kein Unchrist, aber doch ein dezidierter Nichtchrist sei. Er konnte die christliche Ethik hochschätzen und ebenso die Worte Glaube, Liebe, Hoffnung als Anspruch und Verheißung übernehmen; er konnte die Glaubenstreue anderer bewundern und gelten lassen; es lag ihm auch nichts daran, geistige Kämpfe gegen den christlichen Glauben zu inszenieren, – und eben deshalb fühlte er sich nicht als »Widerchrist« oder »Unchrist«, sondern als einen nicht an Jesus als Christos glaubenden und folglich »dezidierten Nichtchristen«. Gleichwohl griff er auf christliche Symbole und Gestalten der christlichen Mythologie in eigenen Dichtungen zurück, weil er dabei von jenem Zentrum christlichen Glaubens absehen konnte.

Gerade in den italienischen Aufzeichnungen gab sich seine Einstellung eines entschiedenen Nichtchristen, der durchaus zu polemischen Ausfällen fähig war, an manchen Stellen deutlich zu erkennen. Die Bauart von S. Marco in Venedig schien ihm »jeden Unsinns werth der jemals drinne gelehrt oder getrieben worden seyn mag« (*RT* 103). Bei Raffaels »Cäcilie« reichte ihm ein Nebensatz, um sich von der Zumutung des Glaubens zu befreien: »Fünf Heilige neben einander, die uns alle nichts angehn, deren Existenz aber so vollkommen ist daß man dem Bilde eine Dauer in die Ewigkeit wünscht« (*RT* 155). Charlotte v. Stein berichtete er am 8. Juni 1787 aus Rom: »Gestern war Fronleichnam. Ich bin nun ein für allemal für diese kirchlichen Cerimonien verdorben, alle diese Bemühungen eine Lüge gelten zu machen kommen mir schaal vor und die Mummereyen die für Kinder und sinnliche Menschen etwas Imposantes haben, erscheinen mir auch sogar wenn ich die Sache als Künstler und Dichter ansehe, abgeschmackt und klein. Es ist nichts groß als das Wahre und das kleinste Wahre ist groß.« Päpstlicher Prunk faszinierte ihn und war ihm gleichzeitig zuwider. »Auf alle Fälle ist der Papst der beste Schauspieler der hier seine Person producirt« (an Carl August, 3.2.1787). Die Messe des ersten Ostertags 1788 erlebte er auf einer der Tribünen an den Pfeilern im Petersdom: »Man glaubt in gewißen Augenblicken seinen Augen kaum, was da für eine Kunst, ein Verstand, ein Geschmack durch Jahrhunderte zusammengearbeitet haben um einen Menschen bey lebendigem Leibe zu vergöttern! – Ich hätte in dieser Stunde ein Kind, oder ein Gläubiger seyn mögen um alles in seinem höchsten Lichte zu sehen« (an Carl August, 2.4.1788). Dem Generalsuperintendenten Herder, der seine Italienreise absolvierte, schrieb er zustimmend zu dessen Deutung von Jesus als Lehrer und Verkünder der Humanität (im 17. Buch der *Ideen zur Philosophie der Geschichte der Menschheit*): »Es bleibt wahr: das Mährchen von Christus ist Ursache, daß die Welt noch 10/m Jahre stehen kann und niemand so recht zu Verstand kommt, weil es ebenso viel Kraft des Wissens, des Verstandes, des Begriffs braucht, um es zu vertheidigen als es zu bestreiten« (4.9.1788). Früher hatte er sich einmal, ebenfalls gegenüber Herder, sehr drastisch geäußert: »Wenn nur die ganze Lehre von Christo nicht so ein Scheisding wäre, das mich als Mensch als eingeschräncktes bedürftiges Ding rasend macht so wär mir auch das Objeckt lieb« (etwa 12.5.1775). Überflüssig anzumerken, daß nicht schon unreligiös ist, wer den christlichen Auferstehungsglauben ablehnt.

Der Blick in die Zukunft

Besonders ausführliche Briefe hat Goethe aus Italien seinem Herzog geschrieben. Es waren geschickt formulierte Schreiben: freundschaftlich, anhänglich-verehrungsvoll, informativ, stets auch Carl Augusts und Weimarer Probleme berücksichtigend – und ständig die eigene Situation beleuchtend. Er wiederholte, daß er nach dem selbsterteilten und gnädig gewährten Urlaub für jede Art von Dienst wieder bereitstünde und vertraute bei dieser Zusicherung (11.8.1787) zweifellos auf das Gespür seines Freundes, daß ihm im prophezeiten »neuen Leben« die alte Verwaltungslast unterschiedlichster Ressorts nicht wieder zugemutet würde. Leider sind die Antwortbriefe Carl Augusts vernichtet. Aber wenn nicht alles täuscht, so haben beide in diesen italienischen Jahren, auf der Grundlage gegenseitigen Respekts und Vertrauens, ihre Interessengebiete abgesteckt und dabei, auf weiteres Zusammenleben und -wirken bedacht, das Unterschiedliche eher angedeutet als unterstrichen. Keiner mochte auf den anderen verzichten. Goethe beobachtete seit längerem, wie der Herzog sich in Fragen der großen Politik engagierte und, sich eng an seinen Schwager Friedrich Wilhelm II. von Preußen, den Nachfolger Friedrichs des Großen, lehnend, den Fürstenbund weiterzuentwickeln suchte. 1787 trat der Weimarer Fürst zudem als Generalmajor in den preußischen Militärdienst ein, was seinen soldatischen Neigungen entsprach, ihm aber durch die Teilnahme am preußischen Hollandfeldzug wohl noch zusätzliches politisches Gewicht geben sollte. Wie das Geheime Consilium in Weimar wird auch Goethe diese Aktivitäten außerhalb des heimatlichen Herzogtums mit einiger Beklommenheit verfolgt haben. Jedenfalls hatte sich die Konstellation von 1776, als er die »Weltrolle« als Geheimer Rat übernommen hatte, auch durch solche politischen Entwicklungen gewandelt. Im Grunde war Goethes eigenes Konzept der endsiebziger Jahre gescheitert: mit einem Fürsten als Freund in einem überschaubaren Bezirk helfend und bessernd tätig zu sein und sich selbst handelnd, lesend und schreibend zu verwirklichen. Was nach der Krise, die die Flucht nach Italien signalisierte, blieb, war der Versuch, sich neu zu arrangieren – oder den Dienst völlig zu quittieren und gänzlich unabhängig zu werden. Merkwürdigerweise scheint Goethe diesen Gedanken nie ernsthaft erwogen zu haben, trotz teilweiser Sicherung durch das elterliche Vermögen. Das Leben eines freien Schriftstellers war für ihn keine Alternative. Er brauchte die Bindung an ein offizielles Amt und die Belastung durch entsprechende Verantwortung.

In einem langen Brief vom 17./18. März 1788 sondierte er abermals das Terrain. Von der Bereitschaft, jede Art von Dienst zu übernehmen, war nun nicht mehr die Rede. Überzeugt, daß der Herzog seiner jetzt nicht unmittelbar »im Mechanischen« bedürfe, bat er, auch nach der Rückkehr noch weiteren Urlaub gewährt zu bekommen. »Mein Wunsch ist: [...] mich an Ihrer Seite, mit den Ihrigen, in dem Ihrigen wiederzufinden, die Summe meiner Reise zu ziehen und die Masse mancher Lebenserinnerungen und Kunstüberlegungen in die drey letzten Bände meiner Schriften zu schließen.« Dann bilanzierte er:

Ich darf wohl sagen: ich habe mich in dieser anderthalbjährigen Einsamkeit selbst wiedergefunden; aber als was? – als Künstler! Was ich sonst noch bin, werden Sie beurtheilen und nutzen. Sie haben durch Ihr fortdaurendes würckendes Leben, jene fürstliche Kenntniß: wozu die Menschen zu brauchen sind, immer mehr erweitert und geschärft, wie mir jeder Ihrer Briefe deutlich sehen läßt; dieser Beurtheilung unterwerfe ich mich gern. Nehmen Sie mich als Gast auf, laßen Sie mich an Ihrer Seite das ganze Maas meiner Existenz ausfüllen und des Lebens genießen; so wird meine Kraft, wie eine nun geöffnete, gesammelte, gereinigte Quelle von einer Höhe, nach Ihrem Willen leicht dahin oder dorthin zu leiten seyn. Ihre Gesinnungen, die Sie mir vorläufig in Ihrem Briefe zu erkennen geben sind so schön und für mich bis zur Beschämung ehrenvoll. Ich kann nur sagen: Herr hie bin ich, mache aus deinem Knecht was du willst. Jeder Platz, jedes Plätzchen die Sie mir aufheben, sollen mir lieb seyn, ich will gerne gehen und kommen, niedersitzen und aufstehn.

Er hatte wohl Grund, Anhänglichkeit zu bekunden, wenn er nicht ganz ins Freie wollte. Denn in allen Phasen seit dem Karlsbader Herbst 1786 hatte sich der Herzog verständnisvoll gezeigt. Das Gehalt war ungekürzt weitergezahlt worden, und die Briefe hatten erkennen lassen, daß das zukünftige Tätigkeitsfeld neu bemessen sein würde. So geschah es dann auch tatsächlich. Er war weiterhin Geheimer Rat, jedoch ohne mit der kanzleimäßigen Erledigung der Geschäfte belastet zu sein. Er wurde nun von Fall zu Fall tätig, in speziellen Angelegenheiten, vor allem im Bereich von Wissenschaft und Kunst, aber auch weiterhin als Berater des Herzogs.

»Herr hie bin ich, mache aus deinem Knecht was du willst.« Goethe bestätigte mit diesen Worten seine Entscheidung für Weimar, die er damals getroffen hatte, auch nach seiner Flucht. Man kann es als Anachronismus bezeichnen, daß sich ein Autor, dessen frühere Texte als Beispiele eines antihöfischen, bürgerlichen Tätigkeitsdranges und Änderungswillens aufgefaßt worden waren und deshalb so großen Widerhall gefunden hatten, noch nach den Enttäuschungen des ersten Weimarer Jahrzehnts so vorbehaltlos an einen absolutistischen Hof band. Für Unternehmungen, die gegen Adel und Hof oder an ihnen vorbei auf gesellschaftliche Veränderungen zielten, war er damit verloren. Kritiker haben es leicht, Goethe dem resignativen Teil des deutschen Bürgertums zuzurechnen. In seiner Sicht aber stellte sich die Lage anders dar. Er versprach sich in der Tat etwas von einem Zusammenwirken von Adel und Bürgertum, weil Umsturz nur ins Chaos führen könne. Schon auf der letzten Seite des *Römischen Carnevals* merkte er an – und das schrieb er bereits 1788, ein Jahr vor der Französischen Revolution –, »daß Freiheit und Gleichheit nur in dem Taumel des Wahnsinns genossen werden können« (11, 515). Dennoch verstand er sich nicht als blinden Verehrer des Bestehenden und hat, wie Eckermann unter dem 27. April 1825 berichtet, vehement dagegen protestiert, als »Fürstendiener« abgestempelt zu werden. Allerdings betonte er im gleichen Zusammenhang: »Ich hasse jeden gewaltsamen Umsturz, weil dabei ebensoviel Gutes vernichtet als gewonnen wird.« Er freue sich über jede Verbesserung, aber »jedes Gewaltsame, Sprunghafte ist mir in der Seele zuwider, denn es ist nicht naturgemäß«. Solcher Begründung konnte und kann natürlich nicht zustimmen, wer von der Notwendigkeit radikaler Umwälzung unter bestimmten historischen Bedingungen überzeugt ist und es für illusorisch hält, daß angemaßte Herrschaft auf dem Wege einer gewünschten evolutionären Entwicklung ihre Ansprüche preisgebe.

Wie sehr Goethe der Abschied aus Rom zu schaffen machte, hat er dem Schlußkapitel der *Italienischen Reise* anvertraut. Wenn er später darauf zurückkam, überfiel ihn immer wieder die Trauer über Unwiederbringliches. Mit seinem Zustand in Rom verglichen, sei er nachher nie wieder froh gewesen (E 9. 10. 1828). »Seit ich über den Ponte Molle heimwärts fuhr, habe ich keinen rein glücklichen Tag mehr gehabt« (KM 30. 5. 1814). Trotz dieser emphatischen Beteuerungen hat er die Stadt am Tiber nie wieder aufgesucht.

Die Rückreise dauerte immerhin fast zwei Monate. Christoph Kayser, der Musiker, begleitete ihn. Mit ihm pflegte er seit Jahren intensiven Gedankenaustausch über Möglichkeiten der Oper und des Singspiels, und Kayser versuchte sich an Kompositionen zu Goethes Stücken. Auch in Italien standen solche Fragen auf dem Programm; denn für die *Schriften* sollten

Singspiele wie *Erwin und Elmire* und *Claudine von Villa Bella* umgearbeitet werden, und schon seit 1784 bestand der Plan, die Burleske *Scherz, List und Rache* zu einer Opera buffa zu machen. Auch zum *Egmont*, so war Goethes Wunsch, sollte Kayser, den er außerordentlich schätzte (und, wie sich erwies, überschätzte), die Musik schreiben. Grund genug, gemeinsam in Rom die Projekte zu erörtern und voranzubringen. Seit Oktober 1787 wohnte der Komponist, gebürtiger Frankfurter, im deutschen Künstlerhaushalt am Corso, von Goethe versorgt, und die Berichte in der *Italienischen Reise* bezeugen, wie freundschaftlich das Zusammenleben und die gemeinsame Arbeit damals waren. Die Nachricht vom Fehlschlag der Opera buffa *Scherz, List und Rache* hat Goethe dann selbst übermittelt: »Alles unser Bemühen [...], uns im Einfachen und Beschränkten abzuschließen, ging verloren, als Mozart auftrat. Die ›Entführung aus dem Serail‹ schlug alles nieder, und es ist auf dem Theater von unserm so sorgsam gearbeiteten Stück niemals die Rede gewesen« (*IR* November 1787).

Christoph Kayser hat auf der Rückreise vom 24. April bis 18. Juni 1788 ein Ausgabenheft geführt, dem wir die Kenntnis der Route beider Reisenden verdanken. Über Siena, Florenz (mit allein elftägigem Aufenthalt), Bologna, Parma gelangten sie nach Mailand, wo es Goethe schien, als habe man für den Bau des Doms »ein ganzes Marmorgebirg in die abgeschmacktesten Formen gezwungen [...]. Dagegen ist das Abendmal des Leonard da Vinci noch ein rechter Schlußstein in das Gewölbe der Kunstbegriffe« (an Carl August, 23.5.1788). Nichts deutet darauf hin, daß sie den Lago Maggiore besucht haben, wie man oft vermutet hat, weil die Gegend um den See im *Wilhelm Meister* so wichtig ist. Weiter ging's durch die Schweiz; in Konstanz Tage mit Barbara Schultheß; kein Bedürfnis, die Vaterstadt Frankfurt wiederzusehen und die Mutter zu besuchen; durch Schwaben (wo das Ulmer Münster keinen Eindruck hinterließ) nach Nürnberg und weiter nordwärts über Erlangen, Bamberg und Coburg ins Thüringische. »Ja, mein Lieber«, schrieb der Heimgekehrte am 21. Juli 1788 an Jacobi, »ich bin wieder zurück und sitze in meinem Garten, hinter der Rosen Wand, unter den Aschenzweigen und komme nach und nach zu mir selbst.« Jetzt ging es darum, sich in der heimischen Umgebung wieder zurechtzufinden. Wie schwierig das werden würde, konnte der Rückkehrer nicht ahnen.

Vor ihm waren in Weimar schon die beiden Dramen eingetroffen, die er in Italien vollendet hatte, die *Iphigenie* im Januar 1787, der *Egmont* im Herbst 1787. Den *Tasso* trug er noch bei sich, von dem er erst Anfang August 1789 erleichtert sagen konnte, nun sei er fertig.

In Italien vollendet

Iphigenie auf Tauris

In wenigen Wochen des Frühjahrs 1779 hat Goethe die erste Fassung der *Iphigenie auf Tauris* in Prosa geschrieben, bzw. diktiert, in jener Zeit also, die von amtlicher Tätigkeit randvoll gefüllt war. Im Geheimen Consilium war zu überlegen, wie der Forderung Friedrichs des Großen zu begegnen war, im Weimarischen Rekruten anzuwerben; die Leitung der Kriegskommission hatte Goethe gerade übernommen; die wirtschaftliche Lage bereitete Sorgen; in Apolda waren, so die Notiz im Tagebuch vom 6. März, seit der Neujahrsmesse Strumpfwirker an hundert Stühlen ohne Arbeit, und in Dornburg hörte der reisende Geheime Rat Klagen über Mängel der Viehzucht und eine schonungslose Ausnutzung der Triftrechte durch die Pächter (3. März). Zwischen Notizen solcher Art und in Briefen aus diesen Wochen immer wieder die Erwähnung der Iphigeniendichtung, vom 14. Februar (»Früh Iphigenia anfangen dictiren«) bis zum 28. März (»Abends: Iphigenie geendigt«). Proben der Liebhaberbühne begannen unmittelbar nach Abschluß des Stücks; am 6. April war Premiere, mit Corona Schröter als Iphigenie und Goethe als Orest.

Es bedeutete nichts Neues, aus der antiken Sage um Iphigenie etwas nachzudichten. Der Stoff war in vielfältigen Variationen im Altertum und seit dem 16. Jahrhundert gestaltet worden, auch auf dem Operntheater. Eine ungefähre Kenntnis des Iphigenienmythos konnte bei einigermaßen gebildeten Lesern und Zuschauern vorausgesetzt werden. Agamemnon, Oberfeldherr der Griechen auf dem Zug nach Troja und Vater Iphigeniens, sollte in Aulis der Göttin Artemis (römisch: Diana) die eigene Tochter opfern. Nur so wären günstige Winde für die Weiterfahrt der Schiffe zu erlangen, hatte der Seher Kalchas geweissagt. Aber die Göttin entführte die zur Opferung Ausersehene nach Tauris und ließ sie dort Priesterin in ihrem Heiligtum sein. Opferung der eigenen Tochter und wunderbare Rettung und Entrückung durch die Göttin Artemis: das ist das Kerngeschehen um Iphigenie *in Aulis*. Das Schicksal der zu den Taurern entrückten Priesterin ist der wichtige andere Komplex der Iphigeniensage und entsprechender Dichtungen. Mit ihm verband sich das Geschehen um die Heilung des Orest. Er war zum Muttermörder geworden, war zur Blutrache an Klytemnestra gezwungen gewesen, die ihren Ehemann Agamemnon nach seiner Rückkehr von Troja hinterrücks (auch aus Empörung über die beabsichtigte Opferung der gemeinsamen Tochter Iphigenie) umgebracht hatte. Von den Erinnyen (Eumeniden), den Rachegöttinnen verfolgt, wurde Orest in den Wahnsinn getrieben; erst Apoll verhieß ihm Rettung: er solle das Bild der Artemis von den Taurern nach Attika holen. Dort aber hatte die Priesterin Iphigenie die grausige Pflicht, alle Fremden, die in Tauris landeten, der Göttin zu opfern, und es fehlte nicht viel, daß auch Orest und sein Freund Pylades, in Tauris angekommen, getötet worden wären, hätten sich nicht Iphigenie und Orest, Schwester und Bruder, noch rechtzeitig erkannt. Mit dem Götterbild, den Spruch des Apoll erfüllend, flohen sie in die Heimat.

Euripides ließ sein Drama *Iphigenie bei den Taurern* (416 v. Chr.) damit schließen, daß Iphigenie, List und Lüge einsetzend, mit Orest und Pylades die gemeinsame Flucht arrangiert und Thoas, König der Taurer, seinen Kampf gegen die Griechen beginnen will. Da aber erscheint plötzlich Athene und gebietet Einhalt. Sie, die Göttin, regelt den weiteren Ablauf: Die Griechen sollen das Artemisbild nach Attika bringen, um dort einen neuen Kult der Göttin zu stiften, und Iphigenie habe als Priesterin der Artemis in Brauron zu leben. Scharf geschieden wurde im antiken Drama des Euripides die Welt der Götter und der Menschen, in einem öffentlichen Schauspiel, das dazu diente, die Legende eines Kultes dichterisch zu begründen: der Artemis Tauropolos in Attika und der Verehrung des Iphigeniengrabes in Brauron.

Es kann sein, daß äußere Anlässe Goethe zur ersten Niederschrift seiner Iphigeniendichtung bewogen haben. Der Geburtstag der Herzogin Luise fiel auf den 30. Januar; am 3. Februar 1779 hatte sie eine Tochter zur Welt gebracht: Gründe genug, für die nachträgliche Geburtstagsfeier und die Festlichkeiten der Prinzessinnengeburt mit einer neuen Dichtung aufzuwarten. Ein Stück mit einer weiblichen Heldin im Mittelpunkt, zumal einer Fürstin, war speziell für Feste am Hof geeignet. Auch an das für Goethe mit so viel Bedeutung beladene schwesterliche Verhältnis zwischen ihm und Cornelia, ihm und Frau v. Stein ist zu erinnern, wenn man Gründe für sein Interesse an der Iphigenie/Orest-Dichtung aufspüren will. Doch kommt man über Vermutungen nicht hinaus.

Jedenfalls war in jenen Frühjahrswochen 1779 Goethes Beschäftigung mit dem antiken Stoff das ganz andere im Verhältnis zu seinen amtlichen Sorgen und Verpflichtungen, und zwar in einem mehrfachen Sinn. Der Schaffensprozeß selbst bedeutete für den dichtenden Minister eine Abwendung von der Misere gegenwärtiger Wirklichkeit. »Ein Quatro neben in der grünen Stube, sizz ich und rufe die fernen Gestalten leise herüber« (an Ch. v. Stein, 22.2.1779). Er konnte es sich leisten, im Nebenzimmer ein Quartett zu seiner poetischen Aufmunterung spielen zu lassen. Als Werk formte das Drama mit seinem Handlungsverlauf bis hin zum Verzicht des Thoas und seinen Schlußworten »Lebt wohl!« den Entwurf von ›gelingender Menschlichkeit‹, ein Gegenbild zur mangelhaften Realität. Daß seine Iphigeniendichtung Appellfunktion haben sollte, beweist Goethes Bemerkung, die Aufführung möge einigen guten Menschen Freude machen und »einige Hände Salz ins Publikum« werfen (an Knebel, 14.3.1779). Das ›ganz andere‹ blieb die *Iphigenie* ebenso, als sie seit 1786 »in Verse geschnitten« (an Ch. v. Stein, 23.8.1786) und dann in Italien endgültig in das Maß fünffüßiger Jamben überführt worden war; ja die in die Zucht des Blankverses genommene Sprache rückte das Schauspiel noch weiter von der Wirklichkeit in die Sphäre der Kunst. Lessings *Nathan der Weise* (1779) und Schillers erste Akte des *Don Carlos* (1785 veröffentlicht) hatten den reimlosen fünffüßigen Jambus endgültig als maßgebenden Vers des ›hohen‹ Dramas etabliert.

Im langen Monolog der ersten Szene beklagt Iphigenie, Priesterin auf Tauris, im Hain vor Dianas Tempel ihr Los. Schon manches Jahr dient sie hier, fern von Eltern und Geschwistern, und weiß noch nichts von deren Geschick.

> Doch immer bin ich, wie im ersten, fremd.
> Denn ach mich trennt das Meer von den Geliebten
> Und an dem Ufer steh ich lange Tage,
> Das Land der Griechen mit der Seele suchend,
> Und gegen meine Seufzer bringt die Welle
> Nur dumpfe Töne brausend mir herüber (V. 9ff.).

Gutes indessen hat sie schon bewirken können: Fremde, die dort landen, werden nicht mehr geopfert. Aber dem Begehren des Thoas, des Königs von Tauris, seine Frau zu werden, widersetzt sie sich. Als er wiederum um sie wirbt, gibt sie sich zu erkennen: als Angehörige des Geschlechts der Tantaliden, über das die Götter, aus Zorn über die Vermessenheit des Tantalus, den Fluch unablässiger Greueltaten verhängt haben. Dennoch wünscht Thoas Iphigenie zur Frau, und als sie sich weiterhin weigert, will er den alten Brauch der Opferung der Fremden wieder eingeführt wissen.

Manche Einzelmotive der Goetheschen *Iphigenie* sind auch in anderen Iphigeniendichtungen zu finden. Seine dichterische Gestaltung betrifft vor allem die Heilung des Muttermörders Orest, die glückliche ›Lösung‹ des Schlusses und den Wirkungsbereich der Götter. Für die Grundkonstellation des Dramas, den Konflikt und die gelingende Lösung ist von entscheidender Bedeutung, daß Iphigenie die einzige ihres Geschlechts ist, die noch nicht vom Fluch, der auf den Tantaliden lastet, gezeichnet und entstellt ist. Generation für Generation ist Verbrechen auf Verbrechen gehäuft worden, nachdem Tantalus, von den Göttern zum Tischgenossen erwählt, der Hybris, der Vermessenheit, verfallen war. (Andere Untaten des Tantalus werden in Goethes Stück nicht erwähnt.) Der Fluch der Götter erbte sich fort. Von Söhnen und Enkeln galt: »Zur Wut ward ihnen jegliche Begier, / Und grenzenlos drang ihre Wut umher« (V. 334 f.). Iphigenie aber ist noch frei von Schuld. Und sie ist entschlossen, sich selbst zu behaupten. Sie hofft, trauernd in der Fremde, auf Heimkehr, die eine Ehe mit Thoas unmöglich machen würde; deshalb die Absage an sein Werben. Aber auch deshalb, weil sie – schon der Anfangsmonolog zeigt es – die Rolle der Frau in der Ehe, ihre Unterordnung unter den herrschenden Mann, nicht übernehmen möchte. Diese Iphigenie, die auf die Hilfe der Göttin hofft, die sie schon einmal errettet hat, will sie selbst bleiben, ihre Identität wahren.

Das Geschehen, in das sie verwickelt wird, setzt sie schweren Prüfungen aus. Thoas als einsamer König, der seinen Sohn früh verloren hat, drängt, sie solle sich für ihn entscheiden. Mit Recht glaubt er seine Forderung stellen zu dürfen: Seitdem die Priesterin in Tauris ist, fehlt es »an Segen nicht der mir von oben kommt« (V. 283). Nachdrücklich beteuert er und verspricht:

> Es fordert dies kein ungerechter Mann.
> Die Göttin übergab dich meinen Händen,
> Wie du ihr heilig warst, so warst du's mir,
> Auch sei ihr Wink noch künftig mein Gesetz;
> Wenn du nach Hause Rückkehr hoffen kannst,
> . So sprech ich dich von aller Fordrung los (V. 289 ff.).

Dieses Versprechen ist es, das er am Ende tatsächlich einlöst.

Iphigeniens Weigerung, seine Frau zu werden, beantwortet der Enttäuschte mit der Weisung, die bisher unterlassene Opferung der Fremden wieder zu vollstrecken. So fordere es das alte Gebot der Göttin Diane; daran zu deuteln sei unziemlich. Iphigeniens Gegenargumentation stützt sich auf eine grundsätzlich andere Auffassung vom vermeintlichen Willen der Götter: »Der mißversteht die Himmlischen, der sie / Blutgierig wähnt, er dichtet ihnen nur / Die eignen grausamen Begierden an« (V. 523 ff.). Die Ankunft der beiden Fremden Orest und Pylades, die zu opfern sind, führt (mit dem zweiten Akt) jene Notsituation herbei, vor der Iphigenie bewahrt sein will: »O enthalte vom Blut meine Hände!« (V. 549) Doch nun beherrscht bis zum Beginn des vierten Aktes das Geschehen um Orest die Szenen: seine Verzweiflung über die Schuld, die auf ihm als Muttermörder lastet; Pylades' listenreiches Nachdenken über mögliche Rettung angesichts des Todes, der ihnen hier bestimmt ist; das Wiedererkennen der Geschwister, der Verzweiflungsausbruch Orests und seine Heilung. Wie sie sich in Goethes *Iphigenie* vollzieht, ist in der Tat erstaunlich. Leser und Zuschauer haben es schwer zu begreifen, was in diesem Prozeß der Heilung vom Schuld- und Reuebewußtsein, das ihn bis zum Wahnsinn trieb, wirklich vor sich geht. Denn in der Orestdichtung Goethes ist alles nach innen verlagert; der Text selbst bietet die erwartete Erläuterung nicht. Dieser Orest ist ein Orest ohne wirklich erscheinende Furien, die ihn jagen und quälen. In Glucks Oper *Iphigenie auf Tauris* (die kurz zuvor in Weimar aufgeführt worden war) trieben sie noch als leibhaftige Gestalten ihr Unwesen. »Ohne Furien ist kein Orest«, bemerkte Schiller (an Goethe, 22. 2. 1802) und wies damit auf die Problematik, wie Gewissensnot und Erlösung Orests im dramatischen Spiel vorgestellt werden könnten. Die Verinnerlichung der Vorgänge sei durchaus »ungriechisch« und bezeuge den Geist des Modernen.

Wie kann überhaupt ein so grausiges Verbrechen wie der Muttermord gesühnt werden? Wie vermag von der Schuld befreit zu werden, wer eine solche Tat begangen? Zwar ist die Schuldzuweisung undurchsichtig (auch schon in antiken Texten), weil die Tat unter dem von Göttern verhängten Fluch, ja auf ihr Geheiß geschehen und zugleich als Untat bewertet ist. Aber auf jeden Fall müssen Sühne und Heilung des Täters erfolgen, der von den Erinnyen, den Rachegöttinnen, unerbittlich verfolgt wird. Bei Goethe tritt die Frage der Schuld hinter der nicht minder komplizierten zurück, wie der Muttermörder mit dem Geschehenen ins reine kommen könne. Widersinnig, absurd ist eine Welt, wo ein Verbrechen zugleich als geboten erscheint und die Rachegeister auf den Plan ruft, wo eine Tat zugleich gerechtfertigt und verurteilt wird. Der erlösenden Hilfe einer Gottheit allein können da Sühne und Heilung nicht mehr überantwortet werden.

Goethes Orest leidet bis zum Wahnsinn unter dem inneren Ansturm der Furien, und doch kann er am Ende des dritten Akts, zu Iphigenie gewandt, verkünden:

> Es löset sich der Fluch, mir sagt's das Herz.
> Die Eumeniden ziehn, ich höre sie,
> Zum Tartarus und schlagen hinter sich
> Die ehrnen Tore fernabdonnernd zu.
> Die Erde dampft erquickenden Geruch
> Und ladet mich auf ihren Flächen ein
> Nach Lebensfreud und großer Tat zu jagen (V. 1358 ff.).

In Phasen der Rückerinnerung und visionären Schau ist Orest bis hierhin gelangt, immer in der Nähe der Schwester Iphigenie. Auf die höchste Verzweiflung mit dem Wunsch nach dem Tod als einzig möglicher Befreiung (III 1) folgte die Vision des aus seiner Betäubung Erwachenden (III 2): Er erblickt im Hades die Atriden endlich friedlich vereint, versöhnt, »wir sind hier alle der Feindschaft los« (V. 1288). Nur der Ahnherr, Tantalus, den die anfängliche Schuld trifft, bleibt ausgeschlossen. Auf solche Weise erfüllt von der Vision möglicher Befriedung, freilich immer noch in der Vorahnung des Totenreichs, in das er, zum Opfer bestimmt, als neuer Gast (V. 1316) einziehen wird, wendet sich Orest Iphigenie zu (III 3): »Laß mich zum erstenmal mit freiem Herzen / In deinen Armen reine Freude haben!« (V. 1341 f.) Und unmittelbar vor jenem Vers »Es löset sich der Fluch, mir sagt's das Herz« nochmals die Bitte: »O laßt mich auch in meiner Schwester Armen, / An meines Freundes Brust was ihr mir gönnt, / Mit vollem Dank genießen und behalten« (V. 1355 ff.). Im Monolog, der den neuen, vierten Akt eröffnet, bezeugt Iphigenie (V. 1392 f.), sie habe Orest aus ihren Armen nicht loslassen mögen. Im Bühnenspiel selbst ist davon jedoch nichts sichtbar geworden; eine entscheidende Phase der Heilung Orests, das Aufgehobensein in den Armen der Schwester, ist ausgespart. Nur in der ›Pause‹ zwischen dem dritten und vierten Akt kann sich ereignet haben, wovon die Beteiligten nur sprechen. »Dein Bruder ist geheilt!« (V. 1536) kann Pylades endlich glücklich ausrufen (IV 4).

Goethes Orest scheint in dem Augenblick geheilt zu sein und, unter den besonderen Bedingungen des Geschehens in jener absurden Welt, auch hinreichend gesühnt zu haben, als er das Furchtbare ganz nachvollzogen, seine Schuld angenommen und die reinigende Nähe der Schwester erreicht hat, die noch frei von den Entstellungen durch die Vergehen ist, die Generation für Generation das Geschlecht der Atriden heimgesucht hat, und die ihre Reinheit zu bewahren trachtet. Nicht die Götter helfen hier, und nicht mehr an die Rückführung eines Kultbildes ist die Entsühnung gebunden. Von den Göttern, besser: von der Deutung ihrer Ratschlüsse und Orakelsprüche, wird zwar oft gesprochen, aber sie selbst erscheinen nicht. In der Konstellation dieses Stücks vollziehen sich Sühne und Heilung durch die Menschen, die sich vom Zwangszusammenhang des Atridenfluchs (der möglicherweise auch religiöse Vorstellungen wie die Erbsünde versinnbildlicht, die für ein aufgeklärtes 18. Jahrhundert ein Ärgernis waren) freihalten wollen (Iphigenie) und visionär wenigstens ahnen, daß Befriedung, Harmonie möglich sei (Orest). Daß sich die – in der Tat einem Wunder gleichkommende – Heilung des Orest ereignet, dokumentiert nichts anderes, als daß solche Heilung überhaupt möglich ist. Demgegenüber ist der leicht zu führende Nachweis, das dramatische Geschehen sei keineswegs konsequent motiviert, nebensächlich. Auf solche Schwächen haben Interpreten wiederholt aufmerksam gemacht: Orests Heilung ist gar nicht mehr, wie es doch die Grundkonzeption vorzeichnet, an die von Apoll gebotene Rückführung der Schwester (oder des Kultbildes) gebunden, und seine Worte (V. 2119 ff.): »Von dir [Iphigenie] berührt / War ich geheilt, in deinen Armen faßte / Das Übel mich mit allen seinen Klauen / Zum letztenmal« entbehren jeglichen Zusammenhangs.

Nach der Wiedererkennung, nach der Heilung Orests ist für Iphigenie die Lage nicht leichter, sondern weitaus verwickelter geworden. Sie scheint ausweglos – wenn Agamemnons Tochter von Schuld frei bleiben will. Denn nun wird sie in die Überlegungen des listenreichen Pylades, wie Rettung und Flucht zu bewerkstelligen seien, einbezogen und kann sich ihnen unmöglich verschließen. Das Leben ihres Bruders und der Griechen steht auf dem Spiel. Ehrlichkeit gegenüber Thoas, der sich ihr gegenüber stets edel und gütig gezeigt hat, ist jetzt nicht mehr durchzuhalten. Iphigenie kommt um eine Entscheidung nicht herum, und sie wählt, was in der Welt der Verwicklungen das Vernünftige, Normale ist und wofür Pylades so wortreich zu streiten weiß: die List und die Täuschung. Die Opferung der angeblich Fremden, die ihre Nächsten sind, glaubt sie anders nicht abwenden zu können. Von den Verhältnissen zu Lüge und Verstellung gezwungen, droht auch sie der alte Fluch einzuholen. So scheinen denn doch die Götter beschlossen zu haben, auch ihre sittliche Existenz zu zerstören, auch sie ihrer Identität zu berauben. »Ich muß ihm [dem Pylades und seinem Plan] folgen denn die Meinigen / Seh ich in dringender Gefahr. Doch ach! / Mein eigen Schicksal macht mir bang und bänger. / [...] Soll dieser Fluch denn ewig walten? Soll / Nie dies Geschlecht mit einem neuen Segen / Sich wieder heben?« (V. 1689 ff.) In dieser Situation, eingeklemmt in die Zwänge, aus denen sich kein Ausweg zeigt, entsinnt sie sich (übrigens ganz folgerichtig) an »das Lied der Parzen das sie grausend sangen, / Als Tantalus vom goldnen Stuhle fiel« (V. 1720 f.). Es ist das Lied von der schrankenlosen Macht und Willkür der olympischen Götter:

> Es fürchte die Götter
> Das Menschengeschlecht!
> Sie halten die Herrschaft
> In ewigen Händen
> Und können sie brauchen
> Wie's ihnen gefällt.

Von ihnen fühlt sich nun auch Iphigenie im Stich gelassen, verstoßen, in Ausweglosigkeit gestürzt, und sie fürchtet, daß in solcher Verfinsterung ihres Geschicks der alte Haß der Tantaliden gegen die Olympier in ihr aufkeimen könne. »Rettet mich / Und rettet euer Bild in meiner Seele« (V. 1716f.). An das Gute der Götter zu glauben kann ihr nur noch ermöglicht werden, wenn sie heil, unversehrt, in Übereinstimmung mit sich aus der Verstrickung hinausgelangt. Das gelingt ihr, aber nicht durch das Eingreifen irgendwelcher Gottheiten, sondern dadurch, daß sie selbst, ganz autonom, die »unerhörte Tat« (V. 1892) wagt, von Lug und Trug sich abzuwenden und alles auf die Wahrhaftigkeit zu setzen. Das »Lied der Parzen« hat sie mit einer vieldeutigen Strophe weitergedichtet:

> So sangen die Parzen!
> Es horcht der Verbannte,
> In nächtlichen Höhlen
> Der Alte die Lieder,
> Denkt Kinder und Enkel
> Und schüttelt das Haupt.

Sinnt Tantalus, »der Alte«, an das grausige Schicksal der Kinder und Enkel denkend, kopfschüttelnd darüber nach, ob denn nicht einer endlich vom Fluch freizukommen vermag? Iphigenie ist es, die im unmittelbar anschließenden fünften Akt auf den Weg freier Selbstentscheidung gelangt, die den Zwangszusammenhang des Gewesenen aufsprengt.

Im entscheidenden Moment bringt sie es nicht über sich, bei der Lüge zu bleiben. Sie hält die Sprache der Täuschung nicht durch, sie fällt ins Stammeln: »Sie sind – sie scheinen – für Griechen halt ich sie« (V. 1889), um dann, »nach einigem Stillschweigen«, als »unerhörte Tat« etwas anderes zu bezeichnen und zu bezeugen als nur die kämpferische Heldentat eines Mannes, wie es üblich ist. Sie bekennt die wahren Zusammenhänge und pocht auf Thoas' Großmut. Und er folgt tatsächlich dem Appell an seine Menschlichkeit und läßt die Griechen ziehen. Ein »Lebt wohl!« besiegelt seinen Verzicht.

Ohne ein künstliches Arrangement kommt Goethe beim brüchigen Motivationsgeflecht seines Schauspiels allerdings nicht aus. Als Thoas, der auf die Wahrung der Würde seines Landes gegenüber den Griechen bedacht sein muß (V. 2098ff.), der kampflosen Preisgabe des »heiligen Bildes der Göttin« nicht zustimmen kann, weiß Orest flugs die neue, die richtige Auslegung des Apollschen Spruches: Nicht das Kultbild der Diana, der Schwester Apolls also, sei gemeint, sondern seine eigene, Orests Schwester, Iphigenie. Damit erst ist die Voraussetzung der glücklichen Lösung geschaffen; denn Iphigenie kann den Taurerkönig nun an das einst gegebene Versprechen mahnen, sie ziehen zu lassen, wenn sie »nach Hause Rückkehr hoffen« kann (V. 293). Es ist also nicht ein allgemeiner Appell an die Menschlichkeit, dem Thoas gehorcht, sondern er hält ein einmal gegebenes Versprechen.

Die Besonderheit dieser Handlungskonstruktion verändert indes nicht das Gewicht jener »unerhörten Tat«, die erst die guten Folgen ermöglichte. Wenn Menschen sich so verhalten, und nur dann, erweist sich, daß ›Götter‹ nicht das Böse wünschen. Der geheilte Orest und die Iphigenie der autonomen Entscheidung für Wahrhaftigkeit sind es, denen im Spiel des Dramas der wahre, zum versöhnlichen Ende führende Sinn des Orakels geöffnet wird. Thoas beweist durch sein Handeln: durch die Einlösung seines Versprechens, durch den Verzicht auf Rache, Strafe und herrscherliche Machtausübung, daß er fähig ist, die »Stimme / Der Wahrheit und der Menschlichkeit« (V. 1937f.) zu vernehmen und auf sie zu antworten.

Dieser König von Barbaren (eine der im 18. Jahrhundert beliebten Gestalten des ›edlen Wilden‹, die die Zivilisierten durch ihr menschliches Verhalten beschämen) bleibt am Ende allein, vereinsamt zurück. Er ist es, der in dem Musterspiel um Humanität, das in der *Iphigenie* inszeniert ist, die Zeche zahlt; er ist es, der – wie Selim Bassa in Mozarts *Entführung aus dem Serail* – tätigen Verzicht leistet und in der Schlußszene fast gänzlich verstummt. Ob verstört oder verbittert, ob betroffen oder nachsinnend: wer könnte das entscheiden? »So geht« und »Lebt wohl!« sind die einzigen Worte, die er in den vielen Versen, die Orest und Iphigenie gehören, noch zu sagen hat, und es steht dahin, ob er den Scheidenden »zum Pfand der alten Freundschaft«, wie Iphigenie es wünscht (V. 2173), wirklich die Hand zu reichen vermag. Die Humanität geht auf seine Kosten. Was wird aus ihm, von dem es hieß »er fürchtet / Ein einsam hülflos Alter, ja vielleicht / Verwegnen Aufstand und frühzeitgen Tod« (V. 161ff.)? Das Volk der Taurer, für das Iphigeniens Anwesenheit humanisierende Wirkung bedeutete, gerät ganz aus dem Blick, obwohl Arkas gemahnt hatte: »Denn nirgends baut die Milde die herab / In menschlicher Gestalt vom Himmel kommt, / Ein Reich sich schneller als wo trüb und wild / Ein neues Volk voll Leben, Mut und Kraft / Sich selbst und banger Ahndung überlassen / Des Menschenlebens schwere Bürden trägt« (V. 1477ff.). Wenn in einer Versuchsanordnung in Sachen Humanität ein Teil die Aufwendungen zu erbringen hat und der andere Teil die Ergebnisse genießen kann, die auch zu Lasten derer gehen, die auf Hilfe angewiesen wären, bleiben offene Fragen.

Ohnehin ist in der Modellkonstruktion der Goetheschen *Iphigenie auf Tauris* nicht alles so licht und klar, wie es manche landläufige Meinung von der humanitären Botschaft der Iphigenienwelt gern wahrhaben möchte. Tantalus bleibt unerlöst, der sich, Goethes Mitleid besitzend, bei den Olympiern »nicht untergeordnet genug betragen« (*DuW*; 10, 49). Auch das »Lied der Parzen« ist kein Abgesang; es hält vielmehr die Erinnerung an immer noch mögliche Willkür der Götter und Aufbegehren dagegen wach. Schatten von Unterdrückung und Aufstand bleiben im Hintergrund sichtbar.

Weit ist das Exempelspiel der Wirklichkeit entrückt. Die Ferne des Mythos und die kunstvolle Sprache im Blankvers lassen alles in einer Distanz, die bewußt machen kann, daß hier nicht vorgeführt wird, was ist, sondern was sein könnte und müßte. Insofern betonen Stoff und Form die Appellfunktion des Stücks auf eindringliche Weise. Sie mag sich auswirken oder nur im schönen, aber fernen Modell bestaunt werden. Schon nach der Premiere der Prosafassung notierte ihr Dichter: »Iph. gespielt. gar᾽ gute Würckung davon besonders auf reine Menschen« (Tagebuch, 6. 4. 1779). Zwei Tage später eine Eintragung mit bemerkenswerter Einschränkung: »Man thut Unrecht an dem Empfindens und Erkennens Vermögen der Menschen zu zweifeln, da kan man ihnen viel zu trauen, nur auf ihre Handlungen muss man nicht hoffen.«

Goethe hat sein Drama recht kritisch beurteilt. Als er 1802 »hie und da hineingesehen« hatte, kam es ihm »ganz verteufelt human« vor (an Schiller, 19. 1. 1802). Beim flüchtigen ›Hineinsehen‹ wurde ihm wohl bewußt, daß die Grundführung der Orest- und Iphigenienhandlung allzu glatt Konflikte löst und das Individuum, sofern es nur das Humane will, zu sicher vor dem Scheitern gefeit erscheint.

Egmont

Über viele Jahre hat sich Goethes Arbeit am *Egmont* hingezogen. Am 15. und 18. August 1787 konnte er Göschen und Philipp Seidel endlich melden: »Egmont ist fertig!« Der Abschluß der Dichtung, so schrieb er nach Ausweis der *Italienischen Reise* am 3. November, sei eine unsäglich schwere Aufgabe gewesen, die er »ohne eine ungemessene Freiheit des Lebens und des Gemüts nie zustande gebracht hätte. Man denke, was das sagen will: ein Werk vornehmen, was zwölf Jahre früher geschrieben ist, es vollenden, ohne es umzuschreiben.« Dieses Drama hat ihn also durch das ganze voritalienische Weimarer Jahrzehnt begleitet, und wenn er 1778 von der Reise nach Berlin berichtete, er »scheine dem Ziele dramatischen Wesens immer näher zu kommen«, da es ihn nun immer näher angehe, »wie die Grosen mit den

Menschen, und die Götter mit den Grosen spielen« (an Ch. v. Stein 14. 5. 1778), dann konnten solche Erfahrung und Erkenntnis gerade auch in das Schauspiel um den lebensfrohen, seinem Dämon vertrauenden Grafen Egmont einfließen, dessen Leben das Todesurteil der spanischen Herrschaftsmacht auslöschte. *Iphigenie* und *Egmont*: beiden Dichtungen widmete sich Goethe im gleichen Lebensabschnitt, in gleichen Lebenszusammenhängen und formte sie zu ganz unterschiedlicher Gestalt. Das antikische Stück, beinahe festspielartig, Kunst gegen die Misere der Wirklichkeit setzend, wurde zum strengen Gebilde, in dem Szene für Szene in die geschlossene Ordnung von Ort, Zeit, Handlung gefügt und eine Verssprache geschaffen war, die das alltägliche Reden vergessen machte. Im *Egmont* dagegen Episodenreichtum, lockere Reihung der Auftritte, Volksszenen und ungekünsteltes, lebensnahes Sprechen. Noch und wieder praktizierte der Stückeschreiber Goethe, was er bei Shakespeare glaubte gelernt zu haben und in der Szenenfolge des *Götz* erprobt hatte.

Zu Ostern 1788 erschien der fünfte Band der *Schriften* bei Göschen; im September brachte die *Allgemeine Literaturzeitung* in Jena eine ausführliche Besprechung des *Egmont*, deren Beginn uns bekannte Zusammenhänge rekapituliert:

Dieser fünfte Band der Goethischen Schriften, der durch eine Vignette und Titelkupfer, von der Angelika Kaufmann gezeichnet und von Lips in Rom gestochen, verschönert wird, enthält außer einem ganz neuen Stück, »Egmont«, die zwei schon längst bekannten Singspiele »Claudine von Villa Bella« und »Erwin und Elmire«, beide nunmehr in Jamben und durchaus sehr verändert (SA 16, 179).

Niemand anders als Friedrich Schiller war der Rezensent (der mit Goethe noch nicht in nähere Berührung gekommen war). Von einer gattungstheoretischen Argumentation ausgehend, suchte er die charakteristischen Züge des neuen Stücks zu erfassen. Dem tragischen Dichter, so die Unterscheidung, dienten als Stoff entweder »außerordentliche *Handlungen* und *Situationen*«, »*Leidenschaften*« oder »*Charaktere*«. Wenn auch oft »alle diese drei, als Ursach und Wirkung, in *einem* Stücke sich beisammen finden, so ist doch immer das eine oder das andere vorzugsweise der letzte Zweck der Schilderung gewesen.« Die alten Tragiker hätten sich »beinahe einzig auf Situationen und Leidenschaften eingeschränkt«. Darum finde man bei ihnen auch nur »wenig Individualität, Ausführlichkeit und Schärfe der Charakteristik«. Erst in neueren Zeiten und in diesen erst seit Shakespeare sei die Tragödie mit der dritten Gattung bereichert worden. »In Deutschland gab uns der Verfasser des ›Götz von Berlichingen‹ das erste Muster in dieser Gattung« (SA 16, 180).

Zu dieser letzten Gattung nun gehört das vorliegende Stück [...]. Hier ist keine hervorstechende Begebenheit, keine vorwaltende Leidenschaft, keine Verwickelung, kein dramatischer Plan, nichts von dem allem; – eine bloße Aneinanderstellung mehrerer einzelnen Handlungen und Gemälde, die beinahe durch nichts als durch den Charakter zusammengehalten werden, der an allen Anteil nimmt und auf den sich alle beziehen. Die Einheit dieses Stücks liegt also weder in den Situationen noch in irgendeiner Leidenschaft, sondern sie liegt in dem *Menschen*.

In den zweihundert Jahren, in denen man seitdem über Goethes *Egmont* nachgedacht hat, machte diese Beobachtung des frühen Rezensenten Schule: daß Egmont die Einheit stiftende und Zusammenhang verbürgende Gestalt des Dramas sei.

Ohne daß er selbst auftritt, ist in den drei Szenen des ersten Akts (»Armbrustschießen«, »Palast der Regentin«, »Bürgerhaus«) der Titelheld als geheimer Mittelpunkt, auf den sich alles bezieht, gegenwärtig. Die Bürger schwärmen von ihm (»Warum ist alle Welt dem Grafen Egmont so hold? Warum trügen wir ihn alle auf den Händen? Weil man ihm ansieht, daß er uns wohlwill; weil ihm die Fröhlichkeit, das freie Leben, die gute Meinung aus den Augen sieht; weil er nichts besitzt, das er dem Dürftigen nicht mitteilte, auch dem, der's nicht bedarf«). Margarete von Parma, die Regentin in den spanischen Niederlanden, ist zwar skeptisch hinsichtlich der politischen Folgen, die Egmonts Verhalten bringen könnte, bewundert und beargwöhnt seine Selbstsicherheit (»Er trägt das Haupt so hoch, als wenn die Hand der Majestät nicht über ihm schwebte«), muß sich aber von ihrem Berater Machiavell sagen lassen: »Die Augen des Volks sind alle nach ihm gerichtet, und ihre Herzen hängen an ihm.« Und Klärchens Leben ist von Grund auf verändert, seit sie die Geliebte des niederländischen Grafen ist: »Diese Stube, dieses kleine Haus ist ein Himmel, seit Egmonts Liebe drin wohnt« (4, 386). Bewunderung und Zuneigung, Respekt und Argwohn, grenzenlose Liebe bringen die Menschen dem entgegen, über den nur erst gesprochen wird. Was Goethe nach seinen eigenen Worten in *Dichtung und Wahrheit* dem Helden mitgegeben hat, läßt er im Eröffnungsakt durchscheinen: »die ungemeßne Lebenslust, das grenzenlose Zutrauen zu sich selbst, die Gabe alle Menschen an sich zu ziehn (attrattiva) und so die Gunst des Volks, die stille Neigung einer Fürstin, die ausgesprochene eines Naturmädchens« zu gewinnen (10, 176).

Eine meisterhafte Exposition, wie der erste Aufzug aus verschiedenen Perspektiven die Hauptfigur vorstellt und in jene Bereiche einführt, in denen alles weitere Geschehen angesiedelt ist: die Welt der Brüsseler Bürger samt ihren Emotionen und divergierenden Meinungen; das glatte Parkett der großen Politik, wo der Graf sich zu bewegen hat; die private Sphäre um Klärchen und ihren Geliebten. Je weiter das Stück fortschreitet und Egmont in unterschiedlichen Situationen zeigt, desto deutlicher tritt das Besondere seines Charakters hervor und desto klarer zeichnen sich die politischen Auffassungen und Mächte ab, die in der krisenhaften geschichtlichen Epoche in Widerstreit geraten. Denn das Trauerspiel *Egmont* führt nicht nur die »attrattiva«, die Anziehungskraft und Lebensfülle einer besonderen Individualität vor, sondern ebenso den Kampf zwischen politischen Grundauffassungen von den Rechten und dem Freiheitsspielraum, die den Menschen einzuräumen sind. Es klingt banal, muß aber betont werden: Egmont gerät nicht nur wegen seiner Sorglosigkeit, seiner heiteren Lebenszuversicht, seines Vertrauens auf die nachtwandlerische Richtigkeit seines Verhaltens in den Untergang (wiewohl das alles ihn mitherbeiführt), sondern er scheitert in einer bestimmten politischen Konstellation, in der seine Vorstellungen sich nicht (nicht mehr oder noch nicht) verwirklichen können. Wäre das nicht so und ginge es nur um die dichterische Darstellung der faszinierenden Lebenszugewandtheit und Anziehungskraft einer außergewöhnlichen Persönlichkeit und ihres Scheiterns in der Welt, dann wäre es belanglos, von welcher Art die Widerstände wären, an denen er zerschellte.

Ähnlich wie im *Götz von Berlichingen* hat Goethe wieder eine historische Umbruchsituation gewählt. Es ist die Zeit kurz vor dem Ausbruch des Kampfes der Niederländer gegen die spanische Herrschaft im 16. Jahrhundert. Margarete von Parma, Schwester des spanischen Königs Philipp II., residiert als Regentin in Brüssel; Egmont ist einer der Statthalter in den Niederlanden. Goethes Drama setzt ein, als sich die Lage zwischen Spaniern und Einheimischen zu verschärfen beginnt. Protestantische Bilderstürmer in Flandern schaffen Unruhe; die Bürger selbst wissen nicht recht, was sie davon halten und wie sie sich überhaupt verhalten sollen. Die regierende Besatzungsmacht, bisher von der Regentin einigermaßen milde und mit Verständnis für die Traditionen und angestammten Rechte der Niederländer repräsentiert, schaltet auf Härte und Unnachgiebigkeit um: Herzog Alba löst Margarete von Parma ab und garantiert für kalkulierte Grausamkeit und unerbittliche Durchsetzung einer menschenverachtenden Staatsräson, die er überdies mit eiskalter Ratio zu begründen weiß. Wilhelm von Oranien, einer der Statthalter, bringt sich rechtzeitig in Sicherheit; Egmont aber, auf sein ›Schicksal‹ vertrauend, bleibt, erscheint sogar zur Audienz bei Alba, disputiert mit ihm, freimütig, um Verständnis für die Unterdrückten werbend – und weiß nicht, daß seine Verhaftung bereits beschlossen ist. Das Todesurteil folgt; denn zu wenig hat er bisher bezeugt, was Alba ihm entgegenhält: »Gehorsam fordre ich von dem Volke – und von euch, ihr Ersten, Edelsten,

Rat und Tat, als Bürgen dieser unbedingten Pflicht« (4, 432). Im Kerker endet Goethes Trauerspiel, vor der Hinrichtung, mit einer Traumvision von der »Freiheit im himmlischen Gewande«, die die Züge Klärchens trägt; ein Schluß, über den seit Schillers beißender Kritik gestritten wird.

Egmont erscheint zum erstenmal in der zweiten Szene des zweiten Akts, wo er mit seinem Sekretär geschäftliche Dinge zu regeln hat. Er entscheidet rasch, entschlußfreudig, und innerhalb seiner Möglichkeiten plädiert er von Fall zu Fall eher für Milde denn für Strenge. Doch die knappe Erledigung einzelner Punkte ist nur wie ein Vorspiel zu seiner Selbstdarstellung und Selbstinterpretation, zu der ihm die Antwort auf das Schreiben des Grafen Oliva Gelegenheit gibt. Dieser ist der »Sorgliche« (4, 399), der Vorausschauende, der Abwägende, der mahnt, sich den Gegebenheiten anzupassen und zu bedenken, welche Folgen unbedachte, wenn auch in geselligem Übermut getane Äußerungen haben können. Eben das will Egmont nicht: sich von der Sorge leiten lassen. Wie ein Leitmotiv ziehen sich Geltungsanspruch der Sorge und dessen Ablehnung durch das Stück. Unbesorgt zu sein, zurück- und vorausdenkendes Überlegen abzulehnen, im Auskosten des jeweils Gegenwärtigen leben zu wollen: das kennzeichnet den Grafen Egmont und unterscheidet ihn von den sorgsam Voraus- und Zurückblickenden. »Der Treue, Sorgliche! Er will mein Leben und mein Glück, und fühlt nicht, daß der schon tot ist, der um seiner Sicherheit willen lebt. [...] Ich handle, wie ich soll, ich werde mich schon wahren. [...] Daß ich fröhlich bin, die Sachen leicht nehme, rasch lebe, das ist mein Glück; und ich vertausch es nicht gegen die Sicherheit eines Totengewölbes. [...] Leb ich nur, um aufs Leben zu denken? Soll ich den gegenwärtigen Augenblick nicht genießen, damit ich des folgenden gewiß sei?« Er mag die ständigen Ermahnungen nicht. »Sie machen nur irre, sie helfen nichts. Und wenn ich ein Nachtwandler wäre, und auf dem gefährlichen Gipfel eines Hauses spazierte, ist es freundlich, mich beim Namen zu rufen und mich zu warnen, zu wecken und zu töten? Laßt jeden seines Pfades gehn; er mag sich wahren. [...] Scheint mir die Sonne heut, um das zu überlegen, was gestern war? und um zu raten, zu verbinden, was nicht zu erraten, nicht zu verbinden ist, das Schicksal eines kommenden Tages?«

In einem Bild, das den Mythos von Phaëton, dem Sohn des Sonnengottes Helios, streift, drückt Egmont auf dem Höhepunkt des Gesprächs seine Lebensauffassung aus: »Wie von unsichtbaren Geistern gepeitscht, gehen die Sonnenpferde der Zeit mit unsers Schicksals leichtem Wagen durch; und uns bleibt nichts, als mutig gefaßt die Zügel festzuhalten, und bald rechts, bald links, vom Steine hier, vom Sturze da, die Räder wegzulenken. Wohin es geht, wer weiß es? Erinnert er sich doch kaum, woher er kam« (4, 400f.). So wichtig waren Goethe diese Sätze, daß er mit ihnen seine Autobiographie *Dichtung und Wahrheit* beendete. In den Bildern des Nachtwandlers und des Wagenlenkers versinnbildlicht Egmont das Wesen seiner Existenz, wie er sie begreift: Auf instinktive Sicherheit vertraut er bei seinem Lebensweg; in Übereinstimmung mit sich, von außen nicht gestört und nicht verwirrt, will er leben, sich ausleben. Aber das Bild vom Wagenlenker verdeutlicht auch, daß er nicht nur in nachtwandlerischer Unbewußtheit leben kann. Zwar wird die Fahrt des Wagens (das eigene »Schicksal«) von Mächten bestimmt, die unerkannt bleiben und von denen allenfalls in mythologischer Umschreibung zu reden ist (»unsichtbare Geister«, »Sonnenpferde der Zeit«), aber immerhin bleibt es dem Lenker möglich und wird von ihm gefordert, bei der vorbestimmten Fahrt gegenzusteuern, wenn Unfälle drohen. Genau diese Mischung aus Vertrauen in schicksalhaft Verhängtes, in das Leben aus dem eigenen Schwerpunkt, und Einsicht in die Notwendigkeit, auch handeln und entscheiden zu müssen, kennzeichnet den niederländischen Grafen.

Die anschließende Unterredung mit Wilhelm von Oranien bringt Egmont in die Situation, eine Entscheidung fällen zu müssen, »vom Steine hier, vom Sturze da, die Räder wegzulenken«. Oranien erkennt die Gefahr, die heraufzieht: der König werde eine neue härtere Politik verfolgen, nämlich »das Volk zu schonen und die Fürsten zu verderben« (4, 403), werde Treulosigkeit nennen, »was wir heißen: auf unsre Rechte halten«. Die Entsendung Albas in die Niederlande beweise es. Es sei dringlich angezeigt, nicht zu dessen Begrüßung zu erscheinen, sondern Brüssel sofort zu verlassen. So wie es sich zieme, sich für Tausende hinzugeben, so zieme es sich auch, sich für Tausende zu schonen. Egmont, der noch nicht an die befürchtete Entwicklung glaubt, argumentiert seinerseits mit einer präzisen politischen Überlegung (was leicht übersehen wird, wenn man sich vom Reiz seiner »attrattiva« überwältigen läßt). Denn er stellt in Rechnung, daß eine Weigerung, Alba als den neuen Regenten zu begrüßen, diesem erst recht den Vorwand zum Krieg liefern könnte. »Bedenke«, hält er Oranien entgegen, »wenn du dich irrst, woran du schuld bist: an dem verderblichsten Kriege, der je ein Land verwüstet hat. Dein Weigern ist das Signal, das die Provinzen mit *einmal* zu den Waffen ruft, das jede Grausamkeit rechtfertigt, wozu Spanien von jeher nur gern den Vorwand gehascht hat« (4, 405). Also bleibt Egmont in Brüssel, erscheint zur Audienz bei Alba, und es erweist sich mit tödlicher Konsequenz, daß er die Nähe der Bedrohung nicht richtig eingeschätzt hat. »Er kennt keine Gefahr, und verblendet sich über die größte, die sich ihm nähert«, urteilte Goethe später über ihn (10, 176). Im Gespräch mit Oranien hatte sich in Egmonts politischer Argumentation auch immer wieder jene vitale Sorglosigkeit eingeschlichen, die ihn am Ende der Szene in tragischer

Ironie ausrufen läßt: »Daß andrer Menschen Gedanken solchen Einfluß auf uns haben! Mir wär es nie eingekommen; und dieser Mann trägt seine Sorglichkeit in mich herüber. – Weg! – das ist ein fremder Tropfen in meinem Blute. Gute Natur, wirf ihn wieder heraus!« (4, 407)

In seiner Argumentation gegen Oranien verknüpft Egmont auf etwas verdeckte Weise das »grenzenlose Zutrauen zu sich selbst« (10, 176) mit seinen politischen Grundüberzeugungen. Egmont möchte sich nicht entfernen, sondern beim Volk bleiben. Müßte sich, so gibt er zu bedenken, Oranien nach Verlassen Brüssels und nach Ausbruch eines fürchterlichen Krieges, in dem die zugrunde gingen, »für deren Freiheit« er die Waffen ergriff, nicht »still sagen«, daß er in Wahrheit für die eigene Sicherheit gestritten habe? Egmont als volksverbundener Graf, der seine »ungemeßne Lebenslust« ausleben will und dabei zugleich für Rechte und Freiheit des Volkes eintritt, sie repräsentiert und in seiner Person beispielhaft vorlebt: so tritt er auf, so wird er gesehen. Aber Egmont ist kein Freiheitskämpfer im Sinne eines Vorkämpfers für Rechte und Freiheiten, die allen Menschen in gleichem Maße zu gewähren seien. Er hat anderes im Sinn: die Erhaltung der althergebrachten Rechte und Freiheiten, wie sie im vorabsolutistischen feudalen Ständestaat jedem Stand (samt seinen »Privilegien«) eingeräumt waren. In solcher Ordnung haben die vielen adligen Herren ihren angestammten Platz, wahren die Rechte der anderen und ihre eigenen, leben (wie die Idealgestalt Egmont) in patriarchalischer Fürsorge für das Volk, wissen, was ihm frommt und schadet, und wehren das Fremde ab, das die gewachsene Tradition beeinträchtigen oder gar zerstören könnte. Justus Mösers Auffassungen sind in solchen Gedanken lebendig. *Der jetzige Hang zu allgemeinen Gesetzen und Verordnungen ist der gemeinen Freiheit gefährlich* war einer seiner Aufsätze in den *Patriotischen Phantasien* 1775 überschrieben. Alles »auf einfache Grundsätze zurückgeführt« zu sehen widerspreche »dem wahren Plan der Natur«. Damit werde der »Weg zum Despotismus« gebahnt, »der alles nach wenigen Regeln zwingen will und darüber den Reichtum der Mannigfaltigkeit verliert«. Eben diese Ansichten vertritt Egmont in seinem Streitgespräch mit Alba (4. Akt). Er befürchtet, der spanische König sei nicht nur darauf aus, »die Provinzen nach einförmigen und klaren Gesetzen zu regieren«, sondern mehr noch: »sie unbedingt zu unterjochen, sie ihrer alten Rechte zu berauben, sich Meister von ihren Besitztümern zu machen, die schönen Rechte des Adels einzuschränken, um derentwillen der Edle allein ihm dienen, ihm Leib und Leben widmen mag« (4, 429).

Alba als Gegenspieler ist bei Goethe nicht ein schlichter Bösewicht. Er vertritt die Staatsauffassung eines Absolutismus, der allerdings die Züge eines aufgeklärten Herrschaftssystems, das wenigstens dem Prinzip nach auch das Wohlergehen der Untertanen sichern will, abgestreift und das Volk in den Stand unmündiger, mit unnachsichtiger Härte zu behandelnder Kinder herabgesetzt hat. Er argumentiert für die Veränderung des alten Bestehenden, für zentralistische Gewalt und einheitliche Regeln gegen den »Reichtum der Mannigfaltigkeit« (Möser). Ihm gegenüber ist Egmont der Konservative, der bewahren und Fremdes abwehren will. Goethe hat selbst darauf hingewiesen, daß die politische Konfrontation im *Egmont* für ihn zeitgeschichtliche Aktualität bekam: »Um mir selbst meinen ›Egmont‹ interessant zu machen, fing der römische Kaiser [Joseph II.] mit den Brabantern Händel an« (*IR* 10. 1. 1788). Wie sich jetzt, Ende des 18. Jahrhunderts, die Niederländer gegen die imperialistische Machtpolitik Josephs II. und seine absolutistische ›Reform‹ mit ihrem gleichschaltenden, durchrationalisierten Bürokratismus auflehnten, so kämpften damals, zur Zeit Egmonts, die Rebellen für die »alten Rechte« und gegen das Neue, Fremde. Auf wessen Seiten die Sympathien des Ministers Goethe lagen, ist offenkundig. Den Aufstand der Niederländer zu begrüßen und die Französische Revolution abzulehnen, wie Goethe es tat, ist daher kein Widerspruch, sondern folgerichtig. Denn die Revolution in Frankreich richtete sich gegen das Hergebrachte, gegen »alte Rechte« und »Privilegien«, gegen die traditionelle Ordnung und verkündete die gleichen Rechte für alle Menschen; der Dichter des *Egmont* dagegen glaubte schon 1788 zu wissen, »daß Freiheit und Gleichheit nur in dem Taumel des Wahnsinns genossen werden können« (11, 515).

Das Volk hat seinen Grafen Egmont ins Herz geschlossen, und er selbst fühlt sich in Übereinstimmung mit seinen Niederländern. Das Volk sieht in der Art, wie er lebt und tapfer gekämpft hat, gewünschte Lebensverwirklichung, und er wiederum ist überzeugt, dessen Wünsche zu kennen und sich ihnen gemäß als adliger Herr zu verhalten.

Daß eine Regierung der »Edlen« und eine ständische Ordnung nötig seien, steht für Egmont unverrückbar fest. »Dem edlen Pferde, das du reiten willst, mußt du seine Gedanken ablernen, du mußt nichts Unkluges, nichts unklug von ihm verlangen«, sucht er Alba zu überzeugen. »Darum wünscht der Bürger seine alte Verfassung zu behalten, von seinen Landsleuten regiert zu sein, weil er weiß, wie er geführt wird, weil er von ihnen Uneigennutz, Teilnehmung an seinem Schicksal hoffen kann« (4, 430). Freiheit in Egmonts Sinn bedeutet die Bewahrung des Alten, in langer Tradition Gewordenen und die Abwehr des Fremden, das ihm widerspricht. Als Egmont so nachdrücklich betont, der Bürger wolle von dem regiert sein, »den er als seinen Bruder ansehen kann«, genügt freilich eine einzige Bemerkung Albas, um dieses Brüderlichkeitspathos in Zweifel zu ziehen und als Ideologie zu entlarven: »Und doch hat der Adel mit diesen seinen Brüdern sehr ungleich geteilt« (4, 431). Egmonts Erwiderung ist schwach und könnte einer energischen kritischen Nachfrage kaum standhalten: »Das ist vor Jahrhunderten geschehen und wird jetzt ohne Neid geduldet.«

Wie auch immer Goethe, der die Kontrahenten solche Meinungen austauschen ließ, die Stichhaltigkeit ihrer Argumente bewertete, so ist doch nicht zu bezweifeln, daß er in Egmont das Wunschbild eines regierenden Edelmanns gestaltet hat. In ihm ist mehreres zur Anschauung gebracht, das sich nicht bruchlos zusammenfügt. Er ist der Mensch, der voll im Gegenwärtigen zu leben wünscht, die »Sorglichkeit« abweist und seinem Geschick vertraut. Er ist der Graf, der die »alten Rechte« verteidigt und für die »Freiheit« eintritt, die die Freiheit von Fremdherrschaft und eine Freiheit meint, die jedem nach seinem Stand zukommt. In ihm erkennt sich das Volk in erwünschter Lebensverwirklichung wieder, und er fühlt sich seinerseits dem wahren Wesen des Volkes verbunden. Der alte Goethe sprach von »Volkheit«, wenn er Wesen und Wollen eines Volkes begrifflich zu fassen suchte. Was in den *Maximen und Reflexionen* aufgezeichnet ist, steht der *Egmont*-Welt nicht fern: Das Gesetz soll und kann »der allgemein ausgesprochene Wille der Volkheit sein, ein Wille, den die Menge niemals ausspricht, den aber der Verständige vernimmt, und den der Vernünftige zu befriedigen weiß und der Gute gern befriedigt« (12, 385). Mit demokratischen Vorstellungen heute wie damals ist diese Auffassung natürlich nicht zu versöhnen, bei der die Frage unbeantwortet bleibt, wer aufgrund welcher Fähigkeiten erkennt und festsetzen darf, was den »Willen der Volkheit« ausmacht (wie umgekehrt die Mehrheit von Stimmen nicht prinzipiell schon die Wahl des Richtigen verbürgt).

Egmonts Verbundenheit mit dem Volk drückt sich auf rührende Weise in seiner Liebe zu Klärchen aus. So jedenfalls soll sie aufgefaßt werden, nicht als beiläufige erotische Eskapade eines hohen Herrn mit einem Mädchen aus dem Volk. Um einen solchen Egmont zu dichten, mußte Goethe »der historischen Wahrheit Gewalt antun« (Schiller, SA 16, 184). Der geschichtliche Egmont war verheiratet, hatte viele Kinder, »durch eine prächtige Lebensart sein Vermögen äußerst in Unordnung gebracht und *brauchte also den König* [...].« Seine Entfernung aus dem Lande hätte ihn um seine Einkünfte und um den Besitz seiner Güter gebracht. Daß der historische Egmont zusammen mit dem Grafen Hoorn (den Goethe nicht erwähnt) am 5. Juni 1568 auf dem Brüsseler Markt hingerichtet wurde und daß die Ereignisse im Drama zeitlich gerafft sind (zwischen Verurteilung und Hinrichtung vergingen in Wirklichkeit neun Monate), sei nur am Rande vermerkt. Schiller gestand dem Dichter selbstverständlich zu, sich von der geschichtlichen Wahrheit zu entfernen. Doch müsse es Ziel des Dramatikers sein, »das Interesse seines Gegenstandes zu *erheben*, aber nicht [...] zu *schwächen*«. Das aber sei im *Egmont* geschehen, wo uns ein »Liebhaber von ganz gewöhnlichem Schlag« geboten werde, der, »mit dem besten Herzen zwar, zwei Geschöpfe unglücklich macht, *um die sinnenden Runzeln von seiner Stirne wegzubaden*« (so Egmonts Worte nach dem Disput mit dem besorgten Oranien). Unbestritten: sieht man in der Liebe Egmont/Klärchen nur das erotische Freizeitvergnügen eines Adligen, dann ist solche Kritik unausweichlich. Den Schluß des Trauerspiels mit der auf die Bühne gebrachten »Erscheinung« hat Schiller als einen »Salto mortale« verurteilt, durch den der Zuschauer »in eine Opernwelt« versetzt werde. Hinter Egmonts Lager im Gefängnis, so die Regieanweisung Goethes, »scheint sich die Mauer zu eröffnen, eine glänzende Erscheinung zeigt sich. Die Freiheit in himmlischem Gewande, von einer Klarheit umflossen, ruht auf einer Wolke. Sie hat die Züge von Klärchen und neigt sich gegen den schlafenden Helden. [...] Sie heißt ihn froh sein, und indem sie ihm andeutet, daß sein Tod den Provinzen die Freiheit verschaffen werde, erkennt sie ihn als Sieger und reicht ihm einen Lorbeerkranz« (4, 452f.). Ein Traumbild Egmonts, der eingeschlafen war und nach der »Erscheinung« erwacht. Ihn hatte im Gefängnis für Momente die »Sorge« eingeholt. Dann hatte er noch einen höchsten Beweis seiner »attrattiva« erhalten, indem Ferdinand, Albas Sohn, sich zu ihm bekannte. Noch einmal hatte er Gelegenheit, seine Lebensmaxime im Angesicht des Todes zu bekräftigen. Auf Ferdinands Frage, ob ihn denn niemand gewarnt habe, gesteht er: »Ich war gewarnt« und schließt an: »Es glaubt der Mensch, sein Leben zu leiten, sich selbst zu führen; und sein Innerstes wird unwiderstehlich nach seinem Schicksale gezogen« (4, 451). »Leichtsinniges Selbstvertrauen« (Schiller) und die erläuterten politischen Erwägungen hatten ihn den Weg zu Alba antreten lassen, ins Verderben. Eine geschichtliche Macht vernichtete ihn. Auch ihr hat Goethe das Prädikat des Dämonischen zuerkannt, als er in *Dichtung und Wahrheit* erläuterte:

Das Dämonische, was von beiden Seiten im Spiel ist, in welchem Konflikt das Liebenswürdige untergeht und das Gehaßte triumphiert, sodann die Aussicht, daß hieraus ein Drittes hervorgehe, das dem Wunsch aller Menschen entsprechen werde, dieses ist es wohl, was dem Stücke, freilich nicht gleich bei seiner Erscheinung, aber doch später und zur rechten Zeit, die Gunst verschafft hat, deren es noch jetzt genießt (10, 176f.).

Dieses »Dritte« leuchtet am Schluß auf. Erst und nur als Vision samt Egmonts deutenden Worten erscheint, was gewünscht und erhofft ist: die verwirklichte »Freiheit«, das Zusammenstehn von Volk und Held, der Sieg über die fremden Unterdrücker. Dieser Vision verdankt Egmont den Glauben an einen Sinn seines Todes, der über die gelassene Hinnahme persönlichen Schicksals (»ich habe mir genug gelebt«) hinausreicht. »[...] mein Blut und vieler Edlen Blut. Nein, es ward nicht umsonst vergossen. Schreitet durch! Braves Volk! Die Siegesgöttin führt dich an!« Vision und Egmonts Deutung sind nicht Wirklichkeit, sondern Ausdruck der Hoffnung, des Wunsches. In Wahrheit haben die Bürger (in Goethes *Egmont*) nicht gehandelt, sind nicht dem Aufruf Klärchens gefolgt, und einen siegreichen Kampf gegen die Fremden hat es nicht gegeben. Mehr und mehr unterdrückt, haben die Bürger, wie sie in vier Szenen auftreten (I 1, II 1, IV 1, V 1), zudem uneins, die Fähigkeit zum geschlossenen Handeln nicht bewiesen, und die Parolen des agitierenden Vansen betrafen gerade nicht jene »Freiheit«, an die Egmont dachte.

Das Wunschbild eines Menschen, der die Sorge verbannt und ausschließlich der Gegenwart lebt, der seinem Dämon folgt (»und vertrauet, scheiternd oder landend, / Seinen Göttern« schloß Goethes Gedicht *Seefahrt*), das Ideal eines regierenden Edelmanns, der sich mit dem Volk verbunden weiß und in dem sich das Volk wiedererkennt: Zeigen Untergang und Vision der Erfüllung an, daß solches für den Weimarer Goethe, der seine Erfahrungen gesammelt hatte, nur Wunsch, nicht Wirklichkeit sein konnte? Knebel schrieb er am 21. November 1782: »Wenn du nicht wiederkommen willst, biß Harmonie im Ganzen ist, [...] so werd ich dich ewig entbehren müssen.«

Mit der Besprechung seines *Egmont* hat Goethe in *Dichtung und Wahrheit* grundsätzliche Äußerungen über das Dämonische verbunden. Im Alter benutzte er gern dieses und verwandte Wörter, um auf etwas hinzudeuten, was sich nach seiner Meinung menschlichem Begreifen entzog. Er sprach vom »Dämonischen«, vom »Dämon«, auch von »Dämonen«, und diese Bezeichnungen konnten Verschiedenes meinen. In der Gedichtfolge *Urworte. Orphisch* überschrieb das griechische »ΔΑΙΜΩΝ, Dämon« jene Verse, die mit den Zeilen schließen: »Und keine Zeit und keine Macht zerstückelt / Geprägte Form, die lebend sich entwickelt.« Goethe kommentierte: »Der Dämon bedeutet hier die notwendige, bei der Geburt unmittelbar ausgesprochene, begrenzte Individualität der Person, das Charakteristische, wodurch sich der einzelne von jedem andern bei noch so großer Ähnlichkeit unterscheidet« (1, 403). Die in jedem Menschen angelegte Kraft zu eigener

Lebensverwirklichung, das »Unveränderliche des Individuums« konnte folglich als »Dämon« bezeichnet werden. In einigen außergewöhnlichen Menschen sah Goethe die Kraft zur Lebensverwirklichung besonders machtvoll und eindrucksstark ausgeprägt; sie titulierte er als »dämonische Naturen«. Napoleon war es für ihn »im höchsten Grade, so daß kaum ein anderer ihm zu vergleichen« sei. Herzog Carl August zählte er ebenfalls dazu; er sei eine »dämonische Natur« gewesen, »voll unbegrenzter Tatkraft und Unruhe, so daß sein eigenes Reich ihm zu klein war, und das größte ihm zu klein gewesen wäre« (E 2. 3. 1831). Lord Byron, Friedrich II. von Preußen, Peter den Großen zeichnete er gleichermaßen aus. Im selben Gespräch mit Eckermann beharrte er jedoch darauf, daß man nur solche Naturen dämonisch nennen könne, in denen sich das Dämonische »in einer durchaus positiven Tatkraft« äußere; Mephistopheles rechne nicht dazu, er sei ein »viel zu negatives Wesen«.

Auch von »Dämonen« redete Goethe gelegentlich, manchmal eher scherzhaft, dann wieder mit unverkennbarem Ernst, wie zwei Stellen aus Briefen an Zelter zeigen: »Dieses aber sowie manches andere sei den Dämonen empfohlen, die ihre Pfoten in all dem Spiel haben« (6. 11. 1830). »Ich erkenne aber auch diese Gunst der Dämonen und respektiere die Winke dieser unerklärlichen Wesen« (1. 2. 1831). Sich selbst sah er nicht als »dämonische Natur«. »In meiner Natur liegt es nicht, aber ich bin ihm unterworfen«, gestand er Eckermann (2. 3. 1831) und faßte den Bereich unbegreiflicher Mächte und Wirkungen in die knappste Formel: »Das Dämonische ist dasjenige, was durch Verstand und Vernunft nicht aufzulösen ist.«

Das Dämonische, so erläuterte Goethe, manifestiere sich »auf die verschiedenste Weise in der ganzen Natur, in der unsichtbaren wie in der sichtbaren. Manche Geschöpfe sind ganz dämonischer Art, in manchen sind Teile von ihm wirksam«. Keineswegs erhob er das Dämonische zu einem Welt und Geschichte beherrschenden Prinzip. Das »Dämonische« zu zitieren bedeutete für ihn lediglich, daß nicht alles von Verstand und Vernunft bewältigt werden könne. Freilich, da die Bezeichnung auf etwas verweist, was seinerseits als unbegreiflich gilt, bietet auch das gewichtige Wort keine Hilfe zum Verständnis. Vor fragwürdiger Anwendung war und ist jener Begriff nicht sicher. Historische Gestalten, mächtig wirkende Täter zu »dämonischen Naturen« zu erklären, könnte zur Folge haben, daß hingenommen und (in Schrecken und Bewunderung) bestaunt wird, was kritisch analysiert und begriffen werden könnte.

Aus der Alterssicht von *Dichtung und Wahrheit* schien es Goethe so, als habe sich bei ihm schon in frühen Jahren die merkwürdige Vorstellung vom Dämonischen gebildet. Als er auf seine Egmontdichtung einging, formulierte er zwar seine Gedanken über das unbegreifliche »Es«, konnte aber doch nur Umschreibung auf Umschreibung aneinanderreihen:

Es war nicht göttlich, denn es schien unvernünftig, nicht menschlich, denn es hatte keinen Verstand, nicht teuflisch, denn es war wohltätig, nicht englisch [engelhaft], denn es ließ oft Schadenfreude merken. Es glich dem Zufall, denn es bewies keine Folge, es ähnelte der Vorsehung, denn es deutete auf Zusammenhang. Alles, was uns begrenzt, schien für dasselbe durchdringbar, es schien mit den notwendigen Elementen unsres Daseins willkürlich zu schalten, es zog die Zeit zusammen und dehnte den Raum aus. Nur im Unmöglichen schien es sich zu gefallen und das Mögliche mit Verachtung von sich zu stoßen. Dieses Wesen, das zwischen alle übrigen hineinzutreten, sie zu sondern, sie zu verbinden schien, nannte ich dämonisch, nach dem Beispiel der Alten und derer, die etwas Ähnliches gewahrt hatten. Ich suchte mich vor diesem furchtbaren Wesen zu retten, indem ich mich, nach meiner Gewohnheit, hinter ein Bild flüchtete.

Während er im Gespräch mit Eckermann die »durchaus positive Tatkraft« einer »dämonischen Natur« hervorhob, trat in der weiteren Darstellung im 20. Buch von *Dichtung und Wahrheit* die grenzensprengende, in sittliche Normen nicht mehr einzuordnende Wirkkraft dämonischer Existenzen hervor:

Obgleich jenes Dämonische sich in allem Körperlichen und Unkörperlichen manifestieren kann, ja bei den Tieren sich aufs merkwürdigste ausspricht; so steht es vorzüglich mit dem Menschen im wunderbarsten Zusammenhang und bildet eine der moralischen Weltordnung, wo nicht entgegengesetzte, doch sie durchkreuzende Macht, so daß man die eine für den Zettel, die andere für den Einschlag könnte gelten lassen. [...] Am furchtbarsten aber erscheint dieses Dämonische, wenn es in irgend einem Menschen überwiegend hervortritt. Während meines Lebensganges habe ich mehrere teils in der Nähe, teils aus der Ferne beobachten können. Es sind nicht immer die vorzüglichsten Menschen, weder an Geist noch an Talenten, selten durch Herzensgüte sich empfehlend; aber eine ungeheure Kraft geht von ihnen aus, und sie üben eine unglaubliche Gewalt über alle Geschöpfe, ja sogar über die Elemente, und wer kann sagen, wie weit sich eine solche Wirkung erstrecken wird? Alle vereinten sittlichen Kräfte vermögen nichts gegen sie; vergebens, daß der hellere Teil der Menschen sie als Betrogene oder als Betrüger verdächtig machen will, die Masse wird von ihnen angezogen. Selten oder nie finden sich Gleichzeitige ihresgleichen, und sie sind durch nichts zu überwinden, als durch das Universum selbst, mit dem sie den Kampf begonnen; und aus solchen Bemerkungen mag wohl jener sonderbare aber ungeheure Spruch entstanden sein: Nemo contra deum nisi deus ipse [Niemand gegen Gott, wenn nicht Gott selbst] (10, 175 ff.).

Neuanfang an alter Stelle.
Wieder in Weimar

Bilanz der italienischen Reise

In der Krise des Herbstes 1786 hatte Goethe keinen anderen Ausweg gewußt, als sich heimlich nach Italien zu flüchten. Seit dem 18. Juni 1788 war er nun wieder dort, von wo es ihn fortgetrieben hatte. Noch während er sich zur Rückreise von Rom anschickte, hatte »Urfreund« Knebel in Weimar prophezeit: »Ich fürchte, daß er sich so bald nicht wieder an deutsche Luft gewöhnen möchte. Freilich ists ja in Deutschland überall schlecht, und die Luft wäre noch am ersten zu ertragen. Aber unser elendes Reichssystem, Vorurteile aller Art, Dumpfheit, Plumpheit, Ungefühl, Unart, Ungeschmack und Unsinn, Stolz und Armut, das sind Dinge, die noch schlimmer sind als die schlimmste Luft« (an die Schwester, 18.4.1788; Bo I 350). Knebel behielt recht. Das Wiedereinleben fiel schwer, und was Vorurteile in Sachen Moral vermögen, bekam der Heimgekehrte bald zu spüren, seit er inoffiziell mit Christiane Vulpius zusammenlebte.

Was hatte Goethe in der italienischen Zeit gewonnen, was konnte sie für ihn bedeuten? Frohe Bekenntnisse über das, was er sah, erlebte und auf neue Weise begriff, hatte er, wie wir wissen, aus Italien an die Freunde in Deutschland geschrieben. Die spätere *Italienische Reise* orchestrierte dann vielstimmig die Erfahrungen der beiden Jahre. Trotzdem bleibt es für den Betrachter schwierig, eine Summe zu ziehen. Was Goethe über die drei großen Bereiche seines Interesses: »höchste Kunst«, »Natur«, »Sitten der Völker« (13, 102), ausführte, erläuterte nicht, was das alles für die Klärung und Überwindung jener eigenen Krise bedeutete, in der ihm nur die Flucht in den Süden übriggeblieben war. Sich einen »reinen, vorurteilsfreien Kunstgenuß zu bereiten«, der Natur »abzumerken«, »wie sie gesetzlich zu Werke gehe«, zu lernen, wie im Leben des Volkes »aus dem Zusammentreffen von Notwendigkeit und Willkür« ein Drittes hervorgehe, das Natur und Kunst zugleich sei: was trugen derartige Erkenntnisse, wie sie Goethe 1817 in einem

Bericht über die Entstehung des Aufsatzes *Die Metamorphose der Pflanzen* zusammenfaßte (13, 102), zur Lösung der persönlichen Probleme bei? Auch die Weimarer Zeitgenossen konnten keine klare Auskunft geben, wie und in welcher Weise Goethe sich verändert hatte. Daß er anders war als früher, merkten sie wohl.

Seinen Aufenthalt in Italien hat Goethe stets als einen glücklichen empfunden. Obwohl er mit einer positiven Bewertung eigener Lebensabschnitte äußerst sparsam gewesen ist, zögerte er nie, die italienischen Jahre von 1786 bis 1788 uneingeschränkt zu loben. Aus Konstanz, auf der Rückreise, grüßte er Herder in Rom mit der Bemerkung, er sei dort in seinem Leben »das erstemal unbedingt glücklich« gewesen (Juni 1788). »Ich war in Italien sehr glücklich«, hieß es ebenso im Brief an Jacobi bald nach der Rückkehr (21. 7. 1788). Nur in Rom habe er empfunden, »was eigentlich ein Mensch sei«, will Eckermann noch am 9. Oktober 1828 von ihm gehört haben.

Was Goethe in Italien für sich erreicht hat, kann man nur annäherungsweise umschreiben. Er wollte sich seiner selbst vergewissern; deshalb machte er sich frei vom Rollenzwang der letzten Jahre und setzte sich willentlich neuen Eindrücken aus. Er gab sich im ganzen ungezwungen natürlich. Tischbein zeichnete ihn, wie er in Kniebundhose und leichtem Hemd aus dem Fenster der Wohnung am Corso lehnte. (»Übrigens bin ich ganz entsetzlich verwildert«, warnte er Carl August auf dem Rückweg, 23. 5. 1788.) Er probierte aus, ob das, was er auf der Reise erwartete, ihn noch ansprechen, noch erreichen würde: das Große, das Bedeutende, das, was schon Dauer bewiesen hat und dauern wird. Und es erreichte ihn in der von ihm geahnten und gewünschten Eindringlichkeit. Er ließ sich frei, um für das Neue offen zu sein, übte »völlige Entäußerung von aller Prätention« (an Herders, 10. 11. 1786), setzte der jahrelangen inneren Unruhe das ruhige Anschauen von Landschaft und Kunst entgegen. Und er gewann schon nach kurzem, was er »Solidität« nannte: »Es ist eine innere Solidität mit der der Geist gleichsam gestempelt wird; Ernst ohne Trockenheit und ein gesetztes Wesen mit Freude« (10. 11. 1786). »Wer mit Ernst sich hier umsieht und Augen hat zu sehen muß solid werden«, schrieb er ebenso an Charlotte v. Stein (7. 11. 1786). Als er seinem Herzog bekannte, er habe sich »in dieser anderthalbjährigen Einsamkeit selbst wiedergefunden«, und zwar als Künstler, zeigte dieses Geständnis vor allem den Willen, sich künftig auf das zu konzentrieren, was ihm gemäß schien, um dort produktiv zu sein. Denn er ist ja weiterhin nicht nur als »Künstler« tätig gewesen. Das Sichwiederfinden als »Künstler«, so optimistisch Goethe dies äußerte, bedeutete freilich auch die Zurücknahme seines Lebensplanes aus dem Ende der siebziger Jahre, als Praktiker in Staatsgeschäften eingreifend zu wirken und mit Aussicht auf beachtlichen Erfolg. Was er in Italien und der Folgezeit an Vorstellungen über Art und Aufgabe der Kunst entwickelte, war mitbestimmt von den enttäuschenden Erfahrungen im Bereich gesellschaftlicher Praxis, und die Intensität seiner naturwissenschaftlichen Studien wurde immer auch von der resignativen Erkenntnis genährt: »Die Consequenz der Natur tröstet schön über die Inconsequenz der Menschen« (an Knebel, 2. 4. 1785). Als Goethe im Sommer 1788 nach Weimar zurückgekehrt war, erzählte er viel von dem, was er gesehen und erfahren hatte. Zeitgenossen haben davon berichtet, ohne allerdings genauer darzulegen, was sie an Goethes Erzählungen irritierte oder gar befremdete. Er selbst geriet in eine Isolation, die weniger den geregelten Umgang mit anderen Menschen als seine innere Verfassung betraf. Das ist ihm lebhaft in Erinnerung geblieben. Noch 1817 begann er den Bericht über die Entstehung der Abhandlung *Die Metamorphose der Pflanzen* mit dem Abschnitt:

Aus Italien dem formreichen war ich in das gestaltlose Deutschland zurückgewiesen, heiteren Himmel mit einem düsteren zu vertauschen; die Freunde, statt mich zu trösten und wieder an sich zu ziehen, brachten mich zur Verzweiflung. Mein Entzücken über entfernteste, kaum bekannte Gegenstände, mein Leiden, meine Klagen über das Verlorne schien sie zu beleidigen, ich vermißte jede Teilnahme, niemand verstand meine Sprache. In diesen peinlichen Zustand wußt' ich mich nicht zu finden, die Entbehrung war zu groß, an welche sich der äußere Sinn gewöhnen sollte, der Geist erwachte sonach, und suchte sich schadlos zu halten (13, 102).

Sinnliche Liebe. Christiane Vulpius

Erst wenige Wochen war Goethe wieder in Weimar zurück, als eine zufällige Begegnung sein privates Leben völlig veränderte. Christiane Vulpius, dreiundzwanzigjährig, Arbeiterin in Bertuchs Fabrik für künstliche Blumen, überbrachte dem einflußreichen Geheimen Rat an einem Tag im Juli ein Bittgesuch ihres schriftstellernden Bruders August, der in Schwierigkeiten geraten war. Im Park an der Ilm sollen sie sich begegnet sein. Spontan muß den fast Neunundreißigjährigen Zuneigung zu dem einfachen, natürlichen, vielleicht wegen seines Auftrags etwas befangenen Mädchen ergriffen haben. Der »den heiteren Himmel« des Südens mit »einem düsteren« vertauscht hatte, sich nur mühsam wieder einleben konnte, menschliche Nähe suchte, vielleicht schlichte Unbekümmertheit diesseits gesellschaftlicher Zwänge und angestrengter Intellektualität, handelte rasch. Und Christiane nahm die Einladung an. Sie konnte nicht ahnen, daß sie damit über ihre Zukunft entschied. Die Bücher, in denen die Daten von Goethes Leben aufgezählt sind, nennen den 12. Juli 1788 als entscheidenden Tag: an dem sich beide begegneten und/oder ihre ›Lebensgemeinschaft‹, ihre ›Gewissensehe‹ begann. (Im Brief an Schiller vom 13. Juli 1796 datierte Goethe: »Heute erlebe ich auch eine eigne Epoche, mein Ehstand ist eben 8 Jahre und die französische Revolution 7 Jahr alt.«) Das Gartenhaus wurde nun der vertrauliche Ort ihrer Gemeinsamkeit. Die Weimarer Gesellschaft erfuhr anfangs kaum etwas über diese Liaison. Caroline Herder schrieb ihrem Mann am 14. August nach Italien, Goethe sei bei ihr gewesen und habe »viel Lustiges, ich möchte sagen Betäubendes über seine häusliche menschliche Situation gesagt. [...] Ihm sei es jetzt gar wohl, daß er ein Haus habe, Essen und Trinken hätte und dergleichen.« Und dergleichen: Caroline konnte sich gewiß wenig dabei denken oder mußte rätseln. Erst am 8. März 1789 bekam Herder die Nachricht: »Ich habe nun das Geheimnis von der Stein selbst, warum sie mit Goethe nicht mehr recht gut sein will. Er hat die junge Vulpius zu seinem Klärchen und läßt sie oft zu sich kommen usw. Sie verdenkt ihm dies sehr.« Christiane Vulpius in der Rolle von Egmonts Klärchen. Die Neuigkeit mußte für manche Weimarer Hof- und Bürgerleute aufregend und skandalträchtig sein. Wer war schon die Blumenbinderin aus Bertuchs Fabrik, mit der sich Herr von Goethe zusammengetan hatte?!

Christiane hatte es in ihrem jungen Leben schwer gehabt. Zwar waren unter den Vorfahren Pastoren, und der Großvater hatte als »Juris Practicus«, als Rechtskundiger, mit dem späteren Titel eines »Hochfürstlich-Sächsischen-Hof-Advocatus« gearbeitet, aber dem Vater war es schlecht ergangen. Ein Studium hatte er, als seine Mutter mittellose Witwe geworden war, nicht zu Ende führen können; als »Amtskopist« und »Amtsarchivar« verdiente er in Weimar geringes Geld, schlechterdings als Schreiber. Der Wunsch nach einer besser dotierten Stelle wurde ihm nicht erfüllt. Festlichkeiten des Hofes und Not subalterner Beamter waren in der Residenzstadt Weimar benachbart. Aus der ersten Ehe stammten Christian August (geb. 23.1.1762), Christiane (geb. 1.6.1765) und vier weitere Kinder, aus einer zweiten (neben drei anderen Kindern) die Tochter Ernestine, die hinterher zusammen mit Christiane in Goethes Haus lebte. 1782 verlor der Archivar Vulpius wegen einer Verfehlung im Amt plötzlich seine Stelle. Mit der Abrechnung von Gebühren hatte etwas nicht gestimmt. Geheimrat Goethe mußte den »dimittierten Amtsarchivar V.« im Wegebau unterbringen, dessen Direktion ihm bekanntlich übertragen war. Vier Jahre später starb der glücklose Mann. Nun mußte der Sohn August die Geschwister ernähren, Christiane arbeitete in der Blumenfabrik des Herrn Bertuch. Auch August Vulpius konnte sein Studium, das ihm der Vater trotz allem ermöglicht hatte, nicht abschließen. Die Schriftstellerei faszinierte ihn, aber damit allein war der Unterhalt nicht zu verdienen. Natürlich beeindruckte ihn wie viele andere der jungen Generation der Dichter des *Werther*, der jetzt in Weimar in Amt und Würden war. August Vulpius wagte es, sich an ihn zu wenden und um Unterstützung zu bitten, damit er seine schriftstellerischen Vorhaben nicht aufgeben müsse. Aus einem Brief Goethes an Fritz Jacobi geht hervor, daß der Minister und Dichter tatsächlich geholfen hat, ohne daß wir wissen, auf welche Weise: »Ich habe mich seiner vor einigen Jahren angenommen, in meiner Abwesenheit verlohr er jede Unterstützung und ging [...] nach Nürnberg« (9.9.1788). Dort drohte dem jungen Vulpius, der ohnehin als Sekretär bei einem Baron v. Solden schlecht entlohnt wurde, im Sommer 1788 die Entlassung, weil ein anderer für weniger Geld zu arbeiten bereit war. Noch einmal wollte er Goethe um Hilfe bitten, und Schwester Christiane fand sich bereit, das Schreiben zu überbringen. Verständlich, daß sich der Angesprochene für den Bruder verwendete, und zwar bei Jacobi wie auch bei Göschen. Einige Jahre blieb August Vulpius in Leipzig und anderwärts, half in Göschens Verlag und schriftstellerte fleißig, war ein ausgesprochener Vielschreiber, dichtete Bühnenstücke, gab (seit 1789) mehrbändige *Skizzen aus dem Leben galanter Damen* heraus und dachte an einen großen Roman über einen Außenseiter, der gegen die Gesellschaft rebelliert. Daß man zum aufbegehrenden Außenseiter werden konnte, hatten ihn die Jahre gelehrt. 1793 wurde er als Dramaturg, dann als Sekretär beim Weimarer Hoftheater angestellt, und seit 1797 hatte er seine feste Position als Bibliothekar an der Hofbibliothek. Bei damaligen Lesern war er gegen Ende des Jahrhunderts gewiß so bekannt wie Goethe. Denn sein Roman über den Außenseiter, *Rinaldo Rinaldini, der Räuberhauptmann*, hatte riesigen Erfolg, war spannende Lektüre, ein Paradestück der Unterhaltungsliteratur, die man mit dem Etikett Trivialliteratur zu versehen pflegt. Mehr als sechzig Romane und dreißig Theaterstücke hat der unermüdlich produzierende (spätere) Schwager Goethes bis zu seinem Tod 1827 verfertigt.

Es war abzusehen, daß Goethes Verhältnis zu Charlotte v. Stein angesichts der neuen Konstellation zerbrechen würde. Selbstverständlich suchte der aus Italien Heimgekehrte, der in seinen Briefen mit Beteuerungen der Verbundenheit nicht sparsam gewesen war, sogleich wieder den Kontakt mit der Frau, der er am 12. März 1781 versprochen hatte: »Meine Seele ist fest an die deine angewachsen, ich mag keine Worte machen, du weist daß ich von dir unzertrennlich bin und daß weder Hohes noch Tiefes mich zu scheiden vermag.« Charlotte aber hatte noch nicht verwunden, daß er sie heimlich verlassen hatte und nach Italien geflohen war. Mitte Juli 1788 ging ein Zettel Goethes an die unsicher gewordene, verärgerte und verstörte Frau: »Heute früh komm ich auch noch einen Augenblick. Gerne will ich alles hören was du mir zu sagen hast, ich muß nur bitten daß du es nicht zu genau mit meinem jetzt so zerstreuten, ich will nicht sagen zerrißnen Wesen nehmest. [...]« Man begegnete sich weiterhin, aber Distanz wurde spürbar. Im September fuhren Caroline Herder, Sophie v. Schardt (die Schwägerin Charlottes), Fritz v. Stein und Goethe nach Schloß Kochberg, um Frau v. Stein zu besuchen, »die uns alle freundlich empfing, doch ihn ohne Herz. Das verstimmte ihn den ganzen Tag« (Caroline Herder an ihren Mann, 12.9.1788). Von Kochberg machte man übrigens einen Ausflug nach Rudolstadt ins Haus der Frau v. Lengefeld, der späteren Schwiegermutter Schillers. Dort haben Goethe und Schiller zum erstenmal miteinander gesprochen. Freilich war die Gesellschaft, wie der Jüngere an seinen Freund Körner berichtete, »zu groß und alles auf seinen Umgang zu eifersüchtig, als daß ich viel allein mit ihm hätte sein oder etwas anders als allgemeine Dinge mit ihm sprechen können« (12.9.1788).

Als Charlotte v. Stein erfahren hatte, wie es mit Goethe stand, daß er mit einem jungen Mädchen, einer Arbeiterin in Bertuchs Blumenfabrik, leidenschaftlich zusammenlebte, stürzte für sie eine Welt zusammen. Was der Freund ihr geschrieben und geschworen hatte, mußte sich für sie zur Lüge verkehren. Daß ihre merkwürdige, unsinnliche Verbindung mit dem geliebten Freund anderen Ansprüchen würde nachgeben müssen, konnte sie nicht ertragen. Zuneigung schlug um in Verbitterung, Verachtung, Spott. Auch Haß brach in den nächsten Jahren gelegentlich durch, wie in ihrem Schauspiel *Dido* (1794) mit dem unerfreulichen Dichter Ogon. Bei der ruhigen Resignation im Brief an Charlotte v. Lengefeld, Schillers Braut, vom 29. März 1789 blieb es nicht: »Der andere mir mühsame Begriff von meinem ehemaligen, vierzehn Jahre lang gewesenen Freund liegt mir auch manches Mal wie eine Krankheit auf und ist mir nun wie ein schöner Stern, der mir vom Himmel gefallen« (Bo I 396).

Als die Spannungen schwer erträglich wurden, schrieb Goethe am 1. Juni 1789 an Charlotte, die in Bad Ems kurte, einen Brief, der einer Abrechnung gleichkam. Durch seine Rückkehr aus Italien habe er bewiesen, wie sehr er seine Pflicht gegen sie und Fritz kenne (den er wie seinen Sohn behandelte). Wenn er aber die Art bedenke, wie sie und auch andere ihn aufgenommen, müsse er sich sagen, er hätte auch wegbleiben können. »Und das alles eh von einem Verhältnis die Rede sein konnte das dich so sehr zu kränken scheint.« Es folgten jene Sätze, die den Unterschied zwischen seiner Beziehung zu Christiane Vulpius und der zu Charlotte v. Stein eindeutig machten: »Und welch ein Verhältnis ist es? Wer wird dadurch verkürzt? Wer macht Anspruch an die Empfindungen die ich dem armen Geschöpf gönne? Wer an die

Stunden die ich mit ihr zubringe?« Er sei nicht teilnahmsloser, untätiger für seine Freunde als früher, »und es müßte durch ein Wunder geschehen, wenn ich allein zu dir, das beste, innigste Verhältnis verloren haben sollte«. Doch müsse er gestehen, die Art, wie sie ihn bisher behandelt habe, nicht ertragen zu können. Eine Woche später folgte diesem Brief eine mildere Nachschrift, noch einmal mit der Bitte: »Schenke mir dein Vertrauen wieder, sieh die Sache aus einem natürlichen Gesichtspunkte an, erlaube mir dir ein gelaßnes wahres Wort darüber zu sagen und ich kann hoffen es soll sich alles zwischen uns rein und gut herstellen« (8.6.1789). Doch über »die Sache« ließ sich nicht mehr gelassen reden. Man schwieg. Erst nach Jahren spielte sich wieder ein ungezwungener Umgang ein, und spät, besonders nach Christianes Tod, wurde es ein freundschaftlicher Verkehr zwischen zwei alt gewordenen Menschen, denen die Erinnerung an die gemeinsamen frühen Jahre geblieben war.

Im Weimar von 1789 und danach wucherten indessen Klatsch und Häme. Besonders die Damen der Gesellschaft hatten Gesprächsstoff. Diffamierende Bemerkungen über Goethes Geliebte aus niedrigem Haus machten die Runde. Caroline Herder kolportierte ihrem Mann nach Italien: Goethe habe, wie die Steinin glaube, sein Herz »ganz von ihr gewendet und sich ganz dem Mädchen, die eine allgemeine H – vorher gewesen, geschenkt« (8.5.1789). Weniger das Faktum an sich als die Intensität und Dauerhaftigkeit dieser Verbindung waren es wohl, was die Gemüter erregte. Goethe setzte sich über das Gerede hinweg, Christiane litt darunter. Noch im Winter 1798 mußte sie klagen: »Itzo gehen bei uns die Winterfreuden an, und ich will mir sie durch nichts lassen verbittern. Die Weimarer thäten es gern, aber ich achte auf nichts. Ich habe Dich lieb und ganz allein lieb, sorge für mein Bübchen und halte mein Hauswesen in Ordnung, und mache mich lustig. Aber sie können einen gar nicht in Ruhe lassen« (an Goethe, 24.11.1798). Goethes Liebe und ihre Zuneigung zu ihm halfen Christiane, sich in die – was die Öffentlichkeit betraf – schwierige Lage zu finden. Gedichte wie *Der Besuch* (»Meine Liebste wollt ich heut beschleichen«), *Morgenklagen* (»O du loses leidigliebes Mädchen«), *Frech und froh* (»Liebesqual verschmäht mein Herz«) drückten Goethes Glücksgefühl in jener Zeit aus, in dem er sich nicht irre machen ließ. Von der Reise nach Schlesien im Herbst 1790, als der gemeinsame Sohn schon geboren war, gestand er Herders:

Es ist all und überall Lumperei und Lauserei, und ich habe gewiß keine eigentlich vergnügte Stunde, bis ich mit Euch zu Nacht gegessen und bei meinem Mädchen geschlafen habe. Wenn Ihr mich lieb behaltet, wenige Gute mir geneigt bleiben, mein

Mädchen treu ist, mein Kind lebt, mein großer Ofen gut heizt, so hab' ich vorerst nichts weiter zu wünschen (11.9.1790).

Im Herbst 1789 zog Goethe aus der Stadtwohnung am Frauenplan aus und richtete in Absprache mit dem Herzog im sog. Jägerhaus vor dem Frauentor an der Marienstraße, das Herzog Ernst für seine Forstleute und Jäger gebaut hatte, zwei Wohnungen ein, eine für sich und im obersten Stockwerk die andere für Christiane, die ein Kind erwartete. Ihre Tante und die Halbschwester Ernestine zogen mit ein, so daß es Hilfe bei den häuslichen Arbeiten gab. Gewiß ein Umzug, der sowohl Christiane ein festes Zuhause bot als auch gesellschaftliche Schwierigkeiten vermeiden half, die sich beim ›illegitimen Zusammenleben‹ in der Wohnung am Frauenplan ergeben hätten. Am 25. Dezember 1789 wurde der Sohn August Walther geboren, und der Herzog war, allem Klatsch zum Trotz, Taufpate. Im Juli 1792, als das Haus am Frauenplan vollständig zur Verfügung stand, siedelte Goethe mit der ganzen Familie wieder in das stattliche Anwesen um, das ihm der Herzog 1794 zum Geschenk machte. Das Gebäude war für alle Bedürfnisse umgebaut worden: für die familiären und die repräsentativen, für die des Sammlers, Wissenschaftlers und Dichters. Es blieb Goethes Wohnhaus bis zu seinem Tod.

Eine Frau war in unerschütterlicher Lebenssicherheit über alle moralisierenden Bedenken gegen das freie Zusammenleben erhaben: Goethes Mutter in Frankfurt. Mit mütterlicher Zuneigung nahm sie Christiane an, weil ihr Sohn sie gewählt hatte. Einige Zeugnisse der hinreißenden Briefschreiberin sprechen in ihrer Herzlichkeit für sich. Als Goethe auf dem Weg zur ›Belagerung von Mainz‹ im Mai 1793 die Mutter in Frankfurt besuchte, schenkte sie ihm für die ferne Geliebte »einen sehr schönen Rock und Caraco« (Weste mit schoßartiger Verzierung), die Goethe sogleich mit Grüßen der Mutter nach Weimar schickte (17.5.1793). Christiane war gerührt. Wer achtete sie denn als würdige Lebensgefährtin des Geheimen Rats? »Lieber«, antwortete sie am 7. Juni, »ich habe das schöne Tuch und alles erhalten und mich herzlich gefreut, aber der Gruß von der lieben Mutter ging mir über alles, ich habe vor Freuden darüber geweint. Ich habe was ohne Dein Wissen gethan, ich habe an die liebe Mutter geschrieben und mich bei ihr bedankt.« Die Antwort der Mutter aus Frankfurt ließ nicht auf sich warten. »Daß Ihnen die überschickten Sachen Freude gemacht haben, war mir sehr angenehm – tragen Sie dieselben als ein kleines Andencken von der Mutter deßjenigen den Sie Lieben und hochachten und der wircklich auch Liebe und hochachtung verdient. [...] Nun Leben Sie wohl und vergnügt! Dieses wünscht von gantzem Hertzen Ihre Freundin Goethe« (20.6.1793).

Als im Herbst 1795 wieder einmal die Geburt eines Kindes bevorstand, schob die Frau Rat resolut ihren Kummer, wegen der besonderen Verhältnisse keine Geburtsanzeige aufgeben zu können, beiseite:

Auch gratulire zum künftigen neuen Weltbürger – nur ärgert mich daß ich mein Enckelein nicht darf ins Anzeigblättgen setzen laßen – und ein öffendlich Freudenfest anstellen – doch da unter diesem Mond nichts Vollkommenes anzutrefen ist, so tröste ich mich damit, daß mein Häschelhans vergnügt und glücklicher als in einer fatalen Ehe ist – Küße mir deinen Bettschatz und den kleinen Augst – und sage letzterem – daß das Christkindlein Ihm schöne Sachen von der Großmutter bringen soll (24.9.1795).

Christiane und Goethe haben das damalige Los vieler Eltern geteilt: Mehrere Kinder wurden geboren, aber die Kindersterblichkeit war hoch. Das zweite Kind kam im Oktober 1791 tot zur Welt; Caroline lebte nur wenige Tage (21.11.1793 – 4.12.1793); Karl, am 30. Oktober 1795 geboren, starb am 18. November 1795, Kathinka (geb. 18.12.1802) schon nach drei Tagen.

Erst 1806 legalisierte Goethe seine Verbindung mit Christiane durch eine förmliche Eheschließung. Aber schon aus dem Jahre 1790 ist sein Ausspruch überliefert: »Ich bin verheiratet, nur nicht mit Zeremonie« (G 1, 174). Wenn er auch durch testamentarische Verfügungen Christiane und seinen Sohn August frühzeitig zu sichern suchte, so bleibt es doch schwer zu verstehen, daß er fast zwei Jahrzehnte lang Geliebte und Kind in gesellschaftlicher Diskriminierung leben ließ. Zwar bewegte sich Christiane bald, als ihre Beziehung auf Dauer gesichert schien, ungezwungen im kleinen Weimar und ließ sich Vergnügungen nicht entgehen (ihre Tanzfreude war berüchtigt). Aber offiziell war sie von der Welt des Geheimen Rats getrennt. Niemand kennt die Beweggründe für sein Verhalten. Möglicherweise beherrschte ihn auch hier noch sein Wunsch nach (wenigstens äußerlicher) Bindungslosigkeit; vielleicht wollte er seinen persönlichen Schaffensbereich von allen Zumutungen beurkundeter Ehe- und Familienverpflichtungen freihalten. Er brauchte offenbar die Möglichkeit, für sich sein zu können, wann immer es ihn danach verlangte. Oft war er für längere Zeit in Jena, das ihm fast zum zweiten Wohn- und Arbeitsort wurde; Wochen, manchmal Monate verweilte er in den böhmischen Bädern. Sollte die freie Lebensgemeinschaft mit Christiane sie vor den gesellschaftlichen Ansprüchen bewahren, die sie überfordert hätten? Oder hielt er es für geraten, Christiane, für die Bücher und Wissenschaft, Kunst und Staatsverwaltung eine fremde Welt waren, ihrem häuslichen Bereich zu überlassen, weil es sonst für beide Schwierigkeiten und Peinlichkeiten hätte geben können? Diese Fragen dürfen ruhig gestellt werden, da am lebenslangen Aneinanderfesthalten selbst kein Zweifel aufkommen kann. Ihre Beziehung war von elementarer Natürlichkeit; da konnten die Tätigkeitsbereiche geschieden sein. Und Anteil nahm Christiane durchaus an Dichten und Tun ihres »lieben, guten Geheimraths«, wie sie ihn bisweilen in ihren Briefen anredete. Elisa von der Recke begriff, »daß ihr anspruchsloser, heller, ganz natürlicher Verstand Interesse für unsern Goethe haben konnte« (JbG 1892, 143). »Sollte man wohl glauben«, so ein Ausspruch Goethes um 1808, »daß diese Person schon zwanzig Jahre mit mir gelebt hat? Aber das gefällt mir eben an ihr, daß sie nichts von ihrem Wesen aufgibt und bleibt, wie sie war« (G 1, 554). Friedrich Riemer, der viele Jahre in Goethes Haus gelebt hat, urteilte:

Nur ein solches weibliches Wesen bedurfte er zu freier und möglichst ungehinderter Entwicklung seiner selbst, und keine, auf Rang und Titel Anspruch machende, in gelehrten Zirkeln, wohl gar selbst als Schriftstellerin, glänzenwollende Dame hätte sie fördern, oder nur sein häusliches Behagen und eheliches Glück machen können, wie ihn ganz nahe berührende Erfahrungen früher und später belehren sollten.

Soviel bleibt ausgemacht gewiß, daß [...] in diesem häuslichen und wirthschaftlichen Zusammenleben nicht die gewöhnlichen Ehestandsscenen und Gardinenpredigten vorfielen, die selbst in dem legitimsten Ehestande seiner nächsten Freunde nicht selten waren (RM I 356ff.).

Christianes Reich war die häusliche Wirtschaft. Ihre Briefe an den Hausherrn sind voll von Berichten über alltägliche Arbeiten und Sorgen, aber auch über ihre Vergnügungen auf Bällen und Ausflügen, die sie sich, was Goethe begrüßte, nicht nehmen ließ, und über viele Theaterbesuche, die sie schätzte. Sie wußte, daß zwei ›Ungleiche‹ sich gefunden hatten und zusammengeblieben waren, und sprach scherzhaft darüber:

Mit Deiner Arbeit ist es schön: was Du einmal gemacht hast, bleibt ewig; aber mit uns armen Schindludern ist es ganz anders. Ich hatte den Hausgarten sehr in Ordnung, gepflanzt und alles. In Einer Nacht haben mir die Schnecken beinahe alles aufgefressen, meine schöne Gurken sind fast alle weg, und ich muß wieder von vorne anfangen. [...] Doch was hilft es? ich will es wieder machen; man hat ja nichts ohne Mühe. Es soll mir meinen guten Humor nicht verderben (30. 5. 1798).

Die Korrespondenz zwischen Christiane und Goethe umfaßt trotz großer Verluste immer noch über sechshundert Briefe. Auf Rechtschreibung nahm Christiane ebensowenig Rücksicht wie Goethes Mutter (und viele andere Briefschreiber der damaligen Zeit). Manchmal ist der Sinn ihrer Buchstabenfolge allerdings nur mit Mühe zu erfassen. Eine Edition kommt um eine Neuschreibung in verständliches Deutsch nicht herum. Die Briefe sind Dokumente ihres privaten Lebens, mit besonderen Redensarten, die nur die beiden etwas angingen. Man erinnerte sich an die »Schlampamps-Stündchen« zu Hause; der Entfernte sehnte sich »nach dem Schlender- und Hätschelstündchen«; sie fühlte sich »hasig«, wenn sie auf ihn wartete, und den Reisenden warnte sie, er solle nicht »so viel Äuglichen« machen. Von »Krabskrälligkeit« sprachen sie in Zeiten der Schwangerschaft, auch immer wieder von sogenannten »Pfuiteufelchen«. Von Anfang bis Ende aber durchziehen ihren Briefwechsel gegenseitige Beteuerungen wie: »Ich muß Dich einmal wieder an mein Herz drücken und Dir sagen, daß ich Dich recht lieb habe« (Goethe, 7.3.1796). »Lebe recht wohl und liebe mich« (Goethe, 25.4.1813). »Behalte mich nur so lieb, wie ich Dich habe« (Christiane, 31.5.1815). Fünfundzwanzig Jahre nach ihrer ersten Begegnung sandte Goethe seiner Christiane mit Datumsangabe das bekannte, anspielungsreiche Gedicht (hier in der Fassung des von H. G. Gräf edierten Briefwechsels):

Ich ging im Walde
So vor mich hin,
Und nichts zu suchen,
Das war mein Sinn.

Im Schatten sah ich
Ein Blümchen stehn,
Wie Sterne blinkend,
Wie Äuglein schön.

Ich wollt es brechen,
Da sagt' es fein:
Soll ich zum Welken
Gebrochen sein?

Mit allen Wurzeln
Hob ich es aus
Und trugs zum Garten
Am hübschen Haus.

Ich pflanzt es wieder
Am kühlen Ort;
Nun zweigt und blüht es
Mir immer fort.

26. August 1813.

Forderungen des Tages und italienische Nachklänge

Das Wiedereinleben in Weimar war Goethe nach der Italienreise schwer gefallen. An Tätigkeit, schriftstellerischer Arbeit, Begegnungen und Besuchen mangelte es nicht. »Ich fühle nur zu sehr, was ich verloren habe, seit ich mich aus jenem Elemente wieder hieher versetzt sehe; ich suche mir es nicht zu verbergen, aber mich so viel als möglich auch hier wieder einzurichten. Ich fahre in meinen Studien fort [...]« (an Herder, 27. 12. 1788). *Torquato Tasso* war immer noch nicht abgeschlossen. *Faust* nach wie vor ein Fragment, und beides sollte doch in den *Schriften* bei Göschen erscheinen, deren erste Bände seit 1787 ausgeliefert waren. Unterdessen reizte es ihn, Gedichte in der Form antiker Elegien zu schreiben, in denen er sein Italienerlebnis mit der gegenwärtigen, neuen persönlichen Erfahrung verbinden konnte: die *Erotica Romana*, die *Römischen Elegien*. Die Schilderung des römischen Karnevals war für den Druck vorzubereiten; die Abhandlung über die Metamorphose der Pflanzen wollte er abschließen, und Wieland bot er für seinen *Teutschen Merkur* eine Folge kleiner Aufsätze aus dem Umkreis der Italienreise an.

Die »Amtlichen Schriften« Goethes verzeichnen ab September 1788 ein paar Stellungnahmen für den Herzog, Stichworte für einen Vortrag über »Maßnahmen zur Verbesserung der Universität Jena«, und ein ausführlicher Bericht des Geheimen Rats an das Geheime Consilium empfahl am 9. Dezember 1788, Friedrich Schiller nach Jena zu berufen. Er habe zugesagt, eine außerordentliche Professur für Geschichte anzunehmen, »wenn auch selbige vorerst ihm ohne Gehalt« übertragen würde. Am 26. Mai 1789 hielt der neue Professor seine Antrittsvorlesung *Was heißt und zu welchem Ende studiert man Universalgeschichte?* vor einem überfüllten Auditorium, weil man den Dichter der *Räuber*, von *Kabale und Liebe* und des *Don Karlos* erleben wollte. Der Zulauf zu seinen Lehrveranstaltungen hielt jedoch nicht an.

Als der Herzog im Frühjahr eine Kommission zum Wiederaufbau des Schlosses einsetzte, berief er auch Goethe als Mitglied. Über Jahrzehnte zogen sich die Bauarbeiten hin; die Aufwendungen überstiegen die Finanzkraft des kleinen Landes; ab 1804 – nach Errichtung des Ost- und Nordflügels – lag der Bau still. Erst 1822–1834 konnte Clemens Wenzeslaus Coudray, seit 1816 Oberbaudirektor in Weimar, den Westflügel aufbauen.

Ein Besuch Gottfried August Bürgers, des Dichters der *Lenore*-Ballade, muß im Frühjahr 1789 unerfreulich verlaufen sein, wenigstens für den Besucher, der kurz zuvor ein Exemplar seiner Gedicht-Ausgabe übersandt hatte. Es war die erste persönliche Begegnung der beiden, die früher gelegentlich miteinander korrespondiert hatten. Über die kühle Aufnahme ist damals mancherlei erzählt worden. Fichte berichtete (freilich im Abstand von einigen Jahren), Bürger habe wohl durch Goethes Einfluß in Jena etabliert werden wollen, und weil dieser das nicht wünschte, habe er sich »kalt« gezeigt. »Bürger ärgerte sich darüber entsetzlich und machte über diesen Vorgang ein Epigramm« (Bo II 126). Aus anderer Quelle ist zu erfahren, daß ein Kammerdiener den Besucher in ein Audienzzimmer geführt habe, Goethe einem freundschaftlichen Gespräch ausgewichen sei und den Gast »mit einer gnädigen Verbeugung« entlassen habe (Bo II 90.) Bürgers Epigramm lautete:

> Mich drängt' es, in ein Haus zu gehn,
> Drin wohnt' ein Künstler und Minister.
> Den edeln Künstler wollt ich sehn
> Und nicht das Alltagsstück Minister.
> Doch steif und kalt blieb der Minister
> Vor meinem trauten Künstler stehn,
> Und vor dem hölzernen Minister
> Kriegt ich den Künstler nicht zu sehn:
> Hol ihn der Kuckuck und sein Küster! (Bo II, 91)

Über ›Steifheit‹ und ›Kälte‹ des Ministers Goethe wurde öfters geklagt. Er schirmte sich durch solches Verhalten ab, um von sich fernzuhalten, was ihm unbequem oder nicht (mehr) gemäß schien. Im Fall Bürgers wich er einer Wiederbegegnung mit dem ›Sturm und Drang‹ aus; vermutlich hätte auch ein Gespräch über Bürgers Gedichte nicht viel erbracht. Denn Goethe hätte wohl ebenfalls an ihnen vermißt, was Schiller in einer Rezension (*Über Bürgers Gedichte*) vergeblich suchte: »Idealisierung, Veredlung, ohne welche er [der Dichter] aufhört, seinen Namen zu verdienen«. Das bloß »Individuelle und Lokale« müsse der Poet »zum Allgemeinen« erheben (SA 16, 236)

Von Eindrücken und Erkenntnissen, die Goethe in Italien gesammelt hatte, erfuhren die literarisch interessierten Zeitgenossen zum erstenmal durch Beiträge, die er 1788/1789 in Wielands *Teutschem Merkur* veröffentlichte. Es waren Aufsätze, die sich vornehmlich mit Fragen der Kunst befaßten und italienisches Volksleben schilderten. Als eigene Publikation erschien zudem Ostern 1789 mit zwanzig handkolorierten Tafeln *Das Römische Carneval*. Wo Goethe in den *Merkur*-Artikeln über Kunst sprach, richtete er sein Augenmerk auf ihre besonderen Bedingungen und ihre spezifische Bedeutung. Auch der größte und geübteste Künstler könne die Eigenschaften der Materie, in welcher er arbeite, nicht verändern (*Material der bildenden Kunst*, JA 33, 48f.). Erfindungs- und Einbildungskraft müßten sich »gleichsam unmittelbar mit der Materie« verbinden. In der Kunst der Alten sei das gelungen. Goethes Erkenntnis, sich auf das jeweils Mögliche einzulassen und dort Meisterschaft anzustreben, äußerte sich hier ebenso wie die Forderung, den besonderen Charakter des gegebenen Materials zu erfassen. Am biographischen Ort, nach dem ersten Weimarer Jahrzehnt, liest sich die (fast beiläufige) verallgemeinernde Bemerkung wie eine nun gewonnene Lebensregel: daß »Menschen nur dann klug und glücklich werden können, wenn sie in der Beschränkung ihrer Natur und Umstände mit der möglichsten Freiheit leben« (JA 33, 48).

Goethe versuchte unter verschiedenen Aspekten, Kunst in ihrem eigenen Wert zu bestimmen. Ein kleiner Essay lief darauf hinaus, den künstlerischen Sinn des merkwürdigen Faktums zu verdeutlichen, daß Männer auf dem römischen Theater Frauenrollen spielten (*Frauenrollen auf dem römischen Theater durch Männer gespielt*, JA 36, 134–138). Gerade dadurch bleibe dem Zuschauer »der Gedanke an Kunst immer lebhaft« gegenwärtig. Es wird zwar das Wesen und Betragen der Frauen nachgeahmt, doch bleibt sichtbar, daß es sich um Nachahmung handelt: Illusion durch Kunst. »Man empfand hier das Vergnügen, nicht die Sache selbst, sondern ihre Nachahmung zu sehen, nicht ihre Natur, sondern durch Kunst unterhalten zu werden.«

Wie es um das künstlerische Verhältnis zu den Objekten der Darstellung bestellt sei und wie es auf einer höchsten Stufe beschaffen sein solle, erörterte mit einer geradezu lehrhaften Entschiedenheit der Aufsatz *Einfache Nachahmung, Manier, Stil*, in dem Goethe wesentliche italienische Erkenntnisse auf den Begriff brachte. Seit der Antike galt (und gilt) Mimesis, Nachahmung der Natur, als ein grundlegendes Prinzip der Gestaltung in allen Sparten der Kunst. Leicht einzusehen, daß es eine nicht abzuschließende Diskussion über die Frage gab (und gibt), was auf welche Weise und zu welchem Endzweck ›nachgeahmt‹ werden soll. Kunsttheoretiker, die sich seit der Renaissance wieder eingehend diesen Fragen widmeten, hatten mehrfach versucht, verschiedene Arten und Grade von Nachahmung zu bestimmen. Goethe argumentierte also innerhalb einer jahrhundertealten Tradition. Den Ausdruck »Nachahmung« bezog er nun allerdings nur auf eine bestimmte Art, weil es ihm darauf ankam, die höchste Stufe der zu erreichenden Nachahmung mit einem besonderen Begriff zu bezeichnen. Die künstlerische Leistung auf der untersten der drei Stufen zeigt sich nach Goethes Auffassung in der Treue und Genauigkeit, mit der Gegenstände der Natur in Gestaltung und Farbe wiedergegeben werden. Holländische Blumenstilleben etwa seien dafür ein Beispiel. Auch diese »einfache Nachahmung« »schließt ihrer Natur nach und in ihren Grenzen eine hohe Vollkommenheit nicht aus« (12, 31). Hält die »einfache Nachahmung« sich streng und liebevoll an das gewählte Objekt, so herrscht in der »Manier« die Subjektivität des Künstlers vor. Er »erfindet sich selbst eine Weise, macht sich selbst eine Sprache, um das, was er mit der Seele ergriffen, wieder nach seiner Art auszudrücken«. Auch hier beeilte sich Goethe zu betonen, daß er von solcher Kunst »in einem hohen und respektablen Sinne spreche«; nur dürfe sich »Manier« nicht so weit von der Natur entfernen, daß sie leer und unbedeutend werde, bloß noch subjektivistische Spielerei. Mit »Stil« jedoch bezeichnete der vom Eindruck klassischer Kunst überwältigte Heimkehrer aus Italien den »höchsten Grad«, welchen »die Kunst je erreicht hat und je erreichen kann«.

Damit »Stil« im pointiert Goetheschen Sinne erlangt werde, reicht »einfache Nachahmung« nicht aus, weil sie am Äußeren haften bleibt, und »Manier« nicht, weil sie den Gegenstand nicht tief genug erfaßt. »Stil« entsteht nur dann, wenn der Künstler das »Wesen der Dinge«, die er gestalten will, erfaßt hat. »So ruht der *Stil* auf den tiefsten Grundfesten der Erkenntnis, auf dem Wesen der Dinge, insofern uns erlaubt ist, es in sichtbaren und greiflichen Gestalten zu erkennen« (12, 32). Die Forderung ist deutlich: Wer »Stil« will, muß alles Zufällige an der Erscheinung des Gegenstandes durchdringen und die Eigengesetzlichkeit, die sein Wesen bestimmt, erkennen. Das ist die notwendige Voraussetzung der künstlerischen Gestaltung. Kunst folglich als Anschaulichmachen des verborgenen Wesensgesetzes. So hat es Goethe an der für ihn vorbildlichen Kunst der Alten und der ihr nacheifernden begriffen.

Immer bringen derart allgemeine Bestimmungen von Kunst Schwierigkeiten mit sich. Es ist ja nicht zu bestreiten, daß sich in der jahrtausendelangen Geschichte der Kunst sehr unterschiedliche ›Stile‹ ausgebildet haben und daß nicht allein ein bestimmter Stil dem – nach »genauem und tiefem Studium der Gegenstände« erkannten – »Wesen der Dinge« entsprechen kann. Selbstverständlich wußte auch Goethe, daß kein Mensch »die Welt ganz wie der andere [betrachtet], und verschiedene Charaktere werden oft den gleichen Grundsatz, den sie sämtlich anerkennen, verschieden anwenden« (*Einleitung in die Propyläen*, 12, 41). Ebensowenig zweifelhaft ist auch, daß Goethe seine Ansicht vom »Stil« in der Begegnung mit jenen Kunstwerken gewonnen hat, die ihn in Italien faszinierten. Sie können aber nicht ein zeitloses Muster für »Stil« sein, auch wenn Goethe sie damals so eingeschätzt hat. Bezeichnend und verräterisch, wie er, ebenfalls im *Merkur* von 1788, über die »nordischen Kirchenverzierer«, über »gotische Baukunst« spottete (*Baukunst*, JA 33, 47).

Raffael und Picasso, griechische Plastik und Henry Moore, antiker Tempel und Straßburger Münster, ein Bau Palladios und eine Barockkirche: angesichts ihrer ganz unterschiedlichen Merkmale hilft ein Bekenntnis zum »Stil« nicht recht weiter. Es sei denn, man nehme die Forderung nach »Stil«, »der auf den tiefsten Grundfesten der Erkenntnis, auf dem Wesen der Dinge« ruht, nur als Verpflichtung, der sich jeder Künstler unterwirft, der »den höchsten Grad« von Kunst erreichen will. Dann bleibt für den Betrachter, wie Goethe durch eigene Urteile beweist, immer noch die Frage, in welcher künstlerischen Gestaltung denn das »Wesen der Dinge« erfaßt und »Stil« verwirklicht sei.

In Goethes Lebenssituation gehörten die Überlegungen in der Skizze *Einfache Nachahmung, Manier, Stil* zum italienischen und nachitalienischen Bemühen, dem Künstlerischen objektive Bedeutung zu sichern. Schuf das Genie in der Sicht des jungen Goethe kraft seines Schöpfertums Werke, denen die Prädikate »innere Form«, »charakteristische Kunst« zukamen, so wurde nun wahre Kunst an die Erkenntnis des »Wesens der Dinge« gebunden. Genaueste Sachkenntnis ist dazu ebenso erforderlich wie Einschätzung der Möglichkeiten des Materials und der eigenen Fähigkeiten.

Zur Herbstmesse 1788 erschien eine kleine Publikation von Karl Philipp Moritz: *Über die bildende Nachahmung des Schönen.* Goethe hielt sie für so beachtenswert und identifizierte sich so sehr mit ihren Gedanken, daß er einen »Auszug aus dieser kleinen interessanten Schrift« (JA 33, 63) in der Reihe seiner nachitalienischen Beiträge im *Teutschen Merkur* veröffentlichte. Von Dezember 1788 bis zum Februar des nächsten Jahres war Moritz Goethes Gast in Weimar. Zweifellos haben beide während dieser Zeit die Fragen weiterdiskutiert, die sie schon in Rom beschäftigt hatten. Das höchste Schöne, so meinte Moritz, ist im Zusammenhang der ganzen Natur verwirklicht. Das vermögen wir insgesamt nicht aufzunehmen; es stellt sich »nur dem Auge Gottes dar« (Schriften, Tübingen 1962, 154). Die Kunst aber kann und soll ein Abbild des höchsten Schönen sein: »Jedes schöne Ganze der Kunst ist im Kleinen ein Abdruck des höchsten Schönen im Ganzen der Natur« (JA 33, 61). Dieses Schöne hat seinen Wert ganz in sich selbst. Es muß nicht nützlich sein. »Es ist nämlich ein Vorrecht des Schönen, daß es nicht nützlich zu sein braucht.« Es ist herausgehoben aus dem bloßen Verwertungszusammenhang der Realität. Es hat seinen Zweck in sich. Wenn es nicht etwas anderes bezweckt, muß es »ein für sich bestehendes Ganzes sein und seine Beziehung in sich haben«. Damit waren kirchliche oder höfische Ansprüche an Kunst zurückgewiesen, und auch die Auffassung von Dichtung als einer Morallehre in angenehmem Gewand hatte ihr Recht verloren.

Dem Weimarer Goethe hat es freilich bis ins Alter nichts ausgemacht, Dichtungen für seinen Hof zu schreiben und allegorische Maskenzüge, die bei den Redouten beliebt waren, mit passenden Texten zu versehen. Er sah das weniger als höfische Dienstverpflichtung an denn als künstlerischen Beitrag für gutwillige Repräsentanten einer Gesellschaftsordnung, an deren Berechtigung zu zweifeln er sich versagte, weil er nichts anderes erkennen konnte, das die Mängel des Bestehenden durch etwas grundsätzlich Besseres beseitigt hätte. Nur in der frühen Weimarer Zeit äußerte er gelegentlich seinen Unmut: »Man übertäubt mit Maskeraden und glänzenden Erfindungen offt eigne und fremde Noth. [...] Wie du die Feste der Gottseeligkeit ausschmückst so schmück ich die Aufzüge der Thorheit« (an Lavater, 19.2.1781). Später nahm er die für die Maskenzüge geschriebenen Texte sogar in seine *Werke* auf (Cotta 1806 ff.).

Goethe hat die Anschauung vom Eigenwert der Kunst und vom Kunstwerk als einem autonomen Gebilde bereits in Rom von Karl Philipp Moritz erfahren können. Dieser hatte 1785 in der *Berlinischen Monatsschrift* das Schöne als »in sich selbst Vollendetes« bestimmt, das »in sich ein Ganzes ausmacht, und mir um sein selbst willen Vergnügen gewährt« (*Versuch einer Vereinigung aller schönen Künste und Wissenschaften unter dem Begriff des in sich selbst Vollendeten*). »Man betrachtet es nicht, in so fern man es brauchen kann, sondern man braucht es nur, in so fern man es betrachten kann« (Schriften, 4). Das schöne Kunstwerk als etwas für sich Seiendes, in sich gesetzmäßig und notwendig zusammenhängend wie die Gestaltungen der Natur. Dasselbe, was Moritz beim Schönen als »in sich selbst Vollendeten« betonte, hatte einst der junge Goethe am Straßburger Münster gefeiert: »Wie in Werken der ewigen Natur, bis aufs geringste Zäserchen, alles Gestalt, und alles zweckend zum Ganzen« (*Von deutscher Baukunst*; 12, 12). Was damals der schöpferischen Genialität Erwin v. Steinbachs zugemessen und ihr nachempfunden worden war, wurde nun, von Moritz wie von Goethe, an einer bestimmten, als zeitlos musterhaft geltenden Kunst abgelesen und streng angewandt. Der frühe Ausspruch »alles Gestalt, und alles zweckend zum Ganzen« könnte durchaus der italienischen Kunsterfahrung Goethes entstammen. Aber jetzt würde er ihn der gotischen Kunst verweigern. So zeigt sich, daß Goethe zwar immer in der Kunst das in sich zum Ganzen Gefügte suchte und lobte, die allgemein gehaltenen Formeln aber mit unterschiedlichen Inhalten gefüllt werden konnten, nicht ohne das Risiko von Leerformeln. Die natürliche Schönheit des menschlichen Körpers, in der griechischen Plastik idealisiert, Ausgewogenheit, Maß, Klarheit und Harmonie waren jetzt verbindliche Maßstäbe.

Jedenfalls behauptete Karl Philipp Moritz – und Goethe stimmte ihm sichtlich zu – einen Eigenbereich der Kunst, der sich gerade dadurch auszeichnete, daß er von aller möglichen Misere der Wirklichkeit getrennt war. Moritz hatte eine schlimme Jugend hinter sich, Elend und Härte erlebt, Hoffnungen auf das Theater schwinden sehen. Doch meinte er, der Mensch besitze die Möglichkeit, »sich mit einem einzigen Schwunge seiner Denkkraft über alles das hinwegzusetzen, was ihn hienieden einengt, quält und drückt« (Schriften, 19). So wurden die Kunst und das Schöne als das ganz andere von der schlechten Wirklichkeit abgehoben. Wie mußte eine solche Vorstellung Goethe entgegenkommen, der aus widrigen Verhältnissen, die ihn bedrängten, geflüchtet war!

Jene Überlegungen bezogen sich nicht nur auf die bildende Kunst, sondern ebenso auf die Dichtung. In einigen Sätzen des ersten Kapitels seiner *Götterlehre oder Mythologische Dichtungen der Alten* (1791) formulierte Moritz prägnant: »Ein wahres Kunstwerk, eine schöne Dichtung ist etwas in sich Fertiges und Vollendetes, das um sein selbst willen da ist und dessen Wert in ihm selber und in dem wohlgeordneten Verhältnis seiner Teile liegt [...].« Eine schöne Dichtung spiegele »in ihrem großen oder kleinen Umfange die Verhältnisse der Dinge, das Leben und die Schicksale der Menschen«. Sie lehre auch Lebensweisheit, aber das sei den »dichterischen Schönheiten untergeordnet und nicht der Hauptzweck der Poesie; denn eben darum lehrt sie besser, weil Lehren nicht ihr Zweck ist«.

Solche Kunstauffassung hat die Vollendung von Goethes *Torquato Tasso* mitbestimmt. Das Schauspiel will nichts lehren, sondern »die Verhältnisse der Dinge, das Leben und die Schicksale der Menschen« in der strengen Geschlossenheit des Kunstwerks veranschaulichen. Gerade deshalb fahnden Interpreten hier auch vergeblich nach einer Be- oder gar Verurteilung der handelnden Personen.

Zwiespältige Künstlerexistenz. Torquato Tasso

Goethes Arbeit am *Torquato Tasso* hat sich über Jahre hingezogen. In sein Tagebuch trug er am 30. März 1780 ein: »Zu Mittag nach Tiefurt zu Fus Gute Erfindung Tasso.« Am 25. August des nächsten Jahres ist vermerkt, er habe der Herzogin Luise den »Tasso vorgelesen«. Über diesen ›Ur-Tasso‹ wissen wir aber nichts. Für die *Schriften* bei Göschen wurde für den siebten Band nur angekündigt: »Tasso, zwey Akte.« Auch in Italien gelangte das Drama nicht zum Abschluß. Erst Ende Juli 1789 wurde es fertig, und Göschen erhielt die beiden letzten Akte für den Druck.

Natürlich verlockt das Schauspiel über einen Dichter bei Hofe, der in äußerste Schwierigkeiten mit sich und der Gesellschaft gerät, zur Suche nach Ähnlichkeiten in Goethes eigener Existenz. Tasso am Hof zu Ferrara – Goethe am Hof zu Weimar: Spiegelt das Drama vom italienischen Poeten des 16. Jahrhunderts die eigenen Probleme des Weimarer Dichters? Wenn behauptet wird, der *Tasso* reflektiere Komplikationen des bürgerlichen Dichterdaseins bei Hofe, wie sie Goethe im ersten Weimarer Jahrzehnt zu schaffen gemacht hätten, so muß man daran erinnern, daß er in jener Zeit weit eher die Funktionen eines Antonio, des Staatsmanns, wahrnahm. Wenn Tasso über seinen Fürsten klagt:»Hat er von seinem Staate je ein Wort, / Ein ernstes Wort mit mir gesprochen?« (V. 2367 f.), so trifft für Goethe in seinem Verhältnis zu Carl August von Weimar das genaue Gegenteil zu. Wenn Tasso als Dichter gesehen wird, der sich, weil er seiner Phantasiewelt unbedingt leben will, nicht in die von Maß und Sitte bestimmte Gesellschaft zu schicken weiß und deshalb an den Rand des Scheiterns gerät, so ist es wiederum gewagt, Parallelen zum Weimarer Goethe zu ziehen. Denn er selbst hatte diesen möglichen Konflikt früh bewältigt und bereits im *Ilmenau*-Gedicht ein selbstkritisches Resümee gezogen. Wenn angenommen wird, der Imperativ »Erlaubt ist was sich ziemt!« spreche die gültige Lebensregel aus, der auch ein Tasso-Goethe zu genügen habe, so ist auf eine merkwürdige Konstellation aufmerksam zu machen. Als Goethe im August 1789 die letzten Teile des *Tasso*-Manuskriptes an seinen Verleger schickte, lebte er schon ein Jahr lang mit Christiane Vulpius in freier Lebensgemeinschaft zusammen, die sich nach damaligen gesellschaftlichen Ansprüchen keineswegs ziemte.

Goethes *Torquato Tasso* spielt in einer Art Versuchsanordnung mögliche Konflikte durch, ohne daß sein Autor Wertungen vornimmt. In diese experimentelle Konstellation konnte er zwar einbringen, was er an Erfahrungen in langen Jahren gesammelt hatte, in Weimar, in Italien und der ersten nachitalienischen Zeit, und die Verse »Frei will ich sein im Denken und im Dichten, / Im Handeln schränkt die Welt genug uns ein« (V. 2305 f.) lassen sich als Ausdruck von Goethes eigenem Wunsch lesen, nach seiner Rückkehr aus Italien so zu leben. Aber es ging nicht darum, eigenes Leben ›nachzudichten‹. Er führte im Probespiel vor, was geschehen könnte, wenn ein Dichter der Art Tassos unter den Gegebenheiten höfischer Gesellschaft lebt und produktiv sein will.

Tasso, der Dichter des Heldenepos vom *Befreiten Jerusalem (Gierusalemme liberata)*, war Goethe seit seiner Jugend vertraut. Bereits der Leipziger Student legte der Schwester Cornelia nahe, das Epos zu lesen. Auch biographische Darstellungen über den historischen Tasso waren Goethe bekannt. Auf welche einzelnen Ereignisse aus dem wirklichen Leben des Renaissancedichters er in seinem Drama anspielte, mag hier auf sich beruhen bleiben. Schon den Zeitgenossen erschien Tasso als ein extravaganter, melancholischer, hypochondrischer Künstler; von Ärger am Hof von Ferrara wurde berichtet, von Rivalitäten um literarische Anerkennung und persönliche Gunst, von Auseinandersetzungen mit seinem herzoglichen Gönner, auch von einer längeren Unterbringung als Geisteskranker.

So spärlich die äußere Handlung des Goetheschen Kammerspiels um Torquato Tasso ist, so schwerwiegend sind die Konflikte, die aufbrechen. Über sie reden die fünf Beteiligten in einer Verssprache, die an Wohlklang und genau kalkulierter Fügung kaum zu überbieten ist. Noch wo Leidenschaft und Verzweiflung sich äußern, werden sie im Maß und der Ordnung eines stilisierten, kunstbewußten Sprechens gehalten. Wie in der *Iphigenie* wird die Strenge des ›klassischen‹ Dramas gewahrt, damit ein Kunstgebilde entsteht, das in seiner formalen Geschlossenheit in sich ruht und als ganzes den schönen Schein erweckt, es wolle in der Ausgewogenheit seiner Teile und im kunstvollen Gewebe der aufeinander verweisenden Bilder und Motive nur es selbst sein, nichts sonst. Schönheit organisierter Form schließt Schärfe der Konflikte nicht aus, besänftigt auch nicht die Erschütterung, die die Gestalten heimsucht, mildert nicht tragische Ausweglosigkeit. Aber sie hält alles in der berechneten Geschlossenheit und durchkomponierten Harmonie des anzuschauenden Gegenüber. Im *Tasso* ist Kunstgesinnung verwirklicht, die sich in und nach Italien ausgebildet hat. Strenge des ›klassischen‹ Dramas heißt: Monolog und Dialog verlautbaren in wohlgesetzter Rede, was sich in den Gestalten abspielt und ihr Mit- und Gegeneinander bestimmt. Äußeres Geschehen ist auf wenige Ereignisse reduziert, da die inneren Regungen wortwörtlich zur Diskussion stehen. Szene auf Szene folgt unumkehrbar in konsequenter Entwicklung auf- und auseinander, und strikt wird die Überschaubarkeit von Ort, Zeit und (minimaler äußerer) Handlung gewahrt.

Auf dem Lustschloß Belriguardo bei Ferrara überreicht Torquato Tasso seinem herzoglichen Gönner Alfons II. das endlich fertige Epos vom befreiten Jerusalem, auf das der Fürst schon ungeduldig wartete. Seine Schwester, Leonore von Este, die sich mit ihrer Freundin Leonore Sanvitale, Gräfin von Scandiano, in Belriguardo aufhält, bekränzt Tasso mit einem Lorbeerkranz, mit dem sie zuvor die Büste Vergils geschmückt hatte. Eine freundliche höfische Geste ist diese Dichterkrönung Tassos, kaum mehr, wenn auch die Bewunderung beider Leonoren für den Dichter groß und aufrichtig ist. Bei ihm jedoch bewirkt die Bekränzung Unvermutetes. »O nehmt ihn weg von meinem Haupte wieder«, ruft er aus (V. 488). Es ist, als habe die Auszeichnung in ihm die schlummernden Zweifel am Sinn seiner jetzigen dichterischen Tätigkeit geweckt, als ahne er, was sein müßte, wenn Dichtung, fern von rituellen Gebärden und Zwängen, ihren wahren Sinn erfüllen solle, und er träumt zurück (und voraus) in eine Zeit, wo »gleiches Streben Held und Dichter bindet« (V. 551), wo keine Fremdheit zwischen der Welt des Handelns und der Dichtung herrscht.

Sogleich in der nächsten Szene (I 4) präsentiert sich ein Mann tätig-politischen Handelns, Staatssekretär Antonio, der von erfolgreicher diplomatischer Mission zurückgekehrt ist. Der erfahrene, den Gegebenheiten sich geschmeidig anpassende Weltmann, der politisch Kluge und auf seine Verdienste Stolze kann nicht verhehlen, daß ihm die Ehrung Tassos mißfällt. Voller kritischer Anspielungen sind seine Worte, auch wenn sie im Rahmen höfischen Sprechens bleiben und gewählte Sentenzen stanzen. Aber er will verletzen, wenn er verkündet, daß Wissenschaft zu nützen habe und Kunst zu schätzen sei, »sofern sie ziert« und: »Was gelten soll, muß wirken und muß dienen« (V. 667, 671).

Im Saal des Schlosses umkreisen Tasso und die Prinzessin in einem langen Gespräch zu Anfang des zweiten Akts grundsätzliche Fragen des Verhaltens des Dichters in dieser von höfischen Normen bestimmten Umwelt. Die Prinzessin empfindet viel für Tasso, versteht ihn besser als die andern, und er fühlt sich ihr verbunden. Antonio hat ihn unsanft »aus einem schönen Traum« aufgeweckt, er ist verwirrt, in Zweifel an seiner wirklichen und geträumten Dichterexistenz gestürzt. »Je mehr ich horchte, mehr und mehr / Versank ich vor mir selbst, ich fürchtete / Wie Echo an den Felsen zu verschwinden, / Ein Widerhall, ein Nichts mich zu verlieren« (V. 797 ff.). In die schöpferische Einsamkeit fühlt er sich gezogen und will doch gleichzeitig die Gemeinschaft mit den Menschen, die ihn umgeben, auch die Freundschaft mit Antonio, der »besitzt, / Ich mag wohl sagen, alles was mir fehlt« (V. 943 f.). Aber gerade im Gespräch mit der Prinzessin bricht der Unterschied auf, der ihn von der Welt trennt, die nach ihren Regeln höfisch sanktionierter Werte (Gemessenheit, Selbstdisziplinierung, zeremoniellen Verhaltens) lebt. Auch die beiden Leonoren gedenken gern der »goldnen Zeit«, doch im Spiel der Konventionen, in dem man sich schäferlich geben darf. Für Tasso ist der Traum von der »goldnen Zeit« viel mehr, ja etwas ganz anderes. Er nimmt ihn wörtlich, verbindet mit ihm jedenfalls den immerwährenden Wunsch nach zwangfreier Verwirklichung menschlicher Lebensmöglichkeiten. Er will nicht wahrhaben, was die Prinzessin ihm entgegenhält: »Die goldne Zeit, womit der Dichter uns / Zu schmeicheln pflegt, die schöne Zeit, sie war, / So scheint es mir, so wenig als sie ist, / Und war sie je, so war sie nur gewiß, / Wie sie uns immer wieder werden kann« (V. 998 ff.). Sie war und kann wieder werden, wo »verwandte Herzen« sich treffen und dem Wahlspruch folgen »Erlaubt ist was sich ziemt« (V. 1006). So berichtigt die Prinzessin Tassos Wort, das an das Einst erinnerte und fordernd auch auf die Gegenwart gemünzt war: »Erlaubt ist was gefällt« (V. 994). Tasso ließe sich den Wahlspruch der Prinzessin schon gefallen, wenn »aus guten edlen Menschen nur / Ein allgemein Gericht bestellt entschiede, / Was sich denn ziemt«. Aber »wir sehn ja, dem Gewaltigen, dem Klugen / Steht alles wohl, und er erlaubt sich alles« (V. 1007 ff.). Schon im Schäferspiel *Aminta* des historischen Tasso hatte der Chor der Hirten den Spruch gesungen, den Goethes Tasso zitiert. Hirten mochten mit ihrer niederen Moral verkünden, daß erlaubt sei, was gefällt; für die Sittlichkeit der höfisch-zivilisierten Welt durfte das nicht gelten, und Giovanni Battista Guarini hatte bereits dem Spruch aus Tassos *Aminta* mit der Sentenz widersprochen, daß erlaubt sei, was sich ziemt.

Schon gegen Ende des Gesprächs mit der Prinzessin deutet sich an, daß Tasso nicht zu erfassen vermag, was als geziemend gilt. Denn er glaubt, daß die erhoffte Liebe zwischen ihm und ihr wirklich werden könnte. »Nicht weiter, Tasso!« wehrt Leonore von Este ab und fordert wiederum Respekt vor dem Verhaltensmuster dieser Gesellschaft:

> Viele Dinge sind's
> Die wir mit Heftigkeit ergreifen sollen:
> Doch andre können nur durch Mäßigung
> Und durch Entbehren unser eigen werden.
> So, sagt man, sei die Tugend, sei die Liebe,
> Die ihr verwandt ist. Das bedenke wohl! (V. 1119 ff.)

Es ist Wahn, in den sich Tasso in seinem Monolog (II 2) steigert, weil er zwar verspricht, alles zu tun, was die Fürstin auch fordern mag, zugleich aber seiner Emotionalität und Phantasie freien Lauf läßt.

Wie sehr Spontaneität und ungezügelte Emotionen Tasso trotz der Mahnung der Prinzessin überwältigen können, zeigt sein Versuch, sich Antonio freundschaftlich zu nähern, und sein Mißlingen. Auch die Prinzessin hatte gewünscht, Tasso möge die Freundschaft Antonios suchen, damit er aus seiner Einsamkeit, aus der Introvertiertheit und seinen wirklichkeitsfernen Phantasien herausgeführt werde. Aber *wie* Tasso nun (II 3) um Antonio wirbt, mit welcher Aufdringlichkeit und drängenden Eile, das stößt den zur Gemessenheit und Abwägung jeder Handlung erzogenen Diplomaten ab. Tasso, voll Argwohn, nicht in seinem Wert erkannt und zurückgewiesen zu werden, steigert sich in höchste Erregung und – zieht den Degen. Diesen schweren Verstoß gegen Schicklichkeit des Benehmens ahndet Herzog Alfons milde, indem er Tasso auf sein Zimmer verbannt. Doch der bekränzte Dichter sieht nicht die Milde der Strafe, er gerät vielmehr in eine tiefe Krise. Zu sehr haben Bemerkungen Antonios sein Selbstverständnis als Dichter getroffen, als daß er seine aggressive Handlung verurteilen und die Berechtigung der Strafe einsehen könnte. Zu tief hat ihn die Zurückweisung berührt, als daß er noch die Dichterkrone tragen möchte. Er gibt sie hin. Und hatten ihn schon vorher Zweifel am Wert seines Dichtens und Daseins bedrängt, so ist er von nun an ganz auf sich zurückgeworfen, fühlt sich verkannt und verkennt die andern. Mangel an Wirklichkeitssinn, Fehleinschätzung seiner Existenz (freilich unter den herrschenden höfischen Bedingungen) diagnostiziert nicht nur Antonio bei ihm. »Wo schwärmt der Knabe hin? Mit welchen Farben / Malt er sich seinen Wert und sein Geschick?« (V. 1599 f.)

Es sind keineswegs Hochmut und Herablassung, die die Gespräche der kleinen höfischen Gesellschaft (im 3. Akt) über den schwierigen Dichter bestimmen, im Gegenteil! Man versucht, sich über seine Eigenarten Klarheit zu verschaffen. Man möchte ihm helfen, aus seiner Einsamkeit hinauszufinden, zur realen Einschätzung der Wirklichkeit und ihrer Bedingungen zu gelangen, und auch Antonio ist zu einer Versöhnung bereit. Gibt es aber von der Warte höfischer Lebensregeln aus überhaupt die Möglichkeit, den Dichter zu verstehen, der seinen Phantasien lebt und dem, was sie sich dichterisch von alten Vorstellungen »goldner Zeiten« aneignen, mehr Bedeutung zuspricht, als nur Spiel und Zierde eines höfisch bestimmten Daseins zu sein, das auf Repräsentation angewiesen ist? Kann Tasso, der seine Subjektivität gegen die Objektivität gesellschaftlicher Normen setzt, noch in den Kreis, in dem er zu leben gewohnt war und sich wohl fühlte, integriert werden?

Tassos Verehrung für den Herzog, der sein Mäzen, sein Gönner, ist und dem er Dichtung zum Ruhme seiner fürstlichen Existenz liefert, war groß, ja überschwenglich. Nun, da die Krise ausgebrochen ist, kennt sein Mißtrauen ebensowenig Maß und Grenzen. Das Charakterbild, das Antonio von Tasso zeichnet, der zwischen den Extremen schwankt, ist nicht verzerrt, auch wenn es ein kritischer Beobachter entworfen hat:

Ich kenn ihn lang, er ist so leicht zu kennen,
Und ist zu stolz sich zu verbergen. Bald
Versinkt er in sich selbst, als wäre ganz
Die Welt in seinem Busen, er sich ganz

In seiner Welt genug, und alles rings
Umher verschwindet ihm. Er läßt es gehn,
Läßt's fallen, stößt's hinweg und ruht in sich –
Auf einmal, wie ein unbemerkter Funke
Die Mine zündet, sei es Freude, Leid,
Zorn oder Grille, heftig bricht er aus:
Dann will er *alles* fassen, *alles* halten,
Dann soll geschehn was er sich denken mag;
In einem Augenblicke soll entstehn,
Was Jahre lang bereitet werden sollte,
In einem Augenblick gehoben sein,
Was Mühe kaum in Jahren lösen könnte (V. 2117 ff.)

Eine Annäherung zwischen Antonio und Tasso, nach Ende des ›Arrests‹, bringt nicht viel. Denn was der Dichter wünscht, will Antonio nur ungern erfüllen: dem Herzog Tassos Wunsch vorzutragen, er wolle fort, fort von hier, um in Rom das Gedicht, das er erst »geendet« habe, wirklich zu vollenden (V. 2589 ff.). Tasso fühlt sich verkannt, umsponnen von Falschheit, steigert sich in Verfolgungswahn. »Es brennen mir die Sohlen / Auf diesem Marmorboden« (V. 2702 f.). »Deutlich seh ich nun / Die ganze Kunst des höfischen Gewebes« (V. 2748 f.). Jetzt will er selbst sich verstellen lernen. »Wohin er tritt, glaubt er von Feinden sich umgeben«, weiß Antonio Alfons zu melden, wobei sich allerdings zeigt, daß Antonio den Kern von Tassos Dichterexistenz, schöpferisch tätig sein zu wollen, nicht zu begreifen vermag (V 1).

Noch einmal verletzt Tasso die Etikette höfischen Zusammenlebens, als er beim Abschied von der Prinzessin, wirkliche Liebe wähnend, ihr in die Arme fällt und sie fest an sich drückt. Entsetzen erfaßt die Hofgesellschaft. Wo Neigung zur Leidenschaft wird, sind Grenzen überschritten. Die Prinzessin, die sich Tasso verbunden fühlte wie sonst niemand, kann nur noch, «ihn von sich stoßend und hinweg eilend», das Wort der Trennung rufen: »Hinweg!« (V. 3284)

Allein Antonio und Tasso stehen in der letzten Szene des Schauspiels beieinander und führen einen Dialog, den auszuloten ein langes Kapitel fordern würde. Tasso ist nun ganz auf sich selbst zurückgeworfen. »Ich fühle mir das innerste Gebein / Zerschmettert, und ich leb um es zu fühlen« (V. 3370 f.). Aber Antonio, alles andere als überheblich und abweisend, spricht in den langen Monolog des in Verzweiflung Versunkenen die helfend gemeinten Sätze: »Besinne dich! Gebiete dieser Wut!« (V. 3362) »Ich werde dich in dieser Not nicht lassen; / Und wenn es dir an Fassung ganz gebricht, / So soll mir's an Geduld gewiß nicht fehlen« (V. 3377 ff.). Eine paradoxe

Situation: Jetzt, da Tasso ganz von der höfischen Welt entfernt ist, bleibt Antonio als derjenige nah,»tritt zu ihm und nimmt ihn bei der Hand«, an den sich der Verzweifelte zuletzt anklammert:»Ich fasse dich mit beiden Armen an!« (V. 3451) Es ist, als würde in der Fülle der Bilder, die Tassos Sprechen in dieser Schlußszene wie in dichtender Selbstdeutung entwirft, anschaulich und ihm selbst begreiflich, daß ihm als einziges bleibt – und das ist nicht sinnlos –, durch Leid hindurchzugehen und von ihm zu »sagen«. Die Natur

> ließ im Schmerz mir Melodie und Rede,
> Die tiefste Fülle meiner Not zu klagen:
> Und wenn der Mensch in seiner Qual verstummt,
> Gab mir ein Gott zu sagen, wie ich leide (V. 3430 ff.).

Tasso scheitert in der Welt, in der er sich, im Schutze des Mäzenatentums, wohl und sicher wußte. Er scheitert nicht als Dichter, zumindest ist der Schluß des Stücks in dieser Hinsicht ›offen‹.»Ein Schauspiel« nannte Goethe seine Dichtung, nicht ›Eine Tragödie‹. Was weiter aus Tasso wird, steht dahin. Dichtung zum Ruhm und zur Zierde des Hofes zu liefern, dazu wird dieser Dichter allerdings kaum mehr imstande sein.

Was hier über Goethes *Torquato Tasso* gesagt wurde, sind nur skizzenhafte Andeutungen, die den geduldigen Leser vielleicht an das vielschichtige Drama heranführen können, das Szene für Szene, Gespräch für Gespräch und Monolog für Monolog aufs dichteste gefügt ist und dessen Bild- und Motivgeflecht, Vorausdeutungen und Rückverweise, Anspielungen und ironische Brechungen nur in einer ausführlichen Analyse aufgeschlüsselt werden könnten. Das Schauspiel entwirft auch nicht nur ein Psychogramm Tassos, sondern spürt ebenso subtil den Empfindungen und verborgenen Sehnsüchten der beiden Leonoren nach.

Wenigstens die grundsätzliche Frage, wie die von Goethe konzipierte Dichtergestalt aufzufassen und einzuschätzen sei, soll uns noch beschäftigen. Wie unterschiedlich die Antworten darauf ausfallen, dokumentiert jede neue Inszenierung des schwierigen und interpretationsbedürftigen Stücks. Sicher ist, daß Tasso nicht den Dichter schlechthin repräsentiert; er ist eine besondere Dichterpersönlichkeit. Züge eines solchen Poeten hatte Wieland schon 1782 in einem *Brief an einen jungen Dichter* (im *Teutschen Merkur*) beschrieben (und dabei zu Anfang auch den »Lorbeerkranz« und das »dunkle Kämmerchen des göttlichen Tasso« erwähnt). Der »innere Beruf« des Adressaten scheine in der Tat keinem Zweifel unterworfen zu sein, da er unter anderem besitze:»eine Einbildungskraft, die durch einen unfreiwilligen innern Trieb alles einzelne idealisiert, alles Abstrakte in bestimmte

Formen kleidet und unvermerkt dem bloßen Zeichen immer die Sache selbst oder ein ähnliches Bild unterschiebt, [...] eine zarte und warme, von jedem Anhauch auflodernde Seele, ganz Nerv, Empfindung und Mitgefühl, die sich nichts Totes, nichts Fühlloses in der Natur denken kann, sondern immer bereit ist, ihren Überschwang von Leben, Gefühl und Leidenschaft allen Dingen um sich her mitzuteilen, [...] ein Herz, das bei jeder edeln Tat hoch emporschlägt, von jeder schlechten, feigherzigen, gefühllosen mit Abscheu zurückschaudert«, einen »angebornen Hang zum Nachsinnen, zum Forschen in sich selbst, zum Verfolgen seiner Gedanken, zum Schwärmen in der Ideenwelt«. Mit solchen Worten könnte auch Goethes Tasso beschrieben werden. Wieland verschwieg jedoch nicht, was ihn um seinen jungen Dichter zittern mache: daß er nämlich, wenn er sich seinem Hang überlasse, *ganz Dichter* wäre und also für alle anderen Lebensarten verloren.

Ist Tasso eine besondere Dichterpersönlichkeit, so ist er es allerdings in einer bestimmten Situation. Sind es wirklich seine privaten Eigenschaften, sein maßloser Subjektivismus, seine Überspanntheit, die ihn zu dem machen, der er ist?

Christa Wolf läßt ihren Heinrich v. Kleist bei seinem fiktiven Gespräch mit Caroline v. Günderrode ganz anderes vermuten: »Es kränkt mich, daß das Zerwürfnis des Tasso mit dem Hof auf einem Mißverständnis beruhn soll. Wie, wenn nicht Tasso dem Fürsten, besonders aber dem Antonio, Unrecht täte, sondern die ihm. Wenn sein Unglück nicht eingebildet, sondern wirklich und unausweichlich wäre? Wenn nicht Überspanntheit, sondern ein scharfes, gut: überscharfes Gespür für die wirklichen Verhältnisse ihm den Ausruf abpreßte: ›Wohin beweg ich meinen Schritt, dem Ekel zu entfliehn, der mich umsaust, dem Abgrund zu entgehn, der vor mir liegt‹?« (*Kein Ort. Nirgends.* 1979, 106 f.). Zweifellos ist es eine höfische Umgebung, wo Goethes Tasso scheitert, wo er in Widerspruch zu geltenden Maßstäben gerät und wo die Ansprüche seines »inneren Berufs«, Dichter zu sein, ihn überwältigen. Aber einseitige Schuldzuweisungen nimmt das Schauspiel nicht vor. Werden sie ausgesprochen, beruhen sie auf einseitigen Interpretationen und Inszenierungen. Zu problematisch sind manche Eigenarten Tassos, als daß sie der Autor des *Torquato Tasso* als wahre Äußerungen dichterischer Produktivität gutheißen könnte. Zu freundlich und human stellen sich die Personen des Hofes vor, als daß ihnen und ihrem Verhaltenskodex allein die Not des Dichters angelastet werden dürfte. Christa Wolfs Kleist sprach eine eindeutig verurteilende Vermutung aus; Richard Wagner war sich nicht so sicher: »Wer hat hier Recht? wer Unrecht? Es sieht ein jeder, wie er sieht, und nicht anders sehen kann« (an Mathilde Wesendonck, 15.5.1859). Man sollte sich eingestehen, daß hier Fragen bleiben.

Sicherlich gestaltet Goethe seinen Tasso als den Dichter, dessen schöpferische Individualität mit höfischen Auffassungen kollidiert und der sich im Schonraum und Zwangsbezirk, den fürstliches Mäzenatentum bedeutet, als Dichter nicht verwirklichen kann. Tasso fühlte sich seinem herzoglichen Gönner noch aufs engste verbunden (»O könnt ich sagen wie ich lebhaft fühle / Daß ich von *euch* nur habe was ich bringe!« V. 426f.) und wird dann zu Aussprüchen gedrängt wie:»Frei will ich sein im Denken und im Dichten, / Im Handeln schränkt die Welt genug uns ein« (V. 2305 f.) und:

> Ich halte diesen Drang vergebens auf
> Der Tag und Nacht in meinem Busen wechselt.
> Wenn ich nicht sinnen oder dichten soll,
> So ist das Leben mir kein Leben mehr.
> Verbiete du dem Seidenwurm zu spinnen,
> Wenn er sich schon dem Tode näher spinnt (V. 3079 ff.).

Diesem Tasso reicht nicht aus, sein Gedicht »geendet« zu haben, wie es dem Gönner gefällt; er wünscht, daß es »vollendet« wäre (V. 2590). Er sieht sich den Ansprüchen ausgesetzt, die das Kunstwerk um seiner selbst willen stellt. So wie er in der Kunst auf un-bedingte Vollendung aus ist, so drängt er auch in seinem persönlichen Verhältnis zur Prinzessin über die gesetzten Begrenzungen hinaus, damit Liebe wirklich Liebe werde. Doch Leonore kann nur zur Mäßigung mahnen. In den Begrenzungen solcher Wirklichkeit ist Tasso nicht mehr zu halten. Aber indem er sich den Ansprüchen ›wahren‹ Dichtertums, ›wahrer‹ zwischenmenschlicher Beziehungen überläßt, die er nicht mehr abweisen kann, enthüllen sich auch die Gefahren der Übersteigerung, des Verkennens, der Wirklichkeitsferne. Wer so auf sich selbst zurückgeworfen ist und Wirklichkeit für seine dichterischen Phantasien einklagt, dem bleibt nur übrig, von seinem Leid zu »sagen« – und sich zuletzt noch an den ›Mann der Realitäten‹ zu klammern, auf ungewisse Zukunft hin, damit er nicht völlig zuschanden werde.

Auch auf die ›Gegenseite‹ fallen Licht und Schatten. Im Kontrast zu Tassos Wünschen tritt die Einschnürung durch höfische Verhaltensnormen deutlich hervor. Unter der Oberfläche der geltenden Schicklichkeit, des ›Decorum‹, können Rivalitäten und Egoismen gären. Antonios Verhältnis zu Tasso ist auch von Neid auf den großen Poeten durchsetzt, und die Selbstsicherheit seines Auftretens als Mann von Welt steigert sich zur Überheblichkeit. Aber was er von Wirken und Nützlichsein berichtet und wie er mit seinem Herzog Alfons den in Einsamkeit und Wahn versinkenden Tasso auf das Hier und Jetzt zu lenken sucht, das kann nicht abgetan werden mit dem Hinweis auf sowieso fragwürdige höfische Zusammenhänge.»Der

Mensch gewinnt, was der Poet verliert«, gibt Alfons zu bedenken (V. 3078). Caroline Herder überliefert, Goethe habe ihr im Vertrauen »den eigentlichen Sinn« des *Tasso* gesagt: »die Disproportion des Talents mit dem Leben« (an Herder, 20. 3. 1789). Das bedeutet immerhin auch, daß das »Leben« berechtigte Forderungen anzumelden hat.

Der Autor des *Torquato Tasso* stellt nur dar und urteilt nicht. Er läßt die Gestalten sprechen und gibt keinen Kommentar. Wenn man diese Dichtung in den biographischen Zusammenhängen Goethes und an ihrem historischen Ort sieht, erkennt man ihre Bedeutung. Goethe stellt einen Dichter dar, der nichts als Künstler sein will. Tasso kommt in dem existenzsichernden Schonraum, den auch für ihn das Mäzenatentum der höfischen Gesellschaft bedeutete, nicht mehr zurecht. Seine Ansprüche gehen in ihren nicht mehr auf. (Wo aber soll man die Herkunft solcher Ansprüche, die nicht mehr mit höfischen Vorstellungen in Einklang zu bringen sind, anders ansiedeln als in bürgerlichen Anschauungen?) Zugleich läßt Goethe auch die Problematik eines Dichters anschaulich werden, der nichts als seine Kunst will, der von der Leidenschaft zum vollendeten Werk verzehrt wird, das seine eigenen Forderungen stellt und den Künstler von der Gesellschaft absondert, die Ansprüche geltend macht, deren Berechtigung nicht einfach abgewiesen werden kann.

Studien der Natur.
Die Metamorphose der Pflanzen

Goethes Betrachtung und Erforschung der Natur stand in und nach Italien unter der leitenden Frage: Was sind die «bleibenden Verhältnisse«, die sich in allem Wandel durchhalten? In seinem Brief vom 23. August 1787 schrieb er in der *Italienischen Reise*: »So entfernt bin ich jetzt von der Welt und allen weltlichen Dingen, es kommt mir recht wunderbar vor, wenn ich eine Zeitung lese. Die Gestalt dieser Welt vergeht, ich möchte mich nur mit dem beschäftigen, was bleibende Verhältnisse sind [...].« Damit ist die lebensgeschichtliche Situation Goethes genau bezeichnet, die ihm die Suche nach Grundmustern und Grundgesetzlichkeiten besonders wichtig werden ließ: in und nach der Identitätskrise des Jahres 1786, nach der belastenden Vielfalt der Geschäfte und der beklagten Inkonsequenz der Menschen.

Wie eine Studie über ein ›Grundmuster‹ italienischen Volkslebens liest sich Goethes Beschreibung des Römischen Karnevals. 1789 erschien als selbständiges Buch bei Unger in Berlin *Das Römische Carneval* mit handkolorierten Stichen von Georg Melchior Kraus, in dem der Text nicht dominierte, sondern zur Erläuterung der Illustrationen diente, die vor allem Kostüme und Masken zeigten. Doch konnte die Prosa auch für sich bestehen, so daß ihr später der Autobiograph den uns vertrauten Platz im *Zweiten römischen Aufenthalt* der *Italienischen Reise* zuwies. Schon in den ersten Sätzen wird die Perspektive eines distanzierten Beobachters deutlich:

Indem wir eine Beschreibung des Römischen Karnevals unternehmen, müssen wir den Einwurf befürchten, daß eine solche Feierlichkeit eigentlich nicht beschrieben werden könne. Eine so große lebendige Masse sinnlicher Gegenstände sollte sich unmittelbar vor dem Auge bewegen und von einem jeden nach seiner Art angeschaut und gefaßt werden.

Noch bedenklicher wird diese Einwendung, wenn wir selbst gestehen müssen, daß das Römische Karneval einem fremden Zuschauer, der es zum erstenmal sieht und nur sehen will und kann, weder einen ganzen noch einen erfreulichen Eindruck gebe, weder das Auge sonderlich ergötze, noch das Gemüt befriedige (11, 484).

Was im Karnevalstreiben aufbricht, ist etwas Elementares; eine »überdrängte und vorbeirauschende Freude« regiert; »der Unterschied zwischen Hohen und Niedern scheint einen Augenblick aufgehoben: alles nähert sich einander, jeder nimmt, was ihm begegnet, leicht auf, und die wechselseitige Frechheit und Freiheit wird durch eine allgemeine gute Laune im Gleichgewicht erhalten« (11, 485). In einer Folge kleiner Kapitel schildert der Beobachter Einzelheiten, ordnet auf diese Weise und ›bewältigt‹ wenigstens so, was ihm in mancher Hinsicht nicht geheuer ist: den Tumult, das unübersehbare Gedränge, das Überbordende der Fröhlichkeit. Im Schlußkapitel »Aschermittwoch« spricht der Autor, der nicht die autobiographische Ich-Form wählt, sondern im Abstand schaffenden »Wir« erzählt und beschreibt, diese Absicht aus:

So ist denn ein ausschweifendes Fest wie ein Traum, wie ein Märchen vorüber, und es bleibt dem Teilnehmer vielleicht weniger davon in der Seele zurück als unsern Lesern, vor deren Einbildungskraft und Verstand wir das Ganze in seinem Zusammenhange gebracht haben (11, 514).

Mit dem »entsetzlichen Gedränge« des Karnevals kam der Berichterstatter nur zurecht, indem er Einzelheiten beschrieb, und zwar solche, die das Ganze auf geheimnisvolle und verblüffende Weise denn doch zu ›strukturieren‹ schienen. Bei der Naturbetrachtung des nachitalienischen Goethe war es ähnlich. Schon die Berufstätigkeit in Weimar hatte den das Land bereisenden, den Garten pflegenden und in Bergwerke steigenden Geheimen Rat auf die Besonderheit einzelner Sachverhalte aufmerksam werden lassen, denen mit spekulativen Gesamtvorstellungen vom harmonischen Ganzen der Natur nicht beizukommen war. Nie hat er freilich den Glauben an eine große, sinnvolle Ordnung, in der dem einzelnen Platz zukomme, aufgegeben. Ihr mochte die Formel Gott-Natur entsprechen, womit keine bestimmte christliche Konfession gemeint war, sondern der Wirklichkeit nur der höchste Begriff von Sinn, Ordnung und Vollkommenheit zugesprochen wurde.

Ein kleiner Aufsatz ist in dieser Hinsicht bemerkenswert. Wahrscheinlich Ende 1788 hatte Goethe einen Brief seines Freundes Knebel erhalten, in dem dieser die Eisblumen an seinen Fensterscheiben mit echten Blumen verglich. Unter fiktivem Ort und Datum (»Neapel, den 10. Januar 178-«), wodurch er das Vorzutragende mit seinen im Süden gewonnenen oder bestätigten Erkenntnissen verband, publizierte Goethe im Januar 1789 im *Teutschen Merkur* unter dem Titel *Naturlehre* seinen Widerspruch gegen solches Analogisieren. »Sie möchten gern diese Kristallisationen zum Range der Vegetabilien erheben« (JA 39, 10), doch: »Wir sollten, dünkt mich, immer mehr beobachten, worin sich die Dinge, zu deren Erkenntnis wir gelangen mögen, von einander unterscheiden, als wodurch sie einander gleichen. Das Unterscheiden ist schwerer, mühsamer als das Ähnlichfinden, und wenn man recht gut unterschieden hat, so vergleichen sich alsdann die Gegenstände von selbst.« Selbstverständlich dachte auch der Schreiber der Mahnung nicht daran zu leugnen, »daß alle existierende Dinge unter sich Verhältnisse haben« und auf erkenntnisfördernde Analogien zu achten sei. Diesen Aufruf zu methodischer Besinnung, der bei Knebel einige Verstimmung hervorrief (die Goethe in einer sogleich anschließend gedruckten *Antwort* besänftigte), kann man wie eine späte Abrechnung mit jener analogiefreudigen hermetischen Naturphilosophie lesen, der sich der Frankfurter Jüngling einst gewidmet hatte.

Die programmatischen Blätter gegen Knebels »Ähnlichfinden« von Eisblumen und pflanzlichen und animalischen Bildungen geben auch zu erkennen, daß Goethe hier im Zusammenhang mit modernen naturwissenschaftlichen Ansichten seiner Zeit argumentierte. Neuerdings hat man wiederholt darauf aufmerksam gemacht, daß der Weimarer Naturforscher zwar seine eigenwilligen Wege gegangen sei, sehr wohl aber Kontakte mit der Naturforschung seiner Zeit gehabt habe. Die reichhaltigen Erläuterungsbände zu seinen »Schriften zur Naturwissenschaft« in der »Leopoldina-Ausgabe« (Weimar 1947 ff.) können Kennern und Liebhabern detaillierte Auskünfte geben. Die Kritik an Knebels Analogievergnügen traf immerhin eine von namhaften Wissenschaftlern vertretene Auffassung eines bestimmten Systems der Natur: Alle natürlichen Dinge seien in einer großen Kette miteinander verknüpft, von den einfachsten Stoffen, den Elementen, den Mineralien über Pflanzen und Tiere bis zum Menschen – und noch darüber hinaus zu den Engeln und zu Gott. In konsequenter Einheitlichkeit erschien so die Welt. Von einer »échelle des êtres naturelles« sprach der berühmte Charles Bonnet in den *Contemplations de la Nature* von 1764. (»Échelle« heißt sowohl Leiter als auch Rangordnung.) Und daß es eine geordnete Stufenfolge gab, in der es vom weniger Vollkommenen zum Vollkommeneren aufwärts ging, war weithin geltende Ansicht. Behauptungen über die Zugehörigkeit zu bestimmten Stufen oder über den als lückenlos behaupteten Zusammenhang aller Dinge berührten daher Grundpositionen der Naturauffassung ebenso wie Grundpfeiler christlichen Glaubens, an den sich die Naturforschung gebunden fühlte. Immer mußte (und wollte) Naturerkenntnis dem Glauben an den christlichen Schöpfergott und seinem Schöpfungsplan entsprechen. Der Spielraum, in dem das möglich blieb, war freilich ziemlich groß.

Zu behaupten und nachzuweisen, auch der Mensch besitze den Zwischenkieferknochen (oben S. 399), bedeutete zum Beispiel, die gültige Stufenfolge infragezustellen. Denn die maßgeblichen Anatomen waren damals überzeugt, der Mensch unterscheide sich gerade dadurch von den übrigen Wirbeltieren, daß ihm dieser eine Knochen fehle. – Die Polemik gegen Knebels Analogisieren berührte ebenfalls Wesentliches. Denn sie behauptete eine Trennung zwischen dem Unbelebten und Lebendigen wie auch zwischen pflanzlichem und tierischem Leben. Außer Knebel wird sich auch Herder über Goethes *Merkur*-Essay nicht gefreut haben, hatte er doch in den *Ideen zur Philosophie der Geschichte der Menschheit* geschrieben: »Die unermeßliche Kette [der Wesen] reicht vom Schöpfer hinab bis zum Keim eines Sandkörnchens« (II 1). Goethes ›Entdeckung‹ des Zwischenkieferknochens beim Menschen hatte 1784 noch die Herdersche Vorstellung unterstützt, daß »eine Hauptform« allen lebendigen Wesen zugrundeliege. Jetzt argumentierte Goethe unter einem anderen Gesichtspunkt (der seine Übereinstimmung mit Herder bei der Bewertung des Zwischenkieferknochens natürlich nicht betraf): Der genaue Beobachter der Natur werde »die drei großen in die Augen fallenden Gipfel, Kristallisation, Vegetation und animalische Organisation, niemals einander zu nähern suchen« (JA 39, 11). So hat es denn auch Goethe selbst gehalten, als er seine naturwissenschaftlichen Studien weiterführte.

Andere Gelehrte hatten ebenfalls betont, daß Unterscheidungen nötig seien. Ihnen reichte das Erklärungsmodell nicht aus, wonach ein Organismus eine Masse von unterschiedlichen, aber unveränderlichen Korpuskeln sei, die sich nach bestimmten Kausalitäten bewegen und damit dessen Leben ausmachen. So nahmen sie, denen der Mikrobereich der modernen Biologie noch verschlossen war, eine spezielle ›Lebenskraft‹, einen ›Bildungstrieb‹

oder ähnliches an, wodurch die organischen Lebens- und Bildungsvorgänge gelenkt würden. Damit war die Kontinuität vom Einfachsten bis zum Höchsten nicht mehr zu halten; denn zwischen Unbelebtem und Belebtem mußte eine Unterbrechung angenommen werden.

Mit der Pflanzenwelt war Goethe, seit er in Weimar lebte, zwar in ständiger Berührung, im eigenen Garten, im Park, aber ernsthafte botanische Untersuchungen scheint er vor Italien nicht unternommen zu haben. Es blieb die Sammlung von Informationen, wozu natürlich auch die Kenntnisnahme von Linnés System gehörte. Das Bestimmen der Pflanzenarten, wie es der schwedische Forscher konsequent durchgeführt und durchgesetzt hatte, hielt sich an bestimmte äußerliche Merkmale der Pflanzen. Für Goethe aber enthielt das Linnésche System die Schwierigkeit, daß sich die pflanzlichen Organe innerhalb bestimmter Grenzen veränderten: »Wenn ich an demselben Pflanzenstengel erst rundliche, dann eingekerbte, zuletzt beinahe gefiederte Blätter entdeckte, die sich alsdann wieder zusammenzogen, vereinfachten, zu Schüppchen wurden und zuletzt gar verschwanden, da verlor ich den Mut irgendwo einen Pfahl einzuschlagen, oder wohl gar eine Grenzlinie zu ziehen« (*Der Verfasser teilt die Geschichte seiner botanischen Studien mit*; 13, 161). Angesichts solcher Verwandlung hielt Goethe nach dem Einheitlichen in der Vielfalt Ausschau: Wie Herder »*eine* Hauptform« in der Verschiedenheit der lebendigen Wesen annahm, so glaubte Goethe die »Urpflanze« behaupten zu können, die Vorstellung eines gemeinsamen Bauplans, in dem alle höheren Pflanzen zusammenstimmten. »Eine solche muß es denn doch geben! Woran würde ich sonst erkennen, daß dieses oder jenes Gebilde eine Pflanze sei, wenn sie nicht alle nach einem Muster gebildet wären« (*IR*, Palermo, 17. 4. 1787). Dieses ›geschaut-gedachte‹ Gebilde, die »sinnliche Form einer übersinnlichen Urpflanze« (13, 164), konnte mit keiner bestimmten Pflanze identisch sein. Aber es enthielt in der Vorstellung die Merkmale des Urbilds, repräsentierte Einheit in der Mannigfaltigkeit.

Auch Buffon hatte in seiner *Histoire naturelle* (deutsche Ausgabe 1752) ein tierisches Grundmuster angenommen: »Es gibt in der Natur bei jedweder Art ein allgemeines Urbild, wornach jedwedes einzelne Tier gebildet ist: welches sich aber, wenn es zur Wirklichkeit kömmt, nach den Umständen zu verschlimmern oder vollkommener zu werden scheint [...]« (LA II 9A, 520).

Doch verfolgte Goethe die schwierige ›Ausgestaltung‹ der »Urpflanze« nicht weiter. Sein Augenmerk richtete sich nicht mehr auf ein Grundmuster des ganzen Pflanzenreichs, sondern auf die einzelne Pflanze: auf ihre Verwandlungen und das sich in ihnen Durchhaltende. Das in aller Umgestaltung identische Organ war für ihn das Blatt; diese Hypothese baute er bereits in Italien aus. »Hypothese Alles ist Blat, und durch diese Einfachheit wird die größte Manigfaltigkeit möglich« (LA II 9 A, 58). Im Bericht der *Italienischen Reise* erinnerte er unter dem 17. Mai 1787 daran:

Es war mir nämlich aufgegangen, daß in demjenigen Organ der Pflanze, welches wir als Blatt gewöhnlich anzusprechen pflegen, der wahre Proteus [verwandlungsfähiger Gott] verborgen liege, der sich in allen Gestaltungen verstecken und offenbaren könne. Vorwärts und rückwärts ist die Pflanze immer nur Blatt, mit dem künftigen Keime so unzertrennlich vereint, daß man eins ohne das andere nicht denken darf (11, 375).

So ging Goethe dem Gestaltwandel der einjährigen Blütenpflanze vom Blatt bis zur Frucht nach und glaubte, die ursprüngliche Identität aller Pflanzenteile erkannt zu haben. Die Wirkung,»wodurch ein und dasselbe Organ sich uns mannigfaltig verändert sehen läßt« (13, 64), nannte er »Metamorphose«. 1790 veröffentlichte er als seine erste naturwissenschaftliche Schrift, die in nüchterner Prosa die Ergebnisse der Beobachtungen vortrug, den *Versuch die Metamorphose der Pflanzen zu erklären*. Die Fragestellung, die Goethe behandelte, war ebensowenig ungewöhnlich wie der Ausdruck »Metamorphose«. Ovids *Metamorphosen*, die Geschichten der Verwandlung von Göttern oder Menschen in Tiere und Pflanzen, waren den literarisch Gebildeten geläufig, und man benutzte das Wort in der Wissenschaft, um damit stufenweise Entwicklungen und miteinander verwandte Umgestaltungen zu bezeichnen. Als neu bei Goethe gelten für Fachkundige die Konsequenz, mit der er die Pflanzenmetamorphose durchgeführt, und die Genauigkeit, mit der er die Organe und Übergänge an der Pflanze bestimmt und beschrieben hat. Auch ging er über eine bloße Beschreibung hinaus und fragte nach Ursache und Wirkung der Metamorphose.

Im Sommer 1798 versuchte Goethe Christiane die Metamorphosenlehre zu veranschaulichen, indem er sie ihr im Gedicht in gefälliger poetischer Bildlichkeit vortrug, ohne dabei die Genauigkeit im einzelnen zu vernachlässigen. So erscheint hier die Metamorphose als Gestaltungs- und Umgestaltungsprozeß, der sich im Bereich der »übersinnlichen Urpflanze« vollzieht. Eindringlich spricht das Gedicht *Die Metamorphose der Pflanzen* im antiken Elegienmaß die Überzeugung von einer Grundgesetzlichkeit aus, die in der »tausendfältigen Mischung« der Pflanzen herrsche.

> Dich verwirret, Geliebte, die tausendfältige Mischung
> Dieses Blumengewühls über dem Garten umher;
> Viele Namen hörest du an, und immer verdränget
> Mit barbarischem Klang einer den andern im Ohr.
> Alle Gestalten sind ähnlich, und keine gleichet der andern;
> Und so deutet das Chor auf ein geheimes Gesetz,
> Auf ein heiliges Rätsel. [...]

Welche Bedeutung dem Gedanken der Metamorphose insgesamt, weit über die speziellen Beobachtungen an der einjährigen Blütenpflanze hinaus, in Goethes Lebensanschauung zukommt, ist leicht zu erkennen; die *Metamorphose*-Elegie deutet darauf hin. Metamorphose meint den Prozeß von Gestaltung und beständiger Umgestaltung organischer Wesen, in dem sich Identisches bewahrt, einen Bildungs- und Umbildungsprozeß, der zugleich Steigerung bedeutet. Das Lehrgedicht in der Art eines Liebesgedichts an Christiane bekräftigt die Gültigkeit der »ew'gen Gesetze« (wenn auch »in verändertem Zug«) für Tier und Mensch, wenn die Summe gezogen ist:

> Jede Pflanze verkündet dir nun die ew'gen Gesetze,
> Jede Blume, sie spricht lauter und lauter mit dir.
> Aber entzifferst du hier der Göttin heilige Lettern,
> Überall siehst du sie dann, auch in verändertem Zug.
> Kriechend zaudre die Raupe, der Schmetterling eile geschäftig,
> Bildsam ändre der Mensch selbst die bestimmte Gestalt.

Römische Erotica

Während seines Aufenthalts in Italien und noch danach mußte Goethe seine dichterische Arbeit auf den Abschluß der ersten Gesamtausgabe seiner Werke bei Göschen konzentrieren, auf die Vollendung der *Iphigenie*, des *Egmont*, des *Tasso*. Neues kam außer zwei (!) Gedichten (*Amor als Landschaftsmaler* und »Cupido, loser, eigensinniger Knabe!«) nicht zustande. Zwar dachte er in Sizilien, betört vom Zauber südlichen Landes und wieder im Homer lesend, über ein Drama um Odysseus und Nausikaa, die Tochter des Phäakenkönigs, nach, aber er hat es nie vollendet. Nur etwas mehr als 150 Verse des *Nausikaa*-Fragments sind überliefert, darunter einige, in denen die Atmosphäre jener Landschaft unvergleichlich eingefangen ist:

> Ein weißer Glanz ruht über Land und Meer
> Und duftend schwebt der Äther ohne Wolken
>
> Und nur die höchsten Nympfen des Gebürgs
> Erfreuen sich des leichtgefallnen Schnees
> Auf kurze Zeit (5, 72).

»Unter Taormina, am Meer« (*IR* 8.5.1787), auf Orangenästen sitzend, mit dem Blick auf den Ätna, dort mag er solche Verse gefunden haben.

Im Frühling 1790 war dann eine Folge von Gedichten abgeschlossen, die sich mit nichts vergleichen lassen, was Goethe bisher in der Lyrik auszusprechen gewagt hatte. Sie ungekürzt dem Publikum vorzulegen, traute man sich jedoch nicht. Noch heute stehen in Goethe-Ausgaben die 24 zusammengehörigen Gedichte in den seltensten Fällen beieinander, falls überhaupt die anstößigen vier Gedichte aufgenommen sind, die über den inzwischen sanktionierten zwanzigteiligen Zyklus der *Römischen Elegien* hinausreichen. Die Geschichte der Veröffentlichungen, Besprechungen und Nichtbesprechungen dieser offensichtlich ärgerniserregenden Verse ist ein besonderes Kapitel der Goethe-Philologie, kläglich und erheiternd zugleich. Ängstliche Prüderie war dabei ebenso am Werk wie das Bestreben, den großen deutschen Dichter nur ja auf dem Olymp der Verehrung zu halten, ihn nicht in die angeblichen Niederungen der Sexualität hinabzuziehen. Als 1914 die beanstandeten Texte endlich in der maßgebenden »Weimarer Ausgabe« zugänglich gemacht wurden, hielt der Herausgeber tatsächlich noch die Bemerkung für angebracht, es sei nicht anzunehmen, daß die Gefahr bestehe, »irgend jemand könnte der hier erfolgten Veröffentlichung einen andern Sinn geben als den reiner Wissenschaftlichkeit« (WA I 53, 452). Aber schon Goethe war gezwungen gewesen, Selbstzensur zu üben.

Zwischen Herbst 1788 und Frühjahr 1790 sollen jene Gedichte entstanden sein. Ob Goethe schon in Rom einige konzipiert oder geschrieben hat, ist ungewiß. Diese Elegien zu publizieren, die zunächst den Titel *Erotica Romana* trugen, war er durchaus nicht abgeneigt, aber: »Herder widerriet mirs und ich habe blindlings gefolgt« (an Knebel, 1.1.1791). Auch der Herzog hielt eine Veröffentlichung nicht für ratsam. Als Goethe dann einige Jahre später Schiller die Gedichte für die *Horen* anbot, der sie als »eine wahre Geister-Erscheinung des guten poetischen Genius« lobte (an Goethe, 28.10.1794), wußte er sich für den Druck nicht anders zu helfen, »als daß man die 2te und die 16te wegläßt: denn ihr zerstümmeltes Ansehen wird auffallend seyn, wenn man statt der anstößigen Stellen nicht etwas Currenteres [Gängigeres] hinein restaurierte, wozu ich mich aber ganz und gar ungeschickt fühle« (an Schiller, 12.5.1795). Gemeint sind die beiden Gedichte, die beginnen »Mehr als ich ahndete schön, das Glück, es ist mir geworden« und »Zwei gefährliche Schlangen, vom Chore der Dichter gescholten«. So galt als ›anstößig‹, wie das erste schließt:

> Uns ergötzen die Freuden des echten nacketen Amors
> Und des geschaukelten Betts lieblicher knarrender Ton.

Das andere preist die Sorglosigkeit der Liebe im Altertum, als es noch keine Geschlechtskrankheiten gab.

Jetzt wer hütet sich nicht langweilige Treue zu brechen!
Wen die Liebe nicht hält, hält die Besorglichkeit auf.
Und auch da, wer weiß! gewagt ist jegliche Freude
Nirgend legt man das Haupt ruhig dem Weib in den Schoß.

Doch gebe es ein Mittel, das Quecksilber, alchimistisch »Merkurius« genannt, mit dem die Syphilis zu heilen versucht würde, und so sei es angebracht, »Hermes (= Merkur), den heilenden Gott«, zu verehren. Für sich
selber aber bittet der Dichter, der diese Elegie schrieb, als er mit Christiane
zusammenlebte, freimütig und anspielungsreich:

Schützet immer mein kleines, mein artiges Gärtchen, entfernet
Jegliches Übel von mir, reichet mir Amor die Hand,
O! so gebet mir stets, sobald ich dem Schelmen vertraue,
Ohne Sorgen und Furcht ohne Gefahr den Genuß.

Zu den *Erotica Romana* gehörten noch zwei weitere Gedichte, die Goethe
nicht wagte für die *Horen* in Betracht zu ziehen. Sie sind an Priapus gerichtet,
den antiken Fruchtbarkeitsgott, dessen holzgeschnitzte Figur mit dem stattlichen Phallus einst in den Gärten stand, als ihr Hüter oder zur Vogelscheu-
che herabgekommen. »Priapeia« hießen in und seit der Antike deftige Verse
auf diesen Gott und das männliche Glied; eine berühmte Sammlung lateinischer »Priapeen« ist überliefert. Nach der Rückkehr aus Italien beschäftigte
sich Goethe mit ihnen, und für Carl August verfaßte er eigens einen
lateinischen Aufsatz mit philologischem Kommentar zu neun der priapeischen Gedichte aus jener alten Sammlung (WA I 53, 197–202; deutsche
Übersetzung: BA 18, 696–700).

Vieles spricht dafür, daß die beiden priapeischen Gedichte Goethes die
Erotica Romana eröffnen und beschließen sollten. »Hier ist mein Garten
bestellt, hier wart ich die Blumen der Liebe, / Wie sie die Muse gewählt
weislich in Beete verteilt«, beginnt das erste und weist damit auf den
gesamten Zyklus. Priap soll Wächter sein und die »Heuchler« aufspüren,
und wenn einen von ihnen »ekelt an Früchten der reinen Natur, so straf ihn
von hinten / Mit dem Pfahle der dir rot von den Hüften entspringt«. Im
Schlußgedicht hat Priapus selbst das Wort und bedankt sich beim »redlichen
Künstler«, der ihm, dem vernachlässigten und verachteten Gartengott, mit
seiner Dichtung freier Sinnlichkeit und ausschweifenden Geschlechtsgenus-
ses wieder Achtung verschafft habe. So schließt Priap zum Dank mit dem
passenden Wunsch:

Dafür soll dir denn auch halbfußlang die prächtige Rute
Strotzen vom Mittel herauf, wenn es die Liebste gebeut
Soll das Glied nicht ermüden, als bis ihr die Dutzend Figuren
Durchgenossen wie sie künstlich Philänis erfand.

Noch die ironische Übertreibung dieses Schlusses, mit dem Hinweis auf ein antikes Buch sexueller Raffinessen, das unter dem Namen der Hetäre Philänis bekannt war, sichert dem Reigen der erotischen Gedichte ihren Kunstcharakter und hält sie frei von schwüler Lüsternheit. Aber das Ganze der 24 Elegien konnte dem Publikum anscheinend nicht angeboten werden. So erschien in den *Horen* nur die gereinigte Fassung mit 20 Gedichten, die seit dem Inhaltsverzeichnis der *Werke* von 1806 *Römische Elegien* genannt werden. Goethe hat die anrüchigen vier Elegien nicht mehr zum Druck befördert. Er wird gewußt haben, warum. Karl August Böttiger, seit 1791 Direktor des Weimarer Gymnasiums, meinte zwar, es brenne »genialische Dichterglut« in den Elegien, berichtete aber auch, alle »ehrbaren Frauen« seien »empört über die bordellmäßige Nacktheit. Herder sagte sehr schön, er [Goethe] habe der Frechheit ein kaiserliches Insiegel aufgedrückt. Die ›Horen‹ müßten nun mit dem u gedruckt werden. Die meisten Elegien sind bei seiner Rückkunft im ersten Rausche mit der Dame Vulpius geschrieben. Ergo –« (an Schulz, 27. 7. 1795; Bo II 41 f.). Da begegnet man Weimarer Klatsch in komprimierter Fassung, wobei freilich zu bedenken ist, daß Böttiger sich als besonders versierter Lästerer und Zuträger einen Namen machte. (»Freund ubique« war sein Spitzname.) Goethe selbst sah die damaligen Zeitgenossen für ein angemessenes Verständnis als nicht reif genug an. Im Alter äußerte er gegenüber Eckermann, als die Rede auf Gedichte kam, die »so ohne allen Rückhalt natürlich und wahr« sind, »daß die Welt dergleichen unsittlich zu nennen pflegt«: »Könnten Geist und höhere Bildung ein Gemeingut werden, so hätte der Dichter ein gutes Spiel; er könnte immer durchaus wahr sein und brauchte sich nicht zu scheuen, das Beste zu sagen« (25. 2. 1824).

Es versteht sich bei dieser Textsituation von selbst, daß eine ins einzelne gehende Gesamtinterpretation, die alle 24 Gedichte der *Erotica Romana* einbezieht, zu etwas anderen Ergebnissen kommt als eine Betrachtung, die sich auf jene 20 *Römischen Elegien* beschränkt, die Goethe dem Druck anzuvertrauen wagte. Vom ›ersten Gedichtzyklus Goethes‹ zu sprechen, wie es bisweilen geschieht, ist ebenfalls fragwürdig, wenn man vergißt, daß ihr Dichter allein aus Rücksicht auf die Prüderie des Publikums zwei Gedichte ausgeschlossen hat, und zwar mit genauer Stellenangabe im ›Zyklus‹ (»die 2te und die 16te«, an Schiller, 12. 5. 1795). Ohnehin müßte man sich darüber verständigen, wann eine Reihe von Gedichten ein Zyklus genannt werden kann. Im strengen Sinn wohl nur, wenn jedes Gedicht seinen bestimmten Platz in der Reihenfolge einnimmt, weder umgestellt noch einfach weggelassen werden kann. Freilich, ein dichtes Geflecht von Bildern und Motiven verbindet die Elegien, so daß der Eindruck des Zyklischen, im nicht zu strengen Sinn, gewahrt bleibt.

Ohne Frage: in den *Erotica Romana* verschmilzt das Erlebnis Roms und die Aneignung antiker Elegiendichtung mit dem Erlebnis der Liebe Goethes zu Christiane zu einer künstlerischen Einheit. Eine eigentümliche Verschränkung vollzieht sich: In Goethes gegenwärtiger Liebe zu Christiane lebt seine Erinnerung an Rom auf und drängt zur poetischen Gestaltung, während in seiner römischen Zeit die Dichtung schwieg. Eine elegische Reminiszenz also an die auf südlichem Boden erlebte Wiedergeburt, die nun dem Gegenwärtigen besondere Bedeutung verleiht. Und was das Thema Liebe angeht: In dieser Weise hatte Goethe bisher nie Erotisches gestaltet, als freie, sinnenfrohe Geschlechtlichkeit. Es hat den Anschein, als habe erst der fast Vierzigjährige in Italien und kurz danach sexuelle Befreiung erfahren und als sei er in früheren Jahren (wie Psychoanalytiker meinen nachweisen zu können) von Störungen belastet gewesen. So zeigten denn die *Erotica Romana* eine neue, unverstellte, uneingeschränkte Sinnlichkeit, waren Ausdruck auch des Zusammenlebens mit Christiane Vulpius. Es mag durchaus sein, daß Goethe in der Beziehung zu einer Römerin sexuelle Erfüllung erfahren hatte und seine Erinnerung daran sich mit der Liebe zu Christiane in der Idylle der Elegien verband. Doch lassen sich einzelne Fakten aus jenen Jahren von 1788 bis 1790 in der Kunstwelt der Gedichte nicht nachrechnen.

Carl Ludwig v. Knebel war damals damit beschäftigt, Elegien des römischen Dichters Properz zu übersetzen. Goethe ermunterte ihn, damit fortzufahren »und die Erotica den schönen Herzen« nahezulegen. »Ich leugne nicht daß ich ihnen im stillen ergeben bin« (an Carl August, 6.4.1789). Auch Catull und Tibull las Goethe erneut, so daß er in einem seiner Gedichte die »Triumvirn« (die drei Männer, Meister der römischen Liebesdichtung) einfach zitierte. Das eigene Elegiendichten hielt jedoch nicht lange an. Schon im April 1790, in Venedig, meinte er davon Abschied nehmen zu sollen. Doch dann entstanden von 1796 bis 1798 neue Gedichte in der Form der antiken Elegie, die in den Ausgaben bis heute als zweites Buch der Goetheschen Elegien erscheinen.

Die Gattungsbezeichnung »Elegie« war und ist nicht eindeutig festgelegt. Rein formal kann damit ein Gedicht in Distichen (die aus einem Hexameter und Pentameter bestehen) bezeichnet werden. In etwas speziellerem Sinn ist eine Elegie ein Gedicht der Klage, der Trauer und Wehmut über Verlorenes,

Vergangenes oder zum Untergang Bestimmtes. Goethes *Euphrosyne* (im zweiten Buch) zählt dazu. Elegie darf aber ebensogut ein Gedicht heißen, in dem etwas Erinnerungs- und Bedenkenswertes veranschaulicht und darüber reflektiert wird. Wie Brechts *Buckower Elegien* zeigen, kann dies bis zu offener oder verschlüsselter Belehrung reichen.

Die Elegien der römischen »Triumvirn« waren locker gefügt; mancherlei wurde zwanglos erwähnt, poetischen Einfällen Raum gelassen, wenn sich eine Assoziation zum beherrschenden Thema, meist einer Liebes*klage*, herstellen ließ. Auch jene Elegien Goethes, die ausschließlich das nachdenkliche Lob der Liebe dichten, schweifen bisweilen wie spielerisch von Motiv zu Motiv. Aber diese Virtuosität des dichterischen Spiels löst sich nirgends vom Sinnzusammenhang, der alle Elegien, die veröffentlichten und unterdrückten, dicht verbindet. Man kann ihn mit den Stichworten Liebe, Rom, Antike und Mythologie andeuten. Eines spiegelt sich im andern, gewinnt dadurch an Bedeutung, an räumlicher und historischer Vertiefung. Die Liebesbegegnung zwischen dem ›Nordländer‹ und der Römerin vollzieht sich in jener idealisierten Welt, in der Antikes, also Vorbildliches und Vollkommenes, einmal war und noch gegenwärtig ist, und Rom eröffnet sich gerade dem Liebenden in seinem Reichtum. Mythologische und historische Gestalten werden wie Beispielfiguren herbeigerufen, so als sollten Liebender und Geliebte ihnen gleichgestellt und ihre Liebe zeitlos beispielhaft werden. Und wenn in der XI. Elegie (der zwanzig) an den »herrlichen Sohn« des Bacchus (Dionysos) und der Cythere (Aphrodite) erinnert wird, so ist Priapus gemeint, dem unter den olympischen Göttern sein Platz zukommen sollte.

Man darf nicht vergessen, daß Goethe seine *Erotica Romana* schrieb, als ihn, ebenso wie Karl Philipp Moritz, jene Anschauungen vom Eigenrecht der Kunst beeindruckten. In solcher eigengesetzlichen Sphäre der Kunst sind Bilder und Motive derart modelliert und kalkuliert ins Versmaß eingefügt, daß eine Anschaulichkeit entsteht, die vom Alltäglichen abgesetzt ist. Dort darf völlig selbstverständlich zur Sprache kommen, was sonst lasziv oder obszön wirken könnte.

Eine der berühmtesten Elegien ist die fünfte:

> Froh empfind' ich mich nun auf klassischem Boden begeistert,
>   Lauter und reizender spricht Vorwelt und Mitwelt zu mir.
> Ich befolge den Rat, durchblättre die Werke der Alten
>   Mit geschäftiger Hand täglich mit neuem Genuß.
> Aber die Nächte hindurch hält Amor mich anders beschäftigt,
>   Werd ich auch halb nur gelehrt, bin ich doch doppelt vergnügt.
> Und belehr ich mich nicht? wenn ich des lieblichen Busens

Formen spähe, die Hand leite die Hüften hinab.
Dann versteh ich erst recht den Marmor, ich denk' und vergleiche,
Sehe mit fühlendem Aug', fühle mit sehender Hand.
Raubt die Liebste denn gleich mir einige Stunden des Tages;
Gibt sie Stunden der Nacht mir zur Entschädigung hin.
Wird doch nicht immer geküßt, es wird vernünftig gesprochen,
Überfällt sie der Schlaf, lieg ich und denke mir viel.
Oftmals hab' ich auch schon in ihren Armen gedichtet
Und des Hexameters Maß, leise, mit fingernder Hand,
Ihr auf den Rücken gezählt, sie atmet in lieblichem Schlummer
Und es durchglühet ihr Hauch mir bis ins tiefste die Brust.
Amor schüret indes die Lampe und denket der Zeiten,
Da er den nämlichen Dienst seinen Triumvirn getan (FGA I 1, 405 f.).

»Klassischer Boden«, »Vor- und Mitwelt«, »Werke der Alten«: damit ist der besondere Ort genannt, und das Einstige, die Zeit der Triumvirn, wird am Schluß mit dem Gegenwärtigen verknüpft, wodurch dessen Bedeutung beglaubigt wird. Nicht nur literarische Werke beschäftigten bekanntlich den Lernenden, sondern gleichermaßen die Werke der Kunst, der antiken und jener neueren, die klassische Züge trägt. Das alles ist Gegenwart römischen Bodens, die den Elegiker begeistert. Aber, so setzt das dritte Distichon ein, die Nächte hindurch beschäftigt Amor den Fremdling auf andere Weise. Natürliche Sinnlichkeit hält ihn gefangen und entrückt ihn aus dem Bezirk der Kunst in den der gern gewährten und genossenen körperlichen Liebe. Kunst und Natur, die Werke der Alten und freie Sinnlichkeit gehören zusammen. In der Schönheit des nackten menschlichen Körpers wird die Gesetzlichkeit der Natur anschaulich, die auch die bewunderte Kunst bestimmt.

Und belehr ich mich nicht? wenn ich des lieblichen Busens
Formen spähe, die Hand leite die Hüften hinab.
Dann versteh' ich erst recht den Marmor.

Auf genau jenes Ineinander von Natur und Kunst wird artistisch delikat in den Versen dieser Elegie angespielt:

Oftmals hab' ich auch schon in ihren Armen gedichtet
Und des Hexameters Maß, leise, mit fingernder Hand,
Ihr auf den Rücken gezählt.

Gerade im Hexameter und Pentameter, Versen, die Maß und Freiheit vorschreiben und gewähren, läßt sich deutlich konturiertes Sprechen ausformen. Oft treten kleine, klar umrissene Blöcke zusammen: »Sehe mit fühlendem Aug', fühle mit sehender Hand«. Künstlerischer Intellekt ist hier am Werk, der solche Verse baut. Das ist europäische Tradition, insbesondere römisch-lateinische Dichtungstradition. Die »Triumvirn« haben es vorgemacht.

Schon in den Weimarer Jahren vor der italienischen Reise hat Goethe Gedichte in Distichen geschrieben (*Erwählter Fels, Einsamkeit, Ländliches Glück, Ferne, Der Park* und andere). Doch die *Erotica Romana* eröffneten das Jahrzehnt, in dem er besonders oft in diesem antiken Versmaß dichtete. Nach der Bewunderung und Aneignung des ›Klassischen‹ war auch für ihn Gewißheit, was Wilhelm v. Humboldt meinte: »Der ursprünglichste und älteste Vers der Griechen, der Hexameter, ist zugleich der Inbegriff und der Grundton aller Harmonien des Menschen und der Schöpfung« (*Latium und Hellas*).

Während Goethe seinen *Tasso* vollendete, die *Metamorphose der Pflanzen* zum Druck brachte und an den *Erotica Romana* arbeitete, nahm ein weltgeschichtliches Geschehen seinen Lauf, dessen volle Bedeutung erst später zu ermessen war: die Französische Revolution.

Im Schatten der
großen Revolution

Französische Zustände

Was die Zeitgenossen seit dem Herbst 1789 die »Revolution in Frankreich« nannten und die Geschichtsschreiber als Französische Revolution bezeichnen, war kein welthistorisches Ereignis, das sich auf ein bestimmtes Datum festlegen ließe. Vielmehr zog sich die revolutionäre Umwälzung der alten politisch-gesellschaftlichen Verhältnisse Frankreichs über Jahre hin. Der 14. Juli 1789, der Tag der Erstürmung der Bastille, hat sich nur als ein besonders markanter Termin der Erinnerung eingeprägt. Schon zuvor erschütterten spektakuläre Vorgänge den morschen Bau des *Ancien régime*, und nach 1789 setzte sich das revolutionäre Geschehen in zahlreichen Schüben fort, vorangetrieben von den Interessen und Machtansprüchen unterschiedlicher Gruppen, die sich verbündeten und bekämpften.

Bereits die aristokratische Revolte der Jahre 1787–1788 dokumentierte die Krise der absolutistischen Monarchie in Frankreich. Riesengroß war die Verschuldung des Landes geworden, woran die Verschwendung des Hofes, der Minister und des Hochadels ein gerüttelt Maß Schuld trug. Auch die Teilnahme am amerikanischen Unabhängigkeitskrieg hatte hohe Summen verschlungen. 1788 machte allein die Zinslast mehr als 50% des gesamten Staatshaushalts aus. Da an eine weitere Erhöhung der Steuern nicht zu denken war, bot sich als eine Lösungsmöglichkeit an, die Steuerbefreiungen für Klerus und Adel, die beiden höchsten Stände, zu beseitigen und damit die Steuergleichheit einzuführen. Doch scheiterten verschiedene Versuche des Königs und seiner Finanzminister, eine Reform durchzusetzen; die Privilegierten wollten auf ihre Vorrechte nicht verzichten. Schließlich erklärten sich ihre Institutionen als gar nicht zuständig, sondern forderten die Einberufung der Generalstände, die allein über Steuern beschließen könnten. Seit 1614 war diese beratende Versammlung nicht mehr eingeladen worden. Unverändert sollte sie jetzt am 1. Mai 1789 zusammentreten: getrennt nach den drei

Ständen, dem Klerus, dem Adel und dem *Tiers état*, wie seit Ende des 15. Jahrhunderts der dritte Stand bezeichnet wurde. Wieder sollte jeder Stand nur über *eine* Stimme verfügen, so daß die Privilegierten jederzeit den *Tiers* hätten überstimmen können. Diese Regelung war für den wirtschaftlich mehr und mehr erstarkten und längst zur geistigen Führung gelangten dritten Stand nicht mehr akzeptabel. Bereits im Dezember 1788 konnte er sich mit seiner Forderung durchsetzen, so viele Abgeordnete stellen zu dürfen wie Klerus und Adel zusammen.

Während der Wahlkampf lief, publizierte im Januar 1789 Emmanuel Joseph Sieyès seine Flugschrift *Qu'est-ce que le tiers état?* »Was ist der dritte Stand? Alles. Was ist er bis jetzt gewesen? Nichts. Was verlangt er? Etwas zu werden.« Wenn man seine besondere Funktion berücksichtige, müsse man zu dem Ergebnis kommen, der *Tiers* sei die ganze Nation. Der Adel verschlinge »den besten Teil der Produktion, ohne auch nur das geringste zu ihrer Entstehung beigesteuert zu haben. [...] Mit Sicherheit ist eine solche Klasse des Müßiggangs der Nation fremd.«

Die ›patriotische Partei‹ propagierte den Kampf gegen die Privilegien. Gleichheit der Bürger vor Gericht und Fiskus wurde gefordert, Grundfreiheitsrechte sollten verbürgt sein und eine Repräsentativregierung amtieren. Diese Gedanken fanden Anhänger auch in den oberen Ständen, so daß als Ergebnis der komplizierten Wahlen eine Versammlung der Generalstände zustande kam, in der die Reformwilligen stattlich vertreten waren. Als am 5. Mai 1789 die Eröffnungssitzung begann, war jedoch noch nicht entschieden, ob nach Köpfen abgestimmt werden sollte, was dem dritten Stand Vorteile gebracht hätte. Aber König und Hof weigerten sich, über die Verdopplung der Abgeordnetenzahl des *Tiers état* hinaus weitere Zugeständnisse zu machen.

Einen Monat lang debattierte man über dieses zentrale Problem, bis sich am 17. Juni der *Tiers* allein als Nationalversammlung konstituierte und sich das Recht zusprach, Steuern zu genehmigen. Denn sie, die Abgeordneten dieses Standes, verträten unzweifelhaft mehr als neunzig Prozent der Nation. Der Widerstand des Königs bewirkte nichts mehr; er konnte schließlich nur noch sanktionieren, was geschehen war, und auch Delegierte der beiden anderen Stände schlossen sich der *Assemblée nationale* an. Am 9. Juli ernannte sie sich zur Verfassunggebenden Nationalversammlung (*Assemblée constituante*).

Die Entwicklung blieb nicht in den relativ friedlichen Bahnen verfassungsrechtlicher Auseinandersetzungen und Änderungen. Auf der einen Seite suchten Ludwig XVI. und seine Anhänger die nur widerstrebend gebilligten Entscheidungen zu revidieren, was nur durch einen militärischen Gewaltstreich hätte geschehen können; Truppen um Paris und Versailles standen bereit. Auf der andern Seite hatten die niederen Volksklassen direkt noch nicht in die Vorgänge eingegriffen, verfolgten aber aufmerksam die Geschehnisse und hielten zu denen, die das Privilegienunwesen beseitigen und Grundrechte für alle erkämpfen wollten. Allerdings saßen in der gewählten Vertretung des *Tiers* nur Angehörige der Bourgeoisie, kein einziger Bauer und kein Mitglied jener sozialen Schichten, die sich erst während des 19. Jahrhunderts als vierter Stand konsolidieren sollten.

Die Lage spitzte sich zu. Es gab Zusammenstöße; das Volk versuchte sich zu bewaffnen. Am 12./13. Juli beschlossen die Wahlmänner der Hauptstadt Paris, angesichts der wehr- und waffenlosen Nationalversammlung, eine Bürgergarde aufzustellen, die freilich nicht nur vor königlichen Truppen schützen, sondern auch mögliche Unruhen der Unterschichten eindämmen sollte. Längst hatte sich der Argwohn vor einem Komplott der Aristokratie ausgebreitet; Mangel an Lebensmitteln und Teuerung schürten den Verdruß in der Bevölkerung; Aufruhr griff um sich, die Menge wollte Waffen, die Revolte nahm ihren Lauf. Am 14. Juli 1789 erbeutete man zunächst 32000 Gewehre, stürmte dann die Bastille, das alte Staatsgefängnis. Einen Tag später gab der König nach. Er erschien in der Nationalversammlung und versprach, seine Truppen zurückzuziehen. Nicht nur das, er kam am 17. Juli nach Paris und begab sich ins Rathaus, wo aus dem »Ständigen Ausschuß« die »Kommune« von Paris mit gewähltem Bürgermeister geworden war, der ihm die Kokarde mit den blauen und roten Farben der Stadt Paris und dem Weiß des Königsbanners zum Zeichen der unauflöslichen Allianz zwischen Monarchen und Volk überreichte. Die Aristokraten waren über die Kapitulation ihres Königs verwirrt und bestürzt. Träger bekannter adliger Namen wählten schon jetzt den Weg ins Ausland, und ihnen folgten im Lauf der Jahre zahlreiche Emigranten, die um ihre Vorrechte und Güter, dann auch um Leib und Leben fürchten mußten.

Was in Paris geschah, griff auf das ganze Land über. In vielen Städten der Provinz bildeten sich neue Magistrate; auf dem Land rebellierten die Bauern und wollten die Abschaffung quälender feudaler Rechte. Unter dem Eindruck des Aufruhrs faßte die Nationalversammlung im August 1789 weitreichende Beschlüsse: Die Leibeigenschaft wurde aufgehoben, auf dem Boden ruhende Herrenrechte konnten durch Geldentschädigung abgelöst werden, die grundherrschaftliche Gerichtsbarkeit und Frondienste wurden beseitigt, Steuerprivilegien und Vorrechte der Stände, Provinzen und Städte annulliert. Theoretisch besaßen nun alle Franzosen gleiche Rechte und gleiche Pflichten. Am 26. August 1789 folgte die Erklärung der Menschen- und Bürgerrechte. Das *Ancien régime* war, dem Wortlaut der Beschlüsse und

Erklärungen nach, ausgelöscht. Doch immer noch war der König als Mitagierender vorgesehen. Zwar sträubte er sich, stimmte den August-Beschlüssen nicht zu, sammelte Truppen, schien Gegenmaßnahmen vorzubereiten. Aber als sich wieder einmal, nach einem peinlichen Zwischenfall (beim Bankett der Offiziere der Leibwache war ein provozierendes Lied erklungen und die dreifarbige Kokarde zertreten worden), Volksmassen mobilisierten und zu vielen Tausenden mit der Nationalgarde am 5. Oktober aufbegehrend nach Versailles zogen, lenkte Ludwig XVI. erneut ein und akzeptierte die Erlasse des August. Mehr noch: er beugte sich dem Druck und zog nach Paris, um dort, in der revolutionären Hauptstadt, zu residieren. Die Nationalversammlung folgte nach.

Radikale Änderungen beschränkten auch die traditionelle Macht der Kirche. Ihre Güter wurden eingezogen und dienten als Nationalgüter zum Pfand für eine höchst fragwürdige Papierwährung (die »Assignaten«), die Pfarrer sollten von den Bürgern der Gemeinde gewählt und vom Staat besoldet werden, sie hatten einen Eid auf die Verfassung abzulegen (was mehr als die Hälfte der Priester verweigerte).

Das alles weckte auch Widerstand und gegenrevolutionäre Aktivitäten. Doch machtvoll konnten die »Föderierten«, wie sich die überall im Land nach dem Muster von Paris gebildeten Nationalgarden nannten, am 14. Juli 1790 die revolutionäre Einheit Frankreichs demonstrieren: Talleyrand feierte auf dem Pariser Marsfeld vor 300000 Teilnehmern die heilige Messe am Altar des Vaterlandes. Und wie die Abgesandten aus den Départements den Eid auf den König und die Verfassung leisteten, so schwor der König seinerseits der Nation und dem Gesetz die Treue. Noch war die Revolution nichts anderes, aber auch nicht weniger als die Umwandlung des Staats in eine konstitutionelle Monarchie, mit einem König freilich, der nicht einmal halbherzig bei der Sache war.

Auch das Volk war als ganzes, in allen seinen Schichten bis hinab zu den Ärmsten, keineswegs der Inhaber der neuen Rechte. In der Erklärung der Menschenrechte wurden Gleichheit und Freiheit als unveräußerliche Rechte sofort im ersten Artikel genannt: »Die Menschen werden frei und gleich an Rechten geboren und bleiben es.« Ein Satz von ungeheurer Sprengkraft für die überkommenen absolutistischen Ordnungen des 18. Jahrhunderts, wenn wirklich alle in ihm angelegten Konsequenzen auch gezogen wurden. Aber nur die Gleichheit vor dem Gesetz und der Steuer war gemeint und zugesichert. Die Ungleichheit, die aus Besitz und Reichtum herrührt, wurde nicht angetastet. Wenn das Eigentum in Artikel 2 zum natürlichen und unverjährbaren Menschenrecht erklärt wurde, blieb die Frage, wie es der riesigen Masse der Besitzlosen gelingen sollte, die verbrieften Rechte auch für sich zu verwirklichen. Was die Konstituante beschloß, entsprach den Interessen der Besitzenden des dritten Standes, und es war nur konsequent, daß im Gesetz vom 22. Dezember 1789 strikt zwischen Aktivbürgern und Passivbürgern unterschieden wurde. Passivbürger hatten kein Eigentum und waren deshalb vom Wahlrecht ausgeschlossen, und auch die Aktivbürger wurden nochmals nach der Höhe der geleisteten Steuern differenziert.

Freiheit, die gewonnen war, bedeutete vor allem Freiheit zu wirtschaftlichem Handeln ohne Zwang und zu öffentlicher und politischer Tätigkeit, die allerdings durch die Einteilung der Bürger nach ihren Besitzverhältnissen erheblich eingeschränkt war. Die Widersprüche, die in den Menschenrechtsartikeln und in der Gesetzgebung der Nationalversammlung enthalten waren und daraus resultierten, daß – wie stets – eine aufsteigende, zur Macht drängende und gelangende Klasse ihre partikularen Interessen und Ansichten für die allgemeinen der Menschheit insgesamt hielt, mußten fortwährend Spannungen erzeugen. Die Entwürfe der aufgeklärten Geister des Jahrhunderts, die der Revolution in vielfältiger Weise vorgearbeitet hatten, waren leichter zu formulieren, als im Kampf der Interessen in adäquaten Gesetzesvorschriften zu konkretisieren.

So kodifizierte die Verfassung vom September 1791 nach den jahrelangen Debatten eine parlamentarische Monarchie mit strikt begrenzten Einspruchsrechten des Königs, Teilung der Gewalten, ein geordnetes Rechtsverfahren für jeden Bürger, aber auch ein nach dem Vermögen abgestuftes Wahlrecht. Streikrecht und Koalitionsfreiheit der Arbeitenden waren nicht vorgesehen. Es war abzusehen, daß der Versuch des Besitzbürgertums, die Privilegien der oberen Stände zu beseitigen und sich zugleich nach unten abzusichern, ständig neue Komplikationen hervorrufen mußte, zumal der König mit seinen Gefolgsleuten nicht untätig blieb und sich das Volk der Besitzlosen bereits in entscheidenden Phasen in die Entwicklung eingeschaltet hatte. Wiederholt griffen im Verlauf der Revolution hauptstädtische Volksmassen mit Direktaktionen in das Geschehen ein, doch erst ab 1793 mit ausgeprägtem Bewußtsein ihrer sozialen Klasse. Die Sansculotten, die Ohnehosen, die statt der *culotte*, der vornehmen Kniehose, lange und meist blau-weiß-rot gestreifte Hosen trugen, gehörten zum Kleinbürgertum, waren Händler und Handwerker, Manufakturarbeiter und Handwerksgesellen, insgesamt Angehörige ärmlicher Bevölkerungsschichten, die zu ihren Aktionen aus wirtschaftlicher Not getrieben oder durch zündende Argumente radikaler Jakobiner dazu hingerissen wurden. Ihre *Journées*, ihre Kampftage, setzten unübersehbare Akzente in der Revolutionszeit.

In der Nationalversammlung hatten sich Gruppierungen gebildet, die der Interessenlage ihrer Mitglieder entsprachen. Monarchistisch gesinnte Abgeordnete waren ebenso vertreten wie Befürworter einer konstitutionellen Verfassung, die die Wünsche des Groß- und Besitzbürgertums befriedigte, und Anhänger republikanisch-demokratischer Prinzipien, die der Masse des Volks zu ihrem Recht verhelfen wollten und das allgemeine Wahlrecht forderten. Es waren lockere Zusammenschlüsse, keine Parteien im heutigen Sinn, und in den verschiedenen Nationalversammlungen, die in rascher Folge seit 1789 gewählt wurden, formierten sich politische Gruppierungen in wechselnder Stärke. Bezeichnend war jedoch, daß stets eine Mehrheit des Parlaments den von den jeweils führenden Gruppen gesteuerten Kurs billigte und damit eine Kontinuität der Revolution gewährleistete, in der die 1789 erreichten grundsätzlichen Änderungen unangetastet blieben.

Parallel zu den ›Fraktionen‹ in der Nationalversammlung, aber auch unabhängig von ihnen entstanden nicht nur in Paris zahlreiche Klubs, die der politischen Meinungs- und Willensbildung dienten, etwa der Klub der »Freunde der monarchistischen Verfassung«, die »Gesellschaft der Verfassungsfreunde«, nach ihrem Versammlungsort, dem Dominikanerkloster St. Jakob in Paris, Jakobiner genannt, und die »Gesellschaft der Freunde der Menschenrechte«, die Cordeliers, ebenfalls nach einem Kloster tituliert und sich entschieden für die Belange des Volkes einsetzend.

Im Juni 1791 hatte der König incognito einen dilettantischen Fluchtversuch gewagt, war in Varennes in den Argonnen erkannt und nach Paris zurückgebracht worden. Von nun an stand die Frage Monarchie oder Republik auf der Tagesordnung. Noch gelang es der Konstituante, die laut werdenden Forderungen nach Bestrafung Ludwigs XVI. abzuwehren, und die Nationalgarde scheute sich nicht, am 17. Juli auf dem Marsfeld in die Menge protestierender Demonstranten zu schießen. Im September 1791 schwor der König ein weiteres Mal der Nation und der Verfassung die Treue. Die ›patriotische Partei‹ jedoch zerbarst unter diesen politischen Spannungen: Die konservative Gruppe fand sich im Feuillantinerkloster zu einem neuen Klub zusammen, den Feuillants, während Robespierre, der auch einmal Monarchist war, mit den Demokraten in der Vereinigung des Jakobsklosters blieb und die jakobinischen Klubs im Lande zusammenzuhalten suchte.

Daß das Königshaus mit den Monarchen der anderen europäischen Mächte konspirierte, war offenes Geheimnis. Die Gefangennahme des flüchtenden Ludwig ließ die Herrscher aktiv werden, wenn auch die Verfahrensweise der Feuillants sie einigermaßen beruhigte. Am 27. August 1791 unterzeichnete Kaiser Leopold mit dem preußischen König die Erklärung von Pillnitz, in der den Revolutionären mit einer Intervention unter der einschränkenden Voraussetzung gedroht wurde, daß sich die übrigen Mächte zum Eingreifen entschlössen. Kein Wunder, daß solche Drohung in Frankreich als unerträgliche Einmischung aufgefaßt wurde und das Nationalbewußtsein nur zu kräftigen vermochte.

Am 1. Oktober traten die 745 Abgeordneten der (unter geringer Wahlbeteiligung und nach dem Zensuswahlrecht) neu gewählten Gesetzgebenden Versammlung (*Assemblée legislative*) zusammen, alles neue Abgeordnete, da kein Mitglied der Konstituante hatte wiedergewählt werden dürfen. 246 Abgeordnete zählten zur Rechten des Hauses, waren weder für das *Ancien régime* noch für die Demokratie und favorisierten als Feuillants eine beschränkte Monarchie. Zur Linken waren 136 Abgeordnete zu rechnen, zumeist Mitglieder des Jakobinerklubs. Delegierte aus dem Département Gironde, die Girondisten, führten brillant das Wort; es waren Rechtsanwälte, Schriftsteller, Professoren, die dem mittleren Bürgertum nahestanden. Auf der äußersten Linken plädierten einige entschiedene Demokraten aber auch für das allgemeine Wahlrecht, während in Paris und der Provinz in den Klubs der Jakobiner das niedere Bürgertum und bei den Cordeliers auch Angehörige plebejischer Schichten ihre politischen Meinungen und Wünsche diskutierten. 345 Delegierte machten die unentschiedene ›Mitte‹ des Parlaments aus. Leicht setzten die Girondisten Verordnungen gegen die eidverweigernden Priester und die Emigranten durch, deren Güter eingezogen werden sollten, falls sie nicht zurückkehrten. Ferner wurde Ludwig XVI. aufgefordert, er möge die Kurfürsten von Trier und Mainz und andere deutsche Reichsfürsten ersuchen, den Truppenansammlungen und Anwerbungen, die sie an den Grenzen duldeten, Einhalt zu gebieten. Dem Hof kam solches Ansinnen durchaus gelegen; denn nur in einer Zuspitzung der Lage zwischen dem revolutionären Frankreich und den monarchischen europäischen Nachbarn lag für ihn noch eine Chance: Allenfalls eine Niederlage Frankreichs im Krieg versprach die Wiederherstellung der absoluten Monarchie.

Auch den Girondisten paßte ein Krieg ins Konzept. Er konnte zur Festigung der bürgerlichen Nation im Sinne der Verfassung von 1791 dienen, sollte im Innern die Reste der Vergangenheit beseitigen helfen, außenpolitisch der Agitation der Emigranten ein Ende bereiten und unter dem Zeichen eines »Kreuzzugs für die allgemeine Freiheit« (Brissot am 31. 12. 1791) geführt werden. Diese Aggressivität nach außen stand wie eh und je im Dienst einer innenpolitischen Stabilisierung. Nachdem Kaiser Franz II. – Leopold war am 1. März plötzlich gestorben – auf ein Ultimatum, alle gegen Frankreich gerichteten Abkommen zu annullieren (also auch die Pillnitzer Erklärung zurückzunehmen) nicht reagiert hatte, erklärte die Nationalversammlung auf Vorschlag Ludwigs XVI. am 20. April 1792 Österreich den Krieg, was den Konflikt mit Preußen nach sich zog.

Die anfänglichen militärischen Mißerfolge führten in Frankreich krisenhafte Zustände herbei. Argwohn gegen Machenschaften des Königs und seiner Umgebung breitete sich aus; auf Demütigungen seiner Person antworteten royalistische Demonstrationen im Land; am 11. Juli erklärte die Nationalversammlung »das Vaterland in Gefahr«; ein rachelüsternes Manifest des Oberbefehlshabers der Verbündeten, das die Wiedereinführung des Königtums als Ziel des österreichisch-preußischen Feldzugs proklamierte, schürte seit dem 25. Juli die brodelnde Stimmung; mehr und mehr schaltete sich das Volk, in den Sektionen von Paris organisiert, in das Geschehen ein und trieb es mit seinen Aktivitäten voran; am 10. August wurden die Tuilerien gestürmt; danach wurde der König interniert, das Königtum suspendiert. Die aufständische Kommune von Paris ließ nicht locker, sie sah Gefahr von innen und außen drohen, witterte Verbrechen von Konterrevolutionären, der Ruf nach Abrechnung wurde immer lauter, es kam zu Massenverhaftungen unter Justizminister Danton.

Ende August war Longwy gefallen; am 2. September hörte man in Paris, Verdun werde belagert; die Unruhe stieg zum Siedepunkt, überall vermutete man Verrat. In dieser Atmosphäre richteten Trupps von Kommunesoldaten, Handwerkern, kleinen Händlern und Nationalgardisten zwischen dem 2. und 5. September in Gefängnissen der Hauptstadt ein schreckliches Blutbad an: Weit über 1000 Gefangene wurden niedergemacht, darunter viele eidverweigernde Priester. Und doch gab es Stimmen aus dem Volk, die trotz hellen Entsetzens die Morde als eine »gerechte Tat« ansahen. Vor allem diese Septembermorde, der wenig später beginnende Prozeß gegen Ludwig XVI. und dessen Hinrichtung am 21. Januar 1793 haben im Ausland den Abscheu gegen die revolutionären Vorgänge begründet oder erheblich verstärkt.

Nachdem zuvor das Zensuswahlrecht abgeschafft worden war, wurde zum September 1792 ein neues Parlament gewählt, der Nationalkonvent (*Convention nationale*). Wieder war die Wahlbeteiligung gering; nur etwa 10 Prozent der 5 Millionen Wahlbürger gaben ihre Stimme ab. Diese Tatsache zeigt deutlich, daß die Sansculotten ihre Interessen im Parlament und bei seinen Abgeordneten nicht zum besten aufgehoben wußten. Am 20. September trat der Konvent zum ersten Mal zusammen, beschloß am Tag darauf die Abschaffung des Königtums und führte am 22. September einen neuen Kalender ein. Gerade in diesen Tagen wendete sich das Kriegsgeschehen. Am 20. September brachte die Kanonade bei Valmy zwar keine Entscheidung, aber die Alliierten wurden nicht nur aufgehalten, sondern sogar zum Rückzug gezwungen. Was Österreicher und Preußen nicht erwartet hatten, geschah: Die Armeen des revolutionären Frankreich hielten stand und gingen zur Offensive über. Im September/Oktober 1792 besetzten französische Truppen Speyer, Worms, Mainz und Frankfurt.

Derweil regierte der Konvent mit unnachsichtiger Härte. Die Gironde und die radikalen Jakobiner der Bergpartei, der Montagnards, bestimmten im sich zuspitzenden Gegeneinander den Ablauf des Geschehens mit Höhepunkten des Schreckens und der Grausamkeit, die zum immer wieder beschworenen Wohl der Allgemeinheit und zur Sicherung der revolutionären Errungenschaften inszeniert wurden. Ein Revolutionstribunal sprach seine Urteile, gegen die eine Berufung nicht möglich war; ein neunköpfiger Wohlfahrtsausschuß (*Comité du salut public*) handelte seit April 1793 als ein entscheidendes Exekutivorgan des Konvents; wirtschaftliche Nöte bedrängten besonders die unteren Schichten, und in der Vendée regte sich ein royalistischer Aufstand. Heftig attackierte Robespierre die Girondisten, die er der geheimen Komplizenschaft mit Königstreuen und der Konterrevolution beschuldigte; er appellierte ans Volk und rief es zur Rebellion auf. Die Sansculotten der Pariser Volksviertel wurden in dieser Phase zur ausschlaggebenden Macht. Am 2. Juni ließ der Konvent, umzingelt von bewaffneter Menge, überwunden durch eine sansculottische *journée*, die Führer der Gironde verhaften. Jetzt begann die Jakobinerherrschaft, in der die *terreur*, der Schrecken, als Mittel der Machtausübung bewußt eingesetzt wurde. Im Wohlfahrtsausschuß übernahm Robespierre den Vorsitz und amtierte ein Jahr lang mit diktatorischer Rücksichtslosigkeit. Angesichts der Gefahr von außen und der konterrevolutionären Aktionen im Innern beschloß der Konvent im August die *Levée en masse*, die allgemeine Dienstpflicht, und unter dem Druck der Volksbewegung wurde bisher Unantastbares in Frage gestellt: das bürgerliche Eigentum. Jetzt begann man es unter dem Aspekt seiner gesellschaftlichen Nützlichkeit zu betrachten. Für die Jakobiner im Konvent war die Lage kompliziert. Denn von der Sansculotterie getragen und getrieben, nahmen sie deren Forderungen ernst und konnten doch im Gesamtkonzept der Revolution auch die Position und Funktion der bürgerlichen Eigentümer nicht aus den Augen verlieren.

Viel Aufsehen verursachte das Regiment des Schreckens, zu dem sich Konvent und Wohlfahrtsausschuß am 5. September 1793 ausdrücklich bekannten. Wer unter die »Verdächtigen« fiel, konnte rasch auf der Guillotine hingerichtet werden. Unter den Jakobinern selbst forderten die Machtkämpfe ihren Tribut an Menschenleben; die Revolution verschlang ihre Kinder. Im März wurden die zur unumschränkten Volksherrschaft strebenden *Enragés* und *Hébertisten* ausgeschaltet und hingerichtet, am 16. Germinal (5. April) 1794 Danton und Desmoulins mit anderen Deputierten, die der Veruntreuung angeklagt waren, aufs Schafott gekarrt.

Im Sommer 1794 hatte aber auch Robespierre seinen Rückhalt in der Volksbewegung und im Parlament verloren, das im fortdauernden Terror keinen Sinn mehr erkannte. Der 9. Thermidor (27. Juli) 1794 brachte seinen Sturz und das Ende der Schreckensherrschaft. Mit Robespierre starben viele seiner Anhänger, und von den 141 Mitgliedern des Generalrats der Kommune von Paris wurden nicht weniger als 88 guillotiniert. Der Jakobinerklub wurde geschlossen, die überlebenden Girondisten kamen zurück, das Großbürgertum konnte sich erneut als herrschende Klasse absichern, und das Zensuswahlrecht wurde wieder eingeführt. Die »Thermidorianer« schufen 1795 eine neue Verfassung, die eine Legislative mit zwei Kammern und die Regierung eines Direktoriums vorsah, für das sogleich fünf Konventsmitglieder bestimmt wurden, die seinerzeit der Hinrichtung des Königs zugestimmt hatten. Am 18. Brumaire (9. November)1799 war es dann Napoleon Bonaparte, der das Direktorium stürzte und den von der Revolution bestimmten Jahren eine Militärdiktatur folgen ließ.

Diese Skizze soll nur an einige der Vorgänge erinnern, die damals Europa und die Welt in Atem hielten. Sie wirkten auf alle Beteiligten und Beobachter auch deshalb so außerordentlich, weil Revolution als Aktion einer unteren Schicht, die notfalls vor entschlossener Gewaltanwendung nicht zurückschreckt und auf eine völlige Umänderung der bisherigen Verfassung von Staat und Gesellschaft zielt, auf eine »Totalrevolution« (nach einem Wort Friedrich von Gentz'), nicht einmal bei den gesellschaftskritischen Aufklärern vorgesehen war, die das *Ancien régime* scharf verurteilten. Auf revolutionären Umsturz ist in jener Zeit nicht systematisch hingearbeitet worden, wohl auf Veränderungen des schlechten Bestehenden. Gewaltsame Umwälzungen samt Tyrannenmord wurden allenfalls mit dem Hinweis auf das Recht zum Widerstand gegen unrechtmäßig erlangte und unmenschlich ausgeübte Macht gerechtfertigt, wie der Artikel *Politische Autorität* zeigt, den Diderot für die von ihm und D'Alembert herausgegebene *Encyclopédie* verfaßte. Verständlich, daß Argumentationen dieser Art, die eine lange Tradition haben, in den Jahren der Revolution aufgegriffen und zur Legitimierung des Handelns vorgetragen wurden. Was die kritischen Aufklärer anstrebten, war die oft beschworene Revolution der Geister. Sie würde, so hoffte man, mit der immer weiteren Ausbreitung der Vernunft auch eine gerechte, menschenwürdige Verfassung des gesamten gesellschaftlichen Systems herbeiführen.

Was wir mit dem Begriff Revolution in politischem Sinn verbinden: radikale, gegebenenfalls gewaltsame Umwandlung bestehender gesellschaftlich-politischer Ordnungen, ist erst durch die historische Erfahrung der Vorgänge in Frankreich zu einer vorauszudenkenden und zu entwerfenden geschichtlichen Möglichkeit geworden.

Deutsche Reflexe

Die Reaktion auf das ebenso aufsehenerregende wie verwirrende Geschehen war bei den Deutschen, die nur Beobachter waren, sehr unterschiedlich. Sie reichte von enthusiastischer Zustimmung bis zu prinzipieller Ablehnung. Dazwischen gab es das Für und Wider abwägende Meinungen, Versuche zu differenzierten Beurteilungen, Nachdenken über mögliche Konsequenzen für die bunte Vielfalt der deutschen Territorien, wo weder von gemeinsamer politischer Willensbildung eines kräftigen Bürgertums noch von der Fähigkeit zu geschlossenem Handeln die Rede sein konnte. Zudem ließ der Ablauf der Revolution mit den Septembermorden von 1792 und der Hinrichtung des Königs im Januar 1793 viele, die anfangs gejubelt hatten, zurückschrecken. So schrieb beispielsweise Klopstock 1789 das Gedicht *Kennet euch selbst*:

> Frankreich schuf sich frei. Des Jahrhunderts edelste Tat hub
> Da sich zu dem Olympus empor!
> Bist du so eng begrenzt, daß du sie verkennest, umschwebet
> Diese Dämmerung dir noch den Blick,
> Diese Nacht: so durchwandre die Weltannalen und finde
> Etwas darin, das ihr ferne nur gleicht,
> Wenn du kannst. O Schicksal! das sind sie also, das sind sie,
> Unsere Brüder, die Franken; und wir?
> Ach, ich frag' umsonst; ihr verstummet, Deutsche! Was zeiget
> Euer Schweigen? bejahrter Geduld
> Müden Kummer? Oder verkündet es nahe Verwandlung
> Wie die schwüle Stille den Sturm,
> Der vor sich her sie wirbelt, die Donnerwolken, bis Glut sie
> Werden, und werden zerschmetterndes Eis?
> Nach dem Wetter atmen sie kaum, die Lüfte, die Bäche
> Rieseln, vom Laube träufelt es sanft,
> Frische labet, Gerüch' umduften, die bläuliche Heitre
> Lächelt, das Himmelsgemälde mit ihr;
> Alles ist reg' und ist Leben und freut sich! Die Nachtigall flötet
> Hochzeit! Liebender singet die Braut!
> Knaben umtanzen den Mann, den kein Despot mehr verachtet,
> Mädchen das ruhige, säugende Weib!

Aber 1793 widerrief der vormals Begeisterte. Im Gedicht *Mein Irrtum* klagte er: »Ach, des goldenen Traums Wonn' ist dahin, / Mich umschwebet nicht mehr sein Morgenglanz, / Und ein Kummer wie verschmähter / Liebe kümmert mein Herz.«

An Informationen aus dem revolutionären westlichen Nachbarland mangelte es in den deutschen Gebieten nicht. Zeitungen und Zeitschriften druckten Artikel über die Ereignisse bei den »Franken«, den »Neu-Franken«, wie sie bald hießen, und was in der Nationalversammlung verhandelt wurde, war nachzulesen, wenn auch verkürzt oder wegen der Zensur gefiltert. Paris war immer beliebtes Ziel mancher Reisender gewesen; jetzt waren die mündlichen und schriftlichen Berichte derer, die sich in diesen bedeutungsschweren Monaten und Jahren dort aufhielten oder aus der Hauptstadt zurückkamen, begehrt, wurden aber auch beargwöhnt von denen, die fürchteten, daß die Landsleute von revolutionären Gedanken angesteckt werden könnten. Tatsächlich flackerten ein paar Unruhen auf, in Sachsen, in Bayern, in Mecklenburg und Schlesien, aber sie blieben bedeutungslos; die Feudalherrschaft mit ihren Privilegien behielt die Oberhand. Erst als die Franzosen linksrheinische deutsche Gebiete eroberten, kam es dort zu ernsthaften Versuchen, ein demokratisch-republikanisches Gemeinwesen zu etablieren. Doch was unter dem Schutz und Druck einer fremden Besatzungsmacht errichtet wurde, war nicht von Wunsch und Willen der Mehrheit der Bevölkerung getragen.

Auch diesseits des Rheins bildeten sich Jakobinerzirkel. Erst neuere Forschungen haben das Wirken deutscher Jakobiner, das zur Vorgeschichte der Demokratie gehört, der Vergessenheit entrissen, mit der eine national-konservative und nationalistische Geschichtsschreibung seit dem 19. Jahrhundert bestrafte, was nicht in ihr Konzept paßte. Allerdings bieten, was hier wenigstens beiläufig erwähnt sei, die Begriffe ›Jakobinismus‹ und ›Jakobiner‹ in Deutschland einige Schwierigkeiten. Manche Zeitgenossen stempelten in polemisch-diffamierender Absicht jeden zum Jakobiner, der Sympathien für gesellschaftliche Veränderungen bekundete und deshalb der Umwälzung in Frankreich nicht prinzipiell ablehnend gegenüberstand. Dabei gab man, wie das in solchen Fällen immer zu geschehen pflegt, auf Differenzierungen wenig acht. Gleichgültig, ob jemand auf durchgreifende *Reformen* hoffte oder die vollständige *Revolution* herbeiwünschte, das Schimpfwort ›Jakobiner‹ wurde jedem nachgerufen. Doch sind, will man der damaligen Wirklichkeit gerecht werden, Unterscheidungen angebracht. Reformistische Liberale fühlten sich anderen Verfahren der Veränderung verpflichtet als radikaldemokratische Theoretiker und Praktiker, die die volle, alle Bevölkerungsschichten beteiligende Volkssouveränität durchsetzen und das Bestehende gänzlich, auch unter Anwendung von Gewalt, beseitigen wollten. Zudem haben fast alle, die man den Jakobinern zuzählen kann, Entwicklungen durchlaufen, die einen Wandel der politischen Positionen bedeuteten. Darum erscheint es angebracht, von jakobinischen Lebensphasen und jakobinischen Schriften zu sprechen, die dadurch gekennzeichnet sind, daß in ihnen ein radikaler Demokratismus vertreten und die Revolution mit all ihren Konsequenzen als Mittel zur Veränderung nicht grundsätzlich ausgeschlossen, sondern im Blick auf die französischen Ereignisse bewußt mit einkalkuliert wird. Was die Jakobiner publizierten, folgte deshalb einem anderen Prinzip, als es jener Satz aus den italienischen Kunsterfahrungen eines Karl Philipp Moritz und Goethe formulierte: »Es ist nämlich ein Vorrecht des Schönen, daß es nicht nützlich zu sein braucht« (vgl. oben S. 474). Ganz im Gegenteil bildeten jakobinische Autoren eine politisch-operative Literatur für die aktuelle Verwendung in der prosaischen Wirklichkeit aus, und zwar in vielfältigen Formen, vom Flugblatt bis zur Rede, vom Gedicht bis zum dramatischen Dialog, um nur dies zu nennen und die Zeitschriften ganz zu übergehen. Es war didaktische Literatur, die dem Volk klarmachen wollte, warum es arm war und wie dieser Zustand geändert werden könnte.

Allerdings bleibt zu bedenken, daß die Zahl aktiver Jakobiner in Deutschland klein war und fundierte Diskussionen über das epochemachende Geschehen in Frankreich nur in den Zirkeln derer stattfinden konnten, die über die strittigen politischen Probleme Bescheid wußten und ausgebildet genug waren, um lesend und womöglich schreibend an den geistigen und politischen Auseinandersetzungen der Zeit teilzunehmen. Das waren, verglichen mit der Gesamtzahl der Bevölkerung, nicht eben viele. Wieland etwa, der schon 1772 mit seinem Roman *Der Goldne Spiegel, oder die Könige von Scheschian* das Thema der Erziehung zum guten Fürsten aufgegriffen, Fragen einer vernunftgerechten Staatsverfassung behandelt hatte (vgl. oben S. 285) und weiterhin ›politisch‹ zu nennende Dichtung schrieb, versorgte seine Leser und damit auch die Weimarer Kreise fortlaufend, besonders in seiner Zeitschrift *Teutscher Merkur*, mit Betrachtungen zur Französischen Revolution. Es waren skeptische Überlegungen, die er anstellte, und je weiter die Revolution fortschritt, desto größer wurden seine Zweifel, ob die revolutionären Änderungen und die dabei eingesetzten Mittel zum proklamierten Ziel einer besseren und wirklich menschenwürdigen Gesellschaft führen könnten. Unerschütterlich baute der Dichter des *Goldnen Spiegel* auf seine Hoffnungen, Reformen innerhalb des Bestehenden würden möglich sein und ausreichen. Den Schritt darüber hinaus mochte er nicht mitvollziehen. Zudem pochte er wie viele andere auf die Besonderheit der deutschen Verhältnisse, in denen ein revolutionärer Umsturz weder möglich noch sinnvoll sei.

Aber auch dort, wo die verfügbaren Informationen über Frankreich aufgenommen und das Nachdenken über die erwünschte oder abgelehnte Staats- und Gesellschaftsform intensiviert wurden, blieb vieles, was sich bei den Neu-Franken ereignete, unklar. Das lag nicht an einem Mangel an Nachrichten, sondern daran, daß so schwer zu durchschauen war, was wirklich vor sich ging. Die Schübe der Revolution mit ihren offenkundigen und verborgenen Antriebskräften, sozialen Spannungen und Widersprüchen, mit ihren wechselnden Führungsgruppen und teilweise schonungslosen Richtungskämpfen waren für die beobachtenden Zeitgenossen so schwierig zu erfassen und zu bewerten wie für die spätere Forschung. Aufs Grundsätzliche zielende theoretische Abhandlungen und Kampfschriften für und wider die Revolution begleiteten auch in Deutschland von früh an die aufsehenerregenden Vorgänge seit 1789. Schon 1790, also noch bevor die weitere Entwicklung zu erkennen war, legte der Engländer Edmund Burke seine *Reflections on the Revolution in France* vor, jene wirkungsvolle Grundschrift gegen eine revolutionäre Veränderung des Hergebrachten und Bestehenden, die Friedrich Gentz alsbald ins Deutsche übertrug (*Betrachtungen über die französische Revolution*). Aber im gleichen Jahr feierte Joachim Heinrich Campe in seinen *Briefen aus Paris zur Zeit der Revolution geschrieben* den Beginn einer neuen Zeit und drückte die Hoffnungen der Begeisterten aus:

Wir werden zum ersten Mal ein großes Reich sehen, worin das Eigentum eines jeden heilig, die Person eines jeden unverletzlich, die Gedanken zollfrei, das Glauben ungestempelt, die Äußerung desselben durch Worte, Schriften und Handlungen völlig frei und keinem menschlichen Richterspruch mehr unterworfen sein wird; ein Reich, worin keine privilegierten, keine gebornen Volksbedrücker, keine Aristokratie als die der Talente und der Tugenden, keine Hierarchie und kein Despotismus mehr stattfinden, wo vielmehr alle gleich, alle zu allen Ämtern, wozu ihre Verdienste sie fähig machen, fähig sein und nur Kenntnisse, Geschicklichkeiten und Tugenden einen Vorzug geben werden; ein Reich, wo Recht und Gerechtigkeit für alle auf gleiche Weise und *ohne alles Ansehn der Person* werden verwaltet, und zwar *unentgeltlich* verwaltet werden, und wo jeder, auch der armseligste Landmann nicht etwa nur dem Scheine nach wie in andern Ländern, sondern *wirklich* in der gesetzgebenden Versammlung repräsentiert wird, also jeder, auch der armseligste Landmann, Mitregent und Mitgesetzgeber seines Vaterlandes sein wird (in: *Revolutionäre Vernunft*, hg. v. J. Garber, 1974, 22).

In den zahlreichen gesellschaftstheoretischen Schriften jener Jahre, die – wie die hier nur beispielsweise erwähnten – streng gegensätzliche Positionen bezogen oder auch einzelne Probleme differenziert und abwägend zu erfassen suchten, kehrten verständlicherweise zentrale Fragen immer wieder: Was war unter Freiheit, unter Gleichheit zu verstehen? Wie ließen sich die als leitende Forderung proklamierten Menschenrechte unwiderleglich begründen und inhaltlich konkretisieren? Wie weit konnte und durfte die Volkssouveränität reichen? Mußten vor ihrem Anspruch alle durch Herkommen und überliefertes Recht gefestigten Privilegien abdanken? Wie war es um die Legitimität der Anwendung von Gewalt im revolutionären Prozeß bestellt, und wie war der Einsatz von Gewalt mit dem verkündeten neuen »Reich, wo Recht und Gerechtigkeit für alle auf gleiche Weise und ohne alles Ansehn der Person« verwaltet werden (Campe), zu vereinbaren? Nach den Septembermorden von 1792, nach der Hinrichtung des Königs 1793, nach dem Tod von Tausenden unter dem Fallbeil der Guillotine mußten diese blutigen Konsequenzen der Revolution verstören und Dispute herausfordern. Wie immer bei geschichtlichen Ereignissen, wenn sie unweigerlich mit dem Töten und dem Opfer von Menschen verbunden sind, steht nicht weniger zur Debatte als die historische Notwendigkeit bestimmter Vorgänge, die das Schreckliche und Grausame vielleicht rechtfertigen könnte. Georg Forster, der in der politischen Situation seiner Zeit vom Liberalen zum handelnden Jakobiner wurde und nie von Skrupeln frei war, beharrte auf der Erkenntnis, daß es der Despotismus des absolutistischen Regimes sei, der für die Rücksichtslosigkeit der revolutionären Gegenkräfte verantwortlich zeichne. In den *Parisischen Umrissen* schrieb er 1793:

Die Erscheinungen unter dem Joche des Despotismus können denen, die sich während einer republikanischen Revolution ereignen, sehr ähnlich sehen und die letzteren sogar einen Anstrich von Fühllosigkeit und Grausamkeit haben, den man dort wohl hinter einer sanfteren Larve zu verbergen weiß; doch sind sie schon um deswillen himmelweit verschieden, weil sie durch ganz verschiedenartige Kräfte bewirkt werden und von der öffentlichen Meinung selbst einen ganz verschiedenen Stempel erhalten. Eine Ungerechtigkeit verliert ihr Empörendes, ihr Gewalttätiges, ihr Willkürliches, wenn die öffentliche Volksmeinung, die als Schiedsrichterin unumschränkt in letzter Instanz entscheidet, dem Gesetze der Notwendigkeit huldigt, das jene Handlung oder Verordnung oder Maßregel hervorrief.

So problematisch die Aufrechnung von Gefallenen und Gemordeten unter dem Hinweis auf »ganz verschiedenartige Kräfte« ist, so bleibt allerdings wahr, daß es die Redlichkeit forderte und fordert, nicht nur anklagend auf die Opfer der Revolution zu verweisen, sondern zugleich auch auf die des Feudalismus. Ein auf kritische Unterscheidung dringender Kopf wie Johann Gottfried Seume notierte 1806/07 in seinen *Apokryphen* lakonisch: »Man lärmt so viel über die französische Revolution und ihre Greuel. Sulla hat bei seinem Einzug in Rom in einem Tage mehr gewütet, als in der ganzen Revolution geschehen ist.« Und daß er bei Sulla nicht an die Antike dachte, ist offenkundig.

Bemerkenswerterweise warfen sich Gegner und Fürsprecher der Revolution in ihren staatstheoretischen und gesellschaftspolitischen Abhandlungen schon damals gegenseitig vor, sich bei ihrer Argumentation zu Unrecht auf das Naturrecht zu berufen. Wer für die Beibehaltung gewachsener Ordnungen mit ihren Bindungen und Abstufungen plädierte, glaubte dem Naturrecht ebenso zu gehorchen wie diejenigen, die für die neuen Prinzipien von Freiheit und Gleichheit samt ihren Konsequenzen eintraten. Wir wissen inzwischen, daß naturrechtliche Begründungen für sehr verschiedene Ansprüche und Konzepte bemüht werden können und immer wieder angeführt worden sind. Was die Natur des Menschen sei, der gemäß Staat und Gesellschaft eingerichtet werden müßten, ist das Thema fortwährenden Nachdenkens und prinzipieller Auseinandersetzungen. Oft unterlaufen bei den Begründungsversuchen Zirkelschlüsse: Was sein soll, wird als Natur des Menschen und der Welt entsprechend deklariert, und aus der als so und nicht anders behaupteten natürlichen Ordnung werden Gebote abgeleitet. Diese Problematik naturrechtlicher Beweisführungen zu erkennen nimmt den Menschenrechten, wie sie im 18. Jahrhundert in Nordamerika und Frankreich verkündet worden sind, nichts von ihrer Würde, nichts von ihrer fortwirkenden Bedeutung. Es bewahrt nur vor dem Irrtum, diese Ideen, die verbindliche Wegweiser zum Besseren sein sollten, mit Letztbegründungen absichern zu können.

Der Geheime Rat, kein Freund der Revolution

Mancher Leser mag die vorangehenden Kapitel für eine überflüssige Abschweifung gehalten haben, die mit Goethes Leben und Werk wenig zu tun hat. Doch muß man so weit ausgreifen und sich wenigstens an einige wichtige Einzelheiten aus den unruhigen Jahren erinnern, wenn man dessen Äußerungen über die Französische Revolution und die nach seinen eigenen Worten »grenzenlose Bemühung dieses schrecklichste aller Ereignisse in seinen Ursachen und Folgen dichterisch zu gewältigen« richtig einordnen und einschätzen will (*Bedeutende Fördernis durch ein geistreiches Wort*; 13,39).

Sicherlich hat Goethe, nach wie vor Minister eines absolutistischen Staats, die Vorgänge in Frankreich aufmerksam verfolgt. Erstaunlicherweise aber waren sie in seinen zeitgenössischen Briefen – wenigstens in den erhaltenen – kein Thema, auf das er sich näher einließ. Ein einziger Satz in einem Brief vom 3. März 1790 an Fritz Jacobi: »Daß die Franzö[si]sche Revolution auch für mich eine Revolution war kannst du denken.« Das heißt: Bisher Erkanntes und Gedachtes war über den Haufen geworfen. Was geschehen war, hatte er so nicht einkalkulieren können. Jetzt war er herausgefordert, das Unerhörte in seine Überlegungen einzubeziehen und in seinen Erklärungsversuchen von Mensch und Natur unterzubringen. Das war ein langer und schwieriger Prozeß.

In den Briefen an Carl August ist in den Jahren 1789 und 1790 nichts über die Revolution zu lesen, obwohl beide in ihrer Korrespondenz stets auch politische Fragen behandelten. Von vielerlei ist dort die Rede, vom *Tasso* und *Faust*-Fragment, vom Schloßbau und Weimarer Theater, von »Bergwercks Besorgnissen« in Ilmenau und Wasserbauarbeiten bei Jena, von den eigenen naturwissenschaftlichen Studien und von dem drohenden Konflikt zwischen Preußen und Österreich. »So viel von *privatis* und *privatissimis* indessen Sie in *publicis* versiren«, schrieb Goethe am 6. Februar 1790 nach Berlin, wo sich Carl August zu Gesprächen wegen der heraufziehenden Kriegsgefahr aufhielt, und wünschte: »Vollenden Sie Ihre Geschäfte glücklich und bringen uns die Bestätigung des lieben Friedens mit. Denn da eigentlich der Zweck des Kriegs nur der Friede seyn kann; so geziemt es einem Krieger gar wohl wenn er ohne Krieg Friede machen und erhalten kann.« Eine Bemerkung aus Venedig in einem Schreiben an Frau v. Kalb (30.4.1790) berührte nur leichthin, zudem mit ironischem Unterton, eine politische Grundsatzfrage der Zeit. Ihm sei der Aufenthalt in der Lagunenrepublik auch deshalb aufschlußreich, weil er, »da man jetzt immer von Konstitution« spreche, die wunderlichste und komplizierteste Konstitution in der Nähe mit lebendigerem Interesse sehe.

Die Briefe, die Goethe zwischen Frühjahr 1792 und Anfang März 1797 an seinen Fürsten adressierte, sind mit Ausnahme ganz weniger rein amtlicher Schriften verloren. Viele Wochen in den Jahren 1792 und 1793 war ein brieflicher Gedankenaustausch ohnehin unnötig, da Goethe als Begleiter des Herzogs am Koalitionsfeldzug gegen das revolutionäre Frankreich und an der Belagerung von Mainz teilnahm. Man darf annehmen, daß er in den verlorenen Briefen etwas ausführlicher auf das aktuelle Zeitgeschehen eingegangen ist, trotz seiner Schreibfaulheit, über die Carl August manchmal zu klagen hatte und die Goethe selbst eingestand (18.4.1792), gelegentlich auch anderen gegenüber; seine »Schreibescheue« (an Reichardt, 17.11.1791) sei bekannt. (Wir heute dagegen staunen über die Fülle seiner Briefe, die in der *Weimarer Ausgabe* allein 50 Bände beanspruchen.) Der Herzog jedenfalls erörterte immer wieder politische und militärische Fragen und nahm kein Blatt vor den Mund, wenn er auf Prinzipielles zu sprechen kam; schließlich war er ein absoluter Monarch und nicht gewillt, an dieser Herrschaftsordnung rütteln zu lassen. Und er war augenscheinlich überzeugt, daß sein Briefpartner seine Ansichten teilte. Wortwörtlich setzte er auf die »Bindekraft« Goethes im Weimarer Kreis, wo »unser Häuflein sehr zwiespaltig ist«, nämlich in den Meinungen über die Revolution (27.12.1792). Carl August wußte nur zu gut, daß Persönlichkeiten wie Herder und Knebel nicht verachtet hatten, was 1789 und in den folgenden Jahren geschehen war. Goethes Ankunft, so hoffte er, »wirckt auf unsere *république*, wie der Krieg auf die Fränckische. Siehe zu, was du bewircken kannst, und gieb mir zuweilen Nachricht davon.« Seitenlang breitete Carl August, im Vorfeld der Belagerung von Mainz, am 24. März 1793 »ein weitläufiges Glaubensbekenntniß« aus. In bekannter Manier der Herrschenden prangerte er die »Herrn *Scribenten*« an, die als Unruhestifter viel Unverdautes und Unverdauliches in die Welt setzten. Dabei verstünden sie gar nichts von dem, was den Menschen nutze und fromme; denn sie hätten nicht die mindeste Kenntnis dessen, »was practisch außführbar gut ist«. Die Absichten der »Freyfrancken« brachte er auf eine schlichte Formel: »Besitzern die Hosen außzuziehen, um die Unbehoßten damit zu bekleiden.« Daß es um nichts anderes gehe, hätten jetzt auch frühere Sympathisanten eingesehen. Es sei wirklich so gewesen, »daß es in unsern Vaterlande weit hinein böse war, daß ein Feuer unter der Asche glimmte, daß am Ende Außbrüche zu befürchten waren, welche schreckliche Mittel und viel entsetzlichere, als der jetzige Krieg ist, erfordert hätten«. Namentlich attackierte er Georg Forster, der, wie wir wissen, unter unglücklichen Bedingungen und ohne ausreichenden Rückhalt in der Bevölkerung im besetzten Mainz jene kurzlebige erste Republik auf deutschem Boden miterrichtet hatte, deren Abgeordnete am 17. März 1793 erstmals zusammentraten und schon vier Tage später den Anschluß an die französische Republik beschlossen (was noch heute gewisse Historiker dazu bringt, der »Mainzer Republik« das deklassierende Etikett ›separatistisch‹ anzuheften). »*Forster* und *Consorten* zu Mayntz beweisen«, so Carl August, »wie heftig jene *Sympathie* auf Leute ihres Gelichters wirckten, da diese anziehende Kraft sie zu denen Handlungen der schwärzesten Undanckbarkeit und der sinnlosesten Unternehmungen verleitete.« Untertanen haben eben dankbar zu sein und nicht das Angemaßte und Drückende monarchischer Herrschaft zu entlarven. (Der Herausgeber des Carl August/Goethe-Briefwechsels warf 1915 dem um republikanische Freiheit kämpfenden Forster noch den diffamierenden Kommentar nach: »Übte [...] im Rheinland einen großen verderblichen Einfluß aus«.) Der Weimarer Herzog, der die Expansionslust des revolutionären Frankreich für erwiesen ansah, hielt es nach allen früheren Bedenken nun für ein Glück, daß es zum Krieg gekommen war, und für ratsam, alle Mittel anzuwenden, um die Ausbreitung der Revolution beizeiten zu vereiteln. Aus dem Lager bei Marienborn vor Mainz bedankte er sich bei Herder für die zweite Sammlung der *Briefe zur Beförderung der Humanität* mit einer anzüglichen Bemerkung, ganz im sicheren Bewußtsein, für eine gerechte Sache zu kämpfen. Die *Briefe* hätten ihn nicht »in der humansten Beschäftigung gefunden; indessen zweckt unser Bestreben dahin, die fränkische Unmenschlichkeit vom deutschen Boden zu kehren, und das ist ja auch wohl ein Beitrag zu Ihrem humanen Vorhaben, lieber Herder?« (FGA II 3, 1014)

Spärlich also und wenig aufschlußreich Goethes Äußerungen über die Revolution in seinen überlieferten Briefen. Auch auf den Blättern, die er vom Feldzug 1792 und von der Mainzer Belagerung in die Heimat schickte, steht darüber kaum etwas Nennenswertes. Er brauchte seinen Adressaten nichts zu erklären; sie wußten, daß er kein Freund der Revolution war. Auch für ihn waren es die »Toll-Francken«, die gezähmt werden müßten (an F. Jacobi, 17.4.1793), und vor Mainz freute er sich, »daß man die leidigen Franzen [...] wills Gott bald aus dem lieben Deutschen Vaterlande gänzlich ausschließt, wo sie doch ein vor alle mal nichts taugen weder ihr Wesen, noch ihre Waffen, noch ihre Gesinnungen« (an Anna Amalia, 22.6.1793). Das alles besagt nicht, daß Goethe rundweg gutgeheißen hätte, was die monarchischen Mächte unternahmen und wie sie agierten. (Schade freilich, daß wir nicht wissen, wie er reagiert hat, als ihm der Herzog die Ungeheuerlichkeit mitteilte, die Verluste der Franzosen im Gefecht bei Mons/Belgien müßten schon deshalb größer gewesen sein als die der Verbündeten, »da ein Hauptgrundsatz bey den Kayserlichen obwaltet, keinen Frantzosen *pardon* zu geben«, 23.3.1793.) Offensichtlich schwieg sich der Beobachter Goethe über vieles aus. »Es ließ sich noch vieles sagen das nicht gut zu schreiben ist« (an F. Jacobi, 5.6.1793): So oder ähnlich schirmte er sich mehrfach ab und behielt für sich, was ihn beschäftigte, vielleicht beunruhigte, vielleicht bedrängte und bedrückte.

Obwohl er ein Jahrzehnt lang in verantwortlicher Position wichtige Staatsgeschäfte besorgt hatte, verfaßte er keine theoretische Abhandlung und keinen gesellschaftspolitischen Essay über die Revolution, wie sie damals zahlreich erschienen. Auch wenn er, wie schon erwähnt, 1823 seine »grenzenlose Bemühung« betonte, »dieses schrecklichste aller Ereignisse in seinen Ursachen und Folgen dichterisch zu gewältigen« (13, 39), so ist schon hier zu bezweifeln, ob er sich auf eine eingehende Analyse der geschichtlich-gesellschaftlichen Tatbestände wirklich eingelassen hat. Er gab sich mit der Annahme einiger Grundkonstellationen zufrieden, auf die er das Geschehene bezog und von denen er gewisse Ratschläge für eine wünschenswerte gesellschaftliche Ordnung ableitete. Fürsten und Untertanen, Adel und Bürger müßten zusammenfinden, gemeinsam das Gute wollen und in behutsamer Entwicklung, evolutionär, zeitgerechte Reformen innerhalb des Bestehenden verwirklichen.

Dies Konzept galt auf der realpolitischen Ebene. Damit hatte er die Revolution in den übergreifenden Zusammenhängen seiner Deutung von Welt und Geschichte noch nicht untergebracht. Dort setzte er sie, um es knapp vorwegzunehmen, Naturkatastrophen gleich, dem Chaos, dem Ausbruch der Elemente, wie er sie spät im *Versuch einer Witterungslehre* (1825) im Abschnitt »Bändigen und Entlassen der Elemente« beschrieb: »Es ist offenbar, daß das, was wir Elemente nennen, seinen eigenen wilden wüsten Gang zu nehmen immerhin den Trieb hat. Insofern sich nun der Mensch den Besitz der Erde ergriffen und ihn zu erhalten Pflicht hat, muß er sich zum Widerstand bereiten und wachsam erhalten« (13, 309). Zur Natur gehören die Elemente und das Chaotische, das sie bewirken, wenn sie entlassen sind. So auch Kriege und Revolutionen in der menschlichen Geschichte. Doch kann solche chaotische Phase immer auch zu neuer Gestaltung überleiten, die sich später vielleicht als fruchtbar erweist. Sogar für die Französische Revolution deuteten das Verse in *Hermann und Dorothea* an (IX 264 ff.):

> Grundgesetze lösen sich auf der festesten Staaten,
> Und es löst der Besitz sich los vom alten Besitzer,
> Freund sich los von Freund: so löst sich Liebe von Liebe.
> [...]
> Gold und Silber schmilzt aus den alten heiligen Formen;
> Alles regt sich, als wollte die Welt, die gestaltete, rückwärts
> Lösen in Chaos und Nacht sich auf und neu sich gestalten.

Häufig benutzte Goethe nach 1789 sprachliche Bilder, die die geschichtlichen Konvulsionen der Zeit gleichnishaft als Naturvorgänge umschrieben. Erdbeben, Brand und Überschwemmung schien der Krieg in Italien zu sein (an Schiller, 14. 10. 1797), und in der *Natürlichen Tochter* (1803) erscheinen Naturmetaphern gehäuft, wenn die Schrecken der Revolution veranschaulicht werden sollen: Blitz, Feuer, Meeresflut, Wüten der Elemente. So eindrucksvoll solche Metaphorik ist, so bleibt doch zu bedenken, daß sie zwar in einer umfassenden Weltdeutung ihren wohlbegründeten Ort beanspruchen mag, aber zu einer Erkenntnis realpolitischer Zusammenhänge und Vorgänge in einem bestimmten historischen Zeitabschnitt wenig beiträgt.

Es war in Goethes Leben nicht vorgezeichnet, ein Gegner der Revolution zu sein, im Gegenteil. Von der Verherrlichung der regelfreien Schöpferkraft, vom Aufbegehren in den *Frankfurter Gelehrten Anzeigen*, vom kräftigen, wenn auch vergeblichen Selbsthelfertum eines Götz, vom »Hier sitz ich, forme Menschen / Nach meinem Bilde«, von der Adelsschelte im *Werther*: von dort wies der Weg nicht zwingend an die Seite der Bewahrer des Bestehenden und der allenfalls zu vorsichtigen Reformen Bereiten. Aber

1789 war Goethe nicht mehr der junge der Mann des »Dreingreifen, packen ist das Wesen jeder Meisterschaft« (Mitte Juli 1772 an Herder). Krisen lagen hinter ihm, die ihn tief verunsichert hatten. Äußerlich war immer alles im Lot, nie hatte er Not leiden müssen, aber innerlich war ihm Lebensnot wohlvertraut. Mehr als einmal hatte ihn Verzweiflung heimgesucht, jahrelang war er schwankend, unsicher, auch ratlos gewesen, was denn aus ihm werden sollte. Fürs bloße Leben war gesorgt, die Lebensverwirklichung eine beständige Frage geblieben. Fluchten: aus der Frankfurter Krise in der Verwirrung um Lili Schönemann nach Weimar; nach dem Jahrzehnt des Ausprobierens politischer und administrativer Tätigkeit mit Auf- und Abschwüngen, Erfolgen und Enttäuschungen, Selbstdisziplinierung und Zweifeln, Geselligkeit und Einsamkeit, mit Nebenstunden für die Kunst und mit einer merkwürdigen Liebe, in der die Frau die Schwester blieb und der Sinnlichkeit ausgewichen wurde, – nach solchem Jahrzehnt Ausbruch nach Italien, Versuch der Selbstbesinnung, der Selbstfindung, verstärkte Suche nach Beständigem, Dauerndem, nach Grundgesetzlichkeiten, die er in zwei Bereichen zu finden glaubte: in Natur und Kunst. Ein Jahr war er wieder zurück in Thüringen, mit der Vollendung seiner Werkausgabe und mit den Naturstudien beschäftigt und endlich sicher und glücklich auch in sinnlicher Liebe geworden, als 1789 die aufregenden Nachrichten aus Paris eintrafen. Er hatte endgültig für Weimar votiert und es als seine Heimat angenommen.

Jetzt konnte er nicht preisgeben, was er sich als Antworten auf sein Fragen und Suchen angeeignet, die Arbeit nicht desavouieren, die er im ersten Weimarer Jahrzehnt als herzoglicher Minister auf sich genommen hatte, konnte nicht für die Revolution sein, die ihm den Boden entzogen hätte, auf dem sich einzurichten so mühsam gewesen war. Aber er konnte auch die reformerischen Hoffnungen nicht verraten, die er investiert hatte, in den ihm gezogenen und von ihm respektierten Grenzen. Zwischen Revolution und Reaktion, zwischen totalem Umsturz und borniertem Festhalten am Bestehenden war sein Platz. Er wollte, wie andere, den ›dritten Weg‹ einschlagen, richtiger (da er im politischen Tagesgeschäft nicht engagiert, sondern Beobachter, höchstens Ratgeber war): er befürwortete ihn.

Schließlich und nicht zuletzt hielt er an Überzeugungen fest, die ihm Justus Möser vermittelt hatte. Was dieser unermüdlich gegen die Tendenzen des aufgeklärten Absolutismus vortrug, war auch auf Theorie und Praxis der Revolution zu beziehen: daß ein zentralistischer Rationalismus, der alles einem bestimmten theoretischen Prinzip unterwirft, die lebendige Vielfalt und Unterschiedlichkeit des in langer Zeit Gewordenen nivelliert, ja abtötet. Schon 1772 war in den *Patriotischen Phantasien* im Aufsatz *Der jetzige Hang zu allgemeinen Gesetzen und Verordnungen ist der gemeinen Freiheit ge-*

fährlich zu lesen, der Wunsch nach »allgemeinen Gesetzbüchern« entspreche nicht »dem wahren Plan der Natur, die ihren Reichtum in der Mannigfaltigkeit« zeige, sondern bahne »den Weg zum Despotismus, der alles nach wenigen Regeln zwingen will und darüber den Reichtum der Mannigfaltigkeit verliert«.

Die philosophischen Theorien untergraben alle ursprünglichen Kontrakte, alle Privilegien und Freiheiten, alle Bedingungen und Verjährungen, indem sie die Pflichten der Regenten und Untertanen und überhaupt alle gesellschaftlichen Rechte aus einem einzigen Grundsatze ableiten, und um sich Bahn zu machen, jede hergebrachte, verglichene und verjährte Einschränkung als so viel Hinderungen betrachten, die sie mit dem Fuße oder mit einem systematischen Schlusse aus ihrem Wege stoßen können.

Im gleichen Sinn hielt Möser, mit Burkes Kritik übereinstimmend, dann den Revolutionären vor, es sei zu einfach, alles nach einer einzigen Idee, und sei es die der Menschenrechte, auszurichten; Montesquieu behaupte »mit Recht, daß diese *idées simples et uniques* der helle Weg zum monarchischen (und so wohl auch zum demokratischen) Despotismus wären« (*Wann und wie mag eine Nation ihre Konstitution verändern?*).

Dichterische Antworten. Epigramme und Revolutionsdramen

Goethe hat manches einseitige Urteil über die Französische Revolution gefällt. Seine fast penetrante Ehrerbietung, die er in Wort und Verhalten gegenüber Feudalherren und Leuten von Stand unbekümmert an den Tag legte, mußte kritischen Zeitgenossen auf die Nerven gehen und Spätere irritieren. Doch erweist sich andererseits das böse Wort vom »Fürstenknecht« recht bald als leichtfertige Beschimpfung, über die sich zu erregen der alte Herr Grund hatte.

Er habe versucht, die Französische Revolution »dichterisch zu gewältigen«, schrieb er im Rückblick von 1823 und benutzte, um die Schwere der Aufgabe zu markieren, ein Verbum aus der Bergbausprache. (»Dann ritt ich nach Ilmenau wo sie ernstlich beschäftigt sind die Wasser zu gewältigen«, an Carl August, 1. 10. 1788). »*Dichterisch* zu gewältigen«: also nicht in theoretischer Abhandlung, sondern in einer Gestaltungsweise, die produktiv aufgreift, was (nach Meinung des Autors) »Ursachen und Folgen« der Revolution ausmacht, um es in Bildern, Gestalten, dramatischen Handlungen sinnlich zu verkörpern. Aber der Versuch, im revolutionären Geschehen

Grundmuster der geschichtlichen Bewegung und des Verhaltens der Menschen in ihr freizulegen und dichterisch anschaulich werden zu lassen, konnte der spannungsreichen, auch widersprüchlichen Vielschichtigkeit der historischen Situation(en) ebensowenig gerecht werden wie dem komplizierten Ablauf in der Zeit, zumal nicht aus solcher Nähe der Betrachtung und Beurteilung. Dort, wo Goethe von seinem Bemühen sprach, die Revolution »dichterisch zu gewältigen«, hatte er zuvor der Charakterisierung zugestimmt, daß sein Anschauen selbst ein Denken, sein Denken ein Anschauen sei (13, 37). Bei der Französischen Revolution wirkte sich das jedoch nicht günstig aus. Was er schaute und verallgemeinerte, war nicht scharf genug gesehen. Allerdings machte es die vordem so nicht gekannte durchgängige Politisierung der französischen Gesellschaft, also die Einbeziehung fast aller Lebensbereiche und Schichten der Bevölkerung mit ihren sich oft durchkreuzenden Interessen und Aversionen in den politischen Prozeß, auch außerordentlich schwer zu durchschauen, was vor sich ging.

Goethes grundsätzliches Urteil über die Französische Revolution ist unverändert geblieben, er hat sie nie befürwortet. Aber seine Äußerungen über sie stammen aus verschiedenen, weit auseinanderliegenden Zeiten seines Lebens. Wenn er nach Jahrzehnten niederschrieb oder diktierte, was er 1789, beim Feldzug 1792 oder bei der Belagerung von Mainz 1793 erlebt, gedacht und erkannt habe, ist kaum nachzuprüfen, ob die Behauptungen stimmen oder sich Deutungen aus späterer Zeit eingemischt haben. Die *Campagne in Frankreich* entstand erst Anfang der zwanziger Jahre des 19. Jahrhunderts, ebenso die *Belagerung von Mainz*. Auch die *Annalen*, die erstmals 1830 als *Tag- und Jahreshefte als Ergänzung meiner sonstigen Bekenntnisse* in der »Ausgabe letzter Hand« gedruckt wurden, bilanzierten aus der Überschau des Alters.

Eine Woche nach jenem Brief vom 3. März 1790 mit der knappen Bemerkung über die Bedeutung der Revolution auch für ihn brach Goethe erneut nach dem Süden auf. Er hatte sich angeboten, Herzoginmutter Anna Amalia von ihrer Italienreise abzuholen. Fast zwei Monate, vom 31. März bis zum 22. Mai, mußte er, auf die Fürstin wartend, in Venedig zubringen, in schwankender Stimmung, anders als früher in seiner italienischen Zeit. *Venetianische Epigramme* entstanden, beobachtende, reflektierende, auch lebhaft kritisierende Gedichte, wiederum in Distichen wie die *Erotica Romana*. Einige dieser oft zu spruchhafter Prägnanz geformten Verse zielten auf die französischen Ereignisse. Kräftig akzentuierte der Epigrammatiker seine Abneigung gegen die Revolution und ihre Sympathisanten. »Freiheitsaposteln« sei zu mißtrauen, weil doch nur der Eigennutz sie triebe; »Schwärmer« verdrehten den Leuten die Köpfe, sie »prägen den Stempel des Geistes auf Unsinn und Lügen, / Wer den Probierstein nicht hat, hält sie für redliches Gold«. So und ähnlich verhöhnte man auch im Lager bedingungsloser Konterrevolutionäre diejenigen, die der alten Ordnung den Kampf angesagt hatten und deren Legitimität bestritten. Bemerkenswert, wie Goethe ein Epigramm erweiterte, nachdem »die Menge« in Frankreich sich in einzelnen Aktionen als handelndes Subjekt eingeschaltet hatte. In der Fassung des Jahres 1790, wie sie in Schillers *Musenalmanach für das Jahr 1796* erschien, lautete ein Zweizeiler:

> Frankreich hat uns ein Beispiel gegeben, nicht daß wir es wünschten
> Nachzuahmen, allein merkt, und beherzigt es wohl (FGA I 1, 455).

Im Druck der *Neuen Schriften* 1800 (Bd. 7) wurde daraus:

> Frankreichs traurig Geschick, die Großen mögen's bedenken;
> Aber bedenken fürwahr sollen es Kleine noch mehr.
> Große gingen zu Grunde: doch wer beschützte die Menge
> Gegen die Menge? Da war Menge der Menge Tyrann (FGA I 2, 220).

Diese Kritik an der Menge war nicht nur ein Reflex auf aktuelles Geschehen. Prinzipiell bestritt Goethe, daß »die Menge«, jedenfalls in ihrem bisher erreichten Stand an Kenntnis, Bildung und Erfahrung, urteilsfähig genug sei, um Entscheidungen zu fällen, die das Wohl und Wehe eines Gemeinwesens betreffen. In seinen Augen waren ›Herrschaftswissen‹ und die Ausübung der Regierung nur wenigen vorbehalten. Für die Forderung nach Volkssouveränität, wie sie die Demokraten erhoben, brachte er kein Verständnis auf, was zugleich bedeutete, daß er beim Fürsten und der herrschenden Schicht den Willen und die Fähigkeit zu kompetenter Führung einklagte. So verteilte er denn auch in den *Epigrammen* Kritik und Mahnung nach allen Seiten. Den Zeilen über die Schwärmer und ihre Lügen setzte er die Verse voran: »Fürsten prägen so oft, auf kaum versilbertes Kupfer, / Ihr bedeutendes Bild, lange betrügt sich das Volk.« Goethe maß die Schuld am »schrecklichsten aller Ereignisse« keineswegs nur den Revolutionären, geschweige der »Menge« zu. »Die Großen« sollten »Frankreichs traurig Geschick« bedenken, weil ihr eigenes falsches Verhalten den Umsturz provozieren könne. Und wer »den Pöbel« verachtete, weil er durch sein Verhalten nur beweise, daß er hoffnungslos manipulierbar sei, den ließ der Weimarer Minister nachdenken:

> »Sage, tun wir nicht recht? Wir müssen den Pöbel betrügen,
> Sieh wie ungeschickt wild, sieh nur, wie dumm er sich zeigt.«
> Ungeschickt scheint er und dumm, weil ihr ihn eben betrüget,
> Seid nur redlich, und er, glaubt mir, ist menschlich und klug.

In den *Venetianischen Epigrammen* bot Goethe nicht mehr als spitz formulierte Bonmots. In einigen Schauspielen behandelte er in den nächsten Jahren das Thema Revolution aus seiner Sicht, was bedeutete: weiterhin Kritik an vermeintlichen Eiferern und Schwärmern und Appell an die Herrschenden, unablässig für die Untertanen zu sorgen. So könnten, war er überzeugt, auch in der hierarchischen Ordnung der Ständegesellschaft Revolutionen vermieden werden. Denn daß es die Korruptheit des *Ancien régime* war, die den eigenen Untergang heraufbeschworen hatte, stand für ihn fest. Jedenfalls betonte er später mehrfach, daß ihn schon 1785 die Halsbandaffäre schokkierte und er sie als böses Vorzeichen angesehen habe. Unter der Jahreszahl 1789 trug er in seine *Annalen* ein:

Kaum war ich in das weimarische Leben und die dortigen Verhältnisse, bezüglich auf Geschäfte, Studien und literarische Arbeiten, wieder eingerichtet, als sich die Französische Revolution entwickelte und die Aufmerksamkeit aller Welt auf sich zog. Schon im Jahr 1785 hatte die Halsbandgeschichte einen unaussprechlichen Eindruck auf mich gemacht. In dem unsittlichen Stadt-, Hof- und Staatsabgrunde, der sich hier eröffnete, erschienen mir die greulichsten Folgen gespensterhaft, deren Erscheinung ich geraume Zeit nicht los werden konnte; wobei ich mich so seltsam benahm, daß Freunde, unter denen ich mich eben auf dem Lande aufhielt, als die erste Nachricht hievon zu uns gelangte, mir nur spät, als die Revolution längst ausgebrochen war, gestanden, daß ich ihnen damals wie wahnsinnig vorgekommen sei (10, 433).

Ohne Frage ist das eine späte Deutung. Unter den Dokumenten des Jahres 1785 findet sich nichts, was sie bestätigen könnte. Erst nachdem die Revolution ausgebrochen war, bot sich eine so weitreichende Interpretation der Halsbandaffäre an. Allerdings hatte der Skandal seinerzeit großes Aufsehen erregt und die Spalten der Journale gefüllt: Ein Halsschmuck, von Pariser Juwelieren angefertigt, besaß den unerhörten Wert von 1 600 000 Livres. Wer konnte an einem solchen Geschmeide interessiert sein, wer es erwerben? Weder die Königin noch sonst ein Kunde kam in Frage. Doch unter dem Namen Marquise de la Motte schaltete sich eine Betrügerin ein und gaukelte dem Kardinal Rohan vor, er könne die verlorene Gunst der Königin Marie Antoinette wiedergewinnen, wenn er als Mittelsmann das Halsband für sie erwerbe. Eine nächtliche Zusammenkunft des Kardinals mit der Königin zerstreute dessen letzte Bedenken. Aber: das Rendezvous hatte die Marquise zur Täuschung inszeniert; ein junges Mädchen ahmte die Königin nach, und ein Brief Marie Antoinettes war gefälscht. So hinters Licht geführt, auf die Verbesserung seines Ansehens bei Hof erpicht, kaufte der Kardinal den Schmuck im Vertrauen auf die zugesagten Ratenzahlungen der Königin und händigte ihn der Betrügerin aus. Als Rohan vergeblich auf die nächste Rate wartete und Teile des zerbrochenen Geschmeides in England auftauchten, flog alles auf. 1786 enthüllte ein Prozeß, wie raffiniert die Sache eingefädelt war, und kritische Beobachter hatten es leicht, die Vorgänge als symptomatisch für den fragwürdigen Zustand des *Ancien régime* zu deklarieren. Eigentlich waren sie gar nichts Besonderes; ähnliche Korruption kam auch an anderen Höfen vor und hatte es immer gegeben. Für die hellsichtige Prophezeiung eines revolutionären Umsturzes taugten die Verwicklungen und Machenschaften wenig.

Mit den Nachrichten von der Halsbandaffäre scheint Goethe auch Neues über Cagliostro erfahren zu haben, den gewiß bekanntesten, bewundertsten, berüchtigtsten Abenteurer, Betrüger, Hochstapler und Zauberer des 18. Jahrhunderts (um den auch Schillers Romanfragment *Der Geisterseher* von 1787 spielt). Schriftliche und mündliche Berichte machten ihn schon zu seinen Lebzeiten zu einer legendären europäischen Figur, und was der eine nur andeutete, schmückte der andere aus und erfand noch etwas hinzu. An der Halsbandgeschichte war Cagliostro allerdings kaum beteiligt. Wenn Goethe 1785 unter den Berichten aus Paris, die an den Höfen von Gotha und Weimar umliefen – Baron Melchor Grimm lieferte seine *Correspondance littéraire* –, wieder etwas von dem Wundermann hörte, waren es für ihn Variationen über ein bekanntes Thema. Bereits 1781 hatte er in Briefen mit Lavater seine Gedanken über die bestaunte und beargwöhnte Person ausgetauscht. Der Zürcher Theologe hielt verblüffend viel von Cagliostro, rühmte ihn gar als »parazelsischen Sternnarr«, »personifizierte Kraft« (SGS 16, 125, 147). Goethe dagegen war skeptisch. Schon am 22. Juni 1781 verband er unvermittelt die »Künste des Calliostro« mit der Unterminierung der moralischen und politischen Welt, die er meinte erkannt zu haben. (Das war ein Jahr, bevor Kammerpräsident v. Kalb wegen unklarer Geschäftsführung seinen Posten als höchster Finanzberater räumen mußte.)

Was die geheimen Künste des C[alliostro] betrift bin ich sehr mistrauisch gegen alle Geschichten [...]. Ich habe Spuren, um nicht zu sagen Nachrichten, von einer großen Masse Lügen, die im Finstern schleicht, von der du noch keine Ahndung zu haben scheinst. Glaube mir, unsere moralische und politische Welt ist mit unterirdischen Gängen, Kellern und Cloaken miniret, wie eine große Stadt zu seyn pflegt, an deren Zusammenhang, und ihrer Bewohnenden Verhältniße wohl niemand denkt und sinnt; nur wird es dem, der davon einige Kundschaft hat, viel begreiflicher, wenn da einmal der Erdboden einstürzt, dort einmal ein Rauch aus einer Schlucht aufsteigt, und hier wunderbare Stimmen gehört werden. Glaube mir, das Unterirdische geht so natürlich zu als das Überirdische, und wer bei Tage und unter freyem Himmel nicht Geister bannt, ruft sie um Mitternacht in keinem Gewölbe (an Lavater, 22.6.1781).

Als Goethe in Palermo war und hörte, Cagliostro stamme aus dieser Stadt und heiße in Wirklichkeit Giuseppe Balsamo, verfolgte er seine Spuren und versuchte die Familienverhältnisse zu klären, die Cagliostro selbst verschleierte. Einen ausführlichen Bericht darüber lieferte er nicht erst in der späten *Italienischen Reise* (11, 253–264), sondern ließ ihn schon 1792 im ersten Band seiner neuen Gesamtausgabe, der *Neuen Schriften* bei Unger, drucken: *Des Joseph Balsamo, genannt Cagliostro, Stammbaum*. Dieser ›Magier‹ war für Goethe ein Beispiel verderblicher Geheimnistuerei und skrupelloser Verdummung, die zu Aberglauben verführen und schlimme Verwirrungen in den Köpfen der Faszinierten anrichten kann. Zudem schien der angeblich zauberfähige Mann mit Geheimorden in Verbindung zu stehen, die auf undurchsichtige Weise agierten und für Unruhe sorgten. Das ›Jahrhundert der Aufklärung‹ war nicht so aufgeklärt, wie manche wünschten; es hatte seine Nischen, in denen Wunderliches und Abstruses kultiviert wurde, und verborgene Gänge, in denen man abenteuerlich Geheimnisvolles entdeckte, das die Vernunft betörend verwirren konnte.

Während seiner italienischen Reise begann Goethe eine Opera buffa um den Betrüger und die Betrogenen, seine Helfershelfer und Genasführten zu dichten. *Die Mystificirten* sollte sie heißen, aber sie kam – ein gemeinsames Projekt mit dem Komponisten Christoph Kayser – nicht zum Abschluß. In Weimar wurde dann ein »Lustspiel« daraus: *Der Groß-Cophta*, das im September 1791 fertig war. Am 1. Juni hatte Goethe im Brief an Fritz Jacobi seiner Ankündigung der Publikation von Cagliostros Stammbaum hinzugefügt: »Es ist erbärmlich anzusehen, wie die Menschen nach Wundern schnappen um nur in ihrem Unsinn und Albernheit beharren zu dürfen, und um sich gegen die Obermacht des Menschenverstandes und der Vernunft wehren zu können.«

In *einem* Spiel ist im *Groß-Cophta* die Halsbandaffäre zusammen mit den Machenschaften eines »Grafen« (= Cagliostro) auf die Bühne gebracht, der sich anheischig macht, Damen und Herren der Gesellschaft nach phantastischen Riten in die Loge des Groß-Cophta einzuführen. Wie der Domherr, der bei Hof sein Ansehen aufpolieren will, betrogen wird und wie die Gaunereien um den Schmuck inszeniert werden, das wird im Stück vorgeführt und entspricht weitgehend der tatsächlichen Halsbandaffäre. Anders als dort jedoch werden die Pläne der Betrüger zeitig verraten. Die Schweizergarde braucht am Ende nur abzuwarten, um alle, auch den Grafen (der selbst sich als der Groß-Cophta entpuppte), einzukassieren.

Weder ist die Cophta-Cagliostro-Handlung mit der Halsbandgeschichte dicht und zwingend verknüpft, noch vermögen die Sprache des Stücks und die Gestaltung der Figuren den Zuschauer oder Leser wirklich zu fesseln, und ein »Lustspiel« ist das auch nicht, was da vorgeführt und zu einem guten, kläglichen Ende gebracht wird. Leicht also, dieses Drama als mißlungen abzustempeln. Dennoch bleibt einiges bemerkenswert, was eine angemessene Einschätzung der merkwürdigen Dichtung ermöglichen könnte. Immerhin hat Goethe mit diesem Werk 1792 den ersten Band seiner neuen Gesamtausgabe, der *Neuen Schriften*, eröffnet. Er hielt es also für angebracht, drei Jahre nach Ausbruch der Revolution ein Quasi-Dokumentarstück, dessen historische ›Vorbilder‹ jedermann erkennen konnte, an markanter Stelle zu publizieren. Dem Publikum in Territorien, in denen es (noch) nicht zu einer Revolution gekommen war, wurde im Bühnenspiel präsentiert, was sich in einer Gesellschaft zusammenbrauen kann, wenn für sie gilt, was die Marquise des Stücks ausspricht: »Die Menschen lieben die Dämmerung mehr als den hellen Tag, und eben in der Dämmerung erscheinen die Gespenster« (II 4). Um eben dies zu verdeutlichen, hat Goethe die Gestalt des Grafen (Cagliostro) in das Drama einbezogen und den Titel *Der Groß-Cophta* gewählt. Er ist eine solche Gestalt der Dämmerung, ein Gespenst, das sein Unwesen in Zeiten treiben kann, da die Menschen sich der »Obermacht des Menschenverstandes und der Vernunft« (an Jacobi, 1.6.1791) entziehen wollen. Ein Betrugsspiel um das kostbare Halsband allein hätte diese wichtigen Aspekte nicht berührt; es wäre ein Gaunerstück gewesen, nichts sonst.

Die Bezeichnung »Lustspiel« ist nicht so verwunderlich, wie es zunächst scheinen mag. Zwar können die Betrügereien als komödiantisch qualifiziert, auch die einzelnen Gestalten in manchen Zügen der Typenkomödie zugeordnet werden; zwar war es nach Goethes eigenem (späten) Kommentar seine Absicht, dem »Ungeheuern eine heitere Seite abzugewinnen« (10, 357), aber lustig ist das keineswegs, was sich abspielt. Allenfalls das sprichwörtliche Lachen, das im Halse stecken bleibt, kann sich einstellen. Man muß nicht spätere Theorien Schillers und Goethes über die Komödie bemühen, um die spezifische Bedeutung des ›Lustspielhaften‹ im *Groß-Cophta* von 1791 zu erfassen. Allein die Tatsache, daß das ganze Stück hindurch Personen von Stand in fragwürdigen Konstellationen förmlich zur Schau gestellt werden, rückt die Darstellung ins Lustspielhafte. Es war noch nicht lange her, daß den Personen von Stand das hohe Drama, die Tragödie, als ihnen gemäße Gattung vorbehalten war und Gaunereien und Betrügereien, wo es um nichts als Geld ging, beim niederen Personal der Komödie untergebracht wurden. In der anderen Zuordnung, die Goethe hier praktizierte, und in der Demaskierung der Vertreter der Aristokratie steckte erhebliche kritische Aggressivität. Noch der Bericht in der *Campagne in Frankreich* erinnerte daran, wie bei der Aufführung in Weimar der furchtbare und zugleich abgeschmackte Stoff des Schauspiels jedermann geschreckt habe; »und weil geheime Verbindungen sich ungünstig behandelt glaubten, so fühlte sich ein großer respektabler Teil des Publikums entfremdet« (10, 357). Wieder zog, wie in den *Annalen*, der Autor dieses Berichts die Verbindung von der Halsbandaffäre zur Französischen Revolution und maß damit auch seinem Stück die Bedeutung einer Diagnose fragwürdiger Handlungen bei, die geschichtliche Konsequenzen haben könnten. Mit Verdruß, so merkte er aus der Erinnerung an, habe er viele Jahre »die Betrügereien kühner Phantasten und absichtlicher Schwärmer zu verwünschen Gelegenheit gehabt« und sich »über die unbegreifliche Verblendung vorzüglicher Menschen bei solchen frechen Zudringlichkeiten mit Widerwillen verwundert«. Jetzt, mit der Revolution seit 1789, »lagen die direkten und indirekten Folgen solcher Narrheiten als Verbrechen und Halbverbrechen gegen die Majestät vor mir, alle zusammen wirksam genug, um den schönsten Thron der Welt zu erschüttern« (10, 356f.). Indem im *Groß-Cophta* besagtes fragwürdiges Verhalten vorgeführt und dem Gespött preisgegeben wird, das (selbstkritische) Einsicht fördern soll, ist das »Lustspiel« ein Warnstück zur Sicherung der bedrohten alten Ordnung.

Allerdings verfuhr Goethe glimpflich. Denn er beließ die demaskierte Korruption in Randzonen der höfischen Gesellschaft. Der engste Bezirk des Herrschers blieb gegen alle kritischen Nachfragen, die sich hätten ergeben können, wie abgeschirmt. Damit erschien radikaler Umsturz als etwas relativ leicht zu Vermeidendes. Die wirklichen Triebkräfte der Revolution konnten in solcher Darstellung nicht kenntlich werden. Gerechterweise muß aber gegen alle so oder ähnlich argumentierende Kritik am *Groß-Cophta* daran erinnert werden, daß man von einem Schauspiel, das im Herbst 1791, gerade zwei Jahre nach jenem Sommer des Jahres 1789, beendet wurde, nicht erwarten darf, es hätte schon die historischen Dimensionen jener Vorgänge ausmessen können.

Gehört das Geschehen des *Groß-Cophta* allenfalls in das Vorfeld der Französischen Revolution, so beziehen sich andere dramatische Versuche Goethes direkt auf sie. Es sind jene Stücke und Fragmente, die mit einigem Recht ›Revolutionsdramen‹ genannt werden: *Der Bürgergeneral, Die Aufgeregten, Das Mädchen von Oberkirch*. Sie alle dokumentieren Goethes scheiterndes Bemühen, revolutionäres Geschehen angemessen in ein Bühnenspiel umzusetzen. Dichterische Unfähigkeit? Wohl kaum, so ›schwach‹ uns die Stücke auch unter künstlerischen Gesichtspunkten vorkommen. Das Scheitern lag darin begründet, daß der Stückeschreiber offensichtlich nicht ganz die Vielschichtigkeit der geschichtlichen Vorgänge erfaßte. Ihm, dem an der Sicherung (und nötigenfalls Verbesserung) des bewahrenswerten Alten und an der Abwehr alles Umstürzlerischen lag, war nur eine beschränkte Wahrnehmung dessen möglich, was sich in Frankreich ereignete. Welche Bedeutung die Losungen Freiheit, Gleichheit, Brüderlichkeit wirklich beanspruchen konnten, welcher Not und Bedrückung sie ihre Faszination verdankten, vermochte er nicht auszuloten, weil er in anderen Kategorien dachte und persönlich nicht oder nur in zeremoniellen Dingen benachteiligt war. Es wäre absurd anzunehmen, er hätte Freiheit, Gleichheit, Brüderlichkeit prinzipiell verschmäht und etwa das Gegenteil gewünscht. Jedoch sah er die Verwirklichung von Freiheit, was immer ihre Wortführer im einzelnen darunter verstehen mochten, nicht an bestimmte Staats- und Gesellschaftsformen gebunden und dadurch garantiert, sofern nur tyrannischer Despotismus ausgeschlossen war. Nicht politisch-gesellschaftliche Strukturen waren ihm die erste Ursache von Unzulänglichkeiten, sondern die Menschen. Und gerade wegen der Unberechenbarkeit, Unvernünftigkeit, Inkonsequenz der »Menge« hielt er die Sicherung herkömmlicher, gewachsener und vertrauter Ordnungen für nötig. Ihnen entsprachen unterschiedliche Möglichkeiten von Freiheit, die dem einzelnen zustanden, und erst in der Annahme der jeweiligen Freiheitsräume mit ihren Begrenzungen wurde der einzelne frei. Solche Ordnung war überschaubar, während ihre Auflösung, so Goethes Befürchtung, zu hemmungslosen Interessenkämpfen aller gegen alle führen müsse. Nur wenigen wurde zugetraut zu erkennen, was das Wohl der Menschen ausmache und wie es zu fördern sei. Der Fürst war selbstverständlich dazu verpflichtet (und durch unerforschlichen Ratschluß scheinbar dazu prädestiniert), und wer in eine bevorrechtigte Position hineingeboren war oder sie erlangt hatte, stand unter demselben Gebot.

Bei diesen Voraussetzungen sollten Regierungen nicht starr am Bestehenden hängen, sondern das Erforderliche selbst einleiten, wenn Verbesserungen nötig würden. Gleichheit herrschte in so gestufter Ordnung (nur) insofern, als jeder an seinem Ort ›das Rechte‹ ausführen und bewirken sollte, gerade auch der Fürst und die Privilegierten. Nur weil Carl Augusts Herrschaft ein »beständiges Dienen« gewesen sei, habe es ihn nicht verdrossen, einem Fürsten zu dienen, betonte Goethe 1825 im Gespräch mit Eckermann (27.4.1825). Vom früheren Bewußtsein, das einmal die Sätze an Kestner diktiert hatte, war nichts mehr geblieben: »Ich binn von ieher gewohnt nur nach meinem Instinckt zu handlen, und damit könnte keinem Fürsten gedient seyn. Und dann biss ich politische Subordination lernte –« (25.12.1773).

So nahm er in den ›Revolutionsdramen‹ einzelne Vorgänge aufs Korn, die sich als Auswirkungen der Revolution auch diesseits des Rheins zutrugen oder zutragen konnten. Als Abirrungen von der zu wahrenden Norm richtigen Verhaltens gab er sie dem Spott und Gelächter preis. Ende April

1793 schrieb er in wenigen Tagen den Einakter *Der Bürgergeneral*. Es war nicht viel mehr als die aktualisierende Bearbeitung der in Weimar mit Erfolg gespielten französischen Komödie *Die beiden Billetts*. Ihre komische Figur Schnaps war wie geschaffen dafür, um zu einem lächerlichen Revoluzzer umfunktioniert zu werden. Dieser Goethesche Schnaps will Märten, einem braven, durch die Zeitläufe irritierten Bauern, weismachen, er sei von den französischen Jakobinern zum Revolutionsgeneral ernannt worden. Was bei dem Versuch dieses ›Generals‹ herauskommt, Märten für die revolutionäre Sache zu gewinnen, entlarvt den vermeintlichen Freiheitshelden als eine jener fragwürdigen Gestalten, die nur auf den eigenen Vorteil bedacht sind: Als er die revolutionäre Aktion vorspielen will, bedient er sich flugs der Vorräte aus Märtens Schränken, um sein Frühstück zu arrangieren. Aber dann fährt zeitig genug Görge, Märtens Schwiegersohn, dazwischen. Der Lärm lockt den Richter ins Haus, der – wie könnte es anders sein – bei allen Anwesenden konspirative Umtriebe wittert und gehörig strafen möchte. Doch der hinzu-kommende Edelmann bleibt gelassen und verhält sich so weise, wie es der Autor dieser Posse allen Regierenden ans Herz legen möchte: auf Ausgleich bedacht zu sein (bei Wahrung der bestehenden Herrschaftsverhältnisse), politische Gedanken vom Volk fernzuhalten (Deutschland ist schließlich nicht Frankreich) und nicht durch unverhältnismäßige Strafen Unruhe anzu-fachen. Den letzten Auftritt des Stücks füllen Spruchweisheiten aus dem Munde des Edelmanns, bei denen wir Heutigen nur staunen können, daß ihr Autor sie nicht ironisch meinte, sondern tatsächlich als zureichende Antwort im Jahre 1793 betrachtete:

Edelmann:
Wir haben nichts zu befürchten. Kinder, liebt euch, bestellt euren Acker wohl und haltet gut Haus. [...]
Und euch, Alter, soll es zum Lobe gereichen, wenn Ihr Euch auf die hiesige Landsart und auf die Witterung versteht und Euer Säen und Ernten darnach einrich-tet. Fremde Länder laßt für sich sorgen und den politischen Himmel betrachtet allenfalls einmal Sonn- und Festtags.
Märten:
Es wird wohl das Beste sein.
Edelmann:
Bei *sich* fange jeder an, und er wird viel zu tun finden. Er benutze die friedliche Zeit, die uns gegönnt ist; er schaffe sich und den Seinigen einen rechtmäßigen Vorteil – so wird er dem Ganzen Vorteil bringen. [...]
Unzeitige Gebote, unzeitige Strafen bringen erst das Übel hervor. In einem Lande, wo der Fürst sich vor niemand verschließt; wo alle Stände billig gegen einander denken; wo niemand gehindert ist, in seiner Art tätig zu sein; wo nützliche Einsichten

und Kenntnisse allgemein verbreitet sind – da werden keine Parteien entstehen. Was in der Welt geschieht, wird Aufmerksamkeit erregen; aber aufrührerische Gesinnungen ganzer Nationen werden keinen Einfluß haben. Wir werden in der Stille dankbar sein, daß wir einen heitern Himmel über uns sehen, indes unglückliche Gewitter unermeßliche Fluren verhageln (JA 9, 143 f.).

Schnaps steht am Ende als jemand da, der sich in Staatshändel einlassen wollte, die ihn nichts angehen, und lächerlich gemacht hat. Zudem scheint ihn nur die primitive Gier nach dem Besitz der anderen zu treiben. Solchen Egoismus, der nicht an das Wohl des Ganzen denkt, verurteilte Goethe allerdings ebenso bei den Privilegierten. In einem Notizbuch aus der Mitte der neunziger Jahre hielt er in Stichworten folgende Ansicht fest:

Hauptfehler   Wenn ein privilegirtes StaatsGlied, als ein solches, zum eignen Vortheil oder zum Vortheil eines andern privilegirten oder unprivilegirten Staatsgliedes etwas thut oder unterläßt was nicht zugleich zum Vortheile des Staats gereicht.
    Dieser Fehler kann überall begangen werden.
    Wo wird er am wenigsten begangen.
    Consequenz das höchste Gesetz des Staates.
    Der Staat ist nicht sehr gebessert wenn alle zu den Staatsämtern gelangen können denn alle und besonders die unteren begehen gern den höchsten Staatsfehler (WA I 53, 437).

Wenn Goethe im *Bürgergeneral* den Edelmann sich gegen »Parteien« aussprechen ließ, so war das eine Äußerung innerhalb einer Diskussion, die damals vehement geführt wurde. Staatsrechtler, Philosophen, Ökonomen, Regierende und Revoltierende, kurzum alle, die über die Frage nachdachten, wie man und in welcher Staatsform samt ihren Einrichtungen den allgemeinen Willen des Volkes erkennen und zur Geltung bringen könne, waren an der Diskussion um Wert und Unwert von Parteibildungen beteiligt. Hier nur ein kurzer Hinweis. Als sich 1789 der dritte Stand in Frankreich als Nationalversammlung konstituierte, verstand er sich als einheitliche Repräsentanz des Gemeinwohls und allgemeingültiger Ideen. Daß sich bald Gruppierungen mit unterschiedlichen Ansichten und Forderungen bildeten, wurde von den Revolutionären und ihren Sympathisanten selbst beklagt. Der Ausdruck »Fakzion«, der später aufkam, war durchaus negativ gemeint. Eindeutig formulierte die Zeitschrift *Der Genius der Zeit*: »Alle Clubs und Verbrüderungen, welche auf politische Zwecke abzielen, sind schädlich« (Februar 1795). Den konservativen Kritikern der Revolution waren solche Ansichten ebenfalls plausibel. Für sie war der Zerfall in Parteien und ihr beständiger Streit negatives Wesensmerkmal der Demokratie.
    Kern der Dispute über den Sinn von Parteibildungen war die Frage, wie es

möglich sei, das allgemeine Interesse des Staates und der Bürger zu erfassen und ihm gerecht zu werden. Es war (und ist) immer leicht, sich auf den allgemeinen Willen (Rousseaus »volonté générale«) zu berufen, seine Kenntnis zu behaupten und ihm zur Durchsetzung verhelfen zu wollen. Aber wie wird er erkannt? Kann er erkannt werden? Die Summierung der Einzelwillen aller Personen (der »volonté des tous«) führt offensichtlich nicht zum Ziel, weil sich dabei nur die Vielfalt widerstreitender Meinungen und Interessen zeigt. Und daß sich die Richtigkeit einer Entscheidung im Namen des Gemeinwohls aus rein zahlenmäßiger Mehrheit ergebe, war den meisten damals ein befremdlicher Gedanke. Aus Besorgnis über die Zersplitterung in Parteien und die damit verbundenen Interessenkämpfe war man deshalb bereit, den Monarchen als Garanten des auf jeden Fall zu wahrenden und zu sichernden einheitlichen Staatsinteresses anzuerkennen.

Im Weimarer *Journal des Luxus und der Moden* erschien im Februar 1792 ein Artikel unter dem ironischen Titel *Neuestes Revolutions-Mode-Wörterbuch*. Dort wurde im Abschnitt »Staat« erläutert:

Ich verstehe unter *Staat* die öffentliche Sache, seitdem *Republik* in einem andern Wortsinne angenommen worden ist. Der Staat ist der allgemeine Gegenstand einer ganzen Nation. Das Interesse des Staats ist das allgemeine Interesse. [...] Eine Regierungsform, wo der Souverän aus Gliedern besteht, die, als solche, ein vorübergehendes Ansehn zu ihrem Privat-Interesse nutzen wollen, ist fehlerhaft: denn es ist kein Zweifel, daß, im Ganzen genommen, die Menschen nicht sehr geneigt sein sollten, *zu wollen was sie können*, und folglich ihr Ansehn mißbrauchen. Die Nation ist dieser Gefahr bei Monarchien von seiten der Minister des Souveräns ausgesetzt, und in Republiken droht diese Gefahr der Nation von seiten der Glieder des Souveräns selbst. Allein es ist leichter, ihr in einer Monarchie als in einer Republik vorzubauen und zu steuern. [...] Weil der Souverän in einer Monarchie ungeteilt, in einer Republik hingegen komponiert ist, so wird im letzten Falle das Interesse des Souveräns beständig durch den Kampf der Privatinteressen seiner Glieder geschwächt, die als Individuen oft viele dem Interesse des Staats ganz entgegengesetzte Interessen haben, was in einer Monarchie nicht stattfindet.

Goethe wird der hier publizierten Anschauung zugestimmt haben. Die Wendung des Edelmanns gegen die »Parteien« und die Stichworte im Notizheft fügen sich ihr bruchlos ein.

Ein weiteres ›Revolutionsdrama‹ aus dem Jahre 1793 blieb zwar Fragment, ist aber in einer Reihe von Szenen ausgeführt. Als Goethe *Die Aufgeregten* (5, 168 ff.) später in seine Gesamtausgabe aufnahm, ergänzte er das einstige Lustspiel durch Inhaltsangaben der fehlenden Szenen und gab dem Stück sogar die – bei ihm einmalige – Bezeichnung »Ein politisches Drama«. Wieder tritt ein Freiheitsschwärmer auf, großspurig, geschwätzig, ein Nachfolger der bramarbasierenden Gestalten der Barockkomödie: der Chirurgus Breme von Bremenfeld (»Ich will nicht Breme heißen, nicht den Namen Bremenfeld verdienen, wenn in kurzem nicht alles anders werden soll«, I 4); wieder sind gefährliche Gedanken von Frankreich nach Deutschland übergesprungen; wieder trifft der Spott die Menschen, die hier meinen nachahmen zu müssen, was jenseits des Rheins geschah (»Denn wenn's gut aderlassen ist, gut purgieren, gut schröpfen, das steht im Kalender, und darnach weiß ich mich zu richten; aber wenn's just gut rebellern sei? das, glaub' ich, ist viel schwerer zu sagen«, I 7); wieder kann jemand die Ansicht kolportieren, die mit der Rebellion Liebäugelnden pflegten nur ihre egoistischen Wünsche (»So viele nehmen sich der Sache der Freiheit, der allgemeinen Gleichheit an, nur um für sich eine Ausnahme zu machen, nur um zu wirken, es sei auf welche Art es wolle«, II 4). Aber in den *Aufgeregten* wird die Gegenseite doch nicht nur im Zerrspiegel sichtbar. Da darf der Magister zur Gräfin sagen, die aus Paris zurückgekehrt ist:

Wie oftmals hab' ich Sie um das Glück beneidet gegenwärtig zu sein, als die größten Handlungen geschahen, die je die Welt gesehen hat, Zeuge zu sein des seligen Taumels der eine große Nation in dem Augenblick ergriff, als sie sich zum erstenmal frei und von den Ketten entbunden fühlte, die sie so lange getragen hatte, daß diese schwere fremde Last gleichsam ein Glied ihres elenden, kranken Körpers geworden (II 3).

Die dürftige Handlung dreht sich um Übernahme oder Ablehnung von Frondiensten und anderen Leistungen, die die feudale Herrschaft fordert, die Bauern aber verweigern. Um sie wird schon lange und vergeblich prozessiert, weil es einen Vergleich von früher gibt, auf den sich die Untertanen berufen. Jetzt reizt Breme, auf das französische Vorbild verweisend, zum offenen Aufruhr. Aber alles regelt sich gütlich; das Stück »schließt zu allgemeiner Zufriedenheit« (5, 214). Die Leute sind umsonst aufgeregt worden. Denn – wie es nach Goethes Meinung sein sollte – die Herrschaft beweist sich liberal und übt ihre Macht menschlich aus (ohne daß sie grundsätzlich in Frage gestellt würde), und die Untertanen sind loyal und tun ihre Pflicht (ohne daß sie an Rechten etwas dazugewonnen hätten). Der Schweizer Schriftsteller und Literaturwissenschaftler Adolf Muschg hat in seiner Bearbeitung und Komplettierung der *Aufgeregten von Goethe* (1970) Revision eingelegt und das Fadenscheinige solcher politischen Versöhnung scharf glossiert. In Goethes Stück hat die Gräfin dazugelernt, als sie in Frankreich war:

Ich habe es sonst leichter genommen, wenn man Unrecht hatte und im Besitz war: je nun, dacht' ich, es geht ja wohl so hin, und wer hat ist am besten dran. Seitdem ich aber bemerkt habe, wie sich Unbilligkeit von Geschlecht zu Geschlecht so leicht aufhäuft, wie großmütige Handlungen meistenteils nur persönlich sind und der Eigennutz allein gleichsam erblich wird; seitdem ich mit Augen gesehen habe, daß die menschliche Natur auf einen unglaublichen Grad gedrückt und erniedrigt, aber nicht unterdrückt und vernichtet werden kann: so habe ich mir fest vorgenommen jede einzelne Handlung, die mir unbillig scheint, selbst streng zu vermeiden, und unter den Meinigen, in Gesellschaft, bei Hofe, in der Stadt, über solche Handlungen meine Meinung laut zu sagen. Zu keiner Ungerechtigkeit will ich mehr schweigen, keine Kleinheit unter einem großen Scheine ertragen und wenn ich auch unter dem verhaßten Namen einer Demokratin verschrien werden sollte (III 1).

Wie Goethe die »Freiheitsapostel« der Kritik und dem Spott ausliefert, so appellieren diese Sätze der Gräfin an die Regierenden, sich so zu verhalten, daß die Untertanen zur Revolution keinen Grund haben. Der Gesinnung der Gräfin mag der bürgerliche Hofrat nicht nachstehen. Wie *sie* Verständnis für die Menschen unter ihr praktizieren will, so liegt *ihm* die Anerkennung des »höheren Standes im Staate« am Herzen:

Ein jeder kann nur seinen eignen Stand beurteilen und tadeln. Aller Tadel heraufwärts oder hinabwärts ist mit Nebenbegriffen und Kleinheiten vermischt, man kann nur durch seinesgleichen gerichtet werden. Aber eben deswegen weil ich ein Bürger bin der es zu bleiben denkt, der das große Gewicht des höheren Standes im Staate anerkennt und zu schätzen Ursache hat, bin ich auch unversöhnlich gegen die kleinlichen neidischen Neckereien, gegen den blinden Haß, der nur aus eigner Selbstigkeit erzeugt wird, prätentios Prätentionen bekämpft, sich über Formalitäten formalisiert, und ohne selbst Realität zu haben, da nur Schein sieht, wo er Glück und Folge sehen könnte. Wahrlich! Wenn alle Vorzüge gelten sollen, Gesundheit, Schönheit, Jugend, Reichtum, Verstand, Talente, Klima, warum soll der Vorzug nicht auch irgendeine Art von Gültigkeit haben, daß ich von einer Reihe tapferer, bekannter, ehrenvoller Väter entsprungen bin! Das will ich sagen da wo ich eine Stimme habe, und wenn man mir auch den verhaßten Namen eines Aristokraten zueignete.

Die Parallelität der Bekenntnisse der Gräfin und des Hofrats, insbesondere des Schlusses, macht deutlich, daß Goethe ein Drittes sucht: nicht die Herrschaft von Adligen oder Bürgern, sondern die Zusammenarbeit zwischen ihnen. Solche Kooperation im Zeichen einer Reform von oben schwebte Goethe als politisch-gesellschaftliches Ideal vor. Gegenseitiger Respekt der Angehörigen verschiedener Stände war dabei vorausgesetzt.

Von dem »Trauerspiel in fünf Aufzügen« *Das Mädchen von Oberkirch* brachte Goethe 1795/1796 nur zwei Szenen zustande, und dabei ist es geblieben. Dieses Drama sollte im Gebiet der Revolution selbst spielen, in Straßburg, wo ein Baron seiner gräflichen Tante eröffnet, er wolle aus Liebe, aber auch aus politischer Klugheit ein Mädchen niederen Standes heiraten. Ob das sinnvoll sei und wie sich Adlige in diesen Zeiten zu betragen hätten, ist das Thema der Diskussion, die mitten im zweiten Auftritt abbricht. Ein kleines Schema der geplanten fünf Akte läßt ahnen, daß ein Trauerspiel konzipiert war, in dem Marie, das Mädchen von Oberkirch, in das Revolutionsgeschehen hineingezogen wird, den Zumutungen der Machthaber nicht entspricht und zugrunde geht. Doch ist über Vermutungen, wie das Drama gestaltet werden sollte, nicht hinauszukommen, trotz allen Scharfsinns der Philologen (JA 15, 362). Kein Zweifel aber, daß auch in diesem Stück über die »Massen« und über »die fürchterlichen Jacobiner«, die »nach dem Blute eines jeden« dürsten (JA 15, 128), Gericht gehalten werden sollte.

Der Glaube an den dritten Weg

Mit den ›Revolutionsdramen‹ war Goethes Auseinandersetzung mit der Französischen Revolution selbstverständlich nicht beendet. Sie beschäftigte ihn lebenslang. Seine Novellensammlung *Unterhaltungen deutscher Ausgewanderten* (1795) und sein Versepos *Hermann und Dorothea* (1797) gingen noch einmal direkt auf die Zeitereignisse ein. Auch dem Drama *Die natürliche Tochter* (1803) bleibt, wie immer man es interpretieren mag, der Hintergrund der Revolution eingezeichnet. Insgesamt sind die Spuren fast unübersehbar, die das welthistorische Geschehen in Goethes Dichten und Denken seit den neunziger Jahren hinterlassen hat; denn das »schrecklichste aller Ereignisse in seinen Ursachen und Folgen dichterisch zu gewältigen« mußte bedeuten, produktiv, mit eigenen Konzeptionen, poetischen Vorausnahmen und Deutungen von Individuum und Gesellschaft, auf die Herausforderung zu antworten.

Im Alter, aus dem Abstand von Jahrzehnten, äußerte sich Goethe wiederholt zur Französischen Revolution und zur Revolution überhaupt und wurde dabei grundsätzlich. In der *Campagne in Frankreich* (1822 erschienen) erinnerte er sich, daß in den ersten Jahren nach 1789 zu seiner Überraschung, »ein gewisser Freiheitssinn, ein Streben nach Demokratie sich in die hohen Stände verbreitet hatte; man schien nicht zu fühlen, was alles erst zu verlieren sei, um zu irgend einer Art zweideutigen Gewinnes zu gelangen. [...] So seltsam schwankte schon die Gesinnung der Deutschen« (10, 317). Wenn auch dieser autobiographische Bericht über die Teilnahme am gescheiterten Frankreichfeldzug von 1792 »das Unheil der französischen Staatsumwälzung« (10, 309) wie gehabt verdammte, so sparte er doch nicht mit kritischen Bemerkungen über die Emigranten, die Frankreich verließen und in deutsches Gebiet drängten. Bei ihnen, so wurde ihm berichtet, würden »noch immer dieselbe Rangsucht und Unbescheidenheit gefunden« (10, 320).

Eckermann überliefert in seinen *Gesprächen* einige prinzipielle Stellungnahmen, zu denen sich der Greis, von manchen als Fürstendiener verachtet, herausgefordert fühlte. Im Gespräch vom 4. Januar 1824 bezog er sich ausdrücklich auf *Die Aufgeregten* und meinte, man könne dieses Stück gewissermaßen als sein »politisches Glaubensbekenntnis jener Zeit ansehen«. Die Gräfin habe sich in Frankreich überzeugt, daß das Volk wohl zu drücken, aber nicht zu unterdrücken sei und »daß die revolutionären Aufstände der unteren Klassen eine Folge der Ungerechtigkeiten der Großen sind«. Dann zitierte er jene schon bekannten Sätze der Gräfin.

»Ich dächte«, fuhr Goethe fort, »diese Gesinnung wäre durchaus respektabel. Sie war damals die meinige und ist es noch jetzt. [...]
Es ist wahr, ich konnte kein Freund der Französischen Revolution sein, denn ihre Greuel standen mir zu nahe und empörten mich täglich und stündlich, während ihre wohltätigen Folgen damals noch nicht zu ersehen waren. Auch konnte ich nicht gleichgültig dabei sein, daß man in Deutschland *künstlicherweise* ähnliche Szenen herbeizuführen trachtete, die in Frankreich Folge einer großen Notwendigkeit waren.
Ebensowenig aber war ich ein Freund herrischer Willkür. Auch war ich vollkommen überzeugt, daß irgendeine große Revolution nie Schuld des Volkes ist, sondern der Regierung. Revolutionen sind ganz unmöglich, sobald die Regierungen fortwährend gerecht und fortwährend wach sind, so daß sie ihnen durch zeitgemäße Verbesserungen entgegenkommen und sich nicht so lange sträuben, bis das Notwendige von unten her erzwungen wird.«

Es ist schwer abzuschätzen, worin für Goethe die »wohltätigen Folgen« der Revolution lagen. Vielleicht sah er sie in der Beseitigung korrupter, willkürlicher Herrschaft; vielleicht im Inkrafttreten des neuen Gesetzbuchs, des »Code Civil« (Code Napoléon), das die persönliche Freiheit und die Gleichheit vor dem Gesetz garantierte; vielleicht auch in der Erstarkung der wirtschaftlichen Macht des besitzenden Bürgertums und in der Vergrößerung seiner Entfaltungsmöglichkeiten? Als historisches Faktum hatte Goethe die Französische Revolution jedenfalls längst anerkannt. Wer die Schuld an ihrem Ausbruch trug, war für ihn ebenfalls eindeutig: Die Regierung war nicht gerecht verfahren und hatte die »zeitgemäßen Verbesserungen« versäumt. Wer so klar den Regierenden die Schuld zumaß, antwortete freilich noch nicht auf die entscheidende Frage, ob Regierungsform und Gesellschaftsordnung selbst denn »gerecht« und annehmbar gewesen seien. Im gleichen Gespräch mit Eckermann scheint sich anzudeuten, daß für Goethe sogar die grundsätzliche Änderung eines politisch-gesellschaftlichen Systems denkmöglich und akzeptabel war, wenn sie nur nicht auf gewaltsam-revolutionäre Weise erfolgte. (Wer sie durchführen könnte, blieb allerdings ungesagt.) Er verwahrte sich ausdrücklich dagegen, als »Freund des Bestehenden« tituliert zu werden. Wenn alles Bestehende vortrefflich, gut und gerecht wäre, hätte er gar nichts dagegen. »Da aber neben vielem Guten zugleich viel Schlechtes, Ungerechtes und Unvollkommenes besteht, so heißt ein Freund des Bestehenden oft nicht viel weniger als ein Freund des Veralteten und Schlechten.« Die Zeit aber sei in ewigem Fortschritt begriffen, »und die menschlichen Dinge haben alle funfzig Jahre eine andere Gestalt, so daß eine Einrichtung, die im Jahre 1800 eine Vollkommenheit war, schon im Jahre 1850 vielleicht ein Gebrechen ist«.

Daß Goethe die Revolution stets ablehnte, beruhte auf seinem Abscheu vor revolutionärer Gewalt und ihren unkalkulierbaren Auswirkungen. Wiederum Eckermann zufolge hat er geäußert:

Freilich bin ich kein Freund des revolutionären Pöbels, der auf Raub, Mord und Brand ausgeht und hinter dem falschen Schilde des öffentlichen Wohles nur die gemeinsten egoistischen Zwecke im Auge hat. Ich bin kein Freund solcher Leute, ebensowenig als ich ein Freund eines Ludwigs des Funfzehnten bin. Ich hasse jeden gewaltsamen Umsturz, weil dabei ebensoviel Gutes vernichtet als gewonnen wird. Ich hasse die, welche ihn ausführen, wie die, welche dazu Ursache geben. Aber bin ich darum kein Freund des Volkes? Denkt denn jeder rechtlich gesinnte Mann etwa anders? (E 27.4.1825)

Erneut verurteilte Goethe nicht nur die gewaltsam Revoltierenden, sondern ebensosehr diejenigen, die selbst durch ihr unkluges, ungerechtes Verhalten die Revolution heraufbeschwören. Immer wieder zeichnet sich bei Goethe das Modell einer gesellschaftlichen Harmonie ab, in der ruhige Entwicklung, »zeitgemäße Verbesserungen« möglich bleiben. Allerdings ist wiederum die fundamentale Überlegung ausgespart, ob denn die, die zum gewaltsamen Umsturz »Ursache geben«, ihre Herrschafts- und Regierungsbefugnis legitimerweise beanspruchen dürfen. Mögen Regierende, was Goethe so nachdrücklich forderte, streng *legal* und aufs Wohl des Ganzen bedacht handeln und damit dem (wie auch immer zustandegekommenen) jeweils geltenden Recht entsprechen, so ist damit nicht entschieden, ob das geschriebene Recht und die gültige Machtstruktur *legitim* sind, sich also rechtfertigen können gegenüber Ansprüchen, die sich aus inzwischen bewußt gewordenen Menschenrechten herleiten (über deren Reichweite wiederum ständig diskutiert wird, da sie durch Letztbegründungen nicht abzusichern sind). Goethe scheint dieses Problem, das nur bedingungslose Befürworter des positiven Rechts als verwirrende Spitzfindigkeit abtun können, kaum belastet zu haben. Ihm genügte es, daß sein Herzog kein Tyrann und zum Dienen für das Herzogtum bereit war. Ob es (noch) legitim sein könne, daß ein einzelner, zufällig als Fürst geborener Mensch das letzte Wort habe und niemandem Rechenschaft schuldig sei, diese Frage stürzte den einstigen Dichter der *Prometheus*-Hymne offensichtlich nicht (mehr) in Zweifel und Verzweiflung. Möglicherweise hat ihn gerade die Französische Revolution mit ihren Phasen von Gewalt- und Schreckensherrschaft in seinem Festhalten an überkommenen Ordnungen bestärkt. So verteidigte er sich in jenem Gespräch mit Eckermann am 27. April 1825 gegen den Vorwurf, ein Fürstenknecht zu sein, mit Argumenten, die die Frage nach der Legitimität des Fürstentums an sich ausklammerten:

»Diene ich denn etwa einem Tyrannen? einem Despoten? Diene ich denn etwa einem solchen, der auf Kosten des Volkes nur seinen eigenen Lüsten lebt? Solche Fürsten und solche Zeiten liegen gottlob längst hinter uns. [...] Für sich persönlich, was hatte er [der Großherzog] denn von seinem Fürstenstande als Last und Mühe! Ist seine Wohnung, seine Kleidung und seine Tafel etwa besser bestellt als die eines wohlhabenden Privatmannes? [...] Dieses sein Herrschen, was war es weiter als ein beständiges Dienen? Was war es als ein Dienen in Erreichung großer Zwecke, ein Dienen zum Wohl seines Volkes! Soll ich denn also mit Gewalt ein Fürstenknecht sein, so ist es wenigstens mein Trost, daß ich doch nur der Knecht eines solchen bin, der selber ein Knecht des allgemeinen Besten ist.«

Künstler, Forscher, Kriegsbeobachter.
Frühe neunziger Jahre

Zum zweiten Mal in Italien

Goethe war noch keine zwei Jahre wieder in Weimar, als er erneut nach Italien aufbrach. Er hatte sich bereit erklärt, Herzoginmutter Anna Amalia im Süden abzuholen und sie auf der Rückfahrt durch Oberitalien zu begleiten. So machte er sich mit seinem Diener Paul Götze am 13. März 1790 auf den Weg und kam am letzten Märztag in Venedig an. Dort wartete er auf die Fürstin, und daraus wurden Wochen. Erst am 6. Mai traf sie ein, zusammen mit Kunstkenner Heinrich Meyer und Maler Fritz Bury. Für Goethe italienische Wochen der Zufriedenheit, sollte man meinen, Zeit für die erneute Besichtigung der Stadt, die Beobachtung des alltäglichen Lebens ihrer Bewohner, die Nachprüfung der Eindrücke, die er im Herbst 1786 hier gewonnen hatte. Aber merkwürdig: es wurden keine Ferienwochen des Glücks unter südlichem Himmel. Zwar passierte nichts, was ihn verdrießen mußte, und es hatte sich in den verflossenen drei Jahren in der Stadt am Lido auch nichts verändert. Aber jetzt, beim zweiten Mal, sah er vieles mit anderen Augen. ›Italienische Stimmung‹, von der er seinerzeit in den Briefen geschwärmt hatte, wollte nicht aufkommen. Vielleicht war es voreilig gewesen, sich als Reisebegleiter zu empfehlen, wo er Christiane und den im Dezember letzten Jahres geborenen August zurücklassen mußte. »Ich gehe diesmal ungern von Hause«, schrieb er schon am Tag vor der Abreise (an Herder, 12. 3. 1790). Und hätte er die unvorhergesehen lange Wartezeit nicht besser für seine naturwissenschaftlichen Studien gebrauchen können, die er in Weimar intensiv getrieben hatte?

Übrigens muß ich im Vertrauen gestehen, daß meiner Liebe für Italien durch diese Reise ein tödtlicher Stos versetzt wird. Nicht daß mirs in irgend einem Sinne übel gegangen wäre, wie wollt es auch? aber die erste Blüte der Neigung und Neugierde ist abgefallen und ich bin doch auf oder ab ein wenig Schmelfungischer geworden.

[Smelfungus: ständig kritisierender Reisender in Sternes *Sentimental journey*.] Dazu kommt meine Neigung zu dem zurückgelaßnen Erotio und zu dem kleinen Geschöpf in den Windeln, die ich Ihnen beyde, wie alles das meinige, bestens empfehle (an Carl August, 3.4.1790).

Diese Meinung änderte sich bis zur Rückkehr nicht. »Ich bin ganz aus dem Kreise des italienischen Lebens gerückt«, hieß es noch am 28. Mai aus Mantua (an Herders). Deutlicher als früher fiel dem Beobachtenden die miserable Lage des Volkes auf. »Not lehrt beten, sagt man; wer beten will lernen, der gehe / Nach Italien: Not findet der Fremde gewiß« (FGA I 1, 447).

> Noch ist Italien, wie ichs verließ, noch stäuben die Wege,
>   Noch ist der Fremde geprellt, stell er sich wie er auch will;
> Deutsche Rechtlichkeit suchst du in allen Winkeln vergebens,
>   Leben und Weben ist hier, aber nicht Ordnung und Zucht;
> Jeder sorgt nur für sich, ist eitel, mißtrauet dem andern,
>   Und die Meister des Staats sorgen nur wieder für sich.
> Schön ist das Land, doch ach! Faustinen find ich nicht wieder,
>   Das ist Italien nicht mehr, das ich mit Schmerzen verließ
>
> (FGA I 1, 444).

»Leben und Weben«, vor wenigen Jahren genossen und gelobt, verfielen jetzt, im Jahr nach dem Sturm auf die Bastille in Paris, der Kritik. Ihre Leitworte behagen *uns* nicht mehr: Auf »deutsche Rechtlichkeit«, auf »Ordnung und Zucht« können wir uns nach allem, wofür auch solche Begriffe herhalten mußten, so einfach keinen Vers mehr machen, schon gar nicht zur Disqualifizierung anderer Völker und Lebensweisen.

Das eben zitierte Gedicht ist eines jener *Epigramme*, die Goethe in den italienischen Wochen von 1790 in beachtlicher Zahl schrieb. Am 9. Juli bereits meldete er Knebel: »Mein Libellus Epigrammatum [Büchlein der Epigramme] ist zusammengeschrieben, du sollst ihn dereinst sehen, aus der Hand kann ich ihn noch nicht geben.« Zu Hause kamen weitere Gedichte dieser Art hinzu. Nachdem 1791 eine kleine Auswahl in der *Deutschen Monatsschrift* publiziert worden war, erschienen 103 Epigramme im Dezember 1795 in Schillers *Musenalmanach für das Jahr 1796*, von denen etliche später für den Druck in der Werkausgabe der *Neuen Schriften* (7. Band, 1800) überarbeitet wurden. Wieder, wie bei den *Erotica Romana*, konnte nicht alles, was zu Papier gebracht war, der Öffentlichkeit zugemutet werden. Zu anzüglich, zu dreist, zu freimütig waren manche Verse geraten. Im antiken Maß der Distichen (wie die *Römischen Elegien*) boten die Epigramme, mal spruchhaft kurz, mal zum betrachtenden Gedicht aufgeweitet, pointierte Beobachtungen, aggressive Kritik, delikate erotische An-

spielungen und Direktheiten, aber auch liebevolle Nachzeichnungen der
faszinierenden kleinen Welt einer venezianischen Gauklerin.

Frech wohl bin ich geworden, es ist kein Wunder. Ihr Götter
Wißt, und wißt nicht allein, daß ich auch fromm bin und treu (FGA I 1, 458).

Beim römischen Dichter Martial, dem Vorbild europäischer Epigrammdich-
tung, war ähnliches zu finden: eine bunte Mischung von Themen und die
geschliffene Schärfe der Aussagen. Der Autor der *Venetianischen Epigramme* erlaubte sich, ohne Scheu und sehr prägnant über das zu sprechen,
was er sah, was ihn beschäftigte und was ihn betroffen machte, seine Kritik
hervorrief oder seine Zuneigung weckte. Blickte er auf seine eigene Existenz,
äußerten sich Zurückhaltung und Selbstsicherheit zugleich. Dem Epigramm,
das ein frühes Zeugnis der Sprachskepsis eines Dichters ist (wie auch jenes
»Vieles hab ich versucht«), ließ er ein anderes folgen, in dem er seine Neigung
zur Naturforschung energisch verteidigte, – und einen polemischen Spruch
gegen Newton schloß er direkt an.

Was mit mir das Schicksal gewollt? es wäre verwegen,
   Das zu fragen, denn meist will es mit vielen nicht viel.
Einen Dichter meint es zu bilden; es wär ihm gelungen,
   Hätte die Sprache sich nicht unüberwindlich gezeigt.

»Mit Botanik gibst du dich ab? Mit Optik? Was tust du?
   Ist es nicht schönrer Gewinn, rühren ein zärtliches Herz?«
Ach! die zärtlichen Herzen! ein Pfuscher vermag sie zu rühren,
   Sei es mein einziges Glück dich zu berühren, Natur! (FGA I 1, 459)

1790: da hatte Goethe seine künftige amtliche Stellung im Einvernehmen mit
seinem Herzog geklärt, von hochgesteckten Zielen politisch-administrativen
Wirkens freilich, nach den zwiespältigen Erfahrungen des ersten Weimarer
Jahrzehnts, Abschied genommen. Was blieb, war die ungehinderte Tätigkeit
in Kunst und Wissenschaft, verbunden mit der Übernahme öffentlicher
Aufgaben in diesen besonderen Bereichen. Und als Mitglied des Conseils
verfügte er weiterhin über eine sichere, repräsentative Stellung. Er konnte
Einfluß nehmen, wenn er wollte, und wurde nach wie vor um Rat gefragt,
wenn der Herzog und seine Räte ihn nicht missen mochten. Nach der Krise
von 1786, aus der er nach Italien geflüchtet war, hatte er seinen Aufgaben-
kreis gefunden und als geeigneten akzeptiert, sich dorthin aus Enttäuschungen und Resignation gerettet, da ein Leben als freier Schriftsteller keine
Alternative für ihn war. Auf solche Weise abgesichert, nahm er sich, als wolle
er sein Selbstbewußtsein demonstrieren, in den *Epigrammen* die Freiheit,
über manches, was ihm zuwider war, sein bissiges Urteil zu fällen. In der

Vielfalt ihrer Themen fehlten aber auch nicht Äußerungen des Danks für das, was er in seinem Leben bisher erreicht, die »Götter« ihm schon gegeben hatten (Nr. 34). Obwohl stets Vorsicht geboten ist, poetische Aussagen direkt auf die Vita des Dichters zu beziehen, ist in den venetianischen Distichen der Zusammenhang mit Goethes Leben, Tun und Denken so deutlich und so leicht nachzuprüfen, daß Bedenken unangebracht sind.

Die Attacken auf Schwärmer und Freiheitsapostel sind schon erwähnt worden. Auch die Kirche und ihre Glaubenssymbole verfielen dem Spott.

> Vieles kann ich ertragen! die meisten beschwerlichen Dinge
> Duld ich mit ruhigem Mut, wie es ein Gott mir gebeut;
> Wenige sind mir jedoch wie Gift und Schlange zuwider,
> Viere, Rauch des Tobaks, Wanzen und Knoblauch und †.

Unter den nicht veröffentlichten Versen blieb:

> Offen steht das Grab! Welch herrlich Wunder! Der Herr ist
> Auferstanden! – Wer's glaubt! Schelmen, ihr trugt ihn ja weg (FGA I 1, 467).

Aber nicht nur Kritik, Spott und Hohn teilte der Epigrammatiker aus. Momentaufnahmen des Gesehenen, Reflexionen über Kunst und Dichtung, Gedanken an die ferne Geliebte fügte er in das vorgegebene Maß der Verse, und die zwölf Epigramme Nr. 36–47 (FGA I 1, 451 ff.) bildeten eine eigene kleine Gedichtsammlung, die der zierlichen, kindlichen Gauklerin Bettine, einer zweiten Mignon, gewidmet war (von den delikaten unterdrückten Versen zu schweigen). Sie gehörte zu einer jener Artistengruppen, die auf Straßen und Plätzen Venedigs ihre Kunststücke feilboten, und faszinierte den die Stadt durchstreifenden müßigen Beobachter mit ihrer Behendigkeit, schuldlosen Raffinesse und versteckten Erotik. Dem fingierten Einwand, er solle gewichtigere Themen behandeln, hielt er am Schluß dieser Gedichtfolge entgegen: »Unterdessen sing ich Bettinen, denn Gaukler und Dichter / Sind gar nahe verwandt, ziehen sich überall an.«

Zwei bemerkenswerte längere Gedichte rückte Goethe seit 1800 in den *Venetianischen Epigrammen* zusammen: ein Wunsch- und Dankgedicht und eine Huldigung seines Herzogs. Unzählige Male haben die Dichter den »Göttern« in Versen ihre Wünsche und Hoffnungen vorgetragen. So auch hier; aber was der Bittende begehrt, ist zunächst nichts als elementare Lebensausstattung, »fünf natürliche Dinge«: eine »freundliche Wohnung, dann leidlich zu essen, zu trinken«, ordentliche Kleidung, Freunde, »ein Liebchen des Nachts, das ihn von Herzen begehrt«. Dann reiht sich an, was dieser Dichter für seine spezielle Lebensverwirklichung erbittet: Kenntnis alter und neuer Sprachen, »reines Gefühl« für die Kunst, Ansehen im Volk

und Einfluß bei den Mächtigen. Goethe konnte mit dem Dank schließen:
»Ihr gönntet das Meiste mir schon.«

Wem er vor allem zu danken hatte, bekannte er im folgenden Epigramm,
das den Herzog von Weimar rühmte, seinen Gönner und Freund. Er hatte es
schon 1789 geschrieben, als »Lobgedicht« ausdrücklich annonciert (an Carl
August, 10.5.1789). Huldigungspoeme auf Herrscher gibt es in der Literatur seit alten Zeiten zuhauf, und nicht wenige verherrlichen in rhetorisch
ausgeklügeltem Wortgepränge, was der Verherrlichung gewiß nicht wert
war. Schönredende Lobdichtung wurde von denen, die die Macht besaßen
und ihre Dichter unterhielten, als pflichtgemäße Dienstleistung erwartet.
Goethe war sich dessen bewußt; eigens ging er im Gedicht auf den möglichen
Einwand ein, auch die Äußerungen seiner Verehrung könnten durch Bestechung erkauft sein und den tatsächlichen Verhältnissen widersprechen. Um
so eindringlicher versicherte er damit seine Ehrlichkeit von Lob und Dank.
So berühmt der Dichter des *Werther* auch sei (immerhin lagen inzwischen
viele Übersetzungen des frühen Werks vor), es habe ihm nichts eingebracht.
Der Herzog von Weimar aber, kein Kaiser und kein König, sei ihm »August
und Mäzen« gewesen, also das, was der römische Kaiser Augustus und
Maecenas, der Förderer der Dichtung, einst für Vergil und Horaz gewesen
waren. Martial hatte gehofft (VIII 55,5): »Gebt uns Maecenaten, dann wird
es auch Vergile geben.«

> Klein ist unter den Fürsten Germaniens freilich der meine;
> Kurz und schmal ist sein Land, mäßig nur, was er vermag.
> Aber so wende nach innen, so wende nach außen die Kräfte
> Jeder; da wär's ein Fest, Deutscher mit Deutschen zu sein.
> Doch was priesest du Ihn, den Taten und Werke verkünden?
> Und bestochen erschien deine Verehrung vielleicht;
> Denn mir hat er gegeben, was Große selten gewähren,
> Neigung, Muße, Vertraun, Felder und Garten und Haus.
> Niemand brauch' ich zu danken als Ihm, und Manches bedurft' ich,
> Der ich mich auf den Erwerb schlecht, als ein Dichter, verstand.
> Hat mich Europa gelobt, was hat mir Europa gegeben?
> Nichts! Ich habe, wie schwer! meine Gedichte bezahlt.
> Deutschland ahmte mich nach, und Frankreich mochte mich lesen.
> England! freundlich empfingst du den zerrütteten Gast.
> Doch was fördert es mich, daß auch sogar der Chinese
> Malet, mit ängstlicher Hand, Werthern und Lotten auf Glas?
> Niemals frug ein Kaiser nach mir, es hat sich kein König
> Um mich bekümmert, und Er war mir August und Mäzen (FGA I 2, 216).

Dezent in den Anfangsversen das Lob der politischen Aktivitäten, die Carl August in jenen Jahren bis 1790 für das Zustandekommen des Fürstenbundes entwickelte; ebenso unaufdringlich aber in der Würdigung noch die Erinnerung an die Pflichten, die im eigenen Land auf ihn warteten, wobei außerdem die mehrdeutigen Ausdrücke »nach innen« und »nach außen« auch die ganz persönliche Lebensführung des Fürsten und jedes einzelnen lobten und anmahnten zugleich; Ein- und Ausatmen, Systole und Diastole als Lebensprinzip. Respektvoll, aber nicht unterwürfig; dankbar, aber des eigenen Wertes voll bewußt: so bekräftigte Goethe in diesem Gedicht erneut seine Entscheidung für Weimar, das für ihn nun die »geliebte Heimat« war (an F. Jacobi, 10.12.1792).

Die Frühjahrswochen in dem »Wassernest« Venedig (eine »wunderbare Wasserstadt« wurde später in den *Annalen* zu 1790 daraus), in denen er »die venezianische Malerschule von vorne herein fleißig« durchstudierte (an Herder, 3. und 15.4.1790), blieben für den diesmal von Land und Leuten Enttäuschten ein so belangloses Zwischenspiel, daß er es später nicht einmal als eine italienische Reise registrierte. Für 1797 plante er einen neuerlichen Aufenthalt im Süden und bereitete sich intensiv darauf vor. Die Reise kam dann doch nicht zustande. Aber als er die dafür gesammelten umfangreichen Materialien 1822 zusammenfaßte, versah er sie mit dem (falschen) Titel: »Vorbereitung zur zweiten Reise nach Italien«, – so als habe die des Jahres 1790 gar nicht stattgefunden. Goethe ist nie mehr nach Italien gekommen.

Im schlesischen Feldlager

Schon einen Monat nach der Rückkehr von der zweiten italienischen Reise hatte er wieder die Koffer zu packen. Der Herzog war als preußischer Kommandeur bereits Ende Mai nach Schlesien aufgebrochen, wo Preußen Truppen zusammengezogen hatte, um Österreich seine Stärke zu demonstrieren. Doch die Gefahr eines kriegerischen Konflikts konnte abgewendet werden; am 27. Juli 1790 verständigten sich die beiden großen Mächte in der Konvention von Reichenbach über ihre Herrschaftsbereiche. Damit verlor nun freilich der Fürstenbund, für den sich Carl August, wie wir wissen, intensiv eingesetzt hatte, seine Bedeutung.

Goethe sträubte sich nicht gegen die Reise, von der er sich »außer mancherlei Beschwerden viel Vergnügen und Nutzen« versprach. »Der Herzog hat mich nach Schlesien berufen, wo ich einmal statt der Steine und Pflanzen die Felder mit Kriegern besät finden werde« (an Knebel, 9.7.1790).

So war er von Ende Juli bis Anfang Oktober 1790 wieder unterwegs. Zum ersten Mal kampierte er in einem Feldlager, ziemlich bequem, denn er lebte im Zelt des Herzogs und beim Regimentsstab. Epigrammatisch fing er die Stimmung ein und schliff die alte Pointe, in der mit Kriegs- und Liebesgott, Mars (Mavors) und Cupido, geistreich-harmlos gespielt wurde:

> Grün ist der Boden der Wohnung, die Sonne scheint durch die Wände
> Und das Vögelchen singt über dem leinenen Dach;
> Kriegerisch reiten wir aus, besteigen Schlesiens Höhen,
> Schauen mit gierigem Blick vorwärts nach Böhmen hinein.
> Aber es zeigt sich kein Feind – und keine Feindin, o bringe,
> Wenn uns Mavors betrügt, bring' uns Cupido den Krieg
> (im Brief an Herder, 21.8.1790).

Vielleicht hat ihn Cupido wirklich gebracht. Denn eine bestimmte Überlieferung will wissen, Goethe habe sich dort in Schlesien, obwohl seit zwei Jahren mit Christiane zusammenlebend, ernsthaft um die damals einundzwanzigjährige Henriette Freiin v. Lüttwitz beworben, um mit ihr eine standesgemäße Ehe einzugehen. Doch ihr Vater, der Generallandschaftsrepräsentant Hans Wolf Freiherr v. Lüttwitz, dem außer dem Schloßgut Hartlieb bei Breslau noch vier andere Güter gehörten, sei nicht einverstanden gewesen, weil er bei dem Frankfurter Bürgersohn den Geburtsadel vermißte. Goethe selbst hat über die ›Affäre‹ kein Wort verloren. Sollte die Nachricht von seinem Heiratsantrag, die zuerst Henriettes Bruder Ernst 1835 in einer Biographie des Freiherrn v. Schuckmann verbreitete, den Tatsachen entsprechen, erschiene seine Lebensgemeinschaft mit Christiane Vulpius allerdings in einem diffusen Licht (JbG 1965, 175 ff.).

Seine privaten wissenschaftlichen und künstlerischen Arbeiten konnte Goethe in den schlesischen Wochen, so gut es ging, fortführen. »In allem dem Gewühle hab' ich angefangen, meine Abhandlung über die Bildung der Tiere zu schreiben, und damit ich nicht gar zu abstrakt werde, eine komische Oper zu dichten« (an F. v. Stein, 31.8.1790). Zwar war für ihn Schlesien »ein sehr interessantes Land«, und der Augenblick schien ihm »interessant genug« zu sein, aber er wünschte sich bald zurück: »Ich sehne mich nach Hause; ich habe in der Welt nichts mehr zu suchen« (an Herder, 21.8.1790). In den *Annalen* zu 1790 faßte er später zusammen:

Kaum [von Venedig] nach Hause gelangt, ward ich nach Schlesien gefordert, wo eine bewaffnete Stellung zweier großen Mächte den Kongreß von Reichenbach begünstigte. Erst gaben Kantonierungsquartiere Gelegenheit zu einigen Epigrammen, die hie und da eingeschaltet sind. In Breslau hingegen, wo ein soldatischer Hof und zugleich der Adel einer der ersten Provinzen des Königreichs glänzte, wo man die schönsten Regimenter ununterbrochen marschieren und manövrieren sah, beschäftigte mich unaufhörlich, so wunderlich es auch klingen mag, die vergleichende Anatomie [...].

In Venedig hatte sich ihm bei der Betrachtung eines Tierschädels die Auffassung bestätigt, »die sämtlichen Schädelknochen seien aus verwandelten Wirbelknochen entstanden«. Worauf seine anatomischen Studien seit der ›Entdeckung‹ des Zwischenkieferknochens beim Menschen vornehmlich gerichtet waren, unterstrich er an dieser Stelle: »Ich war völlig überzeugt, ein allgemeiner, durch Metamorphose sich erhebender Typus gehe durch die sämtlichen organischen Geschöpfe durch [...]« (10, 435 f.). Grundgesetzlichkeiten wollte er erkennen.

Neue Eindrücke in Breslau, einer mit 55 000 Einwohnern damals nicht nur für Goethe imponierend großen Stadt. Sie war in jenen Tagen mit Truppen, Diplomaten, Beobachtern und ihrem Anhang überfüllt. Empfänge, Begegnungen, Zerstreuung gab es genug, – aber immer wieder zog sich Goethe zur eigenen Arbeit zurück, auch hier. Am 11. August bei der Ankunft des Preußenkönigs Friedrich Wilhelm II. war »große Cour« im Schloß mit viel Aufwand und höfischem Zeremoniell. Goethe nahm teil, und nicht nur der Freiherr v. Schuckmann wird den herzoglichen Begleiter aus Weimar zunächst nicht erkannt haben. »Ich sah einen farbigen Rock – gegen das Kostüm – und aus diesem supplikantenähnlichen gemeinen Rocke ein ungemeines Gesicht hervorblicken. Fragte lange vergebens nach dem Namen des Eigentümers und höre endlich: *Goethe!*« (Bo I 419) So Schuckmann, der Oberbergrichter in Breslau und spätere preußische Innenminister. Zwischen ihm und Goethe, der bald darauf den tüchtigen Beamten vergeblich für Weimar zu gewinnen suchte, entwickelte sich eine gute Beziehung; Briefe wechselten sie gelegentlich, bis 1826.

Von Breslau aus machten Carl August und Goethe Ausflüge in die nähere und weitere Umgebung, die sie auch zur Besichtigung von Bergwerken nutzten. Denn immer noch hoffte man, das heimische Unternehmen in Ilmenau in Schwung zu bringen. In Tarnowitz konnte Goethe unter Tage fahren, die abgebauten Erzfelder besichtigen und sehen, wie man zu Werke gegangen war. Und er hatte auf dem Gelände der Grube die erste Dampfmaschine zu bestaunen, die es auf dem Kontinent gab. Noch aus Breslau schrieb er dem Kollegen Voigt nach Weimar: »In Tarnowitz habe ich mich über Ilmenau getröstet; sie haben, zwar nicht aus so großer Tiefe, eine weit größere Wassermasse zu heben und hoffen doch. Zwei Feuermaschinen arbeiten, und es wird noch eine angelegt, dabei noch ein Pferdegöpel, der aus vier Schächten Wasser hebt. [...] Interessant genug ist der schlesische

Bergbau« (12.9.1790). Das Epigramm, das der aufmerksame Besucher der Knappschaft der Friedrichsgrube bei Tarnowitz widmete, hat die dortigen Bewohner wegen seines Anfangs allerdings lange geärgert:

Fern von gebildeten Menschen, am Ende des Reiches, wer hilft euch
Schätze finden und sie glücklich zu bringen ans Licht?
Nur Verstand und Redlichkeit helfen, es führen die beiden
Schlüssel zu jeglichem Schatz, welchen die Erde verwahrt (4.9.1790).

Bis Krakau, Tschenstochau und Wieliczka kamen die Reisenden; es waren die östlichsten Punkte, die Goethe je erreicht hat.

Auf der Rückfahrt von Breslau, die am 19. September begann, gönnte er sich noch einen Abstecher ins Riesengebirge, bestieg am 22. in aller Frühe die Schneekoppe, und auch für Dresden blieb noch eine Woche Zeit. Als er am 6. Oktober wieder in Weimar war, im Jägerhaus an der Marienstraße bei seiner kleinen Familie (»welches nicht eben eine heilige Familie ist«, an Carl August, 18.4.1792), hatte er auf seiner schlesischen Reise, wie man nachgerechnet hat, 1140 Kilometer im Wagen und zu Pferde bewältigt. Was er Anfang des Jahres gewünscht, war eingetroffen: »Ich möchte das 90er Jahr gern unter freyem Himmel, soviel möglich zubringen« (an Carl August, 28.2.1790). Aber jetzt war es gut, wieder zu Hause zu sein; denn schon aus dem Trubel in Breslau hatte er Herders gestanden:

Es ist all und überall Lumperei und Lauserei, und ich habe gewiß keine eigentlich vergnügte Stunde, bis ich mit euch zu Nacht gegessen und bei meinem Mädchen geschlafen habe. Wenn ihr mich lieb behaltet, wenige Gute mir geneigt bleiben, mein Mädchen treu ist, mein Kind lebt, mein großer Ofen gut heizt, so hab' ich vorerst nichts weiter zu wünschen (11.9.1790).

Ernst und Spiel. Intendant des Hoftheaters

Intensiv setzte Goethe in Weimar seine naturwissenschaftlichen Studien fort, die ihn so sehr fesselten, daß er die Dichtung nicht mehr ganz ernst zu nehmen schien. Schon im Juli 1790 hatte er Knebel gestanden: »Mein Gemüt treibt mich mehr als jemals zur Naturwissenschaft, und mich wundert nur daß in dem prosaischen Deutschland noch ein Wölkchen Poesie über meinem Scheitel schweben bleibt« (9.7.1790). 1791 war in der Erinnerung der *Annalen* »ein ruhiges, innerhalb des Hauses und der Stadt zugebrachtes Jahr« (10, 436). Das erste Stück der *Beiträge zur Optik* konnte erscheinen, die erste Veröffentlichung aus dem Gebiet der »Farbenlehre«, auf dem er sich noch jahrzehntelang abmühen sollte. Die *Annalen* zu 1791 notieren indessen auch: »Damit ich aber doch von dichterischer und ästhetischer Seite nicht allzu kurz käme, übernahm ich mit Vergnügen die Leitung des Hoftheaters.« Damit begann Goethes Generalintendanz des Weimarer Theaters, die er über ein Vierteljahrhundert, bis 1817, wahrnahm, eine unbesoldete Tätigkeit im Rahmen seiner Dienstgeschäfte, der er mit bewundernswerter Umsicht und Energie nachging. Er und mit ihm dann Schiller verschafften der Weimarer Bühne einen Spitzenplatz unter den deutschsprachigen Theatern der Zeit, mit Inszenierungen, deren stilbildende Merkmale noch zu beschreiben sein werden.

1756 hatte das junge Herzogpaar Anna Amalia und Ernst August Constantin ein Hoftheater eingerichtet, auf dem die Döbbelinsche Truppe spielte. Aber schon 1758 war nach dem frühen Tod des Herzogs und finanziellen Schwierigkeiten die kurze erste Hoftheaterzeit vorbei. Von 1767 an traten abermals Schauspielertruppen auf, und seit 1771 bestritt die Seylersche Kompanie mit Konrad Ekhof als herausragender Persönlichkeit das Programm. Der Hof steuerte einen Zuschuß von jährlich 10000 Talern bei. Ekhof war ein bedeutender Schauspieler, hatte bei verschiedenen Gruppen gearbeitet, sich um eine bis dahin kaum bekannte systematische Ausbildung der Schauspieler gekümmert und deshalb in Schwerin eine Akademie ins Leben gerufen, die eine förmliche »Grammatik der Schauspielkunst« vermitteln sollte. Er hielt nichts von theatralischen Posen und pompöser Rhetorik, sondern forderte und verwirklichte Natürlichkeit in Auftreten, Gebärde und Sprache; die Darstellung hatte stets in den Grenzen des Wahrscheinlichen zu bleiben. Sein Gegenpart in der Auffassung der Schauspielkunst wurde damals Friedrich Ludwig Schröder, der 1774 die Leitung des Hamburger Nationaltheaters übernahm und dort dem ›Sturm und Drang‹ zum Durchbruch verhalf: Genialisches, Einzigartiges, ausdrucksvoll Charakteristisches sollten die Darsteller vorführen und eindrucksstark ausprägen.

Der Weimarer Schloßbrand am 6. Mai 1774 beendete unversehens das Engagement der Ekhof-Seylerschen Truppe und eine Theaterzeit, über die Wieland im *Teutschen Merkur* Erfreuliches zu berichten wußte. Die Künstler ohne Bühne fanden bald darauf am nahen Hof zu Gotha eine neue Spielstätte, wo 1775 ein Hoftheater gegründet wurde, das erste in Deutschland, an dem die Mitwirkenden fest besoldete Angestellte des Hofes waren. Friedrich Wilhelm Gotter, Goethes Bekannter aus der Wetzlarer Zeit, Kanzleisekretär und Bühnenautor, der 1773 mit einem Liebhabertheater begonnen hatte, fungierte dort als Chefdramaturg.

In Weimar konnte die höfische Laienbühne ab 1775, die Goethe so viel verdankte, nur als ein – wenn auch beachtlicher – Behelf gelten. Zuschauer waren obendrein auf eine Einladung angewiesen. 1784 endlich wurden wieder Berufsschauspieler verpflichtet, und bis 1791 trat die Gesellschaft des Josef Bellomo im Redouten- und Komödienhaus auf, das 1779 der auch als Bauunternehmer tätige Hofjäger Anton Georg Hauptmann erbaut hatte. Hier war eine feste Bühne installiert, während vorher im Redoutenhaus an der Esplanade, wo die Liebhaber nach dem Schloßbrand von 1774 spielten, die Bühne stets auf- und wieder abgebaut werden mußte. Bis es in der Nacht vom 21. auf den 22. März 1825 völlig abbrannte, hat das neue Komödienhaus das Weimarer Theater beherbergt.

Mehrere Gründe werden Carl August bewogen haben, ein Hoftheater einzurichten. Die »Teutsche Schauspieler-Gesellschaft« unter Bellomos Direktion, mit einem monatlichen Zuschuß von 320 Talern unterstützt, war gewiß bemüht, einen ansprechenden Spielplan und gute Aufführungen zu bieten; sie wagte sich sogar an Opern von Gluck und Mozart. Aber auf Dauer konnte sie den Ansprüchen nicht genügen. Dem Herzog schien es auch günstiger zu sein, selbst die Schauspieler zu engagieren. Und bestimmt hat der Wunsch mitgesprochen, ein eigenes Hoftheater zu besitzen. Nicht nur Gotha beeindruckte; an mehreren Orten hatten sich in der zweiten Hälfte des 18. Jahrhunderts beachtliche deutschsprachige Bühnen etablieren können, in Hamburg, Mannheim, Dresden, Berlin, Königsberg, Wien. Mit ihnen konkurrierten nach wie vor fremdsprachige Ensembles, die an den Höfen besonders die Oper pflegten. Carl August löste also den Vertrag mit Bellomo und kaufte ihm zudem das Aufführungsprivileg für das Sommertheater im damals beliebten Kurort Lauchstädt ab, wo außerhalb der Wintersaison gespielt wurde. Diese geschäftlichen Dinge ließ er durch Assessor Franz Kirms erledigen, erkannte aber bald, daß er selbst mit den Angelegenheiten eines Theaters überfordert sein würde und sich eine Persönlichkeit mit Rang und Namen um das entstehende Hoftheater kümmern müßte. Niemand sonst als Goethe kam dafür in Frage. Schrieb dieser später in den *Annalen*, er habe »mit Vergnügen« die neue Aufgabe übernommen, so klang es in zeitgenössischen Äußerungen verhaltener. »Ich gehe sehr piano zu Werke, vielleicht kommt doch fürs Publikum und für mich etwas heraus. Wenigstens wird mirs Pflicht diesen Teil näher zu studieren, alle Jahre ein paar spielbare Stücke zu schreiben. Das übrige mag sich finden« (an F. Jacobi, 20.3.1791).

Aus den Stücken, die er schreiben wollte, wurde jedoch nichts. Erstaunlicherweise hat Goethe nach dem *Bürgergeneral* kein einziges Schauspiel mehr vollendet, das theatergerecht für die Bühne zugeschnitten war. *Die natürliche Tochter* blieb Fragment, und der vollständige *Faust* sprengte den Rahmen des herkömmlichen Bühnenspiels; zumindest dachte sein Dichter bei diesem Welttheater-Drama, dessen zweiten Teil er eingesiegelt der

Nachwelt hinterließ, an die Erfordernisse der Bühne und die Gewohnheiten ihres Publikums am allerwenigsten. Auch Festspiele wie *Paläophron und Neoterpe, Pandora* oder *Des Epimenides Erwachen* sind mit ihrem Reichtum sinnschwerer Bilder und ihrer hochstilisierten Sprache alles andere als »spielbare Stücke«, von denen er 1791 träumte. Ob er, gerade bei der fortdauernden Beschäftigung mit der alltäglichen Praxis des Theaters, spürte, daß die Enge einer Bühne und die kurze Spanne eines Theaterabends nicht ausreichten, um dichterisch den ihn bewegenden Fragen gerecht zu werden: wie es um Wesen und Bildung des Menschen, Gestaltung und Umgestaltung alles Lebendigen und um die Formen gesellschaftlichen Zusammenlebens und -wirkens bestellt sei? So ist Goethe nach der Übernahme der Theaterleitung kein Mann des Theaters im Sinn eines produktiven Bühnenautors geworden, sondern ein Intendant, der sich um alles kümmern mußte, was mit dem laufenden Betrieb einer Bühne zusammenhing. Die Einrichtung seiner eigenen Stücke für eine Aufführung ließ er übrigens gern andere besorgen, auch wenn er über das Resultat nicht immer glücklich sein konnte. Im Aufsatz *Über das deutsche Theater* (1815) ist nachzulesen, wie es einigen seiner Dramen erging und daß Schiller bei seiner Redaktion des *Egmont* geradezu »grausam verfahren« sei.

Von Jugend an hatte sich Goethe für das Theater interessiert und in Frankfurt und Leipzig zahlreiche Vorstellungen besucht. Als Dramatiker und selbst schauspielernder spiritus rector des Weimarer Liebhabertheaters brachte er mannigfache Erfahrung für das neue Amt mit, das ihm zugefallen war. Welchen Umfang er dem Aufgabenbereich beimaß, für den er sich verantwortlich fühlte, geht noch aus einer »Punktation« hervor, die er 1808, als es in Theaterfragen zu schweren Spannungen mit dem Herzog gekommen war, aufsetzte und zur »baldigen Genehmigung« vorlegte: Unter den Punkten, die »die neue Einrichtung des Theaters« betrafen und großenteils nur das bisher Übliche kodifizierten, lautete einer: »Der Geheimerat von Goethe besorgt das Kunstfach beim Schauspiel allein und unbeschränkt.« Goethe erläuterte in besonderer Beilage:

Unter dem Kunstfach wird verstanden:

Das Lesen und Beurteilen der Stücke. Die Bestimmung derselben zur Aufführung. Die Redaktion, Verkürzung, Umänderung derselben in einzelnen Stellen. Die Austeilung der Rollen. Die Haltung der Leseproben. Die Repetition der Rollen mit einzelnen Schauspielern, wo es nötig. Die Besuchung der Theaterproben, besonders der Hauptproben. Die Angabe des Kostüms, sowohl in Kleidern als Requisiten. Ingleichen neuer Dekorationen zum Schauspiel. Und was sonst noch irgend nötig sein möchte, die Aufführung eines Stückes zu beleben und zu erhöhen (Beilagen zum Brief an C. G. Voigt, 11.12.1808).

Lassen wir beiseite, daß es 1808 auch um den Plan ging, Oper und Schauspiel zu trennen, – es fiel wirklich alles, was das Theater betraf, in Goethes Ressort: die Konzeption des Spielplans, die Einrichtung der Stücke für die Bühne, die Inszenierungen, die Proben, die Bühnendekoration, auch die Verpflichtung der Schauspieler. Er kümmerte sich um ihre Aus- und Fortbildung, achtete auf ihr Verhalten und Auftreten innerhalb und außerhalb des Theaters und erwartete eine engagierte, pflichtbewußte Ausübung ihres Berufes. Damit hob er zugleich das Ansehen der Schauspieler in der Gesellschaft, das zu wünschen übrig ließ, waren sie für viele doch nur fahrendes Volk, über dessen ungebundene Lebensführung man sich Wahres und Unwahres zusammendichtete.

Die rein geschäftlichen Verwaltungsarbeiten besorgte nach wie vor Franz Kirms, und wie die Weimarer Akten zeigen, war viel zu erledigen bei einem Theater, das mit den verfügbaren finanziellen Mitteln äußerst sparsam zu wirtschaften hatte und auch auswärts gastierte, um mit dem dort erzielten Überschuß die heimische Wintersaison zu sichern. Die Gagen der Schauspieler waren dürftig. Der wöchentliche Höchstsatz betrug in den ersten Jahren der Goetheschen Leitung acht bis neun Taler. Den Erinnerungen Eduard Genasts (1797–1866) verdanken wir ebenfalls die Bemerkung, ein sparsamer Mann hätte von solcher Gage in Weimar anständig leben können. Genast, der später lange am Hoftheater tätig war, stützte sich auf Mitteilungen seines Vaters Anton Genast (1765–1831), der während des ganzen Direktionszeit Goethes dem Ensemble angehörte, auch Regie führte und den der Intendant so schätzte, daß er ihm während seiner Abwesenheit gern die künstlerische Leitung anvertraute. Heinrich Becker allerdings, genauso seit 1791 unter Vertrag und damals mit 5 Talern und 6 Groschen wöchentlich honoriert, klagte 1804 in einem Brief an Kirms:

Ja, wenn nicht Goethe und Schiller, und Sie lieber Herr Hofkammerrath am Ruder ständen, so wäre ich auch der erste, der sich mit fort machte, denn was soll einen halten in Weimar, keine großen Gagen giebt es nicht, gesellschaftlich sind die Menschen auch nicht, Armuth auf allen Ecken, wo man hinkuckt, ein Enthusiasmus ist auch nicht da, wie selten wird man trotz aller Anstrengung nur im geringsten dafür gedankt, und was hat der Schauspieler sonst, das bischen Gage geht an Kleider und nothdürftiges Essen und Trinken drauf, ach Gott es ist ein erbärmliches Leben (GuR 100).

Angaben über Geldbeträge aus früheren Zeiten sagen uns freilich wenig, weil die bloßen Zahlen den Wert des Geldes nicht mitteilen. Doch ist es außerordentlich schwierig, zu einigermaßen zutreffenden Umrechnungen auf heutige Kaufkraft zu gelangen. Geldwerte im Preisgefüge einer noch vorwiegend von agrarischen und handwerklichen Produkten bestimmten Wirtschaft lassen nur einen vagen generalisierenden Vergleich mit gegenwärtiger Währung zu, die einer modernen Industriegesellschaft mit ihren ganz anderen Produktions- und Verbrauchsformen zugeordnet ist. Überdies kursierten damals nebeneinander Währungen mit unterschiedlicher Valuta; es gab beispielsweise sächsische und preußische Taler, die etwas schwächer waren als Reichstaler, und während ein Reichsgulden 0,52 oder 0,59 Taler entsprach, zählte ein sächsischer Gulden als ⅔ Taler, die hamburgische Mark etwas weniger als ½ Taler. So sind pauschale Umrechnungen nur unter Vorbehalt zu übernehmen. Der Wirtschafts- und Sozialhistoriker Rolf Engelsing schlug 1976 vor:»Man rechne einen Taler gleich zwei Gulden gleich 30 DM von 1975« (*Neue Rundschau* 87, 1976, S. 126). Demgegenüber betonte 1983 Dorothea Kuhn, Herausgeberin des Briefwechsels zwischen Goethe und Cotta, die in der Buchhandelsgeschichte übliche Annahme, ein Taler entspreche heutigen 40 DM, sei nur von begrenztem Wert (GCB 3/2, S. 346). Gleichviel, die Annäherungswerte können wenigstens eine ungefähre Vorstellung von der Höhe damaliger Einkünfte und Honorare vermitteln. Besonders aufschlußreich sind Gegenüberstellungen damals erreichter Einnahmen: »Um 1820 erhielten Goethe als Minister ein jährliches Gehalt von 3100 Talern, der Leibarzt Huschke 2900 Taler, Goethes Sohn August als Kammerrat 800 Taler, der Schreiber John 78 Taler, der Diener Stadelmann 65 Taler jährlich (wozu jeweils Sachleistungen in verschiedenem Umfang kamen)« (D. Kuhn). Was mit dem Geld tatsächlich zu erwerben war, könnte nur eine lange Liste mit Preisen für einzelne Waren und Güter dokumentieren, wobei zu bedenken bliebe, daß auch früher der Wert der Währung Schwankungen unterlag und Inflationen und Teuerungen, besonders nach Mißernten, das Preisgefüge durcheinanderbrachten.

Als Goethe sein neues Amt antrat, lag manches im argen. Zum Ensemble zählten 16 Personen, von denen etliche ehemals Bellomos Truppe angehörten. Daß die Schauspieler auch Gesangspartien übernehmen mußten, war selbstverständlich, und auf bestimmte Rollen hatte niemand Anspruch. Die Akteure stammten aus verschiedenen Gegenden, sprachen oft ein unsauberes, zu stark dialektgefärbtes Deutsch und hatten keine strenge Schule der Sprecherziehung hinter sich. So ist es nicht verwunderlich, daß die beiden ersten Kapitel der späteren *Regeln für Schauspieler*, die Goethe in Zusammenarbeit mit einigen von ihnen formulierte (*Annalen* zu 1803), »Dialekt« und »Aussprache« überschrieben waren.

§ 1. Wenn mitten in einer tragischen Rede sich ein Provinzialismus eindrängt, so wird die schönste Dichtung verunstaltet und das Gehör des Zuschauers beleidigt. Daher ist

das Erste und Notwendigste für den sich bildenden Schauspieler, daß er sich von allen Fehlern des Dialekts befreie und eine vollständige reine Aussprache zu erlangen suche. Kein Provinzialismus taugt auf die Bühne! [...]
§ 3. So wie in der Musik das richtige, genaue und reine Treffen jedes einzelnen Tones der Grund alles weiteren künstlerischen Vortrages ist, so ist auch in der Schauspielkunst der Grund aller höheren Rezitation und Deklamation die reine und vollständige Aussprache jedes einzelnen Worts (A 14, 72f.).

Schon im *Prolog* für den 7. Mai 1791, an dem das Hoftheater mit Ifflands »ländlichem Sittengemälde« *Die Jäger* eröffnet wurde, hatte Goethe beim Publikum um Verständnis geworben:

> Von allen Enden Deutschlands kommen wir
> Erst jetzt zusammen, sind einander fremd
> Und fangen erst nach jenem schönen Ziel
> Vereint zu wandeln an, und jeder wünscht,
> Mit seinem Nebenmann, es zu erreichen [...] (JA 9, 271).

Bei der Einstudierung eines Stückes verfuhr Goethe ebenso sorgfältig wie systematisch. Die Arbeit begann mit einer Leseprobe, bei der der Text ›erarbeitet‹ und Aussprache, Ausdruck und Tonfall geübt und bestimmt wurden. Auch passenden Gesten galt bereits die Aufmerksamkeit. Bis zur Hauptprobe hatten die Schauspieler ihre Rollen sicher zu beherrschen, so daß dann den Darstellern auf der Bühne ihre Stellungen und Gänge genau zugewiesen werden konnten. Goethe ging behutsam auf die individuellen Fähigkeiten des einzelnen ein, beharrte aber unerbittlich auf seinen Ansprüchen. Bisweilen machte er den Akteuren vor, wie er eine Rolle gestaltet sehen wollte. Berühmt ist jener Vorfall bei einer Probe von Shakespeares *König Johann* (Premiere am 29. November 1791), als er in der ersten Szene des vierten Akts dem Kämmerer Hubert, der den Prinzen Arthur blenden soll, das Eisen aus der Hand nahm und so heftig auf die den Arthur spielende junge Christiane Neumann eindrang, daß sie vor Schreck ohnmächtig wurde.

Es mußten viele Stücke inszeniert werden, weil rascher Wechsel nötig war. Denn bei etwa 500 Zuschauern pro Abend, von denen mehr als die Hälfte Abonnenten waren, hatten in kurzer Zeit alle Theaterfreunde in Weimar und Umgebung die Aufführungen gesehen. Natürlich dauerte es Jahre, bis sich der ›Weimarer Stil‹ ausgebildet hatte, der auch nur im Zusammenhang mit den theoretischen Überlegungen der eigentlich ›klassischen Zeit‹ erfaßt werden kann.

Bei aller Fürsorge für die Schauspieler führte der Intendant v. Goethe ein strenges Regiment, und gelegentlich trumpfte er autoritär selbstherrlich auf, auch gegenüber dem Publikum und kritisierenden Rezensenten. Eine junge

Schauspielerin, die ohne Erlaubnis auswärts gastiert hatte, stellte er unter Hausarrest und wollte die Wache vor ihrem Haus noch von ihr selbst bezahlt haben. Gegen Heiraten von Ensemblemitgliedern erhob er prinzipiell Einwände; denn er befürchtete neue finanzielle Forderungen an die Direktion, hinderliche Schwangerschaften. Außerdem war er überzeugt, beim Publikum seien unverheiratete Schauspieler attraktiver: »Der Zuschauer will nicht nur ästhetisch und sittlich, sondern auch sinnlich gerührt seyn. Ein unberührtes Mädchen, ein unbescholtener Jüngling bringen in passenden Rollen ganz andre Empfindungen hervor, ihr Spiel schließt Herz und Gemüth auf eine ganz andre Weise auf, als Personen von denen das Gegentheil bekannt ist« (*Ueber die Heirathen der Schauspieler*, GuR 104). Tatsächlich erlangte 1809 der Hofschauspieler Deny nur durch Eingaben beim Herzog gegen den hinhaltenden Widerstand von Goethe und Kirms die Genehmigung zur Heirat (die seit einem herzoglichen Erlaß von 1800 Landesbedienstete einholen mußten). Das ist widersprüchlich genug, wo doch die gefeierte Christiane Neumann, der die Elegie *Euphrosyne* ein Denkmal setzte, 1793 mit fünfzehn Jahren den Schauspieler Heinrich Becker geheiratet hatte.

Keineswegs wartete der Theaterleiter Goethe nach seiner Amtsübernahme mit einem Programm auf, das sich grundlegend von dem zur Zeit Bellomos unterschied. Er konnte das auch aus finanziellen Gründen nicht wagen. Zwei Drittel der laufenden Ausgaben waren aus den Einnahmen zu bestreiten, also mußten zwei Drittel der Stücke (trotz der bei den Gastspielen in Lauchstädt und anderswo erwirtschafteten Überschüsse) für ein möglichst gut gefülltes Haus bürgen. Ein Drittel der Aufführungen konnte er schwierigen Werken vorbehalten, ohne Rücksicht auf das Echo beim Publikum. So wurden unterhaltsame Stücke, die Sitten- und Familiengemälde der Zeit und Singspiele ebenso gegeben wie Dramen Shakespeares und Opern Mozarts. Goethe wählte eine Mischung, die Zerstreuung und anspruchsvolle Kunst bot. Allerdings sollten die Stücke, jedes für sich, in den Grenzen ihres Genres ›gut‹ sein. Wie sehr Goethe auch an einer Bildung des Publikums gelegen war: er setzte sich nicht hochmütig über den Geschmack der Zuschauer hinweg, um aus dem Theater ein intellektuelles oder gesellschaftspolitisches Erziehungsinstitut zu machen. In der Zeit seiner Intendanz von 1791 bis 1817 blieben immerhin 118 von den insgesamt 601 Inszenierungen Stücken Ifflands und Kotzebues vorbehalten, während nur 37 Einstudierungen seinen und Schillers Werken galten. Er wußte: Nichts treibt das Publikum sicherer aus dem Theater als unablässig zur Schau gestellte Bildungs- und Belehrungsabsicht – und, selbstverständlich, schlechte Darbietungen. »Beim Theater«, meinte er 1811 nach einer erfolgreichen Aufführung des *Standhaften Prinzen* von Calderon, kommt freilich alles auf eine frische unmittelbare Wirkung an. Man will nicht gern reflektieren, denken, zugeben; sondern man will empfangen und genießen; daher ja auch oft geringere Stücke eine günstigere Aufnahme erleben als die besseren; und zwar mit Recht. Diesmal aber haben wir ein Stück, das vor nahe 200 Jahren, unter ganz anderm Himmelsstriche für ein ganz anders gebildetes Volk geschrieben ward, so frisch wiedergegeben, als wenn es eben aus der Pfanne käme. Die Teilnahme aller Klassen war dieselbe, und ich freue mich darüber gar höchlich [...] (an Sartorius, 4.2.1811).

Indem Goethe dem Publikum zugestand, was es an Unterhaltung und Vergnügen wünschte, gewann er die Möglichkeit, auch den gewichtigen Schauspielen seiner Zeit und der Dramatik der Weltliteratur Hausrecht zu verschaffen. Die große Zeit der Weimarer Bühne kam, als er sich mit Schiller gemeinsam dem Theater widmen konnte und die Uraufführungen der *Wallenstein*-Trilogie 1798/99 Aufsehen erregten. Daß es auch Mißerfolge gab, war in Weimar so wenig zu vermeiden wie an allen anderen Theatern der Welt; daß Goethe nicht immer einen glücklichen Griff bei der Wahl der Stücke hatte, bewiesen die Aufführungen des *Ion* von August Wilhelm Schlegel und des *Alarcos* von Friedrich Schlegel 1802, und daß er nicht zu jedem Werk den richtigen Zugang fand, zeigte die Fehlinszenierung von Kleists *Zerbrochnem Krug* 1808, als er das Lustspiel in drei Akte aufteilte und damit seine Struktur zerstörte, von Fehlbesetzungen der Rollen zu schweigen.

In jenem Brief vom 20. März 1791, in dem Goethe Fritz Jacobi informierte, er habe die »Oberdirektion des Theaters« übernommen, erwähnte er auch seine anderen Arbeitsgebiete. Er setze seine »Betrachtungen über alle Reiche der Natur fort und wende alle Kunstgriffe an«, die seinem Geist verliehen seien, »um die allgemeinen Gesetze wornach die lebendigen Wesen sich organisieren näher zu erforschen«. Damit hatte er das leitende Erkenntnisinteresse all seiner Naturforschung auf einen Nenner gebracht. Den »Versuch über die Gestalt der Tiere«, den er Ostern herausbringen wollte, werde er aber wohl noch ein Jahr reifen lassen müssen. Nicht genug mit dieser Tätigkeit. Die Schloßbaukommission forderte Zeit und ebenso die Wasserbaukommission, die auch nach der italienischen Zeit als ein Teil der Wegebaudirektion in Goethes Verantwortung geblieben war. Im Sommer griff er außerdem eine »alte Idee« wieder auf: »hier eine gelehrte Gesellschaft zu errichten [...]. Wir könnten wircklich mit unsern eignen Kräften, verbunden mit Jena viel thun wenn nur manchmal ein Reunionspunckt wäre« (an Carl August, 1.7.1791). Wenige Tage später war bereits ein Statut der Gesellschaft ausgearbeitet, in dem Art und Ablauf der einmal monatlich vorgesehenen Sitzungen geregelt waren (AS II 193 ff.). Jedes Mitglied sollte etwas beitragen, »es mögen Aufsätze seyn aus dem Feld der Wissenschaften, Künste, Geschichte, oder Auszüge aus literarischen PrivatCorrespondenzen und interessanten neuen Schriften, oder kleinere Gedichte und Erzählungen, oder Demonstrationen physikalischer und chemischer Experimente, u. s. w.« (§ 2). Schon am 5. Juli unterzeichneten Goethe, Voigt, Wieland, Bertuch, Herder, Knebel, Buchhändler Bode und Hofapotheker Buchholz die Satzung. Die »Freitagsgesellschaft« war geboren, so späterhin nach dem Sitzungstag benannt. Goethe war dieser Kreis, der sich noch erweiterte, sehr willkommen; denn dort konnte er über seine naturwissenschaftlichen Forschungen berichten und ein kollegiales Gespräch erwarten. Zur ersten Sitzung am 9. September 1791 hielt er einen einleitenden Vortrag über den Sinn der Gesellschaft, in dem er bemerkenswerte Ansichten äußerte (JA 25, 233–236). Es habe den Anschein, als brächten Dichter und Künstler ihre Werke am besten in der Einsamkeit hervor. Aber das sei ein Selbstbetrug. Denn was wären sie, wenn sie nicht die Werke aller Jahrhunderte und aller Nationen vor sich hätten und nicht an das Publikum als ihren Adressaten dächten? Im Felde der Wissenschaft sei es ähnlich. Dabei sei wissenschaftlicher Streit zwar unvermeidlich, aber »auch der Streit ist Gemeinschaft, nicht Einsamkeit, und so werden wir selbst durch den Gegensatz hier auf den rechten Weg geführt«. Dem Buchdruck und der durch ihn ermöglichten Verbreitung der Gedanken hätten wir viel zu verdanken; »aber noch einen schönen Nutzen, der zugleich mit der größten Zufriedenheit verknüpft ist, danken wir dem lebendigen Umgang mit unterrichteten Menschen und der Freimütigkeit dieses Umgangs«. Schon in dieser ersten Sitzung berichtete Goethe von seinen optischen Versuchen. So vielfältig, wie die Satzung es anbot, waren die Beiträge zu den Zusammenkünften, die jedoch nur bis 1797 stattfanden. Gymnasialdirektor Böttiger, der im November 1791 erstmals teilnahm, schrieb auf, was er gehört und erlebt hatte, und wurde so zum Chronisten der »Freitagsgesellschaft«. Mit Recht hob er hervor, wie zwanglos es in der Gesellschaft zuging, auch wenn der Herzog und andere Mitglieder des Hofes anwesend waren. Hier wenigstens herrschte Gleichberechtigung, und jeder konnte zum Präsidenten gewählt werden. 1795 bot Goethe in seinem Vortrag *Über die verschiedenen Zweige der hiesigen Tätigkeit* (JA 25, 236–252) eine souveräne Zusammenschau der kulturellen und wissenschaftlichen Institutionen und Aktivitäten im Herzogtum: Weimar stellte sich selbst vor.

Im Feldzug 1792

In den Jahren 1792 und 1793 mußte Goethe Weimar erneut für längere Zeit verlassen. Der Herzog wünschte ihn als Begleiter beim österreichisch-preußischen Feldzug gegen das revolutionäre Frankreich und bei der Belagerung von Mainz. Der Termin der Abwesenheit von Anfang August bis Ende Oktober 1792 war nicht gerade günstig. Denn Umbau und Einrichtung des Hauses am Frauenplan, in das Goethe im Juni aus dem »Jägerhaus« wieder umgezogen war und in dem er bis zum Lebensende wohnen blieb, waren noch in vollem Gange. Aber seit November letzten Jahres lebte der Schweizer Kunstkenner und Maler Heinrich Meyer mit in Goethes Haushalt, und er übernahm die Ausgestaltung des neuen Domizils, so daß der Abwesende beruhigt sein konnte. In Rom hatte Goethe den Schweizer Kunstfreund zufällig kennengelernt, als er am Allerseelentag 1786 im Quirinalspalast ein Bild des heiligen Georg, des Drachentöters, bewunderte und niemand ihm den Künstler nennen konnte. »Da trat ein kleiner, bescheidener, bisher lautloser Mann hervor und belehrte mich, es sei von Pordenone, dem Venezianer, eines seiner besten Bilder« (*Italienische Reise*, 3. 11. 1786, – was sich inzwischen als Irrtum erwiesen hat; es wird für ein Werk des Tizianschülers Paris Bordone gehalten). Mit dieser zufälligen Begegnung begann eine lebenslange Freundschaft.

Johann Heinrich Meyer, 1760 in Stäfa am Zürichsee geboren, hatte schon früh in seinem Heimatort als offensichtlich künstlerisch veranlagter Junge Zeichenunterricht erhalten und war 1778–1781 in Zürich bei Johann Kaspar Füßli weiter ausgebildet worden. Wahrscheinlich hörte er dort auch von Winckelmann, dessen kunstgeschichtlichen und -theoretischen Arbeiten und geriet in den Sog jener antikisierenden Bestrebungen, für die es nichts Vollendeteres gab als die Kunstwerke der Alten, wie sie jener Prophet eines neuen Klassizismus idealisierend beschrieben und gedeutet hatte. In Rom studierte Meyer hingebungsvoll die Werke, die für ihn die bedeutenden, gültigen waren, die der Antike und Raffaels, bildete sich autodidaktisch weiter und verdiente sich mühsam mit dem Verkauf von Zeichnungen und als Fremdenführer seinen Unterhalt. Mit der deutschen Künstlerkolonie, zu der Goethes Verbindung auch nach dem Abschied von Italien weiter bestand, hatte er engen Kontakt. Vom 22. Juli 1788 datiert Meyers erster Brief an Goethe, eine seitenlange Epistel aus Neapel, in der er über Kunsterlebnisse berichtete, Eindrücke von der Reise nach Neapel aufzeichnete, Kunstwerke beschrieb und ein Bild Tischbeins kritisch analysierte. »Lassen Sie mich ja der Ausrichter aller kleinen Aufträge sein, die Sie an dem Ort meines Aufenthalts in Italien zu bestellen haben. Meiner Liebe für Sie wird nie eine Mühe zu groß sein«, bat und versicherte er am Schluß.

Man kann diesen Brief als eine Ouvertüre dessen lesen, was sich dann in Gespräch und Korrespondenz bis in den März 1832 anschloß: Heinrich Meyer, der Autodidakt und scharfsichtige Beobachter, wurde der Berichterstatter, Begutachter und Berater in Sachen bildender Kunst, auf den Goethe nicht mehr verzichten wollte, und sie blieben treue Freunde. Allerdings beharrte der Schweizer ebenso streng wie uneinsichtig auf den einmal für zeitlos-gültig anerkannten Normen; nur in der Antike und der ihr verpflichteten Renaissance war für ihn wahre Kunst verwirklicht, allein sie sollte Maßstab und Vorbild sein. Aber innerhalb dieser Grenzen war er zu Einsichten und kritischen Beurteilungen fähig, die ihm in Weimar den anerkennenden, obschon milde spöttischen Titel ›Kunstmeyer‹ sicherten. Am 21. August 1789 schrieb Goethe ihm den Brief, der die Zukunft bestimmte: Er könne noch zwei Jahre mit seiner Unterstützung in Italien bleiben, danach »kommen Sie zu uns. Für das Reisegeld sorge ich, und sorge daß Sie eine Situation hier finden, die Ihrer Gemütsart angemessen ist. Wenn ich Ihnen keine große Pension versprechen kann, so sollen Sie doch haben was Sie brauchen. [...] Da wir nun zusammengehören, so müssen wir auch unsren Lebensgang zusammen leiten, auf jede Weise.« Im Mai 1790 sahen sie sich in Venedig wieder; doch Meyer zog es ins heimatliche Stäfa, wo er sich von längerer Krankheit erholen mußte. Im November 1791 schließlich traf er in Weimar ein und erhielt im Dachgeschoß des Goethehauses sein Quartier, wo er wohnen blieb, bis er 1802 seinen eigenen Hausstand gründete. Er verstand sich gut mit Christiane Vulpius, was dem als Kriegsbeobachter reisenden Hausherrn die Sorge um seine kleine Familie minderte. Im April 1792 malte der Gast jenes von Goethe verständlicherweise geliebte Bild mit Christiane und dem kleinen August im Arm, das ganz Raffaels *Madonna della Sedia* nachempfunden ist.

Heinrich Meyer also, der 1795 auch Professor am Zeicheninstitut wurde, übernahm, natürlich in Absprache mit Goethe, Einrichtung und Ausstattung des Hauses am Frauenplan. Es konnte nicht ausbleiben, daß römisch-klassizistischer Stil dominierte. Jean Paul, distanzierter Beobachter der Weimarer Szene, berichtete, als er »mit Scheu« seinen ersten Besuch gemacht hatte: »Sein Haus frappiert, es ist das einzige in Weimar in italienischem Geschmack, mit solchen Treppen, ein Pantheon voll Bilder und Statuen. Eine Kühle der Angst presset die Brust« (an G. C. Otto, 18.6.1796; Bo II 66). Und in den langen Jahren sammelten sich noch immer mehr Kunstgegenstände und Nachbildungen bekannter Werke an, die Goethe um sich haben wollte. Einiges stammte auch von Meyers Hand: das Deckengemälde im Treppenhaus mit den fünf Regenbogenfarben der Farbenlehre, Sopraporten im Juno- und Urbinozimmer, die Aquarellkopie der *Aldobran-*

dinischen Hochzeit. Die geräumige Dienstwohnung des Geheimen Rats bot nun Platz für das Leben der Familie, für private und dienstliche Arbeit und Repräsentation, die Unterbringung der Bücher, der wissenschaftlichen Geräte und der ständig wachsenden Sammlung an Mineralien, Münzen, Kunstblättern, Gemmen, Skulpturen. Nach der gemeinsamen Teilnahme an Feldzug und Belagerung im Westen schenkte der Herzog das Anwesen seinem Freund und ließ es 1807, nach den schlimmen Kriegsereignissen des Jahres 1806, auch förmlich auf ihn überschreiben (Goethe an Carl August, 25. 12. 1806; Carl August an Goethe, 12. 1. 1807). –

Der Krieg der europäischen Mächte gegen die Franzosen, in den Carl August als preußischer »General Herzog von Weimar« zog, war nichts anderes als ein Kampf um die Aufrechterhaltung des monarchischen Regierungsprinzips. Nach der mißlungenen Flucht Ludwigs XVI. hatten Österreich und Preußen im August 1791 in der schon erwähnten Pillnitzer Deklaration provokativ erklärt, sie würden, falls andere eingeladene Mächte sich anschlössen, eingreifen, und zwar zugunsten einer »den Rechten des Souveräns und den Interessen der Nation gleichmäßig angemessenen monarchischen Regierung«. Franz II. erhob zudem konkrete Forderungen: Frankreich solle die im Elsaß konfiszierten Güter deutscher Fürsten und des Papstes zurückerstatten und mit Rücksicht auf die europäische Staatenordnung Reformen in seinem Land durchführen. Im April 1792 erklärten die Franzosen den Krieg, den die Girondisten auch deshalb begrüßten, weil der Kampf gegen den äußeren Feind von Schwierigkeiten im Innern ablenken und die revolutionäre Solidarität stärken konnte.

Der Aufmarsch der Verbündeten ging schleppend vonstatten. Carl August brach Anfang Juni mit seinem Regiment auf, umsorgt von einer stattlichen Anzahl Bedienter, vom Geheimsekretär bis zum Küchenpersonal. Ein fürstlicher Herr zog in alter Manier ins Feld. Doch war er offenbar besorgter als andere, die von einem raschen Erfolg gegen das in einem schwierigen Umwälzungsprozeß begriffene Nachbarland überzeugt waren. Noch aus Aschersleben hatte er seiner Mutter am 29. April 1792 geschrieben, der Himmel möge den Frieden erhalten. Als dann jedoch die Truppen jenseits der Grenzen zunächst gut vorwärtskamen, riß ihn seine Lust am Soldatischen mit. Und daß es richtig und wichtig sei, die französischen Revolutionäre zu bändigen, daran zweifelte der Monarch eines kleinen Landes, das selbst am Krieg noch unbeteiligt war, nicht im geringsten.

Goethe reiste seinem Herzog einige Monate später nach. In Frankfurt sah er im August die Mutter wieder und sorgte mit ihrer Hilfe für das »Krämchen«, das er Christiane schickte. In Mainz traf er mit Bekannten zusammen, von denen manche andere politische Grundsätze vertraten als der adlige Geheime Rat aus Weimar. Später hieß es in der *Campagne in Frankreich*:

Sodann verbracht' ich mit Sömmerrings, Huber, Forsters und andern Freunden zwei muntere Abende [...]. Die Freiheit eines wohlwollenden Scherzes auf dem Boden der Wissenschaft und Einsicht verlieh die heiterste Stimmung. Von politischen Dingen war die Rede nicht, man fühlte, daß man sich wechselseitig zu schonen habe: denn wenn sie republikanische Gesinnungen nicht ganz verleugneten, so eilte ich offenbar, mit einer Armee zu ziehen, die eben diesen Gesinnungen und ihrer Wirkung ein entschiedenes Ende machen sollte (10, 189).

Solche Sätze verdecken viel. Immerhin hatte Georg Forster wenige Monate später den entscheidenden Schritt vom Denken zur politischen Tat vollzogen, war einer der führenden Köpfe der Mainzer ›Jakobiner‹ geworden, als Abgesandter nach Paris gereist, um den Antrag auf Anschluß an die französische Republik zu überbringen, und dort schon 1794 gestorben, tief unglücklich über die Grausamkeiten der Revolution. Er, Bibliothekar und Wissenschaftler in kurfürstlichen Diensten in Mainz, versuchte zu verwirklichen, was er in langen Jahren kritischen Beobachtens und Nachdenkens für unumgänglich erkannt hatte: eine Republik auf demokratischer Grundlage. Daß solche Umwälzung für Deutschland zu früh kam, daß man in Mainz manches kurzsichtig und ungeschickt begann, wußte er wohl, und er verschloß auch in Paris nicht die Augen vor den Widersprüchen zwischen der hochgemuten Theorie und der ernüchternden Wirklichkeit. Aber: »Ich hange noch fest an meinen Grundsätzen«, schrieb er seiner Frau am 8. April 1793, »allein ich finde die wenigsten Menschen ihnen getreu«, und drei Tage vorher hatte er bekannt: »Man hat einmal Partei ergriffen, man hat alles, Gut und Blut, aufs Spiel gesetzt; nun spielt man das Spiel, gewinnt oder verliert! Soll man denn nur mit dem *Munde* für Grundsätze sterben und nicht auch mit der *Tat*?« In seiner Fragment gebliebenen *Darstellung der Revolution in Mainz* zeichneten sich diese »Grundsätze« ab, etwa in der Fragenreihe und Antwort:

Also gibt es zweierlei Menschen? Freche Gebieter und unglückliche Knechte? Jene sehen und empfinden, leiden und genießen anders als diese? Diese haben Pflichten zu erfüllen, jene folgen ihrer regellosen Willkür? Tugend und Gerechtigkeit, Vernunft und Wahrheit gelten nur für die Tyrannen und niemals wider sie? Die Natur mißt ihre Kinder mit doppeltem Maß und euch, ihr Schlachtopfer der stiefmütterlichen Grausamkeit, euch mit dem falschen? – Nein! So widerspricht sich die Gottheit nicht in ihren Werken [...].

Forster (1754–94) war durch seine *Reise um die Welt*, die Beschreibung der zweiten Weltreise James Cooks, an der er als Begleiter seines Vaters teilgenommen hatte, früh in Europa berühmt geworden. Seit 1788 war er nach naturwissenschaftlichen Professuren in Kassel und Wilna Bibliothekar in Mainz. Sein umfangreicher Reisebericht *Ansichten vom Niederrhein, von Brabant, Flandern, Holland, England und Frankreich, im April, Mai und Junius 1790* (1791–94), ein Meisterwerk deutscher Essayistik, ließ bei aller scharfsichtigen Beobachtung der politischen, kulturellen und wirtschaftlichen Verhältnisse der bereisten Länder den späteren entschiedenen ›Jakobiner‹ noch nicht ahnen. Goethe kannte den renommierten Weltreisenden und Naturforscher seit längerem, hatte ihn 1779 und 1783 (als er mit der Arbeit über den Zwischenkieferknochen beschäftigt war) in Kassel besucht, Forster war 1785 in Weimar und Gast in Goethes Haus gewesen, aber erst 1791 gab es wieder Kontakt, als Goethe Forsters Übersetzung des indischen Dramas *Sakontala* erhielt und ihm über den gemeinsamen Freund Fritz Jacobi ein enthusiastisches Epigramm zukommen ließ (an F. Jacobi, 1.6.1791). Forster seinerseits war dann im Jahr darauf, wie Äußerungen zu Bekannten zeigen, geradezu entgeistert über den *Groß-Cophta*, in dem keine Zeile sei, »die man behalten oder wiederholen möchte« (Bo I 436). Kurz bevor der zur Armee Reisende jetzt im August 1792 »zwei muntere Abende« in Mainz verbrachte, hatte er noch von Weimar aus mit einem langen Brief für den zweiten Teil der *Ansichten vom Niederrhein* gedankt und als Gegengabe das zweite Stück der *Beiträge zur Optik* geschickt.

In der nach Jahrzehnten geschriebenen *Campagne* reichte es nur zu freundlich-belanglosen Floskeln, die nicht verletzten, ohne die Differenzen ganz zu verschweigen, die aber auch nichts von Forsters Weg und Wandlung erkennbar werden ließen. Zu fremd war Goethe die Konsequenz des zum Revolutionär gewordenen Intellektuellen, als daß er ihn hätte begreifen, geschweige denn ihm gerecht werden können. Höfliches Aufsichberuhenlassen war alles.

In der eigenen kleinen Kutsche, dem »Chaischen«, das ihm der Herzog geschenkt und das ihn schon, von Diener Paul Götze sicher gelenkt, nach Venedig und Schlesien gefahren hatte, reiste Goethe in dauerndem Regen und auf schlechten Wegen weiter und erreichte seinen Herrn im preußischen Lager bei Longwy. Beschießung und Fall Verduns am 2. September erlebte er aus nächster Nähe mit. Dann verzögerte sich der Vormarsch der Alliierten. Goethe verstand sich als Beobachter des Geschehens, in das er nicht direkt verwickelt war, weder als Planender noch als Handelnder, und ihm sagte diese Rolle zu. Dem Kollegen Voigt in Weimar schrieb er am 10. September »vor den Toren von Verdun«:

Es ist höchst interessant gegenwärtig zu sein da wo nichts Gleichgültiges geschehen darf. Den Kriegsgang unter einem so großen Feldherrn und die franzö[si]sche Nation zu gleicher Zeit näher kennen zu lernen gibt auch einem müßigen Zuschauer Unterhaltung genug. Aus dem was geschieht zu schließen was geschehen wird und manchmal einen Seitenblick in die Karte zu tun gibt dem Geiste viel Beschäftigung. So viel ist zu sehen, daß sich die Unternehmung in die Länge zieht.

Noch glaubte auch dieser Briefschreiber an »die Epoche unsres Einzugs in Paris«; für Christiane werde es dort »allerlei geben« (an Christiane, 10.9.1792). Aber solche Erwartungen verloren sich bald. Am 20. September kam es zur berühmten und berüchtigten Kanonade von Valmy, wo sich die Franzosen unter Dumouriez und Kellermann und die Verbündeten unter dem Oberbefehl des Herzogs v. Braunschweig mit verkehrten Fronten gegenüberstanden. Ein mehrstündiges Artillerieduell wurde, trotz nur geringfügiger Verluste (im Verhältnis zur Gesamtzahl der Armee), vom Braunschweiger abgebrochen. Angegriffen wurde nicht. Ratlosigkeit machte sich danach breit. Der Feind war stärker und entschlossener, als es die Heerführer der Alliierten erwartet und eingeplant hatten. Jenes überhebliche Manifest, vom Braunschweiger Herzog am 25. Juli aus Koblenz an die Franzosen gerichtet, war Makulatur geworden. Da hatte er gedroht, er werde, wenn Widerstand geleistet würde, »eine exemplarische, in ewigem Andenken bleibende Rache nehmen, die Stadt Paris einer militärischen Exekution und gänzlichen Zerstörung preisgeben« und die französischen Truppen würden »als Rebellen gegen ihren König und Störer der öffentlichen Ruhe« bestraft werden. Als die Versorgung der Truppen in den Tagen nach Valmy immer schwieriger wurde, Preußen und Österreicher in Regen und Morast durch Krankheit und Hunger geschwächt waren, begann der Rückzug. Knebel erfuhr von Goethe aus dem Lager bei Hans am 27. September:

Wir sind in einer sonderbaren Lage. [...] Als man den Feind zu Gesicht bekam ging eine gewaltige Kanonade los, es war am 20ten, und da man endlich genug hatte war alles still und ist nun schon sieben Tage still. Sogar die Vorposten schießen nicht mehr. Die Franzosen stehen ohngefähr wie vorher und von uns kann man nur über Grandpré nach Verdun gelangen. Entsetzliches Wetter, Mangel an Brot das langsam nachkommt machen diesen Stillstand noch verdrießlicher. Man fängt an den Feind für etwas zu halten den man bis hierher verachtete und (wie es zu gehen pflegt bei solchen Übergängen) für mehr zu halten als recht ist.

In kurzem wird sich zeigen was man beschließt. Es sind nur wenig Wege aus dieser Lage zu kommen. [...]

Ich lese franzö[si]sche Schriftsteller die ich sonst nie würde gesehen haben und so nütze ich die Zeit so gut ich kann. Wäre es gut Wetter so wäre alles anders und man könnte manches versuchen und mehr Menschen sehen. So aber mag man Tage lang nicht aus dem Zelte.

In Verdun klagte Goethe am 10. Oktober: »Wir haben in diesen 6 Wochen mehr Mühseligkeit, Not, Sorge, Elend, Gefahr ausgestanden und gesehen als in unserm ganzen Leben« (an C. G. Voigt). Fünf Tage später fügte er in Luxemburg der Fortsetzung dieses Briefs an das Mitglied des heimischen Consiliums eine kurze, von völliger Ernüchterung diktierte Nachschrift an. Mit Betrübnis habe er gesehen, »daß das Geheime Conseil unbewunden diesen Krieg für einen Reichskrieg erklärt hat. Wir [d. h. Weimar als dann ebenfalls kriegführendes Herzogtum] werden also auch mit der Herde ins Verderben rennen.« (Carl August stimmte diesem Vorschlag seines Conseils übrigens nicht zu und wünschte weiteres »Ventilieren« beim Reichstag.) Dann Goethes fast zynischer Satz: »Europa braucht einen 30jährigen Krieg um einzusehen was 1792 vernünftig gewesen wäre.« Was er für vernünftig ansah, können wir nur vermuten. Lehnte er (nun) die Intervention der europäischen Monarchen ab? Erachtete er es für richtiger, man hätte sich darauf beschränkt, die Revolution auf Frankreich begrenzt zu halten und dafür zu sorgen, daß ihre Funken nicht in andere Länder übersprängen? Jedenfalls schloß der Satz ein vernichtendes Urteil über die Politik der im Jahre 1792 Regierenden ein.

Die Kanonade von Valmy ist unter Goethekennern und auch unter Historikern vor allem deshalb bekannt geblieben, weil sich Goethe an jenem Abend des 20. September 1792 in einer Runde von verstörten Offizieren, um seine Meinung gefragt, als prophetischer Zeitendeuter betätigt haben will: »Von hier und heute geht eine neue Epoche der Weltgeschichte aus, und ihr könnt sagen, ihr seid dabei gewesen« (10, 235). Niemand außer Goethe hat diesen Ausspruch überliefert. Fast dreißig Jahre nach dem denkwürdigen Abend zitierte er sich selbst in seiner *Campagne in Frankreich*. Diese Erinnerungen erschienen 1822 mit den Aufzeichnungen über *Die Belagerung von Mainz* als *ein* Band der autobiographischen Schriften, im bewußten Zusammenhang mit *Dichtung und Wahrheit* (*Aus meinem Leben. Zweiter Abteilung Fünfter Teil*). Keineswegs hat das Artillerieduell bei Valmy die in Goethes Ausspruch behauptete Bedeutung für den Fortgang des Feldzugs oder gar für die »Weltgeschichte« gehabt. Es bleibt ungewiß, wie der Autobiograph zu seiner immer wieder zitierten Formulierung gekommen ist. Als er seit 1820 an der *Campagne* arbeitete, griff er zur Auffrischung seiner Erinnerungen auf Dokumente und Darstellungen anderer zurück, etwa auf das handschriftliche Tagebuch, das seinerzeit der Kämmerer des Herzogs von Weimar geführt hatte, und auch auf die 1809 veröffentlichten

Erinnerungen des Freiherrn v. Massenbach, der als Major an der Kampagne von 1792 teilgenommen hatte. Gegen ihn als Oberquartiermeister des Fürsten Hohenlohe waren Vorwürfe wegen der Niederlage der Preußen bei Jena und Auerstedt 1806 erhoben worden. Wahrscheinlich, um nicht diesen verheerenden 14. Oktober 1806 als entscheidendes Datum für den preußischen Niedergang erscheinen zu lassen, erklärte er den 20. September 1792 bei Valmy zum »wichtigsten Tag des Jahrhunderts«. Möglich, daß Goethe von Massenbachs Memoiren zu seinem Ausspruch angeregt wurde, der sinnvoll aber nur auf das *ganze* unglückliche Kriegsunternehmen bezogen werden konnte und kann.

Novellistisches Erzählen, das in der *Campagne* öfter zur Gestaltung kleiner dramatischer Szenen drängt, hat vielleicht den späten Autobiographen verführt, ein einzelnes Vorkommnis (»eine sich ereignete, unerhörte Begebenheit«, wie er gegenüber Eckermann am 25.1.1827 die Novelle definierte) mit einer (zu) weitreichenden Sinndeutung zu befrachten. Er hielt sie für so wichtig, daß er sie in der *Belagerung von Mainz* nochmals Offizieren in den Mund legte, die sich seiner »Prophezeiung« erinnert hätten, »indem die Franzosen ihren Kalender von diesen Tagen an datierten« (10, 365). Das ist dichterische Deutung, historisch jedoch unzutreffend. Denn die Einführung einer neuen Zeitrechnung in Frankreich am 22. September 1792, also zwei Tage nach dem Geschehen bei Valmy, stand in keinem ernstlichen Zusammenhang mit der merkwürdigen Kanonade, ebensowenig wie die am 21. September beschlossene Abschaffung des Königtums.

Erstaunlicherweise verweist man bis heute wiederholt auf eine Stelle aus einem Brief an Knebel vom 27. September 1792 als Beleg dafür, daß Goethe schon kurz nach Valmy die Bedeutung jenes Tages erkannt habe:

In diesen vier Wochen habe ich manches erfahren und dieses Musterstück von Feldzug gibt mir auf viele Zeit zu denken. Es ist mir sehr lieb daß ich das alles mit Augen gesehen habe und daß ich, wenn von dieser wichtigen Epoche die Rede ist sagen kann: et quorum pars minima fui [deren ganz kleiner Teil ich gewesen bin].

Aber diese Passage sagt etwas wesentlich anderes als jene Sentenz. Sie bezieht sich auf »dieses Musterstück von Feldzug« insgesamt und betont, ein literarisches Zitat variierend (Vergil, *Aeneis* II 6), die ›verantwortungslose‹ Position des nur Betrachtenden. (In der *Aeneis* berichtet Aeneas von den Leiden Trojas und beteuert, wie sehr er daran teilgehabt: »et quorum pars magna fui«.) Ferner sprach hier Goethe nur von sich selbst; in der Prophezeiung meinte er alle Beteiligten.

Als Goethe seit 1820 die autobiographische Darstellung seiner Teilnahme an Feldzug und Belagerung verfaßte, behielt er die Perspektive des Beobachters bei. Angriffslust hatte ihn nicht beeindruckt oder gar mitgerissen. Schon in den ersten Abschnitt, unter dem Datum des 23. August 1792, flocht er die Bemerkung ein, daß er sich »nicht so wütend erwies wie andere, die nach Frankreich hineinstürmten« (10, 194). Er beschrieb Zustände, wie er sie gesehen, und erzählte Vorgänge, an denen er teilgenommen hatte. Höchst kunstvoll komponierte er aus später Rück- und Überschau den Bericht über einst Beobachtetes und Erfahrenes zum literarischen Werk. Gegensätzliches rückte er zusammen und brachte es in eine bisweilen irritierende Schwebe; merkwürdige Kontraste schien er aus der fernen Distanz geradezu auszukosten; manche Einzelheiten erzählte er so, daß ihre zeichenhafte Bedeutung hervortrat, etwa jene Szene, an die er sich als eine »höchst tragische« erinnerte, wo vor den Füßen der hilflos zusehenden Schäfer die Herden umgebracht wurden (10, 200f.), oder den »französisch-ländlichen, idyllisch-homerischen Zustand« im Quartier zu Sivry, immerhin in Feindesland (10, 256ff.). Auch Ironie des Erzählers war am Werk, der Gegensätzliches zusammenstellte und es sich unausgesprochen relativieren ließ: Mochte der Leser sehen, wie er dazu stehe. Da hatte er gerade den Krieg als »Vortod« charakterisiert, der »alle Menschen gleich mache«, hatte gemeint, nun auch auf seine »leichte und doch mit vier requirierten Pferden bespannte Chaise« verzichten zu sollen, um sich zu Pferde Wetter und Wind auszusetzen, und berichtete sogleich danach (nicht ohne die passende oder unpassende launige Überleitung »Glückselig aber der, dem eine höhere Leidenschaft den Busen füllte«), wie ihn fortwährend die »Farberscheinung« in einer Quelle beschäftigte und er noch an Ort und Stelle »Vogel, der sich auch hier als treuen Kanzleigefährten erwies, ins gebrochene Konzept« diktiert habe; noch jetzt seien die Regenspuren im Manuskript zu sehen (10, 218f.).

Bewußt setzte er seine privaten naturkundlichen Interessen, denen er auch während der Kriegstage weiter nachging, gegen das militärische Geschehen und äußerte Betroffenheit und Verstörung über das, was er an Sinnlosem und Furchtbarem gesehen hatte. Gelegentlich würzte er die Darstellung mit anekdotenhaften und novellistisch zugespitzten Erzähleinlagen, wie etwa über die Marketenderin, die der Sippe der Brechtschen Mutter Courage angehören könnte (10, 248). Nie wieder hat sich Goethe so der Gefahr ausgesetzt, und zwar absichtlich, wie während dieses Feldzugs. Er wollte am eigenen Leibe erfahren, was der rauschhafte Zustand des »Kanonenfiebers« sei, ließ die Kugeln um sich einschlagen und spielte mit seinem Leben – wenn es denn tatsächlich so gewesen ist (kein Brief berichtet davon). Wirkungsvoll schließt sich die Szene mit der berühmten ›Prophezeiung‹ unmittelbar an (10, 233ff.). Den Bericht über Vormarsch und Rückzug rahmte er bedeutungsvoll ein mit der Würdigung des Monuments von Igel, eines alten römischen Bauwerks (10, 191f.; 283ff.). Die »Dauer dieses Monuments«, einer Schöpfung der Alten, verbürgte ihm Beständigkeit im Gegensatz zu den Wirren und Widrigkeiten dieser Wochen, im »vorübergegangenen flüchtigen Dasein«, und es zeugte in seiner Reliefkunst vom »wirklichen Leben«, wie es die Antike darzustellen wußte.

Gewiß suchte der autobiographische Berichterstatter, der nur locker die Form des Tagebuchs wahrte, dem Prinzip zu folgen, das er am Schluß der *Campagne* formulierte: daß der Dichter seiner Natur nach unparteiisch sein und bleiben müsse und sich von den Zuständen beider kämpfenden Teile zu durchdringen suche (10, 361); gewiß vermerkte er kritisch das Verhalten mancher Emigranten aus Frankreich, freute sich am Lebensstil französischer Einwohner und bedauerte ihr Los. Aber auf welcher Seite er das Recht der Geschichte sah, ließ er nirgends im Zweifel. Das »Unheil der französischen Staatsumwälzung« (10, 309) blieb ihm das grundsätzliche Übel, und die eventuell auch in deutschen Gebieten »von revolutionären Gesinnungen ergriffene Masse« (10, 289) hätte von verderblicher Ansteckung geheilt zu werden, und zwar durch entsprechendes Handeln der Regierenden (an deren Legitimität er nicht zweifelte), das stets auf das Wohl des Ganzen, auf Ordnung und ruhige Entwicklung gerichtet sein müßte. Goethe hat für die Niederschrift seiner Kriegserinnerungen viel dokumentarisches Material studiert, aber er hat es sich versagt, die seiner eigenen Ansicht konträren politischen Auffassungen radikaler Demokraten der damaligen Zeit auch nur zu skizzieren, was der beschworenen Unparteilichkeit des Dichters hätte zugute kommen können.

Der Rückzug der verbündeten Truppen ließ die Franzosen weit nach Osten vordringen. Jetzt beanspruchten die Revolutionsheere, »natürliche Grenzen« zu schaffen. Speyer, Worms, Mainz fielen, auch Frankfurt wurde im Oktober 1792 besetzt. Goethe nahm von Luxemburg aus den Weg nach Trier, wo er einige Tage der »Ruh und Bequemlichkeit nutze«, um »manches zu ordnen und aufzubewahren«, was er »in den wildesten Zeiten bearbeitet hatte«. Er rekapitulierte und redigierte seine »chromatischen Akten, zeichnete mehrere Figuren zu den Farbentafeln« und befaßte sich wieder mit seinen Aufzeichnungen über jenes Monument von Igel, das ihn schon auf der Hinreise zur Armee beeindruckt hatte. Im Alter hat er es nochmals beschrieben (*Das Igeler Monument*, WA 49.2, 35–45).

Über Pempelfort und Münster zurück nach Weimar

Goethes Plan, über Frankfurt nach Thüringen zurückzukehren, hatten die vordringenden Franzosen vereitelt. Statt dessen brachte ihn eine von den Eindrücken der Landschaft verschönte, aber auch mit abenteuerlichen Hindernissen angereicherte »Wasserfahrt« auf Mosel und Rhein nach Düsseldorf, wo sich ein mehrwöchiger Aufenthalt (vom 6. November bis 4. Dezember) bei Jacobis in Pempelfort anschloß. Im Auf und Ab der Beziehungen zwischen Goethe und Friedrich Heinrich Jacobi waren diese Wochen ein von freundschaftlicher Verbundenheit und gegenseitigem Gewährenlassen durchstimmtes Intermezzo. Nach Kriegswochen Ruhe zum ungestörten Gespräch, zum Austausch über Fragen der Literatur, Kunst und Philosophie, aber auch zur Wahrnehmung der persönlichen Besonderheiten der Gesprächspartner. Vergessen war die bitterböse Verspottung von Jacobis Roman *Woldemar*, die sich Goethe im Juli 1779 im Park von Ettersburg geleistet hatte, als er, der penetranten Gefühlsschwärmerei und des eitlen Seelenkultes überdrüssig, das Buch an eine Eiche nagelte. Auf Jacobis Empörung reagierte Goethe erst 1782 und bat um Verzeihung. 1784 war Jacobi in Weimar zu Besuch gewesen; 1785 hatten sie anläßlich Spinozas ihre unterschiedlichen Meinungen ausgetauscht. Das war noch vor der Italienreise gewesen. Jetzt, 1792, lagen bedeutsame Jahre hinter dem, der vom Kriegsschauplatz in Jacobis Haus der Musen und Philosophie in Pempelfort einkehrte.

Ich war mit jenen Freunden seit vielen Jahren nicht zusammengekommen, sie hatten sich getreu an ihrem Lebensgange gehalten, dagegen mir das wunderbare Los beschieden war, durch manche Stufen der Prüfung, des Tuns und Duldens durchzugehen, so daß ich, in eben der Person beharrend, ein ganz anderer Mensch geworden, meinen alten Freunden fast unkenntlich auftrat (10, 307).

So charakterisierte Goethe in der überleitenden »Zwischenrede« der *Campagne in Frankreich* die besondere Situation. Ein Bericht über die Düsseldorfer Woche schloß sich an, der eine bleibende Erinnerung an das »gastfreiste aller Häuser« (10, 316) zeichnete, in dem aber auch durchschimmerte, daß zu der Zeit, als der alte Goethe diese Blätter diktierte, längst das gegenseitige Verstehen unmöglich geworden war. Nach Jacobis Schrift von 1811, *Von den göttlichen Dingen und ihrer Offenbarung*, in der zwischen der Natur und Gott als dem Wesen, das sich nur in der übernatürlichen Offenbarung zu erkennen gebe, streng getrennt wurde, waren die unterschiedlichen Auffassungen nicht mehr zu versöhnen. Allenfalls Respekt und gegenseitige Schonung konnten bleiben. In einem Brief unmittelbar nach dem Abschied von

Düsseldorf 1792 klang es immerhin noch so: »Das Bild was ich von dir und dem Deinigen mitnehme ist unauslöschlich und die Reife unserer Freundschaft hat für mich die höchste Süßigkeit« (10.12.1792). Die späteren Erinnerungen Goethes betonten dagegen, daß bei ihm in der Pempelforter Zeit von 1792, trotz der freundschaftlichen Gesinnung auf allen Seiten, das Gefühl der Isoliertheit vorgeherrscht habe: »Man kann sich keinen isoliertern Menschen denken, als ich damals war und lange Zeit blieb« (10, 313). Dem Autobiographen, der die Entwicklungsstufen seines Lebens verdeutlichen wollte, lag daran, den Leser zu überzeugen, daß ihm seelenvoller Gefühlsausdruck und empfindsame Erbaulichkeit, wie sie noch die Atmosphäre bei Jacobis bestimmten, fremd geworden waren. Er hatte Jahre praktischer Tätigkeit hinter sich, das Grauen des Krieges noch vor Augen, war Naturforscher, wollte in Kunst und Literatur jenen »Stil«, der auf den »tiefsten Grundfesten der Erkenntnis ruht«, und war an subjektivem Gefühlsausdruck, den man in Pempelfort wünschte, nur noch mäßig interessiert, falls überhaupt. Nach Auskunft der *Campagne* fand er mit Partien aus einem geplanten Roman *Reise der Söhne Megaprazons* keinen Anklang, einem weiteren Versuch, die Revolution »dichterisch zu gewältigen«. Er hat ihn nie zu Ende geführt. Anknüpfend an die beliebte alte literarische Mode, abenteuerliche Fahrten in Fabelländer, zu fernen Trauminseln zu erzählen, wollte er Probleme der Gegenwart in ein phantasievolles Romangeschehen umsetzen. Einige Anspielungen sind aus den spärlichen Fragmenten auch herauszulesen; vom »Zeitfieber« ist die Rede, »das einige auch das Fieber der Zeit« und andere das »Zeitungsfieber« nennen und die Menschen dazu bringt, einer einzigen Meinung anzuhängen, die im Kopf »gleichsam die Achse« wird, »um die sich der blinde Wahnsinn herumdreht« (JA, 16, 372 f.); auch die Inseln, die auftauchen, und deren unterschiedliche Lebensverhältnisse konnte der Leser Gegenden seiner Zeit zuordnen. Aber viel gab das alles nicht her, und Goethe merkte bald, daß er in diesem Genre satirisch-lehrhafter Unterhaltungsliteratur nicht reüssieren konnte.

Goethe reiste noch weiter nördlich nach Münster in Westfalen und schaute unterwegs bei jenem Friedrich Victor Leberecht Plessing herein, den er als seinerzeit tief unglücklichen Menschen auf der Harzreise des Jahres 1777 in Wernigerode besucht hatte und der nun als Professor der Philosophie in Duisburg lehrte; Anlaß genug, in die *Campagne* Erläuterungen jener schwierigen Verse »Aber abseits wer ist's? / Ins Gebüsch verliert sich sein Pfad [...]« (*Harzreise im Winter*) einzuschalten (10, 321 ff.).

In Münster galt der Besuch einigen Menschen, mit deren katholischem Glauben Goethe keineswegs übereinstimmte, die ihn aber in ihrer besonderen Art der Frömmigkeit und Lebensbewältigung beeindruckten. Dort hatte sich Franz von Fürstenberg, eine Zeitlang Minister des Kölner Erzbischofs und Kurfürsten für den Münsterschen Gebietsteil und als aufgeklärter Kirchenmann seiner Zeit bekannt, intensiv um eine Reform des Bildungswesens gekümmert, um damit auch eine Verbesserung der wirtschaftlichen und politischen Lage des Landes zu erreichen. Seine Bemühungen, die zu neuen Schulordnungen und auch zur Gründung der Universität Münster im Jahre 1773 führten, wurden weithin beachtet. Durch den niederländischen Philosophen Frans Hemsterhuis erfuhr auch die Fürstin Amalia v. Gallitzin davon, deren Mann der diplomatische Vertreter Rußlands in den Niederlanden war. Nach enttäuschender Ehe zog sie 1780 wegen der Ausbildung ihrer beiden Kinder nach Westfalen. Bewußt katholisch, wünschte der ›Kreis von Münster‹ doch Kontakt auch zu Persönlichkeiten anderer Anschauungen. Toleranz war ein Element dieses katholischen Humanismus, die freilich nicht so weit ging, daß jedermann Zugang zu allen Büchern haben sollte. Generalvikar v. Fürstenberg verbot noch 1802 Schriften, die er unter katholischen Gesichtspunkten für schädlich hielt, darunter die *Römischen Elegien* und *Reineke Fuchs* (während eine Szene aus *Iphigenie* in ein Gymnasiallesebuch aufgenommen wurde). Zensur wie damals anderswo auch.

Gute Beziehungen der Münsteraner hatten sich zu Friedrich Jacobi in Düsseldorf entwickelt, der wiederum Kontakte mit Weimar, mit Hamann, Matthias Claudius und dem Emkendorfer Kreis in Holstein vermittelte. Der Freundschaftskult des 18. Jahrhunderts spielte dabei seine Rolle, der es auch erlaubte, Briefe an befreundete Dritte weiterzugeben und so neue Verbindungen zu knüpfen. Im September 1785 besuchten Fürstin Gallitzin, Franz v. Fürstenberg und Frans Hemsterhuis Weimar. Aber die persönliche Bekanntschaft gedieh erst nach anfänglichen Schwierigkeiten. »Mit der Gallizin und uns will es noch nicht fort. Ich weis nicht sie ist unter uns nicht am Platze. Mit den Männern geht es schon besser. [...] Wir wollen es ruhen lassen und nichts hetzen. Am Ende wird's sich zeigen« (an Ch. v. Stein, 21. u. 22.9.1785). Dann aber konnte Goethe Jacobi am 26. September schreiben: »Zuletzt hat es sich recht schön gegeben, und ich wünschte es ginge nun noch vierzehn Tage fort.«

Eindrucksvoll hat Goethe in der *Campagne in Frankreich* die wenigen Tage seines Aufenthalts in Münster (vom 7. bis 10. Dezember 1792) beschrieben (10, 335–366).

Den Zustand der Fürstin, nahe gesehen, konnte man nicht anders als liebevoll betrachten; sie kam früh zum Gefühl, daß die Welt uns nichts gebe, daß man sich in sich selbst zurückziehen, daß man in einem innern, beschränkten Kreise um Zeit und

Ewigkeit besorgt sein müsse. Beides hatte sie erfaßt; das höchste Zeitliche fand sie im Natürlichen, und hier erinnere man sich Rousseauischer Maximen über bürgerliches Leben und Kinderzucht. [...] So war es mit dem zeitlich Gegenwärtigen; das ewige Künftige hatten sie in einer Religion gefunden, die das, was andere lehrend hoffen lassen, heilig beteuernd zusagt und verspricht.

Aber als die schönste Vermittelung zwischen beiden Welten entsproßte Wohltätigkeit, die mildeste Wirkung einer ernsten Asketik; das Leben füllte sich aus mit Religionsübung und Wohltun (10, 336f.).

Auch an Frans Hemsterhuis, den Freund der Fürstin Gallitzin, der 1790 gestorben war, erinnerte er an dieser Stelle mit Sätzen, die die ähnliche und doch unterschiedliche Auffassung vom Schönen zusammenfaßten; kontemplatives Schauen beim holländischen Philosophen und zum eigenen tätigen Schaffen drängende Wahrnehmung des Schönen bei Goethe:

Das Schöne und das an demselben Erfreuliche sei, so sprach er sich aus, wenn wir die größte Menge von Vorstellungen in *einem* Moment bequem erblicken und fassen; ich aber mußte sagen: das Schöne sei, wenn wir das gesetzmäßig Lebendige in seiner größten Tätigkeit und Vollkommenheit schauen, wodurch wir, zur Reproduktion gereizt, uns gleichfalls lebendig und in höchste Tätigkeit versetzt fühlen. Genau betrachtet, ist eins und ebendasselbe gesagt, nur von verschiedenen Menschen ausgesprochen (10, 338f.).

Daß bei den Unterhaltungen ausgiebig über Hamann, den »Magus aus Norden« gesprochen wurde, war selbstverständlich, befand sich doch das Grab des 1788 hier Gestorbenen »in der Ecke des entlaubten Gartens« (10, 336). Auf einem kirchlichen Friedhof konnte in Münster der Protestant nicht beigesetzt werden; um Komplikationen zu vermeiden, sorgte die katholische Amalia v. Gallitzin auf ihrem Grundstück für seine letzte Ruhestätte.

Die Gesprächspartner vermieden es, sich wegen ihrer divergierenden Glaubenspositionen zu zerstreiten. Vielmehr beeindruckte es sie, die Versuche unterschiedlicher Lebensverwirklichung wahrzunehmen, die darin doch übereinstimmten, daß sie darauf ausgerichtet waren, auszubilden und zu fördern, was man als hilfreich und gut für den Menschen erkannte. Auf der Basis eines solchen Humanismus konnte man sich treffen, vielleicht auch einander verstehen, ohne mit Glauben und Ansichten des anderen einverstanden zu sein. Nach den Tagen im ›Kreis von Münster‹ soll Goethe geäußert haben, er finde sich »immer von neuem hingezogen zu jenen ächt katholischen Naturen, die, befriedigt im festen treuen Glauben und Hoffen, mit sich und anderen in Frieden leben, und Gutes thun aus keinen anderen Rücksichten, als weil es sich von selbst versteht und Gott es so will«. Vor solchen Naturen habe er dauernde Ehrfurcht und sie fast zum ersten Mal in seinem Leben vor der Fürstin Gallitzin und ihrem Freundeskreis empfunden (JbG 1981, 79).

Doch ist es nicht angebracht, die Gegensätze einzuebnen. Goethe hat sich in den Münsterschen Tagen 1792 wohl auch perfekt anzupassen verstanden. So hingerissen schilderte er das Fronleichnamsfest in Rom, »daß einige der Zuhörer leise fragten: *Ob dann Goethe katholisch sei*« (F. Jacobi an Goethe, 7.4.1793). Das Wort vom Heucheln ging um, das Frau v. Gallitzin vornehm abschwächte, da sie im Betragen des Gastes »nur zarte Schonung« sah, die sie »nicht *Heuchelei* nennen« mochte (an Goethe, 24.1.1795). Fast spöttisch antwortete Goethe auf Äußerungen über seine »Aufführung in Münster«, und dem Bild, das sich die Fürstin von ihm machte, widersprach er: »Ich wünschte ich käme mir selbst so harmonisch vor wie dieser schönen Seele« (an F. Jacobi, 17.4. und 1.2.1793). Nach den persönlichen Krisen des letzten Jahrzehnts, nach den Eindrücken des Kriegs und menschlichen Elends, am Beginn einer Lebensphase, die aufgrund der in Italien und den wenigen Jahren danach gewonnenen Einsichten erst noch aufzubauen war, und im beständigen Gefühl, im Grunde isoliert zu sein, da mußten ihm Vorstellungen eigener Harmonie ganz fremd sein.

In der späten *Campagne in Frankreich* schilderte er den Abschied in Münster: »Die bedeutenden Punkte des Lebens und der Lehre kamen abermals zur Sprache, ich wiederholte mild und ruhig mein gewöhnliches Credo, auch sie verharrte bei dem ihrigen« (10, 345). Das ist sehr sanft formuliert. In zeitgenössischen Äußerungen jener Jahre ließ er es an Deutlichkeit nicht fehlen. Das Glaubensgeschehen um Jesus war für ihn »das Märchen von Christus« (an Herder, 4.9.1788), und dem Wunderglauben eines Lavater setzte er »unser entschiedenes Heidentum« entgegen (an F. Jacobi, 7.7.1793). Niemand weiß, was er Frau v. Gallitzin als sein »Credo« bekannt und wie er es ausgedrückt hat. Aber vermuten kann man es. Ein höchstes Wesen anzunehmen, vom Göttlichen, auch von Gott zu sprechen und auf eine sinnvolle Ordnung des Ganzen, des Sichtbaren und Unsichtbaren, zu vertrauen war ihm lieb und geläufig. Dazu bedurfte er nicht des christlichen Auferstehungsglaubens und der kirchlichen Riten, die ihn zeitweilig faszinierten und dann wieder abstießen. Für ihn blieb entscheidend, was aus der Kraft eines Glaubens, die er respektieren, ja bewundern konnte, an Lebensförderlichem resultierte.

Vor Mainz 1793

Als Goethe im Dezember wieder in Weimar angekommen war, mußte er seiner Mutter in Frankfurt eine wichtige persönliche Entscheidung mitteilen. Nach dem Tod seines Onkels, des Schöffen Textor, wollte man ihm dort die Stelle eines Ratsherrn anbieten. Frau Rat hatte ihn in einem Brief informiert, der ihn »mitten im Getümmel des Krieges« erreichte. Am 24. Dezember 1792 formulierte er seine Absage. Seit vielen Jahren habe ihn der Herzog in Weimar so gut behandelt, »daß es der größte Undank sein würde meinen Posten in einem Augenblicke zu verlassen da der Staat treuer Diener am meisten bedarf«. Noch einmal besiegelte er seine Entscheidung für Weimar.

1817 verzichtete er dann auch auf das Frankfurter Bürgerrecht, aus ökonomischen Erwägungen. Denn seit dem Wiener Kongreß durfte man das Vermögen bei Aufgabe des Bürgerrechts ausführen, ohne den ›Zehnten Pfennig‹ zahlen zu müssen, und Goethe entging zudem der gerade damals beschlossenen Einkommenssteuer. Die Abgaben, die er seit 1806 zu leisten gehabt hatte, waren erheblich gewesen. Formal korrekt, behandelte die Stadt den Antrag ihres in Thüringen lebenden berühmten Bürgers juristisch kühl und distanziert, und etwas später schikanierte der Rat ihn in einer Hypothekenangelegenheit (JbG 1892). Die Frankfurter haben ihrem ›größten Sohn‹ seinen Austritt aus der Bürgerschaft lange verübelt. Mit der Ehrenbürgerwürde zeichneten sie ihn nicht aus, und 1829 mochte er sie, nach dem langen Säumen und den ärgerlichen Vorgängen, nicht mehr annehmen. Dem Gestalter der städtischen Anlagen, Guiolett, setzte man früher ein Denkmal als ihm, der sich zu Lebzeiten freilich auch so nicht verewigt sehen wollte. 1844 wurde dann, nach einem Entwurf Ludwig v. Schwanthalers, mit Hilfe von Spenden Frankfurter Bürger ein Goethe-Denkmal auf einem Platz errichtet, der auch den Namen dessen erhielt, der nur rund 20 Jahre seines Lebens in der Vaterstadt verbracht und sie nicht oft mehr besucht hat. Auf breitem, kubischem Sockel, der mit Reliefs allegorischer und anderer Szenen aus den Dichtungen umsäumt ist, die massige Gestalt des ›Olympiers‹, in wallendem Gewand, ehrfurchtgebietend, pompös, eine Pergamentrolle in der Rechten, in der Linken einen Lorbeerkranz. Heute steht das Denkmal an der Gallusanlage, ein Relikt.

Ein Vierteljahr war Goethe im Sommer 1793 wieder unterwegs (vom 12. Mai bis zum 22. August), um auf Wunsch des Herzogs die Belagerung von Mainz mitzuerleben. Der gleichnamige Bericht wahrt streckenweise viel strenger als die *Campagne in Frankreich* die Form des Tagebuchs, das sich auf Stichworte und knappe Erklärungen beschränkt. Aber auch einzelne Situationen aus der Zeit der Blockade und danach rief der alte Memoirenschreiber in Erinnerung. Besonders eindrucksvoll geriet die Schilderung des Ein- und Auszugs der Zurückkehrenden und Abziehenden nach der Kapitulation und Übergabe der Stadt (10, 385 ff.). Goethe erzählt dabei auch, wie er verhindert habe, daß Gegner der republikanisch gesinnten Mainzer nun, nach der Wendung der Dinge, Selbstjustiz an vermeintlichen oder wirklichen »Klubisten«, Mitgliedern und Anhängern des Jakobinerklubs, übten. Auf eine erstaunte Frage nach den Gründen seiner Handlungsweise habe er geantwortet: »Es liegt nun einmal in meiner Natur, ich will lieber eine Ungerechtigkeit begehen, als Unordnung ertragen« (10, 391). So ehrenhaft Goethes Verhalten als privat praktizierte Humanität erscheint, so ist sein gern zitierter Ausspruch vertrackter, als er beim ersten Lesen zu erkennen gibt. Denn wie hier Gerechtigkeit und Ungerechtigkeit verteilt werden, kann uns nachdenklich machen. Goethes Satz bezieht sich nämlich auf eine Stelle wenige Seiten vorher, als er einen ausgewanderten, jetzt heimkehrenden Mainzer, der »den zurückgelassenen Klubisten Tod und Verderben zu bringen schwor«, energisch zurechtwies: »Die Bestrafung solcher schuldigen Menschen müsse man den hohen Alliierten und dem wahren Landesherrn nach seiner Rückkunft überlassen« (10, 386). Daß das Recht auf seiten der Mainzer Jakobiner liegen könne und dem »wahren Landesherrn«, dem absolutistischen Herrscher, im Namen der Gerechtigkeit ein Anspruch auf Bestrafung ganz und gar nicht zustehe, kam Goethe nicht in den Sinn. Für Georg Forster jedenfalls gehörte der geflüchtete Kurfürst von Mainz, der feudal zu leben wußte, zu der Sorte der »frechen Gebieter«, deren Herrschaft *ihn* zu der prinzipiellen Frage veranlaßte: »Tugend und Gerechtigkeit, Vernunft und Wahrheit gelten nur für die Tyrannen und niemals wider sie?« (*Darstellung der Revolution in Mainz*, Werke III, 1970, 692). Übrigens widerspricht ein Brief, den Goethe am 27. Juli 1793 aus Mainz an Jacobi schrieb, wortwörtlich der später in den Memoiren behaupteten Version, er habe sich den Übergriffen widersetzt und sie verabscheut. Am ersten Tag des Auszugs, so Goethe 1793, seien viele »Clubbisten« noch durchgekommen.

Schon am Abend aber schickte die Bürgerschafft eine Liste derer die sich vorbereiteten morgens mit den Franzosen der zweyten Abtheilung auszuziehen und verlangte ihre Arrettirung. Das geschah auch durch ein Commando, sie wurden aus der Colonne herausgenommen ohne daß die Franzosen sich widersetzten. Das Volck fing an durch die Straßen zu laufen und sich derer zu bemächtigen die noch zurück geblieben waren. Es ward geplündert und man legte sich auch darein und nahm diese auch noch in Empfang. Der *Modus* daß man die Sache gleichsam dem Zufall überließ und die Gefangennehmung von unten herauf bewirckte, deucht mich gut. Das Unheil das diese Menschen angestiftet haben ist groß. Daß sie nun von den Franzosen verlassen worden, ist recht der Welt Lauf und mag unruhigem Volck zur Lehre dienen.

Freilich: Die Zuweisung des Unrechts an Franzosen und Mainzer Jakobiner verbindet Brief und spätere Darstellung.

Wir Heutigen haben Grund, uns an jene kurze Phase der Mainzer Republik im Jahr 1793 zu erinnern, an den gescheiterten Versuch, zum ersten Mal auf deutschem Gebiet Volkssouveränität zu verwirklichen und ein demokratisches Gemeinwesen zu begründen. Er ist nicht nur gescheitert, weil Mainz zurückerobert wurde, sondern auch, weil die Mehrheit der Bevölkerung, in einer besetzten Stadt lebend und ungewiß über den Ausgang des militärischen Konflikts, noch nicht für eine neue Ordnung gewonnen werden konnte. Zwar wurde am 23. Oktober 1792 die »Gesellschaft der Freunde der Freiheit und Gleichheit« gegründet, aber ihre Aufklärungsarbeit brachte nur geringe Erfolge. Bei der Wahl für die verfassunggebende Versammlung am 26. Februar 1793 – der ersten Wahl auf deutschem Boden, die nach bürgerlich-demokratischen Grundsätzen stattfand – beteiligten sich nur etwa 13 Prozent. Dennoch trat am 17. März der »Nationalkonvent der freien Deutschen diesseits des Rheins« zusammen und proklamierte das Gebiet zwischen Landau, Bingen und Mainz als »freien, unabhängigen, unzertrennlichen Staat«. Kurz darauf beschloß man den Anschluß der Republik an Frankreich. Als ›separatistisch‹ kann dieses Votum nur ansehen, wer die Idee der Freiheit dem Nationalgedanken unterordnet. Die unabhängige Mainzer Republik hat nur knapp zwei Wochen existiert. Am 30. März bestätigte Frankreich die Angliederung, und mit der Rückeroberung der Stadt durch die monarchischen Truppen am 23. Juli 1793 war das ganze spannungs- und widerspruchsvolle republikanische Zwischenspiel in Mainz zu Ende. Als 1797 wiederum die Franzosen einrückten, konnten die geflohenen Jakobiner zwar zurückkehren, aber unter dem Direktorium in Paris und der sich ausbildenden Herrschaft Napoleons waren neue Bedingungen gegeben, die die kurze Zeit des Mainzer Demokratieversuchs Episode bleiben ließen. Und sie wurde vergessen. Es bedurfte in unseren Jahren eines Theaterstücks von Rolf Schneider (während sich die ›Jakobinerforschung‹ in der Wissenschaft schon etabliert hat), um die Bewohner der jetzigen rheinland-pfälzischen Landeshauptstadt und nicht nur sie an frühe demokratische Bestrebungen in ihren Mauern zu erinnern, die aus dem deutschen Geschichtsbewußtsein verdrängt worden sind. Schneiders *Die Mainzer Republik* (1980) ist freilich auch ein Lehrstück darüber, daß Demokratie nicht aufgezwungen werden kann und die eigenen Spielregeln nicht verletzen darf, wenn sie überzeugen will.

Auch vor Mainz konnte Goethe seine privaten Arbeiten fortsetzen. Aus dem »Lager Marienborn« schickte er Jacobi am 24. Juli »die Lehre der farbigen Schatten«, und das Epos *Reineke Fuchs* hatte er bei sich, um weiter an ihm zu bessern. »Ich komme nun fast nicht mehr vom Zelte weg, corrigire an Reineke und schreibe optische Sätze« (an Herder, 15.6.1793). Schon im Frühjahr 1793 hatte er in Weimar aus seiner Bearbeitung der alten Tierdichtung vom listenreichen Fuchs vorgelesen. Es war eine »zwischen Übersetzung und Umarbeitung schwebende Behandlung« (*Annalen* zu 1793), die er an der Vorlage vornahm. Von Jugend an kannte er den Stoff, der seit dem Mittelalter vielfach gestaltet worden war. Gottsched hatte 1752 den niederdeutschen *Reinke de vos*, eine Dichtung in kurzen Reimpaaren, die 1498 in Lübeck erschienen war, herausgegeben und mit einer Prosaübersetzung versehen. Nicht nur diese Ausgabe lag Goethe vor, sondern auch wohl eine 1485 in Delft publizierte Fassung in Prosa, die 1783 wiedergedruckt worden war (die *Historie van reynaert de vos*). Erstaunlicherweise wählte er nun für seine Nachdichtung der volkstümlichen, schwankhaften Geschichte das Versmaß des Hexameters, das große Epen der Weltliteratur auszeichnete, Homers *Ilias* und *Odyssee*, Vergils *Aeneis*, auch Klopstocks *Messias*. Johann Heinrich Voß, Übersetzer antiker Epen, hatte jedoch auch für längere erzählende Dichtungen, die Situationen aus dem Leben des Bürgers und des einfachen Volkes gestalteten, den antiken Hexametervers benutzt (*Luise, Die Leibeigenen, Die Freigelassenen, Die Bleicherin*). Goethe kam der geräumige, bewegliche Vers, den er sich schon für die *Römischen Elegien*, die *Venetianischen Epigramme* und einige andere Gedichte angeeignet hatte, gut zustatten, weil er einem behäbig-unterhaltsamen, auf Einzelheiten sich einlassenden Erzählen Platz gab und zugleich eine Kunstform mit der Würde der Antike war.

Diesen sechshebigen Vers, der zwischen den betonten Silben variierende Füllungen zuließ, behandelte Goethe nun mit einer Lockerheit, an der Verstheoretiker, die auch im deutschen Hexameter die (auf ganz anderen Prinzipien beruhenden) Regeln der alten Sprachen streng beachtet sehen wollten, Anstoß nahmen. Voß hatte 1781 seine Übersetzung der *Odyssee* vorgelegt und präzisierte in der Vorrede zur 1789 erschienenen Hexameter-Übertragung von Vergils *Georgica* die Grundsätze, die zu befolgen seien. Goethe quälte sich zwar mit diesen theoretischen Anweisungen herum, konnte aber nicht viel damit anfangen und ließ sich zum Glück bei der eigenen Formung des *Reineke Fuchs* nicht davon beeinflussen. Was Voß, »dessen Ernst man nicht verkennen konnte«, vorgetragen habe, seien für ihn »sibyllinische Blätter« geblieben, notiert er noch in der *Campagne in Frankreich* (10, 360).

Aus den vier Büchern der Vorlage mit ihren fast 7000 paarweise reimenden

Knittelversen wurden in Goethes Neufassung zwölf »Gesänge« mit 4312 Hexametern. Wilhelm v. Humboldts Urteil traf und trifft zu:

Im einzelnen hat er fast nichts abgeändert, oft dieselben Worte gelassen, aber dennoch ist das Ganze durch ihn schlechterdings etwas anderes geworden. Dasjenige nämlich, was eigentlich poetische Form daran ist, dasjenige, wodurch es zu der Phantasie des Lesers spricht und seinen ästhetischen Sinn rührt, gehört ihm ganz und ganz allein. [...] Wodurch Goethe dies bewirkt hat, ist schwer zu bestimmen, und ich habe an einzelnen Stellen vergeblich darüber gegrübelt. Das Silbenmaß, das es dem Griechischen näherbringt, tut viel, aber da es so äußerst lose und leicht behandelt ist, auch wieder nicht viel. Die Hauptsache liegt wohl in der Sprache, in dem Periodenbau, endlich und vorzüglich in der Behandlungsart des Genies, die sich nicht einzeln und mit Worten bestimmen läßt (an Schiller, 27.2.1796).

Schon eine bloße Gegenüberstellung weniger Anfangsverse des niederdeutschen *Reinke de vos*, der Gottschedschen Prosafassung und der Goetheschen Nachdichtung läßt die Gestaltungskraft, die die neuen Verse füllte und formte, erkennen (2, 685 f.):

Reinke de vos:

> Id gheschach up einen pynkste dach,
> Das men de wolde un velde sach
> Grone staen mit loff un graß,
> Un mannich vogel vrolig was
> Myt sange, in haghen un op bomen;
> De krude sproten und de blomen,
> De wol röken hier un dar:
> De dach was schone, dat weder klar.
> Nobel, de Konnynck van allen deeren,
> Held hoff, un leet den uthkreyeren
> Syn lant dorch over al.
> Dar quemen vele heren mit grotem schal;
> Ok quemen to hove vele stolter ghesellen,
> De men nich alle konde tellen:
> Lütke de kron, un Marquart de hegger,
> Ja, desse weren dar alle degger.

Gottsched:

Es war eben an einem Pfingsttage, als man Wälder und Felder, mit Laub und Gras gezieret sah; und mancher Vogel sich in Gebüschen und auf Bäumen, mit seinem Gesange fröhlich bezeugte. Die Kräuter und Blumen sprosseten überall hervor, und gaben den lieblichsten Duft von sich. Der Tag war heiter, und das Wetter schön: als Herr Nobel, der König aller Thiere, seinen Hof hielt, und durch sein ganzes Land überall ausrufen ließ, daß man sich daselbst versammeln sollte. Darauf erschienen nun viel große Herren mit starkem Gefolge, und eine unzählbare Menge stolzer Junker; Lütke, der Kranich, Marquart, der Heher, und viele andre mehr.

Goethe:

Pfingsten, das liebliche Fest, war gekommen; es grünten und blühten
Feld und Wald; auf Hügeln und Höhn, in Büschen und Hecken
Übten ein fröhliches Lied die neuermunterten Vögel;
Jede Wiese sproßte von Blumen in duftenden Gründen,
Festlich heiter glänzte der Himmel und farbig die Erde.

Nobel, der König, versammelt den Hof; und seine Vasallen
Eilen gerufen herbei mit großem Gepränge; da kommen
Viele stolze Gesellen von allen Seiten und Enden,
Lütke, der Kranich, und Markart, der Häher, und alle die Besten (2, 285).

Listig und verschlagen, frech und dreist entgeht Reineke Fuchs allen Anklagen, Verfolgungen und Verurteilungen und verficht rücksichtslos, mit Witz und Heimtücke seine Interessen. Am Ende wird er gar beim König der Tiere zum »Kanzler des Reichs« ernannt. Aber auch die anderen sind keine Unschuldslämmer. Eine »unheilige Weltbibel« (*Annalen* zu 1793) ist es, die hier aufgeschlagen wird. Jahrhunderte hindurch bediente man sich der Geschichten mit Reineke Fuchs, um in allegorischer Form Kritik zu üben und moralische Lehren zu vermitteln. Was sich unter den Tieren abspielte, ließ sich auf mannigfache Gesellschaftsverhältnisse und menschliche Verhaltensweisen beziehen. Was am Hofe des Löwen Nobel, des Königs der Tiere, vorging, taugte dazu, als Hof- und Regentenspiegel gestaltet und gelesen zu werden. In Goethes Nachdichtung fehlen die direkten Anspielungen und lehrhaften moralischen Nutzanwendungen. Ihm war die alte Dichtung in den Jahren nach der Revolution ein Lesebuch menschlicher Unzulänglichkeiten, in dem zu blättern und es neu zu schreiben vergnüglich war. »Denn wenn auch hier das Menschengeschlecht sich in seiner ungeheuchelten Tierheit ganz natürlich vorträgt, so geht doch alles, wo nicht musterhaft, doch heiter zu, und nirgends fühlt sich der gute Humor gestört« (*Campagne in Frankreich*; 10, 359f.). Das Epos *Reineke Fuchs*, erstmals erschienen im zweiten Band der *Neuen Schriften* 1794, paßte durchaus zu den anderen ›Revolutionsdichtungen‹ Goethes. Aus ihm ließ sich sowohl Kritik an fragwürdiger Staatsführung und Hofhaltung als auch an den die Köpfe verwirrenden Revolutionsideen herauslesen. Auf diese jedenfalls zielten einige Verse, die auch die Lesart einer Kritik an denen gestatteten, die auf verblendete Weise ihre Herrschaft ausübten:

Doch das Schlimmste find' ich den Dünkel des irrigen Wahnes,
Der die Menschen ergreift: es könne jeder im Taumel
Seines heftigen Wollens die Welt beherrschen und richten.
Hielte doch jeder sein Weib und seine Kinder in Ordnung,
Wüßte sein trotzig Gesinde zu bändigen, könnte sich stille,
Wenn die Toren verschwenden, in mäßigem Leben erfreuen.
Aber wie sollte die Welt sich verbessern? Es läßt sich ein jeder
Alles zu und will mit Gewalt die andern bezwingen.
Und so sinken wir tiefer und immer tiefer ins Arge.
Afterreden, Lug und Verrat und Diebstahl, und falscher
Eidschwur, Rauben und Morden, man hört nichts anders erzählen.
Falsche Propheten und Heuchler betriegen schändlich die Menschen
                                                    (VIII 152 ff.).

Die Schlußzeilen der Gesänge verkündeten, altertümlichen Tonfall imitie-
rend und parodierend, eine hausbackene Lehre, die allzeit preiswert ist und
die der Nachdichter den Lesern augenzwinkernd mit auf den Weg gab,
sicherlich doch wissend, daß es so einfach nicht ist, die richtige »Weisheit« zu
finden und jeweils zu erkennen, was das »Böse« ist und welche »Tugend« zu
wünschen sei:

Hochgeehrt ist Reineke nun! Zur Weisheit bekehre
Bald sich jeder und meide das Böse, verehre die Tugend!
Dieses ist der Sinn des Gesangs, in welchem der Dichter
Fabel und Wahrheit gemischt, damit ihr das Böse vom Guten
Sondern möget und schätzen die Weisheit, damit auch die Käufer
Dieses Buchs vom Laufe der Welt sich täglich belehren.
Denn so ist es beschaffen, so wird es bleiben, und also
Endigt sich unser Gedicht von Reinekens Wesen und Taten.
Uns verhelfe der Herr zur ewigen Herrlichkeit! Amen.

Wie auf der Hinreise zur Belagerung von Mainz blieb Goethe auch auf dem
Rückweg einige Tage bei der Mutter in Frankfurt, das die Franzosen Ende
1792 wieder geräumt hatten. In den Augusttagen besprachen beide den
Verkauf des Hauses im Großen Hirschgraben, zu dem er ihr riet; »aber
übereilen wollen wir solche Hauptstücke nicht«, ließ sie ihn wissen
(6.9.1793). In der Folgezeit wurde das Verzeichnis der väterlichen Bibliothek angefertigt, und um den günstigsten Verkauf der großen Weinvorräte
kümmerte sich die lebenstüchtige Frau geschickt und umsichtig. »Wenn ich
10000 f vor den gantzen Keller kriege, so hätte groß Lust sie weg zu geben –
wollen sehn – aber fort müßen sie« (7.1.1794). Mitte 1795 war alles
abgewickelt. Sohn und Schwiegersohn Schlosser hatten sich die Bücher

auswählen können, die sie haben wollten; Haus und Weine waren verkauft; der Auszug aus dem Hirschgraben und der Einzug in die Wohnung mit der schönen Aussicht im »Goldenen Brunnen« am Roßmarkt waren so glücklich abgelaufen, schrieb Frau Aja, »daß ich wenig oder gar keine Ungemächlichkeit davon empfunden habe – zwey Preußische Soldaten haben mir alles hin getragen – weder Schreiner noch Fuhrwerck habe ich nöthig gehabt und nicht das mindeste ist beschädigt worden« (24. 8. 1795). Wolfgang erhielt von den alten Weinbeständen noch eine spezielle Sendung als Geschenk sowie 1000 Gulden vom Erlös der Weine. Insgesamt konnte die Mutter ihren Erben nur noch die Hälfte des einstigen väterlichen Vermögens hinterlassen; das andere war verbraucht worden. 22 252 Gulden gingen als Erbe an den Sohn.

Die Allianz mit Schiller

Das glückliche Ereignis

1794 war das Jahr, in dem der intensive Gedankenaustausch und die literarische Zusammenarbeit Goethes und Schillers begannen. Seit dem ersten flüchtigen Zusammentreffen im Haus der Lengefelds in Rudolstadt am 7. September 1788 waren beinahe sechs Jahre vergangen. Der ›Stürmer und Dränger‹, als der sich der um zehn Jahre jüngere Dichter der *Räuber* anfangs präsentierte, war dem Weimarer Goethe suspekt gewesen. Auch die folgenden Dramen bis zum *Don Carlos* konnten ihn nicht geneigter stimmen. So hielt er jahrelang bewußt Distanz zu jenem Autor, dessen »wunderliche Ausgeburten« (10, 538) ihn zu sehr an die unruhige Phase der eigenen Jugend erinnerten, die er hinter sich gelassen hatte. Als er aus Italien zurückkehrte, wohnte Schiller seit Juli 1787 in Weimar; doch zu näherem Kontakt kam es nicht. Zwar förderte Goethe die Ernennung Schillers zum Professor der Geschichte in Jena, wohin dieser im Mai 1789 umzog, aber das änderte nichts an der Fremdheit der beiden Männer. Man begegnete sich gelegentlich, und dabei blieb es.

Schiller hatte den berühmten Dichter des *Götz* und des *Werther* zum ersten Mal gesehen, als der Weimarer Herzog mit seiner Begleitung im Dezember 1779 auf der Rückreise aus der Schweiz die »Hohe Karlsschule« in Stuttgart besuchte. Eine merkwürdige Konstellation: der zwanzigjährige Eleve, der die Flucht aus den Zwängen des Württemberger Herrschers und ruhelose Jahre noch vor sich hatte, und der (äußerlich) etablierte Geheime Rat. Wenn Schiller dann in der Weimarer und Jenaer Zeit seit 1787 auf Goethe zu sprechen kam, mischten sich Töne der Bewunderung und des Neides, der schroffen Ablehnung und der geheimen Werbung. Er mokierte sich darüber, wie Goethes Geist alle Menschen, die sich zu seinem Zirkel zählten, gemodelt habe. Eine »stolze philosophische Verachtung aller Spekulation« und Beschränktheit auf die fünf Sinne sei ihnen eigen. »Da sucht man lieber Kräuter oder treibt Mineralogie, als daß man sich in leeren Demonstrationen verfinge.« Das schrieb er nach einem Besuch in Goethes

Garten, dessen Haus Knebel bewohnte, als der Eigentümer in Italien war (an Körner, 12. 8. 1787). Gleichwohl feierte er den Geburtstag des Abwesenden im Garten am Stern fleißig mit. »Wir fraßen herzhaft, und Goethens Gesundheit wurde von mir in Rheinwein getrunken. Schwerlich vermutete er in Italien, daß er mich unter seinen Hausgästen habe, aber das Schicksal fügt die Dinge gar wunderbar« (an Körner, 29. 8. 1787).

Schiller fühlte sich angezogen und abgestoßen; nur gleichgültig konnte er dem so oder so imponierenden Älteren gegenüber nicht sein.

Goethe ist jetzt bei Ihnen. Ich bin ungeduldig, ihn zu sehen (an Ridel, 7. 7. 1788).

Öfters um Goethe zu sein würde mich unglücklich machen. [...] Ich glaube in der Tat, er ist ein Egoist in ungewöhnlichem Grade. [...] Ein solches Wesen sollten die Menschen nicht um sich herum aufkommen lassen. Mir ist er dadurch verhaßt, ob ich gleich seinen Geist von ganzem Herzen liebe und groß von ihm denke (an Körner, 2. 2. 1789).

Dieser Mensch, dieser Goethe, ist mir einmal im Wege, und er erinnert mich so oft, daß das Schicksal mich hart behandelt hat. Wie leicht ward *sein* Genie von seinem Schicksal getragen, und wie muß *ich* bis auf diese Minute noch kämpfen! (an Körner, 9. 3. 1789)

Es gab genug Zeitgenossen, denen Goethe befremdlich erschien, kalt, steif, stolz, selbstbezogen, sich verschließend, sein wahres Innere verbergend, insgesamt rätselhaft. Er selbst fühlte sich gerade in der nachitalienischen Zeit unverstanden, litt unter der Isolierung und verstärkte sie selbst im Gefühl des Unverstandenseins um so mehr. Zuweilen flüchtete er in die maskenhaften Rollen, die ihm seine Stellung als bekannter, respektheischender Autor und geadelter Geheimrat anbot. Wahrscheinlich war die Vermutung Friedrich Münters, des Bruders der Friederike Brun, nicht so falsch, die er nach einem Besuch in sein Tagebuch eintrug (5. 7. 1791): Er habe Goethe zwar viel freundschaftlicher als sonst gefunden, aber immer noch kalt, wie er es gegen jeden ist. »Er ist ein sehr unglücklicher Mensch. Muß beständig mit sich selbst in Unfrieden leben« (Bo I 429).

Schiller war der Unterschied, der ihn in Denk- und Auffassungsweise von dem in Haßliebe Umworbenen trennte, sehr bewußt. Von »zwei Geistesantipoden« sprach ebenfalls Goethe im späten Rückblick (10, 540). »Seine Philosophie«, erläuterte Schiller seinem Freund Körner am 1. November 1790 »mag ich auch nicht ganz: sie holt zuviel aus der Sinnenwelt, wo ich aus der Seele hole. Überhaupt ist seine Vorstellungsart zu sinnlich und *betastet* mir zuviel. Aber sein Geist wirkt und forscht nach allen Direktionen und strebt, sich ein Ganzes zu erbauen – und das macht mir ihn zum großen

Mann.« Mit einem »übrigens« schloß er hier spöttische Bemerkungen über Goethes Verhältnis zu Christiane Vulpius an. »Sein Mädchen ist eine Mamsell Vulpius, die ein Kind von ihm hat und sich nun in seinem Hause fast so gut als etabliert hat.« Eine mögliche Heirat zog er ins Lächerliche. »Es könnte mich doch verdrießen, wenn er mit einem solchen *Geniestreich* aufhörte, denn man würde nicht ermangeln, es dafür anzusehen.« Im späteren Briefwechsel mit Goethe existierte Christiane befremdlicherweise so gut wie nicht. Einmal wagte er es, sie »jemand aus Ihrem Hause« zu nennen, ein andermal die »Kleine« (9. 5. 1800; 16. 12. 1802). Der Adressat hat es schweigend hingenommen.

Der Bann wurde gebrochen, als Schiller am 13. Juni 1794 mit der förmlichen Anrede »Hochwohlgeborner Herr, Hochzuverehrender Herr Geheimer Rat« Goethe schriftlich einlud, an der neu gegründeten Zeitschrift *Die Horen* als Autor und Gutachter mitzuarbeiten. Die Zusage ließ nicht auf sich warten: »Ich werde mit Freuden und von ganzem Herzen von der Gesellschaft sein« (24. 6. 1794). Nur ein gutes Jahrzehnt blieb beiden für Gedankenaustausch und gemeinsames Wirken, für gegenseitige Anregung und fördernde Kritik.

Im hohen Alter, viele Jahre nach dem Tod des Weggenossen der Jahre 1794 bis 1805, hat Goethe verschiedentlich vor aller Öffentlichkeit die Bedeutung der freundschaftlichen Zeit mit Schiller gewürdigt. In seiner Zeitschrift *Zur Naturwissenschaft überhaupt, besonders zur Morphologie* schloß er 1817 die Abhandlung *Die Metamorphose der Pflanzen* mit einigen Seiten, auf denen er über die Schwierigkeiten des Zueinanderfindens und über ein Gespräch mit Schiller nach einer Sitzung der »Naturforschenden Gesellschaft« in Jena 1794 berichtete, das die nähere Bekanntschaft eröffnet habe. Unter der Überschrift *Glückliches Ereignis* wurden diese Erinnerungen zugleich im *Morgenblatt für gebildete Stände* (9. 9. 1817) gedruckt. – Der Briefwechsel zwischen beiden, den Goethe selbst herausgab und der 1829 vorlag, sollte ein autobiographisches Dokument (anschließend an die Zeit der Kampagne und Belagerung) und ein Denkmal des Bundes mit Schiller sein. – In den *Tag- und Jahresheften als Ergänzung meiner sonstigen Bekenntnisse* (den *Annalen*), die als Band 31 und 32 der »Ausgabe letzter Hand« 1830 erschienen, hob er gleichfalls das besondere Ereignis des Jahres 1794 hervor. Seit der ersten Annäherung sei es »ein unaufhaltsames Fortschreiten philosophischer Ausbildung und ästhetischer Tätigkeit« gewesen. »Für mich war es ein neuer Frühling, in welchem alles froh nebeneinander keimte und aus aufgeschlossenen Samen und Zweigen hervorging« (10, 444).

Besonders der Gedenkaufsatz *Glückliches Ereignis* ist gern als wahrheitsgetreue Darstellung der entscheidenden persönlichen Begegnung Goethes und Schillers im Sommer 1794 angesehen worden. Sie seien, so erinnerte sich Goethe, nach einer Sitzung der »Naturforschenden Gesellschaft« ins Gespräch gekommen. Auf Schillers Bemerkung, »eine so zerstückelte Art die Natur zu behandeln« könne den Laien nicht erfreuen, habe er erwidert, es gebe auch die Möglichkeit, »die Natur nicht gesondert und vereinzelt vorzunehmen, sondern sie wirkend und lebendig, aus dem Ganzen in die Teile strebend darzustellen«. Schiller habe Näheres zu hören gewünscht. Was Goethe dann berichtete, ist viele Male zitiert worden:

Wir gelangten zu seinem Hause, das Gespräch lockte mich hinein; da trug ich die Metamorphose der Pflanzen lebhaft vor, und ließ, mit manchen charakteristischen Federstrichen, eine symbolische Pflanze vor seinen Augen entstehen. Er vernahm und schaute das alles mit großer Teilnahme, mit entschiedener Fassungskraft; als ich aber geendet, schüttelte er den Kopf und sagte: »Das ist keine Erfahrung, das ist eine Idee.« Ich stutzte, verdrießlich einigermaßen: denn der Punkt, der uns trennte, war dadurch aufs strengste bezeichnet (10, 540f.).

Obwohl sie weiter gestritten hätten und sich keiner für den Sieger hätte halten können, sei mit diesem Disput doch der erste Schritt aufeinander zu getan gewesen. Wenn Schiller für eine Idee hielt, was er als Erfahrung aussprach, so folgerte Goethe, dann »mußte doch zwischen beiden irgend etwas Vermittelndes, Bezügliches obwalten!«

Mit Fug und Recht darf man bezweifeln, ob Goethes später Bericht von 1817 den Tatsachen von einst entsprach. Zwar erfaßte er genau und auf zitierwürdige Weise die Unterschiede ihrer Anschauungsart, aber erläuterte eher die Gründe der jahrelangen Distanz zwischen ihnen beiden, als daß er ihr Zueinanderfinden erklärte. Zudem gehörten die Erinnerungsblätter *Glückliches Ereignis* in den Umkreis naturwissenschaftlicher Überlegungen und dienten der Verdeutlichung der Goetheschen Position. Dokumente aus dem Jahre 1794 selbst geben andere Auskunft. Am 24. Juni sagte Goethe seine Mitarbeit an den *Horen* zu. Am 25. Juli, in seinem nächsten Brief, versicherte er, daß er sich »auf eine öftere Auswechslung der Ideen« lebhaft freue. Also hat zwischen jenen beiden Terminen ein Gespräch stattgefunden, das zur Fortsetzung des Gedankenaustauschs ermunterte. Auf diese Unterhaltung bezog sich die Partie in Schillers Brief vom 1. September 1794 an Christian Gottfried Körner:

Bei meiner Zurückkunft fand ich einen sehr herzlichen Brief von Goethe, der mir nun endlich mit Vertrauen entgegenkommt. Wir hatten vor sechs Wochen über Kunst und Kunsttheorie ein langes und breites gesprochen und uns die Hauptideen mitgeteilt, zu denen wir auf ganz verschiedenen Wegen gekommen waren. Zwischen diesen Ideen fand sich eine unerwartete Übereinstimmung, die um so interessanter war, weil sie wirklich aus der größten Verschiedenheit der Gesichtspunkte hervorging. Ein jeder konnte dem andern etwas geben, etwas ihm fehlte, und etwas dafür empfangen.

Das ist plausibel. Gewiß war es die Übereinstimmung der Ideen über »Kunst und Kunsttheorie«, die beide offenbar während eines Zusammenseins bei Wilhelm v. Humboldt erkannten (Humboldts Tagebuch zum 22. 7. 1794: »Abends assen Schillers und Göthe bei uns«), die zur endlichen Annäherung führte. Da mochte dann auch unter den Stichworten »Erfahrung« und »Idee« der grundsätzliche Unterschied in Denk- und Auffassungsweise zur Sprache kommen und weitere Überlegungen veranlassen. In den Briefen an andere bekräftigte Schiller damals die Harmonie in Fragen der Kunst und erwähnte zugleich, aber weniger nachdrücklich, das Interesse an der Naturforschung des neuen Partners.

Überhaupt bin ich in diesem Sommer endlich mit Göthen genau zusammen gekommen, und es vergeht keine Woche, daß wir einander nicht sehen oder schreiben. [...] In naturhistorischen Dingen ist er trefflich bewandert und voll großer Blicke, die auf die Ökonomie des organischen Körpers ein herrliches Licht werfen. [...] Über die Theorie der Kunst hat er viel gedacht und ist auf einem ganz andern Wege als ich zu den nämlichen Resultaten mit mir gekommen(an F. W. D. Hoven, 22. 11. 1794).

Die verschiedenen Wege, die sie gegangen, sind deutlich: Hatte Goethe seine Auffassung von »Stil« und »Schönheit«, innerer Gesetzlichkeit und Eigenwert der Kunst in der Anschauung klassischer Werke der Antike und ihrer Nachfolger gewonnen, so war Schiller weit mehr durch die Anstrengung theoretischen Nachdenkens zu ähnlichen Ergebnissen gelangt. Dabei wurde auch er von der idealisiert gesehenen Kunst der Alten inspiriert und wähnte in der verklärten Antike den harmonischen Menschen anwesend, wenigstens in Entwurf, Ahnung, plastischer Gestaltung. In seinem fiktiven *Brief eines reisenden Dänen*, der 1785 in der *Rheinischen Thalia* erschien, standen enthusiastische Äußerungen über den Besuch des Antikensaals zu Mannheim.

Der Mensch brachte hier [im schönen lachenden Griechenland] etwas zu stande, das mehr ist, als er selber war, das an etwas Größeres erinnert als seine Gattung – beweist das vielleicht, daß er weniger ist, als er sein wird? [...] Die Griechen malten ihre Götter nur als edlere Menschen und näherten ihre Menschen den Göttern. Es waren Kinder *einer* Familie (SA 11, 106).

Auf die gegenwärtige Wirklichkeit blickend und stets auf Korrektur des schlechten Bestehenden bedacht, neigte Schiller mehr und mehr zu der Ansicht, daß der Mensch in der Kunst und eigentlich nur durch sie das Bessere erfahren könne und also Vollkommenheit (zunächst) im Ästhetischen und nur dort zu finden sei. Sein eigenes Schaffen verpflichtete er auf »Simplizität« und »Klassizität«. Körner schrieb er am 6. März 1788: »Simplizität ist das Resultat der Reife, und ich fühle, daß ich ihr schon sehr viel nähergerückt bin als in vorigen Jahren«. Und am 20. August 1788 hoffte er, daß ihm »ein vertrauter Umgang mit den Alten äußerst wohltun – vielleicht Klassizität geben« würde. Zu den anderen Kennmarken Schillerscher Überlegungen, die in diesen Zusammenhang gehörten, zählten »Idealisierung«, »Veredlung«. Ende 1790 forderte er in der Kritik *Über Bürgers Gedichte*: »Eine der ersten Erfordernisse des Dichters ist Idealisierung, Veredlung, ohne welche er aufhört, seinen Namen zu verdienen« (SA 16, 236). Später revidierte er den Begriff »Veredlung«: »Etwas idealisieren heißt mir nur, es aller seiner zufälligen Bestimmungen entkleiden und ihm den Charakter innerer Notwendigkeit beilegen. Das Wort veredeln erinnert immer an verbessern, an eine moralische Erhebung« (NA 22, 293). Wie eng sich solche Überzeugungen mit Goethes Lob des »Stils« berührten, der »auf dem Wesen der Dinge« beruht, und mit seinem Bestreben, Grundgesetzlichkeiten in Natur und Kunst zu erkennen, ist offenkundig. Wieder darf hier (wie bei ähnlichen Formulierungen Goethes) auf die Schwierigkeiten aufmerksam gemacht werden, die Begriffe wie »Simplizität«, »Klassizität«, »Idealisierung« und ihre Erläuterungen bieten. Denn sie bedürfen ihrerseits wieder der Interpretation und sind ebenfalls an künstlerischen Werken selbst zu verifizieren, was jedoch nur die Schwierigkeit verschiebt; denn darüber, was den »Charakter innerer Notwendigkeit« ausmache, und über seine künstlerische Verwirklichung läßt sich (fast) immer streiten. So unrecht hatte der von Schillers Tadel arg gezauste Gottfried August Bürger nicht, als er in seiner *Antikritik* von 1791 stichelte: »Besonders wünschte ich dem Begriffe einer idealisierten Empfindung, diesem mirabili dictu [wundersamen Ausspruch], nur eine einzige interessante Anschauung aus irgendeinem alten oder neuen, einheimischen oder fremden Dichter, der das mirabile so recht getroffen hätte, untergelegt zu sehen« (NA 22, 420).

Jedenfalls hieß Idealisierung immer, über die vorhandene Realität hinauszugehen. Der schmerzlich erfahrene Zwiespalt zwischen Ideal und Wirklichkeit blieb für Schiller bestimmend: Allein in der Schönheit der Kunst kann Vollkommenes noch erscheinen, und der Künstler ist es, der in der Welt des ästhetischen Scheins Versöhnung zu stiften vermag. Diese Überzeugung haben die Ereignisse im Fortgang der Französischen Revolution nur verstärkt, nicht aber begründet. Schon früher hatte er geglaubt, »daß jede einzelne ihre Kraft entwickelnde Menschenseele mehr ist als die größte Menschengesellschaft, wenn ich diese als ein Ganzes betrachte. [...] Der *Staat* ist nur eine *Wirkung* der Menschenkraft, nur ein *Gedankenwerk*, aber der Mensch ist die Quelle der Kraft selbst und der Schöpfer des Gedankens« (an Caroline v. Beulwitz, 27. 11. 1788). Und dem Künstler wies Schiller die Sphäre des Idealischen zu: »Der Künstler und dann vorzüglich der Dichter behandelt niemals das *Wirkliche*, sondern immer nur das *Idealische* oder das kunstmäßig Ausgewählte aus einem wirklichen Gegenstand« (an Körner, 25. 12. 1788). Hier schon verwies er auf die sich selbst genügende Eigenwirklichkeit des Kunstwerks (»daß jedes Kunstwerk nur sich selbst, d. h. seiner eigenen Schönheitsregel Rechenschaft geben darf und keiner andern Forderung unterworfen ist«) und sprach die hochgemute Zuversicht aus, daß das Kunstwerk gerade so auch alle übrigen Forderungen »*mittelbar* befriedigen« müsse, »weil sich jede Schönheit doch endlich in allgemeine Wahrheit auflösen läßt«. Das konnte Nachklang der bereits besprochenen Überlegungen sein, die Karl Philipp Moritz in der Abhandlung *Über die bildende Nachahmung des Schönen* niedergeschrieben und Schiller im Dezember 1788 gelesen hatte. Nach den Enttäuschungen über den Verlauf der Französischen Revolution radikalisierte sich Schillers Theorie insofern, als die Hoffnung ganz verschwand, die Veränderung der äußeren Verhältnisse könne zu Besserem führen, wenn auch das Ziel nicht preisgegeben und die Misere nicht beschönigt wurde. Scharf umriß Schiller im Brief vom 13. Juli 1793 an Prinz Friedrich Christian von Augustenburg seinen Standpunkt.

Politische und bürgerliche Freiheit bleibt immer und ewig das heiligste aller Güter, das würdigste Ziel aller Anstrengungen und das große Zentrum aller Kultur – aber man wird diesen herrlichen Bau nur auf dem festen Grund eines veredelten Charakters aufführen, man wird damit anfangen müssen, für die Verfassung Bürger zu schaffen, ehe man den Bürgern eine Verfassung geben kann.

Auf der Basis dieser Auffassung von Kunst und Einschätzung der Revolution konnten sich Goethe und Schiller treffen.

In der Ankündigung der *Horen* (*Allgemeine Literatur-Zeitung* vom 10. Dezember 1794) verbot Schiller seiner Zeitschrift dezidiert »alle Beziehungen auf den *jetzigen* Weltlauf und auf die *nächsten* Erwartungen der Menschheit«. Sie sollte sich absetzen von dem »allverfolgenden Dämon der Staatskritik« und die durch »das beschränkte Interesse der Gegenwart« unterjochten Gemüter »durch ein allgemeines und höheres Interesse an dem was *rein menschlich* und über allen Einfluß der Zeiten erhaben ist, [...] wieder in Freiheit [...] setzen und die politisch geteilte Welt unter der Fahne der Wahrheit und Schönheit wieder [...] vereinigen«. Alles sollte verbannt sein, »was mit einem unreinen Parteigeist gestempelt ist« (SA 16, 151 f.). Schiller wollte aus der Not eine Tugend machen, und er war sich dessen bewußt. Er sah keine andere Möglichkeit, als die erwünschte Erfüllung menschlichen Daseins in seiner Ganzheit zunächst der Kunst und dem Reich des Ideals anzuvertrauen. Seine große Abhandlung *Über die ästhetische Erziehung des Menschen in einer Reihe von Briefen*, 1795 im ersten Jahrgang der neuen Zeitschrift erschienen, las sich wie eine programmatische Antwort auf die Herausforderung durch die Französische Revolution. Eine ungemein eindringliche Analyse der modernen Gesellschaft verdeutlichte zunächst, vor dem Hintergrund der geglaubten Harmonie der antiken Griechen, die Zerrissenheit des neuzeitlichen Menschen.

Der Genuß wurde von der Arbeit, das Mittel vom Zweck, die Anstrengung von der Belohnung geschieden. Ewig nur an ein einzelnes kleines Bruchstück des Ganzen gefesselt, bildet sich der Mensch selbst nur als Bruchstück aus; ewig nur das eintönige Geräusch des Rades, das er umtreibt, im Ohre, entwickelt er nie die Harmonie seines Wesens, und anstatt die Menschheit in seiner Natur auszuprägen, wird er bloß zu einem Abdruck seines Geschäfts, seiner Wissenschaft (6. Brief; SA 12, 19).

Doch der scharfsichtige Kritiker verwarf die Hoffnung, durch eine Änderung der gesellschaftlichen Verhältnisse die Leiden zu heilen oder zu mindern. Erst müsse der Mensch selbst in einen Zustand versetzt werden, in dem er wahrhaft Mensch ist. Die Kunst und das Schöne erhielten die Aufgabe, das Sinnliche und das Geistige im Menschen ausgleichend zum ästhetischen Zustand zu vermitteln. Dann baue »mitten in dem furchtbaren Reich der Kräfte und mitten in dem heiligen Reich der Gesetze [...] der ästhetische Bildungstrieb unvermerkt an einem dritten, fröhlichen Reiche des Spiels und des Scheins, worin er dem Menschen die Fesseln aller Verhältnisse abnimmt und ihn von allem, was Zwang heißt, sowohl im Physischen als im Moralischen entbindet« (27. Brief; SA 12, 117). Skeptisch einschränkend mußte Schiller am Schluß eingestehen, daß »ein solcher Staat des schönen Scheins«, der »ästhetische Staat«, wohl nur »in einigen wenigen auserlesenen Zirkeln« zu finden sei.

Hier kann weder der verwickelte Gedankengang im einzelnen noch die Frage erörtert werden, wieweit die Ideen der ästhetischen Erziehung sich konsequent aus der kritischen Gegenwartsanalyse der ersten Briefe ergeben und bündig darauf replizieren. Jedenfalls antwortete Schiller auf die geschichtliche Herausforderung mit einer Utopie, bei der offen bleibt, wie denn von dem – so beeindruckenden wie komplizierten, so wortgewaltigen wie philosophieschweren – Entwurf der *Ästhetischen Erziehung* tatsächliche Wirkungen auf die Menschen ausgehen könnten, die in den realen Verhältnissen zu leben und unter ihnen zu leiden haben. Die Geschichte der Völker und Staaten, wie sie seit jenem Entwurf weitergegangen ist, hat ihn beständig desavouiert. Das ist freilich kein Argument gegen, sondern weit eher für seine Substanz.

Was die *Horen* betraf, die sich nur von 1795 bis 1797 halten konnten, so stimmten dann manche Beiträge nicht mit dem in der Ankündigung erlassenen Gebot überein, politische Probleme der Gegenwart nicht zu behandeln. Goethes *Unterhaltungen deutscher Ausgewanderten* bezogen sich direkt auf sie, und Jacobis *Zufällige Ergießungen eines einsamen Denkers* verurteilten die Hinrichtung Ludwigs XVI. So ist nicht zu bestreiten, daß das »rein Menschliche« in der bewußten Absetzung gegen andere historische Ereignisse ausgeprägt wurde und sich damit selbst als ein historisch bestimmtes Politikum zu erkennen gibt. Im Brief an Herder wußte Schiller am 4. November 1795 »für den poetischen Genius kein Heil, als daß er sich aus dem Gebiet der wirklichen Welt zurückzieht und anstatt jener Koalition, die ihm gefährlich sein würde, auf die strengste Separation sein Bestreben richtet«. »Unser bürgerliches, politisches, religiöses, wissenschaftliches Leben und Wirken« sei wie die Prosa der Poesie entgegengesetzt. Der Philosoph und Pädagoge Theodor Litt hat wiederholt darauf aufmerksam gemacht, welche schlimmen Folgen sich daraus ergeben haben, daß nicht wenige Angehörige der deutschen Intelligenz diesen Dualismus für grundsätzlich gehalten und dementsprechend das »Gebiet der wirklichen Welt« sich selbst überlassen haben, um sich der ›eigentlichen‹ Sphäre des Geistes, des Schönen, der Poesie zuzuwenden, wo bei Schiller doch die Beziehung zwischen beiden zumindest mitgedacht war.

Übrigens ist dem Programm der *Horen* und seiner Verwirklichung schon damals widersprochen worden. Johann Friedrich Reichardt wies 1796 in der Zeitschrift *Deutschland* darauf hin, daß unter der Flagge des Unpolitischen massiv politische Ansichten verbreitet würden und wie sehr man in Goethes *Unterhaltungen* »dem alten System zugetan« sei. 1799 schrieb Friedrich Christian Laukhard, in Kenntnis der *Ästhetischen Erziehung*:

Ich hoffe, alle einsichtigen Ärzte, Gesetzeskundige, Erzieher, Philosophen, Prediger und Fürsten werden mir hier beistimmen und dann einsehen, daß Burke, Pitt, Rehberg, Schirach, Gentz, und wie die politischen Altflicker weiter heißen, sehr irrig behaupten: keine Regierung könne die Völker *bürgerlich* frei machen, bevor diese sich nicht selbst *moralisch* frei gemacht hätten. Dies ist wahrlich ebensoviel, als wenn man behaupten wolle, man müsse keinem erlauben, eher gehen zu lernen, bis er tanzen gelernt hätte, oder sich nicht eher ins Wasser zu wagen, bis er schwimmen könnte, oder einen Fieberkranken kurieren zu wollen, ohne für die Wegschaffung der pestilenzialischen Luft und erhitzender Nahrungsmittel gesorgt zu haben. [...] Auf eben diesem verkehrten und der Natur widersprechenden Wege finden wir auch den Herausgeber und die Verfasser der *Horen* (*Zuchtspiegel für Adlige*, Vorerinnerung).

An diese Schwierigkeiten und Widersprüche zu erinnern heißt nicht, leichtfertig zu mäkeln, sondern die Folgen der historischen Situation zu bedenken, von denen manche Überlegungen der ›Klassiker‹ in jenen Jahren gezeichnet wurden: weit ausgreifende Konstruktion im Geistigen, humanistischer Entwurf, Antizipation des Besseren, in der Realität (bis heute) Unabgegoltenes, aber auch: Entfernung vom Konkreten und Geringschätzung der gesellschaftlichen Bedingungen für die wahre Verwirklichung des Menschen, die dem Reich des Ideals, der Kunst und dem Schönen überantwortet wurde. Doch zurück zum Beginn der Freundschaft zwischen Goethe und Schiller!

Briefe aus der literarischen Werkstatt

Es ist erstaunlich, wie schnell beide, als sie sich erst einmal nähergekommen waren, zu einem intensiven Arbeitsbündnis zusammenfanden, in dem jeder gab und nahm und das nur Schillers Tod am 9. Mai 1805 aufkündigen konnte. Die endlich geschehene Begegnung durfte ein »glückliches Ereignis« genannt werden, weil sie in eine Zeit fiel, als beide neuer Anregungen und eines verständnisvollen Partners bedurften. Auch Zweckmäßigkeitserwägungen spielten zu Anfang eine Rolle. Schiller wünschte Goethes Mitarbeit bei den *Horen*, um der neuen Zeitschrift mit diesem Namen Ansehen zu verschaffen. Goethe kam die Einladung gelegen, weil er seit längerem am literarischen Leben wenig beteiligt war und nach eigenem Eingeständnis hoffte, daß die neue Verbindung nun manches, was bei ihm ins Stocken geraten war, wieder voranbringen würde (24.6.1794). Mehr noch förderte die lebensgeschichtliche Situation beider den freundschaftlichen Zusammenschluß. Goethe hat rückschauend immer wieder betont, es sei der Bund mit Schiller gewesen, der ihn aus der Isolierung befreit habe, in der er sich seit der Rückkehr aus Italien fühlte. Schillers dichterische Produktivität stockte seit dem *Don Carlos*; er hatte sich in Philosophie und Ästhetik vergraben und blickte doch immer hinüber zu jenem Großen, der ihn faszinierte und über dessen andere Schaffens- und Anschauungsweise er nachsann. Das bewies jener große Brief, den er ihm wenige Tage vor dessen 45. Geburtstag schrieb. Alles, was späterhin an Vergleichen zwischen Goethe und Schiller versucht worden ist, konnte nur noch ausführlichere Interpretation dessen sein, was hier bereits auf den Begriff gebracht war. Schiller charakterisierte sich selbst und sein Gegenüber und warb zugleich um gegenseitiges Verstehen, als er die Eigenart des »spekulativen« und des »intuitiven Geistes« umriß, nachdem er zuvor eine Deutung gewagt hatte, die das organisierende Zentrum des Goetheschen Denkens und Dichtens in seiner Besonderheit zu erfassen suchte.

Ihr beobachtender Blick, der so still und rein auf den Dingen ruht, setzt Sie nie in Gefahr, auf den Abweg zu geraten, in den sowohl die Spekulation als die willkürliche und bloß sich selbst gehorchende Einbildungskraft sich so leicht verirrt. In Ihrer richtigen Intuition liegt alles und weit vollständiger, was die Analysis mühsam sucht, und nur weil es als ein Ganzes in Ihnen liegt, ist Ihnen Ihr eigener Reichtum verborgen; denn leider wissen wir nur das, was wir scheiden (23. 8. 1794).

Schiller zögerte nicht, den solchermaßen Erkannten in geschichtsphilosophische Perspektive zu rücken. Wäre jener als ein Grieche, ja nur als ein Italiener geboren worden und hätte ihn »schon von der Wiege an eine auserlesene Natur und idealisierende Kunst« umgeben, dann wäre ihm manche Mühe erspart geblieben.

Nun, da Sie ein Deutscher geboren sind, da Ihr griechischer Geist in diese nordische Schöpfung geworfen wurde, so blieb Ihnen keine andere Wahl, als entweder selbst zum nordischen Künstler zu werden, oder Ihrer Imagination das, was ihr die Wirklichkeit vorenthielt, durch Nachhülfe der Denkkraft zu ersetzen und so gleichsam von innen heraus und auf einem rationalen Wege ein Griechenland zu gebären.

Hier klang bereits an, was der Aufsatz *Über naive und sentimentalische Dichtung* breit entfaltete: wie sich der Dichter der Moderne dem wieder zu nähern vermöchte, was die Griechen einst, wie man glaubte, besaßen, selbstverständliche Einheit mit der Natur, und ob es denn jemand gäbe, der in der Gegenwart an die einstige naive Dichtung heranreichen könnte. Goethe erschien als möglicher Künstler solcher Art. Der große Deutungsbrief vom 23. August 1794 enthüllte auch, daß in dem geschichtsphilosophischen Entwurf einer naiven und sentimentalischen Dichtung das ganz persönliche Problem verborgen war: wie es um das Verhältnis des »spekulativen Geistes« Schiller zum »intuitiven Geist« Goethe bestellt sei.

Der Dankbrief kam umgehend. »Zu meinem Geburtstage, der mir diese Woche erscheint, hätte mir kein angenehmer Geschenk werden können als Ihr Brief, in welchem Sie, mit freundschaftlicher Hand, die Summe meiner Existenz ziehen und mich, durch Ihre Teilnahme, zu einem emsigern und lebhafteren Gebrauch meiner Kräfte aufmuntern« (27. 8. 1794). War er schon jemals so erkannt und verstanden worden? Nun bat er seinerseits, Schiller möge noch mehr über sich selbst schreiben, und deutete an, was ihm zu schaffen machte: von einer »Art Dunkelheit und Zaudern« belastet zu sein, der er nicht Herr werde. Vielleicht könne die freundliche »Teilnehmung« des andern helfen. Umgehend lieferte Schiller am 31. August die erwünschte Skizze analysierender Selbstbeobachtung und markierte wiederum den Unterschied: »großer materialer Reichtum von Ideen« bei Goethe, dagegen seine eigene »Armut an allem, was man erworbene Erkenntnis nennt«.

Sie bestreben sich, Ihre große Ideenwelt zu simplifizieren, ich suche Varietät für meine kleinen Besitzungen. Sie haben ein Königreich zu regieren, ich nur eine etwas zahlreiche Familie von Begriffen, die ich herzlich gern zu einer kleinen Welt erweitern möchte.

Ihr Geist wirkt in einem außerordentlichen Grade intuitiv, und alle Ihre denkenden Kräfte scheinen auf die Imagination, als ihre gemeinschaftlichen Repräsentantin, gleichsam kompromittiert zu haben. [...] *Mein* Verstand wirkt eigentlich mehr symbolisierend, und so schwebe ich als eine Zwitter-Art zwischen dem Begriff und der Anschauung, zwischen der Regel und der Empfindung, zwischen dem technischen Kopf und dem Genie.

So begann jener einzigartige Briefwechsel, der ein fortlaufender Werkstattbericht zweier schöpferischer Menschen ist, die sich zu ergänzen und voneinander zu lernen suchten. Über tausend Seiten umfaßt die Korrespondenz, wo doch aus der Zeit, da sie am gleichen Ort wohnten, »wenig Schriftliches übrig geblieben« ist (an L. F. Schultz, 3.7.1824), und ihre Gespräche hat niemand gezählt. Zum vertraulichen Du kam es freilich nie, und immer verhielt der Gedankenaustausch innerhalb unverrückbarer Grenzen gegenseitigen Respekts und behutsamer Schonung (vom befremdlichen Totschweigen Christianes abgesehen). Vergeblich sucht man in diesen Briefen nach ganz Privatem oder unkontrolliert spontanen Ausbrüchen. Sachbezogenheit bestimmte Gedankenführung und Ausdrucksweise der Briefe. Nicht daß Nüchternheit und Kühle herrschten, aber stets standen Probleme zur Diskussion, die es nicht erlaubten, daß emotionale Subjektivität sich hätte vordrängen oder gar durchsetzen können.

Das Nachdenken der Briefschreiber richtete sich auf grundsätzliche und spezielle Fragen der Kunst, vornehmlich der Dichtung. Wie sollte ein Werk beschaffen sein, das, wenn auch in dieser Zeit entstanden, nicht hinter den Ansprüchen zurückblieb, die die Kunst der Alten vermeintlich für alle Zeiten erhob? Was machte Kunst zur Kunst, und was war zu beachten, wenn Kunstwirklichkeit zwar der Gesetzlichkeit der Natur verwandt, aber der Naturwirklichkeit nicht einfach gleichzusetzen war und in ihrer Nachahmung nicht aufging? Kunstwahrheit ging über Naturwirklichkeit hinaus. Es kam für den Künstler darauf an, wie es Goethe in der *Einleitung in die Propyläen* (1798) formulierte, »wetteifernd mit der Natur, etwas Geistig-Organisches hervorzubringen und seinem Kunstwerk einen solchen Gehalt, eine solche Form zu geben, wodurch es natürlich zugleich und übernatürlich erscheint« (12, 42). Gemeinsam suchten Goethe und Schiller Grundgesetze der Dichtung und ihrer Genres aufzudecken und damit auch die eigene Praxis poetologisch zu fundieren. Folglich sannen sie darüber nach, welcher Stoff, welcher Gegenstand für welche Gestaltungsprinzipien und literarischen Gattungen geeignet sei und umgekehrt. So bemühte sich Goethe, als er nach *Hermann und Dorothea* ein weiteres episches Gedicht *Die Jagd* schreiben wollte (aus dem später die *Novelle* in Prosa wurde), Klarheit über das »Erfordernis des Retardierens« (19. 4. 1797) zu gewinnen, ehe er an die Ausführung des Plans ging. Wenn sich nämlich ergäbe, daß für ein Epos »retardierende Motive« unerläßlich seien, damit »eine Haupteigenschaft des epischen Gedichts« erfüllt werde: »daß es immer vor und zurück geht«, dann wären alle Konzeptionen, »die gerade hin nach dem Ende zu schreiten« (also dem Drama, auch der Novelle entsprechen), zu verwerfen. »Der Plan meines zweiten Gedichts hat diesen Fehler, wenn es einer ist, und ich werde mich hüten, bis wir hierüber ganz im klaren sind, auch nur einen Vers davon nieder zu schreiben.« Wenige Tage später betonte er:

Ich habe jetzt keine interessantere Betrachtung als über die Eigenschaften der Stoffe, in wie fern sie diese oder jene Behandlung fordern. Ich habe mich darinnen so oft in meinem Leben vergriffen, daß ich endlich einmal ins klare kommen möge, um wenigstens künftig von diesem Irrtum nicht mehr zu leiden (22. 4. 1797).

Ende des Jahres konnte Goethe die Resultate des gemeinsamen Nachdenkens über Grundprinzipien des Epischen und Dramatischen in einem kleinen Aufsatz zusammenfassen (*Über epische und dramatische Dichtung*; 12, 249–251). Manches, was im Briefwechsel und Gespräch erörtert wurde, ist in theoretische Aufsätze eingegangen, die Goethe um die Jahrhundertwende verfaßte und die, wie sich zeigen wird, Dokumente der ›klassischen‹ Kunstauffassung dieser Lebensphase sind.

Sicherlich ist es Schillers Einfluß zuzuschreiben, daß sich Goethe auf die Strenge der Theorie einließ, wie sich andererseits Schiller in der Nähe des Partners Macht und Bedeutung des Gegenständlichen, Empirischen, »Betastlichen« neu erschlossen. »Es ist hohe Zeit, daß ich für eine Weile die philosophische Bude schließe. Das Herz schmachtet nach einem betastlichen Objekt«, gestand er am 17. Dezember 1795. Das schrieb jemand, der vor wenigen Jahren gemeint hatte, Goethes Vorstellungsart sei »zu sinnlich« und »betaste« zu viel (an Körner, 1. 11. 1790). Doch hatte Goethe ja schon in Italien und danach mit Hingabe versucht, theoretische Klarheit über eine wünschenswerte Kunst zu gewinnen, die der Natur nicht entfremdet, ihr aber auch nicht verfallen war, die in die Misere der Wirklichkeit nicht verstrickt war und ihr Eigenrecht des Schönen, ihre besondere Kunstwahrheit behauptete. Was Schiller am 14. September 1797 darlegte, führte aus, was Goethe seit fast einem Jahrzehnt vorschwebte. Es enthielt in wenigen Sätzen die Bestimmung dessen, was das ›klassische‹ Kunstwollen jener Jahre im Kern ausmachte, freilich in allgemeiner Formel. Von der Formel zum entsprechend verwirklichten Werk: dieser schwierige Weg war immer erneut zurückzulegen und zu bewältigen.

Zweierlei gehört zum Poeten und Künstler: daß er sich über das Wirkliche erhebt und daß er innerhalb des Sinnlichen stehen bleibt. Wo beides verbunden ist, da ist ästhetische Kunst. Aber in einer ungünstigen, formlosen Natur verläßt er mit dem Wirklichen nur zu leicht auch das Sinnliche und wird idealistisch und, wenn sein Verstand schwach ist, gar phantastisch: oder will er und muß er, durch seine Natur genötigt, in der Sinnlichkeit bleiben, so bleibt er gern auch bei dem Wirklichen stehen und wird, in beschränkter Bedeutung des Worts, realistisch und, wenn es ihm ganz an Phantasie fehlt, knechtisch und gemein. In beiden Fällen also ist er nicht ästhetisch.

Die Reduktion empirischer Formen auf ästhetische ist die schwierige Operation, und hier wird gewöhnlich entweder der Körper oder der Geist, die Wahrheit oder die Freiheit fehlen.

So sehr auch theoretische Erwägungen den Briefwechsel durchzogen, wurde doch die dichterische Individualität der beiden dadurch nicht eingeengt oder nach einheitlichen Prinzipien ausgerichtet. Es waren regulative Ideen, die zwar bedacht wurden, da in ihnen das Ziel der Kunst erschien, aber den schöpferischen Vorgang des Dichtens kontrollierten sie nicht von Phase zu Phase. Ohnehin machten offene oder versteckte Bemerkungen Goethes deutlich, daß er sich hütete, allzusehr in den Sog des Theoretisierens gezogen zu werden. Ganz gab er das, was in ihm beim schöpferischen Vorgang wirkte, nie dem beobachtenden, analysierenden Blick preis, konnte oder wollte es nicht der Helle des begreifenden Verstandes aussetzen. Der Mensch sei, hieß es bei Goethe einmal in einer komplizierten, hintergründigen Antwort, »konkret im konkreten Zustande« und es gehe »in ewigem Selbstbetrügen fort, um dem Konkreten die Ehre der Idee zu verschaffen« (10.2.1798). Es ist bezeichnend, wie unterschiedlich sich Schiller und Goethe ausdrückten, wenn sie über ihr Verhältnis zu einem Werk sprachen. Bei Schiller war es das Subjekt, das sich des Gegenstandes zu »bemächtigen« suchte: »Ich bemächtige mich meines Stoffes immer mehr«, schrieb er über seinen *Wallenstein* (27.2.1795), ein andermal, der Stoff wolle »noch nicht ganz parieren« (28.11.1796). Bei Goethe dagegen schien das Werk ein eigenes Leben zu führen, dem das schaffende Subjekt nicht einfach befehlen konnte. »Mein Roman ruht nun nicht, bis er sich fertig macht«, berichtete er vom *Wilhelm Meister* am 23. Dezember 1795; am 30. Juli 1796: der Roman halte »einen Mittagsschlaf«; er hoffe, »er soll gegen Abend desto frischer wieder aufstehn«.

Sich gegenseitig zu verstehen bedeutete nicht, mit allem einverstanden zu sein, was der andere vortrug. Aber die Bereitschaft, sich auf einen Diskurs einzulassen, der zudem kongenial war, führte zu klarerer Kenntnis der eigenen Möglichkeiten und der daraus entspringenden Aufgaben, erbrachte die fortlaufende kritische Begleitung des künstlerischen Schaffens. Goethe schien dessen gelegentlich auch überdrüssig zu werden. Als er, die Arbeit am *Wilhelm Meister* fortsetzend, meinte: »Ich habe zu Ihren Ideen Körper nach meiner Art gefunden«, war er nicht sicher, ob Schiller »jene geistigen Wesen in ihrer irdischen Gestalt wieder kennen« werde. Und eingedenk der seitenlangen Anmerkungen und Ratschläge, die der Freund schon zu Papier gebracht hatte, fügte er an: »Fast möchte ich das Werk zum Drucke schicken, ohne es Ihnen weiter zu zeigen« (10.8.1796). Im gleichen Monat bedauerte er in einem Brief an Sömmerring die Verquickung von physiologischen und philosophischen Gesichtspunkten, die jener in einer naturwissenschaftlichen Schrift riskiert hatte, und die Abgrenzung gegen »die Philosophen« klang wie energischer Selbstzuspruch:

Warum sollten wir Empiriker und Realisten nicht auch unsern Kreis kennen und unsern Vorteil verstehn? für uns bleiben und wirken, höchstens jenen Herrn manchmal in die Schule horchen, wenn sie die Gemütskräfte kritisieren, mit denen wir die Gegenstände zu ergreifen genötigt sind? (28.8.1796)

Nicht zu unterschätzen ist auch die Irritation, die Kants kritische Philosophie verursacht hatte. Es mußte Goethe bestürzen, wie hier der Anschauung, den vertrauensvoll der Natur geöffneten Sinnen, dem liebevollen Sicheinlassen aufs Gegenständliche der Prozeß gemacht wurde. Bereits 1781 war die *Kritik der reinen Vernunft* erschienen, studiert hatte er sie gewiß nicht. Aber sie war Gespächsthema aller Intellektuellen, und so erfuhr auch Goethe von ihren Bestimmungen der Möglichkeit menschlicher Erkenntnis. Rückschauend berichtete er 1820 im Aufsatz *Einwirkung der neueren Philosophie* davon, wie er »mit einiger Aufmerksamkeit« bemerkt habe, »daß die alte Hauptfrage sich erneuere, wieviel unser Selbst und wieviel die Außenwelt zu unserm geistigen Dasein beitrage« (13, 26). Kant kam es, in der Auseinandersetzung mit Positionen der Erkenntnislehre seiner Zeit, darauf an, die Grundbedingungen zu klären, unter denen der Mensch zu Erkenntnissen gelangt. Zwar beginne alle unsere Erkenntnis mit der Erfahrung, aber sie gehe darin nicht auf; denn wir rezipieren in Formen des Erkennens, die aller Erfahrung vorausliegen und also »apriorischen« Charakter haben. Wir fassen immer in den apriorischen Formen unserer Erkenntnisweise auf. Das Ding, wie es uns erscheint, und das »Ding an sich« sind unterschieden. Erfahrung wird geformt durch die apriorischen Anschauungsformen des Raumes und der Zeit, und synthetische Urteile (solche also, deren Aussage über das im Begriff bereits Enthaltene hinausgeht) folgen den apriorischen Kategorien der Quantität, Qualität, Relation und Modalität. Goethe drang in die schwierigen und differenzierten Beweisgänge Kants nicht weiter ein, sondern nahm in vager allgemeiner Zustimmung und bezeichnender Anwendung auf sein eigenes Verfahren die Ergebnisse der *Kritik* hin, wohl spürend, daß ihn von dem »Alten vom Königsberge« (13, 31) mehr trennte als mit ihm verband:

Die Erkenntnisse a priori ließ ich mir auch gefallen, so wie die synthetischen Urteile a priori: denn hatte ich doch in meinem ganzen Leben, dichtend und beobachtend, synthetisch, und dann wieder analytisch verfahren, die Systole und Diastole des menschlichen Geistes war mir, wie ein zweites Atemholen, niemals getrennt, immer pulsierend (13, 27).

Diese ›Interpretation‹ hatte mit Kant allenfalls die Begriffe gemein. Auch der Artikel *Anschauende Urteilskraft* (13, 30 f.) zeigte eher Goethes Fähigkeit zu verwandelnder Aneignung als eine subtile philosophische Rezeption. Als 1788 die *Kritik der praktischen Vernunft* vorlag, in der die Ideen Gott, Freiheit und Unsterblichkeit als die »praktischen Postulate« samt ihren ethischen Folgerungen dem Menschen als intelligibler Persönlichkeit zuerkannt wurden, jenseits aller Erfahrung und ihrer Gesetzmäßigkeiten, aber für das Leben des Menschen als eines sittlichen Wesens unentbehrlich, da bedurfte es keiner Überwindung, die Resultate des kritischen Philosophierens zu respektieren. Und mit der *Kritik der Urteilskraft* (1790), in der die Zweckfreiheit der Kunst wie der Natur erklärt und das interesselose Wohlgefallen am Schönen begründet wurden, konnte leicht übereinstimmen, wer schon in Italien mit Karl Philipp Moritz ebensolche Gedankengänge entwickelt hatte. Freilich, daß Kant dem Menschen ein radikal Böses zudiktierte, das provozierte denn doch energischen Widerspruch und polemische Unterstellung: Freventlich habe jener »seinen philosophischen Mantel [...] mit dem Schandfleck des radikalen Bösen beschlabbert, damit doch auch Christen herbeigelockt werden, den Saum zu küssen« (an Herders, 7.6.1793).

Befreiung aus der Isolation

Der Umgang mit Schiller half Goethe, sowohl die Befremdlichkeiten der »neueren Philosophie« gelassen zu ertragen als auch auf gefällige Weise mit ihr vertrauter zu werden. Schiller hatte sich jahrelang mit Kantischer Philosophie abgemüht und suchte ihre an manchen Stellen, besonders in der Ethik, rigorosen Dualismen zu lindern; Pflicht und Neigung sollten keine unaufhebbaren Gegensätze bleiben, sondern bei der Erfüllung des kategorischen Imperativs auch zusammenfinden dürfen.

Ende August 1794 waren die großen deutenden Briefe geschrieben worden; für September schon lud Goethe den neuen Partner in sein Haus nach Weimar ein. Schiller sagte »mit Freuden« zu, verbarg aber nicht, daß er wegen seiner Krankheit mit den störenden nächtlichen Krämpfen nie genau wisse, wann er sich wohlfühle, wünschte, daß sich niemand durch ihn gestört fühle, und schloß den ergreifenden Satz an: »Ich bitte bloß um die leidige Freiheit, bei Ihnen krank sein zu dürfen« (7.9.1794). Vierzehn Tage waren beide in Weimar zu ausgiebigem Gedankenaustausch zusammen, und wie es diesmal war, so war es in den folgenden Jahren mehrfach. Oft hielt sich Goethe in Jena auf; für kürzere oder auch längere Zeit setzte er sich von Weimar ab, um sich in der nahen Universitätsstadt in seine wissenschaftlichen und künstlerischen Arbeiten zu versenken und mit Gelehrten und Freunden unterhalten zu können. »Goethe ist seit dem 5. hier und bleibt diese Tage noch hier, um meinen Geburtstag mit zu begehen. Wir sitzen von abend 5 Uhr bis nachts 12, auch 1 Uhr zusammen und schwatzen« (Schiller an W. v. Humboldt, 9.11.1795). Es steht der Spekulation frei zu vermuten, daß Goethe die häufigen und langen Abwesenheiten von Weimar auch deshalb arrangierte, um zeitweise aus dem Dunstkreis der Familie zu entfliehen, Distanz zwischen sich und Christianes Lebenswelt zu legen und das Zusammenleben mit ihr nicht zur abstumpfenden Gewohnheit werden zu lassen. Mehr als einmal schob er die Rückkehr auf und vertröstete die Wartende. Brieflich hielten sie ständig Kontakt und versicherten sich ihrer Zuneigung.

Daß sich der Bund mit Schiller so schnell festigte, beweist, wie sehr Goethe gerade damals eine Verbindung wünschte, in der er sich verstanden wußte und produktive Anregungen erhielt. Darum der wiederholte lebhafte Dank, »um den einzigen Fall auszudrucken, in dem ich mich nur mit Ihnen befinde« (7.7.1796), die emphatische Versicherung: »Sie haben mir eine zweite Jugend verschafft und mich wieder zum Dichter gemacht« (6.1.1798). Das Gefühl der Isoliertheit, seitdem er aus Italien zurückgekehrt war, muß stark und quälend gewesen sein. Ausführliche Berichte über diesen Zustand fehlen, nur einige allgemein gehaltene Bemerkungen in den späten autobiographischen Schriften beleuchten scharf die unerquickliche Zeit, und auf seinen zeitgenössischen Briefen lagern manchmal Schatten von Unlust. Deutschland hätte nichts mehr von ihm gewußt noch wissen wollen (13, 103), der Kreis der Freunde ihn 1792 »nicht recht wiedererkennen« können (10, 438). Er war für sie rätselhaft; sie wußten sein Auftreten und seine Ansichten dem Bild nicht zuzuordnen, das sie sich von ihm gemacht hatten, und er selbst trug dazu bei, indem er zu manchem, was die Welt bewegte, schwieg, sich mit Andeutungen begnügte und sich oft auch in der Rolle verbarg, die er aus Selbstschutz annahm. Wenige Tage nach jenem geselligen Beisammensein in Mainz, an dem er im August 1792 auf dem Weg zur Armee teilgenommen hatte, zeichnete einer der Anwesenden, Ludwig Ferdinand Huber, diffuse Eindrücke auf. Der Gast treibe »das Vermeiden aller Individualität im Umgang bis zum Lächerlichen«; frühere Bekannte fänden, seine Physiognomie habe »etwas ausgezeichnet Sinnliches und Erschlafftes bekommen«; zugleich scheine er »Politica im Kopf zu haben, wozu ich ihm denn von Herzen gratuliere«.

Indessen freute mich, nachdem der erste Anfall von zurückstoßender Steifigkeit vorbei war, die milde Leichtigkeit und der Schein von Anspruchslosigkeit in seinem gesellschaftlichen Ton. [...] An Begeisterung für ein höheres Ziel glaube ich in Goethe nicht mehr, sondern an das Studium einer gewissen weisen Sinnlichkeit, deren Ideal er vorzüglich in Italien zusammengebaut haben mag und in welche denn mannigfaltige und, gegen seinen ehemaligen Geist, oberflächliche Beschäftigungen mit wissenschaftlichen und andern *vorhandnen* Gegenständen mit einschlagen (an C. G. Körner, 24.8.1792; Bo I 440f.).

Die erste Italienreise war ein überwältigendes Erlebnis gewesen; geradezu schwärmerisch hatte Goethe davon berichtet. Aber das Lob fiel auch deshalb so enthusiastisch aus, weil das im Süden Gesehene und Erfahrene mächtig abstach gegen die Verzweiflung, aus der er keinen anderen Ausweg als die Flucht gefunden hatte. 1790 schon, in Venedig, kam die Begeisterung nicht wieder. Die in der italienischen Zeit gewonnenen Einsichten behielten jedoch ihre Gültigkeit; Heinrich Meyer, der Hausgenosse, war stets präsenter Bürge dafür, daß sie weiterwirkten. Allerdings waren damit allein die Sicherheit eines neuen Lebens noch nicht gewährleistet und gewünschte Lebensverwirklichung nicht garantiert. Fürs äußere Dasein war alles – von der gesellschaftlich heiklen Verbindung mit Christiane Vulpius abgesehen – aufs beste geordnet; Anlaß genug, dem Herzog zu danken: »und Er war mir August und Mäzen«. Ruhe indes, Behaglichkeit, Zufriedenheit mit dem Erreichten kehrten nicht ein. Gewiß, wir können nur bewundernd staunen, auf wieviel Gebieten der Weimarer Geheime Rat, Forscher und Dichter tätig war: beim Schloßbau, bei Wasserregulierungen, als Theaterintendant, Naturwissenschaftler, Schriftsteller, Reisebegleiter des Herzogs, als eifriger Sammler, Vortragender im privaten Zirkel, unablässig Lernender in den ihn interessierenden Disziplinen der Jenaer Universität. Allein einem außergewöhnlichen Menschen sind solche Aktivität und Produktivität vergönnt. Und doch: es waren auch Unrast und Unruhe, die zur Vielgeschäftigkeit drängten. Widersprüche zogen ihre Spuren durch die Briefe, Unsicherheit ließ zu vielem greifen, das eine als das Wichtige betonen und kurz darauf etwas anderes ins Zentrum der Aufmerksamkeit rücken. Da kündigte er im Juli 1790 seine »neue Laufbahn« in der Naturwissenschaft an, zu der es ihn mehr als jemals treibe (an Knebel, 9. 7. 1790), und dankte später Schiller, daß er ihn »wieder zum Dichter gemacht« habe, »welches zu sein ich so gut als aufgehört hatte« (6. 1. 1798). Da traf er umfangreiche Vorbereitungen für eine Erkundungsreise nach Italien 1797, wußte aber schon auf der Hinfahrt in Frankfurt: »Nach Italien habe ich keine Lust« (an Knebel, 10. 8. 1797), und die politische Lage war wohl nur ein Vorwand, daß er sich dann tatsächlich mit der Schweiz begnügte. Ein Jahr später wunderte er sich, wie sehr ihn diese Reise »ganz aus dem Geschicke gebracht« habe und er erst jetzt wieder anfange, sich zu finden (an Christiane, 25. 5. 1798). Von der Erforschung der »Bildung und Umbildung organischer Körper« versprach er sich »eine sehr schöne Beschäftigung auch für die späteren Jahre, wo man immer Ursache hat mehr von den Gegenständen zu nehmen, da man nicht mehr, wie in früher Zeit, ihnen so vieles geben kann« (an A. v. Gallitzin, 6. 2. 1797), und ließ im Bund mit Schiller seiner poetischen und poetologischen Neigung und Schaffenskraft freien Lauf, was ihn wiederum nicht davon abhielt, sich zwei Jahrzehnte der Farbenlehre und ihrer Geschichte zu widmen. Und waren die Worte an die kleine Familie zu Hause nur wohlgemeinte Floskeln: »Ihr allein bedürft meiner, die übrige Welt kann mich entbehren« (Tübingen, 30. 10. 1797)?

Aus unserer Sicht der späten Nachgeborenen fügen sich Goethes Betrachtungen von Gott, Natur und Mensch zu einer ziemlich kohärenten ›Weltanschauung‹; jedenfalls läßt sie sich zusammenhängend beschreiben und erläutern, wenn man durchgängige Konstanten beachtet, die spätestens seit der Rückkehr aus Italien gültig geblieben sind. Aus seiner eigenen Perspektive nahm sich das anders aus. Er hatte die ihn überzeugenden Antworten erst zu suchen und zu finden. Er war in keinem tradierten Glauben mehr geborgen, und die Erschütterungen der Revolution hatten die gesellschaftlichen Ordnungen aufgebrochen, zumindest deren Geltung und zukünftige Ausgestaltung zum dauernden Problem gemacht, dem sich stellen mußte, wer Auskunft über tragfähige Konzepte für sinnvolles Handeln erhalten und selbst geben wollte. Insofern verkörperte Goethe exemplarisch die Existenz des neuzeitlichen Menschen, der allgemeingültige Sicherungen verloren hat. Damit war, gerade bei ihm, »das alte Wahre« nicht abgetan, aber es war nur prüfend anzueignen und immer neu zu erwerben. »Wir alle leben vom Vergangnen und gehen am Vergangenen zugrunde« (M; 12, 377). In dieser Situation war er darauf angewiesen, auf Suche, auf Entdeckungen auszugehen. Was er dichtend und schriftstellerisch unternahm, waren Versuche, Grund zu legen. Daraus erklärt sich manches. Vieles in seinen Dichtungen ist zu verstehen als experimentelle Anordnung, in der er durchspielte, was erwünscht oder möglich sein könnte, und in der er auf die Probe stellte, was einen Entwurf verdiente. Für solche Versuchskonstellationen konnte eine einzelne Gattung nicht ausreichen, und das Beharren auf einer bestimmten Gestaltungsweise hätte Stillstand des Erkundens bedeutet. Auf dem Experimentierfeld Dichtung wurden menschliche Verhaltens- und Verwirklichungsmöglichkeiten gemustert; dabei konnte es an sich widersprechenden Konzepten nicht fehlen. Und ausgiebig wirkte sich die Ironie des Autors aus, die Erzähltes und sentenzenhaft Formuliertes in die Beleuchtung aus unterschiedlichen Perspektiven rückte, so daß sich der Leser bei vermeintlich eindeutigen Sinnangeboten nicht beruhigen kann und darf. Die kleinbürgerliche Idylle in *Hermann und Dorothea*, selbst schon ins Licht humorvoller Darbietung getaucht, könnte für den Weg eines Wilhelm Meister kein Ziel bedeuten, und die Bildungsofferten, die diesem suchenden Lebensschüler und nicht nur ihm in den *Lehrjahren* angetragen werden, oszillieren vielfarbig und sind nicht auf handliche Formeln zu bringen. Die *Wanderjahre* vollends weiten das Spielfeld möglichen Lebens und Tätigseins, Denkens und Ahnens so sehr, daß verbreitete Vorstellungen von der künstlerischen Einheit eines Romans gänzlich belanglos werden. Verständlich, daß fast jeder, der seine Ansichten mit einem Goethewort bekräftigen oder absegnen will, passende Zitate findet; nur übersieht er, daß die dichterischen und denkerischen Versuchsanordnungen und Probekonstellationen nicht dazu geeignet sind, aus ihnen allzeit gültige Maximen herauszupräparieren, und daß es kurzschlüssig ist, alles in solchen Zusammenhängen Geäußerte als höchstpersönlich eigene Meinung und Wahrsage des Dichters und Denkers auszugeben. Schon Goethe hatte Grund, sich über Auslegungslust und Auslegungssucht seiner Leser zu amüsieren, die nach Einsinnigem oder gar direkt Anwendbarem fahndeten.

Unterhaltungen deutscher Ausgewanderten

Gern hätte Schiller in den *Horen*, für die er Manuskripte suchte, den *Wilhelm Meister*-Roman nach und nach erscheinen lassen, aber der war bereits dem Verleger Unger in Berlin versprochen. So steuerte Goethe für das neue Unternehmen Prosa ganz anderer Art bei, die *Unterhaltungen deutscher Ausgewanderten*, eine Folge von kleinen Geschichten, die durch eine Art Rahmenerzählung eingeleitet und zusammengehalten wurden. Aktueller konnte das Geschehen kaum sein, von dem Goethe berichtete und das er nach der Tradition alter Novellistik modellierte: Eine Gesellschaft unterhält sich mit Geschichtenerzählen. Raum und Zeit der Rahmenhandlung waren genau bestimmt. Ihr Geschehen spielte sich in jenen Monaten ab, als die Revolutionstruppen Frankreichs nach Deutschland vordrangen, dann zurückgeworfen wurden und schließlich »die Blockade von Mainz in eine Belagerung übergehen sollte« (6, 131), also in der Zeit von Oktober 1792 bis Juni 1793. Deutsche Adlige waren aus dem Linksrheinischen, wo ihre Besitzungen lagen, über den Strom nach Osten geflüchtet, und als »das Glück sich wieder zu den deutschen Waffen gesellt« hatte, als die Franzosen sich zurückziehen mußten, eilte die flüchtende Familie, »begierig, wieder einen Teil ihres Eigentums zu ergreifen, [...] auf ein Gut, das an dem rechten Ufer des Rheins in der schönsten Lage ihr zugehörte« (6, 129). Zu der adligen Familie zählten die Baronesse, eine Witwe mittleren Alters und respektiertes Familienoberhaupt, mit ihren zwei Söhnen und der Tochter Luise, deren Bräutigam bei den Alliierten im Feld stand, ferner Vetter Karl, ein Hofmeister und ein alter Geistlicher, der als langjähriger Freund dem Hause verbunden war. Auf dem Gut, wo man den Kanonendonner hören konnte, fanden sich nun Freunde und Bekannte ein, erörterten die Zeitereignisse und warteten ab, wie sich die Lage entwickeln würde. Die Temperamente in der Diskussionsrunde waren sehr verschieden, die Gespräche wurden lebhaft, und in der Bewertung der politischen Vorgänge, die alle Welt bewegten, herrschte keine Einmütigkeit. Schon in den Wochen auf der Flucht war es zu Unstimmigkeiten gekommen, man hatte über Wichtiges und Belangloses gestritten, war anfällig für Aufregungen, die sich aus der ungewissen Situation ergaben, versteifte sich auf Standpunkte, wo das Streben nach Ausgleich für das Zusammenleben in schwieriger Zeit wünschenswert gewesen wäre. Die Baronesse indes behielt bei allem den ruhigen Überblick und suchte zu lenken und zu vermitteln.

Als Gast auf dem Gut der Flüchtlinge erschien auch ein in der Nähe wohnender Geheimrat mit seiner Frau, einer Jugendfreundin der Baronesse. Als man nun auf das Schicksal zu sprechen kam, das die Mainzer Republikaner nach dem Fall der Stadt erwartete, prallten die Meinungen hart aufeinander, und die Gesellschaft entzweite sich im politischen Disput. Der Geheimrat, dem Leser bereits als erbitterter Gegner der Französischen Revolution vorgestellt, agierte als Sprecher derjenigen, die »dem alten System zugetan« waren (6, 131), und verlangte die Bestrafung, die »Züchtigung« der Klubisten. Vetter Karl jedoch, »von der blendenden Schönheit« verführt, »die unter dem Namen Freiheit sich erst heimlich, dann öffentlich so viele Anbeter zu verschaffen wußte« (6, 127), ergriff Partei für die Anhänger der

Revolution, steigerte sich in lebhafte Erregung, wünschte den französischen Waffen alles Glück, gestand, »daß er jeden Deutschen auffordere, der alten Sklaverei ein Ende zu machen«, und hoffte letztlich, »daß die Guillotine auch in Deutschland eine gesegnete Ernte finden und kein schuldiges Haupt verfehlen werde« (6, 133). Sogar auf persönliche Beleidigungen des Geheimrats verzichtete der heftige Fürsprecher des Neuen nicht. Zutiefst betroffen und verärgert, mochte jener nicht länger mehr bleiben, ließ packen und reiste kurzerhand ab.

Wurde auch in den ersten Sätzen der *Unterhaltungen deutscher Ausgewanderten* deutlich genug, daß der Erzähler, aus dem Goethe herauszuhören war, mit Umsturz und Revolutionären nicht sympathisierte, so kamen doch in der Eröffnungspartie Gegner und Befürworter gleichermaßen und in erstaunlicher Offenheit zu Wort. Dem bekannten Prinzip der *Horen*, die Welthändel aus der Zeitschrift zu verbannen, entsprach die Thematik durchaus nicht. So gab Schiller denn auch am 29. November 1794 zu bedenken, daß wenigstens der Schein der Einseitigkeit (und zwar zugunsten des Geheimrats) vermieden werden müsse, worauf Goethe sogleich zusagte, das Manuskript noch einmal durchzugehen, damit der Disput »ins gleiche« komme (2. 12. 1794). Mündlich und schriftlich haben beide das Konzept der *Unterhaltungen* besprochen, und schon am 28. Oktober erinnerte Schiller den Partner an dessen »Idee, die Geschichte des ehrlichen Prokurators aus dem Boccaz zu bearbeiten« (die allerdings nicht von Boccaccio stammt, sondern zu den anonymen *Cent Nouvelles nouvelles*, den Hundert neuen Neuigkeiten, von 1486 gehört). Zeitig also hatte Goethe die Absicht geäußert, sich an Novellistischem zu versuchen. Und wie Boccaccio im *Decamerone* eine Gesellschaft, die sich vor der Pest in Florenz 1348 auf ein Landgut außerhalb der Stadt zurückgezogen hat, zehn Tage lang untereinander hundert Geschichten zu bestimmten Themen erzählen ließ, wie auch in den *Cent Nouvelles nouvelles* Persönlichkeiten des burgundischen Hofs hundert, zumeist heitere Erzählungen vortrugen, so inszenierte er seine *Unterhaltungen* in ähnlicher Weise.

Nach dem erbitterten Streit der politischen Anschauungen und der Abreise des zornigen Geheimrats entfaltete sich eine ausgiebige Diskussion, wie man wieder zu verträglichem Umgang miteinander finden und vermeiden könne, etwas vorzubringen, »das den andern verdrießt und ihn aus seiner Fassung bringt« (6, 138). Karl hat sofort die Unmäßigkeit seines Verhaltens eingesehen und sich bei der bekümmerten Baronesse entschuldigt. Sie ist es, die das Nachdenken über angemessenes geselliges Betragen anregt und für »gesellige Schonung« plädiert. Sie schlägt vor, einige Stunden des Tags der Zerstreuung zu widmen, und regt andere Unterhaltung an, »belehrende und aufmunternde Gespräche«, Rezitation von Gedichten, philosophische und naturkundliche Betrachtungen, alles, was dazu dient,»lehrreich, nützlich und besonders gesellig zu sein« (6, 139). Als der Geistliche, der von den ärgerlichen Vorfällen nichts weiß, wenig später hinzukommt, entspinnt sich ein längeres Gespräch über Möglichkeiten geselligen Erzählens, habe er doch eine Sammlung von Geschichten anzubieten, die sich nicht mit dem »Reiz der Neuheit« begnügten, sondern »uns die menschliche Natur und ihre inneren Verborgenheiten auf einen Augenblick eröffnen« oder auch durch »sonderbare Albernheiten uns ergetzen« (6, 143). Der recht weltliche »Geistliche« weiß noch mancherlei über Schickliches und Unschickliches von Geschichten vorzubringen, bis er dann abends nach Tisch selbst mit dem Erzählen beginnt, nicht ohne sich früher schon ausbedungen zu haben: »Man soll keine meiner Geschichten deuten!« (6, 145)

So ausgiebig und differenziert ließ Goethe in der Rahmenhandlung seiner *Unterhaltungen* über das Genre kleiner Erzählprosa nachdenken, daß Literaturwissenschaftler gemeint haben, hier und in den weiteren Passagen zwischen den vorgetragenen Geschichten sei eine Theorie novellistischen Erzählens skizziert und die Erzählungen dienten als Exempel. Doch liefern weder die in Gesprächsform gefaßten Überlegungen eine bündige Theorie der Novellistik, noch stimmen die in der Runde der Fluchtgesellschaft erzählten Geschichten stets mit den ebendort angestellten Erwägungen überein, die ja selbst mit zur geselligen Unterhaltung gehören. Der Alte der *Unterhaltungen*, der Geistliche, hat die erklärte Absicht, kleine, das Nachdenken reizende und die Geselligkeit anregende Geschichten darzubieten; er rühmt die Mannigfaltigkeit seines Erzählschatzes, und schon deshalb ist es verfehlt, ein einheitliches Formschema oder eine Revue möglicher Grundformen novellistischen Erzählens in den *Unterhaltungen* zu erwarten. Es gibt mehr Arten novellistischer Prosa, als die Kostproben in dieser kleinen Sammlung erkennen lassen.

Am Abend erzählt der Alte die Geschichte von der Sängerin Antonelli, die sich weigerte, ihren Freund und Geliebten ein letztes Mal zu besuchen, und daraufhin für lange Zeit von unerklärlichen Geräuschen heimgesucht wird. Friedrich schließt, um auch ein Beispiel für Unbegreifliches zu bieten, seinen Bericht über den Klopfgeist an, der sein mysteriöses Unwesen trieb. Zwei Erzählungen also, die sich verstandesmäßiger Einsicht widersetzen. Nicht genug damit, auch in der verbindenden ›Rahmenhandlung‹ ereignet sich Wunderbares: Knallend reißt die gewölbte Schreibtischdecke, und wenig später stellt sich heraus, daß zur gleichen Zeit auf dem Gut der Tante jener Schreibtisch verbrannt ist, der einst aus demselben Holz, vom selben Meister und zur nämlichen Zeit verfertigt worden ist. Tief in der Nacht noch erzählt anschließend Karl die amouröse Geschichte vom Marschall von Bassompierre, und ihm fällt dann weiter eine Geschichte von einem Vorfahren des Marschalls ein.

Man sieht: ein fülliges Vortragsprogramm, das sich am Abend ergeben hat. Am nächsten Tag trägt schon vormittags der Alte zwei längere Erzählungen vor, die eine vom Prokurator, einem jungen Rechtsgelehrten, der auf merkwürdige Weise einer einsamen Ehefrau, der ihr abwesender Ehemann ausdrücklich das Recht auf Liebe zugestanden hat, die Erfahrung vermittelt, »daß außer der Neigung noch etwas in uns ist, das ihr das Gleichgewicht halten kann, daß wir fähig sind, jedem gewohnten Gut zu entsagen und selbst unsere heißesten Wünsche von uns zu entfernen« (6, 185), und die andere von Ferdinand, von seinem Diebstahl und seiner tätigen Reue. Abends dann, eigens im Text mit einer Überschrift versehen, *Das Märchen*.

Gewiß, die am ersten Abend erzählten Geschichten haben nicht das ›Gewicht‹ der Erzählungen des folgenden Tages, und doch sollte man zögern, das ›eigentliche Erzählen‹ den letzten drei Prosastücken zuzuerkennen und das vorangehende nur als Unterhaltung eines ›Vorabends‹ einzustufen. Denn die narrative Kunst der kleinen Form mit ihrer kalkulierten Prägnanz und straffen Zielstrebigkeit kommt auch dort voll zur Geltung, und die (schon zu den *Cent Nouvelles nouvelles* zählende) Geschichte vom Prokurator, der die nach körperlicher Liebe verlangende Ehefrau ›heilt‹, steht an Frivolem und Pikantem den Memoiren Bassompierres nicht nach, gipfelt allerdings in reflektierter Entsagung, worin man schon den Goethe des Spätwerks meint ahnen zu können. Mögen es immerhin sittliche Probleme sein, die die Geschichten des Erzähltags bestimmen – den »Ehrentitel einer moralischen Erzählung« verleiht die Baronesse der Prokurator-Novelle –, so kann Zuhörern und Lesern unmöglich die unterschwellige Ironie entgehen, mit der der Erzähler das seltsame Geschehen und die Lebensweisheiten darbietet, die den agierenden Personen in den Mund gelegt sind.

Die Gespenstergeschichten des ersten Abends sind auch nicht als Belanglosigkeiten abzutun, die nur dem Vergnügen der Zuhörer an Spuk und Wunderbarem Tribut zollen. In der historischen und persönlichen Lage, in der sich die Erzählgesellschaft der Flüchtenden und der Autor ihrer Unterhaltungen befanden, konnten Geschichten, in denen Unbegreifliches, der rationalen Erklärung sich Widersetzendes geschah, wie Reflexe jener geschichtlichen Vorgänge aufgefaßt werden, die Europa erschütterten, sich bislang gewohntem Verstehen entzogen und in denen ebenfalls mysteriöse Mächte am Werk zu sein schienen. Vom *Groß-Cophta* zu den Spukgeschichten der *Unterhaltungen* ist es nicht weit.

Goethe versuchte sich mit seiner Arbeit für die *Horen* in epischer Kleinkunst, die ihm zustatten kam, weil er auf schmalem Raum Charaktere und Verhaltensweisen, Alltägliches und Sonderbares, gelingende und mißglükkende Lebensphasen gestalten und erzählerisch testen konnte. Er schulte sich an der Erzählkunst, wie sie schon früh die bekannten Sammlungen der romanischen Literaturen repräsentierten; fünf der (mit dem *Märchen*) insgesamt sieben Erzählungen gingen auf französische Vorlagen zurück. Wenn man die vielfältige ›kleine Erzählprosa‹ überblickt, die es auch vor und neben ihm in der deutschen Literatur gab, dann zeichnen sich seine Stücke in den *Unterhaltungen* aus durch die Dichte der Darstellung, das artistische Arrangement des Erzählten, die Profilierung von Höhepunkten und den bei aller Spannung des einsträngigen Handlungsablaufs mitgebotenen Anspielungs- und Deutungsreichtum. Aber weder verbindet eine zentrale Thematik, die auf ein einheitliches Bild vom Menschen verweist, die Erzählpartien, noch prägt sich eine bestimmte Form des Erzählens aus, die begrifflich auf einen Nenner gebracht und als Muster der ›Novelle‹ gelten könnte. Ohnehin kam damals die Bezeichnung ›Novelle‹ selten vor. Goethe hat seit den *Unterhaltungen deutscher Ausgewanderten* die kleine Erzählprosa gepflegt; die Romane, besonders die *Wanderjahre*, sind angereichert mit Novellen, und ein spät vollendetes Stück Prosa trägt den bloßen Titel *Novelle*. Im Gespräch mit Eckermann formulierte er am 25. Januar 1827: »Was ist eine Novelle anders als eine sich ereignete, unerhörte Begebenheit.« Diese ›Definition‹ läßt sich sinnvoll allenfalls auf das Ganze einer straff organisierten Geschichte von bemessenem Umfang beziehen, die durchaus mehr als nur *eine* »unerhörte Begebenheit«, *einen* ›Wendepunkt‹ und ähnliche Erzählgipfel enthalten kann. Immer wieder haben sich Dichter und Literaturhistoriker bemüht, die Novelle bündig zu definieren; doch spottet ihre Vielfalt einer Fixierung allgemeingültiger formaler und inhaltlicher Kennzeichen. Goethes Novellen demonstrieren es anschaulich. Und die Geschichte der Novellentheorie ist eine Abfolge scheiternder generalisierender Definitionsversuche.

Vielleicht beabsichtigte Goethe, die *Unterhaltungen* fortzusetzen. Aber nachdem er *Das Märchen* an den Schluß gesetzt hatte, wäre eine Rückkehr zu und Weiterführung mit Geschichten anderer, nicht-märchenhafter Art nur um den Preis eines bedenklichen Stilwechsels zu haben gewesen, den nicht zahlen konnte, wer die *Unterhaltungen* mit dem *Märchen* als einem »Produkt der Einbildungskraft gleichsam ins Unendliche« auslaufen ließ (an Schiller, 17.8.1795). *Das Märchen* ist eine Phantasieschöpfung reinster Art, und der Alte, der es vorträgt, kündigt es seinen Zuhörern als ein Werk an, »durch das Sie an nichts und an alles erinnert werden sollen« (6, 209). So frei die Phantasie Goethes spielt, so genau ist das Märchen komponiert; so wenig hier die Naturgesetze der realen Welt gelten, so streng herrschen Gesetzmäßigkeiten, deren eigentümliche Ansprüche erst das Märchen selbst beteuert und die das phantastische Geschehen mit zwingender interner Logik ausstatten; so verschwenderisch sich die Erfindungsfreude verströmt, so nüchtern-sachlich und gegenstandsnah verfährt das Erzählen. Der kundige Leser erkennt, wie etwa die Anlage von Roms Pantheon und Petersdom im Bau des Märchentempels wiederkehrt. Gestalten, Dinge und Gebilde, die in der natürlichen Welt zu Hause sein könnten, sind transponiert in ein anderes Reich, dessen eigene Gesetzlichkeit, merkwürdige Zusammenhänge und wundersamen Vorgänge Bedeutungen zu besitzen scheinen, die im Ausgesprochenen verborgen liegen und erst aufzudecken sind. Leser und Zuhörer können sich der Verführung kaum entziehen, Deutungen beizubringen, die Märchenwelt auf die Menschenwelt zu beziehen und das ›eigentlich Gemeinte‹ beim eindeutigen Namen zu nennen, obwohl der Erzähler gewarnt hatte, die Einbildungskraft folge keinem Plan und nehme sich keinen Weg vor, sondern werde »von ihren eigenen Flügeln getragen und geführt«.

Erkennbar sind die märchenhaften Konstellationen und Vorgänge auf das Grundthema von Entzweiung und Zusammenfinden bezogen. Was getrennt ist, wartet auf Verbindung; was im Unglück ist, hofft auf Erlösung. Der Fluß scheidet streng die beiden Ufer. Nur unter bestimmten Voraussetzungen können Reisende hinübergelangen. Die unglückliche schöne Lilie lebt auf der einen Seite; was sie anblickt, wird gelähmt, und was sie berührt, stirbt. Auf dem andern Ufer ruht ein Tempel tief unter der Erde. So klagt die Lilie:

> Entfernt vom süßen menschlichen Genusse,
> Bin ich doch mit dem Jammer nur vertraut.
> Ach! warum steht der Tempel nicht am Flusse!
> Ach! warum ist die Brücke nicht gebaut! (6, 225)

Rätselhafte, wunderbare Vorgänge spielen sich ab, und orakelhafte, bedeutungsschwere Sätze sprechen die Gestalten des Märchens. Dreimal die Verheißung: »Es ist an der Zeit.« Der Alte mit der Lampe tröstet: »Ob ich helfen kann, weiß ich nicht; ein einzelner hilft nicht, sondern wer sich mit vielen zur rechten Stunde vereinigt. [...] Jeder verrichte sein Amt, jeder tue seine Pflicht, und ein allgemeines Glück wird die einzelnen Schmerzen in sich auflösen, wie ein allgemeines Unglück einzelne Freuden verzehrt« (6, 230f.). Und die Erlösung wird möglich. Auf dem Rücken der Schlange können alle über den Fluß ziehen; dann opfert sie sich auf, aus ihren Überresten von Edelstein entsteht ein dauerhafter Übergang, »und bis auf den heutigen Tag wimmelt die Brücke von Wanderern« (6, 241). Endlich bewegt sich der Tempel unter dem Fluß her ans andere Ufer und rückt ans

Tageslicht; drei Königsstatuen werden lebendig, und damit »herrschen auf
Erden: die Weisheit, der Schein und die Gewalt« (6, 236); hinzu kommt »die
Kraft der Liebe«, die nicht herrscht, sondern bildet: In den Armen der
schönen Lilie erwacht der junge Königssohn zum vollen neuen Leben. Der
Riese aber hat seine Macht verloren und erstarrt zur mächtigen Bildsäule wie
der Obelisk in Rom.

Immer scheint das Erzählte über sich hinauszuweisen und sperrt sich doch
der Entschlüsselung aller Einzelheiten. Die Auslegungen, die scharfsinnige
und interpretationsfreudige Betrachter seit Erscheinen des *Märchens* angeboten haben, sind so vielfältig und unterschiedlich, daß hier nicht einmal ein
Überblick gewagt werden kann. Wenn es »an nichts und an alles« erinnern
sollte, wie der Erzähler verhieß, so verbietet diese Formel die Fixierung einer
bestimmten Anschauung und erlaubt die Beziehung auf alles, was im Leben
der Menschen und ihrer Geschichte an Sinnträchtigem geschehen mag.
Leicht konnte Schiller den »Schatten des Riesen« zitieren, als er die kriegeri-
sche Bedrohung durch die Franzosen meinte, und Goethe ließ es gewähren
(an Goethe, 16. 10. 1795). Dem Dichter selbst waren hilfreiche Hinweise nie
zu entlocken; Hauptabsicht sei, »die Neugierde zu erregen«, und die Figuren
»dieses Dramatis« sollten, »als soviel Rätsel, dem Rätselliebenden willkommen sein« (an Schiller, 3. u. 26.9. 1795). Nur einmal hat er, wie Schiller sich
erinnerte (an Goethe, 29.8. 1795), als »Idee« des Ganzen erwähnt: »das
gegenseitige Hülfeleisten der Kräfte und das Zurückweisen aufeinander«,
womit auf eine allgemeine, wiederum der Ausdeutung ausgelieferte Formel
gebracht ist, was das Märchengeschehen veranschaulicht. Sicherlich antwortete auch das *Märchen* auf die Herausforderung durch die revolutionäre Zeit.
Wie es Eugenie in der *Natürlichen Tochter* beklagte, so empfand es Goethe:

> Die, zum großen Leben,
> Gefugten Elemente wollen sich
> Nicht wechselseitig mehr, mit Liebeskraft,
> Zu stets erneuter Einigkeit, umfangen.
> Sie fliehen sich und, einzeln, tritt nun jedes,
> Kalt, in sich selbst zurück (V. 2826 ff.).

Im glücklichen Ausgang des *Märchens* und in der Art, wie er zustandekam,
drückte sich utopisch aus, was zu hoffen Goethe nicht müde wurde: daß
Unglück und Trennung, Zersplitterung und Antagonismus gesellschaftlicher Kräfte überwunden werden könnten und müßten durch Zueinanderfinden, das Opfer beansprucht, durch Verwandlung, die Altes in befriedetes
Neues hinübergeleitet und Glück ermöglicht. Unverkennbar benutzte er
seine Kenntnis der Geheimsprache aus freimaurerischen und hermetischen

Traditionen, um das von ihm Gemeinte zu versinnbildlichen und in den geheimnisvollen Vorgängen zu verbergen und zu offenbaren. Wie alchimistische Prozesse, in denen Hermetiker (die Goethe bekanntlich nicht nur im ›Frankfurter Intermezzo‹ der Jugend faszinierten) das Ganze der Welt bewegende Kräfte erkannten, vollziehen sich im *Märchen* Abläufe des Suchens und Findens, der Anziehung und Abstoßung. Vielleicht schwieg Goethe auch deshalb so beharrlich über Deutungsmöglichkeiten dieser Dichtung, um seinen neuerlichen Rückgriff auf die esoterischen Spekulationen zu verhüllen.

Wie entsteht ein klassischer Nationalautor?

Die freundschaftliche Kollegialität mit Schiller hatte Goethe aus der ihn bedrückenden Isolation befreit, ermunterte zu neuer poetischer Produktivität, förderte die Vollendung von *Wilhelm Meisters Lehrjahren* und machte die Reflexion über Situation und Aufgaben von Kunst und Literatur zum festen Bestandteil gemeinsamer Überlegungen. Auf Publikum und Kritik waren beide recht schlecht zu sprechen. Die *Horen* fanden nicht die erhoffte Resonanz, der Verkauf der ersten Gesamtausgabe von Goethes Werken bei Göschen (1787–90) blieb weit hinter den Erwartungen zurück, und mit gereiztem Befremden erlebte er, wie man von seinen naturwissenschaftlichen Publikationen, die ihm so wichtig waren, kaum Notiz nahm. Als im März 1795 ein gewisser Daniel Jenisch, der sich auch mit seiner *Borussias* (1794) nicht in die Literaturgeschichte eingeschrieben hat, im *Berlinischen Archiv der Zeit und ihres Geschmacks* ziemlich überheblich »die Armseligkeit der Deutschen an vortrefflich klassisch prosaischen Werken« (12, 240) beklagte, replizierte Goethe umgehend im 5. Stück der *Horen* (1795). *Literarischer Sansculottismus* überschrieb er den knappen Essay, um, den Begriff aus der politischen Gegenwartsszene als gängiges Schimpfwort gebrauchend, »die ungebildete Anmaßung« zu attackieren, womit Unbefugte »Bessere zu verdrängen und sich an ihre Stelle zu setzen« beabsichtigten. Er stieß rasch zu der prinzipiellen Frage vor: »Wann und wo entsteht ein klassischer National-autor?« und zählte präzise einige Voraussetzungen auf, die vorhanden sein müßten, wenn ein klassischer, also ein für den literarischen Geschmack eines ganzen Volkes mustergültiger und stilbildender Schriftsteller erwachsen könne: Er muß hineingeboren sein in eine bedeutende nationale Geschichte, unter Landsleuten von Tatkraft und Empfindungsstärke leben, selbst »vom Nationalgeiste durchdrungen« sein, seine Nation schon »auf einem hohen Grade der Kultur« vorfinden und an Vorgänger anknüpfen können, damit er nicht alles sich selbst erarbeiten muß. Wenn man dies bedenke und demgegenüber die heimische Situation betrachte, sei es unbillig, »die besten Deutschen dieses Jahrhunderts« leichtfertig zu tadeln; ihre Leistungen seien beachtlich genug. Hier und später, als er Wieland rühmend nannte, sprach er, versteht sich, immer auch pro domo; schließlich hatte der arrogante Kritiker sein bisheriges Werk behandelt, als zähle es nicht recht. Einen vortrefflichen Nationalschriftsteller könne man ebenfalls nur fordern, wenn es wirklich eine Nation gebe. Deutschland indes sei politisch zerstückelt, und ebenso fehle »ein Mittelpunkt gesellschaftlicher Lebensbildung, wo sich Schriftsteller zusammenfänden und nach *einer* Art, in *einem* Sinne, jeder in seinem Fache sich ausbilden könnten«. Dennoch: »Wir wollen die Umwälzungen nicht wünschen, die in Deutschland klassische Werke vorbereiten könnten« (12, 241). Ein gern zitierter, aber nichtsdestoweniger interpretationsbedürftiger Satz. Auch wenn er so klang: auf Vorgänge nach Art der Französischen Revolution konnte er schwerlich gemünzt sein. Wer in Deutschland mit revolutionären Gedanken spielte, hatte nicht schon den Nationalstaat im Sinn, wie die Mainzer Ereignisse bewiesen. Und die Revolution in Frankreich hatte die Nation nicht begründet, freilich regionale Besonderheiten mit ihren eigenen Rechten einer zentralistisch ausgerichteten Ordnung unterworfen. Kaiser Joseph II. hatte gleichfalls expansive und zentralistische Tendenzen verfolgt, die Goethe, dem ›Schüler‹ Justus Mösers, nicht sympathisch waren. Sein Egmont stritt neben anderem auch für die angestammten, von der Vergangenheit sanktionierten Rechte der Region, des Partikularen, Individuellen. Was Goethe also nicht wünschte, waren Veränderungen der politischen Landkarte, die eine Uniformierung der Vielfalt, die für ihn produktives Leben bedeutete, gebracht hätten. Dann schon lieber etwas weniger ›Klassisches‹. Oder wollte der wie eingeschoben wirkende Satz nichts anderes vor dem Publikum der *Horen* bekräftigen als Furcht und Abscheu vor irgendwelchen gewaltsamen Änderungen des Bestehenden, ohne die eine Beseitigung der politischen Zersplitterung nicht denkbar war? Vielleicht auch dachte Goethe weit mehr noch als an die staatliche Einheit an die geistig-politische Uniformität, an ideologische Totalität, wie sie sich im großen westlichen Nachbarland breitmachte. Wenig später wählten die *Xenien*, Goethes und Schillers Gemeinschaftswerk, wieder eine etwas andere Perspektive: »Zur *Nation* euch zu bilden, ihr hoffet es, Deutsche, vergebens. / Bildet, ihr könnt es, dafür freier zu Menschen euch aus« (FGA I 1,595). Damit wurde der Wunsch nach einem Nationalautor sekundär. Aus der Not der politischen Lage entwickelte sich die Tugend weltbürgerlicher Menschenbildung, die das Unzulängliche der realgeschichtlichen Gegebenheiten überstieg und sie ertragen helfen sollte.

Bleibt nebenbei ferner zu fragen, wieso eigentlich die alten Griechen, politisch ebenso zerstückelt wie die Deutschen, »klassische« Kunst und Literatur haben schaffen können, wovon Goethe und Schiller doch überzeugt waren.

Kein Tag ohne Epigramm. Der Xenien-Kampf

Es muß sich in Goethe viel Ärger angesammelt haben, daß er am 23. Dezember 1795 Schiller vorschlug, auf alle Zeitschriften Epigramme zu machen, »wie die Xenia des Martials sind«, und er schickte gleich »ein Paar zur Probe« mit. Gepfefferte ›Gastgeschenke‹ hatte einst der römische Dichter Martialis Valerius (ca. 40–102) ausgeteilt, Epigramme voller Spott und blitzender Pointen. In solcher Manier wollte nun auch Goethe gegen Mißliebiges zu Felde ziehen. Dem deutschen Publikum, das seine Werkausgabe kaum beeindruckt hatte, grollte er schon seit längerem. Weit lag die Zeit zurück, da er als Autor des *Götz* und des *Werther* gefeiert wurde, als Repräsentant einer ganzen jungen Generation, die zu ihm aufblickte, begeistert oder zumindest irritiert. 1791 dagegen bekam er vom Verleger seiner achtbändigen Edition zu hören, daß seine »Sachen nicht so kurrent« seien »als andere an denen ein größer Publikum Geschmack findet« (an G. J. Göschen, 4.7.1791). Nur 626 Exemplare waren, bei einer Auflage von immerhin 4000, subskribiert worden, und der Absatz war schleppend, – wobei freilich zu berücksichtigen ist, daß die Ankündigung einer Ausgabe mit unvollendeten Werken und das langsame Erscheinen der Bände die Kauflust dämpften und die unruhigen Jahre das Interesse an Dichtung nicht gerade förderten. Es war, Ironie der Literaturgeschichte, just Kapellmeister Reichardt (der dann in den *Xenien* wegen seiner Kritik an den *Horen* schonungslos angegriffen wurde), dem Goethe am 28. Februar 1790 ein vernichtendes Urteil über das deutsche Publikum schrieb: »Von Kunst hat unser Publikum keinen Begriff [...]. Die Deutschen sind im Durchschnitt rechtliche, biedere Menschen aber von Originalität, Erfindung, Charakter, Einheit, und Ausführung eines Kunstwerks haben sie nicht den mindesten Begriff. Das heißt mit Einem Worte sie haben keinen Geschmack. Versteht sich auch im Durchschnitt.« Dem hätten sich im letzten Jahrzehnt Romane und Schauspiele in peinlicher Weise angepaßt. Was sollten *Iphigenie, Egmont, Tasso* dagegen ausrichten können?

Und jetzt mußte er erleben, wie auch die *Horen*, die erzieherisch wirken wollten, nicht das erwünschte Echo fanden. Da lockte es, die anderen Zeitschriften aufs Korn zu nehmen und ihnen geschärfte Epigramme zu dedizieren. »Der Gedanke mit den Xenien ist prächtig und muß ausgeführt werden«, antwortete Schiller auf den Vorschlag, meinte aber, wenn das Hundert voll werden solle, müßten sie »auch über Einzelne Werke herfallen« (29. 12. 1795). Er freute sich auf Goethes Besuch in Jena und gab schon als Losung aus: »Und dann soll es heißen: *nulla dies sine Epigrammate*«, kein Tag ohne Epigramm. In den nächsten Monaten entstand tatsächlich Spruch um Spruch in Distichen; »die Sammlung wächst uns unter den Händen, daß es eine Lust ist« (Schiller, 5. 2. 1796). So ging es weiter. In den Nebenstunden am Rande der größeren Vorhaben kamen die Epigramme zu Papier, bitterböse und friedfertige, in gemeinsamer Werkstattproduktion und in Einzelarbeit, auf jeden Fall in beständigem Austausch der Gedanken, Spöttereien und Frechheiten, so daß bei vielen Versen nicht mehr zu entscheiden ist, wer sie endgültig formuliert hat. So groß war die Ausbeute der Formulierungslust, die beide gepackt hatte, daß überlegt werden mußte, wie eine Auswahlpublikation aussehen könnte, die ein einigermaßen geschlossenes Ganzes bildete. Denn nicht nur attackierende, sondern auch »unschuldige Xenien« hatten sie geschrieben, philosophische und »rein poetische« (Schiller, 1. 8. 1796), in denen sie ihre Ansichten zu allgemeinen Fragen von Leben, Kunst und Wissenschaft komprimierten. Folglich richtete Schiller zwei Sammlungen ein, die *Tabulae votivae* mit 103 und die *Xenien* mit 414 Distichen, die nebst anderen Epigrammen in seinem *Musenalmanach für das Jahr 1797* erschienen, der im Oktober ausgeliefert wurde (NA 1, 273–360). Damit waren längst nicht alle Distichen veröffentlicht. Erst 1893 haben Erich Schmidt und Bernhard Suphan, denen auch der Nachlaß zur Verfügung stand, sämtliche Xenien gedruckt, insgesamt immerhin 926 (SGS 8). (Numerierung im folgenden nach FGA I 1, 491 ff.) In ihre eigenen Gesamtausgaben nahmen die beiden Epigrammatiker nur eine kleine Anzahl auf; Goethe bildete zudem aus einer Reihe der früheren Zweizeiler den Zyklus *Vier Jahreszeiten* (FGA I 2, 237–249). Allzu zeitgebunden kamen ihnen die Verse vor, deren versteckte Anspielungen späteren Lesern besondere Mühe machen mußten.

Es war wirklich ein »tolles Wagstück« (Goethe, 15. 11. 1796), das sich die Xeniendichter leisteten. Sie eröffneten eine literarische Fehde, die mit der Vielzahl der Angegriffenen, der Schärfe der Kritik und der mit Häme durchsäuerten Anzüglichkeit ihresgleichen sucht. Sie trumpften auf und wußten genau, was sie taten. Beide, nun endlich verbunden, hatten das Selbstbewußtsein gewonnen, eine geistige Institution zu sein, die ihr Urteil über Journale und Autoren abzugeben befugt war. Ihre Hoffnung, daß *Die Horen*, gerade wegen ihres hohen und nachdrücklich proklamierten Anspruchs, mit Zustimmung, zumindest freundlich aufgenommen würden, war enttäuscht worden; es meldeten sich mehr kritische als lobende Stimmen. Wilhelm v. Humboldt berichtete Goethe aus Tegel: »Den Horen ist man nicht sonderlich hold. Vorzüglich kann man es ihnen nicht verzeihen, daß sie sich, laut der Ankündigung, vorgenommen haben, besser als die übrigen Journale zu sein« (22.8.1795). In den Rezensionsorganen der Zeit wurden schon die ersten Hefte der neuen Zeitschrift besprochen, und zwar mit einer aufs einzelne eingehenden seitenlangen Ausführlichkeit, der gegenüber sich heute übliche Rezensionen wie Schwundstufen ernsthafter Kritik ausnehmen. So eingehend die Besprechungen gerieten, so dezidiert wurde auch die Kritik vorgetragen (SK, S. 104ff.). Gleichartige Vorwürfe kehrten wieder. Der Anspruch der *Horen*, Besseres zu bieten als andere Blätter, wurde als Anmaßung empfunden. Viele Beiträge galten als zu schwierig und esoterisch; da treibe sich ein Häufchen Schriftsteller »in seinem engen Kreise herum, in welchen kein anderer, als ein Eingeweihter treten, und mit dem das Volk so wenig gemein haben kann, daß es vielmehr davor, als vor einem Zauberkreise zurückbeben wird« (*Annalen der Philosophie und des philosophischen Geistes*, Oktober 1795; SK, S. 152). An den *Ästhetischen Briefen* bemängelte man Kompliziertheit und Abstraktion. Der Breslauer Gymnasialdirektor Manso verstieg sich zu der Klage, Schillers Stil sei nichts anderes »als eine ununterbrochene widerliche Mischung von gelehrt aussehenden abstrakten und schöngeisterischen Phrasen« (*Neue Bibliothek der schönen Wissenschaften und der Freien Künste*, September 1795; SK, S. 140). Die Idealisierung der griechischen Antike stieß auf Skepsis, weil deren Realität in Wahrheit trostlos gewesen sei. »Von lauter trivialen und eselhaften Gegnern« fand sich Schiller angegriffen (an Körner, 2. 11. 1795), wogegen Christian Gottfried Körner, der Freund, auch zu bedenken gab, in manchem Tadel könne »etwas enthalten sein, das Aufmerksamkeit verdient« (an Schiller, 6. 11. 1795). Und nachdrücklich machte Johann Friedrich Reichardt in seiner ebenfalls neuen Zeitschrift *Deutschland* auf die Diskrepanz aufmerksam, die zwischen der Ankündigung, über die politischen Ereignisse der Zeit »strenges Stillschweigen« zu wahren, und der Ausführung bestand, da doch »ein bestimmtes verdammendes Urteil« über jenes Lieblingsthema des Tages gefällt werde (Januar 1796; SK, S. 225 ff.).

Für Goethe und Schiller war das allein ein Aufstand der Mittelmäßigkeit, und auf manche Zeitschriften und Autoren, aber nicht auf alle, mochte diese Einschätzung auch zutreffen. Sie sahen sich nicht angemessen anerkannt und nicht zureichend begriffen. Deshalb bereiteten sie Gegnern und sogar einstigen Freunden ihre stachligen ›Gastgeschenke‹. Aus der Abwehr der Kritik wurde ein Angriff auf die Niveaulosigkeit des Literaturbetriebs, eine Abrechnung mit Zeitströmungen und Kontrahenten. Die *Deutsche Monatsschrift* erhielt den Denkzettel

Deutsch in Künsten gewöhnlich heißt mittelmäßig! und bist du
Deutscher Monat, vielleicht auch so ein deutsches Produkt? (Nr. 437)

Wenig später ironisierte ein Epigramm die Leser, denen der Gang der *Horen*
fremd blieb:

Die Horen
Einige wandlen zu ernst, die andern schreiten verwegen,
Wenige gehen den Schritt wie ihn das Publikum hält (Nr. 444).

Auf die *Bibliothek der schönen Wissenschaften*, in der ein Manso schrieb,
zielte mehr als ein Spruch:

Er und seine Gesellen
Jahre lang schöpfen wir schon in das Sieb und brüten den Stein aus,
Aber der Stein wird nicht warm, aber das Sieb wird nicht voll (Nr. 325).

Invaliden Poeten ist dieser Spittel gestiftet,
Gicht und Wassersucht wird hier von der Schwindsucht gepflegt
(Nr. 775).

Gegen einzelne Personen als exemplarische Gestalten für die geistige Dürf-
tigkeit der Zeit richtete sich beißender Spott. Gewiß, ein Feuerwerk sollten
die *Xenien* sein, und dem Leser wurde gutmütig empfohlen: »Lies uns nach
Laune, nach Lust, in trüben, in fröhlichen Stunden, / Wie uns der böse Geist,
wie uns der gute gezeugt« (Nr. 12). Aber den Verspotteten mußte (und
sollte) das Vergnügen an der Lektüre des Almanachs vergehen. Auf einige
konzentrierte sich die Angriffslust, auf den Kritiker und Poeten Johann
Caspar Friedrich Manso, auf Nicolai, Reichardt und auf Widersacher im
naturwissenschaftlichen Feld. Friedrich Nicolai, repräsentativer Vertreter
der Berliner Aufklärung, der einst den *Werther* gehässig parodiert hatte und
seit 1783 eine vielbändige *Beschreibung einer Reise durch Deutschland und
die Schweiz* publizierte, wurde nicht nur mit den folgenden Zeilen verhöhnt;
eine ganze Salve von Sprüchen sollte ihn erledigen:

Ankündigung
Nicolai reiset noch immer, noch lang wird er reisen,
Aber ins Land der Vernunft findet er nimmer den Weg (Nr. 247).

Empirischer Querkopf
Armer empirischer Teufel! du kennst nicht einmal das Dumme
In dir selber, es ist ach! *a priori* so dumm (Nr. 256).

Mehr als 70 Epigramme waren auf Johann Friedrich Reichardt gemünzt. Dabei war er Goethe seit Jahren freundschaftlich verbunden gewesen, hatte Musik zu einigen seiner Singspiele und Dramen geschrieben und ebenfalls, Kunst- und Volksliedhaftes reizvoll verbindend, Gedichte (nicht nur) Goethes vertont, wodurch er zum bedeutenden Liedkomponisten der frühen deutschen Klassik geworden ist. 1752 in Königsberg als Sohn eines Stadtmusikus in ärmlichen Verhältnissen geboren, war Reichardt, vom Potsdamer Komponisten Franz Benda gefördert, 1776 zum Königlich Preußischen Hofkapellmeister bei Friedrich dem Großen avanciert, hatte sich darüber hinaus um öffentliche Musikpflege gekümmert und die Berliner mit Oratorien Händels und Sinfonien Haydns bekannt gemacht. Von 1781/82 bis 1791 gab er ein *Musikalisches Kunstmagazin* heraus, mit eigenen Kompositionen und Aufsätzen zur Musikästhetik. Auch dichterische Versuche beschäftigten ihn (*Leben des berühmten Tonkünstlers Hermann Wilhelm Gulden*, 1799). 1785 brachte eine Reise nach London und Paris beachtlichen künstlerischen Erfolg. Nach dem Tode Friedrichs II. 1786 erhielt er unter dessen Nachfolger mehr Freiheiten für eigene musikalische Initiativen, durfte seine Opern inszenieren, war bestens besoldet und führte ein großes Haus. Seit 1781 korrespondierte er mit Goethe, besuchte ihn 1789 zweimal in Weimar und wollte ihn zur Mitarbeit an Opernprojekten gewinnen. Aber ein Libretto Goethes kam nicht zustande. Unbestritten war Reichardt damals ein wichtiger Ratgeber in musikalischen Dingen; Goethe erörterte mit ihm gern Fragen der Theaterpraxis und schrieb gerade ihm unverhohlen seinen Unmut über das Publikum und den schlechten Geschmack der Deutschen. Reichardts Situation in Berlin wurde seit 1790 schwierig, als sich Anhänger der italienischen Musik durchsetzten. 1791 erhielt er einen dreijährigen Urlaub mit vollem Gehalt und konnte sich auf sein Gut in Giebichenstein bei Halle zurückziehen. Antifeudale Tendenzen waren schon in seinen frühen schriftstellerischen Proben zu erkennen, so daß es nur konsequent war, wenn er mit der Französischen Revolution sympathisierte, ohne sie freilich auch in Deutschland für möglich oder gar erstrebenswert zu halten. 1792 reiste er nach Frankreich, durchaus als Befürworter einer konstitutionellen Monarchie, wurde irritiert wie fast alle Besucher des in Gärung befindlichen Landes, blieb aber von der Notwendigkeit des Umsturzes überzeugt. Seine *Vertrauten Briefe über Frankreich. Auf einer Reise im Jahr 1792 geschrieben* erschienen anonym schon 1792/93 in zwei Teilen. Nicht sie waren es, die ihn seine Stelle als Berliner Hofkapellmeister kosteten, sondern sein Verkehr mit Republikanern, den er 1793 in Norddeutschland unterhielt, und antimonarchische Äußerungen, die ihm vorgeworfen wurden: Beim Kartenspiel habe er gesagt, alle Könige hätten das Schicksal des hingerichteten Ludwig XVI.

verdient. Im Oktober 1794 verlor er seine Stelle und Pension, ohne von Friedrich Wilhelm II. überhaupt angehört worden zu sein und ohne ein geregeltes Untersuchungsverfahren. Jetzt versuchte er, als Publizist zu reüssieren, gab die Zeitschrift *Frankreich* heraus und zeigte sich in seinen Beiträgen als entschiedener Republikaner, der allerdings den Terror der Jakobiner nicht guthieß. Ende 1795 gründete er die Zeitschrift *Deutschland*, die aber nur zwei Jahrgänge erlebte und in der er sich gleichermaßen gegen despotische Monarchen wie tyrannische Jakobiner wandte. Hier veröffentlichte er seine umfangreiche, harte Kritik der *Horen*, die das Konzept einer ästhetischen Erziehung als Lösungsangebot für die gesellschaftliche Misere verwarf und sich am Widerspruch zwischen der behaupteten politischen Abstinenz der Zeitschrift und dem in ihren Beiträgen vermittelten politischen Konservativismus rieb.

Die Weimarer schlugen in den *Xenien* unerbittlich zurück und suchten den vordem wohlgelittenen Hofkapellmeister und Fachmann in Musik- und Theaterfragen als einen im Trüben fischenden Revoluzzer vom Schlage eines Schnaps aus dem *Bürgergeneral* bloßzustellen.

An mehr als Einen
Erst habt ihr die Großen beschmaust, nun wollt ihr sie stürzen;
Hat man Schmarotzer doch nie dankbar dem Wirte gesehn (Nr. 36).

Verschiedene Dressuren
Aristokratische Hunde sie knurren auf Bettler, ein echter
Demokratischer Spitz klafft nach dem seidenen Strumpf (Nr. 24).

Spät erst kam es nach diesem Konflikt wieder zu einer Annäherung. Als Goethe im Winter 1800/01 schwer erkrankt gewesen war und Reichardt ihm nach den Jahren des Schweigens schrieb: »Ich fühle nur das Glück, Sie wieder außer Gefahr zu wissen« (21.1.1801), beschwor jener in seiner Antwort vom 5. Februar das »alte gegründete Verhältnis« zu seinem einstigen Bekannten und meinte, es könne nur, »wie Blutsfreundschaften, durch unnatürliche Ereignisse gestört werden«. Der Xenienkampf war den ehemaligen Epigrammatikern längst unheimlich geworden. Aber eine neuerliche enge Beziehung konnte nicht mehr gedeihen, auch wenn Goethe 1802 und 1803 Giebichenstein besuchte. Carl Friedrich Zelter hatte inzwischen die Stelle des musikalisch versierten und produktiven Freundes eingenommen.

Reichardt war 1796 wieder in preußischen Diensten akzeptiert worden, freilich nicht als Kapellmeister, sondern als Salinendirektor in Halle. Das Amt, bis 1806 ausgeübt, ließ ihm Zeit, im Winter in Berlin, was ihm gestattet wurde, gelegentlich mit dem königlichen Orchester zu musizieren und Königin Luise Musikunterricht zu geben. Sein Haus und Park in Giebichenstein wurden als gastfreundlicher Sammelpunkt, besonders der Frühromantiker, berühmt. Später verwüsteten Truppen Napoleons, als dessen Gegner er sich profiliert hatte, seinen Besitz. Aus dem Freund der Franzosen war, unter dem Eindruck der napoleonischen Machtansprüche, der Advokat eines deutschen Fürstenbündnisses gegen den Aggressor im Westen geworden.

Auch Friedrich Stolberg, den jugendlichen Begleiter auf der ersten Schweizer Reise von 1775, nahmen sich die Xeniendichter vor. Schon 1788 hatte der Graf Schillers Gedicht *Die Götter Griechenlandes* wegen seiner heidnischen Züge angegriffen. Als er jetzt in einer Vorrede zu den von ihm übersetzten *Auserlesenen Gesprächen des Platon* behauptete, die sokratischen Lehren müßten wegen ihrer »Übereinstimmung mit großen Lehren unserer Religion [...] göttliches Ansehen für uns erlangen«, fand Goethe diese Interpretation der griechischen Antike »abscheulich« und qualifizierte sie als »Sudelei des gräflichen Salbaders« (an Schiller, 25.11.1795). Die *Xenien* quittierten:

Dialogen aus dem Griechischen
Zur Erbauung andächtiger Seelen hat F^{xxx} S^{xxx},
Graf und Poet und Christ, diese Gespräche verdeutscht (Nr. 291).

Der Ersatz
Als du die griechischen Götter geschmäht, da warf dich Apollo
Von dem Parnasse; dafür gehst du ins Himmelreich ein (Nr. 294).

Die *Xenien* boten auch andere Kost. Zielten die auf bestimmte Personen gerichteten Verse zumeist auch auf Zeittypisches, so konzentrierten sich einige Epigramme auf die spruchhafte Aussage allgemeiner Erkenntnisse. Distichen dieser Art konnten leicht in die Sammlung eingestreut werden, für die Schiller noch eine lockere Handlung erfunden hatte: Die Xenien reisen zur Leipziger Buchmesse, treffen Zeitschriften und Autoren und bringen ihre bissigen Bemerkungen an. Später werden deutsche Flüsse erreicht, und am Ende steigen die Xenien gar zur Unterwelt hinab, teilen dort ihre Meinungen aus, bis zuletzt Zwiegespräche mit Philosophen und Herkules-Shakespeare über die beklagenswerte Lage der Gegenwartsdramatik noch einen beachtlichen Schlußakzent setzen. (Später wurden daraus Schillers Gedichte *Die Philosophen* und *Shakespeares Schatten*.) Ein skeptischer Realismus, gleich weit von blauäugiger Utopie und finsterem Pessimismus, drückte sich in den ›allgemeinen‹ Epigrammen aus, der durch die Ereignisse im Gefolge der Revolution, die so hohe Ziele verkündet hatte, nur bekräftigt wurde.

Das goldne Zeitalter
Ob die Menschen im ganzen sich bessern? Ich glaub es, denn einzeln,
Suche man wie man auch will, sieht man doch gar nichts davon
(Nr. 90).

Natürlich umspielten gerade die außerhalb der *Xenien*-Sammlung, vor allem
in den *Tabulae votivae*, veröffentlichten distichischen Sprüche ähnliche
Gedanken und formulierten Prinzipien, die Goethe und Schiller damals
besonders wichtig waren. Enthielten die *Tabulae votivae* bei den Römern
Inschriften, die den Göttern aus Dank geweiht waren, so machte sich auf den
›Votivtafeln‹ der Freunde innerhalb der *Xenien* Bekenntnishaftes geltend: zu
politischen Grundfragen, zu Kunst und Philosophie, zur Lebensführung.
Wirklich ein Fürst sei nur der, »der es vermochte zu sein.« »Einsicht von
oben« und »der gute Wille von unten« müßten sich finden, wenn gewaltsame
Auseinandersetzungen vermieden werden sollen (70). Der einzelne Mensch
könne sich – wie es auch die *Meister*-Romane gestalten – ganz nur verwirklichen im Bunde mit andern: »Immer strebe zum Ganzen und kannst du selber
kein Ganzes / Werden, als dienendes Glied schließ' an ein Ganzes dich an«
(Nr. 888). Vernunft und Schönheit vermöchten vom Unendlichen, Absoluten Zeugnis zu geben und damit religiöse Erfahrung zu vermitteln:

Ein Unendliches ahndet, ein Höchstes erschafft die Vernunft sich,
In der schönen Gestalt sieht es verkörpert der Blick (Nr. 628).

Auch ganz Privates nahmen die Epigramme auf, und dem noch frischen
Erlebnis partnerschaftlichen Austauschs galten die Zeilen

Kinder werfen den Ball der Wand zu und fangen ihn wieder,
Aber ich lobe das Spiel, wirft mir der Freund ihn zurück (Nr. 643).

Als im Herbst 1796 der Musenalmanach mit der *Xenien*-Abteilung erschien,
war die Aufregung groß, wenigstens bei den literarisch Interessierten, und
das waren damals wie heute nicht allzu viele. Manche amüsierten sich über
die Sottisen und witzigen Pointen, andere waren tief verstimmt; manche
ließen die forschen Attacken als intellektuellen Spaß hingehen, andere sahen
in ihnen kalkulierte Beleidigungen. »Alles ist in Aufruhr über diese Unver-
schämtheit«, meldete Böttiger am 30. Oktober aus Weimar (Bo II 81); der
alte Gleim meinte, »solche Katzbalgereien sollten der Goethe und der
Schiller [...] verabscheuen« (27. 11. 1796; Bo II 86). Wieland fürchtete,
beide Epigrammatiker hätten sich »einen unendlichemal größern Schaden
getan, als alle ihre literarischen Widersacher und Diaboli ihnen zusammenge-

nommen in ihrem ganzen Leben tun können« (Bo II 87). Anti-Xenien machten die Runde; Manso wartete, wer kann es ihm verdenken, 1797 mit *Gegengeschenken an die Sudelköche in Jena und Weimar* auf.

Am Anfang des Friedensjahrzehnts

Der Xenienkampf blieb Episode. Aber er dokumentierte das Selbstbewußtsein der beiden, die ihn begonnen hatten, war selbst ein Mittel, es zu bekräftigen und zu erproben. Wer so auftrumpfte, verpflichtete sich, weiterhin mit eigenen Leistungen den hohen Anspruch zu rechtfertigen. Die *Horen* jedoch waren, trotz der bedeutenden dichterischen und theoretischen Beiträge besonders in den ersten Stücken, nicht am Leben zu erhalten, wofür man das Publikum schelten mochte, das ihnen nicht gewachsen war. Doch auch die Energie Schillers und seiner Mitarbeiter erlahmte. Mit dem 12. Stück des Jahrgangs 1797 ließ der Herausgeber das Journal »selig einschlafen« (an Goethe, 26. 1. 1798). Aber es folgten die eigenen Werke und ihre gerühmten Aufführungen: die *Wallenstein*-Trilogie, *Maria Stuart, Die Jungfrau von Orleans, Wilhelm Tell, Die Braut von Messina, Demetrius,* Übersetzungen, Bearbeitungen, Gedichte. Und Goethes *Hermann und Dorothea* betrachtete Lavater schon am 29. November 1797 als »ein Versöhnopfer für die *Xenien*« (Bo II 120).

Die Jahre mit Schiller waren für den nun in Weimar und Jena zur äußeren Ruhe Gekommenen eine produktive Zeit, deren Ertrag man allerdings nicht nach der Zahl abgeschlossener großer Dichtungen berechnen darf. Auch jetzt zeigte sich, daß Goethe den Versuch seiner Lebensverwirklichung, den er immer neu unter Selbstzweifeln und im Auskundschaften mehrerer Möglichkeiten unternahm, der dichterischen Produktivität allein nicht anvertraute. Sie ruhte nie, aber sie beherrschte ihn auch nicht, allenfalls zuzeiten, wenn etwas ausgeführt, zum Abschluß gebracht werden sollte. Gewiß, in den Jahren zwischen 1794 und 1805 vollendete er *Wilhelm Meisters Lehrjahre*, komponierte weitgeschwungene Elegien ›klassischer‹ Stilgebung, dichtete die Balladen des berühmten ›Balladenjahres‹, wagte sich wieder an den *Faust*, suchte im Trauerspiel *Die natürliche Tochter* (1803) seine Einsichten in Zeit, Geschichte, politisches Handeln in sinnbildhafter dichterischer Konstellation zu verarbeiten, übersetzte die Lebensgeschichte Benvenuto Cellinis, schulte sich in Übertragungen der Voltaireschen Dramen *Mahomet* und *Tancred*, und immer stellten sich Gedichte ein. Insgesamt keine geringe Ernte. Aber wenn man berücksichtigt, daß das fünfaktige Drama um die natürliche Tochter Eugenie ein Fragment ist und die Arbeit am *Faust* viele Jahre zurückreicht, hat Goethe zwischen *Hermann und Dorothea* (als *Taschenbuch für 1798* erschienen) und den *Wahlverwandtschaften* (gedruckt 1809) keine neue große Dichtung geschaffen. Viel geistige Produktivität nahm der Gedankenaustausch mit Schiller auf, wie ihr Briefwechsel dokumentiert, viel Energie verzehrten kunst- und kulturpolitische Aktivitäten, mit denen Goethe dem beklagten Geschmack der Deutschen aufhelfen wollte und denen die kurzlebige Zeitschrift *Propyläen* (1798–1800) dienen sollte; unermüdlich widmete er sich seinen naturwissenschaftlichen Untersuchungen, führte Experimente durch, vertiefte sich in die Geschichte der Farbenlehre, amtierte seit 1804 als Präsident der Jenaer »Mineralogischen Societät«. Immerfort auch die ›öffentliche‹ Wirksamkeit: Intendanz des Theaters, Aufsicht über wissenschaftliche Einrichtungen in Jena und Weimar, Betreuung der Universität Jena, Mitwirkung beim Schloßbau, bei der Neugestaltung der Theatergebäude in Weimar und Lauchstädt.

Als Goethe endlich im August 1796 *Wilhelm Meisters Lehrjahre* abschließen konnte, war auch vom Herzogtum Weimar die Bedrohung durch den Krieg genommen. Im April 1795 hatte Preußen mit Frankreich den Sonderfrieden von Basel ausgehandelt, dem andere deutsche Staaten beitreten konnten. Carl August entfaltete daraufhin eine intensive diplomatische Aktivität, um auch für sein Territorium den Frieden zu sichern. Das war zunächst deshalb kompliziert, weil Weimar zum obersächsischen Reichskreis gehörte, dessen Hauptmann, der sächsische Kurfürst, noch nicht bereit war, sich dem von Preußen erwirkten Sonderfrieden anzuschließen. Auch er, Kurfürst Friedrich August III., wollte zwar ein Ende des Krieges, fühlte sich aber dem Reich verpflichtet und wünschte daher die Besiegelung eines allgemeinen Friedens durch den Reichstag. Es war eine politisch aufgeregte Zeit, die sich bis in den Sommer des Jahres 1796 hinzog. Fast schien es, als werde sich der Krieg auch nach Thüringen und Mitteldeutschland ausdehnen; Frankfurt fiel am 15. Juli, und über Würzburg drang General Jourdan nach Franken vor. Carl August richtete sich in Eisenach ein, der westlichsten Stadt seines Landes, um von hier aus alles Nötige und Mögliche für die Sicherheit und den Frieden in Gang zu setzen. »Alles glaubt, daß die Franzosen uns schon bei dem Leibe hätten«, meldete Geheimrat Voigt seinem befreundeten Kollegen nach Weimar (21.7.1796). Laufend informierte er Goethe aus seinem »Büro halb kriegerischer, halb diplomatischer Art in Eisenach« (Goethe an Voigt, ca. 24.7.1796) über den Stand der Dinge, bis er am 3. August erleichtert schreiben konnte: »Diese Nacht habe ich gern unruhig zugebracht und sofort 10 Stunden de suite gearbeitet. Denn der Kurfürst erklärte sich endlich, die preußische Vermittlung zur Neutralitätserlangung anzunehmen. Und nun schließen wir uns Kursachsen an, und dieses vertritt uns.« Am 13. August wurde Waffenstillstand zwischen Frankreich und dem obersächsischen Reichskreis geschlossen, am 29. Dezember 1796 war offiziell der Beitritt Kursachsens und seiner Verbündeten zum preußisch-französischen Vertrag vollzogen. Zehn Friedensjahre zogen ins Land, die erst der Eroberer Napoleon beendete, als er im Oktober 1806 die Preußen bei Jena schlug und den Krieg auch in die ruhige Residenzstadt Weimar trug.

Goethe und Schiller haben die politischen Kalamitäten der Jahre 1795/96 besorgt verfolgt. Immer wieder mischten sich in ihre Korrespondenz, die besonders die *Xenien* betraf, Bemerkungen über die bedrohliche Situation. Fast wörtlich gab Goethe dem Freund weiter, was er unter dem 21. Juli von Voigt über die Kriegslage und das Schicksal Frankfurts erfahren hatte (23.7.1796), und wünschte, der Thüringer Wald möge die »Eigenschaften einer Wetterscheidung« haben, die das »französische Ungewitter« fernhält (30.7.1796). Dann am 10. August, als der Friede garantiert war: »Der Roman gibt auch wieder Lebenszeichen von sich.« Vier Tage danach aber diktierte Goethe, ganz in seiner Eigenschaft als Mitglied des Conseils, ein Votum, das die Aufmerksamkeit auf gewisse Finanzfragen lenkte, die er nun zugunsten Weimars entschieden sehen wollte (AS II 508 ff.). Am 26. August konnte er schließlich in sein Tagebuch eintragen: »Absendung des 8ten Buchs Wilh. Mstrs.« Im Oktober erschien der vierte Band des Romans mit den beiden letzten Büchern, zugleich als sechster Band der Werkausgabe bei Unger.

Ein Schüler, der kein Meister wurde.

Wilhelm Meisters Lehrjahre

Von Editionen und Verlegern

Als im Januar 1795 der erste Band von *Wilhelm Meisters Lehrjahren* herauskam, hatte Goethe den Roman noch gar nicht abgeschlossen. Er setzte sich selbst unter Druck, um das vor vielen Jahren begonnene Werk endlich zu Ende zu bringen. »Im Garten dicktirt an W. Meister«, hatte er am 16. Februar 1777 ins Tagebuch eingetragen; das erste uns bekannte Lebenszeichen der neuen Dichtung. Jahr für Jahr brachte er, mühevoll genug neben den administrativen Pflichten, den Roman voran, las daraus vor, reichte das Manuskript oder eine Abschrift herum und konnte Knebel am 21. November 1782 schreiben: »Du sollst bald die drey ersten Bücher der Theatralischen Sendung haben. Sie werden abgeschrieben.« Das sechste Buch war im November 1785 beendet, aber im siebten blieb er stecken. Den geplanten Lebensweg eines jungen Schriftstellers, der Bühnenautor und Regisseur wird, in der Kunstwelt des Theaters seine Erfüllung sucht und seinen Lebensauftrag sieht: *Wilhelm Meisters theatralische Sendung* vermochte Goethe, auch wenn ihm in Italien noch »neue Gedanken genug zum Wilhelm« einfielen (an Ch. v. Stein, 20. 1. 1787), nicht weiterzuerzählen. Als er nach langer Pause die Arbeit am Roman wieder aufnahm und dann von 1794 bis 1796 aus der *Theatralischen Sendung* die *Lehrjahre* geworden waren, vernichtete er das alte Manuskript. Aber er hatte ein Exemplar der *Sendung* seiner Züricher Bekannten Barbara Schulthess zur Lektüre geschickt, die sich mit ihrer Tochter die Mühe machte, es abzuschreiben. Erst 1910 wurde diese Abschrift wiederentdeckt, und so liegt seit 1911 auch die lange verschollen geglaubte *Theatralische Sendung* vor. Niemand kann nachprüfen, wieviel Fehler den fleißigen Kopistinnen unterlaufen sind; den originalen Goethe-Text der *Sendung* besitzen wir nicht. Doch auch ein zweifelsfrei authentischer, Wort für Wort und Zeichen für Zeichen originärer Text der *Lehrjahre* steht uns nicht zur Verfügung. Nur für das 7. Buch gibt es eine Handschrift.

Das Manuskript, nach dem die Drucker des Unger-Verlags 1794–1796 die Bücher gesetzt haben, ist nicht mehr vorhanden; denn Druckereien schickten damals die Druckvorlagen nicht zurück, sondern vernichteten sie zumeist. Wer wann und wo Korrektur gelesen, Verbesserungen vorgenommen oder Fehler hineingebracht hat, ist nicht auszumachen. Goethe selbst war bei der Vorbereitung der späterhin folgenden Veröffentlichungen seines Romans immer auf den jeweils letzten Druck angewiesen. Zugegeben, bei den erwähnten Problemen handelt es sich um philologische Spezialissima. Doch kann der Hinweis auf die unsichere Textlage beim *Wilhelm Meister* willkommener Anlaß sein, einen kurzen Überblick über die zu Goethes Zeit edierten Ausgaben seiner Werke einzuschalten. Auch wenn man nicht auf Details eingeht, in denen hier freilich die Würze der Komplikationen steckt, ist es ein spannendes Kapitel, das nicht weniger dokumentiert als die Tatsache, daß wir niemals einen kompletten Goethe-Text besitzen werden, der allen philologischen Wünschen nach unbezweifelbarer Authentizität entspricht.

Nicht der Dichter selbst ist es gewesen, der als erster eine Gesamtausgabe seiner Werke veranstaltete. Über ein Jahrzehnt vorher brachten geschäftstüchtige Verleger Raubdrucke auf den Markt. Es existierten noch keine Rechtsvorschriften, die es hätten verhindern können. In Biel in der Schweiz erschienen zum ersten Mal *Des Herrn Göthe sämtliche Wercke*, und zwar 1775/76 in drei Bänden, in denen man Gedichte vergeblich sucht. Berühmt und berüchtigt als Nachdrucker war damals der Berliner Buchhändler Christian Friedrich Himburg, der erheblichen Erfolg mit seinem Gewerbe hatte. Drei Auflagen vermochte er von seinen dreibändigen *Goethens Schriften* in den Jahren 1775–1779 zu produzieren, und 1779 erschien noch ein zusätzlicher vierter Band, in dem sich auch »Vermischte Gedichte« befanden.

Goethe war empört über diese und andere Nachdrucke, aber er konnte den schlechten Brauch nicht ändern. Himburg war so dreist, dem Autor von der 3. Auflage seiner *Schriften* sogar einige Freiexemplare zu schicken, und bot statt eines Honorars Berliner Porzellan an, das als wenig wertvoll galt. Der verärgerte Beschenkte machte sich in zornigen Versen Luft (an Frau v. Stein, 14. 5. 1779):

> Langverdorrte, halbverweste Blätter vorger Jahre,
> Ausgekämmte, auch geweiht' und abgeschnittne Haare,
> Alte Wämser, ausgetretne Schuh und schwarzes Linnen,
> Was sie nicht ums leidge Geld beginnen!
> Haben sie für bar und gut
> Neuerdings dem Publikum gegeben.

Was man andern nach dem Tode tut,
Tat man mir bei meinem Leben.
Doch ich schreibe nicht um Porzellan noch Brot,
Für die Himburgs bin ich tot.

Der Zorn über die »große Frechheit« Himburgs hinderte Goethe indes nicht, dessen Ausgabe zu Hilfe zu nehmen, als er dann selbst eine Gesamtausgabe bei Göschen besorgte. So wurden Fehler, die sich in Himburgs Bände eingeschlichen hatten, noch in manche spätere Ausgabe transportiert.

Die ohne Wissen und Willen des Verfassers publizierten Gesamtausgaben, die ihrerseits Nachdrucker fanden, hatten damals auch ihr Gutes. In ihnen war zum ersten Mal das verstreut gedruckte Werk des durch *Götz* und *Werther* berühmt gewordenen jungen Dichters zusammengefaßt. Zudem hatte Himburg seine Ausgabe besonders hübsch gestaltet, mit Kupfern und Vignetten von der Hand bekannter Künstler, auch eines Daniel Chodowiecki. Der junge Leipziger Verleger Georg Joachim Göschen war es dann, mit dem Goethe 1786, auf die Vierzig zugehend, die Edition einer achtbändigen Ausgabe vereinbarte. Sie stand, wie schon berichtet, unter keinem günstigen Stern. *Egmont* und *Tasso* hatte – entgegen der Ankündigung – der Heimkehrer aus Italien glücklich vollenden können, den *Faust* bot er, »aus mehr als einer Ursache« (an Carl August, 5.7.1789), als Fragment im 7. Band. Was unter dem Titel *Goethe's Schriften* von 1787 bis 1790 erschien, war zwar die erste Gesamtausgabe, für die Goethe verantwortlich zeichnete, aber weder konnten die Bände entsprechend ihrer Zählung herauskommen, noch hatte Goethe selbst Korrektur gelesen. Während er unterwegs war, kümmerte sich Philipp Seidel um den Fortgang des Drucks und sollte in Zweifelsfällen Herders Entscheidung einholen. Die mühselige Korrekturarbeit, die über alle Einzelheiten des schließlich gedruckten Textes entscheidet, überließ Goethe auch später gern anderen, seinen Sekretären oder den Korrektoren in den Verlagen und Druckereien. Für Orthographie und Interpunktion gab es damals keine verbindlichen Richtlinien. Wenn auch Goethe die Absicht äußerte, »der adelungischen Rechtschreibung vollkommen zu folgen« (an Göschen, 2.9.1786), so blieb es doch dem Korrektor vorbehalten, sie zu verwirklichen. Adelung hatte gerade 1782 *Grundsätze der deutschen Orthographie* aufgestellt; seine *Vollständige Anweisung zur deutschen Orthographie, Biegung und Ableitung* (1788) erging, als die Ausgabe bereits zu erscheinen begonnen hatte. Von gesicherten und allseits anerkannten Regeln konnte jedenfalls noch keine Rede sein, auch später nicht. Erst 1880 kodifizierte Konrad Duden die allgemein respektierten Vorschriften. Jeder auf Genauigkeit bedachte Leser aber weiß, daß eine vermeintliche Belanglosigkeit wie die Zeichensetzung in einem dichten, komplizierten, womöglich mehrdeutigen Text den Sinnzusammenhang zu beeinflussen vermag.

Goethe gefiel weder Papier noch Druck der Göschen-Ausgabe; er beschwerte sich, »daß diese Bände eher einer ephemeren Zeitschrift als einem Buche ähnlich sehen, das doch einige Zeit dauern sollte« (an Göschen, 27. 10. 1787). Für eine zweite Edition, die die neueren Arbeiten aufnehmen sollte, verband er sich wenige Jahre später mit dem Berliner Drucker und Verleger Johann Friedrich Unger. Acht Jahre dauerte es, bis *Goethe's Neue Schriften* in sieben Bänden vorlagen, von denen allein vier (3.–6. Band) *Wilhelm Meisters Lehrjahre* beanspruchten. Band 1 (1792) enthielt zeitgeschichtlich Aktuelles: den *Groß-Cophta*; *Des Joseph Balsamo, genannt Cagliostro, Stammbaum*; *Römisches Carneval*, Band 2 den *Reineke Fuchs*. Zum Sorgenkind wurde der 7. Band, der erst 1800 ausgegeben werden konnte. Goethe zauderte, weil er nichts Geeignetes für den Band sah, bis dann Schiller empfahl, die verstreut publizierten neueren Gedichte in ihm zu vereinigen, also auch die Balladen und Romanzen, die Elegien und Venetianischen Epigramme.

Schon vor Ungers Tod 1804 kam Goethe über Schiller in Verbindung mit Johann Friedrich Cotta, der seit 1794 die Werke Schillers verlegte. Goethe konnte bei ihm von 1798 bis 1800 die *Propyläen*-Zeitschrift herausbringen, und 1805 schloß er einen Vertrag über eine neue zwölfbändige Werkausgabe. Dabei erwies er sich als ebenso sachkundiger wie hartnäckiger Verhandlungspartner (1. 5., 14. 6., 12. 8. 1805). Von 1806 bis 1808 erschienen *Goethe's Werke* bei Cotta, denen 1810 noch als 13. Band *Die Wahlverwandtschaften* angefügt wurden.

Editorisch zuverlässig konnten diese Ausgaben nach Lage der Dinge kaum sein. Manche Verwicklungen, die sich bei der Textherstellung und Drucklegung ergaben, haben Philologen erst viel später aufgedeckt. Beispielsweise waren von einigen Partien der Editionen ohne Wissen des Autors Nach- oder Doppeldrucke gemacht worden, und Goethe erkannte nicht immer, ob er bei der Vorbereitung der Vorlagen für eine Ausgabe Original- oder Nachdrucke benutzte, in denen sich Änderungen eingenistet hatten. Herausgeber von Goethes Schriften stehen hier vor schwierigen Problemen. Auch wo Originalhandschriften des Dichters oder Manuskripte autorisierter Mitarbeiter erhalten sind, vermögen sie strittige Fragen keineswegs immer in wünschenswerter Eindeutigkeit zu klären. Denn es können verschiedene Fassungen vorliegen, Korrekturen von eigener oder fremder Hand angebracht sein, und die letzten Korrekturen überließ der Meister, wie gesagt, gern seinen Helfern.

Auf die äußere Gestaltung, auf ansprechendes Papier und gute Drucktypen, legte er großen Wert, hatte allerdings oft genug Anlaß zu Klagen. Und ums Finanzielle kümmerte er sich genau und hartnäckig. Schiller, der sich als Mittelsmann betätigte, erklärte Cotta einmal unumwunden:

Es ist, um es geradeheraus zu sagen, kein guter Handel mit Goethe zu treffen, weil er seinen Wert ganz kennt und sich selbst hoch taxiert und auf das Glück des Buchhandels, davon er überhaupt nur eine vage Idee hat, keine Rücksicht nimmt. Es ist noch kein Buchhändler in Verbindung mit ihm geblieben; er war noch mit keinem zufrieden und mancher mochte auch mit ihm nicht zufrieden sein. Liberalität gegen seine Verleger ist seine Sache nicht (an Cotta, 18. 5. 1802).

Über das komplizierte, von freundschaftlichem Respekt und einem mitunter anstrengenden Interessenausgleich gekennzeichnete Verhältnis zwischen dem Autor und seinem wichtigsten Verleger informiert in allen Einzelheiten die umfangreiche Korrespondenz zwischen Goethe und Cotta, die jetzt vollständig samt Honorartabellen gedruckt vorliegt, von Dorothea Kuhn aufs sorgfältigste kommentiert (GCB 1979–83). Die zwölfbändige Ausgabe von 1806–08 brachte ihrem Verfasser 10000 Taler, der zugehörige 13. Band mit den *Wahlverwandtschaften* zusätzlich 2000 Taler. Die 40 Bände der »Ausgabe letzter Hand«, um die sich auch zahlreiche andere Verlage mit lukrativen Angeboten bewarben, bezahlte Cotta in acht Raten von 1826 bis 1830 mit insgesamt 60000 Talern. Die Gesamthonorare, die er seinem repräsentativen Autor seit 1795 zu dessen Lebzeiten überwies, beliefen sich auf immerhin 130839 Taler. Wenn man sich an die – zugegebenermaßen ungenauen – Umrechnungen auf heutigen Wert erinnert (S. 554), kann man ermessen, welche Summen Goethe allein aus dem Verlagshaus Cotta zugeflossen sind. Davon bestritt er allerdings auch die Kosten für seine private Kanzlei.

Es hat geraume Zeit gedauert, bis Goethe solche Vergütungen erzielen konnte. *Werther* und *Götz* hatten finanziell nichts erbracht. Für die Göschen-Ausgabe erhielt er 1786 200, für die bei Unger 1792 schon 5400 Taler, und allein für *Hermann und Dorothea* erreichte er 1797 beim Berliner Verlagsbuchhändler Vieweg die ungewöhnliche Höhe von 1000 Talern. Engelsings Auskünfte, wieviel die Klassiker verdienten (*Neue Rundschau* 1976), Dorothea Kuhns Erläuterungen damaliger Honorierungsweisen zeigen, wie unterschiedlich die Einkommen der Schriftsteller aussahen, wieviel günstiger Autoren mit fester Amtsbesoldung abschnitten und welche Not freie Schriftsteller heimsuchen konnte. Goethe, von Haus aus materiell gesichert, seit dem Dienstantritt in Weimar mit dem Gehalt eines hohen politischen Beamten (von zunächst 1200, dann 1800, zuletzt 3100 Talern), gehörte seit den neunziger Jahren zu den Spitzenverdienern auf dem literarischen Markt. Aber da er nicht gerade sparsam lebte, gelegentlich freigebig war und für seine Sammlungen, seinen Wissensdrang, seine Forschungen viel Geld aufwandte, hat er es zu wirklichem Reichtum nie gebracht. Daran lag ihm auch nicht, wohl aber an der Unabhängigkeit und Freizügigkeit, die ihm die materiellen Mittel ermöglichten. Man müsse Geld genug haben, »seine Erfahrungen bezahlen zu können«, gestand er Eckermann am 13. Februar 1829. »Jedes Bonmot, das ich sage, kostet mir eine Börse voll Gold; eine halbe Million meines Privatvermögens ist durch meine Hände gegangen, um das zu lernen, was ich jetzt weiß, nicht allein das ganze Vermögen meines Vaters, sondern auch mein Gehalt und mein bedeutendes literarisches Einkommen seit mehr als fünfzig Jahren.« Mit der bescheidenen Einrichtung seiner Arbeitsräume und der Anspruchslosigkeit seines täglichen Daseins kokettierte er gern ein bißchen. »Sehen Sie dieses Zimmer und diese angrenzende Kammer, in der Sie durch die offene Tür mein Bette sehen, beide sind nicht groß, sie sind ohnehin durch vielerlei Bedarf, Bücher, Manuskripte und Kunstsachen eingeengt, aber sie sind mir genug, ich habe den ganzen Winter darin gewohnt und meine vorderen Zimmer fast nicht betreten« (E 18.1.1827). In einer prächtigen Wohnung werde er »sogleich faul und untätig« (E 23.3.1829; 25.3.1831).

Einige Jahre nach der Edition von 1806–1810 dachte man wieder an eine Sammelausgabe. Erneut bei Cotta erschienen Goethe's Werke in zwanzig Bänden von 1815 bis 1819 und enthielten jetzt auch den Lebensbericht Dichtung und Wahrheit mit den Teilen 1–3, während der 4. Teil (die Bücher 16–20) erst posthum gedruckt wurde. Im Publikum war inzwischen der Wunsch laut geworden, die neue Ausgabe solle die Schriften in chronologischer Reihenfolge bieten. Goethe lehnte den verständlichen Wunsch mit bezeichnender Begründung im Morgenblatt 1816 ab. Seine Arbeiten seien

Erzeugnisse eines Talents, das sich nicht stufenweis entwickelt und auch nicht umherschwärmt, sondern gleichzeitig aus einem gewissen Mittelpuncte sich nach allen Seiten hin versucht und in der Nähe sowohl als in der Ferne zu wirken strebt, manchen eingeschlagenen Weg für immer verläßt, auf andern lange beharrt. Wer sieht nicht, daß hier das wunderlichste Gemisch erscheinen müßte, wenn man das, was den Verfasser gleichzeitig beschäftigte, in Einen Band zusammenbringen wollte [...] (Summarische Jahresfolge Goethe'scher Schriften; WA I 42, 1, 78).

So setzte er zwar an das Ende des 20. Bandes eine tabellarische Übersicht seiner Werke von 1769–1818, fügte aber hinzu, seine gedruckten Werke seien nur Einzelheiten, »die auf einem Lebensboden wurzelten und wuchsen, wo Thun und Lernen, Reden und Schreiben unablässig wirkend einen schwer zu entwirrenden Knaul bildeten« (WA I, 42, 1, 81). Beim Druck dieser Ausgabe hat sich Goethe übrigens prinzipiell zur Zeichensetzung geäußert. Weil man mehr lese als höre, würden viel zuviel Kommata gesetzt. Nur wenn eine Pause beim Sprechen sich aus dem Sinn des Textes ergebe, sei ein Komma angebracht. »Doch bin ich hier nicht pedantisch und lasse dem Herrn Corrector die völlige Freyheit in gewissen Fällen nach eignem Urtheil ein Comma herzustellen« (an Cotta, 3.6.1816). Späteren Herausgebern ist damit ihr Geschäft nicht erleichtert worden. Man darf sich dennoch wundern, wie reichlich manche Editoren die Satzzeichen in den Text gestreut haben.

In seinem Tagebuch vermerkte Goethe unter dem 1. Mai 1822: »Gedanken an eine neue Ausgabe meiner Werke.« Als er dies notierte, war er zweiundsiebzig, das Ende konnte nah sein; Überlegungen, was mit dem riesigen Werk seines langen Lebens geschehen solle und was er selbst noch dafür tun könne, nahmen ihn mehr und mehr gefangen. Der Plan einer »Ausgabe letzter Hand« drängte sich auf. Zunächst aber mußte Ordnung in die Fülle des gedruckten und ungedruckten Materials gebracht werden. Friedrich Theodor Kräuter (1790–1856), Bibliothekar in Weimar und seit 1818 zugleich Privatsekretär Goethes, übernahm im Sommer 1822 die Sichtung der gesamten Bestände, legte ein Verzeichnis an, vervollständigte das Archiv immer weiter und blieb auch nach Goethes Tod der testamentarisch eingesetzte Sachwalter für diese Aufgabe. Goethe war froh, die mühselige Arbeit getan zu sehen. Alles drucken zu lassen, was er je geschrieben und diktiert hatte, war nicht seine Absicht. Also mußte geprüft und ausgewählt werden, und die Texte waren für den Druck vorzubereiten. Er sehe sich nach jungen Männern um, schrieb er Cotta am 11. Juni 1823, »denen man Redaction von Papieren übertragen könnte, welche selbst zu leisten man wohl die Hoffnung aufgeben muß. [...] Nun beobachte ich längst einen jungen Eckermann von Hannover, der mir viel Zutrauen einflößt [...]. Er ist gegenwärtig hier und ich denke ihn mit gewissen Vorarbeiten zu beschäftigen.« Johann Peter Eckermann (1792–1854) wurde der vertraute jugendliche Mitarbeiter des letzten Lebensjahrzehnts, und nur deshalb hat sein Name überlebt. Was ihm, der auch den Nachlaß Goethes mitherausgab, von eigenen Plänen und Hoffnungen blieb (und immer mehr verkümmerte), ging auf (oder unter) in der Hilfsarbeit für den großen alten Mann.

Goethe suchte noch weiter nach Kräften, die fähig wären, auch die bereits gedruckten Werke erneut zu überprüfen, sie »mit grammatischem Aug durchzugehen, mit kritischem Scharfsinn zu prüfen, ob vielleicht irgendein Druckfehler verborgen liege« (an Schultz, 3.7.1824). Carl Wilhelm Göttling, Bibliothekar und Professor für Klassische Philologie in Jena, war es schließlich, der die Revision übernahm. Ausführlich besprach Goethe mit ihm die

Grundsätze für erforderlich scheinende Korrekturen; aber er hatte großes Zutrauen zu dem ausgebildeten Philologen und beschränkte sich auf gelegentliche Überprüfungen. So ist es gekommen, daß der Einfluß Göttlings auf die Gestaltung des Textes beachtlich war und heutige Herausgeber mit komplizierten editorischen Einzelproblemen zu schaffen haben, von deren Ausmaß und Folgen sich ein Laie nur schwer eine zureichende Vorstellung machen kann. Goethe hielt in den letzten Jahren seines Lebens anderes denn doch für wichtiger, als sich um philologische Kleinarbeit zu kümmern: die Vollendung des *Faust* und auch den Abschluß des 4. Teils von *Dichtung und Wahrheit*. Vor der staunenswerten schöpferischen Produktivität, die ihm noch im höchsten Alter geschenkt war, mußte die ermüdende Kontrolle gedruckter und ungedruckter, jedenfalls schon zu Papier gebrachter Texte belanglos werden. So erschienen von 1827 bis 1830 als Taschen- und als Oktavausgabe *Goethe's Werke. Vollständige Ausgabe letzter Hand* in vierzig Bänden, wobei »vollständig« besagen sollte, »daß theils in der Auswahl der noch unbekannten Arbeiten, theils in Stellung und Anordnung überhaupt vorzüglich darauf gesehen worden, des Verfassers Naturell, Bildung, Fortschreiten und vielfaches Versuchen nach allen Seiten hin klar vor's Auge zu bringen« (Ankündigung im *Morgenblatt für gebildete Stände*, 19.7.1826).

Über die Raubdrucker vom Schlage eines Himburg hatte sich Goethe sattsam geärgert. Auch die späteren Ausgaben waren von Nachdrucken nicht verschont geblieben. Einem Wiener Nachdruck von 1816–1822, den Cotta selbst beeinflußte, um Raubdrucken zuvorzukommen, mochte er sogar sein Einverständnis nicht versagen (an Cotta, 25.3.1816). Jetzt aber, angesichts der »Ausgabe letzter Hand«, suchte er Sicherungen gegen den willkürlichen Umgang mit seinem geistigen Eigentum zu erwirken, und tatsächlich hatte er einen für damalige Verhältnisse ungewöhnlichen Erfolg. Er verschaffte sich bei jedem Mitgliedsstaat des Deutschen Bundes ein Sonderprivileg, wodurch die Edition gegen illegalen Nachdruck geschützt sein sollte. Bei den schwierigen Verhandlungen verfolgte er durchaus und mit Recht seine persönlichen Interessen; gleichwohl markiert sein energisches Vorgehen einen wichtigen Schritt auf dem langen Weg zu einem gültigen Urheberrecht.

Erst neuere textkritische Untersuchungen haben bewiesen, daß wegen der von fremder Seite stammenden Eingriffe die »Ausgabe letzter Hand« nicht als der fraglos gültige Text Goethes gelten kann. Der Hinweis muß hier genügen, und nur an wenige weitere Daten kann noch erinnert werden. Eckermann war neben Riemer und Kanzler v. Müller testamentarisch zum Verwalter des Nachlasses eingesetzt worden; ihn hatte Goethe ausdrücklich zum Herausgeber der noch zu edierenden Werke bestimmt. Zwanzig Nachlaßbände brachte Cotta bis 1842 heraus; ohne Komplikationen unter den

Nachlaßverwaltern ging es dabei natürlich nicht ab. Als am 15. April 1885 Walther v. Goethe, Enkel und Letzter des Geschlechts, gestorben, als gemäß testamentarischer Verfügung das Haus am Frauenplan mit den Sammlungen dem Großherzogtum Sachsen-Weimar und das Goethe-Archiv der Großherzogin Sophie persönlich zugefallen waren, wurde endlich die gesamte Hinterlassenschaft Goethes zugänglich.

Die Großherzogin übertrug daraufhin namhaften Literaturwissenschaftlern die Aufgabe, die Bestände des Archivs zu ordnen, aufzuarbeiten und der Öffentlichkeit zu erschließen (freilich nicht die vermeintlich anstößigen Erotica und Priapeia). Eine neue, kritische Ausgabe sollte entstehen. Es war die Geburtsstunde der berühmten Sophien-Ausgabe, der *Weimarer Ausgabe*, die unter Mitarbeit vieler Gelehrter von 1887 bis 1919 in 143 Bänden vorgelegt werden konnte [und 1987 sogar im Deutschen Taschenbuch Verlag nachgedruckt worden ist]. Seitdem ist weiteres Material erschlossen, sind Texte revidiert worden, ist eine Reihe von umfassenden und auswählenden Ausgaben erschienen und unentwegt über Prinzipien der Edition Goethescher Schriften nachgedacht worden, denen neuere kritische Ausgaben gerecht zu werden suchen, die »Leopoldina-Ausgabe« der naturwissenschaftlichen Schriften (Weimar), die »Amtlichen Schriften« des Staatsarchivs Weimar, und die großen neuen Editionen, die Frankfurter Gesamtausgabe im Deutschen Klassiker Verlag und die Münchner Ausgabe im Hanser Verlag, mit ergiebigen Einführungen und Kommentaren ausgestattet, reihen sich an.

Ein gescheiterter Theaterroman. Der Urmeister

Spätestens seit 1777 also hatte Goethe an *Wilhelm Meisters theatralischer Sendung* geschrieben oder diktiert. Während er die Last der Dienstgeschäfte trug, sich um die Finanzen des Landes kümmerte, Diplomatisches zu erledigen hatte, tätig war, um für sich Erfahrungen zu sammeln und anderen zu helfen, immer von Selbstzweifeln geplagt, und »da die Hälfte nun des Lebens vorüber«, sich vorkam wie jemand, der keinen Weg zurückgelegt hat und dasteht wie einer, »der sich aus dem Wasser rettet und den die Sonne anfängt wohlthätig abzutrocknen« (Tagebuch, 7. 8. 1779), dichtete er ein anderes Leben, eine andere Welt. War es eine Gegenwelt, ein Wunschtraum, ein fiktives Probespiel um einen Menschen, der er *auch* hätte sein und werden können oder gar mögen? Wilhelm Meister litt an der Enge der Verhältnisse, in denen er lebte, empfand die Beschränkung des väterlichen kaufmännischen Gewerbes; denn »er hielt es für eine drückende Seelenlast, für Pech, das die Flügel seines Geistes verleimte, für Stricke, die den hohen Schwung der Seele fesselten, zu dem er sich von Natur das Wachstum fühlte« (A 8, 549). Vom Wirken für das Theater und auf den Brettern versprach er sich dagegen Erfüllung seines Daseins. Schon das Puppenspiel, das Geschenk der Großmutter, hatte ihn fasziniert und in einen Zustand »voller Hoffnungen, Drang und Ahndung« (A 8, 530) versetzt. Seine dichterischen und schauspielerischen Versuche, seine Zukunftspläne, die er im Brief an Mariane entwarf, sein Anschluß an die Theatergruppe, seine hochfliegende Hoffnung, zum Gründer eines deutschen Nationaltheaters berufen zu sein – alles war Ausdruck einer Sehnsucht, bürgerlichen Zwängen zu entkommen und den Ansprüchen des Herzens Raum zu schaffen. Unverkennbar ist viel Autobiographisches des jungen Goethe in die *Theatralische Sendung* eingegangen, von den frühen Erlebnissen mit dem Puppenspiel im Haus am Großen Hirschgraben bis zur aufwühlenden Begegnung mit dem Werk Shakespeares. Es ist, als zeichnete der Dichter, der die Dreißig überschritten hatte, im Roman einen Weg, den er auch hätte zurücklegen können, der ihm die Fron kleinlicher Verwaltungsarbeit erspart und nicht ein erstes Weimarer Jahrzehnt ohne größere dichterische Werke beschert hätte. Doch wie er damals in manchem Brief über Mühe und Nutzlosigkeit der täglichen Anstrengungen für Herzog, Land und Leute klagte, so durchsetzte er die Erzählung vom suchenden, hoffenden Wilhelm Meister mit ironisch-kritischen Äußerungen, die dessen Hingabe an die geglaubte »Sendung« nicht eben in hellem positiven Licht erscheinen ließen. Der Erzähler legt dem Leser nahe, in der enthusiastischen Begeisterung des jungen Poeten und Schauspieladepten zugleich auch seine Weltfremdheit zu bemerken und seine Hinwendung zur eigenen Innerlichkeit, seinen Mangel an Menschenkenntnis als erhebliches Defizit einzuschätzen.

Zum erstenmal seit dem *Werther* versuchte sich Goethe wieder an einem Roman. In jenem früheren Buch, das Furore gemacht und etliche zu fragwürdiger Identifikation mit dem scheiternden ›Helden‹ verleitet hatte, erschien Welt (mit Ausnahme des abschließenden Herausgeberberichts) allein in der Sicht des briefeschreibenden himmelhochjauchzenden und zu Tode verzweifelten Werther. Aber schon dort war der Text so arrangiert, daß er für dessen Tun und Empfinden nicht nur Zustimmung einwarb, sondern auch ironische Lichter aufsteckte. Wilhelm Meisters Stimmung und Verhalten sind denen Werthers oftmals ähnlich. Jetzt aber spricht nicht mehr nur ein einzelnes Ich, sondern der Erzähler berichtet aus beobachtender Distanz und schaltet sich, den Leser gleichsam als Gesprächspartner einbeziehend, mit Bemerkungen und Überlegungen ein, die an nicht wenigen Stellen einen kritischen Kommentar des Erzählten bieten. Was Wilhelm denkt, empfindet, tut und was der Erzähler erläuternd und betrachtend dazu äußert, gehört im Roman auf wechselseitig spiegelnde Weise zusammen. Das trifft auch auf andere Personen des Geschehens zu. Damit entsteht eine eigentümliche Ungewißheit der Bewertung des Erzählten und der Reflexionen des Erzählers, der der Leser ausgesetzt wird und die er nur um den Preis vereinfachender Entscheidung zur Eindeutigkeit zwingen könnte. Jene schwebende Mehrdeutigkeit entspricht der Verfassung, in der sich der Autor Goethe selbst befand, als er in den poetischen Nebenstunden der Weimarer Dienstjahre den fiktiven Lebensweg Wilhelm Meisters entwarf und aufzeichnete: den Pflichten und Forderungen öffentlich-verantwortlichen Wirkens sich aussetzend und sich ihnen doch nicht ganz unterwerfend, der ästhetischen Existenz zuneigend und sie doch nicht verabsolutierend.

Man kann, das sei hier wenigstens erwähnt, die *Theatralische Sendung* (und auch die *Lehrjahre*) als einen eminent autobiographischen Text lesen, in dem sein Autor frühkindliche Erfahrungen, Konflikte und Ängste verarbeitet und in Dichtung transformiert hat. Ein Psychoanalytiker vermag manche der in der Dichtung erscheinenden Konstellationen, Bilder, Vorkommnisse, Auseinandersetzungen auf sein Theoriemodell zu beziehen und von dorther zu dechiffrieren. Die psychoanalytische Sicht erschließt dann Dimensionen des Textes, die dem ›normalen‹ Leser verborgen bleiben. Hier wie sonst legt es die Mehrdeutigkeit eines literarischen Texts nahe, im Gedichteten auch Gestaltungen des Unbewußten zu erkennen. Kurt Rudolf Eissler hat schon vor zwei Jahrzehnten in Amerika eine Studie von über 1400 Seiten vorgelegt, in der er Goethes Weimarer Jahre bis zur italienischen Reise tiefenpsychologisch analysiert und die *Theatralische Sendung* als einen Roman von außerordentlicher psychologischer Tiefe interpretiert (*Goethe. A Psychoanalytic Study. 1775–1786*, Detroit 1963). Die ungewöhnliche Kindheitsgeschichte Wilhelm Meisters enthüllt sich als subtile dichterische Verarbeitung frühkindlicher, ins Unterbewußtsein abgesunkener Erfahrungen und Konflikte ihres Autors, ohne daß Goethe etwa als willentlicher Psychologe des Unbewußten schriebe. Die Schilderung des unglücklichen Verhältnisses zwischen Wilhelms Vater und Mutter im 3. Kapitel des 1. Buches lasse sich so beispielsweise verstehen als höchst intime Beschreibung dessen, wie ein Kind den Ödipuskomplex erfährt und sich gegen ihn wehrt. Und wenn im anschließenden kurzen 4. Kapitel Wilhelm nach der zweiten Aufführung des Puppenspiels entdeckt, was es mit den Marionetten auf sich hat, und der Erzähler sich sogleich mit der Bemerkung einschaltet: »So wie in gewissen Zeiten die Kinder auf den Unterschied der Geschlechter aufmerksam werden und ihre Blicke durch die Hüllen, die diese Geheimnisse verbergen, gar wunderbare Bewegungen in ihrer Natur hervorbringen, so war's Wilhelmen mit dieser Entdeckung« (A 8, 532), dann kann ein Psychoanalytiker aus der engen Nachbarschaft, in der die Phänomene ödipale Situation und sexuelle Neugier auftauchen, schließen, daß der Autor ein ungefähres Bewußtsein von der Verwandtschaft beider gehabt haben müsse. Es versteht sich bei solcher Analyse, daß Motive für Wilhelms Theaterleidenschaft in jenen Seelenprovinzen aufgedeckt werden, die Sigmund Freud erschlossen hat, und die Bündigkeit mancher Beweisführung ist eindrucksvoll, sofern man die Grundannahmen akzeptiert. Gleichwohl ist ein behutsamer Biograph gut beraten, wenn er die Ergebnisse psychoanalytischer Erkundung, die die Anerkennung des zugrundeliegenden Theoriemodells samt seinen Annahmen von Ödipuskomplex und Kastrationsangst, Inzestmotiv und nachwirkenden frühkindlichen Eindrücken zur Voraussetzung haben, als Spezialforschungen ansieht, die Interpretationen aus einer bestimmten Perspektive liefern.

Suche nach Lebensverwirklichung

Das Fragment der *Theatralischen Sendung* schließt mit Wilhelms Entscheidung fürs Theater. Ob es weiterhin ein Theaterroman bleiben sollte, darf schon nach den erhaltenen sechs Büchern bezweifelt werden. Zu nachdrücklich hat bereits der Erzähler des ›Urmeister‹ die Ansprüche der ›wirklichen‹ Welt gegenüber dem ›Schein‹ des Lebens auf der Bühne angemeldet. Als Goethe seit 1791, dann nach erneuter Pause seit 1794 energisch und fortdauernd die Arbeit am Roman wieder aufnahm und zu Ende brachte, war jedenfalls entschieden, daß »Wilhelm Schüler, der, ich weiß nicht wie, den Namen Meister erwischt hat« (an Schiller, 6. 12. 1794), den schwierigen Weg in Welt und Wirklichkeit finden sollte. Die Zeit bei den Schauspielern blieb jetzt nur eine Lebensphase neben anderen. Der Roman wurde zu einem vielgestaltigen Panorama menschlicher Existenzweisen, die Wilhelm kennenlernt und die ihm Erfahrungen vermitteln, ohne die er vollends ›Schüler‹ geblieben wäre. Er entwickelt sich mit ihrer Hilfe; teils fallen sie ihm zu, teils läßt er sich willentlich auf sie ein. Und die *Lehrjahre* schilderten nicht nur die Lehrzeit Wilhelm Meisters und die Lebensschicksale vieler anderer, sondern nahmen auch Probleme auf, die die Gesellschaftsverfassung insgesamt betrafen und spätestens seit der Französischen Revolution konstruktives Durchdenken und entwerfendes Gestalten herausforderten. Was die Lehrjahre des Titelhelden ausmacht, ist Wegsuche nach und geheimnisvolles Geleitetwerden zu einer sinnerfüllten Lebensverwirklichung, genauer: ist die von ihrem Autor im dichterischen Spiel erprobte Möglichkeit der Identitätssuche und -findung eines Menschen in der Begegnung und Auseinandersetzung mit gesellschaftlichen und individuellen Lebensformen, die in der damaligen Zeit anzutreffen waren oder sich ausbilden konnten. In der bürgerlichen Kaufmannswelt, wie sie sein Vater und besonders sein Freund und Schwager Werner repräsentieren, findet Wilhelm nicht zu sich selbst, sieht in ihr kein erstrebenswertes Ziel. Deutlich werden gleich im 2. Kapitel die Kontraste gefärbt. Mit dem Besuch des Schauspiels, das Wilhelm fasziniert, verderbe man nur seine Zeit, meinen die Eltern, wogegen der Sohn mit der rhetorischen Frage argumentiert: »Ist denn alles unnütz, was uns nicht unmittelbar Geld in den Beutel bringt, was uns nicht den allernächsten Besitz verschafft?« (7, 11) Schwärmerisch überläßt er sich seiner Liebe zu Mariane, der Schauspielerin und Angehörigen jener verklärten Welt des Theaters, und merkt nicht einmal, daß sie bei seinem langen Vortrag über die Entwicklung seiner jugendlichen Begeisterung für die Bühne einschläft. Doch endet der erste Versuch, seiner »Bestimmung zum Theater« zu folgen und »sich aus dem stockenden, schleppenden bürgerlichen Leben herauszureißen« (7, 35), mit einem Fiasko: Vermeintliche Untreue Marianens, mit der zusammen er das neue Leben beginnen wollte, zerstört seine Pläne und Hoffnungen. Jahre vergehen, ehe erneut Wilhelms Wunsch geweckt wird, aus dem kaufmännischen Leben, in dem er sich, vergessen wollend, eingerichtet hat, auszubrechen und wiederum fürs Theater zu leben. Zwar verwirft er all seine bisherigen poetischen Versuche, verbrennt seine Manuskripte und hält sich für unfähig, den Aufgaben des Dichters entsprechen zu können, die er in einer hochgreifenden Rede beschwört. Aber als er dann auf Reisen geht, gerät er abermals in den Bann der Theaterwelt. Er trifft Schauspieler, nimmt Mignon zu sich, das rätselhafte Mädchen in Knabenkleidung, stiftet Melina das Geld für die Gründung eines Theaterunternehmens, lebt bei den Schauspielern, gastiert mit ihnen auf einem Schloß, ohne zu erkennen, wie gering die Achtung der Adligen für die Kunst in Wahrheit ist, präsentiert sich als Theaterdichter für nichts als höfische Unterhaltung, wird von Jarno, einem Mitglied der Turmgesellschaft, die Wilhelms Weg auf unerklärliche Weise beobachtet und sich mehrfach unerkannt einschaltet, auf die Werke Shakespeares hingewiesen, die ihn überwältigend beeindrucken, und fühlt sich dadurch mehr als durch irgend etwas anderes angespornt, »in der wirklichen Welt schnellere Fortschritte vorwärts zu tun, mich in die Flut der Schicksale zu mischen, die über sie verhängt sind, und dereinst, wenn es mir glücken sollte, aus dem großen Meere der wahren Natur wenige Becher zu schöpfen und sie von der Schaubühne dem lechzenden Publikum meines Vaterlandes auszuspenden«. Jarno hingegen mahnt dringlich: »Lassen Sie den Vorsatz nicht fahren, in ein tätiges Leben überzugehen«, betont sein Befremden, daß sich Wilhelm »mit solchem Volke habe gemein machen können«, und verweist ausdrücklich auf den Harfner und Mignon, »einen herumziehenden Bänkelsänger« und »ein albernes zwitterhaftes Geschöpf« (7, 192 f.). Noch bleibt Meister bei den Schauspielern, erlebt mit ihnen nach der Abreise vom Schloß einen folgenschweren Überfall auf der von ihm vorgeschlagenen Route, versöhnt die geschädigten Schauspieler, indem er sie bei der Truppe Serlos unterbringt, und entscheidet sich selbst, nach dem Tod seines Vaters nun ganz frei in seinen Entschlüssen, für die Bühne. Er inszeniert *Hamlet* in einer beachtlichen Aufführung und muß auf dem Schleier, den der unbekannte Geist auf der Bühne hinterlassen hat, die warnenden Worte lesen »Flieh, Jüngling, flieh!« Noch führt das romanhafte Geschehen, in dem Verwicklungen und Andeutungen auf Lösung und Entschlüsselung warten, den in die Theaterwelt entlaufenen Kaufmannssohn nicht in den Kreis der praktisch tätigen Türmer. Wilhelm erlebt die Wahnsinnshandlung des von einem unbekannten Schicksal geschlagenen Harfners, dessen Brandstiftung und Mordversuch an Felix, seinem noch nicht identifizierten Sohn, dem Kind Marianens, und erfährt von bemerkenswerten Lebensweisen anderer: von der weltabgewandten religiösen Innerlichkeit der »schönen Seele« und von der verzehrenden Liebesbindung Aureliens, der Schwester Serlos, an der sie schließlich zugrunde geht. Sie ist es, die im Handlungsgefüge der Dichtung Wilhelm auf den Weg zur Turmgesellschaft bringt; denn sie veranlaßt ihn, Lothario – er war der Geliebte, an dem sie hing und verzweifelte – zur Rechenschaft zu ziehen.

Jetzt lernt er Menschen kennen, die ihr Leben nach anderen Prinzipien führen. Nüchterner Blick auf Mögliches und Nötiges lenkt ihr Tun; zweckmäßiges Wirkenwollen bestimmt Planen und Handeln; nicht narzißtische Ichbezogenheit, sondern Hinwendung zu gemeinsamen Aufgaben in der Realität der menschlichen Gesellschaft motiviert ihr Vorhaben, und die Begrenzung des einzelnen wird akzeptiert in dem Bewußtsein, daß nur alle Menschen zusammen erreichen können, was dem Menschen an Möglichkeiten gegeben ist. Aber nicht der äußere Erfolg, das geleistete Werk gelten (wenigstens ihren Leitsätzen nach) als verbindlicher Maßstab, sondern »der Geist, aus dem wir handeln, ist das Höchste« (7, 496). Mehr und mehr wird Wilhelm in dieser Gesellschaft heimisch, bis er am Ende des 7. Buches den »Lehrbrief« erhalten und losgesprochen werden kann. Für Mignon und den Harfner freilich bleibt hier kein Raum mehr. Erstaunlich, wie rasch und entschieden Meister die Abkehr von der Theaterwelt vollzieht und bekräftigt:

Man spricht viel vom Theater, aber wer nicht selbst darauf war, kann sich keine Vorstellung davon machen. Wie völlig diese Menschen mit sich selbst unbekannt sind, wie sie ihr Geschäft ohne Nachdenken treiben, wie ihre Anforderungen ohne

Grenzen sind, davon hat man keinen Begriff. [...] Immer bedürftig und immer ohne Zutrauen, scheint es, als wenn sie sich vor nichts so sehr fürchteten als vor Vernunft und gutem Geschmack, und nichts so sehr zu erhalten suchten als das Majestätsrecht ihrer persönlichen Willkür (7, 433 f.).

Zu guter Letzt entwirren sich die rätselhaften Zusammenhänge des Romangeschehens, und in Natalie, jener unbekannten Amazone, die ihm nach dem Überfall auf die Schauspielertruppe wie eine »Heilige« vorgekommen war, findet Wilhelm die lebenstüchtige Partnerin und fühlt sich nach den vielfachen Irrungen und Wirrungen an ein gutes Ziel gebracht: »Ich weiß, daß ich ein Glück erlangt habe, das ich nicht verdiene, und das ich mit nichts in der Welt vertauschen möchte« (7, 610).

Das ist der letzte Satz der *Lehrjahre*. Ihm geht eine Bemerkung Friedrichs, des lustigen »tollen Bruders« Lotharios, voraus, die Wilhelms bisherigen Lebensweg in einem Gleichnis faßt, das Folgerichtigkeit, bewußte Lebensformung und Zielstrebigkeit durchaus leugnet: »Du kommst mir vor wie Saul, der Sohn Kis, der ausging, seines Vaters Eselinnen zu suchen, und ein Königreich fand.« Ist das der Schluß eines ›Bildungsromans‹? Ist Wilhelm Schüler Meister geworden und endlich dort angekommen, wohin ein Bildungsroman, wenn der (um 1810 aufgekommene) Begriff einen Sinn haben soll, einen Menschen führen müßte, dessen Lebensphasen erzählt werden: zur Erkenntnis der Möglichkeiten und Aufgaben seiner Existenz und entsprechenden Verhaltensweisen? Gewiß, Wilhelm ist am Ende der *Lehrjahre* nicht mehr der unzufriedene Kaufmannssohn, der mit sich selbst uneins war und seine Hoffnungen auf ein Dasein als Künstler setzte, sondern hat Erkenntnisse gewonnen, Erfahrungen gesammelt und ist, ernüchtert und belehrt zugleich, in eine Gesellschaft der praktisch Tätigen aufgenommen. Auch in ihr gelten Nützlichkeit und Zweckmäßigkeitserwägungen viel, wie ehedem im elterlichen Handelshaus, aber in anderer Qualität. Der platte Utilitarismus eines Werner ist suspekt; denn der Geist, aus dem gehandelt wird, soll das Höchste sein. Nicht zu bestreiten ebenfalls, daß der Roman durchzogen ist von Aussprüchen über Bildung und von Maximen der Lebensführung. Jede Losung hat an der Stelle, wo sie formuliert wird, ihre eigentümliche, dort plausible Bedeutung; aber zusammengenommen ergeben sie alles andere als ein einheitliches, einstimmiges Bildungskonzept, an dem abzulesen wäre, wie sich eine dem Menschen angemessene Bildung und identitätssichernde Entwicklung in der Auseinandersetzung mit der Welt vollziehen könnte und sollte. Im Gegenteil, Widersprüche sind leicht aufzudecken; manche kommentierenden Äußerungen des Erzählers rücken formelsicher Gesagtes in eine verunsichernde Perspektive, und wie die Gestalten der Dichtung ihr unterschiedliches Leben führen, scheiternd oder gelingend, alle doch mit eigenem Recht und ohne vom Erzähler zurechtgewiesen zu werden: Wilhelm und Lothario, Serlo und Friedrich, Mariane und Philine, Aurelie und die schöne Seele, Mignon und der Harfner – das alles ergibt kein Muster für eine Bildung, in dem mit deutlicher und übertragbarer Bestimmtheit vorgezeichnet ist, wie sie zu geschehen habe und sich glücklich vollenden könne.

Kein Zweifel allerdings auch, daß Wilhelm Meister, die Hauptgestalt des Romans, sich in besonderer Weise als bildsam erweist; er stelle die »Bildsamkeit« dar, meinte Schiller, während »die Dinge um ihn her die Energien« ausdrückten (an Goethe, 28. 11. 1796). Er läßt sich auf sie ein, ohne freilich stets bewußt, nach überprüftem Plan zu agieren, zu reagieren und Irrwege vermeiden zu können. Er kann sich das leisten, weil das väterliche Vermögen es ihm möglich macht; er ist auf eigene Arbeit nicht oder kaum angewiesen, und insofern kann der *Wilhelm Meister* unmöglich der Beispielroman einer bürgerlichen Entwicklung und Ausbildung sein. Im gleichen Brief hob Schiller auch hervor, Wilhelm sei »zwar die notwendigste, aber nicht die wichtigste Person«. Eben das gehöre zu den Eigentümlichkeiten dieses Romans, »daß er keine solche wichtigste Person hat und braucht«. Erst wenn dies hinreichend beachtet wird und der Blick nicht durch das alleinige Interesse an der Entwicklung Wilhelms eingeengt wird, werden Fülle und Vielfalt des Werkes sichtbar – und auch die erstaunliche fabulierende Freizügigkeit, die sich der Autor gestattet. Mit leichter Hand knüpft er Verbindungen unter den Gestalten, mal sorgfältig, mal lässig motivierend. Da reimt sich nicht alles zusammen, auch wenn wir Interpreten gern überall tiefere Bedeutung aufdecken möchten. Es war ein Fortsetzungsroman, dessen erste Teile schon im Druck waren, als sein Verfasser noch nicht wußte, wie er das Unternehmen, das er sich aufgehalst hatte, zu Ende bringen sollte. Von einem genauen Plan, der Handlungsketten und Motivierungen absicherte, ist nichts zu erkennen. Amüsant zu sehen, wie er Schiller gelegentlich um Hinweis und Hilfe bat, wie es weitergehen sollte, und sich dann doch nur teilweise um dessen Ratschläge kümmerte. Am 7. Juli 1796 klang es in Briefpassagen (die im abgeschickten Schreiben fortfielen) fast nach Kapitulation:

Bei einem, obgleich nur im allgemeinen angelegten Plan, bei einer ersten Halbarbeit und der zweiten Umarbeitung, bei einer tausendfältigen Abwechslung der Zustände war es vielleicht das Gemüt allein, das diese Masse bis auf den Grund organisieren konnte. Helfen Sie mir nun, da wir so weit sind, durch Ihre liebevolle Teilnahme bis ans Ende und durch Ihre Betrachtungen über das Ganze auch für die Zukunft. Ich werde, insofern man in solchen Dingen Herr über sich selbst ist, mich künftig nur an kleinere Arbeiten halten, nur den reinsten Stoff wählen, um in der Form wenigstens alles tun zu können, was meine Kräfte vermögen.

Wie im letzten Buch Personen zusammengeführt, das Happy End vorbereitet und Unklarheiten gelichtet werden: erzählerisch willkürlicher und brüchiger motiviert kann es schwerlich geschehen. Der Roman entfaltet ein Panorama menschlicher Schicksale sehr unterschiedlichen Zuschnitts. Wilhelm lernt sie durch Dokumente, Berichte, Erzählungen der Betroffenen oder in persönlichen Begegnungen kennen. Und dem Leser wird *alles* gegenwärtig. Er bemerkt, wie groß die Variationsbreite der hier geschilderten Lebensversuche ist, und wird sich hüten, sie an der Elle einer bestimmten ethischen Norm zu messen. Das versagt sich ja auch der Erzähler, der allenfalls Zu- und Abneigungen durchschimmern läßt. Seine Sympathie gehört sicherlich nicht der engstirnigen merkantilen Betriebsamkeit Werners, auch nicht dem höfischen Repräsentationsgetue des Rokokoadels auf dem Schloß, dessen Zeit vorüber ist. Aber ansonsten bleibt ein spannungsvolles Beieinander verschiedener Lebensweisen gewahrt, in dem keiner ihr Recht abgesprochen wird und höchstens im wechselseitigen Vergleich sich die jeweilige Relativität zu erkennen gibt. Wo die vernunftstrengen Lehren der Turmgesellschaft dominieren, bleibt für Wesen wie Mignon und den Harfner, die von allen in dieser Dichtung der Poesie am nächsten sind, kein Raum mehr. Gewiß lesen sich Sätze des Oheims wie ein Bekenntnis, zudem Goethes selbst, an dessen Geltung zu zweifeln kaum erlaubt sein dürfte:

Des Menschen größtes Verdienst bleibt wohl, wenn er die Umstände soviel als möglich bestimmt und sich so wenig als möglich von ihnen bestimmen läßt. Das ganze Weltwesen liegt vor uns wie ein großer Steinbruch vor dem Baumeister, der nur dann den Namen verdient, wenn er aus diesen zufälligen Naturmassen ein in seinem Geiste entsprungenes Urbild mit der größten Ökonomie, Zweckmäßigkeit und Festigkeit zusammenstellt. Alles außer uns ist nur Element, ja, ich darf wohl sagen, auch alles an uns; aber tief in uns liegt diese schöpferische Kraft, die das zu erschaffen vermag, was sein soll, und uns nicht ruhen und rasten läßt, bis wir es außer uns oder an uns auf eine oder die andere Weise dargestellt haben (7, 405).

Viele solcher Weisheits-Aphorismen lassen sich aus dem Roman sammeln, ergeben aber kein stringentes Ganzes und sind von geringer Bedeutung für die Entwicklung Wilhelms, den alle Maximen und Begegnungen nicht zum Meister werden lassen. Beschenkt worden ist er; anderes zu behaupten ist gutgemeinte Übertreibung. Was die »schöne Seele« an verinnerlichter Religiosität in dem ihr eigens zuerkannten 6. Buch ausdrückt, kann den Wert der Lebenslust und Lebenskunst einer Philine nicht annullieren, und

Natalie, am Schluß immerhin als die passende Ehefrau für Wilhelm in jener Welt der tätig Tüchtigen vorgestellt, ist der Philine ebenso fern wie dem dichtenden Zwitterwesen Mignon, was als Mangel anzusehen dem Leser unbenommen ist, der den ganzen Roman unvoreingenommen, wie er es soll, überblickt.

Die Konfiguration dieser und anderer Gestalten und ihrer Schicksale gibt allererst die Frage nach möglicher ›Bildung‹ als einem gelungenen Ausgleich von Ich und Welt auf, beantwortet sie indes nicht. Und Wilhelm Meisters eigene Entwicklung zu einem guten, geschenkten Finale, bei der das irrende Suchen und geheimnisvolle Geleitetwerden durch die Türmer keineswegs bündig ineinanderpassen, ist von Verlusten begleitet, die nachdenklich machen. Da helfen die sicheren Sprüche über richtiges Tun und Handeln nicht recht (»Um Gottes willen! keine Sentenzen weiter«, ruft Wilhelm noch im letzten Buch aus; 7, 553), auch nicht die Sätze des »Lehrbriefs«, der ihm ausgehändigt wird, als er nur erst eingesehen hat, »daß ich da Bildung suchte, wo keine zu finden war, daß ich mir einbildete, ein Talent erwerben zu können, zu dem ich nicht die geringste Anlage hatte«, und als er zugleich erfährt, er sei der Vater des kleinen Felix: »Heil dir, junger Mann! deine Lehrjahre sind vorüber; die Natur hat dich losgesprochen« (7, 495 ff.). Was sich als zuverlässige Eindeutigkeit präsentiert, ist es so nicht; was wie unverbrüchliche Wahrheit erscheint, wird in der Konstellation des Gesamtzusammenhangs ironisch gebrochen und behält günstigenfalls, aber immerhin seinen Anspruch auf Teilwahrheit.

Wohin man blickt im Roman, die Ironie des fabulierenden, mit offenen und verdeckten Anspielungen und Verweisungen arbeitenden Dichters ist am Werk. Seitenweise müßten Beispiele angeführt werden. Von Tätigkeit als verbindlichem ethischen Prinzip ist viel die Rede, aber Wilhelm, der Schüler, der die Lehrjahre beendet hat, ist in der Gesellschaft um Lothario, wo ihn die Dichtung ans gute Ziel führt, kaum tätig; wirklich tätig ist er hingegen in seiner Zeit beim Theater, jener Lebensphase, zu deren Verurteilung er sich überraschend schnell bereitfindet. – Wortgewandt, ja redselig breitet im 6. Buch die »schöne Seele« die »Bekenntnisse« ihrer besonderen Innerlichkeit aus, nachdem das unmittelbar vorangehende Buch mit einem Gedicht Mignons geschlossen hatte, das beginnt: »Heiß mich nicht reden, heiß mich schweigen, / Denn mein Geheimnis ist mir Pflicht.« Mit den »Bekenntnissen« öffnet der Roman eine besondere Dimension des Religiösen. Die Stiftsdame schildert den ihr möglichen Weg zur Selbstverwirklichung, wenn sie sich nicht den Konventionen der Ehe unterwerfen wollte: den Rückzug auf sich selbst und die Vereinigung ihrer Seele mit Gott im pietistischen Glauben. Bei Susanna v. Klettenberg war der junge Goethe mit dieser Religiosität vertraut

geworden. Sie behält ihre eigene Würde und ist doch sehr anders als jene
»Weltfrömmigkeit« der Türmer, die einen »praktischen Bezug ins Weite« (8,
243) als Gestaltungswillen einschließt, wie es auch die Sätze des Oheims
einschärfen. – Als Mignon auftauchte, »das wunderbare Kind«, »das
Rätsel«, da beeindruckte sie Wilhelm außerordentlich: »Diese Gestalt prägte
sich Wilhelmen sehr tief ein; er sah sie noch immer an, schwieg und vergaß
der Gegenwärtigen [Philine] über seinen Betrachtungen.« Aber dann weiß
wenige Zeilen später der Erzähler: »Wilhelm sprach diesen Abend noch
manches zu Philinens Lobe« (7,99). – Begeistert, wenn auch im Bewußtsein
eigener Unzulänglichkeit, zeichnet Wilhelm sein Idealbild des Dichters, der
»ganz *sich*, ganz in seinen geliebten Gegenständen leben« muß, der »das
Traurige und das Freudige jedes Menschenschicksals« mitfühlt, und er
versteigt sich zum schwärmerischen Ausruf: »Und so ist der Dichter zugleich Lehrer, Wahrsager, Freund der Götter und der Menschen« (7, 82f.).
Alles Ansichten, die nicht einfach zu negieren sind. Doch im Kreis Lotharios, dem positiven Zielbezirk der *Lehrjahre*, hat solches Dichtertum
schwerlich eine Heimstatt, und wiederum ist es andererseits eine Dichtung,
die Dramen Shakespeares, in der Wilhelm bedeutende Erkenntnisse über
Welt und Menschen gewinnt.

Metamorphosen des Lebens

Wilhelm Meisters Lehrjahre ist ein Roman der ironischen Vorbehalte. Erst
jenseits dieser Dichtung, in einem noch aufzubauenden, zu vervollständi-
genden, die ironischen Vorbehalte gleichsam auflösenden ›Dritten‹ scheint
vollkommene Bildung (als Resultat eines Entwicklungsprozesses) wirklich
werden zu können. In ihr müßte aufgehoben, versöhnt sein, was in der
Dichtung gestaltenreich und handlungsbunt an sich ergänzenden und aus-
schließenden, gelingenden und scheiternden Lebensweisen vorgeführt ist.
Der Roman regt beim Leser das produktive Nachsinnen darüber an.

Wilhelm bekennt seinem Freund Werner programmatisch: »Daß ich Dir's
mit *einem* Worte sage: mich selbst, ganz wie ich da bin, auszubilden, das war
dunkel von Jugend auf mein Wunsch und meine Absicht« (7, 290). Zur
»harmonischen Ausbildung« seiner Natur habe er eine unwiderstehliche
Neigung. Das liest sich wie ein unverächtliches, ideales Bildungskonzept, an
dem man nur ungern Abstriche vornehmen möchte. Aber es wäre verfehlt,
dieses Bekenntnis als leitende Aussage des Romans zu nehmen und zur
Grundlage einer Interpretation zu machen. Als Wilhelm es schreibt, ist er
noch in der Illusion befangen, auf dem Theater die Erfüllung seiner Wünsche

zu finden; seine Fehleinschätzung der gegebenen Möglichkeiten macht der Kontext seines Daseins deutlich genug. Und Jarno als Sprecher der Turmgesellschaft verkündet im 8. Buch den Widerruf der begehrten allseitig harmonischen Ausbildung: »Nur alle Menschen machen die Menschheit aus, nur alle Kräfte zusammengenommen die Welt« (7, 552). In beiden Aussprüchen, dem weitgreifenden und dem begrenzenden, steckt Ernstzunehmendes, und daß Jarnos Überzeugung, die durch den Ablauf des Romans bekräftigt wird, ebenso von Realitätssinn wie aber auch von Entsagung gezeichnet ist, kann schwerlich bestritten werden. So gewiß Wilhelm in den *Lehrjahren* an ein Ziel gelangt, das ihn und die nüchtern-praktischen Turmgesellschafter befriedigt, so deutlich werden Defizite erkennbar. Mignon und der Harfner bleiben auf der Strecke. Erst wo auch ihnen anderes als Wahnsinn, Untergang, Tod bereitet wäre, wo die Poesie und Abgründigkeit ihres Lebens nicht dem Optimismus einer allzu selbstsicheren Tätigkeit aufgeopfert würden, wo der Tod nicht so geschäftsmäßig behandelt oder hinter Bestattungszeremonien versteckt würde, wäre ein gesellschaftlicher Zustand erreicht, in dem die Diskrepanzen einen Ausgleich gefunden hätten. Wenn man nach utopischen Qualitäten dieses Romans ausblickt, dann wäre dieses noch offene ›Dritte‹ in einer erst zu gewinnenden Zukunft ihnen zuzuordnen; lautet doch auch der letzte Satz des »Lehrbriefs«: »Der echte Schüler lernt aus dem Bekannten das Unbekannte entwickeln und nähert sich dem Meister« (7, 496 f.).

Goethe schildert in den *Lehrjahren* vielfältige menschliche Schicksale, findet sein erzählerisch-erfinderisches Vergnügen darin, mannigfachen Lebensweisen nachzuspüren und erprobt dichterisch Lebensverwirklichungen mit unterschiedlichen Voraussetzungen und in divergierenden Konstellationen, ohne sie einem wertenden Erzählerkommentar zu unterwerfen. Dabei reichert er Figuren und Geschehnisse mit bedeutungsvollen Anspielungen an, deren Sinngehalt aus mythologischen und poetischen Traditionen gespeist ist. Nur philologische Feinarbeit des Kenners vermag umständlich solche verschlüsselten Beziehungen zu entziffern und die ganze Vielschichtigkeit des Textes zu sondieren.

Das poetische Durchspielen und Ausschöpfen menschlicher Daseinsweisen, wie sie Goethe übt, ordnet sich seiner eigenen Situation, in der er die *Lehrjahre* schrieb, auf einsichtige Weise zu. Die *Theatralische Sendung* war nicht mehr zu einem Abschluß zu bringen, bei dem Wilhelm Meister in der Welt des Theaters seine Erfüllung gefunden hätte. Willentlich, wenn auch von Ernüchterung und Enttäuschungen nicht verschont, führte der Dichter die Amtsgeschäfte des Weimarer Geheimen Rats, hatte Verantwortung für öffentliches Wirken übernommen und konnte nicht mehr, nicht einmal dichterisch-fiktiv, Lebenserfüllung ganz dem Bereich des schönen Spiels zuweisen; zu heftig wäre der Widerspruch zur eigenen Existenz gewesen, aus der freilich Wunschblicke in die faszinierende Scheinwirklichkeit des Theaters hinübergehen mochten. Aber schon in der *Sendung* waren, wie erwähnt, genug desillusionierende, distanzierende Erzählerbemerkungen verstreut. Der Vielgestaltigkeit menschlicher Lebensversuche, die nicht (mehr) an einer allgemein verbindlichen Weltanschauung ausgerichtet werden konnten, forschte er im Erprobungsraum der Dichtung nach, selbst beständig auf der Suche nach sinnerfüllter Existenz. Noch 1811 lautete eine lakonisch-selbstironische Feststellung: »Denn gewöhnlich, was ich ausspreche das tue ich nicht, und was ich verspreche das halte ich nicht« (an Reinhard, 8.5.1811).

So entstand ein Roman, der nicht die Metamorphose, die Gestaltung-Umgestaltung des einen Wilhelm Meister vorführt, sondern Metamorphosen des Lebens insgesamt, und man könnte geneigt sein, die späte Formulierung von der »am Wechsel der Gestalten sich erfreuenden Gottheit« (an Nees v. Esenbeck, 6.1.1822) auf den fabulierend probenden Dichter der *Lehrjahre* wie auch der *Wanderjahre* zu beziehen.

Deutlich prägen sich allerdings Leitgedanken aus, die indes wiederum nur dann – angesichts der ironischen Schwebe, die die *Lehrjahre* kennzeichnet – angemessen verstanden werden, wenn sie nicht als bündige Normen, sondern als Angebote aufgenommen werden, die stets neu in jeweiligen Zusammenhängen auf ihre Tragfähigkeit, Fruchtbarkeit und Konsequenzen zu überprüfen sind. Denn es ist ja leicht einzusehen, daß beispielsweise die Befolgung der Maximen der Turmgesellschaft keineswegs in jedem Fall die versprochenen Folgen verbürgt oder daß das wiederholt gerechtfertigte Irren nicht für jeden Bildungsprozeß unerläßlich sein muß. Gerade beim letzten Punkt wahrt der Roman eine kalkulierte Unentschiedenheit, die auf das im Einzelfall nötige Nachdenken über Zulässigkeit und Sinn des Irrens verweist. Heißt es einmal: »Nicht vor Irrtum zu bewahren, ist die Pflicht des Menschenerziehers, sondern den Irrenden zu leiten, ja ihn seinen Irrtum aus vollen Bechern ausschlürfen zu lassen, das ist Weisheit der Lehrer« (7, 494 f.), so spricht sich Natalie wenig später entschieden gegen dieses Prinzip aus (7, 527). Es ist übrigens kaum zu bestreiten, daß die perspektivenreiche Erörterung des Irrtums und seiner Ergebnisse für den Lebensgang (nicht nur hier) auch die persönlichen Schwierigkeiten Goethes, sein Suchen und Schwanken im beruflichen und künstlerischen Feld, reflektiert und daß er mit der gelegentlich formulierten einhelligen Absolution des Irrtums die eigenen Probleme zu rationalisieren sucht, bis hin zur brieflich ausgesprochenen Lebensregel, »daß das, was man mit Recht ein falsches Streben nennen kann, für das Individuum ein ganz unentbehrlicher Umweg zum Ziele sei« (an Eichstädt, 15.9.1804).

Leitgedanken, die die *Lehrjahre* variantenreich ausformen und dem Nachdenken offerieren, sind: Bildsamkeit, Aufnehmen und Verarbeitung von Erfahrungen, bewußt gesuchten und zufällig geschehenden, Bereitschaft zu Wandlungen, Hinnahme und produktives Umsetzen von Irrtümern – all das ermöglicht menschliche Entwicklung. Aber Menschen sind auch auf je persönliche Eigenheiten festgelegt und durch Bedingungen ihres Daseins geprägt; sie daraus zu lösen würde sie um ihre Identität bringen, mag diese auch ihre Mängel haben, die – wie Philine und Aurelie beweisen – lust- oder leidbringend sein können. In ein Notizbuch des Jahres 1793 hat Goethe Stichworte eingetragen, die die Personen charakterisieren:

Wilhelm: ästhetisch-sittlicher Traum – Lothario: heroisch-aktiver Traum – Laertes: Unbedingter Wille – Abbé: Pädagogischer praktischer Traum – Philine: Gegenwärtige Sinnlichkeit, Leichtsinn – Aurelie: Hartnäckiges selbstquälendes Festhalten [...] Mignon: Wahnsinn des Mißverhältnisses (7, 616).

Gerade das einzelnen Gestalten zugeordnete Wort »Traum« betont den Entwurfscharakter, der ihrem Denken und Tun zugesprochen ist. Daß Wirken in die Welt hinein, Tätigkeit, die von Entschiedenheit und besonnener Folgerichtigkeit bestimmt ist, als zu erreichendes Lebensprinzip gelten, macht die Dichtung ebenso deutlich wie die Unausweichlichkeit der Selbstbeschränkung, die hinzunehmen ist. Dabei bleiben offene Fragen, die der Roman nicht ausdrücklich formuliert, sondern die sich aus Personenkonstellation und Geschehensablauf ergeben: welche konkrete Tätigkeit sich in Folge und Entschiedenheit als fruchtbar für die menschliche Gemeinschaft erweist; welchen Platz Poesie und Kunst dort einnehmen können und müssen; wie es geschehen kann, daß Gestalten wie der Harfner und Mignon nicht nur als Irregularitäten von der Nachtseite des Lebens für kurze Phasen faszinieren und dann dem Untergang überantwortet bleiben, sondern auch ihr Ausnahmeschicksal, über dessen gesellschaftliche Zusammenhänge detailliert berichtet wird, humane und wirklich eingreifende Hilfe findet.

Ein Roman der Zeit

Goethe hat die *Lehrjahre* in seiner Gegenwart angesiedelt, in der Zeit zwischen der amerikanischen Unabhängigkeitserklärung und der Französischen Revolution, also zwischen 1776 und 1789, und hat im Roman zeitgeschichtliche Probleme aufgegriffen, wie sie sich ihm nach den französischen Ereignissen aufdrängten. Wieder einmal, wie im *Werther* und *Clavigo*, *Groß-Cophta* und *Bürgergeneral*, in den *Römischen Elegien*, *Venetianischen*

Epigrammen und *Unterhaltungen deutscher Ausgewanderten* nächste Nähe zum aktuellen Zeitgeschehen, was sich der heutige Leser des ›Klassikers‹ Goethe erst in Erinnerung rufen muß. Auch der *Wilhelm Meister* ist der Versuch einer Bewältigung der von den revolutionären Vorgängen auf die geschichtliche Tagesordnung gesetzten Fragen. Die Personen gehören verschiedenen sozialen Schichten an und lassen, wenigstens teilweise, deren Schwierigkeiten im gesamtgesellschaftlichen Entwicklungsprozeß sichtbar werden; sie sind aber im Kreis um Lothario auch Repräsentanten von Tendenzen, die Goethe für willkommen hielt, herbeiwünschte und als mögliche Lösung des Grundkonflikts zwischen Adel und Bürgertum betrachtete, der sich in der Revolution entladen hatte. Daß der Roman vor der Revolution spielte, konnte andeuten, daß die in ihm anvisierten Reformen vielleicht einen Umsturz überflüssig machten.

Wenn man durchaus vorhandene Nuancen in den einzelnen Gruppen einmal übergeht, zeichnen sich vier soziale Bereiche ab: der Feudaladel alten Zuschnitts mit seinem überholten, weil funktionslos gewordenen Repräsentationsbedürfnis, für das das Vermögen benutzt wird; dann das Bürgertum mit seinen Interessen an erfolgreichem Wirtschaften und seinem Suchen nach Selbstbestimmung und Selbstverwirklichung, wofür der Roman gleich mehrere Varianten bietet, in Wilhelms Großeltern und Eltern, in Wilhelm selbst und Werner, der letztlich nichts anderes mehr als Vermehrung und Anhäufung des Kapitals im Sinn hat; ferner die Welt des Theaters mit fahrendem Volk, schillernden und ernsthaften Gestalten; und schließlich Adlige, die sich von jenem Rokokoadel abheben und sich Gedanken über sinnvolle Nutzung ihres Vermögens machen, zu ihren eigenen Gunsten, aber auch im Blick auf das Funktionieren der Gesellschaft insgesamt. Lothario kennt Amerika aus eigener Anschauung und ist dort zu Agrarreformen inspiriert worden. Mag man diese Adligen als Reformadel bezeichnen, so entstammen doch ihre Überlegungen nicht etwa einem ›sozialen Gewissen‹, sondern versuchen eine Anpassung des eigenen Standes an die historische Situation zu ermöglichen. Lothario möchte die Steuerfreiheit des Adels aufgehoben haben; denn ihm »kommt kein Besitz ganz rechtmäßig, ganz rein vor, als der dem Staate seinen schuldigen Teil abträgt«; er spricht sich dafür aus, den »Lehns-Hokuspokus« (7, 507) abzuschaffen, so daß die Güter wie anderer Besitz behandelt werden können, teilbar und verkäuflich sind, »lebhafte freie Tätigkeit« befördert wird, und er befürwortet eine Erleichterung der Lasten, die die Bauern drücken (ohne sie freilich aufheben zu wollen). Nur solche Anpassung, so demonstriert es der Roman, sichert dem Adel das Überleben. Es sind bürgerliche Ansichten und Forderungen, die der Adlige Lothario vorträgt, und es ist der Bourgeois Werner, der borniert an seine Geschäfte denkt und gesteht, daß er in seinem Leben »nie an den Staat gedacht habe; meine Abgaben, Zölle und Geleite habe ich nur so bezahlt, weil es einmal hergebracht ist« (7, 508). Daß Goethe den Bürger Wilhelm in den Kreis der Anpassungsreformer mit ›bürgerlichen‹ Ansichten finden läßt, signalisiert seine Hoffnung, Adel und Bürgertum könnten sich zu gemeinsamem Wirken zusammenschließen. In diesem Ausgleich der Klassengegensätze bliebe der Bürger freilich weiterhin auf niedrigerer Rangstufe.

Noch aus einer umfassenderen, geschichtsphilosophischen Perspektive könnte der *Meister*-Roman gelesen werden. Wenn man an Äußerungen des Winckelmann-Essays von 1805 denkt, erscheinen die Gestalten der Dichtung als Repräsentanten typisch ›modernen‹ Menschentums und seiner Begrenzungen, denen »das glückliche Los der Alten« versagt ist, jene geglaubte Harmonie, die doch nur ein schöner Traum der Späteren war:

Der Mensch vermag gar manches durch zweckmäßigen Gebrauch einzelner Kräfte, er vermag das Außerordentliche durch Verbindung mehrerer Fähigkeiten; aber das Einzige, ganz Unerwartete leistet er nur, wenn sich die sämtlichen Eigenschaften gleichmäßig in ihm vereinigen. Das letzte war das glückliche Los der Alten, besonders der Griechen in ihrer besten Zeit; auf die beiden ersten sind wir Neuern vom Schicksal angewiesen (12, 98).

Die Fülle der Aspekte, die der *Wilhelm Meister* bietet, hat seit seinem Erscheinen Scharen von Interpreten angezogen, und die Erkundung seiner künstlerischen und thematischen Vielschichtigkeit geht in der Fachwissenschaft noch unentwegt weiter. Auf einen gemeinsamen Nenner ist indes die Deutung nicht zu bringen, weil das Werk mannigfaltige Lesarten erlaubt. Damit wird nur bestätigt, wie sehr Goethe den Roman zum dichterischen Auskundschaften der Metamorphosen des Lebens und möglicher Tendenzen seiner Zeit nutzte. Er hat sich selbst einer einsinnigen Auslegung immer wieder entzogen. Er wußte zu schätzen, was Freunde und Kritiker an klugen Bemerkungen über den Roman beitrugen, lobte deren Scharfsinn und Einfühlsamkeit, dankte verbindlich konventionell für anerkennende Würdigungen, beklagte auch, daß »wieder des zerbröckelten Urteils nach der Vollendung meines Romans kein Maß noch Ziel« sei (an H. Meyer, 5. 12. 1796), und ließ Leser und Interpreten im übrigen gewähren, ohne hilfreiche Auskünfte zu geben. Das hat er immer so gehalten. Ironie klang durch, wenn er sich zu Versuchen äußerte, den Gehalt des Werks auf allzu griffige Formeln zu bringen. Gottfried Körner hatte seinem Freund Schiller am 5. November 1796 einen »weitläufigen Brief« über den *Meister* geschrieben, den dieser Goethe am 18. November weiterreichte und im Dezember in den *Horen* publizierte. Wilhelm Meisters Zwecke seien »unendlich«, meinte Körner, und das Ziel seiner Ausbildung sei »ein vollendetes Gleichgewicht – Harmonie mit Freiheit«. Freilich dankte Goethe für den Brief Körners (auch dem Schreiber selbst), rühmte die »Klarheit und Freiheit, womit er seinen Gegenstand übersieht«, und sparte dann nicht mit feinem Spott, der Schiller offenbar nicht irritierte: Körner schwebe über dem Ganzen, übersehe die Teile mit Eigenheit und Freiheit, nehme bald da, bald dort einen Beleg zu seinem Urteil heraus und dekomponiere [!] das Werk, um es nach seiner Art wieder zusammenzustellen (an Schiller, 19. 11. 1796). Schiller seinerseits hatte, in jenem bedeutenden langen Briefwechsel über den wieder aufgenommenen Roman, ebenfalls eine einprägsame (und die spätere Rezeption nachhaltig und nicht zum besten beeinflussende) Formel beigesteuert, die Körners Auffassung präludierte: Wilhelm trete nach einer langen Reihe von Verwirrungen »von einem leeren und unbestimmten Ideal in ein bestimmtes tätiges Leben, aber ohne die idealisierende Kraft dabei einzubüßen« (an Goethe, 8. 7. 1796). Schiller empfahl dem Romancier im gleichen Brief, das Eigentümliche der Lehrjahre und erlangten Meisterschaft bedenkend, er möge das Verhältnis von Handlungsgang und Idee noch deutlicher herausarbeiten. »Ich möchte sagen, die Fabel ist vollkommen wahr; auch die Moral der Fabel ist vollkommen wahr, aber das Verhältnis der einen zu der andern springt nicht deutlich genug in die Augen.« Doch Goethe blieb (nicht nur diesmal) zurückhaltend gegenüber den Vorschlägen des kritisch mitlesenden Freundes und berief sich auf einen »gewissen realistischen Tic, durch den ich meine Existenz, meine Handlungen, meine Schriften den Menschen aus den Augen zu rücken behaglich finde« (9. 7. 1796), während Schiller nach der Lektüre des 8. Buchs nochmals seine »Grille mit etwas deutlicherer Pronunziation der Haupt-Idee« meinte zitieren zu müssen (19. 10. 1796).

Im Alter gestand Goethe gern seine eigene Ratlosigkeit angesichts der Buntheit und Fülle des *Wilhelm Meister* ein. Dies Werk bleibe »eine der inkalkulabelsten Produktionen, man mag sie im ganzen oder in ihren Teilen betrachten«; um sie zu beurteilen, fehle ihm beinahe selbst der Maßstab (*Annalen* zu 1796). Eckermann berichtet unter dem 18. Januar 1825 ähnliches, teilweise wortgleich. Man suche, habe Goethe geäußert, im *Meister* einen Mittelpunkt, »und das ist schwer und nicht einmal gut. Ich sollte meinen, ein reiches, mannigfaltiges Leben, das unsern Augen vorübergeht, wäre auch an sich etwas ohne ausgesprochene Tendenz, die doch bloß für den Begriff ist.« Er hob freilich immer hervor, daß das Ganze auch zeigen solle, wie falsche Schritte dennoch zu einem glücklichen Ziel führen könnten. (Wieweit Eckermann einen originären Ausspruch Goethes wiedergab oder nicht vielmehr ein eigenes Argument, da er nachdrücklich des Meisters »große Mannigfaltigkeit« – so in einem autobiographischen Fragment von 1821 –

gegen die längst laut gewordene Kritik an der proteischen Wandelbarkeit zu verteidigen sucht, bleibe auf sich beruhen.)

Für die Schriftsteller der jungen Generation waren *Wilhelm Meisters Lehrjahre* ein eminentes Buch, zu dem man immer wieder griff, wenn man über die Erfordernisse des modernen Romans nachdachte. Man bewunderte seine künstlerischen Qualitäten, den Erfindungsreichtum und die Komposition und sah in ihm manches vorgebildet, was den eigenen theoretischen Ansprüchen an die heraufzuführende »romantische Poesie« entsprach. Friedrich Schlegel veröffentlichte 1798 im *Athenäum* eine umfangreiche, die Struktur des Werkes erschließende Rezension voller Lob, in der schon der erste Abschnitt schließt:

Die Art der Darstellung ist es, wodurch auch das Beschränkteste zugleich ein ganz eignes selbständiges Wesen für sich, und dennoch nur eine andre Seite, eine neue Veränderung der allgemeinen und unter allen Verwandlungen einigen menschlichen Natur, ein kleiner Teil der unendlichen Welt zu sein scheint. Das ist eben das Große, worin jeder Gebildete nur sich selbst wiederzufinden glaubt, während er weit über sich selbst erhoben wird; was nur so ist, als müßte es so sein, und doch weit mehr als man fordern darf (KA 2, 127).

Im berühmten *Athenäums-Fragment 116*, in dem Schlegel ein Kurzprogramm der romantischen Poesie formulierte, proklamierte er, deren Bestimmung nicht bloß sei, »alle getrennten Gattungen der Poesie wieder zu vereinigen, und die Poesie mit der Philosophie und Rhetorik in Berührung zu setzen. Sie will, und soll auch Poesie und Prosa, Genialität und Kritik, Kunstpoesie und Naturpoesie bald mischen, bald verschmelzen [...].« Und sie erkenne als ihr erstes Gesetz an, »daß die Willkür des Dichters kein Gesetz über sich leide«. Solches konnte er im *Meister* finden: Erzählerisches und Lyrisches, Dramatisches und Essayistisches, ein offenkundiges und verborgenes Verweisungsgeflecht, das die »gebildete Willkür des Dichters« geschaffen hat, in dessen Roman ein Leser, der »echten systematischen Instinkt, Sinn für das Universum, jene Vorempfindung der ganzen Welt« hat, »je tiefer er forscht, je mehr innere Beziehungen und Verwandtschaften, je mehr geistigen Zusammenhang entdeckt« (KA 2, 134). Aber Bedenken meldeten sich auch genug. Der *Meister* konnte allenfalls ein Anfang der gewünschten romantischen Poesie sein. »Von der romantischen Ganzheit hatte Goethe keine Idee«, lautet nur einer der kritischen Aphorismen, die Friedrich Schlegel in sein Notizheft eintrug (»Literary Notebooks«, Nr. 341). Das 216. *Athenäums-Fragment* konstatierte: »Die französische Revolution, Fichtes Wissenschaftslehre, und Goethes Meister sind die größten Tendenzen des Zeitalters«, wobei Schlegel in der Urfassung dieser

Sentenz allerdings hinzufügte: »Aber alle drei sind doch nur Tendenzen ohne gründliche Ausführung« (KA 18, 85). Auch Novalis hat sich viel zu Goethe notiert, schwankend zwischen Rühmendem und kategorischer Ablehnung. Als Künstler könne er eigentlich nicht übertroffen werden – »oder doch nur um sehr wenig, denn seine Richtigkeit und Strenge ist vielleicht schon musterhafter, als es scheint« (NS 2, 642). Aber »das Romantische« gehe im *Wilhelm Meister* zugrunde, auch das Wunderbare. »Es ist eine Satyre auf die Poësie, Religion etc. [...] Hinten wird alles Farçe. Die Oeconomische Natur ist die Wahre – Übrig bleibende.« Und Novalis schmähte: »Wilhelm Meisters Lehrjahre, oder die Wallfahrt nach dem Adelsdiplom. W M ist eigentlich ein Candide, gegen die Poësie gerichtet« (NS 3, 638, 646). Sein eigener, Fragment gebliebener Roman *Heinrich von Ofterdingen* war das Gegenstück: Hinführung des ›Helden‹ nicht ins Ökonomische, zur praktischen Tätigkeit, sondern Entwicklung zum Dichter, Einweihung in Poesie, damit die Welt in sie verwandelt werde.

Epos, Balladen, erotische Lyrik

Hermann und Dorothea. Eine deutsche Idylle?

R oman fertig«, hatte Goethe unter dem 26. Juni 1796 in seinem Tagebuch vermerkt. Im Monat Juli mußte er wiederholt auch noch das Stichwort »Cellini« eintragen, um an die fortlaufende Arbeit an der Übersetzung der Selbstbiographie des italienischen Bildhauers und Goldschmieds aus dem 16. Jahrhundert zu erinnern, die in den *Horen*-Jahrgängen 1796 und 1797 erschien. Aber am 17. August meldete er Schiller: »Da ich den Roman los bin, so habe ich schon wieder zu tausend andern Dingen Lust.« Und bereits im September hielten die Aufzeichnungen fest, wie zügig sich ein ganz anderes Werk entwickelte: »9. Neuer Antrieb zur großen Idylle. 11. [...] Anfang die Idylle zu versifizieren. 12. Früh Idylle. Mittag Schiller. [...] 13. Früh Idylle. Ward fertig der zweite Gesang. [...] 16. Früh Idylle. Ward fertig der vierte Gesang.« *Hermann und Dorothea*, das Epos in neun Gesängen mit etwas mehr als 2000 Hexameterversen, entstand. Schiller staunte:

Die Idee dazu hat er zwar mehrere Jahre schon mit sich herumgetragen, aber die Ausführung, die gleichsam unter meinen Augen geschah, ist mit einer mir unbegreiflichen Leichtigkeit und Schnelligkeit vor sich gegangen, so daß er 9 Tage hintereinander jeden Tag über anderthalb hundert Hexameter niederschrieb (an Körner, 28. 10. 1796).

Im April 1797 war die Dichtung vollendet, aber schon im Januar hatte er beim Verleger Vieweg in Berlin ein Honorar von erstaunlicher Höhe erzielt. Oberkonsistorialrat Böttiger betätigte sich als Vermittler. Er bekam ein versiegeltes Billett, in dem Goethes Mindestforderung verzeichnet war. Bot Vieweg diese Summe oder mehr, war der Vertrag perfekt. »Ist sein Anerbieten geringer als meine Forderung, so nehme ich meinen versiegelten Zettel uneröffnet zurück« (an Vieweg, 16. 1. 1797). Und der Verleger, der das Epos als Taschenbuchkalender für 1798 auf den Markt bringen wollte, offerierte (von Böttinger animiert?) tatsächlich 1000 Taler, just den Betrag, den Goethe als Untergrenze fixiert hatte. Es war eine ungewöhnlich hohe Summe, und die Branchenkundigen wunderten sich, welcher Coup dem Dichter gelungen war. Zudem hatte er, wie er es auch sonst zu tun pflegte, beim Angebot an Vieweg kein Manuskript vorgelegt, sondern nur von einem epischen Gedicht mit etwa 2000 Hexametern gesprochen.

Wieder war es eine Dichtung, die in der unmittelbaren Gegenwart lokalisiert, aber vom ehrwürdigen Versmaß der Homerischen Epen geschmückt war. Die Zeit der Handlung spiele »ohngefähr im vergangenen August«, erläuterte er Heinrich Meyer am 5. Dezember 1796. In jenen Monaten herrschte in Norddeutschland, gemäß der Basler Vereinbarung von 1795, Frieden, aber in Süddeutschland wurde weiterhin gekämpft. Die Franzosen, deren Kriegsführung längst auf Eroberung, nicht mehr nur auf Sicherung der ›natürlichen Grenzen‹ ausgerichtet war, hatten wieder nach Osten vordringen können, auch Frankfurt war besetzt worden. Goethes Mutter berichtete dem Sohn im Juli und August davon. »Unsere jetzige Lage ist in allem Betracht fatal und bedencklich – doch vor der Zeit sich grämen oder gar verzagen war nie meine Sache [...]. Da die meisten meiner Freunde emigrirt sind – kein Comedienspiel ist – kein Mensch in den Gärten wohnt; so bin ich meist zu Haußse« (1.8.1796). Endlich konnte er am 11. September ins Tagebuch eintragen: »Nachricht daß Frankf. am 8. von den Franzosen verlassen sei.« Flüchtlingselend war keine Sage aus fernen Ländern und Zeiten. Was Goethe in einem Bericht über die Vertreibung Salzburger Protestanten im Jahre 1731 gelesen hatte, war seit Ausbruch der Revolutionskriege von Fall zu Fall wieder aktuell, und die Anekdote, die Gerhard Gottlieb Günther Göcking in jener *Vollkommenen Emigrationsgeschichte von denen aus dem Erzbistum Salzburg vertriebenen [...] Lutheranern* (Frankfurt u. Leipzig 1734) überlieferte, konnte unschwer im Geschehen der Gegenwart angesiedelt werden. An jene kurze Erzählung wird Goethe gedacht haben, als er am 7. Juli 1796, noch in der Arbeit am *Meister*, Schiller (in einem dann unterdrückten Briefabschnitt) unterrichten wollte, er habe »eine bürgerliche Idylle im Sinn«, weil er »doch so etwas auch« müsse gemacht haben.

Goethe hielt sich, was die Haupthandlung seines Epos betrifft, ganz an die Vorlage (2, 693 ff.), die berichtete, wie Salzburger Flüchtlinge seinerzeit an Erfurt vorbeizogen, die Städter neugierig waren und hinauseilten, um die Vertriebenen zu sehen, von denen man so viel gehört hatte, und wie sie tatkräftig zu helfen suchten. Auch die Geschichte von der jungen Salzburgerin war an anderer Stelle der Quelle vorerzählt: wie »eines reichen Bürgers Sohn aus Altmühl« sie im Öttingischen Gebiet traf, sich auf der Stelle in sie verliebte, den widerstrebenden Vater dazu bringen konnte, sie zu akzeptieren, und wie sie selbst erst nur meinte, als Dienstmagd angeworben zu sein, bis sich dann schnell alles klärte und die Verlobung besiegelt werden konnte. Eine rührende Geschichte eigentlich trivialen Zuschnitts, in der eine heimatlose Fremde einen begüterten Bräutigam findet, oder umgekehrt ein reicher junger Mann es durchsetzt, ohne Rücksicht auf Besitz und Boden eine Vertriebene zur Braut zu nehmen. Der Chronist versäumte denn auch nicht, die Anekdote mit einer erbaulichen Wendung zu beschließen: »Hat man wohl nicht Ursache, bei solchen Umständen voller Verwunderung auszurufen: Herr, wie gar unbegreiflich sind Deine Gerichte und wie unerforschlich Deine Wege?«

Goethe hat sich der Ergriffenheit mitunter gern überlassen, wie manche Zeugnisse beweisen. *Hermann und Dorothea* habe er »niemals ohne große Rührung vorlesen« können, merkte er selbst in den späten *Annalen* zu 1796 an. Er wußte, wie leicht er im Innersten zu bewegen war, und darum bemühte er sich im alltäglichen Leben, große Erschütterungen von sich fernzuhalten. Den Tod in nächster Nähe beschwieg er beharrlich oder umschrieb ihn mit lindernden Ausdrücken, und man wußte, daß ihm Sterbenachrichten behutsam beizubringen waren. An Beerdigungen nahm er nicht teil, weder an der seiner Mutter noch an der Schillers oder seiner Frau Christiane. Was manchem Besucher in Weimar wie befremdliche kühle Distanziertheit und hochmütige Selbstsicherheit vorkommen mochte, war nichts als mühsam gewahrter Schutz, damit er sich vor seelischen Verletzungen und aufwühlender Betroffenheit bewahrte. Im Nachempfinden von Kunst und Dichtung freilich gab er sich ihr preis. Dabei Rührung auch zu *zeigen* war damals nicht ungewöhnlich. »Wieland hat geweint, als es [*Hermann und Dorothea*] ihm Goethe vorlas« (Böttiger an Göschen, 28.12.1796; Bo II 95).

Aus den Salzburger Emigranten von einst wurden im neuen Epos Flüchtlinge aus französisch besetztem Gebiet. Und die knappe Anekdote von Begegnung und Verlobung der Emigrantin mit dem Einheimischen wurde angereichert mit einer Folge breit und behäbig erzählter Szenen. In ihnen sind die agierenden und reagierenden Gestalten in ihrem Mit- und Gegeneinander genau plaziert: der Wirt als herrischer, dann sich fügender Vater, die Mutter als verständnisvolle, dem Sohn helfende Mutter, der Apotheker und der Pfarrer des Orts, kommentierend und ratend, mit ihren Ansichten über Welt und Menschen Diskussionsstoff liefernd, der Richter unter den Flüchtlingen, der aus dem Gewohnten hinausgetrieben ist und an Erfahrung zugenommen hat, schließlich das schüchtern liebende Paar, das der Zufall, vielmehr eine ganze Reihe von Zufällen, zusammenführt. Nicht wenige Szenen und auch Berichte der Personen der Dichtung sind auf sinnbildhafte

Bedeutung hin angelegt. In ihnen soll erscheinen, was immerdar so oder ähnlich sein und geschehen könnte: Wiederaufbau nach dem Brand des Städtchens; das Los der Flüchtlinge und die Hilfe der Verschonten; die Vertraulichkeit zwischen der lebenserfahrenen Mutter und dem verzweifelten Sohn; das zögernde Zueinanderfinden sehr junger Menschen; die Szene am Brunnen, wo beide gemeinsam Wasser schöpfen, »und sie sahen gespiegelt ihr Bild in der Bläue des Himmels / Schwanken und nickten sich zu und grüßten sich freundlich im Spiegel« (VII 41 f.); Zwist und endlicher Ausgleich zwischen den Generationen.

Was Goethe und Schiller beim gemeinsamen Nachdenken über das Wesen des Epischen und Dramatischen theoretisch erkundeten (und Goethe im kurzen Aufsatz *Über epische und dramatische Dichtung* Ende 1797 zusammenfaßte), wurde hier in eigener dichterischer Praxis angewandt. »In ruhiger Besonnenheit« (12, 251) verweilt der Epiker und breitet, »als ein weiser Mann«, das Erzählte aus, mit viel sprachlichem Schmuck, damit die Einbildungskraft des Hörers oder Lesers, auf die der epische Dichter im Unterschied zum dramatischen allein angewiesen ist, angeregt und ausgefüllt werde. Er hat Zeit, das einzelne auszugestalten und mit rhetorischen Ornamenten zu verzieren.

Mit erstaunlicher Virtuosität handhabe der neuzeitliche »Homeride« jene Mittel, die für die antiken Epen typisch waren, und genoß es offenbar, die seit alters geläufige Kunst, Epitheta ornantia, schmückende Beiwörter, zu finden und reichlich einzustreuen. Kaum ein Redender, der nicht gattungsgerecht eingeführt wird: »Und es versetzte darauf die kluge, verständige Hausfrau« (I 22). »Aber es lächelte drauf der treffliche Hauswirt« (I 32). »Und es sagte darauf der edle, verständige Pfarrherr« (I 78). Das eben läßt die Weite des Hexameterverses zu, ja fordert es heraus: das jeweils Erwähnte nicht bei einfacher Benennung zu belassen, sondern es füllig zu präsentieren, mit Hilfe beschreibender Ausdrücke ausgeziert und eindrucksstark vorzuzeigen.

> Da entstand ein Geschrei der gequetschten Weiber und Kinder
> Und ein Blöken des Viehes, dazwischen der Hunde Gebelfer
> Und ein Wehlaut der Alten und Kranken, die hoch auf dem schweren
> Übergepackten Wagen auf Betten saßen und schwankten.
> Aber, aus dem Gleise gedrängt, nach dem Rande des Hochwegs
> Irrte das knarrende Rad; es stürzt' in den Graben das Fuhrwerk,
> Umgeschlagen, und weithin entstürzten im Schwunge die Menschen
> Mit entsetzlichem Schrein in das Feld hin, aber doch glücklich

(I 133 ff.).

Ohne die Anregungen, die die deutschen Hexameter des Johann Heinrich Voß boten, wären damals wohl weder *Reineke Fuchs* noch *Hermann und Dorothea* mit solcher Selbstverständlichkeit geschaffen worden. 1781 war Vossens Übersetzung der *Odyssee* erschienen, 1793 *Ilias* und *Odyssee* zusammen. Unter den Verskundigen strenger Observanz galt er als Autorität in der kniffligen Frage, wie der antike Vers des Hexameters im Deutschen gebaut, also sprachlich gefüllt werden müsse. Voß versuchte sich auch in eigenen Dichtungen in jenem alten Metrum, aber er blieb in bescheidenem Rahmen. Klopstocks *Messias*, der den jungen Goethe beeindruckt hatte, und dessen strapaziöser Ausdehnung von zwanzig Gesängen eiferte er nicht nach. Er blieb bei ländlichen Themen des heimischen Holstein und in den Grenzen der Idyllendichtung, die er aber sehr wohl durch Töne und Gebärden des Protests gegen Anmaßungen feudaler Herrschaft aufzurauhen wußte. Drei Idyllen, die seit 1783 erschienen und 1795 gemeinsam als ein Buch veröffentlicht wurden, waren besonders bekannt und beliebt: *Luise. Ein ländliches Gedicht.* Ganz auf die dörfliche Welt bezogen und ihre Eigentümlichkeit liebevoll wortreich vorführend, erzählt es die Geschichte vom 18. Geburtstag, der Verlobung und Hochzeit der Pfarrerstochter im erdichteten holsteinischen Grünau, »dessen Lage, Anbau und Lebensart nur im Gebiete der veredelten Möglichkeiten zu suchen sind«, wie Voß anmerkte. In seiner Dichtung ist manches deftiger, bäuerlicher, dem Arbeitsalltag einfachen Bürgertums näher als in *Hermann und Dorothea*, wenngleich republikanischer Geist aus der weiten Welt, insbesondere aus Amerika, herüberweht und Hoffnung auf manches Gute anfacht, ohne doch zum Aufruhr zu verführen. Für uns heute ist es nichts als komisch, wie sich der Wortschatz dörflich-bürgerlichen Lebens im antiken Versmaß breitmacht und von ihm anscheinend Würde borgen möchte. Doch Literaturfreunde der Voßschen Generation lasen das Werk anders und freuten sich, daß ganz Gegenwärtiges und Normales vom Metrum der Alten umschlossen wurde. »Ich bin mir noch recht gut des reinen Enthusiasmus bewußt, mit dem ich den Pfarrer von Grünau aufnahm, [...] wie oft ich ihn vorlas, so daß ich einen großen Teil davon noch auswendig wußte, und ich habe mich sehr gut dabei befunden«; dadurch sei er »in diese Gattung« gelockt worden, schrieb Goethe am 28. Februar 1798 an Schiller, als Voß *Hermann und Dorothea* reservierter begegnete. In der *Luise* lauten die Anweisungen fürs Festmahl so:

Lange den Tiegel vom Bord und, Hedewig, reiche die Butter,
Daß zum Senf sie schmelze; der Sandart könnte wohl gar sein.
Flink mir die festlichen Gläser gespült und das große des Vaters,

Das ins helle Gekling einbummt wie die Glocke vom Kirchturm.
Fülle die Schal in der Kammer mit Sülzmilch, welche die Gräfin
Gerne mag, und den gläsernen Korb mit gestoßenem Zucker.
Hast du zum Apfelmus auch Kaneel gestoßen im Mörser?
Gut, daß der Has im Keller noch hing! Es wäre ja schimpflich,
Wenn wir mit Fischen allein und Vögelchen diesen Abend
Feierten und, ich schäme mich fast, mit gebrühten Kartoffeln!
Hans, nur tüchtig den Braten gedreht, heut abend ist Hochzeit!

(3. Idylle)

Vossens Hexameter sind nach genaueren Regeln gefaßt als die Goethes, scheinen uns dagegen weniger geschmeidig zu sein; doch bleibe hier der Leser von einem Bericht über die Finessen verschont, die einige Korrektheitsapostel im deutsch-antiken Vers beachtet sehen wollten. Auch Goethe hat sich in Versfragen beraten lassen und Korrekturen an seinen Hexametern, den sechshebigen Versen, zugestimmt. Aber beim Vers 186 des 2. Gesangs ließ er sich nicht umstimmen und meinte trotzig, wie Riemer überliefert, »die siebenfüßige Bestie möge als Wahrzeichen stehenbleiben«, so als wolle er an einer Stelle auch äußerlich markiert sehen, daß es ein Gegenwartsautor sei, der sich des alten Maßes bediene, sich aber der Differenz zum fernen Fremden und der Problematik seiner Aneignung sehr wohl bewußt sei. Ohnehin bleibt es eine offene Frage, ob der munter die Verse formulierende Homeride jener Jahre denn alles, womit er so staunenswert wortgewandt und wortschöpferisch die bekannten Charakteristika des Epos nachahmte, tiefernst meinte oder nicht auch ironischem Spiel erhebliche Freiheit ließ. Der alte Gleim, eingefleischter Goethegegner, argwöhnte jedenfalls: »Meines Voß' *Luise* will der Bube lächerlich machen!« (an Voß, 4. 11. 1797; Bo II 120) Der Autor von *Hermann und Dorothea* wird sein Vergnügen gehabt haben, wenn er gelegentlich einen Sondertribut an die epische Gattung entrichtete. Da werden die Pferde, die Hermanns Wagen ziehen, zu »eilenden«, ja zu »schäumenden Rossen« (II 62, VI 296) und »mutigen Hengsten« (V 132), obgleich ihnen doch nicht bevorsteht, zum Kampf antiker Helden getrieben zu werden, sondern nur, »die Kutsche« zu bewegen. Und als der Apotheker kein Geld bei sich hatte, sondern den Flüchtlingen bloß etwas von seinem Tabak schenken konnte (den Goethe, wie die *Venetianischen Epigramme* bewiesen, verabscheute), war es auch gut. Er

zog den gestickten ledernen Beutel
An den Riemen hervor, worin der Tobak ihm verwahrt war,
Öffnete zierlich und teilte; da fanden sich einige Pfeifen.
»Klein ist die Gabe«, setzt' er dazu. Da sagte der Schultheiß:

»Guter Tobak ist doch dem Reisenden immer willkommen.«
Und es lobte darauf der Apotheker den Knaster (VI 211 ff.).

An Stellen dieser Art treibt vielleicht epische Fabulier- und Nachahmungs-
freude ihren gekonnten Scherz. Aber aufs Ganze des Epos gesehen, ist es eine
schwer auszulotende bedeutungsvolle Ironie, die hier das Verhältnis von
antikem Vers und modernem Stoff, von alter Dichtungsweise und neuzeitli-
chem Umgang mit ihr bestimmt.

Wer dieses Versmaß aufnahm, konnte es nicht unreflektiert tun. Er wußte,
daß es einst zu einer Dichtung gehörte, in der alles (wie sie selbst) seinen
sicheren Ort im anerkannten Gefüge einer gültigen Weltordnung hatte, –
zumindest nach Meinung der Interpreten, die bewundernd auf die antike
Poesie blickten, in der es an Mord und Totschlag, List und Rache, göttlicher
Willkür und menschlicher Heimtücke nicht mangelte. Der Vers verlieh
Ausgewogenheit, Ruhe, Sicherheit und war äußerer Garant jener verbürgten oder geglaubten Weltordnung, in der noch das Wirken der Götter und
das Handeln der Menschen aufgehoben waren. Schiller bekräftigte, es sei
»die griechische Welt, an die der Hexameter unausbleiblich erinnert«
(26.6.1797). Aber spätestens seit Friedrich v. Blanckenburgs *Versuch über
den Roman* von 1774, der dieser wenig geachteten, aber gern gelesenen und
geschriebenen Textsorte historische Gerechtigkeit verschaffen wollte, war
kaum zu widerlegen, daß die Zeit des Epos und seines Verses abgelaufen war
und der Prosa des Romans Gegenwart und Zukunft gehörten, wenn gesellschaftliche Zustände der bürgerlichen Welt in der Dichtung erörtert und
gestaltet werden sollten. Der Prosa der Wirklichkeit, die nicht mehr in einer
anerkannten Ordnung des Ganzen gesichert war, entsprach die Prosa des
Romans. Hegel brachte dann in seinen *Vorlesungen über die Ästhetik* den
Sachverhalt auf den Begriff. Der Roman, die »*bürgerliche* Epopöe«, biete
zwar auch mit der Vielseitigkeit der Interessen, Zustände, Lebensverhältnisse den »breiten Hintergrund einer totalen Welt«, ihm fehle aber »der
ursprünglich poetische Weltzustand, aus welchem das eigentliche Epos
hervorgeht«. Im Weltzustand des Epos, so sah es Hegel, lebte der heroische
Mensch noch in selbstverständlicher Verbundenheit mit dem sittlichen
Ganzen, dem er angehörte, im Zusammenhang mit der Natur und der
Gesellschaft.

Was der Vers des antiken Epos mit sich trug und in seiner sprachlichen
Füllung bewahren konnte, war etwas von jenem »ursprünglich poetischen
Weltzustand«, von insgeheim anwesender Ordnung, von Aufgehobensein in
einer alles umfassenden Sinnhaftigkeit. Sie aber war nicht mehr vorgegeben,
sondern erst zu finden, wenn überhaupt. Über »eine bereits zur *Prosa*

geordnete Wirklichkeit« (Hegel) im epischen Vers zu sprechen war wie ein Versprechen, jene alte Ordnung sei wiederzufinden, ja schon heimgeholt. So war es jedoch in Wahrheit nicht und konnte es nicht sein. Die Verbindung der Attitüden des Epos mit der Geschichte der Flüchtlinge von 1796 gibt notwendigerweise ironische Brechungen zu erkennen (besonders natürlich dem heutigen Leser), auch wenn Goethe gewiß daran gelegen war, mit der Kunst des epischen Verses und der ihm zugehörigen Sprachmittel in der Einbildungskraft sinnfällig zu machen, daß geglückte Ordnung unter den erzählten Bedingungen zu erstreben und zu erreichen sei. Insofern schloß das Sprechen im antiken Stil ein Versprechen möglicher Harmonie auch für Gegenwärtige ein, freilich mit dem nicht aufzuhebenden Bewußtsein der Distanz zum poetischen Einst. Als Goethe Eckermann erzählte, *Hermann und Dorothea* mache ihm immer noch Freude, er lese das Gedicht »nie ohne innigen Anteil«, fügte er bezeichnenderweise hinzu, es sei ihm besonders lieb in der lateinischen Übersetzung; »es kommt mir da vornehmer vor, als wäre es, der Form nach, zu seinem Ursprunge zurückgekehrt« (18.1.1825).

Bei dieser – wenn man will: geschichtsphilosophischen – Lage kann es eigentlich nicht verwundern, daß ein weiteres Epos in alter Form Fragment blieb: die *Achilleis*. Nur ein erster Gesang von 651 Versen wurde im Frühjahr 1799 ausgeführt, für andere sieben hat es nur zu Stichworten und Skizzen gereicht. Goethe griff hoch, als er den Stoff wählte: Er schloß an Homers *Ilias* an, die mit Hektors Tod endet, und wollte das Schicksal Achills weitererzählen. Wieder beeindruckt die souveräne Beherrschung der epischen Kunstmittel, die Modellierung einzelner Szenen, die Weite und sprachmächtige Eindringlichkeit erzählerischer Passagen und thematisch gewichtiger Reden und Gespräche, etwa zwischen Athene und Achill über Heldentum und Ruhm, Lebensentwurf und Untergang. Dennoch stockte dieses Dichten in der Manier des griechischen Epos. Zu fremd waren die sprachliche Nachahmung der Alten und das ferne mythische Geschehen für die Gegenwart. Und dann der bemerkenswerte Eintrag im Tagebuch vom 10. August 1807: »Verwandlung der Achilleis in einen Roman«, wozu es nicht gekommen ist. Nach Riemers *Mitteilungen* nannte Goethe als »Idee des Ganzen«: »Achill weiß, daß er sterben muß, verliebt sich aber in die Polyxena und vergißt sein Schicksal rein darüber nach der Tollheit seiner Natur« (II 523). Damit war deutlich genug bezeichnet, was den Roman als »bürgerliche Epopöe« beschäftigte: die Privatheit und Subjektivität des ›Helden‹ und nicht das Agieren des heroischen Individuums im Licht oder unter den Schatten großer gültiger Ordnungen.

Es dürfte wesentlich am Einklang der erwähnten epischen Kunst mit dem glücklichen Ablauf der Anekdote gelegen haben, daß die Leser von *Hermann und Dorothea* verführt wurden, diese Dichtung als eine Idylle aufzufassen, in der alles harmonisch zusammenstimmte und Probleme so selbstverständlich gelöst wurden, daß ihre eigentliche Schärfe ganz verblaßte. Da schien man sich bürgerlicher Gesinnung und bürgerlichen Besitzes herzlich freuen zu können, die in den Wirren der Zeit sich bewährten; da war Ordnung gefestigt und jedem sein ihm zukommender Platz zugewiesen; da war Solidität verbürgt, und an vielen schön formulierten Sentenzen konnte man sich trefflich erbauen. In solcher Lesart wurden und werden Spannungen nicht mehr sichtbar, die sehr wohl im Werk wirksam sind, und die Kompliziertheit des Bundes zwischen homerischem Vers und Gegenwartsgeschehen angesichts der Problematik einer neuzeitlichen Epik-Renaissance gerät völlig aus dem Blick. In Wahrheit herrscht in *Hermann und Dorothea* keine selbstsichere Beschaulichkeit, sondern eine spannungsvolle Konfiguration, und konfliktträchtige Situationen, die von den Agierenden erst zu bewältigen sind, bestimmen das Grundmuster der Dichtung. Das gilt sowohl für die ›große‹ Konstellation (das Bürgerstädtchen und die vorbeiziehenden Flüchtlinge) als auch für die ›private‹ zwischen Hermann und Dorothea, und noch in der Stadt und unter den Emigranten zeichnen sich schwierige Entwicklungen ab. Immer ist zudem im Hintergrund die Französische Revolution gegenwärtig, der Kontrast zwischen dem weltgeschichtlichen Geschehen samt seinen Folgen und der kleinen Welt der Bürgergemeinde.

Goethe hat die anekdotische Vorlage gerade um Elemente der Spannung und des Konflikts erweitert. Weit schwingen die Reden und Gegenreden aus, in denen die Personen erörtern, wie die Lage ist und was tunlich erscheint. Früh schon (I 121, 176) wird daran erinnert, daß vor zwanzig Jahren in der kleinen Landstadt ein Brand gewütet hat. Was sicher und gegründet dazustehen scheint, ist aus Trümmern aufgebaut worden. Jetzt führt das breit und bewegend geschilderte Elend der Flüchtlinge vor Augen, daß Glück und Zufriedenheit nie auf Dauer gesichert sind. In der Konfrontation der Landstädter mit den Emigranten und der dabei sich ereignenden Liebesbegegnung Hermanns kommt wortwörtlich mehr zur Sprache als nur der Unterschied zwischen dem Unglück der Vorbeiziehenden und dem Glück der Verschonten: Die als Gesprächspartner auftretenden Bürger der Stadt – das Wirtspaar, der Pfarrer, der Apotheker – bereden die eigene Lage, und indem Hermann, der nicht heiraten wollte, wie der Vater es wünschte, sich nun von der Wahl des fremden Mädchens nicht abbringen läßt, muß darüber diskutiert werden, wie denn in dieser allgemeinen und privaten Situation bürgerlich richtig zu leben sei. Es zeigt sich, daß die Einwohner des Landstädtchens (deren bäuerliche Mitglieder allerdings gar nicht zu Wort kommen) unterschiedliche Interessen und Ansichten verfolgen und vertreten. Nicht nur in der ausgleichend-resümierenden Rede des Pfarrers (V 6 ff.) zeichnet sich etwas von den Spannungen ab, die, der geschichtlichen Entwicklung entsprechend, vorhanden sind. Gibt sich der Apotheker mit seinem Status in den kleinstädtischen Verhältnissen, wie er nun einmal ist, resignierend zufrieden, so drängt der Wirt, Hermanns Vater, auf Sicherung und Mehrung des Besitzes, orientiert sich am expandierenden Wirtschaften jenes Bürgers, den sein Handel und seine Fabriken täglich reicher machen (II 190 f.), und ist verärgert über seinen Sohn, der dafür wenig Sinn hat und einfache bäuerliche Tätigkeiten gern verrichtet. Die Tendenzen des Wirts können die Harmonie der Landstadt gefährden, in der Bäuerliches und Bürgerliches eine Symbiose bilden; der Pfarrer spricht es aus (V 31 ff.):

> Heil dem Bürger des kleinen
> Städtchens, der ländlich Gewerb' mit Bürgergewerbe gepaaret!
> Auf ihm liegt nicht der Druck, der ängstlich den Landmann beschränket;
> Ihn verwirrt nicht die Sorge der vielbegehrenden Städter,
> Die dem Reicheren stets und dem Höheren, wenig vermögend,
> Nachzustreben gewohnt sind, besonders die Weiber und Mädchen.

Daß sich Hermann dazu bekennt, zum Eigenen, Überkommenen und Altvertrauten, und zugleich bereit ist, Fremdes anzunehmen, sofern es mit dem Eigenen harmonieren kann, das führt diese Dichtung als richtige Lebensverwirklichung vor.

Ohne Komplikationen kommt die Verbindung Hermanns mit der Fremden nicht zustande. Vom heftigen Widerspruch des Vaters getroffen und verwirrt, der die Vergrößerung des Familienbesitzes will und eine reiche Schwiegertochter wünscht, muß der Sohn im Gespräch mit der Mutter unter dem Birnbaum an der »Grenze der Felder, die ihrem Hause gehörten« (IV 54), durch Verstellung hindurch, zum Geständnis und Bekenntnis seiner Liebe finden. Aber auch das allein reicht nicht aus. Pfarrer und Apotheker werden ausgeschickt, um das fremde Mädchen zu begutachten. Und Dorothea, vermeintlich als Magd ins Haus geholt, wird ebenfalls nicht sogleich, was leicht möglich wäre, von ihrem Irrtum befreit; der spannungschaffende Epiker läßt den Pfarrer auf den Gedanken kommen, »nicht gleich die Verwirrung zu lösen, / Sondern vielmehr das bewegte Gemüt zu prüfen des Mädchens« (IX 110 f.).

Was in *Hermann und Dorothea* wie saturierte, konfliktarme, einfach nachzulebende Bürgerlichkeit erscheint, ist in Wahrheit erst aufgegeben, dichterisch zeichenhaft als Auftrag vorgestellt, dessen Erfüllung Auseinandersetzungen und Selbstvergewisserung erfordert: sich über das Eigene und

Gemäße klarzuwerden und für Fremdes aufgeschlossen zu bleiben, um es sich, soweit möglich, anzuverwandeln. Eben das macht auch den Sinn der konkurrierenden Überschriften zweier Gesänge aus: »Die Bürger« (III), »Der Weltbürger« (V). Damit ist nicht eine Unterscheidung zwischen den Städtern und Emigranten gemeint, sondern zwischen denen, die sich engsinnig aufs Seßhafte beschränken, und denen, die für Neues offen bleiben. Pfarrer und Richter sind die Hauptfiguren des »Weltbürger«-Gesangs. Der Pfarrer ist einer jener Goetheschen Geistlichen, dessen Konfession unbestimmt, weil nebensächlich ist und der sich in weltlichen Dingen und Schriften aufs beste auskennt. Er vermag über den Bereich der Bürger des Städtchens hinauszusehen, hat die ganze Menschheit im Blick und findet unschwer den Kontakt zu den Flüchtlingen. Der Richter hingegen, Autorität unter den heimatlos Gewordenen, sucht in der Unsicherheit und Unordnung, in die ihn und die Fortziehenden die Geschichte warf, nach Sicherem und bemüht sich, in der Flucht Bindungen und Ordnungen zu schaffen oder wiederherzustellen. So zeichnet sich in beiden Gestalten Weltbürgerliches ab: Aufgeschlossenheit für anderes, auch Fremdes, und Besinnung auf das, was Sicherheit verspricht und Ordnung befestigen könnte. Wenn man will, mag man auch hier das Prinzip von Diastole und Systole, Ausdehnung und Zusammenziehung, erkennen.

Die arme Fremde ist, wie der sprechende Name sagt, ein göttliches Geschenk: Dorothea. Spät erst wird sie im Ablauf des Geschehens beim Namen genannt, als deutlich wird, daß hier ein Bund zustande kommt, der nicht nach den Regeln des Erwerbs- und Besitzstandsdenkens geschlossen wird, die der Vater gern beachtet gesehen hätte. Eine zunächst namenlose Fremde sticht die reichen Kaufmannstöchter aus, in deren Gesellschaft sich der junge Hermann nicht wohlfühlte, da sie wegen seiner Unbeholfenheit und Bildungslücken schamlos über ihn spotteten (II 198 ff.). (Welche Ironie des Intendanten des Weimarer Theaters, wo Mozarts Opern gern gespielt wurden, seinen Hermann als tumben Tor zu präsentieren, der von Pamina und Tamino aus der *Zauberflöte* nichts weiß! Ist das wieder einer der Goetheschen Winke, nicht arglos den Angeboten der Dichtung und dem Charme ihrer ›Helden‹ zu vertrauen und zu erliegen?)

Auch *Hermann und Dorothea* gehört zu den Versuchen Goethes, die Französische Revolution dichterisch zu »gewältigen«. Der Gedanke an sie und ihre Auswirkungen ist im Epos beständig gegenwärtig. Was in der Gärung der Zeit aus dem Zusammenprall vom fremden Neuen mit herkömmlich Altem werden könne (eine der allgemeinen Fragen der Epoche), darauf antwortete gleichnishaft diese Dichtung: Aufgeschlossenheit für das Fremde, aber bei sorgfältiger Prüfung von dessen Angemessenheit, und

Einfügung des anderen in das bewährte Eigene, dessen man sich gleichfalls in Selbstkontrolle genau vergewissert hat. Und natürlich: Abwehr des Revolutionären, das zu fremd und störend ist und nur ins Chaos führt. Dann behält die Ordnung im großen und kleinen ihr Recht, wie sie die Idylle in vielfacher einprägsamer Bildlichkeit vorstellt.

Wenn auch die Flüchtlinge Opfer der Folgen des Umsturzes sind, so werden seine frühen Befürworter doch nicht einfach geschmäht, im Gegenteil. Als der Richter zu Anfang des sechsten Gesangs die Zeit seit 1789 überblickt, erzählt er, welche Hoffnungen die Menschen zunächst beflügelten:

> Denn wer leugnet es wohl, daß hoch sich das Herz ihm erhoben,
> Ihm die freiere Brust mit reineren Pulsen geschlagen,
> Als sich der erste Glanz der neuen Sonne heranhob,
> Als man hörte vom Rechte der Menschen, das allen gemein sei,
> Von der begeisternden Freiheit und von der löblichen Gleichheit (VI 6 ff.).

Nur an wenigen Stellen bei Goethe fällt auf Anhänger der Revolution ein so verständnisvoller Lichtstreif: in den *Unterhaltungen deutscher Ausgewanderten*, in einigen Sätzen in den *Aufgeregten*. Aber die Hoffnungen, so der Richter, wurden enttäuscht, die großen Ziele unkenntlich in den Kämpfen und Kriegen, die folgten und alle Menschlichkeit zerstörten. So bleibt als Resultat die Maxime, die auch Goethes eigene ist:

> Möcht' ich den Menschen doch nie in dieser schnöden Verirrung
> Wiedersehn! Das wütende Tier ist ein besserer Anblick.
> Sprech' er doch nie von Freiheit, als könn' er sich selber regieren!
> Losgebunden erscheint, sobald die Schranken hinweg sind,
> Alles Böse, das tief das Gesetz in die Winkel zurücktrieb (VI 76 ff.).

Als der Pfarrer am Schluß die Aufklärung von Dorotheas Irrtum hinauszögert und sie so zur rückhaltlosen Selbstprüfung zwingt, entwirft sie liebevoll ein Porträt ihres ersten Verlobten, der sein Unglück voraussah, »als rasch die Liebe der Freiheit, / Als ihn die Lust, im neuen, veränderten Wesen zu wirken, / Trieb, nach Paris zu gehn, dahin, wo er Kerker und Tod fand« (IX 259 ff.). Ihr ist aus seinen letzten Worten das Wissen geblieben, daß alle Güter »trüglich« sind und noch der scheinbar sicherste Boden schwanken kann. Auch Goethe hat, seit den elementaren Erfahrungen, die ihm die Nachrichten vom Erdbeben in Lissabon 1755 und das Nachdenken darüber vermittelten, die Befürchtung begleitet, daß ins Wanken gerät, was fest gegründet scheint. Sie ist mitverantwortlich für seine bisweilen überhandnehmende Neigung, Ordnungen zu stabilisieren, auch bei der eigenen Existenzsicherung.

Was Hermann dann in seinem Schlußwort geradezu programmatisch verkündet, nachdem die Fremde aufgenommen und jeder sich der Basis seines künftigen Lebens versichert hat, gerät allerdings zu Weisheiten, die nicht mehr zu erkennen geben, welcher Anstrengungen es bedurfte, bis der Bund geschlossen werden konnte, und welche Perspektiven des Weltbürgerlichen die »bürgerliche Idylle« auch eröffnete:

> Wir wollen halten und dauern,
> Fest uns halten und fest der schönen Güter Besitztum.
> Denn der Mensch, der zur schwankenden Zeit auch schwankend gesinnt ist,
> Der vermehrt das Übel und breitet es weiter und weiter;
> Aber wer fest auf dem Sinne beharrt, der bildet die Welt sich.
> Nicht dem Deutschen geziemt es, die fürchterliche Bewegung
> Fortzuleiten und auch zu wanken hierhin und dorthin.
> »Dies ist unser!« so laß uns sagen und so es behaupten!
> Denn es werden noch stets die entschlossenen Völker gepriesen,
> Die für Gott und Gesetz, für Eltern, Weiber und Kinder
> Stritten und gegen den Feind zusammenstehend erlagen (IX 300ff.).

An solchen Versen konnte sich später ein saturiertes, selbstzufriedenes Bürgertum laben, wenn es seinem eigenen Tun applaudieren wollte und darauf bedacht war, »der schönen Güter Besitztum« festzuhalten und Ansprüche der Besitzlosen abzuwehren. Die Verse mußten dazu nicht einmal entstellt werden.

In der Anekdote der Dichtung findet die arme Fremde durch die Gunst der Zufälle ein glückliches Zuhause. Damit ist kein Beispiel für irgendeine Lösung der Frage gegeben, was den Armen ihre Armut nehmen und den zahllosen Deklassierten damals aufhelfen könnte. Und Sprüche wie diese verdecken die tatsächlichen Probleme: »Armut selbst macht stolz, die unverdiente. Genügsam / Scheint das Mädchen und tätig; und so gehört ihr die Welt an« (VI 241f.). Gewiß, *Hermann und Dorothea* handelt nicht von armen Unterschichten, sondern von der Welt der Bürger, auch wenn der Gegensatz zwischen reich und arm oft genug berührt wird. Die wirklich Armen und Besitzlosen kommen nicht in den Blick, hier nicht und sonst nicht in Goethes Werken, allenfalls als Randfiguren oder in einigen Briefpassagen.

»Ich habe das reine Menschliche der Existenz einer kleinen deutschen Stadt in dem epischen Tiegel von seinen Schlacken abzuscheiden gesucht, und zugleich die großen Bewegungen und Veränderungen des Welttheaters aus einem kleinen Spiegel zurück zu werfen getrachtet«, heißt es in Goethes Brief vom 5. Dezember 1796 an Heinrich Meyer. Ein problematischer Satz, aus doppeltem Grund. Zum einen kaschiert er, daß das in *Hermann und Dorothea* Gedichtete und Gesagte an seine geschichtlichen Voraussetzungen gebunden ist und bleibt. »Das reine Menschliche« kann den Anspruch zeitlos gültiger Manifestation (falls dies gemeint war) hier so wenig behaupten wie in anderen Werken, in die die Zeichen der Zeit eingekerbt sind. Dichtung und Kunst vermögen ihre Geschichtlichkeit nicht einfach abzustreifen. Zwar gibt es Szenen, in denen Verhaltensweisen und Empfindungen gestaltet und ausgedrückt sind, die sich immerdar in der menschlichen Geschichte einstellen mögen: Liebe und Mütterliches, Flucht und Verwirrung, Not und Hilfe, Streit und Versöhnung. Aber wie sich das vollzieht und welche Konstellationen sich bilden, ist vom historischen Kontext zumindest mitbestimmt. In manchen Sentenzen sammelt sich geradezu, was nur dem Geist der Zeit zuzuschreiben ist, etwa in jenem (für uns unsäglichen) Selbstzuspruch der Dorothea: »Dienen lerne beizeiten das Weib nach ihrer Bestimmung; / Denn durch Dienen allein gelangt sie endlich zum Herrschen, / Zu der verdienten Gewalt, die doch ihr im Hause gehöret« (VII 114 ff.). – Zum andern kann der zitierte Satz Goethes dazu verführen, die Spannungen und ironischen Brechungen nicht mehr wahrzunehmen, die in der Dichtung wirksam sind. Daß sie übersehen werden (vielleicht sogar im soeben erwähnten Spruch Dorotheas?), ist *Hermann und Dorothea* schon früh zugestoßen. Als Schiller sich über eine Rezension des Epos beklagte, die die »poetische Ökonomie des Ganzen« nicht beachte (2. 1. 1798), meinte Goethe, er habe hier, »was das Material betrifft, den Deutschen einmal ihren Willen getan«, und nun seien sie äußerst zufrieden (3. 1. 1798).

Balladen. Experimente mit dem erzählenden Gedicht

Das Tagebuch, das Goethe vom 1. Januar 1796 an wieder kontinuierlich führte, und die Korrespondenz, besonders mit Schiller, geben Auskunft, welch unterschiedlichen Gebiieten seine Aufmerksamkeit und Tätigkeit zur gleichen Zeit galten. Mochte zuweilen die Arbeit an einem bestimmten Projekt dominieren, sie ließ immer noch den Blick für anderes frei. Galt auch alle Kunst der Antike und der ihr nachfolgenden als stets anzuerkennendes Vorbild, so erschöpfte sich die eigene Produktion nicht im Versuch aneignender Nachahmung, in klassizistischem Stil. »Beobachtung des Wachstums der Schmetterlingsflügel«, verzeichnet das Tagebuch am 30. Juli 1796. »Botanik« ist öfter erwähnt. »Chemische Versuche über die Insekten« wurden am 1. März 1797 angestellt. Am 9. März folgte auf Korrekturen an *Hermann und Dorothea* »Anatomie der Frösche«. Im Mai die Notizen: »Maikäfer-Anatomie«, »Schnecken-Anatomie«, »Regenwürmer anatomiert« (9.–12. 5.). Und selbstverständlich gingen die Studien zur Farbenlehre weiter, forderte die Intendanz des Theaters Zeit und Aufmerksamkeit, auch der Schloßbau, auch gesellschaftliche Verpflichtungen: »Abends großer Tee bei mir«. »Mittags bei Hofe mit Humboldt. Abends Ball« (20./21. 4. 1797).

Im Gedankenaustausch mit Schiller entwickelte sich in dieser Zeit ebenfalls, was Goethe »unser Balladenstudium« (22. 6. 1797) nannte. Das Studium bestand indes vornehmlich in eigener dichterischer Praxis: Beide legten in rascher Folge eigene Balladen vor. Zwischen Ende Mai und Anfang Juli 1797 entstanden Goethes *Der Schatzgräber, Legende, Die Braut von Korinth, Der Gott und die Bajadere* und *Der Zauberlehrling*. Zusammen mit Schillers Gedichten *Der Ring des Polykrates, Der Handschuh, Ritter Toggenburg, Der Taucher, Die Kraniche des Ibykus* und *Der Gang nach dem Eisenhammer* erschienen sie im *Musenalmanach für 1798*. Ist der *Almanach für 1797* durch die *Xenien* berühmt geworden, so der des folgenden Jahrs durch die Balladen. Dies sei nun einmal »das Balladenjahr«, meinte Schiller am 2. September 1797. Wie und warum es zu dem intensiven »Balladenstudium« kam, ist aus den Briefen direkt nicht zu entnehmen, auf die beide ohnehin nur angewiesen waren, wenn sie sich nicht in Jena oder Weimar mündlich beraten konnten oder wenn sie etwas besonders Wichtiges schriftlich festhalten wollten. Auch das Tagebuch und die späten *Annalen* schweigen darüber, was damals das Interesse an Balladen geweckt hat. Doch ergeben sich einsichtige Zusammenhänge, wenn man sich an Themen ihrer kunst- und dichtungstheoretischen Diskussionen erinnert.

Ausgiebig beschäftigten sie sich mit den Charakteristika des Epischen und Dramatischen, um die dabei gewonnenen Einsichten auch für das eigene Schaffen fruchtbar zu machen. Wieder und wieder kreisen die Gedanken ferner um die Frage, welche Gegenstände eigentlich für die künstlerische Behandlung geeignet seien. Das war ein kardinales Problem; denn wenn Kunst ihren Sinn in sich tragen sollte (Goethe hatte Karl Philipp Moritz beigepflichtet, es sei ein Vorrecht des Schönen, »daß es nicht nützlich zu sein braucht«, und Kant hatte vom »interesselosen Wohlgefallen« gesprochen), wenn Kunst zwar ebenso wie die Natur großen Gesetzen unterworfen war, aber in ihr eine besondere Kunstwahrheit erschien und wenn der in der Kunst gewünschte »Stil« auf dem »Wesen der Dinge« ruhen sollte, »insofern uns erlaubt ist, es in sichtbaren und greiflichen Gestalten zu erkennen« (vgl. oben S. 472), dann wurde es unumgänglich, darüber nachzudenken, welche Gegenstände für solche Gestaltung tauglich sein mochten. Als Goethe Heinrich

Meyer nach Italien den Abschluß von *Hermann und Dorothea* meldete, fügte er hinzu: »Der Gegenstand selbst ist äußerst glücklich, ein Sujet wie man es in seinem Leben vielleicht nicht zweimal findet. Wie denn überhaupt die Gegenstände zu wahren Kunstwerken seltner gefunden werden als man denkt, deswegen auch die Alten beständig sich nur in einem gewissen Kreis bewegen« (28.4.1797). Etwas später dasselbe Thema: »Alles Glück eines Kunstwerks beruht auf dem prägnanten Stoffe den es darzustellen unternimmt« (an H. Meyer, 6.6.1797). Wie kompliziert die Überlegungen waren und in welche Sackgassen sie führen konnten, wenn aus ihnen einseitige Vorschriften für praktizierende Künstler resultierten, wird sich noch zeigen, wenn über die strenge Kunstauffassung der *Propyläen*-Zeitschrift 1798–1800 und die Preisaufgaben zu berichten ist, die die Weimarer Kunstfreunde 1799 bis 1805 den bildenden Künstlern stellten.

Balladen waren aufs beste geeignet, auf relativ kleinem Raum, in den überschaubaren Grenzen eines Gedichts, Episches und Dramatisches zu erproben und ebenfalls »prägnante Stoffe« prüfend auszugestalten. Schiller und er wollten, so Goethe, »Ton und Stimmung« der »Dichtart« Ballade beibehalten, aber »die Stoffe würdiger und mannigfaltiger« wählen (an H. Meyer, 21.7.1797). Weiter traf auch hier zu, worauf Goethe aufmerksam machte, als er die Funktion von Schillers Vorspiel *Wallensteins Lager* erläuterte: Während die alten Dichter auf die Kenntnis »ganz bekannter Mythen« vertrauen konnten, muß »ein neurer Dichter« immer auch die Exposition des Geschehens vortragen (an H. Meyer, 6.6.1797). Der Dichter einer Ballade, in der eine Geschichte in dramatisch gestraffter Weise erzählt wird, hatte dieselbe Schwierigkeit zu bewältigen. Balladen also als Versuchsfeld für den Test künstlerischer Aufgaben und Möglichkeiten. Deshalb konzentrierten sich die einschlägigen Anmerkungen im Briefwechsel so sehr auf technische Probleme balladesken Gestaltens. Genau wurde geprüft, ob die Dichtung jeweils »mit ganzer Besonnenheit gedacht und organisiert« war (Schiller an Körner, 29.10.1798). Allerdings beabsichtigten weder Goethe noch Schiller, eine bestimmte Definition der Ballade zu liefern oder ein spezielles Balladengenre auszubilden. Goethe sprach schlicht von den »erzählenden Gedichten« (an Schiller, 22.8.1797).

Wie lässig Goethe mit der Gattungsbestimmung »Ballade« umging, zeigt die Tatsache, daß er Gedichte, die zweifellos Balladen sind, der so überschriebenen Rubrik seiner Lyrik gar nicht zuordnete. *Ballade* und *Paria*, Dichtungen aus später Zeit, wies er der Gruppe »Lyrisches« zu (JA 2, 196ff.). Als er jedoch das nur mit der Bezeichnung *Ballade* versehene Gedicht 1820 in seiner Zeitschrift *Über Kunst und Altertum* (II 3) veröffentlicht hatte, sah er sich veranlaßt, »den Lesern und Sängern« das Gedicht durch eine Erklärung

»genießbarer« zu machen. Diese *Betrachtung und Auslegung* erschien im
nächsten Heft der Zeitschrift (III 1, 1821) und enthielt grundsätzliche Bemerkungen, die seitdem immer wieder zitiert worden sind. »Die Ballade hat
etwas Mysterioses, ohne mystisch zu sein; diese letzte Eigenschaft eines
Gedichts liegt im Stoff, jene in der Behandlung. Das Geheimnisvolle der
Ballade entspringt aus der Vortragsweise«. So beginnt die *Betrachtung* und
will den Leser sogleich über das freizügige Gestaltungsverfahren, die Vermischung der Zeitebenen, das Zusammenspiel verschiedener Ausdrucksweisen, die Funktion der in leichter Variation wiederkehrenden Schlußzeile der
Ballade (»Die Kinder, sie hören es gerne«) aufklären. Die Ballade läßt Raum
für solche Vielfalt, ja ist durch sie charakterisiert. Der Balladendichter kann

lyrisch, episch, dramatisch beginnen und, nach Belieben die Formen wechselnd,
fortfahren, zum Ende hineilen oder es weit hinausschieben. Der Refrain, das
Wiederkehren eben desselben Schlußklanges, gibt dieser Dichtart den entschiedenen
lyrischen Charakter.

Hat man sich mit ihr vollkommen befreundet, wie es bei uns Deutschen wohl der
Fall ist, so sind die Balladen aller Völker verständlich, weil die Geister in gewissen
Zeitaltern, entweder kontemporan oder successiv, bei gleichem Geschäft immer
gleichartig verfahren. Übrigens ließe sich an einer Auswahl solcher Gedichte die
ganze Poetik gar wohl vortragen, weil hier die Elemente noch nicht getrennt,
sondern, wie in einem lebendigen Ur-Ei, zusammen sind, das nur bebrütet werden
darf, um als herrlichstes Phänomen auf Goldflügeln in die Lüfte zu steigen (JA 2,
336).

Mit dem Ausdruck »Ur-Ei« kann natürlich nicht der historische Anfang der
Dichtung bezeichnet sein, sondern in diesem Bild sammelt sich (wie bei der
»Urpflanze«) die Vorstellung, daß sich aus der Ballade alle Dichtarten
entwickeln könnten, weil deren Elemente sämtlich in ihr beschlossen sind.
Dies auf sich beruhen lassend, kann man in Goethes *Betrachtung* von 1821 in
der Tat eine zureichende Beschreibung der Charakteristika der Ballade
erblicken. Sie ist ein »erzählendes *Gedicht*« und rechnet daher zur Lyrik;
denn die Gliederung in Verse und Strophen, die freilich ganz unterschiedlich
ausfallen kann, gehört zu ihren Merkmalen. Sie ist ein »*erzählendes* Gedicht«, weil der Erzählgestus stets präsent bleibt und epische Passagen
mitbestimmend sind. Ein Geschehen wird so vorgetragen, daß dramatische
Spannung entsteht. Partienweise dürfen mal epische, mal dramatische, auch
lyrische Züge vorherrschen. So eignen sich als Balladenstoff besonders gut
ungewöhnliche, überraschende, fesselnde Ereignisse aus Sage und Geschichte oder auch aus dem Reservoir freier, phantasievoller Erfindung.
Doch ist, wie gerade neuere ›Erzählgedichte‹ zeigen, Dramatisches nicht auf

die äußere Spannung eines Handlungsablaufs angewiesen, sondern kann sich auch viel verborgener auswirken. Die Ballade hat, wie alle Kunst und Dichtung, ihre Geschichte und ist, in den weiten Grenzen ihrer Grundbestimmung, zu mannigfachen Wandlungen fähig. Es versteht sich, daß philologische Feindiagnose Arten und Unterarten dieser Lyrikgattung herauspräpariert und etikettiert hat, von der Unterscheidung in ›nordische‹ und ›legendenhafte‹ Balladen bis hin zur Auffächerung in ›naturmagische‹ und ›historische‹, in ›Geister‹- und ›Schauerballaden‹, ›Schicksals‹-, ›Ritter‹- und ›Heldenballaden‹ und ähnliche mehr. Wieweit diese Klassifizierungen, die das Ordnungs- und Orientierungsbedürfnis der Wissenschaftler befriedigen, dem Leser beim Verständnis des einzelnen Gedichts helfen, mag dahingestellt sein.

Erstaunlich ist es schon, daß Goethe und Schiller im Jahr 1797 so vehement ins »Balladenstudium« gerieten. Wie der Briefwechsel und die Tagebücher beweisen, war es keineswegs das beherrschende Thema, auch wenn Schiller dann die Formel »Balladenjahr« einfiel. In dem erwähnten Rahmen poetologischer Überlegungen waren es dichterische Lockerungsübungen, frei von Last und Anspruch antiker Vorbilder. Vom »Balladenwesen und Unwesen«, in dem sie sich herumtrieben, sprach Goethe selbstironisch (an C. G. Körner, 20.7.1797) und schickte, bereits im Aufbruch zur geplanten neuen Italienreise, dem aus dem Süden in die Schweiz zurückgekehrten Heinrich Meyer ein paar Stücke, damit er »doch ja auch recht nordisch empfangen« werde (21.7.1797). Vielleicht spielte auch der Wunsch mit, dem Publikum, dem verachteten und dennoch umworbenen, nach mancher philosophischen Fracht der *Horen* und den verschlüsselten Attacken der *Xenien* eingängigere Lektüre zu bieten, freilich auf dem von Schiller in der Auseinandersetzung mit Gottfried August Bürger geforderten Niveau: daß gerade auch »bei Gedichten, welche für das Volk bestimmt sind, von den höchsten Forderungen der Kunst« nichts nachgelassen werden dürfe (*Über Bürgers Gedichte*, 1791; SA 16, 232).

Weitläufig könnten Unterschiede zwischen den Gedichten Schillers und Goethes beschrieben werden, die insgesamt nur deshalb ›klassische Balladen‹ heißen dürfen, weil sie in jenen Jahren entstanden sind, die als Zeit der ›Klassik‹ tituliert werden. Schillers erzählende Gedichte sind in ihrer Grundthematik wesentlich einheitlicher als die Goethes. Sie berichten von Menschen, deren Handeln in extremen Konfliktsituationen auf die Probe gestellt wird oder die sich selbst solcher Prüfung aussetzen, wobei sie angemessenes Verhalten beweisen oder verfehlen. Daß es Schiller darum ging, ›Ideales‹ in dramatisch gerafften Beispielerzählungen anschaulich zu machen, steht außer Frage. Doch in der Allgemeinheit dieser Feststellung wäre unterschlagen, daß die einzelnen Balladen sehr wohl die divergierenden historischen Bedingungen der Anschauungen und Wertvorstellungen, die sich in ihnen auswirken, zu erkennen geben, Antikes etwa in den *Kranichen des Ibykus*, Mittelalterliches im *Gang nach dem Eisenhammer*. Der ethischen Qualifikation des vorgeführten Handelns darf und muß von Fall zu Fall durchaus nachgefragt werden; die Gedichte selbst fordern mit ihren unterschiedlichen ›Helden‹ und Geschehnisabläufen den Leser dazu heraus. Mit dem Lob der »ganz *reinen Tat*«, das Goethe nach der Lektüre des *Handschuh* anstimmte (an Schiller, 21.6. 1797), kann sich kaum zufriedengeben, wer weiß, daß man bei der Einschätzung menschlicher Taten nicht davon absehen kann, wofür sie getan oder gar gefordert werden.

Bei Goethe ist eine einheitliche Grundthematik dieser Dichtart nicht auszumachen. Schon in zwei früheren Phasen hatte er bekanntlich Balladen gedichtet: einmal unter dem Eindruck von altem Volksliedgut kleine schlichte Gedichte, in denen in kunstvoll-kunstloser Art im Volksliedton von Liebe und Leid, von abgründigem Geschehen in sagenhafter Einkleidung erzählt wurde (*Heidenröslein*, 1771; »Ein Veilchen auf der Wiese stand«, 1773/74; *Der König in Thule*, 1774; »Hoch auf dem alten Turne«, 1774; »Es war ein Buhle frech genug«, 1774); dann wieder im ersten Weimarer Jahrzehnt, als im *Fischer* und *Erlkönig* die unheimlich gespenstischen Seiten der Natur in ihrer Faszination und beängstigenden Macht erschienen, denen Menschen ausgeliefert sein können. Aber *Der Sänger* (1783) sang auch die heitere Melodie von der Genügsamkeit und Selbstzufriedenheit der Kunst: »Ich singe, wie der Vogel singt, / Der in den Zweigen wohnet; / Das Lied, das aus der Kehle dringt, / Ist Lohn, der reichlich lohnet.« Die Gedichte des »Balladenjahrs« waren in Form und Thematik kunstvoller und ausgreifender. Ihnen schlossen sich bis ins Alter weiter Stücke der Gattung an, darunter auch ganz spielerische, besonders auf den geselligen Kreis mit Kindern berechnet (*Der Rattenfänger, Hochzeitlied, Die wandelnde Glocke*).

Manches Thema seiner Balladendichtung hat er, wie es auch sonst geschah, lange mit sich herumgetragen, ehe es gestaltet wurde. »Mir drückten sich gewisse große Motive, Legenden, uraltgeschichtlich Überliefertes so tief in den Sinn, daß ich sie vierzig bis funfzig Jahre lebendig und wirksam im Innern erhielt« (13, 38). Im späten Rückblick erwähnte er dafür auch *Die Braut von Korinth* und *Der Gott und die Bajadere* als Beispiel (*Bedeutende Fördernis durch ein geistreiches Wort*). Doch ebenso konnte der Zufall einer Gelegenheit, wie oftmals in Goethes Lyrik, ein Gedicht dieser Art hervorlocken. Er selbst machte darauf aufmerksam, daß die meisten seiner Sachen »beinah nur aus dem Stegreife« seien (an C. G. Körner, 20.7. 1797). Das eine muß das andere nicht ausschließen. Amüsant ist aufzudecken, was bei der Ballade *Der Schatzgräber* zusammenspielte. Am 21. Mai 1797 notierte er im Tagebuch: »Artige Idee, daß ein Kind einem Schatzgräber eine leuchtende Schale bringt«. Er hatte sie wohl einem Kupferstich entnommen, der sich als Illustration im Kapitel »Vom Schatzgraben und Finden« der deutschen Übersetzung einer Schrift Petrarcas befand (*De remediis utriusque fortunae, Trost Spiegel in Glück und Unglück*). So erschien denn auch dem nächtlich grabenden Schatzsucher in Goethes Gedicht »ein schöner Knabe«, mit »dem Glanz der vollen Schale« und brachte ihn mit eingängiger Lehre vom törichten Vorhaben ab: »Trinke Mut des reinen Lebens! / [...] Grabe hier nicht mehr vergebens! / Tages Arbeit, abends Gäste! / Saure Wochen, frohe Feste! / Sei dein künftig Zauberwort.« Goethe selbst war damals törichter »Schatzgräber«, und der Zuspruch im Vers ging auch an die eigene Adresse. Am Tag vor der Tagebuchnotiz, am 20. Mai, hatte er über Justizrat Hufeland bei der Hamburger Stadtlotterie ein Los für die 116. Ausspielung bestellt, verlockt durch die – freilich falsch verstandene – Ankündigung, als Hauptgewinn seien 60000 Mark *und* der Erwerb des schlesischen Gutes Schockwitz ausgesetzt (JbG 1951, 230ff.). Bereits am 23. Mai schickte er Schiller, mit dem er in diesen Tagen öfter zusammensaß, den *Schatzgräber*. Da durchschaute er also schon, was die Hoffnung aufs Große Los war: eine Illusion, die mit nüchternen, gleichwohl poetisch ausgezierten Maximen zu parieren war. Und Schiller, der wahrscheinlich informiert war, »belustigte es«, der Ballade »die Geistesatmosphäre anzumerken, in der Sie gerade leben mochten« (23. 5. 1797). Natürlich wurde es nichts mit dem erhofften Gewinn. Um sich den Wunsch nach Gutsbesitz zu erfüllen, mußte er weiterhin um das Anwesen in Oberroßla bieten, das er endlich im März 1798 erwerben konnte. Das Lotteriespiel in Frankfurt, um das sich die Mutter kümmerte, hat übrigens, soviel wir wissen, auch nie viel eingebracht.

Die *Legende*, im Tonfall von Hans Sachs erzählt, steckt voll hintergründiger Ironie. »Unser Herr« bückt sich nach dem scheinbar wertlosen zerbrochenen Hufeisen, das Petrus mißachtete, und bezahlt von seinem Erlös die Kirschen, die dann den Durst in der Hitze etwas stillen können. In alter Manier die Moral am Schluß: »Tätst du zur rechten Zeit dich regen, / Hättst du's bequemer haben mögen. / Wer geringe Ding' wenig acht't, / Sich um geringere Mühe macht«. Das ist den Trägen ins Stammbuch geschrieben; Sparsamkeit, die bürgerliche Tugend, läßt der *Legende*-Dichter (der Ausgaben für seine Interessen nicht scheute) vom Herrn Jesus beglaubigen und den Verschwendern aller Sparten als Spiegel vorhalten.

Von ganz anderem Gewicht das »Vampyrische Gedicht« *Die Braut von Korinth*, dessen Anfang das Tagebuch auf den 4. Juni 1797 datiert. Das

Motiv des Wiedergängers nahm Goethe hier auf, verband es mit dem des blutsaugenden Gespensts und gab der Ballade, der eine antike Gespenstergeschichte zugrunde liegt, einen Gehalt von erheblicher geschichtsphilosophischer Brisanz: Die mit dem Christentum aufgekommene Diffamierung der Sinnlichkeit wurde angeprangert, so deutlich, daß einige Zeitgenossen Anstoß nahmen. Manche nannten die Ballade, so der immer auskunftsfreudige Böttiger, »die ekelhafteste aller Bordellszenen« und wären erbost über die »Entweihung des Christentums«, andere hielten sie für das »vollendetste aller kleineren Kunstwerke Goethes« (an F. v. Matthisson, 18. 10. 1797; Bo II 116). – Aus dem noch heidnischen Athen kommt spätabends der »Jüngling« nach Korinth zur christlich gewordenen Familie, deren Tochter seine Braut hatte werden sollen. Freundlich wird er aufgenommen, das »Prunkgemach« ihm zur Nacht überlassen. Doch die Braut war vor Verzweiflung längst gestorben; denn die Mutter, zum Christentum bekehrt, hatte, von Krankheit genesen, gelobt und über sie verfügt: »Jugend und Natur / Sei dem Himmel künftig untertan«. In der Nacht nun, in der Geisterstunde, kehrt sie wieder, und das Paar durchlebt eine wollüstig schaudervolle Liebesnacht. Aber das Mädchen, das einst, noch als Heidin (»als noch Venus' heitrer Tempel stand«), zur Braut bestimmt war, ist jetzt, Rache der Göttin, verdammt, nicht nur zu lieben, sondern auch »zu saugen seines Herzens Blut«. Und »Ist's um den geschehn, / Muß nach andern gehn, / Und das junge Volk erliegt der Wut«. War ihr der Wunsch nach Liebe unterdrückt worden, ist er nun in schreckliche Pervertierung umgeschlagen. Nur noch eine Bitte hat sie an die Mutter, aus dem Grab genommen und heidnisch verbrannt zu werden: »Wenn der Funke sprüht, / Wenn die Asche glüht, / Eilen wir den alten Göttern zu«. In der dichten Folge von Erzählpartien, die zu dramatischen Höhepunkten treiben, und Dialogstrophen, die vom Einst berichten, das Jetzt beklagen und so das Geschehene und Geschehende ›aufarbeiten‹, ist Grausiges mit einer sprachlichen Unerbittlichkeit beschworen, die die zeitliche Nähe zur »bürgerlichen Idylle« mit Hermann und Dorothea nicht ahnen läßt. Gewiß hatte Goethe schon früher Unheimliches auf berückende Weise gedichtet, im *Erlkönig*, im *Fischer*, aber dort war es immer noch magisch Faszinierendes, und die Schlußstrophe der frühen Ballade vom »frechen Buhlen«, der seine Braut verlassen hatte (später *Der untreue Knabe* betitelt), sparte das greuliche Finale aus. In der *Braut von Korinth*, die nach Ausweis der Tagebücher in zwei Tagen vollendet wurde, brach etwas auf, nach dessen biographischem Zusammenhang nachher noch zu fragen ist. Das unverhüllt Grausige war indes eine andere Art der Klage über Verlorenes; im »vampyrischen Gedicht« weht der Geist von Schillers *Göttern Griechenlandes* (»Da ihr noch die schöne Welt regieret, / an der Freude leichtem Gängelband /

glücklichere Menschenalter führtet [...]«). Die fundamentale Religionskritik ist ihm nicht auszutreiben. Die Strophe der um ihr sinnliches Dasein betrogenen Tochter der bekehrten Korinther ist eine schonungslose Anklage, gesprochen freilich von einer erdichteten Gestalt, aber nicht im Widerspruch zu anderen Äußerungen Goethes selbst. Wo aus der Verheißung aufs Jenseits die Unterdrückung der Triebe gefolgert wird, ist die Natur des Menschen verhöhnt, einem ideologischen Zwang aufgeopfert, der dann, wie es im dichterischen Vorgang bedeutet wird, Widernatürliches hervortreibt.

> Und der alten Götter bunt Gewimmel
> Hat sogleich das stille Haus geleert.
> Unsichtbar wird Einer nur im Himmel,
> Und ein Heiland wird am Kreuz verehrt;
> Opfer fallen hier,
> Weder Lamm noch Stier,
> Aber Menschenopfer unerhört.

Diese Dichtung hat ihr Humanes darin, daß sie das Inhumane christlich-erzwungener Askese grell zum Vorschein bringt.

Wenige Tage nach der *Braut von Korinth* beendete Goethe bereits eine weitere große Ballade: »Indische Romanze Schluß« (Tagebuch, 9.6.1797). Auch hier erfand er nicht neu, sondern schöpfte aus einer literarischen Quelle und reicherte die »Indische Legende«, wie *Der Gott und die Bajadere* dann untertitelt wurde, mit vielschichtiger Bedeutung an. »Mahadöh, der Herr der Erde«, der die Menschen kennenlernen will, kehrt bei der Bajadere, der Dirne, ein, von ihr in »der Liebe Haus« gelockt. Als sie zusammen sind, sie seine »geheuchelten Leiden« lindert und ihm immer williger zu Diensten ist, erkennt er in ihr »durch tiefes Verderben ein menschliches Herz«, und sie empfindet zum erstenmal wirkliche Liebe. So stark, so bedingungslos ist das Gefühl ihrer Verbundenheit mit ihm, daß sie mit dem »vielgeliebten Gast«, der am Morgen tot neben ihr lag (so prüfte sie – fragwürdig – der Gott), verbrannt werden will, der Sitte gemäß als Frau mit ihrem Mann. Das müssen die Priester verweigern: »Dieser war dein Gatte nicht. / Lebst du doch als Bajadere, / Und so hast du keine Pflicht«. Sie aber springt in die Flammen, und der Gott nimmt sie zu sich:

> Doch der Götterjüngling hebet
> Aus der Flamme sich empor,
> Und in seinen Armen schwebet
> Die Geliebte mit hervor.

In dieser Ballade ist vielerlei miteinander verflochten: daß die scheinbar Verlorene zur Liebe bis zur Selbstaufgabe fähig ist; daß gerade sie mit dem »Herrn der Erde« zusammen sein darf; daß die priesterlichen Wächter der Sitte das Außergewöhnliche nicht sanktionieren können; daß es eine höhere Instanz als die gesellschaftlich verfestigten Normen gibt und wahre Liebe bei ihr Gehör findet. In diesem Gedicht wird nicht polemisiert und keine Anklage erhoben, sondern von Liebe erzählt, die sich jenseits der Kategorien von Schuld und Sünde, Gewohntem und Geduldetem vollzieht. Wenn die Schlußzeilen eine Interpretation aus christlichem Geist nachzuliefern scheinen: »Es freut sich die Gottheit der reuigen Sünder; / Unsterbliche heben verlorene Kinder / Mit feurigen Armen zum Himmel empor«, so bietet die »indische Legende« in Wahrheit kein Beispielgeschehen für den christlichen Erlösungsgedanken, sondern eine Erzählung mit irritierenden anderen Elementen. Von Reue des »schönen Kindes« ist kein Anzeichen zu finden, und vom christlichen Heiland zu erwarten, daß er, bevor er Erlösung vermittelt, mit einer ›Sünderin‹ »des Lagers vergnügliche Feier« genießt, wäre Blasphemie. Goethe leistet sich, ans Dogma nicht gebunden, den christlich intonierten Schlußakkord, weil dadurch noch die Macht der Liebe, wie sie sich in der Ballade verwirklichte, und ihre Legitimierung durch Gott betont werden. Auch Mahadöh läßt er seine Leiden und seinen Tod simulieren (wie anders der christliche Erlöser!), damit die Hingabe der zur Liebe erwachten Bajadere um so klarer hervortritt. So hat Bertolt Brecht, bei allen Vorbehalten gegenüber der Konstellation in diesem Gedicht, wohl zutreffend gedeutet: »Es bezeichnet die freie Vereinigung von Liebenden als etwas Göttliches, das heißt Schönes und Natürliches, und wendet sich gegen die formelle, von Standes- und Besitzinteressen bestimmte Vereinigung der Ehe« (in der Erläuterung seines eigenen Sonetts *Über Goethes Gedicht »Der Gott und die Bajadere«*). Aber Brechts Verse melden auch Einspruch gegen das Opfer an, »das hier verlangt wird, bevor der Preis zuerteilt werden soll«. Wir können nicht stillschweigend darüber hinweggehen, wie dubios in Goethes Ballade Mann und Frau einander zugeordnet sind, vielmehr: wie sie ihm untergeordnet ist, wie der Mann als der noch in der intimen Begegnung Herrschende erscheint, »Sklavendienste« fordert, wie sich Liebe des Mädchens als Unterwerfung vollzieht und der Erzähler die skandalösen Worte spricht: »Ist Gehorsam im Gemüte, / Wird nicht fern die Liebe sein«. (Dorothea meinte: »Dienen lerne beizeiten das Weib nach ihrer Bestimmung« . . .)

Jeder seiner Balladen hat Goethe eine eigene Vers- und Strophenform angemessen. »Es ist wirklich beinahe magisch daß etwas, was in dem einen Silbenmaße noch ganz gut und charakteristisch ist, in einem andern leer und unerträglich scheint« (an H. Meyer, 6.6.1797). Ruhig schreitend und erzählend die achtzeilige Strophe in trochäischen Vierhebern (mit ausgesuchter Reimordnung abbcaddc) im *Schatzgräber*; die *Legende* locker vorgetragen in paarweis gereimten vierhebigen Versen mit freier Taktfüllung; siebenzeilig die eigentümlichen Strophen der *Braut von Korinth*, in denen die verkürzten, zudem gereimten fünften und sechsten Verse jeweils den Erzählfluß stauen; *Der Gott und die Bajadere* in nur hier so geformten elfzeiligen Strophen, in denen an einen vierhebigen trochäischen Achtzeiler, den Goethe von den frühen bis zu den späten Gedichten gern benutzte (»Dämmrung senkte sich von oben«), noch drei anders strukturierte Zeilen angeschlossen werden, daktylisch-tänzerische Verse, so als sollte auch im Rhythmus der Strophe die Verbindung des ganz Verschiedenen ausgedrückt werden:

> Als er nun hinausgegangen,
> Wo die letzten Häuser sind,
> Sieht er mit gemalten Wangen
> Ein verlornes schönes Kind.
> »Grüß’ dich, Jungfrau!« – »Dank der Ehre!
> Wart’, ich komme gleich hinaus.« –
> »Und wer bist du?« – »Bajadere,
> Und dies ist der Liebe Haus.«
> Sie rührt sich, die Cymbeln zum Tanze zu schlagen;
> Sie weiß sich so lieblich im Kreise zu tragen,
> Sie neigt sich und biegt sich und reicht ihm den Strauß.

Und was im *Zauberlehrling* passierte, erzählte Goethe so, daß sich das spannende Geschehen der Geisterbeschwörung und ihres Fiaskos in Vers und Strophe niederschlug. Eine achtzeilige Strophe, die es mit der Verknappung ihrer zweiten Hälfte zu nur dreihebigen Zeilen zudem nur hier gibt, wechselt mit einer Strophe in anderem Maß, die der Formelsprache des Zauberns angepaßt ist: »Walle! walle / Manche Strecke, / Daß zum Zwecke / Wasser fließe, / Und mit reichem, vollem Schwalle / Zu dem Bade sich ergieße!«

Diese bekannte Ballade vom Zauberlehrling, der die Geister rief, ihrer nicht Herr wurde und den »alten Meister« alarmieren mußte, ist für mancherlei Deutungen frei. Knebel las sie als Goethes »Abfertigung der Anti-Xenisten« (an Böttiger, 1.11.1797; Bo II 119). Die biedere Lehre, nicht vorwitzig und voreilig zu sein, kann an alle adressiert sein, die Ordnungen vorschnell aufheben oder verändern möchten, an Philosophieadepten und junge Schriftsteller, politische Unruhestifter und allzu neuerungssüchtige Künstler. Doch sind das alles nur Spekulationen über eine meisterhaft vorgetragene dramatische Geschichte im erzählenden Gedicht. Die Brisanz der vampirischen Ballade und der indischen Legende ist jedenfalls fern. Da deuten sich, genau besehen, Widersprüche an. Aber in Goethes eigenem Dasein und Denken sind sie aufgehoben: Grundordnungen zu erkennen und an ihnen festzuhalten, innerhalb ihres Bereichs jedoch die Chancen des Lebens auszukundschaften und auszuschöpfen.

Am 22. Juni 1797 teilte Goethe Schiller mit, er habe die Arbeit am *Faust* wieder aufgenommen. »Unser Balladenstudium hat mich wieder auf diesen Dunst- und Nebelweg gebracht«. Der Brief ist aufschlußreich; denn er bietet uns eine Fährte, die in Lebenszusammenhänge führt, denen manche Dichtungen dieser Jahre ihre besondere Thematik zu verdanken scheinen. Die Worte vom »Dunst- und Nebelweg« betonen nur das Nicht-Antikische der Balladen und des *Faust*, ihre Zugehörigkeit zur »nordischen« Lebenswelt im Unterschied zur südlich-italienischen, die gerade in diesen Monaten eigentlich alle Aufmerksamkeit auf sich ziehen mußte. Denn Goethe bereitete seit längerem eine neue Italienreise vor, für die er Vorarbeiten großen Stils traf, sollte doch nicht weniger als ein umfangreiches, geradezu enzyklopädisches Werk über Land und Leute, Geschichte, Kunst und Kultur entstehen. Auf 262 Folioseiten trug und ließ er handschriftlich zusammentragen, was zu behandeln, was an wichtigen Informationen bereits vorhanden und welche Literatur zu beachten war (WA I 34.2, 149–251). So war der »Entschluß, an den Faust zu gehen«, für Schiller »in der Tat überraschend, besonders jetzt, da Sie sich zu einer Reise nach Italien gürten« (23.6.1797). Wichtiger als Goethes Hinweis auf das Nicht-Antikische, das Nördliche, auf das er sich eingelassen habe, sind in unserer Perspektive andere Bemerkungen. »Da es höchst nötig ist, daß ich mir, in meinem jetzigen unruhigen Zustande, etwas zu tun gebe, so habe ich mich entschlossen, an meinen Faust zu gehen«, so beginnt der Brief vom 22. Juni 1797 und erwähnt später, es seien die »Umstände«, die ihm »in mehr als Einem Sinne« rieten, eine Zeitlang auf dem »Dunst- und Nebelweg« herumzuirren. Vordergründig war es die Verzögerung der Abreise in den Süden, die ihn unruhig machte; der Herzog war auf Reisen und ließ auf sich warten, wünschte aber, Goethe vor dem Aufbruch noch zu sprechen. Nach wie vor war auch ungewiß, ob man überhaupt wagen könne, nach Italien zu reisen; die politische Lage war undurchsichtig, Bonaparte in Oberitalien eingerückt. Lange Zeit hatte es im Frühjahr ohnehin so ausgesehen, als sei an eine Reise nicht zu denken; denn noch herrschte Krieg im Süden. Erst als am 18. April 1797 der Präliminarfrieden von Leoben geschlossen war, den Goethe in seinem Tagebuch am 24. April eigens heraushob, stand es für ihn fest, »daß ich anfangs Juli hier weggehe, nach Frankfurt, mit meiner Mutter noch mancherlei zu arrangieren, und daß ich alsdann, von da aus, nach Italien gehen will« (an H. Meyer, 8.5.1797). Doch erst am 30. Juli kam er von Weimar los. Verständlich die

Unruhe in dem schwankenden Hin und Her dieser Wochen und Monate. Der Ausflug ins »Balladenwesen und Unwesen« und der Rückgriff auf den *Faust* waren auch Ablenkung von den Zweifeln, ob die Italienreise denn stattfinden könne.

Aber die Unruhe steckte tiefer. Schwer auszumachen, was ihn umtrieb, unstet, unausgeglichen machte. Nur Andeutungen in den Briefen, ein paar bezeichnende Vorgänge. Noch niemals hätten seine Pläne und Entschließungen so von Woche zu Woche variiert, schrieb er Heinrich Meyer, den er kränkelnd in Italien wußte, und verwob die Mitteilung in Ausdrücke der Besorgnis um dessen Befinden (6.6.1797). Eine Nachricht am 7. Juli: »Indessen habe ich alles geordnet und bin so los und ledig als ich jemals war«. Alles geordnet und los und ledig. Bezog sich das auch auf jene Aktionen, die er im Tagebuch unter dem 2. und 9. Juli verzeichnete? »Briefe verbrannt. Schöne grüne Farbe der Flamme wenn das Papier nahe am Drahtgitter brennt«. In den *Annalen* erläuterte er später: »Vor meiner Abreise verbrenn' ich alle an mich gesendeten Briefe seit 1772, aus entschiedener Abneigung gegen Publikation des stillen Gangs freundschaftlicher Mitteilung« (JA 30, 56). Reicht die Begründung aus? Verdeckt sie nicht, daß sich da jemand von Zeugnissen der Vergangenheit befreien wollte, die als lastende Erinnerung oder Mahnung unter seinen Papieren herumlagen? Im November 1782 hatte er jene Briefe noch heften lassen; freilich: »Welch ein Anblick! mir wirds doch manchmal heis dabey« (an Knebel, 21.11.1782). Der Greis wußte und zitierte, als er wieder einmal Korrespondenz verbrannte: »»Frühere Fehler hindern spätere nicht‹« (Tagebuch, 1.10.1831). Als er an die autobiographischen Arbeiten ging, bedauerte er die frühere Vernichtungsaktion und wünschte die Briefe »sehnlichst« zurück (an Rochlitz, 4.4.1819). Jetzt, im Sommer 1797, wollte er Ballast abwerfen; vielleicht half auch das gegen die Unruhe. Kein Brief der Braut Lili v. Schönemann blieb erhalten, kein Blatt Charlotte v. Steins aus den frühen Weimarer Jahren. Dann aus Frankfurt schon am 10. August Sätze, die im Grunde die ganze Reiseunternehmung widerrufen, von einem Skeptiker an den andern, an Knebel: »Ein paar Verse, die ich zu machen habe, interessieren mich mehr als viel wichtigere Dinge auf die mir kein Einfluß gestattet ist [...]. Nach Italien habe ich keine Lust«. Die Begründung liest sich wie ein Vorwand: »Ich mag die Raupen und Chrysaliden [Puppen von Schmetterlingen] der Freiheit nicht beobachten, weit lieber möchte ich die ausgekrochnen französischen Schmetterlinge sehen«. Ein paar Verse interessierten ihn mehr als anderes. Und das dominierende Thema, das die Verse jener Zeit breit und variationsreich durchspielten, war die Liebe, vom behutsamen Geständnis der Zuneigung und erotischen Gepläntel bis zur ausgelebten Sexualität.

Erotische Phantasien

Über der gepflegten Bravheit des Paares Hermann und Dorothea gerät leicht aus dem Blick, welchen poetischen Spielereien und Phantasien sich ihr Dichter zugleich überließ. Wie intensiv ihn der erotische Aspekt in seiner komplexen Tragweite beschäftigte, verrät schon eine rasche Durchsicht des Gedichtbestands. 1795 die meisterlich ausgewogene Neufassung jenes gefühligen und bildlich überlasteten Gedichts der Friederike Brun (»Ich denke dein, wenn sich im Blütenregen / Der Frühling malt [...]«): *Nähe des Geliebten* (»Ich denke dein, wenn mir der Sonne Schimmer / Vom Meere strahlt; / Ich denke dein, wenn sich des Mondes Flimmer / In Quellen malt [...]«). 1796 im Stil der Schäferdichtung des frühen 18. Jahrhunderts (vielleicht als Einlagen für eine Oper Cimarosas), mit Thyrsis und Damon, Lämmern, »Herz und Bändern«: *Die Spröde* und *Die Bekehrte.* Im gleichen Jahr entstand mit *Alexis und Dora* eine der großen Elegien im antiken Distichenmaß, die mit anderen in späteren Ausgaben das zweite Buch der Elegien bildete, nach den *Römischen Elegien* des ersten. Auch hier leitendes Thema die Liebe: in *Der neue Pausias und das Blumenmädchen* (1796), *Amyntas* (September 1797), *Euphrosyne* (Herbst 1797/1798). So auch bei den beiden kleinen Gedichten vom 24. Mai 1797: *Nachgefühl* und *Abschied.* Aus Stuttgart, auf der endlich begonnenen Reise gen Süden, warb Goethe bei Schiller für »ein poetisches Genre«, »in welchem wir künftig mehr machen müssen [...]. Es sind *Gespräche in Liedern*« (an Schiller, 31. 8. 1797). Die drei schmalen Stücke, die unterwegs entstanden, sind Dialog-Balladen (folglich auch in die Gruppe der »Balladen« aufgenommen) und sprechen über nichts anderes als Liebe (*Der Edelknabe und die Müllerin; Der Junggesell und der Mühlbach; Der Müllerin Reue*). Das Nachzüglergedicht der Müllerin-Verse, *Der Müllerin Verrat* von 1798, ist durchsetzt mit eindeutigen Anspielungen einschlägiger Art, mit denen auch andere Gedichte dieses Umkreises ausstaffiert sind.

Mit der vampirischen Ballade von Korinth und der indischen Legende vom Gott und der Bajadere in der Tat ein stattlicher Bestand an ›Liebesgedichten‹ jener Jahre! Erfahrungen, Erinnerungen, Phantasien des fast fünfzigjährigen Mannes? Riefen sie die innere Unrast hervor? Trieben auch sie ihn für viele Wochen aus Weimar nach Jena, ließen ihn erneut auf Italien hoffen, um Abstand zu gewinnen und sich in der Konzentration auf die Objektivationen von Geschichte, Kunst und Kultur wieder zu sammeln, zu sich zu finden, – nachdem die Briefe verbrannt und Vergangenheit verabschiedet waren? Und zerrten sie ihn dennoch schon in Frankfurt wieder nach Thüringen zurück, weil – wenigstens von Zeit zu Zeit – außer den »paar Versen« alles andere doch nur Illusion war? »Wachsende Krisenstimmung« erkannte Heinrich Meyer in seinem *Goethe. Das Leben im Werk* (1951/1967). Seit Sommer 1788 lebte Goethe nun schon mit Christiane zusammen. Wie man darüber dachte und sprach, wußte er wohl, und Schiller, der Geistesfreund, schwieg, zumindest auf dem Papier, die »kleine Freundin« tot. Keine Frage: was die indische Legendenballade feierte, »die freie Vereinigung von Liebenden als etwas Göttliches« (Brecht), hatte auch damit zu tun. Das Gedicht schloß Selbstzuspruch ein und wies alle bornierten Verleumder zurück, und sei es nur, daß es ein verborgen bewegendes Grundgefühl war, das den in freier Ehe Lebenden die Legende so und nicht anders aufgipfeln und beenden ließ. Aber welche Abgründe, die ebenfalls durchschienen! War es nur Phantasie, die ihn dazu brachte, daß der Mahadöh »Sklavendienste« der Liebe forderte und sich als »Kenner der Höhen und Tiefen« aufspielte, der »Lust und Entsetzen und grimmige Pein« wählte? Und die vampirisch blutsaugende Braut in Korinth: Perversion der einst unterdrückten Lust, gewiß, aber nicht auch ein verzerrtes Gleichnis verzehrender Liebe? Das ist nicht weit entfernt von der *Amyntas*-Elegie, wo im Sinnbild des den Baum umschlingenden Efeus Vergnügen und Qual der Liebe illustriert sind:

> Soll ich nicht lieben die Pflanze, die, meiner einzig bedürftig,
> Still, mit begieriger Kraft, mir um die Seite sich schlingt?
> Tausend Ranken wurzelten an, mit tausend und tausend
> Fasern senket sie fest mir in das Leben sich ein.
> Nahrung nimmt sie von mir; was ich bedürfte, genießt sie,
> Und so saugt sie das Mark, sauget die Seele mir aus. [...]
> Sie nur fühl' ich, nur sie, die umschlingende, freue der Fesseln,
> Freue des tötenden Schmucks fremder Umlaubung mich nur.

Das schrieb er während der Reise in der Schweiz. Nur schöne Dichtung, nachdem er das Phänomen der Natur gesehen hatte? (Tagebuch, 19.9.1797: »Der Baum und der Efeu Anlaß zur Elegie.«) Huldigung an die ferne Frau daheim, der er am 15. August geklagt hatte, sie glaube nicht, wie er sie vermisse, und er wünsche reicher zu sein, um sie und den Kleinen auf der Reise immer bei sich haben zu können? Oder Preis und Verwünschung der Liebe überhaupt, die ihn so ruhelos machte? War ihm Christiane denn wirklich ein und alles? War es nur Floskel in den nicht abreißenden Beteuerungen seiner und ihrer Briefe? Was drängte in der Erinnerung heran, als er *Nachgefühl* schrieb? Oder war dies nur betörende Verskunst, die noch jetzt, im Mai 1797, ein Gedicht mit einer galant-harmlosen Rokokowendung zu beschließen wagte?

Wenn die Reben wieder blühen,
Rühret sich der Wein im Fasse;
Wenn die Rosen wieder glühen,
Weiß ich nicht, wie mir geschieht.

Tränen rinnen von den Wangen,
Was ich tue, was ich lasse;
Nur ein unbestimmt Verlangen
Fühl ich, das die Brust durchglüht.

Und zuletzt muß ich mir sagen,
Wenn ich mich bedenk und fasse,
Daß in solchen schönen Tagen
Doris einst für mich geglüht.

Eines der vielen bedenkenden Gedichte Goethes, in denen im Arrangement der »wenn«-Bedingungen oder -Zeitbestimmungen erscheint, was zeichenhaft auf menschliches Fühlen und Denken verweisen kann. Noch ein spätes Dornburger Gedicht von 1828 ist so strukturiert: »Früh, wenn Tal, Gebirg und Garten / Nebelschleiern sich enthüllen [...].«

Hatte ihn vielleicht die junge Schauspielerin Christiane Neumann tief verstört, viel tiefer und länger nachwirkend, als es Beobachter vermuten können, für die der Goethe dieser Jahre der ›klassische‹ Dichter von *Hermann und Dorothea* und der über Kunst, Literatur und Publikum theoretisierende Partner im Gespräch und Briefwechsel mit Schiller ist? Wer Christiane auf der Bühne sah, war beeindruckt; sie galt als die kommende große Schauspielerin. Corona Schröter unterrichtete sie, und Goethe, der Theaterdirektor, nahm sich ihrer besonders an; sie war ihm »das liebenswürdigste, natürlichste Talent, das mich um Ausbildung anflehte« (*Annalen* zu 1791; JA 30, 13). Als Dreizehnjährige übernahm sie 1791 in Shakespeares *König Johann* eine winzige Rolle, aber von der Probe blieb ihm für immer in Erinnerung: Als sie, den Prinzen Arthur spielend, geblendet werden sollte und nicht genug Entsetzen mimte, stürzte er selbst, den Kämmerer Hubert darstellend, so stürmisch mit dem Blendeisen auf sie ein, daß sie heftig erschrak und zusammenbrach, und als sie dann vom Felsen in den Tod gesprungen war,

Freundlich faßtest du mich, den Zerschmetterten, trugst mich von dannen,
Und ich heuchelte lang', dir an dem Busen, den Tod.
Endlich schlug die Augen ich auf, und sah dich, in ernste,
Stille Betrachtung versenkt, über den Liebling geneigt.
Kindlich strebt' ich empor und küßte die Hände dir dankbar,
Reichte zum reinen Kuß dir den gefälligen Mund [...].

So die Reminiszenz in der Totenelegie *Euphrosyne*. Mit fünfzehn heiratete Christiane den Schauspieler Heinrich Becker, wurde zweimal Mutter, kränkelte aber seit der Geburt der zweiten Tochter im Juni 1796 und wurde durch die Verpflichtungen am Theater belastet. Im Mai 1797, schon schwer an Tuberkulose leidend, spielte sie im Märchen mit Gesang *Das Petermännchen* von Joseph Weigl die Euphrosyne. In dieser Rolle sah Goethe Christiane zum letztenmal, die im Juni dann noch als Ophelia im *Hamlet* auftreten konnte. In der Schweiz erreichte ihn die Nachricht von ihrem Tod. Aus Zürich schrieb er Böttiger am 25. Oktober 1797: »Die Nachricht von ihrem Tode hatte ich lange erwartet, sie überraschte mich in den formlosen Gebirgen.« Da setzte bereits dichterische Verarbeitung dessen ein, was ihn verwirrt hatte; in die »formlosen Gebirge« war ihm Post gewiß nicht nachgetragen worden. »Sie war mir mehr als in einem Sinne lieb«, bekannte er. »Liebende haben Tränen und Dichter Rhythmen zur Ehre der Toten, ich wünschte, daß mir etwas zu ihrem Andenken gelänge.« Er hatte, wohl nicht nur in der Dichtung, beides: Die große Elegie *Euphrosyne* entstand in den nächsten Monaten, und sie schloß:

> Wehmut reißt durch die Saiten der Brust; die nächtlichen Tränen
> Fließen, und über dem Wald kündet der Morgen sich an.

In der Elegie ließ Goethe die Verstorbene zu ihm sprechen und seine Erinnerung an sie auch für die Zukunft fordern:

> Andere kommen und gehn; es werden dir andre gefallen,
> Selbst dem großen Talent drängt sich ein größeres nach.
> Aber du, vergesse mich nicht! [...]

Noch die späten *Annalen* zum Jahr 1797 hielten fest: »Auf dem Theater fand ich die große Lücke: Christiane Neumann fehlte, und doch war's der Platz noch, wo sie mir so viel Interesse eingeflößt hatte« (JA 30, 58). Christiane Becker-Neumann: eine der sehr jungen Frauen, die Goethe noch öfter verwirren sollten, Silvie v. Ziegesar, Minchen Herzlieb, Ulrike v. Levetzow. Verborgene Wünsche, die aus der frühen Zeit der Verbundenheit mit der Schwester Cornelia herrühren, nun transponiert in andere Konstellationen, die frei waren für erotische Phantasien? Freiräume neben der ehelichen Dauerverbindung, auf deren Zwänge *Amyntas* ebenfalls anspielen konnte? In solchen Begegnungen auch das Erwachen der Erinnerung an verlorene Möglichkeiten, während das Lebensalter ständig vorrückte? Am 13. Mai sah er Euphrosyne zuletzt auf der Bühne, auf den 24. Mai datiert man *Nachgefühl* und *Abschied*, dessen zweite Strophe lautet:

Du übst die alten Zauberlieder,
Du lockst ihn, der kaum ruhig war,
Zum Schaukelkahn der süßen Torheit wieder,
Erneust, verdoppelt die Gefahr.

Auch *Alexis und Dora* vom Mai 1796 dichtete eine Situation des Rückblicks.
Während das Schiff ihn unaufhaltsam davonträgt, denkt Alexis zurück an die
Zeit, als er Dora kaum beachtete, und erinnert sich an den *»einen* Augenblick« unmittelbar vor der Abreise, als sie dann doch ein Paar waren. Jetzt
freut er sich über das Glück, aber er trauert auch über Versäumtes, und es
plagt ihn der Zweifel, ob sie nicht einen andern ebenso lieben könnte:

[...] Die Türe steht wirklich des Gartens noch auf!
Und ein anderer kommt! Für ihn auch fallen die Früchte!
Und die Feige gewährt stärkenden Honig auch ihm!
Lockt sie auch ihn nach der Laube? und folgt er? O macht mich, ihr Götter,
Blind, verwischet das Bild jeder Erinnrung in mir! (V. 142 ff.)

Es muß hier auf sich beruhen bleiben, ob diese Elegie, die Schiller immerhin
an den Anfang seines *Musenalmanachs für das Jahr 1797* setzte und Goethe
schon zuvor unter Bekannten kursieren ließ, wirklich ein Rätsel enthält, das
der Dichter den Lesern mit einem eingeschobenen Prolog der Verse 25–30
zur Lösung aufgegeben hat, und ob diese tatsächlich in der Entschlüsselung
der Sexualsymbolik besteht, mit der das Gedicht angereichert ist.

Dritte Schweizer Reise 1797

Endlich konnte Goethe am 30. Juli 1797 aufbrechen. In langen Etappen zog
sich die Fahrt Richtung Italien hin. Am 3. August »morgens 8 Uhr in
Frankfurt. Abends um 8 Uhr kamen die Meinigen nach« (Tagebuch). Die
Mutter sollte endlich Christiane Vulpius und Enkelkind August persönlich
kennenlernen. Sie blieben nicht lange. Das Tagebuch vermerkt spröde unter
dem 7. August: »Fuhren die Meinigen um 3 Uhr fort.« Goethe selbst
dagegen hielt sich noch bis zum 25. August in seiner Geburtsstadt auf,
frischte alte Eindrücke auf, besichtigte Neubauten, besuchte Theateraufführungen, traf sich mit Bekannten. Warum Christiane und August so bald
wieder nach Weimar zurückkehrten, ist unklar. »Vor die schöne Reise und
vor die viele Mühe und Beschwerlichkeit, die Du mit uns gehabt hast, sage
ich Dir noch vielen Dank. Ich werde noch sehr lang davon zu erzählen
haben«, schrieb sie am 13. August aus Weimar. Vielleicht war es für den

Geheimrat, der in ›wilder Ehe‹ lebte, doch schwierig, seine Frau in Gesellschaften einzuführen, wo man die Etikette beachtet wissen wollte. Immerhin hatte er vor Antritt dieser Reise seine Familie abgesichert, indem er testamentarisch den mit seiner »Freundin und vieljährigen Hausgenossin, Christiane Vulpius, erzeugten Sohn August« zum Universalerben einsetzte und dessen Mutter »den Nießbrauch alles dessen, was ich in hiesigen Landen zur Zeit meines Todes besitze«, vermachte (Weimar, 24.7.1797; A 12, 767). Es war das erste Testament, das Goethe abschloß; ihm fügte er 1800 eine weitere Verfügung wegen des Guts Oberroßla an. 1831, als der Sohn schon gestorben und drei Enkel noch seinen Namen trugen, setzte er dann umfangreiche testamentarische Anordnungen auf, in denen er, »geleitet von dem Wunsche, für meinen Nachlaß – bei der Minderjährigkeit meiner Enkel – die möglichste Fürsorge zu treffen« (A 12, 769), genau festlegte, was mit seinen Werken, Sammlungen, Büchern und Papieren nach seinem Tod zu geschehen habe.

Auf der Reise begleitete ihn jetzt der Schreiber Ludwig Geist, dreiundzwanzigjährig und seit 1795 für ihn tätig, ein nicht ungebildeter Mann mit Lateinkenntnissen und botanischen Interessen, der auch Orgel spielen konnte. »Spiritus« nannten ihn Goethe und Schiller in ihrem Briefwechsel. Er bekam viel zu tun; denn sein Herr reiste als aufmerksamer Beobachter, der möglichst alles fixieren wollte, was ihm bemerkenswert schien. Stichworte und ausformulierte Passagen diktierte er ins Tagebuch, manches wohl spontan, manches aus Rückschau auf Erlebtes und Gesehenes, und einige Berichte füllten die Briefe an Christiane, Schiller und den Herzog. Den dienstbaren Geist erwähnte er hier mit keinem Wort, und der überging in seinem eigenen Tagebuch, das er auch noch führte, seinerseits den Chef mit Schweigen. Die Unterlagen dieser Reise, die entgegen dem ursprünglichen Plan dann nur bis in die Schweiz führte, hat Goethe zwar geschlossen als »Akten einer Reise in die Schweiz« verwahrt, aber nicht mehr bearbeitet. *Aus einer Reise in die Schweiz über Frankfurt, Heidelberg, Stuttgart und Tübingen im Jahre 1797* hieß dann der Band, den Eckermann herausgab, und spätere Editoren haben die Papiere nochmals kritisch gesichtet.

Bereits in Frankfurt begann der Reisende, den ein »skeptischer Realismus« (19.8.) leiten sollte, mit geradezu systematischer Beobachtungsarbeit. Deshalb legte er sich, wie er unter dem 15. August diktierte, Akten an, »worin ich alle Arten von öffentlichen Papieren, die mir jetzt begegnen: Zeitungen, Wochenblätter, Predigtanzeigen, Verordnungen, Komödienzettel, Preiskurrente einheften lasse und sodann sowohl das, was ich sehe und bemerke, als auch mein augenblickliches Urteil einschalte« (A 12, 92), alles Vorarbeiten für spätere große Darstellungen im Zusammenhang. In umfangreichen Aufzeichnungen hielt er fest, was ihm in Frankfurt auffiel, schilderte die

Personen, die im Theater ihre Rollen spielten, beschrieb die Dekorationen einer Aufführung, wagte eine summarische Charakteristik der Franzosen, die nicht einen Augenblick still sein könnten, berichtete über italienische Zeitungen, die ihm vorlagen, und ihre politischen Ansichten. Er spürte auch, wie sich das Leben in der Heimatstadt verändert hatte und sich neue Entwicklungen abzeichneten. Das »Publikum einer großen Stadt« lebe »in einem beständigen Taumel von Erwerben und Verzehren«, und alle Vergnügungen dienten nur der Zerstreuung (A 12, 80): Atmosphäre einer Großstadt, in der Kommerz und Geld zu dominieren begannen. Als er über die Bauweise im alten und neuen Frankfurt und deren Zweckmäßigkeit nachdachte, gab er sogar den Rat, neue Wohnhäuser so zu bauen, daß sie leicht den Besitzer wechseln und mehrere Familien zur Miete aufnehmen könnten. »Der Frankfurter, bei dem alles Ware ist, sollte sein Haus niemals anders als Ware betrachten« (A 12, 99). Es waren nicht mehr als beiläufige Bemerkungen, die die neuen Tendenzen in der alten Patrizierstadt streiften, und er leugnete angesichts des Treibens nicht, daß er sich schon mehrmals »nach dem Saalgrunde« gesehnt habe. Es war, als orientiere er sich in einer ihm fremden Stadt. Das Elternhaus im Großen Hirschgraben war verkauft; er wohnte nun in der Wohnung mit der schönen Aussicht am Roßmarkt, die die Frau Rat vor zwei Jahren bezogen hatte. Am 25. August reiste er weiter. Als er sich von der Mutter verabschiedete, war es ein Abschied für immer; er hat sie, die 1808 starb, nicht wiedergesehen.

Am 22. August besuchte ihn noch ein »etwas gedrückt und kränklich« aussehender junger Mann, der aber »wirklich liebenswürdig und mit Bescheidenheit, ja mit Ängstlichkeit offen« gewesen sei. Schiller erfuhr: »Gestern ist auch Hölterlein bey mir gewesen« (23.8.1797). Es war die letzte Begegnung Hölderlins, des damaligen Hauslehrers bei Gontards, mit Goethe, von dem er sich Rat, Zuspruch und Förderung erhoffte. Sie kannten sich seit längerem. Seinem Freund Neuffer hatte Hölderlin, dessen *Hyperion*-Fragment und Gedicht *Das Schicksal* in der *Thalia* erschienen waren, im November 1794 bekümmert berichtet, wie er in Schillers Wohnung in Jena den Fremden »im Hintergrunde«, »bei dem keine Miene, auch nachher lange kein Laut etwas Besonders ahnden ließ«, nicht als Goethe erkannte. Dann hatte er ihn in Weimar besucht, war begeistert, »so viel Menschlichkeit zu finden bei so viel Größe« (an Hegel, 26. 1. 1795), und bei Schiller in Jena traf er ihn noch mehrmals. Dem schickte er am 20. Juni 1797 den ersten Band des ausgearbeiteten *Hyperion*-Romans und legte die Gedichte *Der Wanderer* und *An den Äther* bei. Sich seiner Dichterkraft bewußt, wagte er jetzt dem Großen gegenüber mit Selbstvertrauen aufzutreten: »Ich habe Mut und eignes Urteil genug, um mich von andern Kunstrichtern und Meistern unabhängig zu machen [...].« Schiller reichte die Gedichte Goethe zur Prüfung weiter, ohne ihren Verfasser zu nennen. Das Urteil, von dem Hölderlin nichts erfuhr, war zwiespältig. Goethe sprach sich zwar nicht gegen eine Veröffentlichung aus, erkannte auch in den beiden Gedichten »gute Ingredienzen zu einem Dichter«, aber sie allein, meinte er, machten noch keinen Dichter, und schlug vor, der Autor solle »einmal ein ganz einfaches idyllisches Faktum« wählen und darstellen, »so könnte man eher sehen, wie es ihm mit der Menschenmalerei gelänge, worauf doch am Ende alles ankommt« (28.6.1797). Auch als er wußte, daß die Verse von Hölderlin stammten, sah er in ihnen immer noch viel ›Schillersches‹ (1.7.1797), und Schiller selbst ging es nicht anders. Daß sich im Gedicht *An den Äther* schon der genuine Hölderlin mit seinem Hymnenton und dem Wunschbild einer allumspannenden Harmonie äußerte, blieb beiden verborgen. Es mußte den Besucher in Frankfurt treffen und verstören, als ihm der bewunderte Mann aus Weimar riet, »kleine Gedichte zu machen und sich zu jedem einen menschlich interessanten Gegenstand zu wählen« (Goethe an Schiller, 23.8.1797). Hölderlin dachte schon in anderen Weiten. Für seine Feier der ›Götter‹ und ihrer Gaben und die Trauer über die Abwesenheit in dürftiger Zeit konnte der Vorschlag zu »Menschenmalerei« und »kleinen Gedichten« nur eine Zumutung sein. In seinen Briefen erschien seitdem der Name Goethes nur noch zweimal, als 1803/04 von der Übersendung der Sophokles-Übertragungen die Rede war. Soviel wir wissen, hat Goethe nie einen Brief an Hölderlin geschrieben. Was er vom *Empedokles*, der Eindeutschung des Sophokles, den Hymnen gehalten hat, ist unbekannt. Ob er sie überhaupt kennenlernte? Viele sind erst lange nach seinem Tod veröffentlicht worden.

Im August 1797 soll Goethe auch eine summarische Selbstcharakteristik formuliert haben (JA 25, 338). Zwar kommt in der kurzen Prosaskizze sein Name nicht vor, aber alles spricht dafür, daß er bei der psychologischen Studie, die er seinem Schreiber Geist diktierte, an niemand anders als sich selbst dachte. Skeptischen Realismus hatte sich der Reisende verordnet. Entsprechend fiel auch die »Selbstschilderung« aus (JA 25, 277f.; 10, 529f.); sie wurde eine kritische Diagnose der inneren Grundverfassung. »Poetischer Bildungstrieb« schien ihm das bestimmende Movens zu sein; ein Gestalten-Wollen, das auf dem produktiven Austausch von Ich und Welt beruhte und sich deshalb vielerlei zuwandte.

Immer tätiger, nach innen und außen fortwirkender poetischer Bildungstrieb macht den Mittelpunkt und die Base seiner Existenz. Hat man den gefaßt, so lösen sich alle übrigen anscheinenden Widersprüche. Da dieser Trieb rastlos ist, so muß er, um sich

nicht stofflos selbst zu verzehren, sich nach außen wenden, und da er nicht beschau-
end sondern nur praktisch ist, nach außen gerichtet entgegen wirken: daher die vielen
falschen Tendenzen zur bildenden Kunst, zu der er kein Organ, zum tätigen Leben,
wozu er keine Biegsamkeit, zu den Wissenschaften, wozu er nicht genug Beharrlichkeit hat. Da er sich aber gegen alle drei bildend verhält, auf Realität des Stoffs und
Gehalts und auf Einheit und Schicklichkeit der Form überall dringen muß, so sind
selbst diese falschen Richtungen des Strebens nicht unfruchtbar nach außen und
innen.

Jetzt erschien dem Selbstdiagnostiker der im engeren Sinn »poetische Bildungstrieb«, das dichterische Gestalten, als die Tätigkeit, die ihm eigentlich
gemäß sei, während er das Engagement im »tätigen Leben« und in den
»Wissenschaften«, dem er so viel Zeit opferte, merkwürdig niedrig ein-
stufte. Aber im Sommer 1797, nach Abschluß der *Lehrjahre*, im Jahr des
Epos und der Balladen, mochte er gerade im Dichterischen die ihm vor allem
zusagende produktive Kraft erblicken. Der die Schlußsätze der »Selbstschilderung« diktierte, wußte freilich, daß ihn Ruhelosigkeit begleiten
würde:

Eine Besonderheit, die ihn sowohl als Künstler als auch als Menschen immer
bestimmt, ist die Reizbarkeit und Beweglichkeit, welche sogleich die Stimmung von
dem gegenwärtigen Gegenstand empfängt und ihn also entweder fliehen oder sich mit
ihm vereinigen muß. So ist es mit Büchern, mit Menschen und Gesellschaften: er darf
nicht lesen, ohne durch das Buch gestimmt zu werden; er ist nicht gestimmt, ohne daß
er, die Richtung sei ihm so wenig eigen als möglich, tätig dagegen zu wirken und
etwas Ähnliches hervorzubringen strebt.

»Skeptischer Realismus« als Beobachtungsmaxime wirkte sich auf alle Schilderungen von dieser Reise des Jahres 1797 aus. Ruhige, besonnene Betrachtung
war gewünscht, genaues Erfassen der Gegenstände. In manchen ausformu-
lierten Partien, etwa der Schilderung von Heidelberg und Heilbronn, entstand eine meisterhafte Prosa diagnostizierender Beschreibung. So vermag
nur darzustellen, wer sich Zeit zum Schauen läßt – und die Kunst der Sprache
beherrscht. Goethe konnte auch gar nicht eilen; mehr als durchschnittlich
zehn Kilometer pro Stunde schaffte die Kutsche nicht, eine bescheidene
Miet-Chaise mit zwei Plätzen. Zahlreiche Übernachtungen waren nötig und
eingeplant. »Heilbronn den 27. Aug. 97: Abends um 6 Uhr angekommen. In
der Sonne abgestiegen. Ein schöner Gasthof und bequem, wenn er fertig sein
wird« (Tagebuch). Selbstverständlich nahm man sich Zeit für eine Besichtigung. »28. August: Wenn man sich einen günstigen Begriff von Heilbronn
machen will, so muß man um die Stadt gehen.« (Es war sein Geburtstagsspa-

ziergang, aber davon sprach er nicht.) Heilbronn beeindruckte ihn sehr. Dort harmonierten Altes und Neues; alles war überschaubar, klar geordnet, der »Wohlstand der Bürger« gleichmäßig verteilt, und eine »gute Administration« verwaltete das Gemeinwesen. »Ich hätte gewünscht diesen kleinen Kreis näher kennen zu lernen« (an Carl August, 11.9.1797).

Die Fahrt ging weiter über Stuttgart und Tübingen. Begegnungen mit Künstlern und Wissenschaftlern, mit dem Bildhauer v. Dannecker, bei dem er den Originalguß der Büste Schillers bewunderte, mit dem Baumeister Thouret, der 1798 die Leitung des Schloßbaus in Weimar übernahm. Nebenbei diktierte Goethe *Einiges über Glasmalerei*, mit speziellen Bemerkungen über einzelne Farben. In Tübingen wohnte er beim Verleger Johann Friedrich Cotta, hatte ein »heiteres Zimmer, und, zwischen der alten Kirche und dem akademischen Gebäude, einen freundlichen, obgleich schmalen Ausblick ins Neckartal« (A 12, 162). Beide trafen sich hier zum erstenmal, nachdem Schiller die Verbindung geknüpft hatte. Dieser blieb auch weiterhin, als Cotta den Verlag von Goethes Werken bis hin zur »Ausgabe letzter Hand« übernommen hatte, der Mittelsmann, dessen Rat und Intervention bisweilen nötig und nützlich waren. Denn einen Interessenausgleich zwischen dem agilen Verleger und dem peniblen und ebenfalls geschäftüchtigen Autor zu finden war manchmal schwierig. In den Tübinger Tagen begann eine Beziehung, die lebenslang dauern sollte, viel Erfreuliches für beide Partner brachte, Spannungen überstand und die die Schlußformel, die Goethe unter einen seiner letzten Briefe an Cotta setzte, wohl genau charakterisiert: »Hochachtungs wie vertrauenvoll« (16.6.1831). Die jetzt geschlossen vorliegende Korrespondenz ist ein unschätzbares Dokument. Über den persönlichen Gedankenaustausch hinaus bietet sie viele Einblicke in die ökonomischen Zusammenhänge des literarischen Lebens der Zeit, in Herstellung und Vertrieb von Druckerzeugnissen, Korrekturabläufe und Berechnung von Honoraren und vieles andere mehr (GCB).

Bei Schaffhausen besuchte Goethe wiederum den Rheinfall, der damals als ein Naturwunder galt, an dem man nicht vorbeifuhr. 1775, auf der ersten Rückreise aus der Schweiz, drängte sich noch mächtig das subjektive Empfinden des Erlebenden vor, als er von »dem schaumstürmenden Sturze des gewaltigen Rheins« schwärmte (*Dritte Wallfahrt nach Erwins Grabe im Juli 1775*). 1779 hatte sich bereits die Betrachtungsweise des ruhigen Beobachters durchgesetzt, beim Rheinfall wie auf der ganzen zweiten Schweizer Reise. Undenkbar, daß sich im Tagebuch des dritten Aufenthalts eine spontanemphatische Bemerkung einfände wie 1775: »Müd und munter vom Berg ab springen voll Dursts u. lachens. Gejauchtzt bis Zwölf.« Die Schilderung des Rheinfalls leitete er 1797 sogar mit einem kleinen Essay über Sinn und

Nutzen des Beschreibens ein (in einer Zeit, als noch nicht fotografiert werden konnte). Auf Genauigkeit und Vollständigkeit des Erfassens kam es dem Betrachter an, der einen ganzen Tag aufwandte. Allerdings schlichen sich hier denn doch ein paar Äußerungen ein, die die Ergriffenheit des Schauenden erkennen ließen:»Gedanke an Ossian. Liebe zum Nebel bei heftigen inneren Empfindungen« (A 12, 174). Und »Erregte Ideen« lautet die Überschrift zum eigentlichen Beschreibungskapitel.

Merkwürdig spärlich die Aufzeichnungen aus Zürich. Bei den früheren Aufenthalten dort hatte er aufgesucht, was Rang und Namen besaß in der Stadt, über deren Vielzahl von Autoren man gern spottete. Diesmal in den beiden Tagen (19. und 20. September) ein einziger Besuch: bei Barbara Schultheß. Was trieb ihn, gerade sie zu besuchen, die er seit der ersten Schweizer Reise 1775 kannte, mit der er auf der Rückreise von Italien 1788 ein paar Tage in Konstanz verbracht, einige Briefe gewechselt, der er die *Theatralische Sendung* geschickt hatte, die sie abschrieb? Hoffte er bei ihr, mit der ihn das seltene Du verband und die ihn mit ihrer Lebenszuversicht und Heiterkeit an seine Mutter erinnern mochte (Lavater nannte sie die »Immergleiche«), gute Erinnerungen zu erneuern und sich vertraulich aussprechen zu können? Wir wissen nichts vom Gespräch mit der vier Jahre älteren Bekannten am 19. September 1797. »Zu Frau Schultheß«, das ist alles. Aber es scheinen keine guten Stunden gewesen zu sein. Sie war eng mit Lavater befreundet, aber mit ihm hatte Goethe längst gebrochen. Die ständigen Bekehrungsversuche des einstigen Freundes waren ihm zuwider. In den *Venetianischen Epigrammen* hatte er gehöhnt: »Kreuzigen sollte man jeglichen Schwärmer im dreißigsten Jahre, / Kennt er nur einmal die Welt; wird der Betrogne der Schelm.« Und dann störte Bäbe wohl auch das ›Verhältnis‹ mit Christiane Vulpius, von dem genug geredet wurde. In ihren Briefen (JbG 13) schimmert durch, daß bei ihr mehr im Spiel war als nur die Bewunderung für den berühmten Mann in Weimar. Am Abend des 19. September schickte sie ihm ein Blatt ins Gasthaus zum Schwert: »Lieber – Soll ich dir nicht gestehen, dass eine gewisse Missstimmtheit die ich kaum bey deinem daseyn bemerkte erst da du fort warest tiefer fühlte, mich sehr betrübt [...] und in der Stimmung dich wieder weiter gehen lassen willt du das auf mich legen? – und nicht noch eine Stunde den Morgen kommen – dass wir mit andern Gefühlen uns Lebe wohl sagen?« (JbG 1892, 17). Goethe kam nicht. Er machte einen Spaziergang durch Zürich, aber kehrte bei Bäbe nicht ein. Und Lavater, dessen Gang dem eines Kranichs ähnelte, ließ er vorbeigehen: »Auf dem Rückweg begegnete ich den Kranich.« Nachmittags traf Heinrich Meyer ein, und am nächsten Tag fuhren beide in dessen Heimatort Stäfa am Zürichsee. Nun beherrschten Gespräche über Kunstfragen und »die

687

vorhabende rhetorische Reisebeschreibung« (24.9.) die Tage. Wieder wie auf den früheren Reisen wurde der Gotthard bestiegen, ohne daß die Begeisterung des Jahres 1775 wach werden konnte. Beobachtung und Wiedererkennen der bekannten Szenerie: »Ganz heiterer Himmel. Wir nahten uns nun nach und nach dem Gipfel. Moor, Glimmersand, Schnee. Alles quillt um einen herum. Seen« (3.10.1797). Schiller schrieb er über den Ausflug ins Gebirge: »Ich war ein anderer Mensch geworden, und also mußten mir die Gegenstände auch anders erscheinen« (14.10.1797).

Seit dem 8. Oktober wieder in Stäfa, ging die Beschäftigung mit den Materialien, die Meyer zusammengetragen, den Tagebuchaufzeichnungen und anderer Literatur weiter. »Von den unfruchtbaren Gipfeln des Gotthards bis zu den herrlichen Kunstwerken, welche Meyer mitgebracht hat, führt uns ein labyrinthischer Spazierweg durch eine verwickelte Reihe von interessanten Gegenständen, welche dieses sonderbare Land enthält« (an Schiller, 14.10.1797). Das *Chronicon Helveticum* des Aegidius Tschudi wurde studiert (im 16. Jahrhundert geschrieben, 1736 gedruckt). Dort war die Geschichte Tells aufgezeichnet, und Goethe meinte, die »Fabel vom Tell« könne er gut »episch behandeln« (14.10.) Eckermann hat er später ausführlich davon erzählt; »ich summte dazu schon gelegentlich meine Hexameter« (E 6.5.1827). Dann überließ er Schiller den Stoff für sein Schauspiel.

Ende Oktober war Goethe zum letzten Mal für wenige Tage in Zürich und traf auch noch einmal Barbara Schultheß, deren bittende Briefe in Stäfa angekommen waren, nachdem er ihr von dort geschrieben hatte: »Alles ist mir bisher über meine Wünsche geglückt, außer das, was ich so lebhaft wünschte: mich mit dir gleich, und unmittelbar auf dem alten Flecke wieder zu finden« (27.9.1797). Doch die Verständigung mißlang. Sie schickte ihm noch einige Blätter nach, als er auf der Rückreise war. »Sey freundlich und sage mir bald wieder ein Wort« (1.11.). Aber es kam keine Antwort mehr. – Jetzt doch ein paar Besuche in Zürich, bei Chorherrn Hottinger, einem scharfen Gegner Lavaters, bei Dr. Lavater, Johann Caspars jüngerem Bruder, bei Antistes Hess, der 1775 die Fahrt auf dem Zürichsee mitgemacht hatte und dem verhaßten Lavater treu ergeben war. Der aber blieb ausgespart. Merkwürdiges Umherstreichen im Umkreis des »Kranichs«.

Die Heimfahrt ab 26. Oktober verlief zügig. Zu Fuß mit Meyer erneut zum Rheinfall. Über Tuttlingen, Balingen, Tübingen, Gmünd, Ellwangen, Dinkelsbühl (»alt aber reinlich«) nach Nürnberg, wo man Knebel traf und einige Tage verbrachte, ohne jedoch etwas über die Bauten der alten Reichsstadt im Diktat festzuhalten; sie konnte mit jener Kunst, die die Reisenden verehrten und als Vorbild ansahen, nicht aufwarten. Dafür füllten das

Tagebuch die Namen von Kaufleuten und Gesandten, die dort residierten und Gesprächspartner waren. Am 20. November trafen die verhinderten Italienreisenden in Weimar ein. Die unsichere, als gefährlich geltende politische Lage hatte die Fahrt über die Alpen verhindert, wiewohl Goethe schon in Frankfurt die Lust zur großen, langen Reise verloren hatte. Von ernsthaften Klagen über das Scheitern der Unternehmung war jedenfalls nichts zu hören. Drei Monate war er außerhalb der vertrauten Thüringer Welt gewesen – Gelegenheit zum Nachdenken aus der Distanz. *Amyntas*, die Müllerin-Balladen, Verse für die *Euphrosyne*-Elegie blieben freilich weiterhin ins schillernde Thema Erotik verstrickt, doch stabilisierten die Eindrücke der Natur und die Gespräche mit Meyer über Kunst und Pläne für die Zukunft die eigene Existenz. Wenigstens deuteten das beiläufige Bemerkungen an. »Ich habe«, schrieb er Carl August nach den Tagen in den Bergen, »viel Freude gehabt diese Gegenstände wieder zu sehen und mich in mehr als Einem Sinne an ihnen zu prüfen« (17. 10. 1797).

Hohe Zeit der Weimarer Klassik

Ein Programm für bildende Künste.
Die Propyläen

Das große enzyklopädische Werk über Italien kam nicht zustande. Aber was sich seit etwa 1795 an Materialien, Skizzen und Entwürfen angesammelt hatte, sollte nicht ungenutzt bleiben. Sie betrafen vor allem die bildende Kunst. Heinrich Meyer hatte bei seinem Studienaufenthalt in Italien ja gerade auf diesem Gebiet geforscht, sich Notizen bei der Betrachtung der Kunstwerke gemacht, in Zeichnungen eingefangen, was er sah. Goethe war, wenn er sich mit bildender Kunst beschäftigte, immer noch dabei, die in den italienischen Jahren von 1786 bis 1788 gewonnenen Kenntnisse in Erkenntnisse des Wesens der Kunst und ihrer Gesetze zu überführen. Was mit den Aufsätzen im *Teutschen Merkur*, etwa der Abhandlung *Einfache Nachahmung der Natur, Manier, Stil*, begonnen hatte, wartete auf Fortsetzung. Schon aus Stäfa informierte er Böttiger in Weimar, er habe, seitdem er wieder mit Meyer zusammen sei, »theoretisiert und praktisiert« und sie beabsichtigten, »ein paar allgemein lesbare Oktavbände zusammenzustellen« (25.10.1797). Im Frühjahr 1798 reifte der Plan weiter. Schiller wies Cotta auf das Projekt hin (28.3.1798), und als dessen Bedenken wegen des zahlenmäßig zu kleinen »Kunstpublikums« (Cotta an Schiller, 11.4.1798) der Verlockung erlagen, eine Zeitschrift und dann vielleicht auch Werke Goethes verlegen zu können, skizzierte dieser die Absicht der Initiatoren:

Das Werk, welches wir heraus zu geben gedenken, enthält Betrachtungen harmonirender Freunde über *Natur* und *Kunst*.

Was aus *Naturgeschichte* und *Naturlehre* ausgehoben wird soll, dem Gegenstand und der Behandlung nach, vorzüglich von der Art seyn daß es für den bildenden Künstler brauchbar und zu seinen Zwecken, wenigstens in der Folge, anwendbar werde, unter *Kunst* wird für die erste Zeit vorzüglich die bildende verstanden, über deren Theorie, Ausübung und Geschichte manches vorräthig liegt; doch wird man die Kunst im allgemeinen jederzeit im Auge haben, daß, wenn nach unserm Wunsche, sich auch Freunde der Dichtkunst und Musik anschliessen, sie, was die Grundlagen betrifft, genugsame Vorarbeit finden sollen (an Cotta, 27. 5. 1798).

Es folgten noch genaue Vorschläge zur Einrichtung und Erscheinungsweise der einzelnen Hefte, und in einer Beilage waren Arbeiten aufgeführt, »die theils fertig, theils, mehr oder weniger, in kurzer Zeit zu redigiren und auszuarbeiten sind« (GCB 1, 23). Obwohl Schillers mit so großem Optimismus begonnene *Horen* gerade einschliefen, wagte Cotta die neue Publikation. Verlegerisch sollte er an ihr nicht viel Freude haben; denn die *Propyläen*, wie die »periodische Schrift« genannt wurde (für die Schiller zunächst den Titel »Die Künstler« vorgeschlagen hatte), lebten auch nicht länger als zwei Jahre. Ende 1798 erschien das erste Heft, das letzte im November 1800, insgesamt drei Bände mit je zwei »Stücken« (Nachdruck 1965). Cotta klagte Schiller schon am 16. Juni 1799, er setze bei einer Auflage von 1300 kaum 450 Exemplare ab. Es half auch nicht, daß Goethe »Verminderung der Auflage, Nachlaß am Honorar, Zaudern mit den nächsten Stücken« empfahl (an Schiller, 10. 7. 1799); die *Annalen* zu 1800 konnten nur noch resümieren: Die *Propyläen* wurden »bei erschwerter Fortsetzung aufgegeben«.

Mit den harmonierenden Freunden, die jener ausführliche Erläuterungsbrief Goethes erwähnte, waren im engeren Sinn Heinrich Meyer, Schiller und Goethe gemeint, dann auch Wilhelm v. Humboldt und seine Frau Caroline, die mit drei Beiträgen im dritten Band vertreten waren. Ein anderer Terminus festigte sich bald: Am 1. Januar 1802 unterzeichnete Goethe seinen Artikel *Weimarische Kunstausstellung vom Jahre 1801 und Preisaufgaben für das Jahr 1802* in der Jenaer *Allgemeinen Literatur-Zeitung* »im Namen der vereinigten Kunstfreunde« (A 13, 354). Gemeint waren die »Weimarischen Kunstfreunde«, die seit 1799 die Preisausschreiben für Zeichnungen nach vorgegebenen Themen und die zugehörigen Kunstausstellungen ausrichteten und sich für ihre Veröffentlichungen mehrfach mit dem Kürzel »W. K. F.« begnügten. Man wußte, wer so signierte: die Kunstbeflissenen mit Goethe und Meyer als leitenden Autoritäten. Seit 1804 gehörte auch Carl Ludwig Fernow zu ihrem Kreis.

»Propyläen« ist der Name der Toranlage der Akropolis von Athen, durch die man zu den Tempeln und Heiligtümern gelangt. Nicht nur darauf spielte der Titel an, sondern auch auf die zur Bescheidenheit mahnende Erfahrung, daß man sich trotz langen Studiums der Kunst »noch immer in den Vorhöfen befinde«. Die *Propyläen* nun wollten Betrachtungen, »Gespräche, Unterhaltungen« bieten, »die vielleicht nicht unwürdig jenes Platzes gewesen wären« (*Einleitung*; 12, 38). Ihre Absicht war im erwähnten Brief an Cotta knapp und präzise bezeichnet. Natur und Kunst galten als übergreifende Themen der periodischen Schrift. Was aus der Naturforschung behandelt werden sollte, war jedoch allein dazu bestimmt, den bildenden Künstler in seiner Praxis zu fördern, sollte »brauchbar« und »anwendbar« sein. Der Künstler muß, hieß es anderwärts bei Vorschlägen für die Ausbildung eines jungen Malers, »den Menschen kennen lernen, um ihn dereinst in interessanten Augenblicken darzustellen« (A 13, 129). Also war Kenntnis der Anatomie, der Morphologie unerläßlich. Für die Anwendung der Farben galt Ähnliches. Doch wurden diese vorgesehenen Themen in den *Propyläen* nicht weiter ausgeführt. Nur im zweiten Kapitel von *Diderots Versuch über die Malerei* wurde einiges gestreift, etwa im Abschnitt »Fundament der Harmonie«, wo Goethe der Ansicht widersprach, der Regenbogen sei in der Malerei, was der Grundbaß in der Musik sei (A 13, 241 f.). In der *Farbenlehre* (1810), wie am Schluß der Diderot-Arbeit versprochen, und den Heften *Zur Naturwissenschaft überhaupt, besonders zur Morphologie* (1817–1824) kam er später auf die angekündigten Probleme zurück.

Kunst hieß für die *Propyläen* fast ausschließlich bildende Kunst; der praktischen Arbeit der Künstler sollten die Beiträge dienen. Theoretische und geschichtliche Betrachtungen waren dazu nützlich, aber nie waren Theorie um der Theorie willen, geschichtliche Erkundung um der Geschichtskenntnis willen beabsichtigt. Sie hatten Hilfsmittel für die schöpferische Produktion zu sein, freilich höchst wichtige. Doch was für die bildende Kunst erkannt wurde, sollte auch auf »die Kunst im allgemeinen« übertragen werden können. Es ging um »Grundlagen« für eine Kunst, die sich gültiger, theoretisch abgesicherter Prinzipien vergewissert hatte und in klarer Bewußtheit des Geltungsanspruchs dieser Maßstäbe ihre Werke hervorbrachte. Natürlich war an alle Freunde der Kunst als erwünschte Adressaten gedacht; ein »lesbares, cultivirten Personen willkommenes Werk« war beabsichtigt, »das vorbereiten, wirken und nützen soll« (an Cotta, 27.5.1798).

An Plänen, Entwürfen, Skizzen, auch an weitgehend ausgearbeiteten Manuskripten mangelte es nicht. Die Liste *Zu bearbeitende Materie* war lang (A 13, 156ff.). Manches ist Plan geblieben, anderes erst aus dem Nachlaß in die Goethe-Ausgaben übernommen worden. Heinrich Meyer und Goethe bestritten mit ihren Aufsätzen fast allein die kurzlebige Zeitschrift. Das Werben um Schillers Mitarbeit war vergeblich; er konnte sich für Fragen der bildenden Kunst in der Tat nicht als zuständig betrachten. Nur eine Stellungnahme *An den Herausgeber der Propyläen*, die die Preisaufgaben betraf, und die kurzen Formulierungen der *Dramatischen Preisaufgabe* im letzten Heft stammten von ihm. Allein Wilhelm v. Humboldt mit einem Bericht aus Paris über das französische Theater und einer knappen Bildbetrachtung sowie seine Frau Caroline mit einer Gemäldebeschreibung (alles im dritten Band) waren noch als Autoren vertreten.

Die zahlreichen Abhandlungen des kenntnisreichen, gestrengen ›Kunstmeyer‹ konturierten, ganz in Übereinstimmung mit Goethe, deutlich die Forderungen, für die die *Propyläen* stritten. In dem mehrteiligen Aufsatz *Über Lehranstalten, zu Gunsten der bildenden Künste* fragte er, was die Ursache für die Blüte der Künste zu verschiedenen Zeiten und bei verschiedenen Völkern gewesen sei und wie man »die Aufnahme derselben befördern und ihren Verfall hindern könne«. Bei den Griechen habe ein öffentliches Bedürfnis an Kunst bestanden; »Tempel, Plätze, Hallen mit Statuen und Gemälden« bewiesen es (Nachdruck 546). Die Künstler hätten genug zu tun gehabt, und so sei ein »Wetteifer unter ihnen« entstanden, »ein Streben ins Höhere, ins Vollendete«. Zuletzt aber konnte, aus welchen Gründen immer, nichts »Besseres« mehr, sondern allenfalls »nur etwas Neues« erfunden werden; man mußte dem Geschmack der Menge nachgeben, und »so war der Fall bereitet«. Nicht anders sei es nach der Blüte der Kunst aus »christlich-religiösem Antrieb« gewesen. (Ausdrücklich bescheinigte Meyer, daß ohne die christliche Religion die Künste wahrscheinlich gar nicht wieder »erstanden« wären.) Nur noch der Hang zu gefallen habe geherrscht, »den Launen und Bedürfnissen« derer habe sich die Kunst anbequemt, »welche sie beherbergten«. Jetzt sei es so:

Unsere Zeit bedarf, im Verhältniß gegen die vergangene, wenig beträchtliche Kunstwerke und darum werden auch wenige hervorgebracht. Wir haben unsere Existenz aus dem großen öffentlichen Leben meistens in beschränkte, häusliche Verhältnisse zurückgezogen, alles um uns her ist mehr zum Privateigenthum, ist enger, kleiner, getheilter, unbedeutender geworden. Es mag wohl seyn, daß wir deswegen eben nichts desto unglücklicher sind; aber der bürgerliche Gemeinsinn, die Ehre der Zeit und der Nationen haben wenig dabey gewonnen. *Sollen die Künste steigen und blühen; so muß eine allgemeine Liebhaberey herrschen, die sich zum Großen neigt.* Die Künstler müssen in bedeutenden weitläufigen Werken, würdig und mannigfaltig beschäftigt werden (Nachdruck 551).

In diesen kunstgeschichtsphilosophischen Überlegungen (in denen die Blütezeiten der Kunst natürlich die waren, in denen die vom Kritiker favorisierte Kunst entstand) spiegelte sich die Situation der ›bürgerlichen‹ Künstler wider, die zwar weitgehend die Unabhängigkeit von Kirche, Hof und deren Auftraggebern erreicht hatten, sich aber nun einem privaten Markt verschwommener Erwartungen und Ansprüche ausgesetzt sahen. Wo waren da Maßstäbe zu finden, zu begründen, und wie war es mit Aufträgen, Arbeitsmöglichkeiten bestellt? Ein eklatanter, nicht aufhebbarer Widerspruch wurde in Meyers Argumentation sichtbar:

Man hat darauf gedrungen, daß die Künstler mehr geehrt und besser belohnt werden sollten! Dies wäre als Folge einer schon erreichten höhern Kunststufe natürlich, billig und schön; aber man erlaube uns hier zu behaupten: kein ächtes, lobenswürdiges Kunstwerk entsteht, oder kann anders entstehen, als um seiner selbst willen.

Wenn dem so war, daß die Unabhängigkeit der Kunst und die Eigengesetzlichkeit des Kunstwerks bewahrt werden sollten, trotz der Liebhabereien ohne leitendes Regulativ, dann mußte die Konsequenz lauten, für die Kunst »richtige Grundsätze fest zu stellen«, sie »unter den Künstlern zu verbreiten«, diesen durch Aufträge, öffentliche Ausstellungen ihrer Werke und allgemeines Interesse Anreize zu geben und so »die Nacheiferung ins Höhere, Bessere« zu erwecken. Publikum und mögliche Auftraggeber mußten zudem zur Ausbildung ihres Geschmacks gleichermaßen über die »richtigen Grundsätze« aufgeklärt werden. In diesen Zusammenhängen haben »Lehranstalten« für bildende Künstler ihren Platz.

In Goethes Abgesang der *Propyläen*, den er bei der Begründung der *Preiserteilung 1800* anstimmte, war Enttäuschung die Grundmelodie. Denn »weder über das, was geleistet werden soll, noch über das Schätzenswerte am Geleisteten« in der Kunst war Übereinstimmung zu erreichen (A 13, 321). Eigentlich war das zu erwarten gewesen. Das Kunstprogramm der *Propyläen* war nicht deshalb unzeitgemäß, weil seine Verfechter die Kunst der Griechen und der Renaissance als großes Vorbild bewunderten, sondern weil sie im Blick auf sie allgemeinverbindliche und alleingültige Grundsätze kodifizieren wollten. Es ist erstaunlich, daß Goethe, durch die Schule Herders gegangen und auch von Möser auf die Fruchtbarkeit geschichtlicher Vielfalt hingewiesen, eine Zeitlang glauben konnte, die bildende Kunst müsse sich an unverbrüchlichen Normen orientieren, auch wenn diese Grundprinzipien einen erheblichen Spielraum ließen. Die Entwicklung der Kunst ist denn auch darüber hinweggegangen. Die *Propyläen* und die Preisaufgaben samt zugehöriger Kunstausstellungen von 1799–1805, die die »Weimarischen Kunstfreunde« veranstalteten, erregten zwar einiges Aufsehen mit Pro und Contra, haben aber der Kunst um die Jahrhundertwende keine entscheidenden, nachwirkenden Impulse gegeben. Das schließt nicht aus, daß in den einschlägigen Schriften Goethes wichtige und triftige Einsichten vorgetragen wurden. Überdies wird in zeitgeschichtlicher und biographischer Sicht manches verständlicher. Sowohl in der *Einleitung* als auch in der »Anzeige der Propyläen«, die er ein halbes Jahr nach Erscheinen des ersten Heftes in die Jenaer *Allgemeine Literatur-Zeitung* einrückte (29. 4. 1799), kam Goethe auf die geschichtliche Lage zu sprechen, in der die Zeitschrift eine besondere Aufgabe zu erfüllen habe. »Man hat vielleicht jetzo mehr Ursache als jemals, Italien als einen großen Kunstkörper zu betrachten, wie er vor kurzem noch bestand« (*Einleitung*; 12, 55). Im Friedensvertrag von Tolentino, den Napoleon 1797 mit dem Papst schloß, hatte der Korse durchgesetzt, daß eine große Zahl wertvoller Kunstwerke nach Paris geschafft wurde, zur Ausstattung des geplanten Nationalmuseums. Der »Kunstkörper« Italien begann zerstückelt zu werden. Jetzt war Erinnerung und Besinnung an der Zeit, damit deutlich wurde, »was die Welt in diesem Augenblicke verliert, da so viele Teile von diesem großen und alten Ganzen abgerissen wurden«. In der »Anzeige« wies Goethe darauf hin, daß jenes geplante zusammenhängende Werk über Italien und seine Kunst entstanden wäre, »wenn nicht am Ende des Jahrhunderts der alles bewegende Genius seine zerstörende Lust besonders auch an Kunst und Kunstverhältnissen ausgeübt hätte« (A 13, 190). Immerhin beachtenswert, wie der Selbstrezensent den Kunsträuber Napoleon als »alles bewegenden Genius« apostrophierte und schon hier seine geheime Bewunderung für den »dämonischen«, in die Geschichte mächtig eingreifenden Täter durchschimmern ließ. In »diesen Zeiten der allgemeinen Auflösung« sollte das in den *Propyläen* offerierte Kunstprogramm die Erinnerung an Vorbildliches wachhalten und Künstler und Kunstfreunde an sichere Grundsätze binden, denen irgendwelche Auflösung nichts anhaben konnte.

Auch für das eigene Leben und seine Schwierigkeiten versprach die Besinnung auf die dauernden Werte und Gesetze der Kunst ein Angebot an Gültigem und damit Sicherem. Die Eigenwelt der Kunst als das stabile Widerlager gegen die nicht zu besänftigenden Unruhen, mit denen er zu kämpfen hatte, ohne sie ausführlich bereden zu können, weder mit Christiane (mit ihr am wenigsten, weil sie in vielfachem, prekärem Sinne mitbetroffen war) noch mit Schiller (wo Krankheiten schon das Privateste waren, auf das sie sich einließen), noch mit anderen, mit denen über Sachfragen korrespondiert und diskutiert wurde. Am ehesten hätte noch, so seltsam es klingen mag, Carl August der vertraute Gesprächsfreund sein können, mit dem er in enger Verbundenheit das Auf und Ab der Jahre seit 1775 gelebt hatte. Manche der frühen Briefe zwischen ihnen trugen die Züge freier männlicher Freundschaft. Jetzt aber schüttelte der Herzog den Kopf: »Goethe schreibt mir Relationen, die man in jedes Journal könnte rücken lassen. Es ist possierlich, wie der Mensch feierlich wird« (an Knebel, 23.9.1797). Wahrung der Distanz, um sich abzuschirmen, Pflege des ›objektiven‹ Berichts, um die eigenen Irritationen mit sich selbst abzumachen? »Die *Propyläen* sind für mich eine wahre Wohltat, indem sie mich endlich nötigen, die

Ideen und Erfahrungen, die ich mit mir so lange herumschleppe, auszusprechen«, hörte Schiller unter dem 31. Oktober 1798.

Goethes eigene Beiträge, die in den *Propyläen* erschienen, sind Essays unterschiedlicher Art. Die *Einleitung* skizziert in referierend festschreibendem Duktus den gedachten Grundriß des Ganzen, das dann ein Torso blieb. *Über Laokoon* (I 1) ist als Muster der Beschreibung eines Kunstwerks angelegt, die nach den leitenden Prinzipien erfolgt. *Über Wahrheit und Wahrscheinlichkeit der Kunstwerke* (I 1) erläutert in der Weise des sokratischen Dialogs die Grundüberzeugung von der Eigengesetzlichkeit, der Autonomie des Kunstwerks. *Diderots Versuch über die Malerei* (I 2, II 1) bietet eine Übersetzung mit laufend eingeschobenen kritischen Kommentaren, in denen sich Goethe mit dem verstorbenen französischen Autor unterhält und polemisch auseinandersetzt, um die eigene Kunstauffassung zu konturieren. *Der Sammler und die Seinigen* (II 2) wählt die lockere Form einer Kunstnovelle, in der sich briefeschreibende Kunstfreunde über Liebhaber, Kenner und Künstler äußern. Im letzten Heft der Zeitschrift (III 2) wagte der Herausgeber im Zusammenhang mit den Preisaufgaben von 1800 und 1801 noch eine *Flüchtige Übersicht über die Kunst in Deutschland.* Im Nachlaß geblieben sind die mehr oder minder ausgearbeiteten Aufsätze *Über die Gegenstände der bildenden Kunst, Kunst und Handwerk, Über strenge Urteile* und zwei Gutachten über die Ausbildung junger Maler. Selbstverständlich gehören auch alle Ausführungen zu dem Projekt der Preisausschreiben und Kunstausstellungen von 1799 bis 1805 hierher, angefangen bei der von Goethe und Meyer verfaßten *Nachricht an Künstler und Preisaufgabe* von 1799 (II 1) bis zu den Berichten, die nach dem Ende der *Propyläen* in der *Allgemeinen Literatur-Zeitung* gedruckt wurden.

Goethes (und auch Meyers) Aufsätze kreisen um einige miteinander verbundene Kernfragen: Worin liegt das Eigentümliche der Kunst gegenüber der Natur? Was sind die Kennzeichen eines vollkommenen Kunstwerks? Welche Kriterien gelten bei der Einschätzung eines Kunstwerks? Was zeichnet den nach Vollkommenheit strebenden Künstler aus? Welche Gegenstände eignen sich für die Kunst? Wie haben sich Kunstkenner zu verhalten?

Antworten auf diesen Fragenkomplex suchte und fand Goethe bei der als vorbildlich geltenden antikischen Kunst. »Welche neuere Nation verdankt nicht den Griechen ihre Kunstbildung?« (*Einleitung*; 12, 38) Aber sklavische Nachahmung ihrer Werke war keineswegs das Ziel. Vielmehr ging es darum, die Grundsätze aufzuspüren, nach denen die alten Meister verfahren waren, sie bewußt zu machen und in gleichem Sinn produktiv zu werden. Nicht Imitatio also, sondern Anverwandlung des Beispielhaften und Umsetzung in den eigenen Schaffensvorgang. Theorie daher, um es nochmals zu betonen, nur als Hebamme für neue Gestaltung.

Unermüdlich betonte Goethe seit seiner römischen Zeit den Unterschied zwischen Natur und Kunst. Freilich bleibe es immer »die vornehmste Forderung« an den Künstler, »daß er sich an die Natur halten, sie studieren, sie nachbilden, etwas, das ihren Erscheinungen ähnlich ist, hervorbringen solle« (*Einleitung*; 12, 42). Aber sogleich folgt die dezidierte Behauptung: »Die Natur ist von der Kunst durch eine ungeheure Kluft getrennt, welche das Genie selbst, ohne äußere Hilfsmittel, zu überschreiten nicht vermag.« Die Rede vom Genie hörte sich in der Jugend anders an. Da war es gerade dadurch ausgezeichnet, daß es auf Regeln nicht zu achten brauchte; im schöpferischen Akt verwirklichte es das Werk und gab ihm »ohne äußere Hilfsmittel« die ihm gemäße innere Form. Dieses Schöpfergefühl war vergangen, hatte sich in den Erfahrungen der Weimarer Jahre nicht durchhalten lassen. Der Prometheus der frühen Hymne war in weite Ferne gerückt. Immer noch wurde jedoch die Natur beschworen, zu der der Künstler als schöpferische Kraft gehörte und auf die er verwiesen blieb als auf das Reservoir der Erscheinungen, von denen sich seine Werke nicht entfernen durften. Aber Kunst hatte, so sehr sie mit der Natur wetteiferte, mehr zu sein als Natur. Der Künstler sollte »etwas Geistig-Organisches« hervorbringen »und seinem Kunstwerk einen solchen Gehalt, eine solche Form« geben, »wodurch es natürlich zugleich und übernatürlich erscheint«. Voraussetzung dazu war – wie schon der *Merkur*-Aufsatz über den Stil postuliert hatte –, daß der Künstler sowohl das »Wesen« des gewählten »Gegenstands« ganz erfaßt hat als auch »in die Tiefe seines eignen Gemüts« gedrungen ist. Ein verwickelter Vorgang: Der »Gehalt« ist aus dem »Gegenstand« herauszuläutern (doch nicht jeder Gegenstand eignet sich dazu), und noch ist dem Werk die »Form« zu geben, ohne die das »Geistig-Organische« nicht in sinnfällige Erscheinung tritt.

Wie sehr sich der Künstler an die Natur zu halten habe, verkündete eine andere Maxime: »Der Mensch ist der höchste, ja der eigentliche Gegenstand bildender Kunst« (*Einleitung*; 12, 43), deshalb, weil er die Krone der natürlichen Schöpfung bildet, – und freilich auch, weil sich der Blick des so Formulierenden vornehmlich auf die Skulpturen der bildenden Kunst richtete, in denen für ihn die menschliche Gestalt den Gipfel der Möglichkeiten ihres schönen Ausdrucks erreicht hatte. Auch hier galt, daß der Künstler sich nicht bei der Betrachtung der Oberfläche des Menschenkörpers beruhigen dürfe, sondern sich »das Fundament der Erscheinung« einprägen müsse. »So liegt eigentlich in der Kenntnis die Vollendung des Anschauens.«

Mit besonderer Entschiedenheit verfocht Goethe seine Auffassung von der Kunst als einer zweiten Natur im fiktiven Gespräch mit Denis Diderot, dem »Freund und Gegner«, der für eine getreue Nachahmung der Natur plädiert und sich damit in gut aufklärerischer Absicht gegen Prunk und Ziererei höfischer Provenienz gewandt hatte. Ihm warf der Übersetzer und kritische Kommentator vor, er vermische Natur und Kunst, wo es doch »unsere Sorge« sein müsse, »beide in ihren Wirkungen getrennt darzustellen« (*Diderots Versuch über die Malerei*; A 13, 206). Goethes Widerspruch war auch wohl deshalb so heftig, weil das Natürlichkeitspostulat des Franzosen zu dringlich auf die konkrete Wirklichkeit verwies, der er so ungeschützt nicht ausgeliefert sein mochte, seitdem er seine Weimarer Enttäuschungen bei der Bewältigung der Realität hatte sammeln müssen. In Sätzen von eindrucksvoller – man möchte sagen: poetischer, nicht theoretischer – Dichte formulierte Goethe in immer neuen Wendungen sein Kunstbekenntnis dieser Zeit.

Die Natur organisiert ein lebendiges gleichgültiges Wesen, der Künstler ein totes, aber ein bedeutendes, die Natur ein wirkliches, der Künstler ein scheinbares. Zu den Werken der Natur muß der Beschauer erst Bedeutsamkeit, Gefühl, Gedanken, Effekt, Wirkung auf das Gemüt selbst hinbringen, im Kunstwerke will und muß er das alles schon finden.

So sehr die besondere Kunstwahrheit von der Naturwirklichkeit abgehoben wurde, so war doch die Verbindung der Kunst zur Natur nicht gelöst. Der Künstler blieb verpflichtet, sich an die Natur, an ihre natürlichen Erscheinungen zu halten, und er muß »die Art, wie sie bei Bildung ihrer Werke verfährt, ihr wenigstens einigermaßen abgelernt haben« (*Einleitung*; 12, 44) Für Goethe gehörten Natur und Kunst insofern zusammen, als »die höchste und einzige Operation« beider »die Gestaltung sei«. Dies schrieb er am 30. Oktober 1808 an Zelter, als er seine Kritik an jüngeren »poetischen Talenten« begründete, bei denen alles »durchaus ins Form- und Charakterlose« gehe (und er erwähnte dabei auch Achim v. Arnim und Brentano).

Der Kunst ist ein entscheidendes Mehr vorbehalten, das sie von der Natur abhebt. Was in dieser, die im unablässigen Werden und Vergehen um ihrer selbst willen schafft und gleichgültig Schönes wie Häßliches hervorbringt, an Möglichkeiten schöner Vollendung beschlossen ist und nur gelegentlich erscheint, hält die Kunst gestaltet fest. Vollendete Kunst ergreife »die Natur auf dem würdigsten Punkte ihrer Erscheinung«, lerne ihr »die Schönheit der Proportionen« ab, »um sie ihr selbst wieder vorzuschreiben«.

Die Kunst übernimmt nicht mit der Natur, in ihrer Breite und Tiefe, zu wetteifern, sie hält sich an die Oberfläche der natürlichen Erscheinungen; aber sie hat ihre eigne Tiefe, ihre eigne Gewalt; sie fixiert die höchsten Momente dieser oberflächlichen Erscheinungen, indem sie das Gesetzliche darin anerkennt, die Vollkommenheit der zweckmäßigen Proportion, den Gipfel der Schönheit, die Würde der Bedeutung, die Höhe der Leidenschaft (*Diderots Versuch über die Malerei*; A 13, 210).

Der Künstler fügt der Natur hinzu, was ihr, der geist-losen, nicht zu eigen ist. Was dessen schöpferischer Geist im Werk zur Erscheinung bringt, bezeichnet Goethe mit Begriffen, die ausführliche Interpretationen erforderten: Bedeutung und Würde (*Über Wahrheit und Wahrscheinlichkeit der Kunstwerke*; 12, 72), Form und Proportion, »das lebendige Ganze, das zu allen unsern geistigen und sinnlichen Kräften spricht, unser Verlangen reizt, unsern Geist erhebt, dessen Besitz uns glücklich macht, das Lebenvolle, Kräftige, Ausgebildete, Schöne« (*Diderots Versuch*; A 13, 206).

Auch Goethes Überlegungen gehören zu jenem jahrhundertelangen Nachdenken über die Kunst als Mimesis, als Nachahmung. Aristoteles sah in der Mimesis das Wesen künstlerischer Produktion begriffen: Im Künstler verwirklicht sich exemplarisch der Wunsch des Menschen, etwas nachzubilden, nachzuschaffen. Später galt es als selbstverständlich, daß Mimesis Nachahmung der Natur bedeute, und es war nur konsequent, daß entsprechend den unterschiedlichen Auffassungen von der Natur und den sie bestimmenden Gesetzen verschiedene Forderungen an die künstlerische Mimesis gestellt wurden. Wenn ein Gottsched und andere in der Natur nichts anderes als etwas vernünftig Geordnetes und rational zu Erfassendes sahen, wo nichts Widersprüchliches geschieht, alles seinen zureichenden Grund hat und im Rahmen der Wahrscheinlichkeit bleibt, dann mußte auch in Kunst und Dichtung alles »bei der Vernunft die Probe aushalten« und durfte nichts Unwahrscheinliches vorkommen. Deshalb mußte die Oper verworfen werden, weil sie einer Fülle von ungereimten und unwahrscheinlichen Sachen bedenkenlos Einlaß gewährt (*Versuch einer Critischen Dichtkunst*, 1730). Über sechzig Jahre später meditierte Goethe in seinem Dialog *Über Wahrheit und Wahrscheinlichkeit der Kunstwerke* gerade am Beispiel der Oper und ihrer Dekorationen über das Unwahrscheinliche, das dem Zuschauer im Theater zugemutet wird. Er jedoch demonstrierte nun, freundlich überredend und überzeugend, »die innere Wahrheit, die aus der Konsequenz eines Kunstwerks entspringt«, und grenzte das vom Künstler zu Erwartende und zu Leistende vom bloß »Naturwahren« ab.

Auch die regelsprengende Schöpferfreude zur Jugendzeit Goethes verstand sich durchaus als Mimesis, aber nun als Nachahmung der unablässig Gestalten hervorbringenden Kraft der Natur selbst. Das war kein Bilden *nach* der Natur, sondern ein Schaffen *wie* die Natur. Wo sich das Subjektive frei ausdrücken wollte, wurden allgemein geltende Vorschriften und Muster belanglos. Jetzt aber, in der hohen Zeit der Weimarer Klassik, wurde vollendete Kunst auf Schönheit vereidigt, wie sie die Antike geboren hatte.

Vom Schönen und von der Wahl des Gegenstands

Auch der Disput ums Schöne war und ist eine unendliche Geschichte mit wechselnden Auffassungen und geradezu verzweifelten und doch vergeblichen Versuchen, dauernd gültige Bestimmungen zu finden. Schillers Anstrengungen sind nur ein Beispiel, und Kant glaubte nicht, daß es einen objektiven Begriff der Schönheit gebe. Winckelmann, der am eindringlichsten von der Unübertrefflichkeit und absoluten Vorbildhaftigkeit der griechischen Kunstwerke gepredigt hatte, schaute die Idee des Schönen wie ein platonisches Urbild, von dem in den antiken Meisterwerken einiges in Erscheinung trat, und er wußte von der »Schwierigkeit einer allgemeinen und deutlichen Erklärung« der Schönheit. Denn unsere Kenntnisse seien »Vergleichungsbegriffe«, während »die Schönheit aber mit nichts Höherem kann verglichen werden«. Das Ideal-Schöne existiere in göttlicher, zeitloser Sphäre, wo Vollkommenheit herrsche und alles Vereinzelte in harmonischer Einheit verbunden sei. »Die höchste Schönheit ist in Gott, und der Begriff der menschlichen Schönheit wird vollkommen, je gemäßer und übereinstimmender derselbe mit dem höchsten Wesen kann gedacht werden, welches uns der Begriff der Einheit und der Unteilbarkeit von der Materie unterscheidet« (*Geschichte der Kunst des Altertums*, 1764, 4. Kapitel). So war das Schöne bei Winckelmann auf ein geahntes Urbild ausgerichtet. Merkmale, die er erkannte, behielten auch für Goethe ihre Gültigkeit: Einheit, Übereinstimmung der mannigfaltigen Teile in einem Ganzen, Klarheit und vollkommene Proportion. Aber Goethe band, was für ihn Schönheit war, enger an die Ordnung, die er in der Natur angelegt wußte. Schon in der *Merkur*-Besprechung von Karl Philipp Moritz' *Über die bildende Nachahmung des Schönen* zitierte er 1789: »Jedes schöne Ganze der Kunst ist im Kleinen ein Abdruck des höchsten Schönen im Ganzen der Natur« (JA 33, 61). Diese Ansicht festigte sich im Alter mehr und mehr, lockerte dann allerdings auch folgerichtig die Bindung an die Kriterien der *Propyläen*-Zeit. Zwei Sprüche in den *Maximen und Reflexionen* lauten: »Das Schöne ist eine Manifestation geheimer Naturgesetze, die uns ohne dessen Erscheinung ewig wären verborgen geblieben.« – »Wem die Natur ihr offenbares Geheimnis zu enthüllen anfängt, der empfindet eine unwiderstehliche Sehnsucht nach ihrer würdigsten Auslegerin, der Kunst« (12, 467). Wenn diesen Erkenntnissen entsprochen werden soll, dann helfen die erwähnten Prinzipien der Schönheit weniger als die Überlegung, auf welche symbolische Weise die »geheimen Naturgesetze« anschaulich gemacht werden könnten. Die Schönheitsauffassung der »Weimarischen Kunstfreunde« meinte nicht tünchende Verschönerung und Aussparung des Nicht-Schönen. Schiller mokierte sich am 7. Juli 1797 darüber, daß »die neuern Analytiker durch ihre Bemühungen, den Begriff des Schönen [...] in einer gewissen Reinheit aufzustellen, ihn beinah ausgehöhlt und in einen leeren Schall verwandelt« hätten. Er verwies darauf, wie man sich auch in der Dichtungsbetrachtung unsinnigerweise quäle, »die derbe, oft niedrige und häßliche Natur im Homer und in den Tragikern bei den Begriffen durchzubringen, die man sich von dem griechischen Schönen gebildet« habe. Er sähe es sogar gern, wenn man »den Begriff und selbst das Wort Schönheit« außer Kurs setzte. Dennoch: der Primat der schönen Gestaltung galt und wirkte sich aus. Im *Laokoon*-Aufsatz legte Goethe leitende Gesichtspunkte fest, unter denen »die höchsten Kunstwerke« zu betrachten und zu erfassen seien. Diese zeigen »lebendige, hochorganisierte Naturen«, »Charaktere«, der dargestellte Gegenstand ist »in Ruhe oder Bewegung«. Unter dem Stichwort »Ideal« forderte er vom Künstler, »den höchsten darzustellenden Moment zu finden, und ihn also aus einer beschränkten Wirklichkeit herauszuheben und ihm in einer idealen Welt Maß, Grenze, Realität und Würde zu geben« (12, 57). Das weitere Leitwort »Anmut« bezog sich auf die »sinnlichen Kunstgesetze« (»Ordnung, Faßlichkeit, Symmetrie, Gegenstellung etc.«), wodurch der Gegenstand »für das Auge schön, das heißt anmutig wird«. Zuletzt fiel der Begriff »Schönheit«, der das »Gesetz der geistigen Schönheit« meinte. Sie entstehe durch »das Maß«, dem der Künstler »alles, sogar die Extreme zu unterwerfen weiß«. Also sollten auch das Häßliche und Schreckliche, Derbe und Brutale durch »das Maß« gebändigt und dem Schönen anverwandelt werden.

An der Laokoongruppe exemplifizierte Goethe, wie dort gelungen, was er theoretisch skizziert hatte, und wie der für die Verwirklichung der Schönheit günstigste Moment im Kampf des trojanischen Poseidonpriesters und seiner Kinder mit den Schlangen gewählt sei. Unter den eben erwähnten Stichworten praktizierte er in seinem Essay die Analyse und Interpretation eines »höchsten Kunstwerks« nach den nun gewonnenen Grundsätzen. Unter diesem Gesichtspunkt bleibt der Aufsatz für den Goethe-Liebhaber beachtenswert. Detaillierte kunstgeschichtliche Betrachtungsweise könnte zeigen, wie *Über Laokoon*, ohne es zu proklamieren, differenziert auf eine Abhandlung von Aloys Hirt (in den *Horen* 1797) antwortete, die gegen Winckelmann und Lessing den Beweis zu führen suchte, daß sich nicht »edle Einfalt und eine stille Größe« und nicht Schönheit in der Laokoongruppe manifestierten, sondern eine individuelle Charakteristik geboten werde. Goethe und Hirt, der befreundete Berliner Kunsthistoriker, schalteten sich damit in eine lange währende Debatte über diese Skulptur ein, die etwa 50 v. Chr. von Künstlern aus Rhodos geschaffen und 1506 in den römischen Thermen des Titus gefunden worden war. Winckelmanns berühmte Sätze, die nicht einer leidenschaftsfernen »stillen Größe« das Wort redeten, eröffneten seine Betrachtung gerade dieses Werks:

Das allgemeine vorzügliche Kennzeichen der griechischen Meisterstücke ist endlich eine edle Einfalt und eine stille Größe, sowohl in der Stellung als im Ausdrucke. So wie die Tiefe des Meers allezeit ruhig bleibt, die Oberfläche mag noch so wüten, ebenso zeigt der Ausdruck in den Figuren der Griechen bei allen Leidenschaften eine große und gesetzte Seele. Diese Seele schildert sich in dem Gesichte des Laokoon, und nicht dem Gesichte allein, bei dem heftigsten Leiden (*Gedanken über die Nachahmung der griechischen Werke in der Malerei und Bildhauerkunst*, 1755).

Er erhebe »kein schreckliches Geschrei, wie Virgil von seinem Laokoon singt«. Dagegen verteidigte Lessing 1767 den römischen Dichter, indem er am Beispiel der Darstellung des leidenden Laokoon die prinzipiell unterschiedlichen Gestaltungsweisen in Poesie und bildender Kunst entwickelte. Bei Aloys Hirt war indes zu lesen, daß der Gequälte deshalb nicht schreie, weil er in seinem Todeskampf gar nicht mehr schreien könne. Goethe hatte schon 1769 im Mannheimer Antikensaal einen Abguß gesehen und sich sogleich über »die berühmte Frage, warum er nicht schreie«, Klarheit verschafft: »er könne nicht schreien« (*DuW* 11. B.; 9, 502). Im *Propyläen*-Essay wies er dann nach, ohne auf die Frage eigens einzugehen, daß in dem aufs beste gewählten Moment, wohlweislich nicht dem des Todeskampfs, in der Figur »eine Zusammenwirkung von Streben und Fliehen, von Wirken und Leiden, von Anstrengen und Nachgeben« gestaltet sei, in der Schreien unmöglich war.

An der Laokoon-Skulptur führte Goethe bis ins einzelne vor, wie passend der Gegenstand und wie glücklich der Moment waren, die die Künstler zur Gestaltung gewählt hatten. Intensiv beschäftigte ihn wie Schiller und Heinrich Meyer die Frage, welche Gegenstände sich denn besonders für den Künstler eigneten. Das war ein höchst verwickeltes Problem. Am 15. September 1797 schrieb Schiller nach Stäfa, wo die beiden andern über Kunstfragen nachdachten: »Es wäre vortrefflich, wenn Sie mit Meyern Ihre Gedanken über die Wahl der Stoffe für poetische und bildende Darstellung entwickelten«. In *Hermann und Dorothea* sahen beide einen Glücksfall.

Aber wie war es möglich, Fehlgriffe zu vermeiden und günstige Zugriffe zu erreichen? Die Frage war für Goethe nicht neu, und Schillers Suche nach geeigneten Gegenständen und die Prüfung des gewählten, etwa des *Wallenstein*, auf seine Eignung beschäftigten manches Gespräch und manchen Brief. Im frühen Aufsatz *Nach Falconet und über Falconet* in der Sammlung *Aus Goethes Brieftasche* (1775) schien es noch so, als sei dem Künstler nichts verwehrt: »Er mag die Werkstätte eines Schusters betreten oder einen Stall, er mag das Gesicht seiner Geliebten, seine Stiefel oder die Antike ansehn, überall sieht er die heiligen Schwingungen und leisen Töne, womit die Natur alle Gegenstände verbindet« (12, 24). Aber am Schluß doch schon die Frage: »Wieviel Gegenstände bist du imstande so zu fassen, daß sie aus dir wieder neu hervorgeschaffen werden mögen?« Die Fehlschläge bei den wiederholten Versuchen, als Maler und Zeichner zu reüssieren, trugen gewiß dazu bei, daß sich für Goethe die Frage verschärfte, welche Gegenstände für welche Kunstgattung und welchen Künstler geeignet seien (und umgekehrt). Und wie es zu gehen pflegt, gab er, ohne schon mit sich selbst ganz im reinen zu sein, dem Maler Friedrich Müller bereits am 21. Juni 1781 in einem langen Brief Ratschläge für dessen künstlerisches Verfahren und die Wahl der Gegenstände: »beschränkte, aber menschlichreiche [...], wo wenig Figuren in einer mannichfaltigen Verknüpfung stehen«. (Hölderlin bekam in Frankfurt etwas Ähnliches zu hören.)

Vollends in und seit Italien, wo er bemerkte, wie sich die Alten an einen begrenzten Kreis von Gegenständen gehalten hatten, wurde die Wahl des Gegenstands zu einem beunruhigenden Problem – wenigstens in der Theorie und vornehmlich im Blick auf die bildende Kunst. Auch das Material mit seinen speziellen Anforderungen und Möglichkeiten war zu prüfen und einzukalkulieren, wie er in Miszellen des *Merkur* 1788–89 darlegte (*Baukunst; Material der bildenden Kunst*). Was die Dichtung betraf, so wies Schiller, an das Beispiel von *Hermann und Dorothea* erinnernd, am 15. September 1797 darauf hin, »daß die Bestimmung des Gegenstandes jedesmal durch die Mittel geschehen muß, welche einer Kunstgattung eigen sind«. Es war also ebenfalls erforderlich, sich Klarheit über die dichterischen Gattungen zu verschaffen. Ein riesiges Aufgabenfeld zeichnete sich ab; doch eine ausgearbeitete Poetik hat weder Goethe noch Schiller vorgelegt. *Über epische und dramatische Dichtung*, jener Extrakt gemeinsamer Überlegungen, war nicht mehr als eine – wenn auch das Wesentliche komprimierende – Skizze, und die Reflexionen über die Tragödie waren gewichtige Werkstattgespräche, aber keine Vorarbeiten, die in eine bündige Lehre von der Dichtung hätten münden können. Im Grunde waren ohnehin Bemühungen, Gattungs*gesetze* zu finden und festzuschreiben, längst unzeitgemäß. Seitdem eine normative, regelgebende Poetik um 1770 vor den Prinzipien einer historischen Betrachtungsweise, die den geschichtlichen Ausprägungen ihr Eigenrecht zuerkannte, kapitulieren mußte, waren Versuche, zeitlose Kunst- und Gattungsgesetze zu begründen und deren Anerkennung zu fordern, zum Scheitern verurteilt. Sie waren Zeichen der Unsicherheit in eigener Lage, aber natürlich auch Bemühungen, dem Fließenden und Vergehenden Beständiges entgegenzusetzen. Wenn Goethe klagte, daß »wir Modernen alle« an der »Wahl des Gegenstands« leiden, dann wurde darin etwas von der Not sichtbar, nicht mehr von einem Kosmos gültiger Werte umgeben zu sein, der in sinnfälligen mythologischen Vorgängen und Bildern anschaulich zu werden vermochte. Die christlichen Mythologeme waren für ihn kein Ersatz (höchstens für gelegentliche sinnbildliche Verwendung), weil er die in ihnen verkündeten Offenbarungswahrheiten nicht annehmen konnte.

Was in Stäfa *Über die Gegenstände der bildenden Kunst* zu Papier kam (A 13, 122–125), arbeitete Goethe später nicht mehr aus. Heinrich Meyer jedoch steuerte für das erste Heft der *Propyläen* einen Aufsatz zum gleichen Thema bei, ziemlich schematisch klassifizierend und grob unterscheidend zwischen vorteilhaften, gleichgültigen und widerstrebenden Gegenständen. Goethe hat die Frage nach der Eignung von »Gegenständen« nicht losgelassen. Wenn er, bis ins hohe Alter, Dichter und Künstler kritisierte oder beriet, lief es oft darauf hinaus, daß er die Wahl des Gegenstands monierte oder einen andern empfahl. Die Sache war kompliziert, auch deshalb, weil Bezeichnungen wie ›Gegenstand‹ und ›Stoff‹ (auch uns geläufige wie ›Sujet‹, ›Thema‹, ›Motiv‹) eine gewisse Vagheit behalten, sich zudem der Gegenstand eines künstlerischen Werks immer erst im Werk selbst manifestiert und der Gestaltungsprozeß nie bis ins letzte aufgehellt werden kann. Dabei wußte Goethe gut genug: »Solange ein Kunstwerk nicht da ist, hat niemand einen Begriff von seiner Möglichkeit« (an Schiller, 6.1.1798). Dennoch, den schöpferischen Vorgang aus der Distanz betrachtend, ging er davon aus, daß der Künstler aus der Fülle der bereitliegenden Stoffe einen Gegenstand zur Grundlage seines Werks wähle und es dazu besser oder schlechter geeignete Gegenstände gebe. Der Gegenstand bringe schon Bedeutung mit, und würdige und bedeutende Gegenstände seien zu wählen, damit dann dem Werk ein bedeutender Gehalt zuteil wird. Ihn zu gestalten ist Aufgabe des Künstlers und sein Anteil am Werk. Mochte Goethe auch gelegentlich äußern, ein wirklicher Künstler müsse jeden Gegenstand zu behandeln wissen, so betonte er doch immer wieder das fruchtbare Wechselverhältnis zwischen Gegenstand und Künstler. Wenn der Künstler irgendeinen Gegenstand der Natur ergreife, so erläuterte es die *Einleitung in die Propyläen* (12, 46), dann gehöre er schon nicht mehr der Natur an, sondern der Künstler habe ihn in diesem Augenblick zum potentiellen Kunstwerk gemacht, »indem er ihm das Bedeutende, Charakteristische, Interessante abgewinnt oder vielmehr erst den höhern Wert hineinlegt«. Die beiden Wörter »abgewinnen« und »hineinlegen« umschreiben die Wechselbeziehung zwischen Gegenstand und Künstler genau, soviel Fragen auch offen bleiben. Nach der glücklichen Wahl des Gegenstands kann die »Behandlung« einsetzen: die »geistige«, die den Gegenstand »in seinem innern Zusammenhange« ausarbeitet, die »sinnliche«, durch die das Werk »den Sinnen faßlich, angenehm, erfreulich« wird, die »mechanische«, die der Arbeit im entsprechenden Material »ihre Wirklichkeit verschafft«. Das alles scheint einleuchtender, als es tatsächlich ist. Schiller hatte Anlaß zur Skepsis, obwohl er selbst die Frage der »Wahl der Stoffe für poetische und bildende Darstellung« zu einer höchst wichtigen erklärt hatte. Am Ende bleibt doch, meinte er schon in jenem Brief vom 15. September 1797 nach Stäfa, alles »mehr Sache des Gefühls und des Ahndungsvermögens«. Es klingt plausibel, wenn Goethe noch am 3. November 1823 Eckermann einschärfte: »Alles Talent ist verschwendet, wenn der Gegenstand nichts taugt«, und Nees v. Esenbeck schrieb, auch die sorgfältigste Behandlung könne einen unglücklichen Stoff nicht retten (17.12.1824). Aber ist die Entscheidung darüber nicht von Voraussetzungen, Vorentscheidungen, Erwartungen der Betrachter abhängig, die im Lauf der Zeit, ja zur gleichen historischen Stunde sehr unterschiedlich sein können? Goethes eigene abfällige Urteile über Künstler und Autoren, die seit langem anerkannt und geschätzt sind, beweisen es. Bemerkenswert bleibt, wie groß seine Zuversicht war, Bedeutsamkeit brächten bereits die Gegenstände zur Kunst mit. Nur auf der Basis eines unerschütterlichen Vertrauens in die Natur (im weitesten Sinn) konnte sich diese Überzeugung halten. Im Nachlaß zur *Geschichte seiner botanischen Studien* findet sich ein Satz, der sie und den Wunsch nach Vergewisserung am Objekt bekräftigt: »Gewohnt als Poet den Ausdruck mir am Gegenstand zu machen« (WA II 13, 40).

Kunsterziehung durch Preisausschreiben

Angeregt durch die Überlegungen im *Propyläen*-Umkreis und gebannt von den Kunstwerken der Antike, verfielen Goethe und Meyer auf die Idee, Preisausschreiben für bildende Künstler zu veranstalten. Sie wollten gewiß keine öde Nachahmung züchten, sondern praktische Kunsterziehung treiben. Sie schrieben ein Thema, vornehmlich aus der antiken Mythologie, vor, das ihnen bedeutungshaltig schien, und erwarteten Gestaltung aus dem Geist produktiv angeeigneter antikischer Kunst. Auf diese Weise sollte der Künstler in der sorgfältigen Wahl des günstigen Gegenstands eingeübt und zu einer an Vorbildern sich orientierenden Gestaltung erzogen werden. Die Ankündigung erschien im Mai 1799 in den *Propyläen*, von Heinrich Meyer formuliert, von Goethe und Schiller durchgesprochen. Sie bezog sich ausdrücklich auf Meyers Abhandlung *Über die Gegenstände der bildenden Kunst*. Man wolle nun einem jeden, der Lust dazu habe, Gelegenheit geben, »jene aufgestellten Maximen praktisch zu prüfen«.

Wir schlagen in dieser Absicht zur Konkurrenz für alle Künstler einen für die Darstellung nach unserer Überzeugung tauglichen Gegenstand vor und sagen demjenigen, der solchen in einer Zeichnung am besten behandelt, eine Prämie von zwanzig, und dem, der sich zunächst anschließt, eine Prämie von zehn Dukaten zu (SGS 57, 1958, 26).

Aus Homers Epen hätten Künstler von jeher »Stoff zu Kunstwerken geschöpft«. Vieles sei bei ihm »schon so lebendig, so einfach und wahr dargestellt, daß der bildende Künstler bereits halbgetane Arbeit findet«. Diesmal wurde als »Gegenstand« die Szene am Ende des dritten Buchs der *Ilias* vorgeschlagen, wo Venus dem Paris die Helena zuführt. Den Malern und Bildhauern (die sich mit Zeichnungen begnügen konnten) wurden für Größe, Format, Anordnung, Gruppierung keine Vorschriften gemacht, allerdings dringend »die größte Einfachheit und Ökonomie in der Darstellung« empfohlen. Alle eingereichten Werke sollten ausgestellt und die »motivierten Urteile« über die preisgekrönten Zeichnungen veröffentlicht werden. Die Kriterien der Beurteilung wurden genannt. Obenan stand die Kritik der »Erfindung« (ob alles sorgfältig »motiviert«, »schön gedacht und innig empfunden« sei); danach werde »hauptsächlich der Ausdruck, das ist das Lebendige, Geistreiche der Darstellung, in Betracht gezogen. Alsdann erst die Zeichnung und die Anordnung [...]«. Wie angekündigt, so geschah es auch. Zwar trafen 1799 nur neun Einsendungen ein, und Goethe war enttäuscht, aber bis 1805 setzte er die Wettbewerbe noch fort. Es kamen dann auch mehr Arbeiten, darunter etliche zu selbstgewählten Themen. Die weiteren Preisaufgaben lauteten: Hektors Abschied; Tod des Rhesus (1800); Achill auf Skyros; Achill und die Flußgötter (1801); Perseus befreit Andromeda (1802); Odysseus und Polyphem; Landschaft mit Küste der Kyklopen (1803); Die Menschen, vom Element des Wassers bedroht (1804); Taten des Herkules (1805). Meyer verfaßte die Rezensionen, brav und redlich, kenntnisreich und sorgfältig, bisweilen in ermüdender Pedanterie. Auch Goethe schaltete sich gelegentlich ein, der überall als Initiator und Schirmherr des Unternehmens galt. Eine umfangreiche Korrespondenz mit den Einsendern entwickelte sich, und Ärger gab es auch. Denn ob die guten Absichten der

»Weimarischen Kunstfreunde« wirklich für die Kunst um 1800 förderlich waren und die richterlich zensierenden Gutachten, die auf den Kunstmaximen der *Propyläen* fußten, den Weg für gegenwärtige und zukünftige Kunst vorzeichnen konnten, war schon damals umstritten. Wenn man Goethes und Meyers Stellungnahmen und Abhandlungen zu den Preisaufgaben von 1799–1805 durchsieht (SGS 57, 1958), bleibt der Eindruck eines zwar hochgebildeten, aber musealen Akademismus nicht aus. Im Grunde dilettierte der Geheime Rat, der seine eigenen Ambitionen zur bildenden Kunst als falsche Tendenzen erkannt hatte (»Selbstschilderung« 1797), lief Gefahr, sich zu zersplittern, wie Schiller befürchtete (an Cotta, 10.12.1801), tat gerade das, was er in der nur skizzierten Arbeit *Über den Dilettantismus*, wohl auch selbstdiagnostisch, beklagte und beargwöhnte. Die Preisausschreiben blieben Episode, erregten einiges Aufsehen, wirkten aber nicht nach, kosteten viel Zeit und Mühe, aber die Zukunft gehörte Malern wie Philipp Otto Runge, Caspar David Friedrich, Künstlern der Romantik.

Goethe hatte auch gehofft, durch die Einsendungen einen Überblick über deutsche Kunst zu bekommen. Er war mutig genug, schon 1800 eine *Flüchtige Übersicht über die Kunst in Deutschland* in die *Propyläen* einzurücken, mit teilweise riskanten Bewertungen. Ein kritischer Ausfall verdient hervorgehoben zu werden. Aus Berlin hatte Friedrich Bury, mit Goethe seit der Zeit in Rom befreundet, über die dortige Kunst berichtet, auch über die Ausstellung der Akademie, wo so viele »Nationalgemälde« hingen, daß man vor Lachen bersten müsse. Wie der Katalog der Ausstellung von 1800 auswies, wimmelte es in ihr von vaterländisch-historischen Gemälden mit obligater Verherrlichung der preußischen Könige. (Friedrich Wilhelm III. in Lebensgröße auf einem Pferd von – so der Katalog – »preußischer Raçe«.) Goethe wurde in seiner *Übersicht* deutlich: In Berlin scheine sich »der prosaische Zeitgeist am meisten zu offenbaren«. Das allgemein Menschliche werde durchs Vaterländische verdrängt. Dann die vielzitierten Sätze, die den Deutschen nicht immer geschmeckt haben:

Vielleicht überzeugt man sich bald, daß es keine patriotische Kunst und patriotische Wissenschaft gebe. Beide gehören wie alles Gute der ganzen Welt an [...] (A 13, 329).

Gottfried Schadow, der Berliner Bildhauer, meldete sich zu Wort. Zwar verkannte er, daß sich Goethe nicht gegen nationale Eigenart, sondern – wie wir sagen würden – borniert Nationalistisches gewandt hatte, brachte aber in seinem Aufsatz in der Zeitschrift *Eunomia* 1801 wichtige Gründe gegen die Weimarer Kunstdogmatik vor. Er wollte die Kunst dieser Zeit nicht auf ein antikisches Ideal festlegen lassen und spielte Goethes eigene, von ihm bewunderte vielgestaltige Dichtung gegen klassizistische Einseitigkeit aus.

»Homeride sein zu wollen, wenn man Goethe ist! hätte ich doch die Macht, diese unverzeihliche Bescheidenheit zu verbieten!« (*Über einige in den Propyläen abgedruckte Sätze Goethes, die Ausübung der Kunst in Berlin betreffend*; SGS 57, 141).

Als nach 1805 die Preisausschreiben aufgegeben wurden, meinte Goethe die Hauptschuldigen ausmachen zu können: die Künstler, die den Weimarer Kunstprinzipien nicht folgen wollten, jene Maler, die wie Philipp Otto Runge wußten: »Wir sind keine Griechen mehr, können das Ganze schon nicht mehr so fühlen, wenn wir ihre vollendeten Kunstwerke sehen, viel weniger selbst solche hervorbringen« (Februar 1802 an den Vater). Aus der Rückschau nach 1812 urteilte der enttäuschte Goethe bitter, »eine durch Frömmelei ihr unverantwortliches Rückstreben beschönigende Kunst« habe überhand genommen, und er wurde spruchhaft (allzu) allgemein: »Gemüt wird über Geist gesetzt, Naturell über Kunst, und so ist der Fähige wie der Unfähige gewonnen. Gemüt hat jedermann, Naturell mehrere; der Geist ist selten, die Kunst ist schwer« (A 13, 456). Aber schon 1805 lieferte er sich und Meyer in der Besprechung einer Arbeit der zum Katholizismus konvertierten Gebrüder Riepenhausen Stichworte, unter denen sie fortan ihren Kampf gegen Tendenzen der Romantik führten, die ihnen verderblich schienen: »neukatholische Sentimentalität«, »das klosterbrudrisierende, sternbaldisierende Unwesen« (A 13, 451). Wackenroders *Herzensergießungen eines kunstliebenden Klosterbruders* (1797) und Ludwig Tiecks *Franz Sternbalds Wanderungen* mußten für das Etikett herhalten. Was Tieck 1798 am Ende des ersten Teils seines *Sternbald*-Romans im Andenken an den frühverstorbenen Freund Wackenroder schrieb, konnten die »W. K. F.« unmöglich billigen. Er sei besonders »gegen die zergliedernde Kritik« gewesen, »die dem verehrenden Enthusiasmus entgegensteht«, und er habe die »Maske eines religiösen Geistlichen« gewählt, »um sein frommes Gemüt, seine andächtige Liebe zur Kunst freier ausdrücken zu können«. Ein Kernsatz der *Herzensergießungen* lautete: »Ich vergleiche den Genuß der edleren Kunstwerke dem Gebet« (im Aufsatz *Wie und auf welche Weise man die Werke der großen Künstler der Erde eigentlich betrachten und zum Wohle seiner Seele gebrauchen müsse*). Andacht und Erleuchtung, Ergriffenheit und Verehrung waren gewünscht. In Nuancen der Unterschied: Verehrung und Ergriffensein natürlich auch bei Goethe, aber das Zuviel an »Gemüt«, das über »Geist« gesetzt wird, konnte er nicht gutheißen.

Auch daß er beim letzten Preisausschreiben Caspar David Friedrich, der zwei Sepia-Zeichnungen außer Konkurrenz eingereicht hatte (*Wallfahrt bei Sonnenuntergang; Herbstabend am See*), den halben Preis zuerkannte, war kein Versprechen auf die Zukunft. Zwar schätzte er noch in den nächsten

Jahren dessen »wunderbare Landschaften«, wie es im Tagebuch (18.9.1810) nach dem Besuch bei Friedrich in Dresden hieß, aber »in einem strengern Kunstsinne« seien sie doch »nicht durchgängig zu billigen« (*Annalen* zu 1808). Und Boisserée hörte im September 1815 angeblich gar den törichten Satz: »Die Bilder von Maler Friedrich können ebensogut auf dem Kopf gesehen werden« (G 2, 337). Es blieb nicht aus, daß Goethe sich vereinsamt vorkommen mußte, als er mit seinen Erziehungsversuchen in Sachen bildender Kunst keinen Erfolg hatte und die nur begrenzte Gültigkeit der richterlichen Urteilssprüche, die er und Meyer ausfertigten, nicht erkannte. Andererseits darf nicht übersehen werden, daß seine Abneigung aus der Sorge herrührte, Wunderglaube und Frömmelei könnten den Blick auf die Ordnungen der Natur und des Menschen vernebeln und einen Obskurantismus nähren, der wie einst den Boden für Leute vom Schlage eines Cagliostro bereitete. Erkenntnis war ihm wichtiger als Gebete, kritisches Sondieren angebrachter als gemütvolle Andacht.

Klassik und klassisch. Bedenkliche Begriffe

Was Goethe und die »Weimarischen Kunstfreunde« in jenem Jahrzehnt von etwa 1795–1805 an Ideen einbrachten, an künstlerischen Grundsätzen vertraten, an Maßstäben aufrichteten und erzieherisch zu vermitteln suchten, wird gern als ›Hochklassik‹ verbucht. Damit ist zweifellos etwas Zutreffendes erfaßt, wenn unter ›Klassik‹, gleich wann und wo sie verwirklicht wird, die willentliche Ausrichtung an ›klassischer‹ antiker Kunst verstanden wird. Besser spräche man dann freilich von ›Klassizismus‹. Die Problematik all dieser Nomenklaturen ist zu offenkundig, als daß sie breit dargelegt werden müßte. Bei den Begriffen ›Klassik‹ und ›klassisch‹ handelt es sich um Formeln, die in mehrfachem Sinn gebraucht werden. Es ist geläufig, daß ›klassisch‹ als überzeitliche *Wert-* und überzeitliche *Stil*bezeichnung dient. Mit höchstem Wert besetzt, tritt das Wort ›klassisch‹ auf, wenn es die beispielhafte, mustergültige Verwirklichung von etwas zu Gestaltendem bezeichnen soll. Zu verschiedenen Zeiten so gültig gelungene Werke können ›klassisch‹ genannt werden. Doch melden sich sofort Schwierigkeiten. Denn was der eine so bewertet, muß ein anderer nicht ebenso einschätzen. Und was jemand als mustergültige Ausformung ansieht, ist von Vor-Urteilen darüber abhängig, was er aufgrund seiner Erfahrungen und Erwartungen, seiner Sozialisation in Sachen Kunst und Literatur erfüllt sehen will. Das gilt gerade auch für die schöpferischen Künstler selbst. Wer Goethes *Meister* oder Theodor Fontanes Romane als klassische Verwirklichungen des Romans preist und vorstellt, hat es schwer, zu Joyce, Proust und anderen unbefangen Zugänge zu finden und zu öffnen. Wer Gedichte des jungen Goethe oder romantische Verse als die ›klassische‹ Verwirklichung von Lyrik ansieht: wie will er Brecht oder Heißenbüttel, Ernst Jandl oder Peter Rühmkorf begreifen und gerecht werden? Am Erwartungshorizont sollten Schilder mit der wertenden Markierung ›klassisch‹ besser nicht aufgestellt werden, auch deshalb nicht, weil die Erhebung in den Stand des ›Klassischen‹ beim breiteren Publikum die Verurteilung zur Wirkungslosigkeit, zum Zitiert-, aber Nichtgelesenwerden zur Folge hat.

Wir können jedoch nicht leugnen, daß sich ein Kanon ›klassischer‹ Werke gebildet hat. Die Etikettierung ›klassisch‹ ist ja das Zulassungszeugnis zur Sammlung der Meisterwerke. Viel haben damals in den neunziger Jahren die Brüder Schlegel für die Etablierung eines weltliterarischen Kanons beigetragen. Es besteht kein Grund, deren Bewertungen der antiken Dichter, Dantes, Cervantes', Shakespeares, Goethes und anderer einfach zu kassieren. Wichtiger als die Aneignung ihrer Urteile ist jedoch, den Voraussetzungen und Absichten nachzugehen, die die Schlegels und andere Kanonbildner zu ihren Einschätzungen kommen ließen. (Ganz davon abgesehen, daß der konvertierte Friedrich Schlegel anders richtete als der junge.)

Der *Stil*begriff ›klassisch‹ ist harmloser. Wenn man sich auf Merkmale ›klassischen‹ Stils einigt, lassen sich ›klassische‹ Formungen im Mittelalter wie im 20. Jahrhundert und zu anderen Zeiten besichtigen. Dabei ist immer die antike Kunst als Muster im Blick. Maß und Ordnung, Klarheit und strenge Linienführung sind dann mit der Bezeichnung ›klassisch‹ gemeint. Aus Arbeiten Winckelmanns, den *Propyläen* und Schriften in ihrem Umkreis ist abzulesen, was den Stilbegriff ›klassisch‹ bestimmt, auch Heinrich Wölfflins *Kunstgeschichtliche Grundbegriffe* (1915) bieten plausible Kriterien. Fazit: Um zu vermeiden, daß andere Stilprinzipien abgewertet werden, sollte das Eigenschaftswort ›klassisch‹ nur als wert*freier* beschreibender Stilbegriff benutzt werden.

Das Substantiv ›Klassik‹ beansprucht herkömmlicherweise seinen Platz als Bezeichnung für den Lebensabschnitt eines Künstlers und eine Epoche insgesamt. Unstreitig hat Goethe eine Phase durchlebt, die seine ›Klassik‹ bedeutete: Versuch und Wille zur Nachfolge jener Prinzipien, die er in der Kunst der Alten und ihrer Schüler als vorbildliche und nacheifernswerte erkannte. Bedenklich aber sind geläufige Ansichten wie: Er *überwinde* in der Begegnung mit der Antike die rein subjektive, alle Formen sprengende Dichtung des ›Sturm und Drang‹ und wende sich der Kunst der ›Klassik‹ zu, die Form und Gehalt zu einer Einheit verbinde. Begriffe wie Gestalt und Gesetz seien Ausdruck einer neuen Haltung. Ganz abgesehen von der

Tatsache, daß auch im ›Sturm und Drang‹ Form und Gehalt eine Einheit bildeten, drängt sich dem nüchternen Beobachter die Frage auf: Wieso bedeutet die Wende zum ›Klassischen‹, wie oft zu lesen ist, eine Überwindung des Früheren, wobei ›Überwindung‹ unüberhörbar positiv akzentuiert wird? Das ist ein gängiges Muster: Jugendliches Stürmen und Drängen finde endlich zur Ruhe und Abgeklärtheit. In diesem Musterangebot wird ein Erziehungsprogramm offeriert: Da Goethe diesen Weg genommen hat, ist er nachahmenswert, mehr noch: Goethes Entwicklung vom ›Sturm und Drang‹ zur ›Klassik‹ führt vorbildlich den Weg vor, den der Mensch zu gehen hat. In der Selbststilisierung aus der Sicht des Alters, im Wunsch, das eigene Leben als eine folgerichtige Entwicklung zu deuten, hat er selbst seinen ›Sturm und Drang‹ kritisiert, ungerecht gegen sich und die Gefährten der frühen Jahre. Das brauchen wir nicht nachzusprechen. Goethes ›Klassik‹ ist eine Lebensperiode, nicht mehr und nicht weniger; an ihr müssen die anderen nicht ausgerichtet werden.

Beim *Epochen*begriff ›Klassik‹ stellen sich dieselben Ungereimtheiten wie bei allen Epochenbezeichnungen ein. Um falschen Vorstellungen von geschichtlichen Entwicklungen und Phasen zu entgehen, sollte man sich der Überredungskraft vertrauter Epochennamen entziehen. Doch gehört es wohl zum geistigen Orientierungsbedürfnis des Menschen, zumal des Wissenschaftlers, ungeordnete Vielheit zu ordnen und lange zeitliche Abläufe zu gliedern. Anders ist die Mühe nicht zu begreifen, die auf die Konstitution von Epochen verwendet wird. Obgleich jeder noch so sorgfältig ausgeführten Konzeption einer Epoche mit triftigen Argumenten widersprochen werden kann, lassen wir von dem geistvoll-nutzlosen Spiel nicht ab. Als vor Jahrzehnten dem Epochenbegriff ›Barock‹ der Prozeß gemacht wurde, suchte der Romanist Erich Auerbach einen Vergleich zu erreichen. Mit diesem Begriff verhalte es sich wie mit allen Epochen- und allgemeinen Stilbegriffen: Wir haben sie nötig, um uns verständlich zu machen, und wissen zugleich, daß sie nie ganz passen.

Epochenbezeichnungen können der tatsächlichen Vielgestaltigkeit des betreffenden Zeitraums nicht gerecht werden. Immer herrscht Gleichzeitigkeit des Verschiedenen, der ein Epochenname nicht entspricht. ›Aufklärung‹, ›Sturm und Drang‹, ›Klassik‹, ›Romantik‹: die Begriffe erwecken die Illusion, es gäbe wirklich jene Epochen, zudem noch im Gänsemarsch des Nacheinander. Ein flüchtiger Blick auf die neunziger Jahre des 18. Jahrhunderts belehrt uns, daß kein Epochenname das Disparate umgreifen kann. Was ist da nicht alles aufeinandergeschichtet! Sulzers ästhetische Vorstellungen durchaus noch wirksam; Gottfried August Bürger noch dabei (wo soll *er* eigentlich untergebracht werden?); was ›Spätaufklärung‹ genannt wird, in schönster, durchaus vielfarbiger Blüte (und gar kein Grund, es von anderer Warte aus hochmütig zu verachten); Jakobiner und Liberale schreibend am Werk; Goethe und Schiller mit ihren angestrengten Bemühungen, sehr begrenzt in ihrer damaligen Wirkung; die Brüder Schlegel, Novalis, Tieck, Wackenroder, Bonaventura, August Vulpius (*der* mit seinem *Rinaldo Rinaldini* wurde gelesen), Kotzebue (*der* mit seinen Reißern wurde gespielt): alles gleichzeitig beieinander. Und an Zeitschriften gab es nicht nur die *Neue Thalia*, die *Horen*, die *Propyläen*, das *Athenäum*, sondern viele andere mit mindestens gleicher Resonanz. Und daß wir die ›großen Drei‹ (Jean Paul, Hölderlin, Heinrich v. Kleist) unter keinem Epochendach unterbringen können, demonstriert seit langem jede Literaturgeschichte. Weder können der gesamte Lebenslauf und alles Denken und Schaffen Goethes und Schillers, *der* ›Klassiker‹, mit der Chiffre ›Klassik‹ markiert noch der Titel ›Deutsche Klassik‹ dem ganzen Zeitabschnitt von etwa 1786–1805 gerecht werden. Wie die ›klassische‹ Phase Goethes nur einen Teil seines Lebens umfaßt, so ist die ›Deutsche Klassik‹ nur *eine* Strömung neben anderen zur gleichen Zeit, ist nur *eine* Theorie und Praxis von Kunst und Literatur neben anderen. Sich dessen bewußt zu sein hilft, offen zu bleiben für die unvoreingenommene Aufnahme und Einschätzung von Phänomenen, die nicht der ›Klassik‹ zugeordnet werden können, ja ihr direkt und bewußt widerstreiten. In den neunziger Jahren des 18. und den ersten Jahren des 19. Jahrhunderts erschienen zugleich mit den Arbeiten der ›Klassiker‹ Romane Jean Pauls, Dichtungen Hölderlins, Schriften der Frühromantiker, zahllose Bände der ›Unterhaltungsliteratur‹, auch Zeitschriften, Flugblätter, Gedichte und andere Werke jener Autoren, die unmittelbar auf eine radikal-demokratische Veränderung der politisch-gesellschaftlichen Zustände hinwirken wollten und die die Funktion von Literatur ganz anders bestimmten, als es Goethe und Schiller taten.

Gegen Ende des 18. Jahrhunderts gebrauchte man das Wort ›klassisch‹ zur Hervorhebung von Werken, die als vorbildlich galten, und als Gesamtbezeichnung der Kunst und Literatur der Antike. Für Goethe war, nach dem Erlebnis seiner großen Reise, auch der Boden des südlichen Landes ›klassisch‹. Er hatte »die Gegenwart des klassischen Bodens« erfahren und meinte damit im spät verfaßten *Zweiten Römischen Aufenthalt* »die sinnlich geistige Überzeugung, daß hier das Große war, ist und sein wird« (*IR* 11, 456). »Froh empfind’ ich mich nun auf klassischem Boden begeistert«, begann eine der *Römischen Elegien*, und die *Propyläen* mahnten, sich »so wenig als möglich vom klassischen Boden« zu entfernen (12, 39). August Wilhelm und Friedrich Schlegel nannten zunächst alles, was nach der Antike entstanden war, summarisch ›romantisch‹, im Unterschied zum ›klassischen‹ Altertum,

bis Friedrich, den Entwurf seiner »romantischen Poesie« als der zu entwik-
kelnden Gegenwartsdichtung konsolidierend, dieses Wort in auszeichnen-
dem Sinn für all jene Poesie benutzte, die seinen Ideen entsprach. So konnte
er sogar in der Antike ›klassisch romantische‹ Werke entdecken. Schillers
Ausdruck »Klassizität« als Titel für das dichterisch Vollkommene wurde
früher schon erwähnt, und daß in der Antike die Maßstäbe zu suchen und zu
finden seien, war für ihn sicherer Glaube. Im Aufsatz *Literarischer Sansculottismus* war Goethe zu Recht überzeugt, »daß kein deutscher Autor sich
selbst für klassisch hält« (12, 240), und an diese einleuchtende Regel hielten
sich ›unsere Klassiker‹. Sie gebrauchten das Wort ›Klassik‹, auf die eigene
Zeit und Leistung bezogen, noch nicht. Aber ›klassisch‹ blieb der Titel, den
Goethe den Meisterwerken verlieh, in denen er, auch wenn es sich um einen
Gegenwärtigen wie Alessandro Manzoni handelte, etwas von dem verwirklicht sah, was er im Umgang mit antiker Kunst begriffen hatte.

Klassizistisches Credo

Es sind wiederkehrende Wörter und Umschreibungen, in denen der bewußte
Klassizist der Phase der *Propyläen* und Preisaufgaben seine Grundansichten
sammelte, die Forderungen an den Künstler erhoben und dem Betrachter
Kriterien vermitteln sollten. In der Analyse und Interpretation der Laokoon-
gruppe nannte er viele und wandte sie an: Maß, Ordnung, Faßlichkeit,
Symmetrie, Proportion, kalkulierte Zuordnung der Figuren, damit eine
anmutige Gruppierung entstehe, klarer Umriß der Gestalten, Mannigfaltigkeit von Ruhe und Bewegung – was alles erst realisiert werden kann, wenn
der Künstler das Wesen des Gegenstands, den er gewählt, ganz erfaßt hat.
Dann wird auch der richtige Moment, der »*prägnante* Moment«, um Schiller
zu zitieren (15.9.1797), richtig gesehen und dargestellt. Nicht subjektives
Empfinden sollte sich überströmend ausdrücken, sondern erst in der ausge-
wogenen Kombination von »Tiefe des Gemüts« und »Tiefe des Gegenstands« entsteht »etwas Geistig-Organisches« (*Einleitung in die Propyläen*;
12, 42). Zum ›Klassischen‹ solcher Art gehört Distanz, aus der das Objekt
überschaut und in seinen Ordnungen und Maßen herausgearbeitet wird. In
diese Haltung zwang sich in jenen Jahren der immerfort von innerer Unrast
getriebene Dichter der *Amyntas*- und *Euphrosyne*-Elegien. Wenn er später
von Ovid meinte: »Ovid blieb klassisch auch im Exil: er sucht sein Unglück
nicht in sich, sondern in seiner Entfernung von der Hauptstadt der Welt« (M;
12, 487), dann war das auch die Maxime einer Wunschhaltung, die er sich
selbst zusprach. Im objektiv Erfaßten sollte nie nur das je Besondere

anschaulich werden, sondern im einzelnen Allgemeineres aufscheinen. Der Laokoon der Skulptur ist nach Goethe nicht mehr der trojanische Priester, sondern »es ist ein Vater mit zwei Söhnen, in Gefahr, zwei gefährlichen Tieren unterzuliegen« (12, 59).

Goethes Prinzipien hoben die Kunstwahrheit von der Naturwahrheit ab. Aber das künstlerisch Gestaltete mußte naturgemäß bleiben, durfte nicht wider die Schönheit sein, die die Natur in ihren Oberflächenerscheinungen so oft bewies. Wie wenig allerdings diese Auffassung für einen zeitlos gültigen Grundsatz taugt, mag folgende Stelle aus *Diderots Versuch über die Malerei* illustrieren. Man braucht nur an Gemälde eines Pablo Picasso zu erinnern, um die spezielle Bedingtheit der nicht verallgemeinerungsfähigen Postulate Goethes wahrzunehmen:

Jedes wohlgebildete Gesicht wird entstellt, wenn man die Nase auf die Seite biegt, und warum? weil die Symmetrie gestört wird, auf welcher die gute Bildung des Menschen beruht. Von einem Gesichte, das im ganzen verschoben ist, dergestalt, daß man gar keine Forderung einer symmetrischen Stellung der Teile an dasselbe macht, sollte gar nicht die Rede sein, wenn man auch von Kunst nur zum Scherz spräche (A 13, 209).

Wie ein markanter Abschluß der Phase strenger Besinnung auf antikische Maßstäbe präsentierte sich 1805 Goethes Beitrag zu dem von ihm bei Cotta herausgegebenen Sammelband *Winckelmann und sein Jahrhundert. In Briefen und Aufsätzen*. Briefe Winckelmanns an den Jugendfreund Berendis, der später Kriegsrat in Weimar gewesen und 1782 gestorben war, befanden sich im Besitz der Herzoginmutter Anna Amalia, und Goethe wollte sie, die ihm für die Kenntnis des Menschen Winckelmann wichtig schienen, herausgeben. Was mochte er denken, wenige Jahre nach der Verbrennung der an ihn gerichteten Schreiben, als er jetzt anmerkte: »Briefe gehören unter die wichtigsten Denkmäler, die der einzelne Mensch hinterlassen kann«? Er reicherte die Sammlung mit Arbeiten von Heinrich Meyer, Carl Ludwig Fernow und dem Hallenser Altphilologen Friedrich Wolf an. Sein eigener Aufsatz war der Versuch einer Wesensdeutung des bewunderten Erforschers der griechischen Kunst, der Entwurf einer Biographie, in dessen einzelnen knappen Kapiteln die Stationen des persönlichen Lebens, Einflüsse und Umwelt, Werke und Grundansichten beleuchtet wurden. Kurz zuvor, 1803, war die Buchausgabe des *Cellini* erschienen, und Goethe hatte seiner Übersetzung der abenteuerlichen Vita des Künstlers aus dem 16. Jahrhundert einen Anhang beigegeben, in dem er Materialien für eine eindringlichere Beschäftigung mit Zeit und Umständen, »welche die Ausbildung einer so merkwürdigen und sonderbaren Person bewirken konnten« (JA 32, 221), bereitstellte. Auch hier blieb die Ausführung »skizzenhaft, aphoristisch und fragmentarisch«, aber es zeichneten sich Leitlinien ab, nach denen eine Biographie gearbeitet werden müßte. Zeitliche Umstände, Einwirkungen anderer, der Weg der Bildung wären ebenso aufzudecken und nachzuzeichnen wie die persönlichen Lebensverhältnisse und die Charakteristika der Werke. Was Goethe im Anhang zum *Benvenuto Cellini* und im *Winckelmann*-Aufsatz methodisch entwarf und im Ansatz erprobte, kam später voll zur Geltung, als er sein eigenes Leben darstellte.

Bewunderung und Verehrung prägten die Essayskizze des *Winckelmann* von 1805. Hier war Gelegenheit, noch einmal das Credo der klassizistischen Jahre zu intonieren. »Antikes« war ein Abschnitt überschrieben, und in ihm erstand wieder das Idealbild der Alten, das der Gegenwart entgegengehalten wurde, das Bild vom vermeintlich ›unentfremdeten‹ Menschen, der mit sich selbst in schöner Übereinstimmung lebte. Die Griechen waren, so der euphorische Glaube, »wahrhaft ganze Menschen« (12, 101), denen es noch vergönnt war, »die sämtlichen Eigenschaften gleichmäßig« in sich zu vereinigen (12, 98). Glück zu genießen und Unglück zu ertragen waren sie in gleicher Weise fähig. Eine »solche antike Natur« sei in Winckelmann wieder erschienen. Nochmals umriß Goethe die Bedeutung der Kunstschönheit im Unterschied zur Natur, und er fand Sätze, in denen die ganze humanistische Würde seiner und seiner Freunde Bemühungen aufleuchtete, gesehen im Aufblick zu dem, der den Weg gezeigt hatte und dem er hier ein Denkmal setzen wollte. »Das letzte Produkt der sich immer steigernden Natur ist der schöne Mensch.« Auch die Natur kann ihn unter dem Zwang ihrer Bedingungen nur selten hervorbringen und ihm keine Dauer verleihen. »Denn genau genommen kann man sagen, es sei nur ein Augenblick, in welchem der schöne Mensch schön sei.« Hier tritt nun die Kunst auf den Plan.

Denn indem der Mensch auf den Gipfel der Natur gestellt ist, so sieht er sich wieder als eine ganze Natur an, die in sich abermals einen Gipfel hervorzubringen hat. Dazu steigert er sich, indem er sich mit allen Vollkommenheiten und Tugenden durchdringt, Wahl, Ordnung, Harmonie und Bedeutung aufruft und sich endlich bis zur Produktion des Kunstwerkes erhebt, das neben seinen übrigen Taten und Werken einen glänzenden Platz einnimmt. Ist es einmal hervorgebracht, steht es in seiner idealen Wirklichkeit vor der Welt, so bringt es eine dauernde Wirkung, es bringt die höchste hervor: denn indem es aus den gesamten Kräften sich geistig entwickelt, so nimmt es alles Herrliche, Verehrungs- und Liebenswürdige in sich auf und erhebt, indem es die menschliche Gestalt beseelt, den Menschen über sich selbst, schließt seinen Lebens- und Tatenkreis ab und vergöttert ihn für die Gegenwart, in der das Vergangene und Künftige begriffen ist (12, 103).

Der *Winckelmann*-Essay war nicht nur eine Huldigung, er war auch eine Streitschrift. Denn gegen die Grundsätze, die in den *Propyläen* als die gültigen aufgestellt und in den Weimarer Preisausschreiben angewandt waren, war nachdrücklich Einspruch erhoben worden. Friedrich Schlegel, inzwischen über das frühe Stadium seiner Griechenbegeisterung und die intellektuellen Arabesken seiner frühromantischen Theorie hinaus und schon halbwegs zur katholischen Kirche konvertiert, verkündete in den Gemäldebeschreibungen, die er in seiner Zeitschrift *Europa* (1803–1805) veröffentlichte, ganz andere Prinzipien und rühmte andere Vorbilder: christliche Kunst samt Madonnen und Märtyrern, Heiligen und Passionsdarstellungen. Im Louvre in Paris hatte er 1802/1803 christliche Gemälde gesehen, war dann mit den Brüdern Sulpiz und Melchior Boisserée seit 1804 in Köln, am Rhein und in den Niederlanden von altdeutscher Kunst zutiefst beeindruckt worden und wurde nun ihr beredter Fürsprecher. Ob sein neuer Glaube ihn besonders für diese Malerei, die immer wieder christliche Themen gestaltete, aufgeschlossen machte oder ob diese Kunst ihn ganz bekehrte, wird niemand säuberlich scheiden können. Die Kunst, schrieb er, dürfe »von der ursprünglichen Bestimmung, die sie in alten Zeiten überall hatte«, nicht abweichen, nämlich »die Religion zu verherrlichen, und die Geheimnisse derselben noch schöner und deutlicher zu offenbaren, als es durch Worte geschehen kann« (KA 4, 79). Die *Gemäldebeschreibungen aus Paris und den Niederlanden* enthielten eine fortlaufende Polemik gegen die Ansichten der »Weimarischen Kunstfreunde«. Hier provozierte den Herausgeber der *Propyläen* Seite für Seite jenes »klosterbrudrisierende, sternbaldisierende Unwesen«, das ihm zuwider war. (Später hat ihn Sulpiz Boisserée dann wenigstens eine Strecke weit der altdeutschen Kunst näherbringen können.) Deshalb bekräftigte Goethe 1805 sein nichtchristliches Kunstbekenntnis, überschrieb ein Kapitel »Heidnisches«, in dem er eine »unverwüstliche Gesundheit« wahrnahm, und bewertete Winckelmanns, des »gründlich gebornen Heiden«, Eintritt in die katholische Kirche als Anpassung, die die Verhältnisse von ihm forderten: Er mußte sich »das Maskenkleid« umhängen, wenn er auf seinem Gebiet weiterkommen wollte. Das Kapitel »Katholizismus« war eine unmißverständliche Antwort auf die Konversionen, die damals schon vollzogen waren oder sich abzeichneten: Fritz Stolberg war 1800 übergetreten, die Brüder Riepenhausen 1804, Friedrich Schlegel folgte 1808. Es war eine Flucht in den Schoß der allein seligmachenden Kirche, weil man den Entwürfen, die das Subjekt in freier Selbstbestimmung gewagt hatte (etwa in den Aphorismen des jungen Schlegel), nicht mehr traute.

Goethes Anstrengungen, die bildende Kunst seiner Zeit auf eine klassizistische Gestaltung einzuschwören, blieben, wie gesagt, ohne Erfolg. Daß auch die in ihnen wirksamen humanistischen Impulse nichts bewirkt haben, daß sie zwar zu erbaulichen Formeln geronnen, die bei wechselnden Gelegenheiten zitiert werden konnten, aber in der geschichtlich-gesellschaftlichen Realität nichts bewirkten, nichts auslösten, nichts förderten (außer unablässig fabrizierten Aufsätzen und Büchern), kann ihm nicht angerechnet werden, wenigstens nicht in pauschaler Zuweisung. Allerdings hatten er und Schiller den Tribut dafür zu zollen, daß alles, was sie über Kunst und ästhetische Erziehung vordachten, von der Realität streng geschieden bleiben sollte. Gestaltung allgemein menschlichen Verhaltens, Empfindens, Gelingens und Scheiterns, schöne Formung des wahrhaften Menschen: das war beabsichtigt, aber nicht das Eingehen auf das »Gebiet der wirklichen Welt«, auf Probleme der Zeit und ihrer Gesellschaft. Im Brief an Herder vom 4. November 1795 wußte Schiller »für den poetischen Genius kein Heil, als daß er sich aus dem Gebiet der wirklichen Welt zurückzieht und anstatt jener Coalition, die ihm gefährlich seyn würde, auf die strengste Separation sein Bestreben richtet«. »Unser bürgerliches, politisches, religiöses, wissenschaftliches Leben und Wirken« sei wie die Prosa der Poesie entgegengesetzt.

Bei all diesen Überlegungen, heute wie damals, ist die – ohnehin beweiskräftig nicht zu beantwortende – Frage ausgespart, ob Kunst und Literatur denn überhaupt so auf die »wirkliche Welt« bezogen sein können, daß eingreifende Wirkungen von ihnen ausgehen, und ob nicht, wenn schon Wirkungen angenommen werden, sie auf eine Weise vermittelt geschehen, daß ihre Spuren unkenntlich werden. Noch in der Resignation des Schlusses von Schillers *Ästhetischen Briefen* (daß der »ästhetische Staat« wohl nur »in einigen auserlesenen Zirkeln« Wirklichkeit werden könne) schwang jedoch die Hoffnung mit, daß auch die Bemühungen in den ästhetischen Bezirken irgendwann und irgendwie die »wirkliche Welt« erreichen. Ob Künstler und Autoren je ganz ohne diese Hoffnung schaffen und schreiben?

Was Goethe für die bildende Kunst wünschte, wobei er sich vornehmlich an der Skulptur orientierte, war nicht leicht auf Dichtung zu übertragen. Seine eigenen Werke beweisen es. Zwar zeigen schon die Jambenfassung der *Iphigenie* und der *Torquato Tasso* klare Linienführung, berechnete Gruppierung und Bewegung der Gestalten, einen Dialog, der auf thematische Genauigkeit und Konzentration gerichtet ist, genau gefügte Redeteile, die manchmal zu spruchhafter Prägnanz gestrafft werden. Aber der winckelmannisch ausdeutenden Beschreibung, die Goethe dem *Laokoon* widmete, würden die früheren Dramen nicht genügen können. Weder Orest noch Tasso in ihren ausbrechenden und nicht gezügelten Emotionen, weder

Thoas noch Antonio in ihrer unverdeckten Leidenschaftlichkeit fügten sich klassizistischer Bändigung. *Hermann und Dorothea* hatte, von der Strenge und Weite des Hexameters gehalten, das schöne Gleichmaß, das keineswegs spannungslos ist, und wurde deshalb im Briefwechsel der Weimaraner, als sie über die antikischen Grundsätze und die Bestimmung der Gattung nachdachten, stets als das gelungene Werk erwähnt. Ihm gegenüber konnte der *Wilhelm Meister* nicht zählen, weil schon seiner äußeren Form das Klassizistische fehlt, und Schiller mochte ihn, noch im Bann der herkömmlichen Verachtung der prosaischen Romangattung, trotz aller Bewunderung zur wirklichen Dichtung nicht recht zählen. Die Elegien des zweiten Buchs, nach dem Vorspiel der *Erotica Romana*, verwiesen da schon mit ihren antiken Versmaßen auf ihre Vorbilder, deren Nachfolge sie sich zuordneten. Aber daß *Nausikaa* und *Achilleis* Fragment blieben, bewies die Schwierigkeit, ja Unmöglichkeit, nach dem Glücksfall von *Hermann und Dorothea* weiterhin Homeride in neuer Zeit zu sein. Auch die Dramen, in denen Goethe noch einmal alle Kunst und Virtuosität in Versgestaltung und sprachlicher Versfüllung aufbot, um bestimmte Grundthemen von allgemeinem Gehalt zu modellieren und, so scheint es, geradezu exemplarisch Kriterien des *Laokoon*-Aufsatzes (wie Ruhe und Bewegung, Ideal, Anmut, Schönheit) zu entsprechen, blieben Fragment oder wirkten kaum: *Die natürliche Tochter, Paläophron und Neoterpe, Pandora* – falls es überhaupt angemessen ist, sie aus dem Blickwinkel einer klassizistischen Theorie der bildenden Künste zu betrachten.

Summa summarum: die Richtlinien für bildende Künstler waren nie und schon gar nicht auf Dauer Direktiven für die eigene dichterische Arbeit. Goethe mochte sich an sie erinnern, aber sie banden ihn nicht. Die Lizenz sprach er offen aus, wenn auch mit bedauerndem Unterton: »Leider wissen wir aus der Erfahrung, daß dem Dichter niemand seine Gegenstände suchen kann, ja daß er sich selbst manchmal vergreift« (an Schiller, 16. 12. 1797). Überhaupt ist beachtlich, wie er während der *Propyläen*-Zeit auch zum Lob von literarischen Werken bereit war, die fernab von antikischen Grundsätzen lagen. So rezensierte er 1798 in der *Allgemeinen Zeitung*, die Cotta herausgab, *Grübels Gedichte in Nürnberger Mundart* und sparte nicht mit Anerkennung. »Jedem Freunde teutscher Art und Kunst« müßten diese Dialektgedichte willkommen sein; in allen zeige sich »ein Mann von fröhlichem Gemüt und heiterer Laune, der die Welt mit einem glücklichen gesunden Auge sieht und sich an einer einfachen naiven Darstellung des Angeschauten freut« (A 14, 428 f.). Die Reminiszenz an Herders frühe Sammlung *Von Deutscher Art und Kunst* (1773) bestätigte, warum Goethe diese Gedichte empfahl: Hier sprudelte eine Quelle der Volksdichtung, die zu achten war. (Der fragwürdige Beifall am Schluß: die Gedichte hätten »die Grenzen niemals überschritten, die einem wohldenkenden und ruhigen teutschen Bürger ziemen«, gingen auf das Konto des eingefleischten Gegners politischer Unruhe und Veränderung.) 1805 kam er nochmals auf Grübels Gedichte zurück, die verdienten, »wohl neben den Hebelschen gegenwärtig genannt zu werden« (A 14, 433). Ohne Reflexion wisse der Nürnberger Klempnermeister »die Sache selbst zu geben«. Goethes Erinnerung an die Volkspoesie, ihre Kraft und Qualitäten war nicht verblaßt, wie noch andere Besprechungen bewiesen: etwa die der *Alemannische Gedichte* Johann Peter Hebels, der *Wunderhorn*-Sammlung Arnims und Brentanos, der Gedichte und Selbstbiographie Gottlieb Hillers, der Volksdichtungen fremder Völker. Die Vorstellung eines »Naturdichters« bildete sich heraus, und je mehr Goethe in kritische Distanz zur deutschen Literatur seiner Zeit geriet, die er als Produkte »forcierter Talente« disqualifizierte, um so anziehender wurde für ihn als deren Gegenpol die Poesie der »Naturdichter« (*Deutscher Naturdichter* [Anton Fürnstein], A 14, 504).

Wie heikel die Lehre vom antikischen Kunstideal in neuer Zeit war, blieb Goethe nicht verborgen. In den Überlegungen *Über den Dilettantismus*, die ihn und Schiller beschäftigten und sich in einem umfangreichen, aber nicht mehr ausgeführten Schema niederschlugen (jetzt als Beilage in NA 21), verbarg sich bei aller entschiedenen Zeitkritik viel an Selbstreflexion. Denn was Goethe beim Dilettanten anprangerte: daß er sich nicht an feste Grundsätze halte und sie streng anwende, war oft genug auch sein eigenes Problem. Und er wußte ebenfalls, daß zum gesamten kulturellen Leben einer Zeit Künstler wie Dilettanten gehören. Der Bezirk der nach durchdachten und anerkannten Grundsätzen schaffenden Künstler ist nicht alles. Zwar bleibt der Dilettant auf einer Vorstufe stehen (»Dilettantism kann nur als Eintritt in die Kunst und nie für sich selbst nutzen«), aber ein »Liebhaber der Künste« ist er allemal. Er will nicht allein betrachten und genießen, sondern auch selbst etwas schaffen. Aber: »Die Kunst giebt sich selbst Gesetze und gebietet der Zeit: der Dilettantism folgt der Neigung der Zeit« (NA 21, 60). Im Schema wurden in besonderen Spalten »Nutzen« und »Schaden« in einzelnen Kunstsparten bestimmt und gesondert. Der Kern der Kritik am Dilettantismus war der in allen Schemata durchscheinende Vorwurf, der Dilettant dringe nicht zum Wesen der Dinge vor, wie es Goethe vom »Stil« forderte, sondern bleibe im Subjektiven befangen und vermöge jenes »Geistig-Organische« eines in sich geschlossenen Kunstwerks nicht hervorzubringen. Scharf wurde die Abrechnung im Schema »Lyrische Poesie«. In der Rubrik »Schaden« wurde dekretiert: »Dilettantism kann doppelter Art seyn. Entweder vernachläßigt er das (unerläßliche) Mechanische und glaubt genug gethan zu haben, wenn er Geist und Gefühl zeigt. Oder er sucht die Poesie bloß im Mechanischen, worin er sich eine handwerksmäßige Fertigkeit erwerben kann, und ist ohne Geist und Gehalt. Beide sind schädlich, doch schadet jener mehr der Kunst, dieser mehr dem Subjekt selbst.« Solcher Existenz wurde »völlige Nullität« bescheinigt. Was in der entsprechenden Sparte an neuerer deutscher Literatur verbucht wurde, war stattlich: Musenalmanache, Journale, Geßners poetische Prosa, »Bürgers Einfluß auf das Geleyer«, »Klopstockisches Odenwesen«, Claudius, »Wielands Laxität«. Und die Folgerungen: Der neueste Dilettantismus greife auf eine reiche, kultivierte Dichtersprache zurück und wuchere mit den äußerlichen Fertigkeiten. Hier zeichnete sich in Umrissen ein Grundmuster ab, nach dem Goethe dann die deutsche Literatur seiner Zeit, zu der er keinen Zugang fand, be- und aburteilte. Im *Dilettantismus*-Entwurf steckte noch Potential der aggressiven Zeitkritik, die die *Xenien* hervorgetrieben hatte, und auch die verdeckte Sorge (oder Gewißheit?), die Kunstprinzipien der »W. K. F.« könnten an der Wirklichkeit des künstlerisch-kulturellen Lebens zuschanden werden. Goethe selbst praktizierte weiterhin unbefangen vergnüglichen Dilettantismus. Viele Gelegenheitsgedichte zeigen es, nicht nur die für das ›Mittwochskränzchen‹ 1801/1802 gereimten Verse, die er in die Gruppe der »Geselligen Lieder« aufnahm.

Was dem Kunstwerk als einmaliger, unverwechselbarer Schöpfung drohte, erkannte Goethe hellsichtig in dem (Handschrift gebliebenen) kurzen Aufsatz *Kunst und Handwerk*, der Bedenken des alten Goethe antizipierte und schon auf Walter Benjamins Analyse des Kunstwerks »im Zeitalter seiner technischen Reproduzierbarkeit« vorausweist. Was der »bloß mechanische Künstler« hervorbringt, kann tausendfach hergestellt werden, und »das Maschinen- und Fabrikwesen« der neueren Zeiten macht sich solche Fertigungsmöglichkeiten zunutze. Der »hochgetriebene Mechanismus, das verfeinerte Handwerk und Fabrikenwesen der Kunst« drohen der »wahren Kunst« und dem »wahr erregten Kunstgefühl« den Garaus zu machen.

Kommt nun gar noch die große Gemäldefabrik zustande, wodurch sie, wie sie behaupten, jedes Gemälde durch ganz mechanische Operationen, wobei jedes Kind gebraucht werden kann, geschwind und wohlfeil und zur Täuschung nachahmen wollen, so werden sie freilich nur die Augen der Menge damit täuschen, aber doch immer eben dadurch den Künstlern manche Unterstützung und manche Gelegenheit sich emporzubringen rauben (A 13, 129).

Landschaftliche Grille Oberroßla

Wir kommen wieder auf den Lebensweg Goethes zurück.

Die dritte Fahrt in die Schweiz ist die letzte größere Reise gewesen, die er unternommen hat. Gern und lang hielt er sich freilich in den böhmischen Bädern auf, manchmal Jahr für Jahr, aber das war mehr ein eingeübter Ortswechsel, den er sich gefallen ließ, keine strapaziöse Reise in ferne Gegenden, auf der immer Neues zu verarbeiten war, und die Projekte, die ihn gerade beschäftigten, konnte er während der Kuren, zwischen den erwünschten Abwechslungen, zumeist gut weiter fördern. Andere Ausflüge hielten sich in bemessenen Grenzen: nach Göttingen und Pyrmont, nach Lauchstädt, zum zweiten Spielort des Weimarer Theaters, ins Mitteldeutsche nach Halle und Magdeburg, mal nach Leipzig und Dresden. Und der Besuch der Rhein- und Maingegenden 1814/1815 war Wiederkehr in vertraute Landschaft und Umgebung. Goethe trieb nichts mehr in unbekannte Ferne. Der Neid, den er in seinen – halbironisch »beschränkt« genannten – Weimarer Verhältnissen äußerte, als sich Wilhelm v. Humboldt in der Weltstadt Paris aufhielt, kann nicht groß gewesen sein: »Indem wir nun in unserm beschränkten Zustande so fort leben, genießen Sie alles was das ungeheure Paris Ihnen täglich und stündlich anbietet, und sind deshalb nicht wenig zu beneiden« (7. 2. 1798). Nichts hinderte ihn, sich auch einen längeren Aufenthalt in Paris zu leisten. Aber Knebel hatte er schon zu Jahresbeginn geschrieben: »Man ist in einem gewissen Alter an einen gewissen Ideengang gewöhnt, das Neue was man sieht ist nicht neu und erinnert mehr an unangenehme als angenehme Verhältnisse, und ganz vorzügliche Gegenstände begegnen einem doch selten« (2. 1. 1798). Dabei wußte er genau, als er Humboldt zu einer Reise nach Spanien zuredete: »Wer einmal fremde Literaturen genießen, sich von der bewohnten Welt einen Begriff machen, über Nationen, ihren Ursprung und ihre Verhältnisse denken will, der tut wohl, manche Länder zu bereisen, um sich ein Anschauen zu verschaffen, das durch keine Lektur erregt werden kann« (26. 5. 1799). Hier bleiben Rätsel über die Seßhaftigkeit des knapp Fünfzigjährigen, die auch nicht dadurch gelöst werden, daß ›die Welt‹ ihn ja in Weimar aufsuchte und er mit seiner reiseunlustigen Mutter hätte sagen können: »Bei mich kommen sie Alle ins Haus, das war ungleich bequemer, – ja, ja, wems Gott gönnt, gibt ers im Schlaf« (23. 12. 1784).

Nach der fast viermonatigen Abwesenheit mußte er sich, seit dem 20. November 1797 zu Haus, in Weimar und Jena erst wieder einrichten. Im Mai glaubte er endlich anzufangen, sich zu finden, so habe ihn die vorjährige Reise »ganz aus dem Geschicke gebracht« (an Christiane, 25. 5. 1798). Im

Frühjahr konnte er sich einen seit geraumer Zeit gehegten Wunsch erfüllen: Er erwarb ein Gut in Oberroßla, einem Dorf nordöstlich von Weimar, in der Nähe Apoldas. Erst nach einem komplizierten Verfahren erhielt der von ihm Beauftragte am 8. März 1798 den Zuschlag für das Lehnsgut, das bereits im Sommer 1796, »an den Meistbietenden öffentlich feil gebothen worden« war (JbG 1919, 195). Es handelte sich um ein einfaches Wohnhaus, das mitten im Dorf lag, mit Scheunen und Ställen, die einen Hof von drei Seiten umschlossen. Die zugehörigen Äcker und Wiesen waren in zerstückelten Einzelteilen über die Dorfflur verteilt. Natürlich konnte Goethe die Bewirtschaftung nicht selbst übernehmen. So bestellte er einen Pächter, sicherte sich aber eine Unterkunftsmöglichkeit in den Gebäuden. Am 22. Juni wurde dem Geheimen Rat, Schriftsteller und Naturforscher das Gut übergeben, den bei seinem Erwerb auch motivierte, Christiane »eine unabhängige Existenz zu verschaffen« (5.8.1798). Deshalb der im Jahr darauf gestellte Antrag an den Herzog, das Gut zu einem freien Erblehen zu machen, was Carl August sogleich bewilligte, und Goethe leistete in aller Form den vorgeschriebenen Erbhuldigungs- und Lehnseid.

Zu Anfang war die Freude am neuen Besitz groß. In den Briefen zwischen Christiane und ihrem Mann wurde viel über Roßla gesprochen. »Eine unwiderstehliche Lust nach dem Land- und Gartenleben hatte damals die Menschen ergriffen«, hielten die *Annalen* zu 1797 fest. »Schiller kaufte einen Garten bei Jena und zog hinaus; Wieland hatte sich in Oßmannstedt angesiedelt«, das nur etwa 3 km von Oberroßla entfernt war. Herzoginmutter Anna Amalia »rustizierte« bekanntlich seit langem in Tiefurt. Der Einstand im Juni 1798 wurde zünftig gefeiert, ein kleines Dorffest organisiert und ein Festessen für 20 Personen ausgerichtet, dessen Gänge Christiane zusammengestellt hatte: »1. eine Sago-Suppe, 2. Rindfleisch mit Senf, 3. Grüne Erbsen mit jungen Hühnern, 4. Forellen oder Back-Fische, 5. Wildprets-Braten und Gänse, 6. Torte und Rührkuchen« (an Goethe, 18.6.1798). Reizvoll waren während der folgenden Zeit manche Zusammenkünfte in der ländlichen Abgeschiedenheit, mit Wieland (dem »lieben Herrn Bruder in Apoll und Genossen in Ceres«, 22.6.1798), mit Schiller, Heinrich Meyer, Kammerrat Kirms, auch Tage mit und für Christiane und Sohn August. Doch die »landschaftliche Grille« (*Annalen* zu 1798), der Goethe nachgegeben hatte und die ihn mit dörflichen Verhältnissen vertrauter als bisher machte, erwies sich auf die Dauer als eine Belastung, die nicht zu tragen war. Die Bewirtschaftung des Guts war schwierig; ein neuer Pächter mußte wegen der Unzuverlässigkeit des alten gefunden werden, und Oberroßla war zu abgelegen, als daß sich öftere Aufenthalte dort mit den übrigen Pflichten und Tätigkeiten leicht verbinden ließen. Zudem war der Ertrag gering, und da

Goethe nicht bar bezahlt hatte, wurden die Kredite lästig. Nach fünf Jahren verkaufte er 1803 sein Gut und konnte dabei noch einen kleinen Gewinn einstreichen. Wer weiß, daß sich Goethe zeitweilig jener »Lust nach dem Land- und Gartenleben« hingab und in Roßla gelegentlich zu »rustizieren« versuchte, betrachtet Naturmotive in einigen Gedichten, die damals entstanden (*Der Musensohn; Die glücklichen Gatten*, 1802), mit anderen Augen und wundert sich nicht, im Frühjahr 1801 ganz leichte, spielerische Verse im Gedicht *Frühzeitiger Frühling* zu finden (»Tage der Wonne, / Kommt ihr so bald? / Schenkt mir die Sonne, / Hügel und Wald? // Reichlicher fließen / Bächlein zumal. / Sind es die Wiesen, / Ist es das Tal?«). Die erste Strophe von *Dauer im Wechsel* (1803) läßt sich auch wie ein Abschiedsgruß an den Traum von Oberroßla lesen:

> Hielte diesen frühen Segen,
> Ach, nur *eine* Stunde fest!
> Aber vollen Blütenregen
> Schüttelt schon der laue West.
> Soll ich mich des Grünen freuen,
> Dem ich Schatten erst verdankt?
> Bald wird Sturm auch das zerstreuen,
> Wenn es falb im Herbst geschwankt.

Im August 1798 meinte Goethe, er sei fleißig, ohne viel aufweisen zu können (an Knebel, 23. 8. 1798). Wie eh und je trieb er vieles gleichzeitig nebeneinander, so daß es nicht nur Schiller vorkam, er verzettele sich. Manches brauchte lange Zeit, bis es abgeschlossen war, und so hatte er das Gefühl, nichts aufweisen zu können. Das galt besonders für die naturwissenschaftlichen Studien, denen er unentwegt nachging, jahrelang, jahrzehntelang. Ins Tagebuch trug er Stichworte wie »Farbenlehre«, »Geschichte der Farbenlehre« ein oder: »Die Materialien zur Farbenlehre nach den verschiedenen Rubriken geordnet« (9. 1. 1798). Erst 1810 erschienen die beiden großen Bände *Zur Farbenlehre* mit insgesamt fast 1500 Seiten, über die später zusammenhängend zu berichten ist.

Weiterhin im öffentlichen Dienst

Die privaten Arbeiten und Liebhabereien hätten seine Zeit ganz ausfüllen können. Doch auch öffentliche Aufgaben ließen ihn nicht los. Die Leitung des Theaters lag weiterhin in seinen Händen, der Baukommission gehörte er an, er war nach wie vor Mitglied des Geheimen Consiliums, des herzoglichen Kabinetts, und erhielt sein reguläres Gehalt, wenn er auch an den Sitzungen nicht teilnahm und von den alltäglichen Geschäften entbunden war. Immer noch war er als Berater in speziellen Fragen willkommen; Geheimrat Voigt und der Herzog holten fast stets seinen Rat ein, wenn im Land etwas in Sachen Wissenschaft und Kunst zu überlegen und zu entscheiden war. Die Sammlung der »Amtlichen Schriften« gibt wünschenswert detaillierte Auskunft (AS). Zudem übernahm Goethe verbindliche Sonderaufgaben, wie er es seit seinem Amtsantritt in Weimar gewohnt war. Alles, was in Jena an wissenschaftlichen Einrichtungen zu betreuen oder neu zu errichten war, gehörte ganz selbstverständlich in seinen Kompetenzbereich. Schon seit Jahren baute er dort ein Naturalienkabinett auf; die Bibliothek des 1782 von Göttingen berufenen Natur- und Sprachforschers Christian Wilhelm Büttner, eines Originals mit Sammelleidenschaft, versuchte er für Jena zu erwerben, und nach Büttners Tod 1801 sichtete und ordnete er dessen Nachlaß. »Von einer solchen Gerümpel-Wirthschaft hat man gar keinen Begriff; so sind z. B. ein halb Dutzend Dreh-Orgeln und Hackebretter, die auch durch Walzen bewegt werden, unter dem Zeuge« (an Christiane, 22.1.1802). »Antike Kleinigkeiten, physikalische Spielereien« gehörten ebenfalls dazu. Im Briefwechsel zwischen Goethe und Voigt ist zu verfolgen, mit welcher Mühe diese Bücherliebhaber die Ordnung und den Aufbau der Jenaer Bibliotheksbestände förderten. Zusammen mit Voigt betreute Goethe ferner das Botanische Institut, und beide waren seit Ende 1797 für Bibliothek und Münzkabinett in Weimar und die herzogliche Bibliothek in Jena offiziell verantwortlich. 1803 kam die Oberaufsicht über das Museum in Jena hinzu, dessen medizinisch-naturwissenschaftliche Sammlungen sich laufend vermehrten. Sie befanden sich im Schloß, und Johann Georg Lenz, der Vorsitzende der »Mineralogischen Sozietät«, zu deren Ehrenmitglied Goethe 1798 ernannt wurde, war ihr Kustos. 1809 wurden die einzelnen Institutionen verwaltungstechnisch besser koordiniert und gehörten seit 1815 zur »Oberaufsicht über die unmittelbaren Anstalten für Wissenschaft und Kunst in Weimar und Jena«, jenem neu geschaffenen Ressort, das auf die Kompetenzen Goethes zugeschnitten war. Christian Gottlob Voigt und Goethe übernahmen weiter 1812 die Gesamtinspektion der neuen Sternwarte und der 1816 gegründeten Tierarzneischule.

Dem Geheimen Consilium gehörten zu Anfang der neunziger Jahre immer noch dieselben Mitglieder wie vor Goethes italienischer Reise an. Vorsitzender war der Wirkliche Geheime Rat Jacob Friedrich Freiherr v. Fritsch mit dem Titel Exzellenz. Die zweite Stelle besetzte Christian Friedrich Schnauß, die dritte Goethe, und an vierter rangierte Johann

Christoph Schmidt. Die Arbeitsweise änderte sich nicht entscheidend, außer daß der Herzog sich vorbehielt, einzelne Räte unabhängig von ihren Geschäftsbereichen im Conseil zu speziellen Fachreferaten zu sich zu beordern, so daß – entgegen früherer Gepflogenheit – manche Räte erst nachträglich von den Entscheidungen, die der Souverän fällte, Kenntnis erhielten. Damit blieb dem Consilium oft nur die Erledigung der laufenden Geschäfte. Den älteren Mitgliedern (wie Fritsch und Schnauß) mißfiel diese Verfahrensweise durchaus, aber Carl August hatte wohl Gründe, den Vortrag eines seiner Minister »extra ordinarie« zu bevorzugen. Er konnte auf diese Weise straffer regieren (was bei seiner häufigen Abwesenheit von Weimar bisweilen Komplikationen mit sich brachte), und vielleicht wirkte er so auch dem Mangel an Verschwiegenheit entgegen, der in dem kleinen Land, wo alle Beamten sich kannten und oft freundschaftlich oder gar verwandtschaftlich verbunden waren, schwer einzudämmen war. Daß Goethe so früh und schnell seine Sonderstellung erhielt, hing auch damit zusammen, daß er mit niemandem und nichts im Herzogtum verbunden und verfilzt war.

In die Rolle des entscheidenden Ratgebers und maßgeblichen Ministers wuchs in den neunziger Jahren mehr und mehr Christian Gottlob Voigt hinein. Er war lange im weimarischen Staatsdienst gewesen, als Amtmann in Allstedt, dann als Regierungsrat in der Weimarer Regierung, war 1783 Geheimer Archivar geworden, und Goethe lernte ihn als einen besonders kenntnisreichen und engagierten Mann kennen, den er als Mitarbeiter an sich zog. Seit 1783 arbeiteten sie zusammen in der Bergwerks-, seit 1785 in der Ilmenauer Steuerkommission. Es war ein glückliches Ereignis für beide, daß sie zu gemeinsamer Tätigkeit zusammenfanden. Eine lebenslange Beziehung entstand, für die Bezeichnung Freundschaft oder Kollegialität nicht passen will; denn es war weniger als das eine und mehr als das andere. Distanzierter Respekt, vor allem von seiten Voigts, blieb immer gewahrt, und sich später mit »Ew. Exzellenz« zu titulieren war beiden geläufig. Aber in Tagen und Stunden der Not und schwieriger Überlegungen bewährte sich eine Verbundenheit, die sich in der gemeinsamen Hingabe an sachliche Aufgaben gebildet und gefestigt hatte und in der sich persönliche Vertrautheit helfend und stärkend entfaltete. Nicht zwei Künstler verkehrten hier miteinander, sondern zwei Männer, die verantwortliches öffentliches Wirken als ihre Pflicht ansahen und sich dabei in politischen Grundanschauungen nahe wußten; sonst wären sie auf ihren Plätzen in Weimar nicht geblieben. So sehr Goethe seit Italien der eigentümlichen Wahrheit der Kunst nachspürte, verlor er doch nie die Beziehung zur Region praktischer Tätigkeit, ja künstlerisches Wirkenwollen war für ihn, wie die *Propyläen* und dann die Zeitschrift *Über Kunst und Altertum* (1816ff.) zeigten, öffentliche Praxis mit anderen

Mitteln. Der Briefwechsel zwischen Goethe und Voigt, in vier umfangreichen Bänden gesammelt und hervorragend kommentiert (GVB), reicht von 1784 bis 1819. Noch auf dem Totenlager schrieb Voigt mit zittriger Hand auf ein Blatt: »Grausamer Gedanke ein letztes Wort an Göthe Ach lieber Göthe, wir wollen doch innig zusammenleben« (21.3.1819). Und der Betroffene antwortete: »Daß Sie in diesen heiligen Augenblicken von dem Freunde Ihres Lebens Abschied nehmen ist edel und unschätzbar. Ich aber kann Sie nicht loslassen!« (21.3.1819)

1791 wurde Christian Gottlob Voigt Mitglied des Conseils und 1794 zum Geheimen Rat ernannt. Er war für Goethe der Ansprechpartner im Kabinett, über den er immer Einfluß zu nehmen vermochte, und Voigt wußte, mit wem er sich, oft ganz kurzfristig, beraten konnte. Die Arbeitslast, die er auf sich nahm, als andere Mitglieder des Consiliums krank oder verhindert waren, war groß, und sie verstärkte sich noch, als im Dezember 1797 Schnauß starb und Freiherr v. Fritsch zum 1. April 1800 in den Ruhestand versetzt wurde. Manche dachten damals, Goethe würde, nun ältester und einziger adliger Geheimer Rat, Fritschs Nachfolger im Vorsitz werden, doch er unterzog sich der Routinearbeit des Gremiums nicht mehr. Repräsentationspflichten aber kam er nach, so beim Ausschußtag der Stände in Weimar. Im Tagebuch notierte er zwischen dem 17. Mai und 27. Juni die Termine, die er wahrnahm. Er war öfter offiziell »bei Hof« und hatte am 23. Mai »mittags die Landstände zu Tische«. Ende 1801 wurde Freiherr v. Wolzogen, der die Verhandlungen wegen der Heirat des Erbprinzen Carl Friedrich mit der russischen Großfürstin Maria Pawlowna in Petersburg geführt hatte, ins Conseil beordert und 1803 auch Geheimer Rat; keine wirkliche Hilfe für den überlasteten Voigt, da Wolzogen sich viel um Angelegenheiten des jungen Paars kümmerte. Am 13. September 1804 wurden, um auch dies zu vermerken, alle Geheimen Räte zu Wirklichen Geheimen Räten befördert und erhielten das Prädikat Exzellenz, das seitdem auch die Schreiben an Goethe zierte. Eine Zeitlang, von 1802–1806, war zur Unterstützung noch der Geheime Assistenzrat Christian August Thon, ein nicht ganz gesunder Mann, dem Consilium zugeordnet, aber Voigt war im Grunde für alles verantwortlich, zumal Rat Schmidt an Altersschwäche litt und seit Mai 1805 zu den Sitzungen nicht mehr erschien. So klagte Voigt am 6. Juni 1806 dem gothaischen Kollegen v. Franckenberg: »Ich bin doch recht unglücklich mit meiner Collegenschaft. *Thon* hypochondrisirt noch bis 1. Julius, *Schmidt* ist worden wie der Kinder eines, um ins Himmelreich zu kommen – *Göthe* schwingt sich über das Terrestrische und braucht seinen perpetuirlichen Urlaub zu Arbeiten und Unterhaltung seines eignen Geistes« (AS II 99f.). Mit Napoleons Sieg über die Preußen in der Schlacht bei Jena und Auerstedt am 14. Oktober 1806, die den Krieg auch nach Weimar hineintrug und deren Folgen das Herzogtum des preußischen Generals Carl August aufs äußerste bedrohten, ging die zehnjährige Friedenszeit des ›klassischen‹ Weimar zu Ende, während der Christian Gottlob Voigt in der Tat der wichtigste Staatsmann unter seinem herzoglichen Souverän gewesen ist.

Goethe gab seine Stellungnahmen zu offiziellen und halboffiziellen Fragen, um die er gebeten wurde oder zu denen er sich äußern wollte, in förmlichen Berichten oder Briefen ab, wobei auch einzelne Passagen in Schreiben an Voigt und Carl August als Voten zu betrachten sind, und eine Vielzahl entsprechender Gespräche ist im Tagebuch vermerkt. Von besonderem Interesse dürfte ein Gutachten sein, das Goethe im April 1799 verfaßte. Professor Fichte in Jena war am 1. April vom Herzog entlassen worden. Eine unliebsame Publikation, in der man atheistische Gedanken zu erkennen meinte, hatte Aufsehen erregt und die finanziellen Mitträger der Universität, wie den Herzog von Gotha, aufgebracht. Am 15. April formulierte Goethe, »gleichsam aus dem Stegreife«, eine Expertise über Probleme der Zensur. Sie begann:

Der Conflict zwischen den Autoren, welche eine unbedingte Freyheit der Presse fordern und den Staatsverwesern, die solche nur mehr oder weniger zugestehen können, dauert seit Erfindung der Buchdruckerkunst und kann niemals aufhören.

Da sich voraussehen läßt daß in der nächsten Zeit die Schriftsteller ihr angemastes Recht immer weiter auszudehnen, die Gouvernements aber dasselbe immer mehr einzuschränken suchen werden, woraus denn nothwendig heftige Collisionen entstehen müssen; so ist es wohl Pflicht darüber nachzudenken: ob nicht in dem Kreise in welchem man lebt und wirkt dem Uebel vorgebeugt werden könnte (AS II 612).

Für den Gegner von Unruhe und Umsturz war es logisch, dem »Gouvernement« zu geben, was es zur Aufrechterhaltung von Ordnung und Ruhe dachte fordern zu müssen. Aber dem Schriftsteller Goethe lag auch daran, dem freien Forschen und Publizieren einen möglichst großen Freiraum zu sichern. So suchte er einen Mittelweg und schlug für Weimar, »wo bisher keine Censur eingeführt war«, vor, die Druckereien sollten kein Manuskript übernehmen, »das nicht von drey in fürstl Diensten stehenden Personen unterzeichnet sey«. Diesem Dreierkollegium sollte auch der Autor selbst, wenn er ein einheimischer Gelehrter war, angehören dürfen, so daß gemeinsam überlegt werden könne, ob ein Manuskript »denn auch öffentlich erscheinen kann und soll«. Goethe erwartete, daß auf diese Weise »ein allgemeines Censorat« entstehen könnte. Als Norm der Beurteilung hätte zu gelten: »daß nichts gedruckt werden solle was den bestehenden Gesetzen und Ordnungen zuwider sey«. Über Dichtungen, die vielleicht unter speziellen Gesichtspunkten zu betrachten und denen besondere Lizenzen einzuräumen wären, sprach das Gutachten nicht. Der Schlußsatz aber wies auf den mittleren Weg, den der Geheime Rat eingeschlagen sehen wollte. Er wünschte, »daß wir, die wir bisher in den Ruf der größten Liberalität gestanden, auch diese Liberalität in einer nöthigen Einschränkung zeigen mögen« (AS II 615). Daß Goethe überhaupt den Gedanken einer Zensur erwog, war wohl auch in der Grundüberzeugung vom Verhältnis von Toleranz und Intoleranz mitbegründet, die er beiläufig fünf Jahre später (in der Besprechung der *Lyrischen Gedichte* von Johann Heinrich Voß) erwähnte. »Sollte man zu jener scheinbar gerechten, aber parteisüchtig grundfalschen Maxime stimmen, welche, dreist genug, fodert, wahre Toleranz müsse auch gegen Intoleranz tolerant sein? Keineswegs! Intoleranz ist immer handelnd und wirkend, ihr kann auch nur durch intolerantes Handeln und Wirken gesteuert werden« (A 14, 201). Jeder Leser heute weiß, wie aktuell dieses Problem geblieben ist und bleiben wird. Goethes Zensurgutachten hat keine Folgen gehabt; es ist ein Aktenstück geblieben. Erst später, als nach 1815 Journalisten die Pressefreiheit im Großherzogtum Weimar voll auszunutzen suchten, wurde die Frage wieder akut, wie und ob man eingreifen könne und solle.

Sorgen um Jena

Viele Male hatte sich Goethe seit den neunziger Jahren um die Universität Jena zu bemühen und zu sorgen. Eigentlich geschah das aus eigenem Antrieb; denn er war nicht offiziell für Hochschulfragen zuständig, sofern er nicht zusammen mit Voigt die Oberaufsicht über die vorhin genannten Einrichtungen innehatte. Erst seit 1815 unterstanden alle Anstalten seinem speziellen Ressort. Aber seine Autorität und Kompetenz in kulturellen Dingen verschafften ihm großen Einfluß, zumal er zu dem seit 1797 für alle Hochschulfragen zuständigen Minister Voigt engen Kontakt hielt. Früher schon hatte er bei Berufungen ein wichtiges Wort mitgesprochen, und die Reihe bekannter Persönlichkeiten ist lang, die damals für kürzer oder länger an der 1558 gegründeten Akademie wirkten, oft unter miserablen materiellen Bedingungen. Für manche war »Saal Athen«, wie die Studenten ihre Stadt im Saaletal feierten (AS II 262), nur eine Durchgangsstation in jungen Jahren, der Ruhm kam später. Schiller, Fichte, Schelling, die Schlegels, Hegel, Heinrich Eberhard Paulus, Christian Gottfried Schütz, Heinrich Carl Eichstädt, Heinrich Luden haben dort als Philosophen, Philologen, Theologen und Historiker doziert, Justus Christian Loder, August Johann Batsch,

Christoph Wilhelm Hufeland, Johann Wolfgang Döbereiner, Lorenz Oken als Naturwissenschaftler und Mediziner geforscht, und Goethe hat sich von ihnen belehren lassen. Was immer in Weimar über die Jenaer Universität beschlossen wurde, mußte mit den anderen Unterhaltsträgern (»Nutritores«) abgesprochen werden, mit Sachsen-Gotha-Altenburg, Sachsen-Meiningen und Sachsen-Coburg-Saalfeld, ein oft schwieriges Verfahren, weil die Weimarer Liberalität beargwöhnt wurde.

Überhaupt brachten Goethe die Jenaer Angelegenheiten nicht nur Freude. Die studentischen Sitten waren von Unsitten durchwuchert; Trinkfestigkeit galt oft mehr als Studierfähigkeit, und Duelle und Prügeleien der in Orden zusammengeschlossenen Studenten gehörten zum akademischen Umgang. Die »Amtlichen Schriften« zeigen, daß Goethe einige Male mit einschlägigen Vorkommnissen zu tun hatte. »Philosophische Köpfe«, wie sie Schiller in seiner berühmten Antrittsvorlesung im Unterschied zum »Brotgelehrten« wünschte, waren rar. Als Anfang der neunziger Jahre die Studenten selbst Reformversuche in die Wege leiteten, indem sie eigenverantwortlich durch Ehrengesetze und in Ehrengerichten das studentische Verhalten beeinflussen und kontrollieren wollten, wünschten sie Goethes Beteiligung an der Reformarbeit. Denn sie wußten, wie er sich 1790 dafür eingesetzt hatte, daß nach Zusammenstößen zwischen Studenten und militärischen Ordnungshütern Recht gesprochen und das Militär wegen Übergriffen zur Rechenschaft gezogen wurde. »Reell«, meinte der gutachtende Minister Goethe am 12. März 1790, »wird die Satisfaction seyn müßen die man ihnen [den Studenten] giebt« (AS II 178). Anfang 1792 gab er also das erforderliche Votum ab, das sehr wohl die Eigenverantwortlichkeit der Studenten bejahte, aber ebenfalls die Situation nach der Französischen Revolution ins Kalkül zog, deren Ideen auch nach Jena herüberwehten. Reformen sollten auch zur Beruhigung von wirklichen oder vermeintlichen Hitzköpfen beitragen. Dennoch ist der Reformwille Goethes in seinem Gutachten (AS II 204 ff.) nicht zu übersehen: »Man gebe vernünftigen jungen Leuten einen schicklichen Antheil an der Beurtheilung einzelner Fälle, und man wird von diesem Punct aus ein neues Licht über die ganze Akademie sich verbreiten sehen.« Doch wurde aus allen Vorschlägen nichts, obwohl sie obrigkeitsstaatlich ausgerichtet waren. In Frankreich die Revolution und in Jena begrenzte Mitbestimmung der Studenten in ihren Angelegenheiten: das ging dem Herzog offensichtlich zu weit. Es kam im Sommer 1792 zu neuen Unruhen in Jena, etwa 500 Studenten ›emigrierten‹ sogar und wollten sich in Erfurt, das zu Kurmainz gehörte, immatrikulieren. Das war bedenklich für eine Universität, die auf die Gelder der Studierenden angewiesen war. Wieder hatte Goethe erheblichen Anteil daran, daß der Konflikt beigelegt wurde und die Ausgewanderten, nun triumphierend, nach Jena zurückkehrten.

Es war gewiß weniger die Absicht, reformerische, gar unruhestiftende Ideen nach Jena zu verpflanzen, als vielmehr der Wunsch, vielversprechende attraktive Gelehrte an die Akademie zu holen, daß Goethe für die Berufung Johann Gottlieb Fichtes eintrat. Risiken waren bei solcher Berufungspolitik hinzunehmen. Als »Kühnheit, ja Verwegenheit« möchte es dem *Annalen*-Schreiber später nach allem, was sich ereignet hatte, erscheinen, den entschieden fortschrittlich denkenden Verfasser der *Zurückforderung der Denkfreiheit von den Fürsten Europas* und des *Beitrags zur Berichtigung der Urteile des Publikums über die Französische Revolution* (1793) als Nachfolger des nach Kiel wechselnden Kantianers Reinhold geholt zu haben (1794). Fichte hatte Zulauf, seine Vorlesungen faszinierten die Hörer, und Strenge und Konsequenz seines Denkens wirkten studentischer Lässigkeit entgegen. Mit Goethe bahnte sich guter Kontakt an; gemeinsam gingen sie noch im Frühjahr 1797 abends stückweise »eine neue Darstellung seiner Wissenschaftslehre« durch (an H. Meyer, 18. 3. 1797), deren steilen Höhenflug von den »Tathandlungen« des Ich (des Inbegriffs von Geist und Wille), das sich selbst und ein Nicht-Ich setzt, sicherlich nicht nachvollziehen konnte, wer im Juli 1799 in sein Tagebuch schrieb: »Die Erfahrung nötigt uns gewisse Ideen ab. Wir finden uns genötigt der Erfahrung gewisse Ideen aufzudringen.« Spöttisch-witzelnde Bemerkungen konnte Goethe, der an Fichte, dem »wunderlichen Kauz«, die Fähigkeit zu »Gespräch und Mitteilung« schätzte (an F. H. Jacobi, 2. 2. 1795), denn auch nicht unterdrücken, als Studenten dem Philosophen nach alter schlechter Sitte einmal die Fensterscheiben eingeworfen hatten: »Sie haben also das *absolute Ich* in großer Verlegenheit gesehen, und freilich ist es von den Nicht-Ichs, die man doch *gesetzt* hat, sehr unhöflich, durch die Scheiben zu *fliegen*« (an C. G. Voigt, 10. 4. 1795).

Über Verdächtigungen, die auf Fichtes angeblichen Jakobinismus zielten und schon bald nach seiner Berufung laut wurden, gingen Voigt und Goethe souverän hinweg. Ihnen genügte es, daß der neue Professor die Beschuldigungen zurückwies. Auch dessen Wunsch, an Sonntagen außerhalb der Kirchzeiten Vorlesungen zu halten, wurde vom Herzog erfüllt, nachdem Bedenken, die gottesdienstliche Ordnung würde gestört, ausgeräumt waren. An Angriffen auf Fichte fehlte es auch in den folgenden Jahren nicht. Schwierig wurde die Lage im Herbst 1798. Im Jenaer *Philosophischen Journal*, das er mit Niethammer herausgab, erschienen der Aufsatz eines seiner Schüler über die *Entwicklung des Begriffs der Religion* und sein eigener komplementärer Beitrag *Über den Grund unseres Glaubens an eine göttliche Weltregierung*. Obwohl Fichte Religion im Glauben an eine übersinnliche moralische Weltordnung begründet sah, zog er sich den Vorwurf des Atheismus zu, den nur erheben konnte, für den Religion mit dem Glauben an einen persönlichen Gott dogmatisch verbunden war. Der ›Atheismusstreit‹ eskalierte. Kursachsen wurde vorstellig und forderte von den Trägern der Universität Jena geeignete Maßnahmen gegen die ›atheistischen‹ Umtriebe, andernfalls dürften Landeskinder die Jenaer Akademie nicht mehr besuchen. In den Weihnachtstagen 1798 berieten sich Voigt und Goethe mehrfach. Der Herzog war über die neuerlichen Querelen tief verstimmt und machte seinem Unmut in zwei Schreiben an Voigt vom 26. Dezember Luft (JbG 1926, 24 f.), von denen eines seine Verärgerung über Goethe in vollen Registern intonierte. Goethe sei »ordentlich kindisch über das alberne critische Wesen« der Philosophie und finde einen solchen Geschmack daran, daß er »den seinigen sehr darüber verdorben« habe. Doch der nahm den Zorn seines Herrn gelassen hin und plädierte dafür, »der ruhigen Gerechtigkeit gemäß zu verfahren« (an Voigt, 26.12.1798), was bedeutete, die Verteidigung des attackierten Fichte abzuwarten. Möglicherweise hätte sich alles noch einmal regeln lassen, wenn dieser nicht am 22. März 1799 einen ungeschickten und ganz und gar undiplomatischen Brief an Geheimrat Voigt geschrieben hätte. In ihm verwies er zum einen auf Herder, »dessen publizierte Philosopheme über Gott dem Atheismus so ähnlich« sähen wie ein Ei dem anderen; der aber würde nicht zur Verantwortung gezogen. Dann annoncierte er seine Kündigung, falls er einen Verweis erhalten sollte, und schließlich prophezeite er den Weggang gleichgesinnter Freunde, die in der Verletzung seiner Lehrfreiheit auch die ihre als mitverletzt betrachten würden. Jetzt spitzte sich die Lage zu. Voigt und Goethe gingen zu Fichte auf Distanz, weil sie den anmaßenden Brief als eine Nötigung betrachteten, berieten weiterhin und suchten Formulierungen für den Erlaß an die Universität, die sowohl die Kritiker Fichtes zufriedenstellten als auch Schärfe vermieden und negative Weiterungen für die Lehrfreiheit ausschlossen. Niethammer und Fichte sollte ihre »Unbedachtsamkeit« vorgehalten werden, und von allen akademischen Lehrern wurde erwartet, »daß sie sich solcher Lehrsätze, welche der allgemeinen Gottesverehrung widerstreiten, in ihren Vorträgen enthalten« (in: J. G. Fichte, *Briefwechsel*, 1925, II 116). Der Herzog war indessen nicht mehr davon abzubringen, den aufmüpfigen Professor zu entlassen. Es hatte noch einen Versuch Fichtes gegeben, seinen harschen Brief zu entkräften, aber es war nichts mehr einzurenken.

Fraglos bedeutete das Vorgehen gegen Fichte, das wegen der ungerechtfertigterweise als atheistisch verrufenen Publikation erfolgte, einen Eingriff in die Lehrfreiheit, und beim Herzog schlug der Haß auf alle, die mit der

Revolution sympathisiert hatten, durch, als er in jenem Brief an Voigt darauf verwies, er habe »das saubere Buch«, »das ihn dazumal berühmt machte« (1793), leider nicht gekannt, mit dem sich Fichte als »Revolutionist« demaskiert habe. Dann: »Menschen, die nicht wissen, was sie der allgemeinen Schicklichkeit zuliebe verschweigen oder wenigstens nicht öffentlich sagen sollen, sind höchst unbrauchbar und schädlich« (JbG 1926, 24). »Schicklichkeit« war und ist immer das, was die Herrschenden dafür ausgeben und gewahrt wissen wollen, damit ihre Macht keinen Schaden nehme. Zweifelsfrei ist aber auch, daß Goethe, ständig mit Voigt die unerquickliche Angelegenheit beratend, zu retten versuchte, was zu retten war, bis dann Fichte seinen auftrumpfenden Brief schrieb, der zwar verständlich, aber, wie die Dinge nun einmal lagen, auch höchst ungeschickt war. – Später erkundigte sich Goethe bei Zelter gelegentlich nach Fichte, der 1811 der erste gewählte Rektor der Berliner Universität wurde. Als sich beide im Sommer 1810 in Teplitz begegneten, war der alte Ärger längst verraucht. »Nachher bei Fichte Abschied«, verzeichnet das Tagebuch am 11. August. Dessen *Reden an die deutsche Nation*, 1807/1808 in der Berliner Akademie gehalten, dürften ihm, falls er sie kannte, allerdings gründlich mißfallen haben mit ihrem Wahn von den Deutschen als einem »Urvolk«, ihrer vergiftenden Überheblichkeit, daß nur der Deutsche »wahrhaft ein Volk« habe und »nur er der eigentlichen und vernunftgemäßen Liebe zu seiner Nation fähig« sei, mit ihrem Raunen von der »ewigen Ordnung der Dinge«, die »Einmischung und Verderbung durch irgendein Fremdes« untersage (8. Rede), mit ihrer Diffamierung, »daß der Deutsche eine bis zu ihrem ersten Ausströmen aus der Naturkraft lebendige Sprache redet, die übrigen germanischen Stämme eine nur auf der Oberfläche sich regende, in der Wurzel aber tote Sprache« (4. Rede). Wie hätte der Liebhaber der Weltliteratur solchem Ungeist, der kaum durch die Notlage der deutschen Nation unter französischer Herrschaft zu entschuldigen war, zustimmen können? In Goethes *Annalen* erschien der Name Fichte seit 1803 nicht mehr.

Kurz nach der Jahrhundertwende geriet die Universität Jena in eine schwere Krise, und Goethe wurde mit Sorgen überhäuft. Viele Professoren verließen die Akademie und nahmen Angebote an, die sie von andern Hochschulen erreichten, wo die Konditionen besser waren. Wieweit die Maßregelung Fichtes (dem entgegen seiner Prophezeiung keine Kollegen gefolgt waren) bei der Abwanderung noch nachwirkte, ist schwer abzuschätzen. Gravierender dürften die unablässigen Streitereien unter den Professoren gewesen sein, bei denen sich ein ganzes Syndrom von Neid, Rangsucht, Konkurrenzdenken und Minderwertigkeitskomplexen auswirkte. Bei der teilweise sehr schlechten Besoldung war es allerdings verständlich, daß Rufe auf besser dotierte Stellen eine große Verlockung bedeuteten. Der Aderlaß war besorgniserregend; Jena drohte an Ansehen erheblich einzubüßen. Der Mediziner Christoph Wilhelm Hufeland war gegangen (*Annalen* zu 1803), der Jurist Hufeland zog fort, ebenso Loder (der zudem noch, entgegen einer Absprache, alle seine Sammlungen mitnahm), der Altphilologe Schütz, der Theologe Paulus, auch Schelling, der im Spätsommer 1803 Würzburg wählte. Der bedeutende Botaniker Batsch war bereits 1802 gestorben. Am schlimmsten war, daß Schütz, der Herausgeber der *Allgemeinen Literatur-Zeitung*, die seit 1785 bestand, als fast täglich erscheinendes Rezensionsorgan internationale Geltung besaß und Jenas Ruhm verbreitete, sein Journal mit nach Halle nahm. Goethe begann eine fieberhafte Tätigkeit, um den Schaden geringzuhalten. Ohne eine ALZ hätte die Jenaer Akademie ihre Reputation vollends eingebüßt. Tatsächlich gelang es ihm, eine neue Zeitschrift für Besprechungen aus allen wissenschaftlichen Gebieten ins Leben zu rufen und profilierte Mitarbeiter zu gewinnen. Seit 1804 erschien sie unter dem Namen *Jenaische Allgemeine Literatur-Zeitung*. Der tüchtige Redakteur Heinrich Carl Abraham Eichstädt, zunächst Schützens Mitarbeiter, dann Nachfolger auf dessen Lehrstuhl, arbeitete unter Goethes langjähriger intensiver Einflußnahme vorzüglich, und das angesehene Blatt hielt sich bis 1841. Es wurde verständlicherweise auch das Organ, in das Goethe eine Reihe wichtiger Rezensionen einrückte, um seine Auffassungen publik zu machen. Geldgeber war anfangs übrigens ein gewisser Kommissionsrat Carl Gottlob Samuel Heun, der unter dem Pseudonym Heinrich Clauren Unterhaltungsliteratur auf den Markt brachte und mit seinem Roman *Mimili* (1816) die Herzen seiner Leserinnen zu rühren wußte.

Weimarer Bildungstheater

Der Theaterdirektor Goethe säumte in all diesen Jahren nicht. Zwar gab es Phasen, in denen er die Zügel etwas schleifen ließ, weil ihn anderes mehr interessierte oder stärker beanspruchte. Aber er trug die Verantwortung, und es ist beeindruckend zu sehen, mit welchem Gespür für ausgewogene Abwechslung er ein Programm aufstellte, das unterhaltsam leichten Stücken und gewichtigen musikalischen und dramatischen Werken Raum ließ. Mozarts Opern hatten auf der Weimarer Bühne einen festen Platz. *Die Entführung aus dem Serail* wurde am 13. Oktober 1791 zum erstenmal gegeben, und es war dieses Werk von 1782, das Goethe zunächst nicht beeindruckte, vor dem ihm seine eigenen Versuche im Singspiel mit den Kompositionen Kaysers und Reichardts belanglos wurden; die *Entführung* »schlug alles nieder« (*IR* 11, 437). Zur Inszenierung des *Don Giovanni* (Premiere in Weimar am 30. Januar 1792) liegen von Goethe unterzeichnete detaillierte Regieanweisungen vor. *Die Hochzeit des Figaro* ging zuerst am 24. Oktober 1793, *Die Zauberflöte* am 1. Februar 1794, *Cosi fan tutte* am 10. Januar 1797 über die Bühne. *Titus* folgte 1799. Ein wahrhaft imponierender Mozart-Zyklus noch zu Lebzeiten des Komponisten und kurz nach seinem Tode! *Die Zauberflöte* ist bis 1817 in Weimar über achtzigmal wiederholt worden. Christiane, die Theaterliebhaberin, sah und hörte sich die Oper am 6. April 1799 zum dreißigsten Mal an.

1795 begann Goethe sogar, eine Fortsetzung zu dichten: *Der Zauberflöte zweiter Teil* (JA 8, 291 ff.), von der jedoch in den nächsten Jahren nur etwas mehr als der erste Akt vollendet wurde. Dennoch brachte er das Fragment in Wilmans' Taschenbuch auf das Jahr 1802 zum Druck; eine Huldigung an Mozart. Aber vielleicht hatte er auch schon erkannt, daß das Symbolspiel des Zauberflötengeschehens nicht mehr weiterzuführen war; vielleicht sammelten sich bereits in seiner dichtenden Phantasie die bedeutenden Sinnbildkomplexe des *Faust II* und ließen die *Zauberflöte* hinter sich. Als er dem Wiener Komponisten Paul Wranitzky ein Libretto für die Fortsetzung ankündigte, umriß er seine Absicht: »Ich habe gesucht, für den Komponisten das weiteste Feld zu eröffnen, und von der höchsten Empfindung bis zum leichtesten Scherz mich durch alle Dichtungsarten durchzuwinden« (24.1.1796). Man könne »ohne Übertreibung, da man das erste Stück schon vor sich hat, die Situationen und Verhältnisse steigern«. Das gibt auch das Fragment zu erkennen: Vielfalt der Textformen; lockere Heiterkeit in der Papageno/Papagena-Handlung, die mit wörtlichen Anklängen, fast parodierend, auf Schikaneders Mozart-Libretto anspielt; schwerer Ernst bei Tamino und Pamina, die um ihr Kind bangen; finsterer Haß und Rachegelüste bei Monostatos und der Königin der Nacht; ruhige Würde im Reich Sarastros. Goethes Wunsch, die Situationen und Verhältnisse zu »steigern«, hieß, die in der *Zauberflöte* angelegten Konstellationen nachdrücklich zu konturieren, die Symbolbedeutungen voll auszuschöpfen und das Geschehen der Mozart-Oper in einem reflektierenden Nachspiel zu spiegeln; hieß gewiß auch, dem Text Schikaneders, der nur mit der Musik bestehen konnte, einen konkurrierenden besseren hinzuzufügen. Die neue Handlung knüpfte an den gescheiterten Racheversuch in der Oper an. Gut und Böse stehen sich scharf gegenüber. Das Kind Paminas und Taminos haben Monostatos und seine Helfer geraubt; es ist in einem Sarg verschlossen. Papageno und Papagena indes, mißgelaunt zunächst wegen des ausbleibenden Kindersegens, bekommen in einem für die Zuschauer lustigen märchenhaften Spiel endlich ihren Nachwuchs, auf die Weise der Vögel, wie es sich bei den Vogelmenschen gehört. Überhaupt ist alles noch märchenhafter, tiefsinniger in den sprachlichen Formulierungen als in der Oper, und am Schluß steigt aus dem Kasten, zu dem der Sarg geworden ist, »ein Genius« hervor: »Hier bin ich, ihr Lieben! / Und bin ich nicht schön? / Wer wird sich betrüben, / Sein Söhnchen zu sehn? / In Nächten geboren, / Im herrlichen Haus, / Und wieder verloren / In Nächten und Graus. / Es drohen die Speere, / Die grimmigen Rachen – / Und drohten mir Heere / Und drohten mir Drachen, / Sie haben doch alle / Dem Knaben nichts an« (JA 8, 324). Wie ein Vorklang der Euphorion-Szene im *Faust II* mutet dieser Schluß an. Mag sein, daß es die Poesie ist, die der Genius versinnbildlichen soll, das Kind von Tamino und Pamina, die alle Prüfungen bestanden. Gefährdet von Anfang an, erhebt sie sich dann doch versöhnend über alle Gegensätze. Und es ist möglich, daß ein vollständiger *Der Zauberflöte zweiter Teil* hatte gestalten sollen, was ein Paralipomenon spruchhaft formulierte: »Und Menschenlieb und Menschenkräfte / Sind mehr als alle Zauberey« (WA I 12, 388).

Noch in den *Annalen* zu 1796 rühmte Goethe die Gastspiele, die August Wilhelm Iffland, der berühmte Schauspieler, in Weimar gab, und erinnerte an die »belehrenden, hinreißenden, unschätzbaren Beispiele« seiner Auftritte. Im *Journal des Luxus und der Moden* lobte man die »Mannigfaltigkeit« und »Innigkeit« seines Spiels, die »psychologische und dramatische Wahrheit«, die »sanfteste Grazie« und ebenso sein »feierliches Gebärdenspiel«. Die höchste Kunst werde in ihm »durch und durch die lebendigste Natur« (Mai 1796). Sich nicht von der Natur zu entfernen, sie aber in der Kunst zu durchdringen und aufzuheben: das leitete auch die *Propyläen*-Ambitionen, freilich im Bann antikischer Vorbilder. »Kunstwahrheit« in den Aufführungen bedeutender Stücke zu gestalten war das Ziel des Regisseurs Goethe, dem Schiller seit 1796 tatkräftig zur Seite stand. Der eigentümliche Bewegungsstil der Weimarer Bühne entwickelte sich, dessen stilisierende Tendenzen nicht nur Beifall gefunden haben. Und daß die Gefahr bestand, aus dem ›Weimarer Stil‹ könnte bloßes ›Bildungstheater‹ werden, war schwerlich zu leugnen. Aber die großen Inszenierungen während der Kooperation zwischen Goethe und Schiller haben Theatergeschichte gemacht. Der geistige Zusammenhang mit den geschilderten Bestrebungen der »Weimarischen Kunstfreunde« im Umkreis der *Propyläen* war eng. Jene leitenden Gesichtspunkte, die Goethe in seinem *Laokoon*-Aufsatz nannte (»Lebendige, hochorganisierte Naturen; Charaktere; In Ruhe oder Bewegung; Ideal; Anmut; Schönheit«) wirkten sich auch in der Regiearbeit aus und sollten in Aufführungen zur Geltung kommen, in denen sich Sprechen und Agieren der Schauspieler, Kostüme, Dekorationen und Bühnenbild zu einem Bühnen-Gesamtkunstwerk verbanden. Was Goethe im Vorwort zu dem Festspiel

Paläophron und Neoterpe (1800) anmerkte, war teilweise auch auf andere Inszenierungen im Weimarer Bühnenstil zu übertragen: Der Verfasser hatte »die Absicht, an alte bildende Kunst zu erinnern und gleichsam ein bewegliches, belebtes, plastisches Werk den Zuschauern vor Augen zu stellen« (5, 300). Heftige emotionale Ausbrüche waren ebenso verpönt wie unruhiges, unkontrolliertes Umhergehen auf der Bühne. Sorgfältig stimmte Goethe alle Bewegungen und Gruppenarrangements ab. »Höchst störend war es ihm«, berichtet der Schauspieler Genast, »wenn zwei Personen oder gar drei und vier, ohne daß es die Handlung nötig machte, dicht beieinander auf einer oder der anderen Seite, oder in der Mitte vor dem Souffleurkasten standen und dadurch leere Räume im Bilde entstehen ließen« (GuR 159).

Es bedurfte systematischer Erziehung, damit die Schauspieler imstande waren, Verse zu sprechen und die Bedeutung der Worte durch berechnete, gemessene Gesten zu unterstreichen. Erst am 14. Mai 1800 wagte man in Weimar zum erstenmal ein Shakespeare-Drama in Versen zu bieten, den *Macbeth*. ›Natürliches‹ Sprechen war lange Zeit bevorzugt worden. Konrad Ekhofs Stil der Natürlichkeit hätte die Versrede nicht entsprochen. So behalf man sich auch in Weimar zunächst mit einer Prosafassung des *Don Carlos*, die sein Dichter selbst geschrieben hatte. In dieser Lage sammelten sich *Regeln für Schauspieler*, die zwei junge Darsteller 1803 gemäß den Anweisungen Goethes aufzeichneten und Eckermann später herausgab (A 14, 72 ff.). Sie sind der Kodex, aus dem die Eigentümlichkeiten des Weimarer Stils zu rekonstruieren sind. Der Regisseur war nicht darauf erpicht, ein Stück als Vehikel seiner eigenen Erfindungen und Einsichten zu benutzen und sich als möglichst einfallsreicher Interpret zu profilieren, sondern er wollte zum Wesen des Werks (im Sinne des Goetheschen Stilbegriffs) durchdringen und es anschaulich machen, also Werktreue üben.

Besondere Ereignisse waren die Uraufführungen der Dramen Friedrich Schillers. Ende 1799 zog er von Jena nach Weimar um, wohnte bis April 1802 in der Windischengasse beim Perückenmacher Müller und konnte dann ein Haus an der Esplanade kaufen, das uns als Schillerhaus vertraut ist und damals noch im Grünen lag. Im November verlieh Carl August auch ihm den Adelstitel, und so waren er und seine Frau Charlotte, geborene v. Lengefeld, endlich ›hoffähig‹ und standen der Schwester Caroline und dem Schwager Wilhelm v. Wolzogen im gesellschaftlichen Rang nicht länger nach.

Im Jahr 1798 war der Innenraum des Hoftheaters durch den Architekten Thouret, der ebenfalls den Schloßbau leitete, umgebaut, vergrößert und modernen Ansprüchen angepaßt worden. Zur Eröffnung am 12. Oktober wurde *Wallensteins Lager* aufgeführt (zusammen mit Kotzebues Schauspiel

Die Korsen). Im »Prolog« zur Feier des Tages aber sprach Schiller das künstlerische Glaubensbekenntnis jener Jahre aus. Die Muse spielt zwar Wirklichkeiten hinüber »in das heitere Reich der Kunst«. Aber die Täuschung, daß das alles nur Kunst sei, darf nicht bestehen bleiben; zu weit hätte sich dann Kunst von der ›Natur‹ entfernt. »Kunstwahrheit« meinte immer auch, daß die Wahrheit der Natur ent-deckt wird. Im berühmten Schluß des »Prologs« hatte der Dramatiker guten Grund, wie wir wissen, zunächst noch um Verständnis für die ungewohnte Verssprache zu werben:

> Und wenn die Muse heut',
> Des Tanzes freie Göttin und Gesangs,
> Ihr altes deutsches Recht, des Reimes Spiel,
> Bescheiden wieder fordert – tadelt's nicht!
> Ja danket ihr's, daß sie das düstre Bild
> Der Wahrheit in das heitre Reich der Kunst
> Hinüberspielt, die Täuschung, die sie schafft,
> Aufrichtig selbst zerstört und ihren Schein
> Der Wahrheit nicht betrüglich unterschiebt;
> Ernst ist das Leben, heiter ist die Kunst.

Mit dem Abschluß der *Piccolomini* geriet Schiller in zeitliche Bedrängnis. Namens einer »Melpomenische[n] zum Wallensteinschen Unwesen gnädigst verordnete[n] Kommission« rückten Goethe und Kirms dem Dramatiker am 27. 12. 1798 mit einem humorvollen Brief zu Leibe, als ein »Detachement Husaren«, das »Ordre hat, sich der Piccolominis, Vater und Sohn, wie es gehen will zu bemächtigen und wenn es derselben nicht ganz habhaft werden kann, sie wenigstens stückweise einzuliefern«. Schiller schaffte es dann doch, und am 30. Januar 1799 wurde dieser zweite Teil und am 20. April mit *Wallensteins Tod* der dritte Teil der Trilogie uraufgeführt. Noch drei weitere Schiller-Dramen wurden in Weimar aus der Taufe gehoben: *Maria Stuart* (14. 6. 1800), *Die Braut von Messina* (19. 3. 1803), *Wilhelm Tell* (17. 3. 1804). Ganz ohne Schwierigkeiten liefen die Schiller-Premieren nicht ab. Der Herzog mischte sich ein. Wenn die Ratschläge anderer Personen Diskussionsbeiträge waren, so hatten Bedenken eines Souveräns fast die Kraft eines Befehls. An *Maria Stuart* störte ihn, daß »eine förmliche *Communion* oder Abendmahl auf den Theater paßiren würde« (an Goethe, 10. 6. 1800). Schiller änderte denn auch einiges (V 7), und als Herder immer noch Anstoß nahm, strich er weiter etwas für die zweite Aufführung. Als das Publikum die *Braut von Messina* lebhaft feierte und ein Jenaer Akademiker vom Balkon aus Schiller hochleben ließ, galt das als unziemlich, und Goethe mußte dem Kommandanten der Universitätsstadt offiziell mitteilen, er solle »gedachten

Doctor Schütz« vernehmen, wieso er »sich eine solche Unregelmäßigkeit habe erlauben können«. Schließlich sei bekannt, »welcher anständigen Ruhe wir uns in dem weimarischen Schauspielhause erfreuen« (21.3.1803). Ein Bürgerlicher hatte eben im Hoftheater kein Vivat auf einen Dichter auszubringen; wenn schon, dann hatte es dem Landesherrn zu gelten. Eine Uraufführung der *Jungfrau von Orleans* wußte der Herzog rechtzeitig zu unterbinden. Er fürchtete, die Jeanne d'Arc würde womöglich in ihrer »Jungfrauschaft unter dem Panzer« (an Caroline v. Wolzogen, April 1801) so lächerlich erscheinen wie in der *Pucelle* des Voltaire, einem im 18. Jahrhundert bekannten Stück. Und sollte vielleicht Caroline Jagemann in solch fragwürdiger Rolle auf seiner Bühne auftreten und Gelächter und Spott ernten?

Sie, Tochter des Bibliothekars der Herzoginmutter Anna Amalia, war der Star des Weimarer Theaters, seit sie 1797 als Zwanzigjährige, vorzüglich ausgebildet, dort in der Oper *Oberon* von Wranitzky und als Konstanze in Mozarts *Entführung* ihre Karriere begonnen hatte. In der Premiere der *Maria Stuart* spielte sie die Elisabeth, wie zuvor die Thekla im *Wallenstein*. Goethe schätzte sie als bedeutendes Mitglied des Ensembles; beim Herzog wurde mehr als Bewunderung daraus, er wollte sie zur Geliebten, freilich auf Dauer. Lange zögernd, dann nachgebend, willigte sie ein, wohl auch den Nutzen kalkulierend, den diese herzogliche Gunst ihr bringen würde. Seit 1802 war sie förmliche Nebenfrau Carl Augusts, und Herzogin Luise willigte ein, weil sie wußte, daß anders die Verhältnisse nur unerfreulicher geworden wären. Sie konnte ihrem Mann nicht das geben, was er sexuell suchte und wünschte. Caroline Jagemann aber hatte darauf bestanden, daß Luise der Liaison zustimmte, sonst hätte sie die prekäre Rolle an der Seite des Herzogs nicht übernommen. Drei Kinder (1806, 1810, 1812) gingen aus der Verbindung hervor, lebten im Deutschritterhaus, wo die Jagemann ihre Wohnung besaß; Carl Augusts zweite Familie, die er mit derselben Aufmerksamkeit bedachte wie seine erste. 1809 adelte er, seine souveräne Macht nutzend, Caroline zur Frau v. Heygendorf und verlieh ihr das gleichnamige Gut in der Nähe von Allstedt. Als er 1828 gestorben war, verließ die zur adligen Gutsherrin aufgestiegene Primadonna des Weimarer Theaters fluchtartig die Residenzstadt.

So schwer alles für Herzogin Luise sein mochte: das Verhältnis zu ihrem Mann, mit dem sie sexuelle Beziehungen wohl schon seit langem nicht mehr verbanden, wurde nach der Duldung des »Etablissements« eine gelassene, von Achtung und Vertrauen getragene Koalition, die standhielt und sich in den schlimmen Tagen und Wochen nach Jena und Auerstedt bewährte. Als sehr junges Mädchen war sie, ins Kalkül fürstlicher Dynastien einbezogen, dem Weimarer Prinzen verlobt worden, und dann waren ihr seine Leiden-schaft und seine Ausschweifungen immer zur Last gewesen. Auch Carl August selbst fand nun, bei Caroline Jagemann, zu größerer Ruhe und Ausgeglichenheit. Eine seiner Eskapaden hatte zuvor noch unerwünschte Folgen gehabt. Vierzehnjährig war Luise v. Rudorf mit ihrer Mutter, einer preußischen Offizierswitwe, nach Weimar gekommen und wenige Jahre später bei Anna Amalia Kammersängerin geworden, die nur in Gesellschaf-ten und Konzerten auftrat. Sie ging Carl August, dem Frauenhelden, ins Garn, und 1796 wurde ein Junge geboren. Doch es fand sich Carl Ludwig v. Knebel, der »Urfreund« Goethes, nun schon über Fünfzig, der die junge Mutter heiratete und den Sohn Carl Wilhelm adoptierte. Und es wurde eine ganz passable Ehe daraus. Für Goethe brachte der Aufstieg Caroline Jage-manns am Theater und in der Gunst des Herzogs oft genug Probleme. Denn geltungsbedürftig, wie die Diva war, redete sie in Bühnenangelegenhei-ten hinein und wußte ja, daß sie, wenn es hart auf hart kommen sollte, auf Unterstützung an allerhöchster Stelle rechnen konnte. Eine schwere Krise, die beinahe zum Rücktritt Goethes geführt hätte, konnte 1808 noch beigelegt werden. Beim Abschied vom Amt des Intendanten 1817 war wieder eine Kapriole der Jagemann das auslösende Moment: Sie setzte es mit ihrem Herzog gegen Goethe durch, daß ein dressierter Pudel auftreten durfte.

Es ist nur aus dem Wunsch Goethes verständlich, formstrenge Dramen einzuüben und vorzustellen, daß er 1802 *Ion* von August Wilhelm Schlegel und *Alarcos* von Friedrich Schlegel aufführte. Beide Premieren brachten Komplikationen, an die kurz zu erinnern ist. Der *Ion* war nach dem Euripides gearbeitet, spielte ein mythologisches Geschehen um Kreusa und ihren aus einer Umarmung Apollons stammenden Sohn Ion durch und schloß in iphigenienhafter Verzeihung und Versöhnung. Goethe schätzte das Stück, weil er in ihm etwas vom Geist der Alten verspürte; am 2. Januar 1802 war die Uraufführung. Aber seine Meinung teilten nicht alle. Böttiger, für Theaterfragen in Bertuchs *Journal des Luxus und der Moden* zuständig, schrieb sogleich eine den Autor und die Intendanz ironisch kritisierende Rezension, von der Goethe erfuhr, noch ehe sie gedruckt war. Er erhob Einspruch und brachte in rücksichtsloser Manier alles in Bewegung, um die Veröffentlichung zu verhindern. Er sah seine Theaterarbeit verunglimpft. Herausgeber Bertuch setzte er unter massiven Druck, indem er mit dem Einschreiten des Herzogs drohte, das er nötigenfalls zu erwirken wisse. »Denn ich will entweder von dem Geschäft sogleich entbunden oder für die Zukunft vor solchen Infamien gesichert sein« (an F. J. Bertuch, 12.1.1802). Auch Wieland warnte er, Böttigers »Unreinigkeiten« in seinen *Merkur* aufzunehmen (13. 1. 1802). Bertuch blieb nichts anderes übrig, als nachzugeben; Böttiger schrieb im *Journal* nicht mehr übers Theater. Und nun besprach ein anderer das umstrittene Stück: – Goethe selbst. Er äußerte sich bewußt nüchtern. Was er zum Lob des Werks anführte, erklärte sich aus den Intentionen des Theaterleiters und aus der Lage der Sprechbühne. Das Stück biete eine gute Exposition, schreite lebhaft fort, und der interessant geschürzte Knoten werde »teils durch Vernunft und Überredung, teils durch die wundervolle Erscheinung zuletzt gelöst«. Für den »weniger gebildeten Teil« der Zuschauer erwerbe es sich »das pädagogische Verdienst, daß es ihn veranlaßt, zu Hause wieder einmal ein mythologisches Lexikon zur Hand zu nehmen«. Der Artikel vom 15. Februar 1802, in dem Goethe über *Ion* referierte, weitete sich zu einer grundsätzlichen Erklärung der Absichten der Intendanz, war betitelt *Weimarisches Hoftheater* und bezeichnenderweise von der »Direktion« unterzeichnet (A 14, 62 ff.). Er verwies nachdrücklich auf die Bemühungen, die vernachlässigte, ja fast verbannte »rhythmische Deklamation« wieder aufzunehmen und einzustudieren. In diesen Zusammenhang wollte Goethe auch seine Übertragungen des Voltaireschen *Mahomet* und *Tancred* (1800) eingeordnet sehen, Stücke, die der kulturell frankophile Carl August besonders schätzte. Der Artikel *Weimarisches Hoftheater* zog ein Resümee nach dem ersten Jahrzehnt des Bestehens und verdeutlichte, auf ein so problematisches Werk wie den *Ion* näher eingehend, knapp die kulturpädagogischen Ziele, die seinen Intendanten leiteten. Wenn »ein Repertorium« geschaffen werden solle, »das man der Nachwelt überliefern könnte«, dann müßte die Denkweise des Publikums zur Vielseitigkeit gebildet werden.

Diese besteht hauptsächlich darin, daß der Zuschauer einsehen lerne, nicht eben jedes Stück sei wie ein Rock anzusehen, der dem Zuschauer völlig nach seinen gegenwärtigen Bedürfnissen auf den Leib gepaßt werden müsse. Man sollte nicht gerade immer sich und sein nächstes Geistes-, Herzens- und Sinnesbedürfnis auf dem Theater zu befriedigen gedenken; man könnte sich vielmehr öfters wie einen Reisenden betrachten, der in fremden Orten und Gegenden, die er zu seiner Belehrung und Ergötzung besucht, nicht alle Bequemlichkeit findet, die er zu Hause seiner Individualität anzupassen Gelegenheit hatte (A 14, 69).

Bei der Uraufführung des *Alarcos* von Friedrich Schlegel kam es zu einem handfesten Theaterskandal. Kotzebue und seinen Anhängern, die das Bildungstheater des Geheimen Rats allenfalls ironisch betrachteten und ihre Freude an Mißerfolgen hatten, war er höchst willkommen, vielleicht sogar von ihnen mitinszeniert. Das Drama, wegen der Vielzahl seiner Versgebilde nach dem Vorbild Calderons wiederum zur Einübung der »rhythmischen

Deklamation« bestens geeignet, entnahm seinen Stoff einer spanischen Romanze des 16. Jahrhunderts und versuchte Konflikte zu gestalten, die sich aus dem Zusammenstoß von spanischem Ehrenkodex und katholischem Glauben ergaben. Aber es steckte voller Ungereimtheiten, der Sinn mancher Dialogpartien war nur zu erraten, der stets gelobte Titelheld kompromittierte in seinen Auftritten ständig seine gepriesenen Eigenschaften, und je weiter »das Stück vorwärts schritt, desto unruhiger ward es auf der Galerie und im Parterre«, berichtet Henriette v. Egloffstein.

Ich weiß nicht, ob dem fein gebildeten Geschmack des Weimarischen Publikums der barbarische Inhalt der alten spanischen Tragödie nicht behagte, oder ob Kotzebues Bemühungen doch nicht ganz fruchtlos geblieben – kurz, in der Szene wo gemeldet wird, daß der alte König, den die auf seinen Befehl ermordete Gattin des Alarcos vor Gottes Richterstuhl zitierte, »aus Furcht zu sterben, endlich gar gestorben« sei – da brach die Menge in ein tobendes Gelächter aus, [...] während Kotzebue wie ein Besessener unaufhörlich applaudierte.

Aber nur einen Moment. Im Nu sprang Goethe auf, rief mit donnernder Stimme und drohender Bewegung: »Stille, stille!« – und das wirkte wie eine Zauberformel auf die Empörer (JbG 1885, 73).

Der Schauspieler Genast überliefert in seinen Erinnerungen übrigens einen andern Ausruf Goethes bei diesem Eklat, nämlich: »Man lache nicht!« Gleichviel, in Weimar ist *Alarcos* nicht mehr aufgeführt worden. In Lauchstädt dagegen, wo das Ensemble sommers spielte, wurde das Stück noch mehrmals gegeben und beifällig aufgenommen. Jüngere Kritiker und Autoren wie Collin, Fouqué, Loeben sparten sogar nicht mit Lob. Friedrich Ast, Schüler Schlegels, feierte es geradezu als geglückte Synthese des »phantastischen Geists des Romantischen« mit der »vollendeten Bildung der antiken Poesie« (*System der Kunstlehre*, 1805, S. 301).

Zu Gast in Lauchstädt

Die Gastspiele in Lauchstädt bedeuteten bekanntlich für die Weimarer Bühne eine willkommene Nebeneinnahme. Wann Goethe zum erstenmal das kleine Bad in der Nähe von Merseburg besucht hat, ist nicht bekannt. Aber als das Theater dort im Jahr 1802 unter seiner Regie umgebaut wurde, weil der alte Bau nicht einmal mehr dem Regen widerstand, mußte er häufiger den Weg dorthin nehmen. Wenn er morgens um 4 Uhr in Weimar abfuhr, kam er nachmittags um 17 Uhr an (Tagebuch, 19.5.1802). Sein einstiger Diener Paul Götze, seit 1794 in Jena bei der Wegebaukommission tätig, leitete die Bauarbeiten. Goethes architektonische Idee: Keine »Hüttenform, die das Ganze unter *ein* Dach begreift. Eine mäßige Vorhalle für Kasse und Treppen sollte angelegt werden, dahinter der höhere Raum für die Zuschauer emporsteigen und ganz dahinter der höchste fürs Theater« (*Annalen* zu 1802). Drei Monate lang beanspruchte die »Tatlust« Planende und Bauende und brachte »Mühe, Sorge, Verdruß«. Lauchstädt war damals ein renommiertes Bad. Seit 1775 nahm hier der kursächsische Hof seine Sommerresidenz, und damit war für einigen Aufschwung gesorgt. Erst 1710 war die Mineralquelle eingefaßt worden, jetzt wurde die Anlagen neugestaltet, das Kursaalgebäude 1780 eingeweiht. Es dauerte einige Zeit, bis neben dem Adel und in dessen Diensten stehenden Besuchern auch Bürgerliche sich im kleinen Badeort einfanden und wohlfühlten. Das Theater, durchaus zur Unterhaltung der Kurgäste bestimmt, konnte indes ein gelegentlicher Treffpunkt aller Kreise sein, und von Halle kamen Studenten gern herüber. Es war sogar so, daß es außerhalb der Theaterspielzeit an Kurgästen mangelte. Am 26. Juni 1802 wurde das mit knapper Not fertiggewordene Haus mit Mozarts *Titus* und Goethes Vorspiel *Was wir bringen* eingeweiht. »Von Leipzig, Halle, aus der ganzen Umgebung strömte man herbei, um dieser Vorstellung beizuwohnen. Leider konnte das Haus die große Zahl der Zuschauer nicht fassen und die Türen nach den Korridors mußten geöffnet werden, so stark war der Andrang«, erinnerte sich Eduard Genast (*Aus dem Tagebuche eines alten Schauspielers*, 1862, S. 77).

Was wir bringen ist ein komplettes kleines Schauspiel mit 23 Auftritten und gehört zu den zahlreichen Texten, die Goethe aus ähnlichem Anlaß geschrieben hat. Manche Ausgaben sammeln Prologe und Epiloge unter der Rubrik »Theaterreden« (JA 9). Für Lauchstädt entstand ein Stück voller Anspielungen auf den Theaterumbau und mit allegorisch aufzufassenden Gestalten, die einzelne Arten des Theaterspiels versinnbildlichen sollten, und der »Glanz der Kunstnatur«, die im Theater zu Hause sein soll, wurde auch zitiert (18. Auftr.). Etwas Zauberei bot man ebenfalls bühnengerecht, bei der ein Wandbehang im baufälligen Haus der alten Leute (die den Musen – natürlich! – wie Philemon und Baucis vorkamen) zum fliegenden Teppich wurde und in den schönen neuen Saal entführte. Damit jeder Zuschauer verstand, was gemeint war, erläuterte Merkur noch im einzelnen, was Vater Märten und Mutter Marthe, die Nymphe, Phone und Pathos bedeuten sollten. So stellte Goethe in seiner Gelegenheitsarbeit, die in wenigen Tagen entstand, dar, »was in der letzten Zeit auf dem deutschen Theater überhaupt, besonders auf dem weimarischen geschehen war. Das Possenspiel, das Familiendrama, die Oper, die Tragödie, das naive sowie das Masken-Spiel produzierten sich nach und nach in ihre Eigenheiten, spielten und erklärten sich selbst oder wurden erklärt« (*Annalen* zu 1802). Das Vorspiel fand so großen Anklang, daß man es gedruckt haben wollte. Aber in dieser Form, ohne die Atmosphäre der festlichen Aufführung, verlor es viel von seinem Charme, und die etwas aufdringliche Schlichtheit der Allegorik kam zum Vorschein. Schiller hatte recht, als er Körner schrieb: »Es hat treffliche Stellen, die aber auf einen platten Dialog wie Sterne auf einem Bettlermantel gestickt sind« (15. 11. 1802).

Christiane erlebte die Eröffnung zusammen mit Goethe in der Loge und genoß die Hochrufe auf ihn, die die Studenten nach dem Vorspiel ausbrachten. »Er hatte sich ganz hinten hingesetzt; aber ich stand auf, und er mußte vor und sich bedanken. Nach der Komödie war Illumination und dem Geheimen Rat sein Bild illuminiert und sein Name brennt« (an N. Meyer; Bo II 225). Sie war in den nächsten Jahren viel in Lauchstädt. Dort konnte sie sich, unbeschwerter als in Weimar, vergnügen, ihrer Leidenschaft fürs Theater und den Tanz frönen, und dem Geheimrat berichtete sie ausführlich über Stücke und Schauspieler. Manche Briefe wurden eine kleine Lauchstädter Dramaturgie aus der Sicht einer naiven Enthusiastin.

Ein Dramenfragment der Klassik. Die natürliche Tochter

Während er Schillers Dramen und die Schauspiele der Schlegels zur Uraufführung brachte, beschäftigten ihn selbst Gedanken an ein eigenes Trauerspiel. Schiller hatte ihn im November 1799 auf die Autobiographie einer Frau hingewiesen, die im Jahr zuvor erschienen war, die *Mémoires historiques de Stéphanie-Louise de Bourbon-Conti, écrits par elle-même*. Stéphanie-Louise behauptete, aus bourbonischem Geschlecht zu stammen, wurde aber als nur natürliche Tochter eines französischen Prinzen von ihrem Halbbruder, dem echtbürtigen Adligen, drangsaliert, weil er ihre Anerkennung nicht wollte. Sie heiratete einen Bürgerlichen, erlebte die bewegten Jahre der Revolution in Paris und hatte, als sie ihre beeindruckenden, aber nicht immer glaubwürdigen Erinnerungen vorlegte, die Legitimierung als Fürstentochter noch nicht erreicht. Schon Anfang Dezember 1799 arbeitete Goethe insgeheim ein Schema für eine Dramen-Trilogie aus. Es war ein großer Plan, der nie ausgeführt wurde. Einige Jahre hören wir nichts von diesem Projekt, dann aber konnte er Anfang 1803 wenigstens ein fünfaktiges Drama abschließen, den ersten Teil der beabsichtigten Trilogie. Da waren bereits die *Propyläen* gescheitert, die Preisausschreiben für bildende Künstler liefen noch, ohne daß sich die erhoffte Wirkung abzeichnete, die Aufführungen der Schlegelschen Dramen hatten Ärger gebracht, und über das Publikum insgesamt war er, wenn er auch in Lauchstädt Ovationen genießen konnte, seit langem tief verstimmt; denn es verhielt sich, gelinde gesagt, reserviert gegenüber fast allem, was er seit der Rückkehr aus Italien begonnen. Auch der Erfolg von *Hermann und Dorothea* hatte sich durchaus in Grenzen gehalten. Jetzt wollte er noch einmal mit einem eigenen Drama beweisen, wie Bühnenkunst auszusehen habe und daß er sie zu schaffen imstande sei. Niemand weihte er ein, zog sich ganz zurück, konzentrierte sich auf die schöpferische Arbeit am Stück. Er sei ordentlich zu einem Mönch geworden, teilte Schiller Wilhelm v. Humboldt am 17. Februar 1803 mit, und lebe in einer bloßen Beschaulichkeit.»Seit einem Vierteljahr hat er, ohne krank zu sein, das Haus, ja nicht einmal die Stube verlassen.« Wenn Goethe noch an die Möglichkeit von etwas Gutem glaubte und »eine Konsequenz in seinem Tun hätte«, woran Schiller in dieser Zeit zweifelte,»so könnte hier in Weimar noch manches realisiert werden, in der Kunst überhaupt und besonders im Dramatischen«. Eben darum kämpfte Goethe in seiner Klause und war von düsteren, bedrückten Phasen nicht frei. Gerüchtweise verlautete, er wolle Weimar ganz verlassen. Dann, am 2. April 1803, wurde zur Überraschung der Beobachter *Die natürliche Tochter* uraufgeführt. Es war bis zuletzt »ein Geheimnis«; auch Schiller habe nicht gewußt, daß Goethe an dieser Arbeit gesessen habe (Charlotte v. Schiller an F. v. Stein, 31.3.1803). Aber auch die Premiere, die Reaktionen der Bewunderung wie der Befremdung auslöste, hellte seine Grundstimmung nicht auf. Ende des Monats klagte Christiane, sie lebe sehr in Sorge wegen des Geheimen Rats.»Er ist manchmal ganz hypochonder, und ich stehe viel aus. Weil es aber Krankheit, so tue ich alles gerne. Habe aber so gar niemanden, dem ich mich vertrauen kann und mag« (an N. Meyer, 21.4.1803).

Goethe wollte viel mit seinem Trauerspiel. Über zwei Jahrzehnte später schrieb er in die *Annalen* zu 1799: »Die Memoiren der Stephanie von Bourbon Conti erregen in mir die Konzeption der *natürlichen Tochter*. In dem Plane bereitete ich mir ein Gefäß, worin ich alles, was ich so manches Jahr über die französische Revolution und deren Folgen geschrieben und gedacht, mit geziemendem Ernste niederzulegen hoffte.« Er hoffte es, hieß es aus der Rückschau, mehr nicht. Auch in dem schon mehrfach genannten Aufsatz *Bedeutende Fördernis durch ein geistreiches Wort* (1823), wo er seine »grenzenlose Bemühung« erwähnte, die Französische Revolution in ihren »Ursachen und Folgen dichterisch zu gewältigen«, zitierte er *Die natürliche Tochter* als Beispiel. Immer noch denke er an eine Fortsetzung, ohne jedoch den Mut zu haben, sich »im einzelnen der Ausführung zu widmen« (13, 39). Mehr als Hoffnung hatte er also nicht, und zuletzt fehlte ihm der Mut dazu.

Da nur der erste Teil der geplanten Trilogie vorliegt, ist nicht auszumachen, ob die dichterische ›Gewältigung‹ der Revolution gelungen wäre. Zwar existiert ein Szenarium für Teile des zweiten Dramas, aber für das dritte besitzen wir nicht einmal Entwürfe. So sei im folgenden auf alle Vermutungen über eine weitere Gestaltung der Trilogie verzichtet.

Die ›Handlung‹ des fünfaktigen Trauerspiels *Die natürliche Tochter* ist rasch skizziert. Nach dem Tod der soeben verstorbenen Fürstin eröffnet der Herzog dem König ein Geheimnis: Die gerade mündig werdende Eugenie ist sein und der Fürstin illegitimes Kind und wünscht nun volle Anerkennung. Als sie nach einem Sturz auf der Jagd ohnmächtig herbeigetragen wird, entspricht der König dem Verlangen und akzeptiert sie als Verwandte. Eugenie freut sich auf den Tag, an dem sie in ihren Rang erhoben werden soll; neugierig öffnet sie den Kasten, der den Schmuck enthält, und legt ihn sich an, obwohl sie damit warten sollte (was für den weiteren ›Handlungsablauf‹ keine Konsequenzen hat). Längst aber befindet sie sich in höchster Gefahr. Ihr Stiefbruder, der legitime Sohn des Herzogs (der selbst nicht auftritt), sucht mit allen Mitteln zu hintertreiben, daß sie den gleichen Rang erhält wie er; seine Ansprüche will er nicht schmälern lassen. Der Sekretär und die Hofmeisterin, Eugenies Erzieherin, sind willfährige Werkzeuge bösen Handelns. Eugenie wird entführt, soll auf die Fieberinseln verbannt werden und gilt dem Herzog als gestorben. Doch die Hofmeisterin kann noch erreichen, daß ein bürgerlicher Gerichtsrat ihr die Ehe anbietet. Eugenie geht darauf ein, jedoch unter der Bedingung, daß die Ehe nicht vollzogen wird. Sie will abwarten: »Auch solch ein Tag wird kommen, uns, vielleicht, / Mit ernsten Banden, enger, zu verbinden« (V. 2917f.).

Schon diese Skizze läßt erkennen, daß die Französische Revolution und ihre Folgen weder dargestellt werden noch zur Sprache kommen. An der Gestaltung bestimmter historischer Ereignisse, der Charakterisierung aus der Geschichte bekannter Täter und Leidender war Goethe hier offensichtlich nicht gelegen. Bereits das Personenverzeichnis deutet an, daß es ihm um Allgemeineres ging: Nur Eugenie trägt einen Namen (die ›Wohlgeborene‹), alle anderen kennzeichnet ihre Funktion, sogar ohne bestimmten Artikel: König, Herzog, Graf, Hofmeisterin, Sekretär, Weltgeistlicher, Gerichtsrat, Gouverneur, Äbtissin, Mönch. Über die Zeit, in der das Geschehen spielt, ist nicht mehr zu sagen, als daß sie vor einem möglicherweise drohenden Umsturz liegt und nur insofern näher zu bestimmen ist, als es ein absolutistisches Königtum samt Adel gibt, von bürgerlichem Handel und der »Menge gewerksam Tätiger« (V. 2792f.) gesprochen wird. Das deutet auf eine vorrevolutionäre Zeit im 18. Jahrhundert hin, und was vor sich geht, ereignet sich im Bereich des Adels. Zweifellos handelt es sich um Menschen des *Ancien régime*. Nur der Gerichtsrat äußert sich aus bürgerlicher Perspektive. Eins ist sicher: Wenn Goethe in seiner Trilogie die Französische Revolution »dichterisch gewältigen« wollte, dann hat er beim abgeschlossenen Drama *Die natürliche Tochter* nicht den die historische Revolution tragenden dritten Stand im Blick gehabt. Insofern bleibt von vornherein fraglich, ob bei dieser Aussparung bestimmender geschichtlicher Kräfte das revolutionäre Geschehen überhaupt angemessen erfaßt werden konnte. Allerdings stand es für Goethe ja fest, daß Revolutionen ihren Grund in Versäumnissen und im Fehlverhalten der Regierenden haben, und deshalb ist es verständlich, eine Dramenfolge mit einem Stück zu beginnen, das sich darauf konzentrierte.

Die Schwierigkeiten, die das Stück jedem Leser und Interpreten bietet, hängen vor allem damit zusammen, daß statt von bestimmten Interessen des Adels und des Bürgertums – vom Volk wird nur beiläufig gesprochen – allein in unbestimmter Weise von »Neid« (V. 1092), »Mißgunst«, »Verleumdung« (V. 2182) die Rede ist, Art und Bedeutung der Opposition unklar bleiben, die Handlungsführung oft nicht oder brüchig begründet wird und Goethe, statt kausal zu motivieren, mit symbolischen Entsprechungen und Sentenzen arbeitet.

Ein historisches Drama war nicht beabsichtigt. Goethe wollte, seine Sicht und Erfahrungen der Revolution verarbeitend, in dichterischen Vorgängen und Sinnbildern typische Grundbewegungen, Antriebe, Konflikte anschaulich machen, die er in jener angedeuteten Zeit als wirksam erkannte. Das entsprach dem, was er am *Laokoon* exemplarisch interpretiert hatte: Nicht mehr der trojanische Priester erschien im vollendeten Kunstwerk, sondern ein Vater mit seinen Kindern in höchster Not. Das hatte zur Folge: Zum einen gewann, was in einer ganz aufs Wesentliche zielenden, ausgefeilten und bildhaft eindrucksmächtigen Sprache vorgetragen wurde, die Möglichkeit zur Verallgemeinerung auf Vorgänge und Situationen, die nicht an das eine Geschehen der Französischen Revolution gebunden waren. Zum andern verlor das Gedichtete und Gesagte an der erforderlichen analytischen Genauigkeit, mit deren Hilfe allein einem Verständnis historischer Phänomene näherzukommen ist, – was sich Goethe nach eigenem Bekunden vorgenommen hatte. Die in Interpretationen bisweilen bemühte Rede von der ›Grundsituation des Menschen‹, auf die das Dichterische zurückweise, hilft dann dem nicht weiter, der überzeugt ist, daß es immer konkret historische Situationen sind, in denen der Mensch lebt und deren verschlungenes Geflecht an spezifischen Bedingungen freizulegen ist, wenn man Auskünfte über den Menschen in der Geschichte erhalten will, der jenseits ihrer nicht existiert.

Die adlige Welt, wie sie in der *Natürlichen Tochter* erscheint, ist instabil, von Intrigen zerfurcht, von Machtkämpfen zerrissen. Ein schwacher, fast ohnmächtiger König, auf dessen institutionalisierte Verkörperung von Souveränität und staatlicher Ordnung Eugenie unbeirrt vertraut, ist umgeben von Menschen, die nichts anderes im Sinn haben, als ihr Verlangen nach Macht und Reichtum zu stillen. »Mißtrauen atmet man in dieser Luft, / Der Neid verhetzt ein fieberhaftes Blut« (V. 468 f.); »Und was uns nützt, ist unser höchstes Recht« (V. 861). Über solcher Selbstsucht werden die Aufgaben, die dem Adelsstand eigentlich zukommen, vergessen. In einem Gespräch zwischen Eugenie und dem Herzog über den König, in dem Zeile für Zeile kontrastierende Aussagen einander folgen: die hoffnungsvoll gläubigen der jungen Frau und die resignierten ihres Vaters, wird das Dilemma dieser Monarchie deutlich:

> *Eugenie.* Er scheint nicht glücklich. Ach! und ist so gut.
> *Herzog.* Die Güte selbst erregt oft Widerstand.
> *Eugenie.* Wer ist so hart, sich ihm zu widersetzen?
> *Herzog.* Der Heil des Ganzen von der Strenge hofft (V. 429 ff.).

Nicht Güte wäre angezeigt, sondern die strenge Hand des Ordnungsgaranten, des Königs, wenn der intrigierende, opponierende Adel dem Dienst am Ganzen unterworfen werden soll. Daß eine Opposition am Werk ist, der sich der Herzog fernzuhalten sucht, ist offenkundig. Aber wie sie formiert ist, welche Ziele sie im einzelnen anvisiert, wer ihre führenden Köpfe sind, das bleibt hinter einem Grauschleier andeutender Bemerkungen verborgen. Es genügte Goethe, das Wirken von ordnungstörenden Gegenkräften und deren allgemeine Motive kenntlich zu machen. So tief ist die Zerrüttung, daß selbst die Werte, die sonst natürliche Bindungen der Familienmitglieder untereinander sichern, zerstört werden.

In diese Welt stürzt Eugenie aus abgesondertem Behütetsein, das zugleich ein Ausgeschlossensein aus der adligen Welt bedeutete, zu der sie gehören soll und will. So versinnbildlichen es der Sturz auf der Jagd und die Ohnmacht, aus der sie erwacht, um dann endlich vom König anerkannt zu werden. Sie wähnt, den traditionellen Maximen der Monarchie überzeugt verbunden und dem König vertrauend, die adlige Gesellschaft sei noch intakt und es könne nur eins ihre Aufgabe sein: die ihr zufallenden Pflichten zu erfüllen. So ist sie in mehrfachem Sinn Eugenie, die Wohlgeborene: die (wenn auch nicht legitim) adlig Geborene und diejenige, die solcher Geburt in ihrem tätigen Leben entsprechen will und nicht in das anonyme Gespinst der Intrigen und Kämpfe um den eigenen Vorteil verstrickt ist. Für den Tag ihrer öffentlichen Anerkennung schickt ihr der Herzog eine Truhe mit Schmuck und Kleidern, die sie jedoch vorher nicht öffnen soll. Doch

Eugenie vermag ihrer Neugier nicht zu widerstehen und schließt den Kasten vorzeitig auf. Goethe wollte diese Szene »mit Anstand und Würde« gespielt sehen (an Kirms, 27. 6. 1803). Etwas Feierliches solle sich dem Auge darstellen. So zeugt diese Episode neben der natürlichen Ungeduld des jungen Mädchens auch von Eugenies sicherem Bewußtsein von der Bedeutung des Schmucks, des Scheins, der ihrem Wesen angemessen ist:

> Der Schein, was ist er, dem das Wesen fehlt?
> Das Wesen wär’ es, wenn es nicht erschiene? (V. 1066 f.)

Die Episode weist aber auch spiegelbildlich auf den Schluß des Stücks. Dort hat Eugenie, die die Verfolgung erfahren mußte, gelernt, auf das Abwarten zu vertrauen, damit ihr vielleicht später, unter anderen Auspizien, sinnvolles Wirken möglich wird. Zur Entsagung Bereite sind nicht mehr voreilig.

Man beschließt, die vor der vollen Legitimierung stehende Eugenie zu entführen und in die Verbannung zu deportieren, und das ›man‹ ist wörtlich zu nehmen. Gewiß ist der um seine Erbschaftsansprüche besorgte Sohn, der nie in persona erscheint, eine treibende Kraft, gewiß unterzeichnet der König das Verbannungsurteil, doch nie wird deutlich, was in dem verderbenbringenden Schriftstück wirklich geschrieben steht und wer es mit welcher detaillierten Begründung erwirkt hat. »Das Mächtige« (V. 706) wird apostrophiert, auch »ein Herrschendes« (V. 853) oder »das Waltende« (V. 715). Es ist, als ob sich die Macht des Bösen und Niedrigen verselbständigt habe, zu einer abstrakten Größe geworden sei und alle Ausführenden nurmehr als Agenten des Unheils funktionierten. Eine ungeheuerliche Verkehrung vernünftigen menschlichen Tuns findet statt: Alle Handelnden durchschauen in klarer Rationalität das Negative ihrer Handlungen und vollbringen sie dennoch; denn sie haben sich der Rationalität von Einzelargumenten unterworfen, ohne auf deren Sicherung durch einen übergreifenden Sinn- und Wertezusammenhang achtzugeben. Im Bild des »kalten Herzens« faßt die Hofmeisterin, die sich selbst ein Rätsel ist (V. 720) und gegen ihr besseres Wissen, obgleich auch sie eigennützig, dem Befehl folgt, diese Denaturierung des Menschlichen:

> Warum? o! schuf dich die Natur, von außen,
> Gefällig, liebenswert, unwiderstehlich,
> Wenn sie ein kaltes Herz in deinen Busen,
> Ein glückzerstörendes, zu pflanzen dachte (V. 723 ff.).

Der Sekretär und der Weltgeistliche sind Handlanger von der Art, mit denen Zwangs- und Vernichtungslager gebaut und geführt werden können, zu allen Zeiten:

> Doch wenn das Mächtige, das uns regiert,
> Ein großes Opfer heischt, wir bringen's doch,
> Mit blutendem Gefühl, der Not zuletzt (V. 706 ff.).

Es ist uns unbenommen, in dieser Welt, in der ein anonym »Herrschendes« regiert und alle Vernunft der Menschen zu seinen Zwecken instrumentalisiert, auch ein genial vorentworfenes Sinnbild moderner Gesellschaften mit ihren undurchsichtigen Zwängen zu sehen.

Die beiden letzten Akte spielen auf einem »Platz am Hafen«. Dort erhält die zur Verbannung verdammte Eugenie noch eine Chance, ihr Los zu wenden: Eine Ehe mit dem bürgerlichen Gerichtsrat würde sie dem Kampf der Parteien entziehen und ins Verborgene entkommen lassen. Gerade in Partien der Schlußakte zeigt sich, wie Goethe das, was er vom geschichtlichen Prozeß erkannte oder ahnte, der bilderreichen Rede seiner Gestalten anvertraute, die darin ihren gesellschaftlichen Status und das Bewußtsein ihrer Lage zu erkennen geben. Erst wenn man diese Schicht des Sprechens freilegt, werden noch weitere Aspekte des ›politischen Gehalts‹ der *Natürlichen Tochter* sichtbar. Hier einige Hinweise: Der Gerichtsrat äußert sich mehrfach zu seiner politischen Funktion in der Öffentlichkeit, mit der er schon durch seinen Beruf besonders verbunden ist. Eugenie fragt ihn, den Vertreter des Rechts, nach dem Verhältnis des bürgerlichen Anspruchs auf Rechtssicherheit zur feudalabsolutistischen Willkür:

> Wer seid denn ihr? die ihr, mit leerem Stolz,
> Durch's Recht Gewalt zu bänd'gen euch berühmt (V. 2007 f.).

Die Antwort des Gerichtsrats beleuchtet sein politisches Selbstverständnis:

> In abgeschloßnen Kreisen lenken wir,
> Gesetzlich streng, das in der Mittelhöhe
> Des Lebens wiederkehrend Schwebende.
> Was droben sich in ungemeßnen Räumen,
> Gewaltig seltsam, hin und her bewegt,
> Belebt und tötet, ohne Rat und Urteil,
> Das wird nach anderm Maß, nach andrer Zahl
> Vielleicht berechnet; bleibt uns rätselhaft (V. 2009 ff.).

Unüberhörbar schwankt der Gerichtsrat in seiner Haltung zur Willkürgewalt. Der Tenor wechselt zwischen einer eher verhüllt ausgesprochenen moralischen Verurteilung und einer politischen Selbstbescheidung auf das, was allein vermeintlich Sache des Bürgers ist. Gleich beim ersten Auftritt des Gerichtsrats wird diese auf Abgrenzung des eigenen Bereichs bedachte

Position deutlich. Die Hofmeisterin charakterisiert ihn als einen Mann, »der allen edel, zuverlässig gilt« (V. 1733) und den »so lange, / Man im Gericht, wo viel Gerechte wirken, / Erst pries als Beistand, nun als Richter preist« (V. 1738 ff.). Angesprochen als Mensch und Richter, reagiert der Rat auf das Verbannungsschreiben privat und beruflich »mit Schauder« (V. 1746):

> Nicht ist von Recht, noch von Gericht die Rede:
> Hier ist Gewalt! entsetzliche Gewalt (V. 1747 f.).

Doch als Jurist eröffnet er anschließend der Hofmeisterin, er sei »angewiesen, dich zu schützen, sie [Eugenie] / Nach deines Worts Gesetzen zu behandeln« (V. 1754 f.). Ganz im Sinn seiner späteren Selbstcharakterisierung rechtfertigt er diesen Gehorsam gegenüber feudaler Willkür, die er genau erkennt, nicht mit dem Hinweis auf eine eigene Zwangslage, sondern mit einer Selbstbescheidung, die zur Apologie des Unrechts wird:

> Ich schelte nicht das Werkzeug, rechte kaum
> Mit jenen Mächten, die sich solche Handlung
> Erlauben können. Leider sind auch sie
> Gebunden und gedrängt. Sie wirken selten
> Aus freier Überzeugung. Sorge, Furcht
> Vor größerm Übel nötiget Regenten
> Die nützlich ungerechten Taten ab (V. 1794 ff.).

Als ungerecht und nützlich zugleich qualifiziert er die bösen Taten. Dieser Bürger ist an einer Erweiterung bürgerlicher Rechtsauffassung und ihrer Wirkung nicht interessiert. Das Recht fungiert hier als Ausdruck und Mittel der Abgrenzung des Bürgerstandes vom Adel. Doch dieses Wunschbild vom Bürger, der durch den Verzicht auf gesellschaftliche Macht unberührt von ihr in seiner »Enge reingezognem Kreis« (V. 1802) leben kann, ist ein Modell, das so nicht zu verwirklichen ist, weil es vom Wohlwollen der Mächtigen abhängt. Eugenie, deren Auftritt die scheinbar so säuberliche Trennung von Privatheit und Öffentlichkeit zerstört, erscheint dem Gerichtsrat denn auch als

> Unselige! die mir, aus deinen Höhen,
> Ein Meteor, verderblich niederstreifst,
> Und meiner Bahn Gesetz berührend störst! (V. 1970 ff.)

Der zentrale soziale Ort des vom Gerichtsrat repräsentierten Typus des Bürgers ist die Familie, auch und vor allem als Gegenbereich zu den Bezirken des Adels und der Plebs, von denen Gewalt droht. Auf das Eheangebot, das

ihr der Richter macht, reagiert Eugenie mit der Frage nach den Machtverhältnissen:

> Betriegst du dich nicht selbst? und wagst du dich
> Mit jener Macht, die mich bedroht, zu messen? (V. 2174f.)

Mit einer Emphase, die in einem eigentümlichen Kontrast zu seiner Ohnmacht als Jurist steht, antwortet der Bürger als Gatte und also als ›Mensch‹:

> Mit jener nicht allein! – Dem Ungestüm
> Des rohen Drangs der Menge zu entgehn,
> Hat uns ein Gott den schönsten Port bezeichnet.
> Im Hause, wo der Gatte sicher waltet,
> Da wohnt allein der Friede, den, vergebens
> Im Weiten, du, da draußen, suchen magst (V. 2176ff.).

Die Ehe wird als humane Idylle gezeichnet, als das »Glück« [...], das, im
Kreise / Des Bürgerstandes, hold genügsam, weilt« (V. 1806f.), und abgesetzt von der moralisierend disqualifizierten Welt der Politik:

> Unruh'ge Mißgunst, grimmige Verleumdung,
> Verhallendes, parteiisches Bestreben,
> Nicht wirken sie auf diesen heil'gen Kreis! (V. 2182ff.)

Diesen vermeintlich herrschaftsfreien Raum kann der Rat der verbannten
Eugenie als Rettung garantieren, weil dessen Qualität ausschließlich von der
privaten und persönlichen Initiative des Bürgers bestimmt wird. Der bürgerliche Mann dünkt sich in seinem »Hause Fürst« (V. 2189). So kann der
Gerichtsrat versprechen, es werde Eugenie nie »an Rat und Trost, an Schutz
und Hülfe fehlen« (V. 2124). Die Macht des bürgerlichen Hausvaters fei-
ernd, spricht der Richter die patriarchalischen Züge dieser Idylle unverhüllt
aus. »Fürst« im Hause sei

> der Gute wie der Böse.
> Reicht eine Macht denn wohl in jenes Haus?
> Wo der Tyrann die holde Gattin kränkt,
> Wenn er, nach eignem Sinn, verworren handelt;
> Durch Launen, Worte, Taten, jede Lust,
> Mit Schadenfreude, sinnreich untergräbt.
> Wer trocknet ihre Tränen? Welch Gesetz,
> Welch Tribunal erreicht den Schuldigen?
> Er triumphiert und schweigende Geduld
> Senkt, nach und nach, verzweifelnd, sie in's Grab.
> Notwendigkeit, Gesetz, Gewohnheit gaben

Dem Mann so große Rechte; sie vertrauten
Auf seine Kraft, auf seinen Biedersinn (V. 2190ff.).

Selten hat Goethe die patriarchalischen Züge der bürgerlichen Ehe so schonungslos als Gefahr beschrieben. Hier ist ein Gegenbild zur *Amyntas-Elegie* gezeichnet, wo der Liebende von den Ansprüchen der Geliebten schier erdrückt zu werden drohte. Als Lösung des Problems bietet sich allein der »Biedersinn« des Mannes an. Politisch, in der Sphäre des Rechts, und privat, in der Ehe, will der Gerichtsrat Konflikte durch humanes Verhalten, durch persönliche Integrität lösen. Als Citoyen gegenüber dem Adel ohnmächtig, dünkt sich der Bürger als Privatmann allmächtig: »Als Gatte kann ich mit dem König rechten« (V. 2209).

Vor dem Hintergrund dieses bürgerlichen Ehekonzepts wird klarer, was die ›Entsagungsehe‹ bedeutet, zu der sich Eugenie zuletzt entschließt. Ihre anfängliche Ablehnung begründet sie mit dem auf Privatheit beschränkten Lebenskreis der bürgerlichen Gattin und der zusätzlichen Abhängigkeit vom Mann (V. 2295ff.). Sie kann sich nicht bereitfinden, auf die ihr durch Geburt zustehende Ranghöhe und die politische, auf Öffentlichkeit bezogene feudale Repräsentation zu verzichten und ausschließlich »ins Häusliche den liebevollen Blick« zu wenden (V. 1812). Diese grundsätzlich negative Einschätzung des Glücks, »das, im Kreise / Des Bürgerstandes, hold genügsam weilt« (V. 1806f.), gibt Eugenie nicht auf. Noch zum Mönch spricht sie von einem »Ehebündnis [...], das / Zu niedren Sphären mich herunter zieht« (V. 2722f.). Sie muß aber letztlich die Erniedrigung in Kauf nehmen, um sich zu retten und für Zukünftiges zu bewahren.

Immer noch bleibt die Frage, welche politische Perspektive das Drama eröffnet, das von seinem Dichter als ein Antwortversuch auf die Herausforderung durch die Französische Revolution konzipiert war. Da die Trilogie nicht vollendet wurde, bleiben nur Andeutungen möglich. Eugenie erkennt gerade in den Schlußszenen die ihr als Vertreterin des Adels zukommende Verpflichtung, sich für das »Vaterland« (V. 2817) einzusetzen, also für das, was aus der Sicht des (Reform-)Adels für das »Heil des Ganzen« (V. 432) gehalten wird. Der Gerichtsrat und die von ihm angebotene Ehe dienen dabei als Mittel zum Zweck: »Im Verborgnen / Verwahr' er mich, als reinen Talisman« (V. 2852f.). Die von den eigenen Standesgenossen verfolgte Adlige sucht unter den Bedingungen der Königsschwäche und des Adelzwistes in der bürgerlichen Ehe zu überwintern, damit die »Erhaltne« (V. 2862) einst, nach der Wiederherstellung der ständestaatlichen Ordnung, das dem König in Wort (V. 357) und Schrift (im Sonett, V. 947ff.) gegebene Loyalitätsversprechen einlösen kann.

Daß in dieser politischen Ordnung für den Bürger nur ein bescheidener, von der Toleranz des Adels mit abhängiger Platz vorgesehen ist, spiegelt sich im abschließenden Gespräch zwischen Eugenie und dem Gerichtsrat. Der Bürger spricht die Sprache des ›Herzens‹, von der Liebesheirat:

> Dich zu sehen,
> Dir nah zu sein, für dich zu leben, wäre
> Mein einzig höchstes Glück. Und so bedinge
> Dein Herz allein das Bündnis, das wir schließen (V. 2895 ff.).

Aus Eugenies Sicht aber kann eine bürgerliche Ehe, zu deren Idee es gehört, daß sie sich auf das Gefühl der Liebenden gründe, nicht in Frage kommen. Sie fordert Entsagung und verbietet sich vorerst sogar jeden Besuch des Gatten. So kann von einem gleichberechtigten Bündnis zwischen Adel und Bürgertum, das sich am Ende abzeichne, nicht die Rede sein. Der Erhalt einer feudalen Ständeordnung mit einem allerdings geläuterten, reformbereiten Adel, der das Heil des Ganzen als Verpflichtung anerkennt, steht außer Zweifel. Von einer Erweiterung der Macht und Befugnisse des dritten Standes ist nichts zu erkennen; aktiv eingreifendes Bürgertum erscheint nicht auf der Bildfläche. Als politisches Subjekt spielt der Bürger keine Rolle. Fast wie ein deus ex machina tritt der Gerichtsrat auf, um dem Teil des Geburtsadels, der zugleich den erwünschten Adel der Gesinnung besitzt, das persönliche und politische Überleben in schwieriger Zeit zu ermöglichen. Selbst auf die Humanität des Bürgers fällt fahles Licht: Nur im abgesonderten Bereich des Privaten kann sie sich auf widersprüchliche Weise auswirken. Diese dem Bürger in der *Natürlichen Tochter* zugemessene Bedeutung deckt sich recht genau mit einer Äußerung Goethes, die Eckermann unter dem 18. Januar 1827 aufzeichnete:

Es ist mit der Freiheit ein wunderlich Ding, und jeder hat leicht genug, wenn er sich nur zu begnügen und zu finden weiß. Und was hilft uns ein Überfluß von Freiheit, die wir nicht gebrauchen können! [...]
Hat einer nur soviel Freiheit, um gesund zu leben und sein Gewerbe zu treiben, so hat er genug, und so viel hat leicht ein jeder. Und dann sind wir alle nur frei unter gewissen Bedingungen, die wir erfüllen müssen. Der Bürger ist so frei wie der Adelige, sobald er sich in den Grenzen hält, die ihm von Gott durch seinen Stand, worin er geboren, angewiesen. [...] Nicht das macht frei, daß wir nichts über uns anerkennen wollen, sondern eben, daß wir etwas verehren, das über uns ist. Denn indem wir es verehren, heben wir uns zu ihm hinauf und legen durch unsere Anerkennung an den Tag, daß wir selber das Höhere in uns tragen und wert sind, seinesgleichen zu sein.

Allerdings sind dem Drama an einer eindrucksvollen Stelle auch noch Reflexe einer sich erst anbahnenden Entwicklung eingezeichnet. In der Bildlichkeit der Untergangsvision des Mönchs sammelt sich hellsichtige Ahnung des Dichters von zukünftigen gesellschaftlichen Prozessen. Zurückgekehrt von den »wilden Stämmen« (V. 2767), charakterisiert der Mönch die Gesellschaft Eugenies und des Gerichtsrats als »Wildnis frechen Städtelebens«, »Wust verfeinerter Verbrechen« und »Pfuhl der Selbstigkeit« (V. 2772 ff.). Dann entwirft er ein grandioses Bild, das zunächst das Erfreuliche tätigen Lebens schildert und danach unvermittelt in die Vision eines alles mit sich reißenden Verderbens umschlägt.

> Wenn ich, beim Sonnenschein, durch diese Straßen,
> Bewundernd wandle, der Gebäude Pracht,
> Die, felsengleich, getürmten Massen schaue,
> Der Plätze Kreis, der Kirchen edlen Bau,
> Des Hafens masterfüllten Raum betrachte;
> Das scheint mir alles für die Ewigkeit
> Gegründet und geordnet, diese Menge
> Gewerksam Tätiger, die hin und her,
> In diesen Räumen wogt, auch die verspricht
> Sich, unvertilgbar, ewig herzustellen.
> Allein wenn dieses große Bild, bei Nacht,
> In meines Geistes Tiefen, sich erneut,
> Da stürmt ein Brausen durch die düstre Luft,
> Der feste Boden wankt, die Türme schwanken,
> Gefugte Steine lösen sich herab
> Und so zerfällt in ungeformten Schutt
> Die Prachterscheinung. Wenig Lebendes
> Durchklimmt, bekümmert, neuentstandne Hügel
> Und jede Trümmer deutet auf ein Grab.
> Das Element zu bändigen, vermag
> Ein tiefgebeugt, vermindert Volk nicht mehr,
> Und, rastlos wiederkehrend, füllt die Flut,
> Mit Sand und Schlamm, des Hafens Becken aus (V. 2786 ff.).

Es ist, als ob sich Goethe, während er dem Mönch die Worte schrieb, an jenes furchtbare Erdbeben von Lissabon 1755 erinnert habe, das ihm zeitlebens als Menetekel im Gedächtnis geblieben ist. So könnte die Vision des Mönchs auf viele Untergänge übertragen werden, bis hin zum Fiasko eines Atomkriegs. Zweifellos zielt die negative Prophetie in ihrer Totalität sowohl auf die Welt jenes pflichtvergessenen Adels als auch auf die Bezirke, in denen der bürgerliche Geheimrat lebt und wirkt. Doch kann und darf der Leser sie in entscheidenden Elementen sozialgeschichtlich näher bestimmen. Eine Kritik bürgerlicher Ökonomie kommt in ihr zum Vorschein.

Der wandernde Blick des Betrachtenden (und des Lesers) findet sein Ziel im Hafen, dem Zentrum bürgerlichen Handels, in »des Hafens masterfülltem Raum«. Dann konzentriert sich die Beschreibung auf die »Menge gewerksam Tätiger«. Als das bewegende Prinzip dieser Gesellschaft erfaßt der Mönch die rastlose und endlose Selbstreproduktion: »sich unvertilgbar ewig herzustellen«. Angesichts dessen, was der Sprechende tatsächlich vor Augen hat, darf seine Äußerung auf den Kreislauf der Waren bezogen werden. Nachdem damit der Betrachter, der als Fremdling in der eigenen Zivilisation gekennzeichnet ist, das Wesen der erst entstehenden bürgerlichen Gesellschaft mit ihrem Drang nach freiem Wirtschaften benannt hat, schließt sich unvermittelt die nächtige Vision des Untergangs an. Fiel auf die endlose Reproduktion zuerst das helle Licht des Lobes bürgerlicher Regsamkeit, so steht sie jetzt im trüben Schein einer Eigengesetzlichkeit, die vor der Zerstörung derer, die sie in Gang setzten, nicht Halt macht. Das läßt sich zwanglos als (zumindest) Ahnung der Ambivalenz des sich ausbreitenden Warenverkehrs deuten: Die Erzeugung gesellschaftlichen Reichtums verkehrt sich unter dem Primat der Ökonomie, des Tauschwerts gegenüber dem Gebrauchswert, in die verselbständigte rastlose Wiederkehr des Immergleichen. Diese Ambivalenz sichten auch andere späte Dramen Goethes, in der Gestaltung des Prometheus in *Pandora*, im Schicksal von Philemon und Baucis im *Faust II*. Dann unterscheidet sich die Maxime des Sekretärs »Was uns nützt, ist unser höchstes Recht« im Kern nicht von der Logik des Warentauschs, wie sie sich in der Vision des Mönchs ankündigt. Von ihr ist der Gerichtsrat allein geschieden durch seine private Humanität, die eine resignative Humanität eines Bürgers ist, der sich mit den Machtverhältnissen abgefunden hat.

So durchzieht das Trauerspiel *Die natürliche Tochter* die Sorge über erkannte und vorausgeahnte Schäden in einer Gesellschaft, aus der eine Eugenie ausgestoßen wird und für die der Dichter kein anderes Heil weiß als die Wiederherstellung herkömmlicher Ordnungen mit neuem, geläutertem Geist, in der Hoffnungen und Forderungen der ›Wohlgeborenen‹ sich verwirklichen ließen; vielleicht mit Hilfe des ›Volks‹, des nicht kompromittierten, auf das Eugenie einmal, zaghaft mit dem Gedanken spielend, ihre vage Hoffnung setzt:

> Dort unten hoff’ ich Leben, aus dem Leben,
> Dort wo die Masse, tätig strömend, wogt,
> Wo jedes Herz, mit wenigem befriedigt,
> Für holdes Mitleid gern sich öffnen mag (V. 2358 ff.).

In literarischen Konstellationen

Zwischen antikem Vorbild und modernen Entwürfen

Wenn man in Goethes Tagebüchern liest, wird man überwältigt von der Fülle der Namen, die er verzeichnet. Schwer vorstellbar, daß dieser Mann sich isoliert gefühlt haben soll. Die Kette der Besuche und Begegnungen, der Gespräche und des Gedankenaustauschs riß nicht ab, es sei denn, er zog sich willentlich zurück, um ungestört arbeiten zu können. Dann wünschte er nur Kontakte, die ihn inspirierten. Christiane litt unter den häufigen Abwesenheiten; doch in diesem Punkt war Goethe rücksichtslos, wenn er noch eine Zeitlang in Jena, in den wenig komfortablen Zimmern des Schlosses, bleiben oder eine Reise verlängern wollte. Vergeblich wünschte sie ihn zum Weihnachtsfest 1800 zurück; er kam erst am 26. Dezember, und niemand weiß, warum er so spät heimkehrte. Wir bleiben ratlos, wenn wir demgegenüber hören: »Ich freue mich herzlich, Dich wiederzusehen und Dir zu sagen: daß zu Hause, bei seinem Liebchen, das Beste in der Welt ist, denn am Ende wers nicht hat, sucht ein Zuhause und ein Liebchen« (an Christiane, 29.7.1795). Als Goethe Ende Juli 1799 für viele Wochen in sein Gartenhaus am Stern gezogen war, um vor allem die Gedichte für den 7. Band der *Neuen Schriften* bei Unger zusammenzustellen, gestand er Schiller: »Denn dabei bleibt es nun einmal: daß ich ohne absolute Einsamkeit nicht das Mindeste hervorbringen kann. Die Stille des Gartens ist mir auch daher vorzüglich schätzbar« (7.8.1799). Diese Lust und Last rangierten immer obenan: sich mit dem intensiv und extensiv zu beschäftigen, was er sich selbst vorgenommen hatte und die Forderungen des Tages an ihn herantrugen.

Das Tagebuch mit den vielen Namen hielt meist nur die äußeren Daten fest. Wie es innerlich um ihn bestellt war, blieb verborgen; in Briefen, in Dichtungen gruben sich dann und wann Spuren von Melancholie, vom Gefühl des Alleinseins, der Sinnlosigkeit vieler Bemühungen ein, wogegen er mit nichts als rastloser Tätigkeit Widerstand leistete, – und im hohen Alter, als er ständig bilanzierte, was das Leben gebracht habe, mußte er doch dem vertrauten Freund Zelter bei passender Gelegenheit die vieldeutigen Sätze schreiben: »Das Studium der Witterungslehre geht, wie so manches andere, nur auf Verzweiflung hinaus. Die ersten Zeilen des Faust lassen sich auch hier vollkommen anwenden. Doch muß ich zur Steuer der Wahrheit hinzufügen: daß derjenige, der nicht mehr verlangt, als dem Menschen gegönnt ist, auch hier für angewandte Mühe gar schön belohnt werde. Sich zu bescheiden ist aber nicht jedermanns Sache« (4. 3. 1829). Am 3. Mai 1799 beteuerte Goethe dem Mitbewohner am Weimarer Frauenplan, Heinrich Meyer, daß er »fast von aller Welt abgesondert lebe« und ihn deshalb gern weiterhin bei sich haben würde. Mag auch die Bemerkung gewählt sein, weil er den kenntnisreichen Kunstfreund und Vertrauten an sich binden wollte, so ist die Behauptung doch gewiß nicht frei erfunden. Die Verbindung mit Schiller war unschätzbar, aber in erster Linie eine Arbeitsgemeinschaft unter literatur- und kulturpolitischen Vorzeichen. Nie äußerte sich Goethe zu ihm so aufgeschlossen wie zu Carl Friedrich Zelter, dem Freund des Alters, dem dann auch das Du zukam. Manchmal sprach Schiller zu anderen über Goethe wie aus der Perspektive des abschätzenden, distanzierten Beobachters, wohlmeinend zwar, dennoch fern jener inneren Verbundenheit mit einem Menschen, die es erlaubte, einander zu suchen, wenn es drinnen ganz finster war.

Auch in diesen Jahren schwankte das Urteil aufmerksamer Beobachter über Goethe. Bewunderung, Wohlwollen, Respekt, Kritik und Feindschaft: alle Positionen waren vertreten. Als Varnhagen 1823 eine Dokumentensammlung über ihn ediert hatte, machte er den Vorschlag: »Man hat einen Oktavband herausgegeben: ›Goethe in den wohlwollenden Zeugnissen der Mitlebenden‹. Nun würde ich raten, ein Gegenstück zu bringen: ›Goethe in den mißwollenden Zeugnissen der Mitlebenden‹« (A 14, 333), und dasselbe riet er auch seinem Großneffen Nicolovius (2. 10. 1827). Der spitzzüngige Böttiger hielt (vermutlich im April 1798) als »Ifflands Urteil über Goethe« in seinem Tagebuch fest:

Es ist etwas Unstetes und Mißtrauisches in seinem ganzen Wesen, wobei sich niemand in seiner Gegenwart wohl befinden kann. Es ist mir, als wenn ich auf keinem seiner Stühle ruhig sitzen könnte. Er ist der glücklichste Mensch von außen. Er hat Geist, Ehre, Bequemlichkeit, Genuß der Künste. Und doch möchte ich nicht dreitausend Taler Einnahme haben und an seiner Stelle sein! (Bo II 125)

Karl v. Stein zeichnete seinem Bruder Fritz ein wenig schmeichelhaftes Porträt des Fünfzigjährigen:

Wen sie [die Zeit] aber von seiten des Körpers unkenntlich gemacht hat, ist Goethe. Sein Gang ist überaus langsam, sein Bauch nach unten zu hervorstehend wie der einer hochschwangeren Frau, sein Kinn ganz an den Hals herangezogen, von einer Wassersuppe dichte umgeben; seine Backen dick, sein Mund in halber Mondsform; seine Augen allein noch gen Himmel gerichtet; [...] sein ganzer Ausdruck eine Art von selbstzufriedener Gleichgiltigkeit, ohne eigentlich froh auszusehen. Er dauert mich, der schöne Mann, der so edel in dem Ausdruck seines Körpers war (11.6.1799; Bo II 146).

Johann Friedrich Abegg, für den Goethe freilich auch der »Mann des Himmels und der Erde« war, schrieb in seinem *Reisetagebuch von 1798* (Frankfurt 1976) freundlichere Eindrücke auf: »Göthe ist einer der schönsten Männer, die ich je gesehen habe. Fast einen halben Kopf größer als ich, sehr gut gewachsen, angenehm dick, und sein Auge ist in der Wirklichkeit nicht so grell als in dem Kupferstich [von J. H. Lips]. Ruhe, Selbständigkeit und eine gewisse vornehme Behaglichkeit wird durch sein ganzes Betragen ausgedrückt. [...] Überhaupt behauptet er Nüchternheit und Erhabenheit, die nur dem vollendetsten Hofmanne möglich sind. Dieser scheint er aber neben seinen anderen unerreichbaren Vorzügen auch zu seyn« (S. 62 ff.).

Wenn Goethe die Dramen der Brüder Schlegel ins Programm nahm, war das auch ein Zeichen des Danks, den er ihnen abstattete. Denn sie waren es, die ihn als erste in die Galerie der weltliterarischen Koryphäen aufnahmen. Im Aufsatz »Epochen der Dichtkunst« im *Gespräch über die Poesie*, das 1799 im *Athenäum* erschien, folgte nach den Großen der Antike, nach Dante, Petrarca, Boccaccio, Cervantes und Shakespeare der Name Goethes, und Friedrich Schlegel riet den Deutschen, jenem Vorbild nachzueifern. Schon in der Abhandlung *Über das Studium der griechischen Poesie* hatte er verkündet (1795/1796): »Goethens Poesie ist die Morgenröte echter Kunst und reiner Schönheit« (KA 1, 260). Der bereits erwähnte große Essay *Über Goethes Meister* spürte auf subtile Art den poetischen Besonderheiten dieses Romans nach, nicht ohne sehr eigene Ansichten von wahrer Poesie einzumischen. Goethe fungierte in der literaturgeschichtsphilosophischen Sicht Schlegels, der mit dem Studium der griechischen die Analyse der modernen Literatur verband, als möglicher Mittler zwischen der Antike, der unvergleichlich schöne Objektivität gelungen sei, und der Moderne mit ihrer problematischen Subjektivität, die sich in immer Neues und sich übersteigerndes Interessantes zu verlieren drohe. Von Goethe jedoch könne eine neue Kunst ausgehen, die nicht hinter den an der Antike gewonnenen Ansprüchen zurückbleibe. August Wilhelm, der ältere Bruder, stand Friedrich im Lob des Meisters nicht nach. Als er die *Horen* besprach, rühmte er die *Römischen*

Elegien als eine in der neueren Poesie einzigartige Erscheinung, und *Hermann und Dorothea* bedachte er mit höchster Auszeichnung. Die wesentlichen Merkmale des Epos könne man an dieser Dichtung ebensogut entwickeln wie an Homers Gesängen: die Ruhe der Darstellung, »die volle lebendige Entfaltung hauptsächlich durch Reden«, »den unwandelbaren verweilend fortschreitenden Rhythmus« (2, 702). Jedoch war Friedrich Schlegels Einschätzung der Goetheschen Werke von Anfang an differenziert; immer wieder machte er Vorbehalte geltend. Er dachte an die frühen Dichtungen und noch an den *Meister*. »Der Werther, Götz, Faust, Iphigenie und einige lyrische Stücke sind der Anfang eines großen Mannes – es ist aber bald ein Höfling draus geworden«, schrieb er seinem Bruder Anfang November 1792. In privaten Äußerungen und Aufzeichnungen schlug immer wieder Kritisches durch. Bald schon vermißte er »Religion«, ein Vorwurf, der nach seiner Konversion zum Ostinato seiner Betrachtungsweise Goethes wurde, dessen poetische Qualitäten er gleichwohl nie bestritt.

August Wilhelm wohnte seit 1796 in Jena, war von Schiller zur Mitarbeit an den *Horen* eingeladen worden und wurde 1798 Jenaer Professor. Mit Goethe bahnten sich gute Beziehungen an. Dabei half als Verehrerin Goethes und versierte Gastgeberin Caroline Schlegel, verwitwete Böhmer und später Frau Schellings, eine der geistvollsten Frauen jener Zeit, die in Mainz gelebt hatte, mit Georg Forster befreundet gewesen und nach Flucht und Internierung als verdächtige Jakobinerin 1796 August Wilhelms Frau geworden war. In Versfragen war Schlegel für Goethe mehrmals ein willkommener Berater. Friedrichs Situation hingegen, der ebenfalls seit 1796 für ein Jahr in Jena lebte, war stets schwierig wegen seines komplizierten Verhältnisses zu Schiller. Es war ein spannungsvolles Auf und Ab, und auch August Wilhelm geriet in die hier nicht zu besprechenden Zwistigkeiten. Rivalitätskämpfe spielten sich da ab, in denen auch Goethe auf die Dauer nicht vermitteln konnte. So hübsch für manche die Epigramme gegen Schiller und Parodien auf seine Gedichte sind, die im Schlegel-Kreis fabriziert (aber erst später publiziert) wurden, wie etwa auf sein in der Tat parodiewürdiges *Lied von der Glocke*: sie waren Symptom eines tiefen Zerwürfnisses. Der Bruch mit Schiller bedeutete für beide Schlegels, daß sie sich um eine Zeitschrift in eigener Regie bemühten. Von 1798–1800 erschienen die drei Jahrgänge des *Athenäum* (Nachdruck 1960), jener Zeitschrift, die als repräsentatives Organ der ›Frühromantik‹ gilt. Goethe nahm die Hefte, die zur gleichen Zeit und ebenso kurz wie die *Propyläen* existierten, recht freundlich auf, hatte auch Grund, sich zu freuen, da die Verfasser ihn und seine Arbeiten »mit einer so entschiedenen Neigung begrüßten« (an A. W. Schlegel, 18. 6. 1798). Daß das *Athenäum* mit den funkelnden, geistreichen und spekulationsfreudigen

Aphorismen Friedrich Schlegels, den berühmten *Athenäums*-Fragmenten (die zusammen mit dem Essay über den *Meister* im gleichen Heft erschienen), eine neue Dichtung anvisierte, war noch nicht voll zu erkennen. Mit der ins Universalistische strebenden, alles Gedachte und Geträumte umspannenden »romantischen Poesie« als einer »progressiven Universalpoesie« (*Athenäums*-Fragment 116) konnte Goethe unmöglich übereinstimmen. Die Bestimmung der »progressiven Universalpoesie« sei nicht bloß, postulierte Friedrichs Fragment,

alle getrennte Gattungen der Poesie wieder zu vereinigen, und die Poesie mit der Philosophie und Rhetorik in Berührung zu setzen. Sie will, und soll auch Poesie und Prosa, Genialität und Kritik, Kunstpoesie und Naturpoesie bald mischen, bald verschmelzen, die Poesie lebendig und gesellig, und das Leben und die Gesellschaft poetisch machen, den Witz poetisieren, und die Formen der Kunst mit gediegnem Bildungsstoff jeder Art anfüllen und sättigen, und durch die Schwingungen des Humors beseelen. Sie umfaßt alles, was nur poetisch ist, vom größten wieder mehre[re] Systeme in sich enthaltenden Systeme der Kunst, bis zu dem Seufzer, dem Kuß, den das dichtende Kind aushaucht in kunstlosen Gesang (KA 2, 182).

Und alles sollte im Roman als der dafür geeignetsten Gattung sich sammeln. Diese Wünsche konnte Goethe in der Phase der *Propyläen* gewiß nicht gutheißen. War bei Schlegel die Vermischung der Gattungen gewünscht, so drangen die »Weimarischen Kunstfreunde« auf klare Bestimmung der einzelnen Genres, und über »Kunstpoesie und Naturpoesie« hätte sich Goethe in dieser Weise nicht geäußert, für den Kunst und Natur zwar verwandt waren, aber streng geschieden blieben.

Die Schlegels der neunziger Jahre bilden zusammen mit Wackenroder, Tieck und Friedrich v. Hardenberg, der sich Novalis nannte, die Generation der ›Frühromantiker‹. So weiß es die ordnende Literaturgeschichte. Aber so gewiß die Tendenzen des *Athenäums* andere waren als die der *Propyläen*, so ist nicht zu übersehen, daß die Schlegels in ihren frühen Jahren ebensolche Griechenbegeisterte waren wie Winckelmann und Goethe und die Vorbildlichkeit der Antike auch für sie außer Frage stand. Dann allerdings richtete sich das Nachdenken besonders Friedrich Schlegels und Hardenbergs auf die Möglichkeiten einer neuen Gegenwartspoesie, die nicht länger mehr eine Nachfolge der Alten bedeutete. Immerhin aber waren um die Jahrhundertwende die Gräben zwischen den ›Klassikern‹ und den ›Frühromantikern‹, bei denen wiederum ein Wackenroder von dem intellektuellen Spiel und den philosophischen Aperçus eines Schlegels und Novalis weit entfernt war, viel weniger tief als zwischen jenen und anderen Gruppierungen, etwa um Kotzebue, der 1799 in seinem Pamphlet *Der hyperboreische Esel oder Die heutige Bildung* Friedrich Schlegels ›Frühromantik‹ lächerlich machte, indem er Zitatsalven aus dessen hochspekulativen, schwer verständlichen Sätzen zusammenbastelte. Gewohnte Grenzziehungen in den neunziger Jahren sind für eine Nachprüfung längst reif. Wie Fronten verliefen, illustriert eine Bemerkung Schillers von 1803, der seit langem mit den Schlegels zerstritten war: »Die *Schlegel-* und *Tieckische* Schule erscheint immer hohler und fratzenhafter, während daß sich ihre Antipoden immer platter und erbärmlicher zeigen, und zwischen diesen beiden Formen schwankt nun das Publikum« (an W. v. Humboldt, 17.2.1803), – und jenseits davon wußten sich die ›Klassiker‹. Zu Anfang des neuen Jahrhunderts verschärften sich freilich auch die Gegensätze zwischen den ›Frühromantikern‹ und Goethe. Deren Wendung zur christkatholischen Kunst gab den Ausschlag. Die *Winckelmann*-Schrift von 1805 artikulierte Goethes Widerspruch in aller Deutlichkeit. Nur wenige Briefe gingen nach 1808 noch an August Schlegel, während überhaupt nur ein einziges Schreiben an Friedrich Schlegel vorhanden ist. Die Abrechnung des unverbesserlichen Heiden fiel 1831 vernichtend, gewiß auch einseitig aus: Die »Gebrüder Schlegel« hätten »in Kunst und Literatur viel Unheil angerichtet«, und Friedrich sei »am Wiederkäuen sittlicher und religioser Absurditäten« erstickt (an Zelter, 20.10.1831).

Um es pointiert (und natürlich vereinfacht) zu sagen: Was bei der jungen Generation durchgängig bestimmend wurde, war eine ungebundene Radikalität. Sie wirkte sich freilich nicht im politischen Handeln aus; sondern in der nachrevolutionären Phase in einem Land, das entschiedener gesellschaftlicher Veränderungen zwar bedurfte, in dem sie aber nicht vollzogen werden konnten, schien diese Generation mit bewußter Radikalität die Möglichkeiten und Fähigkeiten des Subjekts Mensch in seinem Denken, Fühlen, Erleben bis zu ihrer Verselbständigung um ihrer selbst willen vorantreiben und ausprobieren zu wollen, so, als sei dieses Selbstgründen im Ich die einzig mögliche Verwirklichung angesichts des Gärungsprozesses der Zeit. Einer entdeckte dem andern nur immer mehr die Möglichkeiten des selbstherrlich-freien Menschen, oft im Blick auf den möglichen Staat. Es war wie eine Eroberung der Welt fürs frei schaltende Subjekt Mensch. Das verwirklichte sich auf verschiedene Weisen: bei Friedrich Schlegel, bei Tieck und noch bei Wackenroder in seinem hemmungslosen Kunstgenießenwollen. Und sogleich stellte sich auch die Problematik solchen Beginnens mit ein, die Bodenlosigkeit und Haltlosigkeit des Ich: Im *William Lovell* Tiecks, im *Berglinger* Wackenroders, und sie wurde deutlich im weiteren Lebenslauf Friedrich Schlegels selbst. Radikales Auf-sich-gestellt-Sein des Menschen trug notwendig auch zerstörerische Kräfte in sich; William Lovell bewies es, der Roquairol des Jean Paul nicht minder, und vor solchen Konsequenzen führte der Weg hin oder zurück zu Bindungen überpersönlicher Art, zu kirchlichen oder anderen Gemeinschaften.

Seit 1796 hielt sich wiederholt Jean Paul für längere Zeit in Weimar auf. Bekannt war er bereits seit dem *Hesperus* (1795), der ihn früh berühmt machte. *Die unsichtbare Loge* (1793) und *Hesperus, oder Fünfundvierzig Hundsposttage* hatte er dem von ihm bewunderten Goethe zugesandt (am 27. 3. 1794 und 4. 6. 1795), doch vergeblich auf eine Antwort warten müssen. Schiller reihte den *Hesperus* ins »Tragelaphen-Geschlecht« ein (12. 6. 1795), und Goethe machte sich die Anspielung auf den Bockhirsch, ein Fabelwesen des Altertums, zu eigen (18. 6. 1795). Beide fanden an dem »wunderlichen Werk« (Goethe) manches zu bewundern, die »Imagination und Laune«, die tollen Einfälle (Schiller), und manches zu bemängeln. Goethe wünschte eine »Reinigung des Geschmacks« (an Schiller, 18. 6. 1795), was nichts anderes bedeutete als mehr Klarheit, Übersichtlichkeit und Ordnung im überbordend fabulierenden Erzählen des Romanschreibers. Die *Xenien*-Dichter spotteten bissig über den *Chinesen in Rom* (»Einen Chinesen sah ich in Rom, die gesamten Gebäude / Alter und neuer Zeit schienen ihm lästig und schwer. [...]«). Das war die Quittung für abfällige Äußerungen Jean Pauls über die Kälte und Strenge der beiden Großen in Weimar. Aber die abschätzigen Bemerkungen über den eigenwilligen Romancier hielten nicht an. Für Jean Paul war sein Besuch bei Goethe am 17. Juni 1796 ein prägendes Schlüsselerlebnis. Nach Weimar gekommen, war er in eine spannungsvolle Konstellation geraten. Seit langem hatte er die persönliche Bekanntschaft Herders herbeigesehnt und mußte nun erleben, welche Verwerfungen es im gelobten Weimar gab. Bei Herder hörte er wenig Gutes über Goethe; das Verhältnis zwischen den Freunden früherer Jahre war abgekühlt. Als er dann das Haus am Frauenplan betrat, hatten sich Erwartungen und Vorurteile gebildet, die nun bestätigt oder widerlegt werden konnten. Dreierlei bestimmte seine vorgängige Perspektive: die Bewunderung für das Werk Goethes, die Beeinflussung durch die Beanstandungen der Familie Herder am kalten, sich abkapselnden, egozentrischen Geheimrat und das in den eigenen Romanen entworfene Menschenbild, bei dem in einem dualistischen Figurationsschema die »hohen Menschen« voll Mitmenschlichkeit und »All-Liebe« gefühllosen, auf veräußerlichtes Ästhetentum gerichteten Egozentrikern gegenüberstanden. In einem großen Brief an den Freund Christian Otto berichtete Jean Paul am Tag nach dem Essen bei Goethe über seine Eindrücke (18. 6. 1796). Zu Anfang die Ernüchterung über das Weimar, wie es wirklich war:

Schon am zweiten Tage warf ich hier mein dummes Vorurtheil für grosse Autores ab als wärens andere Leute; hier weis jeder, daß sie wie die Erde sind, die von weitem im Himmel als ein leuchtender Mond dahinzieht und die, wenn man die Ferse auf ihr hat, aus *boue de Paris* besteht und einigem Grün ohne Juwelennimbus. Ein Urtheil, das ein Herder, Wieland, Göthe etc. fält, wird so bestritten wie jedes andere, das noch abgerechnet daß die 3 Thurmspizen unserer Litteratur einander – meiden. Kurz ich bin nicht mehr dum. Auch werd' ich mich jezt vor keinem grossen Man mehr ängstlich bücken, blos vor dem Tugendhaftesten. Gleichwol kam ich mit Scheu zu Göthe. Die Ostheim und jeder malte ihn ganz kalt für alle Menschen und Sachen auf der Erde – Ostheim sagte, er bewundert nichts mehr, nicht einmal sich – jedes Wort sei Eis, zumal gegen Fremde, die er selten vorlasse – er habe etwas steifes reichstädtisches Stolzes – blos Kunstsachen wärmen noch seine Herznerven an [...]. Ich gieng, ohne Wärme, blos aus Neugierde. Sein Haus (Pallast) frappiert, es ist das einzige in *Weimar* in italienischem Geschmak, mit solchen Treppen, ein Pantheon vol Bilder und Statuen, eine Kühle der Angst presset die Brust – endlich trit der Gott her, kalt, einsylbig, ohne Akzent. Sagt Knebel z. B., die Franzosen ziehen in Rom ein. »Hm!« sagt der Gott. Seine Gestalt ist markig und feurig, sein Auge ein Licht (aber ohne eine angenehme Farbe) Aber endlich schürete ihn nicht blos der Champagner sondern die Gespräche über die Kunst, Publikum etc. sofort an, und – man war bei Göthe. Er spricht nicht so blühend und strömend wie Herder, aber scharf-bestimt und ruhig. Zulezt las er uns [...] ein ungedruktes herliches Gedicht vor, wodurch sein Herz durch die Eiskruste die Flammen trieb, so daß er dem enthusiastischen *Jean Paul* [...] die Hand drükte. Beim Abschied that ers wieder und hies mich wiederkommen. Er hält seine dichterische Laufbahn für beschlossen. Beim Himmel wir wollen uns doch lieben. [...] Auch frisset er entsezlich. Er ist mit dem feinsten Geschmak gekleidet – – (JPW III/2, 1958, 211 f.).

In diesem Brief spiegelt sich die ganze Einschätzung Goethes durch Jean Paul: respektvolle und doch mit Vorbehalt durchsetzte Bewunderung. Wo sich Goethe als Mensch und Künstler nach Richters Meinung der Entfaltung phantasievoller Subjektivität und moralischer Wirksamkeit enthielt, warf Jean Paul dem ›Klassiker‹ vor, abstrakten ästhetischen Formalismus zu pflegen. Er parodierte klassizistische Ästhetik, als er in der *Geschichte meiner Vorrede zur zweiten Auflage des Quintus Fixlein* ein Gespräch zwischen sich und dem Kunstrat Fraischdörfer erfand, das auf dem Weg von Hof nach Bayreuth geführt wurde.

In geradezu überschäumender Weise ließ Friedrich Richter der Subjektivität des Erzählens freien Raum, der das Verschiedenste aufzugreifen, auszusprechen und zu vermischen gestattet wurde. Blieb der ›klassische‹ Bildungsroman auf die »innere Geschichte« (Friedrich von Blanckenburg) des Helden streng bezogen und ordnete sich seine erzählerischen Mittel und Teile diesem thematischen Gegenstand in funktionaler Bindung zu, so war für Jean Paul der Roman bestimmt »durch die Weite seiner Form, in welcher fast alle Formen liegen und klappern können«. »Warum«, fragt er in der *Vorschule der Ästhetik* (1803 f.), »soll es nicht eine poetische Enzyklopädie, eine poetische Freiheit aller poetischen Freiheiten geben?« Das ging sogar einem Friedrich Schlegel trotz seiner eigenen Theorie des romantischen Romans zu weit, so daß er zu dem wuchernden Erzählen Jean Pauls notierte, ihm zerflössen »immer noch zu Zeiten gute Massen in das allgemeine Chaos« (KA 2, 247). Der späte Goethe, selbst schon auf dem Wege zu den *Wanderjahren*, versuchte eine verständnisvolle Ortsbestimmung in den *Noten und Abhandlungen zum West-Östlichen Divan*, wobei er die eigenartige Erzählweise Richters bezeichnenderweise mit einem Hinweis auf die gärenden Zeitverhältnisse begründete: »Gestehen wir also unserm so geschätzten als fruchtbaren Schriftsteller zu, daß er, [...] um in seiner Epoche geistreich zu sein, auf einen durch Kunst, Wissenschaft, Technik, Politik, Kriegs- und Friedensverkehr und Verderb so unendlich verklausulierten, zersplitterten Zustand mannigfaltigst anspielen müsse, so glauben wir ihm die zugesprochene Orientalität genugsam bestätigt zu haben« (2, 185). An einer verborgenen Stelle, in den Vorarbeiten zur unvollendet gebliebenen Autobiographie, der *Selberlebensbeschreibung*, die Jean Paul in vieler Hinsicht als Gegenentwurf zu *Dichtung und Wahrheit* konzipierte, deutete sich in wenigen Formulierungen an, was er im Lebensrückblick als das spezifisch Trennende auf kunstästhetischer Ebene empfand:

Göthe fäßt auf Reisen alles bestimmt auf; ich gar nicht; bei mir alles romantisch zerflossen. Das Individuelle in Fixlein p. ist nur Kunstwerk – Reis(et) durch Städte, ohne (etwas darin) gesehen zu haben. Blos schöne Gegenden, die eben dem Romantischen zusagen; aber eine rechte Musik; oder einen Menschen – oder ein Buch. – Er weiß (und sieht) zwar alle Individualitäten des Lebens (z. B. bei Fahren), aber er fragt nichts darnach und vergißt sie (JPW II/4, 376).

Mit Herders, besonders mit Caroline, war es 1795 zu einem heftigen Konflikt Goethes gekommen. Der Herzog hatte es übernommen, zur Ausbildung der Kinder seines Generalsuperintendenten Zuschüsse zu leisten. Nun forderte Caroline eine namhafte Summe auf einmal, nachdem sie ohne vorherige Information die Kinder auswärts untergebracht hatte. Goethe mußte sich einschalten, und er wurde im Brief vom 30. Oktober 1795 sehr deutlich. Carolines Ansprüche schienen in diesem Fall tatsächlich nicht gerechtfertigt zu sein. Die harte Replik auf die in vorwurfsvollem Ton angemeldeten Ansprüche schloß der Verärgerte mit reservierter, aber gewiß ehrlich gemeinter Freundlichkeit: »Ich weiß wohl daß man dem das Mögliche nicht dankt von dem man das Unmögliche gefordert hat; aber das soll mich nicht abhalten für Sie und die Ihrigen zu tun was ich tun kann«. Die Freundschaft mit Herder war längst brüchig geworden. In den *Annalen* zu 1795 notierte Goethe: »Herder fühlt sich von einiger Entfernung, die sich nach und nach hervortut, betroffen, ohne daß dem daraus entstehenden Mißgefühl wäre zu helfen gewesen. Seine Abneigung gegen die Kantische Philosophie und daher auch gegen die Akademie Jena hatte sich immer gesteigert, während ich mit beiden durch das Verhältnis zu Schiller immer mehr zusammenwuchs. Daher war jeder Versuch, das alte Verhältnis herzustellen, fruchtlos.« Zwischen Schiller und Herder bestand keine Harmonie mehr. In den *Horen* von 1796 erschien zwar Herders Gespräch *Iduna*, in dem über die Bedeutung der nordischen Mythologie für die Dichtung diskutiert wird (»was diese Mythologie sey? woher sie sey? wiefern sie uns angehe? worin sie uns dienen könne?«), in deutlicher Wendung gegen die erklärte Vorbildhaftigkeit der griechischen Antike und die vornehmliche Nutzung des dort vorhandenen mythologischen Arsenals, und auch der Fingerzeig aufs Heimische und Gegenwärtige war klar: »Ich will mir nichts zugestanden wissen, als was jedem Dichter und Märchenerzähler aus einem fremden, fernen oder verlebten Volk zusteht, nämlich daß er den Reichthum, den ihm dies Volk und dessen Zeitalter gewährt, brauchen dörfe« (SW 18, 484, 502). Aber Schiller wies Herders Voraussetzung, »daß die Poesie aus dem Leben, aus der Zeit, aus dem Wirklichen hervorgehen« müsse, schon im Brief vom 4. November 1795 zurück und beharrte im Gegenzug entschieden darauf, daß der poetische Genius »sich aus dem Gebiet der wirklichen Welt« zurückziehen müsse. Herders Verweis auf Heimisches als wichtigen Boden der Dichtung wurde nicht erhört und konnte vor der Verehrung der klassischen Antike nicht bestehen. Er hat offenbar lebhafter als die Theoretiker und Praktiker der idealistischen Kunst- und Schönheitslehre auch in Erinnerung behalten, was er im *Briefwechsel über Ossian* 1773, um Verständnis werbend, als unverächtliches Charakteristikum der »Gedichte der alten und wilden Völker« erkannt hatte: daß sie »so sehr aus unmittelbarer Gegenwart, aus unmittelbarer Begeisterung der Sinne und der Einbildung entstehen und doch so viel Würfe, so viel Sprünge haben«. Wie ohnmächtiges Aufbegehren mutet dann Herders – bei aller Hochachtung vor dem Philosophen – gegen Kant und auch gegen Schiller gerichtete *Kalligone* von 1800 an, wo er umständlich und verquält ebenso gegen Kants Bestimmung der Schönheit als interesseloses Wohlgefallens zu Felde zog wie gegen Schillers Spiel-Begriff in der Ästhetik.

Die letzten Jahre mit Herder, der am 18. Dezember 1803 starb, müssen wenig erfreulich gewesen sein. Kanzler Müller berichtet, Goethe habe ihm erzählt, drei Jahre lang hätten sich beide in der letzten Zeit nicht gesehen. »In Jena trafen sie sich dann einmal wieder, Göthe besuchte Herdern zuerst, sie sprachen lange und doch – sezte er hinzu – getraue ich mir den Ausgang dieses Gesprächs nicht zu offenbaren« (KM 8.6.1821). Er muß tief verletzend gewesen sein. Der Vergrämte hat Goethe wohl mit der ihm eigenen beißenden Ironie im Innersten verwundet, vielleicht gar geäußert, was eine Quelle überliefert: Einmal habe Goethe seine *Natürliche Tochter* im Kreise Jenaer Professoren vorgelesen. Herder sei am Schluß stumm geblieben. »Nun, Alter, habe ihn Goethe angeredet, Du sagst gar nichts, gefällt dir das Stück gar nicht? O doch! antwortete Herder, am Ende ist mir aber doch dein natürlicher Sohn lieber als deine Natürliche Tochter« (G 1, 333). Bitter war Herder in all den Jahren im Haus hinter dem hohen Dach der Kirche geworden, litt unter seinem Mangel an schöpferischer Produktivität, stieß sich an den Schranken der höfischen Welt, in die sich Goethe äußerlich so sicher integriert hatte, und mäkelte gern, von seiner Frau und Knebel unterstützt, an den neueren Werken des einstigen Straßburger ›Schülers‹ herum. Zu seiner Beerdigung kam Goethe nicht von Jena herüber. »Ich habe mich wohl in acht genommen, weder Herder, Schiller, noch die verwitwete Herzogin Amalia im Sarge zu sehen. Der Tod ist ein sehr mittelmäßiger Porträtmaler. [...] Die Paraden im Tode sind nicht das, was ich liebe«, hat J. D. Falk als Worte Goethes aufgezeichnet (G 2, 168).

Wilhelm v. Humboldt blieb Goethe in allen Jahren treu verbunden, auch wenn die Beziehungen, schon wegen der weiten räumlichen Entfernung und der unterschiedlichen Arbeitsgebiete, nicht immer gleich eng waren. Zum Dichter war Humboldt nicht geboren, aber mit seinem hochentwickelten Sensorium für dichterische Werke, ästhetische Probleme, Völker, Sprachen und Kulturen war er ein Deuter und Vermittler ungewöhnlichen Formats. Während er als Freund Schillers von 1794 bis 1797, mit Unterbrechungen durch Aufenthalte in Tegel und Norddeutschland, in Jena lebte und die *Horen* mitherausgab, fand er zwanglos in den sich formierenden Kreis der »Weimarischen Kunstfreunde«. Seiner Frau schrieb er damals, Goethe hätte nach eigener Aussage noch nie jemanden gehabt, außer vielleicht Merck und Moritz, mit dem er sich »über ästhetische Gegenstände« so gut verständigen konnte wie mit ihm (7.4.1797). Seit 1797 lange in Frankreich und Spanien, von 1802 bis 1808 Vertreter Preußens beim Vatikan in Rom, schrieb er Goethe ausführliche Briefe und war so etwas wie ein ausländischer Korrespondent für den in Weimar Gebliebenen, der sich zu großen Reisen nicht mehr entschließen konnte. Manche Briefe wuchsen sich zu respektablen Essays aus, wie der über den Montserrat bei Barcelona im August 1800 (HW 5, 59–93), und die Gemäldebeschreibung in den *Propyläen* war der

Auszug aus einem Pariser Brief. Die Erörterungen, die Goethes eigene Werke betrafen, erweiterten fast immer die Besprechung des einzelnen zu grundsätzlichen ästhetischen Reflexionen. Weit über 200 Seiten schrieb er *Ueber Göthes Herrmann und Dorothea* (HW 2, 125–356), die als selbständige Publikation 1799 erschienen. Darin suchte er sowohl eine umfassende Deutung des Epos als geglückter Vereinigung antiken und modernen Geistes zu geben als auch eine Charakteristik Goetheschen Dichtens insgesamt; ein Dokument ›klassischer‹ Dichtungsauffassung. Wie sehr Humboldt mit den Anschauungen seiner Kunstfreunde übereinstimmte, können schon wenige Formulierungen belegen. In *Hermann und Dorothea* erweckten, so meinte er, »die schlichte Einfachheit des geschilderten Gegenstandes und die Größe und Tiefe der dadurch hervorgebrachten Wirkung« die Bewunderung des Lesers am stärksten und unwillkürlichsten. Die Gestalten seien »so wahr und individuell, als nur die Natur und lebendige Gegenwart sie zu geben, und zugleich so rein und idealisch, als die Wirklichkeit sie niemals darzustellen vermag« (2, 703). Und Goethes Bedeutung als Dichter wurde damit begründet, daß er sich als Individualität ganz ausgebildet hatte, »mit dem classischen Geist der Alten vertraut und von dem besten der Neueren durchdrungen« war und »die Resultate seiner Erfahrungen über Menschenleben und Menschenglück in eine dichterische Idee« zusammenfaßte und diese Idee vollkommen ausführte (HW 2, 246f.): die dichterische Individualität Goethe als Repräsentant der Menschheit. Humboldt schrieb später noch eine weitere größere Abhandlung über ein Goethesches Werk, den *Zweiten römischen Aufenthalt*, die 1830 erschien (HW 2, 395–417).

Immer war es für Goethe förderlich, von dem weitgereisten Mann, der dann in Tegel lebte und noch einige Male bei Goethe zu Gast war, Nachrichten und Interpretationen zu erhalten, über Kunst und Literatur in Frankreich, Sitten fremder Völker, über kulturpolitische Aufgaben, denen sich Humboldt in Preußen verschrieb, über Erkenntnisse der vergleichenden Sprachforschung, die ein Spezialgebiet des Gelehrten, Schriftstellers, Diplomaten und Politikers war. Prinzipien der Betrachtung, die Humboldt etwa bei dem Versuch anwandte, eine »eigentlich neue Wissenschaft«, nämlich die »vergleichende Anthropologie«, zu begründen, harmonierten mit Goethes eigener Verfahrensweise: sich um eine Kenntnis des Menschen im einzelnen zu bemühen, »die empirisch genug ist, um vollkommen wahr zu sein, und philosophisch genug, um für mehr als den jeweiligen Augenblick zu gelten« (an Goethe, Anfang April 1798 aus Paris). Trotz allem äußerte sich Wilhelm v. Humboldt in Briefen an seine Frau gelegentlich unverhüllt kritisch über den fast zwanzig Jahre Älteren. Etwas Trauriges sei seine Art, sich nach und nach einzuspinnen. »Er will nicht nach Wien, nicht einmal nach Prag; von Italien hat er auf ewig Abschied genommen. Also Weimar und Jena und Karlsbad! Immer und alljährlich!« (15.6.1812) Er verknöchere, sei entsetzlich intolerant und maniert im Gespräch (17.6.1812). Doch waren dies nur Zeichen besorgter Anteilnahme während einer über dreißigjährigen Verbindung, deren Ende der große Brief Goethes vom 17. März 1832 schmückt, der letzte, den er überhaupt geschrieben und in dem er Anschauungen summierte, die Humboldt vertraut waren: Jedes Talent benötige etwas »Angeborenes«, das es sicher leitet, auch wenn es sich »ziel- und zwecklos« bewege. Der Mensch müsse freilich früh lernen, eine »geregelte Steigerung seiner natürlichen Anlagen« zu bewirken. »Das beste Genie« nehme alles in sich auf und verarbeite es, ohne daß seinem eigentümlichen Charakter geschadet werde. Dabei träten nun allerdings »die mannigfaltigen Bezüge ein zwischen dem Bewußten und Unbewußten«. Mit einem Bild aus der Technik des Webens verdeutlichte er: »Bewußtsein und Bewußtlosigkeit werden sich verhalten wie Zettel und Einschlag, ein Gleichnis das ich so gerne brauche.« Noch hoffte der Greis, fünf Tage vor seinem Tod, aber es wurde die Summe, die er für sich aus seinem Leben ziehen durfte: »Ich habe nichts angelegentlicher zu tun als dasjenige was an mir ist und geblieben ist wo möglich zu steigern und meine Eigentümlichkeiten zu kohobieren [abzuklären], wie Sie es, würdiger Freund, auf Ihrer Burg [im Schloß Tegel] ja auch bewerkstelligen.«

Was der junge Schelling philosophisch entwickelte, harmonierte um die Jahrhundertwende so sehr mit den Grundsätzen von Goethes Naturanschauung, daß dieser dem jungen Professor in Jena zurief, er habe selten zu einer bestimmten Art der Naturforschung einen Zug gespürt, jedoch: »Zu Ihrer Lehre ist er entschieden. Ich wünsche eine völlige Vereinigung, die ich durch das Studium Ihrer Schriften [...] zu bewirken hoffe« (27.9.1800). Goethe, der in Schelling einen der wenigen verständnisvollen Gesprächspartner für seine Farbenlehre fand, hatte sich für dessen Berufung nach Jena eingesetzt und traf oft mit ihm zusammen. Schellings Überlegungen griffen auf, was Naturwissenschaftler damals entdeckt hatten, und suchten in einer Identitätsphilosophie die Einheit des ganzen Universums zu bezeugen. Elektrizität und Magnetismus waren als weit wirksame Kräfte erkannt worden und erhärteten den Glauben an einheitliche Grundprinzipien aller Naturphänomene. In seinem Buch *Von der Weltseele* (1798) sah Schelling in Magnetismus und Elektrizität dieselben polaren Prinzipien am Werk und in der Chemie darüber hinaus eine Synthese sich vollziehen. Das Universum, so entwickelte er es in vielen Schriften, sei ein einziger Organismus, zu dem das organisierende Prinzip des Geistes gehöre. Alles im Universum sei beseelt, und alle Dinge seien in Gott enthalten. Natur und Geist seien nichts Getrenntes, sondern Natur sei sichtbarer Geist und der Geist unsichtbare Natur. Die von Kant und Fichte erörterten Fragen, was die Natur außer uns sei und wie sie erkannt werden könne, forderten Schellings Antwort heraus, daß »in der absoluten Identität des Geistes in uns und der Natur außer uns« sich das Problem auflösen müsse, »wie eine Natur außer uns möglich sei« (*Ideen zu einer Philosophie der Natur*, 1797). Aber die Natur sei nichts Statisches, sondern ein immerdar Werdendes, in das der menschliche Geist einbezogen sei. In solchen Grundanschauungen konnten sich Goethe und Schelling leicht treffen, unabhängig davon, ob jener allen Spuren der hoch-spekulativen Gedankengänge des Philosophen folgte. 1803 erschien Goethes Gedicht *Weltschöpfung*, das später den Titel *Weltseele* erhielt, Verse, die sowohl unter den »Geselligen Liedern« als auch in der Abteilung »Gott und Welt« ihren Platz fanden.

> Verteilet euch nach allen Regionen
> Von diesem heil'gen Schmaus!
> Begeistert reißt euch durch die nächsten Zonen
> Ins All und füllt es aus!

> Schon schwebet ihr in ungemeßnen Fernen
> Den sel'gen Göttertraum,
> Und leuchtet neu, gesellig, unter Sternen
> Im lichtbesäten Raum [...].

Es war ein euphorisches Gedicht vom glücklichen Einbezogensein des Menschen in das als beseelt gewußte dynamische All. Später betrachtete der Dichter mit leichter Ironie und unverkennbarer Distanz den Überschwang von einst, als er am 20. Mai 1826 Zelter daran erinnerte, das Lied sei »seine guten dreißig Jahr alt und schreibt sich aus der Zeit her, wo ein reicher jugendlicher Mut sich noch mit dem Universum identifizierte, es auszufül-len, ja es in seinen Teilen wieder hervorzubringen glaubte«. Bis 1827 stand Goethe mit Schelling, der Jena 1803 verließ, in lockerem Briefkontakt und behielt seinen Weg und seine Wandlungen im Blick. Wie reserviert der auf sinnliche Anschauung bedachte Weimarer Naturbeobachter allzu schwei-fenden und nebulösen Spekulationen gegenüber blieb, zeigte sich 1816, als er den Plan, Schelling erneut nach Jena zu holen, bedenklich fand und wider-riet. Er beargwöhnte mystisch-religiöse, katholisierende Tendenzen bei ihm, und es kam ihm komisch vor, »wenn wir zur dritten Säkularfeier unseres protestantisch wahrhaft großen Gewinnes das alte überwundene Zeug nun wieder unter einer erneuten mystisch-pantheistischen, abstrus-philosophischen, obgleich im stillen keineswegs zu verachtenden Form wieder eingeführt sehen sollten« (an C. G. Voigt, 27. 2. 1816). »Im stillen« mochte das hingehen, aber vom Katheder aus könnte sich Unruhe ausbreiten, und der Abratende erinnerte an die Querelen mit Fichte. Erst am 26. Dezember 1800 war Goethe aus Jena nach Hause zurückgekehrt. Ein Katarrh, den er mitbrachte, verschlimmerte sich rasch, und Anfang des neuen Jahres warf ihn eine schwere Krankheit nieder. Eine Wundrose zog vom linken Auge über Nase und Nasenschleimhaut bis zum Rachen. Ein Ödem des Kehlkopfs und die Anschwellung der Mandeln riefen böse Erstickungsanfälle hervor; damals sprach man von Krampfhusten. »Er kann in kein Bett und muß in einer stehenden Stellung erhalten werden, sonst muß er ersticken«, meldete Frau v. Stein ihrem Sohn Fritz am 3. Januar 1801. Eine Hirnhautentzündung verschlechterte seinen Zustand, mehrere Tage war er nicht bei Bewußtsein, phantasierte stark und scheint Stellen aus seinem ganz frühen Gedicht *Poetische Gedanken über die Höllenfahrt Jesu Christi* vor sich hin deklamiert zu haben. Man fürchtete um sein Leben. Nach etwa drei Wochen war die Krise überwunden, und am 1. Februar sprach er von seinem »Wiedereintritt in das Leben« (an die Mutter). Es war die erste ernste Krankheit in seinen Mannesjahren. Seit der Teilnahme am Feldzug 1792 litt er gelegentlich an rheumatischen Beschwerden, die wohl auch durch den schlechten Zustand der Zähne, ein Übel der damaligen Zeit, verursacht wurden. Über Zahnbeschwerden hatte er häufiger zu klagen. Später machten ihm Nierenkoliken schwer zu schaffen, auch die Galle mag angegriffen gewesen sein. Im Frühjahr 1805, in den Monaten vor Schillers Tod, quälten ihn diese Beschwerden besonders heftig. In den folgenden Jahren traten die Koliken wiederkehrend auf, behinderten ihn aber, wie üblich, nur in den Phasen der Schmerzattacken. Linderung und Erholung brachten die Kuren in den Bädern. Vielleicht halfen auch schon die langen Fahrten in der rüttelnden Kutsche nach Böhmen, wenngleich über den Abgang von Nierensteinen nichts berichtet wird. Ein geduldiger Patient war Goethe nicht. Schiller, der ständig Geplagte, meinte einmal bei einem nicht weiter besorgniserregenden Katarrh: »In solchen Umständen wünschte ich Ihnen *meine* Fertigkeit im Übelbefinden, so würde Ihnen dieser Zustand weniger unerträglich sein« (27. 2. 1797).

Das Frühjahr 1801 sah den Genesenen häufiger auf seinem Gut in Oberroßla, wo er im März und April mehr als einen Monat verbrachte. Aber eine Kur war dennoch angezeigt, und so suchte er für mehrere Wochen Bad Pyrmont auf, von Sohn August und Schreiber Geist begleitet. Goethe nutzte die Reise, die er am 5. Juni antrat, um auf der Hin- und Rückfahrt in Göttingen Station zu machen, auf dem Heimweg von Pyrmont für ganze vier Wochen von Mitte Juli bis Mitte August. Dort bot sich Gelegenheit zu wissenschaftlichen Gesprächen mit Gelehrten der Universitätsstadt, und die reichhaltige Bibliothek erleichterte die weitere Ausarbeitung der Geschichte der Farbenlehre. Auch in Pyrmont, wo die Tage mit Trinken und Baden begonnen wurden, galten manche Stunden der naturwissenschaftlichen Arbeit und dem Diktat. Und an interessanten Gesteinen war dort ebenfalls einiges zu beobachten, was auch den bald zwölfjährigen August unterhielt. »Heute ist es nun schon 4 Wochen, daß Du weg bist; mir ist es aber, als wär es ein Vierteljahr«, schrieb Christiane am 3. Juli. Bis Kassel kam sie dann mit Heinrich Meyer den Rückkehrenden entgegen, und dort feierten sie am 15. August ihr Wiedersehen im Posthaus am Königsplatz. »Fünf, meist regnigte und unangenehme Wochen in Pyrmont; dagegen fünf sehr lehrreiche und zufriedene in Göttingen« seien es gewesen, erfuhr Fritz Jacobi (23. 11. 1801).

Ein Mittwochszirkel und gesellige Lieder

Mit wieviel Menschen Goethe auch zusammenkam und brieflichen Kontakt hielt: das Gefühl, im Innersten einsam zu sein, hat ihn begleitet und oft heimgesucht. Humboldt meinte in späteren Jahren über Goethe freilich auch zu wissen, er habe eigentlich kein Gleichgewicht in sich, sei schwach in der Wirklichkeit und »das Idealische« gelte nur für Augenblicke der Begeisterung, helfe aber im bloßen äußeren Leben nicht. »Da er sich nicht anschließt, können es auch andere nicht, und so nötigt ihn gerade die Unfähigkeit, recht allein zu stehen, allein zu bleiben« (W. v. Humboldt an seine Frau, 31. 7. 1813). Vielleicht war das immer wiederkehrende Gefühl der Einsamkeit der eigentliche Grund, daß Goethe im Oktober 1801 einen geselligen Zirkel gründete, der sich alle vierzehn Tage nach dem Theater bei ihm versammeln sollte. In heiter-fröhlicher Geselligkeit war zu hoffen, für Stunden alle trüben und bedrückenden Gedanken zu verscheuchen. Und es war Gelegenheit, gesellige Formen zu pflegen, an denen es offenkundig im engen Weimar mangelte. Eine Beteiligte hat aufgezeichnet, wie diese Mittwochsgesellschaft entstand. Bei einem jener ›Freundschaftstage‹, die Louise v. Göchhausen in ihrer Mansarde im Wittumspalais hielt, sei Goethe lebhaft auf das zu sprechen gekommen, was er das Elend der jetzigen gesellschaftlichen Zustände genannt habe. Überall treffe man auf Geistesleere und Gemütlosigkeit. Und er schlug vor, »nach der wohlbekannten Minnesängersitte eine *cour d'amour*« ins Leben zu rufen, wo sich für die Dauer der Geselligkeit Paare bildeten und zu liebenswürdiger Unterhaltung zusammenfänden. So geschah es. Henriette v. Egloffstein, von der der Bericht stammt (JbG 1885), wurde Partnerin Goethes, und sechs weitere Paare kamen hinzu, darunter Caroline v. Wolzogen und Schiller, Louise v. Göchhausen und Heinrich Meyer, Lotte Schiller und Wilhelm v. Wolzogen. Auch der Herzog und der Erbprinz fanden sich gelegentlich ein. Von Christiane Vulpius keine Spur.

Wirklich ungezwungen sind die geselligen Abende dann doch wohl nicht gewesen. Jedenfalls klagte Frau v. Egloffstein über Goethes Pedanterie: »Ohne seine Erlaubnis durften wir weder essen noch trinken, noch aufstehen oder uns niedersetzen, geschweige denn eine Conversation führen, die ihm nicht behagte.« Aber Schiller berichtete Körner auch, im Kränzchen gehe es »recht vergnügt« zu und es werde »fleissig gesungen und poculiert« (16.11.1801). Was dort gesungen wurde, hatte mit den gleichzeitigen ästhetischen Grundsatzüberlegungen in den *Propyläen* und ihrem Umfeld ganz und gar nichts zu tun. Eine erstaunliche Gleichzeitigkeit des Verschiedenen, die Goethe keinerlei Schwierigkeiten bereitete. Sie war aber nicht verwunderlich; denn er pflegte mit seinen Gedichten, die er für diese Zwecke schrieb, nur eine Tradition, die ihm seit je vertraut war: die des gesungenen Liedes, das für den geselligen Kreis gleichgestimmter Menschen gedacht ist. Von früh an verfaßte er Gedichte, die zur Vertonung bestimmt oder auf bereits bestehende Weisen zugeschnitten waren. Immerhin enthielt die erste gedruckte Sammlung Goethescher Gedichte *Neue Lieder, in Melodien gesetzt* von Bernhard Theodor Breitkopf (1770). Bei den Liedern, die er dichtete, griff Goethe, altem Brauch folgend, auch auf schon bekannte Texte zurück, änderte sie um und verfertigte also Kontrafakturen. In der »Ausgabe letzter Hand« eröffnet die Sammlung der Gedichte die Gruppe der achtzig »Lieder«, von denen nicht weniger als 16 oder 17 auf Vorlagen zurückgehen. Daß Gedichte gesungen werden sollten, war für Goethe eine Selbstverständlichkeit; sie waren für den Gebrauch von Dilettanten in geselligem Kreis oder am Klavier gedacht. Seine Kritik am Dilettantismus, in der *Propyläen*-Zeit skizziert, war nur theoretisch von grundsätzlicher Strenge. Auf die Gruppe der »Lieder« folgt noch eine besondere Abteilung »Gesellige Lieder«, der als Motto vorangestellt ist: »Was wir in Gesellschaft singen, / Wird von Herz zu Herzen dringen.« Sogar bei manchen Gedichten des *West-Östlichen Divan* verdeckt die eingewobene Reflexion nicht den Charakter des singbaren Liedes. »Hans Adam war ein Erdenkloß« (mit der vexierenden philosophischen Überschrift *Erschaffen und Beleben* versehen) ist für eine pokulierende Runde geeignet, die zuvor das *Ergo bibamus!* anstimmen könnte (»Hier sind wir versammelt zu löblichem Tun, / Drum, Brüderchen! *Ergo bibamus*«), und das *Divan*-Doppelgedicht *Dem Kellner. Dem Schenken* (»Setze mir nicht, du Grobian, / Mir den Krug so derb vor die Nase«) fand als »Türkisches Schenkenlied« sogar den Weg ins Kommersbuch, wo aus dem »zierlichen Knaben« allerdings ein »zierliches Mädchen« werden mußte, damit die heterosexuelle Ordnung schön gewahrt blieb.

Über die Geselligkeitslyrik Goethes, die zu Unrecht leicht übersehene, könnte das vielstrophige Gedicht *Offne Tafel* von 1813 als Devise gesetzt werden:

Viele Gäste wünsch ich heut
Mir zu meinem Tische!
Speisen sind genug bereit,
Vögel, Wild und Fische.
Eingeladen sind sie ja,
Haben's angenommen.
Hänschen, geh und sieh dich um!
Sieh mir, ob sie kommen!

Für die Mittwochsgesellschaft entstand eine Reihe von Gedichten aus gegebenem Anlaß, so das *Stiftungslied, Zum neuen Jahr* (»Zwischen dem Alten, / Zwischen dem Neuen, / Hier uns zu freuen / Schenkt uns das Glück«), das nicht nur lautspielerische *Frühlingsorakel* (mit Anklängen an die *Zauberflöte* wie im *Stiftungslied*), die *Generalbeichte* (»Lasset heut im edlen Kreis / Meine Warnung gelten«), bei der die Erinnerung an »Gaudeamus igitur« einkalkuliert ist, das *Tischlied* (»Mich ergreift, ich weiß nicht wie, / Himmlisches Behagen«), das umgearbeitete *Bundeslied* von 1775, das die Kultur geselligen Gesangs gleich zu Anfang thematisiert: »In allen guten Stunden, / Erhöht von Lieb und Wein, / Soll dieses Lied verbunden / Von uns gesungen sein!« Auch Schiller steuerte Verse bei, wie *An die Freunde, Die vier Weltalter, Die Gunst des Augenblicks*. Die Abteilung der »Geselligen Lieder« beschließt das heitere *Die Lustigen von Weimar* von 1813 (»Donnerstag nach Belvedere, / Freitags geht's nach Jena fort«), ein Gedicht auf die Vergnügungen in und um Weimar, dem schon ein Brief Christianes vom 27. März 1799 präludierte, in dem sie munter aufzählte, was sie Tag für Tag während der Abwesenheit des Hausherrn getan hatte.

Goethe hat sich mehrfach positiv über ›Gelegenheitsdichtung‹ geäußert, wobei jedoch zu beachten ist, daß er mit dem Wort Gelegenheit oft alles meinte, was eine Dichtung veranlaßt hat, also auch ganz persönliche Betroffenheit im Rahmen individueller Erfahrung. Damit wollte er betonen, daß seine Gedichte, wie auch immer, durch die Wirklichkeit angeregt, nicht leere Phantasien und bloß artistische Spielereien seien. Aber gerade auch die ganz an äußere Anlässe gebundenen und für bestimmte Personen zubereiteten

Werke erkannte er grundsätzlich als vollgültige Dichtung an. In der *Anzeige von Goethes sämtlichen Werken*, der »Ausgabe letzter Hand«, merkte er zu der Gruppe der »Festgedichte« ausdrücklich an: »Da man den hohen Wert der Gelegenheitsgedichte nach und nach einsehen lernt und jeder Talentreiche sich's zur Freude macht, geliebten und geehrten Personen zur festlichen Stunde irgend etwas Freundlich-Poetisches zu erweisen, so kann es diesen kleinen Einzelnheiten auch nicht an Interesse fehlen« (JA 38, 42). Als er in den Jahren 1810–1812 anläßlich des Besuchs der österreichischen Kaiserin Maria Ludovica in Karlsbad und der Visite von Kaiser Franz I. und anderer kaiserlicher Hoheiten sieben Gedichte, davon sechs auf Bestellung, geschrieben hatte, reihte er diese Karlsbader Gedichte sogleich in die neue Ausgabe seiner Werke ein. Er schätzte sie sehr, und doch könnten ihre Titel (wie *Der Kaiserin Ankunft, Der Kaiserin Becher, Der Kaiserin Abschied, Ihro des Kaisers von Österreich Majestät*), etwas ausgeweitet, ebensogut Casualcarmina, Gelegenheitsgedichte, im 17. Jahrhundert geziert haben. Die Aufwertung der Gelegenheitsdichtung insgesamt, an der es Goethe gelegen war, sollte gewiß auch dazu beitragen, ihn von möglichen Vorwürfen zu entlasten, nachdem er sich so selbstverständlich am Weimarer Hof eingerichtet und geholfen hatte, dessen Festlichkeiten dichterisch zu verschönen. Wenn alle seine Gedichte, wie er meinte, durch irgendwelche ›Gelegenheiten‹ angeregt worden sind, wenn »jedes Besondere irgend eines Zustandes« ihn »unwiderstehlich« zu einem »Gelegenheitsgedicht« aufforderte (*Bedeutende Fördernis durch ein einziges geistreiches Wort*; 13, 39), dann konnte auch an der Gelegenheitsdichtung im engeren Sinn der Casualpoesie kein Makel haften.

Die Mittwochsgesellschaft hielt sich nicht lange. So leicht ließ sich erwünschte Geselligkeit auf Dauer nicht arrangieren. Schon im Frühjahr 1802 war es mit der *cour d'amour* zu Ende. Auseinandersetzungen über eine Beteiligung August v. Kotzebues, des erfolgreichen Bühnenautors, kamen hinzu, der in die angesehenen Kreise aufgenommen werden wollte. Als es hier nicht gelang, suchte er auf andere Weise Aufsehen zu erregen. Zum 5. März 1802, dem Namenstag Schillers, plante er eine große Festveranstaltung im neuen Saal des Stadthauses. Doch der Raum wurde ihm schließlich verweigert; er sei gerade renoviert worden, und niemand könne garantieren, daß nichts verdorben würde. Auch die einzige Originalbüste Schillers wurde ihm aus der herzoglichen Bibliothek nicht ausgeliehen, aus dem ganz natürlichen Grund, wie Goethe in den *Annalen* zu 1802 ironisch meinte, »weil man noch nie eine Gipsbüste unbeschädigt von einem Feste zurückerhalten habe«. Goethe hielt noch später die ganze Angelegenheit für so wichtig, daß er sich mehrere Seiten lang in den *Annalen* darüber ausließ. Er sah im

Vorhaben Kotzebues den Versuch, Schiller zu sich herüberzuziehen und mit einem eigenen Bekanntenkreis ein Gegengewicht gegen ihn und seine Leitung des Theaters zu schaffen. Da manche in der »weimarischen Sozietät« der Festlichkeit für Schiller wohlgesonnen waren und die Widrigkeiten, die sie zunichte machten, fälschlicherweise Goethe als geheimem Initiator anlasteten, griffen unerquickliche Spannungen auch auf die Mittwochsgesellschaft über.

Obgleich Goethe Kotzebue nicht schätzte und seine Stücke als reine Unterhaltungsware betrachtete, wurden sie regelmäßig auf dem Weimarer Theater gegeben. Auf den Spielplan, der Leichtes und Schweres mischte, hatten sich persönliche Antipathien nicht auszuwirken. August Kotzebue war Weimarer Kind, dort als Sohn eines Legationsrats 1761 geboren, studierte Jura und ging schon 1781 als Sekretär nach Petersburg, wo er eine erstaunliche Karriere machte. 1785 wurde er, mit einer estländischen Adligen verheiratet, Präsident des Gouvernement-Magistrats der Provinz Estland in Reval und von Kaiserin Katharina geadelt. Dort begann er, Theaterstücke zu schreiben, von denen ihn die beiden Dramen von 1788, *Menschenhaß und Reue* und *Die Indianer in England*, rasch berühmt machten. Er führte ein unruhiges Leben. 1795 gab er seinen Posten auf, reiste viel, nahm 1799 wieder seinen Wohnsitz in Weimar. Gegen die ›Frühromantiker‹ richtete er jenes Pamphlet *Der hyperboreische Esel*, und den Großen Goethe und Schiller wollte er an öffentlichem Ansehen gleichkommen. 1800 wieder nach Rußland zurück, wurde er als vermeintlicher Jakobiner verhaftet und nach Sibirien verbannt. Doch nach vier Monaten kam er wieder frei, nachdem Zar Paul I. von einem Stück über Peter III. beeindruckt worden war, wurde Direktor des Deutschen Hoftheaters in Petersburg, nahm aber schon 1801 seinen Abschied. Jetzt lebte er in Weimar, Jena, Berlin, reiste nach Paris, wurde scharfer Gegner Napoleons, und seine Zeitschrift *Der Freimütige* nutzte er als Publikationsorgan gegen das, was ihm mißfiel: ›Klassiker‹, ›Romantiker‹, Frankreich. Nach Napoleons Niederlage 1813 russischer Staatsrat, schrieb er seit 1817 von Weimar aus Berichte für den Zaren und geriet in den falschen Ruf, Spion zu sein. Seine reaktionären politischen Ansichten brachten ihn bei den Studenten in Verruf; beim Wartburgfest 1817 flogen auch Schriften von ihm ins Feuer. Am 23. März 1819 ermordete ihn Karl Ludwig Sand, einer der Wartburg-Studenten, in seiner Wohnung in Mannheim, wo er mit seiner dritten Frau und zahlreichen Kindern seit einiger Zeit lebte.

Schier unerschöpflich war Kotzebues literarische Produktivität. Weit über 200 Theaterstücke hat er geschrieben; er war damals der meistgespielte deutsche Bühnenautor. Allein an 638 Abenden stand er während Goethes

Weimarer Intendanz auf dem Programm. Es ist leicht, seine Stücke, die auf Rührung und Lachen zielten, unbekümmerte Unterhaltung boten und auf frivole Scherze nicht verzichteten, als handwerklich zwar perfekt gearbeitetes, aber gewichtloses Machwerk abzutun. Indes konnte kein Theater auf ihn verzichten; denn das Publikum, Bürgerliche und Adlige, merkten, wie in diesen Stücken ihre eigenen Gefühle an- und ausgesprochen, mit ihren Wunschphantasien gespielt und Konflikte schmerzfrei illusionär gelöst wurden. Da durfte er kleinbürgerlicher Enge zuzeiten auch den Spiegel vorhalten, wie im Lustspiel *Die deutschen Kleinstädter*, deren Ortsbezeichnung »Krähwinkel« uns immer noch als Spottname geläufig ist. Kotzebue wollte nicht mehr bieten als gefälligen Zeitvertreib mit gelegentlichen Seitenhieben und lästerte nicht ohne Grund über die hohen Kunstrichter. Er wisse, daß ihm nur ein untergeordneter Rang gebühre, schrieb er im Vorbericht zu *Der Graf von Burgund*, aber: »Die Wirkung meiner Stücke ist hauptsächlich für die Bühne berechnet; diesen Zweck erreichen sie, und aus diesem Gesichtspunkt sollte man sie beurteilen; aber das will man nicht.« Doch Goethe vermochte das sehr wohl. In der Skizze *Kotzebue* unterstrich er verständlicherweise, daß jener ständig versucht habe, »auf jede Art und Weise meinem Talent, meiner Tätigkeit, meinem Glück entgegenzutreten«, fällte auch ein negatives Gesamturteil (»Kotzebue hatte bei seinem ausgezeichneten Talent in seinem Wesen eine gewisse Nullität [...], die ihn quälte und nötigte, das Treffliche herunter zu setzen damit er selber trefflich scheinen möchte«), und doch hielt er es für angebracht, ihn »gegen überhinfahrende Tadler und Verwerfer in Schutz zu nehmen« (A 12, 643 f.). Der Theaterpraktiker Goethe wußte zu gut, daß das Theater nicht nur eine »moralische Anstalt« (Schiller) und ein Bildungstempel sein konnte und durfte.

Ein Fremder in der Nähe

Während Goethe noch Gutsherr in Oberroßla war, wenige Kilometer von Oßmannstedt entfernt, war dort bei Wieland in den Wintermonaten von Januar bis Anfang März 1803 ein fünfundzwanzigjähriger deutscher Autor zu Gast, der schon seit Oktober vergangenen Jahres in Weimar gelebt hatte: Heinrich v. Kleist. Den preußischen Offiziersdienst hatte er quittiert, zu schreiben begonnen und um einen sinnvollen Lebensplan gerungen, war 1801 durch seine persönliche Erfahrung der Kantischen Philosophie zutiefst verunsichert worden, daß wir die Wirklichkeit an sich gar nicht erkennen, nicht begreifen können, hatte den Vorsatz aufgegeben, sich in der Schweiz anzusiedeln, »ein Feld mit eignen Händen zu bebauen« (an Ulrike v. Kleist, 12.1.1802), und irrte nun umher, auf der Suche nach einem Platz in der Gesellschaft, wo er tätig sein und sich als Schriftsteller verwirklichen könne, – und blieb doch für immer heimatlos, ein Dichter ohne Gesellschaft, und mußte in seinem Abschiedsbrief, ehe am 21. November 1811 die Schüsse am Wannsee fielen, eingestehen: »Die Wahrheit ist, daß mir auf Erden nicht zu helfen war.« Noch waren es fast neun Jahre bis dahin. Ein Drama hatte er abgeschlossen: *Die Familie Schroffenstein*, ein Stück vom Mißtrauen der Menschen untereinander, das sie ins Chaos treibt, und jetzt mühte er sich um *Robert Guiskard*. Als Freund von Wielands Sohn Ludwig, mit dem er sich in der Schweiz angefreundet hatte, fand er Zugang zum Herrenhaus auf dem Oßmannstedter Gut. Es war eine hoffnungsvolle Zeit. »Der Anfang meines Gedichtes [...] erregt die Bewunderung aller Menschen, denen ich es mitteile. O Jesus! Wenn ich es doch vollenden könnte! Diesen einzigen Wunsch soll mir der Himmel erfüllen; und dann, mag er tun, was er will« (an Ulrike v. Kleist, 9.12.1802). Ob Goethe den jungen Kleist gesehen, gesprochen, von ihm gehört hat: wahrscheinlich ist es, aber wir wissen es nicht. Der alte Wieland jedoch war betroffen, als der Dramatiker ihm »einige der wesentlichsten Szenen« aus dem Gedächtnis vortrug, und schrieb ahnungsvoll an Wedekind in Mainz:

Ich gestehe Ihnen, daß ich erstaunt war, und ich glaube nicht zu viel zu sagen, wenn ich Sie versichere: Wenn die Geister des Äschylus, Sophokles und Shakespeare sich vereinigten, eine Tragödie zu schaffen, so würde das sein, was Kleists *Tod Guiscards des Normanns*, sofern das Ganze demjenigen entspräche, was er mich damals hören ließ. Von diesem Augenblicke an war es bei mir entschieden, Kleist sei dazu geboren, die große Lücke in unserer dermaligen Literatur auszufüllen, die (nach meiner Meinung wenigstens) selbst von Goethe und Schiller noch nicht ausgefüllt worden ist (10.4.1804; *H. v. Kleists Lebensspuren*, hg. v. H. Sembdner, 1957, 59).

Im März 1803 verschwand der Ruhelose, der sich selbst einen »unaussprechlichen Menschen« nannte (an Ulrike v. Kleist, 13.3.1803) aus Oßmannstedt; wahrscheinlich hätte die Liebe zu einer Tochter Wielands unlösbare Komplikationen gebracht. Vielleicht wäre damals auch Goethe beeindruckt gewesen, wenn er die Szenen aus dem *Robert Guiskard* gehört hätte, der nicht aus einem »so wunderbaren Geschlecht« war und sich nicht in einer »so fremden Region« bewegte wie die *Penthesilea* (Goethe an Kleist, 1.2.1808); vielleicht wäre die Zeit für einen verstehenden Kontakt günstiger gewesen als später, vielleicht hätte ein Zufall helfen können, daß sich in einem Gespräch der Fremdling verständlich machte, vielleicht. Denn daß der Theaterintendant später den *Zerbrochnen Krug* aufführte, bewies, daß das »aufrichtige Wohlwollen«, das er im Brief vom 1. Februar 1808 zusicherte, keine leere Floskel war.

Neues in Weimar

Im November 1802 zog übrigens Heinrich Meyer aus Goethes Haus am Frauenplan aus, um eine eigene Wohnung einzurichten; denn Anfang 1803 heiratete er Luise v. Koppenfels und gründete einen eigenen Hausstand. Das änderte aber nichts an der engen Verbindung, die ungelockert bestehen blieb. Im September 1803 gab es eine folgenreiche Neuerung. Der Philologe Friedrich Wilhelm Riemer, vordem Hauslehrer bei Wilhelm v. Humboldt, übernahm die Ausbildung des jungen August v. Goethe, bis dieser zur Universität ging. Herder hatte ihn im Juni 1802 konfirmiert, nachdem Goethe den »alten Freund« mit bezeichnenden Worten gebeten hatte, er möchte seinen Sohn »auf eine liberalere Weise als das Herkommen vorschreibt« in die »christliche Versammlung« einführen (26. 4. 1802). Riemer sollte sich bei seiner Lehrtätigkeit besonders um die Kenntnisse der alten Sprachen kümmern, mit denen es bei August nicht zum besten stand. Über die Erziehungsarbeit hinaus wurde er einer der wichtigsten Mitarbeiter Goethes und erhielt bei der Vorbereitung der Texte für die Ausgaben weitreichende Vollmachten. Nachdem er bis 1812 in Goethes Haus gewohnt hatte, wurde er Professor am Weimarer Gymnasium und Bibliothekar. Er und Eckermann sollten auf Goethes Wunsch später den umfangreichen Nachlaß betreuen. Als exzellenter klassischer Philologe brachte Riemer für diese Aufgaben die besten Voraussetzungen mit. Nach Goethes Tod edierte er dessen Briefwechsel mit Zelter und gemeinsam mit Eckermann die »Nachgelassenen Werke«. Seine *Mitteilungen über Goethe* sind seit ihrem Erscheinen 1841 aus der Literatur über Goethe nicht wegzudenken. Sie sind keine reine Dokumentensammlung, sondern versuchen im ersten Band in einer Folge thematisch bestimmter Kapitel ein Gesamtporträt aus der Sicht des langjährigen Mitarbeiters und Beobachters zu zeichnen. Riemer scheute sich nicht, um der Wahrhaftigkeit willen nach Kapiteln wie »Charakter«, »Tätigkeit«, »Totalität«, »Eigenheiten« auch einen Abschnitt unter der Überschrift »Fehler« einzurücken: »*Unvollkommen* war er ohne Zweifel, und wußte das besser als die, welche von seinen Fehlern viel zu erzählen hatten« (RM I 289). Früh merkte Riemer, wie sehr sich Goethes Verhalten, an dem manche Anstoß nahmen, nach den Umständen richtete, unter denen er aufzutreten hatte. Er urteile »ein wenig anders im Schlafrock, als wenn er in Gesellschaft urteilen soll«, teilte er Frommann am 4. Februar 1804 mit. »Weil man ihn auspumpen will, so gibt er eben nur das, was ihm beliebt und womit er zwischen den Parteien so eben durchkommt.«

So ähnlich dürfte er sich auch verhalten haben, als Ende 1803 Madame de Staël, die Tochter des mit wechselnder Fortune unter Ludwig XVI. operierenden französischen Finanzministers Necker, mit ihrem Begleiter Benjamin Constant in Weimar eintraf. Sie war von Napoleon wegen ihrer Aktivitäten gegen ihn verbannt worden, war durch ihre Schriften schon eine europäische Berühmtheit und reiste nun durch Deutschland, um ihre bisher dürftigen Kenntnisse vom Nachbarland aufzubessern. Sie kamen dem 1810 erschienenen Werk *De l'Allemagne* zugute. Weimar stand selbstverständlich auf ihrem Reiseplan. Für Goethe war die französische Schriftstellerin keine Unbekannte. Ihren *Essai sur les fictions*, in dem sie den *Werther* rühmte, hatte er als *Versuch über die Dichtung* für die *Horen* übertragen; ihre Arbeit *De la littérature*, in der sie im 17. Kapitel auch Werke Goethes und Schillers ihren französischen Lesern erläuterte, hatte sie ihm zugeschickt, und Wilhelm v. Humboldt konnte ihm aus Paris Näheres über sie berichten. Goethe indes war Ende 1803 vollauf mit den Jenaer Schwierigkeiten beschäftigt; die Vorbereitungen für die neue *Literatur-Zeitung* waren ihm wichtiger, als zur Begrüßung des ebenso geistvollen wie strapaziösen Gastes nach Weimar zu eilen. Schillers Charakterisierung der Mme. de Staël in seinem Brief vom 21. Dezember 1803 war treffend und bereitete den Adressaten auf die Gespräche vor: »Klarheit, Entschiedenheit und geistreiche Lebhaftigkeit ihrer Natur« könnten nur wohltätig wirken; das einzige Lästige sei »die ganz ungewöhnliche Fertigkeit ihrer Zunge«; man müsse sich ganz in ein Gehörorgan verwandeln, um ihr folgen zu können. Am 24. Dezember endlich trafen sich Goethe und die kluge Französin in seinem Haus: »Früh von Jena ab. Mittag Fr. v. Staël, Hr. und Fr. Hofr. v. Schiller und Hr. Hofr. Stark zu Tische, wozu *Serenissimus* kamen«, meldet etikettegerecht das Tagebuch. Goethe traf sich mit den ausländischen Gästen noch mehrfach vor ihrer Abreise im März 1804. Die *Annalen* zu diesem Jahr berichten über die gemischten Eindrücke, die die Staël erweckte. Sie beharrte auf eigenen Ansichten, widersprach, wann immer es ihr paßte, und war ein unbequemer Gesprächspartner. Sie hatte »immer die Art, auf Hauptstellen positiv zu verharren und eigentlich nicht genau zu hören, was der andere sagte.« Goethe seinerseits genoß es, sie herauszufordern und durch Widerrede »oft zur Verzweiflung« zu bringen. Auch August Wilhelm Schlegel lernte sie kennen; sie bewunderte ihn wegen seiner literarischen Kenntnisse, und er war fasziniert von der geistsprühenden Autorin. Als sie wegen des Todes ihres Vaters die Reise abbrach, schloß er sich spontan ihrem Kreis an und blieb bis zu ihrem Tode 1817 unentwegt ihr Begleiter und Berater.

Der zweite Teil ihres Buch *De l'Allemagne* war der Literatur und den Künsten gewidmet. Die Leitfrage »Warum lassen die Franzosen der deutschen Literatur nicht Gerechtigkeit widerfahren?« verdeutlichte ihre Absicht: Dolmetscherin zwischen den Kulturen zu sein. Einzelne Kapitel beschäftigten sich ausführlich mit Werken Schillers und Goethes, auch mit Lessing, Zacharias Werner und anderen. Es waren keine Lobreden, die sie verfaßte, sondern kritisch sondierende Betrachtungen. »Goethe hat nicht mehr jene hinreißende Glut, die ihm sein *Werther* eingab, aber die Wärme seiner Gedanken genügt noch immer, um allem Leben zu verleihen«, hieß es im Kapitel »Goethe«, über den sie an Friedrich Heinrich Jacobi reserviert geurteilt hatte, er sei ein »Mann von erstaunlichem Geist. Sein Charakter und seine Ansichten sind mir nicht sympathisch. Aber für seine Fähigkeiten hege ich eine tiefe Bewunderung« (11.3.1804). Der Aufenthalt in kleinen Städten behagte ihr, die Paris kannte, nicht; doch in Weimar störte sie die Enge wenig. Im Kapitel »Weimar« berichtete sie ihren Landsleuten:

Weimar war nicht eine kleine Stadt, sondern ein großes Schloß. Ein ausgewählter Kreis unterhielt sich dort mit regem Interesse über jedes neue Erzeugnis der Kunst. Frauen, liebenswürdige Schülerinnen einiger hochbegabter Männer, beschäftigten sich unaufhörlich mit den Werken der Literatur wie mit politischen Ereignissen von höchster Wichtigkeit. Durch Lektüre und Studium nannte man das Weltall sein eigen und entschlüpfte durch die Weite des Denkens den engen Grenzen der bestehenden Verhältnisse.

Herbst und Spätherbst des Jahres 1804 brachten der Residenzstadt große Festlichkeiten. Im August konnte das neue Schloß bezogen werden, ein imposanter Bau im Verhältnis zum kleinen Ort, der inzwischen 7500 Einwohner zählte. Der Berliner Architekt Heinrich Gentz, auf Vorschlag Goethes für wesentliche Teile des Innenausbaus verantwortlich, hatte es mit einem ausladenden Treppenhaus im Ostflügel und einem repräsentativen Festsaal, dem »Weißen Saal«, ausgestattet, zwei meisterlichen Schöpfungen des Klassizismus. Der hufeisenförmige Gebäudekomplex war zum Park an der Ilm hin offen, und in den Gartenanlagen konnte sich jeder ohne Ansehen des Standes aufhalten. »Der Park wird in der Tat von dem Geringsten in Weimar geschätzt und häufig genossen«, schrieb Joseph Rückert in dem kritischen Journal *Der Genius der Zeit* im Mai 1800 (DaW 78). Der »immerfeiernde und immerfrierende Adel, der hier wie überall der Langeweile und Kälte seiner Lebensart zu entlaufen sucht«, sei ebenso anzutreffen wie Handwerker und Bürger. In der schönen Jahreszeit sei sonntags »im Park ein republikanischer Festtag für ganz Weimar«.

Politisch bedeutsam war die Heirat des Erbprinzen Carl Friedrich mit der russischen Großfürstin und Zarentochter und -schwester Maria Pawlowna, die im August 1804 in Petersburg geschlossen wurde. Der Einzug des Paars in Weimar wurde feierlich gestaltet, wie es dieser Verbindung zukam, die das kleine Herzogtum nun durch familiäre Bande mit der Großmacht Rußland verknüpfte. Schiller wartete mit dem Festspiel *Die Huldigung der Künste* auf.

Nach Schillers Tod

Tod und Verklärung

Alles überschattete für Goethe der Tod Schillers am 9. Mai 1805. Seit Anfang des Jahres plagten ihn selbst heftige Nierenkoliken; wieder wie 1801 war sein Zustand bisweilen kritisch, und als er Schiller am 20. April den Abschluß des *Winckelmann*-Buchs meldete, erinnerte er an die Worte irgendeines Malers: »in doloribus pinxit« [unter Schmerzen hat er es gemalt]. Niemand wagte, dem noch Kränkelnden die Todesnachricht zu sagen. Man wußte, wie sie ihn treffen würde, der, »um aufrecht zu bleiben, aller eigenen Kraft« bedurfte (*Annalen* zu 1805). Erst am nächsten Morgen erfuhr er, der abends Verwirrung in seiner Umgebung bemerkt hatte, von Christiane die schreckliche Wahrheit. Er fragte sie:

»Nicht wahr, Schiller war gestern *sehr* krank?« Der Nachdruck, den er auf das »sehr« legt, wirkt so heftig auf jene, daß sie sich nicht länger halten kann. Statt ihm zu antworten, fängt sie laut an zu schluchzen. »Er ist tot?« fragt Goethe mit Festigkeit. »Sie haben es selbst ausgesprochen!« antwortet sie. »Er ist tot«, wiederholt Goethe noch einmal, wendet sich seitwärts, bedeckt sich die Augen mit den Händen und weint, ohne eine Silbe zu sagen (WuG 309).

So berichtet es Heinrich Voß, der Sohn des alten Johann Heinrich, der seit dem vorigen Jahr viel bei Goethe war. Riemer wußte nur, daß Goethe sich mit seinem Schmerz eingeschlossen und niemanden zu sich gelassen habe. »Zeugen desselben waren keine« (RM II 509). Goethe überlegte, wie des Toten auf würdige Weise öffentlich gedacht werden könnte. Er trug sich mit dem Gedanken, den *Demetrius* zu vollenden; denn dieses Stück »auf allen Theatern zugleich gespielt zu sehen, wäre die herrlichste Totenfeier gewesen, die er selbst sich und den Freunden bereitet hätte« (*Annalen* zu 1805). Der Plan scheiterte ebenso wie das Vorhaben einer chorisch-dramatischen Dichtung, die die laufende Theaterspielzeit in Weimar hätte abschließen können. Aber in Lauchstädt fand am 10. August 1805 ein feierlicher Gedenkabend statt, an dem zunächst die drei letzten Akte der *Maria Stuart*, dann das *Lied von der Glocke* szenisch aufgeführt wurden, woran sich unmittelbar Goethes zehnstrophiger *Epilog zu Schillers Glocke* anschloß, ein versifizierter Rückblick auf Persönlichkeit und Werk des großen Verstorbenen.

> Denn er war unser! Mag das stolze Wort
> Den lauten Schmerz gewaltig übertönen!
> Er mochte sich bei uns, im sichern Port,
> Nach wildem Sturm zum Dauernden gewöhnen.
> Indessen schritt sein Geist gewaltig fort
> Ins Ewige des Wahren, Guten, Schönen,
> Und hinter ihm, in wesenlosem Scheine,
> Lag, was uns alle bändigt, das Gemeine.

Doch *das* Erinnerungsgedicht an Schiller entstand erst viel später. Man hatte ihn auf dem alten St. Jakobsfriedhof im Kassengewölbe, der von der Landschaftskasse verwalteten Grabstätte, beigesetzt, einer Gruft unter einem kleinen viereckigen Gebäude, in der Angehörige angesehener Familien, die keine Familiengruft besaßen, bestattet wurden. Die Särge wurden dort aufeinander geschichtet, und von Zeit zu Zeit mußte das Gewölbe ausgeräumt werden. 1826 wurde die Beisetzungsstätte aufgehoben. Mühselig suchte man, sich an Bildern und der Totenmaske Schillers orientierend, im Durcheinander von Sargresten und Skeletten nach dem Schädel des Toten, um ihn zu bewahren. Als man ihn meinte gefunden zu haben, wurde er am 17. September 1826 im Sockel der Schillerbüste von Dannecker in der Bibliothek aufbewahrt. Doch Goethe wollte auch die Gebeine retten. Sie wurden nach dem Schädel bestimmt, der sich deshalb seit dem 24. September eine Zeitlang in Goethes Haus befand. In diesen Tagen entstand das Terzinengedicht »Im ernsten Beinhaus war's, wo ich beschaute, / Wie Schädel Schädeln angeordnet paßten«, mit dem Goetheschen Bekenntnis am Schluß:

> Was kann der Mensch im Leben mehr gewinnen,
> Als daß sich Gott-Natur ihm offenbare?
> Wie sie das Feste läßt zu Geist verrinnen,
> Wie sie das Geisterzeugte fest bewahre.

Was sich in der »Gott-Natur«, im großen Kosmos und in der einzelnen Gestalt, offenbart, offenbaren soll und kann, ist die Idee des Ganzen, die sich im Geist versammelt und von ihm ausstrahlt und die im Gestalteten sich manifestiert. So stellen sich Trost und Beglückung noch beim Anblick des Totenschädels dessen ein, dessen Leben und Werk die Macht des Geistigen bewiesen. Sogar der letzte körperliche Rest zeugt von der Fülle des Lebens der Gott-Natur, in der das Prinzip der Steigerung unablässig wirkt:

Wie mich geheimnisvoll die Form entzückte!
Die gottgedachte Spur, die sich erhalten!
Ein Blick, der mich an jenes Meer entrückte,
Das flutend strömt gesteigerte Gestalten.
Geheim Gefäß! Orakelsprüche spendend,
Wie bin ich wert, dich in der Hand zu halten,
Dich höchsten Schatz aus Moder fromm entwendend
Und in die freie Luft zu freiem Sinnen,
Zum Sonnenlicht andächtig hin mich wendend.

Unter den *Maximen und Reflexionen* finden sich zwei, die ebenfalls die Gedanken dieser Verse umspielen: »Höchst merkwürdig ist, daß von dem menschlichen Wesen das Entgegengesetzte übrigbleibt: Gehäus und Gerüst, worin und womit sich der Geist hienieden genügte, sodann aber die idealen Wirkungen, die in Wort und Tat von ihm ausgingen.« – »Wenn ich an meinen Tod denke, darf ich, kann ich nicht denken, welche Organisation zerstört wird« (12, 514). – Schillers Gebeine wurden im folgenden Jahr in der Fürstengruft beigesetzt.

Zelter, Freund der Altersjahre

Es waren späte tröstliche Gedanken, die Goethe in das Terzinengedicht von 1826 faßte. Zwei Jahrzehnte vorher hatte es lange gedauert, bis er sich fing. Wieder verschlechterte sich im Mai 1805 sein Gesundheitszustand. »Seine Kräfte gehen sehr darauf«, wußte August Vulpius – und nahm zugleich verwundert den Lauf der Welt zur Kenntnis: »Die Menschen hier sind gar sonderbar! Es ist schon, als wenn gar kein Schiller unter ihnen gelebt hätte, so wie's bei Herdern auch war« (an N. Meyer, 20. 5. 1805; Bo II 297). Die Zäsur, die Schillers Tod in Goethes Leben schnitt, war tief. In der Einsamkeit, in der er sich so oft verloren vorkam, hatte ihn der nahe und freundschaftliche Umgang mit dem Partner in literarischen und ästhetischen Fragen ein Jahrzehnt lang gestärkt und im eigenen Schaffen gefördert. Jetzt beherrschte ihn zunächst nichts als das Gefühl der Leere, und er wagte nicht weit in die Zukunft zu denken. Was blieb und weitertrug, war die so oft berufene Forderung des Tages. »Ich dachte mich selbst zu verlieren, und verliere nun einen Freund und in demselben die Hälfte meines Daseins. Eigentlich sollte ich eine neue Lebensweise anfangen; aber dazu ist in meinen Jahren auch kein Weg mehr. Ich sehe also jetzt nur jeden Tag unmittelbar vor mich hin, und tue das Nächste, ohne an eine weitere Folge zu denken.« So schrieb er am 1. Juni 1805 an Carl Friedrich Zelter nach Berlin.

Es war eine glückliche Lebensfügung, daß sich zu diesem Mann eine nähere Verbindung angebahnt hatte. Die Frau des Berliner Verlegers Unger schickte Goethe im Mai 1796 auf Wunsch Zelters dessen *Zwölf Lieder am Klavier zu singen*, worunter sich Vertonungen einiger Gedichte aus dem *Wilhelm Meister* befanden. Goethe sprachen die Melodien an, wenngleich er meinte, Musik mangels Fachkenntnis nicht recht beurteilen zu können. Er wünschte, Zelter »persönlich zu kennen, um mich mit ihm über manches zu unterhalten« (an F. H. Unger, 13. 6. 1796). Vor allem die Weise des Liedes »Ich denke dein« hatte es ihm so angetan, daß er jene schon bekannte Kontrafaktur auf das Lied der Friederike Brun dichtete.

Carl Friedrich Zelter, am 11. Dezember 1758 als Sohn eines Bauhandwerkers geboren, hatte den Maurerberuf erlernt, 1783 den Meistergrad erlangt und einen großen Teil des väterlichen Geschäfts übernommen. Für seine Leidenschaft zur Musik blieb wenig Zeit. Als aber 1786 seine Trauerkantate auf den Tod Friedrichs II. von Preußen aufgeführt war, gewann seine Neigung zur Komposition und Musikpraxis die Oberhand. 1800 konnte er Nachfolger seines Lehrers Karl Fasch in der Leitung der 1790 gegründeten »Singakademie« werden, einer Gesangsvereinigung aus Liebhabern, und war seitdem eine zentrale Figur im Berliner Musikleben. Wie Goethe entzog auch er sich nicht öffentlichen administrativen Aufgaben. So wurde er im schwierigen Jahr 1806, als Napoleon Preußen geschlagen und Berlin besetzt hatte, Mitglied der Stadtverwaltung. Er selbst befand sich in drückender Lage, als seine zweite Frau 1806 gestorben war und er für viele Kinder sorgen mußte. 1807 nahm die Singakademie ihre Arbeit wieder auf, veranstaltete auch ein Benefizkonzert zugunsten ihres Direktors, und Zelter intensivierte seine musikpädagogische Tätigkeit, gründete ein Orchester aus Musikern und Dilettanten, konzertierte mit der Singakademie, die inzwischen über 170 Mitglieder zählte, und richtete 1808 die »Liedertafel« zur Pflege des mehrstimmigen Männergesangs ein. 1809 wurde er, nun endlich fest besoldet, Professor für Musik an der Berliner Akademie, bis 1812 aber immer noch an seinem angestammten Handwerksbetrieb beteiligt.

Es waren nicht zuletzt die solide Tüchtigkeit und weltzugewandte Vitalität Zelters, die Goethes Zuneigung weckten und die Freundschaft bis zum Ende des Lebens sicherten. In dem Berliner Handwerksmeister, Komponisten und Musikprofessor fand er den Freund der Altersjahre, mit dem er sich über alles aussprach, was ihn bewegte, von Grundfragen menschlichen Daseins bis zum unterhaltsamen Klatsch; denn »Du hast wohl recht, mein würdigster Freund, daß es eigentlich keine ununterbrochene Korrespondenz gibt, wenn man nicht klatscht«, wobei der sogleich anschließende Widerruf nicht eben viel besagte: »und da das unser Fall nicht ist, so möchte es wohl natürlich sein, wenn wir eine ganze Weile nichts voneinander hören« (an Zelter, 11.3.1816). Kunst- und Musikprobleme waren natürlich fortdauernder Gesprächsstoff, und das Verhältnis zur Gegenwart und jungen Generation zu erörtern, bot sich laufend Gelegenheit. Vergleicht man den umfangreichen Briefwechsel, von dessen über 850 Schreiben fast zwei Drittel Zelter geschickt hat, mit der Goethe-Schiller-Korrespondenz, dann beeindruckt die viel größere Zahl von Themen, die er berührt. In ihm dominiert nicht der Bereich der Kunst; er ist in vielem lockerer, weiträumiger, ungezwungener. Im Briefgespräch mit Schiller mußte Goethe stets auf theoretische Strenge und philosophische Deduktionen gefaßt sein, bei Zelter fehlten ebenfalls nicht Reflexionen über Fragen der Musik und ihrer Praxis, über Theater und Publikum, Zeitsituation und Weltsicht, aber immer waren die Seiten auch gefüllt mit anschaulichen Schilderungen des eigenen Lebens und der beobachteten Umwelt, die von manchmal epischer Gelassenheit getragen waren. So konnten diese Briefe auch bekenntnishafte Äußerungen aus der Sicht des Alters beiläufig und zwanglos aufnehmen, ohne daß eine systematische Ordnung sie zusammenbände. Es war die gegenseitige vertrauensvolle Offenheit, die den Briefen ihre anspielungsreiche Weite und ungezwungene Lockerheit gab. Für Zelter bedeutete die Freundschaft mit Goethe etwas unvergleichlich Bereicherndes in seinem Leben, und er scheute sich nicht, sie schwärmerisch zu feiern:»Mein süßer Freund und Meister! mein Geliebter, mein Bruder! Wie soll ich den nennen, dessen Name immer auf meiner Zunge liegt, dessen Bild sich auf alles abspiegelt was ich liebe und verehre!« (24.12.1812) Als Zelter dem Verehrten in Weimar vom Selbstmord seines Stiefsohns berichtete, in den er große Hoffnungen gesetzt hatte, wählte Goethe in seinem Antwortbrief ohne Umstände das »Du« und besiegelte damit die freundschaftliche Verbundenheit (3.12.1812). Zelter hat Goethe keine zwei Monate überlebt, er verschied am 15. Mai 1832.

Produktive Regeneration

Die tiefe Zäsur, die Schillers Tod grub, hatte zur Folge, daß Goethe alles, was ihn danach neu belebte und produktiv werden ließ, wie eine Überraschung erscheinen mußte. Aber auch die dichtungs- und kunsttheoretischen Bemühungen von einer bisweilen dogmatischen Starre unter dem Gesetz klassizistischer Grundsätze verloren an Bedeutung. Es war, als könne Goethe nun, da der Tod des Freundes in seinem Bewußtsein das Ende eines Lebensabschnitts markierte, freier zu neuen Wandlungen, Metamorphosen sein – falls denn solche noch geschehen sollten. Optimismus beflügelte ihn seit langem nicht mehr. Schon 1798 hatte er gemeint: »Die Summa Summarum des Alters ist eigentlich niemals erquicklich« (an F. v. Stein, 21. 12. 1798), und 1805 war er überzeugt, seine poetische Laufbahn sei zu Ende. Die *Annalen* zu diesem Jahr schlossen mit einem Bericht über eine Augustreise nach Magdeburg, Helmstedt und in den Harz, wo er zum drittenmal das Bodetal hinaufwanderte. Dort sei ihm wieder bewußt geworden, »daß wir durch nichts so sehr veranlaßt werden, über uns selbst zu denken, als wenn wir höchst bedeutende Gegenstände, besonders entschiedene, charakteristische Naturszenen, nach langen Zwischenräumen endlich wiedersehen und den zurückgebliebenen Eindruck mit der gegenwärtigen Einwirkung vergleichen«. Das Objekt trete immer mehr hervor und fordere als solches genaue Beobachtung, während man in früheren Jahren sich selbst an den Gegenständen empfunden und »Freud' und Leid, Heiterkeit und Verwirrung« auf sie übertragen habe. Bei »gebändigter Selbstigkeit« aber erkenne man nun ihre Eigenheiten und Eigenschaften, »sofern wir sie durchdringen«, und schätze sie in einem höheren Grade. »Jene Art des Anschauens gewährt der künstlerische Blick, diese eignet sich dem Naturforscher, und ich mußte mich, zwar anfangs nicht ohne Schmerzen, zuletzt doch glücklich preisen, daß, indem jener Sinn mich nach und nach zu verlassen drohte, dieser sich in Aug' und Geist desto kräftiger entwickelte.« Und das konnte zur inneren Stabilisierung dessen beitragen, der als Dichter meinte abgeschlossen zu haben, den Krankheit bedrückt und der Tod des Weggenossen des letzten Jahrzehnts zutiefst erschüttert hatten. Jedoch, die Selbstdiagnose wurde, wie wir wissen, von der Zukunft überholt, und der von Friedrich Schlegel im Studiumsaufsatz wegen der »Vielseitigkeit des darstellenden Vermögens« als Proteus, der wandlungsreiche Meergott, gerühmt worden war (KA 1, 260), hatte noch Metamorphosen vor sich. Zwar trieb er nun die Arbeiten an der *Farbenlehre* besonders energisch voran, aber auch den ersten Teil des *Faust* konnte er im April 1806 abschließen – gewiß, nur die Beendigung eines alten dichterischen Vorhabens, doch immerhin schöpferisches Wirken im poetischen Feld, das er brachliegend wähnte.

Es war ein besonders günstiger Lebensaugenblick für die Aufnahme einer Sammlung »alter deutscher Lieder«, deren erster Band im Herbst 1805 erschien, von Achim v. Arnim und Clemens Brentano herausgegeben. Schon im Januar 1806 besprach Goethe ausführlich *Des Knaben Wunderhorn* in der *Jenaischen Allgemeinen Literatur-Zeitung*, in einer jener ›vorstellenden‹ Rezensionen, in der er dem Leser zeigte, was das Buch enthielt, und seinem Inhalt knappe charakterisierende und den Wert abschätzende Bemerkungen widmete. In diesem Fall versah er die einzelnen Lieder der *Wunderhorn*-Sammlung mit kurzen Notizen, um dann zu einer allgemeinen Betrachtung dieser Art von Poesie auszuholen. »Volkslieder« waren es, die nicht etwa wegen ihrer Autorschaft so hießen, sondern »weil sie so etwas Stämmiges, Tüchtiges in sich haben und begreifen, daß der kern- und stammhafte Teil der Nationen dergleichen Dinge faßt, behält, sich zueignet und mitunter fortpflanzt« (A 14, 457). Auch in diesen Dichtungen, schlicht und kunstlos wie sie sein mögen, lebe der Geist der wahren Poesie; denn sie besäßen »die höhere innere Form, der doch am Ende alles zu Gebote steht«.

Von Rechts wegen sollte dieses Büchlein in jedem Hause, wo frische Menschen wohnen, am Fenster, unterm Spiegel, oder wo sonst Gesang- und Kochbücher zu liegen pflegen, zu finden sein, um aufgeschlagen zu werden in jedem Augenblick der Stimmung oder Unstimmung, wo man denn immer etwas Gleichtönendes oder Anregendes fände, wenn man auch allenfalls das Blatt ein paarmal umschlagen müßte (A 14, 444).

Die *Wunderhorn*-Rezension gehört in die Reihe jener Fürsprachen für »Naturdichter«, von denen Goethe eine notwendige Anreicherung der Nationalliteratur erhoffte, damit sie sich nicht in artistischer Selbstgenügsamkeit erschöpfte und nur von den intellektuellen Oberschichten aufgenommen wurde. Dieses Werben für die Volkspoesie war zwar mit seiner theoretischen Künstlerpädagogik unter klassizistischen Vorzeichen schwer zu vereinen, bedeutete dennoch keinen Widerspruch zu ihr. Beides zusammen wollte er für den kulturellen Haushalt zubereitet wissen. In die Zange nahm er damit eine Literatur (deren Autoren er meist nicht nannte), die er von beidem entfernt sah. So besprach er freundlich Hebels *Alemannische Gedichte*, Grübels *Gedichte in Nürnberger Mundart* und fand Gefallen auch an einigen Autoren, deren Namen uns nur durch die Rezensionen Goethes bekannt sind: Gottlieb Hiller (*Gedichte und Selbstbiographie*), Anton Fürnstein (*Deutscher Naturdichter*), August Hagen (*Olfried und Lisena*), Johann Georg Daniel Arnold (*Der Pfingstmontag*). Immer war es »das lebhafte poetische Anschauen eines beschränkten Zustandes« (A 14, 458), das er guthieß. Von einer unbewußt schaffenden Volksseele, wie sie Romantiker annahmen und verehrten, war bei ihm jedoch nichts zu finden; diesen Vorstellungen mit der Gefahr der Mystifikation dichterischer Vorgänge gab er sich nicht hin. Und er wünschte sogleich von den Sammlern der *Wunderhorn*-Lieder, denen er so lebhaft applaudierte, sie möchten auch Lieder anderer Völker zusammentragen.

Faust. Der Tragödie erster Teil

Am 13. April 1806 protokollierte Goethe im Tagebuch: »Schluß von Fausts 1. Teil«. Damit erfüllte er noch einen Wunsch Schillers. Denn unablässig hatte dieser gedrängt, das fragmentarische Werk wieder aufzugreifen und zu vollenden. »Goethe hat an seinem ›Faust‹ noch viel Arbeit, eh' er fertig wird. Ich bin oft hinter ihm her, ihn zu beendigen«, erfuhr Cotta (16. 12. 1798). Für die erste Gesamtausgabe seiner Werke, die Goethe selbst besorgte (bei Göschen, 1787–1790), hatte er die Faustdichtung nicht abschließen können. Dennoch gab er in den siebten Band, der 1790 erschien, *Faust, ein Fragment*, womit zum erstenmal Szenen dieses Dramas gedruckt wurden, das ihn seit Anfang der siebziger Jahre beschäftigte. Uns liegen inzwischen auch Textstücke aus jener früheren Zeit vor. Goethe hatte sie mitgebracht, als er 1775 nach Weimar kam, las gelegentlich aus ihnen vor, und das Hoffräulein v. Göchhausen schrieb sich das Manuskript ab, das der Dichter später während der Weiterarbeit vernichtet haben muß. Im Nachlaß Louise v. Göchhausens fand der Germanist Erich Schmidt die Abschrift, die keinen Titel trug, und seit 1887 können Goethe-Ausgaben auch den *Urfaust*, wie er genannt wird, präsentieren. 1808 nun erschien (zugleich im Band 8 der neuen Werkausgabe bei Cotta, 1806–1808), *Faust. Eine Tragödie*, der zu Ende gebrachte erste Teil des Faustdramas in der vom Autor für den Druck sanktionierten und seither gültigen Fassung.

Erst zwei Jahrzehnte später, zwischen 1825 und 1831, vollendete Goethe den zweiten Teil des *Faust*, nachdem er schon um 1800 Teile des Helena-Aktes geschrieben hatte. Aber er mochte das Ganze zu seinen Lebzeiten nicht mehr der Öffentlichkeit übergeben, siegelte es wie ein Vermächtnis ein und überantwortete es den Nachlaßverwaltern. So edierten Eckermann und Riemer *Faust II* 1832 als Band 1 der »Nachgelassenen Werke«.

Goethe muß seit spätestens 1772/1773 an einer Dichtung über den legendären Faust, den Zauberer und angeblichen Gelehrten des 15./16. Jahrhunderts gearbeitet haben. Bekannte berichteten darüber, wie Heinrich Christian Boie in seinem Tagebuch am 15. Oktober 1774: Er habe einen Tag ungestört mit Goethe verbracht, und der habe manches vorgelesen, »ganz und Fragment, und in allem ist der originale Ton, eigne Kraft [...]. Sein ›Doktor Faust‹ ist fast fertig und scheint mir das Größte und Eigentümlichste von allem« (3, 421). Die Geschichte und Sage von Faust kannten viele. Der wirkliche Faust, wohl Georg genannt, ist um 1480 im württembergischen Knittlingen geboren und zwischen 1536 und 1539 in Staufen im Breisgau gestorben. Früh machte er durch magische Kunststücke von sich reden, quacksalberte, war Schulmeister, stellte das Horoskop, führte ein unstetes

Leben, wurde in Nürnberg und Ingolstadt ausgewiesen und spukte wie ein Irrlicht durch die Zeit Luthers, Huttens und des Paracelsus. Während er noch lebte, rankten sich bereits Legenden um die merkwürdige Gestalt im Halbdunkel der Geschichte, und manche glaubten ihn mit dem Teufel im Bunde. Die Sage von Dr. Johann Faust, wie er dann hieß, konnte sich leicht mit älteren Zaubergeschichten anreichern. Im zweiten Drittel des 16. Jahrhunderts schrieb man Fausts Leben und Taten auf; eindrucksvoll war das ›Spiessche Faustbuch‹, die *Historia von D. Johann Fausten dem weitbeschreyten Zauberer und Schwartzkünstler*, die 1587 beim Frankfurter Buchhändler Spies herauskam. Da war nun viel mit dem Namen Faust zusammengebracht, Tatsachen und Erfundenes, Schwankgeschichten und Zauberkunststücke, Spekulationen über Himmel und Hölle und strenge Ermahnungen. Faust schließt einen Bund mit dem Teufel, weil er anders sein Ziel nicht erreichen kann, nämlich »alle Grund am Himmel [zu] erforschen« (Kap. 2). Ausführlich disputiert er mit Mephostophiles, weil er wissen will, was die Welt bewegt und zusammenhält. Am Hof des Kaisers zaubert er antike Gestalten hervor, und Studenten zeigt er die griechische Helena, mit der er später selbst zusammenlebt. Reue lastet am Ende des Lebens auf ihm. Aber wie es den Lesern zur Warnung vor schrankenlosem Wissenwollen und Grenzüberschreitungen vorgeführt werden muß, geschieht es: Der Teufel holt ihn. Der Erzähler, ein strenger Lutheraner, will seinem Publikum einschärfen: Nicht zu weit gehen mit seinen Wünschen, nicht alles begreifen wollen (was Gott vorbehalten ist), sich mit den Wahrheiten des Evangeliums zufriedengeben! »Seyt Gott underthänig / widerstehet dem Teuffel / so fleuhet er von euch«, lautet das mahnende Motto unter dem Titel des Buches.

Doch damit war die Problematik, die in der Faustsage beschlossen war, nicht gelöst. Denn um nichts anderes spielten die Erzählungen, Zaubereien und Schwänke als um die Frage, an welche Grenzen sich die menschliche Wißbegier zu halten habe. Sich der Magie zu verschreiben, sich mit dem Teufel zu verbinden, das mußte dem Verbot unterliegen. Aber wenn man die unwirklichen Vorgänge samt ihren Zaubereien als Sinnbild für das Grenzen verrückende Erkenntnisstreben des Menschen ansieht, dann enthüllt der Fauststoff seine für den neuzeitlichen Menschen bis heute und fernerhin ungeschwächte Aktualität: Wieweit darf sich der Erkenntnisdrang vorwagen und welcher Mittel sich bedienen, wenn er nicht umschlagen will in Inhumanität?

Die Bücher vom Faust, den der Teufel holt, wurden viel gelesen; verschiedene Fassungen entstanden, von denen die anonyme eines »Christlich Meynenden« (1725) bis zum Jahrhundertende mehrfach aufgelegt wurde. Hier wurde auch, wie vorher schon im Buch des Nürnberger Arztes

Nikolaus Pfitzer (1674), von der Liebe Fausts zu einer »schönen, doch armen Magd« berichtet. In England hatte bereits um 1590 Christopher Marlowe die Spiessche *Historia von D. Johann Fausten* dramatisiert, mit einem langen Anfangsmonolog, in dem Faust die verschiedenen Wissenschaften überblickt und verwirft, um sich der Magie zuzuwenden. Es ist ein begieriger Faust, der hier gestaltet ist, begierig im Wissenwollen und im Erraffen des Lebensglücks. Das Stück wurde in Deutschland von den Wanderbühnen gespielt, bereichert um die Rolle des Hanswurst als Kontrastfigur zum Faust. Nach der Gottschedschen Theaterreform, die solche Figuren nicht mehr zuließ, wurde das Faustdrama zum beliebten Stoff der Puppenspiele und, wie in den Volksbüchern, mannigfach zubereitet und ›zerspielt‹. Goethe wußte sich in *Dichtung und Wahrheit* noch zu erinnern: »Die bedeutende Puppenspielfabel [...] klang und summte gar vieltönig in mir wider« (10. B.; 9, 413). Andere Kenntnisse kamen hinzu. Am 14. Januar 1772 wurde in Frankfurt Susanna Margaretha Brandt, 24 Jahre alt, ledig, als Kindsmörderin mit dem Schwert hingerichtet. Sie war Dienstmagd und hatte sich, schwanger geworden, nicht anders zu helfen gewußt, als das Neugeborene zu töten. Das war kein Einzelfall. Junge Frauen, die in den Augen der Gesellschaft ›entehrt‹ waren und nicht wußten, wie sie ihr uneheliches Kind durchbringen sollten, sahen oft keinen anderen Ausweg, immer in der Hoffnung, alles geheimhalten zu können. Ihre Not wurde zum Thema von Schauspielen der jungen Generation des ›Sturm und Drang‹. Die Geliebten eines Carl August gerieten nicht in solche tödlichen Schwierigkeiten. Goethe kannte Protokolle des Frankfurter Prozesses, hat vielleicht selbst den Verhandlungen zugehört, als er als Lizentiat der Rechte aus Straßburg zurückgekehrt war. Material für die Gretchentragödie im *Faust* lag damit bereit.

Der Torso des *Urfaust* besteht aus einzelnen Szenen, die das spätere Gesamtdrama noch nicht erkennen lassen. Vorhanden ist bereits Fausts großer Anfangsmonolog »Hab nun ach die Philosophey / Medizin und Juristerey, / Und leider auch die Theologie / Durchaus studirt mit heisser Müh«, der hinleitet zu den scheiternden Versuchen, im Anblick des Makrokosmos-Zeichens und durch die Anrufung des Erdgeists aus der Beengtheit, an der Faust leidet, hinauszugelangen. Auch das anschließende Gespräch mit Wagner ist bereits gedichtet, mit Fausts abschließenden spöttischen Versen über den Typ des banausischen Gelehrten: »Wie nur dem Kopf nicht alle Hoffnung schwindet, / Der immer fort an schaalen Zeuge klebt, / Mit gierger Hand nach Schätzen gräbt, / Und froh ist wenn er Regenwürmer findet.« Beißende Satire auf das Studentendasein und die Universität liefert die Unterhaltung zwischen Mephistopheles und dem

Schüler, an den sich die großenteils in Prosa gehaltene übermütige Szene »Auerbachs Keller in Leipzig« anschließt. Die Gretchentragödie, unvermittelt einsetzend mit Fausts Angebot auf der Straße: »Mein schönes Fräulein darf ichs wagen / Mein Arm und Geleit ihr anzutragen«, ist schon weitgehend ausgestaltet, bis hin zum Ende der Verführten im Kerker, aber noch ohne die »Stimme von oben: Ist gerettet«. Die Skizzen des *Urfaust*, hingeworfen in der auf Regeln und strenge Zusammenhänge nicht achtenden Manier des jungen ›Stürmers und Drängers‹, konnten wohl für sich bestehen und beeindrucken, aber noch war nicht zu sehen, was sie zu *einem* Schauspiel verbinden könnte. Groß zeichnete sich bereits das Drama des Gelehrten ab, der an seinen Erkenntnisgrenzen verzweifelt und den Erdgeist beschwört, um selbst Teilhabe am schöpferischen Weltprozeß zu erlangen. Mephisto ist als Mit- und Gegenspieler einfach da, ohne besonders eingeführt und in seiner Funktion bestimmt zu werden.

Faust, ein Fragment, die Fassung von 1790, fügt, von einzelnen Änderungen abgesehen, drei Szenen neu hinzu. Die erste beginnt mit Worten Fausts mitten in einem Gespräch mit Mephisto, nachdem der Dialog Faust-Wagner mit den zitierten ironischen Bemerkungen geendet hatte.

Und was der ganzen Menschheit zugeteilt ist,
Will ich in meinem innern Selbst genießen,
Mit meinem Geist das Höchst' und Tiefste greifen,
Ihr Wohl und Weh auf meinen Busen häufen,
Und so mein eigen Selbst zu Ihrem Selbst erweitern,
Und, wie sie selbst, am End' auch ich zerscheitern.

Aus dem Sonderling mit seinen grenzensprengenden Ansprüchen wird mit diesen Worten ein Repräsentant der ganzen Menschheit. Das entspricht Goethes Bemühen seit der italienischen Zeit, im Besonderen Allgemeineres, im einzelnen Typisches sichtbar zu machen. Zugleich motivieren die Verse Fausts Fahrt durch die Welt und seine Auf- und Abschwünge. Aber der Unersättliche weiß auch bereits, daß seinem Begehren das Scheitern zugewiesen ist, und damit ist die grundsätzliche Frage aufgeworfen, wie Fausts Streben einzuschätzen sein wird. Die einkalkulierte Bereitschaft zum Scheitern kann, trotz aller Faszination des Faustschen Drängens, unmöglich nur zustimmend betrachtet werden. – In der zweiten neuen Szene des *Fragments*, »Hexenküche«, wird Faust in einem spukhaften Geschehen zum Liebhaber verjüngt, damit er das »Wohl und Weh« der Liebeslust voll auskosten kann, und schon erblickt er in einem Spiegel »das schönste Bild von einem Weibe«, Helena. – »Wald und Höhle«, die dritte neue (genauer: vervollständigte)

Partie, unmittelbar vor Gretchens Monolog im Zwinger (»Ach neige, / Du Schmerzenreiche, / Dein Antlitz gnädig meiner Noth!«), bringt Faust zu einer monologisierenden Selbstreflexion (»So tauml' ich von Begierde zu Genuß, / Und im Genuß verschmacht' ich nach Begierde«) und in der Erkenntnis seiner Ruhelosigkeit zu einer Phase beruhigter Übereinstimmung von Mensch und Natur in ihren Grenzen. Doch Mephisto treibt ihn weiter, wieder zu Gretchen, bringt »die Begier zu ihrem süßen Leib« erneut »vor die halb verrückten Sinnen«.

Der abgeschlossene erste Teil des *Faust* von 1808 verbindet dann die Einzelszenen zu einem geschlossenen Spiel, ohne daß allerdings alle Teile sorgfältig aufeinander abgestimmt und alles, was sich ereignet und gesprochen wird, eindeutig plausibel motiviert wäre – eine immerwährende Herausforderung zu neuen Analysen und Interpretationsversuchen. Warum aber darf ein künstlerisches Werk nicht angereichert sein mit Teilen, die nur für sich, ohne Rücksicht auf ein postuliertes Ganzes, leben und partielle Aufmerksamkeit beanspruchen? Warum ist es die Lust der Interpreten, in oft aufwendiger Beweisführung und unter erheblichen Schwierigkeiten die Einheit eines Werks nachzuweisen? Warum kann nicht der Zufälligkeit schöpferischer Produktivität facettenreiche Freiheit zugestanden werden? Es ist eher erheiternd zu sehen, wie sehr man sich im Bann der Idee von der Einheit des Kunstwerks gemüht hat, die Vielheit etwa in Goethes Roman von *Wilhelm Meisters Wanderjahren* zur – und sei es (nur) geistigen – Einheit zu präparieren, weil ihm sonst nicht das Prädikat der Vollendung, ja nicht einmal eines gestalteten Romans zuerkannt werden könne. Offensichtlich hatte der Dichter selbst aber anderes im Sinn, als einer Einheitsidee zu genügen. Ähnliches gilt für das riesige Gesamtwerk des *Faust*. So sehr Goethe in der Tat den bildenden Künstlern im Lehrprogramm der *Propyläen* und Preisausschreiben geschlossene Ganzheit anerziehen wollte, so wenig hat er sich in eigenen Dichtungen daran gehalten. Der Verweis auf die ›innere Form‹ bleibt, genau besehen, ein Hilfsargument, da mit ihm alles lizensiert wird, was das genuine Schöpferische des Künstlers zum je einzelnen Werk zusammenfügt. Solche Gestaltung schließt den Überschuß an eigenwilligen Einzelheiten ein, die nicht in einen stringenten Zusammenhang des Werks eingebunden sind, sondern sich allenfalls auf eine komplexe Gesamtidee des Künstlers und seines Werks beziehen, die sich an ›Stimmigkeit‹ des Gestalteten nicht gebunden fühlen muß. »Mit solchem Büchlein aber [wie den *Wanderjahren*] ist es wie mit dem Leben selbst: es findet sich in dem Komplex des Ganzen Notwendiges und Zufälliges, Vorgesetztes und Angeschlossenes, bald gelungen, bald vereitelt, wodurch es eine Art von Unendlichkeit erhält, die sich in verständige und vernünftige Worte nicht durchaus fassen noch einschließen läßt«, meinte Goethe 1829 (an J.F. Rochlitz, 23.11.1829), und die Bemerkungen treffen nicht nur auf die *Wanderjahre* zu.

Der Dichter hob 1797 selbst hervor, daß die Arbeit am *Faust*, die er in seinem »unruhigen Zustande« (vor der dritten Schweizer Reise) wiederaufgenommen hatte, »subjektiv« sei und mit den anderen Bemühungen um verbindliche Grundsätze in der Kunst, die ihn damals fesselten, wenig zu tun habe. Das Balladenstudium habe ihn »wieder auf diesen Dunst- und Nebelweg gebracht« (an Schiller, 22.6.1797). Schiller, der das Fragmentarische der vorliegenden Szenen als Problem genau erkannte, machte geltend, daß die Anforderungen an das Stück »zugleich philosophisch und poetisch« seien und sich die Einbildungskraft »zum Dienst einer Vernunftidee bequemen« müsse (23.6.1797). Um einen leitenden Ideenkomplex zu verdeutlichen, dem Fausts Streben und Begehren und das Treiben Mephistos zugeordnet werden können, erfand Goethe einen »Prolog im Himmel«, in dem »Der Herr« und Mephistopheles über das Spiel um und mit Faust und den darin möglicherweise beschlossenen Sinn disputieren. Damit vollzieht sich alles folgende, was Faust tut und was mit ihm geschieht, wie auf einer Bühne vor den Augen des »Herrn«. Das Drama erhält Züge eines Mysterienspiels und weitet sich zum Welttheater. Der von höchster Warte aus Zuschauende und Beurteilende ist, auch wenn später davon im dramatischen Geschehen kaum etwas sichtbar bleibt, ständig zugegen. Ein menschliches Schicksal rollt ab und wartet darauf, vom höchsten Richter begutachtet zu werden. Insofern ist auch noch *Faust. Eine Tragödie* von 1808 ein Fragment, da sich erst am Ende des zweiten Teils des *Faust* der Rahmen schließt, den der »Prolog im Himmel« eröffnet. Am Schluß des ersten Teils ist freilich schon eine »Stimme von oben« zu hören, doch ihr »Ist gerettet!« gilt allein der unglücklichen Margarete, während Faust, der Verführer und Mörder, in tiefer Schuld gelassen wird: »Heinrich! Mir graut's vor dir.«

Goethe hat sich mit dem »Prolog im Himmel« als Einleitung nicht begnügt. Das Gedicht »Zueignung« und ein »Vorspiel auf dem Theater« gehen dem »Prolog« noch voran. Ein persönlicher Rückblick auf die lange Zeit der Beschäftigung mit dem Drama füllt die feierlich schreitenden Stanzen-Strophen des Gedichts: »Ihr naht euch wieder, schwankende Gestalten, / Die früh sich einst dem trüben Blick gezeigt.« Leicht und locker dann das »Vorspiel auf dem Theater«, in dem der Direktor, der Theaterdichter und die Lustige Person sich, sehr zeitbezogen, über Situation, Aufgaben und Möglichkeiten der Bühne coram publico unterhalten. Der Ironie läßt Goethe freien Lauf, stimmt die Aussagen des Dichters allerdings auf einen fast bekenntnishaften Ernst. Die Spannung zwischen Theaterleiter und Autor, die er selbst auszuhalten hatte, objektiviert er hier in einem munteren Dialog.

Mit dem »Vorspiel« wird alles, was sich im folgenden auf der Bühne ereignen wird, als ›bloßes‹ Theaterspiel desillusioniert, und »Der Tragödie Erster Teil«, das Faustdrama selbst, rückt nach »Vorspiel« und »Prolog« in eine weite Distanz, ist in doppeltem Sinn Spiel im Spiel, so als sollte sich der Zuschauer nur recht genau seiner Beobachtungsposition bewußt und seine voreilige Identifikation mit Gestalten der Tragödie verhindert werden. Gespielt wird freilich, den Maximen des »Vorspiels« gemäß, nach Herzenslust. Das farbige Beieinander ernster und lustiger Szenen im *Urfaust* hat sich erhalten. Elemente der Tragödie und Komödie mischen sich, das Rüpelspiel in Auerbachs Keller findet ebenso Platz wie die großen Faust-Monologe und die ergreifenden Gretchen-Szenen.

Das Arrangement des doppelten Spiels im Spiel unterstreicht, wie sehr es sich beim Faustdrama um ein Schauspiel handelt, in dem Gestalten in und durch Experimentierkonstellationen geführt werden, vom »Herrn« dazu freigegeben und von ihm und den Zuschauern, die die doppelte Rahmenfügung überschauen, beobachtet. Schon früher, etwa beim *Wilhelm Meister*-Roman, konnte diese Art des Dichtens bemerkt werden, die Gestalten in Probezusammenhänge stellt und durchlaufen läßt, ohne daß eindeutig bewertende Perspektiven eingerichtet wären. So sind auch Faust mit seinem ›faustischen Streben‹ und Gretchen mit ihrer jugendlich unbekümmerten Liebe nicht als fraglose Vorbilder menschlichen Daseins anzusehen. Weder ist Faust *der* Repräsentant menschlicher Selbstverwirklichung noch das Faustdrama insgesamt *die* Gestaltung Goethescher Anschauung von Welt und Mensch. Auch die *Meister*-Romane, die *Wahlverwandtschaften*, der *Divan* und anderes mehr versuchen Probe-Antworten auf die Fragen nach dem Stand des Menschen in Welt und Gesellschaft und den ihm gegebenen Möglichkeiten. Und es werden Antworten durchgespielt, die nicht sämtlich auf einen Nenner zu bringen sind. Das Proteushafte Goethescher Gestaltung und Antwortversuche, früh an den Werken bis in sein Mannesalter erkannt, bleibt bestehen.

»Der Herr« überläßt im »Prolog« den Doktor Faust, seinen »Knecht«, dem Mephistopheles zur Verfügung und Verführung während seines irdischen Lebensweges. Mephisto bietet eine Wette an, daß »der Herr« jenen verlieren wird, wenn er ihm, dem Teufel, die Erlaubnis gibt, »ihn meine Straße sacht zu führen« (V. 314). Gelassen gewährt es »der Herr«, ohne auf die Wette direkt einzugehen; nur Beschämung ist der Preis, den Mephisto wird zahlen müssen, wenn er am Ende zu bekennen hat: »Ein guter Mensch, in seinem dunkeln Drang, / Ist sich des rechten Weges wohl bewußt« (V. 328 f.). Kurz vorher hatte »der Herr« freilich auch gewußt: »Es irrt der Mensch, solang’ er strebt.« Mephisto fungiert, dem Wunsch des »Herrn«

gemäß, geradezu als willkommener Anstifter zu immer neuer Tätigkeit; denn sie kann allzuleicht erschlaffen. »Drum geb' ich gern ihm [dem Menschen] den Gesellen zu, / Der reizt und wirkt und muß als Teufel schaffen« (V. 342f.). Damit sind die Bedingungen für ein Probespiel gegeben, in dem von Anfang an Widersprüchliches einkalkuliert ist: Irren, das jedes Streben in Kauf nehmen muß, und das Vertrauen auf den guten Menschen, der sich des rechten Weges bewußt bleibt. Es wäre leichtfertig, dieser Sentenz eine pauschale Rechtfertigung aller Taten Fausts aufzubürden. Sie gehört noch in den Disput über die Bedingungen des Experimentierspiels, in das auch »der Herr« seine Hoffnungen einbringt. Erst am Ende des zweiten Teils, der ebenfalls »Tragödie« überschrieben ist, wird in der »Bergschluchten«-Szene über Fausts Erdenweg entschieden, und da wird er nicht gerechtfertigt, sondern Erlösung für möglich gehalten, in jenem merkwürdigen Potentialis, der auf den »Prolog« zurückverweist und im Manuskript durch Anführungszeichen eigens hervorgehoben war: »Wer immer strebend sich bemüht, / Den können wir erlösen« (V. 11936f.). Und Liebe, die »von oben teilgenommen« hat, ist gleichfalls erforderlich. Faust ist der Erlösung bedürftig und ihrer würdig, weil er seine Taten und Untaten immer noch als »Knecht« des »Herrn« verübt hat, dem Irren zugestanden war und den die Liebe »von oben« nicht hat fallenlassen. Nur weil Erlösung als möglich und nötig angekündigt wird, ist die »Bergschluchten«-Szene mit jener Fülle christlich-katholischer Mythologeme ausstaffiert, die überrascht. Sie dient allein dazu, in bildlichen Vorgängen und Äußerungen Sinn über alle Verworrenheiten hinaus aufscheinen zu lassen und die Möglichkeit der Erlösung zu veranschaulichen. Weder »der Herr« noch Mephisto sind ›Sieger‹. Der Teufel hat die Wette, die er mit Faust schloß (V. 1692ff.) nicht gewonnen: Faust hat sich nicht beruhigt »auf ein Faulbett« gelegt und »schmeichelnd« sich selbst belogen, hat nicht zum Augenblick gesagt: »Verweile doch! du bist so schön!« Aber er ist sich auch »des rechten Weges« nicht immer bewußt gewesen. Da hat »der Herr« zuviel erhofft. Allein Gnade bleibt noch möglich.

Es ist ein einziger Tag aus dem Leben Fausts, der vom nächtlichen Anfangsmonolog bis zum Aufbruch zur wunderbaren Weltfahrt mit Mephisto verstreicht. Die Gelehrtentragödie ist inszeniert. An allen Wissenschaften ist Faust verzweifelt, mit ihren Grenzen will er sich nicht zufriedengeben. Er hat viel gelernt, aber »was die Welt im Innersten zusammenhält« (V. 382f.), sieht er noch verschlossen. Drei sehr unterschiedliche Versuche unternimmt er, um die Begrenzungen, unter denen er leidet, aufzusprengen. Er hat sich der »Magie« ergeben, wie der Faust der Tradition. Das war in der damaligen Zeit nicht so ungewöhnlich, wie es zunächst scheint. Alchimistisch-magische Experimente hatte bekanntlich auch der junge Goethe, vom hermetischen Denken fasziniert, in Frankfurt angestellt, weil man so den Wirkkräften des Ganzen, dem Totalzusammenhang der Welt auf die Spur zu kommen meinte. Wenn auch die orthodoxen christlichen Konfessionen diese Magie verwarfen, so ließ man von ihr doch in gewissen Zirkeln nicht ab, die an den spekulativen Gedanken von einer Emanation des Göttlichen durch alles Seiende hindurch, von einer allesverbindenden Kette der Materie und der Geister festhielten. Im Zeichen des Makrokosmos, also des großen Ganzen, das er in einem jener magisch spekulierenden Bücher erblickt, glaubt Faust für Augenblicke zu schauen, »wie alles sich zum Ganzen webt, / Eins in dem andern wirkt und lebt« (V. 447f.). Doch sogleich wird ihm deutlich, daß es nur ein spekulatives Zeichen ist, er selbst aber keineswegs in die »unendliche Natur« mitaufgenommen ist. So ruft er den »Erdgeist« an, eine Goethesche Erfindung, Verkörperung von »Lebensfluten« und »Tatensturm«. Aber auch hier ein eklatanter Mißerfolg: Faust wird zurückgestoßen, er ist nichts als »ein furchtsam weggekrümmter Wurm« (V. 498); so leicht kann er nicht Teil der großen schaffenden Natur und ihrer Lebenskräfte sein. Nichts bleibt ihm nun, wie er meint, als dieses Dasein aufzugeben, das Leben wegzuwerfen und im Selbstmord die Schranken zum All zu überwinden, mit dem er ganz verbunden sein will. Im letzten Moment hält ihn der Klang der Osterglocken zurück, das Gift zu trinken, und er findet, sich an Jugendzeiten und »der Frühlingsfeier freies Glück« (V. 780) erinnernd, in diese Welt mit ihren bescheideneren Hoffnungen zurück: »Die Träne quillt, die Erde hat mich wieder!« (V. 784)

Aber der Osterspaziergang bleibt ein Intermezzo mit dem Zufriedenheit nur vorgaukelnden Monologschluß: »Hier bin ich Mensch, hier darf ich's sein!« (V. 940) Schnell stellt sich das Gefühl des Unbefriedigtseins wieder ein; Faust ist vorbereitet, den Pudel, in dem sich Mephisto verbirgt, an sich zu ziehen und mit Zaubersprüchen zu bannen, und Mephisto hat den Doktor gefunden, den ihm »der Herr« für irdische Versuchungen überlassen hat. Jetzt überantwortet sich Faust der Leitung des Teufels, jetzt läßt er sich, nach den scheiternden Versuchen der Entgrenzung, auf Teufelsmagie ein. War die Weiße Magie noch ein Verfahren, das viele ehrenwerte Forscher praktizierten, so ist die Schwarze Magie wortwörtlich des Teufels. Wieweit sie ihn treiben wird, das steht im Experiment Faust nun zur Probe an.

Als hin und her schwankender Mensch hat sich Faust bisher vorgestellt. Nirgends findet er Ruhe, bescheidet sich, bindet sich an Mögliches, sondern schwankt zwischen Extremen; mal fühlt er sich dem Wurm gleich, erniedrigt und zerknirscht, mal glaubt er mehr als Cherub zu sein. Immer noch steht über seinem Treiben das absichernde Wort des »Herrn« vom guten Menschen, der sich in seinem dunklen Drange des rechten Weges bewußt sei. Doch sein Auf und Ab kann unmöglich Zustimmung finden. Wieder zeigt sich, wie schon bei *Wilhelm Meisters Lehrjahren*, daß tatsächlich sinnvolle Lebensverwirklichung nicht das Experiment selbst vorführt, sondern daß sie etwas Aufgegebenes bleibt; denn die Extreme bieten sie nicht, sparen sie vielmehr aus. Ganz spät, als es zu spät ist, am Schluß des zweiten Teils, ahnt Faust etwas davon:

> Könnt' ich Magie von meinem Pfad entfernen,
> Die Zaubersprüche ganz und gar verlernen,
> Stünd' ich, Natur, vor dir ein Mann allein,
> Da wär's der Mühe wert, ein Mensch zu sein (V. 11404 ff.).

Daß es zu spät ist, zeigt aber auch, daß nichts von dem zu korrigieren ist, was Faust, der unersättlich Strebende und Begehrende, mit Hilfe des Teufels gewollt und getan hat. Wie solches Verlangen in richtige Bahnen zu lenken sei, bleibt die offene, aufgegebene Frage. Denn die mögliche Erlösung am Schluß ist nichts als Gnade, die Geschehenes nicht ungeschehen macht, nicht den Tod Gretchens, der Mutter, Valentins und des alten Paars Philemon und Baucis, sondern höchstens im göttlichen Verzeihen- und Vergessenkönnen aufhebt.

Faust läßt sich auf das führende Geleit des Teufels ein, liefert sich den mephistophelischen Versuchungen aus, weil er sich Erfüllung der Begierden davon verspricht. Es ist eine zwielichtige Selbstcharakteristik, die Mephisto formuliert: Er sei »ein Teil von jener Kraft, / Die stets das Böse will und stets das Gute schafft« (V. 1335 f.). Die Stellung des Teufels ist in jener früher schon erläuterten Kosmogonie (oben S. 82 ff.), die Goethe am Ende des 8. Buchs von *Dichtung und Wahrheit* rekapitulierte, hinreichend lokalisiert: Die unteilbare Dreieinigkeit, die sich »von Ewigkeit her selbst produziert«, brachte »ein Viertes« hervor, »das aber schon in sich einen Widerspruch hegte, indem es, wie sie, unbedingt und doch zugleich in ihnen enthalten und durch sie begrenzt sein sollte. Dieses war nun Luzifer, welchem von nun an die ganze Schöpfungskraft übertragen war, und von dem alles übrige Sein ausgehen sollte«, und damit war alles gemeint, »was wir unter der Gestalt der Materie gewahr werden, was wir uns als schwer, fest und finster vorstellen« (9, 351). In diesem System sind der Teufel und seine Gehilfen immer noch der Gottheit untertan, auch wenn Luzifer einen großen Wirkungskreis erhält: die Materie zu schaffen und in der Welt zu herrschen. Freilich vergaß er seinen göttlichen Ursprung und glaubte, ihn in sich selbst zu finden. Dieser Entwurf einer Kosmogonie enthielt einen Dualismus, der jedoch wegen der Oberhoheit der Gottheit, die gewahrt blieb, ein gemäßigter war.

»Der Herr« im »Prolog« behauptet seine dominierende Position. Das schloß nicht aus, daß Satan, der ja den Ursprung in sich selbst zu finden wähnte, darauf aus war, seinen Machtbezirk zu stabilisieren und ihm Anerkennung zu verschaffen. Mephisto ist einer der Teufel aus Satans Reich, von Goethe aber reichlich mit Witz, satirischem Scharfblick und ätzender Spottlust ausgestattet, damit das theatralische Spiel unterhaltsam-geistreich ablaufen kann. Zweifellos will er das Böse mehren, und das Drama beweist ganz und gar nicht, daß er »stets das Gute schafft«. Wenn es tatsächlich so ist (und nicht nur gleißnerische Selbstüberhebung), dann kann es allein in dialektischem Umschlag geschehen: daß nämlich das Böse das Gute herausfordert und auf den Plan ruft, – was wiederum jenseits der tatsächlichen Tragödie läge.

Die Wette, die Faust mit Mephisto eingeht, unterscheidet sich vom Teufelspakt der Faust-Tradition. Denn so sehr vertraut dieser Goethesche Faust seinem ruhelosen Vorwärtsdrang, daß er sich Mephisto nur für einen bestimmten Fall verschreibt: Wenn er in Selbstzufriedenheit zur Ruhe kommen, im Genuß verharren sollte, den Augenblick einer Erfüllung festhalten möchte, dann soll es für ihn »der letzte Tag« sein, und der Teufel darf ihn holen. Diese Wette gilt nun für das ganze weitere dramatische Geschehen, wenn auch von ihr nicht mehr die Rede sein wird. Vor den Augen des »Herrn« und der Zuschauer mag sich das Wettspiel entfalten.

Mit Erkenntnisstreben will sich Faust vorerst nicht weiter plagen. »Des Denkens Faden ist zerrissen, / Mir ekelt lange vor allem Wissen. / Laß in den Tiefen der Sinnlichkeit / Uns glühende Leidenschaften stillen!« (V. 1748 ff.) Jedes Wunder fordert er, damit »Schmerz und Genuß, Gelingen und Verdruß« miteinander abwechseln können. So bezieht sich die Wette zunächst nur auf den Bereich des Sinnlichen, und erst im zweiten Teil, wenn die eigentliche Wette weit zurückliegt, wird Faust mit Mephistos Hilfe auch in ganz anderen Bezirken Erfahrungen und Erkenntnisse sammeln, die ihm in der Enge seiner Gelehrtenklause versagt waren.

Der in der »Hexenküche« für die Liebeslust verjüngte Faust ist für die Begegnung mit Margarete vorbereitet; Mephisto spielt den Kavalier, Kuppler und ständigen Antreiber. Die Gretchentragödie ist ein in sich geschlossenes Drama, in dem sich Todernstes und komödiantisch Burleskes in den vom Teufel angezettelten Situationen vereinen. Gewiß ist die Liebe, der sich Gretchen überläßt, als eine unschuldig-natürliche, den ganzen Menschen erfassende und beseligende Zuneigung gestaltet, deren Charme und Gefühlsstärke bestrickend sind; gewiß hat der Dichter ihr in den Phasen ihres Glücks und ihrer Verzweiflung eine Sprache verliehen, deren ausdrucksstarke Schlichtheit dem Fühlen der Liebenden und Leidenden genau entspricht, und die Naivität der jungen Frau ermöglicht ihr erst, so bedingungslos ihren Empfindungen zu leben. Unweigerlich gerät sie durch ihre selbstvergessene Liebe mit der Ordnung der kleinen Welt, in der sie lebt, in Konflikt und bezeugt doch durch ihr bloßes Sosein die größere Wahrheit gegenüber den engen Moralvorstellungen der kleinbürgerlichen Gesellschaft. Zur Reflexion kaum fähig, weil dazu nicht erzogen, kann sie den Konflikt nicht durchhalten, sondern tötet ihr Kind und sinkt, alleingelassen und verstoßen, in die Umnachtung auswegloser Verzweiflung. Die Welt, in der sie lebte und meinte lieben zu dürfen und in der sie doch nur Objekt der verführenden Herren war, wird zum Zerrbild. Nur die »Stimme von oben« kann, was ihr nicht mehr hilft, das »Ist gerettet!« verkünden. Aber auch Trübes ist der Gretchengestalt des *Faust* beigemischt. Zwar ist der Kindesmord Folge der Verhältnisse, die ihr ausweglos erscheinen müssen, aber Schuld bleibt allemal bestehen, auch wenn die wirklich Schuldigen Faust und Mephisto heißen. Zwar ist Gretchens Naivität von einer beeindruckenden Natürlichkeit und frei von zerstörerischer Reflexion, aber sie erreicht auch einen Grad von Tumbheit, der das einfältige Mädchen auf gefährliche Weise verführbar macht und auf den Schein des Schmucks hereinfallen läßt. Wenn man sich an Verse erinnert, die zur »Walpurgisnacht«-Szene gehören, von Goethe jedoch zum Druck nicht freigegeben wurden, werden Gretchens Worte beim Anblick des von den Verführern heimlich deponierten Schmucks in bleiches Licht getaucht: »Was hilft euch Schönheit, junges Blut? / Das ist wohl alles schön und gut, / Allein man läßt's auch alles sein; / Man lobt euch halb mit Erbarmen. / Nach Golde drängt, / Am Golde hängt / Doch alles. Ach wir Armen!« (V. 2798 ff.) Auf dem Blocksberg sollte Satan in der Walpurgisnacht auch diese Zeilen zu den »Ziegen« sprechen: »Für euch sind zwei Dinge / Von köstlichem Glanz: / Das leuchtende Gold / Und ein glänzender Schwanz. / Drum wißt euch, ihr Weiber, / Am Gold zu ergötzen / Und mehr als das Gold / Noch die Schwänze zu schätzen« (A 5, 553).

Als Faust die verurteilte Unglückliche aus dem Kerker befreien will, spricht zu ihm eine Frau, die ihre Identität verloren hat und weiß, daß dieser Verlust nicht ohne ihr Zutun geschehen ist. Als ein fragwürdig abgründiges Wesen kommt sie sich vor:

> Wie kommt es, daß du dich vor mir nicht scheust? –
> Und weißt du denn, mein Freund, wen du befreist?
> [...]
> Meine Mutter hab' ich umgebracht,
> Mein Kind hab' ich ertränkt.
> War es nicht dir und mir geschenkt? (V. 4504 ff.)

Der Dichter, der ihr die Fragen schrieb, wußte, daß die Frankfurter Kindsmörderin Brandt zu Protokoll gegeben hatte, der Satan hätte ihr eingeflüstert, das Kind heimlich zu gebären und umzubringen. Zur Hexe fühlte sie sich denaturiert. Mag sein, daß Goethe die Verwirrte auch solches assoziieren lassen wollte, als sie Faust fragte, ob er wisse, *wen* er befreie.

Soviel Zauberei auch geschieht, Faust lebt und tummelt sich in irdischem Gewühle. Nie lenken die irrealen Vorgänge davon ab, daß es um das menschliche Leben, sein Wagen, Suchen und Irren geht. »Der Herr« im »Prolog« gab das Spiel frei; seine dominierende Position war deutlich und bleibt es die Tragödie hindurch, ohne daß darauf noch weiter verwiesen würde. Die gespenstisch-irreale »Walpurgisnacht«, in das Gretchendrama eingeschoben, hätte die Möglichkeit geboten, der Seite des Teuflischen als Gegenpol zum Reich des »Herrn« volles Gewicht zu geben. Offenbar hatte das Goethe auch beabsichtigt, wie umfangreiche Paralipomena, beiseitegelassene Textteile, bezeugen (A 5, 548ff.). Albrecht Schöne konnte in einer scharfsinnigen philologischen und historischen Untersuchung (in: *Götterzeichen, Liebeszauber, Satanskult*, 1982) plausibel machen (wenn auch, wie er selbst weiß, eine zweifelsfreie Beweisführung nicht mehr möglich ist), daß Goethe konzipiert hatte, in gewaltigen Szenen der »Walpurgisnacht« ein Fest Satans zu inszenieren, das den Machtanspruch des Bösen veranschaulichte. Aus den erhaltenen, aber 1808 nicht zum Druck gegebenen Textsequenzen läßt sich rekonstruieren, wie das satanische Fest auf dem Blocksberg arrangiert sein sollte. Es entsprach genau dem Schema des Rituals der Schwarzen Magie, wie es in der Ketzer- und Hexenliteratur vorgezeichnet war, die Goethe nachweislich nach der Wiederaufnahme der Arbeit am *Faust* intensiv studierte. Auf dem Berg thront der Satan, nimmt mit dem obszönen Kuß auf oder in seinen Hintern (A 5, 555) die Huldigung der Sabbatgemeinde entgegen und präsentiert sich in der Ketzermesse als Herr der widergöttlichen Welt. Satanspredigt, Tanz und Sexualorgie runden die Feier des Bösen ab. All das hätte sich vor Faust abgespielt, wie es Schöne in einer beeindruckenden Textfassung vorschlägt, die er mit Hilfe der Paralipomena rekonstruiert hat.

Goethe konnte sich nicht entschließen, die Szene des Satansfests für den Druck auszuarbeiten. Er übte, von Riemer beraten, Selbstzensur, weil er auf das Publikum meinte Rücksicht nehmen zu müssen, widerwillig gewiß; denn was *er* auszusprechen und zu Papier zu bringen wagte, war für seine Leser etwas Unaussprechliches, wenigstens öffentlich. An einigen Stellen ließ er sogar verschämte Auslassungsstriche setzen, wo doch die Handschrift das derbe Wort nicht scheute. V. 3961: »Es f−t (farzt [furzt]) die Hexe, es stinkt der Bock«; V. 4140f. spricht die Alte zu Mephisto: »Ich biete meinen besten Gruß / Dem Ritter mit dem Pferdefuß! / Halt' Er einen — (rechten Propf) bereit, / Wenn er — (das große Loch) nicht scheut.« Goethe hatte wohl Grund, seinen eigenen Text zu reinigen; denn noch die gedruckte Fassung reichte aus, daß man sich darüber aufregte. Warum allerdings noch heute Editoren und Kommentatoren die Schamstriche beibehalten und nicht erläutern, bleibt unerfindlich (oder spricht für sich). In der Gesamtstruktur der Tragödie hätte die erschlossene Konzeption vollends anschaulich werden lassen, wie Fausts und auch Gretchens Leben, zwischen die vom »Herrn« und Satan besetzten Pole gespannt, auf den trüben Bereich zwischen Licht und Finsternis, Hellem und Dunklem verwiesen ist: auf die Menschenwelt, in der der Kampf zwischen den Polen auszutragen ist, mit Siegen und Niederlagen, Glück und Leid, Auf- und Abschwüngen. Diese Polaritätsvorstellung bestimmte Goethes naturwissenschaftliche Überlegungen und beanspruchte Geltung weit darüber hinaus, in vielen Jahren. In einem Dialog aus dem Jahre 1800 (*Die guten Weiber*) hieß es: »Licht und Finsterniß, Gutes und Böses, Hohes und Tiefes, Edles und Niedriges und noch so viel' andere Gegensätze scheinen, nur in veränderten Portionen, die Ingredienzien der menschlichen Natur zu sein, und wie kann ich einem Mahler verdenken, wenn er einen Engel weiß, licht und schön gemahlt hat, daß ihm einfällt einen Teufel schwarz, finster und häßlich zu mahlen?« (WA I 18, 282). Und 1823 in naturwissenschaftlichen Notizen: »Unsere Zustände schreiben wir bald Gott, bald dem Teufel zu, und fehlen ein- wie das anderemal: in uns selbst liegt das Räthsel, die wir Ausgeburt zweier Welten sind« (WA II 11, 146). Dem »Trüben«, das sich zwischen dem Licht, dem Hellen und der Finsternis, dem Dunklen bildet, wie es die *Farbenlehre* darlegt, ist der irdische Weltlauf zugeordnet, in dem das Irren zwar menschlich und dem Streben beigegeben ist, aber von Schuld nicht befreit.

Faust steht am Ende des ersten Teils zerrüttet da, als er das Opfer seiner Begierden nicht mehr retten kann. Er leidet mit, will helfen, aber es ist zu spät. Er hätte auch früher nicht helfen können, weil er als dieser Faust sich nie an Gretchen gebunden hätte, deren Liebe auf Dauer gerichtet war und nicht auf flüchtigen Genuß, von dem neue Begierde wieder hinwegtreibt. »O wär' ich nie geboren!« (V. 4596): Das alte Wort drängt sich ihm auf, das schon das Buch Hiob und Sophokles kannten. Leichen säumen seinen Weg, auf den er bewußt sich hat hinreißen lassen. Wer das Unbedingte rücksichtslos erstrebt, scheitert schon am Bedingten. Faust bedarf eines langen Schlafs, ehe er am Beginn der »Tragödie zweiter Teil« sprechen kann:

Des Lebens Pulse schlagen frisch lebendig,
Ätherische Dämmerung milde zu begrüßen;
Du, Erde, warst auch diese Nacht beständig
Und atmest neu erquickt zu meinen Füßen,
Beginnest schon, mit Lust mich zu umgeben,
Du regst und rührst ein kräftiges Beschließen,
Zum höchsten Dasein immerfort zu streben (V. 4679 ff.).

Napoleonische Jahre

Kriegsnot 1806. Heirat mit Christiane

Sieben Wochen erholte sich Goethe im Juli und August 1806 in Karlsbad. 1795 hatte er dort zum letztenmal gekurt. Jetzt lag das Jahrzehnt mit Schiller hinter ihm, der *Faust I* war druckfertig, die Aufregungen um die Universität waren einigermaßen überstanden, die neue *Jenaische Allgemeine Literatur-Zeitung* lebte und erschien täglich, was sich kein vergleichbares Blatt (das es ohnehin nicht gibt) heute leisten könnte, der *Cellini*, das *Winckelmann*-Buch waren erschienen, die *Propyläen*-Phase mit ihrer klassizistischen Künstlerpädagogik war Vergangenheit, wenn auch ihre Grundanschauungen an Gültigkeit nichts einbüßten. Philipp Otto Runge merkte etwas davon, nachdem er Goethe im April 1806 die vier Blätter seiner *Tageszeiten* zugesandt hatte. Nun fiel das Urteil zwar freundlicher aus als bei der Zeichnung *Achilleus im Kampfe mit Skamandros*, die Runge 1801 zu den Preisaufgaben eingereicht hatte und die als »unrichtig und manieriert« deklassiert worden war (SGS 51, 234). Aber Goethe, den Runge 1803 bei einem Besuch in Weimar beeindruckt hatte, blieb bei aller Anerkennung der *Tageszeiten*-Blätter bei dem Wunsch, »die Kunst im ganzen« solle den Weg, den jener, »ein talentvolles Individuum«, eingeschlagen, besser nicht verfolgen (an Ph. O. Runge, 2. 6. 1806). Diese Differenzierung wahrte Goethe auch fernerhin bei der Einschätzung ›romantischer‹ Kunst: freundliches Geltenlassen manches einzelnen, doch prinzipielle Ablehnung der Gesamttendenz. Mit Runge korrespondierte er weiter, da dessen farbentheoretische Studien sich mit seinen eigenen Interessen trafen. Runges früher Tod 1810 setzte dem schmalen Briefwechsel ein zeitiges Ende.

Viele Seiten diktierte Goethe in den Karlsbader Wochen von 1806 in sein Tagebuch. »Mineralogische Gegenstände« (19. 7. 1806) lockten ihn immer wieder; er zeichnete viel, machte Ausflüge, genoß die Gesellschaften, erfuhr Neuigkeiten aus anderen Gegenden, etwa von des Baron Voght »ökonomischer Einrichtung in Lottbek und von den Armenanstalten in Hamburg« (16. 7. 1806), hielt Anekdotisches fest:

Wie Fürst Putiatin versicherte, wenn er Gott wäre und er hätte voraussehen können, daß ein Stück wie Schillers Räuber sollte geschrieben werden, so würde er die Welt nicht erschaffen haben (5. 7. 1806).

Christiane hörte: »Man steht um 5 Uhr auf, geht bei jedem Wetter an den Brunnen, spaziert, steigt Berge, zieht sich an, macht Aufwartung, geht zu Gaste und sonst in Gesellschaft. Man hütet sich weder vor Nässe, noch Wind, noch Zug und befindet sich ganz wohl dabei. Ich habe manche alte Bekannte angetroffen und ihrer schon viele neue gemacht« (7. 7. 1806). Auch Amalie v. Levetzow traf ein, neunzehnjährig, »reizender und angenehmer als jemals« (28. 7.), redselig und gesellig. Ihre Tochter Ulrike war erst zwei; siebzehn Jahre später sollte sie die letzte große Leidenschaft des Greises in Böhmen entfachen.

Oft genug war über Politisches zu reden; denn die Lage hatte sich verdüstert. Napoleon drang weiter nach Osten vor; Weimar, dessen Herzog als preußischer General Dienst tat, war bedroht. »Fichtes Lehre in Napoleons Taten und Verfahren wiedergefunden«, lautete eine Notiz auf der Rückreise (Tagebuch, 8. 8. 1806); das große Ich, das herrscherlich über alles verfügt, konnte die Philosophie illustrieren. Von der Abdankung des Kaisers Franz II. erfuhr Goethe unterwegs. Doch der Untergang des alten Deutschen Reichs, das nur ein Sammelsurium kleiner, ehrgeiziger Staatsgebilde war, regte ihn nicht weiter auf. Ein Streit zwischen Kutscher und Diener war es, der die Reisenden »mehr in Leidenschaft versetzte als die Spaltung des römischen Reichs« (Tagebuch, 7. 8. 1806). Aber man spürte, wie der Friede gefährdet war. Als Goethe in Jena wieder seinen Geschäften nachging, beruhigte Geheimrat Voigt zwar noch, »daß vor der Hand eine französische Invasion nicht zu fürchten« sei; sie werde vielleicht stattfinden, »wenn es wirklich zu einem Kriege zwischen Frankreich und Preußen kommen sollte« (23. 8. 1806). Und Goethe antwortete in erzwungener Gelassenheit am gleichen Tag: »Wir legen zurecht und schachteln ein wie für die Ewigkeit [womit er die Katalogisierung der Museumsbestände meinte], indes die lebendige Natur in der Zeit sich sehr wild und ungestüm anläßt.«

Die Kriegserklärung Preußens wegen der Besetzung seiner Gebiete Ansbach und Bayreuth erfolgte bald. Aber schon am 14. Oktober 1806 besiegelte die Schlacht bei Jena und Auerstedt, auf dem Territorium des weimarischen Herzogtums, die Niederlage; am 27. Oktober zog der Korse in Berlin ein. Weimar war aufs schlimmste in Mitleidenschaft gezogen. Die lakonischen Stichworte in Goethes Tagebuch lassen die Unruhe und Verwirrung jener Tage und Wochen ahnen. 10. Oktober: »Starker Truppenmarsch durch die Stadt und die Gegend.« 14. 10.: »Früh Kanonade bei Jena, darauf Schlacht bei Kötschau. Deroute [Rückzug] der Preußen. Abends um 5 Uhr flogen die Kanonenkugeln durch die Dächer. Um ½ 6 Einzug der Chasseurs. 7 Uhr Brand, Plünderung, schreckliche Nacht. Erhaltung unseres Hauses durch Standhaftigkeit und Glück.« Zeitgenössische Berichte schildern das Ausmaß des Elends und der Not in der Residenzstadt. Im Haus der Charlotte v. Stein verbarg man den zu Tode verwundeten preußischen General v. Schmettau, der seinen Verletzungen kurz darauf erlag. Es wurde geplündert, manche Einwohner verloren ihre Habe, wie Melchior Kraus, der Direktor des Zeicheninstituts, der auch mißhandelt wurde und am 5. November starb.

Charlotte v. Stein wurde alles geraubt; Heinrich Meyer erging es nicht anders, dem Goethe einen Zettel schickte:»Sagen Sie mir mein Werter womit ich dienen kann. Rock, Weste, Hemd pp. soll gerne folgen. Vielleicht bedürfen Sie einiger Viktualien?« (15. 10. 1806). In der Nähe des Schlosses brannte es fast drei Tage lang; weil aber Windstille herrschte, wurden nur sechs oder sieben Häuser zerstört. Die Stadt war voll von Gefangenen und Verwundeten. Sie»liegen in dem neuen Gasthofe *Alexanders* Hof genannt am Schweinmarkte; es werden deren täglich hunderte weiter transportirt nach Erfurth, wo das Hauptlazareth ist, aber täglich kommen wieder so viel neue an deren Stelle«, berichtete Fernow (JbG 1918, 224). Bei Goethe quartierte sich zunächst Marschall Lannes, dann Marschall Augereau ein, und zwischendurch herrschte»die größte Sorge« (Tagebuch, 16. 10. 1806); denn solange keine Schutzwachen zu bestimmten Häusern befohlen waren, drohten Übergriffe umherstreifender Trupps.

Was sich in der Nacht nach der Schlacht in Goethes Wohnung abgespielt hat, ist nicht genau zu ermitteln; die Beteiligten haben geschwiegen. Offensichtlich drangen randalierende französische Soldaten ein, verschafften sich auch Zutritt zu den privatesten Zimmern, und es scheint besonders Christianes »Standhaftigkeit« zu verdanken gewesen sein, daß alles glimpflich zu Ende ging. Als das Haus eine Sauvegarde erhielt, war die Sicherheit gewährleistet. Zwei Tage nach der schlimmen Kriegsnacht, am 17. Oktober, empfing Hofprediger Günther ein Schreiben mit der Bitte, dem Boten gleich Antwort mitzugeben:

Dieser Tage und Nächte ist ein alter Vorsatz bei mir zur Reife gekommen; ich will meine kleine Freundin, die so viel an mir getan und auch diese Stunden der Prüfung mit mir durchlebte völlig und bürgerlich anerkennen, als die Meine. [...] Goethe.

In den Notzeiten sollte Christiane nicht länger mehr nur seine »kleine Freundin« bleiben. Achtzehn Jahre lebten sie nun zusammen, der Sohn war erwachsen, die ›feine‹ Gesellschaft hatte gelästert, gespottet und Christiane gekränkt, wo sich eine Gelegenheit bot. Warum Goethe das bei den damals herrschenden Verhältnissen geduldet und ihr angetan hat, bleibt für immer rätselhaft, jedenfalls ein Zeichen seines entschiedenen Egoismus, so sehr er auch frühzeitig die Familie abzusichern suchte. Es war wohl nicht nur die jetzt bewiesene »Standhaftigkeit« seiner Frau, die ihn den angeblich »alten Vorsatz« verwirklichen ließ, sondern auch die Sorge um den Sohn. Noch im Frühjahr war eine Reise Augusts zu Zelter gescheitert, weil jener – wie zu Recht vermutet wird – in Berlin nicht gut unter dem Namen Goethe auftreten konnte, wenngleich Goethe ihn vor einigen Jahren hatte legitimieren lassen. Dem Herzog gegenüber betonte Goethe jedenfalls, er habe dem Sohn, »wie er es lange verdient hatte«, nun endlich »durch ein gesetzliches Band« Vater und Mutter gegeben (25. 12. 1806). Am 19. Oktober, als die Stadt sich noch um anderes zu kümmern hatte als um eine merkwürdige Eheschließung, fand die Trauung in der Sakristei der Stadtkirche statt, »in der Stille«, wie das Traubuch vermerkt; der Sohn und Riemer waren Trauzeugen. Knebel erfuhr: »Unsre Trauringe werden vom 14. Oktober datiert« (21. 10. 1806). Die Mutter aus Frankfurt schrieb einen herzlichen, rührenden Glückwunschbrief. Aber die Häme hörte nicht auf. Über Christianes Vergnügungssucht und Trinkfreude wurde weiter geredet, und Fernow mokierte sich, die Demoiselle Vulpius sei jetzt »Frau Geheimeräthin. Sie ist also wahrscheinlich die einzige, die in dieser allgemeinen Noth ihren Schnitt gemacht hat« (an Böttiger, 26. 10. 1806; JbG 1918, 225). Die *Allgemeine Zeitung* brachte am 24. November eine Notiz ähnlicher Tonlage, so daß Böttiger als Korrespondent zu vermuten war. Als noch mehrere gehässige Nachrichten über Weimarer Vorgänge im selben Blatt publiziert wurden, diktierte Goethe am 24. Dezember ein langes geharnischtes Schreiben an Cotta, den Verleger der Zeitung (GCB 3/1, 225 ff.), das er aber nicht abschickte. Er begnügte sich mit wenigen Zeilen, die schlossen: »Machen Sie diesen unwürdigen Redereyen ein Ende, die sehr bald ein wechselseitiges Vertrauen zerstören müßten. Nicht weiter!« (25. 12. 1806) »Ist es ein Gegenstand einer Zeitung« fragte er in dem unterdrückten Protestbrief, »wie Individuen das sie betreffende Unglück aufnehmen?« Solche Ärgernisse waren es, daß Goethe in späteren Jahren bei der »Preßfreiheit« stets auch die Gefahr der »Preßfrechheit« witterte, nicht ohne Grund, wie auch Freunden des Journalismus fast täglich vor Augen geführt wird.

Die Weimarer Gesellschaft gewöhnte sich allmählich daran, daß »die Vulpius« nun Frau v. Goethe war; von standesgemäßen Einladungen konnte man sie nicht länger ausschließen. Wie prekär das alles war, beweist eine Äußerung Johanna Schopenhauers, die seit kurzem in Weimar wohnte und deren Haus rasch ein geselliger Treffpunkt wurde. Ihre Tagebücher und Briefe (Berlin-Ost 1978) schildern anschaulich die Zusammenkünfte bei ihr, die ihren Beruf »hinterm Teetisch« sah (an Riemer, 14. 11. 1810), und auch die schweren Oktobertage des Jahres 1806. Zu ihr ging gleich am Tag nach der Trauung Goethe mit seiner Frau, um sie einzuführen. »Ich empfing sie«, schrieb Johanna Schopenhauer ihrem Sohn Arthur am 24. Oktober, »als ob ich nicht wüßte, wer sie vorher gewesen wäre, ich denke wenn Goethe ihr seinen Namen gibt, können wir ihr wohl eine Tasse Tee geben.«

Als die Franzosen Weimar besetzten, befand sich Carl August bei seiner Truppe auf seiten der Preußen. Anna Amalia war geflohen, nur Herzogin Luise harrte aus, gefaßt darauf, dem Imperator gegenübertreten zu müssen. Napoleon nahm Quartier im Schloß, siegesbewußt, voll Zorn über den Weimarer Herzog, von dem er wußte, daß er sein Gegner war. Es bedurfte einer einzigen Anordnung, und Sachsen-Weimar-Eisenach wäre ausgelöscht gewesen. Doch die Herzogin beeindruckte ihn. Sie argumentierte entschlossen und geschickt: Ihr Mann täte nichts als seine Pflicht, sei ein Verwandter des preußischen Königs und dem Lande ein guter Souverän. Was Weimar mittlerweile in Europa bedeutete, wußte der Kaiser wohl. Auch das Geheime Consilium, nun »Conseil administratif«, wurde von Napoleon am 16. Oktober zu einer Audienz vorgelassen, zu der jedoch nur die Geheimräte Voigt und Wolzogen erschienen. Goethe blieb fern und entschuldigte sich für sein »Außenbleiben« auf einem flüchtigen Billett mit seinem angegriffenen Gesundheitszustand (an Voigt, 16. 10. 1806). Mochte er Napoleon nicht als ein Anwalt Weimars begegnen, weil er in ihm nicht nur den Eroberer, sondern auch eine ordnungsstiftende Macht sah? Fühlte er sich der umgestaltenden geschichtlichen Kraft noch nicht gewachsen? Versagte er sich, weil er in dem Fremden einen neuen Täter-Prometheus erkannte, der ihn an frühe poetische Visionen erinnerte, die er längst hinter sich gelassen hatte?

Die Forderungen des Siegers waren eindeutig: Wenn die Dynastie erhalten bleiben sollte, hatte Carl August umgehend aus dem preußischen Militärdienst auszuscheiden, und die Kriegssteuer, die dem Land auferlegt wurde, war hoch (220000 Franken). Der Herzog konnte in jenen turbulenten Tagen gar nicht gefragt werden; denn niemand wußte, wo er sich aufhielt. Erst Ende Oktober erfuhr man, daß er sich in das unbesetzte Mecklenburg zurückgezogen hatte. Der preußische König und er selbst sahen schnell ein, daß es unumgänglich war, den Dienst unter preußischer Fahne zu quittieren. Im Kalkül Napoleons, der auch die Beziehungen Weimars zum Zarenhof zu beachten hatte, war das Herzogtum ein weiterer Staat, der sich dem Rheinbund anschließen konnte und mußte. Am 15. Dezember kam es in Posen zum Friedensschluß zwischen Frankreich und den sächsischen Staaten und zum Beitritt Weimars zum Rheinbund. Bevollmächtigter des Herzogs war dabei übrigens der Geheime Regierungsrat Friedrich Müller, aus Repräsentationsgründen frisch geadelt, der später als Kanzler v. Müller und durch seine *Unterhaltungen mit Goethe* bekannt wurde.

Die Dynastie war gerettet und die Souveränität des Landes wiederhergestellt, das nun zu den Verbündeten Napoleons zählte und ein Kontingent von 800 Soldaten für das Regiment »Herzöge von Sachsen« bereitstellen und unterhalten mußte. Wie es um die wirkliche politische Meinung Carl Augusts bestellt war, der um die Jahreswende in die Residenz zurückkehrte, spielte bei den herrschenden Machtkonstellationen keine Rolle. Daß er nur widerwillig Rheinbundfürst wurde, wußten auch die Franzosen, deren Beauftragte während der Dauer der napoleonischen Vorherrschaft Paris laufend mit Nachrichten aus dem Herzogtum versorgten.

Goethes Fernbleiben von der Audienz bei Napoleon besagte nicht, daß er sich von öffentlichen Aufgaben zurückzog. Er entfaltete im Gegenteil eine lebhafte Aktivität, um Schaden von den wissenschaftlichen Anstalten in Jena und den dort tätigen Lehrkräften abzuwenden. Die »Amtlichen Schriften« (II 726 ff.) dokumentieren, wieviel zu besorgen und zu beachten war. Für einen statistischen Bericht an den französischen Intendanten von Obersachsen arbeitete Goethe die Kunst und Wissenschaft betreffende Stellungnahme aus und eröffnete sie mit dem selbstbewußten Satz (22. 11. 1806): »Man kann sich auf das Zeugniß des deutschen und auswärtigen Publicums berufen, wenn man versichert, daß seit mehr als dreyßig Jahren Wissenschaften und Künste in den Weimarschen Landen auf eine vorzügliche Weise cultivirt worden« (AS II 742). Schon zum Wintersemester 1806/1807 konnte der Lehrbetrieb in Jena wiederaufgenommen werden. Sogar beachtliche Berufungen gelangen in den folgenden Jahren; der Naturforscher Lorenz Oken, der Chemiker Johann Wolfgang Döbereiner, der Historiker Heinrich Luden konnten gewonnen werden.

Das Faszinosum Napoleon

Napoleon blieb für Goethe zeitlebens ein Faszinosum, auf das er häufig zu sprechen kam. Schon Anfang 1807 war für ihn der ebenso furchtbare wie großartige Täter »die höchste Erscheinung, die in der Geschichte möglich war« (an Knebel, 3. 1. 1807). Im hohen Alter lautete es ähnlich. »Er sah wohl nach etwas aus?« fragte Eckermann. »Er war es‹, antwortete Goethe, ›und man sah ihm an, daß er es war; das war alles‹« (16. 2. 1826). Er verkörperte ihm auf exemplarische Weise jenes Dämonische, von dem schon die Rede war (oben S. 456 ff.), das über alle Vernunft ist, aber in einzelnen Personen wirkt und mit moralischen Maßstäben nicht zu messen ist. Es ist »dasjenige, was durch Verstand und Vernunft nicht aufzulösen ist. In meiner Natur liegt es nicht, aber ich bin ihm unterworfen« (E 2. 3. 1831). »So kann ich mich des Gedankens nicht erwehren, daß die Dämonen, um die Menschheit zu necken und zum besten zu haben, mitunter einzelne Figuren hinstellen, die so anlockend sind, daß jeder nach ihnen strebt, und so groß, daß niemand sie erreicht.« Er nannte Raffael, Mozart, Shakespeare und meinte »das große Angeborene der Natur«. »So steht Napoleon unerreichbar da« (E 6. 12. 1829). Napoleons Sturz hat dieser Einschätzung Goethes nie etwas anhaben können. Er legte den Orden der Ehrenlegion, den ihm der Kaiser 1808 verliehen hatte, auch nicht ab, als die Verbündeten den Eroberer geschlagen und vertrieben hatten.

Politische Überlegungen und metaphysische Betrachtungen griffen bei dem Bild, das sich Goethe von Napoleon machte, ineinander. Nach der Unruhe der Revolutionsjahre stiftete der Imperator neue Ordnungen, und wo eine Macht sich durchsetzte, die vulkanisches Brodeln zurückdämmte und festen Boden schuf, konnte Goethe sinnvolles Geschehen erkennen, weil damit ruhige, gesicherte Entwicklung möglich zu werden schien. Lieber mochte er Napoleons staatenübergreifende Konzeption gutheißen, als daß Weimar sich den Vormachtkämpfen einzelner Staaten wie Preußen, Österreich, Rußland taktierend und lavierend anpassen mußte. Aber in Napoleon repräsentierte sich ihm auch die faktische Macht der Geschichte selbst. Der Dämon war das Vollzugsorgan des Schicksals; er war hinzunehmen und zu bestaunen, auch wohl zu fürchten, aber immer mit dem Schauder der Bewunderung. Prometheus war in Tätergestalt erschienen. Den jugendlichen Entwurf vom trotzigen, menschenschaffenden Titanen, dem gegen Jupiter aufbegehrenden, hatte der Dichter längst verabschiedet, der in langen Weimarer Jahren zur Entsagung gelangt war und sich auf die realen Forderungen des Tages willentlich eingelassen hatte. Napoleon war für Goethe eine Herausforderung. Seine Größe war nicht nur unvergleichlich; es war auch die Frage, wie ihr zu begegnen, standzuhalten sei. An ihm mußte sich messen, wer geschichtliche Bedeutung beanspruchte. Und die war dem Dichter schon vor einem Jahrzehnt von den Brüdern Schlegel öffentlich attestiert worden. Mochte er das Aufbegehren des Prometheus revidiert haben, mochte er sich selbst das »Dämonische« nicht zuerkennen, so konnte er sich doch, wie manches Gespräch mit Eckermann später zeigte, den Vergleich mit der Ausnahmenatur nicht versagen. Das geschah meist verdeckt oder indirekt.

Die Begegnung mit Napoleon auf dem Fürstentag zu Erfurt 1808 wirkte nach. Dort versammelte der Kaiser vom 27. September bis 14. Oktober zu seinem Treffen mit Zar Alexander I. fast alle Rheinbundfürsten, die Könige

von Bayern, Sachsen, Württemberg, Westfalen und den Bruder des Preußenkönigs als prächtige Kulisse um sich. Noch einmal wurde das französisch-
russische Bündnis besiegelt, so daß Frankreich bei der Unterwerfung Spa-
niens gedeckt war. Carl August, der sein Herzogtum angemessen repräsentiert sehen wollte, wünschte auch Goethes Anwesenheit im nahen Erfurt.
Am 2. Oktober empfing Napoleon den Gast zur Audienz, deren Ablauf und
Gespräch nicht eindeutig zu rekonstruieren sind; die vorliegenden Berichte
verschiedener Verfasser stimmen nicht in allen Details überein. Goethe
schwärmte gegenüber Cotta:

Ich will gerne gestehen, daß mir in meinem Leben nichts Höheres und Erfreulicheres
begegnen konnte, als vor dem französischen Kaiser, und zwar auf eine solche Weise
zu stehen. Ohne mich auf das Detail der Unterredung einzulassen, so kann ich sagen,
daß mich noch niemals ein Höherer dergestalt aufgenommen, indem er mit besonderem Zutrauen, mich, wenn ich mich des Ausdrucks bedienen darf, gleichsam gelten
ließ, und nicht undeutlich ausdrückte, daß mein Wesen ihm gemäß sey (2. 12. 1808).

Goethe hatte die Begegnung mit dem dämonischen Mann bestanden. Was im
Brief wie devote Haltung zu einem »Höheren« klingt, war in Wahrheit
Ausdruck des Sich-Messens an einem, der für ihn höchste Personifizierung
geschichtlicher Macht war. Erst spät hat er, von Kanzler Müller 1824 dazu
gedrängt, seine »Unterredung mit Napoleon« aufgezeichnet (10, 543 ff.),
und Kanzler Müller schildert sie, mit anderen Einzelheiten, in seinen *Erinne-
rungen aus den Kriegsjahren 1806 bis 1813* (1852, S. 237 ff.). Während der
Audienz, bei der Talleyrand und Generäle zugegen waren, erledigte der
Kaiser laufende Regierungsgeschäfte und führte beiläufig ein Gespräch mit
Goethe, in dem die *Anfangs*worte »Vous êtes un homme!« (in Goethes
Bericht) nicht mehr besagten als etwa »Sie sind eine stattliche Erscheinung«.
(Kanzler Müller krönte seinen Bericht damit, daß er Napoleon *zum Schluß*
ausrufen ließ: »Voilà un homme!«) Der Kaiser kam auf Literatur zu sprechen
und bemängelte eine Stelle im *Werther*, die »nicht naturgemäß« sei. Goethe
hat sie nie verifiziert, so daß man trefflich spekulieren kann, um welche
Passage es sich gehandelt haben mag. Napoleon erwähnte auch »die Schick-
salsstücke, die er mißbilligte. [...] ›Was‹, sagte er, ›will man jetzt mit dem
Schicksal, die Politik ist das Schicksal‹« (10, 546), ein Ausspruch, dem der
Zuhörende gewiß nicht applaudierte, der den Dichter der *Natürlichen
Tochter* aber nicht mehr überraschen konnte. Müller überliefert, der Kaiser
habe im Schlußteil des Gesprächs den dringlichen Wunsch geäußert, Goethe
solle nach Paris kommen, dort werde er »überreichen Stoff« für seine
Dichtungen finden.
    Wenn Goethe das Phänomen Napoleon bedachte und sich insgeheim mit

ihm verglich, um nach der Preisgabe des einstigen Prometheischen ein Defizit auszugleichen, parallelisierte er behutsam, aber deutlich genug. Noch jene Bemerkung zu Eckermann (16. 2. 1826), man habe Napoleon angesehen, daß er etwas war, liest sich wie eine Aneignung des »Vous êtes un homme!« mit gewechseltem Adressaten, von gleich zu gleich. Und als er meinte (E 11. 3. 1828), Napoleon sei »ein Kerl« gewesen, der sich »in dem Zustand einer fortwährenden Erleuchtung befunden habe«, Eckermann aber einschränkte, das treffe wohl nur auf die Jahre des Aufstiegs zu, kam Goethe prompt auf sich selbst zu sprechen: »Was wollt Ihr! Ich habe auch meine Liebeslieder und meinen ›Werther‹ nicht zum zweitenmal gemacht.« Genie und Produktivität: das waren im weiteren Gespräch die Faktoren, über die der halb verhüllte Vergleich laufen konnte. Ein andermal glückte auch eine historische Parallelisierung. Um Epoche in der Welt zu machen, müsse man »ein guter Kopf« sein und eine große Erbschaft tun. »Napoleon erbte die Französische Revolution, Friedrich der Große den Schlesischen Krieg, Luther die Finsternis der Pfaffen, und *mir* ist der Irrtum der Newtonischen Lehre zuteil geworden« (2. 5. 1824).

Goethes Bewunderung Napoleons hing auch mit einer anderen Bewertung der gesamtpolitischen Situation zusammen, als sie manche ›patriotischen‹ Zeitgenossen liebten. Es ist kein Zufall, daß er im gleichen Brief, in dem er 1807 aus Karlsbad von der erfreulichen Bekanntschaft mit dem zeitlebens in französischen Diensten stehenden Grafen Reinhard berichtete, ein vernichtendes Urteil über diejenigen fällte, die nun dem untergegangenen alten Reich nachtrauerten. Er müsse seine Ungeduld verbergen, um nicht unhöflich zu werden, wenn er das Lamentieren über etwas höre, »das denn doch in Deutschland kein Mensch sein Lebtag gesehen, noch viel weniger sich darum bekümmert hat« (an Zelter, 27. 7. 1807). Im Widerspiel zwischen napoleonischer Großraumpolitik mit Ordnungstendenzen, die freilich ihre Herrschaftsansprüche nicht verleugneten, und patriotisch-nationalem Selbstbehauptungswillen, der im französischen Kaiser nur den tyrannischen Eroberer sah, optierte Goethe für die geniale Produktivität der »höchsten Erscheinung, die in der Geschichte möglich war«, zumal für ihn die freiheitskämpferische Deutschtümelei peinliche Züge des Provinziellen trug, die seinem völkerübergreifenden Denken zuwider sein mußten. Er erwies dann freilich den Befreiungskriegern von 1813 seine Reverenz, verstand auch, daß sie gegen einen Eindringling zu Felde zogen, und mischte in sein Festspiel *Des Epimenides Erwachen*, das am 30. März 1815 in Berlin zum Jahrestag des Einzugs in Paris aufgeführt wurde, selbstkritische Reflexionen, weil er beiseite gestanden hatte.

Ein Mann wie Carl Friedrich Graf v. Reinhard war ihm lieber als patriotische Heißsporne. Da fiel es nicht ins Gewicht, daß jener, 1761 als schwäbischer Pfarrerssohn geboren, ein begeisterter Anhänger der Revolution gewesen war und seit 1792 den Revolutionsregierungen als Diplomat gedient hatte. Er blieb auch späterhin im französischen Dienst, war Gesandter bei König Jérôme in Kassel, beim Bundestag in Frankfurt und an den sächsischen Höfen. Er war ein gebildeter Weltmann mit ausgreifenden literarischen und wissenschaftlichen Interessen, zudem ein Verehrer Goethes – genau der richtige Partner für einen regen brieflichen Gedankenaustausch der Altersjahre, besonders der späten Zeit, als die französische Literatur in Goethes weltliterarischer Perspektive einen wichtigen Raum einnahm.

Scheue Anerkennung amoralischer und geschichtlicher Produktivität, die Goethe in Napoleon wirksam sah, schloß Bedenklichkeiten nicht aus. Wie hätte er die Augen davor verschließen können, daß die politische Naturgewalt buchstäblich über Leichen schritt und bedenkenlos alles dem Machtkalkül unterwarf! Wenn Goethe in dem ohne äußeren Auftrag geschriebenen Festspiel *Pandora*, das 1807/1808 in unfestlicher Zeit entstand, dem Prometheus den »sorgenvollen, schwerbedenklichen« (V. 314) Bruder Epimetheus zuordnete, dann wurde das Handeln des Täters entschieden relativiert. Für diesen Prometheus hat nichts als nützliche Arbeit einen Sinn, zu der er sein »arbeitstreues Volk« (V. 163) unablässig anspornt. Werkzeuge für die Hirten, aber auch Waffen für die Krieger werden produziert, und das Lied der Schmiede erschallt so gut wie der Gesang der Krieger. Eroberung und Raub belasten Prometheus und seine Gesellen mit keinerlei Skrupel. Fern ist ihnen die Erinnerung an Pandora, die einst mit »geheimnisreicher Mitgift« (V. 92) als göttliche Schöne auf die Erde kam und auf deren Wiederkunft Epimetheus wartet. Er verzehrt sich im Angedenken an sie und in der Hoffnung auf ihr Wiedererscheinen. Für ihn ist die Welt verarmt, seit Pandora verschwunden ist. Wie des Prometheus Worte das Nützliche und die immerzu nötige Produktion und Reproduktion loben, so versinkt Epimetheus in träumerische Gedanken und sinnt der guten Vergangenheit mit Pandora nach. »Wer von der Schönen zu scheiden verdammt ist, / Fliehe mit abegewendetem Blick!« (V. 778 f.) Beide verfehlen in ihrer Vereinseitigung den Sinn zu lebenden Lebens. Wieder ist ein gelungenes ›Drittes‹ in der Dichtung ausgespart, die erneut Fragment blieb: Pandorens Wiederkunft ist nicht mehr gestaltet worden.

Pandora erschwert dem Leser wie kaum ein anderes Drama Goethes den Zugang. Es ist mit einer Sinnbildlichkeit befrachtet, die nur eine langwierige und mühselige Interpretation auflichten könnte, für die hier kein Raum ist. Urphänomenale Bewegungen des Lebens sollen in der Bilderwelt der Dichtung ansichtig werden. Auch das Geschehen um die Kinder der Brüder,

Phileros und Epimeleia, ist darauf angelegt, den Satz zu veranschaulichen: »Das Geeinte zu entzweien, das Entzweite zu einigen, ist das Leben der Natur« (13, 488). Goethe selbst sprach von einem »etwas abstrusen Werkchen« (an S. v. Grotthuß, 17. 4. 1811), in dem »alles wie in einander gekeilt« sei (E 21. 10. 1823). Vielleicht aber hat er in diesem Stück den Gipfel seiner sprachlichen Kunst erreicht, wo die Sprache in äußerster Künstlichkeit ausgeformt wird, damit, wie es Wilhelm v. Humboldt spürte, »alle Urtöne der Leidenschaften, der Gefühle, alle Elemente der menschlichen Gesellschaft« (an seine Frau, 28. 12. 1808) aufklingen und erfaßt werden. Ganze Bilderfluten strömen vorbei, und nur noch im *Faust II* ist so variantenreich die Vielfalt der Silbenmaße ausgenutzt worden.

> Ach warum, ihr Götter, ist unendlich
> Alles alles, endlich unser Glück nur!
> Sternenglanz, ein liebereich Beteuern,
> Mondenschimmer, liebevoll Vertrauen,
> Schattentiefe, Sehnsucht wahrer Liebe
> Sind unendlich, endlich unser Glück nur (V. 522 ff.)

Ein Strom entrauscht umwölktem Felsensaale. Sonette

Nicht nur der Schatten Napoleons streifte die *Pandora*. In den letzten Tagen des Karlsbader Aufenthalts 1806 geriet die Notiz ins Tagebuch: »Frau v. Brösigke und Frau von Levetzow (Pandora). Spazieren, mit Fürst Reuß Politica« (27. 7. 1806). Die junge Amalie v. Levetzow, der Umgang mit ihr, die gelöste Atmosphäre des Bades, die vielen gemischten Geselligkeiten weckten Erinnerungen, ließen Gedanken schweifen und die Gestalt der Pandora umkreisen, die für Goethe Schönheit repräsentierte und freundliche Gaben schenkte. Weitere Begegnungen kamen hinzu, so als wollte junges Leben ihn für die Zeit der Niedergeschlagenheit nach Schillers Tod entschädigen. In Weimar suchte ihn im Frühjahr, dann wieder im November 1807 Bettina Brentano auf, quirlig und ungestüm, begrüßte ihn überschwenglich, flog ihm an den Hals und spielte (oder war) das verliebte junge Mädchen. Sie kannte die Jugendbriefe Goethes an ihre Mutter, die Maxe Brentano, und seine Mutter hatte ihr von seiner Kindheit erzählt (was der Autobiograph wenig später für *Dichtung und Wahrheit* nutzte). In Jena verstrickte sich der auf die Sechzig Zugehende im Winter 1807/1808 in eine gewagte Zuneigung zu Minchen Herzlieb, der Pflegetochter im Hause des Verlegers Frommann, in dem er verkehrte. Das Mädchen war gerade achtzehn Jahre alt. Wir wissen nicht viel über diese Leidenschaft, wenn es denn eine war. Goethe hielt alles verborgen, wenn wirklich etwas zu verbergen war. Für die *Annalen* formulierte er andeutende Sätze, die er aber nicht drucken ließ. Zacharias Werner sei im Dezember nach Jena gekommen, habe Sonette eindrucksvoll vorgetragen, auch im Bekanntenkreis habe man sich an dieser Gedichtform versucht und er selbst eine »kleine Sammlung« gedichtet.

Es war das erste Mal seit Schillers Tode, daß ich ruhig gesellige Freuden in Jena genoß; die Freundlichkeit der Gegenwärtigen erregte die Sehnsucht nach dem Abgeschiedenen und der auf's neue empfundene Verlust forderte Ersatz. Gewohnheit, Neigung, Freundschaft steigerten sich zu Liebe und Leidenschaft, die, wie alles Absolute, was in die bedingte Welt tritt, vielen verderblich zu werden drohte. In solchen Epochen jedoch erscheint die Dichtkunst erhöhend und mildernd, die Forderung des Herzens erhöhend, gewaltsame Befriedigung mildernd. Und so war dießmal die von Schlegel früher meisterhaft geübte, von Werner in's Tragische gesteigerte Sonettenform höchst willkommen (WA I 36, 391 f.).

Einige Sonette hielt er noch zurück, »weil sie die nächsten Zustände nur allzudeutlich bezeichneten«. Aus dieser Wendung kann man viel herauslesen, aber es bleibt bei Vermutungen über die Liebe zu Minna Herzlieb. Sechs Sonette schickte er Zelter im Juni 1808. Sie schilderten recht unverhüllt die Geschichte einer Leidenschaft, vom unvermuteten Ausbruch bis zur »Entsagung«, wie das später *Reisezehrung* betitelte Gedicht zunächst überschrieben war. Der Sonettzyklus, der dann 1815 in der Werkausgabe erschien, umfaßte fünfzehn Sonette, und sie boten nicht mehr nur die Geschichte einer leidenschaftlichen Begegnung. Die beiden zurückgehaltenen, die in den Ausgaben jetzt als Nr. 16 und 17 dem Zyklus angefügt werden, sprachen offen von Liebe und Neigung und hätten in der Tat für die Goethe sattsam bekannten Verunglimpfungen, für Nachrede und Mißdeutung weiten Raum gelassen.

Als Goethe die erweiterte Reihe der fünfzehn Sonette vollendete, waren neue Eindrücke und Erlebnisse hinzugekommen, und wieder war die Zuneigung zu einer sehr jungen Frau im Spiel, über die wir etwas genauer unterrichtet sind als über die möglichen Verwirrungen, die Minna Herzlieb stiftete. Auf Gut Drakendorf im Saaletal nahe Jena, dem Besitz des Freiherrn von Ziegesar, der in Gothaischen Diensten tätig war, hatte sich Goethe schon häufiger aufgehalten. Zur jüngsten Tochter des Hauses, Sylvie, der 1785 geborenen, entwickelte sich im Karlsbader Sommer von 1808 eine Beziehung, für die Freundschaft eine zu zaghafte Bezeichnung ist. Wieviel mehr es war, blieb wiederum verschleiert. Nur einzelne Wendungen in Briefen und Gedichten sprachen eine undeutlich deutliche Sprache. Das Tagebuch vermerkte unverfänglich, wie oft er mit Ziegesars zusammen war und »mit

Sylvien eine große Tour« (19. 6. 1808) unternahm. Zum gemeinsam gefeierten 23. Geburtstag Sylviens verfertigte er ein langes Geburtstagsgedicht (»Nicht am Susquehanna, der durch Wüsten fließt, / [...] Nein! am Tepelstrande, von der großen Bruck, / [...] Zu dem weißen Hirschen, der beständig rennt, / [...] Eile dieses Blättchen, munter und geschwind, / Wo im kurzen Bettchen ruht das liebste Kind«) – ein Gelegenheitspoem mit gereimten Belanglosigkeiten, wie deren unzählige, nur etwas unbeholfener, zu familiären Festen fabriziert werden; und am Schluß: »Trotz dem Wetterbübchen geh's dir jungem Blut, / Tochter, Freundin, Liebchen, wie du's wert bist, gut!« Der Gratulant sprach im Namen der Glückwünschenden, für die sie Tochter oder Freundin war; aber für ihn war sie, ebenso wenig wie vielsagend, »Liebchen«. Doch mehr wohl; für ihn war sie alles zusammen, wie alle jungen Frauen, die den um vieles Älteren anrührten und verwirrten, Stellvertreterinnen für alles Weibliche sein mußten, was ihn je bewegt hatte: Schwester, Freundin, Tochter und Geliebte. Die Gefühle waren nicht zu entwirren, und weil sie es nicht waren, konnten gerade sehr viel jüngere Frauen ihn reizen, da sie seinen Wunschphantasien Möglichkeiten ließen.

Als Ziegesars nach Franzensbad umzogen, hielt es ihn nicht in Karlsbad, er reiste ihr nach. In jenen Tagen die Eintragung im Tagebuch: »Schema der Wahlverwandtschaften« (10. 7. 1808). Nach dem Abschied dann wiederum aus Karlsbad ein Brief: »Ich war in Gedancken bey Ihnen geblieben und merckte nicht daß es fortging«, mit der Schlußformel: »Tausendmal Adieu! Liebe, liebe Sylvie« (22. 7. 1808). Im Herbst mehrfache Fahrten nach Drakendorf; Wiedersehen dort und in Jena. Luise Seidler schrieb der Freundin Pauline Gotter, wie sich Sylvie bei einer unvermuteten Anwesenheit Goethes verhielt: Sie flog »in die Stube und an seinen Hals, daß ich glaubte, die beiden Arme könnten ihn erdrosseln. Ich konnte nicht hinsehen; alles war in peinlicher Verlegenheit« (4. 6. 1809; Bo II 431 f.). Die Beziehung beruhigte sich. Ob ›Vernunft‹ die Oberhand gewann, Rücksicht auf die realen Gegebenheiten sich durchsetzte oder das Vergehen der Zeit seine Spuren zeichnete: wer will das entscheiden? Freundschaft blieb. Aber »Ewig Ihre Sylvie« stand noch unter einem Brief vom 26. Dezember 1813. Im Mai 1814 heiratete sie – und der Zufall trieb quälende Namensspielerei – den Theologen Friedrich August Koethe. Bei der Geburt des ersten Kindes trugen sie Goethe die Patenschaft an.

Niemand vermag nachzuweisen, was und wieviel von den Begegnungen der Zeit in die Dichtungen eingegangen ist, in den Zyklus der Sonette, in die *Wahlverwandtschaften*. Zurechnungsversuche wären törichter Biographismus. Der Sonettzyklus, wie er 1815 erschien, bietet mehr als die Geschichte einer Liebe. Das Mädchen kommt selbst mit leichten, scherzenden Bemerkungen zu Wort. Auch Motive aus Briefen der Bettina stellen sich ein. Geistvolles Spiel der Andeutungen weist voraus auf den *Divan*. Wie in der Elegiendichtung bequemte sich Goethe in den Sonetten einer vorgegebenen Gedichtform an. Die Sonettversuche der Schlegels waren ihm gut bekannt, die diese vorzüglich romanische Kunst zu erneuern suchten. (Das deutsche 17. Jahrhundert mit Gryphius und Hoffmannswaldau hatte noch nicht recht wirken können.) Indes tat er sich mit der strengen Form des Sonetts nicht leicht. Auf August Wilhelm Schlegels *Sonett* von 1800 schrieb er eine freundlich-kritische Absage mit dem abschließenden Terzett:

> Nur weiß ich hier mich nicht bequem zu betten,
> Ich schneide sonst so gern aus ganzem Holze,
> Und müßte nun doch auch mitunter leimen (*Das Sonett*).

Wenig später widerrief er seine Bedenken.

> Natur und Kunst, sie scheinen sich zu fliehen
> Und haben sich, eh' man es denkt, gefunden;
> Der Widerwille ist auch mir verschwunden,
> Und beide scheinen gleich mich anzuziehen. [...]

Wiederum ist die Sonettform das Thema des Gedichts, aber jetzt erscheint sie als Sinnbild menschlicher Bildung, die sich nur im Einklang von Natur und Kunst, Freiheit und Gesetz erfüllen kann. Im Vorspiel *Was wir bringen* in Lauchstädt vorgetragen, beleuchtete dieses Sonett auch Aufgabe und Sinn des Theaterspiels.

Im unterdrückten Passus der *Annalen* zu 1807 erzählte Goethe weniger von sich als vom geselligen Kreis in Jena, wo sich »Gewohnheit, Neigung, Freundschaft steigerten [...] zu Liebe und Leidenschaft«. Es ist gut möglich, daß das den Sonetten zugrundeliegende ›Erlebnis‹ ein literarisch ausgeformtes war, belebt durch die Gegenwart Minchen Herzliebs, eine literarische Attitüde, in der Goethe um die Tiefen wußte, die sich auftun konnten, als auch über die geistige Souveränität verfügte, die ein Spiel zwischen Ernst und Heiterkeit ermöglichte. Man muß auch erwägen, ob Goethe die Sonette Nr. 16 und 17 nicht deshalb zurückgehalten hat, weil er einem falschen Rückschluß von der Dichtung aufs Leben vorbeugen wollte. In den *Noten und Abhandlungen* zum *Divan* schrieb er später über Hafis, »daß der Dichter nicht geradezu alles denken und leben müsse, was er ausspricht« (2, 159).

Im Eröffnungssonett *Mächtiges Überraschen* ist eindrucksstark das unverhoffte Ereignis eines »neuen Lebens« festgehalten:

Ein Strom entrauscht umwölktem Felsensaale,
Dem Ozean sich eilig zu verbinden;
Was auch sich spiegeln mag von Grund zu Gründen,
Er wandelt unaufhaltsam fort zu Tale.

Dämonisch aber stürzt mit einem Male –
Ihr folgen Berg und Wald in Wirbelwinden –
Sich Oreas, Behagen dort zu finden,
Und hemmt den Lauf, begrenzt die weite Schale.

Die Welle sprüht und staunt zurück und weichet
Und schwillt bergan, sich immer selbst zu trinken;
Gehemmt ist nun zum Vater hin das Streben.

Sie schwankt und ruht, zum See zurückgedeichet,
Gestirne, spiegelnd sich, beschaun das Blinken
Des Wellenschlags am Fels, ein neues Leben.

Mehrfach wählte Goethe das Wasser zum Sinnbild des menschlichen Daseins. Das Sonett erinnert an die frühe *Mahomet*-Hymne. Aber dort ist es eine überschäumende, fortdrängende Bewegung, der sich die freimetrischen Verse überlassen; hier ist alles eingefügt in strenge, klare Gesetzmäßigkeit. »Entrauscht« und »wandelt« sind in dem Eingangsbild von mythischer Mächtigkeit Ausdrücke einer gebändigten Bewegung; nur »eilig« hebt leicht das Vorwärtsdrängen hervor. Das erste Quartett gehört ganz dem »Strom«; mit dem zweiten meldet sich eine Gegenkraft, die den Lauf überraschend anhält. Gewichtig steht das Wort »dämonisch« am Beginn: Es geschieht etwas, das sich letztlich dem Begreifen entzieht, und es kann steigern oder zerstörerisch sein. Die sprachliche Fügung der Strophe ist kalkuliert kunstvoll; sehr gedrängt, kompakt ein einziger Satz: Oreas ist die Bergnymphe, und insofern sie Nymphe ist, wird mit ihr der Liebesbereich angesprochen. Der Dichter rafft: Am Schluß des Quartetts ist der See schon da, und Berg und Wald begrenzen »die weite Schale«. Das erste Terzett gilt diesem neuen Zustand. Nur an zwei Stellen kommt das »mächtige Überraschen« zum Ausdruck: einmal im Wort »dämonisch«, zum andern in dem großartig gewählten »staunt zurück«. Die Ausdruckskunst des Alters zeichnet sich ab: mit verhaltenen, unscheinbaren Mitteln zu arbeiten und weite Anspielungen zu ermöglichen. Nur in der »und«-Folge dieser Strophe zittert noch etwas von der Bewegung und Erregung nach. Das Schlußterzett erst spricht dem Ganzen die Bedeutung des Ereignisses zu: Das »mächtige Überraschen« war kein sinnloser Stau des (Lebens-)Stroms, sondern unvorhergesehene Erfüllung: »ein neues Leben«.

Ernst, Höhenlage und Bündigkeit des ersten Sonetts kennzeichnen nicht den ganzen Zyklus. Ernst und Spiel verweben sich, und niemand kann sondieren, was »Sonettenwut«, was »Raserei der Liebe« (*Nemesis*) ist. Stimmen und Stimmungen sind reizvoll verwirrt. Das Spiel ist nicht Leichtfertigkeit, sondern geistbewußtes Spiel, das alles in seinen Ausmaßen abschätzen kann und auf Ironie nicht verzichtet. Es ist etwas darin vom *Christgeschenk* des zwölften Sonetts: »Dir möcht' ich dann mit süßem Redewenden / Poetisch Zuckerbrot zum Fest bereiten.«

Fremde Welt Kleistscher Dramatik

Von 1806 bis 1823 war Goethe, von einigen Ausnahmen abgesehen, jährlich in den böhmischen Bädern. Dort ruhte die Arbeit nie, im Gegenteil. Bisweilen stellten sich besonders schöpferische Phasen ein. So schrieb er 1807 fünf Novellen, die später in den *Wanderjahren* ihren Platz fanden. Auch die *Wahlverwandtschaften*, deren »Schema« das Karlsbader Tagebuch am 10. Juli 1808 erwähnte, waren ursprünglich für den großen Roman geplant. Und immer bleibt es erstaunlich, welche Mengen an Literatur er daneben täglich bis ins hohe Alter rezipierte. Zur Lektüre des Sommers 1807 gehörten auch Heinrich v. Kleists *Amphitryon* und *Der zerbrochene Krug*, die er von Adam Müller erhalten hatte. Er nahm die Stücke reserviert, aber keineswegs unfreundlich auf. Im *Amphitryon* schieden sich, wie er meinte, Antikes und Modernes mehr, als daß sie sich vereinigten (an A. Müller, 28. 8. 1807); im Tagebuch (13. 7. 1807) präzisierte er für sich und traf Wesentliches: »Der antike Sinn in Behandlung des Amphitryons ging auf Verwirrung der Sinne, auf den Zwiespalt der Sinne mit der Überzeugung. [...] Der gegenwärtige, Kleist, geht bei den Hauptpersonen auf die Verwirrung des Gefühls hinaus.« Er vermutete auch – und in diesem Punkt war er bekanntlich sehr empfindlich – der »neue mystische Amphitryon« (Tagebuch, 15. 7.) deute die Fabel ins Christliche um, »in die Überschattung der Maria vom Heiligen Geist« (G 1, 503).

Immerhin erlebte der *Krug* schon am 2. März 1808 in Weimar die Uraufführung, leider in drei Akte zerstückt. Es wurde ein eklatanter Mißerfolg; der dramatische Nerv des Einakters war zerschnitten. Schon den Vermittler Adam Müller hatte Goethe gewarnt: das Stück gehöre leider »wieder einem unsichtbaren Theater« an. Ihn störte die »stationäre Prozeßform«, und ihr wollte er durch die Gliederung in Akte abhelfen, was jedoch die Aufmerksamkeit der Zuschauer gerade unterbrach und erlahmen ließ.

Am 24. Januar 1808 schickte Kleist selbst das erste Heft seiner Zeitschrift *Phöbus* mit acht Szenen der *Penthesilea*: »Es ist auf den ›Knien meines

Herzens‹ daß ich damit vor Ihnen erscheine.« (Er konnte nicht wissen, daß auch der junge Goethe einmal die als Zitat markierte biblische Wendung in einem Brief an Herder um den 12. Mai 1775 herum benutzt hatte.) Das Schreiben, das er – als überhaupt einziges – daraufhin von Goethe erhielt, war für ihn vernichtend. »Mit der Penthesilea kann ich mich noch nicht befreunden. Sie ist aus einem so wunderbaren Geschlecht und bewegt sich in einer so fremden Region daß ich mir Zeit nehmen muß mich in beide zu finden« (1. 2. 1808). Er sei stets betrübt, wenn er »junge Männer von Geist und Talent sehe, die auf ein Theater warten, welches da kommen soll«. In ihrer Exzentrik und tragischen Ausweglosigkeit mußte gerade die *Penthesilea* Goethe befremden. Es war alles andere als ein leichtfertiges Urteil, das er ausfertigte. Was ihn an Kleist schreckte, waren Züge jenes Wesens, das er unter schweren Mühen selbst überwunden hatte: zu hoch Gesteigertes, Unausgeglichenes, aufgewühltes Gefühl, ›Wertherisches‹. Die späte Quintessenz verdeutlichte es: Dieser Dichter habe bei ihm immer »Schauder und Abscheu« erregt, »wie ein von der Natur schön intentionierter Körper, der von einer unheilbaren Krankheit ergriffen wäre« (*Ludwig Tiecks Dramaturgische Blätter*, 1826; A 14, 129). Goethe schob von sich fort, was er als eigene Gefährdung kennengelernt hatte, und ihm mißfiel, was ihm jetzt als Zerrissenheit und zielloses Suchen vorkommen mußte. Dabei war auch Kleists langes Ringen um einen Lebensplan, von dem der Ältere freilich nichts wußte, Wilhelm Meisterschem Streben nach Bildung verwandt, dem das Irren zugestanden wurde. Wären Kleist und Goethe zusammen jung gewesen, sie hätten zueinander finden können. Nach dem Absagebrief zur *Penthesilea* wandelte sich Kleists Goetheverehrung in Haß und Verachtung. Er hatte zu ihm aufgeblickt und auf sein Verständnis gehofft. Mit dem einzigen Brief, den er je von ihm erhielt, war alles erloschen, auch wenn dort »aufrichtiges Wohlwollen« zitiert war. *Herr von Goethe* war nun die höhnende Überschrift eines Epigramms aus verschmähter Zuneigung, das die Farbenstudien verspottete:

Siehe, das nenn ich doch würdig, fürwahr, sich im Alter beschäftigen!
Er zerlegt jetzt den Strahl, den seine Jugend sonst warf.

Auf eigene Tätigkeit vertrauend

Wie es Goethes Art war, verschrieb er sich dem Tätigsein, um Widrigkeiten nicht zu unterliegen. Dann war es fast gleichgültig, was er tat. Gewiß traf die Bemerkung in *Dichtung und Wahrheit* zu, daß er in einem dichterischen Werk zu verarbeiten trachte, was ihn bedränge, um so darüber mit sich abzuschließen. Doch war das nur eine Teilwahrheit; sie galt für die poetische Behandlung bestimmter Probleme. Aber um äußere Übel und Störungen zu meistern, half jegliches Tätigsein, das einen Sinn versprach. Bisweilen war es irrlichternd, was er als die ihm gemäßen Beschäftigungen ansah; meinte er doch einmal, er sei im Grunde der Jurisprudenz näher verwandt als der Farbenlehre, um dann anzuschließen: »Wenn man es genau besieht, so ist es ganz einerlei, an welchen Gegenständen man seine Tätigkeit üben, an welchen man seinen Scharfsinn versuchen mag« (an C. G. Voigt, 26. 9. 1809). Durch »innere Tätigkeit« mühte er sich nach den Kriegsturbulenzen 1806 »Ruhe und Heiterkeit« zu erlangen und rückte, wie er schrieb, täglich an seiner Farbenlehre ein wenig zurecht (an Knebel, 5. 11. 1806). »Wer muß sich nicht resignieren? und wo muß man es nicht?« fragte er im Herbst 1807 (an Eichstädt, 31. 10. 1807). Gelegentlich verfiel er sogar in die Stimmung, »bald gar nichts mehr zu tun« (an Reinhard, 22. 6. 1808). Es blieben ihm einige Freunde und Bekannte des Alters, zu denen er dann und wann freimütig von seiner inneren Verfassung sprach, besonders Zelter, Reinhard, Knebel. Das Geständnis, er habe mancherlei zu heben und zu schleppen (an Zelter, 26. 3. 1806), galt nicht nur für die schwierige Phase nach 1805/1806, sondern berührte eine Grundbefindlichkeit: Immer spürte er Lasten, die ihn drückten. Er kam von dem Schicksal des zu beständiger Reflexion verdammten, von Unruhe zu Unruhe getriebenen Menschen nicht frei. Trotz aller Begegnungen, an denen ja kein Mangel war, fühlte er sich in einer »tiefen Einsamkeit und Stille« (an Ch. v. Stein, 19. 11. 1807), vor allem auch, weil er zu der jüngeren Generation der deutschen Künstler und Autoren und ihren Arbeiten keinen Kontakt fand. Er sah sich nach dem Scheitern der *Propyläen*-Anstrengungen allein. Scharf – und von seiner Position aus verständlich rigoros – verurteilte er die Konversionen von Personen, die er geschätzt hatte. Friedrich Schlegels Übertritt zur »alleinseligmachenden katholischen Kirche« war ihm ein böses »Zeichen der Zeit«, und er wartete darauf, daß jener nun in einer Rezension seiner Werke »die ästhetische Kultur, den Polytheismus und Pantheismus verdächtig« machen würde (an Reinhard, 22. 6. 1808). Mit Zacharias Werner kam es zum Bruch, als dessen ekstatisch-schwärmerische Religiosität in der Tat merkwürdige Blüten trieb und auch er 1811 zur katholischen Kirche übertrat.

Was ihn bei dem »halb Dutzend jungen poetischen Talenten« abstieß, brachte er auf die Formel: »Alles geht durchaus ins Form- und Charakterlose« (an Zelter, 30. 10. 1808). Entschieden setzte er sich in diesem Brief vom ›Romantischen‹ als einer allgemeinen Zeitströmung ab, was ihn – wie die Zukunft wiederholt bewies – nicht hinderte, einzelnes und einzelne gelassen zu betrachten und auch zu würdigen. Kein Mensch wolle begreifen, polemisierte er hier, »daß die höchste und einzige Operation der Natur und Kunst die Gestaltung sei, und in der Gestalt die Spezifikation, damit jedes ein besonderes Bedeutendes werde, sei und bleibe«. Damit schloß er an dieser Stelle wieder einmal seine künstlerischen und naturwissenschaftlichen Intentionen zusammen: im Besonderen Grundgesetzlichkeiten zu erkennen und sichtbar werden zu lassen, und zwar – was im Brief nicht ausgeführt wurde – als Gestaltetes im Prozeß der dauernden Umgestaltung. Kurz zuvor hatte er in einem Gespräch mit Riemer ebenso scharf die Grenze zum ›Romantischen‹, wie er es mißbilligte, gezogen, und die Argumentationen ergänzen sich: »Das Romantische ist kein Natürliches, Ursprüngliches, sondern ein Gemachtes, ein Gesuchtes, Gesteigertes, Übertriebenes, Bizarres, bis ins Fratzenhafte und Karikaturartige« (28. 8. 1808). Wer solche Grenzziehungen vornahm, hatte schon begonnen, sich abzuschließen. Von hier aus gesehen, waren *Die Wahlverwandtschaften*, die 1809 erschienen, in ihrer genau bemessenen Konstellation und der Unerbittlichkeit der Konsequenz, mit der die Wahlverwandtschaft unter Menschen durchgespielt wurde, ein Kunstwerk kalkuliert anderer Art, nämlich von bewußtester Gestaltung, das auch gerade da, wo es ›Romantisches‹ (wie am Schluß des Romans) aufnahm, vorführte, wie dieses in die zwingende Fügung des Ganzen eingebunden blieb.

Experimentelles Probespiel. Die Wahlverwandtschaften

Wohl kein Werk Goethes außer dem *Märchen* und *Faust II* bietet in der Strenge und Dichte seiner Gestaltung solchen Reichtum an Mehrdeutigkeit, irritierend sich widersprechenden Aussagen, sinnbildlichen Bildern und Vorgängen wie *Die Wahlverwandtschaften*. Entsprechend bunt ist die Palette der Deutungen. Der Erzähler, der sich schon im ersten Satz meldet (»Eduard – so nennen *wir* einen reichen Baron im besten Mannesalter«), pflegt eine Sprache von äußerster Präzision und Klarheit, die durch souveräne Überschau und Weltkenntnis gesichert zu sein scheint. Er berichtet aus einer Distanz, der die Verwirrung und Abgründigkeit des Geschehens nichts anhaben können. So referierend sachlich er den äußeren Ablauf nachzeichnet und mit verallgemeinernden Kommentaren versieht, so nüchtern deckt er, wie ein auf Erkenntnis bedachter Analytiker, die inneren Prozesse der Beteiligten auf, nicht ohne Anteilnahme, doch den diagnostizierenden Blick sich nicht verwirren lassend.

Zunächst sollte es nur eine Novelle für den Komplex der *Wanderjahre* werden, aber dann weitete sich 1808/1809 die Geschichte zum Roman. Offensichtlich bot die Arbeit an diesem Werk seinem Autor die Möglichkeit, vieles in Dichtung umzusetzen, was er erlebt und erfahren hatte. Endlich war er 1806 die Ehe eingegangen, in jener Zeit, als Preußen zusammenbrach und auch seine eigene äußere Existenz in dem von der Auflösung bedrohten Herzogtum Weimar unsicher war. Nach der Phase der Bedrückung seit Schillers Tod hatte er im Sonett *Mächtiges Überraschen* »ein neues Leben« zitieren können, war in den Bädern und daheim aufgelockert und in bewegende Begegnungen mit Minna Herzlieb und Sylvie v. Ziegesar verstrickt worden, die sich zu ruhiger Freundschaft abklärten. Und immer noch waren die Französische Revolution und ihre Auswirkungen geistig zu »gewältigen«; das hielt sich bis ins hohe Alter durch, in den Gesprächen mit Eckermann, mit Kanzler v. Müller, in den *Wanderjahren*. In den *Wahlverwandtschaften* wird von alldem nicht direkt gesprochen; so lassen sich Zusammenhänge mit dem, was das Leben des Autors beeinflußt hat, höchstens ahnen und behutsam freilegen.

Goethe erfand mit den *Wahlverwandtschaften* eine Geschehniskonstellation und einen Handlungsablauf von zwingender Konsequenz. Wie zu einem Experiment führte er vier Hauptpersonen zusammen, um mit ihnen das Spiel der Wahlverwandtschaft durchzuprobieren, das in bestimmten naturwissenschaftlichen Bereichen sich durchsetzt. Der schwedische Chemiker und Naturforscher Torbern Bergman hatte 1775 seine Arbeit *De attractionibus electivis* veröffentlicht; dieser Terminus wurde 1792 durch Hein Tabor mit »Wahlverwandtschaften« übersetzt. Ein chemischer Vorgang war damit gemeint, der die Wirkung von zwei Verbindungen a b und c d aufeinander beschrieb. Entweder findet beim Zusammentreffen keine Veränderung statt, oder es geschieht eine Trennung, und eine neue Vereinigung a c und b d kommt zustande. Besonders Alkalien und Säuren, die zueinander in Gegensatz stehen, streben eine neue Verbindung an. Die Gleichnisrede von der Wahlverwandtschaft meint also das eigentümliche Verlangen von Körpern, sich zu vereinigen, obwohl sie bereits mit anderen verbunden sind. Der Vergleich hat seine Tücken, weil das Wort Wahl die freie Entscheidung des Wählens suggeriert, wo es sich doch bei den chemischen Vorgängen, auf die die Bezeichnung gemünzt ist, gerade nicht um freie Wahl, sondern naturnotwendigen Zwang handelt. Da wirken verborgene Kräfte. Für die

Naturforscher, die in der Natur und im Menschen gleiche oder ähnliche Mächte vermuteten, mußte es verführerisch sein, auch in seelischen Beziehungen das Wirken von Naturkräften anzunehmen. Wie der Welt in der Ganzheit ihrer Zusammenhänge eine ›Seele‹ zugesprochen wurde – *Von der Weltseele* hieß Schellings Buch von 1798 –, so beherbergte vermeintlich auch die Seele des Menschen Kräfte der Allnatur. Freilich hatte Goethe in jenem Aufsatz, der Knebelsche Spekulationen zurechtrückte (*Naturlehre*; vgl. oben S. 488 ff.) darauf beharrt, daß zwischen dem Unbelebten und Belebten sorgfältig zu unterscheiden sei, aber das große Ganze der Natur, zu dem der Mensch gehörte, wurde damit selbstverständlich nicht bestritten. Als Goethe am 4. September 1809 im *Morgenblatt für gebildete Stände* seinen Roman anzeigte, spielte er auf die komplizierten Zusammenhänge an:

Es scheint, daß den Verfasser seine fortgesetzten physikalischen Arbeiten zu diesem seltsamen Titel veranlaßten. Er mochte bemerkt haben, daß man in der Naturlehre sich sehr oft ethischer Gleichnisse bedient, um etwas von dem Kreise menschlichen Wissens weit Entferntes näher heranzubringen, und so hat er auch wohl in einem sittlichen Falle eine chemische Gleichnisrede zu ihrem geistigen Ursprunge zurückführen mögen, um so mehr, als doch überall nur *eine* Natur ist und auch durch das Reich der heitern Vernunftfreiheit die Spuren trüber, leidenschaftlicher Notwendigkeit sich unaufhaltsam hindurchziehen, die nur durch eine höhere Hand und vielleicht auch nicht in diesem Leben völlig auszulöschen sind (6, 621).

Hier wurde nicht etwa die »heitere Vernunftfreiheit« aufgekündigt und einer unerbittlich sich vollziehenden »leidenschaftlichen Notwendigkeit« unterworfen, sondern das Widerspiel thematisiert; hier wurde nicht ein ›Dämonisches‹ inthronisiert, dem die Menschen unentrinnbar unterliegen, sondern die Bedingungen des Probeverfahrens wurden benannt, in das die Gestalten der *Wahlverwandtschaften* hineingeführt werden. Wie würden sie sich, denen als menschlichen Wesen Vernunftfreiheit geschenkt ist, verhalten, wenn leidenschaftliche Notwendigkeit anbrandet und sie vor Entscheidungen stellt? Schon bei früheren Werken Goethes zeigte sich, wie er seine Gestalten nicht zu Vorbildfiguren ausstaffierte, die sich musterhaft aufführen und gültige Lebensbotschaften proklamieren, sondern sie in experimentellen Konstellationen und Abläufen auf die Probe stellte, wo der Beobachter, durch die perspektivenreiche, ironisch mehrdeutige oder in der Schwebe gehaltene Darstellung und Erzählweise angeregt, zum Abwägen und konstruktiven Weiterdenken aufgefordert wurde.

Die *Wahlverwandtschaften* sind in ihrer gedichteten inneren Folgerichtigkeit geradezu ein Exempel experimentellen Probespiels, was durch die »chemische Gleichnisrede« noch unterstrichen wird. Eduard und Charlotte hatten schon konventionelle Ehen hinter sich, ehe sie, Geliebte aus der Jugendzeit, endlich heiraten konnten. Auf dem Landgut Eduards wollen sie ganz das »früh so sehnlich gewünschte, endlich spät erlangte Glück ungestört genießen«. Gemeinsam gestalten sie die Parkanlagen neu, kultivieren die Natur nach ihren Wünschen. Eduard möchte gern seinen alten Freund, den Hauptmann, der in Not geraten ist, bei sich haben; Charlotte hält nichts davon; sie fürchtet Störungen ihres endlich erreichten Zusammenseins. Doch Eduard besteht auf seinem Wunsch, und im Gegenzug will nun Charlotte ihre Nichte und Pflegetochter Ottilie, die in einem Pensionat lebt, zu sich nehmen. Die Konstellation für das Wirken der Wahlverwandtschaft ist damit geschaffen. Die Reaktionen der einzelnen Personen sind unterschiedlich. Charlotte und der Hauptmann geben nur zögernd ihrer Neigung nach; Eduard dagegen überläßt sich ganz seiner Liebe zu Ottilie, die in einem Zustand fast trancehafter Anziehung auf Eduard hin lebt und sich ihm in vielem anpaßt. So weit verstärkt sich bei Charlotte und Eduard die innerliche Verbindung mit den neuen Partnern, daß beide während eines Liebesakts Ehebruch in der Phantasie begehen: »Eduard hielt nur Ottilien in seinen Armen, Charlotten schwebte der Hauptmann näher oder ferner vor der Seele, und so verwebten, wundersam genug, sich Abwesendes und Gegenwärtiges reizend und wonnevoll durcheinander« (6, 321). Merkwürdig begegnen sie am Morgen danach den anderen: »gleichsam beschämt und reuig«. Wenig später gestehen sich beide Paare ihre Liebe. Charlotte zwingt sich zur Entsagung und erwartet dasselbe von ihrem Ehepartner Eduard. Doch der ist dazu nicht bereit. Nach der Abreise des Hauptmanns verläßt er ebenfalls das Schloß, verzichtet aber nicht auf Ottilie. Er zieht sogar in den Krieg, nachdem er erfahren hat, daß Charlotte nach jener Nacht des ›Ehebruchs‹ schwanger geworden ist. Ottilie befindet sich am Ende des ersten Teils des Romans in einem hoffnungslosen Zustand.

Im zweiten Teil herrscht nicht mehr ein so zügiges Voranschreiten des Geschehens. Charlotte und Ottilie, die Zurückgebliebenen, kümmern sich intensiv um die Neugestaltung des Friedhofs und die Restaurierung der Kapelle, ausführliche Gespräche mit dem Architekten sind nötig. Ottilie erscheint mehr und mehr in ihrer Rätselhaftigkeit, wie einem »verschwundenen goldenen Zeitalter« angehörig. Sie leidet unter der Trennung von Eduard, und ihre Gedanken kreisen um Tod und Ewigkeit. Ganz im Kontrast dazu genießt Charlottes Tochter Luciane, die zu Besuch auf dem Schloß ist, die Zerstreuungen geselligen Lebens. Die Geburt des Kindes, das Charlotte und Eduard gezeugt, enthüllt schlechthin Paradoxes (und nur in der Dichtung Mögliches): Der Sohn zeigt Ähnlichkeiten mit Ottilie und dem Hauptmann. Eduard kehrt heil aus dem Krieg zurück und betreibt nun energisch die Heirat mit Ottilie, der diese zustimmt, falls Charlotte mit einer Scheidung einverstanden ist. Eduard und Ottilie »wähnten, sie glaubten einander anzugehören«. Da aber führt die Unachtsamkeit der Ottilie den Tod des Kindes herbei, das aus dem Kahn stürzt und ertrinkt. Eduard wie Charlotte legen den Tod ihres Sohnes als eine Fügung aus; auch Charlotte willigt in die Scheidung ein. Doch jetzt, vom tödlichen Unglück aufgeschreckt, begreift sich Ottilie als Schuldige, entsagt der erwünschten Verbindung, will in Nächstenliebe für ihr Vergehen büßen, verstummt, verweigert die Speise und sucht in völliger Askese ihr Ende. Nach ihrem Tod wird sie wie eine Heilige verehrt; Eduard stirbt wenig später; beide werden in der Kapelle bestattet. »Friede schwebt über ihrer Stätte, heitere, verwandte Engelsbilder schauen vom Gewölbe auf sie herab, und welch ein freundlicher Augenblick wird es sein, wenn sie dereinst wieder zusammen erwachen« (6, 490).

Es stecke in den *Wahlverwandtschaften* mehr, »als irgend jemand bei einmaligem Lesen aufzunehmen imstande wäre«, meinte Goethe im Gespräch mit Eckermann (9. 2. 1829). Das scheinbar klare, transparente Erzählen hat einen Tiefgang, den nur eine Interpretation ausloten könnte, die sich Kapitel für Kapitel und zuweilen Seite für Seite bemühte, das Erzählte, Gesagte und Mitgemeinte aufzuschließen. Denn die volle Bedeutung dessen, was geschieht oder wovon gesprochen wird, enthüllt sich erst, wenn man seine Stelle im Geflecht des Verweisungszusammenhangs erkennt, der sich durch das Buch erstreckt, und kommentierende Bemerkungen des Erzählers erweisen sich oft nur als partikulare Wahrheiten, die durch Äußerungen an anderem Platz wieder relativiert, wenn nicht gar widerrufen werden. Was die Gestalten des Romans selbst zu erkennen meinen, enthüllt sich in vielen Fällen als Täuschung und Verkennung der wirklichen Zusammenhänge. Nicht zuletzt eignet manchen Gegebenheiten und Vorgängen eine symbolische Bedeutung, die sich erst im Kontext eröffnet, aber den erzählten Phänomenen ihre Eindeutigkeit nimmt. Gegenstände, Motive, Gebärden sagen mit der in ihnen verdichteten Sinnbildhaftigkeit oft mehr aus als das diskursive Sprechen, und die Sinnbildhaftigkeit ist für den Leser zubereitet, während die handelnden und leidenden Gestalten sie in vielen Fällen nicht wahrnehmen oder falsche Schlüsse ziehen.

Bereits mit den ersten Sätzen des Romans beginnt das mehrschichtige Erzählen. Wie eine Figur, die es in ihrem Gehabe und Tun im Versuchsspiel zu beobachten gilt, führt der Erzähler eine Hauptgestalt ein: »Eduard – so nennen wir einen reichen Baron im besten Mannesalter [...].« Ein Name ist nur zur besseren Verständigung gewählt; später erfährt der Leser denn auch, daß der Name gar nicht der richtige, sondern nur ein angenommener ist. (So unsicher, schwankend ist dieser ›Eduard‹, daß er sich nicht einmal seines wirklichen Namens Otto bedient?) Andere Gestalten des Romans bleiben überhaupt namenlos. Im Arrangement des Experiments reichen bloße Kennzeichnungen aus: der Gärtner, der Hauptmann, der Architekt, der Graf, die Baronesse, der Lord, der Gehilfe. Und der, der tatsächlich Mittler heißt, erweist sich gerade als störend, wo Vermittlung nötig wäre.

Eduard – so nennen wir einen reichen Baron im besten Mannesalter – Eduard hatte in seiner Baumschule die schönste Stunde eines Aprilnachmittags zugebracht, um frisch erhaltene Pfropfreiser auf junge Stämme zu bringen. Sein Geschäft war eben vollendet; er legte die Gerätschaften in das Futteral zusammen und betrachtete seine Arbeit mit Vergnügen, als der Gärtner hinzutrat und sich an dem teilnehmenden Fleiße des Herrn ergetzte (6, 242).

Von der gärtnerischen Tätigkeit des Pfropfens, von Veredelung, der Aufgabe aller Kultur, berichtet der Erzähler. Eben das aber wird zu einem Problem des Romans, der folgt: ob denn durch Hinzunehmen von Neuem eine gute Entwicklung gefördert werden kann. Als dann im siebzehnten Kapitel »Ottilie sich freute, daß die Pfropfreiser dieses Frühjahrs alle so gar schön gekommen, erwiderte der Gärtner bedenklich: ›Ich wünsche nur, daß der gute Herr viel Freude daran erleben möge‹« und äußerte sich reserviert über die »jetzigen Herren Obstgärtner«. »Man pfropft und erzieht und endlich, wenn sie Früchte tragen, so ist es nicht der Mühe wert, daß solche Bäume im Garten stehen‹« (6, 350). Im *Dilettantismus*-Konzept hatte Goethe gerade die Gartenliebhaberei höchst kritisch eingeschätzt. Da sie in der Idee unbestimmt sei, laufe sie auf etwas Endloses hinaus und verkleinere das Erhabene der Natur. Diese Liebhaberei sei der herrschenden Geistesart gemäß, die willkürlich phantasiere und sich nicht disziplinieren wolle. Eduard, der es sich als reicher Baron leisten kann, Müßiggänger zu sein, ist ein solcher dilettierender Gartenfreund par excellence. So ist schon in den ersten Sätzen jene Erzählweise des ›Mitgemeinten‹ wirksam, die die *Wahlverwandtschaften* auf weite Strecken bestimmt. Der Leser darf sich fragen, ob nicht die Bemerkung, daß der Gärtner »sich an dem teilnehmenden Fleiße des Herrn ergetzte«, schon von der wissenden Ironie des Erzählers durchtränkt ist.

Kurz darauf treffen sich Charlotte und Eduard in der neuen Mooshütte. Und wieder übt das Erzählen seine ironische Mehrdeutigkeit: Eduard, in der Mooshütte sitzend und die Gegend überblickend, »freute sich daran in Hoffnung, daß der Frühling bald alles noch reichlicher beleben würde«. Den Ehepartnern kommt die Hütte so geräumig vor, daß noch »für einen Dritten« und »auch für ein Viertes« Platz ist. Der Frühling wird alles bringen, aber das Resultat wird anders sein als erhofft. Als Eduard den

Vorschlag macht, den Hauptmann aufzunehmen, meldet Charlotte Bedenken an, weil die Anwesenheit eines Dritten die Pläne der noch nicht lange Verheirateten stören könnte. Der Erzähler hat Gelegenheit, die Eheleute zurückblicken und über den hindernisreichen Weg zu ihrer Eheschließung sprechen zu lassen. In das Gespräch sind Bemerkungen eingeflochten, die von einer geradezu tragischen Ironie überschattet sind: »Nur daß wir nichts Hinderndes, Fremdes hereinbringen!« (6, 247).

»Nichts ist bedeutender in jedem Zustande als die Dazwischenkunft eines Dritten. Ich habe Freunde gesehen, Geschwister, Liebende, Gatten, deren Verhältnis durch den zufälligen oder gewählten Hinzutritt einer neuen Person ganz und gar verändert, deren Lage völlig umgekehrt wurde«.

»Das kann wohl geschehen«, versetzte Eduard, »bei Menschen, die nur dunkel vor sich hinleben, nicht bei solchen, die schon durch Erfahrung aufgeklärt, sich mehr bewußt sind«.

»Das Bewußtsein, mein Liebster«, entgegnete Charlotte, »ist keine hinlängliche Waffe, ja manchmal eine gefährliche für den, der sie führt« (6, 248).

Alles, was geschehen wird, meldet sich, den Gesprächspartnern noch nicht bewußt, bereits an. Die Spannung zwischen »leidenschaftlicher Notwendigkeit« und »heiterer Vernunftfreiheit«, die Goethe in seiner Selbstanzeige erwähnte, zeichnet sich ab. Es ist ein ruhiges, abwägendes Gespräch, das Eduard und Charlotte führen, aber Untergründiges, Bedenkliches, Drohendes ist mitanwesend. Und als Charlotte der Einladung an den Hauptmann eine Nachschrift beifügt, verunstaltete sie das Papier »zuletzt mit einem Tintenfleck, der sie ärgerlich machte und nur größer wurde, indem sie ihn wegwischen wollte« (6, 257). Zeichenhafte Bedeutungssprache durchzieht den Roman. Aber die Zeichen oder zeichenhaften Vorgänge werden von den Personen, auf die sie verweisen, nicht erkannt oder in falscher Weise ausgelegt. Der wissende Erzähler läßt den Leser indes aufmerken und die Vieldeutigkeit des Geschehens, die problematische Verfassung der redenden und handelnden Gestalten bedenken. Die Mooshütte, für vier Personen bequem eingerichtet, bietet eine trügerische Idyllik; nur »mit künstlichen Blumen und Wintergrün« (6, 258) ist sie ausgeschmückt. Die Pappel- und Platanengruppe kann zu mancherlei Deutungen auffordern. »Der Tag, das Jahr jener Baumpflanzung ist zugleich der Tag, das Jahr von Ottiliens Geburt« (6, 334). Eduard ist erstaunt, erfreut über dieses »wunderbarste Zusammentreffen«. Aber der kundige Leser weiß, daß jener kaum Grund hat zu seinem Erstaunen, seiner Freude. Platanen und Pappeln zieren nicht nur bei Goethe den Ort zum Andenken an Verstorbene. Es mag insgeheim auch darauf verwiesen werden sollen, daß Eduard so, wie er einst die Bäume pflanzte, Ottilie behutsam zu hegen hat, was in der richtigen Weise zu tun der dilettierende adlige Gartenliebhaber gerade nicht versteht – vieldeutige Anspielungen in einem Motiv, deren es noch mehr gibt. Sogar dies ist des Nachdenkens wert: ob nicht der Ironiker Goethe mit der Sinnbildhaftigkeit gelegentlich nur spielt, indem die Baumgruppe bloße Staffage sein kann, nichts als das Kennzeichen eines Ortes, an dem etwas geschieht, was nicht unwichtig ist, jede ausdeutende Interpretation aber falschen Tiefsinn produzieren würde. – Das Glas mit den Initialen E und O, das wunderbarerweise beim Richtfest nicht zerschellt, sondern aufgefangen wird: Eduard sah »diesen Zufall als ein glückliches Zeichen« für sich an – aber das spätere Geschehen dementierte es. Das Bauen der Dämme, die Gartenarbeiten, die sich angleichende Handschrift Ottilies, das Motiv des gemeinsamen Musizierens, die Ausschmückung der Kapelle – poetische Sinnbildsprache, die auf innere Vorgänge verweist, sie spiegelt oder irritierend konterkariert. Ein See wird angelegt, und auf ihm wird das Kind ertrinken. In der eingefügten Novelle von den »wunderlichen Nachbarskindern« steht der Satz, der das glückliche aktive Eingreifen des jungen Mannes, seinen mutigen Sprung in den Fluß bekräftigt: »Das Wasser ist ein freundliches Element für den, der damit bekannt ist und es zu behandeln weiß« (6, 439f.). Doch für die Menschen der *Wahlverwandtschaften* ist das Wasser ein »treuloses, unzugängliches Element« (6, 457), mit dem sie nur scheinbar richtig umzugehen wissen. Genug der knappen Hinweise auf die sinnbildliche Bedeutungstiefe dieses Erzählens und das Verweisungsgeflecht, das die Dichtung durchzieht!

Zügig strebt das Geschehen auf das vierte Kapitel zu, in dem Charlotte, Eduard und der Hauptmann die chemische Gleichnisrede von der Wahlverwandtschaft erörtern. Danach ist auch Charlotte zur Einladung Ottilies bereit. Im Gespräch wird fortwährend vom Naturvorgang, in dem die sogenannte Wahlverwandtschaft sich auswirkt, auf den menschlichen Bereich hinübergespielt. Beziehungsreich sind die Formulierungen, in denen von Fliehen und Suchen, von Fahrenlassen und Ergreifen, von Wollen und Wählen, von Willkür, Freiheit und Notwendigkeit die Rede ist und in den beschriebenen Vorgängen eine höhere Bestimmung angenommen wird. Eindeutig ist da nichts mehr, wenn die naturgesetzlichen chemischen Vorgänge mit Begriffen aus der menschlichen Welt und umgekehrt Entwicklungen unter Menschen mit Bezeichnungen versehen werden, die auch auf chemische Prozesse zu passen scheinen. Damit ist ein Naturvorgang in einem anthropomorphischen Vergleich beschrieben, nicht ›erklärt‹, und ein wahlverwandtschaftlicher Ablauf unter Menschen ist damit noch nicht auf einen zwangsweise sich vollziehenden, aber nur metaphorisch benannten Naturprozeß reduziert. Vielmehr ist die Fragestellung des Experiments aufgezeichnet: Wo ist Zwang, dem nicht zu entkommen ist, wo wirkt freies Entscheiden, wenn Menschen wie in einer chemischen Konstellation zusammenfinden? Es wäre einseitig, die Menschen der *Wahlverwandtschaften* nur im Bann eines dämonischen Geschicks zu sehen, das über sie verhängt ist. Gewiß, die Beteiligten des Gesprächs prognostizieren schicksalhafte Komplikationen, die eine Vierergemeinschaft bringen könnte, und sind eigentümlich blind dafür, daß sie selbst die Betroffenen sein könnten. Wie sie hier zu kurz blicken, so verkennen sie anderwärts manche Zeichen und Vorbedeutungen, legen sie falsch aus, ja unterschieben ihnen abergläubisch einen positiven Sinn, wie Eduard beim heil gebliebenen Initialenglas. Aber was dann, als die vier beisammen sind, wie mit unerbitterlicher naturhafter Notwendigkeit abrollt, ist stets nur zu einem Teil auferlegtes Geschick, dem nicht zu widerstehen ist. Daß die unerhörte Anziehung wirkt, ist in der Tat nicht weiter zu erklären, ist ›dämonische‹ Zuweisung. Da zieht sich die Spur »trüber, leidenschaftlicher Notwendigkeit« durchs Leben, die »heitere Vernunftfreiheit« nicht zu lenken vermag. Und auch die Prädispositionen der einzelnen, die die Anziehung unter den bestimmten Personen begünstigen, mögen noch zu den unentrinnbaren Zwängen gehören, denen nicht zu befehlen ist. Doch weit, sehr weit bleibt der Spielraum, der den Beteiligten zu ihren freien Entscheidungen gelassen ist. Das Geschick bricht über die vier nicht herein, weil sie keinerlei Möglichkeiten hätten, ihm auszuweichen, sondern weil sie sich auf eine durchdringende Analyse ihrer Situation nicht einlassen und es ihnen an der Fähigkeit mangelt, ihren komplizierten Verhältnissen in gegenseitiger Verständigung, die vor Schwierigkeiten nicht ausweicht, auf den Grund zu gehen. Es ist nicht zu bestreiten, daß sich immer wieder Ungeplantes durchsetzt, aber ebenso gilt, daß das Planen in seiner Fragwürdigkeit und Unzulänglichkeit erscheint.

Die Wahlverwandtschaften sind ein Buch scheiternder Konfliktbewältigung. Laut Riemers Tagebuch soll Goethe am 28. August 1808 geäußert haben, seine Idee bei dem neuen Roman sei, »sociale Verhältnisse und die Conflicte derselben symbolisch gefaßt darzustellen« (6, 620). Sogleich ist anzumerken, daß der Roman keine ›Lösung‹ anbietet, wie denn nun gelungene »sociale Verhältnisse« in der Gruppe der vier beschaffen sein könnten. Weder die Beibehaltung der Ehe zwischen Charlotte und Eduard noch eine Scheidung mit der Möglichkeit zur Verbindung mit neuen Partnern wird als ein ohne weiteres tragfähiges Konzept angeboten, soviel auch darüber gesprochen wird. Die Problematisierung der Beziehungen bestimmt das Experimentiermodell, und jedes einhellige Ergebnis, das dem Roman abgelesen wird, würde ein vereinseitigendes Resultat bedeuten. Auf dem

Versuchsfeld, das Goethe errichtet und bevölkert, ist mit richtig und falsch, Recht und Unrecht, Schuld und sittlicher Norm nicht mehr zu urteilen. Das Irritierende (und eminent ›Moderne‹) des Romans liegt darin, daß er den Leser mit dem Geschehen und allen Ambivalenzen allein läßt. Die kühle, distanzierte Beobachtungsweise eines Flaubert ist hier vorweggenommen. Die Novellen der *Wanderjahre* sind nah verwandt, in denen es um die Spannung zwischen Leidenschaft und gesellschaftlicher Ordnung geht. »Der Mann von fünfzig Jahren« hat mit diesen Problemen zu tun.

Es ist kurzschlüssig, die Ehe im *Wahlverwandtschaften*-Roman als die sittliche Ordnung anzusehen, die gegenüber den aufbrechenden Leidenschaften in ihrem Recht und ihrer Würde bestätigt werden sollte. Zwar betonte Goethe in einem Brief an Zauper: »Der sehr einfache Text dieses weitläufigen Büchleins sind die Worte Christi: *Wer ein Weib ansieht, ihrer zu begehren* pp. Ich weiß nicht, ob irgend jemand sie in dieser Paraphrase wiedererkannt hat« (7.9.1821). So äußerte er sich zu einem Theologen, um den Roman vom Ruch des Unsittlichen freizuhalten, das man ihm oft genug vorgeworfen hatte, und betonte im Grunde nur, daß das Buch in der Tat von einem so wichtigen Problem handle. Aber nirgends zeigt sich, was man eine erfüllte Ehe nennen könnte. Die Partnerschaft zwischen Eduard und Charlotte genügt zwar den konventionellen Geboten der Schicklichkeit, hält jedoch offensichtlich nicht, was sie erwarteten, als sie sie endlich schließen konnten. Ihr Gespräch spart an entscheidenden Stellen vieles aus, umgeht scheu, was insistierenden Nachfragens bedürfte, und stößt oft nicht zum Kern der Dinge vor. Die eigene Problematik, in der sie miteinander leben, bleibt wie zugedeckt. Es ist, als ob in der Abgeschiedenheit des Schlosses mit seinem gesicherten Müßiggang keine Nötigung bestünde, mit dem Leben ganz ernst zu machen. Um so heftiger können die Leidenschaften eindringen und wuchern. Der Ehebruch im Ehebett mit seinen paradoxen Folgen ist beredtestes Zeugnis dafür. Allerdings vermag Charlotte frühzeitig ihrer Neigung zum Hauptmann Einhalt zu gebieten, weil sie sich der ehelichen Bindung verpflichtet fühlt. Aber es ist ein Akt der Verdrängung aus Schicklichkeit, auch aus Furcht vor weiteren Verwicklungen; denn Charlotte möchte stets gern im »Gleichgewicht« bleiben, sich zu nichts zu sehr hinreißen lassen. So schildert sie der Erzähler nach ihrem Entschluß zu entsagen: »Immer gewohnt, sich ihrer selbst bewußt zu sein, sich selbst zu gebieten, ward es ihr auch jetzt nicht schwer, durch ernste Betrachtung sich dem erwünschten Gleichgewichte zu nähern« (6, 326). Als sie später nach dem Tod des Kindes dann doch einer Scheidung zustimmt, um Ottilie in ihrer Not und Verwirrung zu helfen, beweist dies, daß die Institution der Ehe für sie keineswegs unantastbar ist. Wenn Ottilie die Hände der Ehegatten faßt und sie zusammendrückt, so ist das eine Geste, die den Ehebund erneuern soll. Aber sie selbst hätte eine Scheidung akzeptiert, wenn nur auch Charlotte einverstanden gewesen wäre. In dem Gefühl der Schuld, das Ottilie ausfüllt, obwohl der abwägende Leser sie nicht schuldig sprechen kann, mag sie am Ende Eduards Frau nicht werden, weil sie den Tod des Kindes als einen Wink der Vorsehung deutet und mit ihrer vermeintlichen Schuld allein ins reine kommen will. Eine Seligsprechung der Ehe ist daraus nicht abzuleiten; der Verbindung zwischen Eduard und Charlotte ist auch nicht mehr zu helfen.

Was in dem Roman entfaltet wird, ist zwar die Problematik der Ehe, neben der andere Kräfte aufbrechen können, nicht aber ihre Rechtfertigung und Erhöhung zur unantastbaren sittlichen Ordnung. Die Dichtung von der Wahlverwandtschaft verkündet keine Lehren und Empfehlungen, sondern führt ausschließlich Probleme vor. Wer aus ihr Lebensrichtlinien gewinnen möchte, gerät in Verwirrung; wer Ratschläge erwartet, wie »leidenschaftliche Notwendigkeit« im Leben bewältigt werden könne, sucht vergebens. Nicht einmal aus dem Verhalten Ottiles, die nur noch schweigend wegzusterben vermag, lassen sich übertragbare Erkenntnisse ableiten. Gewiß enthält auch dieser Roman griffige Aussprüche, die sich wie Leitsätze geben, aber im vieldeutigen Verweisungszusammenhang des Ganzen büßen sie ihre Gültigkeit ein, die sie isoliert zu beanspruchen scheinen (auch – für uns – so törichte Sprüche des Gehilfen wie: »Männer sollten von Jugend auf Uniform tragen, weil sie sich gewöhnen müssen, zusammen zu handeln, sich unter ihresgleichen zu verlieren, in Masse zu gehorchen und ins Ganze zu arbeiten.« – »Man erziehe die Knaben zu Dienern und die Mädchen zu Müttern, so wird es überall wohlstehn«; 6, 409f.). Der merkwürdige Mittler hat den Glaubenssatz parat: »Die Ehe ist der Anfang und Gipfel aller Kultur. [...] Unauflöslich muß sie sein; denn sie bringt so vieles Glück, daß alles einzelne Unglück dagegen gar nicht zu rechnen ist« (6, 306). Wer ihn spricht, trägt – entgegen seinem Namen – zur Besänftigung der Konflikte nicht bei. Der Graf und die Baronesse, die zu Besuch erscheinen, leben in einer amourösen Beziehung und loben ihre Art des Zusammenseins. Während sie zu guter Letzt heiraten, ist die Ehe Charlottes und Eduards zerbrochen. Nein, die *Wahlverwandtschaften* schreiben nicht das Hohelied der Ehe. Nur zu einseitiger Verteidigung des Romans, der für Jacobi am Ende die »Himmelfahrt der bösen Lust« zelebrierte (Bo II 453), kann fälschlicherweise das Ehegebot bemüht werden, das im Buch ex contrario sanktioniert werde. Was Goethe selbst ein Problem war und blieb, die Ehe, ist in den *Wahlverwandtschaften* im Status des Problems belassen, wie es einer Dichtung gestattet ist, auch wenn irritierte zeitgenössische Leser bereits fragten, was das neue Werk eigentlich an ›Positivem‹ zu bieten habe.

Goethes langes Zögern vor seiner eigenen Eheschließung war auch darin begründet, daß er sich nicht sicher war, wie Bindung auf Dauer durchzuhalten sei. In seinen Dichtungen fehlen geglückte Ehen. (Nur das – nicht weiter ausgestaltete – Zusammenleben von Götz und Elisabeth macht eine Ausnahme.) Ein grundsätzlicher Widerspruch scheint für den Dichter der *Wahlverwandtschaften* unlösbar geblieben zu sein. Kanzler v. Müller berichtete aus einem Gespräch am 7. April 1830 den Ausspruch Goethes: »Was die *Cultur* der Natur abgewonnen habe, dürfe man nicht wieder fahren lassen, um keinen Preiß aufgeben. So sey auch der Begrif[f] der Heiligkeit der Ehe eine solche Cultur-Errungenschaft des Christenthums und von unschäzbarem Werth, obgleich die Ehe eigentlich unnatürlich sey.« Wenn alles Leben im Wandel ist, wenn Metamorphose Gestaltung und Umgestaltung bedeutet, dann kann eine Festlegung für immer nicht natürlich sein. Gleichwohl darf die »Kultur« auf institutionalisierte Ordnungen und die Eindämmung erotischer Leidenschaften nicht verzichten, auch zum Wohle der Kinder.

Soviel Charlotte und Eduard über ihr Zusammenleben und manche Schwierigkeiten auch sprechen und sich dabei bemühen, stets in den Bahnen der Schicklichkeit zu bleiben, so gelingt es ihnen doch nicht, der Probleme Herr zu werden. Liegt das nur an der Macht der Anziehungskraft, die sich in der Wahlverwandtschaft auswirkt? Sicherlich zieht der Roman »die Spuren trüber, leidenschaftlicher Notwendigkeit« besonders deutlich nach und läßt an vielen Stellen das Geschehen wie ein verhängtes Geschick erscheinen. Doch erweisen sich Charlotte und Eduard auch als eigentümlich unfähig, alle Konsequenzen auszuloten und Vorbedeutungen umsichtig einzuschätzen. Charlotte sucht gern den Ausgleich, obwohl sie selbst in den Bann der Wahlverwandtschaft geraten ist. Wenn sie sich zur Ordnung ruft und entsagt, gibt sie notwendigerweise auch etwas von ihrer Identität preis, ohne zu wissen, welchen Sinn ihre Entsagung für ein weiteres eheliches Leben haben könnte. Als sie dann spät eine Trennung befürwortet, trifft sie den Entschluß nicht mehr ihretwegen, sondern aus Rücksicht auf Ottilie. Im Grunde sind Charlotte und Eduard, in einer ohnehin problematischen Ehe verbunden, hilflos gegenüber dem, wovor die chemische Gleichnisrede warnte und was dennoch über sie hereingebrochen ist. Wie freilich in den »socialen Verhältnissen« die aufgebrochenen Konflikte gelöst werden und die Personen unbeschädigt und produktiv verarbeitend die elementaren Kräfte der Wahlverwandtschaft in ihr eigenes und das gesellschaftliche Leben integrieren könnten, das läßt der Roman offen. Weder das lehrhafte Plädoyer

Mittlers für die Ehe noch die läßliche Unbekümmertheit des die freie Liebe mit der Baronesse genießenden Grafen bieten zulängliche Antworten. Und Ottilies selbstverzehrende Buße bis zum Tod, die sie meint vollziehen zu müssen, weil sie aus ihrer Bahn geschritten sei, ist kein Lösungsangebot, das dem Leben helfen könnte.

Zwei Äußerungen Goethes über Eduard scheinen sich zu widersprechen. Er schätze ihn, »da er unbedingt liebt« (an Reinhard, 21. 2. 1810). Aber zu Eckermann: »Ich mag ihn selber nicht leiden, aber ich mußte ihn so machen, um das Faktum hervorzubringen« (E 21. 1. 1827). Er gehört noch zu den Menschen von der Art eines Werther, hingabefähig, leidenschaftlich, aber auch selbstbezogen und unfähig, sein Leben zu ordnen. Seine Liebe zu Ottilie ist ebenso unbedingt und leidenschaftlich wie eigensüchtig und rücksichtslos. Was an Zeichenhaftem geschieht, legt er zu seinen Gunsten aus, und es ist sein unkontrolliertes Temperament, das an entscheidenden Stellen folgenschwere Verwirrung heraufbeschwört: Ungestüm bedrängt er Ottilie, so daß sie in ihrer Erregung das Kind im schwankenden Kahn nicht halten kann und es ertrinkt. Kein Verhängnis herrscht hier, sondern menschliche Unbedachtsamkeit zeitigt schreckliche Folgen. Liebenswert und unleidlich zugleich ist Eduard, dem der Erzähler den tröstlichen Satz am Schluß widmet: »Und so lag denn auch dieses vor kurzem zu unendlicher Bewegung aufgeregte Herz in unstörbarer Ruhe« (6, 490).

Wie aus anderen Zonen scheint Ottilie zu stammen. Sie ist, so zeigen es die magnetischen Erscheinungen, auf eine besonders enge, bewußtlose Weise den Naturkräften verbunden und unterliegt folgerecht am stärksten dem Zwang der Wahlverwandtschaft. Wie sie für das Elementare empfänglich und von ihm abhängig ist, so ist sie freilich auch von einer bemerkenswerten Ichschwäche. Das ist rührend in der Anhänglichkeit und Uneigennützigkeit, in der Fähigkeit, sich anzupassen und zuhören zu können. Sie begreift nicht eigentlich, sondern ahnt und vernimmt. Im unerbittlichen Spiel der Anziehungen gerät sie in eine ausweglose Situation. Erstaunlich, wie widerstandslos sie zunächst ihrem Gefühl für Eduard ausgeliefert ist, als vollziehe sich nur, was ihrer Natur bisher unbekannt gewesen. Sie löst sich aus ihrer Vaterbindung, gibt das Medaillon mit dem Bild des Vaters und das Kettchen hin, tauscht es ein gegen die Bindung an den Geliebten, der ihr Vater sein könnte. Mehr und mehr erfährt sie die Schärfe des Konflikts, den ihre Anwesenheit hervorgerufen hat. Aber die Liebe läßt sie nicht los, wenn ihr auch nach der Taufe des Kindes auf einmal klar wurde, »daß ihre Liebe, um sich zu vollenden, völlig uneigennützig werden müsse« (6, 425); wenn sie nur den Geliebten glücklich wisse, wolle sie sogar auf ihn verzichten. Aber noch kann Eduard, der die merkwürdige Ähnlichkeit des Kindes mit Ottilie und dem Hauptmann als Bestätigung seiner Wünsche deutet, ihre Zusage gewinnen, unter der Bedingung freilich, daß auch Charlotte einer Scheidung zustimmt. Der Tod des Kindes ändert alles. Ottilie lastet sich die Schuld an dem Unglück an und glaubt, nun erkennen zu müssen, sie sei aus ihrer Bahn geschritten. »Eduards werd ich nie!« (6, 463) Sie will für ihr »Verbrechen« büßen. Keineswegs aber legitimiert der Kontext des ganzen Romans solche Selbstverurteilung; unmöglich, daß das, was die den natürlichen Kräften geheimnisvoll verbundene Ottilie gefühlt, gedacht, getan hat, mit dem Wort »Verbrechen« gebrandmarkt werden dürfte. In ihrer Lage mag das freilich so scheinen, wo Verständigung und Klärung nicht zureichen. Bezeichnend genug, mit welchem Satz der Erzähler das auf die Selbstbezichtigung des »Vergehens«, »Verbrechens« folgende Kapitel (II 15) eröffnet:

Wenn sich in einem glücklichen, friedlichen Zusammenleben Verwandte, Freunde, Hausgenossen, mehr als nötig und billig ist, von dem unterhalten, was geschieht oder geschehen soll, wenn sie sich einander ihre Vorsätze, Unternehmungen, Beschäftigungen wiederholt mitteilen und, ohne gerade wechselseitigen Rat anzunehmen, doch immer das ganze Leben gleichsam ratschlagend behandeln, so findet man dagegen in wichtigen Momenten, eben da, wo es scheinen sollte, der Mensch bedürfe fremden Beistandes, fremder Bestätigung am allermeisten, daß sich die einzelnen auf sich selbst zurückziehen, jedes für sich zu handeln, jedes auf seine Weise zu wirken strebt und, indem man sich einander die einzelnen Mittel verbirgt, nur erst der Ausgang, die Zwecke, das Erreichte wieder zum Gemeingut werden. (6, 463)

So sinkt Ottilie, wie gesprächig sie zur Unterhaltung Charlottens immerhin ist, weiter ins Schweigen. Was der Erzähler angemahnt hat, kann nichts mehr fruchten. Grell hebt sich das lockere gesellschaftliche Getriebe, das nach Lucianes Ankunft im Haus inszeniert wurde, von dem Weg nach innen ab, den Ottilie meint gehen zu müssen. Als gar Eduard sie gegen ihren Willen im Gasthaus überrascht, sagt sie sich von allem los, verweigert die Nahrung und stirbt einen stillen Tod. Wie eine ›Heiligung‹ Ottilies ist der Schluß gestaltet, wie eine Gestalt der Legende erscheint sie. Wer so wie sie eine entschiedene und ungewöhnliche Konsequenz zieht und durchhält, den umgibt eine Aura des Wunderbaren. Aber Goethe, dem alles Katholisieren der Romantiker mißfiel, wollte hier nichts dergleichen offerieren. Die Strenge der Konsequenz, die Ottilie bewies, konnte nur mit ungewöhnlichen Mitteln verdeutlicht werden. In der Welt, in der sie lebte, fand sie keinen Platz mehr. Sie hatte dem vielen Sprechen, das vorangegangen war und nicht hatte helfen können, nichts mehr hinzuzufügen als ihr Schweigen und Verstummen. Nur im Tod blieb sie mit Eduard, der ihr nachstarb, vereinigt, in einem offenen Rätsel, für das es keine Lösung gegeben hatte.

Wie eine helle Kontrafaktur gegen die Düsternis der wahlverwandtschaft-
lichen Komplikationen ohne gutes Ende wirkt die Novelle »Die wunderlichen Nachbarskinder«, die in den Roman eingefügt ist. Dort gelingt einem
Paar, das jugendliche Spannungen auseinandergehalten hatte, die glückliche
Vereinigung. Die junge Frau wagt die Entscheidung herbeizuführen, und
der Mann traut sich den Sprung in das Wasser, das Elementare, zu und unterliegt nicht. Der Erzähler der Novelle wußte ja, daß das Wasser ein freundliches Element für den sei, der damit bekannt ist und es zu behandeln
weiß.

Niemand kann bündig nachweisen, was im einzelnen Goethe aus dem
eigenen Leben in die Dichtung der *Wahlverwandtschaften* überführt hat.
Minna Herzlieb, Sylvie v. Ziegesar: manche ihrer Züge mögen sich in der
Gestalt der Ottilie wiederfinden, und seine Zuneigung zu ihnen mag phasen-
weise so heftig gewesen sein, daß er die Stärke einer wahlverwandtschaftli-
chen Anziehungskraft gespürt hat.

Es fehlt dem Roman nicht an deutlich sichtbaren gesellschaftskritischen
Elementen, ohne daß allerdings der Erzähler ausführliche bewertende Erläuterungen beisteuerte. Der dilettierende Eigensinn Eduards, eines wohlver-
sorgten Müßiggängers, ist offenkundig. Mit den wirklichen Kräften der
Natur eigentlich nicht vertraut, lassen sich die Menschen, die es sich leisten
können, auf Eingriffe nach ihrem Geschmack ein und müssen erleben, wie
der Damm nicht hält und später im See das Kind ertrinkt. Mittler hantiert mit
Formeln und Phrasen, ohne Hilfreiches bewirken zu können. Der Architekt
ist nicht wirklich schöpferisch, sondern restauriert, ahmt nach. Geradezu
entfesselt treibt Luciane, Charlottes Tochter aus erster Ehe, ihre geselligen
Vergnügungen. Auch der Graf und die Baronesse sind Gestalten einer
Gesellschaft, die in sich unsicher ist. Vielleicht darf man in den *Wahlverwandtschaften* insgesamt einen Reflex auf zeitgeschichtliche Erfahrungen
von der Französischen Revolution bis zur Kriegszeit von 1806 sehen, der
allerdings in Einzelheiten nicht nachgewiesen werden kann; denn historische
Ereignisse schildert der Roman nicht. »Sociale Verhältnisse«, in denen sich
ein Mangel an konsequentem Durchdringen vielschichtiger Probleme zeigt,
die das Ganze und die einzelnen betreffen, und in denen Konflikte nicht
bewältigt, sondern zwar gesichtet, aber in ihren vollen Konsequenzen
verkannt werden, bergen Keime des Zerfalls in sich und sind dem Ansturm
außergewöhnlicher Kräfte hilflos ausgeliefert.

Wie eine pikante Zugabe zu den *Wahlverwandtschaften* nimmt sich das
große, bedeutende Gedicht *Das Tagebuch* aus, 24 weiträumige Stanzen von
dichter erzählerischer Fülle und Genauigkeit, lange verkannt und scheu
umgangen wegen seiner freimütigen Darstellung des Sexualverhaltens. Der

Geist der *Römischen Elegien* ist nah, die Goethe dichtete, als er sich endlich, nach Überwindung eigener sexueller Schwierigkeiten, heiter und glücklich der sinnlichen Lust überlassen konnte. Vom Ton einiger *Venetianischer Epigramme* ist ebenfalls etwas zu hören, der Affront gegen christliche Sinnenfeindschaft, den auch *Die Braut von Korinth* aussprach. Im Roman brach die Problematik der Ehe auf; Charlotte und Eduard vollzogen gemeinsam einen Ehebruch in Gedanken, und wie es um die Verbindung von Liebe und Ehe bestellt sei, davon handelte manches Gespräch. Aber wenn auch die erotischen Anziehungskräfte das Geschehen bestimmten, so beließ doch die Sprache eigentlich Sexuelles in einer Zone der Verschwiegenheit, weil sie den seelischen Vorgängen nachspürte und Ottilie auf den Weg einer selbstverleugnenden Entsagung getrieben wurde. Anders *Das Tagebuch*. In nächster Nähe zum Roman entstanden, schildert es eine Episode, in der sich ein tatsächlicher Ehebruch anbahnt, aber nicht geschieht, weil der Partner im erwünschten Moment zum Liebesakt nicht fähig ist. Dann jedoch, als das Mädchen – so schön wie selbstverständlich in seiner spontanen Natürlichkeit – schon eingeschlafen ist und die Erinnerung des mit sich verständlicherweise Unzufriedenen zu den Freuden zurückschweift, die er mit seiner Ehefrau genossen, regt sich »Meister Iste« wieder: »Auf einmal ist er da, und ganz im stillen / Erhebt er sich zu allen seinen Prachten.« Die feste innere Verbundenheit mit der Gattin zu Hause läßt ihn bei der zufälligen Bekanntschaft versagen und bestätigt sich in Augenblicken der ›Gefahr‹ auf unvermutete, doch zur Besinnung reizende Weise: »Die Krankheit erst bewähret den Gesunden.« Für die Freundin der Nacht bleibt nur ein freundliches Gedenken. – In Prosa geschrieben, ließe sich die Geschichte als eine eingefügte Erzählung in den *Wahlverwandtschaften* wie in den *Wanderjahren* denken, mit ihren burlesken und tiefernsten Zügen durchaus geeignet, das Spiel der wiederholten Verweisungen zu bereichern. Aber wohl nur die hochkünstlerische Verssprache erlaubte es, dem delikaten Ereignis das direkt benennende Wort zuzugestehen.

Taten und Leiden des Lichts. Die Farbenlehre

Es hat jahrzehntelanger Arbeit bedurft, bis 1810 zwei umfangreiche Bände *Zur Farbenlehre* erscheinen konnten. Das Werk war sorgfältig ausgeführt und sollte schon durch seinen klaren Aufbau wissenschaftliche Strenge dokumentieren. Der erste Band enthielt den »Didaktischen Teil« (mit 920 Paragraphen samt einem Vorwort und einer Einleitung) und den »Polemischen Teil« (mit 680 Paragraphen). Den zweiten Band füllten die *Materialien*

zur Geschichte der Farbenlehre. Beigegeben war ein Heft mit 16 Kupferta-
feln, auf denen verschiedene Farbenerscheinungen dargestellt und erläutert
waren. Goethes Interesse an Farbphänomenen reichte weit zurück. Im
Elternhaus sah er den Künstlern zu, die für den Grafen Thoranc Bilder
malten. Wir wissen, wie intensiv er sich selbst dem Zeichnen und der Malerei
widmete und lange schwankte, ob er nicht eigentlich zum bildenden Künstler bestimmt sei. In seiner ersten gedruckten Arbeit zur Farbenlehre, den
Beiträgen zur Optik von 1791, erinnerte er daran: »Durch den Umgang mit
Künstlern von Jugend auf und durch eigene Bemühungen wurde ich auf den
wichtigen Teil der Malerkunst, auf die *Farbengebung*, aufmerksam gemacht« (LA I 3, 12). Im »Didaktischen Teil« (§ 75) erwähnte er seine frühe
Beobachtung auf der Harzreise im Winter 1777, wie er beim Abstieg vom
Brocken in der von Schnee bedeckten Gegend farbige Schatten bemerkte.
Vollends in und seit Italien fesselten ihn das Spiel der Farben in der Natur
und das Problem des Kolorits in der Malerei. Immer wieder weckte die
südliche Landschaft die Frage nach Wesen, Entstehung und Wirkung der
Farben. 1791 berichtete er über den sinnlich-ästhetischen Eindruck, der sich
ihm eingeprägt hatte:

Eben so wird es uns, wenn wir eine Zeitlang in dem schönen Italien gelebt, ein
Märchen, wenn wir uns erinnern, wie harmonisch dort der Himmel sich mit der Erde
verbindet und seinen lebhaften Glanz über sie verbreitet. Er zeigt uns meist ein reines
tiefes Blau; die auf- und untergehende Sonne gibt uns einen Begriff vom höchsten Rot
bis zum lichtesten Gelb; leichte hin und wider ziehende Wolken färben sich mannigfaltig, und die Farben des himmlischen Gewölbes teilen sich auf die angenehmste Art
dem Boden mit, auf dem wir stehen. Eine blaue Ferne zeigt uns den lieblichsten
Übergang des Himmels zur Erde, und durch einen verbreiteten reinen Duft schwebt
ein lebhafter Glanz in tausendfachen Spiegelungen über der Gegend. [...] Alles, was
unser Auge übersieht, ist so harmonisch gefärbt, so klar, so deutlich, und wir
vergessen fast, daß auch Licht und Schatten in diesem Bilde sei (LA I 3, 7).

Das ist nicht die Sprache eines auf Analyse des Objekts erpichten Wissen-
schaftlers, sondern eines Menschen, der die beobachteten Phänomene im
Lebenszusammenhang erfassen und aus ihm nicht herauslösen möchte. Das
blieb auch fernerhin Prinzip seiner Beobachtungen, auch wenn sie sich den
Einzelheiten zuwandten. In der »Konfession des Verfassers«, mit der er die
»Geschichte der Farbenlehre« beschloß, skizziere er seinen Weg zu diesem
Forschungsgebiet (14, 251 ff.). Von einem einzigen Punkt habe er sich in
Italien im Umgang mit der Kunst und den praktizierenden Malern »nicht die
mindeste Rechenschaft zu geben« gewußt: »es war das Kolorit«. Man habe
von technischen Kunstgriffen gesprochen, aber von Grundsätzen sei nichts

zu erkennen gewesen. In den Norden zurückgekehrt, machte er sich in den folgenden Jahren energisch an die Arbeit, um sich über Wesen und Wirkung der Farben klarzuwerden. Er wußte wie jedermann, der sich mit Fragen des Lichts und der Farben befaßte, daß nach Newton »die sämtlichen Farben im Licht enthalten seien« (14, 256). Ein Zufall ließ ihn jedoch alsbald etwas ganz anderes für wahr halten. Von Hofrat Büttner in Jena hatte er sich Prismen ausgeliehen, weil er die »Versuche nach der Vorschrift, nach der bisherigen Methode« nachvollziehen wollte. Andere Arbeiten hielten ihn auf, einige Zeit verstrich, und Büttner erbat die Rückgabe seiner Geräte.

Schon hatte ich den Kasten hervorgenommen, um ihn dem Boten zu übergeben, als mir einfiel, ich wolle doch noch geschwind durch ein Prisma sehen, was ich seit meiner frühsten Jugend nicht getan hatte. [...] Eben befand ich mich in einem völlig geweißten Zimmer; ich erwartete, als ich das Prisma vor die Augen nahm, eingedenk der Newtonischen Theorie, die ganze weiße Wand nach verschiedenen Stufen gefärbt, das von da ins Auge zurückkehrende Licht in so viel farbige Lichter zersplittert zu sehen.

Aber wie verwundert war ich, als die durchs Prisma angeschaute weiße Wand nach wie vor weiß blieb, daß nur da, wo ein Dunkles dran stieß, sich eine mehr oder weniger entschiedene Farbe zeigte, daß zuletzt die Fensterstäbe am allerlebhaftesten farbig erschienen, indessen am lichtgrauen Himmel draußen keine Spur von Färbung zu sehen war. Es bedurfte keiner langen Überlegung, so erkannte ich, daß eine Grenze notwendig sei, um Farben hervorzubringen, und ich sprach wie durch einen Instinkt sogleich vor mich laut aus, daß die Newtonische Lehre falsch sei (14, 258 f.)

Das muß im Frühjahr 1790 gewesen sein; denn bereits in den *Epigrammen* aus Venedig polemisierte er: »Weiß hat Newton gemacht aus allen Farben. Gar manches / Hat er euch weis gemacht, das ihr ein Säkulum glaubt.« Büttners Prismen durfte er noch länger behalten, so daß er »in Zimmern und im Freien« seine Versuche fortsetzen konnte.

Goethe nahm an, daß seine Entdeckung die Farbenlehre Newtons widerlegte, und in diesem Irrtum blieb er zeitlebens befangen. Er hatte den Grundversuch Newtons gar nicht wiederholt, der einen einfarbigen Lichtstrahl durch ein schmales Loch im Fensterladen in einen abgedunkelten Raum einfallen ließ, durch eine Konvexlinse auffing und ihn dann mit Hilfe eines Prismas brach. Dabei zerlegte sich das Licht in seine Spektralfarben, und die Öffnung im Fensterladen wurde in mehreren Abbildungen in den unterschiedlichen Farben an der Wand sichtbar. Es zeigte sich, daß das weiße Licht aus Lichtanteilen der verschiedenen Farben zusammengesetzt ist, die durch äußere Einwirkungen ausgesondert werden können. Die Newtonsche Lehre bot die Grundlage der physikalischen Optik und ermöglichte es, die

Ausbreitung und den Weg des Lichts zu messen, in mathematische Formeln zu fassen, Wellenlängen festzustellen. Quantitative Bestimmungen wurden möglich, exakte Wissenschaft vom Licht und den Farben konnte sich ausbilden, die darauf gerichtet war, die Lichterscheinungen in ihrer objektiven Gesetzmäßigkeit zu bestimmen. Die genaue, durch Experimente abgesicherte Kenntnis ihres Funktionierens erlaubte dann auch die Anwendung zu praktischen Zwecken.

Goethe dagegen hielt starr an seiner Annahme fest, daß das Licht eine unteilbare Einheit sei und die Farben aus dem Zusammenwirken von Hellem und Dunklem, Licht und Finsternis entstünden, und zwar durch die Vermittlung eines »trüben« Mediums. In dieser Annahme fühlte er sich laufend bestärkt durch seine sinnenhafte Erfahrung in der ihn umgebenden Natur. Die Sonne, die tagsüber weiß strahlt, wird gelb und rot, wenn sich eine trübe Dunstschicht vor ihr ausbreitet und sie abdunkelt. Umgekehrt wird dunkler Rauch aus einem Schornstein im hellen Sonnenlicht bläulich. Als trübes Medium kann auch Glas fungieren, wodurch die dioptrischen Farben entstehen. So gelangte Goethe zu Resultaten, die ihn befriedigten. Liegt Trübes vor dem Hellen, ergibt sich die Farbe Gelb, liegt es vor dem Dunklen, die Farbe Blau; werden die beiden Farben direkt gemischt, entsteht Grün. Gelb kann sich steigern zu Gelbrot, Blau zu Blaurot, und aus einer Vereinigung dieser beiden Farben kommt Purpur zustande. Auch das Prisma, ein trübes Medium, ruft das Zusammenwirken von Hellem und Dunklem hervor. Dadurch wird beispielsweise das Bild eines kleinen weißen Kreises auf einer schwarzen Unterlage verschoben; das derart verschobene Bild ist ein getrübtes Nebenbild. Goethe resümiert nach einer Folge erläuternder Paragraphen: »Und so lassen sich die Farben bei Gelegenheit der Refraktion aus der Lehre von den trüben Mitteln gar bequem ableiten. Denn wo der voreilende Saum des trüben Nebenbildes sich vom Dunklen über das Helle zieht, erscheint das Gelbe; umgekehrt, wo eine helle Grenze über die dunkle Umgebung hinaustritt, erscheint das Blaue« (§ 239).

Licht, Finsternis und das trübe Mittel waren nach Goethes Überzeugung die Grundbedingungen für das Erscheinen der Farbe. Im § 175 erhob er ihr Zusammenwirken zum »Urphänomen«. So nannte er Erscheinungen, die sich zwar dem Anschauen noch offenbaren, aber ›letzte‹ Phänomene sind, »weil nichts in der Erscheinung über ihnen liegt, sie aber dagegen völlig geeignet sind, daß man stufenweise [...] von ihnen herab bis zu dem gemeinsten Falle der täglichen Erfahrung niedersteigen kann«. Ein solches »Urphänomen« glaubte er hier erkannt zu haben: »Wir sehen auf der einen Seite das Licht, das Helle, auf der andern die Finsternis, das Dunkle; wir bringen die Trübe zwischen beide, und aus diesen Gegensätzen, mit Hülfe gedachter Vermittlung, entwickeln sich, gleichfalls in einem Gegensatz, die Farben, deuten aber alsbald, durch einen Wechselbezug, unmittelbar auf ein Gemeinsames wieder zurück.«

Stimmte schon Goethes Elementarversuch nicht mit dem Newtons überein, so blieben bei seinen Untersuchungen ständig eigene Grundüberzeugungen in Kraft und wirkten sich aus. Wenn er die Phänomene in ihrem Recht und im menschlichen Lebenszusammenhang belassen wollte – und das hielt er für unerläßlich –, schien es ihm nicht erlaubt, Naturerscheinungen den Zwängen von Apparaten auszusetzen, die sich zwischen Menschen und die Beobachtungsgegenstände schoben und das Objekt in abstrakten Verhältnissen erfaßten, die von der dem Menschen gegebenen sinnenhaften Anschauung weit abgerückt waren. Im § 242 des »Didaktischen Teils« bekräftigte er:

Hier werden nicht willkürliche Zeichen, Buchstaben, und was man sonst belieben möchte, statt der Erscheinungen hingestellt; hier werden nicht Redensarten überliefert, die man hundertmal wiederholen kann, ohne etwas dabei zu denken noch jemanden etwas dadurch denken zu machen, sondern es ist von Erscheinungen die Rede, die man vor den Augen des Leibes und des Geistes gegenwärtig haben muß, um ihre Abkunft, ihre Herleitung sich und andern mit Klarheit entwickeln zu können.

Und unter den *Maximen und Reflexionen* steht der Satz:

Der Mensch an sich selbst, insofern er sich seiner gesunden Sinne bedient, ist der größte und genaueste physikalische Apparat, den es geben kann, und das ist eben das größte Unheil der neuern Physik, daß man die Experimente gleichsam vom Menschen abgesondert hat und bloß in dem, was künstliche Instrumente zeigen, die Natur erkennen, ja, was sie leisten kann, dadurch beschränken und beweisen will (12, 458).

Goethe verachtete Experimente keineswegs; er führte sie selbst in reicher Zahl durch. Aber er wollte den sinnlich-gegenständlichen Charakter auch des Experiments gewahrt wissen. Deshalb das in den *Zahmen Xenien* wieder einmal gegen Newton und seine Anhänger gerichtete Gedicht:

Freunde flieht die dunkle Kammer
Wo man euch das Licht verzwickt,
Und mit kümmerlichstem Jammer
Sich verschrobnen Bilden bückt.
Abergläubische Verehrer
Gab's die Jahre her genug,
In den Köpfen eurer Lehrer
Laßt Gespenst und Wahn und Trug.

Wenn der Blick an heitern Tagen
Sich zur Himmelsbläue lenkt,
Beim Siroc der Sonnenwagen
Purpurrot sich niedersenkt,
Da gebt der Natur die Ehre,
Froh, an Aug' und Herz gesund,
Und erkennt der Farbenlehre
Allgemeinen ewigen Grund (FGA I 2, 677f).

Es ging Goethe nicht um die Möglichkeiten quantitativer Berechnungen und damit möglicher Beherrschung der Farbphänomene, sondern um qualitatives Erfassen des Wesens der Erscheinungen im Kontext einer Gesamtanschauung der Natur und des Menschen in ihr. So wagte er, an das Zusammenwirken von Licht und Finsternis glaubend, im § 739 des »Didaktischen Teils« bekenntnishaft zu schreiben: »Das Geeinte zu entzweien, das Entzweite zu einigen, ist das Leben der Natur; dies ist die ewige Systole und Diastole, die ewige Synkrisis und Diakrisis, das Ein- und Ausatmen der Welt, in der wir leben, weben und sind.« Seine Grundüberzeugungen von Polarität und Steigerung, die bis in die frühe Zeit der hermetischen Spekulationen zurückreichen, gab Goethe auch in der Farbenlehre nicht preis. Im § 746 wünschte er, »das schöne Kapitel der Farbenlehre aus seiner atomistischen Beschränktheit und Abgesondertheit, in die es bisher verwiesen, dem allgemeinen dynamischen Flusse des Lebens und Wirkens wiederzugeben«.

Ganz anders der Anfang von Newtons *Optics, or a Treatise of the Reflections, Refractions, Inflections and Colours of Light* von 1704: »My Design in this Book is not to explain the Properties of Light by Hypothesis, but to propose and prove them by Reason and Experiments« [Meine Absicht in diesem Buch ist nicht, die Eigenschaften des Lichts durch Hypothesen zu erklären, sondern sie mittels logischer Argumentation und durch Experimente vorzustellen und zu beweisen]. Goethe hingegen sprach im »Vorwort« zum »Didaktischen Teil« metaphorisch: »Die Farben sind Taten des Lichts, Taten und Leiden.« Licht und Farbe müsse man sich beide »als der ganzen Natur angehörig denken: denn sie ist es ganz, die sich dadurch dem Sinne des Auges besonders offenbaren will« (13, 315).

So war die Intention des Naturwissenschaftlers Goethe keine, die der klassisch-modernen exakten Naturwissenschaft entsprach. Inzwischen haben allerdings atomphysikalische Erkenntnisse gezeigt, daß Ergebnisse der Forschung vom Status der Beobachtung abhängig sind und der Begriff der Objektivität auch in Bereichen moderner Naturwissenschaft zum Problem geworden ist. Davon konnte Goethe ebensowenig ahnen wie von Maxwells

Entdeckung des Lichts als elektromagnetischer Erscheinung und den unsichtbaren ultraroten und ultravioletten Strahlen. Aber angesichts modernster naturwissenschaftlicher Entwicklungen, deren Ergebnisse sich notwendigerweise in äußerster Abstraktheit bewegen und die die quälende Frage nicht zur Ruhe kommen lassen, ob und wie sie den humanen Bedürfnissen der Menschheit dienen können, wird eine Goethesche Betrachtungsweise, die die Phänomene stets auch im Zusammenhang mit der menschlichen Lebenswelt sieht, auf mehr Verständnis rechnen können als früher. Die Akten über seinen erbitterten Kampf gegen Newton sind allerdings insoweit geschlossen, als über richtig und falsch nicht gestritten werden muß: Newtons Theorie war zutreffend und bildete die unanfechtbare Grundlage der physikalischen Optik. Schon zu Goethes Zeit erkannte man, daß auch die Ergebnisse der von Goethe geschilderten Versuche mit der Theorie des englischen Naturforschers zu erklären sind.

Es kann und muß hier nicht im einzelnen aufgelistet werden, welche Beobachtungen Goethes fehlerhaft waren oder zu falschen Schlüssen geführt haben. Für die exakte Naturwissenschaft im strengen Sinn nicht brauchbar, hat seine Farbenlehre doch manche für die Sinnesphysiologie damals neuen Erkenntnisse erbracht, für die Ästhetik, die Malerei (von der seine Untersuchungen ja ihren Ausgang genommen hatten). Sein Interesse war auf den physikalischen Aspekt der Farbenerscheinungen nicht konzentriert. Gerade die Aufmerksamkeit, die er dem Ganzen des Licht- und Farbgeschehens im Lebenszusammenhang widmete und damit dem Anteil des menschlichen Auges, führte dazu, daß er die *Farbenlehre* mit der Erörterung der »Physiologischen Farben« eröffnete, also denen, bei deren Entstehung das Auge entscheidend beteiligt ist, jenes hochgelobte Organ, das er in der »Einleitung« als so anerkannt voraussetzte wie das Licht. »Das Auge hat sein Dasein dem Licht zu danken. Aus gleichgültigen tierischen Hülfsorganen ruft sich das Licht ein Organ hervor, das seinesgleichen werde, und so bildet sich das Auge am Lichte fürs Licht, damit das innere Licht dem äußeren entgegentrete« (13, 323). Wenige Zeilen später fügte er einen Spruch ein, in dem er, auf Plotin anspielend, den neuplatonischen Gedanken aufnahm, daß das, was im Menschen nach Göttlichem strebt, selbst etwas Göttliches ist:

> Wär nicht das Auge sonnenhaft,
> Wie könnten wir das Licht erblicken?
> Lebt nicht in uns des Gottes eigne Kraft,
> Wie könnt uns Göttliches entzücken?

Auch bei der Erklärung der »Physiologischen Farben« war die Annahme der Polarität ausschlaggebend. Zum Dunklen fordert das Auge das Helle und umgekehrt, und zu den einzelnen Farben begehrt es die Komplementärfarbe, die es für flüchtige Momente hervorbringt.

In Cottas *Morgenblatt* publizierte Goethe am 6. Juni 1810 eine *Anzeige und Übersicht des Goethischen Werkes zur Farbenlehre* (13, 524 ff.). Sie kann auch dem heutigen Leser noch zur Information dienen, und darum sei hier aus den Hinweisen auf den »Didaktischen Teil« auszugsweise zitiert.

Daß die Farben auf mancherlei Art und unter ganz verschiedenen Bedingungen erscheinen, ist jedermann auffallend und bekannt. Wir haben die Erfahrungsfälle zu sichten uns bemüht, sie, insofern es möglich war, zu Versuchen erhoben und unter drei Hauptrubriken geordnet. Wir betrachten demnach die Farben, unter mehreren Abteilungen, von der physiologischen, physischen und chemischen Seite.

Die erste Abteilung umfaßt die physiologischen, welche dem Organ des Auges vorzüglich angehören und durch dessen Wirkung und Gegenwirkung hervorgebracht werden. Man kann sie daher auch die subjektiven nennen. Sie sind unaufhaltsam flüchtig, schnell verschwindend. [...] Hier kommt zuerst das Verhältnis des großen Gegensatzes von Licht und Finsternis zum Auge in Betrachtung; sodann die Wirkung heller und dunkler Bilder aufs Auge. Dabei zeigt sich denn das erste, den Alten schon bekannte Grundgesetz, durch das Finstere werde das Auge gesammlet, zusammengezogen, durch das Helle hingegen entbunden, ausgedehnt. Das farbige Abklingen blendender farbloser Bilder wird sodann mit seinem Gegensatze vorgetragen; hierauf die Wirkung farbiger Bilder, welche gleichfalls ihren Gegensatz hervorrufen, gezeigt, und dabei die Harmonie und Totalität der Farbenerscheinung, als der Angel, auf dem die ganze Lehre sich bewegt, ein für allemal ausgesprochen. Die farbigen Schatten, als merkwürdige Fälle einer solchen wechselseitigen Forderung, schließen sich an. [...]

Die zweite Abteilung macht uns nunmehr mit den physischen Farben bekannt. Wir nannten diejenigen so, zu deren Hervorbringung gewisse materielle aber farblose Mittel nötig sind, die sowohl durchsichtig und durchscheinend als undurchsichtig sein können. Diese Farben zeigen sich nun schon objektiv wie subjektiv, indem wir sie sowohl außer uns hervorbringen und für Gegenstände ansprechen, als auch dem Auge zugehörig und in demselben hervorgebracht annehmen. Sie müssen als vorübergehend, nicht festzuhalten angesehen werden [...]. Sie schließen sich unmittelbar an die physiologischen an und scheinen nur um einen geringen Grad mehr Realität zu haben. [...]

So gelangen wir zu der dritten Abteilung, welche die chemischen Farben enthält. [...] Auf die Entstehung des Weißen und Schwarzen wird hingedeutet; dann von Erregung der Farbe, Steigerung und Kulmination derselben, dann von ihrem Hin-

und Widerschwanken, nicht weniger von dem Durchwandern des ganzen Farben-
kreises gesprochen [...].

Die chemischen Farben können wir uns nun objektiv als den Gegenständen
angehörig denken. [...]

In einer vierten Abteilung haben wir, was bis dahin von den Farben unter
mannigfaltigen besondern Bedingungen bemerkt worden, im allgemeinen ausgesprochen und dadurch eigentlich den Abriß einer künftigen Farbenlehre entworfen.

In der fünften Abteilung werden die nachbarlichen Verhältnisse dargestellt, in
welchen unsere Farbenlehre mit dem übrigen Wissen, Tun und Treiben zu stehen
wünschte. [...] Die sechste Abteilung ist der sinnlich-sittlichen Wirkung der Farbe
gewidmet, woraus zuletzt die ästhetische hervorgeht. Hier treffen wir auf den Maler,
dem zuliebe eigentlich wir uns in dieses Feld gewagt [...].

Besonders in den Ergebnissen des Abschnitts über die physiologischen
Farben hat man wichtige Erkenntnisse für die zwischen dem Auge und dem
Licht bestehenden Beziehungen gesehen, die für die Sinnesphysiologie des
19. Jahrhunderts wichtig wurden. Die Wahrnehmung der Farbe und des
Farbtons, so zeigte sich, ist physiologisch bedingt, individuell verschieden
und nicht direkt als physikalische Eigenschaft zu bestimmen. Unter künstlerischen, ästhetischen Gesichtspunkten sind Goethes Interpretationen der
»sinnlich-sittlichen Wirkung« der Farben nach wie vor bemerkenswert und
von Farbpsychologen respektiert. Sie spüren der »entschiedenen und bedeutenden Wirkung« nach, die die jeweilige Farbe »auf den Sinn des Auges [...]
und durch dessen Vermittlung auf das Gemüt« ausübt (§ 758). Die einzelnen
Farbeindrücke, so erläutert § 761, können nicht verwechselt werden, wirken
spezifisch und bringen »entschieden spezifische Zustände in dem lebendigen
Organ« hervor. Entsprechend ist unter den Paragraphen über das Blau
(§§ 778–785) zu lesen: »Das Blaue gibt uns ein Gefühl von Kälte, so wie es
uns auch an Schatten erinnert.« – »Zimmer, die rein blau austapeziert sind,
erscheinen gewissermaßen weit, aber eigentlich leer und kalt.« Eindringlich
zeichnet Goethe unter der Überschrift »Totalität und Harmonie«
(§§ 803–815) auf, wie sich Farben gegenseitig fordern, einander entsprechen
und wie »charakteristische Zusammenstellungen« (Gelb und Blau ist die
einfachste von diesen, § 819) und »charakterlose Zusammenstellungen«
(§§ 816–829) aussehen. Die Abschnitte über das »charakteristische« und
»harmonische Kolorit« (§§ 880–888) entwerfen Prinzipien einer Farbkom-
binatorik und führen ganz in die Praxis der Malerei.

Zugrunde liegt alldem der Farbenkreis Goethes, den er aus den Kanten-
spektren konstruiert und im Kommentar zu einer seiner Tafeln erläutert:
»Das einfache, aber doch zur Erklärung des allgemeinen Farbenwesens völlig
hinreichende Schema. Gelb, Blau und Rot sind als Trias gegen einander über

gestellt; eben so die intermediären, gemischten oder abgeleiteten« (LA I 7, 43). Damit ergibt sich eine Ordnung von sechs Grundfarben, die Goethe auf einem in sechs Teile gegliederten Kreis zusammenstellte, und zwar in der Reihenfolge rot, blaurot, blau, grün, gelb, gelbrot. Auf diesem Kreis liegt jede Farbe der Komplementärfarbe gegenüber, etwa dem Gelben das Blaurot, dem Grünen das Rot. Im »Historischen Teil« seiner *Farbenlehre*, der den gesamten zweiten Band beanspruchte, stellte Goethe in einem souveränen, mühevoll erarbeiteten Überblick die Bemühungen von der Antike bis zu seiner Gegenwart dar, die man unternommen hatte, um das Phänomen Farbe zu beschreiben und zu erklären. Als er 1798 Schiller seinen Entwurf gezeigt hatte, lobte dieser, daß die projektierte Geschichte der Farbenlehre »viele bedeutende Grundzüge einer allgemeinen Geschichte der Wissenschaft und des menschlichen Denkens« enthalte (23. 1. 1798), ein Urteil, das bis heute nicht überholt ist. Für seine Attacken gegen Isaac Newton reservierte er sich eigens den »Polemischen Teil« im ersten Band. Unerbittlich zog er gegen den Forscher, der sich nicht mehr wehren konnte, zu Felde und sparte nicht mit abschätzigen Bemerkungen über dessen Arbeiten, ohne freilich seine Persönlichkeit zu diskreditieren. Später wünschte er allerdings, daß in den Ausgaben nach seinem Tod allzu drastische Formulierungen getilgt würden.

Selbstverständlich widmete sich Goethe auch nach Erscheinen der *Farbenlehre* diesem Gebiet und gab einzelne Arbeiten zu speziellen Problemen in seine Zeitschrift *Zur Naturwissenschaft allgemein* (LA I 8), aber die *Farbenlehre* blieb das repräsentative Werk. Die ersehnte öffentliche Anerkennung wurde ihm versagt; die Naturwissenschaftler betrachteten es eher als eine wunderliche Marotte des berühmten Mannes. Seine Bekannten nahmen es verständnisvoller auf, und bildende Künstler nutzten es für ihre Arbeit. Die spärliche Resonanz in der Fachwissenschaft hat nicht wenig zur weiteren inneren Isolierung Goethes beigetragen, der sich längst an der Schwelle des Alters fühlte und in der *Farbenlehre* die Ernte angestrengter Bemühungen eingebracht hatte. So war es für ihn eine besondere Freude, als in den zwanziger Jahren Leopold v. Henning an der Berliner Universität Vorlesungen über seine Farbenlehre hielt und sich mit ihm beriet. Das veranlaßte ihn sogar zu Überlegungen, die *Farbenlehre* zu redigieren und in kürzerer Fassung neu herauszugeben. Noch am letzten Tag seines Lebens soll er sich frühmorgens mit Farbversuchen beschäftigt haben.

Goethe selbst maß seiner *Farbenlehre* außerordentliche Bedeutung zu. Nach einem langen Gespräch, in dem er ausführlich sein Vorgehen erläuterte, notierte Eckermann am 19. Februar 1829: »›Auf alles, was ich als Poet geleistet habe‹, pflegte er wiederholt zu sagen, ›bilde ich mir gar nichts ein.‹«

Aber daß er in seinem Jahrhundert in der Farbenlehre der einzige sei, »der das Rechte weiß«, darauf tue er sich etwas zugute. Ohnehin konnte er in seinem Verständnis von Wissenschaft seine naturwissenschaftlichen Arbeiten nicht von den dichterischen separieren, sie höher oder niedriger, wichtiger oder unwichtiger schätzen. Ohne daß er die Bereiche vermischen wollte, hielt er es doch für unerläßlich, daß in beiden Bezirken ähnliche geistige Vermögen tätig waren. Er hat das einige Male umschrieben, und immer wurde dabei deutlich, wie sehr er einem Mangel der Naturwissenschaften, wie er ihn sah und beklagte, entgegenwirken wollte. Bei ihren Verfahren gerate das Objekt so sehr in eine vom Menschen gelöste Isoliertheit und werde so abstrakt erfaßt, daß der Gesamtzusammenhang von Natur und Mensch und allen ihren Phänomenen zerbreche und das Bewußtsein vom Ganzen verlorengehe. In einer späteren Rezension forderte er, daß man »alle Manifestationen des menschlichen Wesens, *Sinnlichkeit* und *Vernunft, Einbildungskraft* und *Verstand,* zu einer entschiedenen Einheit ausbilden müsse«, und er plädierte für eine »exakte sinnliche Phantasie [...], ohne welche doch eigentlich keine Kunst denkbar ist« (*Ernst Stiedenroth, Psychologie zur Erklärung der Seelenerscheinungen,* 1824; 13, 42). So konnte er in der *Geschichte der Farbenlehre* das Prinzip vertreten, daß »wir uns die Wissenschaft notwendig als Kunst denken [müssen], wenn wir von ihr irgendeine Art von Ganzheit erwarten« (14, 41). In solchen Zusammenhängen erhalten die Begriffe »Bewußtsein«, »Selbstkenntnis«, »Freiheit« und »Ironie« ihren Sinn, die er in den methodologischen Überlegungen im »Vorwort« zum naturwissenschaftlichen Werk der *Farbenlehre* berief:

Jedes Ansehen geht über in ein Betrachten, jedes Betrachten in ein Sinnen, jedes Sinnen in ein Verknüpfen, und so kann man sagen, daß wir schon bei jedem aufmerksamen Blick in die Welt theoretisieren. Dieses aber mit Bewußtsein, mit Selbstkenntnis, mit Freiheit und, um uns eines gewagten Wortes zu bedienen, mit Ironie zu tun und vorzunehmen, eine solche Gewandtheit ist nötig, wenn die Abstraktion, vor der wir uns fürchten, unschädlich und das Erfahrungsresultat, das wir hoffen, recht lebendig und nützlich werden soll (13, 317).

Jedoch, moderne Naturwissenschaft, deren legitime Intention es ist, die Grenzen des Wißbaren immer weiter hinauszuschieben, kann auf Abstraktionen gar nicht verzichten und läßt sich nicht darauf einschwören, ein recht lebendiges Erfahrungsresultat zu erzielen. Die Frage nach dem Zusammenhang ihres Forschens und ihrer Ergebnisse mit einer ›menschlichen‹ Lebenswelt stellt sich weder im Bezirk der Methodik und Praxis naturwissenschaftlicher Forschung noch kann sie dort entschieden werden. Sie ist auf einer anderen Ebene angesiedelt, auf der über den Sinn der Wissenschaft innerhalb der menschlichen Gesellschaft verhandelt wird. Goethe dagegen wollte noch in der Methodik das Menschliche (im weiten Sinn) gewahrt wissen.

Auf neuen und alten Wegen

Bekanntschaft mit Boisserée.
Aufmerksamkeit für Mittelalterliches

Mit dem Erscheinen der *Farbenlehre* im Mai 1810 fühlte Goethe eine Last von sich genommen. Den 16. Mai betrachtete er, wie die *Annalen* besonders vermerkten, »als glücklichen Befreiungstag [...], an welchem ich mich in den Wagen setzte, um nach Böhmen zu fahren«. Im Jahr zuvor hatte der Kuraufenthalt ausfallen müssen; die politische Lage war zu unsicher. Napoleon dehnte seine Herrschaft aus, schlug die Österreicher, die sich erhoben und bei Aspern gesiegt hatten, am 5. Juli bei Wagram, diktierte den Wiener Frieden vom 14. Oktober, und Österreichs Politik wurde seitdem für lange Zeit vom neuen Minister Metternich bestimmt. Es waren Jahre mit ungewissen Perspektiven, seit sich der französische Herrscher aufgemacht hatte, Europa zu erobern. Wer sich nicht in Widerstandszirkeln sammelte und für die Befreiung von der französischen Oberherrschaft arbeitete, versuchte im Windschatten der großen Politik sein Leben zu führen. Goethe verfolgte die Vorgänge aufmerksam, immer mit geheimem Respekt vor dem dämonischen Täter prometheischen Zuschnitts: »Sein Leben war das Schreiten eines Halbgottes von Schlacht zu Schlacht und von Sieg zu Sieg« (E 11.3.1828), und er begann doch auch zu ahnen, wie gefährlich es sei, »alles der Ausführung einer Idee zu opfern« (E 10.2.1830). Aber er verharrte im Kreise seiner Aufgaben und Beschäftigungen und war skeptisch, ob jemand dem Imperator würde Widerpart bieten können.

In den böhmischen Wochen von Mitte Mai bis Mitte September 1810 reifte weiter der Plan zu einer Selbstbiographie, die Wahrheit und Dichtung seines Lebens aufnehmen sollte. Der Sechzigjährige begann, sich selbst historisch zu werden und die Summe seines Lebens zu ziehen. Bis zum Tod füllten sich seine Briefe an die Freunde mit bilanzierenden Passagen, geschrieben im Bewußtsein, im Innersten einsam zu sein und fremd gegenüber Tendenzen der jüngeren Generation. Doch immer noch warteten unvermutete Aufbrüche auf ihn, Begegnungen und Erlebnisse von jugendlichem Schwung.

Im Sommer 1810 muß ihn die österreichische Kaiserin Maria Ludovica, erst dreiundzwanzig Jahre alt und dritte Frau des mehr als zwei Jahrzehnte älteren Kaisers Franz, zutiefst beeindruckt haben. Zum 6. Juni, zu ihrem Einzug in Karlsbad, trug man ihr ein Gedicht vor, das Goethe auf Bitte des Kreishauptmanns geschrieben hatte, drei weitere folgten in der nächsten Zeit, und alle vier hielt ihr Dichter für so wichtig, daß er sie in 300 Exemplaren auf eigene Kosten drucken ließ (vgl. oben S. 775). Als die junge Kaiserin im Sommer 1812 in Teplitz weilte, kam es zu zahlreichen Begegnungen; fast täglich sahen sie sich, Goethe las ihr vor, in zwanglosem Rahmen, und manche schriftliche Mitteilung erreichte sie über ihre Hofdame Gräfin O'Donell. Sie selbst hütete sich, ein Wort zu schreiben, weil sie wohl keinen Anlaß zu Gerede geben wollte. Wiederum kann niemand entschlüsseln, welchen Part in dieser merkwürdigen Konstellation erotische Anziehung und Verzauberung gespielt haben, auf beiden Seiten. »Man kann sich kaum einen Begriff von ihren Vorzügen machen«, schrieb er Christiane am 19. Juli 1812. »Ihr werdet über gewisse Dinge, die ich zu erzählen habe, erstaunen, beinahe erschrecken.« In Weimar und anderwärts tuschelte man bald genug über die Teplitzer Episode, die Goethe nie vergaß. Drei Tage nach der Abreise der Kaiserin schrieb er am 13. August 1812 an Reinhard: »Eine solche Erscheinung gegen das Ende seiner Tage zu erleben, gibt die angenehme Empfindung, als wenn man bei Sonnenaufgang stürbe und sich noch recht mit inneren und äußeren Sinnen überzeugte, daß die Natur ewig produktiv, bis ins Innerste göttlich, lebendig, ihren Typen getreu und keinem Alter unterworfen ist.« Er sah Maria Ludovica, die schon 1816 starb, nicht wieder. In die *Annalen* zu diesem Jahr gab er den Satz: »Der Tod der Kaiserin versetzte mich in einen Zustand, dessen Nachgefühl mich niemals wieder verließ.« Noch 1821 bekannte er, »den Tod der hochseligen Kaiserin noch nicht verwunden« zu haben (an Reinhard, 25. 5. 1821). Es müssen für den, der dies schrieb, erhöhte Stunden gewesen sein, die er in ihrer Gegenwart verbrachte. Vielleicht sah er in der jugendlichen Kaiserin eine leibhaftige Eugenie, wie er sie in der *Natürlichen Tochter* gedichtet hatte, und war beglückt, daß »die Natur ewig produktiv« solche Gestalten wirklich hervorbrachte.

Noch vor dem Aufbruch nach Karlsbad 1810 bahnte sich eine Bekanntschaft an, die Goethe in den nächsten Jahren um neue Kunsterfahrungen bereichern sollte. Im April fühlte Graf Reinhard bei ihm vor, ob ein gewisser Sulpiz Boisserée ihn aufsuchen dürfe, um sich vorzustellen und Zeichnungen vom Kölner Dom vorzulegen. Er sei »halb Mäzen, halb Schüler und Jünger von Friedrich Schlegel«, lebe seit kurzem in Heidelberg und besitze eine »sehr merkwürdige Sammlung altdeutscher Gemälde« (Reinhard an Goethe,

16.4.1810). Goethe antwortete freundlich aufgeschlossen, aber ausweichend; an einer Begegnung mit einem Anhänger des Konvertiten Schlegel, des Predigers von der Vorbildlichkeit christlicher Kunst, war er wenig interessiert. So verwies er auf die Turbulenz in den Wochen vor Reisebeginn und bat, jetzt von einem Besuch abzusehen. Buchhändler Zimmer brachte Anfang Mai die Ansichten und Aufrisse vom Dom zu Köln, der seit Jahrhunderten als Torso am Rhein verkümmerte, und Boisserée erläuterte in einem langen Schreiben vom 8. Mai seine Pläne. Die Zeichnungen seien gedacht »als Grundlage zu einem Werk welches dem Entwurf nach den Schluß einer Sammlung Denkmäler christlicher Bauart in Köln vom 7ten bis zum 13ten Jahrhundert ausmachen soll«. Goethe bedankte sich sogleich und sprach eine Einladung aus (15.5.1810). Zu Reinhard äußerte er sich ausführlicher: Er lobte die Zeichnungen, schränkte aber ein, der Gegenstand könne nur an seiner Stelle schätzenswert sein, »als ein Dokument einer Stufe menschlicher Kultur« (22.7.1810). Er erinnerte sich auch daran, daß er ja selbst in Jugendzeiten vom gotischen Straßburger Münster begeistert gewesen war, und so nahm er »die ganze Rücktendenz nach dem Mittelalter und überhaupt nach dem Veralteten« gelassen hin; man solle ihm »nur nicht glorios damit zu Leibe rücken« (7.10.1810).

Sulpiz Boisserée, 1783 geboren, stammte aus wohlhabendem Kölner Kaufmannshaus. Nach dem frühen Tod der Eltern konnten sich er und sein jüngerer Bruder Melchior, finanziell unabhängig, ganz ihren Neigungen für Kunst und Literatur widmen. Johann Baptist Bertram gesellte sich hinzu, ein Freund der neuen romantischen Ansichten und Bestrebungen. 1802 reisten die drei nach Paris, um die im Musée Napoléon aus Europa zusammengerafften Kunstwerke zu besichtigen. Aus dem Besuch wurde ein langer Winteraufenthalt, ein ständiger Gedankenaustausch mit Friedrich und Dorothea Schlegel, bei denen sie wohnten. Gebürtige und überzeugte Katholiken, waren die Boisserées und Bertram für sakrale Kunst besonders empfänglich. Auf der Rückreise von Paris, der sich Schlegel anschloß, beeindruckte sie die niederrheinisch-niederländische Kunst, auf deren Bedeutung Friedrich Schlegel in Beiträgen für seine Zeitschrift *Europa* so nachdrücklich aufmerksam machte. Die Brüder Boisserée begannen zu sammeln und nutzten die Gunst der Stunde. Nach der Säkularisation waren Kunstwerke, die zum Kirchengut gehört hatten, leicht zu bekommen; achtlos ging man mit ihnen um. Ein mittelalterliches Kreuzigungsbild, ihre erste Erwerbung, entdeckten sie, als es auf einem Handkarren über den Kölner Neumarkt gefahren wurde. In Köln, im Rheinland, im belgisch-niederländischen Raum konnten die sammelnden Kunstfreunde viel entdecken und aufkaufen. So entstand in wenigen Jahren eine imponierende Sammlung von Gemälden der niederrheinischen und niederländischen Schulen des 14. bis 16. Jahrhunderts. Je größer der Bestand wurde, desto mehr bemühten sich die Sammler auch um eine kunsthistorische Erfassung der Werke. Dabei unterliefen ihnen zwar viele Irrtümer bei der Identifizierung der Künstler, aber es gelang ihnen, das Material stilistisch und chronologisch zu ordnen. Die Sammlertätigkeit ging viele Jahre weiter, so daß die Kunstwelt erst durch die Sammlung Boisserée (heute größtenteils in München) auf bedeutende Werke alter Meister wie Dieric Bouts, Hans Memling, Jan Gossaert, Joos van Cleve, Bernaert van Orley, Roger van der Weyden und auf eine Fülle von Bildern anonymer Meister aufmerksam wurde, die nach ihren Hauptwerken oder den Herkunftsstätten bezeichnet werden (wie Meister des Marienlebens, Meister von Liesborn, Meister von St. Severin).

1810 zogen die Boisserées mit ihrer Sammlung nach Heidelberg, mieteten Räume in einem stattlichen Gebäude am Karlsplatz, und kein Kunstenthusiast ließ es sich entgehen, die Galerie zu besuchen, in der die Bilder nicht alle an den Wänden hängen konnten, sondern den Besuchern Stück für Stück auf eine Staffelei gestellt wurden. 1814 und 1815 sollte Goethe sie bei seinen Reisen in die Rheingegend besichtigen und zutiefst von ihr beeindruckt werden.

Vom 3. bis 12. Mai 1811 konnte Sulpiz Boisserée endlich Goethe in Weimar besuchen. Ebenso ausführlich wie humorvoll berichtete er in Briefen und im Tagebuch über die Begegnungen und Gespräche, die von den Domzeichnungen, den *Faust*-Bildern des Peter Cornelius und der Gemäldesammlung bestimmt waren (G 2, 120ff.). »Steif und kalt« der Empfang durch den »alten Herrn«, der »mit gepudertem Kopf, seine Ordensbänder am Rock«, erschien und zunächst auf Grüße und Berichte des Gasts mit »Ja, ja! schön! hem, hem!« reagierte. »Erst als wir von der alten Malerei sprachen, taute er etwas auf.« Aber schon am nächsten Tag meldete der Besucher, der sich in gemessener Selbstsicherheit verhielt und eindrucksvoll für seine Ansichten zu plädieren wußte: »Mit dem alten Herrn geht mir's vortrefflich, bekam ich auch den ersten Tag nur einen Finger, den andern hatte ich schon den ganzen Arm.« Nach Tisch spielte ein Baron Oliva auf dem Flügel, im Musiksaal hingen Runges Darstellungen von Morgen, Mittag, Abend und Nacht. Goethe fragte seinen jungen Gast:

Was, kennen Sie das noch nicht? Da sehen Sie einmal, was das für Zeug ist! Zum Rasendwerden, schön und toll zugleich. Ich antwortete: Ja, ganz wie die Beethovensche Musik, die der da spielt, wie unsere ganze Zeit. Freilich, sagte er, das will alles umfassen und verliert sich darüber immer ins Elementarische, doch noch mit unendlichen Schönheiten im einzelnen. Da sehen Sie nur, was für Teufelszeug, und hier wieder, was da der Kerl für Anmut und Herrlichkeit hervorgebracht, aber der arme Teufel hat's auch nicht ausgehalten, er ist schon hin, es ist nicht anders möglich, wer so auf der Kippe steht, muß sterben oder verrückt werden, da ist keine Gnade (G 2, 122 f.).

Kurz vorher, am 12. April, hatte Beethoven einen verehrungsvollen Brief geschrieben und seine Musik zu *Egmont* angekündigt. Bettina war schwärmerisch beredte Fürsprecherin des Komponisten, von dem Goethe, wie sein Dankbrief zeigt (25. 6. 1811), Klavierwerke kannte. Baron Oliva, Beethovens Freund, wird Sonaten und Liedkompositionen gespielt haben. Was Goethe noch befremdete, war das Eruptive, emotional Gesteigerte, das mit einem Musikverständnis, das an der klaren Linienführung und dem durchschaubaren Maß der Musik Bachs, Händels, Mozarts und den insgesamt kunstvoll-einfachen Kompositionen Reichardts und Zelters geschult war, nicht mehr ganz zu erfassen war. Aber »Anmut und Herrlichkeit«, zwar an Runges Bildern gerühmt, begeisterten den Zuhörer auch in dieser Musik. Im Teplitzer Sommer von 1812, über dem für Goethe der Stern der Kaiserin Maria Ludovica leuchtete, waren Goethe und Beethoven mehrfach zusammen. Zu einem unerfreulichen Zusammenstoß, wie es die Anekdote wissen will, ist es dabei gewiß nicht gekommen. »Abends mit Beethoven nach Bilin zu gefahren.« – »Abends bei Beethoven. Er spielte köstlich«, steht im Tagebuch (20. und 21. 7. 1812). Freilich schrieb Beethoven am 9. August seinen Verlegern Breitkopf und Härtel: »Goethe behagt die Hofluft zu sehr, mehr als einem Dichter geziemt.« Aber das mochte ein Reflex jenes höfischen Umgangs sein, an dem der Dichter der Kaiserin-Gedichte in jenen Wochen keinen Mangel hatte, gewiß auch ein Ausdruck des Drangs nach Ungebundenheit, des republikanischen Geistes, den er beim Weimarer Geheimrat vermissen mußte. Goethe wiederum schrieb Zelter: Beethovens »Talent hat mich in Erstaunen gesetzt; allein er ist leider eine ganz ungebändigte Persönlichkeit, die zwar gar nicht unrecht hat, wenn sie die Welt detestabel findet, aber sie freilich dadurch weder für sich noch für andere genußreicher macht« (2. 9. 1812). Die gegenseitige Hochachtung und Bewunderung lädierten diese Einschätzungen zweier ungleicher Temperamente nicht.

Bei den Begegnungen mit den Jüngeren war Goethe aufgewühlt von neuen Eindrücken, fürchtete aber Maßloses, Ungebändigtes, alles, was sich nicht seinen Grundsätzen einpaßte, die er sich in angespannter Beschäftigung mit den antiken Meistern und ihren Nachfolgern angeeignet hatte. Doch war er nun erstaunlich aufgeschlossen für bisher wenig Beachtetes, wenn es ihm in kundiger und unaufdringlicher Weise nahegebracht wurde. Sulpiz Boisserée war offensichtlich ein Meister solcher Vermittlung. Er traf Goethe allerdings auch in einer günstigen Phase der Aufnahmebereitschaft. Denn sein Sinn für die Vielfalt und Unterschiedlichkeit historischer Phänomene war offener geworden, seitdem er die Materialien zu seiner Geschichte der Farbenlehre studiert hatte und auch in der autobiographischen Arbeit Reminiszenzen an eigene Wagnisse und Entwürfe der Jugend geweckt wurden. Als ob er Herdersche Gedanken aufgriff, sprach er dem Individuellen und den historischen Einzelheiten ihr Recht zu. Damit verlor ein klassizistischer Dogmatismus, der sich ohnehin nur im Theoretischen verhärtet hatte, an Geltung. Er erkannte, »daß man aus dem moralischen Standpunkt keine Weltgeschichte schreiben kann. Wo der sittliche Maßstab paßt, wird man befriedigt, wo er nicht mehr hinreicht, bleibt das Werk [des Historikers] unzulänglich und man weiß nicht was der Verfasser will« (an Reinhard, 22.7.1810). So erschien gerade auch das Mittelalter, die »sogenannten dunklen Jahrhunderte« (an F. Jacobi, 7.3.1808), in einem freundlicheren Licht. Jedoch konnte bei Goethe immer wieder eine Geschichtsbetrachtung durchschlagen, die sich nicht damit zufrieden gab, das Vergangene zu verstehen und gelten zu lassen, sondern entschieden wertete und nach den als verbindlich erachteten Maßstäben aburteilte; ganz zu schweigen von seiner Skepsis gegenüber einer ›objektiven‹ Geschichtsdarstellung. Seine Ansichten zu diesen Fragen wechselten, durchkreuzten sich sogar und waren oft von der Situation abhängig, in der sie geäußert wurden. Ähnlich kontrastreich waren seine Meinungen vom Allgemeinen und Individuellen. Mehrfach betonte er in den späteren Jahren, es gehe ihm eigentlich nur noch um das Allgemeine, das Generische, das Grundgesetzlichkeiten in sich birgt und erkennen läßt. Aber auch den Wert des Individuellen betonte er gelegentlich mit Nachdruck. So sah er bei Philipp Otto Runge, »wie ein talentvolles Individuum sich in seiner Eigenheit dergestalt ausbilden kann, daß es zu einer Vollendung gelangt, die man bewundern muß« (an Ph. O. Runge, 2.6.1806), und konnte doch die Gesamttendenz, der dieses Individuum folgte, nicht gutheißen.

Sulpiz Boisserée täuschte sich, wenn er im Mai 1811 nach seinen langen Gesprächen mit Goethe, die immer freundschaftlicher wurden, glaubte, er hätte »die Vorurteile eines der geistreichsten Menschen« überwunden und ihn zur christlich-altdeutschen Kunst bekehrt. Goethe hatte nur das ihm Nahegebrachte freundlich gelten lassen, ohne sich deshalb der Schar der fürs christliche Mittelalter Begeisterten anzuschließen. Und er hatte an der Persönlichkeit des jungen Boisserée Gefallen gefunden. Die Verbindung mit ihm blieb bis zu Goethes Tod lebendig; Toleranz auf beiden Seiten ermöglichte einen kontinuierlichen Briefwechsel. Ihm kam zugute, daß sich Goethe bereitwillig dem großen Eindruck, den die spätmittelalterlichen Bilder

auf ihn machten, überließ, ohne doch an seinem antikischen Credo irrezu-
werden, und daß Boisserée die von ihm geschätzten Werke nicht als das Non
plus ultra aller Kunst propagierte.

Während Goethe früher in die Zeit vor dem 16. Jahrhundert mit Luther,
Gottfried von Berlichingen und Hans Sachs nicht vorgedrungen war, las er in
diesen Jahren nun auch deutsche Literatur des Mittelalters (*Annalen* zu
1809), aber seine Kenntnis blieb bruchstückhaft, und die Ferne zu den alten
Texten war nicht leicht zu überwinden; denn es »hatte sich eine alles
verwandelnde Zeit dazwischen gelegt« (*Annalen* zu 1811). Und in seiner
Überzeugung wurde er nicht wankend: »Ich habe an der Homerischen, wie
an der Nibelungischen Tafel geschmaust, mir aber für meine Person nichts
gemäßer gefunden, als die breite und tiefe immer lebendige Natur, die Werke
der griechischen Dichter und Bildner«, schrieb er, immerhin nach dem
Besuch der Boisseréeschen Sammlung in Heidelberg, an seinen Freund
Knebel (9. 11. 1814). Das Nibelungenlied vor allem war es, das auch ihn wie
viele Zeitgenossen in Bann schlug. Nach Ausweis der *Annalen* seit spätestens
1806 mit dieser Dichtung bekannt, begann er sie ausgiebig zu studieren,
nachdem ihm Friedrich Heinrich von der Hagen seine modernisierende
Bearbeitung *Der Nibelungen Lied* geschickt hatte. Aus dem Schema für eine
Besprechung der Übersetzung des Lieds durch Karl Simrock (1827) erkennt
man, daß er es als »grundheidnische« Dichtung auffaßte, in der »keine Spur
von einer waltenden Gottheit« zu finden sei (12, 348). Auch deshalb war ihm
dieses Epos lieb, weil es von der katholisierenden »Rücktendenz nach dem
Mittelalter« nicht vereinnahmt werden konnte, wenngleich August Wilhelm
Schlegel in ihm christlichen Geist zu spüren meinte. »Die Kenntnis dieses
Gedichts gehört zu einer Bildungsstufe der Nation«, notierte Goethe in
seinem Rezensionsschema (12, 349) und erlebte in den napoleonischen
Jahren, wie es »patriotische Tätigkeit« war, die die Gebildeten mit besonderer Teilnahme zu den Werken des deutschen Altertums greifen ließ (*Annalen*
zu 1807). Die Erschließung alter Quellen der eigenen Vergangenheit sollte
das Nationalbewußtsein sowohl gegenüber der Fremdherrschaft als auch der
Zerstückelung der Nation in Kleinstaaterei stärken helfen.

Die *Nibelungen* las er bei seinen Mittwochsbeiträgen vor und übersetzte
sie Zeile für Zeile. Seit Ende 1805 hielt er nämlich mittwochs in den
Vormittagsstunden in seinem Haus private Vorlesungen, zu denen Damen
des Hofs und der Weimarer Gesellschaft eingeladen waren. Er schuf sich
damit ein Forum, um besonders von seinen naturwissenschaftlichen Arbeiten zu berichten. Auch eine Hausmusik richtete er seit Herbst 1807 ein, zu
der sich donnerstags Sänger des Hoftheaters einfanden. Es war eine kleine
Singakademie, die geistliche und ernste weltliche Vokalmusik pflegte und

1810 sogar vor geladenen Gästen im Theater auftrat. Zelter war mit Notenmaterial behilflich. Mittwochsvorträge und Hausmusik, die bis 1814 nachgewiesen ist, waren Versuche gebildeter Geselligkeit, die das eigene Dasein stabilisieren halfen und in unruhiger Zeit Inseln privater Gemeinschaft bildeten, ohne daß den Teilnehmern geheimste Bekenntnisse abverlangt wurden. Johanna Schopenhauers Salon, in dem Goethe oft einkehrte, entsprach aufs angenehmste dem zwanglos kultivierten Beisammensein, wo ständische Abgrenzungen nebensächlich wurden und ein wohltemperierter Umgang miteinander entspannende Konversation ermöglichte.

Wenn die Weltereignisse bedrängend wurden, wandte sich Goethe gern zu dem, was ihm am nächsten lag oder ihn in Gedanken in die Ferne trug. Da kam ihm auch eine Nebenarbeit zustatten. Der Maler Philipp Hackert war 1807 gestorben und hatte bestimmt, die Edition seiner Lebensbeschreibung und seiner Aufzeichnungen möge Goethe besorgen, mit dem er seit dessen italienischer Zeit vertrauten Kontakt hatte. Hackert war durch seine Landschaftsbilder bekannt geworden, die er ›nach der Natur‹ malte. Diese Gemälde strebten topographische Genauigkeit an (behielten gleichwohl Züge der ›Ideallandschaft‹) und waren bei denen beliebt, die die unverkünstelte Natur suchten oder auch zur Erinnerung an eigene Reisen Darstellungen des von ihnen in Italien Gesehenen wünschten. Nach damals vorherrschenden Ansichten galt allerdings immer noch die in freier Komposition gemalte ›ideale Landschaft‹ als höherwertig. Ihnen hätte auch Goethe zustimmen müssen, der bekanntlich in der »einfachen Nachahmung der Natur« nicht das Ziel der Kunst sah. Dennoch schätzte er Hackerts Bilder, den er als »berühmten Landschaftsmaler« im Februar 1787 in Neapel aufsuchte (11, 186). Wer wie Goethe die Natur genau beobachtete und ihre Verhältnisse erkennen wollte, wurde von Hackerts ›Landschaften nach der Natur‹ angesprochen, auch wenn an ihrer Ausführung, etwa beim Kolorit, einiges auszusetzen sein mochte. Während des Zweiten römischen Aufenthalts waren sie oft zusammen, und Goethe, immer noch selbst in Zeichnung und Malerei sich übend, bewunderte den Künstler, »der eine unglaubliche Meisterschaft hat, die Natur abzuschreiben und der Zeichnung gleich eine Gestalt zu geben« (11, 351). Goethe erfüllte den Wunsch des Verstorbenen und gab 1811 die größtenteils sorgfältig überarbeiteten und mit eigenen Zusätzen bereicherten Aufzeichnungen bei Cotta heraus: *Philipp Hackert. Biographische Skizze, meist nach dessen eigenen Aufsätzen entworfen von Goethe.*

Autobiographische Arbeit

Einkehr bei sich selbst bedeutete die jahrelange Arbeit an der Autobiographie *Dichtung und Wahrheit*. Am 1. Oktober 1809, so das Tagebuch, entwarf er das »Schema einer Biographie«, aber erst seit Januar 1811 widmete er sich fortlaufend dem Diktat seiner Lebensgeschichte, nachdem er Bettina Brentano, der seine Mutter viel erzählt hatte, um Material gebeten, sich in das 18. Jahrhundert vertieft und mancherlei Stoff zusammengetragen hatte. Aus der Bibliothek entlieh er sich einschlägige Literatur, um sein Leben und seine dichterischen Versuche in die Geschichte der Zeit einordnen zu können. Im Herbst 1811 war der erste Teil bereits gedruckt. Die Arbeit ging zügig weiter. Während Europa den Atem anhielt und Napoleons Vormarsch in Rußland verfolgte, während Moskau brannte und die französischen Heere zurückfluteten, während Schlachten geschlagen und im Oktober 1813 bei Leipzig den Verbündeten der Sieg über den Eroberer gelang, brachte Goethe seine Biographie voran. Der zweite Teil (Buch 6–10) lag 1812 vor, der dritte Teil (Buch 11–15) folgte 1814 – und die Zeit der Lili-Liebe des Jahres 1775 war noch gar nicht geschildert. Dann stockte die Arbeit. Anderes drängte vor, die gegenwärtigen Erlebnisse der Reisen an Main, Rhein und Neckar 1814 und 1815, der unverhoffte Reichtum der *Divan*-Lyrik. Und als er wieder ans Biographische ging, wagte er sich an das letzte Frankfurter Jahr mit seinen Wirren um Lili nicht heran (vielleicht auch, weil die Braut von einst noch lebte), sondern komponierte 1813–1817 aus alten Briefen und Aufzeichnungen die *Italienische Reise*, der sich 1822 der Bericht über die *Campagne in Frankreich* und die *Belagerung von Mainz* anschloß. Erst seit 1824 nahm er die Fortsetzung der früheren Bücher von *Dichtung und Wahrheit* wieder auf, beendete sie im Oktober 1831 – und war doch nur bis zum Aufbruch nach Weimar im Herbst 1775 gelangt. Nach seinem Tod konnte dieser vierte Teil (Buch 16–20) endlich erscheinen.

Dem ersten Band schickte Goethe eine Einleitung voran, in der er auf den »Brief des Freundes« verwies, den die Vielfalt der dichterischen Werke irritierte, die in einer Gesamtausgabe vereinigt waren. »Man möchte sich daraus gern ein Bild des Autors und seines Talents entwerfen« (9, 7). Den Wunsch nach einer chronologischen Ordnung und Erläuterung seiner Werke hatte Goethe öfters gehört. Ihn hinreichend erfüllen konnte nur eine Darstellung, die weit ausgriff und dem zu entsprechen trachtete, was er als »ein kaum Erreichbares« in dem Leitsatz formulierte: »Denn dieses scheint die Hauptaufgabe der Biographie zu sein, den Menschen in seinen Zeitverhältnissen darzustellen, und zu zeigen, inwiefern ihm das Ganze widerstrebt, inwiefern es ihn begünstigt, wie er sich eine Welt- und Menschenansicht daraus gebildet, und wie er sie, wenn er Künstler, Dichter, Schriftsteller ist, wieder nach außen abgespiegelt« (9, 9). Diesem Prinzip folgte *Dichtung und Wahrheit*, und damit entstand eine (Teil-)Biographie mit einem methodischen Bewußtsein, die damals ihresgleichen suchte. Jenes Wider- und Zusammenspiel von Zeit und produktiver Persönlichkeit, die Auseinandersetzung von Ich und Welt, in der Bildung geschieht und schöpferische Kräfte freigesetzt werden, die Entwicklung aus dämmernder Unbewußtheit der Kindheit zum wagenden Tun des jungen Mannes, das Geflecht von Glücksmomenten und Enttäuschungen, der Gewinn und Verlust von Freundschaften, die Verarbeitung von Einwirkungen und persönlichen Erfahrungen: das alles blieb Thema der Selbstbiographie. Eine ›objektive‹ Darstellung darf freilich niemand erwarten. Der Autobiograph wollte im Rückblick auf das eigene Leben und Schaffen »das eigentliche Grundwahre«, das bestimmend geworden war, freilegen. Das sei aber nicht möglich, erläuterte er König Ludwig I. von Bayern, »ohne die Rückerinnerung und also die Einbildungskraft wirken zu lassen«, und so sei es unumgänglich, »gewissermaßen das dichterische Vermögen auszuüben«. Deshalb habe er im Titel das Wort »Dichtung« gewählt, »um mich des Wahren, dessen ich mir bewußt war, zu meinem Zweck bedienen zu können« (11.1.1830).

Als er 1813 den dritten Teil abgeschlossen hatte, entwarf er ein (dann nicht gedrucktes) Vorwort, in dem er erklärte, wie er das Ganze nach jenen Gesetzen zu gestalten begonnen habe, »wovon uns die Metamorphose der Pflanzen belehrt« (JA 24, 267). So lag dem alten Autobiographen daran, sein eigenes Leben als stetiges Wachsen, als allmählichen Reifeprozeß, als Metamorphose erscheinen zu lassen, als Beispiel für eine geprägte Form, die lebend sich entwickelt. Es ist eindrucksvoll und hat manche literaturgeschichtliche Darstellung (nicht immer zu ihrem Vorteil) bestimmt, wie er im siebten Buch den Entwicklungsprozeß der Literatur des 18. Jahrhunderts zeichnet, um seinen historischen Ort zu charakterisieren und die besondere Art seines poetischen Schaffens hervortreten zu lassen: kraft eigener dichterischer Einbildungskraft, die Erlebnisse und Erfahrungen zu verarbeiten vermag, Leben und Welt zu deuten, weil überlieferte Interpretationsmuster nicht mehr ausreichen. Die Biographie ist angefüllt mit Berichten über die Vaterstadt, das Elternhaus, mit Episoden aus der Kindheit und Jugendzeit, mit Erzählungen von wichtigen Begegnungen in Leipzig und Straßburg, und manches, was sich früh anbahnt, erweist sich als sinnvolles Vorspiel. Für jeden, der sich mit Goethe beschäftigt, bleibt seine Selbstdarstellung ein unschätzbares Dokument, das freilich als kunstvolle Verbindung von Wahrheit und Dichtung gelesen sein will. Der Biograph durchsetzt das Erzählte mit allgemeinen Reflexionen, die am Einzelfall des geschilderten Lebens

Exemplarisches menschlicher Entwicklung überhaupt hervorheben. Doch sind Geschichte und Resultate des hier erzählten Lebens nicht übertragbar. Zu einzigartig waren die Konstellationen, in denen sich dieses Ausnahmeindividuum mit seinen produktiven Fähigkeiten entfalten konnte. Und die rückschauende Deutung unter den Auspizien stetiger Metamorphose mußte mit Umdeutungen erkauft werden. So verfiel, was sich in der jugendlichen Sturm und Drang-Phase sehr wohl auch als Aufbegehren gegen fragwürdige Herrschaft und soziale Zwänge verstanden hatte, nun der Uminterpretation, weil Brüche und Inkonsequenzen im Lebenslauf und in der Werkgeschichte im Konzept des Ganzen nicht unterzubringen waren. Und die Furcht vor allem Revolutionären saß tief. Ohne Ungerechtigkeiten gegen sich selbst und andere Weggenossen von damals war die Richtlinie der späten Lebensdeutung nicht einzuhalten.

Dichtung und Wahrheit ist eine Apotheose des künstlerisch-schöpferischen Einzelnen, die eine Einheit des Lebens und Werks suggeriert, wie sie in Wirklichkeit nicht bestanden hatte. Und weil sie dies war, mußte der Biograph in ein unlösbares Dilemma geraten, wenn er das erste Jahrzehnt in Weimar nach dem gleichen Muster erfassen wollte. Deshalb klafft die Lücke von 1776–1786 in den autobiographischen Schriften, als ihrem Autor anderes wichtiger war als die Pflege künstlerischer Produktivität und Subjektivität.

Besonnenheit statt Begeisterung.
Während der Befreiungskriege

Als Napoleon in Moskau eingezogen war und die Russen keinen anderen Rat wußten, als ihre Stadt anzuzünden, um den Aggressor zu vertreiben (15.–20.9.1812), meinte Goethe lakonisch: »Daß Moskau verbrannt ist, tut mir gar nichts. Die Weltgeschichte will künftig auch was zu erzählen haben« (an Reinhard, 14.11.1812). Was der Rückzug aus Moskau historisch bedeutete: den Beginn von Napoleons Niedergang, konnte er damals noch nicht ermessen. Die sarkastische Lakonie war der Versuch, Distanz zum Weltgeschehen zu wahren, ein Ereignis wegzuspotten, dessen Ungeheuerlichkeit er wohl erkannte, wie ein zugehöriger Briefentwurf zeigt. Im Grunde zeugt die Distanzierung von einer tiefen Skepsis gegenüber den geschichtlichen Vorgängen, von denen er sich seit der Französischen Revolution wie übermannt fühlte, zudem sich in seine Bewunderung für Napoleon auch beklemmende Ratlosigkeit vor der dämonischen Macht des herrscherlichen Täters mischte. Noch 1828 soll er Kanzler Müller erklärt haben, die Weltgeschichte sei das

Absurdeste, was es gibt. »Ob dieser oder jener stirbt, dieses oder jenes Volk untergeht, ist mir einerley, ich wäre ein Thor, mich darum zu kümmern« (KM 6. 3. 1828).

In kühler Distanz blieb er zu den patriotischen Aufwallungen, die das Volk ergriffen, als sich Preußen zu erheben und alle Kräfte gegen die Franzosen zu mobilisieren begann. Kaum bemerkt, war Napoleon in einer primitiven Kutsche auf der Flucht nach Paris am 15. Dezember 1812 durchs nächtliche Weimar gefahren und hatte seinem Gesandten Baron de Saint-Aignan in Erfurt noch eigens Grüße an Goethe aufgetragen. Mit dem kultivierten französischen Baron, der die kulturelle Bedeutung Weimars ebenso anerkannte wie die Napoleonfeindlichkeit des Rheinbundfürsten beargwöhnte, unterhielt Goethe angenehme Kontakte. Der Herzog ironisierte gleich am nächsten Tag: »Weißt du denn schon, daß *St. Aignan* beauftragt ist, dir vom Kayser der Nacht schöne Grüße zu bringen? So wirst du von Himmel und Hölle beliebäugelt« (16. 12. 1812), womit er auf Maria Ludovica anspielte, die eine entschiedene Gegnerin des Korsen war. Während der Herzog dem Bankrott Napoleons entgegenfieberte, an den er im Rheinbund noch gekettet war, hielt sich sein alter Freund zurück. Goethe konnte den Untergang Napoleons nicht bejubeln, weil er ihn als dominierende Geschichtsmacht respektierte und nach seinem Ausscheiden nur neue Unordnung, die verhaßte, befürchtete. Und dem plötzlich lebendig gewordenen vaterländischen Gemeinschaftsgefühl traute er nicht. Da war ihm zuviel Unausgegorenes im Spiel. Er habe die Deutschen »noch nie verbunden gesehen als im Haß gegen Napoleon. Ich will nur sehen, was sie anfangen werden, wenn dieser über den Rhein gebannt ist« (an Knebel, 24. 11. 1813). Er konnte auch nicht übersehen, daß das Volk, das sich zum Befreiungskrieg gegen die Fremdherrschaft zusammenfand, über Wortführer verfügte, die den Kampf gegen den äußeren Feind auch zum Freiheitskrieg für die Erlangung einer gewissen bürgerlich-demokratischen Ordnung im Innern stempelten, und die Fürsten hatten in der Notlage bereits einige Zusicherungen geben müssen. Für Goethe braute sich da etwas zusammen, das das etablierte Gefüge ins Wanken bringen könnte, und daran war ihm nicht gelegen.

Preußen hatte sich endlich mit Rußland zusammengeschlossen und Frankreich am 27. März 1813 den Krieg erklärt. Noch wehrte sich Napoleon, der nach dem Desaster in Rußland eine neue Armee aus dem Boden gestampft hatte, in erbitterten Kämpfen und konnte einige Schlachten für sich entscheiden. Aber der Sieg der Verbündeten, zu denen auch Österreich gehörte, in der dreitägigen Völkerschlacht bei Leipzig (16.–19. 10. 1813) besiegelte sein Schicksal. Weimar hatte turbulente Monate hinter sich. Sah es Mitte April so aus, als könnte eine preußische Truppe, die eingerückt war, sich halten, kehrten am 18. April die Franzosen zurück, – und Carl August, obwohl Rheinbundfürst, hatte schon mit dem preußischen Kommandeur getafelt. Noch einmal kam Napoleon selbst in die Residenzstadt und suchte den Herzog im Schloß auf. Der mußte in jenen Monaten politisch lavieren, war diesmal aber von der Persönlichkeit des unerbittlich kämpfenden Kaisers stark beeindruckt.

Goethe setzte sich für lange Zeit von Weimar ab. Schon am 17. April brach er nach Böhmen auf, diesmal nach Teplitz, und nahm den Weg über Leipzig und Dresden. Da im Land Truppen umherschweiften, reiste er verkleidet. Aber bei Meißen erkannten ihn Freikorpskämpfer, und er ließ sich herbei, auf ihren Wunsch ihre Waffen zu segnen; denn für sie war er ein Idol deutschen Geistes. In Dresden »bei Körners, wo wir Herrn Arndt fanden« (Tagebuch, 21.4.1813). Ernst Moritz Arndt hat darüber berichtet:

Auch Göthe kam, und besuchte mehrmals das ihm befreundete Körnersche Haus. Ich hatte ihn in zwanzig Jahren nicht gesehen; er erschien immer noch in seiner stattlichen Schöne, aber der große Mann machte keinen erfreulichen Eindruck. Ihm war's beklommen und er hatte weder Hoffnung noch Freude an den neuen Dingen. Der junge Körner war da, freiwilliger Jäger bei den Lützowern; der Vater sprach sich begeistert und hoffnungsreich aus, da erwiderte Göthe ihm gleichsam erzürnt: »Schüttelt nur an Euren Ketten, der Mann ist Euch zu groß, Ihr werdet sie nicht zerbrechen« (*Erinnerungen aus dem äußeren Leben*, 1840, S. 195 f.).

»Weder Hoffnung noch Freude«: die Bemerkung Arndts traf genau die skeptische Haltung Goethes, der sich bis Mitte August in Böhmen aufhielt. Von einem »traurigen und schreckensvollen Jahre« sprach er im Neujahrsbrief 1814 an Carl August, wo doch in der Silvesternacht Blüchers Truppen über den Rhein gingen, um Napoleon nach Frankreich zu verfolgen. Nach der Schlacht bei Leipzig war der Rheinbund zusammengebrochen, der Weimarer Herzog schloß sich der antinapoleonischen Koalition an, und man übertrug ihm den Oberbefehl über ein deutsches Armeekorps. Im Januar 1814 zog er ins Feld und hatte die Aufgabe, die belgischen Teile der Niederlande zu erobern. Als der Auftrag erledigt war, reiste er Ende April 1814 nach Paris, das am 30. März von den Verbündeten besetzt worden war und wo der Kaiser am 11. April abgedankt hatte. Verständlich, daß Carl August mit gemischten Gefühlen den Bemühungen Goethes nachgab, den Sohn August vom Kriegseinsatz zu verschonen, der seinerseits dadurch bei Freunden und Bekannten in ein schiefes Licht geriet. Auch er, der seit 1811 als Assessor im weimarischen Staatsdienst angestellt war, hatte sich freiwillig gemeldet, wurde nun aber als Ordonnanz dem in der Heimat residierenden

Erbprinzen zugeordnet, »in so ferne es den Jünglinge beliebe hier zu bleiben«, wie der Herzog anzüglich hinzufügte (an Goethe, 2.2.1814).

Im Dezember 1813 führte der junge Historiker Heinrich Luden ein langes Gespräch mit Goethe, das er wohl nicht in allen Formulierungen authentisch wiedergegeben hat (G 2, 210ff.). Er suchte um Protektion für seine Zeitschrift *Nemesis* nach. Als »öffentlicher Beamter« konnte Goethe gegen die Herausgabe nichts einwenden, aber privatim riet er ab. Luden solle bei seinen gelehrten Arbeiten bleiben und die Welt ihren Gang gehen lassen. Mit seinem politischen Journal werde er sich nur Ärger einhandeln: »Sie werden alles gegen sich haben, was groß und vornehm in der Welt ist; denn Sie werden die Hütten vertreten gegen die Paläste [...]«. Goethes Konservatismus im Sinne der Bewahrung des Bestehenden und allenfalls möglicher Verbesserungen in ihm war fest gegründet. Und dann kam er, so Ludens Bericht, auf die gegenwärtigen politischen Ereignisse zu sprechen. Er sei nicht gleichgültig »gegen die großen Ideen Freiheit, Volk, Vaterland«, ihm liege Deutschland durchaus am Herzen und das deutsche Volk, »so achtbar im einzelnen und so miserabel im ganzen«, habe noch eine Zukunft vor sich. Aber was die Gegenwart angehe: Sei denn das Volk wirklich erwacht, wisse es, was es wolle? Und was sei denn errungen worden? Gewiß, die Franzosen seien vertrieben, doch dafür sehe er nun Truppen anderer Völker in deutschen Landen. »Wir haben uns seit einer langen Zeit gewöhnt, unsern Blick nur nach Westen zu richten und alle Gefahr nur von dorther zu erwarten, aber die Erde dehnt sich auch noch weithin nach Morgen aus.« Goethe befürchtete, es gebe vielleicht allein einen Wechsel in der Vorherrschaft. Luden war beeindruckt. So stimmte es also doch nicht, wie allerorts zu hören war, Goethe »habe keine Vaterlandsliebe gehabt, keine deutsche Gesinnung, keinen Glauben an unser Volk, kein Gefühl für Deutschlands Ehre oder Schande, Glück oder Unglück«. Luden gebrauchte hier Formeln, von denen einige, deren fragwürdige Folgen wir kennen, Goethe wohl suspekt gewesen wären. Bezeichnend genug, daß dieser in jenem Gespräch betonte, vor Wissenschaft und Kunst, die der Welt angehörten, verschwänden »die Schranken der Nationalität«. Er ahnte, daß mit der patriotischen Welle ein borniert Nationalismus aufgeschwemmt werden könnte, in den Fremdenfeindlichkeit als selbstverständliches Ingredienz eingelassen sei. Auch deshalb blieb er reserviert gegenüber dem vaterländischen Enthusiasmus der Befreiungsjahre. Nie hätte er sich an der Glut des Hasses von Kleists *Hermannsschlacht* erwärmen können.

Indes wollte er nicht als unbeteiligter Außenseiter abseits bleiben, und er wußte dann doch auch, wie briefliche Äußerungen beweisen, die Befreiung von der Fremdherrschaft zu schätzen, »und mit welchem Dank man das Fest jener Schlacht zu feiern hat« (an C. G. Voigt, 11.7.1815), als Napoleon nach der Rückkehr von Elba und seiner Herrschaft der hundert Tage am 18. Juni 1815 bei Waterloo endgültig geschlagen war. Als Iffland im Frühjahr 1814 Goethe bat, für Berlin ein Festspiel zum Wiedereinzug des Königs zu schreiben, sagte er nach einigem Bedenken zu. *Des Epimenides Erwachen*, das aber erst am 30. März 1815, zum Jahrestag des Einmarschs in Paris auf die Bühne kam, wurde ein symbolträchtiges, schwer zu entschlüsselndes Stück, in dem Mythologisches und Gegenwärtiges auf komplizierte Weise miteinander verflochten sind. Goethe nahm die Gelegenheit wahr, »der Nation auszudrücken, wie ich Leid und Freude mit ihr empfunden habe und empfinde« (an Iffland, 15.6.1814), und kritisierte in Worten des Epimenides deutlich genug sein eigenes Verhalten:

> Doch schäm' ich mich der Ruhestunden,
> Mit euch zu leiden war Gewinn:
> Denn für den Schmerz den ihr empfunden,
> Seid ihr auch größer als ich bin.

Aber sogleich rechtfertigte der Priester den reuigen Epimenides:

> Tadle nicht der Götter Willen
> Wenn du manches Jahr gewannst:
> Sie bewahrten dich im stillen,
> Daß du rein empfinden kannst (V. 859 ff.).

Einen ähnlichen Gedanken hatte Goethe schon im November 1813 brieflich geäußert: Während viele hoffnungsvolle junge Menschen aufgeopfert würden, hätten die in ihrer Werkstatt Verharrenden die Pflicht, »das heilige Feuer der Wissenschaft und Kunst« sorgfältig zu bewahren (an J. F. John, 27.11.1813).

Im stillen Berka schrieb Goethe den *Epimenides*, einem Ort nahe bei Weimar, der seit 1812 zu einem kleinen Schwefelbad eingerichtet wurde, woran Goethe mit Gutachten und Ratschlägen mitwirkte (*Kurze Darstellung einer möglichen Bade-Anstalt zu Berka an der Ilm*, 22.1.1812). Sechs Wochen verbrachte er im Mai und Juni 1814 mit Christiane und ihrer Hausfreundin Caroline Ulrich in der Berkaer Zurückgezogenheit. »Hier ist es so still und friedlich, als wenn [...] hundert Meilen weit kein Kriegsgetümmel existirte« (an H. Meyer, 18.5.1814). Der Badeinspektor und Organist des Städtchens, Johann Heinrich Friedrich Schütz, spielte ihm in vielen Stunden Bach und Mozart auf dem Klavier vor, kam dann öfter auch nach Weimar, um am Frauenplan für den Hausherrn zu musizieren. Als Goethe im Spätherbst 1818 wieder drei Wochen in Berka war, veranstaltete der versierte Inspektor, der noch beim Bachschüler Kittel in Erfurt studiert hatte, für den Gast in täglich drei- bis vierstündigem Spiel einen regelrechten Privatkurs in Klaviermusik, »und zwar, auf mein Ersuchen, nach historischer Reihe: von Sebastian Bach bis zu Beethoven, durch Philipp Emanuel, Händel, Mozart, Haydn durch, auch Dussek und dergleichen mehr« (an Zelter, 4. 1. 1819).

In den Frühsommerwochen von 1814 aber nahm ihn auch ganz Fernes gefangen, das ihn fortzog aus der ungewissen Gegenwart. Geistige Flucht war ihm möglich, getreu seiner Devise: »Wie sich in der politischen Welt irgend ein ungeheures Bedrohliches hervortat, so warf ich mich eigensinnig auf das Entfernteste« (*Annalen* zu 1813). Er las die Gedichte des persischen Dichters Hafis in der Übersetzung von Josef v. Hammer-Purgstall, ferne östliche Lyrik, in der Sinnliches und Geistiges betörend verwoben waren und ein Zauber beziehungsreicher Andeutungen spielte. Hatte er vordem einzelnen Gedichten dieses Poeten nichts abgewinnen können, so fesselte ihn nun die Gesamtausgabe. Er konnte nicht wissen, zu welch erstaunlicher eigener dichterischer Produktivität sie ihn anregen sollte.

Zwiesprache mit Hafis und Reise in die Rheingegenden

Es war ein schöpferisches Ereignis, daß Goethe im siebten Lebensjahrzehnt eine solche Fülle von Lyrik gelang, wie sie seit 1819 im *West-östlichen Divan* erstmals gesammelt wurde, Gedichte zumal, die nicht an Früheres anknüpften, sondern eine neue Lyriksprache ausbildeten. Hafis, der persische Dichter des 14. Jahrhunderts, regte ihn zu eigenem Dichten an, weil dessen Poesie mit ihrer Ausdrucksweise und Thematik ihm gerade in dieser Phase seines Lebens ein Instrumentarium anbot, das den Ausdruck des eigenen Denkens und Fühlens stimulierte. Da war sinnliche Genauigkeit und zartes Hinüberspielen ins Geistige, vitale Direktheit und spirituelle Transzendenz auf größere Zusammenhänge hin, kräftig Irdisches und geahntes, geglaubtes Göttliches, und was auch an Vorgängen und Dingen benannt wurde, immer machte sich die ernste oder heitere Reflexion des Dichters bemerkbar. Und in der fremden Welt war der westliche Leser und zur eigenen Produktion verlockte Autor fern vom Gegenwärtigen, aber nicht ins Nirgendwo entrückt, weil der Geist, der jene fremde Poesie hielt und lenkte, ein Schauen und Reflektieren vermittelte, das sich auch der eigenen Welt und dem Dasein in ihr zuwenden konnte, in Betroffenheit wie in gelassenem Darüberstehen, »wie denn überhaupt diese Dichtart [...] durchaus eine skeptische Beweglichkeit behalten muß« (2, 159). Goethe selbst hat in umfangreichen *Noten und Abhandlungen* das bessere Verständnis des *Divan* (was persisch Liedersammlung heißen kann) zu fördern versucht, dort und in einigen Briefstellen das Wesen jener Dichtkunst genau umschrieben und verdeutlicht, wie sehr sie ihm gemäß schien: »Indessen sammeln sich wieder neue Gedichte zum Divan«, erfuhr Zelter (11.5.1820). »Diese mohammedanische Religion, Mythologie, Sitte geben Raum einer Poesie, wie sie meinen Jahren ziemt. Unbedingtes Ergeben in den unergründlichen Willen Gottes, heiterer Überblick des beweglichen, immer kreis- und spiralartig wiederkehrenden Erdetreibens, Liebe, Neigung, zwischen zwei Welten schwebend, alles Reale geläutert, sich symbolisch auflösend. Was will der Großpapa weiter?« (11.5. 1820) – »Der höchste Charakter orientalischer Dichtkunst ist, was wir Deutsche *Geist* nennen, das Vorwaltende des oberen Leitenden [...]. Der Geist gehört vorzüglich dem Alter oder einer alternden Weltepoche. Übersicht des Weltwesens, Ironie, freien Gebrauch der Talente finden wir in allen Dichtern des Orients« (*Noten und Abhandlungen*; 2, 165).

Goethe übersetzte nicht, sondern ließ sich von der Gesamtart der Hafisischen Dichtung anregen und nutzte einzelne Themen und Motive; er ahmte auch nicht die extrem künstliche Form der Ghaselen nach, sondern schrieb seine Verse in reicher Formenvielfalt, vom Spruch bis zum großen Gedicht, vom kurzen Vers bis zur ausladenden Zeile. *Hegire* betitelte er das Eröffnungsgedicht seines *Divan*, in dem schon viele Motive der Gedichtsammlung anklangen. Hegire war der Ritt Mohammeds von Mekka nach Medina im Jahre 622 gewesen, und damit begann die neue mohammedanische Zeitrechnung. So liest sich die erste Strophe wie ein Motto, Flucht nach Osten und Beginn eines Neuen:

> Nord und West und Süd zersplittern,
> Throne bersten, Reiche zittern,
> Flüchte du, im reinen Osten
> Partriarchenluft zu kosten,
> Unter Lieben, Trinken, Singen
> Soll dich Chisers Quell verjüngen.

Am 25. Juli 1814 brach Goethe nach Wiesbaden auf. Siebzehn Jahre lang war er nicht in der heimatlichen Main-Rhein-Gegend gewesen. Jetzt waren die Kriegsunruhen vorbei; er hatte mit dem *Epimenides* seine ›Schuld‹ beglichen; in den Jahren seit Schillers Tod hatten sich Strenge und Anspruch der Kunstanschauung gelockert, andere Eindrücke ihn berührt; der dritte Teil von *Dichtung und Wahrheit* war zu Ende gebracht und hatte die Gedanken in die Jugendzeit zurückgelenkt; Hafis inspirierte zu neuer Schau und dichtender Reflexion. Waren schon in Berka erste Verse entstanden, so folgte nun auf der Fahrt in den Westen Gedicht auf Gedicht. Er war entspannt, aufnahmebereit und konnte spielerisch-ironisch Vorahnungen des alten Mannes inszenieren, noch am Morgen des ersten Reisetags:

Phänomen

Wenn zu der Regenwand
Phöbus sich gattet,
Gleich steht ein Bogenrand
Farbig beschattet.

Im Nebel gleichen Kreis
Seh' ich gezogen,
Zwar ist der Bogen weiß,
Doch Himmelsbogen.

So sollst du, muntrer Greis,
Dich nicht betrüben:
Sind gleich die Haare weiß,
Doch wirst du lieben.

Ein erinnertes und ein jetzt am frühen Morgen gesehenes Phänomen der Natur folgen aufeinander, ohne jeglichen Aufwand gedanklicher Verknüpfungen. Alles bleibt bloßes Bild, leicht ins poetische Sprechen überführt: Phöbus gattet sich mit der Regenwand, ein Regenbogen entsteht. Dann, durch das »so« noch besonders markiert, die geistige Ausdeutung, unangestrengt, heiter-ironischer Selbstzuspruch mit bekräftigender Zusicherung: »Doch wirst du lieben.« Immerhin, der Vergleich zum Naturphänomen ist kühn, aber solches wagte die orientalische Lyrik. Den Regenbogen symbolisch zu sehen war dem Autor der *Farbenlehre* geläufig. Zwar enthält er nicht die »Farbentotalität«; denn es fehlt ihm »die Hauptfarbe, das reine Rot, der Purpur« (§ 814), aber er hat schon Reichtum der Farben. Die Griechen verwandelten ihn in ihrem »poetischen Symbolisieren« in ein liebliches Mädchen, eine Tochter des Erstaunens (*Geschichte der Farbenlehre*; 14, 11). Er ist wie ein Vorschein glücklicher Zukunft. Auch der im Nebel nur weiße Kreis ist jedenfalls ein »Himmelsbogen« und von der Sonne geschaffen, der Quelle des Lichts. Sparsame Andeutungen und geistiges Ausdeuten, knapp gefaßtes Bild und Verweis auf Allgemeineres: das gehört zum Stil der Lyrik des späten Goethe (der bei mancherlei Gelegenheiten immer auch noch anders, sozusagen diskursiver, zu dichten wußte).

Am 28. Juli kam Goethe in Frankfurt an. Er schlenderte durch die abendliche Stadt. »Zuletzt ging ich an unserm alten Hause vorbei. Die Haus-Uhr schlug drinne. Es war ein sehr bekannter Ton« (an Christiane,

29.7.1814). In den Kurwochen in Wiesbaden viele Besucher und Besuche, Bekanntschaften und gelegentliche Ausflüge. Zelter war anwesend, Jugendfreund Riese fand sich ein, auch Geheimrat v. Willemer und Demoiselle Jung (Tagebuch, 4.8.1814). Am 16. August war das Sankt Rochus-Fest zu Bingen ein so großes Erlebnis landschaftlichen Brauchtums, daß es Goethe 1816 zu einer ungemein lebendigen Beschreibung ermunterte (A 12, 469 ff.). Anfang September einige Tage bei Franz Brentano in Winkel am Rhein; Erinnerungen an Caroline v. Günderrode, die hier den Tod gesucht hatte. Ab 12. September für fast zwei Wochen zur Zeit der Herbstmesse in Frankfurt, wohin auch Boisserée von Heidelberg herüberkam. Drei Tage später war Goethe zum erstenmal auf der Gerbermühle und besuchte Willemer, der vor vierzehn Jahren Marianne Jung in sein Haus genommen hatte. Noch war es für den Gast eine der vielen Bekanntschaften, nicht mehr.

Und immerzu waren Verse entstanden. Schon Ende August benachrichtigte er Riemer: »Die Gedichte an Hafis sind auf 30 angewachsen« (29.8.1814). »31. Juli« ist auf der Handschrift der Strophen vermerkt, die später *Selige Sehnsucht* überschrieben wurden:

Sagt es niemand, nur den Weisen,
Weil die Menge gleich verhöhnet,
Das Lebend'ge will ich preisen,
Das nach Flammentod sich sehnet.

In der Liebesnächte Kühlung,
Die dich zeugte, wo du zeugtest,
Überfällt dich fremde Fühlung,
Wenn die stille Kerze leuchtet.

Nicht mehr bleibest du umfangen
In der Finsternis Beschattung,
Und dich reißet neu Verlangen
Auf zu höherer Begattung.

Keine Ferne macht dich schwierig,
Kommst geflogen und gebannt,
Und zuletzt, des Lichts begierig,
Bist du, Schmetterling, verbrannt.

Und so lang du das nicht hast,
Dieses: Stirb und werde!
Bist du nur ein trüber Gast
Auf der dunklen Erde.

Die älteste Reinschrift dieses Gedichts trug die Überschrift »Buch Sad, Gasele 1«, dann hieß es »Selbstopfer«, weiter »Vollendung« und endlich 1819 *Selige Sehnsucht*. Die Vorlage, kein originales Werk des Hafis, gilt als ein typisches Gedicht persischer Poesie von mittlerer Qualität. Allbekannte, hundertfach verwendete Motive der Liebeslyrik sind aneinandergereiht. Der Dichter spricht von Verwandlung, Entselbstung, die aus der Selbstaufgabe in der Liebe folgt. Einiges prägt sich aus dem persischen Gedicht ein: das Bild von der Kerze, die zur Flamme wird; das Gleichnis vom Schmetterling, der sich verbrennt; die Läuterung unedler Materie zu Gold; die Verachtung der Uneingeweihten. Philologen können herausarbeiten, wie der Dichter des ›westlichen‹ Gedichts in Wiesbaden einiges übernahm und zu ganz Neuem formte. Aus anderer östlicher Dichtung war Goethe längst das Motiv von der Mücke bekannt, die sich aus Liebesverlangen in die brennende Kerze stürzt. »Ich habe nun wieder auf der ganzen Redoute nur deine Augen gesehen«, schrieb er Charlotte v. Stein, »und da ist mir die Mücke ums Licht eingefallen« (23.2.1776).

In seiner vollkommenen Schlichtheit und Durchsichtigkeit ist Goethes Gedicht zugleich eines seiner schwierigsten und tiefsinnigsten. Auf sublime Weise ist hier das gleichnishafte Schauen und Dichten des Alters am Werk, das sich auf einen anschaulichen Vorgang des persischen Ghasels konzentriert: das Verbrennen des Schmetterlings in der Kerzenflamme. Goethe beobachtet einen Naturvorgang, der jedermann bekannt ist, und sieht ihn symbolisch für die Hinaufbewegung des Lebens durch Verwandlungen hindurch, die nötig sind, wenn der Mensch zu Höherem gelangen will. In vierzeiligen Strophen mit trochäischen Versen wird ruhig-gelassen die Weisheit des Stirb und Werde ausgesprochen. Es ist die Strophenform, die im *Divan* am häufigsten vorkommt und der besonders im »Buch Suleika« wichtige Äußerungen anvertraut werden. Die Schlußstrophe setzt sich mit anderen Versschlüssen und zwei verkürzten Zeilen allerdings deutlich ab: Spruchhaft wird das Symbolische des Vorgangs in einer Maxime ausgesprochen, die den »Weisen« zugedacht ist. Jene gegen die Menge abschirmenden Verse des Beginns berühren sowohl ein Motiv des persischen Gedichts als auch Horazens »Odi profanum volgus et arceo« [Ich hasse die gemeine Menge und halte sie mir fern] und das Christuswort von den Perlen, die man nicht vor die Säue werfen soll (Matth. 7,6). Bei Goethe aber liegt der Nachdruck auf dem Wunsch des Verbergens. Weil die Aussage des Gedichts Geheimstes und Bedeutendes enthält, geht sie nur die Verständigen an. Mehrfach hat er, wenn es um persönliche Wahrheiten ging, Schweigen um sich gebreitet.

So dicht ist das symbolische Sprechen, daß das Du der Verse ununterscheidbar den Schmetterling und den Menschen meint. Im Gleichnis des Falters, der in der Kerzenflamme verbrennt, wird der den »Weisen« einsichtige, scheinbar paradoxe Grundsatz versinnbildlicht, daß das wahrhaft Lebendige sich nach einem Tod sehnen muß, der steigernde Verwandlung bedeutet. »Das Lebend'ge« ist jene Lebenskraft, die nicht verharrt, sondern vorwärtsstrebt, und es ist das Wesen selbst, in dem sie wirkt und das zu jener verwandelnden Hingabe bereit ist. Denn es vollzieht sich eine Vereinigung, »höhere Begattung«. Das ist etwas anderes als der bloß biologische Zeugungsakt »in der Liebesnächte Kühlung«, in dem das Leben weitergegeben wird. Die stille Helligkeit der leuchtenden Kerze weckt ein unbekanntes Sehnen, jene selige Sehnsucht, die der Titel mit religiösem Anklang nennt. Finsternis und Licht: die Polarität, aus der *Farbenlehre* bekannt, durchzieht das Gedicht und erhält symbolische Bedeutung; so auch das Trübe, das das Licht nur halb durchläßt. »Trüber Gast auf der dunklen Erde«: Wer sich nicht aus dem Begrenzten hinaus zum Licht als dem Übersinnlichen, Geistigen, Sinngebenden sehnt und nicht den ›Tod‹ einer Verwandlung wagt, zu dem Hingabe gehört, bleibt der Finsternis verhaftet. So ist im Sinnbild des sich verbrennenden Schmetterlings die Vorstellung eines Sterbens *und* Werdens als des Verlassens einer niedrigeren Stufe und Aufsteigens zu einer neuen, höheren beschlossen.

Der dieses Gedicht in Wiesbaden schrieb, spürte etwas von solcher Verwandlung, die mit ihm vorging und immer schon geschehen war, als er sein unruhiges Leben zu bewältigen suchte. Insofern ist *Selige Sehnsucht* auch ein Legitimationsgedicht der eigenen Existenz, in dem die Brüche und Komplikationen des Lebenswegs in einen sinnvollen Verwandlungsprozeß aufgehoben werden. Daß die Konzentration auf das eigene Ich, die Ausbildung der »Persönlichkeit« nicht ausreicht, sondern die partnerschaftliche Ergänzung in der Liebe hinzukommen muß, sprach dann jenes oft falsch zitierte Gedicht aus, in dem zunächst Suleika die gängige Ansicht vorträgt: »Volk und Knecht und Überwinder, / Sie gestehn, zu jeder Zeit, / Höchstes Glück der Erdenkinder / Sei nur die Persönlichkeit.« Hatem aber erwidert: »Kann wohl sein! so wird gemeinet; / Doch ich bin auf andrer Spur: / Alles Erdenglück vereinet / Find' ich in Suleika nur.«

Ein Höhepunkt der Reise in den Westen 1814 war der Besuch in Heidelberg vom 24. September bis 8. Oktober, der ganz vom Betrachten und Bewundern der alten Meisterwerke der Boisseréeschen Gemäldesammlung ausgefüllt war. »Da muß man bekennen, daß sie wohl eine Wallfahrt werth sind«, erfuhr Christiane (25.9.), die ausführlich informiert wurde. Aber als er nach Weimar zurückgekehrt und im vertrauten Kreis war, hielt er wieder abwägende Distanz. Nicht daß er die niederländischen Kunstschätze, die ihm imponierten, je geringgeachtet hätte, aber im Brief an Boisserée war dann doch die Anspielung deutlich: daß er bei der Sichtung seiner Papiere für die *Italienische Reise* glücklicherweise »wenig Falsches bedauern, nur manches Einseitige zu belächeln habe« (19. 11. 1814).

Hatem und Suleika

Im folgenden Jahr zog es ihn wieder an Rhein, Main und Neckar. Erneut traf er Marianne Jung, die im letzten Herbst Frau v. Willemer geworden war. Ihre Begegnung nahm beide gefangen; es war innerstes Betroffensein, enthusiastische Zuneigung. Niemand wird je ganz aufhellen können, was sie bewegte. Es war zugleich auch Partnerschaft in einer literarischen Konstellation: im dichterischen Spiel der Hafis-Welt. Im Winter und Frühjahr 1815 hatte Goethe am *Divan* weitergedichtet, war tiefer in die Welt des Orients eingedrungen und mit mehr persischen Dichtern vertraut geworden. »Deutscher Divan« sollte die Sammlung der inzwischen hundert Gedichte nun heißen, die er am 30. Mai 1815 in Wiesbaden registrierte (›Wiesbadener Register‹). Wäre sie so erschienen, es hätte Wesentliches der endgültigen Fassung gefehlt. Noch war das Ganze nicht in Bücher abgeteilt, noch war erst nur etwa ein Sechstel des späteren »Buch Suleika« geschrieben, jenes unerhörten Buchs mit den Liebesgesprächen zwischen Hatem und Suleika. Aber am ersten Tag der neuen Reise in den Westen, am 24. Mai 1815, entstanden in Eisenach jene Verse, in denen die Geliebten »benamst« wurden; die Ouvertüre für das dichterische Rollenspiel war intoniert, das nicht nur ein dichterisches blieb:

> [...] daß du, die so lange mir erharrt war,
> Feurige Jugendblicke mir schickst,
> Jetzt mich liebst, mich später beglückst,
> Das sollen meine Lieder preisen,
> Sollst mir ewig Suleika heißen.
>
> ———
>
> Da du nun Suleika heißest,
> Sollt' ich auch benamset sein.
> Wenn du deinen Geliebten preisest,
> Hatem! das soll der Name sein. [...]

Jetzt konnte sich, was er erlebte und ihn beglücken sollte, in die poetische Konstellation einfügen und mit ihr eins werden: Hatem-Goethe und Suleika-Marianne, so wie in einem der Gedichte im Herbst das ›richtige‹ Reimwort ausgespart und »Hatem« gesetzt wurde:

> Locken, haltet mich gefangen
> In dem Kreise des Gesichts!
> Euch geliebten braunen Schlangen
> Zu erwidern hab' ich nichts.
>
> Nur dies Herz, es ist von Dauer,
> Schwillt in jugendlichstem Flor;
> Unter Schnee und Nebelschauer
> Rast ein Ätna dir hervor.
>
> Du beschämst wie Morgenröte
> Jener Gipfel ernste Wand,
> Und noch einmal fühlet Hatem
> Frühlingshauch und Sommerbrand.
>
> Schenke her! Noch eine Flasche!
> Diesen Becher bring' ich ihr!
> Findet sie ein Häufchen Asche,
> Sagt sie: »Der verbrannte mir.«

Aber aus der Dichtung des »Buchs Suleika« kann nicht ein biographischer Liebesroman dechiffriert werden. Was sich zwischen Marianne v. Willemer und Goethe im Sommer und Herbst 1815 ereignete, bleibt persönliches Geheimnis, das freilich in der Dichtung des *Divan* aufbewahrt und von ihr geschmückt ist. Marianne vermochte mit eigenen Gedichten zu antworten, und sie fand so genau den Hafis-Suleika-Ton, daß ihre Verse bruchlos in den *Divan* integriert wurden. In den privaten Briefen, die in den ersten Jahren nach 1815 spärlich waren, wagten sich nur Andeutungen vor, allerdings deutliche, und der von beiden Willemers mehrfach ausgesprochenen Einladung ist Goethe nie gefolgt. Wollte er, der die Verse vom Ätna schrieb, eine Wiederholung des Suleika-Erlebnisses von 1815 vermeiden, weil er nicht wußte, wie er sie hätte bewältigen sollen? Einen Brief vom 1. August 1816 schloß Marianne »mit der Beteuerung, daß ich warm und innig sowohl erfreuliche als schmerzliche Begegnisse mit Ihnen teile, wenn ich schon nicht fähig bin, es auszusprechen. unverändert Marianne«. Und als Goethe enttäuscht war, daß sie nicht mit Jacob v. Willemer nach Weimar gekommen war, gestand er: »Da fühlt ich recht, daß ich ihr [der »geliebten Freundin«] noch immer angehöre. [...] Und so fort und für ewig G« (26. 3. 1819).

Marianne Jung, 1784 in Österreich geboren, war 1798 mit einer Theatertruppe in Frankfurt aufgetaucht. Nicht nur Clemens Brentano war von der jungen Tänzerin, Schauspielerin und Sängerin bezaubert, der er dann Gedichte in seinen *Romanzen vom Rosenkranz* widmete. Johann Jacob v. Willemer, Bankier, Theaterfreund und vielseitiger popularisierender Schriftsteller, nahm 1800, bereits zweimal verwitwet, die Sechzehnjährige in sein Haus, wobei nicht nur sein Mäzenatentum für Theater und Künstler eine Rolle gespielt haben dürfte. Goethe korrespondierte gelegentlich mit ihm, und als er 1814 in Wiesbaden weilte, lernte er auch Marianne kennen; Besuche auf der Gerbermühle, Willemers Wohnsitz bei Frankfurt, schlossen sich an. Gerade damals, am 27. September 1814, heiratete Willemer, fast überstürzt, die langjährige Hausgenossin, die ein Vierteljahrhundert jünger war. Am 18. Oktober sah das Paar gemeinsam mit seinem Gast von Willemers Weinberghäuschen auf dem Mühlberg die Freudenfeuer zum Jahrestag der Leipziger Schlacht; bis ins Alter war für Goethe und Marianne dieser Tag ein Datum gemeinsamer Erinnerung.

Vielleicht hatte sich schon im Winter 1814/1815 freundliche Reminiszenz an die ersten Begegnungen mit Marianne vorgetastet, die in ein Stammbuch, das Goethe mit Eintragungen der Familie Willemer im Dezember zurückerhielt, ein launiges Gedicht geschrieben hatte, das begann: »Zu den Kleinen zähl ich mich, / Liebe Kleine nennst du mich. / Willst du immer so mich heißen, / Werd ich stets mich glücklich preisen [...].« In den August- und Septemberwochen 1815 brach Leidenschaft durch, und beide wußten, als Hatem-Goethe von Mitte August bis Mitte September auf der Gerbermühle wohnte, daß sie zum Verzicht gezwungen sein würden. Für den Fünfundsechzigjährigen war es eine »temporäre Verjüngung«, eine »wiederholte Pubertät«, wie sie der Greis im Gespräch mit Eckermann (11.3.1828) erläuterte: daß sie sich »bei vorzüglich begabten Menschen auch während ihres Alters immer noch« ereignen könne, »während andere Leute nur einmal jung sind«. Als er dann vom 20. September bis zum 7. Oktober in Heidelberg war, um wiederum die Gemälde bei den Boisserées zu studieren, und sich Willemers vom 23. bis 26. September ebenfalls dort aufhielten, entstanden etwa fünfzehn Gedichte, Kernstücke des »Buchs Suleika«, unzweifelhaft erfüllt vom Liebesglück und -schmerz dieser einmaligen Wochen im Zeichen begeisternder und vergeistigter »temporärer Verjüngung«. Und wiederum: es war Gedichtsprache innerhalb der Hafis-Welt. Hatem und Suleika ordneten sich den Musterpaaren zu, die das »Buch der Liebe« vorstellte, und die dichtende Einbildungskraft blieb auf sie bezogen, so daß in aller Leidenschaftlichkeit des besonderen Verhältnisses die Reflexion auf das Allgemeinere der Liebe nicht unterging.

Der Aufbruch aus Heidelberg am 7. Oktober ähnelte einer Flucht. »Nun nimmt mich's beim Schopf und führt mich, über Würzburg [und nicht über Frankfurt] nach Hause«, schrieb er tags zuvor Rosine Städel, geb. Willemer, und meinte doch Marianne und deutete Jacob Willemer seine Lage an, »in der sich ein Zwiespalt nicht verleugnet, den ich auch nicht aufrege, sondern lieber schließe«, und richtete seine Worte »an die zwei«, »die man beneidenswert glücklich verbunden sieht« (6. 10. 1815). Ein einziges Mal redete er später im Brief seine Suleika mit Du an, nach vier Jahren: »So höre doppelt und dreifach die Versicherung, daß ich jedes deiner Gefühle herzlich und unablässig erwidre. [...] Wäre ich Hudhud, ich liefe dir nicht über den Weg, sondern schnurstracks auf dich zu« (26. 7. 1819). Gelegentlich schrieben sie sich Gedichte, beziehungsreiche, auch solche, die im Familienkreis wie Grüße aus der Hafis-Welt kursieren konnten, darunter als eines der letzten:

Dem aufgehenden Vollmonde!
Dornburg d. 25. August. 1828

Willst du mich sogleich verlassen!
Warst im Augenblick so nah.
Dich umfinstern Wolkenmassen,
Und nun bist du gar nicht da.

Doch du fühlst wie ich betrübt bin,
Blickt dein Rand herauf als Stern,
Zeugest mir daß ich geliebt bin,
Sei das Liebchen noch so fern.

So hinan denn! Hell und heller,
Reiner Bahn, in voller Pracht!
Schlägt mein Herz auch schneller, schneller,
Überselig ist die Nacht.

G

1816 wollte er wieder in den Westen reisen, zusammen mit seinem Kunstexperten Heinrich Meyer. Aber bald nach der Abfahrt stürzte der Wagen um, und der Begleiter wurde verletzt. Goethe nahm es als ein Omen, gab die Fahrt auf und begnügte sich mit einem Aufenthalt in dem kleinen Bad Tennstedt. Er ist nie mehr in Frankfurt, am Main, Rhein und Neckar gewesen.

Ein Abstecher nach Nassau und Köln

Die Monate von Ende Mai bis Anfang Oktober 1815, die er in Wiesbaden und Umgebung verlebte, brachten nicht nur das erlittene und dichterisch erhöhte Marianne-Suleika-Erlebnis. Sulpiz Boisserée war zwei Monate seit Anfang August in seiner Nähe; das Tagebuch verzeichnet Tag für Tag Begegnungen mit Bekannten, Wissenschaftlern und Kunstfreunden, Besuche am Hof zu Biebrich, Abstecher nach Mainz und Frankfurt, nennt die umfängliche laufende Korrespondenz, notiert am 1. August: »zum Nachtisch den Orden«, die Verleihung des österreichischen Sankt-Leopold-Ordens durch Freiherrn v. Hügel im Wiesbadener Kursaal. Und am 15. Juni schloß er den Vertrag mit Cotta über eine neue Gesamtausgabe, die von 1815 bis 1819 erschien, mit 16 000 Talern honoriert.

Im Juli lud ihn der Freiherr vom Stein, der die Kriegsverwaltung der Verbündeten in den wiedereroberten Gebieten diesseits und jenseits des Rheins leitete, auf seinen alten Familiensitz in Nassau ein, nachdem gerade die »hundert schicksalsschwangeren Tage« der neuerlichen Herrschaft Napoleons vorüber waren: »Die Schlacht von Waterloo, in Wiesbaden zu großem Schrecken als verloren gemeldet, sodann zu überraschender, ja betäubender Freude als gewonnen angekündigt« (*Annalen* zu 1815). Zweifellos haben Stein und Goethe in jenen Tagen auch politische Gespräche geführt; es fehlte dem Gast ja nicht an staatsmännischer Erfahrung; der jahrelange Diskussionspartner des Weimarer Herzogs war auf dem laufenden. Und wie die Kulturgüter in den Rheinprovinzen gepflegt werden könnten, war ein Thema, zu dem Goethe sogleich im nächsten Jahr in seiner Zeitschrift *Ueber Kunst und Alterthum in den Rhein und Mayn Gegenden* wichtige Beiträge lieferte. Daß der preußische Reformer und der streng konservative Minister aus Thüringen in der Beurteilung mancher politischer Fragen nicht übereinstimmten, deutet die Notiz im Tagebuch an: »In Nassau. [...] Gesprochen und kontradiziert« (30. 7. 1815). Gemeinsam reisten beide in den letzten Julitagen nach Köln. Wieder beeindruckte »altertümliche Malerei« beim Kölner Sammler Wallraf, und jetzt konnte Goethe den Dom, von dem ihm Boisserée so viel berichtet hatte, selbst besichtigen, sah »mit vorbereitetem Erstaunen das schmerzenvolle Denkmal der Unvollendung und konnte doch mit Augen das Maß fassen von dem, was es hätte werden sollen« (*Annalen* zu 1815).

West-östlicher Divan

Bis ins Jahr 1819 dauerte es, daß der *West-östliche* Divan erscheinen konnte, und auch später noch kamen Gedichte hinzu, die in die »Ausgabe letzter Hand« eingefügt wurden. Dem *Divan* gab sein Dichter die *Noten und Abhandlungen* bei, den Lesern zur Information, »die mit dem Osten wenig oder nicht bekannt sind«. Sie führen in Geschichte, Literatur und Religion des Orients ein und dokumentieren Goethes seit langem lebendiges Interesse an der jüdischen und mohammedanischen Kultur des Vorderen Orients. Seine Gedichte gruppierte er in zwölf Bücher, die er jeweils mit einer geheimnisvoll orientalischen Überschrift (wie »Moganni Nameh«) und einer deutschen (»Buch des Sängers«) versah. Auf symmetrische Ausmaße war er nicht bedacht; das »Buch des Parsen« blieb ebenso fragmentarisch wie das »Buch Timur« mit seinen zwei Gedichten, in dem er wohl sein Napoleonerlebnis ins dichterische Bild verwandeln wollte. Dennoch ist alles im *West-östlichen Divan* dicht miteinander verwoben. In Hafis begegnete der alternde Goethe einem Verwandten. Er sah ihn als einen Dichter-Weisen in einer Welt sinnlicher Freuden und Leiden, menschlicher Schwächen und Aufschwünge, der doch geistbewußt-heiter alles überschaute. Aus den persönlichen Erfahrungen und der Adaption östlichen Geistes wuchs die *Divan*-Dichtung zusammen. Vier Themenkreise zeichnen sich, wiewohl ineinandergreifend, ab: die neue, zu ungeahnter eigener Produktivität stimulierende Dichtungsart des Hafis, die nun selbst ›bedichtet‹ wird; die Liebe, die in dem »Duodrama« Hatem-Suleika kulminiert (»Auch hier dringt sich manchmal eine geistige Bedeutung auf, und der Schleier irdischer Liebe scheint höhere Verhältnisse zu verhüllen«; Ankündigung des *Divan* im *Morgenblatt* 1816; 2, 269); die irdische und spirituelle Trunkenheit des »Schenkenbuchs«; die gesammelten Weisheiten der Spruchverse. In ihnen, die auch außerhalb des »Buchs der Sprüche« Platz fanden, konzentrierte der westliche Dichter in der Aneignung von Motiven aus der fernen Kultur und Religion die eigene Anschauung von Gott und Welt.

In keinem anderen Werk Goethes begegnet so oft das Wort Gott wie in den Sprüchen und Gedichten des *West-östlichen Divan*. Aber mit ihm wird nicht ein persönlicher jenseitiger Gott benannt. Es ist eine als Person angeredete Macht, die das Wesen aller Dinge und den Inbegriff aller natürlichen und sittlichen Wahrheit ausmacht. In den *Talismanen*, gleich zu Anfang des *Divan*, nimmt der Dichter das Thema auf und verliert es in der ganzen Folge der Gedichte nicht. In der 2. Sure des Koran ruft der Engel Gabriel dem Mohammed zu: »Sag: Gottes ist der Orient und Gottes ist der Okzident, er leitet, wen er will, den wahren Pfad.« So dann Goethe: »Gottes ist der Orient! / Gottes ist der Okzident! / Nord- und südliches Gelände / Ruht im Frieden seiner Hände.« Es ist weder christliche noch islamische Religion, die den *Divan* einseitig bestimmt, sondern ein west-östlicher Gottesglaube aus der Freiheit des Schauens und Wählens. Im nächsten der *Talismane* ist von den hundert Namen Allahs die Rede: In unzähligen Verwandlungen und Erscheinungsformen ist Gott in seiner Schöpfung zu begreifen und zu preisen. Er ist die Fülle, Schönheit und Wahrheit des Lebens. Hier fand Goethe den Gott, dem er seit seiner Jugend anhing. Immer ist Gott noch der Alliebende, wenn auch nun an erster Stelle, strenger, der gerechte Gott gelobt wird: »Er, der einzige Gerechte, / Will für jedermann das Rechte. / Sei von seinen hundert Namen / Dieser hochgelobet! Amen.« Wesentlich ist, daß sich die Vorstellung Allahs kräftiger mit einer unbefangenen Lebensfreude verbinden ließ, als es Goethe beim Gott des Christentums möglich schien. Paradiesesfreuden erwarten den Glaubenskämpfer, Lebensgenuß wird bestätigt und von den Huris, den Gespielinnen der Seligen, verschönt. Doch das Islamische des *Divan* trägt auch unverkennbar westliche Züge. Kein Fatalismus im Sinne der Mohammedaner breitet sich aus, sondern Entsagung, die aus Reflexion über den Sinn menschlichen Tuns herrührt. Das ist das Eigentümliche der Goetheschen west-östlichen Dichtung: Die Begegnung mit der Patriarchenluft des Ostens, mit Diesseitsfreude Hafisischen Dichtens, Liebe und begeistendem Rausch des Weins vollzieht sich in einer geistbewußten Haltung des Betroffenseins und Darüberstehens, des Sich-Hingebens und Entsagens. Es scheint, als würden hier Christentum und Antike weit zurückgelassen und als vollzöge sich die volle Hinwendung zu einer fernen, fremden Welt. Aber Christliches und Antikes bleiben Elemente unter anderen, wenn auch das Östliche dominiert. Der Dichter des *West-östlichen Divan* nimmt Weisheit und Erkenntnisse an, wo sie sich ihm bieten. In den Betrachtungen, Parabeln und Sprüchen fließt das Verschiedene am deutlichsten zusammen. West-östliche Gemeinschaft wird als eine Lebensanschauung aus dem Geist des alten Goethe gestiftet. Aneignung dessen, was sich ihm als gemäß erwies, war nicht nur hier seine Maxime. So stehen die Religion der Parsen und der Islam der Mohammedaner unverbunden nebeneinander. Ergebung in einen höheren Willen war die eine Folgerung, die sich aus der Anschauung der Natur und des Menschenlebens ergab, sittliche Aktivität die andere. Sie fand Goethe in der Religion der alten Perser wieder, über die er in den *Noten und Abhandlungen* im Abschnitt »Ältere Perser« berichtet. Er nennt ihre lebendige, sich immer in praktischem Handeln auswirkende Gottesverehrung eine »zarte Religion, gegründet auf die Allgegenwart Gottes in seinen Werken der Sinnenwelt«. Goethesche Frömmigkeit fühlte sich hier wohl: Anschauen und Verehren Gottes in den

unzähligen Verwandlungen und Erscheinungen seiner Schöpfung; gern bereite Annahme des Verehrungswürdigen, wo es sich bietet; Religiosität, aber
weit gespannt, nicht begrenzt von den Linien einer bestimmten Konfession.
Im späten Brief an Boisserée vom 22. März 1831 zog Goethe eine Summe
seiner Religiosität:

Die letzte Seite bin ich nun veranlaßt, in Ernst und Scherz mit etwas Wunderlichem
zu schließen.

Des religiösen Gefühls wird sich kein Mensch erwehren, dabei aber ist es ihm
unmöglich, solches in sich allein zu verarbeiten, deswegen sucht er oder macht sich
Proselyten.

Das letztere ist meine Art nicht, das erstere aber hab ich treulich durchgeführt und,
von Erschaffung der Welt an, keine Konfession gefunden, zu der ich mich völlig hätte
bekennen mögen. Nun erfahr ich aber in meinen alten Tagen von einer Sekte der
Hypsistarier, welche, zwischen Heiden, Juden und Christen geklemmt, sich erklärten, das Beste, Vollkommenste, was zu ihrer Kenntnis käme, zu schätzen, zu
bewundern, zu verehren und, insofern es also mit der Gottheit im nahen Verhältnis
stehen müsse, anzubeten. Da ward mir auf einmal aus einem dunklen Zeitalter her ein
frohes Licht, denn ich fühlte, daß ich zeitlebens getrachtet hatte, mich zum Hypsistarier zu qualifizieren; das ist aber keine kleine Bemühung: denn wie kommt man in der
Beschränkung seiner Individualität wohl dahin, das Vortrefflichste gewahr zu werden?

In der Freundschaft wenigstens [das mußte er dem überzeugten Katholiken
versöhnlich hinzusetzen] wollen wir uns nicht übertreffen lassen.

Über symbolisches Sprechen

Mit und seit den Gedichten des *Divan*, die als Beginn seiner Alterslyrik
gelten, bildete Goethe eine dichterische Kunst aus, die in besonderem Maße
symbolisches Sprechen war. (Davon blieben naturgemäß viele Gelegenheitsgedichte, die er in reicher Zahl weiterhin auf Personen und zu bestimmten
Anlässen verfertigte, unberührt). Seine dichterische Sicht wurde ein geistiges
Schauen, dem die Phänomene zu etwas Gleichnishaftem wurden, das über
sich hinauswies. Der aufs Symbolische gerichtete Blick nahm im einzelnen
Phänomen Zusammenhänge einer weiten geistigen Welt wahr, konnte das
einzelne als Teil des großen Lebensganzen und als Abbild dessen auffassen,
was das Göttliche heißen durfte. In der ›klassizistischen Phase‹ suchte
Goethe im bedeutenden Gegenstand die darin beschlossene allgemeine
Gesetzlichkeit der Natur und Kunst zu ergreifen und anschaulich zu machen, damit dieser das Typische, Urbildliche *seines* Bereichs repräsentiere,
also in der Pflanze die Urpflanze mit ansichtig werde, im Abschied die

Grundkonstellation des Abschieds überhaupt, im Laokoon ein Vater mit zwei Söhnen in höchster Gefahr. Jetzt ging diese Sicht aufs Typische, Allgemeine nicht verloren, aber nun konnte die ganze Vielfalt der Phänomene zeichenhafte Bedeutsamkeit gewinnen, noch die einfachste Erscheinung symbolischen Gehalt tragen und transparent werden für geistig bedeutsame Beziehungen. Das ermöglichte ein zartes Spiel der Andeutungen, in dem es nicht auf eine Darlegung in gedankenlogischer Folge ankam, sondern symbolisch bedeutsame Bilder und Motive locker und äußerlich unverknüpft zusammenrücken konnten. Vor allem im Anschauen von Naturphänomenen erreichte das symbolische Sprechen des Alters besondere Intensität, wo nur das gesehene Naturbild geboten und übergangslos, ohne daß ein Vergleich eigens erläutert würde, die geistige Bedeutung ausgesprochen wurde. Das war bereits im Gedicht *Selige Sehnsucht* zu erkennen. Im Gedichtzyklus *Chinesisch-deutsche Jahres- und Tageszeiten* (1827) finden sich die Verse

> Ziehn die Schafe von der Wiese,
> Liegt sie da, ein reines Grün;
> Aber bald zum Paradiese
> Wird sie bunt geblümt erblühn.

> Hoffnung breitet lichte Schleier
> Nebelhaft vor unsern Blick:
> Wunscherfüllung, Sonnenfeier,
> Wolkenteilung bring' uns Glück!

Schlicht und knapp wird ein Vorgang in der Natur geschildert: Die Schafe verlassen die Wiese, und nun ist nichts da als eine dominierende Farbe, ein reines Grün. Aber schon bald wird die Wiese bunt sein. Unmittelbar transponiert die zweite Strophe das Gesehene und Geahnte in den seelischen Bereich des Menschen. Im Bild der Natur war symbolisch bereits auf Hoffnung und Erfüllung angespielt, wovon die beiden Schlußzeilen sprechen. Aber die Sinnbildhaftigkeit ist noch dichter und bedeutungshaltiger. Wer die *Farbenlehre* kennt, erinnert sich, daß nach Goethe unser Auge in der Farbe Grün »eine reale Befriedigung findet« (§ 802); Blau und Gelb halten sich in dieser Farbe genau das Gleichgewicht. Doch das Grün birgt auch Hoffnung und Erwartung. Schon in den *Beiträgen zur Optik* war 1791 zu lesen (§ 2): »Reizender als dieses allgemeine grüne Gewand, in welches sich die ganze vegetabilische Natur gewöhnlich kleidet, sind jene entschiedenern Farben, womit sie sich in den Stunden ihrer Hochzeitsfeier schmückt« (LA I 3, 6). So mag, biographisch gesehen, in diesen Versen auch noch die Erinnerung an das im Sommer 1823 erhoffte, aber nicht zu erreichende hochzeitliche Glück mit Ulrike v. Levetzow mitschwingen. – Die nebelhaften Schleier der Hoffnung sind schon »licht«; doch damit das Licht ganz erscheint, muß der Nebel sich verziehen. Öfter in Goethes Gedichten taucht aus dem Nebel endlich das Gewünschte und Bedeutende hervor. Lichtsymbolik durchzieht die Verse. Unverbunden stehen dann die Komposita »Wunscherfüllung, Sonnenfeier, Wolkenteilung« zusammen und lassen Raum zu weiten Assoziationen im Sinnbezirk des Glücks.

Goethe hat häufig und in vielfältigem Sinn von Symbolik, vom Symbol und Symbolischen gesprochen. Ohne die dichtungsphilosophischen Dimensionen anzudeuten, in denen seine Bemerkungen auszuloten wären, sollen im folgenden wenigstens einige Streiflichter das weite Feld beleuchten. »Ich habe all mein Wirken und Leisten immer nur symbolisch angesehen«, soll er zu Eckermann gesagt haben (2. 5. 1824), »und es ist mir im Grunde ziemlich gleichgültig gewesen, ob ich Töpfe machte oder Schüsseln.« Seine eigene Aktivität auf allen Gebieten, nicht nur den künstlerischen, als Beispiel für das dem Menschen aufgegebene Tätigsein zu sehen war ihm lieb; denn so war sie von der conditio humana legitimiert und zugleich ›nur‹ ein Beitrag zu den der Menschheit zugeteilten Möglichkeiten. In ähnlicher Perspektive konnte Goethe alles auf Erden als symbolisch betrachten, das einzelne als Gleichnis für das große Ganze, und Anmaßung und Bescheidenheit waren in dieser Sicht, wie im Satz zu Eckermann, verbunden: »Alles was geschieht ist Symbol, und, indem es vollkommen sich selbst darstellt, deutet es auf das übrige. In dieser Betrachtung scheint mir die höchste Anmaßung und die höchste Bescheidenheit zu liegen« (an C. E. Schubarth, 2.4.1818). Ihre tiefste Begründung findet Goethes symbolische Weltschau in der von Platos Geist genährten Überzeugung, daß wir das Absolute, das Göttliche, die Urbilder, das eigentliche Wahre direkt nicht zu erkennen vermögen. Nur symbolisch können einzelne Erscheinungen darauf verweisen, und es ist die Aufgabe der Kunst, dies zu ermöglichen. Im weitesten Sinn hat Poesie – wie alle Kunst, deren Wesen es ist, sinnfällig zu gestalten – symbolischen Charakter. »Poesie deutet auf die Geheimnisse der Natur und sucht sie durchs Bild zu lösen« (M; 12, 493).

Schon von der Reise in die Schweiz berichtete Goethe, ihm sei aufgegangen, wie bestimmte Gegenstände »eigentlich symbolisch« seien; es handle sich um »eminente Fälle«, die »als Repräsentanten von vielen andern dastehen, eine gewisse Totalität in sich schließen, eine gewisse Reihe fordern, Ähnliches und Fremdes in meinem Geiste aufregen und so von außen wie von innen an eine gewisse Einheit und Allheit Anspruch machen« (an Schiller, 16.8.1797). Goethe war glücklich über diese Erfahrung, weil er im einzelnen Gegenstand allgemein Bedeutsames erkannte, also auch seinem

Schauen die Idee sich erschloß, ohne daß er wie Schiller von der Allgemeinheit der Idee ausgehen müßte, um entsprechend bedeutungshaltige einzelne Phänomene zu finden. Schiller dämpfte indes die hohen Erwartungen, indem er daran erinnerte, daß es zuletzt auf »das *Gemüt*« ankomme, ob ihm ein Gegenstand etwas bedeute, »und so däucht mir das Leere und Gehaltreiche mehr im Subjekt als im Objekt zu liegen« (7.9.1797). Damit wies er frühzeitig darauf hin, daß Goethes symbolisches Schauen eine *Deutung* ist, die der Betrachter den Gegenständen gibt. Diese Tatsache wurde durch spätere markante Formulierungen Goethes verdeckt.

In den *Maximen und Reflexionen* steht:

Das ist die wahre Symbolik, wo das Besondere das Allgemeinere repräsentiert, nicht als Traum und Schatten, sondern als lebendig-augenblickliche Offenbarung des Unerforschlichen (12, 471).

Hier wurde der Kraft des Schauens außerordentliche Deutungsfähigkeit zugesprochen, die im Besonderen noch das Unerforschliche, den All-Zusammenhang aufscheinen läßt. Damit war das Faszinierende (und für viele frühere Leser Befremdliche) des symbolischen Sprechens, wie es dem alten Goethe gelang, auf eine gewichtige Formel gebracht: Das Verweisen reicht ganz weit; was das Bezeichnende bezeichnet, ist nicht in einen Begriff zu fassen, aber es hat aufschließende Kraft. Wiederum jedoch: es ist Deutung dessen, der symbolisch sieht.

Entschieden wollte Goethe zwischen Allegorie und Symbol unterscheiden.

Die Allegorie verwandelt die Erscheinung in einen Begriff, den Begriff in ein Bild, doch so, daß der Begriff im Bilde immer noch begrenzt und vollständig zu halten und zu haben und an demselben auszusprechen sei (M; 12, 471).

Wird etwa die Gerechtigkeit im Bild der Justitia mit verbundenen Augen und einer Waage in ihren Händen dargestellt, dann ist der Begriff der Gerechtigkeit in der allegorischen Gestalt eindeutig repräsentiert; der Verstand kann den allegorischen Vergleich in seinen genau begrenzten Einzelheiten mit begrifflicher Klarheit nachzeichnen, wie er ja auch auf diese Weise zustandegekommen ist. Anders ist es, meinte Goethe, beim Symbol:

Die Symbolik verwandelt die Erscheinung in Idee, die Idee in ein Bild, und so, daß die Idee im Bild immer unendlich wirksam und unerreichbar bleibt und, selbst in allen Sprachen ausgesprochen, doch unaussprechlich bliebe (M; 12, 470).

Goethe legte die Betonung auf das Begrifflose des Symbols, seine Offenheit, die Deutungsweite und damit Vielsinnigkeit. Erneut war diese Maxime eine

Erklärung des eigenen symbolischen Schau-Vorgangs und erläuterte mit suggestiven Wendungen die Bedeutung, die ihr Autor seinem symbolischen Sprechen beimaß. Die unverkennbar abschätzige Bewertung der Allegorie hatte viel mit Goethes Kritik an der zeitgenössischen Literatur der »forcierten Talente« zu tun. Von Ideen und Begriffen ginge man dort aus; »daher konnte der Verstand sich in die Erfindung mischen und, wenn er den Gegenstand klug entwickelte, sich dünken, er dichte wirklich« (*Epoche der forcierten Talente*; A 14, 246f.).

Wenn auch die erwähnten theoretischen Äußerungen Goethes die Intentionen seines poetisch-symbolischen Schauens illustrieren können, so bleibt zu fragen, ob für den dichterischen Text selbst zutrifft, was verkündet wurde. Immer steht das Symbol, das im Besonderen Allgemeineres repräsentieren will, als ein Teil für etwas Umfassenderes; und daß sich ein Zusammenhang zwischen Besonderem und Allgemeinerem ergeben kann, muß durch eine mögliche Analogie gesichert sein. So wird die Grundstruktur des Symbols von einer Pars-pro-toto-Relation und dem Prinzip der Analogie bestimmt. Das ist aber bei der Allegorie nicht anders. Die Differenz liegt nur darin, daß das Symbol keine eindeutigen, in klare Verstandesbegriffe zu übersetzenden Entsprechungen zwischen Zeichen und Bezeichnetem bietet. Erst in der Dichtung selbst entfaltet sich sein Sinn, im Bedeutungs- und Verweisungszusammenhang des Einzel- oder Gesamtwerks des Dichters. Und gemäß der alten hermeneutischen Grundregel, daß etwas überhaupt nur als Teil von etwas verstanden werden kann, wenn man das Ganze kennt oder zumindest erahnt, muß – wie bei der Allegorie – der Symboliker nach Goethes Art zwangsläufig schon eine Vorstellung von jenem »Allgemeineren« besitzen, ehe er Symbolik (mit Pars-pro-toto-Relation und Analogieprinzip) praktizieren kann. In einem Brief an Zelter berichtete Goethe, »die vollkommensten Symbole« ereigneten sich vor seinen Augen, wenn er die Flößerei auf der Saale bei Jena beobachte. Da führen die tüchtigen Holzflöße »mit Besonnenheit durch und glücklich hinab«, während die Scheite Brennholz hinterdrein dilettantisierten, »einige kommen auch hinab wo Gott will, andere werden in Wirbel umgetrieben« (19.3.1818). Daß der Briefschreiber in der »Scheitholzflöß-Anarchie« das Widerspiel von Ordnung und Durcheinander des menschlichen Lebens erblicken kann, setzt voraus, daß er eine Vorstellung von diesem Widerspiel bereits besitzt. Sie geht ihm nicht erst beim Anschauen der Flößerei auf. Die Reichweite positiver oder negativer Symbolisierung bleibt notwendigerweise an Goethes Welt- und Lebensanschauung gebunden, und insofern bietet seine Symbolkunst beeindruckende, betörende Interpretationen, nicht zeitlose Wahrsprüche. Damit erweist sich sein Plädoyer für das Symbol, das er zu *Maximen* straffte, als nachhaltige Fürsprache seiner Dichtart, die einiges aus verständlichem Eigeninteresse aussparte oder besonders akzentuierte.

Es bleibt Idee und Liebe.
Die Jahre von 1815 bis 1823

Staatsminister im Großherzogtum Sachsen-Weimar-Eisenach

Die produktive Antwort auf die Dichtung des Hafis und den östlichen Geist, wie sie Goethe seit dem Frühsommer 1814 vielstimmig gab, offenbarte, daß die Bedrückungen, die ihn nach Schillers Tod und seiner eigenen schweren Krankheit, nach der Kriegsnot von 1806 und in den politisch ungewissen Jahren danach belastet hatten, endgültig überwunden waren. Was er später als »temporäre Verjüngung« bei bedeutenden Menschen diagnostizierte, erfuhr er an sich selbst. Auch die Bereitschaft, sich im Verein mit Boisserée intensiv auf die »altertümliche Malerei« einzulassen, war ein Symptom dafür, wenngleich er seinen Glauben an die zeitlose Geltung des antikischen Kunstideals nicht aufkündigte. Eine Auflockerung seines geistigen Habitus war unverkennbar. Sie ermöglichte erst die Entfaltung einer neuen dichterischen Sprache, mit der die *Divan*-Gedichte überraschten. Wagte der ehemalige Herausgeber der *Propyläen* doch jetzt im *Divan* zu schreiben:

> Mag der Grieche seinen Ton
> Zu Gestalten drücken,
> An der eignen Hände Sohn
> Steigern sein Entzücken;
>
> Aber uns ist wonnereich
> In den Euphrat greifen,
> Und im flüss'gen Element
> Hin und wider schweifen.
>
> Löscht' ich so der Seele Brand,
> Lied, es wird erschallen;
> Schöpft des Dichters reine Hand,
> Wasser wird sich ballen (*Lied und Gebilde*).

Die gefeierte plastische Gestaltung der Griechen, einst als verbindliche Norm angeboten und maßgebliches Kriterium bei den Preisausschreiben der »Weimarischen Kunstfreunde«: hier wurde relativiert. Ihre Strenge, ihre klar umrissenen Konturen schienen nun zu starr und zu begrenzend, als daß sie »der Seele Brand« Ausdruck gewähren könnten. Größere Offenheit wurde gewünscht, ein Sicheinlassen auf die bunte Vielfalt, die die persische Welt den Sinnen und dem Geist anbot. Wenn der Dichter in der richtigen Haltung ruhigen Schauens und Denkens verführe, würde sich die passende Form ergeben. In diesen Versen wurde der klassizistischen Kunst keine generelle Absage erteilt, es war vielmehr eine Rechtfertigung der Entspannung, der sich der Dichter überlassen hatte, und eine Beglaubigung der neuen Lyriksprache, die das Vielerlei des Lebens berühren durfte und auf den bedeutenden Gegenstand nicht mehr eingeschworen war.

Sicherlich trug die Klärung der gesamtpolitischen Lage zur weiteren Erleichterung bei, mochte immerhin Napoleon der Verlierer sein. Goethe war betroffen, als er in den westlichen Gebieten die Folgen der Kriegsjahre wahrnahm, für die der korsische Erbe der Französischen Revolution mitverantwortlich zeichnete. »Diese herrliche Gegend ist so untergraben, daß der gegenwärtigen Generation wenig Freude übrig bleibt« (an August v. Goethe, 1.8.1815). Kollege Voigt bekam vom Bewunderer Napoleons sogar zu hören: »Denn was für Übel den Franzosen begegnen mag, so gönnt man es ihnen von Grund des Herzens, wenn man die Übel mit Augen sieht, mit welchen sie seit zwanzig Jahren diese Gegend quälten und verderbten, ja auf ewig entstellten und zerrütteten« (1.8.1815). Um so mehr war er bereit, der Absurdität der Geschichte mit seinem Einsatz für die Pflege von Kunst und Wissenschaften zu begegnen, in den Rheinprovinzen und im heimatlichen Weimar-Jena.

Auf dem Wiener Kongreß 1814/1815 wurde Europa nach den Revolutionsjahren und der napoleonischen Zeit neu geordnet. Von den territorialen Änderungen abgesehen, war das Neue innerstaatlich das sanktionierte Alte aus der vorrevolutionären Zeit. Das monarchische Prinzip wurde nicht angetastet, im Gegenteil; nachdem Kaisertum und Reich untergegangen waren, wurde die Macht der einzelnen Fürsten eher stärker. Die Hoffnungen derer, für die die Befreiungskriege auch Freiheitskriege sein und eine größere nationale Einheit und endlich Verfassungen bringen sollten, erfüllten sich nicht oder nur in kümmerlichen Ansätzen. Zwar enthielt die Bundesakte, die für die seit 1815 im Deutschen Bund zusammengeschlossenen einundvierzig souveränen deutschen Fürsten und freien Städte gültig war, den Artikel 13: »In allen Bundesstaaten wird eine landständische Verfassung stattfinden.« Aber das war ein Wechsel auf die Zukunft, und nur wenige Staaten lösten ihn ein – und dann noch zu begrenztem Wert. Sachsen-Weimar gehörte allerdings zu ihnen.

Durch die Wiener Beschlüsse war es Großherzogtum geworden, sein Gebiet vergrößerte sich etwas, so daß nun etwa 180 000 Menschen in ihm lebten, und der Herzog führte den Titel Königliche Hoheit. Goethe gratulierte am 22. April 1815 in einem zeremoniellen Schreiben, »daß Höchstdenenselben, für so vielfaches, redliches inneres Bemühen, auch von außen ein gebührendes Beywort ertheilt wird«. Carl August modernisierte die Staatsführung und wandelte das bisherige Geheime Consilium in ein »Großherzogliches Staatsministerium« um, in dem neben Christian Gottlob v. Voigt als Präsidenten Carl Wilhelm Freiherr v. Fritsch, Freiherr v. Gersdorff und Graf Edling an der Spitze weiterer Ministerien (»Departements«) standen. Aus dem Beratungsgremium des Conseils wurden Ministerien mit eigenen Kompetenzen, deren Leiter sich natürlich vor dem Souverän und in manchen Fällen auch vor den Landständen zu verantworten hatten. Goethe gehörte diesem Staatsministerium nicht mehr an. Aber er wurde am 12. Dezember 1815 »in Betracht seiner ausgezeichneten Verdienste um die Beförderung der Künste und Wissenschaften und der denselben gewidmeten Anstalten« ebenfalls zum Staatsminister ernannt. Für ihn schuf man, ganz nach seinen Wünschen, ein eigenes Ressort, die »Oberaufsicht über die unmittelbaren Anstalten für Wissenschaft und Kunst in Weimar und Jena«, zu dessen Bereich Ende 1817 elf Institute zählten. Es besaß nicht den Umfang eines Ministeriums (für Kirche und Schule war das Departement v. Gersdorffs, für die Universität das des Präsidenten v. Voigt zuständig), sondern war eine kleine Behörde, die den Interessen ihres Chefs genau entsprach. Goethe hat sie bis zu seinem Lebensende geleitet, im Bewußtsein ihrer für das Ansehen des Landes in der Tat wichtigen Bedeutung, auch befriedigt über seine offizielle Stellung als Staatsminister. Als er am 19. Dezember 1815, erst seit zwei Monaten aus den Rheingegenden zurück, dem Kollegen Voigt seine Bitten um eine angemessene Ausstattung seines Amts vortrug, seinen Sohn als Mitarbeiter, Kräuter als Sekretär und John als Schreiber wünschte, wurde sein Memorandum zu einer bemerkenswerten Dokumentation der in die Welt wirkenden Ausstrahlung Weimars und seiner Person:

Weimar hat den Ruhm einer wissenschaftlichen und kunstreichen Bildung über Deutschland, ja über Europa verbreitet; dadurch ward herkömmlich, sich in zweifelhaften literarischen und artistischen Fällen hier guten Rats zu erholen. Wieland, Herder, Schiller und andere haben soviel Zutrauen erweckt, daß bei ihnen dieser Art Anfragen öfters anlangten, welche die gedachten Männer oft mit Unstatten erwiderten oder wenigstens freundlich ablehnten. Mir Überbliebenen, ob ich gleich an solchen Anforderungen und Aufträgen selbst schon hinreichend fortlitt, ist ein großer Teil jener nicht einträglichen Erbschaften zugefallen.

Und er erwähnte einzelne Fälle, in denen er tätig geworden war. So werde er sich »mit der Ehre zu begnügen haben, gegen das liebe deutsche Vaterland als Fakultät und Ordinarius um Gotteswillen« einzuwirken. In solchen Verhältnissen dürfe er sich wohl nicht mit Unrecht »als öffentliche Person« ansehen.

Goethes amtliche Befugnisse waren durch die »Oberaufsicht« geregelt, aber seine Wirksamkeit nicht darauf begrenzt. Nach wie vor hatte er engen Kontakt mit dem Universitätsminister Voigt, der auf den Rat des verehrten Kollegen, dem er freundschaftlich verbunden war, nicht verzichtete, und die Verbindung zu Carl August blieb eng. Nur so war es ihm möglich, die über sein Ressort hinausgreifende, viel Zeit und Energie kostende Neuordnung der Jenaer Universitätsbibliothek durchzuführen und einen alphabetischen Gesamtkatalog einrichten zu lassen, der 1824 abgeschlossen werden konnte. Immer wieder erstaunt es den Betrachter zu sehen, mit welcher Selbstverständlichkeit und Intensität er sich für öffentliche Aufgaben einsetzte. Sich als »öffentliche Person« zu bezeichnen war ihm keine Floskel. Es ist, als ob er, seit er den Wetzlarer und Frankfurter Wirren der Jugend entkommen, mit Bedacht Dämme gegen den Sog ins Solipsistische, Nur-Subjektive errichtet habe. Damit konnte sich ein gelegentliches starres Abschirmen gegen störend empfundene Zumutungen durch andere sehr wohl verbinden.

Noch war Goethe auch Theaterintendant. Aber im Frühjahr 1817 ging diese Epoche seiner öffentlichen Tätigkeit ziemlich abrupt zu Ende. Die Arbeit an »vielerlei Theatralia«, die das Tagebuch im März 1817 verzeichnete und die eine gründliche Umarbeitung der Theaterverfassung betraf, ließ nicht erwarten, daß einen Monat später die Ära Goethe aufhörte. 1808 hatte die Krise noch beigelegt werden können, als Carl August auf Betreiben Caroline Jagemanns einen Sänger arretierte, ohne Goethe zu fragen, und dieser daraufhin demissionieren wollte. Diesmal setzte Frau v. Heygendorf gegen den Willen des Intendanten durch, daß im Schauspiel *Der Hund des Aubri de Montdidier* ein dressierter Pudel die Hauptrolle spielte. Dem Herzog kam hierauf, wie er selbst schrieb, zu Ohren, Goethe möchte jetzt »von denen Verdrießlichkeiten der Theater Intendanz entbunden« werden, und er zögerte nicht, von sich aus umgehend die Entlassung auszusprechen, »danckend für das viele Gute, was du bey diesen sehr verworrenen und ermüdenden Geschäften geleistet hast« (an Goethe, 13.4.1817). Vielleicht war es gut so; denn Goethe hatte schon zu Anfang des Jahres dieses Amt aufgeben wollen, und nun konnte das Verhältnis zwischen ihm und Carl August durch leidige Theaterangelegenheiten nicht mehr gestört werden.

Kunst und Altertum in den Rhein- und Maingegenden

Schon im Sommer 1814, bei seinem ersten Besuch der Boisserées in Heidelberg, hatte Goethe den Plan gefaßt, der Öffentlichkeit in einer besonderen Schrift die bedeutende Gemäldegalerie vorzustellen. Nichts war den Sammlern willkommener als solche Fürsprache. Nach den Begegnungen mit dem Freiherrn v. Stein im Jahr darauf erweiterte sich das Vorhaben: Ein ausführliches Gutachten »über Erhaltung und Ordnen der Kunstschätze am Rhein« konnte für die neue Verwaltung nützlich sein, die nach der Säkularisation und der Zeit französischer Herrschaft die Verhältnisse regeln mußte. »Es ist der Mühe wert, die besten Dinge stehn am Rande des Verderbens und der gute Wille der neuen Behörden ist groß« (an August v. Goethe, 1.8.1815). Bereits in den nächsten Wochen – es war auch die Hatem-Suleika-Zeit – arbeitete er mit Sulpiz Boisserée an dem Projekt, und im folgenden Winter schloß er ein umfängliches Manuskript ab. Es erschien im Juni 1816 als stattliches Heft von fast zweihundert Seiten unter dem Titel *Ueber Kunst und Alterthum in den Rhein und Mayn Gegenden*. Damit war eine Zeitschrift geboren, die Goethe bis 1828 fortsetzte. Sie brachte es auf sechs Bände zu je drei Heften, von denen das letzte 1832 von den »W. K. F.« aus dem Nachlaß herausgegeben werden mußte. Seit dem zweiten Band (1818) hieß sie nurmehr *Ueber Kunst und Alterthum*; denn ihr Themenkreis hatte sich ausgedehnt. Sie wurde *das* Publikationsorgan des alten Goethe für alle kulturellen Belange, keine eigentliche Zeitschrift, da die Hefte in unregelmäßiger Folge herauskamen und allein das Sprachrohr des Herausgebers waren, von einigen Ausnahmen abgesehen. Er führte hier ein öffentliches Selbstgespräch, hoffte wohl, daß Impulse aufgenommen würden, und konnte sich doch nicht verhehlen, daß er nur geringes Echo fand. Noch 1909 waren sechzehn Hefte bei Cotta zu haben. *Über Kunst und Altertum* war – im Unterschied zu ihrem Titel – eine Publikation für Kultur im weiten Sinn. Hier äußerte sich Goethe zur Literatur und Kunst, zu Altertümern und Geschichtswerken; hier sammelten sich seine Beiträge zur Weltliteratur, allgemeine Reflexionen zur Poesie, Überlegungen zur Literaturkritik und auch Gedichte; hier druckte er manches, was er noch liegen hatte; hier veröffentlichte er *Über epische und dramatische Dichtkunst, von Schiller und Goethe* und gab Proben aus dem Briefwechsel mit Schiller. Was später als *Maximen und Reflexionen* bekannt wurde, war in den Heften verstreut, ebenso *Zahme Xenien*, und als er für sich eine Nacherzählung der *Ilias* angefertigt hatte, um das repräsentative Epos der Weltliteratur stets präsent zu haben, füllte er damit viele Seiten seiner Zeitschrift (III 2, 1821; III 3, 1822). Die Hefte nahmen auch die zahlreichen Rezensionen auf, die er in den Altersjahren verfaßte, in denen er jedoch die deutsche Gegenwartsliteratur so gut wie ignorierte. Alles Politische blieb fern. Er brauchte auf Pressefreiheit, die damals umkämpfte, keinen Anspruch zu erheben, weil seine Texte politisch nicht aufregen wollten und keinem Herrschenden zu nahe traten.

Das erste Heft von 1816 enthielt nur jenes Gutachten über die Kunstschätze an Rhein, Main und Neckar, das in der Art eines Reiseberichts geschrieben war. Nach Städten geordnet (Köln, Bonn, Neuwied, Koblenz, Mainz, Biebrich, Wiesbaden, Frankfurt, Offenbach, Hanau, Aschaffenburg, Darmstadt, Heidelberg), bot die ruhig darlegende und fortschreitende Erzählung eine Übersicht über die wichtigen Bestände, Sammler und Institutionen, gab kurze geschichtliche Durchblicke und beschränkte sich nicht auf Kunstgegenstände. Auch kulturelle und wissenschaftliche Einrichtungen, wie sie dem Leiter der Weimarer »Oberaufsicht« auffielen, wurden erwähnt. Gleich im ersten Kapitel über Köln plädierte er dafür, daß die staatlichen Stellen sich sorgfältig des von Privatleuten Gesammelten annähmen, damit es öffentlich zugänglich würde. Vielleicht fände sich der Wohlhabende geschmeichelt, »daß er patriotisch aufgeregt, wo nicht schenkend, doch zu mäßigen Bedingungen sein Besitztum einer öffentlichen Anstalt überläßt und einverleibt«. Die leitende Intention der ganzen Schrift war, die Verantwortlichen und Interessierten zu ermuntern, »diese kostbaren Gegenstände mit Genauigkeit zu übernehmen, zu ordnen, genießbar und nutzbar zu machen« (A 12, 514f.). Nichts sollte verloren gehen oder im Verborgenen bleiben, sondern jedermann zugänglich gemacht werden. So empfahl er für Frankfurt, wo die Kunstwerke in vielen Häusern zerstreut waren, einen Gesamtkatalog anzufertigen, und die ständig wachsende Stadt Wiesbaden sollte »durch Sammlungen und wissenschaftliche Anstalten« noch bedeutender gemacht werden. Im Abschnitt über Köln vergaß er natürlich nicht, die Aufmerksamkeit auf den unfertigen Dom zu lenken, »dieses leider nur beabsichtigten Weltwunders Unvollendung«, und gab, die Aktivitäten der Boisserées rühmend und unterstützend, zu bedenken, »ob nicht jetzt der günstige Zeitpunkt sei, an den Fortbau eines solchen Werks zu denken«.

Den Höhepunkt der Schrift bildete das lange Kapitel über Heidelberg und die Boisseréesche Gemäldesammlung. Er skizzierte ihre Entstehung und holte dann weit aus, um den Weg der Kunst vom Ende der Römerzeit bis zu den Werken der alten niederrheinischen Malerei nachzuzeichnen. Gedanken Friedrich Schlegels über die Bedeutung der christlichen Kunst des Mittelalters klangen an, als auch Goethe der Kirche das Verdienst zusprach, die Kunst nach dem Untergang des Römerreichs erhalten zu haben, »und wär' es auch nur als Funken unter der Asche« (A 12, 572). Wenn auch von der byzantinischen Schule nicht viel Gutes zu sagen sei, so hätte sie doch immerhin noch etwas an »kunstgerechter Komposition« bewahrt und die »Mannigfaltigkeit der Gegenstände alt- und neutestamentlicher Überlieferungen« weitergegeben. Die frühen Italiener hätten dann im 13. Jahrhundert, als »das Gefühl an Wahrheit und Lieblichkeit der Natur wieder aufwachte«, im Anschluß an die Byzantiner die symmetrische Komposition und die unterschiedliche Gestaltung der Charaktere gepflegt, auch den Sinn für Farbe besessen, so daß die Niederländer in dieser Traditionslinie zu verstehen seien. Bei ihnen »erheitere« sich die byzantinische »düstere Trokkenheit«, eine »behagliche Augenlust« habe sich der sinnlichen Welt zugewandt und liebenswürdige Gestalten geschaffen. Beschreibungen einiger Werke der Heidelberger Sammlung schloß Goethe an, ohne jedoch die Töne der Begeisterung zu wiederholen, zu denen er seinerzeit beim Anschauen der Bilder selbst hingerissen war.

Wie sehr er an seinen von antiker Kunst bestimmten Grundanschauungen festhielt, sollte ein Aufsatz zeigen, mit dem er das zweite Heft von *Kunst und Altertum* 1817 eröffnete. Heinrich Meyer hatte ihn verfaßt, aber in Abstimmung mit Goethe, und das Signum »W. K. F.« am Ende der Abhandlung bekräftigte, daß hier gemeinsame Anschauungen der »Weimarischen Kunstfreunde« vorgetragen wurden. *Neu-deutsche religiös-patriotische Kunst* war eine scharfe Abrechnung mit den christlich-katholisierenden Strömungen der Gegenwart. Nach der Toleranz, die Goethe im Umgang mit den Boisserées bewiesen hatte, packte ihn die Kampflust, wie es in den späten Jahren nur selten vorkam. »Ich habe nicht viel Zeit mehr aufrichtig zu seyn, wir wollen sie benutzen«, begründete er Zelter seine Attacke (29. 5. 1817). Alle Welt sei »dieser Kinder-Päpsteley satt«, spornte er Meyer an (7. 6. 1817): »rein wollen wir uns erhalten, und es hängt von uns ab, immer derber heraus zu gehen.« Wackenroders *Herzensergießungen*, schon vor einem Jahrzehnt Zielscheibe heftiger Kritik der »W. K. F.«, wurden erneut mitverantwortlich gemacht für den »altertümelnden christkatholischen Kunstgeschmack« (A 13, 715). Es habe schlimme Folgen für die Kunstpraxis und -auffassung gehabt, daß die alten Maler, die zu Recht geschätzt und gesammelt würden, als »die besten, einzigen Muster für echte Geschmacksbildung empfohlen« worden seien. Darum ging es: um die Rangordnung in der Kunst; die christlich-mittelalterliche durfte die antike Kunst nicht als Vorbild ablösen. Wohin dieser Wechsel der Paradigmen führte, war nach Meinung Goethes und der »W. K. F.« an den Nazarenern und verwandten Geistern zu studieren. Philipp Otto Runges allegorische Tageszeiten-Blätter seien ein »wahres Labyrinth dunkler Beziehungen, dem Beschauer, durch das fast Unergründliche des Sinnes, gleichsam Schwindel erregend« (A 13, 722). (Ließe sich die Bemerkung nicht mühelos auch auf *Faust II* beziehen?) Der Aufsatz hatte durchaus Verständnis dafür, daß der Hang zum Altertümlichen der eigenen Vergangenheit vom patriotischen Geist der Zeit befördert wurde, begrüßte auch ausdrücklich die Sammlung und Erhaltung alter Werke, aber er kritisierte: »Groß, ja übertrieben wurden die Äußerlichkeiten einer besser geglaubten Vorzeit wertgeschätzt, man wollte recht mit Gewalt zur alten Deutschheit zurückkehren.« Und: »Die alte deutsche Kunst erhält überschwengliche Lobsprüche, so, daß kühlere Kunstrichter nicht wohl einstimmen könnten, wie aufrichtig väterländisch auch sonst ihre Gesinnungen sein möchten« (A 13, 716f.). So richtete sich Meyer-Goethes Kritik gegen die christlich-katholisierenden und übersteigert nationalen Tendenzen in Kunst und Kunstauffassung der Gegenwart. Die Weimarer machten Front gegen gläubigen Tiefsinn, unklare Linienführung, rätselhafte Dunkelheiten, »Christlich-Mystisches« – und wurden damit den Bildern der Runge, Overbeck, Cornelius und den »mystisch-allegorischen Landschaften« eines Caspar David Friedrich gewiß nicht gerecht. Sie wußten verbindlichen Rat: »daß es in bezug auf die Kunst am sichersten und vernünftigsten ist, sich ausschließlich mit dem Studium der alten griechischen Kunst, und was in neuerer Zeit sich an dieselbe anschloß, zu befassen« (A 13, 724). Hier stand ein Anspruch gegen den andern, und es war nicht einzusehen, warum die »ausschließliche« Anerkennung der antiken Kunst als alleingültigen Musters zeitgerechter sein sollte als die Aneignung und Fortentwicklung anderer Kunstweisen. So hatte es Sulpiz Boisserée, von Goethe vorgewarnt, leicht, der Polemik zu entgegnen. Jedes Volk und jede Zeit, replizierte er, müsse sich an das halten, »was ihnen, um mit den lieben Heiden zu reden, die Götter und das Schicksal zugeteilt haben« (an Goethe, 23.6.1817). Die Plausibilität seines Gegenarguments war und ist nicht zu entkräften: »Wie sehr aber sind alle unsere Verhältnisse, ist unsere ganze Umgebung von dem griechischen Wesen verschieden! – Wo und wann sehen wir dann das Nackte in freiem Leben und Bewegung?«

Ein Volksfest am Rhein

Am anderen Aufsatz im zweiten Heft von *Kunst und Altertum*, der zur polemischen Standortbestimmung des ersten merkwürdig kontrastierte, konnte sich Boisserée um so mehr erfreuen. *Sankt Rochus-Fest zu Bingen* schilderte ein katholisches Volksfest mit sichtlichem Behagen und Humor, aber auch mit leicht ironischen Zusammenrückungen. Da war die in altertümlichem Stil naiv erzählte Legende vom heiligen Rochus, der Kranke heilte und Leiden für andere auf sich nahm, umrankt von Gesprächen über den

Wein und alte Bauernregeln, von der Geschichte eines Geistlichen, der sogar in einer Fastenpredigt seine unglaubliche Trinkfestigkeit zu rühmen verstand, von der Episode mit dem just am »schonungsreichsten Feste« getöteten unschuldigen Dachs und von Streiflichtern auf den unbekümmerten Lebensgenuß der hier gläubig Feiernden. Es war ein »politisch-religiöses Fest«, das Goethe am 16. August 1814 beobachtet hatte, »welches für ein Symbol gelten sollte des wiedergewonnenen linken Rheinufers sowie der Glaubensfreiheit an Wunder und Zeichen« (10, 413). 1788 hatte Goethe schon einmal ein Volksfest ausführlich beschrieben, *Das Römische Carneval*, in dem er am Schluß seine prinzipielle Absage an die Revolution vorformuliert hatte: »daß Freiheit und Gleichheit nur in dem Taumel des Wahnsinns genossen werden können« (11, 515), also Ausnahmezustand seien, nicht aber täglich mögliche Wirklichkeit des gesellschaftlich verfaßten Menschen, wie er ihn sah.

Zitierte *Das Römische Carneval* die Parolen der Revolution an ihrem Vorabend, um sie zurückzuweisen, so konnte das *Rochus-Fest* das Ende der Revolutionsepoche besiegeln und die Wiedereinsetzung des vertrauten Alten feiern. Beide Feste, Ausdruck des Volkscharakters und als solcher vom Beobachter erfaßt, haben ihren festen Platz im Rhythmus des Jahres, gehören zur Daseinsordnung einer Bevölkerung, die sich in ihnen wiedererkennt und sich immer neu, aber auf gesichert-herkömmliche Weise ihrer Identität versichert. Zu dieser Selbstidentifikation einer Gesellschaft taugen Feste mit ihren bestimmten Ritualen, bei denen den Teilnehmern wie im Theaterspiel ihre Rollen zukommen. Es waren katholische Feste, die Goethe beschrieb; doch wer wie er das Exemplarische dieses Geschehens sah, den störten die Glaubensinhalte nicht. So vermochte er in *Dichtung und Wahrheit* auch die katholischen Sakramente frei von ihrem speziellen konfessionellen Gehalt zu würdigen. Solche Auffassung des Festes macht es verständlich, daß Goethe selbst bis ins Alter hinein an der Gestaltung von Festlichkeiten in Weimar mitwirkte und große Sorgfalt auf die vielen Maskenzüge verwandte, die er inszenierte.

Preßfreiheit oder Preßfrechheit?

Die schon kurz erwähnte Verfassung des Großherzogtums trat im Mai 1816 in Kraft. Die Tatsache allein erregte in deutschen Landen weit und breit Aufsehen: Weimar erhielt als einer der ersten Staaten die vorgesehene Verfassung! Das »Grundgesetz über die Landständische Verfassung des Großherzogtums Sachsen-Weimar-Eisenach« kam nach ausführlicher Erörterung in der Ständischen Beratungsversammlung zustande, die eigens zu diesem Zweck einberufen wurde und für die hohe Beamte in Absprache mit dem Herzog Vorlagen erarbeitet hatten. Das war immerhin beachtlich: Die Verfassung wurde nicht einfach oktroyiert. Allerdings war sie kein Vertrag zwischen dem Fürsten und den Delegierten der Stände, sondern wurde vom Souverän in gnädiger Huld gewährt, der sich sein monarchisches Recht nicht schmälern ließ. Sie brachte weder eine Gewaltenteilung in modernem Sinn, noch enthielt sie einen Katalog bürgerlicher Grundrechte, für den sich Minister v. Gersdorff eingesetzt hatte. Doch sollten im Landtag jetzt auch zehn Abgeordnete der Bauern vertreten sein, neben zehn ritterschaftlichen, zehn bürgerlichen und einem Deputierten der Universität Jena. Unbestritten war, daß dem Landtag das Recht auf Steuerbewilligung zustand und er bei der Gesetzgebung mitzuwirken hatte. Auch ein Beschwerderecht beim Monarchen war ihm eingeräumt. Fast sensationell jedoch war, daß im »Grundgesetz« das Recht auf Freiheit der Presse verbrieft wurde. Zum erstenmal 1776 in der Verfassung von Virginia, dann in der französischen Erklärung der Menschenrechte von 1789 deklariert, gehörte es zu den zentralen Forderungen des liberalen Bürgertums. Daß es nun in Weimar tatsächlich Verfassungsrang erhielt, begeisterte viele progressive Köpfe für dieses kleine Land und seinen Souverän.

Goethe nahm, soweit man es überblicken kann, an diesen Wandlungen zu einer frühkonstitutionellen Monarchie wenig Anteil. Das hing damit zusammen, daß er schon bisher in dem Herzogtum, das ihm Heimat geworden war, die Rechte der Menschen nicht gefährdet sah und überhaupt in der Verfassungsfrage nicht engagiert war. In der Revolutionszeit vor über zwanzig Jahren hatte er sich spöttisch über »Konstitutionen« geäußert. Ein patriarchalisch geordnetes Gemeinwesen mit einer Führungsschicht, die sich ihrer Verantwortung gegenüber dem Ganzen bewußt war, schien ihm auszureichen. Was die Pressefreiheit betraf, so sollte er in ihre Probleme sehr bald verwickelt werden. Denn jetzt suchten Publizisten von ihr auch nachhaltig Gebrauch zu machen; Jena wurde zu einem Zentrum liberaler und nationaler Blätter. Wo sonst konnte man sich auf eine Garantie der Pressefreiheit berufen! Ludens Zeitschrift *Nemesis*, für die sich der Herausgeber in jenem Gespräch von 1813 Goethes Protektion erwirken wollte (vgl. oben S. 864), schlug kräftige Töne an, stritt für die Einheit der Nation und mahnte die Staaten, endlich Verfassungen zu schaffen. 1815 war in Jena die Burschenschaft gegründet worden, gegen studentische Unsitten und die Zersplitterung in Landsmannschaften gerichtet, mehr und mehr aber auch reformerische nationalpolitische Ziele verfolgend. Die *Nemesis* wurde ihr Verbündeter. Lorenz Okens *Isis*, eine naturwissenschaftliche Publikation von hohem Rang, begann seit Sommer 1816 zu erscheinen, begnügte sich aber nicht mit Fachfragen, sondern brachte auch politische Artikel, und sie waren es, die das Blatt in der Öffentlichkeit profilierten. Sogar das Weimarer Grundgesetz wurde kritisiert; denn man vermißte die Erklärung individueller Menschenrechte und beklagte, daß es zu mehr als einer landständischen Verfassung nicht gelangt habe. Der Ton der *Isis* war scharf und angriffslustig; die Autoren wußten, daß sie für eine gute Sache stritten. Noch weitere Journale nutzten die Weimarer Pressefreiheit, keineswegs alle auf politische Attacken spezialisiert. Um Okens *Isis* entspannen sich jedoch lebhafte Auseinandersetzungen. Auf die Pressefreiheit pochend, brachte der streitbare Herausgeber auch Buchrezensionen, die nach einem alten Privileg aus der Zeit vor dem »Grundgesetz« der *Allgemeinen Literatur-Zeitung* vorbehalten waren. Es kam zu einem Prozeß, in dem Oken aber obsiegte. Der Herzog, über die *Isis* verärgert, hätte gern ein anderes Urteil gesehen, aber er respektierte den Spruch des Gerichts, der die Pressefreiheit sicherte.

Die Lage blieb weiterhin schwierig, da die *Isis* nicht nur weimarische, sondern fortgesetzt auch Verhältnisse in anderen Staaten heftig und bissig kritisierte. Die oberste Polizeibehörde meinte einschreiten zu müssen. Carl August, erstaunlich zurückhaltend trotz seines persönlichen Ärgers, holte die Meinung seiner Minister ein, und in diesem Fall bat er auch Goethe um eine Stellungnahme. Wie in früheren Zeiten, da er als Consiliumsmitglied seine Voten zu liefern hatte, verfaßte dieser ein umfangreiches Gutachten mit Datum vom 5. Oktober 1816 (AS II 961 ff.). Es sei eine Polizei-Sache, meinte er, die an Ort und Stelle beurteilt und abgeurteilt werden könne. Er verwarf alle Vorschläge, die auf eine Verwarnung oder die Androhung einer Strafe für zukünftige Fälle hinausliefen, bestritt auch, daß es eine Sache für die Gerichte sei, da der Souverän allein entscheiden dürfe, fragte und antwortete lapidar: »Was soll denn nun aber geschehen? – die anfangs versäumte Maßregel muß ergriffen und das Blatt sogleich verboten werden.« Daß Oken immer noch verdiene, »in der Wissenschaft eine glänzende Rolle fortzuspielen«, betonte er an späterer Stelle seines Votums ausdrücklich. Den Wissenschaftler ließ Goethe gelten, dem politisierenden Professor wollte er energisch Einhalt geboten sehen. Überhaupt war er skeptisch gegenüber einer vollen Pressefreiheit, weil er Auswüchse befürchtete, und traf sich in dieser Meinung mit seinem Kollegen Voigt, der so sehr am Hergebrachten hing, daß er sich nicht einmal zur Mitarbeit an der neuen Verfassung bereitgefunden hatte. Beiden war das Wort »Preßfrechheit« geläufig, und Goethe tröstete sich, »daß bei soviel Preßfreiheit uns doch auch die Nicht-Lesefreiheit bleiben müsse« (an C. G. Voigt, Nov./Dez. 1816; GVB IV 267). Jedoch folgte der Herzog dem Rat Goethes nicht, sondern hielt sich an die Zusage des »Grundgesetzes« und bewies, daß er es mit der Pressefreiheit in seinem Land ernst meinte. Allerdings warnte er die Verantwortlichen und drohte mit polizeilichen Eingriffen bei allzu forschen Eskapaden.

Komplikationen ließen nicht auf sich warten. Obwohl es Bedenken gab, stellte Carl August für eine große Zusammenkunft der Studenten, die 1817 den dreihundertsten Jahrestag der Reformation und die vierte Wiederkehr des Tages der Schlacht bei Leipzig feiern wollten, die Wartburg zur Verfügung. Die eigentliche Veranstaltung verlief zwar ohne Zwischenfälle, aber einige Redner, Professoren wie Studenten, sprachen pointiert für die deutsche Einheit und gegen den reaktionären Obrigkeitsstaat. Am Schluß verbrannte man symbolisch etliche verhaßte Schriften (wobei Papierpäckchen mit den Buchtiteln versehen wurden) und einige Gegenstände, die das unbeliebte System repräsentierten. Das Echo auf diese Vorgänge war größer als ihre Bedeutung, und wieder tat sich die *Isis* mit publizistischer Nachbereitung hervor. Goethe, der den Studenten durchaus wohlgesonnen war, aber bedenkliche Rückwirkungen der Presse-Aktivitäten befürchtete, beschlich schon im Dezember 1817 eine »Vorahndung noch üblerer Ereignisse wegen der Preßfreyheit« (KM 10.12.1817). Zelter schrieb er am 16. Dezember, er gehe in Weimar und Jena seinen Geschäften nach, halte sich im stillen »und lasse den garstigen Wartburger Feuerstank verdunsten, den ganz Deutschland übel empfindet, indes er bei uns schon verraucht wäre, wenn er nicht bei Nord-Ost-Wind wieder zurückschlüge und uns zum zweitenmal beizte«. Preußen, Österreich, Rußland waren längst aufmerksam geworden. Es hagelte Proteste auswärtiger Staaten, die das Großherzogtum Weimar als Hort aufrührerischer Umtriebe beargwöhnten. Umsichtig erläuterte und verteidigte die Weimarer Staatsführung das Wartburgfest und konnte die Wogen ausländischer Erregung einigermaßen glätten. Doch ruhig wurde es nicht. Als dann Luden im Januar 1818 in seiner *Nemesis* einen durch Indiskretion erlangten Geheimbericht über deutsche Zustände, den Kotzebue für den russischen Zaren verfaßt hatte, publizierte, stand die Pressefreiheit wieder auf der Tagesordnung. Es zeigte sich, daß ein einzelner kleiner Staat unweigerlich in Schwierigkeiten geriet, wenn der Deutsche Bund insgesamt nicht zur gleichen Liberalität in Pressefragen bereit war. So kam Carl August letztlich nicht um eine besondere Verordnung gegen den Pressemißbrauch herum, die er mit Zustimmung des Landtags 1818 erließ. Zensurfreiheit blieb zwar erhalten, aber staatliche »Fiskale« wurden bestellt, die bei Gesetzwidrigkeiten in Druckschriften und vor allem bei Beschwerden auswärtiger Regierungen eingreifen sollten. Heinrich Luden gab seine *Nemesis* auf, auch Ludwig Wieland stellte den *Volksfreund* ein.

Als wenig später der Jenaer Theologiestudent Karl Ludwig Sand am
23. März 1819 Kotzebue in Mannheim ermordet hatte, war diese sinnlose
Bluttat für Metternich und seine Gesinnungsfreunde ein willkommener
Anlaß, mit den Karlsbader Beschlüssen gegen »demagogische Umtriebe«,
die im September 1819 Bundesgesetz wurden, alle freiheitlichen Bestrebungen, die am Status quo etwas ändern wollten, zu bedrohen und der Pressefreiheit den Garaus zu machen: Den Universitäten als Hort politischer
Unruhe wurden staatliche Bevollmächtigte (Kuratoren) verordnet, die Bur-
schenschaften unterdrückt, und für alle Schriften unter zwanzig Druckbo-
gen wurde eine Vorzensur eingeführt. Eine Bundeszentralbehörde wurde in
Mainz installiert, die »revolutionäre Umtriebe« zu untersuchen hatte und bis
1828 arbeitete. Da eine Bundesexekution vorgesehen war, blieb den Einzel-
staaten kein Spielraum mehr. Bis 1848 sind die Beschlüsse, die alle liberalen
und nationalen Tendenzen zähmen sollten und die Restauration absicherten,
in Kraft geblieben. Goethe war in den letzten Augusttagen 1819 noch Zeuge
der diplomatischen Geschäftigkeit in Karlsbad (AS II 1010f.), begegnete
Metternich und anderen maßgeblichen Persönlichkeiten und schien mit dem,
was er von den Beratungen erfuhr, gar nicht unzufrieden zu sein. Seinem
Herzog teilte er jedenfalls mit: »Ew Königlichen Hoheit sind die Resultate
dieser Verhandlungen gewiß bald bekannt und ich wünsche nur daß der
Erfolg meinem Vorgefühl völlig entsprechen möge« (3.9.1819). Die Kura-
torstelle in Jena, auf die ihn Universitätskreise und Carl August gern gesehen hätten, nahm der Siebzigjährige nicht mehr an; er fühlte sich zu alt, um
noch »eine so wichtige und die ununterbrochenste Thätigkeit fordernde
Stelle zu übernehmen« (AS II 1015).

Das liberale Experiment mit der grundgesetzlich gesicherten Pressefreiheit
in Weimar blieb vorerst Episode. Daß Goethe nicht zu ihren Fürsprechern
zählte, lag in seiner Auffassung von Politik begründet. Da hatte nicht jeder,
der meinte sich äußern zu müssen, mitzusprechen; politisierende Wissenschaftler wie Luden und Oken verfehlten, wie er meinte, ihre eigentliche
Aufgabe, und wenn Journalisten zudem noch für entschiedene Veränderungen des Bestehenden kämpften, brachten sie unerwünschte Unruhe ins
zeitunglesende Publikum.

Christianes Tod. Neues Leben im Haus am Frauenplan

Es bleibt aus der mehr privaten Lebensgeschichte dieser Jahre seit 1815 noch
einiges nachzutragen. Der Krieg war vorbei, 1816 zog der erste Frühling ins
Land, »den man seit langer Zeit ohne Grauen und Schrecken herankommen

sieht« (an Zelter, 14.4.1816). Doch um Christiane mußte sich Goethe seit längerem ernstlich sorgen. Wiederholt litt sie an heftigen, krampfartigen Schmerzen im Unterleib, deren wahre Ursache damals niemand diagnostizieren konnte. Wochen in Karlsbad, wohin sie 1815 zur Kur gereist war, als ihr Mann sich in Wiesbaden und der Rheingegend aufhielt, brachten etwas Linderung, aber im Winter 1815/1816 verschlimmerte sich ihr Zustand. Das Frühjahr ließ hoffen, sie konnte wieder in Haus und Garten arbeiten und freute sich auf die warme Jahreszeit. *Frühling übers Jahr* hieß ein Gedicht, dessen eigenhändige Reinschrift das Datum »15. März 1816« trägt und das sich wie eine späte Huldigung auf die Lebensgefährtin liest. Spielerisch leichte Verse, im lockeren Stil mancher Altersgedichte, mit Wendungen wie aus der Rokokolyrik und doch von heiterem Ernst, ein sehr altes Motiv der Dichtung übernehmend und ins Persönliche wendend: die Geliebte übertrifft sogar, was die Natur an Schönem zu bieten hat; denn sie ist dem Sprechenden »immerfort« Frühling, das ganze Jahr hindurch (»übers Jahr«):

Das Beet schon lockert
Sich's in die Höh',
Da wanken Glöckchen
So weiß wie Schnee;
Safran entfaltet
Gewalt'ge Glut,
Smaragden keimt es
Und keimt wie Blut.
Primeln stolzieren
So naseweis,
Schalkhafte Veilchen
Versteckt mit Fleiß;
Was auch noch alles
Da regt und webt,
Genug, der Frühling
Er wirkt und lebt.

Doch was im Garten
Am reichsten blüht,
Das ist des Liebchens
Lieblich Gemüt.
Da glühen Blicke
Mir immerfort,
Erregend Liedchen,
Erheiternd Wort.
Ein immer offen,

Ein Blütenherz,
Im Ernste freundlich
Und rein im Schmerz.
Wenn Ros' und Lilie
Der Sommer bringt,
Er doch vergebens
Mit Liebchen ringt.

Ende Mai verschlechterte sich das Befinden Christianes, Goethe war in größter Sorge. Tag für Tag mußte er in seinem Tagebuch die »äußerste Gefahr« notieren, in der seine Frau schwebte. Sie litt entsetzlich, der Todeskampf dauerte lange und war so grausam, daß sich oft niemand in ihrem Zimmer aufhalten mochte. Am 6. Juni: »Nahes Ende meiner Frau. Letzter fürchterlicher Kampf ihrer Natur. Sie verschied gegen Mittag. Leere und Totenstille in und außer mir.« Als Todesursache gilt heute Urämie, Blutvergiftung infolge Versagens der Nieren. Johanna Schopenhauer gab einen trostlosen Bericht:

Der Tod der armen Goethe ist der furchtbarste, den ich je nennen hörte. Allein, unter den Händen fühlloser Krankenwärterinnen, ist sie, fast ohne Pflege, gestorben; keine freundliche Hand hat ihr die Augen zugedrückt, ihr eigner Sohn ist nicht zu bewegen gewesen, zu ihr zu gehn, auch Goethe selbst wagte es nicht. [...] Niemand wagte, sich ihr zu nähern, man überließ sie fremden Weibern, reden konnte sie nicht, sie hatte sich die Zunge durchgebissen, ich mag das Schreckensbild nicht weiter ausmalen [...] (an E. von der Recke, 25. 6. 1816).

Goethe schrieb am Todestag in tiefer Erschütterung den Vierzeiler: »Du versuchst, o Sonne, vergebens, / Durch die düstern Wolken zu scheinen! / Der ganze Gewinn meines Lebens / Ist, ihren Verlust zu beweinen.« Wer mit ihm in diesen Wochen zusammenkam, bemerkte Verstörung und Ratlosigkeit und konnte bestätigen, daß es keine leeren Worte waren, die im Brief an Boisserée standen: »Leugnen will ich Ihnen nicht, und warum sollte man großtun, daß mein Zustand an die Verzweiflung grenzt« (24. 6. 1816). Es war das Jahr, in dem Goethe auch am *Divan* weiterdichtete und seine Gedanken bei Marianne v. Willemer waren. Aber das war Partnerschaft auf einer anderen Ebene. Gewiß nie traf er sich mit einer Frau in einer solchen geistigseelischen Harmonie wie mit Marianne, die ihm dichterisch zu antworten vermochte. Christiane dagegen hielt ihn mit ihrer Vitalität und Natürlichkeit; bei ihr fühlte er sich, auch wenn er oft lange Phasen der örtlichen Distanz einlegte, in sinnlichem Behagen wohl. Nur so ist zu verstehen, daß er achtundzwanzig Jahre mit ihr zusammengelebt hat. Die Briefe ihrer Ehe führen eine beredte Sprache.

Im Haus am Frauenplan war es nun ruhig und leer geworden. Im letzten Jahrzehnt war Caroline Ulrich, die 1790 geborene Tochter eines beruflich später unglücklichen Justizamtmanns, so etwas wie eine Gesellschafterin Christianes gewesen. Caroline war als junges Mädchen mit Goethes Familie in Berührung gekommen. Lebendig, aufgeschlossen, auch literarisch offenbar interessiert, wurde sie häufiger Gast, und als Christiane 1806 die Hilfe ihrer Schwester und Tante verloren hatte, wurde sie vertraute Hausfreundin, reiste mit der Geheimrätin, schrieb für sie, die damit ihre liebe Not hatte, manchen Brief nach Diktat und lebte seit 1809 ganz bei ihr im Haus. Als Goethe von Jena aus den ersten Band der *Wahlverwandtschaften* herüberschickte, rechnete er damit, daß Caroline Ulrich ihn vorlesen würde; in seinen Briefen vergaß er nicht, sie zu erwähnen, und manches bezog sich auf sie. Auch für ihn schrieb sie einiges; Uli allein sei übrig geblieben, da seine ganze Kanzlei das Schwert ergriffen habe (an T.J. Seebeck, 3.4.1814). Die Frühsommertage 1814 verbrachte sie mit Goethes in Berka, fertigte die ersten Niederschriften von Szenen des *Epimenides* an, erfuhr auch wohl einiges aus der Hafis-Welt, und vielleicht übernahm in den Gedankenspielen des Dichters auch die junge Caroline einen kleinen Part. 1814 heiratete sie Riemer, der schon 1812, als er Professor am Gymnasium geworden war, die Wohnung im Goethehaus aufgegeben hatte. So war es still geworden, und in manchen Stunden in der Abgeschiedenheit des Arbeitszimmers lastete auf dem, der sich nur durch Tätigkeit wiederaufrichten konnte, das Gefühl der Einsamkeit und Verlassenheit.

Ein ungewöhnlicher Besuch im Herbst des Jahres 1816 versprach ein bewegendes Wiedersehen und blieb doch im Förmlichen, in pflichtschuldiger Gastlichkeit stecken. Charlotte Buff, seit langem verwitwete Frau Kestner, die Wetzlarer Lotte, hielt sich mehrere Wochen bei Schwester und Schwager Ridel in Weimar auf. Zum 25. September war sie mit Tochter und Verwandten zum Essen ins Goethehaus eingeladen, aber die einstige Vertrautheit aus der frühen Wertherzeit stellte sich nicht mehr ein; der Hausherr schirmte sich dagegen ab. »Ich statuire keine Erinnerung in eurem Sinne [...]. Es giebt kein Vergangenes, das man zurücksehen dürfte«, erklärte er einmal Kanzler v. Müller (KM 4.11.1823). Wie er den Tod scheu umging, der ihn aus dem Gleichgewicht bringen konnte, so wehrte er Reminiszenzen an Vergangenes ab, das er mühevoll überwunden hatte. Er ließ es versunken sein, wollte wenigstens, daß es so sei, aber es gelang nicht immer. Wie oft zogen ihn seine Gedanken in die Zeit mit Lili Schönemann zurück, als er in der Main- und Rheingegend war, wie lange setzte sich das *Divan*-Gespräch zwischen Hatem und Suleika fort! Doch waren das punktuelle Erinnerungen ohne die Anwesenheit der beteiligten Person, und sie

waren Anlaß zu produktivem Neuen, »das sich aus den erweiterten Elementen der Vergangenen gestaltet« (KM 4.11.1823). Nur wenn Erinnerung »ewig bildend« in uns fortlebe und schaffe, habe sie einen Sinn.
Lottes Tochter Clara berichtete: »Alles hatte eine so wunderbare Teinture [Anstrich] von höfischem Wesen, so gar nichts Herzliches, daß es doch mein Innerstes oft beleidigte« (an ihren Bruder August, 29.9.1816; Bo II 661). Charlotte wurde in ihrer Skepsis bestätigt: »Ich habe eine neue Bekanntschaft von einem alten Mann gemacht, welcher, wenn ich nicht wüßte, daß er Goethe wäre, und auch dennoch, hat er keinen angenehmen Eindruck auf mich gemacht. Du weißt, wie wenig ich mir von diesem Wiedersehen oder vielmehr dieser neuen Bekanntschaft versprach. [...] Auch tat er nach seiner steifen Art alles mögliche, um verbindlich gegen mich zu sein« (an ihren Sohn August, 4.10.1816; Bo II 662). Thomas Mann hat erfindungsreich und mit ironischem Spürsinn die Tage der *Lotte in Weimar* nachgedichtet.

Bald kam neues Leben in das geräumige Goethehaus. Sohn August verheiratete sich im Juli 1817 mit Ottilie v. Pogwisch, der ältesten Tochter der geschiedenen Frau eines preußischen Majors, die als Hofdame der Großherzogin ein bescheidenes Leben führte. Ottilie hatte schon 1812 Augusts Aufmerksamkeit auf sich gezogen, ohne daß er sie recht beeindrucken konnte. Der etwas behäbig-phlegmatische, aber unausgeglichene Goethesohn und die kapriziöse, eigenwillige Ottilie waren ungleiche Naturen. Als ein preußischer Freiwilliger 1813 einige Zeit in Weimar blieb, verliebte sich die Sechzehnjährige in ihn, die, Preußin von Geburt, auch mißbilligte, daß August v. Goethe so wenig Begeisterung für den Befreiungskampf aufbrachte und sich vom Vater in der Heimat halten ließ. Oft dachte sie später an die unerfüllbare Liebe zum bereits verlobten Leutnant Ferdinand Heinke zurück. 1816 hatte Augusts neuerliches Werben Erfolg, gewiß auch deshalb, weil er der Sohn des berühmten Vaters und es für Ottilie ein verführerischer Gedanke war, am Frauenplan als Schwiegertochter und Frau des Hauses residieren zu können. Dem wenig erfreulichen Dienst einer Hofdame, den sie zur Sicherung ihrer Existenz wohl hätte antreten müssen, konnte sie so entkommen. Im Dachgeschoß richtete Goethe dem jungen Paar eine angenehme Wohnung ein, war sehr zufrieden, daß der Sohn eine Familie gründete und nun eine anhängliche Schwiegertochter bei ihm lebte, die geistig rege und musisch begabt war.

Doch in der Ehe begann es früh zu kriseln. Zwar kamen drei vom Großvater geliebte und umhegte Enkelkinder zur Welt: Walther 1818, Wolfgang 1820 und Alma 1827, aber die Ehe der Eltern wurde turbulent. Sehr bald gingen die Partner eigene Wege, Streit und Versöhnung wechselten ab, die Zerrüttung war nicht aufzuhalten. Wenn Goethe meinte: »Sie paßten zusammen und wenn sie sich auch nicht liebten« (an C. L. F. Schultz, 8.6.1818), war das eine verquere Hoffnung, die sich nicht verwirklichen konnte. Ottilie war quirlig, unstet, fühlte sich unerfüllt, verstrickte sich in träumerische Liebeleien, über die die kleine Stadt genug zu reden hatte, und schrieb für sich selbst einmal den treffenden Grabspruch: »Von Quellen umgeben, verdurstete sie, denn keine bot ihr einen frischen Trunk.« Zum alten Goethe blickte sie auf und verehrte ihn, der sich vor dem Gezänk im oberen Haus manches Mal in seinen Arbeitsräumen verschloß und immer wünschte, daß sich Eintracht einstelle. Wenn Ottilie ihren Mann am Vater maß, mußte er unterliegen. Er trug die Last des Erben und zerbrach unter ihr; er war stets nur der Sohn eines genialen Menschen, aus dessen Schatten herauszutreten auch für andere schwer oder unmöglich gewesen wäre. Es mußte ihn bedrücken, dem Namen Goethe nicht gerecht werden zu können, und es war fatal, daß der übermächtige Vater ihn für sein ganzes Leben an sich band und es, so gut er es mit ihm meinen mochte, verhinderte, daß er sich befreite. Nach juristischen Studien in Heidelberg und Jena, die der Vater mit patriarchalischen Ermahnungen begleitete, war er Assessor bei der Weimarer Kammer geworden, dann 1815 Kammerrat, war im Hofdienst, in der Baudirektion tätig und unterstützte Goethe bei den administrativen Arbeiten der »Oberaufsicht«. Später führte er für den Vater mit Geschick manche geschäftliche Verhandlung, aber er war immer nur der Sohn, gesichert und gedrosselt in einer mittelmäßigen Beamtenposition, die er redlich versah. Wie gelähmt von der väterlichen Übergröße, entwickelte er nie die Aktivitäten, die ihn (vielleicht) zur Entfaltung der eigenen Persönlichkeit hätten bringen können. Daß er gern und viel trank, war auch ein Symptom seiner problematischen Existenz, wenngleich im Hause Goethe sowieso große Mengen Wein konsumiert wurden. Karl v. Holtei, ein Freund der letzten Jahre, urteilte in seinen Erinnerungen *Vierzig Jahre* (1843–1850): »August Goethe war kein gewöhnlicher Mensch. Auch in seinen Ausschweifungen lag etwas Energisches: Wenn er sich ihnen hingab, schien es weniger aus Schwäche, als vielmehr aus Trotz gegen die ihn umgebenden Formen zu geschehen.« Kurz vor seinem Ende begehrte er auf, poetisch nur, in Ottilies Zeitschrift *Chaos*: »Ich will nicht mehr am Gängelbande / Wie sonst geleitet seyn / Und lieber an des Abgrunds Rande / Von jeder Fessel mich befrein. [...] Ich geh' entgegen bess'ren Tagen, / Gelöst ist hier nun jedes Band.« Im Mai 1830 sollte eine Italienreise Erholung und Aufhellung des trüben Daseins bringen. Es wurden Monate voller abwechslungsreicher Eindrücke, aber in der Nacht auf den 27. Oktober raffte ihn in Rom ein plötzlicher Tod hinweg. Kanzler v. Müller überbrachte dem Vater »solche Schreckens

Kunde«. »Doch er empfing sie mit großer Fassung und Ergebung, ›non ignoravi me mortalem genuisse‹ [mir war wohl bewußt, einen Sterblichen gezeugt zu haben] rief er aus, als seine Augen sich mit Thränen füllten« (KM, S. 361). Noch die Inschrift auf dem Grabstein in der Nähe der Cestius-Pyramide, den Goethe errichten ließ, besiegelte die lebenslange so schöne wie beengende Bindung an den Vater: »Patri antevertens« [dem Vater vorangehend].

Der jähe Tod Augusts stürzte Ottilie nicht in Verzweiflung, aber es plagten sie doch Gedanken, warum ihre Ehe scheitern mußte. »Auch ich beklage mehr die Art unseres Zusammenlebens wie seinen Tod«, schrieb sie ihrer Freundin Adele Schopenhauer (11.12.1830). »Wir waren gewiß beide grenzenlos unglücklich; und was mir eine entsetzliche Empfindung giebt, ist der Gedanke, daß er gleichsam für uns, oder für mich, gestorben ist, oder vielmehr das Gefühl gehabt, daß es das Beste für unser Glück sei« (SGS 28, 1913, 290). Sie suchte immerfort grenzenlose Liebe, war bereit, sie zu geben, und glaubte Glück in nichts anderem erlangen zu können, »als worin ich es mein ganzes Leben gesucht: in inniger, aufopfernder Liebe«. »Vater, der Du alles hast, / Gib mir Liebe«, begann und schloß sie ein *Gebet* in Versen. Ihre Briefe, ihre Gedichte tragen die Spuren eines schwierigen und letztlich nicht gelingenden Selbstfindungsprozesses, in dem wechselnde Bekanntschaften (›Affären‹ aus der Sicht der Kritiker) nur partielles Glück, aber neue Qualen bescherten. In die Rolle einer sorgfältig wirtschaftenden Hausfrau konnte sie sich nicht fügen, doch im intellektuellen Zirkel des Salons lebte sie auf und wußte ihre Rolle zu spielen. Von 1829 an gab sie für ein paar Jahre die private literarische Zeitschrift *Chaos* heraus, die mit ihren knapp dreißig Exemplaren nur ein Forum für den Bekanntenkreis war, ein Versuch eigener geistiger Produktivität. An Goethe hing sie mit Verehrung und fürsorglicher Liebe, und er ließ sie gewähren, auch wenn er sich nach Augusts Tod selbst um die Wirtschaftsführung des Hauses kümmern mußte, damit das Chaos nicht zu groß wurde.

Abwehr von Irritationen

Unter dem Datum des 28. Juli 1817 erhielt Goethe noch einmal einen Brief von Bettina v. Arnim, geb. Brentano. Sie schrieb wie einst mit der Du-Anrede des Kindes und versuchte anzuknüpfen, wo vor sechs Jahren die Verbindung zerbrochen war: als sie 1811, gerade Achim v. Arnims Frau geworden, in Weimar bei einem Besuch der Kunstausstellung in der Zeichenakademie in einen heftigen Streit mit Christiane geriet, der so beleidigende Formen annahm, daß Goethe sie aus dem Haus wies. »Dicke Blutwurst«, so die Fama, soll Bettina die Frau ihres umschwärmten Idols geschmäht haben. Kein Beteiligter hat je genaue Auskunft über den Vorfall gegeben. »Nicht geahndet hab ich es, daß ich je wieder so viel Herz fassen würde, an Dich zu schreiben. bist Du es denn?« begann sie nun ihren Brief. »ich fühl es jezt wohl, daß es nicht leicht war, mich in meiner Leidenschaftlichkeit zu ertragen, ja ich ertrage mich selbst nicht [...].« Aber Goethe antwortete nicht mehr, für ihn war das Kapitel Bettina abgeschlossen. Ihre Berichte über seine Kinderjahre, die sie von seiner Mutter erhielt, hatte er für *Dichtung und Wahrheit* genutzt, nun mochte er sich nicht erneut dem drängenden Anschmiegen der Frau preisgeben, die wieder in die Attitüde des Kindes verfiel, als sie von einem Traum berichtete, in dem sie aus einem ruhigen Schlaf erwachte, »auf Deinen Knieen sitzend an einer langen gedeckten Tafel«. Die ältere Bettina mit ihrem bewundernswürdigen Engagement für die Armen und Unterprivilegierten hat Goethe nicht mehr erlebt (*Dies Buch gehört dem König*, 1843/1852).

Er tat Bettinas Annäherungsversuch mit Schweigen ab. An Auseinandersetzungen war ihm nichts mehr gelegen oder doch nur von Fall zu Fall. Er schwankte durchaus, wie er sich zu dem, was er in seiner Zeit beobachtete, verhalten sollte. »Man muß jetzt auch Partei machen, das Vernünftige zu erhalten, da die Unvernunft so kräftig zu Werke geht«, verteidigte er den polemischen Aufsatz über die *Neu-deutsche religios-patriotische Kunst*; gegen den »Zeitwahnsinn verrückter Söhne«, auf die falschen Maximen müsse man »derb und unerbittlich losgehen« (an Rochlitz, 1.6.1817). Wenig später lautete es anders. Er wisse, auf welcher Seite er stehe und welche Denkweise ihm angemessen sei. »Diese such ich in mir auszubilden, es sei an Natur oder Kunst, andere mögen anders verfahren, streiten werd ich niemals mehr« (an S. Boisserée, 17.10.1817). Diese Gelassenheit überwog im Alter mehr und mehr. Er wollte nicht den richterlichen Praezeptor spielen. Was ihm mißfiel, attackierte er öffentlich kaum, er schwieg lieber darüber; daher der fast völlige Ausfall von Erwähnungen der deutschen Gegenwartsliteratur. Was er besprach, diente der Vermittlung dessen, was ihm wichtig erschien, und zwar der Vermittlung in weltliterarischen Zusammenhängen. Was er dachte und was sich ihm als sein ›Weltbild‹ aufgebaut hatte, darüber sprach und korrespondierte er mit seinen Bekannten und vertraute es seinen Schriften und Dichtungen an. Unverändert polemisch blieb er, wenn es um Newton und seine Anhänger ging.

Das Gefühl, im Grunde allein zu sein, verließ ihn nie. Wie ein Ostinato durchzogen seine Briefe die Hinweise auf seine Einsamkeit, in der er lebe.

Wenige Freundschaften, vor allem die mit Zelter, hellten sie auf. Schon im Oktober 1817 schrieb er den Satz, den er dann öfter wiederholte: »*Leben* heißt doch eigentlich nicht viel mehr als viele *überleben*« (an S. Boisserée, 17.10.1817). Die Reihe der Toten, an die er zurückdachte, war bereits lang: Herder, Schiller, Anna Amalia, Melchior Kraus, Wieland, Christiane. Aber auch hier konnte wie für alle Einschränkungen und Verluste des Alters eine Gewißheit helfen, die ein *Divan*-Gedicht aussprach:

> »Die Jahre nahmen dir, du sagst, so vieles:
> Die eigentliche Lust des Sinnenspieles,
> Erinnerung des allerliebsten Tandes
> Von gestern, weit- und breiten Landes
> Durchschweifen frommt nicht mehr; selbst nicht von oben
> Der Ehren anerkannte Zier, das Loben,
> Erfreulich sonst. Aus eignem Tun Behagen
> Quillt nicht mehr auf, dir fehlt ein dreistes Wagen!
> Nun wüßt' ich nicht, was dir Besondres bliebe?«
>
> Mir bleibt genug! Es bleibt Idee und Liebe!

Es blieb die Zuversicht in eine sinnhafte Ordnung des Ganzen und die Einsicht in sie, soweit sie Menschen gestattet ist. »Wir können bei Betrachtung des Weltgebäudes, in seiner weitesten Ausdehnung, in seiner letzten Teilbarkeit, uns der Vorstellung nicht erwehren, daß dem Ganzen eine Idee zum Grund liege, wornach Gott in der Natur, die Natur in Gott, von Ewigkeit zu Ewigkeit, schaffen und wirken möge. Anschauung, Betrachtung, Nachdenken führen uns näher an jene Geheimnisse« (*Bedenken und Ergebung*; 13, 31). Und es blieb immer neu möglich die Liebe, in der eine Aufhebung der Beschränkungen geschieht und auch eine Teilhabe an jener Idee des Ganzen gefühlt werden kann. »Zinne 19. Febr. 1818« ist auf der Handschrift dieses Gedichts eingetragen. Wohnte Goethe, wenn er in Jena war, zumeist im Schloß, so logierte er seit 1817 zeitweilig in zwei bescheidenen Zimmern im Gartenhaus des Botanischen Gartens. Aber jetzt hatte er auch ein Zimmer im Gasthof zur Tanne an der Camsdorfer Brücke genommen, um in einer »nahezu absoluten Einsamkeit« zu sein und vom Süderker aus schon früh im Jahr den Gang der Sonne beobachten zu können. Er habe »eine *Zinne* (vulgo Erker) in Besitz genommen«, berichtete er Zelter (16.2.1818).

Hier verweile ich nun die schönsten Stunden des Tags, den Fluß, die Brücke, Kies, Anger und Gärten und sodann das liebe närrische Nest, dahinter Hügel und Berge und die famosesten Schluchten und Schlachthöhen vor mir. Sehe bei heiterm Himmel die Sonne täglich etwas später und weiter nordwärts untergehen, wornach meine Rückkehr zur Stadt reguliert wird.

Der letzte Festzug

Im Dezember 1818 besuchte die Zarin-Mutter Maria Feodorowna, eine geborene württembergische Prinzessin, für mehrere Wochen ihre Tochter, die Erbgroßherzogin Maria Pawlowna, in Weimar, Anlaß für festliche Ereignisse. Goethe wurde gebeten, einen Maskenzug zu gestalten, und zwar so, »daß dabei *einheimische Erzeugnisse* der Einbildungskraft und des Nachdenkens vorgeführt und auf die vieljährig und mannigfaltig gelungenen Arbeiten beispielweise hingedeutet werden« sollte (JA 9, 334). Um die Aufgabe auszuführen, zog er sich ins stille Berka zurück und opferte wieder einmal Zeit für die Vorbereitung einer höfischen Festlichkeit. Umständlich lautete der endgültige Titel *Festzug, dichterische Landeserzeugnisse, darauf aber Künste und Wissenschaften vorführend*. Es war das letzte Mal, daß er einen jener Maskenzüge komponierte, die unter seinen Werken wenig beachtet werden. Immerhin sind vierzehn in den Ausgaben überliefert, und Goethe selbst nahm sie seit der ersten Cottaschen Gesamtausgabe 1806/1810 in eigene Editionen auf, mußte aber damals schon beklagen, daß manche verloren seien (WA I 16, 187). Vor seiner Zeit in Weimar wurde auf den Redouten, den Tanzabenden und Maskenbällen, gelegentlich eine pantomimische Einlage geboten; er suchte dann »die Maskenbälle, welche gar bald in ein wildes, geistloses Wesen ausarten, durch dichterische Darstellungen zu veredeln« (an W. Gerhard, 27. 2. 1815).

Meist war der Geburtstag der Herzogin, der 30. Januar, der gegebene Anlaß für diese Aufzüge, bei denen die Festteilnehmer mitspielten. Die Texte, die Goethe dafür schrieb, machen nur den verbalen Teil des Maskenzuges aus, der ein Gesamtkunstwerk war, zu dessen Realisation Pantomime und Kostümierung, Musik und Ballett gehörten. Wenn auch der Hof an den Redouten maßgeblich beteiligt war, so wirkten doch viele Bürgerliche mit, und die Maskeraden waren kein höfisches Festspiel, in dem der Preis der Fürstin und des Fürsten alles bestimmte und Lobhudelei das billige große Wort führte. In der gemeinsam praktizierten und erlebten Vorstellung sollten geistreiche Unterhaltung und unterhaltsame Bildung möglich werden, wie es im Maskenzug von 1798 ausgesprochen wurde: »Doch jeder blickt behende nach den Seinen, / Und teilt mit Freunden freudiges Gefühl; / Man eilet, sich harmonisch zu vereinen« (JA 9, 321). Der Inszenator nahm auch die Gelegenheit wahr, in mythologischen und allegorischen Figuren und Szenen seine Kunstanschauung sichtbar werden zu lassen. Als Goethe den römischen Karneval gesehen hatte, wurden die nachitalienischen Maskeraden wirklich füllige Aufzüge, wie sich ebenfalls erst damals der Terminus Maskenzug festigte. Sie gewannen an Aktualität; der Aufzug von 1810 hieß *Die romantische Poesie* und präsentierte Gestalten aus der mittelalterlichen Dichtung, die damals so viel Resonanz fand. Doch wurden sie, ganz der Auffassung Goethes entsprechend, am Schluß in historische Distanz gerückt: »Wir aber lassen sie in Frieden ziehn. / Ihr saht vor euch ein liebevoll Gedränge, / Gestalten vor'ger Zeit, vorüber fliehn« (JA 9, 330). Der *Festzug* von 1818, die Revue »dichterischer Landeserzeugnisse«, war ein Bekenntnis zum weimarischen, nicht-romantischen Geist. »Die alte Ehre Weimars gerettet«: das betrachtete Goethe als seinen Lohn für die »sechs Wochen ununterbrochener Arbeit« (an Knebel, 26. 12. 1818). Gestalten aus Werken Wielands, Herders, Schillers, Goethes traten auf, manche Verse formulierten prägnante Charakteristika: »Horcht in die Welt« (Herder), »Der Sinnende, der alles durchgeprobt« (Schiller), und der kommentierenden Ilme legte der Dichter ein kleines Selbstbekenntnis in den Mund:

> Weltverwirrung zu betrachten,
> Herzensirrung zu beachten,
> Dazu war der Freund berufen,
> Schaute von den vielen Stufen
> Unsres Pyramidenlebens
> Viel umher, und nicht vergebens:
> Denn von außen und von innen
> Ist gar manches zu gewinnen (JA 9, 353 f.).

Mit einem Stoßseufzer verabschiedete sich Goethe von seinen Maskenzügen für öffentliche Festlichkeiten: »Ich aber, will's Gott! [habe] von solchen Eitelkeiten hiedurch für immer Abschied genommen« (an Knebel, 26. 12. 1818). Schon im voritalienischen Jahrzehnt hatte er über die »Narrenrolle« gespottet, die er spiele (an Ch. v. Stein, 6. 2. 1781), von »Aufzügen der Torheit« gesprochen (an Lavater, 19. 2. 1781) und über das »Vertrödeln der Zeit« mit Maskenzügen geklagt. Aber er wußte auch, daß man damit »Gelegenheit gewinnt, das Gute zu thun indem man zu scherzen scheint« (an Ch. v. Stein, 14. 1. 1782). Den dichterischen Höhepunkt seiner Maskenzugdichtung sollte erst noch der große Mummenschanz im *Faust II* bringen.

Gott und Natur. Weltanschauliche Gedichte

In etlichen Gedichten dieser frühen Altersjahre sprach Goethe Grundansichten über Gott, Welt und Mensch aus, denen auch später noch Verse ähnlicher Bedeutung folgten. Man kann sie weltanschauliche Gedichte nennen, wenn man darüber nicht vergißt, daß auch andere Lyrik, die nicht diesen gewichtigen Titel erhält, Goethesche ›Weltanschauung‹ bezeugt, nicht nur die großen Hymnen der frühen und mittleren Zeit, sondern auch ein Gedicht wie *Auf dem See* und andere Naturgedichte, Balladen, Elegien und natürlich der *West-östliche Divan*. Unbestreitbar aber sammelte sich in besonders einprägsamen Gedichten eine Summe von Grundüberzeugungen, die alle Einzelerkenntnisse überstieg. Es waren letzte Maximen der Weltansicht, die dem forschenden Eindringen in die Natur zugrundelagen, wie umgekehrt jede neugewonnene Einsicht die Grundmaximen immer wieder bestätigte. Die Schau des Ganzen und das Anschauen des einzelnen waren miteinander verbunden, eins war nicht ohne das andere. Insofern war der Naturwissenschaftler Goethe von den Prinzipien einer voraussetzungslosen experimentellen Naturwissenschaft weit entfernt, die ihre Ergebnisse in quantifizierenden und Funktionen festschreibenden mathematischen Gesetzesformeln niederlegt, die jedermann mit gleichem Resultat anwenden kann, der sich an die entsprechende Versuchsanordnung hält. Eine übergreifende Sinndeutung ist dabei jedenfalls nicht vorgesehen, zumindest nicht eine solche, die noch auf den einzelnen Forschungs- und Experimentiervorgang zurückwirkt. Auch die naturwissenschaftlichen Versuche, die Goethe angestellt hat, können nachvollzogen werden. Aber er ließ ihre Ergebnisse nie in quantifizierende Formeln gerinnen, sondern durchsetzte sie mit Deutungen, die sich seinen Grundmaximen verdankten, oder hielt den Ausblick auf sie frei, deutete ihn an. Der Zusammenhang mit dem großen Ganzen, in dem Natur und Mensch verbunden bleiben sollten, wurde ausdrücklich gewahrt: eine Naturanschauung, die – unabhängig von ihren falschen oder richtigen Ergebnissen im einzelnen – eine beständige Herausforderung an eine Naturwissenschaft und Technik bedeutet, die die Perfektion des Funktionierens als höchsten Wert setzt, bedenkenlose Eingriffe in die Natur und die Plünderung der Erde mitzuverantworten hat. Das Resultat der Provokation kann freilich nicht sein, die Verfahrensweise der modernen Naturwissenschaften aufzugeben, sondern ihre Konsequenzen für den Menschen zu reflektieren und sie als menschliche Tätigkeiten in einem Gesamtzusammenhang von Welt, Gesellschaft und Mensch zu bestimmen, dessen Sinn sich auf Richtigkeit, Zuverlässigkeit und Erfolg naturwissenschaftlicher Methoden weder reduzieren läßt noch daraus ergibt.

Daß das einzelne Phänomen bei Goethe symbolisch auf das Ganze zu verweisen vermag, hat zur Voraussetzung, daß jener Konnex von Gesamtschau und Einsicht ins einzelne besteht. Jene Grundüberzeugungen, die die weltanschaulichen Gedichte verkünden, enthalten die Essenz Goethescher Weltsicht. Sie bieten also *seine* Deutung und dürfen daher auch nicht wie unverrückbare Naturgesetze gelesen werden. Sie sind Zeugnisse seines Glaubens, seiner besonderen Religiosität, aus vielen Quellen gespeist, beeindruckend in ihrer Zuversicht und Weltzugewandtheit, und markieren Leitpunkte, an denen sich Denken und Tun in Goetheschem Sinn ausrichten können. Insofern sind sie auch Selbstzuspruch dessen, der die Unruhe kannte und unter ihr litt, dem Verzweiflung nicht fremd war und der wußte, daß lange leben viele überleben heißt.

> Im Namen dessen der sich selbst erschuf!
> Von Ewigkeit in schaffendem Beruf;
> In seinem Namen der den Glauben schafft,
> Vertrauen, Liebe, Tätigkeit und Kraft,
> In jenes Namen, der, so oft genannt,
> Dem Wesen nach blieb immer unbekannt.
>
> So weit das Ohr, so weit das Auge reicht
> Du findest nur Bekanntes das ihm gleicht
> Und deines Geistes höchster Feuerflug
> Hat schon am Gleichnis, hat am Bild genug;
> Es zieht dich an, es reißt dich heiter fort,
> Und wo du wandelst schmückt sich Weg und Ort.
> Du zählst nicht mehr, berechnest keine Zeit
> Und jeder Schritt ist Unermeßlichkeit (LA I 8, 4).

Mit diesen Versen eröffnete Goethe 1817 seine Schriftenreihe *Zur Naturwissenschaft überhaupt*, und als *Prooemion* setzte er sie an den Anfang der Gruppe »Gott und Welt«, die er in der Gedichtsammlung der »Ausgabe letzter Hand« einrichtete und in die er Gedichte vornehmlich religiöser und naturwissenschaftlicher Thematik aufnahm, also auf den Bezirk verwies, in dem seine weltanschaulichen Grundüberzeugungen der Mannes- und Altersjahre wurzelten.

Feierlich beginnt der Sprecher mit dem Anklang an die bekannte Formel »Im Namen des Vaters, des Sohnes und des Heiligen Geistes«, leitet aber sogleich eine eigene Aussage ein; denn schon die beiden Anfangszeilen verkünden, was die zweite Strophe entfaltet: Die ganze Natur stellt nur Variationen des Einen, Göttlichen dar. Die Schöpfung ist nicht von Gott getrennt, sondern er verwirklicht sich in ihr, und diese Selbstverwirklichung währt immer fort. Als der Inbegriff der sinnhaften Ordnung des Ganzen ist er der Urheber jener Grundhaltungen, die dem menschlichen Leben Sinn geben: Glauben, Vertrauen, Liebe, Tätigkeit. Wiederholt erinnerte der alte Goethe an sie. ›Gott‹ wird indessen gar nicht beim Namen genannt. Es ist eine Grundanschauung Goethes, daß ein höchstes Wesen, ein Absolutes, ein Unendliches zwar angenommen, aber nicht personalisiert und direkt erkannt oder benannt werden können. Doch bleibt es dem Menschen möglich, in allem, was ist, Göttliches wahrzunehmen. Natur als Gott-Natur zu begreifen, im einzelnen ein Gleichnis des großen Ganzen zu sehen, am Abglanz des Unendlichen sich zu erfreuen und damit zufrieden zu sein. »Das Wahre, mit dem Göttlichen identisch, läßt sich niemals von uns direkt erkennen, wir schauen es nur im Abglanz, im Beispiel, Symbol, in einzelnen und verwandten Erscheinungen; wir werden es gewahr als unbegreifliches Leben und können dem Wunsch nicht entsagen, es dennoch zu begreifen« (*Versuch einer Witterungslehre*; 13, 305). Wenn der Mensch rein zu schauen versteht, hat er am Gleichnis, am Bild genug, spürt die Berührung mit dem Unendlichen, das keine Zeit ermißt. Ihm wird das Vergehen der Zeit gleichgültig, weil er weiß, daß in allem Wechsel das Eine, der Eine dauert und gegenwärtig bleibt.

Im lebendigen Wirken der Natur ist der tätige Gott anwesend. Er ist kein jenseitiges Wesen, das die Natur einmal geschaffen und sich selbst überlassen hat, sondern realisiert sich selbst beständig in ihr.

> Was wär' ein Gott, der nur von außen stieße,
> Im Kreis das All am Finger laufen ließe!
> Ihm ziemt's, die Welt im Innern zu bewegen,
> Natur in Sich, Sich in Natur zu hegen,
> So daß, was in Ihm lebt und webt und ist,
> Nie Seine Kraft, nie Seinen Geist vermißt (1, 357).

Am 31. Januar 1812 distanzierte sich Goethe mit bezeichnender Wendung von Fritz Jacobis Vorstellung eines übernatürlichen Gottes: Dessen Gott müsse sich immer mehr von der Welt absondern, »da der meinige sich immer mehr in sie verschlingt« (an A. H. F. v. Schlichtegroll). So betont diese Strophe die Einheit von Natur und Gott, während die zweite die sittliche Welt beruft, die im Innern des Menschen lebt:

> Im Innern ist ein Universum auch;
> Daher der Völker löblicher Gebrauch,
> Daß jeglicher das Beste, was er kennt,
> Er Gott, ja seinen Gott benennt,
> Ihm Himmel und Erden übergibt,
> Ihn fürchtet und wo möglich liebt.

Der Göttlichkeit des Alls entspricht ein inneres Universum, und da auch in ihm Göttliches wirkt, ist es sinnvoll, daß die Völker dem Besten dieses Universums den Namen Gott verleihen, ja jeder einzelne darf so verfahren. Ein Pluralismus der Toleranz zeichnet sich ab, wo jeder das verehren und göttlich nennen darf, was ihm wertvoll erscheint. Wiederum, wie im früheren Gedicht *Das Göttliche*, ist Gott an das ethische Verhalten des Menschen gebunden. Würde es dieses nicht geben, wäre Gott in der Natur allein und könnte als solcher gar nicht begriffen werden: Der Mensch konstituiert Gott durch sein ethisches Verhalten; Gott ist nicht wirklich ohne den Humanismus des Menschen – ein hochgemuter, verpflichtender Glaubenssatz einer innerweltlichen Religiosität, der nur eingelöst werden kann in konkreter Tätigkeit. Goethe wußte sich ihm verpflichtet und auch in seinen politischen Reaktionen dadurch legitimiert. Für Zeitgenossen und Nachlebende blieb und bleibt indes die Frage, ob sein beharrliches Festhalten am Bestehenden wirklich in allen Teilen diese Rechtfertigung erträgt.

Der Gedanke der Strophe »Im Innern ist ein Universum auch« erscheint ähnlich in dem späten Gedicht *Vermächtnis* von 1829, wo Goethe ebenfalls zunächst von der Natur spricht. Das edelste Sinnbild ihrer Ordnung und Schönheit ist das Sonnensystem; aber auch im Menschen ist eine verwandte Ordnung und ein Mittelpunkt, das sittliche Gesetz:

> Sofort nun wende dich nach innen,
> Das Zentrum findest du da drinnen,
> Woran kein Edler zweifeln mag.
> Wirst keine Regel da vermissen,
> Denn das selbständige Gewissen
> Ist Sonne deinem Sittentag.

Dieses Gesetz, das der Mensch in sich trägt, ist Ausstrahlung, Abglanz, Gleichnis eines höchsten göttlichen Gesetzes. Der Wilhelm Meister der *Wanderjahre* weiß es ebenso. Als er vom Turm einer Sternwarte aus den Sternenhimmel über sich ausgebreitet sieht, fragt er rhetorisch: »Darfst du dich in der Mitte dieser ewig lebendigen Ordnung auch nur denken, sobald sich nicht gleichfalls in dir ein beharrlich Bewegtes, um einen reinen Mittelpunkt kreisend, hervortut?« (8, 119) Kants Worte vom bestirnten Himmel über uns und dem moralischen Gesetz in uns klingen an.

Am 8. Oktober 1817 wurden laut Tagebuch »fünf Stanzen ins Reine geschrieben«. Es waren die *Urworte. Orphisch*, ein bekenntnishafter Zyklus über Grundmächte, die das menschliche Leben bestimmen. Verstehend und ordnend durchforscht der Sprecher, was im Menschenleben stets ineinandergeschlungen da ist, und bezieht es auf bestimmende Grundwirkungen: Daimon, Tyche, Eros, Ananke, Elpis. Diesen fünf Mächten sind zugleich auch, ohne daß es besonders ausgesprochen würde, fünf Lebensepochen des Menschen zugeordnet. Der Dämon regiert vor allem bei der Geburt, die Tyche in der Jugend, Eros bringt die Lebenswende, Ananke herrscht über die Jahre der Arbeit und des mittleren Alters, die Hoffnung bleibt dem Greis und hilft den Lebensabschied überstehen. So handelt das Gedicht von den fünf Gewalten, wie sie jeweils gleichzeitig und in der Folge des Lebensablaufs am Werk sind. Dem entspricht die äußere Gestaltung: Streng gebaut die einzelnen Stanzen, durch die schließenden gereimten Verse voneinander abgesetzt. Zugleich aber weist die einzelne Strophe über sich hinaus zur nächsten, am deutlichsten beim Übergang von der Tyche- zur Eros-Strophe.

URWORTE. ORPHISCH

ΔΑΙΜΩΝ, Dämon

Wie an dem Tag, der dich der Welt verliehen,
Die Sonne stand zum Gruße der Planeten,
Bist alsobald und fort und fort gediehen
Nach dem Gesetz, wonach du angetreten.
So mußt du sein, dir kannst du nicht entfliehen,
So sagten schon Sibyllen, so Propheten;
Und keine Zeit und keine Macht zerstückelt
Geprägte Form, die lebend sich entwickelt.

TYXH, Das Zufällige

Die strenge Grenze doch umgeht gefällig
Ein Wandelndes, das mit und um uns wandelt;
Nicht einsam bleibst du, bildest dich gesellig
Und handelst wohl so, wie ein andrer handelt:
Im Leben ist's bald hin-, bald widerfällig,
Es ist ein Tand und wird so durchgetandelt.
Schon hat sich still der Jahre Kreis geründet,
Die Lampe harrt der Flamme, die entzündet.

EPΩΣ, Liebe

Die bleibt nicht aus! – Er stürzt vom Himmel nieder,
Wohin er sich aus alter Öde schwang,
Er schwebt heran auf luftigem Gefieder
Um Stirn und Brust den Frühlingstag entlang,
Scheint jetzt zu fliehn, vom Fliehen kehrt er wieder,
Da wird ein Wohl im Weh, so süß und bang.
Gar manches Herz verschwebt im Allgemeinen,
Doch widmet sich das edelste dem Einen.

ΑΝΑΓΚΗ, Nötigung

Da ist's denn wieder, wie die Sterne wollten:
Bedingung und Gesetz; und aller Wille
Ist nur ein Wollen, weil wir eben sollten,
Und vor dem Willen schweigt die Willkür stille;
Das Liebste wird vom Herzen weggescholten,
Dem harten Muß bequemt sich Will' und Grille.
So sind wir scheinfrei denn nach manchen Jahren
Nur enger dran, als wir am Anfang waren.

ΕΛΠΙΣ, Hoffnung

Doch solcher Grenze, solcher eh'rnen Mauer
Höchst widerwärt'ge Pforte wird entriegelt,
Sie stehe nur mit alter Felsendauer!
Ein Wesen regt sich leicht und ungezügelt:
Aus Wolkendecke, Nebel, Regenschauer
Erhebt sie uns, mit ihr, durch sie beflügelt;
Ihr kennt sie wohl, sie schwärmt durch alle Zonen;
Ein Flügelschlag – und hinter uns Äonen.

Angeregt wurden die *Urworte. Orphisch* durch die Bemühungen damaliger
Philologen und Altertumsforscher um die ganz frühen, noch hinter Homer
zurückreichenden mythisch-religiösen Vorstellungen der Griechen, wie sie
in orphischer Dichtung auftauchten. Da stieß man auf Aussprüche und
Symbole, in denen ältestes Gedankengut aus altgriechischen, ägyptischen
und orientalischen Quellen zusammengeflossen war. Religiöse Geheimnisse
waren in ihnen aufbewahrt. Was dem sagenhaften Sänger Orpheus und der
an ihn anknüpfenden Tradition der Orphik zugeschrieben wurde, waren
heilige Sprüche. Dichter und Priester waren noch eins. Darauf anspielend,

bildete Goethe seinen Ausdruck »Urworte«. In Abhandlungen des dänischen Altertumsforschers Georg Zoega fand er Hinweise auf dunkle alte Lehren, daß Götter wie die in den Strophenüberschriften griechisch genannten bei der Geburt eines Menschen anwesend seien. Die *Urworte. Orphisch* waren eine dichterisch-produktive Antwort auf die Forschungen der Philologen und Mythologen. Goethe beabsichtigte nicht, einen weiteren Beitrag über frühantike Kosmogonie und orphische Aussprüche zu liefern. Vielmehr legte er gewisse uralte Worte, in denen Schicksalsmächte charakterisiert wurden, von seiner Lebenserfahrung und seinen Grundüberzeugungen her aus. In dem heiter-gelösten Stil des Alters, wie er ihn mitunter pflegte, äußerte er sich über seine Art, sich die Überlieferung anzueignen: »Wenn man das diffuse Altertum wieder quintessenziiert, so gibt es alsobald einen herzerquickenden Becher, und wenn man die abgestorbenen Redensarten aus eigener Erfahrungs-Lebendigkeit wieder anfrischt, so geht es wie mit jenem getrockneten Fisch, den die jungen Leute in den Quell der Verjüngung tauchten und als er aufquoll, zappelte und davonschwamm, sich höchlich erfreuten das wahre Wasser gefunden zu haben« (an S. Boisserée, 16.7.1818). Aneignung, Anverwandlung des Alten fürs Gegenwärtige, so daß im Gegenwärtigen Vergangenes aufleuchtet, das immerdar wirksam ist: das geschah wie im *West-östlichen Divan* so auch in den *Urworten*. Es war Erneuerung des »alten Wahren« durch gegenwärtige Dichtung.

Als Goethe die Stanzen 1820 in der Schriftenreihe *Zur Morphologie* veröffentlicht hatte, druckte er sie nochmals in *Über Kunst und Altertum* (II 3, 1820) und versah die Strophen mit Erläuterungen (1, 403 ff.). Sein Kommentar ist keiner in unserm Sinn. Nie sagt er das ganz aufhellende Wort; es bleibt weithin ein andeutendes Sprechen. Das Leitthema aber, das die Anmerkungen verbindet, ist der Nachweis einer steten polaren Wechselwirkung zwischen Freiheit und Zwang. Die Abfolge der Strophen macht sie schon deutlich: Wenn die eine vorwiegend von Zwang spricht, so folgt ihr eine, die eher Freiheit veranschaulicht. In der Mitte aber hat die doppeldeutige Macht des Eros ihren Platz. Und jede Stanze selbst schildert eine Gewalt, die beide Seiten in sich enthält: die eine offenkundig, die andere als geheimen Widerspruch.

Zum »Dämon« der ersten Stanze merkt Goethe an, er bedeute hier »die notwendige, bei der Geburt unmittelbar ausgesprochene, begrenzte Individualität der Person« – also nicht jene zweideutige, von außen den Menschen bedrängende Macht, das Dämonische, worüber der alte Goethe oft nachsann: das nicht göttlich ist, weil es unvernünftig scheint, nicht menschlich, weil es keinen Verstand beweist, nicht teuflisch, weil es wohltätig sein kann. Dämon ist hier der eingeborene Zwang, so und nicht anders sein zu müssen und zu können. Der Sternenstand der Geburtsstunde und die Ankündigung durch Sibyllen und Propheten, die wie auf Michelangelos Deckengemälde in der Sixtinischen Kapelle vereint sind, erscheinen als Garanten der unvertauschbaren Individualität. Auch *Dichtung und Wahrheit* begann mit der Beschreibung der Konstellation am Himmel des 28. August 1749, wenn dort auch die »guten Aspekten« ein wenig manipuliert wurden, damit das Leben unter vielversprechende Vorzeichen gerückt war. Der »Dämon« der *Urworte* ist aber nicht blinder, sinnfreier Zwang. Er ist begriffen als Monade, als Entelechie, als die innere Kraft, die die Entwicklung vorantreibt und zur Vollendung der Anlagen drängt: »Geprägte Form, die lebend sich entwikkelt«. Das ist ein zuversichtlicher Satz eher des Sollens, des Wunsches als der Selbstverständlichkeit. Denn die entelechische Entwicklung kann gestört, gar verhindert werden, und die Strophe der »Nötigung« weiß davon zu berichten, fast unwillig, widerstrebend, aber das Unausweichliche beim Namen nennend; denn es gibt niemanden, »der sich nicht peinlich gezwängt fühlte, wenn er nur erinnerungsweise sich solche Zustände hervorruft« (Kommentar). »Das Zufällige« scheint den Zwang der Individualität, die Begrenzung auf sie zu modifizieren. Das Ich gerät in die Vielfalt der Lebensbeziehungen hinein, antwortet auf sie, muß sich anpassen, kann sich verändeln. »Der Dämon freilich hält sich durch alles durch, und dieses ist denn die eigentliche Natur, der alte Adam, und wie man es nennen mag, der, so oft auch ausgetrieben, immer wieder unbezwinglicher zurückkehrt.« Unter der Macht des »Eros« finden Zwang und Wollen zusammen, Hingabe an das Eine ist wie ein Geschick und geschieht doch mit Lust. Dieses »Eine« in der letzten Zeile der Strophe meint nicht nur den Partner in der Liebe, sondern auch einen »durchs Geschick ihm [der Individualität] zugeführten Gegenstand«, dem sich der Mensch ganz widmen möchte. So wird der Übergang zur »Ananke«-Strophe verständlich. Das Ergreifen des Einen bedeutet Bindung, und damit treten Beschränkungen, Notwendigkeiten ein und setzen ihre Ansprüche durch. Die Reminiszenz an den Gedichtanfang verweist auf den Zwang, dem alles menschliche Leben unterliegt; »Ananke« ist die von außen andrängende Nötigung, das unerbittliche Sollen, das den Freiheitsspielraum einengt und zu resignieren lehrt, daß wir nur »scheinfrei« sind. Aber auch die Hoffnung ist dem Menschen gegeben, die ihn immer wieder über die Bedrückung durch Zwänge und Zumutungen hinauszuheben vermag. So pulsiert menschliches Leben unaufhörlich zwischen Nötigung und Freiheitsgenuß, verwirklicht sich in Diastole und Systole, und beides ist anzuerkennen als das dem Menschen Mögliche und Zugewiesene.

Und es durchziehen die *Urworte* Spuren von einer höheren als der nur irdischen Existenz des Menschen. Der Kern der Individualität gilt als unzerstörbar, nicht nur während der kurzen Spanne der Lebenszeit, sondern weit darüber hinaus. Er kann »nicht zersplittert noch zerstückelt werden, sogar durch Generationen hindurch« (Kommentar). Goethe mochte sich mit der Beschränkung auf die eine vergängliche Existenz nicht abfinden. Er tastete ahnend, hoffend, vertrauensvoll vor in die Bezirke des Unendlichen. Wie eine feste Substanz lag dort der Kern der Individualität in potentia bereit, als Möglichkeit, um in die Existenz zu treten und mit ihr nicht unterzugehen. Die letzte Zeile »Ein Flügelschlag – und hinter uns Äonen!« öffnete die Perspektive des Lebens zur Unsterblichkeit hin. Auf dem Glauben an sie beharrte der alte Goethe inständig; er postulierte ihn, auch wenn er keine wirklichen Beweise dafür vorbringen konnte und auf die christlichen Verheißungen verzichtete. Er wollte nicht hinnehmen, daß in der ewig lebenden und wirkenden Natur der Mensch in die Grenzen seiner irdischen Existenz gesperrt bleibe. Er wußte, daß er hier an Dinge rührte, für die die Vernunft nicht hinreichte und »wo man doch die Unvernunft nicht wollte walten lassen« (an Zelter, 19. 3. 1827). Mit der »ewigen Seligkeit« wisse er nichts anzufangen, hörte Kanzler v. Müller (23. 9. 1827), und seine »Ansichten der geistigen Fortdauer« gaben Anlaß zur Diskussion (KM 19. 2. 1823). Geradezu trotzig und um von der Tatsache der physischen Vergänglichkeit nicht erdrückt zu werden, postulierte er geistige Fortdauer. Er habe die feste Überzeugung, »daß unser Geist ein Wesen ist ganz unzerstörbarer Natur; es ist ein fortwirkendes von Ewigkeit zu Ewigkeit« (E 2. 5. 1824). »Die entelechische Monade muß sich nur in rastloser Tätigkeit erhalten; wird ihr diese zur andern Natur, so kann es ihr in Ewigkeit nicht an Beschäftigung fehlen« (an Zelter, 19. 3. 1827). Einem denkenden Wesen sei es durchaus unmöglich, »sich ein Nichtseyn, ein Aufhören des Denkens und Lebens zu denken; in so ferne trage Jeder den Beweiß der Unsterblichkeit in sich, selbst und ganz unwillkürlich« (KM 19. 10. 1823). Er mußte sich bei diesen Spekulationen an eine »Überzeugung« klammern, da nichts zu beweisen oder zu erproben war, und wagte es sogar, der Natur eine entsprechende Forderung zu präsentieren: »Die Überzeugung unserer Fortdauer entspringt mir aus dem Begriff der Tätigkeit; denn wenn ich bis an mein Ende rastlos wirke, so ist die Natur verpflichtet, mir eine andere Form des Daseins anzuweisen, wenn die jetzige meinem Geist nicht ferner auszuhalten vermag« (E 4. 2. 1829).

»Hoffnung« in den *Urworten. Orphisch* öffnet den Blick in zwei Richtungen: aus dem Lebensgefühl von Wollen und Sollen ins Freie, Unbedingte und aus dem Vergänglichen in die geforderte geistige Fortdauer. An beidem, so glaubte es der Dichter der neu-alten Urworte, hat der Mensch teil, und diese Überzeugung gibt den gemessen schreitenden Stanzen ihre ruhige Sicherheit.

Goethe hatte, besonders im Alter, seine Freude an Sprüchen. Er formulierte selbst gern in knapper, pointierender Form, und Gelegenheiten dazu boten sich immerfort: bei Besuchen, bei täglicher Lebensbetrachtung, nach der Lektüre. Er griff auch auf alte Sprichwortsammlungen zurück und machte kein Hehl daraus: »Diese Worte sind nicht alle in Sachsen / Noch auf meinem eignen Mist gewachsen; / Doch, was für Samen die Fremde bringt, / Erzog ich im Lande gut gedüngt« (JA 4, 32). In der Werkausgabe von 1815 richtete er für die Sprüche, die sich angesammelt hatten, die Gruppen *Sprichwörtlich; Gott, Gemüt und Welt* und *Epigrammatisch* ein. Was danach entstand, faßte er, um den Unterschied zu den scharfen *Xenien* aus der Zeit mit Schiller zu markieren, als *Zahme Xenien* zusammen, von denen ein Teil zuerst in der Zeitschrift *Über Kunst und Altertum* 1820 (II 3) erschien. So viel wie die Prosa-Sprüche der *Maximen und Reflexionen* umgreifen auch die Verssprüche: Glauben und Lebenspraxis, Kunst und Wissenschaft, Politisches und Selbstbeobachtung. In den Sprüchen schrieb er sich und seinen Lesern ein Lebensbrevier, bot ›Weltanschauliches‹ in farbiger Fülle. »Willst du ins Unendliche schreiten, / Geh nur im Endlichen nach allen Seiten.« – »Willst du dich am Ganzen erquicken, / So mußt du das Ganze im Kleinsten erblicken« (JA 4, 4).

> Ich wandle auf weiter, bunter Flur
> Ursprünglicher Natur;
> Ein holder Born, in welchem ich bade,
> Ist Überlieferung, ist Gnade (JA 4, 3).

Heiter und gelassen, selbstironisch und gelegentlich bissig, weise und aperçuhaft äußerte er sich, wie die Gelegenheit es ergab. Zu knappem Ausdruck schliff er Einsichten, die er für wichtig hielt, und beschied sich bisweilen mit anspielungsreicher Andeutung, wie er es im Alter liebte. Dabei stellten sich freilich auch Allerweltsweisheiten ein, und die *Verskunst* blieb manches Mal auf der Strecke: »Läßt mich das Alter im Stich? / Bin ich wieder ein Kind? / Ich weiß nicht, ob ich / Oder die andern verrückt sind« (JA 4, 52). – »Von Jahren zu Jahren / Muß man viel Fremdes erfahren; / Du trachte, wie du lebst und leibst, / Daß du nur immer derselbe bleibst« (JA 4, 50). Goethe selbst ist jedenfalls nicht »immer derselbe« geblieben, und von Herrn Keuner, dem Denkenden, wußte Bertolt Brecht zu erzählen: »Ein Mann, der Herrn K. lange nicht gesehen hatte, begrüßte ihn mit den Worten: ›Sie haben sich gar nicht verändert.‹ – ›Oh!‹ sagte Herr K. und erbleichte.« Goethes Glaube an die »geprägte Form«, die sich in allen von ihm doch bejahten Metamorphosen durchhielt, war in seinem Spruch zu Albumversen verkürzt und verkümmert.

Naturkundliches gesammelt

In ›weltanschaulichen Gedichten‹ wie den erwähnten waren Überzeugungen ausgesprochen, die aller Naturforschung Goethes zugrundelagen. Unermüdlich setzte er die Jahre hindurch seine Beobachtungen der Natur fort, die sich auf viele Gebiete erstreckten, auf Geologie und Mineralogie, Botanik und vergleichende Anatomie, Farbenlehre und Meteorologie. Es ist schon berichtet worden, wie ihn die Verpflichtungen, die er seit 1776 in Weimar übernahm, mit Boden und Pflanzenwelt in vielfältige Berührung brachten, als er sich dem Bergbauwesen in Ilmenau widmen mußte, für Wasser- und Wegebau zuständig war, die Parkanlagen mitkonzipierte, den eigenen Garten am Stern anlegte und Anregungen durch die Jenaer naturwissenschaftlichen Institute erhielt. Praktische Aufgaben bestimmten zunächst den Umgang mit der Natur: »Ich war vom augenfälligsten Allgemeinsten auf das Nutzbare, Anwendbare, vom Bedarf zur Kenntnis gelangt«, resümierte er beim Rückblick auf die *Geschichte seiner botanischen Studien* (13, 151). Er gab sich damit nicht zufrieden, sondern begann selbst zu forschen, um Einsichten in die Zusammenhänge der Natur zu erhalten, um etwas von der Ordnung zu erkennen, nach der die Gestaltenfülle sich organisiert. Er war beglückt, als er 1784 den Zwischenkieferknochen auch beim Menschen entdeckte, weil er damit ein Beweisstück für die Einheit des Bauplans der Säugetiere gefunden hatte. Er war vergnügt, als er die Identität aller Pflanzenorgane im Blatt und in dem mit ihm verbundenen Stengelglied erkannt zu haben glaubte und so die *Metamorphose der Pflanzen* (1790) beschreiben konnte, bei der sich die höhere Pflanze von Stufe zu Stufe immer wieder zu einem Blatt mit wechselnden Funktionen entwickele.

Viele naturkundliche Entwürfe, Skizzen, Abhandlungen sammelten sich. Aber mit Veröffentlichungen war er zurückhaltend; denn auf Beifall zu seinen Entdeckungen mußte er vergeblich warten. Den Aufsatz *Über den Zwischenkiefer des Menschen und der Tiere* gab er gar nicht erst zum Druck, als Fachleute das Manuskript skeptisch betrachtet hatten. Die *Beiträge zur Optik* (1791/1792) stagnierten mit dem zweiten Stück, aber die jahrzehntelangen Arbeiten auf diesem Feld gingen in die beiden imposanten Bände der *Farbenlehre* von 1810 ein, die das umfangreichste naturwissenschaftliche Werk Goethes blieb. Seit seinem Erscheinen trat die Naturforschung etwas zurück, ohne vergessen zu werden. So hatte sich im Lauf der Zeit manches Unveröffentlichte angehäuft, und auch weiterhin gedachte er sich zu naturwissenschaftlichen Komplexen zu äußern. 1817 schuf er sich deshalb ein eigenes Publikationsorgan, eine Schriftenreihe, deren einzelne Lieferungen in unregelmäßiger Form bis 1824 erschienen: *Zur Naturwissenschaft über-*

haupt, besonders zur Morphologie. Erfahrung, Betrachtung, Folgerung durch Lebensereignisse verbunden. Es waren zwei parallel laufende Serien (*Zur Naturwissenschaft überhaupt* und *Zur Morphologie*), die insgesamt je sechs Hefte umfaßten, von denen je vier in einem Ersten Band (1817–1822) und je zwei in dem Zweiten Band (1822–1824) zusammengefaßt wurden. Die »Leopoldina-Ausgabe« bietet jetzt beide Reihen in ihrer ursprünglichen Anordnung in zwei Bänden (I 8 und I 9). Die Hefte *Zur Morphologie* (LA I 9) nahmen etliches bereits Veröffentlichte und früher Geschriebene auf: *Die Metamorphose der Pflanzen* erschien erneut, samt der gleichnamigen Elegie; der Aufsatz über den Zwischenkiefer wurde nun gedruckt; Entwürfe und Abhandlungen zur vergleichenden Osteologie (Knochenlehre), kleinere Arbeiten zur Botanik und Zoologie wurden aufgenommen, und Goethe lag daran, wie der merkwürdige Untertitel der Schriftenreihe andeutete, biographische Auskünfte über seine Naturstudien zu geben. Alle Beiträge sollten »als Zeugnisse einer stillen, beharrlichen, folgerechten Tätigkeit gelten« (LA I 9, 14). Gleich an den Anfang setzte er eine Kurzfassung der *Geschichte meines botanischen Studiums*, berichtete über Entstehung und Wirkung seiner Metamorphosenschrift, erinnerte unter der Überschrift *Glückliches Ereignis* an seine Begegnung mit Schiller und ihr erstes Gespräch über die Metamorphose, als dieser den Kopf schüttelte und sagte: »Das ist keine Erfahrung, das ist eine Idee.« Die Reihe *Zur Naturwissenschaft überhaupt* enthielt weit mehr neue Schriften. Nachträge zur Farbenlehre (besonders über die entoptischen Farben) sammelten sich hier; viele Seiten galten der Geologie und Mineralogie Böhmens, wo er während der Kuraufenthalte eifrig geforscht hatte, und die Ergebnisse seiner meteorologischen Studien, denen er sich intensiv seit der *Farbenlehre* gewidmet hatte, teilte er an dieser Stelle mit. Aber auch der frühe theoretische Aufsatz von 1793 *Der Versuch als Vermittler von Objekt und Subjekt* erhielt seinen Platz, und unter dem Titel *Älteres, beinahe Veraltetes* streute er Aphoristisches ein. Gelegentlich kamen überdies, wie in den Heften *Zur Morphologie*, jüngere Naturwissenschaftler mit eigenen Artikeln zu Wort. Es würde viel zu weit führen, hier alle Abhandlungen der Schriftenreihe von 1817–1824 zu nennen oder einige ausführlich zu besprechen; umfangreiche Erläuterungen spezieller Fragen wären unvermeidlich – und für einen Laien riskant. Sinnvoller ist es zu versuchen, Besonderheiten der Goetheschen Naturforschung zu skizzieren und dabei einzelnes hervorzuheben.

Nicht nur mit biographischen Einschüben reicherte Goethe die Schriftenreihe an, die kein geschlossenes Werk mit einer klaren thematischen Durchgliederung darstellt, sondern auch mit Gedichten. Deutlicher konnte er nicht zu erkennen geben, daß seine Naturbetrachtung nicht in Einzeluntersuchungen aufging, vielmehr ständig auf eine Gesamtschau bezogen war, die sich nur dichterisch aussprechen ließ und die er in ›weltanschaulichen‹ Versen komprimierte. Denn um Gedichte, die – wie die Elegien über die Metamorphose der Pflanzen und der Tiere – naturwissenschaftliche Speziallehren vermitteln wollten, handelte es sich bei den eingestreuten Sprüchen und Strophen nicht. Die schon erwähnten Zeilen »Im Namen dessen der sich selbst erschuf!« schmückten den Anfang des ersten Hefts *Zur Naturwissenschaft überhaupt,* und das tiefsinnige *Eins und alles* (»Im Grenzenlosen sich zu finden / Wird gern der Einzelne verschwinden«) beschloß das fünfte Heft, ein Hymnus auf die ewig schaffende, beseelte Allnatur (»Weltseele komm uns zu durchdringen!«), die das Geschaffene wieder umschafft und auch das Vergehende noch in sich aufnimmt und bewahrt: »Das Ewige regt sich fort in allen! / Denn Alles muß in Nichts zerfallen, / Wenn es im Sein beharren will.« Auch die *Urworte. Orphisch* wurden hier als Ouvertüre des zweiten Hefts *Zur Morphologie* zuerst gedruckt, denen der dichtende Naturbetrachter zwei Sprüche nachschickte, in denen er zwei Grundprinzipien ausdrückte: Zergliedernde Analyse dürfe nicht alles sein, sondern das Ganze eines Phänomens müsse in seiner Einheit von innen und außen erfaßt werden, und die in der Forschung angewandte Reduktion auf kleinste Einheiten dürfe nicht dazu führen, daß die Vielheit der lebendigen Gestalt aus dem Blick entschwindet:

> Müsset im Naturbetrachten
> Immer eins wie alles achten.
> Nichts ist drinne, nichts ist draußen:
> Denn was innen das ist außen.
> So ergreifet, ohne Säumnis,
> Heilig öffentlich Geheimnis.
>
> ———
>
> Freuet euch des wahren Scheins,
> Euch des ernsten Spieles.
> Kein Lebendges ist ein Eins,
> Immer ist's ein Vieles.

Als Goethe zu Anfang des ersten Hefts *Zur Morphologie* kurz seinen Begriff der Gestalt erläuterte (*Die Absicht eingeleitet;* 13, 54ff.), sprach er sich gegen die Zerlegung bis in die »Similarteile« aus, weil daraus das Lebendige nicht wieder zusammengebracht werden könne. »Jedes Lebendige ist kein Einzelnes, sondern eine Mehrheit; selbst insofern es uns als Individuum erscheint, bleibt es doch eine Versammlung von lebendigen selbständigen Wesen, die der Idee, der Anlage nach gleich sind, in der Erscheinung aber gleich oder ähnlich, ungleich oder unähnlich werden können.« So wandte er sich auch in seiner Farbenlehre gegen die Isolierung des einen Lichtstrahls, wie es Newton bei seinen Versuchen praktiziert hatte. Goethes Blick suchte das Leben in etwas größeren Einheiten, und schon darin unterschied er sich von moderner Naturwissenschaft, die zu immer kleineren Einheiten vorgestoßen ist.

Die eine Reihe der Hefte von 1817–1824 sollte dazu dienen, »eine Lehre zu gründen und auszubilden, welche wir die Morphologie nennen möchten« (*Die Absicht eingeleitet*; 13, 55). Schon um 1795 hatte Goethe formuliert: »Die Morphologie soll die Lehre von der Gestalt, der Bildung und Umbildung der organischen Körper enthalten« (*Vorarbeiten zu einer Physiologie der Pflanzen*; A 17, 115). Sie könne als eine Lehre für sich und als eine Hilfswissenschaft der Physiologie angesehen werden, wolle nur darstellen und nicht erklären, also nicht etwa entwicklungsgeschichtliche Probleme behandeln. Die Aufmerksamkeit richtete sich auf die bestehende Gestaltenwelt und die Vorgänge in ihr. In der Einleitung der Hefte *Zur Morphologie* erläuterte Goethe:

Der Deutsche hat für den Komplex des Daseins eines wirklichen Wesens das Wort Gestalt. Er abstrahiert bei diesem Ausdruck von dem Beweglichen, er nimmt an, daß ein Zusammengehöriges festgestellt, abgeschlossen und in seinem Charakter fixiert sei.

Betrachten wir aber alle Gestalten, besonders die organischen, so finden wir, daß nirgend ein Bestehendes, nirgend ein Ruhendes, ein Abgeschlossenes vorkommt, sondern daß vielmehr alles in einer steten Bewegung schwanke. Daher unsere Sprache das Wort Bildung sowohl von dem Hervorgebrachten, als von dem Hervorgebracht-werdenden gehörig genug zu brauchen pflegt.

Wollen wir also eine Morphologie einleiten, so dürfen wir nicht von Gestalt sprechen; sondern, wenn wir das Wort brauchen, uns allenfalls dabei nur die Idee, den Begriff oder ein in der Erfahrung nur für den Augenblick Festgehaltenes denken.

Das Gebildete wird sogleich wieder umgebildet, und wir haben uns, wenn wir einigermaßen zum lebendigen Anschaun der Natur gelangen wollen, selbst so beweglich und bildsam zu erhalten, nach dem Beispiele mit dem sie uns vorgeht (13, 55 f.).

Die Lebensorganisation der Gestalt, die wie alles Lebendige »kein Einzelnes, sondern eine Mehrheit« sei, sollte erfaßt werden, und zwar nicht, wie das früher zumeist geschehen, vornehmlich im Blick auf die Funktion der Organe, sondern auf den Organismus als eine sinnvolle Einheit, die ihren Zweck in sich trägt: »Zweck sein selbst ist jegliches Tier, vollkommen entspringt es / Aus dem Schoß der Natur und zeugt vollkommne Kinder« (*Metamorphose der Tiere*).

Seit Goethe vom hermetischen Spekulieren und alchimistischen Probieren zur konkreten Naturbetrachtung in Weimar gekommen war, hielten sich leitende Fragestellungen durch: Nach welchen verborgenen Gesetzen läßt die Natur die Fülle ihrer Erscheinungen hervortreten? Was sind die wesentlichen, gestaltgebenden Formen in ihren verschiedenen Bereichen? Welche Grundeinheiten kann der forschend beobachtende Blick ausmachen, auf die die Vielheit der Phänomene zurückzuführen und aus denen sie abzuleiten ist? Was hält sich in allem Wechsel der Gestaltung-Umgestaltung als Identisches durch? Sätze in einem Brief an Charlotte v. Stein vom 10. Juli 1786 lasen sich wie Richtlinien für ein Lebensprogramm: Jetzt verfolge ihn geradezu das Pflanzenwesen; »das ungeheure Reich simplificirt sich mir in der Seele«, und es sei kein Traum, keine Phantasie; »es ist ein Gewahrwerden der wesentlichen Form, mit der die Natur gleichsam nur immer spielt und spielend das manigfaltige Leben hervorbringt. Hätt ich Zeit in dem kurzen Lebensraum; so getraut ich mich es auf alle Reiche der Natur – auf ihr ganzes Reich – auszudehnen.«

Eine Grundüberzeugung lag allerdings allen Fragen, die er an die Natur stellte, zugrunde und verband ihn noch mit den All-Spekulationen der Hermetik: Alles, was ist, bildet eine große psycho-physische Einheit. In solcher Auffassung konnte er sich mit einem Philosophen wie Schelling berühren, auch mit anderer spekulativer Naturphilosophie der Zeit; er hob sich jedoch deutlich von ihr ab, indem er fortgesetzt auf Strenge und Treue des Beobachtens pochte. Er war ferner gewiß, »daß die Natur nach Ideen verfahre«, wollte ihnen auf die Spur kommen und wußte »ingleichen, daß der Mensch in allem, was er beginnt, eine Idee verfolge« (JA 39,102). Diese Voraussetzungen, die er einbrachte und an denen er festhielt, verstrickten ihn in ein fundamentales Problem: Wie war es zu erreichen, daß die Sinnhaftigkeit der All-Ordnung, die Ideen, nach denen die Natur verfuhr, und die Ideen, die der Mensch an sie herantrug, mit den in der Beobachtung der Natur gewonnenen Erfahrungstatsachen korrespondierten? Modifizierte das eine das andere? Mußten sich gegebenenfalls die Ideen der Erfahrung beugen oder die Erfahrung den Ideen angepaßt werden?

Bedenken und Ergebung hieß eine Miszelle im zweiten Heft *Zur Morphologie*, in der sich der von seinen Grundannahmen belastete und beglückte Naturforscher Goethe dem Problem stellte:

Wir können bei Betrachtung des Weltgebäudes, in seiner weitesten Ausdehnung, in seiner letzten Teilbarkeit, uns der Vorstellung nicht erwehren, daß dem Ganzen eine Idee zum Grund liege, wornach Gott in der Natur, die Natur in Gott, von Ewigkeit zu Ewigkeit, schaffen und wirken möge. Anschauung, Betrachtung, Nachdenken führen uns näher an jene Geheimnisse. Wir erdreisten uns und wagen auch Ideen, wir bescheiden uns und bilden Begriffe, die analog jenen Uranfängen sein möchten. Hier treffen wir nun auf die eigene Schwierigkeit, die nicht immer klar ins Bewußtsein tritt, daß zwischen Idee und Erfahrung eine gewisse Kluft befestigt scheint, die zu überschreiten unsere ganze Kraft sich vergeblich bemüht. Demohngeachtet bleibt unser ewiges Bestreben diesen Hiatus [Kluft] mit Vernunft, Verstand, Einbildungskraft, Glauben, Gefühl, Wahn und, wenn wir sonst nichts vermögen, mit Albernheit zu überwinden.

Das ist ein Gemenge von Begriffen, das von einer strengen Naturwissenschaft, die nachprüfbare und im Experiment zu falsifizierende Ergebnisse erzielen will, weit wegführt. Aus Unbehagen oder Scherz rief der Verfasser gar die »Albernheit« zu Hilfe.

Die Schwierigkeit Idee und Erfahrung miteinander zu verbinden erscheint sehr hinderlich bei aller Naturforschung: die Idee ist unabhängig von Raum und Zeit, die Naturforschung ist in Raum und Zeit beschränkt, daher ist in der Idee Simultanes und Sukzessives innigst verbunden, auf dem Standpunkt der Erfahrung hingegen immer getrennt, und eine Naturwirkung, die wir der Idee gemäß als simultan und sukzessiv zugleich denken sollen, scheint uns in eine Art Wahnsinn zu versetzen. Der Verstand kann nicht vereinigt denken, was die Sinnlichkeit ihm gesondert überlieferte, und so bleibt der Widerstreit zwischen Aufgefaßtem und Ideiertem immerfort unaufgelöst (13, 31 f.).

Goethe wußte sich anders keinen Rat, als sich zum Abschluß seiner dilemmatischen Überlegungen ins Dichterische abzusetzen, womit das Problem ganz und gar nicht erledigt war: »Deshalb wir uns denn billig zu einiger Befriedigung in die Sphäre der Dichtkunst flüchten und ein altes Liedchen mit einiger Abwechselung erneuern: ›So schauet mit bescheidnem Blick / Der ewigen Weberin Meisterstück‹ [...].«
Noch an einer weiteren Voraussetzung hielt Goethe fest. Er vertraute auf die Wahrnehmung seiner Sinne und lehnte es ab, der Natur mit künstlichen Apparaturen Erkenntnisse abzuzwingen. »Die Natur verstummt auf der Folter« (M; 12, 434), dekretierte er; denn das sei eben »das größte Unheil der neuern Physik, daß man die Experimente gleichsam vom Menschen abgesondert hat und bloß in dem, was künstliche Instrumente zeigen, die Natur erkennen, ja, was sie leisten kann, dadurch beschränken und beweisen will« (M; 12, 458). So mußte er sich auf Größenordnungen beschränken, die der Sinneswahrnehmung noch zugänglich waren. Wenn er letzte Grundeinheiten in der Ordnung der Natur ausfindig machen wollte, hatten es solche zu bleiben, die sich sinnlicher Anschaulichkeit nicht entzogen. Von dieser Prämisse aus war ihm der Weg der Naturwissenschaften, die zu immer

kleineren Einheiten vorstießen, prinzipiell verschlossen, und die Welt der Elementarteilchen wäre ihm wie unmenschlicher Spuk vorgekommen.

Auf der Basis dieser Voraussetzungen unternahm er seine naturkundlichen Untersuchungen. Er beobachtete gern, viel und sorgfältig, aber beim Analysieren wollte er nicht stehenbleiben. Um in dem Beobachteten allgemeine Gesetzmäßigkeiten zu erkennen, wurde sein Vorwegwissen, das ihm seine Grundüberzeugungen lieferten, regulierend tätig. Um der Ideen, nach denen die Natur verfährt, ansichtig zu werden, bedurfte es eigener Ideen, die das sinnvolle Verknüpfen des einzelnen besorgten; denn zwischen den Ideen der Natur und den Ideen des beobachtenden Forschers bestand, so meinte er getrost, eine Relation. »Wär nicht das Auge sonnenhaft, / Wie könnten wir das Licht erblicken? / Lebt nicht in uns des Gottes eigne Kraft, / Wie könnt uns Göttliches entzücken?« bekannte er in der Einleitung zur *Farbenlehre* (13, 324) und verlangte tatsächlich, das Licht und das Auge »als eins und dasselbe zu denken«. Zwar legte er, um seine *Beiträge zur Optik* methodologisch abzusichern, im Aufsatz *Der Versuch als Vermittler von Objekt und Subjekt* (1792/1793) dar, wie er eine Reihe von Experimenten durchgeführt habe und strikt empirisch verfahren sei; man müsse nur die von der Natur vorgegebene Verbindung der Einzelfakten auffinden, um zu »Erfahrungen der höheren Art« zu gelangen (13, 18). Aber wenige Jahre später trat in seiner Erörterung an Schiller, die die Goethe-Editoren *Erfahrung und Wissenschaft* betitelt haben, zutage, was *Der Versuch* kaschierte: wie sehr er sich als Naturforscher die eingreifende Aktivität von Ideen zusprach:

Der Naturforscher sucht das Bestimmte der Erscheinungen zu fassen und festzuhalten, er ist in einzelnen Fällen aufmerksam nicht allein, wie die Phänomene erscheinen, sondern auch, wie sie erscheinen sollten. Es gibt, wie ich besonders in dem Fache das ich bearbeite oft bemerken kann, viele empirische Brüche, die man wegwerfen muß um ein reines konstantes Phänomen zu erhalten; allein sobald ich mir das erlaube, so stelle ich schon eine Art von Ideal auf.

Zuletzt stehe »das reine Phänomen« als Resultat aller Erfahrungen und Versuche da. »Um es darzustellen bestimmt der menschliche Geist das empirisch Wankende, schließt das Zufällige aus, sondert das Unreine, entwickelt das Verworrene, ja entdeckt das Unbekannte« (13, 23 ff.).

Wieviel Goethe der Ideenkraft des Forschers beimaß, zeigt seine Einteilung derer, die mit der Natur umgehen, in vier Arten: 1. »Die Nutzenden, Nutzen-Suchenden, -Fordernden.« 2. »Die Wißbegierigen.« 3. »Die Anschauenden«, die schon die »produktive Einbildungskraft zu Hilfe rufen« müssen. Erstaunlich dann, was der vierten Gruppe zuerkannt wird: »Die Umfassenden, die man in einem stolzern Sinne die Erschaffenden nennen könnte, verhalten sich im höchsten Grade produktiv; indem sie nämlich von Ideen ausgehen, sprechen sie die Einheit des Ganzen schon aus, und es ist gewissermaßen nachher die Sache der Natur, sich in diese Idee zu fügen« (›Vorarbeiten zu einer Physiologie der Pflanzen‹ [um 1795]; A 17, 120f.). Was sich aufgrund dieser Methodologie ergab, gemäß der sich der Naturbeobachter das Recht nahm, »empirische Brüche« kraft eigener besserer Einsicht zu heilen, kann unmöglich den Rang gesicherter, allgemeingültiger und im experimentellen Prüfverfahren nachweisbarer Naturerkenntnis beanspruchen. Es war Interpretation, Deutung im Rahmen der erwähnten Goetheschen Grundannahmen. Das schließt nicht aus, daß er bei seiner Naturbeobachtung auch zu Ergebnissen gelangte, die fortdauernde Bedeutung hatten. Über ihre Reichweite gehen die Meinungen der Fachgelehrten auseinander. Seine Entdeckungen beim farbigen Sehen waren für die Sinnespsychologie wichtig, der Nachweis des Zwischenkieferknochens beim Menschen behielt Geltung, seinen Platz als Mitbegründer der Morphologie erkennen Goethe viele zu. Seine Erläuterungen der »sinnlich-sittlichen Wirkung der Farbe« können für Künstler anregend sein, aber ein Physiker kann mit der Behauptung einer Hauptfarbe, des reinen Rot, nichts anfangen, und das »Urphänomen« der Farbe, ihr Erscheinen zwischen Licht und Finsternis durch die Vermittlung des Trüben, war keine ›kleinste Einheit‹ auf diesem Gebiet. Weder kann das Blatt als Urorgan der Pflanzen gelten, noch vollzieht sich ihre Metamorphose so, wie es sich Goethe vorgestellt hat. Im hohen Alter meinte er, sie sei ein Bildungsgesetz, »von dem in der Erscheinung nur Ausnahmen aufzuweisen sind« (an J. Müller, 24.11.1829). Auf Ausnahmen in der Erscheinung lassen sich aber keine Naturgesetze begründen.

So zeugen seine naturwissenschaftlichen Studien mehr von seiner besonderen Art und Absicht der Naturschau, als daß sie dauerhafte Ergebnisse gebracht hätten, auf die die Wissenschaft nicht verzichten kann. Er wünschte im Gestaltenreichtum der Natur in ihren verschiedenen Bereichen die »wesentlichen Formen« zu erkennen, Grunderscheinungen, letzte einfachste Einheiten, in denen die Grundgesetzlichkeit ausgeprägt war, die der Gestaltung zugrundelag. Aber diese Grundphänomene mußten noch von der Sinneswahrnehmung aufgefaßt werden können. Im Botanischen ahnte er eine »Urpflanze«, hatte sie in der Idee schon erfaßt: »Die Urpflanze wird das wunderlichste Geschöpf von der Welt über welches mich die Natur selbst beneiden soll. Mit diesem Modell und dem Schlüssel dazu, kann man alsdann noch Pflanzen ins Unendliche erfinden, die konsequent sein müssen, das heißt: die, wenn sie auch nicht existieren, doch existieren könnten und [...] eine innerliche Wahrheit und Notwendigkeit haben« (an Ch. v. Stein,

8.6.1787). Doch er fand in Italien nicht die erwünschte sinnliche Entsprechung für seine Idee. Vom geheimen Identischen aller Pflanzen richtete sich sein Blick auf das Identische der einen Pflanze, und er konstituierte als ihr Urorgan das Blatt, um den Gedanken der Metamorphose zu entwickeln. Es war konsequent, daß er auch im Tierreich nach dem Ausschau hielt, was den identischen Bauplan bildete. Beim Vergleichen verschiedener Knochengerüste habe er bald die Notwendigkeit gefühlt, »einen Typus aufzustellen, an welchem alle Säugetiere nach Übereinstimmung und Verschiedenheit zu prüfen wären, und wie ich früher die Urpflanze aufgesucht, so trachtete ich nunmehr das Urtier zu finden, das heißt denn doch zuletzt: den Begriff, die Idee des Tiers« (*Der Inhalt bevorwortet*; 13, 63). Ausgiebig betrieb er anatomische Studien, um der Gestaltidee des Tierkörpers näherzukommen. Er suchte den »Typus«, der zwar in keiner einzelnen Gestalt verwirklicht ist, aber als gestaltende Idee den gleichartig gebauten Tieren, etwa den Säugetieren, zugrunde liegt. Im Gedicht *Metamorphose der Tiere* heißt es: »Alle Glieder bilden sich aus nach ew'gen Gesetzen / Und die seltenste Form bewahrt im Geheimen das Urbild.«

Der »Typus« enthält der Möglichkeit nach alle Tiere einer Klasse. Auf ihn hin richtet sich die Betrachtung der vergleichenden Osteologie, und die Vergleichung liefert Grunddaten für die Konstitution der im »Typus« aufbewahrten Gestaltidee. Er umgreift die Gestaltungs-, Umgestaltungsmöglichkeiten während der Lebensdauer eines Individuums wie auch die Unterschiede der Individuen untereinander. Er ist ein morphologischer Begriff, der die lebende Gestaltenvielfalt strukturiert, aber bei Goethe nicht die Entwicklung im Laufe der Evolution zu erklären sucht. Im gleichartigen Aufbau des Knochengerüsts sah er das Gesetzmäßige des »Typus« der Säugetiere und widmete in den Heften *Zur Morphologie* einige Beiträge der Erläuterung seiner Vorstellung vom »Typus«. Aus dem Jahr 1795 stammte bereits der *Erste Entwurf einer allgemeinen Einleitung in die vergleichende Anatomie, ausgehend von der Osteologie* (LA I 9, 119 ff.), dem 1796 *Vorträge, über die drei ersten Kapitel des Entwurfs* folgten (LA I 9, 193 ff.).

Dies also hätten wir gewonnen, ungescheuet behaupten zu dürfen: daß alle vollkommnern organischen Naturen, worunter wir Fische, Amphibien, Vögel, Säugetiere und an der Spitze der letzten den Menschen sehen, alle nach Einem Urbilde geformt seien, das nur in seinen sehr beständigen Teilen mehr oder weniger hin und her weicht und sich noch täglich durch Fortpflanzung aus- und umbildet (LA I 9, 198).

Das »abgeschlossene Tier« erscheint als »eine kleine Welt, die um ihrer selbst willen und durch sich selbst da ist«; es wird in der Wechselwirkung mit der Umwelt zu dem, was es ist, »wird durch Umstände zu Umständen gebildet; daher seine innere Vollkommenheit und seine Zweckmäßigkeit nach außen« (LA I 9, 125 f.).

Man darf pauschal sagen: Goethes Ideenblick in die Natur suchte ›Urphänomenales‹ zu erkennen, letzte einfachste Einheiten, die ihm allgemeine Gesetzlichkeiten repräsentierten. Zwischen »Typus« und »Urphänomen« besteht allerdings ein Unterschied. Der »Typus« ist sinnlich nicht faßbar, ist etwas Gedachtes, das vielerlei Formen umgreift. Das »Urphänomen«, wie es Goethe in der Farbenlehre (§§ 174–177) einführte, wird im Anschauen tatsächlich wahrgenommen, es bleibt als Erscheinung konstant. Ein »Urphänomen« in Goethes Sinn kann nicht von anderen Phänomenen abgeleitet werden, wogegen die Erscheinungen im betreffenden Bereich auf jenes zurückgeführt werden können. In den *Maximen und Reflexionen* faßte es Goethe in die Formel:

> Urphänomen:
> ideal als das letzte Erkennbare,
> real als erkannt,
> symbolisch, weil es alle Fälle begreift,
> identisch mit allen Fällen (12, 366).

Goethe war vom Anschauen des ›Urphänomenalen‹ unbestreitbar fasziniert. Es versteht sich von daher, daß er auch in seiner Dichtung, vornehmlich in der Lyrik, große, gleichsam letztgültige Sinnbilder ausprägte. Sie waren aufs engste mit seiner Naturschau und ihren Ergebnissen verknüpft. So konnten das Licht als ein oberstes Sinnbild, die unter- und aufgehende Sonne als Symbol des Lebens erscheinen, das sich fortwährend umgestaltet und erneuert, Farben in bestimmten Wertungen und Deutungen, wie sie die *Farbenlehre* entwickelt hatte, eingesetzt werden. Das ist für Freunde der Poesie nach wie vor beeindruckende Dichtkunst, gerade in der komprimierten Symbolik der Altersgedichte. Doch verfiele Goetheverehrung in einen kardinalen Fehler, wenn sie naturwissenschaftliche Erkenntnisse in seiner Dichtung bewahrt sähe. Denn so wenig Goethes Schau des ›Urphänomenalen‹ die tatsächlich letzten Einheiten erfaßte, so wenig sind hier Dichtungen und naturwissenschaftliche Resultate verschwistert, die empirischer Nachprüfung müssen standhalten können. Insgesamt sind es Interpretationen, Deutungsangebote, die an die Goetheschen Grundannahmen und -überzeugungen gebunden bleiben. Noch wo er irrte, dachte er folgerichtig, kann man hören. Das trifft gewiß zu; nur vermag Folgerichtigkeit in den Bahnen des Irrtums nicht mit Erkenntnissen aufzuwarten, sondern allein mit persönlichen Meinungen, schönen dichterischen Deutungen, über die nachzusinnen und an denen sich zu erfreuen uns nicht verwehrt ist.

Jenseits der »Urphänomene«, jenseits des mit den Sinnen Wahrzunehmenden gab es für Goethe nichts Wißbares und Wissenswertes mehr. »Die Wissenschaft wird dadurch sehr zurückgehalten, daß man sich abgibt mit dem, was nicht wissenswert, und mit dem, was nicht wißbar ist« (M; 12, 425). Mit der Behauptung des Nicht-Wißbaren zog er der Wissenschaft Grenzen, die sie nicht anerkennen konnte und Tag für Tag erweitert. Was wissenswert ist und nicht, bleibt in allen Disziplinen eine wunde Frage; mehr noch, ob das, was die Naturwissenschaften wissen und vermögen, auch in Praxis umgesetzt werden soll und darf. Und in einer Sache wie der des Atomphysikers Robert Oppenheimer hatte Goethe noch gar nicht zu befinden.

Obwohl es sich bei »Polarität« und »Steigerung« um Grundkategorien Goethescher Weltauffassung handelt, muß es hier bei einigen Hinweisen bleiben. Schon früh war Goethe die Vorstellung von der Polarität als einem bestimmenden Welt- und Lebensprinzip vertraut. Bereits Aristoteles meinte, in der Natur entstehe alles aus Gegensätzen oder sei polar angeordnet. In Stoa und Mystik, Alchimie und Naturphilosophie waren Gedanken dieser Art lebendig, wurden diskutiert und geglaubt. Für Schelling war die »ursprüngliche Entzweiung in der Natur« ein Grundgesetz der Welt. Abgesichert fühlte sich Goethe in seinem Polaritätsdenken besonders durch Kant, der in den *Metaphysischen Anfangsgründen der Naturwissenschaft* darlegte, daß in der Materie zwei bewegende Kräfte gemeinsam wirksam seien. Goethe erinnerte sich: »Ich hatte mir aus Kants Naturwissenschaft nicht entgehen lassen, daß Anziehungs- und Zurückstoßungskraft zum Wesen der Materie gehören und keine von der andern im Begriff der Materie getrennt werden könne; daraus ging mir die Urpolarität aller Wesen hervor, welche die unendliche Mannigfalt der Erscheinungen durchdringt und belebt« (*Campagne in Frankreich*; 10, 314). In der Metamorphose nahm er »bei der fortschreitenden Veränderung der Pflanzenteile« die Wirkung einer Kraft an, »die ich nur uneigentlich Ausdehnung und Zusammenziehung nennen darf« (A 17, 137). Er erläuterte in Gegensatzpaaren: »Sie zieht zusammen, dehnt aus, bildet aus, bildet um, verbindet, sondert, färbt, entfärbt, verbreitet, verlängt [. . .].« Dann erklärte er in der *Farbenlehre* die Entstehung der Farben aus dem Gegensatz von Licht und Dunkel, und es war gerade das konsequente Festhalten am Grundprinzip der Polarität, das ihn in scharfen Kontrast zu Newton brachte. Wegen der Anschaulichkeit der polaren

Wirkungen erblickte er im Magnetismus »ein Urphänomen, das unmittelbar an der Idee steht und nichts Irdisches über sich erkennt«, und in der Elektrizität eine »Erscheinung«, auf die »wir die Formeln der Polarität, des Plus und Minus, als Nord und Süd, als Glas und Harz schicklich und naturgemäß anwenden« (*Farbenlehre* §§ 741, 742). Polarität bedeutete keine unüberbrückbaren Gegensätze, sondern ein sich ergänzendes Aufeinander-bezogensein. Es galt als Lebensprinzip, »die ewige Systole und Diastole, die ewige Synkrisis und Diakrisis, das Ein- und Ausatmen der Welt, in der wir leben, weben und sind« (§ 739). Das ganze Dasein sei »ein ewiges Trennen und Verbinden« (A 17, 716).

Aber das konnte nicht alles sein; in der Metamorphose geschah auch, so erkannte es Goethe, Steigerung, qualitative Veränderung. Und die Natur im großen zeige, wie Steigerung von primitiven Formen zu den höchst entwik-kelten stattfinde. »Das letzte Produkt der sich immer steigernden Natur ist der schöne Mensch« (*Winckelmann*; 12, 102), und dem Menschen selbst ist Steigerung möglich, in der Lebensaktivität, im Sittlichen, in der Sphäre des Geistes. »Der Geist will aufwärts, wo er ewig bleibt« (*Howards Ehrenge-dächtnis*). Solche Überlegungen siedelten auch in der Natur Geistiges an. Materie und Geist, selbst eine Polarität, waren aufeinander bezogen. Als Goethe 1828 ein aphoristischer Aufsatz über die Natur von 1782/1783 gezeigt wurde (der Georg Christoph Tobler zugeschrieben wird; 13, 45), erläuterte er korrigierend:

Die Erfüllung aber, die ihm fehlt, ist die Anschauung der zwei großen Triebräder aller Natur: der Begriff von *Polarität* und von *Steigerung*, jene der Materie, insofern wir sie materiell, diese ihr dagegen, insofern wir sie geistig denken, angehörig; jene ist in immerwährendem Anziehen und Abstoßen, diese in immerstrebendem Aufsteigen. Weil aber die Materie nie ohne Geist, der Geist nie ohne Materie existiert und wirksam sein kann, so vermag auch die Materie sich zu steigern, so wie sichs der Geist nicht nehmen läßt, anzuziehen und abzustoßen [...] (13, 48).

Wenn Polarität Geltung als Lebensprinzip besitzt, dann ist der Widerstreit von Gegensätzen geschlichtet, wenigstens der Idee nach; dann gehören Licht und Finsternis, Wärme und Kälte, Negatives und Positives zusammen. Schon der junge Goethe behauptete in der Rede *Zum Shakespeares-Tag* 1771: »Das, was wir bös nennen, ist nur die andre Seite vom Guten«, und in der Sulzer-Rezension von 1772: »Gehört denn, was unangenehme Ein-drücke auf uns macht, nicht so gut in den Plan der Natur als ihr Lieblichs-tes?« (12, 227, 17). So wird auch verständlich, daß sich in Goethes Dichtung Tragik, die »auf einem unausgleichbaren *Gegensatz*« beruht (KM 6.6. 1824), nie voll auswirkt. Zwar treten Gegensatzpaare auf, wie Egmont und Alba, Iphigenie und Thoas, Tasso und Antonio, Faust und Mephistopheles, aber am Ende wird der dramatische Konflikt gelindert und in einem höheren Ausgleich aufgehoben. Nicht einmal *Die Wahlverwandtschaften* verzichten auf versöhnende Schlußpassagen. Die Tragödie müsse, so interpretierte der alte Goethe eine berühmte Stelle der Tragödiendefinition des Aristoteles, »mit Ausgleichung, mit Versöhnung« der erregten Leidenschaften Mitleid und Furcht »zuletzt auf dem Theater ihre Arbeit abschließen«, wie überhaupt »diese aussöhnende Abrundung« von allen poetischen Werken gefordert werde (*Nachlese zu Aristoteles' Poetik*, 1827; 12, 343).

1784 hatte Goethe seinen Aufsatz *Über den Granit* geschrieben, eine Hymne auf das vermeintlich älteste, festeste Gestein der Erde. Es dauerte dreißig Jahre, bis er auch zum systematischen Studium des Leichtesten unter den Naturgestaltungen angeregt wurde: der Wolkenformen. Auf witterungskundliche Fragen war er bei seinen Naturbeobachtungen wiederholt gestoßen; atmosphärische Erscheinungen hatte er notiert und beschrieben, merkwürdige Wolkenbildungen gern gezeichnet. Jetzt, 1815, machte ihn Carl August auf einen Aufsatz in den *Annalen der Physik und Chemie* aufmerksam, in dem der Physiker Ludwig Wilhelm Gilbert über den 1803 erschienenen Essay des Engländers Luke Howard *On the Modifications of Clouds, and on the Principles of their Production, Suspension and Destruction* referierte. Dort waren die verschiedenen Wolkenformen auch begrifflich fixiert worden. Der Herzog hatte mit seinem Hinweis auf diese Arbeit durchaus Praktisches im Sinn: Genauere Einsicht in die Bildung der Wolken konnte zu besserer Kenntnis und Voraussage des Wettergeschehens beitragen. So ließ er unter Goethes Oberaufsicht eine wetterkundliche Beobachtungsstation auf dem Ettersberg installieren, und etwa ab 1821 wurden, über das Herzogtum verteilt, mehrere solcher Stationen aufgebaut, allerdings bald nach Goethes Tod aus finanziellen Gründen wieder geschlossen.

Goethe, dessen Gedichte von früh an Wolkenmotive durchzogen, war über Howards Lehre und Terminologie erfreut und verfaßte bald, vom 16./17. Dezember 1817 datiert, eine knappe Darstellung der Howardschen Lehre, der er, wiederum Poetisches in seine Naturbetrachtung einmischend, die Überschrift *Camarupa* gab (LA I 11, 194): »Der Name einer indischen Gottheit, die an *Gestaltsveränderungen Freude hat*: Diese Benennung wird auch aufs Wolkenspiel bezogen und steht billig diesem kleinen Aufsatz voran.« Howard hatte den verschiedenen Wolkenformen Namen gegeben, die bis heute gebräuchlich geblieben sind: Cirrus (Federwolke), Cumulus (Haufenwolke), Stratus (Schichtwolke), Nimbus (Regenwolke).

Gilberts Referat zeichnete nach dem englischen Original ein klassifizierendes Schema:

einfache Modificationen:	1. Cirrus
	2. Cumulus
	3. Stratus
Zwischen-Modificationen:	4. Cirro-cumulus
	5. Cirro-stratus
zusammengesetzte Modificationen:	6. Cumulo-stratus
	7. Nimbus.

Diese Betrachtungsweise, die Gesetzmäßigkeiten der Wolkengestaltung erfassen wollte, entsprach Goethes morphologischer Sicht. »Ich ergriff die Howardische Terminologie mit Freuden«, schrieb er 1820, »weil sie mir einen Faden darreichte den ich bisher vermißt hatte.«

Den ganzen Komplex der Witterungskunde, wie er tabellarisch durch Zahlen und Zeichen aufgestellt wird, zu erfassen oder daran auf irgend eine Weise Teil zu nehmen war meiner Natur unmöglich; ich freute mich daher einen integrierenden Teil derselben meiner Neigung und Lebensweise angemessen zu finden, und weil in diesem unendlichen All alles in ewiger, sicherer Beziehung steht, eins das andere hervorbringt oder wechselweise hervorgebracht wird, so schärfte ich meinen Blick auf das dem Sinne der Augen Erfaßliche [...] (LA I 8, 74).

Der *Camarupa*-Aufsatz hielt sich aber nicht genau an das System in Gilberts Bericht, sondern nahm bezeichnende Verschiebungen vor. Der zitierten indischen Gottheit gemäß, die »an Gestaltsveränderungen Freude hat«, entwarf Goethe so etwas wie eine Metamorphosenlehre der Wolkenbildung: Von der Stratus-Wolke ausgehend, trat in aufsteigender Bewegung eine immer neue »Umwandlung« bis zur Cirrus-Wolke hervor, so daß ihm nichts anderes übrig blieb, als Bemerkungen über die Strato-cirrus- und Nimbus-Wolken einfach nachzuholen. Er wartete auch mit einem eigenen Vorschlag für einen neuen Terminus auf. »Paries, die Wand«, wollte er die Erscheinung benannt sehen, wenn »ganz am Ende des Horizontes Schichtstreifen so gedrängt über einander liegen, daß kein Zwischenraum sich bemerken läßt«. Dann schließen sie den Horizont in einer gewissen Höhe und lassen den oberen Himmel frei (LA I 11, 197). Die Bezeichnung ist jedoch von der Meteorologie nicht akzeptiert worden.

In seiner Zeitschrift *Zur Naturwissenschaft überhaupt* widmete Goethe *Howards Ehrengedächtnis* einen kleinen Gedichtzyklus. »So fließt zuletzt was unten leicht entstand / Dem Vater oben still in Schoß und Hand«, lautet die poetische Deutung der Cirrus-Wolke, und auch bei der drückenden Regenwolke gibt sich der Dichter nicht mit dem »tätig-leidenden Geschick« der Erde zufrieden, sondern lenkt am Schluß den Blick in die Höhe:

Nimbus

Nun laßt auch niederwärts, durch Erdgewalt
Herabgezogen was sich hoch geballt,
In Donnerwettern wütend sich ergehn,
Heerscharen gleich entrollen und verwehn! –
Der Erde tätig-leidendes Geschick! –
Doch mit dem Bilde hebet euren Blick:
Die Rede geht herab, denn sie beschreibt,
Der Geist will aufwärts, wo er ewig bleibt (LA I 8, 236).

Wolken konnten zum Sinnbild der Steigerung, des »immerstrebenden Aufsteigens« (13, 48) werden.

War in der *Camarupa*-Skizze die Verwandlung der Wolken himmelwärts ein leitender Gesichtspunkt, so bestimmten den Aufsatz *Wolkengestalt nach Howard* (1820) andere Vorstellungen. Nicht mehr die wie selbständig geschehende Aufwärtsbewegung der Wolken erfaßte nun der Beobachter, sondern sowohl das »aufsteigende Spiel« als auch das »niedersteigende« (LA I 8, 80), und er nahm einen »Konflikt der obern und untern Luftregion« an. Am Barometer ließ sich das Geschehen ablesen. Aber je mehr sich Goethe mit meteorologischen Problemen befaßte, desto zwingender ergab sich für ihn (und zwar aus falschen Schlüssen, die er aus dem gleichzeitigen ähnlichen Barometerstand an verschiedenen weit auseinander liegenden Orten zog), daß nicht »Konflikte« in den Luftregionen maßgeblich waren, sondern das Pulsieren der Erde, und »wir wagen auszusprechen: daß hier keine kosmische, keine atmosphärische sondern eine tellurische Ursache obwalte« (*Versuch einer Witterungslehre*, 1825; LA I 11, 247). In dieser Arbeit, die er zu seinen Lebzeiten nicht veröffentlichte, unterstellte Goethe, die Erdschwerkraft vollziehe pulsierende Bewegungen, die für die Wetterbildung entscheiden wären. Systole und Diastole, Ein- und Ausatmen auch hier. Bei dieser Hypothese unterlag er einem Systemzwang seines Denkens, und für die Naturwissenschaft kann die *Witterungslehre* ebenso auf sich beruhen bleiben wie die anderen ausdeutenden Spekulationen, denen sich der Freund des Wolkenspiels überließ. Reizvoll indes, auf Spuren zu treffen, die seine Wolkenbeobachtungen in seinen Aufzeichnungen und im dichterischen Werk hinterließen. Seit 1815 verzeichnete er systematisch Daten über Witterungserscheinungen; manche Partien weiteten sich zu dichterisch anmutenden Schilderungen, in denen symbolischer Gehalt miterfaßt war, wie ihn schon die Verse in *Howards Ehrengedächtnis* umspielten. Und die »Berg-schluchten«-Szene des *Faust II* durchwirkte der Dichter mit Wolkensymbolik.

Drei Sommer in Marienbad

Es war der Reiz des Neuen, der Goethe 1821 nach Marienbad zog. Im Jahr zuvor hatte er den Ort, der ein Bad werden wollte, kurz besucht und war sogleich von ihm angetan. »Mir war es übrigens, als wäre ich in den nordamerikanischen Einsamkeiten, wo man Wälder aushaut, um in drey Jahren eine Stadt zu bauen«, berichtete er Carl August (7.5.1820) und anderen. Gärtner strengten sich an, das Gelände möglichst rasch zu Kuranlagen herzurichten, und ein wahrer Bauboom griff um sich. »Diese Eile jedoch und der Zudrang von Baulustigen [...] wird eigentlich dadurch belebt, daß ein Haus, sobald es fertig ist, im nächsten Sommer zehn Procent trägt.« Mancher Fremde würde vermutlich angelockt, um sein unsicheres Papiergeld anzulegen. Jedenfalls wurde Marienbad unter der Initiative des Abts vom nahen Kloster Tepl in kurzer Zeit ein beliebter Kurort. 1823 suchten laut Kurliste schon 794 Parteien dort Erholung und Unterhaltung. Goethe verzichtete 1821 auf Karlsbad und entschied sich für das aufstrebende neue Bad, wo er sich vom 29. Juli bis 25. August aufhielt.

In den vielen Wochen und Monaten, die er seit 1785 in Böhmen verbrachte, ruhte seine schriftstellerische und naturkundliche Arbeit nie, ohne daß die erwünschte Zerstreuung zu kurz kam. Für mineralogische, geologische und botanische Studien bot sich dort reichlich Gelegenheit, und es fanden sich Bekannte, die seine Interessen teilten oder denen er sie nahebrachte. Elfmal durchforschte er den Kammerberg bei Eger und widmete ihm einige Studien. Es war die Frage, ob es sich bei ihm um eine vulkanische Erhebung handelte oder nur (»pseudovulkanische«) oberflächliche »Flöz-brände« ihn hervorgetrieben hatten. Goethe schwankte bis zuletzt, nachdem er schon einmal für die vulkanistische Erklärung plädiert hatte. Die Sache mußte ihn herausfordern, weil er ja als ›Neptunist‹ nur ungern vulkanische Kräfte bei der Bildung der Erdoberfläche am Werk sah (vgl. oben S. 397f.). 1821 diagnostizierte Goethe auch die Marienbader Gegend und schrieb den Aufsatz *Marienbad überhaupt und besonders in Rücksicht auf Geologie* (LA I 8, 247ff.). Doch beschäftigte den munteren Gast in den drei Marienbader Sommern von 1821, 1822 und 1823 anderes weit mehr. Seine letzte große Leidenschaft nahm ihn gefangen. Sie entwickelte sich allmählich, steigerte sich bis zum kühnen Wagnis eines Heiratsantrags, aber im Frühherbst 1823 mußte sich der Vierundsiebzigjährige mit einem Verzicht abfinden, der ihn tief verstörte.

Als er am 29. Juli 1821 in Marienbad eintraf, nahm er Quartier im stattlichen neuen Haus des Grafen v. Klebelsberg-Thumburg, wo auch die Familie v. Brösigke/v. Levetzow wohnte: Frau Amalie v. Levetzow, jetzt vierunddreißig, mit ihren Eltern Brösigke und ihren drei Töchtern, der siebzehnjährigen Ulrike, Amalia und Bertha, fünfzehn und dreizehn Jahre alt. Goethe kannte die Familie seit langem. Die junge Mutter der drei Töchter, die jetzt, nachdem sie zweimal mit einem Levetzow verheiratet gewesen war, als Witwe in enger Beziehung zum Grafen Klebelsberg lebte, hatte er schon früher in seinem Tagebuch genannt. Heitere Geselligkeit in der unbeschwerten Ferienatmosphäre des Kurorts bahnte sich ungezwungen an; man speiste oft gemeinsam, trank Tee zusammen, machte Spaziergänge, vertrieb sich die Zeit mit Gesellschaftsspielen, Tanzabende gehörten zum Programm, und bei allem beanspruchten Goethe seine eigenen Arbeiten und Liebhabereien. »Ich blieb für mich, las Calderons Tochter der Luft. Ball im Traiteurhause« (Tagebuch, 12.8.1821). Die junge Ulrike, älteste der Töchter des Hauses, nahm sich des berühmten Weimarer Gastes an, und er wiederum ließ es an Aufmerksamkeiten für das Mädchen, das ihn zu interessieren begann, nicht fehlen. Ulrike, vor kurzem noch in einem Straßburger Pensionat, kannte nichts von seinen Dichtungen und Schriften und war in Literatur und Kunst kaum bewandert. Er schenkte ihr die erste Fassung der *Wanderjahre*, die gerade erschienen war, und da sie die *Lehrjahre* nicht gelesen hatte, erzählte er ihr den Inhalt der Geschichten um Wilhelm Meister. Bald war auf seiten des alten Herrn mehr im Spiel als freundliche Zuneigung zu einer zufälligen Bekannten der Urlaubszeit. Wieder einmal ereignete sich, was er »temporäre Verjüngung« nannte, und er überließ sich ihr. »Mir ist es sehr wohl gegangen; es war in unserm Hause keineswegs so einförmig, wie sie [Ottilie] sich es denken mag [...]. Von der neuen Ulrike ward mit einigem Bedauern geschieden; ich hoffe, daß mich die erste desto zärtlicher empfangen soll« (an August v. Goethe, 27.8.1821), und er meinte die Schwester seiner Schwiegertochter, Ulrike v. Pogwisch; beziehungsreiches Spiel mit Namen, wie er es später noch einige Male übte.

1822 erneut in Marienbad: Ankunft schon am 19. Juni, Wohnung wieder im Klebelsbergschen Hause, und Levetzows waren ebenfalls zugegen. Nun ständig der Umgang mit Ulrike; die Tagebücher verhüllten, so gut es ging. Oder lesen wir jetzt zuviel heraus, wenn dort laufend angegeben ist »bei der Gesellschaft« und wir vermuten, eigentlich sei Ulrike gemeint? Aufbruch nach Eger schon am 24. Juli. Dort war er fast fünf Wochen mit dem Magistrats- und Kriminalrat der Stadt, Joseph Sebastian Grüner, zusammen, den er vor zwei Jahren kennengelernt und für mineralogische Studien begeistert hatte. Die Freundschaft mit ihm hielt lebenslang an; Grüner kam auch zu Besuch nach Weimar und erlebte im September 1825 das fünfzigjährige Regierungsjubiläum Carl Augusts mit. Jetzt, im Juli/August 1822, viele gemeinsame Ausflüge in die Umgebung von Eger, die Goethe durchforschen wollte. Aber wie war seine innere Verfassung? Trauerte er dem Abschied von Ulrike nach, oder war es nur gefällige Liebeslyrik, die er im Abschiedsgedicht *Äolsharfen* hatte aufklingen lassen, einem Zwiegespräch, in dem »Er« klagt: »Der Tag ist mir zum Überdruß, / Langweilig ist's, wenn Nächte sich befeuern; / Mir bleibt der einzige Genuß, / Dein holdes Bild mir ewig zu erneuern, / Und fühltest du den Wunsch nach diesem Segen, / Du kämest mir auf halbem Weg entgegen«? Wenn wir nicht wüßten, daß es Verse des alten Goethe in einer besonderen Situation sind, würden wir ihnen, von denen die zitierten noch die eindrucksvollsten sind, kaum Beachtung schenken, wo sich »Herz« auf »Schmerz« reimt und Sehnsucht in Formeln und Floskeln ausspricht. »Jetzt kann ich ihn nicht entbehren. / Und da muß ich weinen«, trauert »Sie«, – und so hätte Ulrike selbst sich damals nicht geäußert. Es waren Wunschverse einer heiklen »temporären Verjüngung« im Schwarm für eine Achtzehnjährige. Immerhin konnte er damals in den Wochen der Nähe zu Ulrike »mit der größten Gemütsruhe« Johanna Schopenhauers Roman *Gabriele* lesen. Oder war sie der Beunruhigung abgetrotzt? (In der Rezension formulierte er übrigens aufs schönste, welche ›Stimmung‹ die Lektüre eines Buchs eigentlich erfordert: »Ich las die drei Bände dieses mir längst vorteilhaft genannten Romans, mit der größten Gemütsruhe, zwischen den hohen Fichtenwäldern von Marienbad, unter dem blausten Himmel, in reinster leichtester Luft, daher auch mit aller Empfänglichkeit, die man zum Genuß eines jeden dichterischen Erzeugnisses mitbringen sollte« [A 14, 319].)

Im Februar/März 1823 hatte Goethe eine gefährliche Herzbeutelentzündung zu überstehen. Familie und Freunde bangten um ihn. »Erstes Zeugnis / erneuten Lebens und Liebens / dankbar anhänglich / J. W. v. Goethe« stand auf einem Blatt, das als Genesungsnachricht an Zelter ging (23.3.1823). Und Graf Reinhard hörte Sätze, in denen wir erneut anderes mithören: »Es ist wirklich Zeit, daß ich von der Außenwelt wieder angeregt werde. Daß die Heilquellen unsere Hoffnungen und Zutrauen wenigstens bis auf einen gewissen Grad erhalten, ist sehr schön« (11.6.1823). Er war noch vor den Levetzows in Marienbad, wohnte diesmal in der »Goldenen Traube« gegenüber dem Klebelsbergschen Hause, in dem Carl August Goethes vorjährige Zimmer bezogen hatte. Am 11. Juli »war Frau von Levetzow und Töchter angekommen. Abends bei der Gesellschaft« (Tagebuch). Nun beherrschte

Ulrike sein Dasein. Täglich traf er sie, erfreute sie mit kleinen Geschenken, erzählte ihr, machte Spaziergänge mit ihr und den Schwestern, war bei den Bällen mit ihr zusammen. Nebenher lief die Arbeit an den *Annalen* weiter, Wind, Wolken und Wetter beobachtete er sorgfältig; »denn leider hat mich auch dieses Luftgetümmelwesen gewaltig ergriffen« (an C. L. F. Schultz, 8. 7. 1823), und an Begegnungen mit interessanten Gästen war wie eh und je kein Mangel. Einem Brief an Zelter vom 24. Juli lagen die Verse mit der verhüllenden Überschrift bei

An Lili
Du hattest gleich mirs angetan,
Doch nun gewahr ich neues Leben;
Ein süßer Mund blickt uns gar freundlich an,
Wenn er uns einen Kuß gegeben.

Ottilie in Weimar erhielt ebenfalls »einige Fallsterne, wie sie in schöner klarer Nacht vorüberstreifen« (14. 8. 1823), darunter

Du Schüler Howards, wunderlich
Siehst morgens um und über dich,
Ob Nebel fallen, ob sie steigen
Und was sich für Gewölke zeigen.

Auf Berges Ferne ballt sich auf
Ein Alpenheer, beeist zu Hauf,
Und oben drüber flüchtig schweifen
Gefiedert weiße luftige Streifen;
Doch unten senkt sich grau und grauer
Aus Wolkenschicht ein Regenschauer.

Und wenn bei stillem Dämmerlicht
Ein allerliebstes Treugesicht
Auf holder Schwelle dir begegnet,
Weißt du, ob's heitert? ob es regnet?

Nie ist der Brief wieder aufgetaucht, in dem Goethe seinen Heiratsantrag vortrug und Frau v. Levetzow mit seinem Wunsch irritierte. Der Großherzog machte, so ernst war es seinem Freund und Staatsminister mit seiner späten Heiratsabsicht, in aller Form den Brautwerber, versprach der Mutter eine Position bei Hof und sagte der Familie eine Pension zu. Die Situation trug komische Züge: Der Mann von über siebzig freite um eine Achtzehnjährige, und von einer leidenschaftlichen Liebe der jungen Frau finden sich keine Spuren. Ein letztes Mal wollte er die Jugend zurückerobern, das Alter abwehren. Es war eine Episode; die Wirklichkeit fügte sich nicht der

Altersphantasie. Was blieb, waren Gedichte, die die Forschung dem Ulri-ken-Erlebnis zugeschrieben hat (1,376 ff.; 686 ff.), und der erschütternde Abgesang der *Elegie* (»Was soll ich nun vom Wiedersehen hoffen«). Im hohen Alter erst schrieb Ulrike v. Levetzow, die unverheiratet bis 1899 lebte, Erinnerungen an die Marienbader Zeit nieder, »um all das Fabelhafte, was darüber gedruckt, zu widerlegen«. Ihr Gedächtnis behielt nicht alles, aber an ihren Schlußworten ist Zweifel kaum erlaubt: »Keine Liebschaft war es nicht« (August Sauer, *Probleme und Gestalten*, 1933, 32).

Frau v. Levetzow schien es ratsam, mit ihrer Familie Marienbad zu verlassen und am 17. August nach Karlsbad zu wechseln. Goethes Äußerun-gen in Briefen an die Schwiegertochter wurden nun anspielungsreich deutli-cher. »Denke nun zwischendurch vieles Würdige, das man erst erkennt, wenn es vorüber ist; so begreifst Du das Bittersüße des Kelchs, den ich bis auf die Neige getrunken und ausgeschlürft habe.« – »So geh ich nun von Marienbad weg, das ich eigentlich ganz leer lasse [...]. Alles andere, was mich leben machte, ist geschieden, die Hoffnung eines nahen Wiedersehens zweifelhaft« (18./19.8.1823). Er reiste zu Grüner nach Eger, aber es hielt ihn dort nicht; Karlsbad lockte zu sehr, und er ließ sich nicht halten. So folgten seit dem 25. August wieder Tage des Zusammenseins, und Hoffnung auf Erfüllung des Traums glomm noch immer. Goethes Geburtstag verbrachte »die Gesellschaft« gemeinsam und tat so, als wüßte man nicht, daß es dieser Tag war. Nach dem Frühstück fuhr Goethe mit den Levetzows nach Elbogen, zeigte ihnen Sehenswertes der Gegend, und dann wurde »im Weißen Roß eingekehrt, wo Stadelmann [der Diener] alles gestern bestellt hatte« (Tagebuch). Frau v. Levetzow hatte ihrerseits insgeheim einen beson-ders schönen Kuchen und alten Rheinwein mitgebracht. Den Tisch auf der Terrasse schmückte ein böhmisches Glas, in das die Namen Ulrike, Amalie, Bertha eingraviert waren. Ulrike erinnerte sich später:

Zu Ende der Mahlzeit brachte sein Kammerdiener ihm einen ganzen Pack Briefe und Schriften, welche er zum Teil las, dabei öfters sagte: »Die lieben Menschen sind sehr freundlich und lieb«, wohl erwartend, daß wir fragen würden, was aber nicht geschah. So fuhren wir in heiterer Laune nach Carlsbad zurück; schon von weitem sahen wir vor dem Haus auf der Wiese viele Menschen und daß Musik uns erwartet. Gleich als wir ausstiegen, wurde Goethe umringt. Mutter winkte uns, sagte Goethe gute Nacht und ging mit uns hinauf. Da es schon spät, sahen wir Goethe erst am andern Morgen wieder, wo seine erste Frage war: »Nicht wahr, Sie wußten, daß gestern mein Geburtstag?« Mutter sagte: »Wie sollte ich nicht? Da hätten Sie es nicht drucken lassen müssen!« Lachend schlug er sich vor den Kopf und meinte: »So wollen wir es den Tag des öffentlichen Geheimnisses nennen«, und so erwähnte er es auch später in den Briefen.

Derart schon am 10. September 1823, fünf Tage nach dem »etwas tumultuarischen Abschied« aus Karlsbad (Tagebuch), als er ihr von Eger auch die Verse *Aus der Ferne* schickte: »Am heißen Quell verbringst du deine Tage / Das regt mich auf zu innerm Zwist; / Denn wie ich dich so ganz im Herzen trage / Begreif' ich nicht, wie du woanders bist.«

In Weimar hatte sich längst herumgesprochen, daß es nicht nur eine Ferienromanze war, die sich in Marienbad abspielte. Sohn und Schwiegertochter waren beunruhigt. Wie sah die Zukunft aus, wenn wirklich die junge Ulrike als Hausherrin an den Frauenplan kommen würde? Es waren ja auch Fragen des Erbes und des Nachlasses berührt. Doch als Goethe am 13. September in Jena eintraf, hatte er schon zu jenem Heilmittel gegriffen, das ihm in seinem Leben so oft gemäß gewesen war: in Dichtung zu verarbeiten, zu objektivieren, was ihn bedrängte. Seit der Abreise aus Karlsbad und auf der Rückfahrt nach Weimar formte sich Strophe um Strophe eines großen Stanzen-Gedichts, dem gegenüber sich manche Zeilen der Liebeslyrik um Ulrike als beiläufige Gelegenheitsverse ausnehmen. *Elegie* überschrieb der Verstörte das Requiem seiner Marienbader Leidenschaft, hier damit nicht das Versmaß (wie bei den *Römischen Elegien*) bezeichnend, sondern das Elegische des Gehalts, und in der Dichtung erst offenbarte sich, wie tief er getroffen und verwundet war. Es wurde eine geradezu mythische Erhöhung des Geschehens, das nur ihn so erschüttert hatte. Das Empfinden der Trostlosigkeit in der Gegenwart und beseligende Erinnerungen vermischen sich; es spricht ein Einsamer in seiner Verzweiflung, der die Worte aus dem *Tasso* als Motto zitiert: »Und wenn der Mensch in seiner Qual verstummt / Gab mir ein Gott zu sagen, was ich leide.« Er variiert leicht: Nicht *wie* er als Dichter leidet (*Tasso* V.3433), will er allgemein beklagen, sondern er kann genau benennen, *was* er leidet. Es ist die Klage um die Vertreibung aus dem »Paradies« (V.7), als das er die gewesene und nun verlorene Gemeinsamkeit mit der Geliebten verklärend empfand und jetzt dichterisch vertiefend auslotet. »Wenn Liebe je den Liebenden begeistet, / Ward es an mir aufs lieblichste geleistet« (V.65 f.). Nirgends sonst hat dieser Dichter so volltönend Liebe als Möglichkeit des religiösen Kontakts zum Absoluten gefeiert:

> In unsers Busens Reine wogt ein Streben,
> Sich einem Höhern, Reinern, Unbekannten
> Aus Dankbarkeit freiwillig hinzugeben,
> Enträtselnd sich den ewig Ungenannten;
> Wir heißen's: fromm sein! – Solcher seligen Höhe
> Fühl' ich mich teilhaft, wenn ich vor ihr stehe.

Dem Einsamen jedoch bleibt nur Verzweiflung: »Mir ist das All, ich bin mir selbst verloren«, beginnt die schließende Stanze. Und doch: In geformter Sprache, in dichterischer Bildlichkeit von der Qual sprechen und sie damit in die Überschaubarkeit eines gestalteten Gegenüber transponieren zu können lindert Schmerz und Verstörung, und die eingeflochtene Frage-Strophe provoziert trotz allem kein ausweglloses Nein:

Ist denn die Welt nicht übrig? Felsenwände,
Sind sie nicht mehr gekrönt von heiligen Schatten?
Die Ernte, reift sie nicht? Ein grün Gelände,
Zieht sich's nicht hin am Fluß durch Busch und Matten?
Und wölbt sich nicht das überweltlich Große,
Gestaltenreiche, bald Gestaltenlose?

Er behandelte die *Elegie* wie eine Kostbarkeit. Sorgfältig schrieb er sie ins reine, verwahrte die Handschrift in einer Mappe von rotem Maroquinpapier und ließ für sie später einen Einband mit dem Aufdruck »Elegie. Marienbad 1823« anfertigen. Nur nächste Freunde bekamen sie zu sehen. Als Zelter im November in Weimar war, las dieser dem Freund, von dessen innerem Zustand er wußte, das Gedicht mehrfach vor, und Goethe erinnerte noch im Januar 1824 daran, wie es doch eigentümlich und etwas Besonderes gewesen sei, »daß Du lesen und wieder lesen mochtest, mir durch Dein gefühlvolles sanftes Organ mehrmals vernehmen ließest was mir in einem Grade lieb ist den ich mir selbst nicht gestehen mag« (an Zelter, 9. 1. 1824).

Bereits in Marienbad war der vergeblich Hoffende durch Musik getröstet worden. Anna Milder-Hauptmann hatte gesungen und die polnische Pianistin Maria Szymanowska, geb. Wolowska, offenbar hinreißend gespielt. In Briefen und im Tagebuch erwähnte Goethe wiederholt die segensreiche Wirkung, die die Musik auf den in jenen Wochen besonders Aufnahmebereiten ausübte, unübertrefflich in jenem Vergleich im Brief an Zelter: »Die Stimme der Milder, das Klangreiche der Szymanowska, ja sogar die öffentlichen [musikalischen] Exhibitionen des hiesigen Jägerkorps falten mich auseinander, wie man eine geballte Faust freundlich flach läßt« (24. 8. 1823). *Aussöhnung* hieß das Gedicht, das er für Maria Szymanowska schrieb, das »das Doppelglück der Töne wie der Liebe« pries und noch den »Götterwert der Töne wie der Tränen« zusammenband, Sehnsucht und Trost miteinander vereinend. Als dann 1824 der Leipziger Verlag Weygand, bei dem vor fünfzig Jahren der *Werther* erschienen war, eine Jubiläumsausgabe dieses weltweit bekannt gewordenen Buchs herausbringen wollte und seinen Autor um ein Vorwort bat, nahm dieser das Jugendwerk wieder zur Hand, jenes »Geschöpf, das ich gleich dem Pelikan mit dem Blut meines eigenen Herzens gefüttert habe« (E 2.1.1824). Er hatte es die Jahre hindurch nicht gewagt, in ihm zu lesen und sich seinen Verwirrungen und seiner Not erneut auszusetzen. Jetzt, nach den Marienbader Erschütterungen, berührte ihn das Werther-Schicksal als Verwandtes und immer Mögliches, und so wurde in ihm alle Verstörung wieder wach, die ihn im Vorjahr gequält hatte. *An Werther* richtete er seine Verse, die als Vorwort zum Scheiternden von einst hinübergrüßten. »Zum Bleiben ich, zum Scheiden du erkoren, / Gingst du voran – und hast nicht viel verloren.« Dunkler hat Goethe nirgends in seiner Dichtung den Lebensweg des Menschen getönt als in diesen Erinnerungszeilen an seinen Werther, in denen kein Trost aufscheint. Resignation und Verzweiflung, die in seinen Briefen und Gesprächen oftmals laut wurden, drängten unbesänftigt in dieses Gedicht des Alters. Aber es blieb nicht sein letztes Wort. – Als die drei Gedichte *An Werther, Elegie, Aussöhnung* vorlagen, fügte er sie zur *Trilogie der Leidenschaft* zusammen, konträr zur zeitlichen Abfolge ihres Entstehens; denn so ergab sich ein Zyklus, der von fahler Desillusionierung über elegische Klage zur beschwichtigenden Aussöhnung reichte.

Über das, was er erlebt hatte und mit sich abmachen mußte, ließ sich kaum mit anderen Menschen sprechen. Am 13. September nach Jena zurückgekehrt, stürzte er sich in betäubende Geschäftigkeit und wußte zu verhindern, daß irgend jemand ihn auf das Geschehene ansprach, das kein Geheimnis mehr war. Unverzüglich visitierte er, »ohne auszuruhen, alle Museen, Bibliothek, Sternwarte, bis in die sinkende Nacht, war 5 Uhr morgens schon wieder auf den Beinen, revidierte die Tierarzneischule, den Botanischen Garten, die Sammlungen jeder Art, speiste sehr fröhlich bei Obrist Lyncker mit Knebel, besuchte dann Frommanns und setzte so jedermann in Atem, ohne doch zu irgendeiner neugierigen Frage, die Knebel sehr oft auf der Zunge gehabt haben soll, Zeit zu gönnen« (Kanzler v. Müller an J. v. Egloffstein, 19.9.1823; Bo III 155). Auch Sohn August konnte seiner Frau nur schreiben: »Der bewußte *Name*, das Wort *Familie* ist noch nicht genannt worden, und ich fange an zu hoffen, daß alles gut gehen und sich die ganze Geschichte wie ein Traumbild auflösen werde« (14.9.1823). Sie mußte sich auflösen, weil es die unerfüllbare Wunschphantasie eines alten Mannes gewesen war, der noch einmal die Jugend hatte zurückholen wollen. Kanzler v. Müller merkte, »daß er nicht sehr heiter gestimmt ist, ungern sich wieder in die hießige Lebensweise resignirt«. Es erschütterte ihn tief, »die Öde in G. Gemüth allenthalben bemerkt zu finden« (KM 20./21.9.1823). Er hörte ihn klagen: »Drey Monate lang habe ich mich glücklich gefühlt, von einem Intereße zum andern, von einem Magnet zum andern gezogen, fast wie ein Ball hin und her geschaukelt, aber nun – ruht der Ball wieder in der Ecke, und ich muß mich den Winter durch in meine Dachshöhle vergraben und zusehn, wie ich mich durchflicke!« (KM 23.9.1823). Dem Kanzler machte er dann doch »vertraulichste Mittheilung seiner Verhältnisse« zu den Levetzows, und daß er mit Selbstironie aufwartete, zeigte nur, wie sehr er betroffen war: »Es ist eben ein ›Hang‹ der mir noch viel zu schaffen machen wird, aber ich werde darüber hinauskommen. Iffland könnte ein charmantes Stück daraus fertigen, ein alter Oncle der seine junge Nichte allzuheftig liebt« (KM 2.10.1823).

Während seine Gedanken noch um Marienbad kreisten und er sich wieder daheim zurechtzufinden suchte, während Berichte oder Gerüchte über die böhmische Episode wohl auch nach Frankfurt dringen konnten, wo Marianne v. Willemer mit ihren Reminiszenzen an Hatem und Suleika lebte, übermittelte er ihr zum gemeinsamen Erinnerungstag des 18. Oktober eine Sendung, die Eckermanns gerade erschienene *Beiträge zur Poesie* enthielt und den handschriftlichen Vierzeiler zum mitgeschickten und mit einem Band zusammengehaltenen Myrtenreis und Lorbeerzweig: »Myrt und Lorbeer hatten sich verbunden; / Mögen sie vielleicht getrennt erscheinen, / Wollen sie, gedenkend seliger Stunden, / Hoffnungsvoll sich abermal vereinen.« Auf dem Blatt war auch vermerkt: »zu Seite 279«. Dort konnte die Empfängerin in Eckermanns Buch ihr eigenes Gedicht finden (»Ach, um deine feuchten Schwingen, / West, wie sehr ich dich beneide«), das, in den *Divan* aufgenommen, von Eckermann als Muster *Goethescher* Kunst besprochen war.

Beängstigend und beseligend nah waren die Marienbader Tage wieder, als sich Maria Szymanowska, die polnische Pianistin, mit ihrer Schwester vom 24. Oktober bis 5. November in Weimar aufhielt, beide täglich bei Goethe zu Tisch waren und er erneut die »Aussöhnung« spürte, die Musik bewirken konnte. »So gefällig als trefflich auf dem Flügel gespielt«, stand schon am 24. Oktober im Tagebuch. Eckermann fand ihn wenige Tage später abends »sehr frischen aufgeweckten Geistes, seine Augen funkelten im Widerschein des Lichtes, sein ganzer Ausdruck war Heiterkeit, Kraft und Jugend« (E 29.10.1823). Kanzler v. Müller mochte recht haben, wenn er vermutete, nicht von der Leidenschaft für Ulrike v. Levetzow allein sei Goethe ergriffen worden, »sondern das gesteigerte Bedürfnis seiner Seele überhaupt nach Mitteilung und Mitgefühl habe seinen jetzigen Gemütszustand herbeigeführt« (an J. v. Egloffstein, 25.9.1823). So wurde es ein bewegender Abschied, als die jungen Polinnen Weimar verließen. Goethe versuchte zu scherzen, »aber alle Anstrengung des Humors half nicht aus, die hervorbrechenden Thränen zurückzuhalten, sprachlos schloß er sie und ihre Schwester in seine Arme und sein seegnender Blick begleitete sie noch lange, als sie durch die ofne lange Reihe der Gemächer entschwanden« (KM, S. 92). Dann aber übermannte ihn körperliche Schwäche, er erkrankte und mußte manche Nacht sitzend im Sessel zubringen, weil er wegen des Krampfhustens nicht liegen konnte. So gut es ging, versuchte er zu lesen, zu diktieren, weiterzuarbeiten und sich mit den wenigen Besuchern, die man vorließ, zu unterhalten. Zelters Anwesenheit vom 24. November an brachte erwünschteste Stunden mit dem nächsten Freund, vertrauliche Gespräche, Aufmunterung, Zuversicht. Und das Tagebuch hielt fest (30. 11. 1823): »Die Elegie gelesen und wieder gelesen. [...] Sodann mit Zelter die Elegie nochmals gelesen.« Der Gast aus Berlin hatte die Freude zu erleben, wie der Kranke sich zusehends erholte, und Mitte Dezember verließ er einen Genesenen.

Noch keimte Hoffnung auf ein Wiedersehen mit Ulrike. Doch aus der geplanten Reise nach Böhmen 1824 wurde nichts mehr, und bei einer Durchreise der Levetzows durch Weimar traf man sich im Herbst nicht. Gelegentlich gingen noch Briefe an die Mutter Amalie, immer mit Anspielungen auf die einst gemeinsam verlebte Zeit. Das böhmische Glas mit den eingravierten Namen hütete er als wertvolles Erinnerungsstück. Als er seinen letzten Geburtstag in Ilmenau verbrachte, hatte er es bei sich und schrieb von dort aus: »Heute, verehrte Freundin, auf dem Lande, freundlich veranstalteten Festlichkeiten ausweichend, stelle ich jenes Glas vor mich, das auf so manche Jahre zurückdeutet, und mir die schönsten Stunden vergegenwärtigt.« Er schloß mit der Versicherung, »daß meine Gesinnungen unwandelbar bleiben. – treu angehörig J. W. v. Goethe« (an Amalie v. Levetzow, 28. 8. 1831).

Perspektiven des Alters

Der Zirkel der Vertrauten

Was ihn so tief getroffen und die Klagen der *Elegie* hatte anstimmen lassen, war die bittere Einsicht, daß die Zeiten für Phasen der Verjüngung, für Aufschwünge in jugendlich verklärte Begegnungen mit hochgespannten Hoffnungen und erotischen Erwartungen vorbei waren. Jetzt mußte er anerkennen, daß der Gang des Lebens seinen Tribut forderte und Entsagung auch hier vorschrieb. Das war eine schmerzhafte Erfahrung, die durch das Wissen nicht gelindert wurde, daß sich nichts anderes vollzog als das unaufhaltsame Fortschreiten der Zeit. Er war ganz auf sich zurückgeworfen; helfen konnte nur die Konzentration auf die Bereiche seiner Tätigkeit und die Forderungen des Tages, die die »Oberaufsicht« an ihn herantrug und die er selbst sich auferlegte. Es blieb das gewohnte Mühen, »das ewige Wälzen eines Steines, der immer von neuem gehoben sein wollte«, wie er es sein Leben lang empfunden hatte (E 27.1.1824). Öfter schon war ihm bewußt geworden, daß er sein Haus zu bestellen habe, weil das Leben weit fortgerückt war. Am 19. April 1822 hatte er Cotta gemeldet, er sei damit beschäftigt, seine »sämmtlichen poetischen, literarischen und wißenschaftlichen Arbeiten, sowohl gedruckte als ungedruckte, übersichtlich aufzustellen«, und er wolle das Ganze seinem Sohn und gelehrten Freunden übertragen, damit der umfangreiche Nachlaß »ins Klare komme«. Der Gedanke an eine »Ausgabe letzter Hand« tauchte auf, und nun, im Winter 1823, bezeichnete er als »das Hauptgeschäft«, das ihm in hohen Jahren obliege, »meinen literarischen Nachlaß zu sichern und eine vollständige Ausgabe meiner Werke wenigstens einzuleiten« (an S. Boisserée, 13.12.1823). Es waren intensive, hartnäckige Verhandlungen, bis ein Vertrag mit Cotta zustande kam, und Sulpiz Boisserée schaltete sich als guter Makler ein; auch August v. Goethe besorgte manche Korrespondenz in dieser Angelegenheit. Gemeinsam mit seinem Vater konnte er den Kontrakt endlich am 3. März 1826 unterzeichnen, der ein Honorar von 60000 Talern verbriefte. Von 1827 bis 1831 erschienen vierzig Bände (die von 1832 bis 1842 noch um zwanzig

Nachlaßbände vermehrt wurden). Goethe war beruhigt, daß er, von Mitarbeitern tatkräftig unterstützt, »das Hauptgeschäft« hatte bewältigen können. Aber seiner auch im höchsten Alter nicht erlahmenden Schaffenskraft gelang noch mehr: die Vollendung der *Wanderjahre* und des *Faust II*, und die anstrengende Arbeit an diesen beiden Werken bezeichnete er in den späten Jahren je nach Lage der Dinge ebenfalls als sein »Hauptgeschäft«. Den engeren Bezirk von Weimar und Jena verließ er nicht mehr. Verbindungen unterhielt er weithin, und sein Haus sah viele Besucher. Wollte er sich öffentlich äußern und seine Ansichten zu kulturellen und literarischen Fragen mitteilen, stand ihm sein Journal zur Verfügung: *Über Kunst und Altertum*. Doch in Dispute der Zeit wirklich eingreifen wollte er nicht; von Auseinandersetzungen versprach er sich nichts mehr. Ihm war es genug, von Zeit zu Zeit seine Anschauungen bekanntzugeben und Erwartungen auszusprechen, vor allem anläßlich der Rezension von Werken, die ihn in weltliterarischen Zusammenhängen zum Nachdenken über das literarische Leben anregten. Weder suchte er ein bestimmtes Programm durchzusetzen noch eine Schule zu bilden. Was er publik machte, waren Bruchstücke eines Monologs, an dem teilzuhaben Wohlmeinende vielleicht interessiert sein könnten. Er fertigte keine Erlasse eines Lehrmeisters aus und verfaßte keine Schriften eines systematisierenden Theoretikers, sondern gab Miszellen aus seiner Werkstatt, in der er unablässig arbeitete. Im Grunde waren es nichts als mal beiläufige, mal gewichtigere Zeugnisse seiner ununterbrochenen geistigen Tätigkeit, die ihn aufrechthielt. »Fuhr in meinem Geschäft fort und endigte so das Jahr«, notierte der Achtzigjährige am Silvestertag 1829, und übergangslos schloß er am Neujahrstag an: »Poetisches redigiert und mundiert« [ins reine gebracht]. Wie aktiv er nach wie vor sein Leben zubrachte, skizzierte er einmal dem um vieles jüngeren Boisserée:

Verzeihen Sie, mein Bester, wenn ich Ihnen exaltiert scheine; aber da mich Gott und seine Natur so viele Jahre mir selbst gelassen haben, so weiß ich nichts Besseres zu tun, als meine dankbare Anerkennung durch jugendliche Tätigkeit auszudrücken. Ich will des mir gegönnten Glücks, solange es mir auch gewährt sein mag, mich würdig erzeigen und ich verwende Tag und Nacht auf Denken und Tun, wie und damit es möglich sei.

Tag und Nacht ist keine Phrase, denn gar manche nächtlichen Stunden, die dem Schicksale meines Alters gemäß ich schlaflos zubringe, widme ich nicht vagen und allgemeinen Gedanken, sondern ich betrachte genau, was den nächsten Tag zu tun? das ich denn auch redlich am Morgen beginne und soweit es möglich durchführe. Und so tu ich vielleicht mehr und vollende sinnig in zugemessenen Tagen, was man zu einer Zeit versäumt, wo man das Recht hat, zu glauben oder zu wähnen, es gebe noch Wiedermorgen und Immermorgen (22.10.1826).

944

In seinem »Denken und Tun« fühlte er sich auf einsamer Warte. So vertraute er, was ihn bewegte und beschäftigte, gern den Briefen an, die an Adressaten gingen, denen er sich besonders verbunden wußte. Anders als in dienstlicher oder speziell fachlicher Korrespondenz, die er in nüchterner, sachbezogener Diktion führte, ohne die jeweils gebräuchlichen Formeln zu vergessen, schrieb er seine mehr privaten Altersbriefe in einem lockeren, nuancenreichen Stil voller Anspielungen, die den Raum zu weiterem Nachsinnen öffneten. Ein Brief, oft in weitgeschwungenen, verästelten Perioden formuliert, nahm vielfache Thematik auf, reihte zwanglos Verschiedenes aneinander, hatte an Kontrasten Gefallen, scheute sich nicht vor Gedankensprüngen und fand fast immer zur Attitüde gelassener Überschau aus der Sicht des Alters. Gern straffte der Schreiber eine Erörterung zu maximenhafter Summierung und komprimierte seine Überlegungen zur Sentenz. Im Besonderen und Persönlichen sollte möglichst auch Allgemeineres sichtbar werden; er wußte ja, daß auch seine privaten Episteln über kurz oder lang den Weg in die Öffentlichkeit finden würden.

Wenn sich Goethe auch in seinem »Denken und Tun« auf einsamem Posten vorkam, so lebte er keineswegs ungesellig oder zurückgezogen. Was aufs Papier kam, was die Briefe aufnahmen, was für die Publikationen diktiert wurde, das entstand in seiner Arbeitsklause, in den schlicht eingerichteten rückwärtigen Räumen des Hauses, wo der Sekretär oder Schreiber am Tisch saß und das Diktat aufnahm, während der Meister, die Hände auf dem Rücken, im Zimmer umherging. Die Gesellschaftsräume aber empfingen wieder und wieder Gäste, und bisweilen führte der Staatsminister ein ›großes Haus‹. Kanzler v. Müller schlug er einmal, gerade nach den Marienbader Verwicklungen des Jahres 1823, vor: »Sollte es nicht möglich seyn, daß eine ein für allemal gebetene Gesellschaft sich täglich, bald in größerer, bald in kleinerer Zahl, in meinem Hauße zusammen fände? Jeder käme und bliebe nach Belieben, könnte nach Herzenslust Gäste mitbringen. Die Zimmer sollten von Sieben Uhr an immer geöfnet und erleuchtet, Thee und Zubehör reichlich bereit seyn. Man triebe Musick, spielte, läße vor, schwazte, alles nach Neigung und Gutfinden. Ich selbst erschiene und verschwände wieder, wie der Geist es mir eingäbe. [...] So wäre denn ein *ewiger Thee* organisirt, wie die ewige Lampe in gewissen Kapellen brennt« (KM 2.10.1823).

Goethes Konzentrationsfähigkeit bei der Arbeit war übrigens noch im hohen Alter über alle Maßen staunenswert. Aus dem Bericht Johann Christian Schuchardts, der seit 1825 Privatsekretär war, sei hier ausführlicher zitiert. Goethe diktierte ihm für die »Ausgabe letzter Hand« etliches Neue und Umgearbeitete, auch die *Wanderjahre*.

Er tat dies so sicher, fließend, wie es mancher nur aus einem gedruckten Buche zu tun imstande sein würde. Wäre das ruhig und ohne äußere Störung und Unterbrechung geschehen, so würde ich kaum aufmerksam geworden sein. Dazwischen aber kam der Barbier, der Friseur (Goethe ließ sich alle zwei Tage das Haar brennen, täglich frisieren), der Bibliotheksdiener, [...] Bibliothekar Rat Kräuter, der Kanzlist, welche alle die Erlaubnis hatten, unangemeldet einzutreten. Der Kammerdiener meldete einen Fremden an, mit welchem sich Goethe, falls der Annahme, längere oder kürzere Zeit unterhielt; dazwischen trat auch wohl jemand aus der Familie ein. Der Barbier und Friseur erzählten, was in der Stadt passiert sei, der Bibliotheksdiener berichtete von der Bibliothek usw. Wie beim Anklopfen das kräftige Herein! ertönte, beendigte ich den letzten Satz und wartete, bis der Anwesende sich wieder entfernte. Da wiederholte ich so viel, als mir für den Zusammenhang nötig schien, und das Diktieren ging bis zur nächsten Störung fort, als wäre nichts vorgefallen. Das war mir doch zu arg, und ich sah mich überall im Zimmer um, ob nicht irgendwo ein Buch, ein Konzept oder Brouillon läge, in das Goethe im Vorübergehen schaute (während des Diktierens wandelte derselbe nämlich ununterbrochen um den Tisch und den Schreibenden herum), aber niemals habe ich das geringste entdecken können (G 3, 518).

Nach dieser Art ›freien‹ Diktierens verfuhr Goethe wohl vornehmlich bei gewissen Partien seiner Dichtungen und sicherlich nicht immer. Denn wie Tagebücher und Hinterlassenschaft beweisen, arbeitete er gern nach Konzepten und detaillierten Dispositionen, die er Schemata nannte. Was er am Tag oder Abend zuvor konzipiert hatte, konnte am folgenden Morgen Grundlage des Diktats sein.

Sein Tageslauf hatte, wie verschiedenen Berichten zu entnehmen ist, einen bestimmten Rhythmus. Selten stand er später als sechs Uhr auf, frühstückte und überlegte, was am Tag zu tun sei. Gegen acht kam ein Schreiber, dem er Briefe und Geschäftliches diktierte. Bis in die Mittagsstunden widmete er sich seinen Studien. Das Essen, gegen 14 Uhr, nahm er gern in Gesellschaft von Freunden und geladenen Gästen ein. Nach Tisch hatte er Zeit für seine zahlreichen Sammlungen, für die Zeichnungen, Kupferstiche, Münzen, Mineralien und Autographen. Der Nachmittag stand wieder zur produktiven Arbeit zur Verfügung. Den Abend verbrachte er mit Familienangehörigen, mit nahen Bekannten; man unterhielt sich, es wurde vorgelesen, aber die Tagebücher verzeichnen auch: »Abends für mich« oder gar: »Nachts Napoleon von Walter Scott« (23. 12. 1827). Noch 1830 »versicherte er, im Durchschnitt wenigstens einen Octav Band täglich zu lesen« (KM 11. 1. 1830). Selbstverständlich kannte der Tageslauf Variationen. Gelegentlich blieb Zeit für Spaziergänge und Spazierfahrten. Besucher trafen ein, und sie kamen gelegen, wenn ihre Gegenwart anregend war; denn sie waren ihm Grüße aus der Welt, in die er nicht mehr hinausreiste, und sie kamen ungelegen, wenn die Visite ihn nur störte. Einmal in der Woche erschien das Fürstenpaar bei ihm; zumeist am späten Donnerstagmorgen erwartete er Maria Pawlowna, die zuweilen auch ihr Mann begleitete. Die Abgeschiedenheit brauchte er, um produktiv sein zu können. Riemer bemerkte: »Diese Zurückhaltung, Verschlossenheit, Ruhe, die man Kälte nennt, unterstützten und förderten sein Dichtertalent. Beobachtung, Auffassung, Darstellung – wie wollen sie gelingen ohne Ruhe, ohne Absonderung von allem Störenden, ohne Einkehr und Wohnen in sich?« (I 296) Und Zelter hörte: »Ich bin seit vier Wochen und länger nicht aus dem Hause, fast nicht aus der Stube gekommen; meine *Wandernden* [...] wollen ausgestattet sein« (2.1.1829). Tag für Tag registrieren die Tagebücher, meist kommentarlos, was sich ereignete und was getan wurde; es ist eine überbordende Fülle von Einzelheiten, die er verzeichnete. Mitunter hat man den Eindruck, er habe sich an ihnen festgeklammert, damit sich niemals Leere ausbreitete. Daß das Leben nur in unentwegter Tätigkeit zu meistern sei, hat er oft ausgesprochen; es war ein Glaubensbekenntnis, an das er sich strikt hielt. Kanzler v. Müller gegenüber entwarf er nach dessen Zeugnis »eine förmliche Theorie der *Unzufriedenheit*« (KM 3.2.1823). Es gebe ein Organ des Mißwollens, der Unzufriedenheit, wie es eines der Opposition, der Zweifelsucht gebe. Ihm dürfe man keine Nahrung zuführen; denn es verwandle sich in ein Geschwür. Man werde ungerecht gegen andere und sich selbst, und die Freude am fremden und eigenen Gelingen gehe verloren. Zuletzt suche man den Grund alles Übels außer sich, statt es in der eigenen Verkehrtheit zu finden. »Man nehme doch jeden Menschen, jedes Ereigniß in *seinem* eigenthümlichen Sinne, gehe aus sich heraus, um desto freyer wieder bey sich einzukehren.« Hingebungsvoll pflegte er seine kostspieligen Liebhabereien, die Sammlungen. So sehr fesselten ihn handschriftliche Dokumente aus allen Zeiten, daß er sich eine große Kollektion von Autographen zulegte und Bekannte bat, ihm Handschriften zu verschaffen. Der seit 1961 vorliegende Katalog führt nicht weniger als 1900 Einzelstücke auf.

Aber auch an Goethe ging die Zeit nicht spurlos vorüber. Während Wilhelm v. Humboldt 1827 in ihm »das Bild eines schönen und rüstigen Greises« erkannte (Bo III 233), lautete der Bericht des Freiherrn v. Stackelberg aus dem August 1829 anders. Er war aufs freundlichste aufgenommen worden und schwärmte, er könne nicht aufhören, von ihm zu erzählen, so sei er bezaubert worden. Doch »Goethes Gesicht ist, den festen ernsten Charakterzug abgerechnet, nicht mehr schön zu nennen; die Nase ist sehr stark geworden, denn die Haut hat sich hüglig erhoben, die Augen stehen schräg, denn die äußeren Augenwinkel haben sich stark gesenkt, auch die Augensterne sind kleiner geworden, weil sich durch eine starartige Verbildung ein weißer Rand umhergegossen hat. Er geht mit den Füßen schurrend auf dem Boden, aber dennoch über die Treppen herunter, ohne sich anzustützen oder den Arm eines Begleiters zu brauchen« (G 4, 141). In den letzten Jahren bezeugten Besucher das Nachlassen seiner Erinnerungsfähigkeit; Frédéric Soret beobachtete einige Male, daß er während oder nach dem Essen »ab und zu einige Minuten einnickte« (18. 1. 1830); das Gehör wurde schwächer, und die Augen suchte er durch einen grünen Schirm gegen Sonnen- und Lampenlicht zu schützen. Aber so lauteten noch die Eintragungen ins eigene Tagebuch am 12. und 13. März 1832:

12. Fortsetzung jener Lektüre *[Souvenir de Mirabeau par Duval]*, ingleichen des Diktierens verschiedener Briefe. Hofrat Vogel, interessante Unterhaltung über die Kritik einiger Gutachten der Physiker. Sonstige Verhältnisse. Fräulein Seidler um 1 Uhr, vorzeigend einige hübsche Entwürfe zu Bildern, die sie zu unternehmen gedenkt. Mittag Herr Oberbaudirektor Coudray, die neapolitanische Sendung nochmals durchmusternd. Von Arnim. Eckermann. Nach Tische für mich, den ersten Band der *Mémoires* des Dumont ausgelesen. Herr Kanzler von Müller. Ich fuhr Obiges zu lesen fort. Später Ottilie. Graf Vaudreuils Abreise. Äußerungen der Frau Großherzogin.

13. Fortsetzung des Briefdiktierens. Maler Starke die Zeichnung des Pflanzenabdrucks von Ilmenau für Graf Sternberg fertigend. Um 12 Uhr mit Ottilien spazieren gefahren. Mittags Herr von Arnim. Später die französische Lektüre fortgesetzt. Um 6 Uhr Hofrat Riemer. Mancherlei Konzepte mit ihm durchgegangen.

Mit einigen Vertrauten, Bekannten und Mitarbeitern, pflegte er ständigen Kontakt; sie bildeten in seinen Altersjahren den engeren Zirkel. Heinrich Meyer kam oft und selbstverständlich; beide kannten sich zu lange und zu gut, als daß es immer des Gesprächs bedurft hätte; oft saßen sie schweigend zusammen, und das bloße Beieinandersein war genug. Kanzler v. Müller war ein temperamentvoller Diskussionspartner, und in den *Unterhaltungen*, die er seit 1812 aufzeichnete, präsentierte sich ein Goethe, der direkt und drastisch zur Sache sprach, sarkastisch wie selten sonst, gelegentlich »mit epigrammatischer Schärfe und schneidender Kritik« (KM 6.6.1830), mal mit heiterem Überblick, mal ganz in Resignation versunken. Friedrich Wilhelm Riemer, der Philologe und kundige Mitarbeiter bei den schriftstellerischen Unternehmungen, gehörte ebenfalls zum engeren Kreis. Goethe überließ bei der endgültigen Formulierung seiner Werke viel dem versierten Fachmann in sprachlichen und stilistischen Dingen, der korrigieren und kürzen, Abschnitte umstellen und Wiederholungen tilgen durfte, was zu Eingriffen führte, die heutigen Philologen bei der Suche nach dem authentischen Goethetext schwierige Aufgaben stellen. Alles, was Riemer am Manuskript vornehme, billige er im voraus, ließ Goethe, der sich ungern mit (scheinbar) belanglosen Textfragen befaßte, einmal Christiane wissen (11.8.1813). Zu Frédéric Soret (1795–1865), der, naturwissenschaftlich ausgebildet, 1822 als Erzieher des Prinzen Carl Alexander nach Weimar kam, stellte sich eine herzliche Beziehung her. Der französischsprechende Schweizer aus Genf war gern gesehener Gast, übersetzte die *Metamorphose der Pflanzen* ins Französische und hielt in seinem Tagebuch viel von seinen Begegnungen mit Goethe fest. Manches davon ist in Eckermanns *Gespräche* eingeflossen, aber seine *Conversations avec Goethe* (von H. H. Houben unter dem Titel *Zehn Jahre bei Goethe* um Briefe und Aufzeichnungen aus dem Nachlaß vermehrt, 1929) bieten nüchternere Perspektiven als Eckermanns Darstellung, die ein Denkmal des ›Olympiers‹ aufrichtete. Auch der seit 1816 als Oberbaudirektor im Weimarer Herzogtum tätige Clemens Wenzeslaus Coudray zählte zu den bevorzugten Gesprächspartnern der späten Jahre. Vorher als Hofarchitekt und Professor in Fulda tätig, entfaltete er eine vielseitige Aktivität auf allen Gebieten des Bauwesens und war vom Chausseebau bis zur Stadtplanung für alles verantwortlich. Stadt und Land hatten ihm viele Bauten zu danken. Seinen Vorschlag, zur Ausbildung der Bauhandwerker eine besondere Schule zu gründen, unterstützte Goethe mit einer ausführlichen Denkschrift vom 18. Mai 1829. Die Anstalt müsse alles einschließen, was zum Bauwesen von den Handwerkern verlangt werde, und selbstverständlich müsse Coudray ihr Leiter sein. Im Oktober 1829 konnte die »Großherzogliche Freie Gewerkschule«, die keine Gebühren forderte, ihre Arbeit aufnehmen, ein Vorläufer des »Bauhauses«. Nach dem Brand des Theaters 1825 entwarf Coudray in Absprache mit Goethe Pläne für einen Neubau (die dann aus Kostengründen nicht verwirklicht wurden), und Eckermann überliefert Goethes Bemerkung vom 24. März 1825: »Ich will euch nur verraten, daß ich die langen Abendstunden des Winters mich mit Coudray beschäftigt habe, den Riß eines für Weimar passenden neuen sehr schönen Theaters zu machen.«

Alte Freundschaften lebten weiter, mit Zelter in Berlin, mit Knebel, dem zuweilen grantigen Skeptiker, der in Jena wohnte und dessen Übersetzung des Lukrez Goethe jahrelang interessiert begleitete, um sie dann 1822 in *Kunst und Altertum* (12, 306ff.) zu besprechen. Das Verhältnis zu Charlotte v. Stein hatte sich längst entspannt. Zwei alte Menschen verkehrten gelassen miteinander, und an das Frühere wurde nicht mehr gerührt. Als die Vierundachtzigjährige am 6. Januar 1827 gestorben war, führte der Leichenzug auf ihren ausdrücklichen Wunsch hin nicht an Goethes Haus vorbei. Sie wußte, daß er die Paraden des Todes nicht mochte.

Im Juni 1823 war Johann Peter Eckermann nach Weimar gekommen, und der Besuch bei Goethe entschied über sein ferneres Leben. 1792 in ärmlichsten Verhältnissen in Winsen an der Luhe geboren, »und zwar in einer Hütte, die man wohl ein Häuschen nennen kann, das nur einen heizbaren Aufenthalt und keine Treppe hatte, sondern wo man auf einer gleich an der Haustür stehenden Leiter unmittelbar auf den Heuboden stieg« (Einleitung zu den *Gesprächen*), hatte sich der Hütejunge mühselig, meist autodidaktisch, vorangebracht, war Schreiber gewesen, Freiwilliger im Befreiungskrieg, dann Registrator bei der Militärverwaltung in Hannover und hatte nebenbei seit dem Winter 1816/1817 das Gymnasium besucht. 1821/1822 quittierte er den Dienst, bekam das halbe Gehalt noch für zwei Jahre und studierte Jura in Göttingen. Aber die Literatur zog ihn mehr an; er schrieb Gedichte (die er Goethe zu schicken wagte), ein Drama, bemühte sich um Dichtungstheorie. Im September 1821 führte ihn eine Studienreise nach Thüringen und Sachsen auch durch Weimar, wo er aber nur Riemer und Kräuter traf. Nach drei Semestern gab er sein Studium auf und verfaßte im Winter 1822/1823 seine *Beiträge zur Poesie, mit besonderer Hinweisung auf Goethe*. Auch sie schickte er dem bewunderten Dichter, der sie Cotta empfahl, in dessen Verlag sie im Oktober 1823 erschienen. Als Goethe das Manuskript weiterreichte, deutete er sein besonderes Interesse an dem jungen Verehrer an. Er sehe sich, schrieb er Cotta, nach jungen Männern um, »denen man Redaction von Papieren übertragen könnte, welche selbst zu leisten man wohl die Hoffnung aufgeben muß« (11.6.1823). Er beobachte »längst einen jungen Eckermann von Hannover«, der ihm viel Vertrauen einflöße. Klarheit und Feinheit der Handschrift bestächen, und der Inhalt müsse ihm angenehm sein, weil der junge Mann sich an ihm herangebildet habe. Eckermann mußte sich geschmeichelt fühlen, so anerkannt und freundlich aufgenommen zu werden. Er blieb in Weimar, stellte seine Arbeitskraft dem Verehrten zur Verfügung und verzichtete auf dessen Drängen hin immer wieder darauf, den Aufbau einer eigenen Karriere einzuleiten. Freilich kann niemand sagen, ob er ihm überhaupt gelungen wäre und ob ihm nicht gerade jene Tätigkeit als jahrelanger einfühlsamer Assistent, bei der er bewundern und mitdenken durfte, gemäß war. Ohne Zweifel handelte Goethe durchaus eigennützig, als er ihn, der sich als williger und fähiger Mitarbeiter entpuppte, in Weimar hielt und an sich band. War Eckermann ein Opfer des Goetheschen Egoismus? Er hatte sich in die Hilfsdienste verstrickt und kam nicht mehr frei, war fasziniert von der Nähe des Großen, zu dem er Zugang hatte wie wenig andere, gab seine Jahre für ihn hin und konnte sich vor sich selbst nur rechtfertigen, indem er sich das Exzeptionelle seiner Stellung vor Augen führte und über die Misere seiner äußeren Existenz hinwegsah. Er sei nie der

Sekretär Goethes gewesen, betonte er rückschauend, das sei zu seiner Zeit stets John gewesen. »Mein Verhältnis zu Goethe war eigentümlicher Art und sehr zarter Natur. Es war das des Schülers zum Meister, das des Sohnes zum Vater, das des Bildungs-Bedürftigen zum Bildungs-Reichen. Ich sah ihn oft nur alle acht Tage, wo ich ihn in den Abendstunden besuchte, oft auch jeden Tag, wo ich mittags mit ihm, bald in größerer Gesellschaft, bald tête-à-tête zu Tisch zu sein das Glück hatte. Doch fehlte es unserem Verhältnis auch nicht an einem praktischen Mittelpunkt. Ich nahm mich der Redaktion seiner älteren Papiere an«, schrieb er am 5. März 1844 an Heinrich Laube. Dies Zeugnis muß gelten, auch wenn ihm Selbstbetrügerisches beigemischt sein sollte. Für die Gestaltung des privaten Daseins blieb nicht viel. Sein Einkommen war unregelmäßig; er schlug sich mit dem Honorar für Unterricht durch, den er den Engländern in Weimar gab, und war auf das angewiesen, was der Meister ihm zukommen ließ. In seiner Wohnung hielt er sich zeitweise vierzig Vögel in Käfigen und konnte sich selbst kaum rühren, der Hütejunge von einst. Ausgiebig dann das ›Vogelgespräch‹ mit Goethe, das er in die *Gespräche* aufnahm (8. 10. 1827). Seit 1819 war er mit Johanna Bertram verlobt, die im fernen Hannover lebte. Erst 1831 war ihm eine Heirat möglich oder konnte er sich zu ihr durchringen, und schon 1834 starb Johanna an den Folgen der Geburt ihres Sohnes Karl. Wahrscheinlich wüßte niemand mehr etwas von Eckermann, wenn sein Name nicht mit jenem Buch verbunden wäre, das ihn berühmt machte: *Gespräche mit Goethe in den letzten Jahren seines Lebens*, die zuerst 1836 erschienen, keine in jedem Fall authentischen Berichte, aber ein Werk, das überliefert, worum die Unterhaltungen kreisten; Aufzeichnungen aus der Sicht eines Empfänglichen, der mit Goethes Welt vertraut war und ihm ein Monument errichten wollte. »Was bleibt eigentlich von der deutschen Prosaliteratur übrig, das es verdiente, wieder und wieder gelesen zu werden?« fragte Friedrich Nietzsche und verwies neben Goethes Schriften, Lichtenbergs Aphorismen, Jung-Stillings Lebensgeschichte, Stifters *Nachsommer* und Gottfried Kellers *Leuten von Seldwyla* auf Eckermanns *Gespräche*, die er – sehr hoch greifend – »das beste deutsche Buch« nannte, das es gebe (*Menschliches, Allzumenschliches* II 2, § 109). Goethe wußte, was er an Eckermann hatte, der zuhören konnte, sich in seine Gedankenwelt hineinzufinden wußte und anzuregen vermochte. »Eckermann versteht am besten, literarische Productionen mir zu extorquiren durch den sensuellen Antheil, den er an dem bereits Geleisteten, bereits Begonnenen nimmt« (KM 8. 6. 1830).

Goethe hätte vieles nicht verwirklichen können, wenn ihn nicht zeit seines Lebens immer Gehilfen unterstützt hätten. Im Haus wirtschafteten Köchinnen und Hilfspersonal; der Kutscher hielt die Equipage in Ordnung, die sich der Geheime Rat zur Freude der Seinen 1799 zugelegt hatte. Seidel, Sutor und Götze waren die Diener in früher Zeit; 1795 trat Geist seinen Dienst an, den er bis 1804 versah; für ein Jahrzehnt war, nach einer Übergangszeit mit wechselnden Bediensteten, Carl Stadelmann seit 1814 Goethes Diener und Begleiter auf allen wichtigen Reisen, dem Gottlieb Friedrich Krause für die Jahre von 1824 bis zum Lebensende folgte. Stadelmann, den man als ›klassischen Kammerdiener‹ bezeichnet hat, war als Buchdrucker ausgebildet, hatte Interesse an Geologie, Mineralogie, Botanik, führte auf den Reisen eigene Tagebücher, und ihn hätte Goethe gern auch für Sekretariatsarbeiten angestellt, wenn er als Schreiber geeignet gewesen wäre. So übernahm diese Dienste seit 1814 Johann August Friedrich John, der die meisten Manuskripte des alten Goethe angefertigt hat. In Jena stand seit 1814 ebenfalls Museumsschreiber Michael Färber zur Verfügung. Als Sekretäre fungierten überdies Friedrich Theodor Kräuter und Johann Christian Schuchardt, eingeweiht in die Interna der umfangreichen Akten und Manuskripte Goethes, der somit eine ganze Kanzlei unterhielt. Den Dienern war es zu verdanken, daß Goethe täglich, auch auf den Reisen, umsorgt wurde und von den banal alltäglichen Erledigungen entlastet war. Ihre Treue dankte er ihnen, indem er manche in Stellen bei staatlichen Behörden vermittelte. Erfreulich, daß die Forschung inzwischen *Goethes Diener* (Walter Schleif, Weimar 1965) und ihre Arbeit gebührend gewürdigt hat.

Eine Summe von Einsichten

Goethe hat keine zusammenhängende Darstellung seiner Welt-, Lebens- und Zeitanschauung aus der Sicht des Alters vorgelegt. Deutlich zeichnen sich jedoch in Aufsätzen, Gesprächen und Briefen auf verschiedenen Gebieten gewisse Konstanten ab, die von früher gewonnenen und in langen Jahren angeeigneten Erkenntnissen gestützt wurden. Die Grundüberzeugungen, die seine ›weltanschaulichen Gedichte‹ aussprachen und die die Basis seiner Naturforschung bildeten, behielten selbstverständlich ihre Gültigkeit.

Die Fülle des Daseins in der Vielfalt der Erscheinungen war ihm ein lebendiges Ganzes, dessen Formen von geheimen Gesetzen hervorgebracht werden, die zu erkennen der Mensch bestrebt ist. Es war eine Grundannahme Goethes, daß die einzelnen Phänomene Repräsentanten geheimer Baupläne seien, deren der Beobachter in den verschiedenen Bereichen noch im Urphänomen und Typus ansichtig werden kann. Weiter vermag der schauende Blick des Betrachters, der von der sinnvollen Ordnung des

Ganzen überzeugt ist, nicht vorzudringen. Aber Ahnung und glaubende Zuversicht sichern die Überzeugung, daß Urphänomen und Typus in einer übergreifenden Idee aufgehoben sind. Die ewig schaffende Natur bringt ihre Gestaltungen gemäß der Idee hervor, die allem zugrundeliegt, und alles einzelne manifestiert auf seine besondere Art das Allgemeine, ewig Eine, Unbedingte. »Die Idee ist ewig und einzig; daß wir auch den Plural brauchen, ist nicht wohlgetan. Alles, was wir gewahr werden und wovon wir reden können, sind nur Manifestationen der Idee« (M; 12, 366). Daß gleichwohl auch von Ideen im Plural gesprochen wird, die in der einen Idee beschlossen sind, bleibe hier unerörtert. Vielheit und Einheit sind dort verschmolzen, was den Unterschied zur Sinnenwelt ausmacht, die allein in der Mannigfaltigkeit erscheint. Es sind Überlegungen, die die Philosophen seit je beschäftigt haben.

Im Aufsatz *Bedenken und Ergebung*, der in seinen Konsequenzen für Goethes Naturforschung schon besprochen worden ist (S. 922 f.), formulierte er eine Grundannahme: »Wir können bei Betrachtung des Weltgebäudes, in seiner weitesten Ausdehnung, in seiner letzten Teilbarkeit, uns der Vorstellung nicht erwehren, daß dem Ganzen eine Idee zum Grund liege, wornach Gott in der Natur, die Natur in Gott, von Ewigkeit zu Ewigkeit, schaffen und wirken möge« (13, 31). Gleich anschließend war in der Mehrzahl von »Geheimnissen«, »Uranfängen« die Rede, denen näherzukommen sich der Forschende bemühe, der seine Ideen *wagt*: »Anschauung, Betrachtung, Nachdenken führen uns näher an jene Geheimnisse. Wir erdreisten uns und wagen auch Ideen, wir bescheiden uns und bilden Begriffe, die analog jenen Uranfängen sein möchten.« Unverkennbar nahm der von der großen Ordnung des Universums Überzeugte eine Entsprechung, man möchte sagen: prästabilierte Harmonie, zwischen den Ideen des Betrachters und der Idee an, die dem Ganzen zugrunde liege. So wie das Auge das Licht nur erblicken könne, weil es selbst »sonnenhaft« sein, so seien die Ideen des Anschauenden, Betrachtenden, Nachdenkenden auf die Idee des Ganzen ausgerichtet, so daß sich Begriffe bilden lassen, »die analog jenen Uranfängen sein möchten«. Der hoffende Potentialis ist nicht zu überhören. Jene Idee, die Goethe einmal »das *eine* Urbedingende« nannte (M; 12, 446), ist das »Gesetz aller Erscheinungen«: »Was man Idee nennt: das, was immer zur Erscheinung kommt und daher als Gesetz aller Erscheinungen uns entgegentritt« (M; 12, 366). Doch ist das In-Erscheinung-Treten der Idee nicht einfach wahrzunehmen; denn »das belebende und ordnende Prinzip [ist] in der Erscheinung dergestalt bedrängt, daß es sich kaum zu retten weiß« (M; 12, 491). In einem Gespräch mit Kanzler v. Müller (Mai 1830) resümierte Goethe, wobei er die Bescheidung, die dem Beobachtenden und Nachdenkenden aufgezwungen ist, deutlich aussprach. Er sei längst »auf jenen einfachen Urtypus« verfallen, aber: »Kein organisches Wesen ist ganz der Idee, die zu Grunde liegt, entsprechend; hinter jedem steckt die höhere Idee; das ist mein Gott, das ist der Gott, den wir alle ewig suchen und zu erschauen hoffen, aber wir können ihn nur ahnen, nicht schauen.«

Hier erhielt die angenommene Idee, die dem Weltganzen zugrunde liegt, den Namen Gott, welche Bezeichnung dem Allumfassenden, dem Urprinzip zukommen mag. Es bleibt etwas Unerhörtes, eigentlich Unmögliches, das der glaubend-denkende Geist des in die Erscheinungswelt gebannten Betrachters zu vollziehen hat: noch in den Phänomenen die ihnen nicht verfallene Idee wahrzunehmen. Das Paradoxe entspricht der Grundschwierigkeit christlicher Glaubenslehre, daß der unendliche Gott in einer historischen Gestalt Mensch geworden sei und daß dies gerade wegen der Unmöglichkeit wahr und glaubenswert sei. (Die ›Denkform‹ kehrt im *Faust* wieder: »Unmöglich ist's, drum eben glaubenswert«, V. 6420). So scheint uns denn, wie *Bedenken und Ergebung* gestand, die Schwierigkeit, Idee und Erfahrung miteinander zu verbinden, »in eine Art Wahnsinn zu versetzen« (13,32).

Es war geboten, sich zu bescheiden, ohne den Glauben an die Anwesenheit der Idee in der sinnlichen Erscheinungswelt preiszugeben. Die Andeutung des Symbols blieb, die begreifende Sehweise, die in den einzelnen Phänomenen Repräsentationen des ewig Einen, des Unbedingten, der Idee, des Göttlichen wahrnahm. Im Gleichnis des Symbols sollte etwas vom geahnten geistigen Zusammenhang des Ganzen aufscheinen. »Alles was geschieht ist Symbol, und, indem es vollkommen sich selbst darstellt, deutet es auf das übrige. In dieser Betrachtung scheint mir die höchste Anmaßung und die höchste Bescheidenheit zu liegen« (an C. E. Schubarth, 2.4.1818). Solche symbolische Sicht war an die unlösliche Verbindung der Idee vom Ganzen mit den Ideen des betrachtend Nachdenkenden geknüpft, die er heranzutragen wagte – und war also Goethesche Deutung, wie schon betont wurde (S. 882 ff.). »Es ist etwas unbekanntes Gesetzliches im Objekt, welches dem unbekannten Gesetzlichen im Subjekt entspricht« (M; 12, 436). In der Natur und im Subjekt ist jeweils ein ›Mehr‹, das der Idee des Weltganzen und den Ideen des Anschauenden zugehört. Alles zusammen könnte nur Gott erfassen; denn in ihm ist alles aufgehoben. Als sein »allgemeines Glaubensbekenntnis« hat es Goethe im Brief an C. H. Schlosser (5.5.1815) formelhaft notiert:

a. In der Natur ist alles was im Subjekt ist.

y. und etwas drüber.

b. Im Subjekt ist alles was in der Natur ist.

z. und etwas drüber.

b kann a erkennen, aber y nur durch z geahndet werden. Hieraus entsteht das Gleichgewicht der Welt und unser Lebenskreis in den wir gewiesen sind. Das Wesen, das in höchster Klarheit alle viere zusammenfaßte, haben alle Völker von jeher *Gott* genannt.

Wenn Goethe wiederholt meinte, im Alter gehe man aufs »Generische« aus und blicke aufs Allgemeine, um nicht an der Zufälligkeit der Erscheinungen haften zu bleiben, dann war damit die Bemühung gemeint, das »Gesetz aller Erscheinungen« noch im Geringsten wahrzunehmen. »Je älter man wird, desto mehr verallgemeint sich alles« (an Schelling, 16.1.1815). Einmal hat er die Weltauffassungen skizziert, die den verschiedenen Lebensaltern entsprächen:

Das Kind erscheint als Realist; denn es findet sich so überzeugt von dem Dasein der Birnen und Äpfel als von dem seinigen. Der Jüngling, von innern Leidenschaften bestürmt, muß auch sich selbst merken, sich vorfühlen: er wird zum Idealisten umgewandelt. Dagegen ein Skeptiker zu werden hat der Mann alle Ursache; er tut wohl zu zweifeln, ob das Mittel, das er zum Zwecke gewählt hat, auch das rechte sei. [...] Der Greis jedoch wird sich immer zum Mystizismus bekennen. Er sieht, daß so vieles vom Zufall abzuhängen scheint: das Unvernünftige gelingt, das Vernünftige schlägt fehl, Glück und Unglück stellen sich unerwartet ins gleiche; so ist es, so war es, und das hohe Alter beruhigt sich in dem, der da ist, der da war, und der da sein wird (M; 12, 540f.).

Was dem Greis hier zugeschrieben wurde, war nichts anderes als jene symbolische Weltsicht, deren Koordinaten angedeutet worden sind. So hatte sich seit dem *Divan* Goethes charakteristische Sehweise ausgebildet, die er Zelter beschrieb und mit einer jener bezeichnenden Wendungen des Alters abschloß, wo auf Bedeutendes übergangslos Schlicht-Alltägliches folgen durfte: »Unbedingtes Ergeben in den unergründlichen Willen Gottes, heiterer Überblick des beweglichen, immer kreis- und spiralartig wiederkehrenden Erdetreibens, Liebe, Neigung zwischen zwei Welten schwebend, alles Reale geläutert, sich symbolisch auflösend. Was will der Großpapa weiter?« (11.5.1820) Freilich enthielt seine Dichtung auch in früheren Lebensphasen ›symbolischen‹ Gehalt, etwa in den Jugendhymnen *Ganymed, Mahomets Gesang,* im Gedicht *Auf dem See,* aber da verknüpfte sich Symbolisches mit bedeutenden Gestalten und Situationen, und in der ›klassischen‹ Periode formte Dichtung das Typische und als gesetzlich Angesehene in bestimmten Bereichen aus. Aus der Sicht des Alters aber konnte nun sehr viel mehr als vordem symbolische Bedeutung erhalten; denn *alles* Vergängliche ist ein Gleichnis, aber alles ist auch *nur* ein Gleichnis.

Zwischen Idee und Erfahrung, die in der Mannigfaltigkeit der empirischen Sinnenwelt gewonnen wird, sei, so hieß es in *Bedenken und Ergebung*, »eine gewisse Kluft befestigt, die zu überschreiten unsere ganze Kraft sich vergeblich bemüht« (13, 31). Doch gibt es eine Annäherungsmöglichkeit. Die neuplatonische Anschauung aufnehmend, sprach Goethe von dem »Einen [...], woher alles entspringt und worauf alles wieder zurückzuführen« sei. Über Plotin hinausgehend, betonte er aber auch, daß das Gezeugte nicht geringer sei als das Zeugende, »ja es ist der Vorteil lebendiger Zeugung, daß das Gezeugte vortrefflicher sein kann als das Zeugende« (M; 12, 491). Solche »lebendige Zeugung« kann sich im Leben verwirklichen: in der Tat und in der Kunst. »Bleibt es doch unsere Pflicht«, heißt es an anderer Stelle, »selbst die Idee, insofern es möglich ist, zu verwirklichen« (JA 38, 51). In der Kunst wird etwas von ihr ansichtig, und in der Tat treten ihre Spuren in die Wirklichkeit. »Idee und Erfahrung werden in der Mitte nie zusammentreffen, zu vereinigen sind sie nur durch Kunst und Tat« (an A. Schopenhauer, 28. 1. 1816).

Für Goethes ganzheitliches Denken war das All eine gestufte Ordnung. Gesteine und Gestirne, Pflanzen, Tier- und Menschenwelt haben darin ihren zugewiesenen Platz gemäß der »Idee«, die als dem Weltganzen zugrunde liegend angenommen wird. Was das Ganze bewirkt und durchwirkt, was den Grund alles Seienden ausmacht, darf Gott oder das Göttliche genannt werden. So ist in allem, was ist, Göttliches anwesend, und der Mensch kann es wahrnehmen und erkennen, soweit es ihm möglich ist. Denn es bleibt Unerforschliches, und die Zonen, in die hinein das Göttliche sich erstrecken mag, sind nicht einmal zu ahnen. »Das schönste Glück des denkenden Menschen ist, das Erforschliche erforscht zu haben und das Unerforschliche ruhig zu verehren« (M; 12, 467). Die Grenzen des Wißbaren zog Goethe, wie erwähnt (S. 928), relativ eng, weil auch das letzte Erkennbare noch der Anschauungsfähigkeit des Menschen zugänglich bleiben müßte. Auf diese Ordnung des Alls sind Religion, Kunst und Wissenschaft in unterschiedlicher Weise bezogen. Als Carl Ernst Schubarth 1819 in einem Brief die Wissenschaft als allein auf die empirische Wirklichkeit gerichtetes Vermögen von Theologie und Poesie abgegrenzt hatte, antwortete Goethe mit einem spekulativen Schema, das ganz zu ergründen er freilich dem Leser überließ. Jedenfalls begriff er Wissenschaft als Religion und Kunst gleichberechtigt (21. 4. 1819):

Auf
Glaube Liebe Hoffnung
ruht des Gottbegünstigten Menschen

Religion Kunst Wissenschaft
diese nähren und befriedigen
das Bedürfnis
anzubeten hervorzubringen zu schauen
alle drei sind eins
von Anfang und am Ende
wenngleich in der Mitte getrennt.

Die schwer verstehbare letzte Zeile brachte wohl ähnliches zum Ausdruck wie jener vorhin zitierte Satz: »Idee und Erfahrung werden in der Mitte nie zusammentreffen.« Deutlich ist jedoch die den Menschen leitende Ideen-Trias »Glaube Liebe Hoffnung« mit der ›großen‹ Idee des Weltganzen verbunden, der der Mensch sich anbetend, hervorbringend und schauend in der Wirklichkeit, in der er zu leben hat, nähern möchte.

Dem gelassen verehrenden, künstlerisch produktiven, forschenden Goethe waren bei aller Mühe, die er spürte, bei allem lebenslangen Wälzen des Steins ein Gefühl, ein Zutrauen, ein Wissen zu eigen, das Seinsgeborgenheit genannt werden darf. Bestätigungen seines Seinsglaubens hatte er bei vielen früheren Denkern gefunden, ohne daß er selbst ein bündiges System aufzeichnete. Viele Spezialuntersuchungen haben dem nachgespürt, was er sich angeeignet hat. In der neuplatonischen Überlieferung fand er die ihm zusagende Anschauung, daß sich das Eine in die unendliche Vielheit der Welt ergossen hat, daß im Vielen das Eine erscheint und umgekehrt, daß das Gezeugte wieder zum Erzeugenden zurückstrebt. Aber er war überzeugt, daß die Verkörperungen in der Erscheinungswelt nicht minderen Werts seien als das Eine, dem sie entstammen. Auch Plotins Lehre vom Schönen sagte ihm zu, nach der die Natur und der Geist des Künstlers eine Schönheit zu bilden suchen, die über alle Sinne erhaben ist; in ihr scheint etwas vom Göttlichen auf, das das innere Auge schaut. Von Giordano Bruno ließ er sich früh belehren, daß Gott und Welt, Geist und Materie nicht getrennt seien. Spinoza bekräftigte ihm die Zusammengehörigkeit von Gott und Natur, indem jener Philosoph Wert und Würde der Einzeldinge dadurch absicherte, daß er ihr Sein an die göttliche Substanz zurückband, und Goethe, der an den differenzierten Ableitungen des einzelnen von der Substanz weniger interessiert war, sprach noch energischer den Einzeldingen den Rang zu, durch sich selbst zu existieren (vgl. oben 394 ff.). Wie Leibniz nahm auch Goethe in der überall lebendigen Natur unzählige selbständige Einzelwesen an, die kraft ihrer Entelechie, zusammengebunden als Glieder einer universellen Harmonie, dem in ihnen angelegten Lebensziel entgegenstreben; auch im Mikrokosmos wirken die Gesetze, die im Makrokosmos herrschen.

Alles Sein, so war es Goethe gewiß, ist in beständiger Verwandlung begriffen, von Polarität und Steigerung bestimmt, den beiden »großen Triebrädern aller Natur« (13, 48), und alles Werden, alle Verwandlung beharren im Sein.

> Und umzuschaffen das Geschaffne,
> Damit sich's nicht zum Starren waffne,
> Wirkt ewiges lebendiges Tun.
> Und was nicht war, nun will es werden,
> Zu reinen Sonnen, farbigen Erden,
> In keinem Falle darf es ruhn.

> Es soll sich regen, schaffend handeln,
> Erst sich gestalten, dann verwandeln;
> Nur scheinbar steht's Momente still.
> Das Ewige regt sich fort in allen,
> Denn alles muß in Nichts zerfallen,
> Wenn es im Sein beharren will.

So schließt das Gedicht *Eins und alles*. Aber die ewige Verwandlung, die Entstehen und Vergehen einschließt, birgt das in Nichts Zerfallene im beständigen Sein. Deshalb beginnt das Gedicht *Vermächtnis*:

> Kein Wesen kann zu Nichts zerfallen!
> Das Ew'ge regt sich fort in allen,
> Am Sein erhalte dich beglückt!
> Das Sein ist ewig; denn Gesetze
> Bewahren die lebend'gen Schätze,
> Aus welchen sich das All geschmückt.

Das ist kein Widerruf, sondern die Bekräftigung des scheinbar Paradoxen, das in Wahrheit in der Unvergänglichkeit und Allgegenwart des Seins bewahrt ist.

Wer in solcher Gewißheit des ›ewigen Seins‹ und seiner ständigen Gegenwärtigkeit lebte, dem konnten Unterscheidungen von Vergangenheit, Gegenwart und Zukunft wesenlos werden. Das gehörte zu jenem »Mystizismus« des Alters. Von dieser Erfahrung der Simultaneität hat Goethe mehrfach gesprochen. Nur solches Wissen von der Ewigkeit und ununterbrochenen Anwesenheit des Seins machte die Gestaltung des Helena-Akts in *Faust II* möglich, in dem Antike, Mittelalter und Gegenwart in Gleichzeitigkeit überführt wurden. »Verwundersam [...] ist mir jetzt mehr als je das Gewebe dieses Urteppichs«, gestand Goethe Wilhelm v. Humboldt am

1. September 1816: »Vergangenheit, Gegenwart und Zukunft sind so glücklich in eins geschlungen, daß man selber zum Seher, das heißt: Gott ähnlich wird. Und das ist doch am Ende der Triumph aller Poesie im Größten und im Kleinsten.«

In der Überzeugung, daß die dauernd wirkende Lebenskraft ›göttlich‹ sei und die ›Gottheit‹ direkt nicht erkannt werden könne, ist zweifellos christliches Gedankengut verborgen. Aber Christ im genauen Sinn des Wortes ist Goethe nicht gewesen. Denn gerade jenen Glauben konnte er nicht aufbringen, der einen Menschen erst zum Christen macht: den Glauben an die einmalige historische Selbstoffenbarung Gottes in Jesu, an dessen Wiederaufstehung und Himmelfahrt. Der kirchlichen Doktrin, die darauf als der unverbrüchlichen und unbedingt zu glaubenden Wahrheit aufbaute, war er abgeneigt, und die erbitterten, die Jahrhunderte durchziehenden Streitereien der etablierten Kirchen um die richtige Auslegung der Glaubenswahrheiten und die aus ihnen resultierenden Konsequenzen verachtete er. Kanzler v. Müller zufolge entwarf er einmal eine »geniale Charakteristick der Kirchengeschichte als Product des Irrthums und der Gewalt« (KM 19.10.1823). Was er früh im *Brief des Pastors* erklärt hatte, blieb sein Bekenntnis: »Die Wahrheit sei uns lieb, wo wir sie finden« (12, 237). »In unsers Vaters Apotheke sind viel Recepte«, entgegnete er dem eifernden Lavater (4.10.1782). Noch 1826 publizierte er in *Kunst und Altertum* die früher geschriebene Polemik gegen den Grafen Stolberg, der seinerzeit (1795) Plato christlich zu deuten gewagt hatte, und verwies auf »Gottes große Welt« und »die Erkenntnis seiner allgemeinen, ununterbrochenen und nicht zu unterbrechenden Wirkungen«, die ihm behagte (*Plato als Mitgenosse einer christlichen Offenbarung*; 12, 245). An die Wunder zu glauben, die mit Jesus und Maria verbunden waren, hielt er für eine Zumutung. Sie waren ihm »Lästerungen gegen den großen Gott und seine Offenbarung in der Natur« (an Lavater, 9.8.1782). Das Kruzifix war ihm verhaßt. Hatte er darüber in den *Venetianischen Epigrammen* gespottet, so nannte er es noch 1831 »das leidige Marterholz, das Widerwärtigste unter der Sonne«, das »kein vernünftiger Mensch auszugraben und aufzupflanzen bemüht sein« sollte (an Zelter, 9.6.1831). Er verachtete Jesus keineswegs, im Gegenteil; er war für ihn eine der großen Prophetengestalten, wie sie auch andere Religionen kennen. Der Grund seiner Abneigung gegen die Verehrung des Gekreuzigten wurde in den *Wanderjahren* deutlich, als er in der »Pädagogischen Provinz« die Erzieher erklären ließ, daß das Leben Jesu »für den edlen Teil der Menschheit noch belehrender und fruchtbarer [sei] als sein Tod« (8,163). Da sei er ein »Weiser im höchsten Sinne« gewesen: »Er steht auf seinem Punkte fest; er wandelt seine Straße unverrückt, und indem er das Niedere zu sich heraufzieht, indem er die Unwissenden, die Armen, die Kranken seiner Weisheit, seines Reichtums, seiner Kraft teilhaftig werden läßt und sich deshalb ihnen gleichzustellen scheint, so verleugnet er nicht von der andern Seite seinen göttlichen Ursprung; er wagt, sich Gott gleichzustellen, ja sich für Gott zu erklären.« Aber über seine Leiden bleibe besser ein Schleier gebreitet, »eben weil wir sie so hoch verehren«. »Wir halten es für eine verdammungswürdige Frechheit, jenes Martergerüst und den daran leidenden Heiligen dem Anblick der Sonne auszusetzen [...]« (8, 164). Das »Martergerüst« lenkt den Menschen vom Leben ab, das in Glaube, Liebe, Hoffnung im Hier und Jetzt zu bestehen ist.

Stets hat Goethe die ethische Qualität des Lebens Jesu und des Christentums respektiert. Der Glaube an die Erlösungstat des Heilands war dazu nicht vonnöten, die ja auch die geliebten Heiden der Antike im Stand der Sünde allein ließ. Er beuge sich vor Jesus, bekannte er einmal zu Eckermann, »als der göttlichen Offenbarung des höchsten Prinzips der Sittlichkeit« (E 11.3.1832). Aber sogleich schloß er an, daß er auch die Sonne verehre: »Denn sie ist gleichfalls eine Offenbarung des Höchsten, und zwar die mächtigste, die uns Erdenkindern wahrzunehmen vergönnt ist.« Die christliche Religon war für ihn eine unter anderen, der freilich besondere Anerkennung gebührte, weil sie »auch Niedrigkeit und Armut, Spott und Verachtung, Schmach und Elend, Leben und Tod als göttlich« anerkannte, »ja Sünde selbst und Verbrechen nicht als Hindernisse, sondern als Fördernisse des Heiligen zu verehren und liebzugewinnen« vermochte (8, 157). So rangierte sie unter den drei Religionen, die in der »Pädagogischen Provinz« der *Wanderjahre* vorgestellt wurden, an oberster Stelle. Die »ethnische Religion« beruhe, so die Lehre der Erzieher, auf der »Ehrfurcht vor dem, was über uns ist«; die heidnischen Religionen seien von dieser Art gewesen. Die »philosophische Religion« gründe auf der Ehrfurcht, »die wir vor dem haben, was uns gleich ist«; die dritte aber, die christliche, basiere auf der »Ehrfurcht vor dem, was unter uns ist«. Doch die Erzieher bekannten sich nicht zu ihr allein, sondern zu allen dreien; »denn sie zusammen bringen eigentlich die wahre Religion hervor«. Aus den drei Ehrfurchten entspringe als oberste die »Ehrfurcht vor sich selbst«. Der Gipfel humanistischer Zuversicht war erreicht: Der Mensch darf sich für das Höchste halten, »was Gott und Natur hervorgebracht haben«. In seinem Lebensvollzug, der die drei Ehrfurchten zu beachten hat, soll sich verwirklichen, was Göttliches repräsentieren kann. Dem Menschen, der mit seinen Ideen nach dem großen Einen langt, aus dem alles entstammt und das alles umfaßt, ist die Gewißheit rechten Denkens und Tuns eingesenkt. Wie die Sonne Quelle allen Lichts ist, so das Gewissen das Regulativ der menschlichen Existenz:

Sofort nun wende dich nach innen,
Das Zentrum findest du da drinnen,
Woran kein Edler zweifeln mag,
Wirst keine Regel da vermissen,
Denn das selbständige Gewissen
Ist Sonne deinem Sittentag (*Vermächtnis*).

Goethes Distanz zu bestimmten christlichen Glaubenswahrheiten schloß nicht aus, daß er, besonders nachdem ihn Boisserée an altdeutsch-religiöse Kunst herangeführt hatte, zuzeiten einfühlsames Verständnis für kirchliche Riten aufbrachte. Wo immer er Verehrung des im Grunde Unerforschlichen wahrnahm, war auf sein Verständnis zu rechnen, wenn nur das Rituelle sich nicht zur Eigenrepräsentation verselbständigte, was ihn in Italien abgestoßen hatte. So vermochte er in *Dichtung und Wahrheit* behutsam über die Sakramente zu urteilen, als »das Höchste der Religion, das sinnliche Symbol einer außerordentlichen göttlichen Gunst und Gnade« (9, 289). Und die Bibel war für ihn selbstverständlich ein großes Buch der Weisheit, so voller Gehalt, »daß sie mehr als jedes andere Buch Stoff zum Nachdenken und Gelegenheit zu Betrachtungen über die menschlichen Dinge darbietet« (*DuW*; 9, 274).

Goethe geriet mit seiner Vorstellung von der großen geordneten Gott-Natur, in der alles von einer in der Idee des Ganzen verbürgten Gesetzlichkeit durchwaltet ist und sinnloser Zufall und Willkür keinen Platz haben, in Schwierigkeiten, wenn er unter diesen Prämissen auch die reale politische Geschichte erfassen wollte. Eigentlich mußte er ihre Erscheinungen ebenfalls in seiner Gesamtdeutung unterbringen, aber das konnte nicht gelingen. In der Gott-Natur geahnte und erkannte Ordnungen ließen sich im Feld konkreter Geschichte so leicht nicht wiederfinden. Geschichtlich-gesellschaftliche Prozesse laufen offenkundig nicht nach Ideen ab, die in Naturschau und Naturforschung gesichtet werden. Schon während des ersten Weimarer Jahrzehnts ließen sich die in der Regierungsarbeit hinzunehmenden Einsichten mit der in der naturkundlichen Forschung sich sammelnden Erkenntnis nicht verbinden. Die Flucht nach Italien war ein Ausbruchsversuch auch aus dieser Diskrepanz. Goethe war in ein Dilemma geraten, das gleichfalls mit seinem gesellschaftlichen Status zu tun hatte. Als Bürger hatte er die höchste ihm mögliche Stufe erreicht, und er war stolz darauf. Als politisch Handelnder wirklich eingreifen konnte er dennoch nicht. Er hatte sich, wollte er nicht für Umwälzungen aktiv werden, in die überkommenen Strukturen einzufügen, übte Anpassung in der Hoffnung, daß in ruhiger Entwicklung passable Zustände auszubauen seien. Was ihm freilich blieb, war freies Auskundschaften und schöpferische Tätigkeit in den Bereichen von Kunst und Wissenschaft. Darauf und auf die administrative Sorge für deren Institutionen konzentrierte er sich nach der Rückkehr aus dem Süden, als er im Einvernehmen mit seinem Herzog die Entscheidung für Weimar erneuerte. Als gar die Französische Revolution unvermutet und drastisch bewies, daß Geschichte sehr wohl unerwartete Sprünge, vulkanische Eruptionen kannte, daß dort Kräfte am Werk waren, die in den Kategorien, die er in der Betrachtung von Natur und Kunst gewann, nicht unterzubringen waren, wurde ihm Geschichte vollends zu einem unheimlichen Raum des Inkalkulablen. Eigentlich könne niemand aus der Geschichte etwas lernen; »denn sie enthält ja nur eine Masse von Thorheiten und Schlechtigkeiten« (KM 17.12.1824). Die einfache Wahrheit der Geschichte sei, »daß es zu allen Zeiten und in allen Ländern miserabel gewesen ist« (G 1, 434). In dieser Ratlosigkeit gegenüber realgeschichtlichen Prozessen schlichen sich zuweilen Naturmetaphern ein, die das große Geschehen verdeutlichen sollten. Aber im Blick auf Nahes war Goethe auch hellsichtig genug, um die gesellschaftliche Situation und die in ihr angelegten Komplikationen zu diagnostizieren und in dichterischen Bildern und Konstellationen zu bedenken. *Die natürliche Tochter*, die *Wilhelm Meister*-Romane bieten Beispiele dafür. Andererseits war das Defizit nicht zu beseitigen, das darin bestand, daß andere als in der Naturbetrachtung gewonnene Perspektiven nicht zur Verfügung standen. Ein dämonischer Täter wie Napoleon mochte als mächtige Geschichtskraft bestaunt werden, aber damit war über den Geschichtsprozeß, in dem er auftrat, noch keine Klarheit erreicht.

Goethe konnte die Hoffnung auf ein Fortschreiten der Geschichte zu immer Vollkommenerem hin nicht teilen, wie sie manche Denker des 18. und 19. Jahrhunderts beflügelte. Als er in dem Aufsatz *Geistesepochen* (1817) vier Phasen skizzierte, ergab sich ein Kreislauf vom keimenden Anfang über Blüte und Reife zum Verfall. Am Ende »ist das Tohu wa Bohu wieder da: aber nicht das erste, befruchtete, gebärende, sondern ein absterbendes, in Verwesung übergehendes, aus dem der Geist Gottes kaum selbst eine ihm würdige Welt abermals erschaffen könnte« (12, 300). Zeichnete sich hier auch das Muster einer natürlichen Lebensentwicklung von Befruchtung bis zum Tod ab, so war doch vom Glauben »Kein Wesen kann zu Nichts zerfallen! / Das Ew'ge regt sich fort in allen« wenig zu spüren.

Es lassen sich – hier nur zu erwähnende – Ansätze bei Goethe erkennen, gelegentlich auch in geschichtlichen Abläufen Kräfte wirksam zu sehen, die der in der Natur erkannten Polarität entsprechen, so wenn er in der Geschichte der Wissenschaften vermutete, es entwickle »sich wirklich alles aus den vor- und rückschreitenden Eigenschaften des menschlichen Geistes, aus der strebenden und sich selbst wieder retardierenden Natur«. Auf dem Boden dieser Erkenntnis lasse sich womöglich sogar »eine Geschichte *a priori*« schreiben (an Schiller, 24.1.1798). Aber zum einen blieben solche Überlegungen auf die Geschichte von Wissenschaft und Kunst bezogen, und zum andern war das zweite große Triebrad aller Natur, anderwärts so emphatisch betont (13, 48), die Steigerung, nicht auszumachen.

Skepsis gegenüber dem Inkalkulablen der Geschichte hinderte Goethe natürlich nicht, über die Lage der Gesellschaft seiner Zeit nachzudenken und in dichterischen Entwürfen kardinale Probleme aufzugreifen, um mögliche Lösungen anzuvisieren. Es geschah im Spielfeld der Poesie, wo der arrivierte Bürger, der es zum geadelten Staatsminister gebracht hatte, Lebens- und Tätigkeitsformen erprobte, die Adlige und Bürger vielleicht zusammenführen und ihnen Zukunftsperspektiven eröffnen konnten.

Distanzierter Beobachter von Zeittendenzen

Viele Male beteuerte Goethe in seinen Briefen, er lebe ganz für sich, »in absoluter Einsamkeit«, diktiere fleißig, so daß seine »ganze Existenz wie auf dem Papiere« stehe (an Zelter, 5.2.1822). Äußerungen dieser Art bezogen sich auf seine innere Verfassung, nicht auf sein äußeres Dasein, das an Begegnungen und Gesprächen reich war. Wenn er auf sein Leben zurückblickte, schlichen sich mißmutige Töne ein. Mit dem vielerlei, das er angefangen und von dem er manches nicht zu Ende gebracht hatte, war er nicht zufrieden. Er habe »viel zu viel gedämmert« (an S. Boisserée, 18.6.1817); nun habe er lernen müssen, daß man sich einst fälschlicherweise einbildete, »eine unbeschränkte und unbedingte Existenz erreichen zu können« (an S. Boisserée, 1.5.1818). Jetzt hatte er sich in den Bedingtheiten des Lebens eingerichtet und hingenommen, entsagen zu müssen. Aber diese Entsagung bedeutete keine hilflose Resignation, sondern Anerkennung des Unumgänglichen, um tun zu können, was möglich blieb, und das war Tag für Tag das neue Beginnen, in der Arbeit fortzufahren. »Deshalb denn, manchmal zurückschauend, in diesem Gänsespiel getrost *vorwärts!*« rief er noch am 14. Dezember 1830 Zelter in Berlin zu. An einigen Stellen resümierte er im Blick auf seine Existenz und formulierte zugleich Lebensmaximen seines Alters. Zwei seien hier zitiert:

Auch mir in einem langen Leben sind Ereignisse begegnet, die, aus glänzenden Zuständen, eine Reihe von Unglück mir in andern entwickelten; ja es gibt so grausame Augenblicke, in welchen man die Kürze des Lebens für die höchste Wohltat halten möchte, um eine unerträgliche Qual nicht übermäßig lange zu empfinden.

Viele Leidende sind vor mir hingegangen, mir aber war die Pflicht auferlegt, auszudauern und eine Folge von Freude und Schmerz zu ertragen, wovon das Einzelne wohl schon hätte tödlich sein können.

In solchen Fällen blieb nichts weiter übrig als alles, was mir jedesmal von Tätigkeit übrigblieb, abermals auf das regsamste hervorzurufen und, gleich einem, der in einen verderblichen Krieg verwickelt ist, den Kampf so im Nachteil als im Vorteil kräftig fortzusetzen (an C. D. Rauch, 21. 10. 1827).

Betrachten wir uns in jeder Lage des Lebens, so finden wir, daß wir äußerlich bedingt sind, vom ersten Atemzug bis zum letzten; daß uns aber jedoch die höchste Freiheit übriggeblieben ist, uns innerhalb unsrer selbst dergestalt auszubilden, daß wir uns mit der sittlichen Weltordnung in Einklang setzen und, was auch für Hindernisse sich hervortun, dadurch mit uns selbst zum Frieden gelangen können.

Dies ist bald gesagt und geschrieben, steht aber auch nur als Aufgabe vor uns, deren Auflösung wir unsre Tage durchaus zu widmen haben. Jeder Morgen ruft zu: das Gehörige zu tun und das Mögliche zu erwarten (an C. F. M. v. Brühl, 23. 10. 1828).

Goethes Selbsteinschätzung, eine einsame Position in seiner Zeit zu besetzen, hatte vielfache Gründe. Weder Schillers *Horen* noch seine eigenen *Propyläen* waren erfolgreich gewesen. Beide hatten sich viel davon versprochen: eine Läuterung des allgemeinen Geschmacks in kulturellen Dingen, eine Hebung des Niveaus, eine Kunsterziehung, die an vermeintlich zeitlos gültigen Maßstäben ausgerichtet war. Doch mehr als Aufmerksamkeit in kleinen Zirkeln hatten sie nicht gefunden. Die Entwicklung der Kunst ging andere Wege und ließ sich auf antike Vorbilder, die als wenig zeitgerecht angesehen wurden, nicht einschwören. Auch die Enttäuschung über die geringe Resonanz, die seine naturwissenschaftlichen Studien fanden, saß tief. Es half wenig, daß er sich selbst als Sieger über Newton und seine Anhänger fühlte. Vom Publikum insgesamt hielt er nach den ernüchternden Erfahrungen der Jahre nicht viel; es reagierte verdächtig ähnlich wie die suspekte Menge, leicht zu betören und mit vordergründig Interessantem zu befriedigen. Was Goethe in seiner Gegenwart auf den Gebieten der Kunst und Literatur an neuen Schöpfungen wahrnahm, stimmte ihn mißmutig. Seit Italien hielt er an bestimmten Grundsätzen fest, denen ein Werk genügen sollte. Im Begriff des »Stils«, wie er ihn im Aufsatz *Einfache Nachahmung der Natur, Manier, Stil* erläutert hatte, sammelte sich das Maßgebliche: Er hat auf den »tiefsten Grundfesten der Erkenntnis« zu ruhen, »auf dem Wesen der Dinge, insofern uns erlaubt ist, es in sichtbaren und greiflichen Gestalten zu erkennen« (12, 32). Damit beharrte der ›Realist‹ Goethe auf der Bindung der Kunst an die gestalthaften Wirklichkeiten der menschlichen Lebenswelt, die nicht phantastisch überspielt oder verzerrt werden durfte. Was immer im verwandelnden Schaffensprozeß der Einbildungskraft hervorgebracht wurde, es sollte sich vom »Wesen der Dinge« nicht ablösen, sondern tief darin eindringen, um es zur Anschauung zu bringen. Dazu bedurfte es, so war Goethe überzeugt, konzentrierter Ausbildung an Mustern, in denen »Stil« verwirklicht war. Bei den Meistern der Antike war immerdar zu studieren, wie gemäß diesem Grundprinzip zu bilden war, damit nicht »Mißgestalten« und »Ungestalten« entstanden. So schirmte er sich einmal gegen gewisse Erscheinungen im indischen Nationalepos *Ramajana* ab, indem er gestand, »daß wir andern, die wir den Homer als Brevier lesen, die wir uns der griechischen Plastik, als der dem Menschen gemäßesten Verkör-perung der Gottheit, mit Leib und Seele, hingegeben, daß wir, sag ich, nur mit einer Art von Bangigkeit in jene grenzenlosen Räume treten, wo sich uns Mißgestalten aufdringen und Ungestalten entschweben und verschwinden« (an C. J. H. Windischmann, 20. 4. 1815). Ähnlich lauteten seine Einwände gegen die romantischen Tendenzen. Er verwarf nicht alles in Bausch und Bogen, wußte einzelnes durchaus anzuerkennen, aber hielt unbeirrt an scharfer Kritik gegen bestimmte Züge fest. Da für ihn die Idee in der Erscheinung des Wirklichen aufgehoben war, beargwöhnte er ein Transzen-dieren, das sich in wirklichkeitsfernen Zonen und Phantastereien verlor. Er beklagte, daß sich »eine höhere ideelle Behandlung immer mehr von dem Wirklichen getrennt« habe, und zwar »durch ein Transzendieren und Mysti-zisieren, wo das Hohle vom Gehaltvollen nicht mehr zu unterscheiden« sei. Da müsse dann »jedes Urbild, das Gott der menschlichen Seele verliehen hat, sich in Traum und Nebel verschweben« (an C. H. Schlosser, 25. 11. 1814). Subjektivität sei die »allgemeine Krankheit der jetzigen Zeit«. Der wahre Dichter habe »zum Objektiven« durchzubrechen, dann sei er geborgen. »Solange er bloß seine wenigen subjektiven Empfindungen ausspricht, ist er noch keiner zu nennen; aber sobald er die Welt sich anzueignen und auszusprechen weiß, ist er ein Poet.« Eben das hätten die Meister der Antike geleistet. »Man spricht immer vom Studium der Alten; allein was will das anders sagen, als: richte dich auf die wirkliche Welt und suche sie auszuspre-chen; denn das taten die Alten auch, da sie lebten« (E 29. 1. 1826). Hinzu kam bei seiner Aversion gegen Zeittendenzen die Abneigung gegen Frömmelei und einen schwärmerischen Patriotismus, der den Blick verengte und bei manchen Deutschbewußten auch zu wunderlichen Ausgeburten der Sprachreinigung von ausländischen Elementen führte. »Teutschland soll rein sich isolieren, / Einen Pest-Kordon um die Grenze führen, / Daß nicht einschleiche fort und fort / Kopf, Körper und Schwanz von fremdem Wort« (*Die Sprachreiniger*). Das Credo der *Winckelmann*-Schrift und die kritische Ortsbestimmung der Polemik *Neu-deutsche religios-patriotische Kunst* behielten ihre Geltung. Noch 1831 bekräftigte Goethe, die Verirrung der neukatholischen Sentimentalität sei von einzelnen Personen ausgegangen und habe sich »als eine geistige Ansteckung« verbreitet. Sie wirke nun schon seit vierzig Jahren fort. »Die Lehre war: der Künstler brauche vorzüglich Frömmigkeit und Genie, um es den Besten gleichzutun. Eine solche Lehre war sehr einschmeichelnd, und man ergriff sie mit beiden Händen. Denn um fromm zu sein, brauchte man nichts zu lernen, und das eigene Genie brachte jeder schon von seiner Frau Mutter« (E 22.3.1831). Vom »Zeitwahnsinn verrückter Söhne« sprach Goethe (an F. Rochlitz, 1.6.1817), er spottete über die Originalitätssucht junger Talente und sah einen Subjektivismus sich ausbreiten, dem Maß und Richtung abhanden kamen. Das »willkürliche Subjekt« stieß ihn ab, »das sich gegen Objekt und Gesetz wehrt und sich einbildet, dadurch etwas zu werden und wohin zu gelangen« (an A. F. C. Streckfuß, 14.8.1827). Das bohrende Versenken in die Tiefen und Untiefen des eigenen Ich kam ihm, dem alles Wertherische zuwider geworden war, gefährlich vor; denn es laufe »nur auf Selbstqual und Selbstvernichtung« hinaus, »ohne daß auch nur der mindeste praktische Lebensvorteil daraus« hervorgehe (an Hegel, 17.8.1827). Wer wünschte, daß »die gesunde Natur des Menschen als ein Ganzes wirkt« (*Winckelmann*; 12, 98), wer in der menschlichen Gestalt, wie sie die griechische Plastik vorstellte, das Beispiel der Schönheit erblickte, der mußte ›romantischen‹ Hang zum Unendlichen, zum Transzendieren, zum Phantastischen, zu den Nachtseiten der Existenz bis hin zum Grotesken und zur quälerischen, das Individuum zerfasernden Selbstanalyse als etwas Krankhaftes betrachten. Nur in diesen Zusammenhängen wird der Ausspruch zu Eckermann verständlich: »Das Klassische nenne ich das Gesunde, und das Romantische das Kranke« (E 2.4.1829). Dies alles nahm er nicht nur in Deutschland wahr. Victor Hugos *Notre Dame de Paris* qualifizierte er als »*eine Literatur der Verzweiflung*«. »Das Häßliche, das Abscheuliche, das Grausame, das Nichtswürdige, mit der ganzen Sippschaft des Verworfenen, ins Unmögliche überbieten, ist ihr satanisches Geschäft« (an Zelter, 18.6.1831). »Lazarett-Poesie« nannte er die Dichtung jener Poeten, die alle schrieben, »als wären sie krank und die ganze Welt ein Lazarett« (E 24.9.1827). Dabei sei die Poesie uns doch dazu gegeben, den Menschen zu kräftigen und »die kleinen Zwiste des Lebens auszugleichen«. In die »gemeinste Pfuscherei« ließen sich die schönsten

Talente hineinschleppen (an Zelter, 28.6.1818), an ruhiger, sorgfältiger Ausbildung sei ihnen nichts gelegen. Goethe erkannte aber auch im gesamten kulturellen Leben der Deutschen ein Gebrechen, das den einzelnen in die Isolation trieb. Während den Franzosen »ein geselliges Bestreben« aufs schönste fördere, sei dies bei den Deutschen nicht zu erwarten (an E. J. d'Alton, 6.9.1827). Eine »unbezwingliche Selbstigkeitslust« halte sie gefangen (an S. Boisserée, 25.9.1827); eine sinnvolle Zusammenarbeit gelinge ihnen nicht. Die deutsche Welt sei zwar mit »vielen guten, trefflichen Geistern geschmückt«, aber uneinig, unzusammenhängend in Kunst und Wissenschaft, verirre und verwirre sie sich auf historischem, theoretischem und praktischem Wege immer mehr (M; 12, 387). Jeder glaube sich berechtigt, »ohne irgend ein Fundament bejahen und verneinen zu können, wodurch denn ein Geist des Widerspruchs und ein Krieg aller gegen alle erregt« werde (an S. Boisserée, 27.9.1816).

Von seiner Warte aus bot sich ihm ein deprimierendes Bild. Eifrige Geschäftigkeit war am Werk, Sucht nach Neuem, Frappierendem grassierte, einer suchte den anderen an Aufsehenerregendem zu überbieten, schneller Wechsel der Moden regierte, aber auf sicheren Fundamenten schien wenig gegründet zu sein. Die sich ausbildende Massengesellschaft des frühen 19. Jahrhunderts zeigte ihre Schattenseiten. Zwar ermöglichten neue Verkehrs- und Kommunikationsmittel raschen Austausch von Gütern und Gedanken, was Goethe, auf weltliterarische Vermittlung bedacht, begrüßte, aber sie förderten auch diffuse, unausgereifte, für den Tag und schnellen Konsum berechnete Produktionen. Aus den Abhängigkeiten von Hof und Kirche hatten sich bürgerliche Kunst und Literatur weitgehend befreit, nun mußten sich die Künstler auf dem Markt der vielen zu behaupten suchen und unterschiedliche, keineswegs an gesicherten und verbindlichen Maßstäben orientierte Erwartungen bedienen. So kam sich Goethe, an den bekannten Grundprinzipien und damit am Anspruch des »Höchsten« festhaltend, mit wenigen Vertrauten als Repräsentant einer Epoche vor, »die sobald nicht wiederkehrt«. In einem Brief an Zelter summierte er, alles sei jetzt »*ultra*, alles transzendiert unaufhaltsam, im Denken wie im Tun«.

Niemand kennt sich mehr, niemand begreift das Element worin er schwebt und wirkt, niemand den Stoff den er bearbeitet. Von reiner Einfalt kann die Rede nicht sein; einfältiges Zeug gibt es genug.

Junge Leute werden viel zu früh aufgeregt und dann im Zeitstrudel fortgerissen; Reichtum und Schnelligkeit ist was die Welt bewundert und wornach jeder strebt; Eisenbahnen, Schnellposten, Dampfschiffe und alle mögliche Fazilitäten der Kommunikation sind es worauf die gebildete Welt ausgeht, sich zu überbieten, zu überbilden und dadurch in der Mittelmäßigkeit zu verharren. Und das ist ja auch das Resultat der Allgemeinheit, daß eine mittlere Kultur gemein werde [...].

Eigentlich ist es das Jahrhundert für die fähigen Köpfe, für leichtfassende praktische Menschen, die, mit einer gewissen Gewandtheit ausgestattet, ihre Superiorität über die Menge fühlen, wenn sie gleich selbst nicht zum Höchsten begabt sind. Laß uns soviel als möglich an der Gesinnung halten in der wir herankamen, wir werden, mit vielleicht noch wenigen, die Letzten sein einer Epoche die sobald nicht wiederkehrt (6.6.1825).

Mehrfach versicherte er seinen Briefpartnern, er wolle sich in der Verworrenheit der Zeit, wie sie ihm erschien, öffentlich nicht mehr äußern; ihm sei das Widersprechen fremd (an Zelter, 24.7.1823). So erklärt sich, daß er zur deutschen Gegenwartsliteratur fast völlig schwieg. Vergeblich suchen wir ausführliche Besprechungen des Novalis oder Brentanos, der *Nachtwachen* des Bonaventura oder Kleists, Arnims oder Fouqués, E. T. A. Hoffmanns oder Eichendorffs, dessen Roman *Ahnung und Gegenwart* schon 1815 erschien, Grillparzers oder Platens. Zustimmend referierte er in einem aus dem Nachlaß publizierten Aufsatz (*The Foreign Quarterly Review*) die scharf ablehnende Kritik, die jene Zeitschrift an der Dichtung Hoffmanns übte. Es seien »fieberhafte Träume eines leichtbeweglichen kranken Gehirns, denen wir, wenn sie uns gleich durch ihr Wunderliches manchmal aufregen oder durch ihr Seltsames überraschen, niemals mehr als eine augenblickliche Aufmerksamkeit widmen können«. Bedauernd fügte Goethe noch hinzu, besonders schlimm sei, daß solche »Art von wunderlicher Komposition« gar viele mit mehr oder weniger Talent begabte Zeitgenossen nach sich reiße (A 14, 927ff.). In einer knappen, freundlichen Anzeige von Friedrich Rückerts Gedichten (*Östliche Rosen*; A 14, 316f.) erwähnte er auch die Gaselen des Grafen Platen mit wohlwollenden, aber eher beiläufigen allgemeinen Bemerkungen; es seien »wohlgefühlte, geistreiche, dem Orient vollkommen gemäße, sinnige Gedichte«. Ein einziges Mal schrieb er ihm einige Zeilen als Antwort auf die Zusendung eines Dramenmanuskripts (27.3.1824); weitere Briefe des jungen Dichters ließ er unbeantwortet. Nach Eckermanns Auskunft glichen ihm Platens Stücke, wenngleich von Calderon beeinflußt, »dem Kork, der auf dem Wasser schwimmend keinen Eindruck macht, sondern von der Oberfläche sehr leicht getragen wird« (E 30.3.1824). Zu Ludwig Tieck, dessen *Sternbald*-Roman einst für das Etikett »Sternbaldisieren« herhalten mußte, stellte sich eine angenehme Beziehung her, als jener seine ›romantische‹ Phase hinter sich gelassen hatte. Aber auch hier ging Goethe über einige liebenswürdige Briefe und eine kurze Anzeige der Novelle *Die Verlobung* in *Kunst und Altertum* 1824 nicht hinaus.

Uns Heutige überrascht, wie angelegentlich er Werke lobte, die weder antikem Vorbild nacheiferten noch zur ›hohen Literatur‹ zu zählen waren. Uns sind von manchen nicht einmal mehr die Namen geläufig. Den »deutschen Naturdichter« Anton Fürnstein, den Nürnberger Mundartdichter Grübel, das Lustspiel *Der Pfingstmontag* von Arnold respektierte er, weil er sich bei ihnen wie bei den Liedern aus *Des Knaben Wunderhorn* über »das lebhafte poetische Anschauen eines beschränkten Zustandes« (A 14, 458) freute. Der Widerspruch zur Vorbildfunktion der antiken Meister und zur Verpflichtung auf das »Höchste« war nur scheinbar. Denn wenn er unermüdlich auf die Kunst der Alten verwies, wollte er (lassen wir die Phase der Preisausschreiben für bildende Künstler beiseite) nicht zu äußerer Nachahmung aufrufen, sondern so deren auf Erschließung der Wirklichkeit gerichtete, »zum Objektiven« vorstoßende Gestaltungskraft erinnern. Sie fand er, wenigstens partiell, gerade auch bei den »Naturdichtern« und in der Volkspoesie vieler Völker und Zeiten lebendig. Hier waren Gegenkräfte gegen jene Tendenzen übersteigerter Subjektivität, gegen »fieberhafte Träume« und wirklichkeitsflüchtiges Transzendieren. Die Attribute, die er den ›klassischen Alten‹ gab, erkannte er auch dieser Literatur zu: »stark, frisch, froh und gesund« (E 2.4.1829).

Ganz spät noch schrieb Goethe einige Ratschläge für junge Dichter auf (12, 358 ff.). Die deutsche Sprache habe einen so hohen Stand der Ausbildung erreicht, auch unter seiner Mithilfe, daß jeder Befähigte sich angemessen ausdrücken und seinem Thema gerecht werden könne. Aber er warnte vor solipsistischem Versinken ins Subjektivistische und in den Zustand eines »misanthropischen Eremiten«. Bedenkenloses Sichüberlassen an den Selbstgenuß in der Poesie war ihm verdächtig; nur auf der Basis eines gemeisterten Lebens, in der Verarbeitung eines Erlebten, das so oder so lebensförderlich gewesen ist, erhielt Dichtung ihren Sinn. Wenn er einschärfte, »daß die Muse das Leben zwar gern begleitet, aber es keineswegs zu leiten versteht«, erkannte er das poetische Vermögen des Menschen als eins unter anderen an, wies jedoch die Verabsolutierung des Ästhetischen nachdrücklich zurück. Hier sprach der Erfahrene, der sich in seinem langen Leben niemals nur der Dichtung hingegeben hatte.

Der Wunsch nach Weltliteratur

Am 31. Januar 1827 äußerte Goethe zu Eckermann: »Nationalliteratur will jetzt nicht viel sagen, die Epoche der Weltliteratur ist an der Zeit, und jeder muß jetzt dazu wirken, diese Epoche zu beschleunigen.« Der Ausspruch fiel in einem Argumentationszusammenhang, der Grundansichten

Goethes verdeutlichte. Die Poesie sei »ein Gemeingut der Menschheit«; überall und zu allen Zeiten trete sie in vielen Menschen hervor. Wenn man nicht in eigenem Dünkel verharren wolle, müsse man bei fremden Nationen Umschau halten. Freilich dürfe man dort nicht etwas Besonderes als schlechthin musterhaft ansehen. »Wir müssen nicht denken, das Chinesische wäre es, oder das Serbische, oder Calderon, ober die Nibelungen; sondern im Bedürfnis von etwas Musterhaftem müssen wir immer zu den alten Griechen zurückgehen, in deren Werken stets der schöne Mensch dargestellt ist.« Auch beim alten Goethe wankte der Maßstab des schlechthin Vorbildlichen nicht. Als er 1827 den Begriff Weltliteratur prägte und im Gespräch, in Briefen und Aufsätzen benutzte, meinte er damit weder die selbstverständliche Lektüre und Aneignung fremder Literatur noch den Auf- und Ausbau eines weltliterarischen Kanons von Meisterwerken. Vielmehr schwebte ihm ein globaler Kommunikationsverbund vor, in dem Schriftsteller und Literaturen der Völker in einem beständigen Austausch des Gebens und Nehmens lebten. Die Beschränkung aufs Eigene und Begrenzte sollte hinfällig werden, ohne daß das je Eigentümliche eingeebnet würde oder gar verloren ginge. Durch mancherlei Erfahrungen und Impulse wurde er zu seinem – nirgends bündig definierten – Konzept angeregt. Von früh an hatte er andere Literaturen studiert, Herder in ihm einen aufnahmebereiten Schüler gefunden; die Literatur der Welt war ihm nichts Fremdes. Aus der Begegnung mit Hafis entfaltete sich an der Schwelle des Alters reiche dichterische Produktivität in zeit- und raumüberspannenden Zusammenhängen. Eine aufs Deutsche beschränkte Nationalbildung konnte in ihm keinen Fürsprecher finden. Das wurde schon deutlich, als ihn 1808 Friedrich I. Niethammer, ehemals Jenaer Theologie- und Philosophieprofessor, nun leitender Beamter in der bayrischen Schulabteilung, im Auftrag seiner Regierung fragte, ob er bereit sei, ein »Nationalbuch als Grundlage der allgemeinen Bildung der Nation« herauszugeben (an Goethe, 22. 6. 1808). Gedacht war an eine Anthologie deutscher Lyrik, die »eine sorgfältig gepflanzte und gepflegte vertraute Bekanntschaft mit den klassischen Geisteswerken unsrer Nation« vermitteln sollte. Goethe erwog das Vorhaben und übersandte im August 1808 den Plan eines lyrischen Volksbuchs (12, 284ff.), jedoch mit bezeichnenden Änderungswünschen: Mit dem »rein Eigenen« müßte auch Angeeignetes übernommen werden; »ja man müßte ausdrücklich auf Verdienste fremder Nationen hinüberweisen, weil man das Buch ja auch für Kinder bestimmt, die man besonders jetzt früh genug auf die Verdienste fremder Nationen aufmerksam zu machen hat«. In einem Entwurf notierte er in der Rubrik »Deutsches Fremdes«: »Alles Bedeutende ist übersetzt oder zu übersetzen. [...] Was aus allen Zeiten und Orten für Menschen aller Zeiten und Arten wichtig war«

(A 14, 466). Was entstehen sollte (und nicht verwirklicht worden ist), war ein weltliterarisches Volksbuch für die Deutschen.

Wie er unter den Deutschen die individuelle Mannigfaltigkeit schätzte und zugleich beklagte, daß es an Kooperation, an geselliger Bildung mangelte, so stellte es sich ihm im Verbund der Weltliteratur dar. An abgelegener Stelle, im Schlußsatz der Besprechung des Straßburger Lustspiels *Der Pfingstmontag* (1820/1821), findet sich formuliert, was nachher die Essenz seines Konzepts der Weltliteratur ausmachte: »Lassen wir also gesondert, was die Natur gesondert hat, verknüpfen aber dasjenige, was in großen Fernen auf dem Erdboden auseinandersteht, ohne den Charakter des Einzelnen zu schwächen, in Geist und Liebe« (A 14, 490). Das Besondere und Eigentümliche anerkennen und würdigen, aber sich nicht darin einspinnen und darauf beschränkt bleiben, sondern zu befruchtender Kommunikation in größeren Zusammenhängen gelangen: das galt im Rahmen der Nationalliteratur und im weiten Bezirk der Weltliteratur. Und den Deutschen war dringend zu wünschen, daß sie aus ihrer mitunter starren Enge und Selbstbezogenheit hinausgeführt würden. Wie oft mokierte sich der alte Herr bei Eckermann über Attitüden junger Landsleute! Aber er zögerte auch nicht hervorzuheben, daß die Deutschen schon seit langer Zeit bei der Vermittlung des »wahrhaft Verdienstlichen« an die ganze Menschheit beigetragen hätten (*German Romance*; 12, 362).

Erheblich dürfte Goethes Nachdenken über diesen Komplex auch dadurch stimuliert worden sein, daß er selbst inzwischen als repräsentative Gestalt in weltliterarische Dimensionen aufgenommen worden war. Seine Werke wurden übersetzt, lesend und korrespondierend nahm er teil am internationalen geistigen Austausch, auf sein Urteil legte man Wert, auch wenn es oft nur kurze Äußerungen waren. Das änderte nichts daran, daß er sich zuzeiten mit seinen Ansichten, Plänen und Hoffnungen wie auf einer einsamen Warte vorkam. So waren die Gedanken zur Weltliteratur auch eine Entlastung des Gefühls, mit wenigen allein zu sein und zu den letzten einer Epoche zu gehören, wie er Zelter geschrieben hatte. Wie sehr ebenfalls die durch die moderne Technik ermöglichten oder sich abzeichnenden Verkehrsverbindungen die Ideen eines weltliterarischen Kommunikationsverbundes förderten, zeigt die Tatsache, daß er gerade in jener Zeit, als sich ihm die Vorstellung einer Weltliteratur festigte, geradezu enthusiastisch von den Plänen des Panama-Kanals, des Suez-Kanals und eines Rhein-Donau-Kanals sprach: »Diese drei großen Dinge möchte ich erleben, und es wäre wohl der Mühe wert, ihnen zuliebe es noch einige funfzig Jahre auszuhalten« (E 21.2.1827). Verbindungen in die Weltweite, Entwicklung einer Weltkultur, Überwindung eines provinziellen Subjektivismus wollte der alte Goethe voranbringen. »Daraus nur kann endlich die allgemeine Weltliteratur entspringen, daß die Nationen die Verhältnisse aller gegen alle kennen lernen, und so wird es nicht fehlen, daß jede in der andern etwas Annehmliches und etwas Widerwärtiges, etwas Nachahmenswertes und etwas zu Meidendes antreffen wird« (*Thomas Carlyle, Leben Schillers*, Entwurf zur Einleitung; 12, 364).

In jenen Jahren, bei der Arbeit an der endgültigen Fassung der *Wanderjahre*, gebrauchte Goethe auch das Wort »Weltfrömmigkeit«, nicht im Sinn einer aufs Weltliche gerichteten Religiosität, sondern um eine Tätigkeit zu bezeichnen, die sich ebenfalls in die Weite der Welt richtet und aufs Enge und Heimische nicht beschränkt bleibt. »Wir müssen den Begriff einer Weltfrömmigkeit fassen«, ließ er den Abbé an Wilhelm Meister schreiben, »unsre redlich menschlichen Gesinnungen in einen praktischen Bezug ins Weite setzen und nicht nur unsre Nächsten fördern, sondern zugleich die ganze Menschheit mitnehmen« (8, 243).

Aufmerksam las Goethe im hohen Alter europäische Zeitschriften, die Vermittlungsinstanzen der Weltliteratur waren, etwa die italienische *L'Eco*, die französischen *La Revue Française, Le Temps* und *Le Globe*. »Le Globe, La Revue française und seit drei Wochen Le Temps, führen mich in einen Kreis den man in Deutschland vergebens suchen würde« (an Zelter, 9. 11. 1829). Viel mehr als deutsche Schriftsteller interessierten ihn europäische Autoren, und im größeren weltliterarischen Kontext relativierten sich manche Konflikte, die in den Grenzen der Nationalliteratur gewichtig zu sein schienen. Was er Weltliteratur nenne, meinte er zu Boisserée (12. 10. 1827), werde vorzüglich dadurch entstehen, »wenn die Differenzen, die innerhalb der einen Nation obwalten, durch Ansicht und Urtheil der übrigen ausgeglichen werden.« Schon 1820 hatte er, den Streit zwischen »Klassikern« und »Romantikern« in Italien beobachtend, viel Verständnis für beide Seiten aufgebracht und sich gegen leichtfertig vereinfachende Etikettierungen gewandt, hatte zu bedenken gegeben, daß starrsinniges, pedantisches Festhalten am Alten die Lust an Neuem provoziere, das von Zeitgenossen geschätzt werde, hatte erkennen lassen, daß die Spannungen zwischen »klassisch« und »romantisch« an Bedeutung verlieren, wenn man die Werke selbst betrachtet und ihre Qualitäten überprüft (*Klassiker und Romantiker in Italien, sich heftig bekämpfend*) (A 14, 800ff.). Alessandro Manzoni, in Italien als »praktischer Romantiker« gerühmt, erhielt freundliches Lob; seine *Heiligen Hymnen* (*Inni sacri*) beeindruckten mit ihrem »naiven Sinn« und einer »gewissen Kühnheit des Geistes«. Und 1828 rief Goethe aus: »Was will all der Lärm über klassisch und romantisch! Es kommt darauf an, daß ein Werk durch und durch gut und tüchtig sei, und es wird auch wohl klassisch sein« (E 17. 10. 1828). Diesen Ausspruch ermöglichten allein weltliterarische Perspektiven; die Vorbehalte gegen romantische Tendenzen in Deutschland, wie Goethe sie seit seinen Attacken auf frömmelnde, ins Gestaltlose phantasierende Kunst charakterisiert und disqualifiziert hatte, blieben in Kraft. Tatsächlich zeichnete er ein Werk Manzonis, der in Italien geradezu als repräsentativer Überwinder des Klassizismus angesehen wurde, mit dem Ehrentitel »klassisch« aus und half in Besprechungen, die 1827 als Einleitung zu einer Werkausgabe des Italieners gesammelt wurden, dessen Weltruhm begründen. (Über den bekannten Roman *Die Verlobten, I promessi sposi*, hat er sich öffentlich nicht mehr geäußert, aber Boisserée mitgeteilt, daß er bei ihm »wirklich Epoche« mache; 11. 11. 1827). Keinem anderen europäischen ›Romantiker‹ hat er das Beiwort »klassisch« zuerteilt. Als er das Schauspiel *Il Conte de Carmagnola* ausführlich vorstellte und besprach (1820/1821), rühmte er, »weder ein Wort zuviel gefunden noch irgendeins vermißt« zu haben. »Männlicher Ernst und Klarheit walten stets zusammen, und wir mögen daher seine Arbeit gerne klassisch nennen« (A 14, 826). Die eindringliche Würdigung des italienischen Autors wurde ihm gewiß auch dadurch ermöglicht, daß in jener Literatur die Verbindung zum klassischen Altertum nie ganz abzureißen drohte und auch der Katholizismus lebendige, gewachsene Tradition und nicht sentimentalisches Schwärmen wie bei deutschen Konvertiten war. So schätzte der deutsche Rezensent die *Inni sacri* als Dichtung eines »Christen ohne Schwärmerei, als römisch-katholisch ohne Bigotterie« (A 14, 814). Es ist bezeichnend, daß Goethe, aufmerksam aufs einzelne Werk und sich nicht an vorgängige Klassifizierungen bindend, gerade in seiner Rezension des *Il Conte de Carmagnola* Grundsätze der Kritik formulierte. Gleich zweimal kam er auf sie zu sprechen, deren Beachtung Manzoni selbst in der Vorrede zu seinem Stück gewünscht hatte (A 14, 814, 830). Es waren Prinzipien, die nichts an Geltung eingebüßt haben:

Es gibt eine zerstörende Kritik und eine produktive. Jene ist sehr leicht, denn man darf sich nur irgendeinen Maßstab, irgendein Musterbild, so borniert sie auch sein, in Gedanken aufstellen, sodann aber kühnlich versichern: vorliegendes Kunstwerk passe nicht dazu, tauge deswegen nichts, die Sache sei abgetan, und man dürfe ohne weiteres seine Forderung als unbefriedigt erklären; und so befreit man sich von aller Dankbarkeit gegen den Künstler.

Die produktive Kritik ist um ein gutes Teil schwerer, sie fragt: Was hat sich der Autor vorgesetzt? Ist dieser Vorsatz vernünftig und verständig? Und inwiefern ist es gelungen, ihn auszuführen? Werden diese Fragen einsichtig und liebevoll beantwortet, so helfen wir dem Verfasser nach, welcher bei seinen ersten Arbeiten gewiß schon Vorschritte getan und sich unserer Kritik entgegen gehoben hat (A 14, 830f.).

Gerade die mittlere der drei Fragen bringt das zu besprechende Werk auf den Prüfstand einer Nachfrage, die sich mit einfühlsamer Betrachtung, vielleicht gar mit einer vor lauter Verehrung blinden Hinnahme des Gebotenen nicht begnügt, sondern auszuloten sucht, in welchen – freilich jeweils zu explizierenden – Sinnzusammenhängen menschlichen Lebens und seiner gesellschaftlichen Verfaßtheit das Unternommene »vernünftig und verständig« ist oder nicht.

Auf verblüffende Weise war Goethe von Dichtung und Person des englischen Romantikers Lord Byron fasziniert. Obwohl ihm doch längst jede Exzentrik und Exaltiertheit fragwürdig geworden waren, obwohl er die Lust an Weltschmerz und Pessimismus nicht teilen konnte (von Phasen eigener Verzweiflung abgesehen), obwohl ihm das selbstgenießerische Dahinstürmen durch die Welt und poetisch-politischer Aktivismus fremd sein mußten: in Byron erkannte und anerkannte er die Verkörperung des Dämonischen. Der Brite, unabhängig in jeder Beziehung, scherte sich nicht um die Meinung seiner Landsleute und deren moralische Empfindlichkeiten, war besessen in seinem Ergründenwollen der eigenen Individualität, seinem Erkenntnisdrang, der ihn immer wieder der Grenzen bewußt werden ließ; rauschhafte Zustände beseligten und Abstürze in Verzweiflung quälten ihn; Faust in seinem Streben und in seinem Zurückgeworfensein war ihm vertraut, Menschen- und Weltverachtung gärten immerfort. Schranken, die den Menschen gesetzt waren, wollte er überwinden, und als er sich dem Freiheitskampf der Griechen gegen die Türken anschloß, war es der Wunsch, die Poesie mit der den Einsatz des Lebens fordernden Tat zu verbinden. Aber schon am 19. April 1824 starb er in Missolunghi an einer Gehirnhautentzündung einen frühen Tod.

Goethe verfolgte das ruhelose Leben des Dandys und tatendurstigen Poeten mit staunender Bewunderung, zeigte seine Werke an und sah in dessen *Manfred* (1817) Faustisches verwandelt wiederkehren. »Dieser seltsame geistreiche Dichter hat meinen Faust in sich aufgenommen und, hypochondrisch, die seltsamste Nahrung daraus gesogen. Er hat die seinen Zwecken zusagenden Motive auf eigne Weise benutzt, so daß keins mehr dasselbige ist, und gerade deshalb kann ich seinen Geist nicht genugsam bewundern.« Freilich könne er nicht leugnen, »daß uns die düstere Glut einer grenzenlosen reichen Verzweiflung am Ende lästig wird. Doch ist der Verdruß, den man empfindet, immer mit Bewunderung und Hochachtung verknüpft« (A 14, 785). »Mein Selbstzerstörer war ich und will ferner / Mein eigen sein«, hieß es in der Schlußszene des *Manfred*. Mit Besprechungen und kleineren Übersetzungen übte Goethe seine weltliterarische Vermittlerfunktion aus. Byron, der fast vierzig Jahre Jüngere, war beglückt und drückte seinerseits seine Bewunderung des Weimarer Großen in Briefen und Widmungen aus. Den nach Griechenland Aufgebrochenen erreichte noch im Juli 1823 in Livorno das Gedicht *An Lord Byron* mit jener Mittelstrophe: »Wie soll ich dem, den ich so lang begleitet, / Nun etwas Traulich's in die Ferne sagen? / Ihm, der sich selbst im Innersten bestreitet, / Stark angewohnt, das tiefste Weh zu tragen.« Gleich im folgenden Todesjahr steuerte Goethe Thomas Medwins Erinnerungsbuch seinen *Beitrag zum Andenken Lord Byrons* bei (12, 324 ff.), mit dem Eingeständnis, etwas im Grunde Unfaßbares bestaunt zu haben: »Was soll man von einem Erdgebornen sagen, dessen Verdienste durch Betrachtung und Wort nicht zu erschöpfen sind?« Die eigentliche Totenfeier inszenierte er im zweiten Teil des *Faust* in der Gestaltung des Euphorion und den Klagen um sein Ende.

Es war Faszination durch das dämonisch Außergewöhnliche, die Goethe bei Byron gefangennahm. Nichts verband die Byronsche Dichtung des Auftrumpfens, des Überdrusses und der Verneinung mit den Maximen und Reflexionen des Goetheschen Alters. Und doch war er hingerissen. Hier traf ihn erneut und noch einmal in »düsterer Glut« Zeugenschaft seines eigenen frühen Geistes. Vielleicht ahnte er, daß es Spuren seines *Götz*, seines *Werther*, des ersten *Faust* sein würden, die sich vor allem in die europäischen Literaturen des 19. Jahrhunderts einzeichneten, und wollte es nicht verleugnen, sondern in der Bewunderung Byrons noch als eigene Erbschaft anerkennen. Seine fördernde Teilnahme war überdies auch der Versuch, sich tätig in die gewünschte weltliterarische Kommunikation einzuschalten, in der persönliche Normvorstellungen keinen absoluten Rang beanspruchen konnten, wenn man es mit der Vermittlung ernst nahm. Goethe übersah keineswegs die für ihn tief problematischen Seiten des Byronschen Naturells und Dichtens, beklagte auch, daß dessen »revolutionärer Sinn und die damit verbundene beständige Agitation des Gemüts« sein Talent nicht habe zur gehörigen Entwicklung kommen lassen (E 24. 2. 1825), und meinte, nicht ein freiwilliger Entschluß, sondern »sein Mißverhältnis mit der Welt« habe ihn in den griechischen Freiheitskampf getrieben. Aber dem Erscheinen eines produktiven Menschen, in dem »das Dämonische in hohem Grade wirksam gewesen sein« mag (E 8. 3. 1831), war Goethes Staunen und Bewunderung gewiß.

Unter ganz anderen Auspizien stand die Verbindung zu Thomas Carlyle, um nur ihn noch zu erwähnen. Dieser war in seiner Jugend ganz in den Sog des ›Byronismus‹ geraten und hatte Verzweiflung bis an den Rand des Selbstmords durchlebt. Goethes *Meister* endlich half zu einer Lebenswende; dort fand er Angebote, wie Existenzprobleme zu bewältigen seien, und des Dichters eigenen Weg vom *Werther* bis zu den *Wanderjahren* nahm er als Beispiel einer Lebensverwirklichung, die aus den Zweifeln und der Verstrikkung in innere Verwirrung hinausführte. So wurde er zum eifrigen Vermittler eines neuen Goethebilds in England, das bisher vom Jugendwerk gefärbt gewesen war. Eine andere Einseitigkeit löste die vorherige ab: Jetzt erschien Goethe als der sicher gefestigte Mensch, der mit seinen Maximen gültige Antworten auf Fragen des individuellen und gesellschaftlichen Lebens bereithielt. Die englische Übersetzung von *Wilhelm Meisters Lehrjahren*, die Carlyle 1824 nach Weimar schickte, beachtete Goethe zunächst kaum und ließ es bei einem förmlich unverbindlichen Dankschreiben bewenden (30. 10. 1824). Seit 1827 indes verfolgte er mit wachsender Aufmerksamkeit die lebhafte Vermittlertätigkeit für die deutsche Literatur, die der gebildete Schotte leistete. In *Kunst und Altertum* besprach er dessen *Life of Friedrich Schiller*, die Anthologie deutscher romantischer Dichtungen *German Romance* und stattete 1830 die Übersetzung der Schiller-Biographie mit einer Vorrede aus. Im großen Brief vom 20. Juli 1827 würdigte Goethe gerade auch das Übersetzen als wichtige Vermittlung des »allgemein geistigen Handels« und ging wiederum den geliebten weltliterarischen Überlegungen nach: Schon seit geraumer Zeit sei das Bestreben der besten Dichter aller Nationen »auf das allgemein Menschliche« gerichtet. »Was nun in den Dichtungen aller Nationen hierauf hindeutet und hinwirkt, dies ist es was die übrigen sich anzueignen haben. Die Besonderheiten einer jeden muß man kennen lernen, um sie ihr zu lassen, um gerade dadurch mit ihr zu verkehren; denn die Eigenheiten einer Nation sind wie ihre Sprache und ihre Münzsorten, sie erleichtern den Verkehr, ja sie machen ihn erst vollkommen möglich.« Der Literaturkritiker Carlyle nahm diese Gedanken auf: Der moderne Verkehr vereine alle Nationen zu einer einzigen; kein Autor schreibe folglich nur mehr in der Isolation seines Landes. Goethes Wunsch nach Weltliteratur hatte Gehör gefunden.

Ein halbes Jahrhundert in Weimar

Noch im Frühjahr 1824 spielte Goethe mit dem Gedanken, im Sommer oder Herbst wieder in die böhmischen Bäder zu reisen, und die Hoffnung auf ein Wiedersehen mit Ulrike v. Levetzow und ihrer Familie war noch nicht ganz erloschen. »Sagen Sie mir indessen, teuerste Freundin, mit mehr Entschiedenheit, wenn es möglich ist, Ihre Aussichten, Plane, Vorsätze für die nächste Zeit; dadurch gewänne man, im ungewissen Falle, doch einen Anhalt auf den man lossteuerte« (an Amalie v. Levetzow, 13. 4. 1824). Aber er blieb in Weimar, und die Marienbader Sommer waren endgültig Vergangenheit.

Im Herbst des nächsten Jahres, am 3. September 1825, blickte Großherzog

Carl August auf eine fünfzigjährige Regentschaft zurück. Aufwendige Feierlichkeiten hatte er sich verbeten, aber ohne Gratulationscour ging es natürlich nicht ab, zumal der Tag der Regierungsübernahme auch sein Geburtstag war. Carl August hatte draußen im Römischen Haus geschlafen, wo er die Sommerwochen gern verbrachte. Ganz früh, gegen sieben Uhr, erschien Goethe mit Kanzler v. Müller, um als erster gratulieren zu können, »beredt in stummer Rührung« (KM, S. 283). Carl August ehrte seinen Freund und Minister kurz darauf in besonderer Weise. Am 7. November vor fünfzig Jahren war Goethe in Weimar eingetroffen, als Gast zunächst, und erst am 11. Juni 1776 hatte er die Aufgaben im Geheimen Consilium übernommen. Doch jetzt erklärte der Herzog den Tag der Ankunft zum Datum des fünfzigjährigen Dienstjubiläums. Insgeheim wurden die Festlichkeiten vorbereitet, der Jubilar erfuhr erst spät davon. Das Überraschendste werde, so wiederum Kanzler v. Müller, der an allem maßgeblich beteiligt war, ganz im stillen in Berlin präpariert: eine Medaille mit den Brustbildern des herzoglichen Paars auf der einen und dem Goethes auf der andern Seite und der Aufschrift »Carl August und Louise/Goethen«. »So hat wohl noch kein Fürst seinen Diener gefeyert« (KM, S. 322). Mit allem Recht, betonte Carl August in seinem förmlichen Glückwunschschreiben (»Sehr werthgeschätzter Herr geheimer Rath und Staatsminister!«), betrachte er den Tag der Ankunft in Weimar als den Tag des wirklichen Eintritts in seinen Dienst,

da Sie von jenem Zeitpunkte an nicht aufgehört haben, Mir die erfreulichsten Beweise der treuesten Anhänglichkeit und Freundschaft durch Widmung Ihrer seltenen Talente zu geben. Die fünfzigste Wiederkehr dieses Tages erkenne ich sonach mit dem lebhaftesten Vergnügen als das Dienstjubelfest Meines ersten Staatsdieners, des Jugendfreundes, der mit unveränderter Treue, Neigung und Beständigkeit Mich bisher in allen Wechselfällen des Lebens begleitet hat, dessen umsichtigem Rath, dessen lebendiger Theilnahme und stets wohlgefälligen Dienstleistungen Ich den glücklichen Erfolg der wichtigsten Unternehmungen verdanke und den für immer gewonnen zu haben, Ich als eine der höchsten Zierden Meiner Regierung achte (7. 11. 1825).

Hier ein zeitgenössischer Bericht Heinrich Carl Friedrich Peucers, der seit 1815 Direktor des Oberkonsistoriums war:

Gestern hat Weimar den denkwürdigen 7. November gefeiert, wo im Jahre 1775 Goethe zuerst in unsere Mauern trat. Er wurde ganz früh vor dem Erwachen durch einen sanften Choralgesang unter dem Gartenfenster seines Schlafzimmers überrascht. Um 9 Uhr versammelten sich alle singende Damen und Freundinnen des Goetheschen Hauses, wohl vierzig an der Zahl, in dem größern Visitenzimmer und empfingen den Eintretenden mit einer Morgenkantate, Text von Riemer, Musik von Karl Eberwein. Alle Minister und höheren Staatsdiener, auch jenaische Professoren, Fremde usw. waren hierauf in den anstoßenden Zimmern seines Eintritts gewärtig. Der Staatsminister von Fritsch überreichte ihm ein Großherzogliches Handschreiben mit einer auf diesen 7. November geprägten Medaille [...]. Der Stadtrat überreichte ein Bürgerrechtsdiplom für die beiden Enkel Walther und Wolf von Goethe. Die Loge gratulierte, mehrere Landescollegia, die Bibliothek, die Akademie. [...] In dem einen Zimmer war eine vollständige Ausstellung von allerlei Industrie- und Kunstarbeiten der hiesigen Damen, von welchen jede etwas für ihn diesem Tage zu Ehren mit eigner Hand gearbeitet hatte. Um 10 Uhr kam der Hof, die ganze großfürstliche und erbgroßherzogliche Familie. Um 11 Uhr war große Zeremonie auf der Bibliothek, wohin eine ziemliche Menge Karten an Herren und Damen ausgeteilt waren. [...] Abermals Gesang, komponiert von Hummel, und Rede vom Kanzler von Müller, Gegenrede von Riemer.

Um 2 Uhr zweihundert Gedecke im großen Saale des Stadthauses mit Rezitation, Gesängen und Toasts. [...] Abends »Iphigenie« von Goethe im Theater, bei stürmischem Applaus; der Abgang beklatscht; die ganze Darstellung meisterhaft, der schönsten Zeiten unsers Theaters würdig. Goethe war zugegen bis in den dritten Akt. Er wurde vor Anfang des Stücks beklatscht und mit Bravorufen empfangen. Abends nach dem Theater Abendmusik in Goethes Haus durch die Kapelle, von Hummel komponiert. Dem Vernehmen nach hat er alle diese Herren nach beendigter Musik bei sich zum Abendessen behalten. Eckermann übergab ein Gedicht. So endete dieser Tag (an K. A. Böttiger, 8. 11. 1825; Bo III 205 f.).

Die Universität Jena feierte ihren Förderer, indem die Medizinische Fakultät ihn zu ihrem Ehrendoktor wählte und die drei übrigen Fakultäten, die Theologische, Juristische und Philosophische, Ehrendiplome überreichten. Zudem konnte der Jubilar seinen getreuen Riemer und Eckermann in Anerkennung ihrer Arbeit für sein Werk die Ernennungsurkunden zu philosophischen Ehrendoktoren aushändigen. »Nach und nach erhol' ich mich vom siebenten November«, schrieb er Zelter am 26. November.

Eine unerhörte Begebenheit

Ende September 1826 schrieb Goethe, im Anblick des Totenschädels des verehrten Freundes, das Terzinengedicht auf Schillers Reliquien, und die alten Zeiten waren wieder nah. Wenige Tage später notierte er im Tagebuch: »Papiere durchgesucht« (2. 10. 1826); »Ältere Aufsätze und Schemata gesucht« (3. 10.); »Erneuertes Schema der Wunderbaren Jagd« (4. 10.). Ein früherer Plan tauchte wieder auf, der ihn schon nach *Hermann und Dorothea* beschäftigt hatte. Damals waren bei Schiller und Humboldt Bedenken laut geworden, ob das Sujet wirklich in epischer Form oder als Ballade gestaltet werden könnte, und Goethe hatte auf die Ausführung verzichtet. »Jetzt, beim Untersuchen alter Papiere, finde ich den Plan wieder und enthalte mich nicht, ihn prosaisch auszuführen, da es denn für eine Novelle gelten mag, eine Rubrik, unter welcher gar vieles wunderliche Zeug kursiert« (an W. v. Humboldt, 22. 10. 1826). Im Januar 1827 war die Jagdgeschichte vollendet, aber ein endgültiger Titel noch nicht gefunden. »›Wissen Sie was‹, sagte Goethe, ›wir wollen es die ‚Novelle‘ nennen; denn was ist eine Novelle anders als eine sich ereignete, unerhörte Begebenheit‹« (E 25. 1. 1827). Im März 1828 bestimmte er dann als endgültigen Titel *Novelle*, ohne jeglichen Zusatz, und betonte damit die Repräsentanz dieser Prosa genauester Kalkulation für jene Gattung, die sich, wie längst erwiesen, eindeutig nicht definieren läßt.

Die Handlung führt, was zu Anfang nicht zu vermuten ist, zu einer wirklich ›wunderbaren Jagd‹, bei der keine Gewaltanwendung mehr nötig ist, sondern ein Kind den entlaufenen Löwen mit Flötenspiel und Lied besänftigt und jede Gefahr, die drohen könnte, abwendet. Der Fürst war zur Jagd aufgebrochen, während Fürstin und Oheim, von Junker Honorio begleitet, auf einem Ausflug bis zur verfallenen Stammburg zwischen wilden Felsen gelangen. Da bemerken sie, wie in der Stadt, die sie eben noch durchritten und wo sie auch die Jahrmarktsbuden mit den zur Schau gestellten wilden Tieren gesehen haben, ein Brand ausbricht. Die Besorgnis wird groß; denn der Oheim hat mehrfach von einem Jahrmarktsbrand erzählt, und die Fürstin malt sich Schreckliches aus. Der Oheim eilt zur Stadt zurück; doch Fürstin und Honorio gelangen nicht weit, als sie im Gebüsch den Tiger bemerken, den man in der Feuersnot freilassen mußte. Scheinbar droht Gefahr, Honorio zaudert nicht und streckt das Tier mit zwei Schüssen nieder. Bald erscheint die Schaustellerfamilie, wie Boten aus ferner morgenländischer Welt. Jammernd beklagt die Frau den unnötigen Tod des Tigers, der doch zahm gewesen sei. Noch verschärft sich die Lage, als bekannt wird, daß auch der Löwe losgekommen ist und sich oben im Hof der alten Burg niedergelegt hat. Es bedarf beschwörender Überredung des fremden Mannes, daß jener nicht gejagt wird, sondern dem Kind erlaubt wird, sich flötend und singend dem König der Tiere zu nähern. Das Wunderbare geschieht: Der Löwe folgt dem Knaben, ja sie setzen sich nieder, und das Tier legt dem Kind die rechte Vordertatze auf den Schoß, damit es den Dorn entfernen kann, der den Entflohenen verletzt hat.

Das alles spielt sich in heimischer Gegend ab. Das Älteste ist in den Felsen und der verfallenden Stammburg ebenso anwesend wie das ganz Gegenwärtige im Treiben der Stadt und in der sorgfältig gepflegten und angebauten Landschaft. Ausführlich berichtet der Oheim von der Burg, zu der man wieder Zugang geschaffen hat. Dort im Steingeröll haben sich Pflanzen und Bäume eingenistet und behaupten sich mit ihrer Lebenskraft. Natur durchdringt das Menschenwerk, und es zeigt sich »ein zufällig einziges Lokal, wo die alten Spuren längst verschwundener Menschenkraft mit der ewig lebenden und fortwirkenden Natur sich in dem ernstesten Streit erblicken lassen« (6,493 f.). Was das geschäftige Treiben in der Stadt und die in sorgsamer Pflege kultivierte Landschaft vor Augen führen, ist das Ergebnis jenes »ernstesten Streits«, den der Mensch mit der Natur zu bestehen hat. Hier, auf dem Gesamtschauplatz der *Novelle* vom Flachland bis zum Gebirge, in der Emsigkeit der Bewohner der Stadt und des bestellten Landes scheint die Beherrschung des zu Bewältigenden, der Ausgleich zwischen dem Widerstreitenden erreicht zu sein. So stellt es breit der Anfang der Erzählung dar. Auch der gesellschaftliche Ausgleich ist erreicht. »Des Fürsten Vater hatte noch den Zeitpunkt erlebt und genutzt, wo es deutlich wurde, daß alle Staatsglieder in gleicher Betriebsamkeit ihre Tage zubringen, in gleichem Wirken und Schaffen jeder nach seiner Art erst gewinnen und dann genießen sollte« (6,491). Was in der Französischen Revolution angestrebt wurde, hat der Fürst zu realisieren verstanden und so vernünftig und weise allem Revolutionären den Boden entzogen. Freundlich, verehrungsvoll wird die Fürstin begrüßt, als sie durch die Stadt reitet und dem Volk begegnet. Die geordnete Welt: sie kann ruhig überschaut werden, so wie der Oheim der Fürstin ausführlich über die Burg und ihr Mann ihr über das Treiben der Stadt erzählt hat.

Aber es ist auch nicht zu verkennen, daß der Mensch herrisch in die Natur eingreift. Die fürstliche Jagd will »die friedlichen Bewohner der dortigen Wälder durch einen unerwarteten Kriegszug« beunruhigen (8, 492); die verfallende Burg, in der die Natur wieder ihre Kraft zeigt, will der Oheim »mit Geist und Geschmack« zu einem »Zauberschlosse« umgestalten, und Bilder von ihr sollen im Gartensaal aufgehängt werden; Honorio will über das Fell des Tigers nach Belieben verfügen. Der Mensch hat die Natur domestiziert, ist ihr Herr, genießt sie und verfährt mit ihr notwendig zivilisatorisch-kultivierend.

Bemerkenswert nachdrücklich weiß der Oheim auch von Zerstörerischem zu berichten; das Erlebnis des »ungeheuren Unglücks« eines Brandes hat sich ihm eingeprägt. Immer wieder kann Elementares aufbrechen, als Leidenschaft in einzelnen Menschen und als Andrang von außen. In Honorio, auch in der Fürstin schwelt Leidenschaft; doch sie überwinden sie, nicht in quälender Willensanstrengung, im erzwungenen Muß einer Pflicht, sondern

in einer ruhigen, fast unmerklich sich auswirkenden Einsicht in die gegebenen und anzuerkennenden Lebenszusammenhänge. Eine intime Novelle im
kleinen spielt sich hier ab.

Aber wie ist dem Elementaren zu begegnen, wenn es unvermutet ausbricht
und in die Bezirke des Wohlgeordneten, Kultivierten, Zivilisierten einzubre-
chen droht? Der legendenhafte Schlußteil der *Novelle* gibt eine sinnbildliche
Antwort. Wie aus archaischer Zeit herkommend, tritt die morgenländisch
anmutende Schaustellerfamilie, in höchster Trauer und Sorge um den getöteten Tiger und den entsprungenen Löwen, der aristokratischen Gesellschaft
gegenüber. Was der Mann beschwörend spricht, klingt wie eine Predigt über
die Ordnung des Ganzen, der er und seine Familie sich zugehörig wissen.
Auch im natürlich-ursprünglichen Zusammenhang herrscht Gewalt, wo das
Pferd auseinanderscharrt, was die Ameisen mühsam erbaut haben. Aber
beides geschieht nach Gottes Willen, so wie auch dem Löwen nichts wider-
steht. »Doch der Mensch weiß ihn zu zähmen, und das grausamste der
Geschöpfe hat Ehrfurcht vor dem Ebenbilde Gottes, wornach auch die Engel
gemacht sind, die dem Herrn dienen und seinen Dienern. Denn in der
Löwengrube scheute sich Daniel nicht; er blieb fest und getrost, und das
wilde Brüllen unterbrach nicht seinen frommen Gesang« (6, 508). Allerdings
geschieht die Zähmung auf eine geheimnisvolle Weise, wie Kind und Vater es
vorführen: mit eigenartigem Flötenspiel und zauberhaft vielsinnigen Versen.
Ohne Gewalt überwindet das Kind den König der Tiere. Es lebt noch, nur so
ist das Außergewöhnliche zu verstehen, in einer unschuldig-unbewußten
Übereinstimmung mit allen Elementen der Welt; märchenhaftes Beispiel für
das, was real zu sein glückliche Wirklichkeit bedeuten würde. Nur mit
Anklängen an christliche Verheißungsworte läßt sich das Unerhörte aussprechen, wie es die Familie gemeinsam singt:

> Denn der Ewge herrscht auf Erden,
> Über Meere herrscht sein Blick;
> Löwen sollen Lämmer werden,
> Und die Welle schwankt zurück.
>
> Blankes Schwert erstarrt im Hiebe,
> Glaub und Hoffnung sind erfüllt;
> Wundertätig ist die Liebe,
> Die sich im Gebet enthüllt (6, 509).

Nichts weiter geschieht mehr in der Erzählung, als daß »das Kind flötete und
sang so weiter, nach seiner Art die Zeilen verschränkend und neue hinzufü-
gend« (6, 512). Eckermann kam es so vor, als wäre »der Ausgang zu einsam,
zu ideal, zu lyrisch« und als hätten wenigstens einige der übrigen Figuren

nochmals erscheinen müssen, um dem Ende mehr Breite zu geben. Doch Goethe belehrte ihn, daß er nach der pathetischen Rede des Mannes, die schon poetische Prosa sei, zur lyrischen Poesie, ja zum Liede selbst übergehen mußte (E 18.1.1827).

In der *Novelle* scheint eine Utopie der sanften, aber bezwingenden Macht des Gewaltlosen auf, der die Wirklichkeit sich nie anbequemen wird, obgleich diese wenigstens der Erinnerung an sie stets dringlich bedürfte. »Zu zeigen, wie das Unbändige, Unüberwindliche oft besser durch Liebe und Frömmigkeit als durch Gewalt bezwungen werde, war die Aufgabe dieser Novelle, und dieses schöne Ziel, welches sich im Kinde und Löwen darstellt, reizte mich zur Ausführung. Dies ist das Ideelle, dies die Blume. Und das grüne Blätterwerk der durchaus realen Exposition ist nur dieserwegen da und nur dieserwegen etwas wert« (E 18.1.1827). Freilich, wer die Utopie der Legende kurzschlüssig als mögliche Realität erklärte, zu der nur jenes urtümliche Vertrauen der morgenländischen Familie, das Gefühl der Einheit mit einem göttlich geordneten Ganzen und seinen Mächten, vonnöten wäre, würde rechtens vom Spott eines Gottfried Benn mitgetroffen, der sich im *Weinhaus Wolf* (1937) über das »berühmte Alterswerk« mokierte: »Eine Menagerie fängt Feuer, die Buden brennen ab, die Tiger brechen aus, die Löwen sind los – und alles verläuft harmonisch. Nein, diese Epoche war vorbei, diese Erde abgebrannt, von Blitzen enthäutet, wund, heute bissen die Tiger.« Aber der alte Goethe selbst wußte gut genug, daß man Fiktion und Wirklichkeit ebensowenig leichtfertig verwechseln darf wie Ideal und Realität. Als Lord Byron bei seinem griechischen Unternehmen gestorben war, räsonierte er, es sei ein Unglück, daß so ideenreiche Geister ihr Ideal durchaus ins Leben einführen wollten. »Das geht nun einmal nicht, das *Ideal* und die gemeine Wirklichkeit müssen streng geschieden bleiben« (KM 13.6.1824).

Zwei große Spätwerke

Wilhelm Meisters Wanderjahre oder Die Entsagenden

Wilhelm Meister war am Ende der *Lehrjahre* gerade erst vorbereitet, eine Existenz zu verwirklichen, in die Erkenntnisse und Erfahrungen einzubringen waren, die er hatte sammeln müssen. Er und mit ihm die Leser hatten mannigfache Lebensformen kennengelernt und wenigstens *eine* Gewißheit gewonnen: daß der Weg ins tätige Leben führen mußte und der Wunsch nach allseitiger Bildung des Individuums, jener Totalitätsanspruch des Subjekts, eine Illusion war, da nur alle Menschen zusammen die Menschheit ausmachen und dem einzelnen Beschränkung abgenötigt wird. Noch war nicht abzusehen, wie die weitere Entwicklung Wilhelm Meisters erfolgen würde. Der Schluß der *Lehrjahre*, ohnehin vom Erzähler virtuos rasch und ohne Rücksicht auf zwingende Motivierung herbeigeführt, blieb ›offen‹: Meister war zur Reise bereit, die die Gesellschaft der Türmer wünschte und auf der er zusammen mit Sohn Felix den Marchese, den Bruder des Harfners, nach Italien, in die Heimat Mignons, begleiten sollte. Der Roman forderte geradezu eine Fortsetzung.

Schon im Juli 1796 hatten Goethe und Schiller darüber gesprochen. »*Lehrjahre*« seien ein Verhältnisbegriff, meinte Schiller damals, sie beanspruchten ein Korrelat, die »*Meisterschaft*« (an Goethe, 8.7.1796), und Goethe hatte zu einer Fortsetzung »denn auch wohl Idee und Lust« (12.7.1796). Aber was in den Jahrzehnten bis zur Vollendung daraus wurde, war keine Geschichte von der Meisterschaft Wilhelms, sondern weitete sich aus zu einer großen Anthologie erzählender, reflektierender und einiger versgebundener Texte, die ein Panorama zwischenmenschlicher Verhaltensweisen und sozialer Strukturen boten. Der Handlungsfaden des eigentlichen Wilhelm-Meister-Stranges blieb dünn; er sicherte nur ein fortlaufendes Geschehen. Aber er verband auch die Bezirke der ›Rahmenhandlung‹, um deren Präsentation es Goethe ging und die sich so verselbständigen konnten, daß die Titelgestalt des Buchs zeitweise aus dem Blick geriet. Wilhelm befindet sich, so die lockere Anknüpfung an die *Lehrjahre*, mit seinem Sohn auf der Wanderschaft, und gemäß einem Gebot der Gesellschaft der Entsagenden darf er nicht länger als drei Tage an einem Ort verweilen. Er soll möglichst viel kennenlernen. So begegnet er verschiedenen Lebensformen, Berufen und gesellschaftlichen Gliederungen, übernimmt Aufträge, die ihn zu immer neuen Bezirken weiterleiten. Früh von Jarno, der nun als Bergfachmann Montan heißt, über die Notwendigkeit spezialisierter Ausbildung belehrt, entschließt er sich endlich, Wundarzt zu werden, nachdem er von jenem Gelübde des immer kurzfristigen Aufenthalts befreit ist. Er will ein tätiges Glied in der Gemeinschaft der Entsagenden werden, schließt sich dem Bund der Auswanderer an, und seiner ärztlichen Kunst ist es am Schluß vergönnt, den eigenen Sohn Felix zu retten.

Doch Wilhelms persönliche Geschichte ist, wie gesagt, nur ein schmaler Bestandteil der ›Rahmenhandlung‹, das erzählerische Grundgerüst, nicht mehr. Die Stationen, die er erreicht, sind immer Anlaß für ausführliche Gespräche, Vorträge, Reden und Reflexionen über mannigfache Themen, und die Bezirke, in die er gerät, verselbständigen sich zu Bereichen eigener Bedeutung. Eingefügt sind zahlreiche Erzählungen, deren Gestalten manchmal ihren Part im ›Hauptgeschehen‹ weiterspielen.

Seit 1807 begann Goethe Geschichten für die Fortsetzung seines *Meister*-Romans zu schreiben, und im Laufe der Zeit formte sich das Gesamtkonzept weiter aus. Auch *Die Wahlverwandtschaften* waren ursprünglich für dieses Werk bestimmt, wuchsen dann aber zum eigenständigen Roman. 1821 erschien eine erste Fassung der *Wanderjahre*; doch seit 1825 arbeitete Goethe das Werk um und erweiterte es. Als er es 1829 unter dem Titel *Wilhelm Meisters Wanderjahre oder Die Entsagenden* veröffentlichte, ließ er wohlweislich die Bezeichnung »Ein Roman« fort, die noch der ersten Fassung beigefügt war. (Die Unterschiede der beiden Fassungen müssen hier auf sich beruhen bleiben.)

Es war bereits für die Zeitgenossen ein merkwürdiges, schwer durchschaubares Werk, ein Konglomerat des Verschiedenen. In der Fassung von 1821 fand sich sogar eine »Zwischenrede« (WA I 25/2,108 f.), die das Uneinheitliche zu entschuldigen suchte und in der es hieß: »Wenn wir also nicht, wie schon oft seit vielen Jahren, in diesem Geschäft abermals stocken sollen, so bleibt uns nichts übrig, als zu überliefern was wir besitzen, mitzuteilen was sich erhalten hat. Und so geben wir daher einige Kapitel, deren Ausführung wohl wünschenswert gewesen, nur in vorüber eilender Gestalt, damit der Leser nicht nur fühle, daß hier etwas ermangelt, sondern daß er von dem Mangelnden näher unterrichtet sey und sich dasjenige selbst ausbilde was, theils der Natur des Gegenstandes nach, theils den eintretenden Umständen gemäß, nicht vollkommen ausgebildet oder mit allen Belegen gekräftiget ihm entgegen treten kann.« In der endgültigen Fassung hat sich in dieser Hinsicht nichts geändert. So blieb für Spätere oft genug schon die Form dieser Dichtung ein Rätsel. Zudem unterliefen bei der Überarbeitung einige Irrtümer, die der Dichter entweder nicht bemerkte oder für belanglos hielt. Auch wenn man die *Wanderjahre* der Tradition des additiv strukturierten Episodenromans zuordnete, blieb stets die Frage, worin denn die Einheit dieses Buchs bestünde, das auf so bunte, variantenreiche Weise scheinbar isoliert bleibende Erzählungen, Briefe, Tagebuchaufzeichnungen, Sprüche, Erzählteile der ›Rahmenhandlung‹, Kommentare eines Redakteurs vereinigte, ohne daß der Zusammenhang expliziert würde. In der Tat war und ist es schwer, sich von gewohnten Vorstellungen künstlerischer Einheit freizumachen. Dann glaubte man schließlich, ein Goethewort adaptierend, die Lösung darin zu finden, das Werk sei trotz aller formalen Ungereimtheiten doch aus einem Sinn, und ein kunstvolles, freilich nur in eindringlicher Interpretation freizulegendes Geflecht von Verweisungen und Spiegelungen halte es zusammen. Gewiß läßt sich unter dieser Prämisse vieles aufhellen, in seiner Bedeutung öffnen und in plausiblen Konnex bringen. Aber immer bleibt ein Rest. Vielleicht signalisiert Goethes Verzicht auf die Bezeichnung »Roman«, daß er sein großes Alterswerk in Prosa in völlige Freiheit entließ und sich eine Gestaltung gestattete, die ihm, unbeengt von Zwängen zu Geschlossenheit, für alles Raum ließ, was er einbringen wollte. Da durfte sich das Erzählen Sprünge erlauben, und die Konsistenz eines Erzählzusammenhangs wurde nebensächlich. Die Interpreten sollten die Fahndung nach einer – wie auch immer konstituierten – ›Einheit‹ aufgeben, ohne dem Werk gestalterische Schwächen anzulasten. Die Suche nach einer ›Einheit‹ beruht ihrerseits ja auf dem Axiom, ein Kunstwerk müsse sie verwirklichen, wenn es denn ein solches sein wolle. Doch darf der Geltungsanspruch dieses Axioms durchaus in Frage gestellt werden. Goethe hatte offenkundig anderes im Sinn, als irgendwelchen Ansprüchen auf Einheit und Geschlossenheit eines Werks zu genügen. Er trug hier zusammen, was er als Beobachter der Zeit und menschlichen Verhaltens ausgekundschaftet hatte, übergab der dichterischen Erprobung, welche Antworten wohl auf Herausforderungen der gesellschaftlichen Lage möglich sein könnten, nahm dieses umfangreiche Prosabuch als ein Reservoir, das Geschichten und Gedanken, ausgeführte Entwürfe und bloße Anregungen in sich faßte, und legte es dem Leser zum Nachdenken (auch zur unterhaltsamen Lektüre) vor, von dem er stets hoffte, er würde einiges »supplieren« (an Riemer, 29.12.1827), also mit eigenen Gedanken das Dargebotene ergänzen und ausfüllen.

Dem entsprach die dem Buch zugrundegelegte Erzählkonstellation, die erst spät einsichtig wird und dem Autor jene Freiheiten gab, die er ausnutzen wollte. Alles, was vorgelegt wird, von der ersten bis zur letzten Seite, sind nämlich Textstücke aus einem fiktiven Archiv. Der Erzähler ist ein (fiktiver) Redakteur, der aus dem ihm vorliegenden Quellenmaterial auswählt und die Texte im Blick auf einen fiktiven Leser arrangiert. Dieser Redakteur ist nicht Goethe selbst; denn das würde bedeuten, daß Goethe tatsächlich das Archivmaterial vorgelegen hätte. Gleichwohl gehören zu den Quellen ›reale‹ Bestände, also Textmaterial, das auch außerhalb des fiktiven Archivs existiert und zu Goethes Papieren zählte, etwa die Beschreibungen der Schweizer Baumwollindustrie von Heinrich Meyers Hand, die von Eckermann besorgten Exzerpte für die Aphorismensammlungen, die Umarbeitung des Melusinenmärchens, die Übertragung »Die pilgernde Törin«. Der Autor Goethe, der natürlich über alles verfügt, treibt ein raffiniertes Spiel. Er setzt den fiktiven Redakteur ein, den er das Ganze arrangieren läßt. Dieser sieht sich als »treuen Referenten« (8, 436), als »Sammler und Ordner dieser Papiere« (8,408). Im fiktiven Archiv befindet sich ganz unterschiedliches Material; alles legt der Redakteur nicht vor, sondern wählt aus, ordnet, kommentiert, ja unterbricht einen Vorlesenden, indem er sich selbst zur Ordnung ruft: »Unsere Freunde haben einen Roman in die Hand genommen, und wenn dieser hie und da schon mehr als billig didaktisch geworden, so finden wir doch geraten, die Geduld unserer Wohlwollenden nicht noch weiter auf die Probe zu stellen. Die Papiere, die uns vorliegen, gedenken wir an einem andern Orte abdrucken zu lassen und fahren diesmal im Geschichtlichen ohne weiteres fort, da wir selbst ungeduldig sind, das obwaltende Rätsel endlich aufgeklärt zu sehen« (8, 118). Der Redakteur bedenkt also bei seiner Editionsweise immerhin die Erwartungen eines Romanlesers, und sein Darbietungsprinzip entspricht dem, was Lenardo von seinem Tagebuch sagt: »Ich will nicht behaupten, daß es gerade angenehm zu lesen sei; mir schien es immer unterhaltend und gewissermaßen unterrichtend« (8, 338). Genaue Beobachtung der *Wanderjahre* zeigt, daß sich auch die als ›Er-Erzählung‹ gebotene ›Wilhelm-Meister-Handlung‹ in die Archiv-Fiktion fügt. Es muß ein Reisetagebuch Wilhelms an Natalie als wichtiger Bestandteil des Archivs angenommen werden, das der Redakteur bearbeitet.

Der erzähltechnische Kunstgriff legitimiert die Disparatheit und Unabgeschlossenheit der *Wanderjahre*, hält das Berichtete im Zustand des Unvollständigen, das das nach- und weiterdenkende Supplieren des Lesers anregt. Goethe läßt seinen Redakteur das Material gewissermaßen daraufhin durchforsten, was es an Unterhaltendem und Unterrichtendem hergibt. Das Buch ist so in einem Aggregatzustand des Experimentierens gehalten, wie ihn der Autor wünschte, der wieder einmal im Versuchsspiel der Dichtung menschliche und gesellschaftliche Möglichkeiten probeweise erkundete. »Eine Arbeit wie diese«, schrieb Goethe an Rochlitz,»die sich selbst als kollektiv ankündiget, indem sie gewissermaßen nur zum Verband der disparatesten Einzelnheiten unternommen zu sein scheint, erlaubt, ja fordert mehr als eine andere daß jeder sich zueigne was ihm gemäß ist, was in seiner Lage zur Beherzigung aufrief und sich harmonisch wohltätig erweisen mochte« (28.7.1829). In einem anderen Brief an denselben Adressaten:»Mit solchem Büchlein aber ist es wie mit dem Leben selbst: es findet sich in dem Komplex des Ganzen Notwendiges und Zufälliges, Vorgesetztes und Angeschlossenes, bald gelungen, bald vereitelt, wodurch es eine Art von Unendlichkeit erhält, die sich in verständige und vernünftige Worte nicht durchaus fassen noch einschließen läßt« (23.11.1829). Die verschiedenen,»sich voneinander absondernden Einzelnheiten« machten den Wert des Buchs aus. Als dennoch Rochlitz lieber auf das Ganze der *Wanderjahre* eingehen wollte, äußerte Goethe etwas unwirsch zum Kanzler v. Müller, jener habe»die alberne Idee gefaßt, das Ganze systematisch construiren und analysiren zu wollen. Das sey rein unmöglich, das Buch gebe sich nur für ein Aggregat aus« (KM 18.2.1830). 1821 hatte er sich gefreut, daß Zauper seine Ungeduld beim Wiederlesen der *Wanderjahre* gezügelt habe.»Zusammenhang, Ziel und Zweck liegt innerhalb des Büchleins selbst; ist es nicht aus Einem Stück, so ist es doch aus Einem Sinn« (7.9.1821). Damit konnte schwerlich anderes gemeint sein als die dominierende Beziehung aller Teile auf die zu erlangende Entsagung und die aus diesem Geist unter den Wandernden zu etablierende Arbeits- und Sozialordnung.

Mit Erzählungen hatte Goethe die Fortsetzungsarbeit am Wilhelm-Meister-Roman begonnen; manche Ideen dazu bewegten ihn schon in den ersten Jahren nach 1800. Die Novellen handeln von Verwirrung und Leidenschaft, Treue und Untreue, Voreiligkeit und falscher Wahl der Partner, von Konflikten, deren Lösung großenteils Entsagung fordert. Somit sind sie auf ein wesentliches Thema des ganzen Romans bezogen (der weiterhin Roman heißen darf bei Respektierung seiner besonderen, vorhin skizzierten Struktur). Detaillierte Einzelinterpretation kann einsichtig machen, wie die in den Kontext der *Wanderjahre* eingefügten Erzählungen einander zugeordnet sind, wie deren Motive sich ergänzen, fortgeführt werden und einander spiegeln. Beweist in der einen Geschichte jemand zuviel Ehrfurcht vor dem, was neben ihm ist, so in der antwortenden ein anderer zu wenig; verstricken sich Menschen einmal auf eine unglückliche, heillose Weise, so wird ein andermal solche Verwicklung gerade noch verhindert. In den Novellen wird von individuellen Schicksalen erzählt, in deren einander ähnlichen Konfliktsituationen die Menschen sich unterschiedlich verhalten und unterschiedliche Folgen zu tragen haben. Manchen der Betroffenen gelingt es, eine

Haltung des Entsagens zu erreichen, und sie können dann zur Gemeinschaft derer finden, die in der ›Rahmenhandlung‹ ihr Leben unter das Prinzip der Tätigkeit gestellt haben, die Entsagung fordert. Keine Instanz richtet über die Vorgänge; der Leser mag sich selbst sein Urteil bilden und vielleicht an den Folgen das Richtige oder Falsche des Tuns bemessen. Freilich wird ihm nahegelegt, den zur Entsagung Bereiten seine besondere Sympathie zu schenken. Weder bei der Schilderung der Einzelschicksale in den Novellen noch in der Darbietung des reichhaltigen anderen Materials der *Wanderjahre* wollte Goethe direkt didaktisch sein; das Belehrende, das er gleichwohl aller Poesie zuerkannte, sollte sich anders auswirken: Das dichterisch Verlebendigte, das sich der Einbildungskraft und Wirklichkeitsverarbeitung des Dichters verdankt und die nämlichen Vermögen beim Rezipienten beansprucht, vermittelt dem Leser ein Angebot zur Reflexion und zu eigenen Lernprozessen. »Alle Poesie soll belehrend sein, aber unmerklich«, konstatierte Goethe 1827 im Aufsatz *Über das Lehrgedicht*, in dem er eine besondere didaktische Dichtart ablehnte (A 14, 370 ff.); »sie soll den Menschen aufmerksam machen, wovon sich zu belehren wert wäre; er muß die Lehre selbst daraus ziehen wie aus dem Leben.« Wie für die Geschehnisse in den Novellen gilt dies für die verschiedenen Daseins- und Sozialformen, die die ›Rahmenhandlung‹ in den Blick rückt. Gerade die erläuterte eigentümliche Form der *Wanderjahre*, die »disparate Elemente zu vereinigen« sucht (an S. Boisserée, 2. 9. 1829), begünstigt die vermittelnd belehrende Absicht.

Dichterisches Lehrmaterial in solchem Sinn ist es gewiß, das Goethe in diesem Alterswerk bereitstellte. Es ist deutlich zwei miteinander verbundenen Themenkreisen zugeordnet: Wie kann und muß der einzelne Mensch sein Leben gestalten, das er nie als isoliertes Individuum, sondern als Glied der Allgemeinheit führt? Wie können und müssen gesellschaftliche Lebens- und Arbeitsformen geordnet sein, die den Herausforderungen der Zeit entsprechen?

Wilhelms Illusionen von einer allseitigen Bildung des einzelnen hatten bereits die *Lehrjahre* desavouiert. Den Türmern, die seinen Weg geheimnisvoll beeinflußten, waren hochgreifende Konzepte dieser Art suspekt gewesen, und es war ihnen gelungen, Wilhelm vom Primat des tätigen Lebens zu überzeugen. Aber noch hatte er mit der Forderung nach praktischer Tätigkeit nicht ganz ernst gemacht, noch hatte er keinen bestimmten Beruf ergriffen. Am Anfang der *Wanderjahre* ist er durchaus weiterhin ein Unfertiger, der in der Welt herumtastet und dem es an Kenntnissen mangelt. Jene Szene demonstriert es, als er seinem Felix weder Stein noch Pflanze zu erklären vermag. »Ich weiß nicht«, ist der erste Satz, den Wilhelm spricht.

Jarno, nun Montan und Spezialist im Bergwesen geworden, hat die für ihn bindende Erkenntnis parat:

Ja, es ist jetzo die Zeit der Einseitigkeiten; wohl dem, der es begreift, für sich und andere in diesem Sinne wirkt. Bei gewissen Dingen versteht sich's durchaus und sogleich. Übe dich zum tüchtigen Violinisten und sei versichert, der Kapellmeister wird dir deinen Platz im Orchester mit Gunst anweisen. Mache ein Organ aus dir und erwarte, was für eine Stelle dir die Menschheit im allgemeinen Leben wohlmeinend zugestehen werde. [...] Sich auf *ein* Handwerk zu beschränken, ist das Beste. Für den geringsten Kopf wird es immer ein Handwerk, für den besseren eine Kunst, und der beste, wenn er *eins* tut, tut er alles, oder, um weniger paradox zu sein, in dem *einen*, was er recht tut, sieht er das Gleichnis von allem, was recht getan wird (8, 37).

Diese Maxime wird im Buch vielstimmig intoniert. »Allem Leben, allem Tun, aller Kunst muß das Handwerk vorausgehen, welches nur in der Beschränkung erworben wird. Eines recht wissen und ausüben gibt höhere Bildung als Halbheit im Hundertfältigen« (8, 148). In nicht überbietbarer Schärfe postuliert Jarno-Montan später nochmals: »Narrenpossen sind eure allgemeine Bildung und alle Anstalten dazu« (8, 282). Wilhelms Entscheidung, sich zum Wundarzt ausbilden zu lassen, ist die Konsequenz der Einsicht in diese Notwendigkeit, und es gibt im ganzen Roman keine Phase, in der er an der Richtigkeit seines Entschlusses zweifelt, ja das Ende, die Rettung seines Sohnes, besiegelt sie nachdrücklich.

Bildung ist reduziert auf spezialisierte Fachausbildung. Aber auch in dieser Einseitigkeit ist noch die Idee der Teilhabe an der vom Menschen gewünschten Totalität der ihm möglichen Bildung aufgehoben, nämlich in jener schon in den *Lehrjahren* ausgesprochenen Überzeugung, daß nur alle Menschen zusammen die Menschheit ausmachen. Diese Perspektive bleibt dem einzelnen in seiner Spezialisierung. Er weiß sich eingefügt in die Allgemeinheit und ist sich bewußt, daß jene ohne seine besondere Tätigkeit nicht als ganze Menschheit im Sinn der Summe aller menschlichen Möglichkeiten wirklich werden könnte. Das Problematische der gepriesenen Einseitigkeit und spezialisierten Tätigkeit, das uns seit der Perfektionierung der arbeitsteiligen Gesellschaft mit ihrer entfremdenden Funktionalisierung des einzelnen längst vertraut ist, taucht deshalb bei Goethe nicht auf, weil seinem Konzept der Glaube an ein harmonisches Zusammenstimmen aller Tätigen zugrundeliegt, und der einzelne ist bereit, sich einzufügen, weil er vom Sinn des Miteinanderwirkens aller überzeugt ist. Es ist die humanistische Utopie einer Gemeinschaft der Tätigen. In ihr findet jeder an seinem Ort Erfüllung, weil er seine Arbeit als Beitrag zum Leben der Allgemeinheit begreift, in der die freie Tätigkeit der Tüchtigen das Gemeinwohl wie von selbst gewährleistet. Sie ist vom Konkurrenzkampf nicht zerrissen und von den negativen Auswirkungen der Trennung von Kapital und Arbeit noch verschont.

Wer die Unangemessenheit der »allgemeinen Bildung« angesichts der Forderungen der Zeit einsieht, muß Entsagung lernen. *Die Entsagenden* nennt schon der Titel des Romans. Die in der Forschung umstrittene Frage, wer von den Personen der *Wanderjahre* Entsagender ist und wer nicht, mag hier außer acht bleiben. Gewiß kommt allen in der ›Rahmenhandlung‹ Auftretenden dieses Prädikat zu. Entsagung bedeutet aber nicht nur, Bildungsansprüche zu reduzieren und sich mit Ausbildung und Ausübung einer bestimmten Fertigkeit zufrieden zu geben, sondern resultiert bei Goethe aus seiner Kenntnis der conditio humana und der Hinnahme der aus ihr folgenden Bedingtheit. Entsagung zu akzeptieren macht erst frei zu den Möglichkeiten, die den Menschen gegeben sind. Gegenüber sich selbst, der Natur und der Gesellschaft ist der Mensch zur Entsagung gezwungen, wenn er mit seinem Leben zurechtkommen will. Gewiß bedeutet das Resignation, aber keine, die lähmt und deprimiert, weil sie auf jener Einsicht beruht. »*Handle besonnen*, ist die praktische Seite von: *Erkenne dich selbst*«, erläuterte Goethe in jenem Brief an Rochlitz (23.11.1829). »Die Menschen würden verständiger und glücklicher sein wenn sie zwischen dem unendlichen Ziel und dem bedingten Zweck den Unterschied zu finden wüßten und sich nach und nach ablauerten, wie weit ihre Mittel denn eigentlich reichen.« Goethe erhob, auf der Basis seiner früher erwähnten Überzeugungen, die resignative Besonnenheit bei seiner Naturforschung zum Regulativ, und in einem Spruch der »Betrachtungen im Sinne der Wanderer«, der einen zentralen Begriff Goetheschen Erkenntnisinteresses aufnimmt, ist die Notwendigkeit zur Begrenzung auf die Konstitution des Menschseins selbst zurückgeführt, ohne daß deshalb der einzelne seine zufällige Beschränktheit als Maß nehmen und sich mit ihr vorschnell zufriedengeben dürfte:

Wenn ich mich beim Urphänomen zuletzt beruhige, so ist es doch auch nur Resignation; aber es bleibt ein großer Unterschied, ob ich mich an den Grenzen der Menschheit resigniere oder innerhalb einer hypothetischen Beschränktheit meines bornierten Individuums (8, 304).

»Handle besonnen« heißt, die Bedingungen anzuerkennen und einzukalkulieren, unter denen Tätigkeit sinnvoll bleibt: »Unbedingte Tätigkeit, von welcher Art sie sei, macht zuletzt bankerott« (8, 286).

Was hier variationsreich gelehrt wird, bedeutet sozusagen die Zurückholung des Prometheischen in die erkannten und hingenommenen Grenzen des Möglichen. Ohne Ernüchterung, ohne Bedauern, ohne Schmerz vollzieht sich die geforderte Bescheidung natürlich nicht. Besonders in der Liebe ist, wie manche Novellen berichten, der Weg zur Entsagung bitter. Aber alles Resignierende im negativen Sinn ist in der willentlich akzeptierten Entsagung gemildert durch das Bewußtsein, einem Gebot zu entsprechen, das dem Menschen als Individuum und gesellschaftlichem Wesen in der Ordnung des Ganzen auferlegt ist. So legitimiert die Philosophie der Entsagung das Postulat nach Einseitigkeit und macht den einzelnen erst fähig zum tätigen Glied einer Gemeinschaft. Sie vermittelt zwischen dem schönen, aber illusionären Wunsch nach der Entfaltung aller angeborenen Anlagen in individueller Totalität und der Einbindung des einzelnen als brauchbares Glied in ein soziales Ordnungsgefüge. Konsequenterweise ist Tätigkeit im Sinn der Gemeinschaft der Entsagenden nicht Tätigsein um seiner selbst willen, sondern reflektiertes Tun, das sich der Begrenzung zustimmend bewußt ist und sich beständig über den Sinn der jeweiligen Tätigkeit klarzuwerden trachtet. In der Prägnanz einer Maxime:»Denken und Tun, Tun und Denken, das ist die Summe aller Weisheit, von jeher anerkannt, von jeher geübt, nicht eingesehen von einem jeden. Beides muß wie Aus- und Einatmen sich im Leben ewig fort hin und wider bewegen; wie Frage und Antwort sollte eins ohne das andere nicht stattfinden« (8, 263). Auch das Schöne ist aus dieser Welt reflektiert entsagender Tätigkeit nicht ausgeschlossen, wenngleich es nicht das Zentrum der Überlegungen beansprucht. Vom Nützlichen durch das Wahre zum Schönen soll der richtige Weg gefunden werden.

Das Konzept der Entsagung ist unschwer auch als Quintessenz einer Summe von Erfahrungen, die Goethe in seinem Leben gesammelt hat, zu erkennen, als beschwichtigende Rationalisierung der Trauer über Nichterreichtes, vergeblich Versuchtes, über manches Begonnene und nicht zu Ende Gebrachte. Wo andere nur bewundern können, was er vermochte und was ihm gelang, beschwerte ihn, wie die Briefe zu erkennen geben, immer wieder das Gefühl des Ungenügens, und Entsagung in der Liebe wurde von ihm nicht nur nach dem Marienbader Sommer von 1823 gefordert.

Wilhelm kommt auf seiner Wanderschaft mit verschiedenen Lebens- und Tätigkeitsformen in Berührung und lernt bestimmte bestehende oder projektierte soziale Ordnungen kennen, manches aus eigener Anschauung, manches nur aus Berichten oder in Entwürfen. Und der Leser sieht das von Wilhelm selbst Erlebte wiederum nur aus dessen Sicht: insgesamt Multiperspektivität des Archivmaterials, das der arrangierende Redakteur bereitstellt. Gleich am Anfang trifft Wilhelm Meister im Gebirge auf jene merkwürdige Gruppe, die wie die heilige Familie auf der Flucht nach Ägypten daherzieht. Er bestaunt den Bezirk, in dem »Sankt Joseph der Zweite« heimisch geworden ist: in der Kapelle mit den Gemälden der Geschichte des heiligen Joseph.

Ihm sucht dieser fromme Mensch in der Abgeschiedenheit des Gebirges nachzuleben, inspiriert durch die Bilder von Stationen aus dem Leben des Heiligen. Eine Idylle im Blick auf ein hohes Vorbild hat sich hier ausgebildet, so scheint es. Urtümliche Daseinsform wird rekapituliert, friedliche, in beschränkter Tätigkeit sich genügende Geborgenheit. Doch bei näherem Zusehen verflüchtigt sich der Schein der Idealität. Nur aus der Perspektive Wilhelms, der Jarnos Lehrsätze erst noch hören wird, zeigt sich die wunderlich-wunderbare Welt Josephs des Zweiten, und von jenem Zusammenspiel von Denken und Tun, Tun und Denken ist in dessen Leben nichts zu erkennen. War schon der biblische Joseph für Goethe durch fragwürdige Passivität gekennzeichnet, so ist sein Nachfolger ein zweifelhafter Nachahmer von Gemälden, die durchaus dilettantisch sind und zudem noch die Züge spätmittelalterlicher Verklärung tragen. Als Goethe diese Geschichte von Sankt Joseph schrieb – 1807 wurde sie schon im Tagebuch erwähnt –, war es bekanntlich die Zeit seiner scharfen Attacken auf die von manchen hochgelobte und gegen die Antike ausgespielte christliche Kunst, auf die »neukatholische Sentimentalität«, das »klosterbrudrisierende, sternbaldisierende Unwesen« (A 13, 451). Nur mit Ironie kann er die Idylle vom Leben eines Menschen, der in der Nachahmung dieser Art aufgeht, gestaltet haben. Die Funktion eines Leitbildes nimmt sie nicht ein; vielmehr kontrastiert sie zu den Bezirken, in denen weltzugewandte, in die Weite dringende Tätigkeit bestimmend ist.

Drei Tage lang lernen Wilhelm und Felix den Bezirk des »Oheims« kennen, eines Gutsbesitzers, der aus Amerika zurückgekommen ist und sein Gemeinwesen in der Art eines absolutistisch aufgeklärten Patriarchen verwaltet. Hier beginnt die Reihe sozialer Modelle, die Goethe in den *Wanderjahren* entwirft und vorstellt, manches dabei nur skizzierend, wie er es den Redakteur der Archivpapiere jeweils einrichten läßt. Im Rahmen der Dichtung trieb er eine erstaunliche Zeitanalyse, die das, was er von gesellschaftlich und wirtschaftlich bewegenden Kräften erkannte, ins Kalkül nahm. Das Gerede vom ›unpolitischen Goethe‹ müßte vor dem Ernst dieser Beschäftigung mit Sozialstrukturen eigentlich verstummen. Gewiß, in die praktische Politik schaltete er sich nicht ein, seit er Kunst und Wissenschaft als die ihm zukommenden und anvertrauten Gebiete anerkannt hatte. Aber produktive, Modellentwürfe wagende Zeitdiagnose im Experimentierfeld der Dichtung versagte er sich nicht. Dabei versuchte er keine geschichtsanalytischen Herleitungen und strebte keine wissenschaftlich stringente allseitige Erfassung der Faktoren an, die die sozialen Strukturen bestimmten und die Veränderungsprozesse in ihnen bewirkten, sondern er überführte Einsichten, Vermutungen und Erwartungen in die Gestaltenwelt der Dichtung, die sich mit Ausschnitten, fragmentarischen Konstellationen und andeutenden Verweisen begnügen darf.

Im Bezirk des Oheims ist alles nach klaren Prinzipien geregelt, die den Nutzen des einzelnen und der Gemeinschaft fördern sollen. Besitz und Mehrung des Besitzes sind erwünscht, aber er muß zum Nutzen der Allgemeinheit beitragen und darf die Nachbarn nicht schädigen. Obst und Gemüse, das der Oheim anbaut, helfen die Ernährung der Bergbauern sichern, und aus seinen Baumschulen gibt er den Landleuten Pflänzlinge ab. Ein Muster landwirtschaftlicher Produktion ist entworfen, bei der das Eigeninteresse des Besitzenden mit den Bedürfnissen der Gemeinschaft harmoniert. Das Privateigentum hat seine Berechtigung, da und sofern es den Interessen aller dient. Anders als im Feudalismus wird Grundeigentum hier als Ware angesehen, die unter dem Aspekt des Gewinns zu behandeln ist, wovon alle profitieren. Adliges Repräsentationsgebaren ist verschwunden, nutzbringende Tätigkeit regiert, wie am Beispiel der auf reine Zweckmäßigkeit eingeschränkten Mahlzeiten sinnfällig wird. Alle in diesem Bezirk Lebenden fügen sich ohne Schwierigkeiten in die Arbeitsabläufe ein. Hilfsmaßnahmen gegen Unfälle sind organisiert und funktionieren; die Polizei achtet auf Ordnung, hat aber nur Bagatellfälle zu ahnden. Für den Oheim, den philanthropische Ideen beflügeln, nicht aber wirkliche Sozialreformen, die an Besitzverhältnissen etwas änderten, scheint der Eigennutz mit dem Gemeinnutz eine schöne Übereinstimmung eingehen zu können, und die europäische Kultur, der er sich verbunden fühlt, ist ihm eine Quelle des Ansporns, humanitär tätig zu sein (und nicht in passiver Nachahmung zu verharren wie jener zweite Joseph).

Eine Utopie, zweifellos, und als solche im Text markiert; denn die Inschriften, die der Oheim überall angebracht hat, um jederzeit alle an seine Prinzipien zu erinnern, regen zu ironisch-kritischer Nachfrage an. »Ich aber finde«, meint Hersilie, »daß man sie alle umkehren kann und daß sie alsdann ebenso wahr sind, und vielleicht noch mehr.« Und Wilhelm Meister zielt beim Spruch »Besitz und Gemeingut« ins Zentrum, als er fragt: »Heben sich diese beiden Begriffe nicht auf?« (8, 68) Die Erklärungen, die folgen, um den Sinn des Bonmots zu erweisen, bringen Bedenkenswertes und können doch die grundsätzliche Antinomie, die in der behaupteten Identifikation von Eigennutz und Gemeinnutz steckt und im weiteren Gang der gesellschaftlichen Entwicklung aufbrechen mußte, nicht aufheben.

Jede Art von Besitz soll der Mensch festhalten, er soll sich zum Mittelpunkt machen, von dem das Gemeingut ausgehen kann; er muß Egoist sein, um nicht Egoist zu werden, zusammenhalten, damit er spenden könne. Was soll es heißen, Besitz und

Gut an die Armen zu geben? Löblicher ist, sich für sie als Verwalter betragen. Dies ist der Sinn der Worte »Besitz und Gemeingut«; das Kapital soll niemand angreifen, die Interessen werden ohnehin im Weltlaufe schon jedermann angehören (8, 69).

So ist im Oheim-Bezirk eine Utopie gestaltet, in der kapitalistische Wirtschaftsweise durch die Fürsorge des Eigentümers für die Nichtbesitzenden gerechtfertigt und das Zusammenpassen von Eigennutz und Gemeinnutz als reale Möglichkeit angenommen wird. Goethes Hoffnungen sind in sie eingegangen, der das Besitzstreben des unter Nützlichkeitsgesichtspunkten wirtschaftenden Bürgers als gesellschaftliche Notwendigkeit einschätzte und einen harmonischen Ausgleich der Interessen aller für möglich ansah; ein Konzept, in dem der Gedanke an revolutionären Umsturz nur eine Verhöhnung geglückter Ordnung sein könnte.

Der »Pädagogischen Provinz« überläßt Wilhelm seinen Sohn Felix zur weiteren Erziehung. Ausführlich wird er beim Eintritt in den Bezirk und dann nach einigen Jahren, als er dahin zurückkehrt, über die Grundsätze, die dort herrschen, informiert. »Für eine Art von Utopien« hält Lenardo nach allem, was er davon gehört hat, diese Einrichtung (8, 141). In der Tat erscheint die »Provinz« als ein utopischer Modellentwurf. Auf landwirtschaftlicher Grundlage organisiert, trägt sie sich selbst und ist als eigener Bezirk streng von der Außenwelt abgesondert. Jungen werden hier, vom Elternhaus getrennt, nach genauem Plan erzogen. Ziel und Grundsätze der Erziehung gründen in der Überzeugung, daß eine intensive spezialisierte Ausbildung nötig ist, die auf der Basis einer Frömmigkeit ruht, deren Ehrfurchtslehre dem Menschen die rechte Haltung für das tätige Leben in der Gemeinschaft anerzieht. So wird dem unkundigen Wilhelm zunächst eingehend jene Religiosität erläutert, die sich in den Formen der Ehrfurchten äußert, zu denen die Zöglinge angehalten werden, und die bereits an früherer Stelle (oben S. 960) zu besprechen waren. Die praktische Ausbildung steht ganz im Dienst der Formung des einzelnen zu einem nützlichen, einem nötigen Glied der Gesellschaft (8, 283), »zum notwendigsten Glied unserer Kette« (8, 243). Was Jarno-Montan über die Notwendigkeit verkündete, sich auf *ein* Handwerk zu beschränken, was später auch für den Auswandererbund gefordert wird, soll in der »Pädagogischen Provinz« erzieherisch praktiziert werden. In der gesellschaftlichen Entwicklung ist die Arbeitsteilung, wie Goethe hier durchblicken läßt, unausweichlich, aber die damit verbundenen Defizite werden, so der Optimismus des Entwurfs, durch die den einzelnen befriedigende Aufnahme in die mit seinen Bedürfnissen und Interessen übereinstimmende Gesellschaft aufgehoben. Anders als in den *Lehrjahren* ist das suchende Irren des Individuums nicht mehr ein im ganzen doch fruchtbares Sammeln von Erfahrungen, sondern ein Abweg, der verhindert werden muß. Zwar soll auch in der »Provinz« jeder selbst finden, wozu seine Fähigkeiten taugen, aber dann haben die Lehrer deren sorgfältige Ausbildung zu lenken und zu überwachen. Bezeichnend genug, daß gerade die traditionelle Schauspielkunst aus der »Pädagogischen Provinz« verbannt ist. Für solche »Gaukeleien« (8, 257) ist kein Platz, und einer untätigen Menge von Zuschauern, die an der gebotenen Kunst selbst gar nicht beteiligt sind, etwas vorzuführen widerspricht den Ausbildungsprinzipien zu eigener Wirksamkeit. Die anderen Künste werden durchaus gelehrt, stets in strengem Fortschreiten vom Handwerklichen der jeweiligen Kunst zur weiteren Kunstfertigkeit (wie Goethe selbst es seit langem unermüdlich den Künstlern anriet), aber immer bleibt der Zusammenhang mit dem Leben der Gemeinschaft, der Nutzen für sie im Blick. Kunst und Gesellschaft sollen nicht voneinander getrennt sein, sondern jene soll im täglichen Leben beheimatet sein. Subjektive Selbstverwirklichung in der Einsamkeit künstlerischen Schöpfertums wird nicht angestrebt, sondern sinnvolles Zusammenspiel von Kunst und Gesellschaft. Arbeit und Spiel werden im Erziehungsprogramm miteinander verbunden; denn die praktischen und geistigen Fähigkeiten sind, jedem einzelnen gemäß, zu entfalten. Dem entspricht auch, daß die Zöglinge keine Uniform tragen. »Der Uniform sind wir durchaus abgeneigt, sie verdeckt den Charakter und entzieht die Eigenheiten der Kinder, mehr als jede andere Verstellung, dem Blicke der Vorgesetzten« (8, 166). Der Satz widerspricht genau jenem in den *Wahlverwandtschaften* formulierten Ausspruch (oben S. 833), ein Beispiel dafür, wie perspektivgebunden manche maximenhaft klingende Äußerungen in Goethes Schriften sind.

Die »Pädagogische Provinz« der *Wanderjahre* mutet wie eine erfindungsreiche Konstruktion an, die sich die Fiktion leisten darf. Doch Goethe phantasierte nicht; er nahm Anregungen auf, die die Wirklichkeit ihm bot. Philipp Emanuel Fellenberg unterhielt in Hofwyl bei Bern ein Erziehungsinstitut, dessen Ordnung und Verfahrensweisen die Konzeption der »Provinz« in mancher Hinsicht beeinflußt haben. Auch dort wurden spezielle Fertigkeiten ausgebildet, Neuankömmlinge auf ihre besonderen Fähigkeiten geprüft, und die Lage der über mehrere Dörfer verstreuten Lehranstalten ähnelte der »Provinz«. Allerdings waren bei Fellenberg die Kinder der verschiedenen sozialen Schichten voneinander getrennt und wurden auch unterschiedlich ausgebildet, wogegen in den *Wanderjahren* jedem die Chance gleicher Ausbildung zukommt. Und während Goethe an der »Pädagogischen Provinz« schrieb, die schon zur ersten Fassung des Romans gehörte, beschäftigten ihn und Heinrich Meyer auch »Vorschläge zur Einrichtung von Kunstakademien«, die sie für interessierte Stellen der Berliner

Verwaltung entwarfen. Umgekehrt zeigte er 1822 in *Kunst und Altertum* sogleich die »Vorbilder für Fabrikanten und Handwerker« an, die ihm vom Berliner Minister für Handel und Gewerbe übersandt worden waren. Die Utopie der »Pädagogischen Provinz« entpuppt sich also als ein Entwurf, in dem durchaus zeitgenössische Wirklichkeit verarbeitet ist.

Es vergeht lange Zeit, bis Wilhelm zum Bund der Auswanderer stößt. Wir können seinen Reisen zu den Spinnern und Webern im Gebirge, in die Heimat Mignons und wieder zurück zur »Pädagogischen Provinz« hier nicht folgen. Die Gesellschaft, zu der er endlich findet, ist ein Bund von Handwerkern, der auf eigene Weise Reformpläne entwickelt, um Probleme der materiellen Produktion und des gesellschaftlichen Zusammenlebens und -wirkens unter den Entwicklungsbedingungen der Zeit zu lösen. Nach und nach stellen sich viele der alten Bekannten aus den *Lehrjahren* ein. Sie haben inzwischen fast alle ein Handwerk erlernt, und im Kreis der zur Wanderschaft Bereiten lebt der Geist, wie er schon im Bezirk des Oheims wirkte und in der Erziehung der »Pädagogischen Provinz« vermittelt wurde. Wie dort die Zöglinge, von Musik ausgehend und von ihr begleitet, sich Fähigkeiten im handwerklichen, landwirtschaftlichen oder künstlerischen Sektor aneignen, so gehört Musik auch hier als akkompagnierendes und belebendes Element zu den Zusammenkünften hinzu. Entsagung im schon bekannten Sinn ist die selbstverständliche Voraussetzung für die Konzepte, die im Bund erörtert werden. Die den Distrikt des Oheims regelnden Prinzipien bleiben gültig. Bei seiner großen Rede geht Lenardo vom Lob des Grundbesitzes aus: »Da überzeugen wir uns denn von dem hohen Wert des Grundbesitzes und sind genötigt, ihn als das Erste, das Beste anzusehen, was dem Menschen werden könne« (8, 384). Aber nachdem er ihn als die »Grundfeste alles Daseins« gefeiert hat, akzentuiert er einen neuen, wichtigen Gedanken:

Und doch darf man sagen: Wenn das, was der Mensch besitzt, von großem Wert ist, so muß man demjenigen, was er tut und leistet, noch einen größern zuschreiben. Wir mögen daher bei völligem Überschauen den Grundbesitz als einen kleineren Teil der uns verliehenen Güter betrachten. Die meisten und höchsten derselben bestehen aber eigentlich im Beweglichen und in demjenigen, was durchs bewegte Leben gewonnen wird (8, 385).

Das Leistungsprinzip wird inthronisiert, und wie schon im Bezirk des Oheims der Grundbesitz in Warenfunktion überführt wurde, so wird hier der Wert der »beweglichen« Güter als Wesentliches hervorgehoben. Damit ist bürgerliches Wirtschaften und Erwerbsstreben anvisiert, während gerade der feste, nicht als Ware abgelöste Grundbesitz die Existenzweise des Adels charakterisierte. Die Adligen, die zur Gemeinschaft der Entsagenden gestoßen sind, wissen sich der ökonomischen Entwicklung anzupassen und versuchen, sie aus wohlverstandenem Eigeninteresse voranzutreiben. Schon in den *Lehrjahren* war die Idee der Auswanderung aufgetaucht (Buch 8, Kap. 7). In den hiesigen Gegenden schienen »die Besitztümer beinahe nirgends mehr recht sicher« zu sein (7, 563). Die Mitglieder des Turms wollten eine »Sozietät« bilden, »die sich in alle Teile der Welt ausbreiten, in die man aus jedem Teile der Welt eintreten kann«. So vermöge man sich für alle Notfälle einer Revolution untereinander die Existenz zu »assekurieren«. In den *Wanderjahren* wird nun, wenn auch in vielem nur skizziert, ein Siedlungsplan für einen ganzen Auswandererbund entworfen, der jedem in seinem Beruf Tüchtigen ökonomischen Nutzen bietet, alle in der Gesinnung fürs Gemeinwohl zusammenhält und den Respekt vor der Ordnung der gesellschaftlichen Organisation fordert. Es zeichnet sich eine ideale Gemeinschaft ab, in der der einzelne für sich tätig ist und damit zugleich das Wohl des Ganzen befördert und in der das Kollektiv sich der Unvollkommenheiten seiner Glieder annimmt. In dieses Konzept spielt die Theorie eines Adam Smith und anderer hinein, nach der das Erfolgsstreben des einzelnen, sofern es nicht rücksichtslos auf Kosten der anderen vorangetrieben wird, in einem geradezu prästabilierten harmonischen freien Zusammenspiel der Kräfte das Glück der Gesamtheit hervorbringe. »Trachte jeder, überall sich und andern zu nutzen!« ruft Lenardo in seiner programmatischen Rede aus (8, 386), und später wird der Obrigkeit die Aufsicht über die Spielregeln übertragen: »Niemand soll dem andern unbequem sein; wer sich unbequem erweist, wird beseitigt, bis er begreift, wie man sich anstellt, um geduldet zu werden« (8, 406). Noch 1830 wies Goethe schroff die staatssozialistischen Ideen der Saint-Simonisten zurück, die die Produktionsmittel in Gemeineigentum verwandeln wollten und bestand darauf: »Wenn jeder nur als einzelner seine Pflicht tut und jeder nur in dem Kreise seines nächsten Berufes brav und tüchtig ist, so wird es um das Wohl des Ganzen gut stehen« (E 20. 10. 1830).

Die Organisation des Auswandererbundes strebt offensichtlich einen Ausgleich zwischen individuellen und gesellschaftlichen Wünschen und Ansprüchen an, eine soziale Integration der Tätigen, die sich die Lehre der Entsagung und die Erziehungsziele der »Provinz« zu eigen gemacht haben. Ohne strikte staatliche Ordnung ist das Funktionieren des Gemeinwesens allerdings nicht gewährleistet. Was der Redakteur über ihre Einrichtung aus den Unterlagen wissen läßt, sind fast nur Andeutungen; es ist noch nicht ausgegoren, und die Anordnungen zirkulieren »unter der Gesellschaft selbst noch als Probleme« (8, 408). Der Leser gewinnt den Eindruck, als solle ein nichtfeudalistisches System errichtet werden, in dem jedoch eine strenge ständische Gruppierung erhalten bleibt und Befehl und Gehorsam respektiert sein wollen. Eine »mutige Obrigkeit« wird gewünscht (8, 406); wer sie legitimiert, bleibt unklar. Polizeidirektoren amtieren; wenn es nötig ist, rufen sie »mehr oder weniger Geschworene« zusammen; nach welchen Prinzipien, bleibt ebenfalls offen. Religiöser Kultus wird gefordert, und zwar auf christlicher Grundlage; Juden sind nicht geduldet (8, 405), wohl auch wegen ihrer Geschäftstüchtigkeit nicht (8, 387). Von der Religionsausübung wird die Sittenlehre »ganz abgesondert« und in wenigen Geboten erfaßt: »Mäßigung im Willkürlichen, Emsigkeit im Notwendigen« (8, 405). Es sind tastende Versuche, »die Vorteile der Kultur mit hinüber[zu]nehmen und die Nachteile zurück[zu]lassen« (8, 408). Eine freie Selbstorganisation, die unter Mitwirkung aller zustandekommt, zeichnet sich noch keineswegs ab; denn das Mißtrauen gegen die »Majorität« und ihre Entscheidungsfähigkeit ist groß, dies übrigens in Übereinstimmung mit Goethes oft bekundeter Meinung: »Nichts ist widerwärtiger als die Majorität; denn sie besteht aus wenigen kräftigen Vorgängern, aus Schelmen, die sich akkommodieren, aus Schwachen, die sich assimilieren, und der Masse, die nachtrollt, ohne nur im mindesten zu wissen, was sie will« (M; 12, 382).

Was Amerika, das Ziel des Auswandererbundes, so anziehend machte, war die Chance, neu anfangen zu können. »In der alten Welt ist alles Schlendrian, wo man das Neue immer auf die alte, das Wachsende nach starrer Weise behandeln will« (8, 332). War in der ersten Fassung der *Wanderjahre* das Wandern noch nicht als Auswandern konzipiert, sondern als Umherziehen um einen europäischen Mittelpunkt, so trug die Zunahme der Kenntnis, die Goethe im letzten Lebensjahrzehnt von der Neuen Welt gewann, dazu bei, die Wanderer zu Auswanderern werden zu lassen. Auch das Reisetagebuch, das Prinz Bernhard, der zweite Sohn Carl Augusts, auf seiner Nordamerikareise 1825 geführt hatte und Goethe mit dem Historiker Luden 1828 zum Druck brachte, vermittelte neue Einsichten. »Drüben über dem Meere, wo gewisse menschenwürdige Gesinnungen sich immerfort steigern« (8, 330), schienen freiere Möglichkeiten gegeben zu sein, Projekte ohne den Ballast europäischer Traditionen in Angriff zu nehmen und Entwicklungen voranzubringen, die auch hier die Zukunft bestimmen würden. Aber nicht nur Auswanderung nach Amerika wird im Bund der zu gemeinsamer Tätigkeit Entschlossenen erwogen, auch eine europäische Binnensiedlung zeichnet sich ab, deren führender Kopf Odoard ist, der nach schweren persönlichen Liebesverwicklungen zur Entsagung gefunden hat. In einer abgelegenen Provinz ermöglicht ein deutscher Fürst die Inangriffnahme eines modernen Projekts, das dem amerikanischen verwandt ist, wenn auch wegen der bestehenden feudalen Traditionen mit größeren Schwierigkeiten zu kämpfen hat.

Im Erprobungsraum der *Wanderjahre* bedenkt Goethe (sich mit der Archivfiktion die Freiheit zu Skizzen und Andeutungen einräumend) mögliche gesellschaftliche und ökonomische Veränderungen der Zeit. Das heraufziehende Industriezeitalter kündigt sich besonders in jenen Partien an, in denen er (in Lenardos Tagebuch) breit über die Baumwollspinnerei berichten läßt. (Heinrich Meyers authentische Aufzeichnungen dienten als Quellenmaterial.) Bis in Einzelheiten hinein wird beschrieben, wie sie in den Gebirgsdörfern als Heimindustrie betrieben wird; ein literarisches Denkmal eines zum Absterben verurteilten Handwerks. Susanne, die »Schöne-Gute«, erkennt die Entwicklung, die nicht aufzuhalten ist. »Das überhandnehmende Maschinenwesen quält und ängstigt mich, es wälzt sich heran wie ein Gewitter, langsam, langsam; aber es hat seine Richtung genommen, es wird kommen und treffen« (8, 429). Nur einen doppelten Weg sieht die Besorgte, »einer so traurig wie der andere: entweder selbst das Neue zu ergreifen und das Verderben zu beschleunigen, oder aufzubrechen, die Besten und Würdigsten mit sich fort zu ziehen und ein günstigeres Schicksal jenseits der Meere zu suchen« (8, 430). Im Bund mit den Entsagenden eröffnet sich eine Lösung: Susanne wird bei Makarie leben, bis sie sich imstande fühlt, den Weg nach drüben anzutreten. Sie übergibt ihr Besitztum, und so wird »die vollkommene Einrichtung einer neuen Fabrikation durch Lokal und Zusammenwirkung möglich, und die Bewohner des arbeitslustigen Tales werden auf eine andere, lebhaftere Weise beschäftigt« (8, 446f.). Der Plan der Industrialisierung wird auch von Lenardo gebilligt, und noch deutet nichts darauf hin, welche Probleme das Zusammenspiel und der Konflikt zwischen Arbeit und Kapital im Zuge der industriellen Entwicklung heraufbeschwören werden. Noch trägt der Glaube, daß es nur der Gutwilligkeit aller bedürfe, und die von der Zeit der Einseitigkeiten erzwungene Beschränkung auf spezielle Fertigkeiten bleibt versöhnt mit der Idee der harmonischen Integration des einzelnen in das Ganze der Menschheit.

Schon früh auf seiner Wanderung wird Wilhelm Meister zur eigenartigsten Gestalt des Romans geleitet, zu Makarie, der Seligen, wie ihr griechischer Name sagt. Gebrechlich, körperlich leidend, nimmt sie doch an allem teil, vermittelt ratend und helfend, vermag die wahren Verhältnisse der Menschen zu durchschauen, die anderen verborgen bleiben. Nichts nimmt sie nur für sich in Anspruch, sieht von sich selbst ab, weiß sich auf eine realitätsüberhobene Weise dem All verbunden, ja es wird von ihr gesagt, im Geist, der Seele, der Einbildungskraft hege und schaue sie nicht nur das Sonnensystem,

»sondern sie macht gleichsam einen Teil desselben« und sieht sich in jenen himmlischen Kreisen mit fortgezogen, wandelt seit ihrer Kindheit um die Sonne, in einer Spirale, »sich immer mehr vom Mittelpunkt entfernend und nach den äußeren Regionen hinkreisend« (8, 449). Der Redakteur berichtet mit geziemender Reserve, mit leichter Ironie von »dieser ätherischen Dichtung« (8, 452). Über Plato hatte Goethe geschrieben: »Alles, was er äußert, bezieht sich auf ein ewig Ganzes, Gutes, Wahres, Schönes, dessen Forderung er in jedem Busen aufzuregen strebt« (14, 54). Der Satz könnte auch für Makarie gelten. Sie ist die vollkommenste Entsagende, und als solche wird sie im Bund der Wandernden verehrt. Während Wilhelms erstem Besuch bei ihr wird er auf die Sternwarte geführt, die sich auf ihrem Besitz befindet, wird vom Astronomen belehrt und sich im Anschauen des Sternenhimmels und in der Ahnung des Unendlichen seines Auftrags als Mensch bewußt: »Darfst du dich in der Mitte dieser ewig lebendigen Ordnung auch nur denken, sobald sich nicht gleichfalls in dir ein beharrlich Bewegtes, um einen reinen Mittelpunkt kreisend, hervortut?« (8, 119) So wie hier in Makariens Nähe die geahnte Beziehung zum Absoluten sich herstellt, so zeugt jene vergeistigte, dem Übersinnlichen verbundene ›selige‹ Frau sinnbildlich in der Gemeinschaft der Entsagenden davon, daß in der Begrenzung die Beziehung zu einem Höchsten, Geistigsten nicht abgerissen ist. Der Mikrokosmos des Menschen ist aus dem Makrokosmos nicht entlassen, sondern steht mit ihm in Übereinstimmung. Das hat Goethe viele Male zu veranschaulichen versucht. Bezeichnend, wie im späten Gespräch über Makarie das Eindringen in die tiefsten Klüfte der Erde und das Entfernen in die Höhe zueinander in Beziehung gesetzt werden. »An und in dem Boden findet man für die höchsten irdischen Bedürfnisse das Material, eine Welt des Stoffes, den höchsten Fähigkeiten des Menschen zur Bearbeitung übergeben; aber auf jenem geistigen Wege werden immer Teilnahme, Liebe, geregelte freie Wirksamkeit gefunden. Diese beiden Welten gegeneinander zu bewegen, ihre beiderseitigen Eigenschaften in der vorübergehenden Lebenserscheinung zu manifestieren, das ist die höchste Gestalt, wozu sich der Mensch auszubilden hat« (8, 444 f.).

Nimmt man die Aphorismen der »Betrachtungen im Sinne der Wanderer« und »Aus Makariens Archiv« hinzu, in denen spruchhaft über Aspekte von Kunst und Literatur, Geschichte und Gesellschaft, Philosophie und Physik und anderes mehr reflektiert wird und in die entsprechend der Weisheit »Alles Gescheite ist schon gedacht worden, man muß nur versuchen, es noch einmal zu denken« (8, 283), manche alten Gedanken aufgenommen sind, dann erweisen sich die *Wanderjahre* in ihrem aggregathaften Zustand als ein großes Kompendium des alten Goethe, in dem er, Entsagung und selbstsicher im Begrenzten sich erfüllende Tätigkeit als conditio humana der Zeit anerkennend, Möglichkeiten individuellen Daseins und sozialer Gemeinschaften nachspürt und, in offener und verdeckter Beziehung darauf und in wechselseitiger Spiegelung, in den unterhaltsamen Novellen unerhörte oder auch nur irritierende Begebenheiten dem Nachsinnen der Leser anbietet. Am Ende wagen die Auswanderer den Aufbruch ins ferne Amerika. Ob ihr optimistischer Entwurf und der Plan der Binnensiedler um Odoard in Erfüllung gehen oder an den Realitäten zerschellen werden, davon erfahren wir nichts mehr. »Bleiben, Gehen, Gehen, Bleiben / Sei fortan dem Tücht'-gen gleich, / Wo wir Nützliches betreiben, / Ist der werteste Bereich« (8, 413).

Faust. Der Tragödie zweiter Teil

1806 hatte Goethe, die Fragmente endlich zu *einem* Stück verbindend, ein Faust-Drama abschließen können; 1808 war *Faust. Eine Tragödie* erschienen. Aber was der »Prolog im Himmel« als Spielentwurf vorgegeben hatte, in dem »der Herr« Mephisto gestattete, Faust auf die Probe zu stellen, war keineswegs zu Ende gebracht. Gretchen zerrüttet und zu Grunde gerichtet, Faust verzweifelt: das konnte nicht der Schluß eines unter so großer Perspektive eröffneten Dramas bleiben, das konnte nicht alles sein, wozu Faust aufgebrochen war, wohin er sich hatte treiben lassen, was er – und sei's mit Hilfe der schwarzen Magie – erkunden wollte, und so ohne jedes Urteil der höchsten Instanz wäre der »Prolog« nichts als schmückendes Beiwerk geblieben. Ein zweiter Teil muß von früh an zum Konzept des Goetheschen Faust-Dramas gehört haben. Schon zur Zeit der Gespräche mit Schiller dürfte ein Schema skizziert worden sein, das Stichworte auch für die Fortsetzung enthielt: »Lebens-Genuß der Person von außen gesehn 1. Teil. in der Dumpfheit Leidenschaft. / Taten-Genuß nach außen 2. Teil. Und Genuß mit Bewußtsein. Schönheit. / Schöpfungs-Genuß von innen« (3, 427). Hier ist bereits angedeutet, wie sehr im zweiten Teil der bloße »Lebens-Genuß« des auf sich selbst bezogenen Faust zurücktreten wird gegenüber dem tätigen Zugriff auf die Welt, und die Abbreviaturen weisen hin auf die Reflexionsprozesse um die in Helena konzentrierte Schönheit und die Schwierigkeiten, solchen Genuß zu erreichen. Die Begegnung mit Helena hatte der Dichter wohl stets vorgesehen; auch die Faust-Sage wußte ja davon. Und in der Zeit der intensiven Beschäftigung mit der Antike um die Jahrhundertwende widmete er sich zwischendurch gerade Szenen um diese Gestalt der griechischen Sage, so daß 1800 der Helena-Akt in wichtigen

Teilen gestaltet war. Aber mit dem ersten Teil des 1808 erscheinenden *Faust* konnte er noch nicht verbunden werden, auch wenn vermutlich schon weitere Partien des zweiten Teils genauer konzipiert oder gar ausgeführt waren. Die Gedanken an die Vollendung des Dramas ruhten gewiß nie, doch zu einer kontinuierlichen Weiterarbeit kam es nicht. Fast scheint es, Goethe hätte vor den Schwierigkeiten kapitulieren wollen. Denn 1816, als er an *Dichtung und Wahrheit* diktierte, wo er über den Beginn seiner Faust-Dichtung berichten wollte, verfaßte er eine ausführliche Inhaltsangabe des zweiten Teils, um wenigstens vom Geplanten Bericht zu erstatten (3, 431 ff.). Aber dann brauchte sie doch nicht in den Druck aufgenommen zu werden: Nach langer Pause, ständig von Eckermann gerade unter Hinweis auf jenen Überblick gedrängt, hatte sich Goethe wieder dem unvollendeten Werk zugewandt. Jahre waren vergangen, andere Aufgaben ihm näher gewesen. Aber seit 1825 füllte sich das Tagebuch mit laufenden Hinweisen, daß *Faust* ihn beanspruchte.

Zunächst begann er den ersten Akt auszuführen, die Szenen am Kaiserhof, den Mummenschanz, dann griff er vor auf den letzten Akt. 1827 nahm der vierte Band der »Ausgabe letzter Hand« den späteren dritten Akt auf: »Helena. Klassisch-romantische Phantasmagorie. Zwischenspiel zu Faust«. Aber noch waren die »Antezedenzien«, in denen Faust zu Helena geführt wird, auszugestalten: 1828 bis 1830 formte sich die »Klassische Walpurgisnacht«. Mit der ihm bis ins höchste Alter geschenkten schier unglaublichen Erfindungsgabe und Gestaltungskraft gelang es ihm noch 1831, den vierten Akt auszuführen, den Kampf des Kaisers mit dem Gegenkaiser und die Übertragung des Küstengebiets an Faust, worauf dieser seine Herrschaft ausbauen will. Endlich war im August 1831 das Werk vollbracht, das ihn sechzig Jahre seines Lebens begleitete. »Und es war in der Hälfte des Augusts, daß ich nichts mehr daran zu tun wußte, das Manuskript einsiegelte, damit es mir aus den Augen und aus allem Anteil sich entfernte« (an C. F. v. Reinhard, 7. 9. 1831). Die Nachwelt mochte darüber befinden. Und doch ließ ihn die Dichtung nicht los. Im Januar 1832 nahm er sie wieder vor, las mit seiner Schwiegertochter Ottilie in ihr, und noch am 24. Januar diktierte er ins Tagebuch: »Neue Aufregung zu Faust in Rücksicht größerer Ausführung der Hauptmotive, die ich, um fertig zu werden, allzu lakonisch behandelt hatte.«

Bei diesem Werk mit seinen 12 111 Versen drängt sich die Rede von der Unerschöpflichkeit einer Dichtung auf, und es dürfte sich wohl kein Interpret finden, der sich anmaßte, ihm gerecht werden oder es sich in allen seinen Teilen verstehend aneignen zu können. Immer bleiben es Annäherungsversuche, und die Verkürzungen, zu denen der Verfasser einer Gesamtdarstellung von Goethes Leben und Werk gezwungen ist, reduzieren Erläuterungen auf spärliche Hinweise. »Fast ganz subjektiv« sei der erste Teil, ließ Eckermann Goethe am 17. Februar 1831 bemerken. Das Zitat, ob authentisch oder eine Eckermannsche Interpretation, zielt auf den grundsätzlichen Unterschied zwischen *Faust I* und *Faust II*. Dominiert im ersten Teil die Ausprägung des Individuellen, des charakteristisch Besonderen bei den das Drama bewegenden Gestalten, so ist nun das Subjektive auf weite Strecken hin zurückgenommen und ein Spiel sinnbildlicher Vorgänge inszeniert, in dem Figuren und Geschehnisabläufe zu Funktionen einer bedeutungshaltigen Repräsentation werden, die Grundphänomene wesentlicher Bereiche des Lebens allgemein zur Erscheinung bringt. Aber nicht diskursiv, in darlegend erläuternder Sprache wird über die Genese von Natur und Kunst, über Gesellschaft, Dichtertum und Schönheit, mythologische Geschichtserfahrung und visionären Ausgriff in die Zukunft verhandelt, sondern in ebenso anschaulichen wie schwer zu durchschauenden Vorgängen, in denen unverkennbar sinnbildliche Bedeutung beschlossen ist, entfaltet sich ein Spiel von welttheatralischen Dimensionen. Symbolik und Allegorik werden genutzt, offensichtliche und verdeckte Verweisungszusammenhänge durchziehen das Stück, Bestandteile aus Mythen werden übernommen und neue mythische Konstellationen erfunden. Es ist, als wolle Goethe Bewußtsein und Imagination von wesentlichen Mächten des Lebens überhaupt und seiner Zeit im besonderen in der vielsinnigen Poesie des *Faust II* auffangen. Da wirkt vieles zusammen: das sichere Verfügen über den Fundus der Weltliteratur, die Reflexion über das Bild des Menschen von der idealisierten Antike bis zu den Erfahrungen in der Moderne, die naturkundlichen Einsichten, die er sich in jahrzehntelangen Bemühungen gewonnen hatte. Von allem wurde die Verwandlung in die poetische Metaphernwelt befruchtet.

Souverän verfügt Goethe im zweiten *Faust* über Räume und Zeiten, läßt Kaiser und Gegenkaiser kämpfen, verknüpft Mittelmeerisches und Nordisches, schickt Faust in die Unterwelt und schenkt Helena und ihm einen Sohn, veranstaltet ein Fest der Elemente an den Gestaden des Ägäischen Meers, verwandelt Mephisto in häßliche Kontrastfiguren und erhöht den Schluß zu einem Oratorium metaphysischer Verklärung. Der Reichtum an Bildern ist unübersehbar, und mag der Dichter ein genaues Geflecht von Verweisungen geknüpft haben, so ist es zwar aufzudecken, verliert aber nicht seine Bedeutungsvielfalt. »Da sich gar manches unserer Erfahrungen nicht rund aussprechen und direkt mitteilen läßt, so habe ich seit langem das Mittel gewählt, durch einander gegenübergestellte und sich gleichsam ineinander abspiegelnde Gebilde den geheimeren Sinn dem Aufmerkenden zu offenbaren« (an C. J. L. Iken, 27. 9. 1827). Die Schwierigkeit, *Faust II* zu rezipieren (und etwa in Aufführungen zu realisieren), liegt darin, sowohl die Metaphorik im einzelnen zu entschlüsseln als auch den Sinnbildzusammenhang, der das Ganze durchzieht, in seiner Bedeutung transparent zu machen. Dabei ist Eindeutigkeit nirgends gesichert, und Goethes eigene Äußerungen halten sich in der Dämmerung wohlmeinender Ironie und verunsichernder Andeutung. Das Werk sei seinem Inhalt nach »rätselhaft genug« (an Riemer, 29. 12. 1827), ein »seltsames Gebäu« (an W. v. Humboldt, 17. 3. 1832), und wiederholt sprach er von »diesen ernst gemeinten Scherzen« (an S. Boisserée, 24. 11. 1831; ähnlich an W. v. Humboldt, 17. 3. 1832). Für die Auslegungssucht hatte er bisweilen nur Spott übrig. Die Deutschen seien wunderliche Leute. »Sie machen sich durch ihre tiefen Gedanken und Ideen, die sie überall suchen und hineinlegen, das Leben schwerer, als billig. Ei, so habt doch endlich einmal die Courage, euch den Eindrücken hinzugeben, euch ergötzen zu lassen, euch rühren zu lassen, euch erheben zu lassen [...]. Da kommen sie und fragen, welche Idee ich in meinem *Faust* zu verkörpern gesucht. Als ob ich das selber wüßte und aussprechen könnte!« (E 6. 5. 1827) ›Unerschöpflichkeit‹ des *Faust* schließt daher die Lizenz zu mehrfachen Lesarten ein. Die ebenso schweifende wie geregelte Phantasie seines Dichters lädt den Leser zu nicht minder ausgreifendem wie kontrolliertem Nachvollzug ein.

Wie ein traditionelles Drama ist *Faust II* in fünf Akte (sehr unterschiedlichen Umfangs) gegliedert. Aber kein dramatisches Vorwärtsdrängen, in dem sich eine Szene aus der anderen folgerichtig entwickelte und den Kausalnexus des Geschehens einsichtig werden ließe, beherrscht die Aufeinanderfolge. Ganze Komplexe verselbständigen sich zu eigenwertigen Schauspielen in nuce, die Szene am Kaiserhof, der Mummenschanz, die »Klassische Walpurgisnacht«, zu schweigen vom dritten Akt, der Begegnung Fausts mit Helena, und dem fünften Akt mit Fausts Herrschaftsausübung, Grablegung und gnadenhafter Erlösung. Ein Handlungsverlauf ist allerdings sehr wohl vorhanden und bindet die Teile des Dramas zusammen, aber er ist von geringer Bedeutung, dient vor allem dazu, die einzelnen großen Episoden zu lokalisieren und die Geschichte um Faust weiterzutreiben; denn nach wie vor wird seine Sache verhandelt, und es ist seine Weltfahrt durch Zonen des Wirklichen und Unwirklichen, auf der er erfahren und ergründen will, was immer die Magie ermöglicht, der er sich überantwortet hat. Noch gilt ja die Wette, wenn auch von ihr nicht mehr die Rede ist, noch ist Mephisto die drängende Kraft, auch wenn er im Szenarium des mythischen Gestaltenspiels zu Nebenrollen degradiert zu sein scheint. Aber er ist es, der Faust an den Kaiserhof bringt und ihn zu den »Müttern« weist, der den Ohnmächtigen in seine alte Studierstube befördert und auf dem Zaubermantel nach Griechenland geleitet.

Die ›Handlung‹ läuft in einigen großen Phasen ab. Faust kommt an den Hof eines Kaisers, beseitigt dessen finanzielle Schwierigkeiten mit Hilfe des Papiergelds und soll auf dem großen Maskenfest die Schatten von Helena und Paris erscheinen lassen. Um das zu ermöglichen, muß er zu den »Müttern« hinabsteigen. Als er das legendäre Paar wunschgemäß heraufbeschworen hat, ergreift ihn selbst unstillbare Leidenschaft zum Inbild aller Schönheit, er will Helena wirklich besitzen. Nach Griechenland gebracht, durch die »Klassische Walpurgisnacht« ziehend, wird er in den Hades geschickt und bittet bei Persephone die Ersehnte frei (was im Drama nicht vorgeführt wird). Er lebt mit ihr in Griechenland in einer mittelalterlichen Burg zusammen, Euphorion ist beider Sohn, und er verliert ihn und Helena wieder. Dann will er mächtiger Herrscher und Täter werden. Er verhilft – mit Mephistos Täuschungskunst – dem Kaiser zum Sieg über den Gegenkaiser, wird zum Dank mit Küstengebiet belehnt und sucht nun, unbarmherzig sein Vorhaben durchsetzend, dem Meer neues Land abzugewinnen. Er scheint die Höhe der Macht schon zu erreichen, als ihn die Sorge erblinden läßt und den Hundertjährigen der Tod ereilt. Noch glaubt er die Spaten seiner Arbeiter klappern zu hören, aber in Wahrheit verrichten die Totengräber ihr Werk. Ihn erlöst die helfende Gnade; Mephisto aber geht leer aus.

Am Ende des ersten Teils war Faust in Schuld und tiefer Verzweiflung in Gretchens Kerker zurückgeblieben. »O wär' ich nie geboren!« hatte er ausgerufen (V. 4596). Nun liegt er, in »Anmutige Gegend« entführt, »auf blumigen Rasen gebettet, ermüdet, unruhig, schlafsuchend«. Verwandlung ist nötig, Vergessen des Geschehenen, Wiedergeburt zu neuem Leben, wenn die Weltfahrt fortgesetzt werden soll. In nachgelassenen Papieren Eckermanns ist Goethes Bemerkung aufgezeichnet: »Wenn man bedenkt, welche Greuel [...] auf Gretchen einstürmten und rückwirkend Fausts ganze Seele erschüttern mußten, so konnt' ich mir nicht anders helfen, als den Helden, wie ich's getan, völlig zu paralysieren und als vernichtet zu betrachten, und aus solchem scheinbaren Tode ein neues Leben anzuzünden. Ich mußte hiebei eine Zuflucht zu wohltätigen mächtigen Geistern nehmen, wie sie uns in der Gestalt und im Wesen von Elfen überliefert sind. Es ist alles Mitleid und das tiefste Erbarmen« (E, S. 706). Gericht wird nicht gehalten, und ob Faust die Erneuerung verdient, nicht geprüft. Nichts anderes bedeutet die Hilfe der Elfen, »als ihn durch einen kräftigen tiefen Schlummer die Greuel der erlebten Vergangenheit vergessen zu machen«. Von der Abenddämmerung bis zum Aufgang der Sonne reicht die Szene, in der Faust, wie von gütigen Kräften der Natur aufgenommen, Vergessenheit geschenkt wird, während der Wechselgesang des Elfenchors, ein Höhepunkt Goethescher Lyrik, die heilenden Phasen der Nacht bis zum Morgen feiert. Und ein genesener Faust erwacht: »Des Lebens Pulse schlagen frisch lebendig, / Ätherische Dämmerung milde zu begrüßen« (V. 4679f.). Ein großer Monolog folgt, in dem er neu gestärkt sich zum Wunsch bekennt, »zum höchsten Dasein immerfort zu streben« (V. 4685). Aber ein gesammelter Faust spricht hier, nicht der, der sich aus Verzweiflung über die Erkenntnisgrenzen der Magie verschrieb, statt auf geduldiges Anschauen der Natur und forschendes Eindringen in sie zu vertrauen. Dieser Beginn des zweiten Teils thematisiert, daß in der Folge die Fülle der Welt mit ihren konkreten Erscheinungen und Metamorphosen Faust begegnen wird. Er scheint bereit zu sein, Welt aufzunehmen, sich ihr zu öffnen, sich ihr auszusetzen. Betroffen wird er freilich von dem »Flammenübermaß« der Sonne (V. 4708), er muß sich abwenden; denn das Höchste unmittelbar zu schauen ist dem Menschen nicht vergönnt. Aber der Anblick des Regenbogens tröstet: »Ihm sinne nach, und du begreifst genauer: / Am farbigen Abglanz haben wir das Leben« (V. 4726f.). Eine Goethesche (platonische) Grundweisheit wird von Faust hier begriffen: »Das Wahre, mit dem Göttlichen identisch, läßt sich niemals von uns direkt erkennen, wir schauen es nur im Abglanz, im Beispiel, Symbol, in einzelnen und verwandten Erscheinungen« (*Versuch einer Witterungslehre*; 13, 305). Dem Zugriff des Menschen ist das Absolute entzogen; er ist im Zwischenbereich des Trüben und Farbigen angesiedelt, wofür der Regenbogen das Gleichnis bildet. Faust begreift es hier – und vergißt es dann doch wieder. Die Besonnenheit seines Monologs bleibt ihm nicht erhalten. Erneut werden ihn auf dem Weg durch die Welt, die ihn nach dem Schlaf des Vergessens als das Gegründete und Beglückende aufnahm (»Ein Paradies wird um mich her die Runde«, V. 4694), seine Maßlosigkeit hinreißen, seine ungeduldige Begierde übermannen, des Absoluten habhaft zu werden. Als es zu spät ist, als sich die Sorge anschickt, ihn erblinden zu lassen, weiß er zu wünschen: »Stünd' ich, Natur, vor dir ein Mann allein, / Da wär's der Mühe wert, ein Mensch zu sein« (V. 11406f.). Der Vorbehalt gegen das ›Faustische‹, vom Dichter in den so ganz ›goethisch‹ gehaltenen Anfangsmonolog eingelassen: am Ende wird er wiederholt und antwortet dem Beginn.

Ohnehin scheint der wohltätige Schlaf des Vergessens für den Faust des zweiten Teils von erheblicher Konsequenz zu sein. Nimmt ihm nicht das Bad »im Tau aus Lethes Flut« (V. 4629) seine Geschichte und seine Individualität? Zeigt *Faust II* den Helden nicht nur noch als Rollenspieler, dessen wechselnde Funktionen durch keine Identität der Person mehr zusammengehalten werden, und macht ihn die durchgängige Differenz zwischen Rolle und Person nicht zu einer allegorischen Figur? Das sind Beobachtungen neuerer *Faust*-Forschung, auf die zurückzukommen ist.

Das gewichtige Wort vom »farbigen Abglanz« läßt sich im Zusammenhang dieser Dichtung noch in einem weiteren Sinn verstehen, nämlich als Legitimation der symbolischen und allegorischen Vorgänge und Gestalten, des Sinnbildcharakters der dargestellten Bereiche und ihres Geschehens. Das Gegenständliche gibt sich als Sinnbildhaftes zu erkennen und eröffnet mit der Vielfarbigkeit und -gestaltigkeit des »Abglanzes« einen weiten Spielraum der Verweisungen auf Bewußtes und Geahntes, Erkanntes und versuchend Imaginiertes, »da sich gar manches unserer Erfahrungen nicht rund aussprechen und direkt mitteilen läßt«.

Übergangslos schließen sich im ersten Akt die Szenen am Kaiserhof an. Die Sphäre von Herrschaft und Politik stellt sich dar, aber das Reich ist zerrüttet, die Kassen sind leer, Gesetze werden mißachtet, Aufruhr droht, und der Hof frönt dem Luxus. »Das Land ist ohne Recht und Gerechtigkeit, der Richter selber mitschuldig und auf der Seite der Verbrecher, die unerhörtesten Frevel geschehen ungehindert und ungestraft« (E 1.10.1827). Mephisto, die Rolle des erkrankten Hofnarren übernehmend, hat einen Vorschlag parat: Auf die in der Erde verborgenen Schätze soll man Anweisungen drucken und als Papiergeld ausgeben. »Der Satan legt euch goldgewirkte Schlingen« (V. 4941), warnt der Kanzler vergeblich. Ein wichtiges ökonomisches Thema ist angeschlagen: das des Geldes. Aber zunächst treten die Sorgen des Reichs in den Hintergrund; denn ein Maskenfest soll gefeiert werden. Zahlreiche Gruppen allegorischer Gestalten ziehen auf, in denen sich Mächte des gesellschaftlichen und politischen Lebens darstellen und in bunter Vielfalt Erscheinungen tätigen Schaffens erkannt werden können. Auch Mephisto in der Maske des Geizes und Faust in der Rolle des Plutus, als Gott des Reichtums, mischen sich in den Mummenschanz. Vierspännig fährt Plutus daher, und auf seinem Wagen sitzt der Knabe Lenker, Verkörperung der Poesie: »Bin die Verschwendung, bin die Poesie; / Bin der Poet, der sich vollendet, / Wenn er sein eigenst Gut verschwendet« (V. 5573 ff.). Wohltätig erscheinen beide, der Gott des Reichtums und der Genius der Poesie. Aber die Menge weiß mit den Gaben nichts anzufangen; sie hat ebenso wie die Mächtigen den Sinn für Maß und Ordnung verloren, und nur einzelne berührt die schöpferische Kraft der Poesie. Der Knabe Lenker streut aus geheimnisvoller Kiste Gold unters Volk, aber in seiner Gier wird es davon verbrannt, und das »Flämmchen« der Inspiration hält sich nur an wenigen. »Gar selten aber flammt's empor, / Und leuchtet rasch in kurzem Flor; / Doch vielen, eh' man's noch erkannt, / Verlischt es, traurig ausgebrannt« (V. 5636 ff.). Das ist keine Welt für den Reichtum und die Wunder der

Poesie. So weist Plutus-Faust den Knaben Lenker, der nach Goethes eigenem Wort mit der Gestalt des Euphorion im dritten Akt identisch sei (E 20.12. 1829), aus dem Trubel »fratzenhafter Gebilde« in die ihm angemessene Abgeschiedenheit schöpferischer Konzentration: »Nur wo du klar ins holde Klare schaust, / Dir angehörst und dir allein vertraust, / Dorthin, wo Schönes, Gutes nur gefällt, / Zur Einsamkeit! – Da schaffe deine Welt« (V. 5693 ff.).

Als großer Pan verkleidet hat der Kaiser seinen Maskenauftritt. Macht- und Genußgier scheinen es zu sein, die ihn tief in die Truhe des Plutus blicken lassen; doch er wird von Flammen umzüngelt, die Maske verbrennt, und würde nicht Plutus das Feuer löschen, geriete alles in Brand. Aber in jenem »Flammengaukelspiel« (V. 5987) hat der Kaiser sich als mächtigen Herrscher erblickt, und wenn Mephistos Worte zuträfen, könnte er wirkliche Majestät erlangen, würde er sich nur mit dem anderen Element, dem Wasser, verbinden. Doch alles ist Phantasterei, Gaukelspiel; Mephisto hat nur Geschichten wie Scheherazade aus *Tausendundeiner Nacht* inszeniert. Der Kaiser bleibt Teil seiner verworrenen Gesellschaft, für die nun freilich mit der Ausgabe des Papiergelds – der Kaiser hat, er weiß es kaum, während der Maskerade den Erlaß unterzeichnet – fragwürdige Hilfe geschaffen ist. So ist der Mummenschanz ein phantastisches Spiel von Scheinhaftem und Realitätselementen, von leichtfertigem Amüsement der Menge und an sie vergeudeter Poesie, von vorgegaukelter Majestät und täuschender Rettung: Weltwirrnis, in der Fausts Wunsch, »zum höchsten Dasein immerfort zu streben«, sich nicht erfüllen kann. »Ich hoffte Lust und Mut zu neuen Taten« (V. 6151), verkündet der Kaiser in illusionärer Euphorie, und sein Wunsch ist, Helena und Paris hervorgezaubert zu sehen. Diese Bitte bringt sogar Mephisto in Verlegenheit; im antiken Bereich besitzt er keine Macht. Faust selbst muß hinabsteigen zu den »Müttern«; diesen Rat weiß Mephisto ihm zu geben. Ein umrätselter Bezirk, den auch die Dichtung ganz im Ungewissen hält. »Ich kann Ihnen weiter nichts verraten«, sagte Goethe zu Eckermann, »als daß ich beim Plutarch gefunden, daß im griechischen Altertume von *Müttern* als Gottheiten die Rede gewesen. Dies ist alles, was ich der Überlieferung verdanke, das übrige ist meine eigene Erfindung« (E 10.1.1830). Es ist, so darf vermutet werden, ein Bereich außerhalb von Raum und Zeit, in dem die Substanzen aller potentiellen Phänomene aufbewahrt sind, die Formen und Urbilder von allem, was einst war und sein wird; es ist der Geheimnisbezirk der schaffenden Natur und der gespeicherten Erinnerung. Eckermann deutete: »Die ewige Metamorphose des irdischen Daseins, des Entstehens und Wachsens, des Zerstörens und Wiederbildens, ist also der Mütter nie aufhörende Beschäftigung.« Und: »Der Magier muß also in ihr Reich gehen, wenn er durch die Macht seiner Kunst über die Form eines Wesens Gewalt haben und ein früheres Geschöpf zu einem Scheinleben hervorrufen will« (E 10. 1. 1830). »Großartig« spricht Faust die Verse:

> In eurem Namen, Mütter, die ihr thront
> Im Grenzenlosen, ewig einsam wohnt,
> Und doch gesellig, Euer Haupt umschweben
> Des Lebens Bilder, regsam, ohne Leben.
> Was einmal war, in allem Glanz und Schein,
> Es regt sich dort; denn es will ewig sein.
> Und ihr verteilt es, allgewaltige Mächte,
> Zum Zelt des Tages, zum Gewölb der Nächte.
> Die einen faßt des Lebens holder Lauf,
> Die andern sucht der kühne Magier auf;
> In reicher Spende läßt er, voll Vertrauen,
> Was jeder wünscht, das Wunderwürdige schauen (V. 6427 ff.).

»Des Lebens Bilder« können wirklich werden im unaufhörlichen Werdevorgang der Natur (im »holden Lauf« des Lebens) und in der produktiven Phantasie des »Magiers«, der in der ursprünglichen Fassung noch der »kühne Dichter« hieß.

Faust bringt das Exempelpaar der jugendlichen Schönheit in der Erscheinung herauf, vor einer Gesellschaft, die mit oberflächlich tölpelhaften Bemerkungen über die Gestalten nicht geizt, die Männer über Paris, die Frauen über Helena. Faust aber, hingerissen von dem, was doch nur Fiktion, magische Versinnlichung des Scheins, erinnerte Urbildlichkeit des Schönen ist, will das Idol des Vollkommenen direkt ergreifen, will fassen, was der Idee angehört, und scheitert erneut. Gewaltsam ist die höchste Form der Schönheit nicht in die Gegenwart zu zwingen. Eine Explosion wirft ihn zu Boden, die Erscheinungen verflüchtigen sich. Aber nun bleibt in Faust die Sehnsucht ungestillt, das Urbild der Schönheit, Helena, zu besitzen. »Wer sie erkannt, der darf sie nicht entbehren« (V. 6559).

Doch bis im dritten Akt die Vereinigung vollzogen werden kann, laufen, in einer Überfülle der Gestalten und Erscheinungen versinnbildlicht, in der »Klassischen Walpurgisnacht« Prozesse der Gestaltung/Umgestaltung ab, drängt Geist zum Leben (Homunculus), feiert sich das Werden, bis am Ende in einem nächtigen Meeresfest der Höhepunkt im Preis der vier Elemente und des alles durchwirkenden Eros erreicht wird. Der einstige Famulus Fausts, Wagner, inzwischen zu akademischen Ehren gelangt, hat im Laboratorium in einer Phiole ein chemisches Menschlein erzeugt, Homunculus, nach einer Nachlaßbemerkung Riemers (30. 3. 1833) gedacht als »reine Entelechie«, als »Geist, wie er vor aller Erfahrung ins Leben tritt«. »Ihm fehlt es nicht an geistigen Eigenschaften, / Doch gar zu sehr am greiflich Tüchtighaften« (V. 8249 f.). Sich zu »verkörperlichen« (V. 8252) ist sein Begehren. Er, noch reiner Geist, durchschaut, was Faust in seinem Traum bewegt: die Sehnsucht nach dem Urbild der Schönheit, und er weist den Weg, in der Phiole Mephisto und Faust vorausschwebend, nach Griechenland, zur thessalischen Ebene und zu den Buchten des Ägäischen Meers, wo Gestalten der griechischen Mythologie und Philosophie zum Fest zusammenkommen, eine Unzahl von Wesen des Entstehens, Werdens und Vergehens in Natur und Geschichte, deren Anspielungsreichtum unausschöpflich ist. Die Wege der drei Besucher trennen sich: Mephisto, fremd auf klassischem Boden, verwandelt sich in das genaue Gegenteil der Helena-Schönheit, ins Grundhäßliche der Phorkyas; Homunculus überläßt sich dem Meer als der Quelle des Lebens, zerschellt an Galateas Wagen und ist in die Wandlungen des Lebens aufgenommen: »Bald lodert es mächtig, bald lieblich, bald süße, / Als wär' es von Pulsen der Liebe gerührt« (V. 8467 f.). Faust aber wird in die Unterwelt geführt, um Helena freizubitten. Wie Homunculus, die geistige Entelechie, in das ewige Verwandlungsgeschehen des Stirb und Werde eintaucht, so muß Faust in die Tiefe des Vergangenen hinabsteigen, in der die Metamorphosen dessen, was war, und zeitlose Erinnerungsbilder aller Erscheinungen, auch der geistigen, zu denen Helena zählt, aufbewahrt sind. Denn nie ist Helena anderes gewesen als gedachtes, imaginiertes Urbild des Schönen. Aber dieser erinnerten Kunstschönheit liegen die gleichen Gesetze zugrunde, die im gestaltenreichen Werdefest der Natur am Ägäischen Meer wirkten.

So setzt unvermittelt nach dem Schöpfungszauber der »Walpurgisnacht« der Helena-Akt ein. Als habe sie Galatee herangeleitet, kommt sie vom Strande, »noch immer trunken von des Gewoges regsamem / Geschaukel« (V. 8490 f.). Im Stil der antiken Tragödie, ihre Versmaße nachbildend, tönt die weit schwingende Sprache. Helena ist anwesend wie eine Figur der dramatischen Wirklichkeit. Aber schon mit ihren ersten Worten, der chiastischen Antithese »Bewundert viel und viel gescholten, Helena« stellt sie sich selbst als bloße Gestalt vieltausendjähriger Rezeption vor, als Größe reiner Vorstellung. Lebendig war sie immer nur im Urteil der Menschen, von Anfang an Objekt sowohl der Begierde als auch der Ablehnung. Jetzt ist sie mit gefangenen Trojanerinnen nach Sparta zurückgekehrt, in Furcht vor Menelaos' Rache. Mephisto in der häßlichen Gestalt der Hausverwalterin rät zur Flucht, und auf einer mittelalterlichen Burg begegnen sich Faust, der als Heerführer Sparta besetzt hat, und Helena. Die normalen Ordnungen von Raum und Zeit sind aufgehoben; Nordisch-Mittelalterliches und Antikes sind vereint. Was in Gedanken je gewünscht wurde, hier scheint es Ereignis geworden zu sein. Die Sprache beider, das Zusammenfinden verdeutlichend, paßt sich einander an, Helena schwingt in den Tonfall des deutschen Reimverses ein:

> *Helena.* Ich fühle mich so fern und doch so nah,
> Und sage nur zu gern: Da bin ich! da!
> *Faust.* Ich atme kaum, mir zittert, stockt das Wort;
> Es ist ein Traum, verschwunden Tag und Ort.
> *Helena.* Ich scheine mir verlebt und doch so neu,
> In dich verwebt, dem Unbekannten treu.
> *Faust.* Durchgrüble nicht das einzigste Geschick!
> Dasein ist Pflicht, und wär's ein Augenblick (V. 9411 ff.).

Ein Augenblick höchsten Daseins scheint erreicht, der glückliche Dauer werden müßte. In begeisterten Versen schmücken Fausts Worte, die Äußerungen sentimentalischer Sehnsucht des Nordländers bleiben müssen, die ideale Landschaft des Südens aus (V. 9506 ff.). Als arkadisches Idyll kann die Antike genossen werden, ist aber in jedem Fall Rekonstruktion aus der Perspektive der Moderne. So ist ja auch Helena Gegenstand der Reflexion und Betrachtung, nicht aber heimzuholende Gestalt der Wirklichkeit. Faust indes scheint zur Ruhe gekommen. Und doch ist Dauer nicht zu erreichen, weil die Antike nicht mehr bleibend in die gegenwärtige Realität überführt zu werden vermag. Faust kann in seinem Zustand des (illusionären) endlichen Gewinns vollendeter Schönheit nicht bewahrt werden. Der Tod Euphorions, des Sohns von Helena und Faust, ist Zeichen dafür, daß die Vereinigung scheitern muß. Euphorion, der auffliegen möchte zum Unbedingten, stürzt ab, Glanz und Vermessenheit des dichterischen Genius bezeugend, der vergißt, daß nur im farbigen Abglanz das Leben zu haben und auch die Vermählung des Nordischen mit dem Mittelmeerischen, des Modernen mit dem Antiken direkt nicht zu verwirklichen ist. Wie dicht das Verweisungsgeflecht der Bedeutungen ist, ist hier beispielhaft zu sehen: Euphorion könnte wie der Knabe Lenker ausrufen: »Bin die Verschwendung, bin die Poesie; / Bin der Poet, der sich vollendet« (V. 5573 f.), aber er ist auch Sinnbild Faustischen Scheiterns; und an Byrons Dichtertum ist ebenfalls mitgedacht, dem die Verse des Chores (V. 9907 ff.) als ergreifender Trauergesang gewidmet sind. Auch Helena entschwindet. »Ein altes Wort bewährt sich leider auch an mir: / Daß Glück und Schönheit dauerhaft sich nicht vereint. / Zerrissen ist des Lebens wie der Liebe Band« (V. 9939 ff.). Noch bleiben dem Enttäuschten die Räume von Herrschaft und Tat.

Der unvergleichlichen Vielschichtigkeit der *Faust*-Dichtung mit ihrem Angebot differenzierter Lesarten hat jüngere Forschung neue Perspektiven abgewonnen. Davon soll hier wenigstens etwas sichtbar werden, ohne daß die zugehörigen ebenso umfangreichen wie diffizilen methodologischen Grundlagenerörterungen besprochen, geschweige denn erwogen werden könnten. So hat beispielsweise Heinz Schlaffer (*Faust Zweiter Teil*, Stuttgart 1981) den Versuch unternommen, *Faust II* mit konkreten wirtschaftsgeschichtlichen Vorgängen und der Bewußtseinslage seiner Entstehungszeit in Verbindung zu bringen. Dem liegt die Annahme zugrunde, Goethe habe tatsächlich die bürgerlichen Wirtschafts- und Lebensformen zu seinem bestimmenden Thema gewählt. Er selbst hat ja wiederholt betont, seine poetischen Bilder entstünden aus lebendiger Anschauung und ließen sich deshalb auf die Welt der Erfahrung beziehen. Geht man davon aus, daß diese um 1830 von fortschreitender Industrialisierung bestimmt wird und die Geltung des Tauschwerts die gesellschaftlichen Verhältnisse prägt, dann kann ihre poetische Wiedergabe nur dann angemessen sein, wenn sie sich in der Form einer dichterischen Sprache vollzieht, die ebenfalls auf dem Tausch beruht. Das ist seit altersher die Allegorie, für die charakteristisch ist, daß Elemente einer Bildebene genaue Entsprechungen in einem anderen Sinnbereich zugewiesen werden. Auf der Basis dieser Überlegungen läßt sich etwa der Mummenschanz, der das Fest der Masken ist, hinter deren vordergründiger Erscheinung sich die eigentlichen Personen verbergen, als der Markt selbst deuten, die Institution des Tausches. Marktszenen sind arrangiert, und die allegorische Interpretation legt der Text selbst nahe, wenn der Knabe Lenker den Herold auffordert, »uns zu schildern, uns zu nennen; / Denn wir sind Allegorien, / Und so solltest du uns kennen« (V. 5530 ff.). Manche Allegorien deuten sich selbst, so der »Olivenzweig mit Früchten«: »Bin ich doch das Mark der Lande / Und, zum sichern Unterpfande, / Friedenszeichen jeder Flur« (V. 5123 ff.). Aufgabe einer allegorischen Textauslegung wäre, das in der Verkleidung Gemeinte zu erklären. In der Spätantike hat man auf diese Weise Homer verstanden, im Mittelalter die Bibel in einem mehrfachen Schriftsinn gelesen. Aber eine *Faust II*-Exegese dieser Art bietet nicht Aspekte moralischer Haltungen oder Sätze einer Heilslehre. Vielmehr erkennt sie hinter den theatralischen Gestalten reale Vorgänge und sieht in der szenischen Anordnung eine bestimmte historische Konstellation abgebildet. Freilich, beim Mummenschanz ist die allegorische Gestaltung nicht schwer zu durchschauen, aber kompliziert wird die Deutung dort, wo die Gestalten des Dramas, durch den Mythos genau definiert, konkreter, die hinter ihnen verborgenen Sachverhalte jedoch abstrakter und zugleich vieldeutig werden. Überhaupt bereitet das Miteinander von Symbolischem, Allegorischem und unmittelbar Gesagtem im *Faust II* schwierigste Deutungsprobleme, und oft ist Zeile für Zeile, Ausdruck für Ausdruck mit erst mühsam zu entschlüsselndem Sinn angefüllt, der punktuelle Einzelanalyse forderte.

Allegorische Künstlichkeit entspricht dem Charakter des Mummenschanzes. Er bildet ja nicht ursprüngliches Leben ab, sondern spielt künstliches Spiel nach, den römischen Karneval und die florentinischen Trionfi. Dieser Rahmen ermöglicht eine spezifische Leistung. Die Maskenträger können ein Wissen über ihre Rolle aussprechen, das sie erst aufgrund der Distanz besitzen, etwa wenn die Holzfäller erkennen: »Denn wirkten Grobe / Nicht auch im Lande, / Wie kämen Feine / Für sich zustande, / So sehr sie witzten« (V. 5207ff.). Der Mummenschanz lebt vom Putz, und stets ist es Putz zu Zwecken der Verkaufsförderung, wozu auch das Arrangement der Waren dient. Die Verhältnisse haben sich umgekehrt: Die Waren scheinen nicht mehr Erzeugnisse der Gärtnerinnen zu sein, sondern diese präsentieren sich als Attribute der Waren. Der Verdinglichung von Menschen entspricht die Vermenschlichung von Dingen. Die sprechenden Kunstprodukte unterwerfen sich denselben Prinzipien wie die Gärtnerinnen. Der Ährenkranz dient dem Nutzen (V. 5130f.), der Phantasiekranz bekennt seine Unnatur (V. 5134f.). Künstlich, unnatürlich ist auch der Schein von Natur, den die Waren auf dem Markt erhalten. Sie werden so hergerichtet, »daß in Laub und Gängen / Sich ein Garten offenbare« (V. 5112f.). Wie sehr das Interesse am Warentausch die Figuren bestimmt und deformiert, wird kraß an der Mutter deutlich, die diesen Markt als letzte Gelegenheit sieht, ihre Tochter wie eine Ware billig loszuschlagen: »Heute sind die Narren los, / Liebchen, öffne deinen Schoß, / Bleibt wohl einer hangen« (V. 5196ff.). Putz und Arrangement erzeugen einen Schein, der den Tauschwert der Waren erhöhen soll. Ihr Gebrauchswert tritt dahinter zurück, und es wird immer fraglicher, ob er überhaupt noch vorhanden ist und nicht die auf das Gold von Plutus-Faust gemünzte Warnung des Herolds für die ganze Szene gilt: »Ihr Täppischen! ein artiger Schein / Soll gleich die plumpe Wahrheit sein« (V. 5733.f.).

Wie die natürliche Verfassung der zu Waren gewordenen Gegenstände verliert auch der Bereich der Produktion jede Anschaulichkeit. Körperliche Arbeit ist bei den Gärtnern noch sichtbar und wird von den Holzfällern zumindest noch zitiert (V. 5199ff.). Als die abstrakte Veranschaulichung körperlicher Arbeit erscheint der Elephant, den die »Klugheit«, Allegorie der geistigen Arbeit, leitet. Hierarchisch verknüpfte geistige und körperliche Arbeit produzieren gemeinsam (der Elephant »wandelt unverdrossen / Schritt vor Schritt« (V. 5447f.), doch ihre Zwecke setzen nicht sie selbst, sondern die Allegorie der Viktoria:

Jene Göttin, mit behenden
Breiten Flügeln, zum Gewinne
Allerseits sich hinzuwenden.

Rings umgibt sie Glanz und Glorie,
Leuchtend fern nach allen Seiten;
Und sie nennet sich Viktorie,
Göttin aller Tätigkeiten (V. 5450 ff.).

Viktoria ist zur Allegorie des ökonomischen »Gewinns« geworden. Wie die bürgerliche Ökonomie sich nach ihrer Durchsetzung zunächst vorbürgerlicher Herrschaftsformen zu ihrer Absicherung bediente, so erkennt der spottende Zoilo-Thersites an der Allegorie die Zeichen von (neuem) Geld und (alter) Macht:

Sie dünkt sich wohl, sie sei ein Aar,
Und wo sie sich nur hingewandt,
Gehör' ihr alles Volk und Land (V. 5462 ff.).

Als diese Verbindung von alter und neuer Welt kann der Zusammenhang zwischen den Szenen »Kaiserliche Pfalz. Saal des Thrones« und dem Mummenschanz verstanden werden. Die alte, feudale Welt ist in eine Krise geraten, deren Symptom der Geldmangel des Hofes ist, deren Gründe aber tiefer liegen, in der zunehmenden Herrschaft von Privateigentum und Privatinteresse:

An wen ist der Besitz geraten?
Wohin man kommt, da hält ein Neuer Haus,
Und unabhängig will er leben,
Zusehen muß man, wie er's treibt [...].
Ein jeder kratzt und scharrt und sammelt,
Und unsre Kassen bleiben leer (V. 4835 ff.).

Wurde die Produktion zunächst zur Abstraktion von Tätigkeit, Tätigkeit dann in »Gewinn« umgesetzt, so vollzieht sich auf einer letzten Stufe die vollständige Verwandlung und Auslöschung konkreter Arbeit in Gold und Geld. Diesen Höhepunkt zu repräsentieren, so darf man in der hier skizzierten Lesart annehmen, ist die Funktion von Plutus-Faust, »des Reichtums Gott genannt« (V. 5569), der wie Viktoria seine ökonomische Macht mit feudalem »Prunk« (V. 5570) verbindet. Unter solcher Perspektive legt die Umdeutung der mythologischen Göttergestalten Viktoria und Plutus zu Allegorien bürgerlicher Ökonomie die Figuren auf eine bestimmte Bedeutung fest, die sich auf die Durchsetzung der Abstraktion des Geldes, die sie repräsentieren, bezieht. In der Erscheinungsform des Geldes wird dieser Sieg der Abstraktion ebenfalls deutlich. Am Kaiserhof bestehen die verborgenen Schätze noch aus »goldnen Humpen, Schüsseln, Tellern« (V. 5019), Dingen also, die neben ihrem Tauschwert auch noch einen Gebrauchswert haben.

Das von Plutus der Menge vorgeworfene Gold dagegen erweist sich als bloßer Schein, der im Papiergeld, dem »Papiergespenst der Gulden« (V. 6198), dann offensichtlich wird. Die Macht des Geldes, die sich dem bürgerlichen Warenverkehr verdankt, untergräbt die Macht des Feudalstaats, die auf Grundbesitz und persönlichen Abhängigkeitsverhältnissen beruht. Am Ende des Mummenschanzes verbrennt der Kaiser in der Maske des Pan an der Geldquelle Plutus': »Ein Aschenhaufen einer Nacht / Liegt morgen reiche Kaiserpracht« (V. 5968 f.). So können Kapital, Ware, Arbeit und Geld als zentrale Themen des Mummenschanzes betrachtet werden. Aber die Parzen erinnern auch an den Tod, die Furien an individuelles Leid, das der Warentausch mit sich bringt: »Hier kein Markten, hier kein Handeln – / Wie er es beging', er büßt es« (V. 5387 f.). Gegen Viktoria, die Repräsentantin des Gewinns, tritt Klotho mit ihrer Schere auf: »Hoffnung herrlichster Gewinste / Schleppt sie schneidend zu der Gruft« (V. 5323 f.). Das sind Hinweise auf Grenzen und innere Widersprüche der neuen Welt, die sich abzeichnet und als Resultat einer unumkehrbaren geschichtlichen Entwicklung erscheint.

Wie sehr auch Helena aus der Bewußtseinslage der Moderne gesehen wird, zeigt sie, wie angedeutet wurde, in ihrer Erscheinung als rein imaginäre Existenz. Zu ihrer mythischen Ursprünglichkeit führt kein Weg zurück; denn alle Antike ist von der Moderne derart durchdrungen, daß sie nur noch als erinnerte Zeit wiederhergestellt werden kann. Bezeichnenderweise fällt Helena Faust dadurch anheim, daß er als Führer eines besser ausgerüsteten Heers die Armee des alten Europa bezwungen hat; den klassischen Boden läßt Seismos, Allegorie der Französischen Revolution, in seinen Grundfesten erbeben. Indem so die Antike realpolitisch zerstört und die Wirkung ihrer Traditionen erschüttert ist, kann sie als arkadisches Idyll ausgekostet oder als Utopie historisch rekonstruiert werden. Jedenfalls wird sie zum Projektionsraum der Subjekte, die sich ihrer bemächtigen: Das Altertum ersteht, ob mit poetischen oder wissenschaftlichen Mitteln, unter den Zeichen der Gegenwart. Von einer Moderne, die ihre Mängel spürt und teilweise an ihnen leidet, wird die Antike und das Urbild ihrer Schönheit, Helena, herbeigeholt. Es ist zeichenhaft, daß sie nicht »in das alte, das neu geschmückte / Vaterhaus« (V. 8632 f.) zurückkehren kann, sondern im »inneren Burghof« ihren Platz findet: als Gegenstand der Reflexion und Betrachtung. Sie stellt jetzt, eingeschlossen in Fausts Museum, nurmehr einen Verweis auf die Schönheit dar, ist abgesunken zur Allegorie allegorischen Denkens. Sie vermag so auch als Versinnbildlichung einer Kunst gesehen werden, welche an die Verhältnisse der vom abstrakten Tauschwert beherrschten Welt gebunden ist und im Sinnlich-Sichtbaren das Unsinnlich-

Begriffliche darzustellen unternimmt. Nur Kleid und Schleier behält Faust zuletzt von ihr zurück, Attribute eben, wie sie einer Allegorie beigegeben zu werden pflegen.

Diese Hinweise lassen beiläufig auch erkennen, welch großen Problemen eine Inszenierung und Aufführung dieses gewaltigen Dramas ausgesetzt sind, die auf Kürzungen kaum verzichten können. Es müßte der Reichtum der Bedeutungen in seiner gestaltenreichen Fülle und in seinen prägnanten Vereinzelungen sinnfällig bleiben und zugleich ein Ideenkonnex sich abzeichnen, in dem jeweils gegenwärtiges Bewußtsein die Vielheit des damals dichterisch Widergespiegelten zusammenbindet und seinerseits der Reflexion anbietet. Ausgefeilte Sprechkunst wäre überdies gefordert, die der schier unglaublichen Fülle metrischer Formen gerecht wird, in die die Sprache dieser Dichtung, jeder Gestalt und jeder Szene wohlbedacht zugemessen, eingelassen ist, etwa den antiken Trimetern und barocken Alexandrinern, den Stanzen und Terzinen, den Madrigalzeilen und gereimten Kurzversen.

»Helenens Gewande lösen sich in Wolken auf, umgeben Faust, heben ihn in die Höhe und ziehen mit ihm vorüber« (nach V. 9954). Auf einem Hochgebirge senkt sich die Wolke nieder. Noch einmal erahnt Faust in den Wolkenbildungen »ein göttergleiches Fraungebild« (V. 10049), und auch »des tiefsten Herzens frühste Schätze quellen auf« (V. 10060): Die Erinnerung an Gretchen holt ihn ein »und zieht das Beste meines Innern mit sich fort« (V. 10066). Mephisto, längst ohne Maske der Phorkyas, präsentiert sich wieder als Arrangeur verlockender Angebote. Faust aber drängt es jetzt nur noch »zu großen Taten«. »Ich fühle Kraft zu kühnem Fleiß. [...] Herrschaft gewinn' ich, Eigentum! / Die Tat ist alles, nichts der Ruhm« (V. 10182 ff.). Er will neues Land dem Meer abgewinnen: »Das ist mein Wunsch, den wage zu befördern!« (V. 10233) Noch einmal breitet der vierte Akt, ganz spät gedichtet, die Welt des Staatlich-Politischen aus, die schon den ersten Akt bestimmte. Da ist viel von Goethes Kenntnis und Kritik der Macht und Machtausübung hineingenommen, eindringlicher Einzelbetrachtung wert. Faust hilft dem Kaiser, der unverkennbar gereift ist, den Gegenkaiser zu besiegen, mit Hilfe Mephistos und seiner draufgängerischen Raufbolde, und bei der Neuorganisation des Reichs wird er, wie gewünscht, mit einem Küstenstreifen belehnt. Nun kann er Tat und Herrschaft verwirklichen, wie er es auf dem Hochgebirge wünschte.

Jahrzehnte sind zwischen dem vierten und fünften Akt vergangen. Faust lebt »im höchsten Alter«; er soll »gerade hundert Jahre alt sein« (E 6.6. 1831). Er hat Macht erreicht, Land kolonisiert, wohnt herrschaftlich in einem Palast. Aber auch noch den bescheidenen Besitz von Philemon und

Baucis, dem alten Paar, das in der literarischen Tradition als Muster anspruchslosen und selbstgenügsamen Lebens gilt, will er sich einverleiben, maßlos in seinem Streben nach Gewinn. Sie sind ihm im Weg, ihre Hütte wird niedergebrannt, sie kommen um, Mephistos Helfershelfer besorgen die Untat, doch Faust ist verantwortlich für sie. Jetzt scheint er auf einer Höhe des tätigen Daseins unter den modernen Bedingungen angelangt zu sein. Indes, voller Widersprüche sind sein Tun und seine Existenz. Von der Magie hat er sich noch nicht freigekämpft; Illusionen halten ihn beim Ausblick in die Zukunft befangen, und unter der Perspektive, in seiner Aktivität versinnbildliche sich etwas vom Entwicklungsgang neuzeitlicher Arbeitsweise, zeigt sich tiefe Fragwürdigkeit. Seine ›Selbstverwirklichung‹ auf dem Neuland ist begleitet von Verbrechen am Alten, und Mephisto weiß: »Auf Vernichtung läuft's hinaus« (V. 11550). Unheimlich erscheint den Bewohnern der alten Welt Fausts Arbeit. Es ging »nicht mit rechten Dingen zu« (V. 11114), urteilt Baucis und berichtet von den Opfern und der unersättlichen Gier des neuen Nachbarn:

> Wo die Flämmchen nächtig schwärmten,
> Stand ein Damm den andern Tag.
> Menschenopfer mußten bluten,
> Nachts erscholl des Jammers Qual;
> Meerab flossen Feuergluten,
> Morgens war es ein Kanal.
> Gottlos ist er, ihn gelüstet
> Unsre Hütte, unser Hain (V. 11125 ff.).

Gespenstisch erscheint die ungeheure Konzentration der Kräfte in den Helfern Fausts; unschwer, in ihr die Allegorie industrieller Arbeit wahrzunehmen:

> Des Herren Wort, es gibt allein Gewicht.
> Vom Lager auf, ihr Knechte! Mann für Mann!
> Laßt glücklich schauen, was ich kühn ersann.
> Ergreift das Werkzeug, Schaufel rührt und Spaten!
> Das Abgesteckte muß sogleich geraten.
> Auf strenges Ordnen, raschen Fleiß
> Erfolgt der allerschönste Preis;
> Daß sich das größte Werk vollende,
> Genügt *ein* Geist für tausend Hände (V. 11502 ff.).

Diese Aufforderung Fausts entwirft ein Bild der Arbeit, das an die Allegorie der Viktoria im Mummenschanz erinnert. Dort hatte sich die geistige Arbeit in Gestalt der »Klugheit« zur Herrin über die körperliche in Gestalt des Elephanten gemacht, und beide standen wiederum im Dienst der »Göttin aller Tätigkeiten«, der Viktoria, die bereit ist, »zum Gewinne / Allerseits sich hinzuwenden« (V. 5451 f.).

Als »Knechte« gerufen, erscheinen die Lemuren. »Aus Bändern, Sehnen und Gebein / Geflickte Halbnaturen« (V. 11513 f.), sind sie reduziert auf die zur Verrichtung der Arbeit notwendige Mechanik, auf pure Geschicklichkeit: »Warum an uns der Ruf geschah, / Das haben wir vergessen« (V. 11521 f.). Ihre Gesichtslosigkeit und fehlende Individualität, die Geschwindigkeit und Intensität ihrer Arbeit und ihr Auftreten als Masse verdeutlichen Züge industrieller, fabrikmäßiger Arbeitsorganisation. Faust, der die Pläne entwirft und ihre Ausführung durchsetzt, erhält dabei die Rolle eines Ingenieurs und Unternehmers:

> Arbeiter schaffe Meng' auf Menge,
> Ermuntere durch Genuß und Strenge,
> Bezahle, locke, presse bei!
> Mit jedem Tage will ich Nachricht haben,
> Wie sich verlängt der unternommene Graben (V. 11552 ff.).

Faust kolonisiert das Land auf seine Weise. Er zerstört die Natur, die Linden auf dem Damm, und die alte Kultur, das Kapellchen und die Hütte von Philemon und Baucis. Deren Tod bedauert er zwar und schilt Mephisto: »Tausch wollt' ich, wollte keinen Raub« (V. 11371). Doch der Gang der Handlung demonstriert, daß beides eins ist. Am Ende scheint Faust Natur und Geschichte ausgelöscht zu haben: »Was sich sonst dem Blick empfohlen, / Mit Jahrhunderten ist hin« (V. 11336 f.).

Die Durchsetzung dieser Form der Arbeit und ihre Opfer lassen sich so als ein zentrales Thema in *Faust II* erkennen. Und nur an einer einzigen Stelle, in der »Klassischen Walpurgisnacht«, scheint die Möglichkeit einer Änderung des geschichtlichen Verlaufs auf. Nach der Auseinandersetzung zwischen der Aristokratie der Reiher und der Bourgeoisie der Pygmäen (V. 7647 ff.) müssen die »Imsen und Daktyle« (Ameisen und Finger) für die reichen Pygmäen Gold und Erze aus dem Bergwerk hervorschaffen. Da setzen wenige Verse dem scheinbar Unabänderlichen eine vage historische Hoffnung entgegen: »Wer wird uns retten! / Wir schaffen 's Eisen, / Sie schmieden Ketten. / Uns loszureißen, / Ist noch nicht zeitig, / Drum seid geschmeidig« (V. 7654 ff.). Diese Hoffnung ist mit dem Wirken Fausts nicht zu vereinen. Seine Schlußutopie: »Auf freiem Grund mit freiem Volke stehn« (V. 11580), ohnehin im Zustand der Blindheit gesprochen, erscheint auch von daher als Illusion.

Es lassen sich, um dies wenigstens anzudeuten, zarte Gegenbilder gegen die Denaturierung der Natur unter dem abstrakten Kalkül der heraufziehenden Moderne erkennen. Im Mummenschanz reihen sich in den Reigen der Produkte auch Rosenknospen ein. Sie als einzige sind nicht den Prinzipien des Nutzens und der Künstlichkeit untergeordnet. »Wer mag solches Glück entbehren? / Das Versprechen, das Gewähren, / Das beherrscht in Florens Reich / Blick und Sinn und Herz zugleich« (V. 5154ff.). Die Rosenknospen sind nutzlos und natürlich. Sie lösen das in ihnen enthaltene Versprechen ein und beziehen sich dabei auf die ganze menschliche Natur, »Blick und Sinn und Herz zugleich«. Das Drama enthält eine Reihe analoger Entgegensetzungen: Kann man in Plutus den Kreislauf der Waren repräsentiert sehen, so in Proteus den des Lebens; Homunculus entsteht zweimal, zunächst künstlich, dann natürlich; das Meer, das ihm zum Leben verhilft, kontrastiert dem Meer, das Faust später zurückdrängt und als Handelsweg nutzt. Aber die Natur hält der von der Abstraktheit der Tauschwelt beherrschten Moderne nicht stand: Auch die Rosenknospen gehören zum Warenangebot der Gärtnerinnen; die »Meerwunder« und »Nereiden« des Ägäischen Fests, in dem doch die Wiederkehr der Natur gefeiert werden soll, sind Täuschungen Mephistos für den Kaiser, und schließlich sind alle Bilder der Natur wieder Allegorien. Natur erscheint also allenfalls noch, um ihre Schwäche, ihr Entschwinden erfahrbar zu machen. Es mag sein, daß in den Epiphanien des Weiblichen noch die Möglichkeit aufleuchten soll, Natürlichem nahezukommen, in Galatee, in dem wolkenhaften »göttergleichen Fraungebild« in der Vision Fausts (V. 10039ff.) bis hin zu den letzten Versen des »Chorus mysticus«: »Das Ewig-Weibliche / Zieht uns hinan« (V. 12110f.).

Faust steht im Schlußakt im Zwielicht tragischer Ironie. »Vier graue Weiber« treten auf, der Mangel, die Schuld, die Not und die Sorge, die sich als einzige von ihnen einschleichen kann. Sie ist es, die er im ersten Teil als Symptom quälender Beschränktheit verflucht hatte, die ihn nun zur Rechenschaft zwingt, sein Leben, das egoistisch durchgestürmte, in fahlem Schein sehen läßt (»Könnt' ich Magie von meinem Pfad entfernen« V. 11404) und ihn doch von seiner Rastlosigkeit nicht abbringen kann: »Im Weiterschreiten find' er Qual und Glück, / Er, unbefriedigt jeden Augenblick!« (V. 11451f.) Sie macht ihn erblinden; aber um so begieriger wird sein Drang, das Begonnene weiterzutreiben, und unmittelbar vor seinem Tod spricht er die große illusionäre Vision aus:

Solch ein Gewimmel möcht' ich sehn,
Auf freiem Grund mit freiem Volke stehn.
Zum Augenblicke dürft' ich sagen:
Verweile doch, du bist so schön!
Es kann die Spur von meinen Erdetagen
Nicht in Äonen untergehn. –
Im Vorgefühl von solchem hohen Glück
Genieß' ich jetzt den höchsten Augenblick (V. 11579 ff.).

Das ist nicht mehr der Faust des Herrschenwollens, der unbedenklich Magie und Gewalt einsetzte; aber er ist erblindet, blind für die geschaffenen und so einfach nicht zu revidierenden Realitäten. Eine Vision im Optativ. Um sie in den Indikativ der Tat zu überführen, müßte er ein neues, anderes Leben beginnen können. Doch nur sterbend kann er vom Genuß des höchsten Augenblicks sprechen, in illusionärer Zukunftsvision. Hier ist zwar das Wort der Wette gefallen, und Mephisto wähnt sich als Sieger. Aber es ist ein bescheidener Sieg. »Mephistopheles darf seine Wette nur halb gewinnen, und wenn die halbe Schuld auf Faust ruhen bleibt, so tritt das Begnadigungs-Recht des alten Herrn sogleich herein, zum heitersten Schluß des Ganzen« (an C. E. Schubarth, 3. 11. 1820). Nicht einmal ein halber Sieg ist dem Teufel wirklich vergönnt, wie seine ins Burleske abgleitenden Mühen um die »Grablegung« vorführen. Er hat aus mehrfachen Gründen verloren. Nicht er hat mit seinen Versuchungen Faust zum Wunsch an den Augenblick verführen können: »Verweile doch, du bist so schön!«, sondern der im illusionären Zu-spät ein anderes, magiefreies, aber immerfort tätiges Dasein imaginierende Faust wählt das verfängliche Zitat. Hier ist nicht mehr von der fast im gesamten Drama vorgeführten rastlosen, zerstörerischen Produktivität die Rede, sondern von einer sinnvollen, in der die Menschen in Freiheit und in Versöhnung mit der Natur leben können. Eine Wette für eine Illusion war jedoch nicht geschlossen worden. Wichtiger aber: »Der Herr« des »Prologs im Himmel« läßt seinen »Knecht« (V. 299) nicht fallen. Mag er mit Schuld beladen sein, mag er Verbrecherisches getan und sich des rechten Weges durchaus nicht stets bewußt gewesen sein: er war der trüben Sphäre des Menschlichen ausgeliefert, aus der die Gnade erretten kann, wenn nur erkennbar bleibt, daß strebendes Bemühen als Motivation des Tuns und Fehlens am Werk war. Vergeblich daher Mephistos Kampf um Fausts Seele, vergeblich seine Inszenierung der »Grablegung«. Ihm wird Fausts »Unsterbliches« entrissen.

Goethe hat lange überlegt, wie er den Schluß, der dies zu versinnbildlichen hatte, gestalten sollte; viele Entwürfe sind skizziert. Schließlich erfand er die »Bergschluchten«-Szene, in der »Faustens Unsterbliches« (nach V. 11824) –

»Faustens Entelechie« heißt es in einer Handschrift – in stufenweiser Steigerung bis an die Grenzen des Irdischen emporgetragen wird und der Ausblick in die »höhern Sphären« sich öffnet (V. 12094). »Die entelechische Monade muß sich nur in rastloser Tätigkeit erhalten; wird ihr diese zur andern Natur, so kann es ihr in Ewigkeit nicht an Beschäftigung fehlen«, äußerte Goethe einmal zu Zelter (19. 3. 1827), als er das Thema Unsterblichkeit berührte, das nur Ahnungen zugänglich ist. Gestalten der christlichen Mythologie nimmt Goethe zu Hilfe, um Fausts ›Rettung‹ zu versinnbildlichen, die der Liebe und der Gnade bedarf. Nicht »der Herr« und die Erzengel des »Prologs« treten wieder auf, sondern Büßerinnen, unter denen auch Gretchen ist, sind bittende Helferinnen für Fausts »Unsterbliches«, und die »Mater gloriosa« erscheint.

Der Schluß des *Faust* stellt Fragen über Fragen, – und die Dichtung läßt sie offen. Eine einseitige Antwort würde sie verfehlen. Gewiß ist nur: »Gerettet ist das edle Glied / Der Geisterwelt vom Bösen« (V. 11934) und: »Das Ewig-Weibliche / Zieht uns hinan« (V. 12110f.). Aber welche Perspektiven sich von diesem Epilog auf Fausts Schlußutopie und das Ganze des Werks ergeben, kann bloß fragend angedeutet werden. Wird dem Weiblichen die Erlösungsmöglichkeit anheimgegeben, weil in ihm noch Unverzerrtes, Heilendes und Geheiltes geborgen ist? Wird mit seiner Überhöhung nur auf subtile Weise das traditionelle Bild, das die Frau in ihrer anbetungswürdigen Reinheit und Mütterlichkeit zeigt, bestätigt, insofern sie ins Metaphysisch-Sakrale gehoben und der Wirklichkeit entrückt wird? Oder ist die Erlösung des Menschen erst zu erwarten, wenn sich die Geschlechter gegenseitig zu ihrer humanen Bestimmung verhelfen, im Hinaufstreben und Hinanziehen ihre prinzipiellen Möglichkeiten vereinend? Und unter den Aspekten der im Drama thematisierten Geschichtsentwicklung bleibt zu überlegen: Deutet sich in der Tatsache, daß das Geschehen des Schlusses der »Liebe von oben«, der Gnade anvertraut wird, Goethes Unsicherheit angesichts der Entwicklung der Geschichte an? Ist es Zeichen der bewußten Zurücknahme der Erwartungen Fausts in die Sphäre des schönen Scheins? Oder ist es vielleicht sinnbildlicher Ausdruck der Hoffnung, auch im Lauf der wirklichen Welt könne sich Versöhnung vollziehen? Wie an vielen Stellen im Stück hat der Leser auch hier Grund, sich an Goethes Bemerkung zu erinnern, das Ganze des *Faust* sei so angelegt, »damit alles zusammen ein offenbares Rätsel bleibe, die Menschen fort und fort ergetze und ihnen zu schaffen mache...« (an Zelter, 1. 6. 1831).

Letzte Jahre

Einsiedler im unteren Garten und in Dornburg

Nur eine freundliche Stunde an altvertrauter Stätte sollte es werden, als Goethe am 12. Mai 1827 in seinen unteren Garten am Stern fuhr. Aber »die Frühlingsumgebung war so unvergleichlich, daß ich blieb ohne bleiben zu wollen« (an Zelter, 24. 5. 1827), und es wurden vier Wochen daraus. Leben an dem Ort, der das Andenken an frühere Jahre wieder aufleben ließ. Er würde gern öfter dort verweilen, hatte er 1824 nach einem gelegentlichen Besuch des Gartens geäußert, doch griffe es ihn zu sehr an: »Die alten, selbstgepflanzten Bäume, die alten Erinnerungen machen mir aber ganz unheimliche Eindrücke oft« (KM 16. 3. 1824). Im stillen Tal der Ilm begannen Gedichte besonderer Art zu entstehen, wieder wie beim *Divan* in intimer, verwandelnder Aneignung ferner Literatur, diesmal der chinesischen. Gern beschäftigte sich Goethe damals mit Werken aus jenem Bereich; in *Kunst und Altertum* gab er einen Beitrag *Chinesisches* mit einigen Nachdichtungen chinesischer Verse (A 14, 722 ff.). So wuchs in den Monaten Mai bis Juli ein Zyklus von vierzehn Gedichten heran, betitelt *Chinesisch-deutsche Jahres- und Tageszeiten* und damit zum *West-östlichen Divan* hinübergrüßend.

Ein Höhepunkt der Alterslyrik: Symbolisches Sprechen, dem die eigene Ausdeutung von Leben und Welt zugrunde liegt und in das aufgenommen ist, was er über die »sinnlich-sittliche Wirkung« der Farben erkannt hat, verbindet sich mit der Aneignung und Nachempfindung der fernöstlichen Dichtung. Manches scheint sich der unmittelbaren Anschauung der Gartenlandschaft zu verdanken und ist doch durchsetzt mit Motiven alter chinesischer Lyrik, in der Blumen und ihre Farben ebenfalls sinnbildliche Bedeutung besaßen.

> Weiß wie Lilien, reine Kerzen,
> Sternen gleich, bescheidner Beugung,
> Leuchtet aus dem Mittelherzen,
> Rot gesäumt, die Glut der Neigung.

So frühzeitige Narzissen
Blühen reihenweis im Garten.
Mögen wohl die guten wissen,
Wen sie so spaliert erwarten.

Locker anspielungsreich bleibt offen, wen die Narzissen erwarten, wie
überhaupt in diesen chinesisch-deutschen Gedichten der Reiz zarter Andeutungen wirkt. Gewiß erwarten die Blumen wohl ihren Freund und Kenner,
aber auch auf erhofften Segen in zukünftiger Zeit, des Sommers und des
Lebens, ist in den Versen des Greises hingedeutet.

Wie eine in Lyrik übersetzte chinesische Tuschzeichnung mutet eines der
zauberhaftesten Gedichte des Zyklus an. Was mit den Motiven des Nebels,
des widerspiegelnden Sees (wie schon am Schluß des *Auf dem See* von 1775)
und des Mondes ganz ›goethisch‹ erscheint, ist doch auch in alter chinesischer Poesie zu finden. Er habe gerade einen chinesischen Roman gelesen,
erzählte er Eckermann am 31. Januar 1827; er sei nicht so fremdartig, wie
man glauben sollte. »Die Menschen denken, handeln und empfinden fast
ebenso wie wir, und man fühlt sich sehr bald als ihresgleichen.« Vom Mond
sei viel die Rede, allein er verändere die Landschaft nicht, sein Schein sei so
hell gedacht wie der Tag selber. Wenn nun in Goethes Gedicht noch »Luna«
zitiert wird, dann stellt sich überdies die Reminiszenz an die Rokokolyrik
ein, in der der Mond als Luna so oft leuchtete; Verse des Alters, in denen
Eigenes und Weltliterarisches verschwistert sind und in die spielerisch etwas
aus einer früheren Lyrikart aufgenommen ist, in der der Autor einst selbst
gedichtet hat.

Dämmrung senkte sich von oben,
Schon ist alle Nähe fern;
Doch zuerst emporgehoben
Holden Lichts der Abendstern!
Alles schwankt ins Ungewisse,
Nebel schleichen in die Höh';
Schwarzvertiefte Finsternisse
Widerspiegelnd ruht der See.

Nun im östlichen Bereiche
Ahn' ich Mondenglanz und -glut,
Schlanker Weiden Haargezweige
Scherzen auf der nächsten Flut.
Durch bewegter Schatten Spiele
Zittert Lunas Zauberschein,
Und durchs Auge schleicht die Kühle
Sänftigend ins Herz hinein.

Im Sommer 1829 verbrachte Goethe nochmals über einen Monat im Gartenhaus; vielleicht wollte er eine Zeitlang Abstand gewinnen von den dauernden Zwistigkeiten zwischen Sohn und Schwiegertochter im eigenen Haus, die ihn belasteten und die er doch nicht schlichten konnte. Ruhig lebte er im Garten, aber nicht abgetrennt von seiner gewohnten Lebenswelt. Auch hier erledigte er sein Arbeitspensum; Bekannte suchten ihn auf, und einige Gäste ließ er vor. Der Engländer Robinson hielt in seinem Tagebuch (18. 8. 1829) fest, Goethes Gartenhäuschen sei wirklich »nur ein Häuschen. Er wohnt dort in kleinen und fast unmöblierten Zimmern, seine Gäste empfängt er in bestimmten Stunden. Fremde stellen sich seiner Schwiegertochter vor, und so entgeht er unangenehmen Überraschungen« (Bo III 281). Mehr als ein paar Wochen konnte er sich jedoch aus seinem alltäglichen Arbeitskreis nicht entfernen. Das war schon 1827 so gewesen, als er nach einem Monat wieder in die »literarisch-artistische Umgebung« seines Hauses am Frauenplan heraufzog. Es sei wirklich komisch zu sehen gewesen, wieviel und was alles in den vier Wochen des Aufenthalts im Garten hinabgeschleppt worden sei (an Zelter, 17. 7. 1827). Aber das kleine Haus im Park hatte er wieder liebgewonnen. Noch 1830 ließ er die allen heutigen Besuchern bekannte weiße Gartentür installieren, die von Coudray entworfen war, und den Platz vor dem Eingang nach Art eines pompejanischen Mosaiks auslegen. Zum letzten Mal verzeichnet sein Tagebuch am 20. Februar 1832: »In den untern Garten gefahren. Einige Stunden daselbst geblieben.«

Unvermutet starb am 14. Juni 1828 Carl August auf der Rückreise von Berlin in Schloß Graditz bei Torgau. Goethe hatte zunächst mancherlei bei den aufwendigen Vorbereitungen der höfischen Trauerfeierlichkeiten zu erledigen, zutiefst erschüttert über den Verlust jenes Mannes, mit dem er noch bei den Jubiläen des Jahres 1825 voll Dank und Rührung auf die gemeinsam durchlebten Jahrzehnte zurückgeblickt hatte, alle gelegentlichen Spannungen vergessend, die auch hier nicht ausgeblieben waren. Am 9. Juli wurde der Großherzog in der Fürstengruft beigesetzt, aber so lange hatte es den alten Freund nicht mehr in der trauernden Residenzstadt gehalten. Er wollte für sich sein. Schon am 7. Juli zog er sich nach Dornburg zurück, auf die Höhen über dem Saaletal bei Jena, »um jenen düstern Funktionen zu entgehen, wodurch man, wie billig und schicklich, der Menge symbolisch darstellt was sie im Augenblick verloren hat und was sie diesmal gewiß auch in jedem Sinne mitempfindet« (an Zelter, 10. 7. 1828). Im südlichen der drei Schlösser, im Renaissancebau, den Carl August erst vor einigen Jahren erworben hatte, nahm er Quartier. Von den Fenstern der bescheiden eingerichteten Bergstube aus schweifte der Blick weit nach Südosten und Südwesten; der Anblick der Natur und ihres beständigen Zeitlaufs gewährte ihm

Trost und Beruhigung. »Früh in der Morgendämmerung das Tal und dessen aufsteigende Nebel gesehen. Bei Sonnenaufgang aufgestanden. Ganz reiner Himmel, schon zeitig steigende Wärme«, begann er den Eintrag ins Tagebuch am ersten Tag seines Aufenthalts. Boisserée hatte er kurz vorher geschrieben: »Und so muß sich das fortschreitende Leben zwischen das scheidende einschlingen, um das Gewebe des wechselnden Weltwebens der ewigen Notwendigkeit gemäß fortzuwirken« (6. 7. 1828). Wie ein Motto für diese Wochen nahm er die alte Inschrift über der Tür des Schlößchens in sein Heft auf »Gaudeat ingrediens laetetur et aede recedens / His qui praetereunt det bona cuncta Deus. 1608« und übersetzte sie im Brief: »Freudig trete herein und froh entferne dich wieder! / Ziehst du als Wandrer vorbei, segne die Pfade dir Gott« (an F. A. v. Beulwitz, 18. 7. 1828). In diesem langen Brief an Kammerherrn v. Beulwitz, der für das junge großherzogliche Paar bestimmt war, in dessen Namen Beulwitz nach dem Tode Carl Augusts kondolierend an Goethe geschrieben hatte, bot er eine (der dichterischen Gestaltung in der *Novelle* ebenbürtige) Darstellung der so eindrucksvollen wie anmutigen Gegend, und dieser »Monolog des wunderlich nachsinnenden Einsiedlers«, eine geheime Rechtfertigung seiner Abwesenheit von Weimar, wurde zu einem eigentümlichen Gedenken an den Verstorbenen: Indem der nachsinnend Betrachtende die geordnete, pfleglich bebaute, von Generationen kultivierte Landschaft wahrnahm und beschrieb, wurde sie ihm zum Gleichnis von Carl Augusts Tun und zugleich zum Mahnbild für die Nachfolger. »Dieses mußte mir also zu einer eigenen Tröstung gereichen, welche nicht aus Belehrung und Gründen hervorging; hier sprach vielmehr der Gegenstand selbst das alles aus was ein bekümmertes Gemüt so gern vernehmen mag: die vernünftige Welt sei von Geschlecht zu Geschlecht auf ein folgereiches Tun entschieden angewiesen« (18. 7. 1828).

Bis zum 11. September blieb er in Dornburg, beobachtete sorgfältig alle Witterungserscheinungen und notierte sie, widmete seine Aufmerksamkeit den Zier- und Nutzpflanzen in den Gartenanlagen, war »mit näherer Betrachtung des Weinstocks«, mit einem »Schema der Weinstockslehre beschäftigt« (Tagebuch, 4., 8. 8. 1828), schrieb einen kleinen Aufsatz über die Bignonia radicans, eine rankende Glockenblume (13, 127ff.), las naturwissenschaftliche Werke und historische Darstellungen, diktierte Briefe, die sich zu breiten, anschaulichen Berichten ausweiteten. Das bewußte Leben mit den Tageszeiten und den Wandlungen des Wetters, botanische Studien und unentwegte geistige Tätigkeit brachten ihn wieder ins Gleichgewicht, ja schenkten ihm Wohlbehagen. Er genieße in Dornburg eines lange nicht gekannten körperlichen Wohlseins, und auch der Geist dürfe wieder auf eine freiere Tätigkeit hoffen, benachrichtigte er Soret (13. 8. 1828). Zwischendurch kamen Besucher, Familienmitglieder, Riemer, Eckermann aus Weimar, Bekannte aus Jena und auch einige Reisende von fern her. Vor jedem »An- und Überlauf« sei er glücklicherweise sicher, die jenaischen Freunde haben »aber bei sehr gutem Weg nur ein Stündchen hierher« (an Zelter, 27.7.1828). In zwei Gedichten ist die Stimmung jener Dornburger Monate unvergleichlich eingefangen. Es sind die Verse *Dem aufgehenden Vollmonde* (oben S. 875) und diese:

Früh, wenn Tal, Gebirg und Garten
Nebelschleiern sich enthüllen,
Und dem sehnlichsten Erwarten
Blumenkelche bunt sich füllen,

Wenn der Äther, Wolken tragend,
Mit dem klaren Tage streitet,
Und ein Ostwind, sie verjagend,
Blaue Sonnenbahn bereitet,

Dankst du dann, am Blick dich weidend,
Reiner Brust der Großen, Holden,
Wird die Sonne, rötlich scheidend,
Rings den Horizont vergolden.

Wieder eines jener anschauend-bedenkenden Gedichte, in das genau Beobachtetes aufgenommen ist, wie es in den meteorologischen Aufzeichnungen nüchtern registrierend festgehalten wurde, und in dem die Schlußstrophe in kaum merklicher Wendung das rechte menschliche Verhalten als Bedingung und Garanten für ein gutes Ende des Tages beruft. Der Sonne, Quelle des Lichts und des Lebens, gebührt Dank; sie ist Zeichen der sinnhaften Ordnung des Ganzen, an die der Dichter dieser Verse unverbrüchlich glaubte, wiewohl er Verzweifeln gelernt hatte. Ein Tageszeiten- und ein Lebensgedicht, das in einem einzigen Satz Hoffnung und Erfüllung umspannt, die sich freilich nur dann einstellt, wenn der Mensch sich »rein« der Fülle des Lebens öffnet und sie auf- und hinzunehmen bereit ist. Hier waren jene trostlosen Verse *An Werther* widerrufen: »Zum Bleiben ich, zum Scheiden du erkoren, / Gingst du voran – und hast nicht viel verloren.«

Ein später naturwissenschaftlicher Diskussionsbeitrag

Es waren nicht die Dornburger Umgebung und das Leben in Garten und Weinberg allein, die Goethes naturwissenschaftliche Studien im Sommer 1828 wiederbelebten. Schon am 10. Juli meldete er, daß er »seit einiger Zeit vom Auslande her die Naturwissenschaften wiederaufzunehmen angeregt« sei (an Zelter). Er hatte ein neues Buch des Botanikers de Candolle kennengelernt, das grundsätzliche methodische Fragen aufwarf. Im Kern ging es um Berechtigung und Tragweite analytischen und synthetischen Vorgehens. In der Einleitung ordnete der Genfer Forscher Goethe jener Richtung zu, die die Natur a priori begreifen wolle, während er selbst es für richtiger hielt, bei der Beobachtung des einzelnen anzusetzen. Goethe, der seit längerem mit Frédéric Soret eine französische Ausgabe der *Metamorphose der Pflanzen* plante, dachte nun daran, die deutsch-französische Edition mit Beigaben anzureichern, in denen er die eigene Position erläuterte; denn einer einseitig verfahrenden Betrachtungsweise hing er gerade nicht an. »Es ist das alte, sich immer erneuernde, mit einander streitende, sich unbewußt immer helfende, in Theorie und Praxis unentbehrliche *analytische* und *synthetische Wechselwirken*, dessen vollkommenes Gleichgewicht immer gefordert und nicht erreicht wird« (an F. Soret, 2. 7. 1828). So arbeitete er in Dornburg an dem längeren autobiographischen Aufsatz *Der Verfasser teilt die Geschichte seiner botanischen Studien mit*, der das eigene Tun erklären sollte und dann der Soretschen Übersetzung, die endlich 1831 erscheinen konnte, als Nachtrag beigegeben wurde. (Eine kürzere Fassung, *Geschichte meines botanischen Studiums*, war schon 1817 in den morphologischen Heften publiziert worden.) Wieder in Weimar, trat die naturwissenschaftliche Beschäftigung, die in der Dornburger Zeit methodologische Überlegungen und empirische Einzelbeobachtungen vereint hatte, vor anderen Aufgaben in den Hintergrund. *Wanderjahre* und *Faust* wollten vollendet werden. Nur sporadisch arbeitete er an den Materialien, die der deutsch-französischen Ausgabe der Metamorphosenschrift hinzugefügt werden sollten und in denen er die *Wirkung dieser Schrift und weitere Entfaltung der darin vorgetragenen Idee* (LA I 10, 297 ff.) dokumentierte. Immerhin ging es bei dem unter den Forschern geführten Disput über die verschiedenen Anschauungs- und Vorgehensweisen gerade auch um die Geltung der Idee des Typus. Der Kampf sei noch nicht geendigt, schrieb er Johannes Müller am 24. November 1829: »Ein Typus sollte anerkannt werden, ein Gesetz, von dem in der Erscheinung nur Ausnahmen aufzuweisen sind: eben dieß geheime und unbezwingliche Vorbild, in welchem sich alles Leben bewegen muß, während es die abgeschlossene Grenze immerfort zu durchbrechen strebt.«

Im Sommer 1830 ließ sich Goethe noch einmal in die grundsätzlichen Auseinandersetzungen hineinziehen. In der Pariser Akademie der Wissenschaften war ein Streit zwischen Étienne Geoffroy de Saint-Hilaire und Georges Cuvier über die Entstehung der Arten ausgebrochen, der hohe Wellen schlug, zumal ihn Geoffroy mit einer Publikation in die Öffentlichkeit trug. Prinzipielle methodische Fragen lagen dem Disput zugrunde, und an ihnen war Goethe vornehmlich interessiert. Aus französischen Zeitungen war er bereits informiert, las dann aber auch sehr bald Geoffroys Schrift. »*Principes de Philosophie Zoologique par Mr. Geoffroy de St. Hilaire.* Streit zwischen den beiden Klassen der Naturforscher, der analysierenden und synthesierenden. [...] Obgemeldetes französisches Werk zu lesen fortgefahren und das was vor so viel Jahren in Deutschland deshalb geschehen wieder ins Andenken gebracht« (Tagebuch, 22. 7. 1830). Ihn reizte es, seine Ansichten zum Akademiestreit der Öffentlichkeit vorzulegen und sich in ihn einzuschalten. Sogleich schrieb er eine Rezension der Geoffroyschen Arbeit, deren erster Teil schon im September in den Berliner *Jahrbüchern für wissenschaftliche Kritik* erschien und in der er unverhohlen mit Geoffroys »synthesierendem« Verfahren sympathisierte. Bot dieses Kapitel der Besprechung eine Charakteristik der »zwei verschiedenen Denkweisen« (13, 220) und ein Referat der Auseinandersetzungen samt skizzenhaften Biographien der Streitenden, so wurde der zweite Teil, den die Zeitschrift im März 1832 brachte, wiederum – wie in der Beilage zur französischen *Metamorphose der Pflanzen* – autobiographisch, indem der Rezensent von der Geschichte seiner eigenen anatomischen Studien aus auf die Grundfragen reflektierte. Goethe verfaßte keine Kampfschrift, keine einseitige Stellungnahme für Geoffroy, dem er viel näher stand als Cuvier, sondern suchte zwischen dem »Unterscheidenden« und demjenigen, »der von der Idee ausgeht«, zu vermitteln; denn beide Verfahrensweisen hatte er in seinen Studien zu verbinden getrachtet, so problematisch auch die theoretische Grundlegung, wie sich zeigte, geblieben war, etwa im Aufsatz *Bedenken und Ergebung* (oben S. 922 ff.). »Cuvier arbeitet unermüdlich als Unterscheidender, das Vorliegende genau Beschreibender und gewinnt sich eine Herrschaft über eine unermeßliche Breite. Geoffroy de Saint-Hilaire hingegen ist im stillen um die Analogien der Geschöpfe und ihre geheimnisvollen Verwandtschaften bemüht; jener geht aus dem Einzelnen in ein Ganzes, welches zwar vorausgesetzt, aber als nie erkennbar betrachtet wird; dieser hegt das Ganze im innern Sinne und lebt in der Überzeugung fort: das Einzelne könne daraus nach und nach entwickelt werden« (13, 220). Deutlich wurde in einer knappen Aussage des zweiten Teils der Besprechung, wie sehr Goethe ein Zusammenwirken der verschiedenen Forschungsweisen für fruchtbar hielt: »Möge doch jeder von uns bei dieser Gelegenheit sagen, daß *Sondern* und *Verknüpfen* zwei unzertrennliche Lebensakte sind. Vielleicht ist es besser gesagt: daß es unerläßlich ist, man möge wollen oder nicht, aus dem Ganzen ins Einzelne, aus dem Einzelnen ins Ganze zu gehen, und je lebendiger diese Funktionen des Geistes, wie Aus- und Einatmen, sich zusammen verhalten, desto besser wird für die Wissenschaften und ihre Freunde gesorgt sein« (13, 232f.).

Was er mit Schiller einst über Idee und Erfahrung verhandelt hatte, was in seinen wissenschaftsgeschichtlichen Betrachtungen als Unterschied zwischen Synthesierenden und Analysierenden, Universalisten und Individualisten markiert war, griff er ein letztes Mal auf und suchte das Verfahren der »zwei verschiedenen Denkweisen« als »unzertrennliche Lebensakte« zu begreifen, auch hier Polarität nicht als unüberbrückbaren Gegensatz, sondern als sinnvolles Zusammenspiel behauptend. Noch in der bekenntnishaft summierenden Passage eines Briefs im Monat vor seinem Tod wurde deutlich, warum für ihn beides verbunden sein mußte. Sulpiz Boisserée bekannte er am 25. Februar 1832: »Ich habe immer gesucht, das möglichst Erkennbare, Wißbare, Anwendbare zu ergreifen, und habe es zu eigener Zufriedenheit, ja auch zu Billigung anderer darin weit gebracht. Hiedurch bin ich für mich an die Gränze gelangt, dergestalt daß ich da anfange zu glauben wo andere verzweifeln, und zwar diejenigen, die vom Erkennen zuviel verlangen und, wenn sie nur ein gewisses, dem Menschen Beschiedenes erreichen können, die größten Schätze der Menschheit für nichts achten. So wird man aus dem Ganzen in's Einzelne und aus dem Einzelnen in's Ganze getrieben, man mag wollen oder nicht.« Wer daran glaubte, »daß dem Ganzen eine Idee zum Grund liege« (13, 31), auf die hin die Ideen der »Synthesierer« bezogen waren, dem konnte die Einzelforschung der Analytiker, so wichtig sie war, nicht alles sein; ja sie mußte ihm wie »ein Bemühen der Danaiden« vorkommen (*Analyse und Synthese*; 13, 52), da ihnen alle Beobachtungen immer nur hinderlich würden, je mehr sich ihre Zahl vermehrte.

Prüfungen erwarte bis zuletzt

Dunkle Schatten warfen manche Ereignisse des Jahres 1830. Am 14. Februar starb die Großherzogin-Mutter Luise im Alter von dreiundsiebzig Jahren. Solange Goethe in Weimar war, hatte respektvolle Verbundenheit zwischen ihm und der Gattin Carl Augusts bestanden. Er hatte bewundert, wie sie die Eskapaden ihres Mannes ertrug, sich als Herzogin dem Land verpflichtet fühlte und in jenen bedrohlichen Tagen nach der Schlacht bei Jena 1806 dem Usurpator Napoleon trotzte. Erst zwei Wochen nach dem Tod Carl Augusts war er imstande gewesen, ihr einige Zeilen zu schreiben; denn wo »sollte der Ausdruck zu finden seyn, die vielfachen Schmerzen zu bezeichnen die mich beängstigen?« (28. 6. 1828). Als er aus der Dornburger Abgeschiedenheit zurückgekehrt war, hatte sie ihn sogleich besucht. »Welch eine Frau, welch eine Frau!« hörte Ottilie ihn murmeln, als sie gegangen war. Und sie ihrerseits sagte zu Julie v. Egloffstein: »Goethe und ich verstehen uns nun vollkommen, nur daß er noch den Mut hat, zu leben, und ich nicht« (G 4, 19). Wenige Tage nach ihrem Ableben war Soret bei Goethe und erlebte einen verstörten Greis, der ausrief: »Oh, das Alter! das Alter!«, sich nicht beruhigen konnte, wieder aufstand und, gegen das Fenster gewandt, unverständliche Worte flüsterte. Diener Krause hielt das nur für eine der üblichen Reaktionen auf eine Unpäßlichkeit, doch Soret beschlich ein Gefühl der Traurigkeit, als er »Goethe so schmerzliche Klagen über sein Alter ausstoßen hörte« (Bo III 298).

Goethe war schon mit den *Principes de Philosophie Zoologique* und dem Pariser Akademiestreit beschäftigt, als die Nachrichten von der Julirevolution in Frankreich herüberdrangen. Zwar schien es so, als wolle er davon nicht belästigt werden. Als Soret in einem berühmt gewordenen Gespräch am 2. August von dem »großen Ereignis« sprach und vom Vulkan, der ausgebrochen sei, bezog jener diese Bemerkungen kurzerhand auf den »großen Streit zwischen Cuvier und Geoffroy«. Doch in Wahrheit bedrückten ihn die politischen Ereignisse sehr. Das Gespenst des Umsturzes war wieder aufgetaucht und erneut zu befürchten, daß »das in Frankreich entzündete Feuer [...] verderblich überspringt« (an E. C. A. v. Gersdorff, 9. 9. 1830). Kanzler v. Müller wußte zu berichten, daß der Eindruck, den die blitzschnelle Revolution auch in Weimar gemacht habe, unbeschreiblich sei. »Goethe spricht, er könne sich nur dadurch darüber beruhigen, daß er sie für die größte Denkübung ansehe, die ihm am Schlusse seines Lebens habe werden können« (Bo III 309). Nachdem in Jena kleine Unruhen ausgebrochen waren, fand ihn Soret »sehr besorgt über diese Wendung der Dinge«; er klage über den Lärm und die Unordnung, die sich daraus ergeben müßten, und nehme die Sache »höchst tragisch«. Goethe sei, meinte Soret, liberal in der Theorie; in der Praxis huldige er entgegengesetzten Anschauungen (19. 9. 1830; Bo III 310). Alle Klugheit der noch Bestehenden müsse nun darin liegen, schrieb er Zelter nach Berlin, wo ebenfalls Nachwirkungen des »Pariser Erdbebens« zu verspüren waren, »daß sie die einzelnen Paroxysmen unschädlich machen, und das beschäftigt uns denn auch an allen Orten und Enden« (5. 10. 1830). Öffentlich äußerte er sich freilich nicht. Es hätten auch nur neue Variationen über seine früheren Ansichten zum Revolutionären sein können. Sein Votum für die ruhige Entwicklung innerhalb des Bestehenden behielt Geltung, ohne daß er versäumte, wie die großen Spätwerke der *Wanderjahre* und des *Faust II* bewiesen, über die Tendenzen, die im sozialen Gefüge wirksam waren oder werden konnten, im Spiel und Versuchsfeld der Dichtung zu reflektieren. Auf öffentliche Auseinandersetzungen außerhalb der Felder von Kunst und Wissenschaft ließ er sich nicht ein. Daß er es vielen nicht recht machte, wußte er wohl, und er übte Gelassenheit gegenüber Vorwürfen der verschiedenen Seiten, die ihn gleichwohl, wie in den Gesprächen mit Eckermann nachzulesen, kränkten und bisweilen erbitterten. »In meinen hohen Jahren muß die unverbrüchliche Maxime sein: durchaus und unter jeder Bedingung im Frieden zu leben [...]. Was sollte aus den schönen, mir noch gegönnten Lebenstagen werden, wenn ich Notiz nehmen wollte von allem was in dem lieben Vaterlande gegen mich und meine Nächsten geschieht« (an F. v. Müller, 21. 5. 1830). Für manche Schriftsteller der jungen Generation, die zur gesellschaftlichen Aktion drängten, war er ein tatmüder Aristokrat, ein Fürstenknecht, der das Prometheische verraten hatte und dem man vorhielt, was er denn wirklich unternommen habe, die Not und Schmerzen der Beladenen zu lindern. Den Nationalgesinnten war er nicht patriotisch genug und den überzeugten Christen nicht fromm genug. Eckermann will gehört haben: »Bald soll ich stolz sein, bald egoistisch, bald voller Neid gegen junge Talente, bald in Sinnenlust versunken, bald ohne Christentum, und nun endlich gar ohne Liebe zu meinem Vaterlande und meinen lieben Deutschen.« Doch verkannt und befehdet zu werden sei das Los aller Schriftsteller; traurig jedoch, wenn sie sich auch noch untereinander verfolgten (wie etwa Platen und Heine), »da doch zu einem friedlichen Hinleben und Hinwirken die Welt groß und weit genug ist, und jeder schon an seinem eigenen Talent einen Feind hat, der ihm hinlänglich zu schaffen macht« (E 14. 3. 1830).

Im Herbst kam die Nachricht vom unerwarteten Tod seines Sohns August am 27. Oktober 1830 in Rom. Äußerlich blieb er standhaft, aber er war im Tiefsten getroffen. Der einzige Sohn ging vor dem Vater dahin. Das Tagebuch bezeugt unentwegtes Weiterarbeiten am vierten Teil von *Dichtung und Wahrheit*; es war nichts als ein Versuch, die Verzweiflung zu bezwingen. »Nemo ante obitum beatus [Niemand ist vor dem Hinscheiden glücklich] ist ein Wort, das in der Weltgeschichte figuriert, aber eigentlich nichts sagen will. Sollte es mit einiger Gründlichkeit ausgesprochen werden, so müßte es heißen: ›Prüfungen erwarte bis zuletzt‹« (an Zelter, 21. 11. 1830). Doch der Körper wankte unter der Last der Trauer. In der Nacht vom 25. zum 26. November warf ihn ein »Blutsturz« nieder. Medizinhistorische Forschung hat aufgrund aller Symptome diagnostiziert, daß es sich um eine Blutung aus den Venen der Speiseröhre handelte. Sie erweitern sich bei der durch Herzmuskelschwäche hervorgerufenen Leberstauung, um den Blutkreislauf zu ermöglichen. Hypertonie kam hinzu. Es bestand höchste Gefahr, daß die Blutung zum Tod führte. Goethe selbst zweifelte nicht, »daß der unterdrückte Schmerz und eine so gewaltsame Geistesanstrengung jene Explosion, wozu sich der Körper disponiert finden mochte, dürften verursacht haben« (an Zelter, 10. 12. 1830). Der Patient erholte sich indes überraschend schnell. Schon am 2. Dezember meldet das Tagebuch: »Nachts an Faust gedacht und einiges gefördert.« Wenige Wochen später setzte er, »geleitet von dem Wunsche, für meinen Nachlaß – bei der Minderjährigkeit meiner Enkel – die möglichste Fürsorge zu treffen«, ein umfängliches Testament auf, von Kanzler v. Müller beraten und ihn zum Testamentsvollstrecker bestimmend (A 12, 769 ff.). Er sorgte darin für seine »geliebte Schwiegertochter Ottilie« und die Kinder und regelte genau, wie mit seinen Sammlungen, Werken und Papieren nach seinem Tod zu verfahren sei. Auch für die Publikation des Briefwechsels mit Zelter waren im Testament bereits Anordnungen getroffen worden; Riemer gab die von Goethe vorbereitete Korrespondenz schon 1833/1834 heraus.

Zelters Besuche waren stets besonders willkommen. Der Berliner Freund, dem es nie gelang, den Weimaraner in die preußische Großstadt zu locken, war nach den wiederholten früheren Aufenthalten erneut 1826, dann seit 1827 alle zwei Jahre für einige Tage zu Gast, zuletzt im Juli 1831. Sie hatten sich oft genug Trost und Mut zusprechen müssen. Von neun eigenen und drei Stiefkindern Zelters lebten nur noch zwei Töchter. Zu keinem sonst sprach Goethe so freimütig wie zu ihm, und da er wußte, daß die Briefe später würden gedruckt werden, vertraute er ihnen viele kritische Gedanken über die Gegenwart an, die er öffentlich zu seinen Lebzeiten so nicht äußern mochte. Natürlich kreisten die Unterhaltungen zwischen beiden immer wieder auch um Musikfragen, und Goethe wünschte ausführliche Berichte über das Berliner Musikleben, in dem der Freund eine maßgebliche Rolle spielte. Allerdings fiel ihnen der Zugang zur damals neuen Musik schwer. Franz Schubert etwa, der Goethe 1825 Liedkompositionen geschickt hatte und dessen *Erlkönig* Frau Schröder-Devrient am 24. April 1830 vortrug, wurde im Briefwechsel nicht einmal erwähnt. Goethe hielt an seiner Vorliebe für das Strophenlied gegenüber der durchkomponierten Gestaltung fest, ein Thema, das noch Gegenstand eines langen Gesprächs bei Felix Mendelssohn-Bartholdys letztem Besuch in Weimar war (Ende Mai/Anfang Juni 1830).

Zu ihm war ein geradezu väterlich liebevolles Verhältnis entstanden, seit Zelter im November 1821 den zwölfjährigen genialen Lieblingsschüler in Weimar eingeführt hatte. Jetzt mußte ihm der junge Komponist und Pianist wieder ausgiebig vorspielen. Für Goethe waren es musikhistorische Lektionen, wie sie ihm seinerzeit auch der Organist von Berka erteilt hatte. »An den Beethoven wollte er gar nicht heran«, berichtete Mendelssohn am 25. Mai 1830. »Ich sagte ihm aber, ich könne ihm nicht helfen, und spielte ihm nun das erste Stück der c-moll-Symphonie vor. Das berührte ihn ganz seltsam. Er sagte erst: ›Das bewegt aber gar nichts; das macht nur staunen; das ist grandios!‹ Und dann brummte er so weiter und fing nach langer Zeit wieder an: ›Das ist sehr groß, ganz toll! Man möchte sich fürchten, das Haus fiele ein. Und wenn das nun alle die Menschen zusammen spielen!‹« (G 4, 274). Immerhin waren bereits über zwei Jahrzehnte seit der Uraufführung von Beethovens Fünfter Symphonie in Wien vergangen! Mendelssohn bot Stücke »von allen verschiedenen großen Komponisten nach der Zeitfolge« und erläuterte, »wie sie die Sache weitergebracht hätten«. Das entsprach einer Seite des Goetheschen Interesses an Musik: zu erfahren, wie sich jene Kunstart entwickelt hatte. Er hat sich viel mit ihr befaßt, bis hin zum Versuch einer eigenen Komposition, von der aber keine Aufzeichnung vorhanden ist (an Zelter, 23. 2. 1814); vielleicht bestand sie nur aus einem rhythmischen Schema. Ganz in die praktischen Fragen des Zusammenhangs von Libretto und Tonkunst hatten seinerzeit die Erörterungen mit Ph. Chr. Kayser und J. F. Reichardt geführt. Seine Äußerungen während und nach der Marienbader Zeit bezeugen, wie sehr ihn »die ungeheure Gewalt der Musik« ergreifen und wie er sich ihr überlassen konnte. Sie vermochte ein »Genuß« zu sein, der »den Menschen aus und über sich selbst, zugleich auch aus der Welt und über sie hinaus hebt« (an Zelter, 24. 8. 1823). Sie konnte, nicht beschwert von den oft beklagten Unzulänglichkeiten des Worts, mit der geahnten, geglaubten Idee des Ganzen auf besondere Weise vermitteln. So kam es ihm, wie er in einem Briefentwurf an Zelter formulierte, bei Johann Sebastian Bachs Musik vor, »als wenn die ewige Harmonie sich mit sich selbst unterhielte, wie sich's etwa in Gottes Busen, kurz vor der Weltschöpfung, möchte zugetragen haben« (21. 6. 1827; WA IV 42, 376). Sogar an den Entwurf einer *Tonlehre* wagte sich Goethe heran (LA I 11, 134 ff.), in der er das Phänomen der Musik in der Verbindung von Naturvorgang und menschlichem Vermögen zu erfassen suchte. Über ein Schema ist das Vorhaben nicht hinausgekommen, aber die Tabelle hängte er in sein Zimmer, als er sie 1827 von Zelter zurückerhalten hatte, und beließ sie dort.

Beim letzten Besuch Alexander v. Humboldts, des berühmten Entdeckungsreisenden und Naturforschers, dürfte Ende Januar 1831 noch einmal die alte Diskussion über Vulkanismus und Neptunismus aufgeflammt sein. Seit den neunziger Jahren kannte Goethe den jüngeren Bruder Wilhelm v. Humboldts persönlich und stand in Briefwechsel mit ihm. Humboldt schickte seine botanischen Arbeiten, die der Empfänger mit großem Interesse und viel Zustimmung aufnahm. In diesen Bezirken konnte man sich treffen, und die pflanzengeographischen Untersuchungen des Weitgereisten boten dem in Weimar Forschenden willkommene Belehrung. Aber in der Frage nach den Wirkkräften, die für den Aufbau der Erdrinde verantwortlich waren, trennten sich mit der Zeit die Wege. Anfangs hatte auch Alexander v. Humboldt, Schüler des Freiberger Geologen Werner, der Anschauung der Neptunisten zugestimmt, sich dann jedoch von der Lehre des Vulkanismus überzeugen lassen. Dieser Wandel verstimmte Goethe zeitweilig, obwohl es auch bei ihm Phasen gab (wie die Auslassungen über den Kammerberg bei Eger zeigten), in denen er sich der vulkanistischen Erklärungsweise nicht ganz verschloß. Aber so sehr hing für ihn dieses strittige geologische Problem, wie erwähnt, mit weltanschaulichen Grundüberzeugungen zusammen, daß er sich letztlich nicht bereitfinden konnte, »beim Bilden der Erdoberfläche dem Feuer« soviel Einfluß zuzugestehen, »als gegenwärtig von der ganzen naturforschenden Welt geschieht« (an Nees v. Esenbeck, 13.6.1823). So schrieb er, als er Humboldts Schrift *Über den Bau und die Wirkungsart der Vulkane* in seiner Zeitschrift *Zur Naturwissenschaft* anzeigte (LA I 8, 354). Er blieb bei seiner Anschauung von der allmählichen Ausbildung der Erdrinde unter dem beharrlichen Einfluß des Wassers und gestand dem Bruder nach Alexanders letztem Besuch, dessen Ansicht der geologischen Gegenstände aufzunehmen und danach zu operieren sei seinem Zerebralsystem ganz unmöglich (an W. v. Humboldt, 1.12.1831). Wie er den großen Forscher aber schätzte und bewunderte, erfuhr Eckermann nach einem früheren Besuch, als Goethe sich nicht genug über die Gelehrsamkeit seines Gastes verwundern konnte. »Wohin man rührt, er ist überall zu Hause und überschüttet uns mit geistigen Schätzen. [...] Er wird einige Tage hier bleibe und ich fühle schon, es wird mir sein, als hätte ich Jahre verlebt« (E 11.12.1826).

Im Juli 1831 war endlich der *Faust* bewältigt, und Goethe konnte erleichtert ins Tagebuch setzen: »Das Hauptgeschäft zustande gebracht. Letztes Mundum. Alles Rein-Geschriebene eingeheftet« (22.7.1831). Sein ferneres Leben könne er nunmehr als ein reines Geschenk ansehen, »und es ist jetzt im Grunde ganz einerlei, ob und was ich noch etwa tue« (E 6.6.1831). Den Gratulationen zum zweiundachtzigsten Geburtstag, der sein letzter werden sollte, entzog er sich und reiste, nur die beiden Enkel und den Diener bei sich, ins wohlbekannte Ilmenau. Sehr lange war er nicht mehr dort gewesen. Wie oft hatte er in den frühen Weimarer Jahren den Weg in die reizvolle Gegend zurückgelegt, wie sehr hatte er sich um die Bergwerksangelegenheiten gemüht und doch erleben müssen, daß alle Anstrengungen umsonst waren, wie befriedigt war er gewesen, als er die leidige Steuersache hatte ordnen können! Und am 6. September 1780 hatte er hier »Über allen Gipfeln / Ist Ruh'« an die Wand der Jagdhütte auf dem Kickelhahn geschrieben, vor über einem halben Jahrhundert. Erinnerungen über Erinnerungen. Jetzt, am 27. August 1831, fuhr er noch einmal auf die Höhe, allein mit dem Berginspektor Mahr, der darüber berichtet hat (G 4, 389 ff.), genoß den Blick über die Berge des Thüringer Waldes, die er damals mit den aus den Tälern dampfenden Nebeln gezeichnet hatte, wanderte zur Hütte und »rekognoszierte« die Inschrift. Was einst gewesen, bedrängte nicht mehr. »Nach so vielen Jahren war denn zu übersehen: das Dauernde, das Verschwundene. Das Gelungene trat vor und erheiterte, das Mißlungene war vergessen und verschmerzt« (an Zelter, 4. 9. 1831). Er freute sich mitzuerleben, wie die Enkel in der Gegend ihre Entdeckungen machten und »ohne poetisches Vehikel in die ersten unmittelbarsten Zustände der Natur« eindrangen, wie sie an Ort und Stelle die Handwerker beobachteten und eine Ahnung von der schweren Arbeit der Glasbläser, Holzhauer und Kohlenbrenner bekamen, »die das ganze Jahr weder Brot noch Butter noch Bier zu sehen kriegen und nur von Erdäpfeln und Ziegenmilch leben«. Und dennoch, gestand der Zweiundachtzigjährige, seien alle jene Geplagten »heiterer als unsereiner, dessen Kahn sich so voll gepackt hat, daß er jeden Augenblick fürchten muß, mit der ganzen Ladung unterzugehen« (an C. F. Reinhard, 7. 9. 1831).

Seit 1826 war Hofrat Dr. Carl Vogel, Leibarzt des Großherzogs, auch Goethes Hausarzt geworden, assistierte ihm zudem in der »Oberaufsicht« und zählte bald zu jenem Zirkel der näheren Freunde des Alters. Seinen Bulletins verdanken wir die Kenntnis von Goethes Gesundheitszustand in den letzten Monaten, Wochen und Tagen. Im Winter 1831/1832 befand sich der alte Herr in guter Verfassung; rastlos konnte er tätig sein. Nur übliche Altersbeschwerden machten sich bemerkbar, die Glieder wurden steif, das Gedächtnis für die nächste Vergangenheit ließ nach, Konzentrationsschwächen und stärkere Schwerhörigkeit stellten sich ein. Am 15. März 1832 scheint er sich bei einer Spazierfahrt erkältet zu haben. »Den ganzen Tag wegen Unwohlseins im Bette zugebracht«, lautet die letzte Eintragung am 16. März, die seine Tagebücher aufnahmen. Mancherlei Beschwerden traten auf, auch heftige Schmerzen in der Brust; er war unruhig und fühlte sich matt und zerschlagen. Phasen der Besserung ließen hoffen; am 19. März aß und trank er wieder mit Genuß, blieb fast den ganzen Tag über auf und dachte schon wieder an das, was er künftig erledigen wollte. In der Nacht auf den 20. März verschlechterte sich sein Befinden rapide. Zum starken Kältegefühl, das ihn überkam, trat bald, so Vogels Bericht, ein herumziehender, reißender Schmerz hinzu, der, »in den Gliedmaßen seinen Anfang nehmend, binnen kurzer Zeit die äußeren Teile der Brust gleichfalls ergriff und Beklemmung des Atems, sowie große Angst und Unruhe herbeiführte«. Dem Arzt bot sich am folgenden Morgen »ein jammervoller Anblick«: »Fürchterliche Angst und Unruhe trieben den seit lange nur in gemessenster Haltung sich zu bewegen gewohnten, hochbejahrten Greis mit jagender Hast bald ins Bett, wo er durch jeden Augenblick veränderte Lage Linderung zu erlangen vergeblich suchte, bald auf den neben dem Bette stehenden Lehnstuhl. Die Zähne klapperten ihm vor Frost. Der Schmerz, welcher sich mehr und mehr auf der Brust festsetzte, preßte dem Gefolterten bald Stöhnen, bald lautes Geschrei aus. Die Gesichtszüge waren verzerrt, das Antlitz aschgrau, die Augen tief in ihre livide Höhlen gesunken, matt, trübe; der Blick drückte die gräßlichste Todesangst aus.« Man nimmt heute an, daß ein Herzinfarkt, verbunden mit dem Katarrh der oberen Luftwege, eingetreten war, der dann zu einer Herzmuskelschwäche des schon geschädigten Organs führte. Nach der Attacke wurde der Patient ruhiger, aber gegen Mittag des 21. März verschlimmerte sich der Zustand wieder. Vom Abend an scheint er nur noch selten bei vollem Bewußtsein gewesen zu sein. Er saß in seinem Armstuhl und dämmerte in einem Halbschlaf. Manche wollen wissen, er habe noch einiges Merkwürdige gesprochen, habe nach dem Datum gefragt und geäußert: »Also hat der Frühling begonnen und wir können uns dann um so eher erholen«, habe die Fensterläden öffnen lassen, damit Licht ins Zimmer fiele. Wahrscheinlicher ist, daß ihm in den letzten Stunden die Sprache weitgehend versagte. Aber von den Todesängsten war er befreit. Mit dem Zeigefinger malte er Zeichen in die Luft, dann mit erschlaffter Hand auf die Decke über seinem Schoß. »Nicht die geringste Todes-Ahnung war in ihm«, berichtete Kanzler v. Müller. »Er scherzte um 9 Uhr, wo der Arzt ihn längst aufgegeben, noch mit Ottilie, wenn schon sehr matt. Sein Sterben war nur ein Ausbleiben des Athems ohne alles Zucken, noch Kampf« (KM, S. 364 f.). Es war Donnerstag, der 22. März 1832, halb zwölf Uhr.

ANHANG

ANHANG

Hinweise auf Goethe-Ausgaben
und Goethe-Literatur

Für die Lektüre dieser Biographie und für Leser, die sich noch weiter und eingehender mit Goethes Leben und Werk beschäftigen wollen, möchte ich im folgenden einige Hinweise geben. Sie können weder vollständig sein noch einen Forschungsbericht ersetzen, wie ihn die germanistische Fachwissenschaft kennt. Es sind Informationen über Goethe-Ausgaben, auf die ich zurückgegriffen habe, und auf Publikationen aus dem unerschöpflichen Arsenal der Goethe-Forschung. Sie sind in den meisten Fällen leicht zugänglich. Abkürzungen sind auf S. 1051 f. aufgeschlüsselt.

Ausgaben von Goethes Werken

In meiner Darstellung habe ich, wo es möglich war und sinnvoll zu sein schien, nach der *Hamburger Ausgabe* zitiert und die Zitate jeweils nur mit Band- und Seitenzahl gekennzeichnet, z. B.: 9, 350. Diese Ausgabe (HA): *Goethes Werke. Hamburger Ausgabe* in 14 Bänden, hg. v. Erich Trunz (so genannt nach ihrem ursprünglichen Verlagsort), hat seit Beginn ihres Erscheinens 1948 lebhaften Zuspruch als Lese- und Studienausgabe gefunden. Sie ist inzwischen im Münchner C. H. Beck Verlag beheimatet, hat aber ihren Herkunftsnamen behalten. Die HA bietet eine Auswahl und bringt zu allen Dichtungen und Schriften, die sie aufgenommen hat, eingehende Sach- und Texterläuterungen sowie interpretierende Abhandlungen. Für die einzelnen Bände zeichnen verschiedene Mitarbeiterinnen und Mitarbeiter verantwortlich. Noch die neue Gesamtausgabe, die im Deutschen Klassiker Verlag in Frankfurt/Main ediert wird (FGA), vermerkt zur *Hamburger Ausgabe*: »Derzeit am weitesten verbreitete Auswahl (etwa ein Drittel des Textbestandes) mit Kommentar« (FGA I 2, 1360).

Die einzelnen Bände der HA haben unterschiedliche Auflagen erreicht. (Folgende Auflagen liegen den Zitaten zugrunde: Bd. 1 und 2: 11. Aufl.; Bd. 3: 10. Aufl.; Bd. 4, 6, 7, 8, 11: 9. Aufl.; Bd. 5, 9, 12: 8. Aufl.; Bd. 10: 6. Aufl.; Bd. 13: 7. Aufl.; Bd. 14: 5. Aufl.)

Im Bd. 14 der HA befindet sich eine »Zeittafel zu Goethes Leben und Werk« (v. Heinz Nicolai) und eine umfangreiche »Bibliographie«. Dort sind auch alle wichtigen Goethe-Ausgaben von 1787 an verzeichnet, teilweise mit detaillierten Inhaltsangaben der einzelnen Bände. So ist ein rascher Überblick auch über die »Vollständige Ausgabe letzter Hand« (1827–1830) und die *Weimarer Ausgabe* (oder Sophien-Ausgabe) möglich, die in 4 Abteilungen (Werke; Naturwissenschaftliche Schriften; Tagebücher; Briefe) mit insgesamt 133 Bdn. (in 143) von 1887 bis 1919 erschien

(WA). Diese grundlegende WA ist 1987 in einem imposanten Nachdruck des Deutschen Taschenbuch Verlags wieder aufgelegt worden.

Verbreitet ist auch die »Artemis-Ausgabe« (A): *Goethe. Gedenkausgabe der Werke, Briefe und Gespräche,* hg. v. Ernst Beutler, Artemis Verlag: Zürich 1948 ff. Sie umfaßt 24 Bde. und drei Ergänzungsbände, darunter »Tagebücher« und »Briefe aus dem Elternhaus« (BaE), welcher Band die wenigen überlieferten Briefe von Goethes Vater und die Schreiben der Mutter und der Schwester Cornelia enthält, ferner drei umfangreiche Essays Ernst Beutlers über Vater, Mutter und Schwester Goethes. – Übrigens ist die Beschreibung, die Goethes Vater über seine eigene ›Italienische Reise‹ in italienischer Sprache angefertigt hat, jetzt in deutscher Übersetzung zu haben: Johann Caspar Goethe, *Reise durch Italien im Jahre 1740 (Viaggio per l'Italia),* hg. v. Albert Meier, München 1986 (dtv klassik 2179).

Eine *Berliner Ausgabe* von Goethes Werken erschien im Aufbau-Verlag (Berlin u. Weimar, 1956–1978) unter der Leitung von Siegfried Seidel in 22 Bdn. und 1 Supplement-Bd.

Große neue Ausgaben sind inzwischen begründet worden:

Johann Wolfgang Goethe. Sämtliche Werke. Briefe, Tagebücher und Gespräche, 40 Bde. (in 41), Frankfurt/Main: Deutscher Klassiker Verlag 1985 ff. (FGA).

Johann Wolfgang Goethe. Sämtliche Werke nach Epochen seines Schaffens. Münchner Ausgabe, 21 Bde. (in 26), hg. v. Karl Richter u. a., München: Hanser 1985 ff.

Eine besondere Edition ist den Jugendschriften und -werken Goethes (bis 1775) gewidmet: *Der junge Goethe,* hg. v. Hanna Fischer-Lamberg, 5 Bde. u. 1 Register-Bd., Berlin (West) 1963 ff. (DjG).

Die naturwissenschaftlichen Schriften Goethes sammelt die mit besonderen Kommentarbänden versehene »Leopoldina-Ausgabe«: *Goethe. Die Schriften zur Naturwissenschaft,* hg. i. A. der Deutschen Akademie der Naturforscher (Leopoldina) v. Dorothea Kuhn u. a., Weimar 1947 ff. (LA). Als Beihefte zu dieser Ausgabe erscheinen seit 1954 *Neue Hefte zur Morphologie* mit Forschungen zu Goethes Naturwissenschaft.

Den besten Einblick in die amtliche Tätigkeit Goethes gewährt mit ihren Einleitungen die mehrbändige Edition: *Goethes amtliche Schriften.* Veröffentlichung des Staatsarchivs Weimar, hg. v. Willy Flach u. Helma Dahl, 4 Bde., Weimar 1950–1987 (AS).

Eine kommentierte Ausgabe sämtlicher Gedichte Goethes hat Emil Staiger in der »Manesse-Bibliothek der Weltliteratur« besorgt, Zürich 1949 (GM).

Handlich sind einzelne Ausgaben und Textsammlungen als »insel taschenbuch«, u. a.: *Goethes Gedichte in zeitlicher Folge,* it 1400. – *Urfaust. Faust: Ein Fragment. Faust: Eine Tragödie.* Paralleldruck der drei Fassungen, hg. v. Werner Keller, 2 Bde., it 625. – *Tagebuch der ersten Schweizer Reise 1775,* hg. v. Hans-Georg Dewitz, it 300. – *Tagebuch der italienischen Reise 1786,* hg. v. Christoph Michel, it 176. – *Italienische Reise,* hg. v. Christoph Michel, it 175. – *Goethes letzte Schweizer Reise,* hg. v. Barbara Schnyder-Seidel, it 375. – *Goethe über die Deutschen,* hg. v. Hans-J. Weitz, it 325.

Goethes Tagebücher enthält die 3. Abteilung der WA in 15 Bdn. (in 16). Der 2. Ergänzungsband der »Artemis-Ausgabe« ist *Tagebücher* betitelt. Eine vollständige Ausgabe der Tagebücher (in moderner Schreibweise) gab Gerhart Baumann heraus: *Johann Wolfgang Goethe, Tagebücher*, 4 Bde., Phaidon Verlag [o. O. u. J.].

Ausgaben von Briefen

Es gibt eine beachtliche Anzahl von Briefsammlungen und spezielle Briefwechsel mit einzelnen Adressaten. Einige seien hier aufgeführt.

Die Abteilung »Briefe« der *Weimarer Ausgabe* besteht aus nicht weniger als 50 Bdn., die die Schreiben aufgenommen haben, die bis zum Erscheinen jener Bände bekannt waren.

Eine stattliche Auswahl von Goethebriefen ist in 3 Bdn. der oben genannten »Artemis-Ausgabe« gesammelt.

In der *Hamburger Ausgabe* sind zusätzlich zu den 14 Bdn. der Werke 4 Bde. mit Briefen Goethes erschienen, hg. u. kommentiert v. Karl Robert Mandelkow u. Bodo Morawe, 1962 ff. (HAB) – Zwei Ergänzungs-Bde. der *Hamburger Ausgabe* enthalten eine knappe Auswahl von Briefen *an* Goethe, hg. u. kommentiert v. Karl Robert Mandelkow, 1965 ff.

Viele Zitate in meiner Darstellung stammen aus diesen Briefeditionen der »Artemis-Ausgabe« und der *Hamburger Ausgabe*. Doch habe ich auch auf die unten genannten speziellen Briefausgaben zurückgegriffen.

Eine mit verbindendem Text versehene Briefauswahl hat Friedhelm Kemp vorgelegt: *Goethe. Leben und Welt in Briefen*, München 1978 (dtv 2087).

Die »Nationalen Forschungs- und Gedenkstätten der klassischen deutschen Literatur« in Weimar haben 1980 begonnen, ein Verzeichnis der Briefe *an* Goethe in Regestform zu publizieren, ein Register mit kurzen Inhaltsangaben der einzelnen Schreiben: *Briefe an Goethe*, hg. v. Karl-Heinz Hahn, Weimar 1980 ff. – (21 500 Briefe an Goethe von rund 3500 Absendern sind ermittelt worden; etwa 19 000 dieser Briefe sind überliefert.)

Von den speziellen Briefeditionen sollen hier erwähnt werden: *Die Briefe der Frau Rath Goethe*, hg. v. Albert Köster, Leipzig 1956 (1. Aufl. 1904). – *Goethes Ehe in Briefen*, hg. v. Hans Gerhard Gräf, Leipzig 1956 (1. Aufl. in 2 Bdn. unter dem Titel *Goethes Briefwechsel mit seiner Frau*). – *Goethes Briefe an Charlotte von Stein*, hg. v. Jonas Fränkel. Umgearb. Neuausgabe, 3 Bde., Berlin (Ost) 1960. – *Briefwechsel des Großherzogs Carl August mit Goethe*, hg. v. Hans Wahl, 3 Bde., Berlin 1915–1918. – *Der Briefwechsel zwischen Schiller und Goethe*, hg. v. Hans Gerhard Gräf u. Albert Leitzmann, 3 Bde., Leipzig 1955 (1. Aufl. 1912). – *Goethes Briefwechsel mit Heinrich Meyer*, hg. v. Max Hecker, 4 Bde., Weimar 1917–1932. – *Der Briefwechsel zwischen Goethe und Zelter*, hg. v. Max Hecker, 3 Bde., Leipzig 1913–1918. – *Marianne und Johann Jakob Willemer. Briefwechsel mit Goethe*, hg. v. Hans-J. Weitz, Frankfurt/Main 1965. – *Goethes Briefwechsel mit*

Christian Gottlob Voigt, hg. v. Hans Tümmler, 4 Bde., Weimar 1949–1962 (GVB). –
Goethe und Cotta. Briefwechsel 1797–1832, hg. v. Dorothea Kuhn, 3 Bde. (in 4),
Stuttgart 1983 (GCB). – *Goethe und Reinhard. Briefwechsel in den Jahren
1807–1832*, hg. v. Otto Heuschele u. a., Wiesbaden 1957.

Textgestaltung

Schon am Schluß meines Vorworts bin ich auf die Frage eingegangen, in welcher
Schreibung alte Texte und Drucke heute zu reproduzieren sind. Die Herausgeber
verfahren durchaus unterschiedlich. Zumeist greifen Editoren heutiger Ausgaben,
die auch die Lesbarkeit berücksichtigt wissen wollen, mehr oder weniger behutsam
›modernisierend‹ ein. Dafür seien hier kurz drei Beispiele erwähnt. Die Herausgeber
der Briefauswahl in der *Hamburger Ausgabe* vermerken »zur Textgestaltung«: »Die
Briefe der Jahre 1764–1786 werden in der originalen Goetheschen Schreibweise und
Zeichensetzung geboten, da eine Normalisierung den unverwechselbaren Reiz und
die lebendige Unmittelbarkeit dieser höchst individuellen Zeugnisse zerstören
würde. Nur in einigen wenigen Fällen (wie z. B. bei der Groß- bzw. Kleinschreibung
der Personalpronomina) wurde in den Text eingegriffen, um das Verständnis zu
erleichtern« (HAB I 761 f.). In den übrigen Bänden sind Anpassungen an moderne
Orthographie erfolgt. – Hans-J. Weitz fügt in sein Nachwort zum Willemer-Goethe-
Briefwechsel ein besonderes Kapitel »Schreibweise« ein (S. 907–912) und erläutert
ausführlich die Komplikationen angesichts der Tatsache, daß der Briefwechsel »in
elferlei Handschrift überliefert« ist und es sich bei den Schreiben Goethes um
»diktierte Briefe« handelt. – Peter Boerner, der Herausgeber der Tagebücher in der
»Artemis-Ausgabe« merkt an, daß die eigenhändig geführten Tagebücher aus den
Jahren 1775 bis 1786 manuskriptgetreu gedruckt worden seien. »Die fast ausnahms-
los diktierten Tagebücher Goethes aus der Zeit nach 1790 wurden dagegen, abwei-
chend von der ›Weimarer Ausgabe‹, in heutiger Schreibweise gebracht« (S. 658).

Bibliographien

Wer spezielle Literatur sucht, dem steht eine fortlaufende Bibliographie zur Verfügung, die Jahr für Jahr fortgeführt wird: als Beigabe im *Goethe Jahrbuch*, das von der
Goethe-Gesellschaft herausgegeben wird.
    Die *Hamburger Ausgabe* bietet im 14. Bd. eine umfangreiche, nach Sachgruppen
gegliederte Bibliographie.
    Die großen neuen Werkeditionen sind mit ausführlichen Kommentaren ausgestat-
tet und halten detaillierte bibliographische Hinweise parat.
    Eine Auswahlbibliographie von den Anfängen der Goetheforschung bis 1964 ist in
2 Bdn. zusammengefaßt: *Goethe-Bibliographie*, begr. v. Hans Pyritz, fortgef. v.
Heinz Nicolai u. Gerhard Burkhardt, Heidelberg 1965–1968.
    Helmut G. Hermann, *Goethe-Bibliographie. Literatur zum dichterischen Werk*,
Stuttgart 1991.
    Goethes eigene Äußerungen zu seinen Dichtungen hat Hans Gerhard Gräf zusam-

mengetragen: *Goethe über seine Dichtungen*. Versuch einer Sammlung aller Äußerungen des Dichters über seine poetischen Werke, 9 Bde., Frankfurt 1901 (Nachdruck Darmstadt 1968).

Nachschlagewerke

Nützliche Informationen liefert nach wie vor das (revisionsbedürftige) *Goethe-Handbuch* in 3 Bdn., hg. v. Julius Zeitler, Stuttgart 1916–1918.

Das von Alfred Zastrau begonnene neue *Goethe-Handbuch*, Stuttgart 1961, ist über das Stichwort »Farbenlehre« nicht hinausgekommen.

Ein gänzlich neu konzipiertes und auf 3 Bde. angelegtes *Goethe-Handbuch*, hg. v. Bernd Witte u. a., soll im Stuttgarter Metzler Verlag 1995 mit einem gesonderten Registerband abgeschlossen werden.

Zwei illustrierte Bände veranschaulichen gut Goethes Leben und Umwelt (mit Erläuterungen): *Goethes Leben in Bilddokumenten*, hg. v. Jörn Göres, München 1981. – *Goethe. Sein Leben in Bildern und Texten*, hg. v. Christoph Michel, Frankfurt 1982.

Den Beziehungen zur Heimatstadt gilt das Buch: *Frankfurt mit den Augen Goethes*, hg. v. Herbert Heckmann u. Walter Michel, Frankfurt/Main 1982.

Ausführliche Informationen bietet: Effi Biedrzynski, *Goethes Weimar*. Das Lexikon der Personen und Schauplätze, Zürich 1992.

Minutiös verzeichnet Goethes Leben und Tun: Robert Steiger, *Goethes Leben von Tag zu Tag*. Eine dokumentarische Chronik, 8 Bde., Zürich 1982 ff.

Über die Geschichte der Drucke informiert: *Quellen und Zeugnisse zur Druckgeschichte von Goethes Werken*, hg. v. Zentralinstitut für Literaturgeschichte der Akademie der Wissenschaften der DDR, 3 Bde., Berlin (Ost) 1966–1986.

Zu Goethes Zeichnungen: *Corpus der Goethezeichnungen*, hg. v. den Nationalen Forschungs- und Gedenkstätten der klassischen deutschen Literatur in Weimar, 7 Bde. (in 10), Leipzig 1958–1973. – Wolfgang Hecht, *Goethe als Zeichner*. Mit 202 Goethezeichnungen, Leipzig 1982.

Dokumente der Zeit

Goethes Gespräche, hg. v. Flodoard Frhr. von Biedermann, 5 Bde., Leipzig 1909–1911 (G). – *Goethes Gespräche*. Eine Sammlung zeitgenössischer Berichte aus seinem Umgang, auf Grund der Ausg. u. des Nachlasses v. Flodoard Frhrn. von Biedermann ergänzt u. hg. v. Wolfgang Herwig, 5 Bde. (in 6), Zürich 1965–1987.

Goethe in vertraulichen Briefen seiner Zeitgenossen, zusammengestellt v. Wilhelm Bode, neu hg. v. Regine Otto u. Paul-Gerhard Wenzlaff, 3 Bde., Berlin (Ost) 1979 (auch München 1982).

Goethe aus der Nähe. Berichte von Zeitgenossen, hg. v. Eckart Kleßmann, Zürich 1994.

Goethe im Urteil seiner Kritiker. Dokumente zur Wirkungsgeschichte Goethes in Deutschland, hg. v. Karl Robert Mandelkow, 4 Bde., München 1975–1984.
Wolfgang Leppmann, *Goethe und die Deutschen*, Stuttgart 1962.
Karl Robert Mandelkow, *Goethe in Deutschland.* Rezeptionsgeschichte eines Klassikers, 2 Bde., München 1980–1989.

Sammelbände

Besonders handlich und hilfreich bei der Beschäftigung mit einzelnen Werken und Gebieten sind Sammelbände, in denen Beiträge mehrerer Forscher zusammengetragen sind. In der Reihe »Wege der Forschung« (WdF), Wissenschaftliche Buchgesellschaft, Darmstadt, sind etliche erschienen, von denen zitiert seien: *Goethes ›Werther‹.* Kritik und Forschung, hg. v. Hans Joachim Schrimpf u. Paul Gerhard Klussmann. – *Goethes Roman ›Die Wahlverwandtschaften‹,* hg. v. Ewald Rösch. – *Aufsätze zu Goethes ›Faust I‹,* hg. v. Werner Keller. – *Studien zum West-östlichen Divan Goethes,* hg. v. Edgar Lohner. – *Interpretationen zum West-östlichen Divan Goethes,* hg. v. Edgar Lohner. – *Aufsätze zu Goethes ›Faust II‹,* hg. v. Werner Keller.

Einzelinterpretationen der Schauspiele von der *Laune des Verliebten* bis zum *Faust II* enthält das Sammelwerk *Goethes Dramen.* Neue Interpretationen, hg. v. Walter Hinderer, Stuttgart 1980. (Den Schluß des Bandes bildet eine Spezialbibliographie zu Goethes dramatischem Werk.)

Einen Überblick über *Das Drama Goethes* bietet Werner Keller im *Handbuch des deutschen Dramas,* hg. v. Walter Hinck, Düsseldorf 1980.

Eine Anthologie ganz kurzer Gedichtbetrachtungen: *Goethe. Verweile doch.* 111 Gedichte mit Interpretationen, hg. v. Marcel Reich-Ranicki, Frankfurt/Main 1992.

Einzelne Aspekte

Die Forschung zu Goethe, seinem Leben, seinem Werk, seiner Zeit, hat Ausmaße erreicht, daß allein die Verzeichnisse der einschlägigen Arbeiten viele Bände füllen. Unmöglich kann ein einzelner alle Veröffentlichungen über Goethe und seine Zeit aufnehmen oder gar ›verarbeiten‹. So wird an vielen Stellen meines Buchs überdeutlich, wie sehr Anlaß besteht, weitere Literatur heranzuziehen. Ich will das gleich an einigen Beispielen illustrieren und einige weitere Hinweise beisteuern.

Welch aufwendige Analysen das genaue Verstehen eines Gedichts erfordert und wie dabei immer noch neue Erkenntnisse über einen vertrauten Text zu gewinnen sind, können beispielsweise Wulf Segebrechts Buch über die bekannten Verse »Über allen Gipfeln ist Ruh'« (Reihe Hanser 158, München 1978) und Albrecht Schönes Interpretation der *Harzreise im Winter* (JbG 1979; auch in: A.S., *Götterzeichen, Liebeszauber, Satanskult.* Neue Einblicke in alte Goethetexte, München 1982) eindrucksvoll vor Augen führen.

In meinem Kapitel »Frankfurter Intermezzo« habe ich das riesige Gebiet der

»Hermetik« nur angedeutet, so daß der Leser, der Genaueres erfahren will, zu Rolf Christian Zimmermanns zweibändiger gelehrter Untersuchung greifen muß: *Das Weltbild des jungen Goethe.* Studien zur hermetischen Tradition des deutschen 18. Jahrhunderts, München 1969/1980.

Die biblischen Anspielungen im Werther, der Unterschied der beiden Fassungen, die Rezeption des berühmten Romans: Wer Auskunft über diese und ähnliche Komplexe wünscht, sieht sich auf Spezialliteratur verwiesen, die in den Bibliographien und den kommentierten neuen Gesamtausgaben reichlich verzeichnet ist.

Welche Ausmaße eine ins einzelne gehende Besprechung etwa des *Torquato Tasso* annehmen kann, zeigen sowohl Wolfdietrich Raschs Buch (*Goethes ›Torquato Tasso‹. Die Tragödie des Dichters*, Stuttgart 1954) als auch der Aufsatz von Walter Hinderer im oben aufgeführten Sammelband *Goethes Dramen. Neue Interpretationen*, Stuttgart 1980.

Einiges aus der Fülle der Betrachtungen, die die *Wilhelm Meister*-Romane herausgefordert haben, präsentiert die von Klaus F. Gille besorgte Anthologie: *Goethes Wilhelm Meister.* Zur Rezeptionsgeschichte der Lehr- und Wanderjahre, Königstein 1979. Und wie die Kommentare in den entsprechenden Bänden der neuen Frankfurter und Münchner Goethe-Ausgaben vorführen, geht die Forschung seitdem unentwegt weiter.

Bemühungen um die *Wahlverwandtschaften* vereinigt der Band: *Goethes Wahlverwandtschaften.* Kritische Modelle und Diskursanalysen zum Mythos Literatur, hg. v. Norbert W. Bolz, Hildesheim 1981. Eine ausgiebige Auseinandersetzung mit der *Wahlverwandtschaften*-Forschung führt Werner Schwan, *Goethes ›Wahlverwandtschaften‹. Das nicht erreichte Soziale*, München 1983 (mit reichhaltigem Literaturverzeichnis).

Von der Vielfalt der Annäherungen an die unausschöpfliche *Faust II*-Dichtung kann das entsprechende Kapitel meines Buchs kaum etwas ahnen lassen. Hans Arens' *Kommentar zu Goethes Faust II* (Heidelberg 1989) umfaßt nicht weniger als 1083 Seiten. – Einige unterschiedlich verfahrende Arbeiten (vgl. auch das oben in der Rubrik »Sammelbände« zitierte Buch) seien besonders genannt: Wilhelm Emrich, *Die Symbolik von Faust II*, 2. Aufl. Bonn 1957. – Dorothea Lohmeyer, *Faust und die Welt. Der zweite Teil der Dichtung*, München 1975. – Kurt May, *Faust II. Teil. In der Sprachform gedeutet*, München 1962. – Heinz Schlaffer, *Faust Zweiter Teil. Die Allegorie des 19. Jahrhunderts*, Stuttgart 1981. – Hans Christoph Binswanger, *Geld und Magie.* Deutung und Kritik der modernen Wirtschaft anhand von Goethes »Faust«, Stuttgart 1985.

Große Aufmerksamkeit hat K. R. Eisslers riesige psychoanalytische Studie gefunden (besonders seitdem sie in deutscher Übersetzung vorlag), vornehmlich bei denen, die das Außergewöhnliche und Überraschende schätzen: K. R. Eissler, *Goethe. A Psychoanalytic Study 1775–1786*, 2 Bde., Detroit 1963; deutsch: 2 Bde., Basel 1983–1985. Sie beruht auf der Anerkenntnis der Annahmen Sigmund Freuds als gesicherten Wissens und gelangt zu darauf basierenden Ergebnissen bei der Analyse des Goethe der Jahre 1775 bis 1786. (Einige Exkurse dringen auch in die über vier Jahrzehnte vor, die Goethes Leben noch währte.) Ein Germanist, der in der

Freudschen Psychoanalyse nicht geschult ist und ihr nicht anhängt, dürfte es schwer haben, Eisslers Resultate zu falsifizieren oder zu verifizieren. Deshalb bin ich nur beiläufig, im Zusammenhang mit der *Theatralischen Sendung* (oben S. 633 f.), darauf eingegangen. Immerhin hat inzwischen ein Fachgelehrter, mit Erfahrungen als Professor für Psychiatrie und Neurologie, Eisslers Goethe-Deutungen eine fulminante Absage erteilt: Hoimar v. Ditfurth, *Innenansichten eines Artgenossen. Meine Bilanz*, Düsseldorf 1989. Im Kapitel »Goethe auf der Couch« (S. 290 ff.) ist zu lesen: »Die Lektüre des rund eineinhalbtausend Seiten umfassenden Werkes wird durch die stupende Kenntnis des Verfassers von Goethes Leben und Schriften zum intellektuellen und durch die Brillanz seiner sprachlichen und stilistischen Ausdrucksmittel zum ästhetischen Genuß.« Indes handle es sich »bei Eisslers psychoanalytischen Interpretationen der Goetheschen Schriften und Äußerungen um blühenden Unsinn«. Ditfurth führt Beispiele an und resümiert: »Die beiden Bände strotzen von Behauptungen, von als selbstverständlich unterstellten, da einleuchtend anzuhörenden Interpretationen, für die der Autor auch nicht den Schatten eines Beweises vorbringt. Es genügt ihm, daß die biographischen Details sich dem psychoanalytischen Jargon fügen. [Für v. Ditfurth ist Eissler ein Exeget der orthodoxen Freudschen Lehre.] Und den meisten Lesern genügt es offensichtlich auch. Sie verwechseln, wie der Analytiker, die Plausibilität einer psychologischen Deutung mit ihrer Beweiskraft.«

Über Goethe aus medizinhistorischer Sicht handelt das Buch von Richard Kühn, *Goethe. Eine medizinische Biographie*, Stuttgart 1949.

Das Leben Carl Augusts und die politischen Vorgänge zu jener Zeit hat Hans Tümmler dargestellt: *Carl August von Weimar, Goethes Freund*, Stuttgart 1978. Im Anhang dieses Buchs finden sich ausführliche Literaturangaben zur Geschichte des Herzogtums Sachsen-Weimar-Eisenach; auch Tümmlers zahlreiche andere Arbeiten zu Goethe und seinem Umkreis sind dort verzeichnet. – Nach wie vor wichtig für die genannte Zeit: Willy Andreas, *Carl August von Weimar. Ein Leben mit Goethe 1757 bis 1783*, Stuttgart 1953.

Zwei Bücher präsentieren sich als bedeutende Gesamtdarstellungen wichtiger Lebensbereiche Goethes: Katharina Mommsen, *Goethe und die arabische Welt*, Frankfurt/Main 1988. – Siegfried Unseld, *Goethe und seine Verleger*, Frankfurt/Main 1991.

An neueren biographischen Büchern über Personen aus Goethes Familienkreis seien erwähnt: Sigrid Damm, *Cornelia Goethe*, Berlin (Ost) 1987 (auch Frankfurt/Main 1988). – Eckart Kleßmann, *Christiane. Goethes Geliebte und Gefährtin*, Zürich 1992. – Werner Völker, *Der Sohn: August von Goethe. Eine Biographie*, Frankfurt/Main 1992. – *Ottilie von Goethe, Goethes Schwiegertochter. Ein Porträt*, hg. u. mit einem Nachwort versehen v. Ulrich Janetzki, Frankfurt/Main 1982.

Nachdem ich am Ende meines Vorworts und auf Seite 554 die Probleme berührt habe, die der Versuch einer Umrechnung einstiger Währungen bietet, sei hier noch auf Publikationen verwiesen, die konkrete Informationen über Löhne und Preise der damaligen Zeit enthalten: Hans-Jürgen Gerhard, *Löhne im vor- und frühindustriellen Deutschland*. Materialien zur Entwicklung von Lohnsätzen von der Mitte des 18. bis zur Mitte des 19. Jahrhunderts, Göttingen 1984. – Hans-Jürgen Gerhard u.

Karl Heinrich Kaufhold. *Preise im vor- und frühindustriellen Deutschland*, Göttingen 1990.

Zum Schluß möchte ich nicht darauf verzichten, eine ebenso amüsante wie informative Anthologie zu nennen: *Unser Goethe. Ein Lesebuch*, hg. v. Eckhard Henscheid u. F. W. Bernstein, Zürich 1982. Es vereinigt vornehmlich Texte über Goethe: Essayistisches und Anekdotisches, Satiren und Parodien, ›Goethe-Hochlobendes‹ und ›Goethe-Entlarvendes‹.

Abkürzungen

[...] Eckige Klammern mit Punkten kennzeichnen Auslassungen im Original-
text.

[ ] Eckige Klammern schließen Zusätze des Verfassers innerhalb von Original-
texten ein.

(1, 50) Ziffern ohne weitere Kennzeichnung verweisen auf Band und Seite der
Ausgabe: *Goethes Werke. Hamburger Ausgabe* in 14 Bänden, hg. v. E.
Trunz. (Vgl. die Erläuterungen unter den »Hinweisen«, S. 1045)

A *Goethe. Gedenkausgabe der Werke, Briefe und Gespräche*, hg. v. E. Beutler,
Zürich 1948 ff. (»Artemis-Ausgabe«)

AS *Goethes Amtliche Schriften.* Veröffentlichung des Staatsarchivs Weimar, hg.
v. W. Flach u. H. Dahl, 4 Bde., Weimar 1950 ff.

BA *Goethe. Berliner Ausgabe*, Berlin (Ost) u. Weimar 1965 ff.

BaE Briefe aus dem Elternhaus (1. Erg.-Bd. der »Artemis-Ausgabe«), hg. v. W.
Pfeiffer-Belli, Zürich 1960

Bo *Goethe in vertraulichen Briefen seiner Zeitgenossen*, zusammengest. v.
W. Bode, neu hg. v. R. Otto u. P.-G. Wenzlaff, 3 Bde., Berlin (Ost) u.
Weimar 1979 (auch München 1982)

DaW Alfred Pretzsch / Wolfgang Hecht, Das alte Weimar skizziert und zitiert,
Weimar 1975

DjG *Der junge Goethe*, hg. v. H. Fischer-Lamberg, 6 Bde., Berlin (West) 1963 ff.

DuW *Dichtung und Wahrheit* (Band 9 u. 10 der *Hamburger Ausgabe*)

E *Goethes Gespräche mit Eckermann*, Insel Verlag [o. O.] 1949 (jeweils mit
Datum genannt)

FGA Johann Wolfgang Goethe, Sämtliche Werke, Briefe, Tagebücher und Gespräche, Frankfurt/Main: Deutscher Klassiker Verlag 1985 ff.

G *Goethes Gespräche*, hg. v. F. Frhr. v. Biedermann, 5 Bde., Leipzig 1909 ff.

GCB *Goethe und Cotta. Briefwechsel 1797–1832*, 3 Bde. (in 4), hg. v. D. Kuhn,
Stuttgart 1979 ff.

GM J. W. Goethe, *Gedichte*. Mit Erläuterungen v. E. Staiger, 3 Bde., Zürich
1949

GuR Gesang und Rede, sinniges Bewegen. Goethe als Theaterleiter (Katalog einer
Ausstellung), hg. v. J. Göres, Goethe-Museum Düsseldorf 1973

GVB *Goethes Briefwechsel mit Christian Gottlob Voigt*, hg. v. H. Tümmler, 4
Bde., Weimar 1949 ff.

HA *Goethes Werke. Hamburger Ausgabe* in 14 Bänden, hg. v. E. Trunz, Hamburg 1948 ff. (jetzt München)

HAB *Goethes Briefe.* Hamburger Ausgabe in vier Bänden, hg. v. K. R. Mandelkow u. B. Morawe, Hamburg 1962 ff.

HW	Wilhelm v. Humboldt, *Werke in fünf Bänden*, hg. v. A. Flitner u. K. Giel, Darmstadt 1960 ff.
IR	*Italienische Reise*, Band 11 der *Hamburger Ausgabe*
JA	*Goethes Sämtliche Werke*. Jubiläums-Ausgabe, hg. v. E. v. d. Hellen, Stuttgart u. Berlin [1902 ff.]
JbG	Jahrbuch der Goethe-Gesellschaft (Es gibt mehrere Folgen von Goethe-Jahrbüchern mit etwas unterschiedlichen Titeln. Hier wird einheitlich die Abkürzung JbG mit Jahreszahl gebraucht.)
JPW	*Jean Pauls Sämtliche Werke*. Historisch-kritische Ausgabe, hg. v. E. Berend, Weimar 1927 ff.
KA	*Kritische Friedrich-Schlegel-Ausgabe*, hg. v. E. Behler, Paderborn 1958 ff.
KM	Kanzler v. Müller, *Unterhaltungen mit Goethe*, hg. v. E. Grumach, Weimar 1956
LA	*Goethe. Die Schriften zur Naturwissenschaft*, hg. im Auftrage der Deutschen Akademie der Naturforscher (Leopoldina) v. D. Kuhn u. a., Weimar 1947 ff.
M	*Maximen und Reflexionen* (Band 12 der *Hamburger Ausgabe*)
NA	*Schillers Werke*. Nationalausgabe, begr. v. J. Petersen, Weimar 1943 ff.
NS	Novalis, *Schriften*, hg. v. P. Kluckhohn u. R. Samuel, Stuttgart 1960 ff.
RM	Friedrich Wilhelm Riemer, *Mitteilungen über Goethe*, 2 Bde., Berlin 1841
RT	*Tagebuch der italienischen Reise für Frau v. Stein* (it 176), Frankfurt 1976
SA	*Schillers Sämtliche Werke*. Säkular-Ausgabe, hg. v. E. v. d. Hellen, Stuttgart u. Berlin o. J. [1904/1905]
SGS	Schriften der Goethe-Gesellschaft, Weimar 1885 ff.
SK	*Schiller und sein Kreis in der Kritik ihrer Zeit*, hg. v. O. Fambach, Berlin (Ost) 1957
St	*Sturm und Drang. Kritische Schriften*, Auswahl v. E. Loewenthal, Heidelberg 1949 (auch: Wiss. Buchges. Darmstadt)
SW	Johann Gottfried Herder, *Sämtliche Werke*, hg. v. B. Suphan, Berlin 1877 ff.
V	*Vers*
WA	*Goethes Werke*, hg. i. Auftrag der Großherzogin Sophie v. Sachsen-Weimar, Weimar 1887 ff. (*Weimarer Ausgabe*)
WuG	Friedrich August Hohenstein, Weimar und Goethe. Menschen und Schicksale, bearb. v. W. Vulpius, Rudolstadt o. J. [1958]

Register

(bearbeitet von Andrea Baumeister)

Werke Goethes

Gedichte

Übrige Werke und Schriften

(Gelegentlich stammen Titel, besonders kleinerer Arbeiten,
nicht von Goethe selbst, sondern von
Herausgebern)

Brun, Friederike, geb. Münter
(1765–1835), Schriftstellerin 584,
677, 786
Bruno, Giordano (1548–1600), it. Phi-
losoph 957
Buchholz, Wilhelm Heinrich Sebastian
(1734–1798), Apotheker in Weimar
393, 558
Büchner, Georg (1813–1837) 211, 271
Bünau, Heinrich Graf v. (1697–1762),
sächs.-weimar. Minister 283
Bürger, Gottfried August (1747–1794),
Schriftsteller 183, 244, 260, 268, 331,
470 f., 588, 668, 712, 721
Büttner, Christian Wilhelm
(1716–1801), Natur- u. Sprachfor-
scher 725, 840
Buff, Caroline (Lenchen), geb. 1751,
Schwester von Charlotte Buff
169
Buff, Charlotte (1753–1828), Ehefrau
J. C. Kestners 154, 158, 165 ff., 174,
181, 196, 198, 292, 370, 900 f.
Buff, Heinrich Adam (1710–1795),
Amtmann in Wetzlar, Vater von
Charlotte Buff 167
Buffon, Georges Louis Leclerc Graf v.
(1701–1788), frz. Naturforscher 490
Buri, Ludwig Isenburg v. (1747–1806),
Vorsitzender der ›Arkadischen
Gesellschaft zu Phylandria‹, später
Offizier 41
Burke, Edmund (1729–1797), engl.
Publizist, Politiker 514, 522, 591
Bury, Friedrich (1763–1823), Maler
408, 541, 708
Byron, Georg Gordon Noël Lord
(1788–1824), engl. Schriftsteller 457,
974 f., 982, 1011

Cagliostro → Balsamo, Giuseppe
Calderon de la Barca, Pedro
(1600–1681), span. Dramatiker
556 f., 741, 934, 968, 970

Campe, Joachim Heinrich (1746–1818),
Pädagoge 514 f.
Camper, Petrus (1722–1789), Arzt,
Anatom 400
Candolle, Auguste Pyrame de
(1778–1841), frz. Botaniker aus Genf
1028
Carl Alexander, Erbgroßherzog, seit
1853 Großherzog von Sachsen-Weimar-Eisenach (1818–1901), Enkel
Carl Augusts 949
Carl August, Herzog, später Großherzog von Sachsen-Weimar-Eisenach
(1757–1828) XIV, 27, 159, 234 ff.,
247, 256, 260 f., 281 ff., 291, 293 ff.,
298 ff., 320 ff., 324 f., 327, 329 ff.,
337 f., 342 ff., 348, 352 f., 356 ff.,
362 ff., 366 f., 372, 375 f., 401, 403 f.,
408, 413 ff., 421, 424, 429 ff., 435,
457, 460, 466, 470, 477, 493 f., 496,
517 f., 522, 530, 539, 541 ff., 548 f.,
551, 556 ff., 561, 563, 565, 574, 600,
621, 625, 675, 682, 686, 689, 696,
723, 725 f., 728, 731 f., 737 ff., 765,
773, 792, 806, 808 ff., 812, 862 ff.,
876, 887 f., 894 ff., 930, 933, 935 f.,
962, 976 f., 998, 1025 f., 1030
Carl Bernhard, Prinz v. Sachsen-Weimar-Eisenach (1792–1862), Sohn
Carl Augusts 998
Carl Eugen, Herzog v. Württemberg
(1728–1793) 215, 362
Carl Friedrich, erster Sohn von Carl
August und Luise, seit 1828 Großherzog von Sachsen-Weimar-Eisenach (1783–1853), Sohn Carl Augusts
727, 773, 781, 864, 947, 1026
Carl Wilhelm Ferdinand, Herzog v.
Braunschweig (1735–1806), Bruder
Anna Amalias 363, 508, 564
Carlyle, Thomas (1795–1881), schott.
Schriftsteller, Historiker 972, 975 f.
Caroline, Herzogin v. Hessen-Darm-
stadt (1721–1774) 158 ff., 181, 234

Schriftsteller, Philosoph 510, 693,
697, 699f., 715
Dietrich, Friedrich Gottlieb
(1765–1850), Gärtner, später Garten-
inspektor in Eisenach 401
Dodd, William (1729–1777), engl.
Theologe, Shakespeareforscher 74
Döbbelin, Karl Theophilus
(1727–1793), Theaterdirektor 550
Döbereiner, Johann Wolfgang
(1780–1849), Chemiker, Pharmazeut
730, 810
Duden, Konrad (1829–1911), Philologe
625
Dürer, Albrecht (1471–1528) 282
Dumont, Pierre Étienne Louis
(1759–1829), Genfer Philosoph,
Schriftsteller, Politiker 948
Dumouriez, Charles François
(1739–1823), frz. General 564
Dussek, Johann Ludwig (1761–1812),
Komponist 866

Eberwein, Karl (1786–1868), Komponist, Musikdirektor in Weimar
978
Eckermann, Johann Peter (1792–1854),
seit 1823 Goethes Assistent XIII,
XV, 66, 74, 153, 182, 195, 251, 258,
340, 369, 402, 434, 457f., 460, 495,
530, 537ff., 566, 607, 628ff., 647,
658, 688, 706, 737, 754, 779, 790,
810f., 813, 824, 827, 835, 847, 874,
881, 941, 948ff., 960, 966, 968f.,
971, 978f., 981, 986, 1002f., 1005,
1008, 1024, 1027, 1032, 1035
Eckermann, Johanna, geb. Bertram
(1801–1834), Ehefrau J. P. Eckermanns 951
Edling, Albert Cajetan Graf v.
(1772–1841), Staatsminister in Weimar 887
Egloffstein, Henriette v., verh. Freifrau
v. Beaulieu-Marconnay, gesch. Grä-

fin v. Egloffstein (1773–1864) 742,
773
Egloffstein, Julie Gräfin v. (1792–1869),
Malerin, Hofdame in Weimar, Tochter der Vorigen 940f., 1031
Egmont, Lamoraal Graf v. (1522–1568)
449, 453f.
Eichendorff, Joseph Freiherr v.
(1788–1857) 968
Eichstädt, Heinrich Carl Abraham
(1172–1848), Altphilologe, Bibliothekar in Jena 643, 729, 734, 822
Einsiedel, Friedrich Hildebrand v.
(1750–1828), Schriftsteller, 1802
Geheimer Rat in Weimar 295ff., 338,
342, 376
Eissler, Kurt Rudolf (geb. 1908), Psychoanalytiker 633
Ekhof, Konrad (1720–1778), Schauspieler 287, 550, 737
Engelbach, Johann Konrad (1744–ca.
1802), Jurist 99
Engelhardt, Christian Moritz
(1755–1858), Altertumsforscher
116
Engelsing, Rolf (1930–1986), Wirt-
schafts- und Sozialwissenschaftler
554, 627
Epikur (341–270 v. Chr.), griech. Philosoph 57
Ernst August, Herzog v. Sachsen-Weimar-Eisenach (1688–1748), Großvater Carl Augusts 281ff., 466
Ernst August Constantin, Herzog von
Sachsen-Weimar-Eisenach
(1737–1758), Vater Carl Augusts
283f., 295, 550
Ernst II., Herzog v. Sachsen-Gotha und
Altenburg (1745–1804) 346f., 408,
413, 426, 728
Erthal, Friedrich Karl Joseph Freiherr
v. (1719–1802), Kurfürst u. Erz-
bischof von Mainz 575
Eschenburg, Johann Joachim

Theologe, Historiker, 1. Hälfte
18. Jhdt. 652

Görtz, Johann Eustachius Graf v.
Schlitz (gen. v. Görtz) (1737–1821),
Oberhofmeister, Erzieher Carl
Augusts, seit 1778 in preuß. Diensten
285 f.

Göschen, Georg Joachim (1752–1828),
Verleger in Leipzig 144, 418, 420,
446 f., 463, 470, 476 f., 492, 610, 612,
625 f., 653, 790

Goethe, Alma v. (1827–1844), Tochter
August v. Goethes 682, 901, 1033

Goethe, August Walther v.
(1789–1830), Goethes Sohn 465 ff.,
541, 554, 681 f., 723, 771 f., 779,
807 f., 863, 886 f., 889, 901 ff., 934,
940, 943, 1025, 1032

Goethe, Caroline v. (geb. u. gest. 1793),
Goethes Tochter 467

Goethe, Catharina Elisabeth
(1754–1756), Goethes Schwester 11

Goethe, Catharina Elisabeth, geb. Textor (1731–1808), Goethes Mutter
XVII, 11, 13, 15 ff., 21, 26, 27, 34,
75, 77, 100, 141, 219, 246, 261, 264,
271, 279, 321, 332, 337, 359 f., 435,
466 ff., 561, 574, 580 f., 652 f., 670,
675, 681, 683, 722, 771, 808, 859,
904

Goethe, Christiane v. → Vulpius, Christiane; Goethes Frau

Goethe, Cornelia (1750–1777), Goethes
Schwester, seit 1773 Ehefrau J. G.
Schlossers 11, 20, 25 ff., 29, 35, 42,
48, 52 ff., 57, 70 f., 73 ff., 182 f., 247,
262, 370, 438, 478, 680

Göthe, Cornelia (geb. Walther, verw.
Schellhorn) (1668–1754), Ehefrau des
Folgenden 6 ff., 10 f.

Göthe, Friedrich Georg (1657–1730),
Goethes Großvater 6 f.

Goethe, Georg Adolph (1766–1767),
Goethes Bruder 11

Goethe, Hermann Jacob, Halbbruder
von Goethes Vater 11

Goethe, Hermann Jacob (1752–1759),
Goethes Bruder 27

Goethe, Johanna Maria (1756–1759),
Goethes Schwester 11

Goethe, Johann Caspar (1710–1782),
Dr. iur., Kaiserl. Rat in Frankfurt/
Main, Goethes Vater 2 ff., 17, 21,
26 f., 29, 32 ff., 39, 46, 75, 82, 95,
126, 133 f., 136, 140, 163 f., 182, 192,
218, 257, 260, 310, 407, 421

Goethe, Karl v. (geb. u. gest. 1795),
Goethes Sohn 467

Goethe, Kathinka v. (geb. u. gest.
1802), Goethes Tochter 467

Goethe, Ottilie v., geb. v. Pogwisch
(1796–1885), Ehefrau August v.
Goethes 901 ff., 934, 936, 940, 948,
1002, 1025, 1031, 1033, 1037

Goethe, Walther Wolfgang v.
(1818–1885), Sohn August v. Goethes 36, 345, 631, 682, 901, 978,
1033, 1035 f.

Goethe, Wolfgang Maximilian v.
(1820–1883), Sohn August v.
Goethes 345, 682, 901, 978, 1033,
1035 f.

Göttling, Carl Wilhelm (1793–1869),
Philologe, seit 1821 Prof. der Alter-
tumswissenschaften und Bibliothekar
in Jena 629 f.

Götz, Johann Nikolaus (1721–1781),
Lyriker, Übersetzer 54

Götze, Dorothee (1730–1812), Mutter
des Folgenden 368

Götze, Paul (1761–1835), Goethes Diener 1777–1794, später Wegebau-
inspektor in Jena 368, 541, 563, 742,
952

Goldsmith, Oliver (1728–1774), engl.
Schriftsteller 112

Gontard, Jacob Friedrich (1764–1843),
Bankier in Frankfurt 683

tiste Poquelin (1622–1673), frz. Dramatiker 74, 92
Montesquieu, Charles de Secondat
(1689–1755), frz. Schriftsteller,
Staatstheoretiker 128, 522
Moore, Henry (1898–1986), engl. Bildhauer, Graphiker 474
Moors, Wilhelm Karl Ludwig
(1749–1806), Jugendfreund Goethes;
später Hof- und Gerichtsschreiber
45, 58, 134
Moritz, Karl Philipp (1756–1793),
Schriftsteller, Ästhetiker, Sprachfor-
scher 100, 427, 474ff., 497, 513, 589,
665, 701, 767
Moser, Karl Friedrich Freiherr v.
(1723–1798), Staatsrechtler, Schriftsteller 31, 160
Mozart, Leopold (1719–1787), östr.
Komponist, Vater W. A. Mozarts 12
Mozart, Maria Anna, gen. Nannerl
(1751–1829), Tochter des Vorigen 12
Mozart, Wolfgang Amadeus
(1756–1791) 12f., 435, 445, 551, 556,
661, 734f., 739, 743, 811, 855, 865f.
Müller, Adam Heinrich (1779–1829),
Diplomat, Staatsrechtler, Publizist
820
Müller, Friedrich, gen. Maler Müller
(1749–1825), Maler, Kupferstecher,
Schriftsteller 704
Müller, Friedrich Theodor Adam v.
(1779–1849), seit 1801 Staatsbeamter
in Weimar, 1806–1808 weimarischer
Gesandter am Hof Napoleons I., seit
1815 Kanzler in Weimar (Präsident
des Justizwesens), Testamentsvollstrecker Goethes 325, 333, 346, 630,
767, 809f., 812, 824, 834, 861, 900,
902, 916, 940f., 945, 947f., 953, 959,
977f., 987, 1031ff., 1037
Müller, Johannes (1801–1858), Physio-
loge 925, 1028
Münch, Susanna Magdalena (geb.

1753), Jugendfreundin Goethes und
seiner Schwester 257
Münter, Friedrich Christian Karl Hein-
rich (1761–1830), Altertumsforscher,
Theologe 584
Musäus, Johann Karl August
(1735–1787), Schriftsteller 201, 301
Muschg, Adolf (geb. 1934), schweiz.
Schriftsteller, Literaturwissenschaft-
ler 534
Mylius, August, Berliner Buchhändler
und Verleger 266

Napoleon Bonaparte, als N. I. Kaiser
der Franzosen (1769–1821) 457, 510,
537, 576, 618, 622, 675, 696, 727,
776, 780, 786, 805f., 809ff. 851, 859,
861ff., 864, 876f., 886, 962, 1030
Necker, Jacques (1732–1804), frz.
Staatsmann 780
Nees v. Esenbeck, Christian Gottfried
Daniel (1776–1858), Arzt, Botaniker,
Naturphilosoph 251, 643, 706, 1035
Nettesheim, Agrippa v. (1486–1535),
Arzt, Historiker, Astrologe, Philo-
soph 175
Neuffer, Christian Ludwig
(1769–1839), Schriftsteller 683
Neukirch, Benjamin (1665–1729),
Gelehrter, Pädagoge, Schriftsteller 36
Neumann, Christiane → Becker, Chri-
stiane
Newton, Sir Isaac (1634–1727) 543,
813, 840ff., 847, 928, 964
Nicolai, Friedrich (1733–1811), Buch-
händler, Schriftsteller, Kritiker in
Berlin 150, 209, 246, 286, 355, 615
Nicolovius, Alfred (1806–1890), Jurist,
Schriftsteller 758
Niethammer, Friedrich Immanuel
(1766–1848), Philosoph 731f., 970
Nietzsche, Friedrich (1844–1900) 951
Nothnagel, Johann Andreas Benjamin
(1729–1804), Maler in Frankfurt 13

Plato (ca. 428–347 v. Chr.) 82, 171, 701, 881, 959, 1000, 1006

Plenzdorf, Ulrich (geb. 1934), Schriftsteller 209

Plessing, Victor Leberecht (1749–1806), seit 1788 Philosophieprofessor in Duisburg 334f., 351f., 570

Plotin (ca. 205–270), griech. Philosoph 844, 956f.

Plutarch (ca. 46– nach 120), griech. Schriftsteller 1008

Pogwisch, Ulrike v. (1804–1875), Schwester Ottilie v. Goethes 934

Pordenone, eigtl. Giovanni Antonio de' Sacchis (ca. 1483–1539), it. Maler 559

Pope, Alexander (1688–1744), engl. Schriftsteller 138, 393

Properz (Sextus Propertius) (ca. 50– ca. 16 v. Chr.), röm. Schriftsteller 496

Proust, Marcel (1871–1922), frz. Schriftsteller 711

Pütter, Johann Stefan (1725–1807), Jurist, Historiker 141

Pufendorf, Samuel Freiherr v. (1632–1694), Jurist 2

Putiatin, Fürst (1745–1830), russ. Kammerherr 806

Rabelais, François (ca. 1494–1533), frz. Schriftsteller 189

Rabener, Gottlieb Wilhelm (1714–1771), Schriftsteller 41

Racine, Jean Baptiste (1639–1699), frz. Schriftsteller 37, 137

Raffael, eigtl. Raffaello Santi (1483–1520), it. Maler, Baumeister 98, 169, 423f., 431, 474, 559f., 811

Ramler, Karl Wilhelm (1725–1798), Schriftsteller, Theologe 150

Ranke, Leopold v. (1795–1886), Historiker 364

Rauch, Christian Daniel (1777–1857), Bildhauer in Berlin 964

Recke, Elisabeth Charlotte Constantia

v. der (1756–1833), Schriftstellerin 468, 899

Rehberg, August Wilhelm (1757–1836), Geheimer Kabinettsrat in Hannover 591

Reich, Philipp Erasmus (1717–1787), Leipziger Verleger 88, 220

Reichardt, Johann Friedrich (1752–1814), Komponist, Schriftsteller XV, 517, 591, 612, 614ff., 734, 855, 1034

Reiffenstein, Johann Friedrich v. (1719–1793), Hofrat, Archäologe, Kunstfreund 427

Reinhard, Carl Friedrich Graf v. (1761–1837), Diplomat in frz. Diensten XV, 643, 813, 822, 835, 852f., 856, 861, 935, 1002, 1036

Reinhard, Peter (1685–1762), Lehrer in Frankfurt 40

Reinhold, Karl Leonhard (1758–1823), Philosoph 731

Rembrandt, Harmensz van Rijn (1606–1669) 233, 377

Reni, Guido (1575–1642), it. Maler 47

Reuß-Greiz, Heinrich XIII. (1747–1817), Fürst von Reuß-Greiz, östr. General 815

Richardson, Samuel (1689–1761), engl. Schriftsteller 51, 73, 201, 301

Richter, Johann Zacharias (gest. 1764), Leipziger Kaufmann, Ratsherr 47

Ridel, Cornelius Johann Rudolf (1759–1821), Kammerbeamter in Weimar 584, 900

Riedesel, Volpert Christian Freiherr v. (1708–1798), sächs. General 261

Riemer, Caroline Wilhelmine Johanna (1790–1855), Ehefrau des Folgenden, bis zu ihrer Heirat Gesellschafterin Christiane v. Goethes 865, 900

Riemer, Friedrich Wilhelm (1774–1845), Philologe, Schriftsteller, Sekretär Goethes, seit 1814

Aktuar am Vogteigericht in Straßburg 96, 113, 115, 117f., 124, 127, 135, 140f., 149

Sand, Karl Ludwig (1785–1820), Theologiestudent, Mörder Kotzebues 776, 897

Sartorio, Girolamo 287

Sartorius v. Waltershausen, Caroline Dorothea Freifrau (1779–1813), Ehefrau des Folgenden 195

Sartorius v. Waltershausen, Georg Freiherr (1765–1828), Historiker 557

Sauer, August (1855–1926), östr. Literaturwissenschaftler 937

Schade, Johann Peter Christoph (geb. 1743), Englischlehrer im Hause Goethe 29

Schadow, Gottfried (1764–1850), Bildhauer 708

Schardt, Sophie Friederike Eleonore v., geb. v. Bernstorff (1755–1819) 464

Schaumburg-Lippe, Philipp II. Graf v. (1723–1787) 102

Schellhaffer, Johann Tobias (1715–1773), Schul-, Sprach- und Rechenmeister in Frankfurt 28f.

Schellhorn, Cornelia, geb. Walther → Goethe, Cornelia

Schelling, Caroline v., geb. Michaelis, verw. Böhmer, gesch. A. W. Schlegel (1763–1809), Ehefrau des Folgenden 760

Schelling, Friedrich Wilhelm Joseph v. (1775–1854), Philosoph 729, 734, 769f., 825, 922, 928, 955

Scherbius, Johann Jacob Gottlieb (1728–1804), Lehrer in Frankfurt 29

Schiebeler, Daniel (1741–1771), Schriftsteller 59

Schikaneder, Emanuel, eigtl. Johann Joseph Schickeneder (1751–1812), Bühnendichter, Theaterleiter 735

Schiller, Charlotte v., geb. Lengefeld (1766–1826), Ehefrau des Folgenden 464, 737, 745, 773, 780

Schiller, Friedrich v. (1759–1805) XIV, 24, 215, 250, 265, 273, 282, 307, 313, 362, 376, 424, 428f., 439, 441, 446f., 450, 454f., 462, 464, 470f., 493, 495, 550, 552, 556f., 583ff., 601, 604, 609ff., 618ff., 622, 627, 634, 638, 646f., 651ff., 657, 664ff., 668ff., 675ff., 681ff., 686, 688, 691ff., 696, 701ff., 707f., 713f., 718ff., 723f., 729f., 736ff., 744f., 757f., 760, 762f., 766f., 771, 773ff., 780ff., 787, 790, 795, 806, 815f., 824, 867, 881f., 885, 887, 905, 907, 963f., 972, 978f., 983, 1001, 1030

Schinz, Schwager von Lavater, Pfarrer in Altstetten 249

Schirach, Gottlob Benedikt v. (1743–1804), Philologe, Publizist, dän. Legationsrat 591

Schlaffer, Heinz (geb. 1939), Literaturwissenschaftler 1012

Schlegel, August Wilhelm (1767–1845), Schriftsteller, Ästhetiker, Übersetzer 136, 557, 711, 713, 729, 740f., 744f., 759ff., 780, 811, 818, 857

Schlegel, Caroline → Schelling, Caroline

Schlegel, Dorothea v., geb. Mendelssohn, gesch. Veit (1763–1839), Übersetzerin, Schriftstellerin, Ehefrau des Folgenden 853

Schlegel, Friedrich v. (1772–1829), Schriftsteller, Ästhetiker, Kritiker 268, 557, 648, 711, 713f., 717, 729, 740ff., 744f., 759ff., 765, 788, 811, 816, 818, 822, 852f., 890

Schlegel, Johann Adolf (1721–1793), Schriftsteller 41

Schlegel, Johann Elias (1719–1749), Jurist, Schriftsteller 136, 185

Schleif, Walter 952

Schlichtegroll, Adolf Heinrich Friedrich